KB165372

비서 1·2급

한권으로 끝내기

시대에듀

머리말 PREFACE

기업과 사회의 글로벌화로 전문비서의 역할이 중요해지고 있습니다. 이에 따라 비서라는 직업의 수요와 인기 또한 날로 증가하는 추세입니다.

과거의 비서는 CEO 일정 조정, 서류 작성 등 주로 단순한 업무를 담당하였으나, 최근에는 재무구조 점검, 신규사업 프레젠테이션, 대외홍보, 우편물 및 서류 관리, 상사 부재 시 권한대행, 비즈니스 문서 관리 등 주요하고 광범위한 업무를 수행하고 있습니다. 비서는 CEO를 최측근에서 보좌하는 사람으로서 CEO가 경영능력을 효율적으로 발휘할 수 있도록 어학, 경영, 사무 실무, 대인관계 등 다방면의 전문지식과 보좌능력을 갖추어야 합니다.

비서는 형태에 따라 단순 업무보조 역할을 하는 일반비서와 숙련된 전문능력을 바탕으로 상사를 보좌하는 전문비서로 나누어집니다. 전문비서는 소속에 따라 법률비서, 의료비서, 회계비서, 종교비서 등으로 구분할 수 있습니다. 또한, 역할에 따라 행정업무비서, 안내비서, 서기비서 등으로 구분하기도 합니다.

이처럼 비서는 기업의 성공적인 비즈니스를 관리하는 핵심인재로 기능하고 있지만, 비서 자격시험 관련 수험서는 부족한 것이 현실입니다. 비서교육연구소는 이러한 현실을 반영하여 다음과 같은 점을 고려해 본서를 출간하게 되었습니다.

첫 째 최신 출제기준을 반영한 챕터별 이론을 수록하였고, 빈출되는 이론에 '기출' 표시를 하여 중요도를 파악할 수 있도록 하였습니다.

둘 째 적중실제예상문제를 수록하여 이론 학습 후 중요한 부분을 복습하고 문제에 익숙해질 수 있도록 하였습니다.

셋 째 문제은행 기출유형 모의고사 2회분으로 실제 시험의 난이도를 파악하고 최종실력을 점검할 수 있도록 하였습니다.

본서와 함께 비서 자격시험을 준비하는 모든 수험생의 도전이 합격으로 이어지기를 진심으로 기원합니다.

비서교육연구소

합격의 공식 ▶
시대에듀

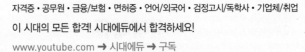
자격증·공무원·금융/보험·면허증·언어/외국어·검정고시/독학사·기업체/취업
이 시대의 모든 합격! 시대에듀에서 합격하세요!
www.youtube.com → 시대에듀 → 구독

시험안내 INFORMATION

◉ 응시자격

필기시험	제한 없음
실기시험	필기시험 합격 후 2년 이내에 실기시험 응시 가능

◉ 시험과목

등급	시험방법	시험과목	출제형태	시험시간
1급	필기시험	• 비서실무 • 경영일반 • 사무영어 • 사무정보관리	객관식 80문항	80분
	실기시험	워드프로세서 단일등급(1급), 컴퓨터활용능력 1 · 2급, 한글속기 1 · 2급, 전산회계운용사 1 · 2급 중 택일	선택 종목의 기준에 따름	
2급	필기시험	• 비서실무 • 경영일반 • 사무영어 • 사무정보관리	객관식 80문항	80분
	실기시험	워드프로세서 단일등급(1급), 컴퓨터활용능력 1 · 2급, 한글속기 1 · 2급, 전산회계운용사 1 · 2급 중 택일	선택 종목의 기준에 따름	
3급	필기시험	• 비서실무 • 사무영어 • 사무정보관리	객관식 60문항	60분
	실기시험	워드프로세서 단일등급(1급), 컴퓨터활용능력 1 · 2급, 한글속기 1 · 2 · 3급, 전산회계운용사 1 · 2 · 3급 중 택일	선택 종목의 기준에 따름	

◉ 합격기준

필기시험	각 과목 100점 만점에 과목당 40점 이상, 평균 60점 이상
실기시험	선택 종목의 합격기준에 따름

◉ 수험료

필기시험	17,500원
실기시험	선택 종목의 수험료에 따름

과목별 공략 포인트 STRATEGY

1 과목 비서실무 ▶ 고득점을 노려야 하는 과목!

자격시험부터 실무까지 활용할 수 있는 가장 기초적인 과목입니다. 상사와의 관계, 내방객응대, 전화응대, 일정 관리, 출장 관리 등 비서의 기본적인 업무에 대한 내용이 주를 이루는데, 실제 상황에서 어떻게 행동해야 적절할지 가정해보는 방식으로 학습하면 쉽게 이해할 수 있습니다. 특히 국제매너와 실용한자는 최신 시험에서 꾸준히 출제되는 영역이니 꼼꼼히 숙지하시기 바랍니다. 다른 과목에 비해 내용상의 어려움이나 지루함이 덜하고 기출문제와 유사한 문제가 자주 출제되는 과목이니 고득점을 노리세요.

2 과목 경영일반 ▶ 전문용어의 정확한 의미와 활용 맥락을 파악하세요!

경영, 경제, 마케팅, 인사 분야의 전문용어들을 익혀야 하는 과목으로서, 시험에 도전하는 수험생들이 가장 어려워하는 과목입니다. 경영학 또는 경제학을 전공했거나 관련 지식이 있다면 수월하게 학습할 수 있는 부분이지만, 이러한 분야를 처음 접하는 수험생의 경우에는 이 과목이 생소하게 느껴질 수밖에 없습니다. 그러나 학문적으로 깊은 이해가 필요하다기보다는 전문용어의 정확한 의미 및 활용 맥락 등을 파악하는 정도로만 숙지하면 큰 어려움 없이 문제풀이가 가능한 과목입니다. 단순 암기에서 나아가 다양한 유형의 문제를 풀어보며 개념을 확립하세요.

3 과목 사무영어 ▶ 기본 어휘 및 표현 익히기부터 시작하세요!

사무영어의 경우 비즈니스 대화 유형이 반복적으로 출제되고 있습니다. 이러한 출제유형을 파악하는 것과 함께 기본적인 단어 및 표현들을 숙지하는 것부터 시작하세요. 지문을 모두 읽지 않아도 해결 가능한 문제가 종종 출제되고 있으니, 시험 중 시간이 촉박할 경우 지문을 읽기 전 문제를 먼저 살펴보는 방법을 활용하는 것도 좋습니다.

4 과목 사무정보관리 ▶ 필수적으로 출제되는 이론을 공략하세요!

이 과목은 '제1과목 비서실무'와 더불어 실무와 가장 근접한 과목입니다. 우편물과 전자문서의 작성, 그래프와 도표의 이해 및 작성, 정보기기의 활용 등에 관한 문제가 빠지지 않고 출제되므로 필수적으로 학습해야 합니다. 최근에는 인터넷활용과 SNS, 태블릿 PC 등 최신 이슈에 관한 문제 또한 출제되고 있으니 이러한 부분도 염두에 두어야겠습니다.

합격수기 REVIEW

비서직에 종사 중이었지만 별도의 자격증은 없었던 현직자입니다. 자격증 없이도 실제 업무는 가능했지만 이직을 위해 이력서를 작성하며 자격증의 필요성을 느꼈고, 늦게나마 비서 자격시험을 준비하게 되었습니다. 직장을 다니며 시험준비를 병행해야 했던 상황이라 다른 사람에 비해 긴 시간을 투자하지는 못했지만, 반신반의하며 선택했던 시대에듀 도서 덕분에 한번에 합격할 수 있었습니다. 저처럼 비서 자격증을 준비하시는 직장인분들께 조금이나마 도움을 드리고 싶어 저의 합격수기를 공개합니다. 제 글을 통해 시험에 도전하는 모든 분들이 자신감을 가지고 공부하셨으면 좋겠습니다.

첫 번째, 문제풀이의 반복!

이론을 공부한 뒤에는 문제를 반복해서 풀었습니다. 실무에 종사 중이었기에 손쉽게 고득점이 가능할 것이라고 생각했는데, 막상 문제를 풀어보니 실무에서 활용되는 지식과 시험에서 원하는 답이 다른 경우가 있었습니다. 또, 지문과 보기의 뉘앙스 차이로 정답이 갈리기도 해서 처음에는 정답을 맞히는 것이 쉽지 않았습니다. 하지만 여러 차례 반복해서 문제를 풀다 보니 시험에서 원하는 답이 무엇인지 감각을 익힐 수 있었습니다. 중복된 문제가 나오는 경우에는 체크해두고 따로 암기했습니다. 그렇게 문제유형을 파악하고 시험장에 갔는데 그동안 풀었던 문제들과 유사한 문제들이 보여서 몇 문제는 빠르게 풀 수 있었습니다. 덕분에 시간적 여유가 생겨 검토까지 마치고 시험장을 나왔습니다.

두 번째, 시간 배분!

80문제에 80분이라고 해서 문제당 1분으로 생각하시면 안 됩니다. 쉬운 문제는 빠르게 넘어갈 수 있지만 지문이 길거나 어렵고 헷갈리는 문제도 여럿 출제되기 때문에 실제 체감 시간은 더 짧습니다. 1번에 어려운 문제가 있다고 해서 5분의 시간을 허비하면 쉽게 풀 수 있는 뒷부분의 문제들을 놓칠 수 있습니다. 문제 푸는 속도가 느려지면 집중력도 떨어지게 됩니다. 따라서 문제의 배점은 같으니 아는 문제를 최대한 많이 맞히는 것을 목표로 했습니다. 가장 자신 없었던 경영일반을 마지막으로 남겨두고 3과목 ➡ 4과목 ➡ 1과목 ➡ 2과목 순서로 ① 어려운 부분은 건너뛰며 문제를 끝까지 풀고 ② 확실한 답부터 우선 체크하고 ③ 앞서 건너뛰었던 문제들을 다시 풀었습니다. 또한, 실전처럼 시간을 재고 문제를 여러 번 풀어봤던 것이 큰 도움이 되었습니다.

세 번째, 과목별 전략 수립!

각 과목에서 60점을 받을 것인지, 자신 없는 과목은 과락만 면하고 나머지 과목에서 높은 점수를 받을 것인지를 결정하고 자신만의 전략을 세우는 것이 중요합니다. 그러기 위해서는 과목별 특성이 다르기 때문에 내가 어떤 과목을 잘하는지, 학습하는 데 비교적 많은 시간이 필요한 과목이 무엇인지 파악해야 합니다. 저는 상대적으로 자신 없었던 경영일반은 과락만 피하고, 사무영어는 60점, 비서실무와 사무정보관리는 80점을 취득하는 것을 목표로 했습니다. 경영일반은 범위가 넓어 자주 나오는 부분만 암기했고, 나머지는 눈에 익히는 정도로 학습했습니다. 필요하면 인터넷 검색도 병행하면서 부족한 부분을 보완했습니다. 사무영어의 경우 모르는 단어를 표시하여 평소에 틈틈이 보고, 문제풀이를 반복하니 금세 익숙해질 수 있었습니다. 비서실무와 사무정보관리는 틀린 문제와 빈출 이론을 집중적으로 암기했습니다.

이 책의 구성과 특징 STRUCTURES

핵심을 짚는 챕터별 이론

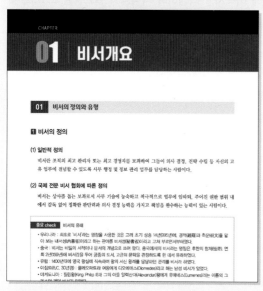

시험의 최신 출제경향을 분석하여 자주 활용되는 이론을 챕터별로 정리하였습니다. 필수적으로 알아야 하는 개념을 담은 '중요 Check'와 시험에 출제되었던 개념 옆의 '기출' 표시는 어떤 부분을 중점적으로 학습해야 하는지 안내합니다.

영어가 활용되는 제3과목도 쉽고 재미있게

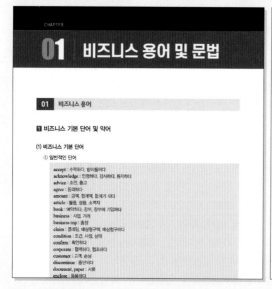

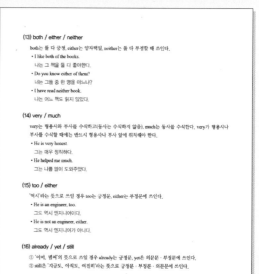

평소의 영어 실력이 부족해도 걱정하지 마세요. 시험마다 구체적인 내용은 달라지지만, 영문서의 기본 구성과 회화유형에는 큰 변동이 없습니다. 시험에 자주 나오는 단어와 회화유형, 해석이 제3과목을 보다 쉽고 재미있게 학습할 수 있도록 돕습니다.

확실한 이해를 돕는 적중실제예상문제

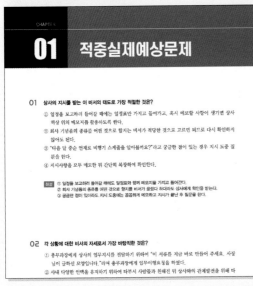

빈출 이론으로 구성된 적중실제예상문제를 풀어보며 학습한 내용을 짚어보고 이해도를 점검하세요. 비서교육연구소만의 합격 노하우가 깃든 문제들이 합격의 지름길을 제시합니다.

철저한 실전 대비가 가능한 문제은행 기출유형 모의고사 및 해설

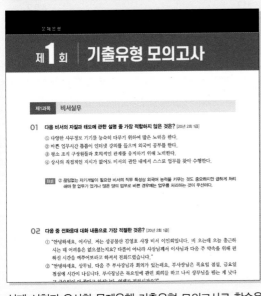

실제 시험과 유사한 문제은행 기출유형 모의고사로 학습을 완벽하게 마무리하세요. 문제를 풀며 헷갈렸거나 어려웠던 부분은 비서교육연구소만의 꼼꼼하고 상세한 해설로 보완할 수 있습니다.

이 책의 차례 CONTENTS

제1과목

비서실무

아이들이 답이 있는 질문을 하기 시작하면
그들이 성장하고 있음을 알 수 있다.

– 존 J. 플롬프 –

합격의 공식

SD에듀

자격증 · 공무원 · 금융/보험 · 면허증 · 언어/외국어 · 검정고시/독학사 · 기업체/취업

이 시대의 모든 합격! SD에듀에서 합격하세요!

www.youtube.com → SD에듀 → 구독

01 | 비서개요

01 비서의 정의와 유형

1 비서의 정의

(1) 일반적 정의

비서란 조직의 최고 관리자 또는 최고 경영자를 보좌하여 그들이 의사 결정, 전략 수립 등 자신의 고유 업무에 전념할 수 있도록 사무 행정 및 정보 관리 업무를 담당하는 사람이다.

(2) 국제 전문 비서 협회에 따른 정의

비서는 상사를 돕는 보좌로서 사무 기술에 능숙하고 적극적으로 업무에 임하되, 주어진 권한 범위 내에서 감독 없이 정확한 판단력과 의사 결정 능력을 가지고 책임을 완수하는 능력이 있는 사람이다.

중요 check 비서의 유래

- 우리나라 : 최초로 '비서'라는 명칭을 사용한 것은 고려 초기 성종 14년(995년)에, 경적(經籍)과 축문(祝文)을 맡아 보는 내서성(內書省)이라고 하는 관아를 비서성(秘書省)이라고 고쳐 부르면서부터였다.
- 중국 : 비서는 비밀의 서적이나 문서의 개념으로 쓰여 왔다. 중국에서의 비서라는 명칭은 후한의 항제(恒帝), 연희 2년(159년)에 비서감을 두어 궁중의 도서, 고금의 문학을 관장하도록 한 데서 유래하였다.
- 유럽 : 1400년대에 영국 왕실에 직속하여 왕의 서신 왕래를 담당하던 관리를 비서라 하였다.
- 이집트(B.C. 30년경) : 클레오파트라 여왕에게 디오메데스(Diomedes)라고 하는 남성 비서가 있었다.
- 마케도니아 : 필립왕(King Philip II)과 그의 아들 알렉산더(Alexander)왕에게 유메네스(Eumenes)라는 이름의 그리스인 개인 비서가 있었다.
- 미국 : 여성 비서의 등장은 타자기가 발명된 이후이며, 1880년경 여성 취업의 길을 열기 위하여 뉴욕의 YWCA에서 8명의 여성에게 타이핑 교습을 시작하면서부터이다.
- ※ YWCA(Young Women's Christian Association) : 미국에서 여성 운동으로 시작한 조직으로 세계 100여 개국에 현지 조직이 있음

---

② 비서의 종류(유형)

(1) 소속별 유형

① 개인에 소속된 비서
- ㉠ 비서가 한 명의 상사를 보좌하는 경우이다.
- ㉡ 전통적으로 상사와 비서는 1대 1의 관계가 일반적이었으나 사무비용의 증가와 인건비의상승으로 선진국에서도 단독 비서를 채용할 수 있는 위치에 있는 사람은 대기업의 최고 경영자나 고위직에 한정된다.
- ㉢ 비서의 입장에서는 한 명의 상사를 보좌하므로 일의 계획이나 우선순위를 세울 때 비교적 용이하다.

② 비서실에 소속된 비서
- ㉠ 그룹 비서
  - ⓐ 우리나라와 일본의 대기업에서 주로 채택하는 방식으로, 여러 명의 비서가 비서실에 배속되어 최고 경영층의 업무를 분담하여 보좌한다.
  - ⓑ 비서실 구성원 전체가 비서 업무를 분담하여 비서실장이나 비서과장의 책임과 지휘 아래 업무를 수행한다(예 문서 관리 담당, 일정 관리 담당, 의전관리 담당 등).
  - ⓒ 경험이 부족하더라도 비서실 내에서 훈련이 가능하며 개인비서에 비해 업무범위가 불명확하다.
- ㉡ 공동 비서 `기출`
  - ⓐ 한 명의 비서가 여러 명의 상사를 지원하는 경우를 말한다(예 부사장, 전무, 상무를 함께 보좌하는 형태).
  - ⓑ 한 명의 비서가 여러 명의 지시사항을 처리해야 하므로 업무의 우선순위가 바뀌지 않도록 업무 조정이나 계획을 신중하게 해야 한다.
  - ⓒ 개인에 속해 있는 비서에 비하여 여러 명의 상사를 지원하기 때문에 업무 수행이 힘들지만 능력을 인정받을 수 있는 기회가 많은 장점도 있다.

③ 부서에 소속된 비서
- ㉠ 소속 부서의 업무와 그 부서장의 비서를 겸하는 유형으로, 본래의 업무를 가지면서 비서의 업무도 함께 한다(예 판매부에 속한 비서라면 판매부서의 업무와 판매부장의 비서 업무를 함께하는 경우).
- ㉡ 최근에는 업무 팀이나 프로젝트 팀을 지원하는 팀 비서의 형태도 보편화되고 있다.

[개인 비서와 그룹 비서의 비교]

개인 비서	그룹 비서
상사와 1대 1(Person to Person) 관계이므로 명령 계통이 통일되어 있다.	상사가 복수이므로 명령 계통의 통일이 어렵다.
상사와 사내외의 의사전달의 경로역할을 하고 단순한 업무는 재량으로 처리한다.	직속상사에게서 업무지시를 받을 때도 실장(과장)에게 연락해야 하므로 과원들의 경우 업무가 중복되고 재량권이 없다.
비서의 업무범위가 명확하다.	비서 사이의 업무 구분이 명확하지 않다.
책임은 비서 개인이 진다.	형식적으로는 비서실장이 모든 책임을 지며, 실제로는 비서실 비서진들이 공동으로 책임을 진다.
오랜 경험을 쌓으므로 우수한 비서의 육성이 가능하다.	단기간 근무하는 경우가 많아 우수한 비서의 육성이 힘들다.
비서의 기능에 따라 업무 내용이 다르다.	한 비서가 기능이 없어도 다른 비서와 협력하여 업무 수행이 이루어진다.
비서의 업무를 어느 정도 알아야 업무를 처리할 수 있다.	미경험자라도 과 안에서 훈련된다.
모든 것을 혼자서 처리해야 하므로 바쁘고 힘들 때가 있다.	바쁠 때 서로 도움을 줄 수 있다.
상사와 비서의 호흡이 맞지 않으면 일하기 힘들다.	비서가 여러 명이므로 상사와의 인간관계가 업무에 많은 영향을 주지 않는다.
다른 사원과 교류가 적고 고립되어 정보입수가 힘들다.	비서실 내의 다른 사원과 항상 교류하므로 정보를 쉽게 입수할 수 있다.

(2) 전문분야별 유형

① 기업 비서

    ㉠ 기업 비서는 기업체에서 상사를 보좌하며 근무하는 비서로서, 회사의 경영 목표를 잘 알고 있어야 하며, 상사의 업무 스타일을 파악하는 것이 중요하다.

    ㉡ 많은 기업과 거래를 하기 때문에 특히 서비스 정신이 투철해야 한다.

② 공공기관 비서

    ㉠ 공공기관 비서는 관공서나 공공기관의 책임자를 보좌한다.

    ㉡ 정부의 조직을 잘 알고 있어야 하며, 행정 업무에 관한 지식, 그 밖에 법률의 제정 과정이나 관계 기관과의 긴밀한 업무 관계를 파악해야 한다.

③ 교육연구 비서

    ㉠ 교육연구 비서는 교육기관 행정 책임자를 보좌하거나 교육기관 부설 연구소에서 근무한다.

    ㉡ 대학 교수나 연구소의 전문인을 도와주는 비서는 정보의 수집과 관리, 그리고 연구 프로젝트와 관련된 업무를 주로 처리한다.

④ 의료 비서

　㉠ 종합병원이나 병원 부설 연구소, 개업 의사 사무실에서 근무하며, 의학 용어, 보험 용어 · 규정 등을 잘 알아야 한다.

　㉡ 의사의 행정적인 업무를 보좌하는 비서는 의사 개인에 대한 비서직 업무를 처리하는 것 이외에도 환자 접수나 건강보험 사무에 속하는 일도 하게 된다.

　㉢ 종합병원, 전문클리닉과 같은 병원에서는 주요 고객을 관리하고 응대하며, 홍보까지 담당할 수 있는 전문 비서를 요구하기도 한다.

⑤ 법률 비서

　㉠ 개인 법률 사무소나 합동 변호사 사무실에서 변호사를 보좌한다.

　㉡ 법률에 관련된 문서를 처리하고, 소송에 관련된 업무 및 의뢰자의 접대, 판례 조사, 법원과의 연락 등에 관계된 업무를 처리한다.

　㉢ 법률 용어, 소송 · 변호에 관한 지식, 회사 설립 · 부동산 등기 등의 법률 수속에 관한 광범위한 지식을 가져야 한다.

⑥ 회계 비서 `기출`

　공인회계사, 세무사의 개인 사무실이나 합동 사무실 또는 대형 회계법인에서 근무하며 부기 · 회계 지식과 컴퓨터를 사용한 업무 처리 능력이 있어야 한다.

⑦ 종교 비서

　종교 지도자의 대외 활동을 위한 보좌와 종교 단체의 행정 및 재무와 관련된 업무들을 처리하며, 신자들에 관한 자료를 정리 · 보관한다.

⑧ 정치 비서

　㉠ 국회의원, 지방의회의원 사무실에서 정치인을 보좌한다.

　㉡ 정치 비서들은 국회나 정당, 정부의 조직을 잘 알고, 법률의 제정 과정과 관계 기관과의 긴밀한 업무 관계를 이해해야 한다.

　㉢ 국회의원의 비서는 출신 지역구와의 연락 사무에 큰 비중을 두고, 유권자들에 대한 정보도 관리한다.

⑨ 기타 분야의 비서

　사회가 다양화되고 각 분야가 전문화되면서 스포츠 관련 조직, 문화단체, 사회단체 등 다양한 분야에서 유능한 비서가 필요하게 되었다.

　▣ 비서의 경력 경로
　　수습비서 → 비서 → 선임비서 → 수석비서 → 수석 보좌역

(3) 비서직의 특징

① 비서직의 장단점

장점	취업 분야의 다양성	정치 · 종교 · 기업 · 금융 · 법률 · 의료 · 교육 등 모든 조직에서 비서를 필요로 한다.
	취업 지역의 융통성	비서직은 지역 구분 없이 비교적 쉽게 새로운 직장을 구할 수 있다.
	쾌적한 근무 환경	비서는 최고 관리자와 함께 일하게 되므로 근무 환경이 쾌적하다.
	다양한 업무	비서직은 손님응대, 문서 사무, 회의, 출장 준비 등 업무 내용이 다양하다. 뿐만 아니라 조직이나 회사를 위하여 중요한 업무를 수행하는 상사와 함께 일한다는 성취 욕구에 대한 만족도를 가질 수 있다.
	높은 수준의 보수와 인정	경험이 많은 비서는 외국어 사용 능력, 기획력, 문서 관리 능력 등을 다양하게 갖추고 있으므로 많은 보수를 받는다. 또, 직원의 인사에 영향을 줄 수 있는 위치의 경영자를 보좌하기 때문에 비서의 능력이 뛰어날 경우에는 비교적 쉽게 인정을 받을 수 있다.
단점	업무 내용의 가변성	상사의 업무 위임 여부에 따라 비서의 업무 내용이 달라진다.
	상사에 대한 예속성	비서의 지위, 대우, 보수 등은 상사의 지위에 의하여 결정되는 경우가 많다.
	승진의 제한	비서의 승진 경로가 아직 확립되어 있지 않기 때문이다.

② 전문성 확립의 발전 방안

- ㉠ 전문 직업인으로서의 직무능력 향상
    - ⓐ 경제, 경영 등 사회 과학의 광범위한 지식 습득, 자동화된 각종 사무기기를 능숙하게 사용하는 능력
    - ⓑ 문서를 체계적인 방법으로 관리, 적절한 자료의 수집과 수집된 자료로 각종 보고서를 작성하는 능력
    - ⓒ 정확한 의사소통과 원만한 인간관계
- ㉡ 비서직에 대한 인식 개선
    - ⓐ 경영자는 비서를 전문성을 갖춘 직업인으로 인정
    - ⓑ 비서의 자질 향상을 위한 교육 및 훈련을 실시하여 그들의 잠재 능력과 기술을 최대한으로 활용할 수 있는 계기를 마련
- ㉢ 업무의 연속성
    - ⓐ 상사가 전근, 이직 등으로 인하여 바뀌더라도 그 부서에 계속 남아서 새로운 상사가 왔을 때 업무를 잘 수행할 수 있도록 보좌
    - ⓑ 경험이 축적된 전문직 비서를 위한 승진체계 마련

1 비서직무의 특성

(1) 직무의 특성

① 기능적 특성

㉠ 업무중개 : 비서는 상사와 직원을 포함한 여러 관계자들의 중간 연결점에서 양자를 유기적으로 이어준다.

예 지시를 받아 보고를 한다, 연락을 조정한다, 준비를 하고 뒤처리를 한다.

㉡ 정보관리 : 비서업무를 합리적·효율적으로 진행시키기 위해 상사는 물론 상사의 관련자가 필요로 하는 정보를 적절한 형태로 전달하여 처리한다.

② 작업적 특성

㉠ 두뇌활동 작업 : 읽기, 듣기, 말하기, 전달하기, 쓰기, 생각하기, 익히기 등

㉡ 신체활동 작업 : 다루기, 만들기, 정돈하기, 모으기, 조사하기, 접하기 등

(2) 비서의 직무능력

① 문서 작성 및 정리

㉠ 비서는 문장을 바르고 정확하게 작성할 수 있어야 한다. 전화로 전달 받은 내용, 손님의 용건 등은 항상 메모를 해야 하고, 상사로부터 요점만 지시 받아 그것으로 문서를 작성하는 경우도 많기 때문에 매끄러운 업무 수행을 위해서는 바르고 정확하게 문서를 작성하는 능력을 갖추어야 한다.

㉡ 비서는 상사가 필요로 하는 문서를 즉시 찾아낼 수 있도록 항상 문서를 체계적으로 정리·보관할 수 있도록 해야 하는데, 문서 정리는 전체 조직이 같은 문서관리시스템을 쓰고 있을 경우에는 자신만의 방법을 고집하기보다는 일관성 있게 관리해야 한다.

② 정보 관리

㉠ 상사는 비서에게 각종 정보 자료들 중에서 어떤 것이 가장 중요한 것인지를 적절히 판단하여 그것을 수집·정리해 줄 수 있는 지식과 능력을 기대한다. 많은 정보 관리 업무 중에서도 신문 스크랩은 단순한 업무 같지만 결코 소홀히 해서는 안 되는 것이다.

㉡ 비서는 정보 관리 업무를 수행하기 위하여 정보처리기기의 조작과 운용을 비롯하여 정보 관리에 관한 실무 지식을 갖추어야 하며 때때로 해외 정보를 수집해야 하기도 하므로 이러한 경우에 대비하여 기본적인 외국어 능력도 갖추도록 한다.

③ 의사소통

㉠ 비서는 기본적으로 정확하고 올바른 의사소통 능력을 지녀야 하는데 특히 전화응대, 방문객 접대 등 대외적으로 의사소통을 할 기회가 많은 만큼 경어, 존칭어, 겸양어 등을 바르게 구사할 수 있어야 회사와 상사의 이미지를 높일 수 있다.

ⓛ 언어적인 의사소통 능력뿐만 아니라 얼굴 표정, 몸짓, 손짓 등 비언어적인 의사소통 능력도 중요하므로 이를 적절히 활용하여 효과적으로 의사소통을 하도록 한다.

ⓒ 외국 손님을 맞을 때에 대비하여 전화응대, 손님 응대에 관한 기본 회화(영어, 일어 등)를 익혀 두도록 한다.

④ 사무용 기기의 활용

ⓖ 컴퓨터, 복사기, 팩시밀리 등 자동화된 사무용 기기를 조작하고 활용할 수 있도록 해야 한다. 요즈음에는 일반적인 문서의 작성뿐만 아니라 그래프의 작성, 계산 능력까지 갖춘 프로그램이 개발되어 있다.

ⓛ 보고서, 초대장, 인사장 등의 작성뿐만 아니라 부기 · 회계 업무에도 활용이 가능하다.

중요 check **전문비서의 관리 역할 – 엔스맨(Richard G. Ensman)** **기출**

1. **정보관리자(Information Manager)**
   - 전자파일, 데이터베이스 관리 등 각종 정보 및 자료를 관리하는 다양한 정보관리책임자로서의 역할을 한다.
   - 전자, 다기능 미디어 기술을 활용하여 정보를 조직화하고 추출해내는 방법을 개발한다.

2. **커뮤니케이션 관리자(Communication Manager)**
   - 비서는 워드프로세서, 컴퓨터 등으로 각종 문서를 기안 · 작성 · 편집한다.
   - 컴퓨터, 팩시밀리 등의 자동화된 사무기기들을 활용하여 E-mail 등의 통신을 한다.
   - 단순히 전달하는 것에 그치지 않고 메시지에 담겨 있는 의미를 파악하여 전하는 전략적 의사소통에 기여한다.
   - 인터넷과 텔레커뮤니케이션이 보편화되는 만큼 다른 직원들이 소프트웨어를 운용하며 인터넷을 접속하고 회의를 용이하게 진행할 수 있도록 도움을 줄 수 있어야 한다.
   - 인터넷 등의 컴퓨터 통신을 활용함으로써 국제적으로 문화 교류가 확산되어 결과적으로 국제적 감각을 지닌 커뮤니케이션 관리자가 되어야 한다.

3. **재고관리자(Inventory Manager)**
   - 과거에는 단순히 물품을 주문하는 데에 그쳤으나 오늘날에는 효율적인 물품 구매를 위해 공급명세서를 만들고 이에 따라 물품을 주문한다.
   - 재고수준을 관리하고 비용절감 효과를 측정함으로써 구매에 관한 의사결정에 참여한다.

4. **계획관리자(Planning Manager)**
   - 업무의 마스터플랜을 관할하고 그에 따라 관련자들에게 마감일, 진척 상황 등에 관해 알려 주며 상사의 스케줄을 계획 · 관리한다.
   - 회의일정 작성, 의제계획, 일정에 따른 출장 및 면담관리 등의 제반 업무와 회의에서 토의된 사항에 대한 사후 조치 등과 관련하여 모든 사람들의 시간을 최대한 효과적으로 사용할 수 있도록 조정하는 역할을 한다.
   - 상사의 업무량을 조절하고 처리해야 할 일에 대해서는 상사 및 다른 직원들을 독려하며 중요한 지시사항을 전달한다.

5. **정책관리자(Policy Manager)**
   - 비서는 조직의 정책과 절차 등을 유지 · 갱신하고 보완한다.
   - 편람 정비, 직원들을 위한 정책이나 절차 등의 설명 또는 정책의 변화 등을 제안한다.

6. **인사관리자(Employee Relations Manager)**
   소규모 조직에서 인사관리자가 없을 경우 신입사원의 인터뷰와 채용하는 일에 참여하며 근무 일정, 복지제도 등 다른 직원들의 관심사와 같은 질문에 답변하는 관리자의 역할이 주어지기도 한다.

7. 재무관리자(Financial Manager)
- 영수증을 준비하고 비용 관련 서류를 컴퓨터로 작성한다.
- 재정에 관련된 정보를 관리하며 재무제표를 번역한다.
- 예산과 관련하여 현재의 상황을 부서의 다른 직원들에게 알려 주어 조정한다.
8. 홍보관리자(Community Relations Manager)
방문자, 판매사원, 고객, 지역사회 관계자 등 다양한 사람들을 만나 그들의 요구를 수용하며 조직체의 구성원의 요구를 듣고, 문제를 해결하거나 혹은 관련자에게 연결시켜주는 역할을 한다.
9. 교육훈련관리자(Training Manager)
- 업무상 절차나 기술에 관하여 의문이 생겼을 때 최초로 이를 접하여 해결책을 제시한다.
- 조직구성원들에게 직무 수행상 필요한 능력을 훈련시키는 프로그램을 개발한다.
10. 위기관리자(Crisis Manager)
상사가 부재중일 때 모든 위기 상황을 해결할 수는 없을지라도 긴급 사태에 충분히 대처할 수 있도록 평소에 위기관리 능력을 기르고, 관련된 사람들을 최상으로 배려하여 위기에 효율적으로 대처해 나간다.
11. 고객관리자(Customer Relations Manager)
고객에 대한 불만 및 불편 사항에 대한 처리를 하는 등 사회구성원과의 관계를 유지하며 기업 이미지 제고에 주력한다.

(3) 비서업무의 범위

① 일상적 업무

㉠ 매일같이 반복해서 수행하는 일상적인 성격의 업무를 말한다.

㉡ 우편물 수·발신, 전화 업무, 서류 정리, 방문객 안내 및 응대, 신문·잡지 스크랩, 사무실 미화, 퇴근 전 상사의 다음 날 일정표 확인, 서류함을 잠그는 일 등이 일상적 업무에 해당된다.

② 지시를 받아서 하는 업무

㉠ 상사가 필요에 따라 지시하는 업무이다. 업무 내용은 단순한 것부터 특별한 보고서를 작성하는 일과 같은 다양한 범주의 업무를 포함한다.

㉡ 상사의 지시를 받아서 하는 업무는 주어진 시간 내에 마쳐야 한다는 특징이 있으므로 지시를 받을 때에는 업무의 성격을 정확히 파악하여 상사가 원하는 시간 내에 처리해야 한다.

㉢ 특정 자료의 복사, 통신문의 초안 작성, 상사의 출장을 위한 일정표 작성, 교통편이나 숙박업소 예약, 은행 관련 업무, 편지나 보고서를 일정한 형식에 맞추어 작성하는 업무, 회의와 관련된 사전 준비 업무, 또는 회의 중에 지시되는 업무처리, 보고서 작성에 필요한 자료 조사 등이 지시를 받아서 하는 업무에 해당된다.

③ 창의력이 필요한 업무

㉠ 창의력이 수반되는 업무를 할 수 있는 시간적 여유는 일상적인 업무와 지시를 받아서 하는 업무를 끝낸 뒤에야 가능하다.

㉡ 상사가 보고서를 작성할 때 이에 필요한 서류를 상사의 요구 없이 미리 준비해 두거나 조직에서 사용하는 서식을 개발하며, 신문·전문 서적·논문 등에서 주요 기사를 발췌하여 상사의 능률을 높이기 위한 참고 자료로 준비하는 일 등이 포함된다.

ⓒ 이 범주에 속하는 업무는 비서의 입장에서 볼 때 상사가 자신의 권한을 어느 정도로 비서에게 위임하느냐에 따라 이러한 업무 수행이 가능한지 여부가 결정된다.

중요 check 비서의 주요 업무 **기출**

- 상사의 스케줄 관리
- 전화응대 및 접견(의전 및 음료 · 다과 접대 등)
- 주요 회의 및 행사 준비 및 조정
- 출장 · 미팅 등으로 인한 상사의 부재 시, 업무 대리인으로서의 역할(전문비서)
- 자료 수집 및 주요정보 문서화
- 상사의 인적 네트워크 관리(주요인사 명함 및 취향 파악 등)
- 기획 · 재무 관련 업무(전문비서)
- 상사의 사무실 정리정돈 · 점검(필요에 따라)
- 우편물 관리
- 상사에 따른 맞춤형 비서(개인 취향 등을 고려한 세심한 배려)

---

(4) 업무내용

① 대인관계업무

　㉠ 전화응대

　　ⓐ 비서는 다양한 전화 서비스를 활용하여 효과적으로 업무를 수행해야 한다. 전화와 관련된 비서의 업무는 전화의 접수, 전화의 중개, 상사를 대신한 전화 걸기와 받기, 상사 부재 시의 전화응대, 사내 전화, 국제 전화, 중요 전화 내용 기록 및 관리 등이다.

　　ⓑ 친절하고 명확한 목소리로 통화를 하며, 항상 적극적으로 상대방을 돕는 마음가짐으로 임한다.

　　ⓒ 상사가 부재중일 때에는 정확하게 전언을 받아서 상사에게 전달하고, 급한 업무는 사내의 적절한 책임자나 부서로 연결한다.

　　ⓓ 친절한 전화응대를 함으로써 상대방이 상사나 기업에 대하여 좋은 인상을 갖게 하여 회사의 이미지를 높일 수 있으며 업무 관계가 원만히 이루어지는 데 기여할 수 있다.

　㉡ 방문객 응대

　　ⓐ 방문객 응대 업무에는 방문객의 접수와 안내, 상사가 없을 때의 방문객 응대, 상사와 방문객의 중개, 상사의 집무실 또는 응접실로 안내, 다과의 접대, 환송, 돌아간 후의 뒤처리 등이다.

　　ⓑ 방문객을 응대하는 태도도 상사나 기업의 이미지에 영향을 끼치므로 항상 예의바르고 정중하게 대해야 한다.

　　ⓒ 어떤 방문객이 어떤 용건을 가지고 오든 비서는 항상 호의적인 태도로 친절히 응대해야 한다.

　　ⓓ 자주 방문하거나 전화를 주는 고객의 성명, 회사명, 직위 등은 기본적으로 암기하고 있어야 하며 손님에게서 받은 명함은 정리해 두었다가 참고 자료로 이용한다.

② 보좌 업무 `기출`

　㉠ 일정 관리

　　ⓐ 상사는 면담, 회의, 출장, 연회 참석, 결재 등 바쁜 일정을 보내므로, 이를 효율적으로 진행
　　　할 수 있도록 비서는 일정표를 작성하여 상사의 업무 수행에 적절한 준비와 조언을 한다. 일
　　　정을 계획 · 변경 · 조정할 때에는 비서의 기민한 판단력과 행동이 요구된다.

　　ⓑ 면담 약속은 주로 전화로 신청을 해서 이루어지나, 방문할 때나 회의 중에 다음 약속의 일시
　　　를 정하는 경우도 있다. 면담 약속은 정확성을 기하고 정중하게 예의를 갖추어 처리한다.

　　ⓒ 상사가 다양한 업무를 능률적으로 처리할 수 있도록 연간 일정표, 월간 일정표, 주간 일정
　　　표, 당일 일정표 등을 작성하고 일정의 진행 관리 및 일정 변경에 따른 조정과 연락업무를
　　　수행한다.

　㉡ 회의 업무

　　ⓐ 비서는 원활한 회의 진행을 위한 각종 준비를 하고, 회의가 끝난 후 필요한 사무를 처리한
　　　다. 상사가 주재하거나 참석하는 회의가 원만하게 진행되게 하기 위해 비서는 보이지 않는
　　　노력을 해야 한다.

　　ⓑ 비서가 수행해야 하는 회의 관련 업무는 안내장의 작성과 발송, 참석자의 명단 작성, 통지서
　　　발송, 회의 장소의 선정 · 예약, 회의장 운영, 필요한 비품의 준비, 회의 자료의 준비 · 작
　　　성 · 배부, 회의장에서의 접수, 출석 확인, 미도착 인사에 대한 연락, 다과 · 식사 등의 준비,
　　　폐회 후의 뒤처리, 회의록의 작성 · 배부 등이다.

　　ⓒ 비서는 회의에 직접 참석을 하지 않더라도 회의의 성격이나 참석자의 범위, 사회자의 진행
　　　발언, 내용과 토론, 결정사항과 그 정리 등을 상사와 협의하여 녹음을 하거나 속기를 하여
　　　능동적으로 대처한다.

　　ⓓ 회의에 관련된 업무는 상사와 상의하면서 순서대로 진행해 나간다.

　㉢ 출장 업무 `기출`

　　ⓐ 비서가 처리해야 하는 출장에 관련된 업무는 여행 일정표 작성, 교통편 예약, 숙박업소 예
　　　약, 출장 경비 계산, 휴대품 준비, 출장지의 연락 · 확인, 여행에 필요한 자료 · 서류 준비 등
　　　다양하다.

　　ⓑ 비서는 상사가 능률적으로 출장 업무를 수행할 수 있도록 보좌하기 위하여 사전에 교통기관,
　　　숙박 시설, 해외여행 등에 대한 지식을 충분히 익혀서 이를 바탕으로 상사의 의견을 들어 출
　　　장 계획을 세운다.

　　ⓒ 출장 일정표를 작성할 때에는 출장의 성격, 목적지의 기후 조건 등을 고려하고 일정표에는
　　　출장의 목적지, 출발일, 기간, 숙박시설, 목적지에서 만날 사람과 연락처, 개최되는 회의,
　　　관계된 서류 등을 구체적으로 기입한다.

　　ⓓ 상사의 출장기간 동안 위임된 업무를 수행하며 주의해야 하는 일을 대리권자에게 알리거나
　　　상사 부재 시의 영향을 최소화하는 방향으로 처리한다.

　　ⓔ 상사가 출장에서 돌아오면 방문객, 전화 등 부재중에 일어난 일에 대한 결과를 보고한다. 상
　　　사가 가져온 자료는 정리하여 출장 보고서를 작성하고, 출장여비를 정산한다. 또 상사가 받
　　　은 명함을 정리하고, 필요에 따라 인사장을 작성하여 발송한다.

③ 문서 · 사무 업무

　㉠ 사무환경 정비

　　ⓐ 상사의 집무실과 응접실을 깨끗하게 유지하고, 조명 · 방음 · 환기 · 적정온도 유지 등 환경 정비를 하며 비품과 소모품을 효율적으로 관리하여 상사의 업무능률을 높일 수 있도록 한다.

　　ⓑ 때로는 직접 사무용 기기 및 기타 시설의 구매를 위한 건의를 하며, 선택에 대한 책임을 진다.

　㉡ 문서 작성

　　ⓐ 비서의 문서관리 업무는 넓은 의미로는 정보관리 업무라고 할 수 있다.

　　ⓑ 비서가 취급하는 문서는 보고서, 공문서, 의사록, 전언문 등의 사내 문서나 인사장, 상업문서 등이다.

　　ⓒ 문서를 작성할 때에는 표기 · 표현상 주의해야 할 일반적인 준수사항이 있다. 문서는 어느 한 개인만을 위한 글이 아니므로 객관적인 내용과 형식적인 틀을 갖추어야 문서로서의 가치를 지니게 된다.

　　ⓓ 비서는 자료를 요약하여 보고하거나 상사에게 제출된 자료를 통합 · 분석하여 편집하는 업무도 수행한다.

　㉢ 문서의 수 · 발신

　　ⓐ 외부에서 보내 온 문서가 수 · 발신을 담당하는 부서에서 접수되어 비서에게 배부되는 경우에는 먼저 수신 우편물을 분류하고 우편물 대장에 기록한다.

　　ⓑ 사내에서 중요한 문서를 주고받을 때에는 일반적으로 문서 수신부에 기록한 후 수신인에게 문서를 전달하고 수취 확인 서명을 받는다.

　　ⓒ 사외 문서나 사내 문서의 수신에 대한 기록이 끝나면 사외 문서는 개봉을 해서 상사에게 전달한다.

　　ⓓ 사외 문서의 발신은 문서의 수 · 발신을 담당하는 부서가 일괄 처리하는 것이 보통이지만, 비서는 직무상 직접 문서를 발신해야 하는 경우도 있기 때문에 우편 제도에 대한 다양한 정보를 알고 효율적으로 활용할 수 있어야 한다.

　㉣ 문서 정리

　　ⓐ 비서는 사무실에 있는 문서를 체계적으로 분류, 정리해 두었다가 상사가 정책 결정이나 계획 수립에 참조해야 할 경우 즉시 제공함으로써 상사의 정보 처리 활동을 관리하고, 상사의 경영 관리에 필요한 각종 정보를 효율적으로 보관한다.

　　ⓑ 문서 정리의 목적은 문서에 기록된 정보의 보관 · 활용 및 시간의 절약이다. 이러한 목적을 달성하기 위하여 문서나 기록을 어떻게 정리해서 표현하고 배열할 것인지를 생각해야 한다.

　　ⓒ 문서 정리를 하기 위해서는 먼저 서류나 자료를 정리하는 작업을 해야 한다. 정리에는 회사명, 조직명 등의 명칭에 따라 정리하는 방식과 견적, 수주 등 문서의 내용에 따라 정리하는 방식 등이 있다. 정리된 문서나 기록은 알아보기 쉽게 색인을 붙여 가나다순이나 숫자의 순서로 배열한다.

　　ⓓ 문서뿐만 아니라 명함, 신문, 잡지, 서적 등 각종 자료에서도 계획의 입안이나 의사 결정의 기초가 되는 정보를 얻을 수 있기 때문에 언제든지 이용하기 쉽도록 정리해 두어야 한다.

ⓔ 명함은 회사명, 개인명, 업종명으로 분류하여 정리하고 명함에는 받은 일시, 특징, 취미 등을 메모하여 참조한다. 신문이나 잡지 등에서 참고가 될 만한 기사를 오려 내어 자료로 이용할 수 있도록 스크랩한다.

④ 기타 업무 [기출]

ㄱ 상사로부터 지시를 받은 특명 사항은 신속히 처리하고 보고한다.

ㄴ 평소에 비상사태 때의 행동지침에 대하여 잘 알아 두었다가 비상사태가 발생하면 사내·외에 연락하고, 상사의 지시에 따라 신속히 필요한 조치를 취한다.

ㄷ 경력이 많은 비서는 신입 비서를 훈련시키고 감독하며, 필요에 따라 여러 가지 전표의 작성, 교통비·여비·기밀비·각종 회비의 출납·정산, 상사의 개인적인 출납, 수표·어음의 처리, 세무 절차의 대행, 장부 기재 등 경리에 관련된 업무를 담당한다.

ㄹ 직무상의 특수한 업무 수행에 요구되는 업무 편람을 작성하여 둘 뿐만 아니라 최신, 최선의 것이 되도록 유지·관리한다.

ㅁ 상사가 효율적으로 일할 수 있도록 데이터베이스를 구축한다.

중요 check 비서 업무매뉴얼 [기출]

• 임원실 및 비서실 비품 목록
• 조직도 및 회사빌딩 층별 배치도
• 회사 주요연락처, 회사 인근 식당리스트

---

(5) 업무관리

① 업무를 수행할 때의 기본자세

ㄱ 최선을 다해서 한다.

ㄴ 일을 스스로 찾아서 한다.

ㄷ 문제의식을 가지고 일에 임한다.

ㄹ 일을 통하여 자신을 개발시킨다.

ㅁ 자신의 분야에서 전문가로 인정받을 수 있도록 한다.

② 업무 진행 절차

비서는 주어진 업무를 처리할 때에 먼저 계획을 확실히 세워 그에 따라 실행하고, 실행한 결과를 잘 평가하여 다음 계획에 반영시키는 업무 진행 방법을 원칙으로 실천해야 한다.

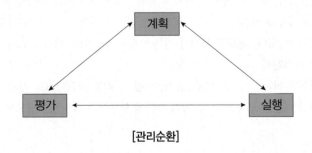

[관리순환]

⊙ 계획 단계(Plan) : 비서 업무 중에는 순서가 처음부터 정해진 정형적 업무가 많으나 그렇지 못한 업무를 효율적으로 진행하기 위해서는 목적·목표를 달성하기 위한 구체적인 계획을 수립한다.

중요 check 계획을 수립할 때의 유의 사항

- 착수하려는 업무 내용을 완전히 이해할 것 : 전체 업무와의 관련성뿐만 아니라 업무의 중요도와 긴급도, 상사의 기대 정도 등을 정확하게 알아야 한다.
- 가장 효율적인 방법을 생각할 것 : 업무 기간을 고려하여 순서대로 처리한다. 신속, 정확, 그리고 쉽게 처리하도록 연구한다.
- 우선순위를 정할 것 : 두 가지 이상의 일이 주어졌을 때에는 우선순위를 정해서 한다.

⊙ 실행 단계(Do) : 계획에 따라 자주적으로 실제 업무를 수행하는 단계이다.
  ⓐ 처음 생각한 순서대로 진행하고 있는지를 점검하면서 실시해야 한다. 예정대로 되지 않을 때에는 즉시 검토하여 상사에게 보고한다.
  ⓑ 상사로부터 지시된 업무는 어떤 일이라도 정확히 실시한다. 상사가 지시한 업무에 흥미가 없거나 단순 작업이라 하더라도 성의껏 상사의 뜻에 따른다.
  ⓒ 상사가 기대하는 기간에 맞추기 위해서는 자신의 작업 속도를 파악해 두어야 한다. 또한, 진행 중에 문제가 발생하면 즉시 상사에게 중간보고를 한다.
⊙ 평가 단계(See) : 업무가 처음의 계획과 같이 진행 되었는지와 기대한 만큼의 결과에 도달했는지를 점검, 평가, 반성하는 단계이다.
  ⓐ 계획과 실적과의 차이를 분석한다. 먼저 당초의 계획대로 기대된 성과가 있었는지를 점검한다. 다음으로 양자 간에 차이가 있다면 그 원인을 분석·검토하여 냉정하고 정확한 평가를 하며 반성한다. 반성한 사항은 '반성 메모' 등에 기록하여 훗날 업무의 개선에 보탬이 되게 하고, 새로운 계획에도 반영시킨다.
  ⓑ 과거에 경험한 업무나 다른 사람의 일과 비교·분석한다. 분석한 후 부족한 지식이나 기술을 알게 되면 그것을 보충하기 위하여 노력한다.

③ 업무처리의 기본 원칙 `기출`

ㅤ㉠ 일상적인 순서에 구애받지 말고 사례별로 처리한다.

ㅤㄴ 일을 시작할 때 철저히 준비하고 마친 후에는 정리한다.

ㅤㄷ 문서화된 모든 것에는 작성 일자 또는 접수 일자를 기입한다.

ㅤㄹ 업무 처리는 정확히 한다.

ㅤㅁ 업무는 진행 과정을 추적하여 마무리한다.

ㅤㅂ 모든 서류를 일정한 기준에 따라 정리 · 보관한다.

ㅤㅅ 기업의 비밀에 관한 사항은 보안에 특히 유의한다.

2 직업윤리 및 비서윤리

(1) 비서 직무의 윤리

비서(Secretary)의 어원이 비밀(Secret)에서 나온 만큼 비서에게 있어 직업윤리의 여러 문제 중 기밀 유지에 관한 문제는 매우 중요하다. 특히, 비서직은 상급 경영자 및 관리자를 가까이에서 보좌하고 조직 내에서 많은 기밀 사항을 다루기 때문에 일반 사무직보다 더욱 철저한 직업윤리 의식을 가져야 한다.

> ▣ 비서직 윤리
> 비서가 상사나 조직과의 업무 관계에서 비서로서 마땅히 해야 하거나 지켜야 할 직업적 가치, 즉 비서 업무 수행 시 실제로 필요한 규범이라고 할 수 있다. 비서는 회사를 위하여 일하기도 하지만 상사와 함께 일하는 직무상의 특수성 때문에 일반 사무직보다 더욱 엄격한 직업윤리를 지켜야 한다. 예 정직, 신뢰감, 비밀엄수, 충성심

① 기밀 유지

업무와 관련된 기밀을 지키는 것은 일반 사원에게도 요구되는 직업윤리이지만, 특히 비서는 기밀 사항을 다루게 되는 경우가 많으므로 주의해야 한다. 따라서 고의는 물론 실수로 비밀 사항을 엿듣 거나 누설하는 일이 없도록 한다.

ㅤ㉠ 상사나 조직에 대한 기밀 보장 위반 사항

ㅤㅤⓐ 우연히 비밀 이야기를 듣는 것

ㅤㅤⓑ 업무 외 시간에 동료나 다른 직원과 함께 상사나 조직에 대해 이야기하는 것

ㅤㅤⓒ 가족, 친구와 함께 상사나 조직에 대한 이야기를 하는 것

ㅤㅤⓓ 자료를 주고받는 과정에서 또는 업무 중 부주의로 자료를 노출함으로써 기밀을 유출하는 것

ㅤㄴ 기밀을 요구하는 자료

ㅤㅤⓐ 상사나 상사의 부하 직원에 대한 개인 신원 자료

ㅤㅤⓑ 공식적인 서류

ㅤㅤⓒ 비공식적인 서류

ㅤㅤⓓ 상사 개인의 상황이나 사생활 관련 자료

② 성실한 업무 태도

    ㉠ 비서는 항상 최선을 다하여 자신의 업무를 수행해야 하며, 선배나 동료 비서가 있을 때에는 이들과도 상호 협조적인 업무 관계를 유지한다.

    ㉡ 상사로부터의 지시 및 명령을 바르게 이해하여 충실히 이행해야 한다. 그러기 위해서는 업무에 대한 목적, 내용, 방법, 순서, 기한 등을 정확히 알고 있어야 한다.

③ 업무 한계의 인식

    ㉠ 비서는 상사의 보좌 역할이지 상사 본인은 아니므로 상사의 대리 역할은 하지만, 상사가 가지고 있는 권한을 그대로 행사해서는 안 된다는 사실을 늘 기억해야 한다.

    ㉡ 조언자의 입장에서 자신의 의견을 말할 수 있으나 경영 관리상의 업무와 같은 상사 고유직무 권한에 대해서는 함부로 관여해서는 안 된다. 비서가 업무의 한계를 실천하지 않으면 회사에 피해를 끼치는 문제를 일으키는 경우가 생긴다.

④ 정직과 신뢰

    ㉠ 정직은 비서가 상사에 대해서는 물론 소속 회사에 대해 가져야 할 기본적 규범이다.

    ㉡ 비서는 상사와의 업무 관계에 있어 신뢰를 받으려면 무엇보다 정직해야 하며 회사의 규칙을 준수하여 도리에 어긋난 행동을 하지 말아야 한다.

    ㉢ 그 밖에도 업무상 알게 된 정보를 이용하여 자신의 경제적 이익을 취하는 행동은 직업윤리뿐 아니라 법에도 위배된다.

    ㉣ 가짜 영수증을 사용하여 비용을 허위로 청구하거나 소액이라도 개인적인 용도로 회사의 공금을 유용하는 행위, 뇌물을 제공하는 행위 등도 매우 심각한 범법 행위이다.

(2) 비서직 윤리 실천

① 윤리 실천

    ㉠ 다른 사람이 비윤리적으로 행동하는 것을 직접 간섭할 수 없다면 적어도 다른 사람이 하는 행동에 대하여 내가 그러한 행동을 예의 주시하고 있다는 경고를 줄 수 있다. 누군가가 자신의 비윤리적인 행동을 지켜보고 있다고 생각하면 아무래도 비도덕적인 행동을 하는 빈도수가 줄어들 것이다.

    ㉡ 스스로 모범이 되도록 노력한다. 한 사람의 모범적인 행동은 전체 사무실의 윤리적인 환경유지에 매우 큰 영향력을 끼친다. 주위의 관행을 따를 것이 아니라 스스로 높은 직업윤리의식을 가지고 진정한 가치를 지켜 나간다면 스스로도 유혹에 빠지는 것을 막을 수 있을 뿐 아니라 그렇지 않은 다른 사람에게도 모범이 될 수 있다.

    ㉢ 다른 사람을 나의 기준으로 판단하거나 비난하지 말고 나 자신도 때에 따라서는 비윤리적인 행동을 하지 않는지 돌아본다.

    ㉣ 사내에서 공공연하게 행해지는 비윤리적인 사건에 대하여 상사가 모를 때에는 자신의 의견을 더하지 않고 사실을 그대로 보고하는 것이 좋다. 일이 확대되면 상사나 회사에게 더 큰 악영향을 끼칠 수 있기 때문이다.

② 비서직 윤리 헌장

대부분의 전문직 협회들은 윤리 강령을 제정하여 협회 회원들이 지켜야 할 규범을 정하고 있다. 사단 법인 한국 비서 협회는 2001년 4월, 비서의 날에 전문 비서 윤리 강령을 선포하였다.

중요 check 전문 비서 윤리 강령 **기출**

서 문

전문 비서 윤리 강령은 비서가 전문 직업인으로서 신뢰와 책임감을 갖추고 성실히 업무를 수행하며, 나아가 사회에 공헌하도록 함을 목적으로 제정되었다.

비서는 윤리 강령을 준수할 의무를 지니며, 직무를 수행함에 있어 본 강령을 행동 준칙으로 채택한다.

I. 직무에 관한 윤리

【상사 및 조직과 고객의 기밀 유지】 비서는 업무와 관련하여 얻게 되는 상사나 조직, 또는 고객에 대한 정보의 기밀을 보장하고, 업무 외의 목적으로 기밀 정보를 사용하지 않는다.

【조직과 상사와의 관계】 비서는 전문적인 지식과 사무 능력을 보유하고, 업무를 효율적으로 수행함으로써 상사와 조직의 이익을 증진시킨다.

【예의와 정직】 비서는 항상 상사와 고객에게 예의를 갖추어 친절하게 대하며 직무 수행에 있어 직위의 범위를 벗어나는 언행을 삼가고 정직하게 임하여 신뢰를 받도록 노력한다.

【동료와의 관계 및 팀워크】 비서는 존중과 신뢰를 바탕으로 동료들과의 관계를 협조적, 우호적으로 유지하여 효과적인 팀워크를 이루어 나갈 수 있도록 노력한다.

【보상】 비서는 최선의 업무 결과에 대한 정당한 대우를 받을 권리가 있으나 부당한 목적을 위해 제공되는 보상에 대해서는 응하지 않는다.

【자원 및 환경 보존】 비서는 업무 수행 시 경비 절감과 자원 절약, 환경 보존을 위해 노력한다.

【직무 수행 봉사 정신】 비서는 자신의 직무와 관련된 사항에 대해 직무 수행 효과를 제고한다.

II. 전문성에 관한 윤리

【전문성 유지 및 향상】 비서는 지속적인 자기 개발을 위해 교육 훈련 프로그램에 적극적으로 참여함으로써 비서로서의 전문성을 유지 및 향상시킨다.

【전문직 단체 참여】 비서는 자신의 전문성을 향상시킬 수 있는 전문직 단체에 참여하여 정보 교환과 상호 교류를 통해 비서직 성장 발전과 권익 옹호를 도모한다.

【품위 유지】 비서는 직업의 명예와 품위 향상을 위하여 노력한다.

【사회봉사】 비서는 지역 사회의 발전 및 공공의 이익을 도모할 수 있는 각종 봉사 활동에 적극적으로 참여한다.

출처 : (사)한국비서협회

⑤ 비서의 자질과 역량

(1) 비서의 자질 기출

① 민첩성과 침착성
  - ㉠ 비서는 상사의 측근자로서 또는 회사 안팎의 의사소통의 전달자로서 필요에 따라 즉시 정보를 제공하거나 사무 처리를 신속하게 할 수 있어야 한다.
  - ㉡ 재치 있고 민첩한 비서 가운데는 간혹 경솔한 사람이 있어 자기 나름대로의 짐작으로 판단하여 행동하는 경우가 있다. 민첩한 가운데 침착하고 정확하게 처리하는 것은 우수한 비서의 자질 중 하나이다.

② 판단력과 조정 능력
  - ㉠ 비서는 상황과 정보를 신속하게 분석한 후 정확한 판단을 내릴 수 있어야 한다.
  - ㉡ 상사가 외출했을 때 사내에 중요한 문제가 발생했다면 신속하게 상사와 그 밖의 관계자에게 연락하여 그 사태에 대한 책임자의 지시에 따라 대처하는 재빠른 상황 판단력이 있어야 한다.

③ 적응력과 융통성
  - ㉠ 비서는 업무를 통하여 끊임없이 변화를 겪게 되는데, 어떠한 변화에도 신속하고 능동적으로 대처해 나가야 한다.
  - ㉡ 회사 내에서 조직이 재편성되거나 새로운 컴퓨터 시스템을 설치하거나 또는 상사가 바뀌는 등 변화들이 계속해서 생기게 되는데, 이러한 상황의 변화나 새로운 경향에 대하여 개방적으로 수용하는 자세를 가지고 훈련이나 재교육 프로그램에 적극적으로 참여해야 한다.
  - ㉢ 업무 처리에 있어 타성적이기보다는 효율적인 방안을 생각하고, 분석적인 태도와 호기심을 가져야 한다.

④ 기억력
  - ㉠ 비서는 마치 컴퓨터와 같이 기억, 연산, 출력뿐만 아니라 조정·제어와 같은 총괄적인 시스템의 역할을 수행해야 한다.
  - ㉡ 방문객의 이름과 얼굴, 약속 사항, 서류의 내용, 해당 서류를 누가 보관·사용하고 있는가, 정보를 어디에 모아 두었는가 등 기억해야 할 사항이 많다.

⑤ 선견지명과 감수성
  - ㉠ 업무가 바쁠 때를 예측하고 필요한 사전 준비 작업을 미리 해 두면 효율적이다. 또, 상사의 지시 이전에 적절한 조치를 취할 수 있도록 평소에 회사의 방침, 목표, 조직의 상황, 상사의 특성, 업무의 처리 절차 등을 파악해야 한다.
  - ㉡ 접객 응대의 배려, 상사의 심리를 꿰뚫어 볼 수 있는 능력, 상사의 의도를 알아차릴 수 있는 능력 등의 섬세한 감수성은 비서에게 필수적인 자질이다.

⑥ 친절함과 기밀성

　㉠ 비서는 누구보다도 사람을 대하는 일이 많기 때문에 모든 사람에게 밝고, 명랑하며 친절하게 응
　　대하여 다른 사람이 회사나 상사에 대하여 호의적인 감정을 가질 수 있도록 한다.

　㉡ 친절하면서도 때로는 과묵함이 요구된다. 비서는 상사의 업무를 보좌하기 때문에 기업의 정보
　　를 다른 사람들보다 빨리 알게 되는 기회가 많다.

　㉢ 비서는 스스로 판단해서 기밀이 누설되지 않도록 최선을 다해야 하며 그러기 위해서 '필요 없는
　　말은 화제로 삼지 않는다'는 마음가짐을 갖고 행동하여야 한다.

⑦ 적극성과 겸손함

　㉠ 상사는 대체로 비서를 신뢰하여 언제나 자세한 지시를 하지 않고 비서의 업무도 감독하지 않는
　　경향이 있다. 즉, 비서가 모든 일을 빈틈없이 처리해 줄 것으로 기대하고 있는 것이다. 따라서
　　비서는 업무에 대한 적극성을 가져야 한다.

　㉡ 때때로 적극성이 지나쳐서 주위의 사람들로부터 부정적인 평가를 받는 경우도 있으므로 겸손하
　　고 자중할 줄 아는 자기 제어가 항상 필요하다.

⑧ 책임감과 포용성

　㉠ 비서의 적성 가운데 가장 중요한 기본이 되는 것은 직무 수행상의 책임감이다. 아무리 많은 지
　　식과 뛰어난 기술을 갖추었다 해도 책임감이 없으면 비서의 업무를 완전하게 수행할 수 없다.

　㉡ 책임감이 강한 사람은 때때로 일을 독점하는 경향이 있어 남에게 일을 맡기지 않거나 신뢰하지
　　않는다. 비서의 업무가 과중해지고 업무가 폭주하면 다른 사람의 도움을 요청하거나 외부의 지
　　원을 받는 것이 좋다.

　　▣ 아웃소싱(Outsourcing)
　　　조직의 핵심 기능이 아닌 업무를 다른 회사에 맡겨 처리하는 것

⑨ 정확성과 신뢰성

　㉠ 부정확한 업무 처리는 상사의 업무뿐만 아니라 회사의 이미지, 회사의 신용에까지 영향을 끼치
　　므로 비서는 신속 · 정확하게 업무를 처리하는 능력을 갖추어야 한다. 편지나 서류는 항상 다시
　　검토하여 오탈자가 없는지를 확인하고, 중요한 서류는 업무 담당자에게 재확인해 주도록 요청
　　한다.

　㉡ 상사가 비서를 믿고 일을 맡기기 위해서는 먼저 신뢰 관계가 형성되어야 한다.

⑩ 충성심과 정직성

　㉠ 충성심은 상사에게 무조건 복종하는 것이라기보다는 자신의 임무에 최선을 다하여 열심히 하는
　　것이라고 할 수 있다. 또, 업무 처리에 있어 상사의 지위와 입장을 고려하며 상사의 편에 서서
　　자신보다는 상사가 돋보이도록 하는 태도를 의미한다.

　㉡ 정직성은 비서뿐만 아니라 모든 인간에게 기본적으로 요구되는 규범이다. 회사의 규칙과 정책
　　을 준수하고 뇌물 수수, 거짓 진술, 회사 비품의 개인적인 사용 등과 같은 부도덕한 행동을 하
　　지 않으며 정당하게 일을 하고 그에 대한 보상을 받는 투철한 직업 정신이 필요하다.

(2) 비서의 역할(기능) 기출

① 조직 구성으로서의 역할

　㉠ 비서는 상사의 다양한 경영적 사무를 덜어 주고, 사무 절차와 작업의 흐름이 능률적으로 수행되
　　도록 조정하고 유지한다. 또, 상사가 정한 방침과 절차에 따라 업무를 수행하고 상사, 동료, 부
　　하 직원, 고객, 거래처와의 작업 관계를 원활하게 유지한다.

　㉡ 비서는 상사가 수행하는 업무의 능률화를 조성하는 기본적 역할에서부터 관리 보좌 역할까지도
　　수행해야 하므로 비서의 역할은 경영자의 활동 범위와 관계가 깊다.

　㉢ 비서의 역할이 강조되는 것은 경영자의 과중한 업무 중에서 위임받은 업무를 비서가 수행함으
　　로써 경영자는 본연의 업무 수행에 전력하여 효율을 기할 수 있기 때문이다. 비서는 직접적으
　　로 경영 목표 수행 활동에 관여하지는 않지만 의사 결정에 기초가 되는 자료를 수집, 분석, 제
　　공하기도 한다.

　㉣ 비서를 상사 인격의 연장이라고 하는 것은 비서의 업무 수행 방식이 상사의 의도에 따른 것이기
　　때문이다. 그러나 비서는 경영자의 부하 또는 개인을 위한 비서라는 관념을 떠나 조직의 일원
　　으로서 임무를 수행해야 하고, 최고 경영층으로 통하는 의사소통의 통로로써 조직의 여러 갈등
　　요인을 제거하는 매개자 역할도 해야 한다.

[비서의 역할 관계]

　㉤ 개인적 차원에서 기대되는 역할

대내적 역할	대외적 역할
조직 구성원으로서 다른 조직원과 동일하게 직무를 수행하는 것뿐만 아니라, 조직 내의 의사소통의 통로 역할을 수행해야 하므로 원활한 인간관계를 형성하기 위한 노력을 해야 한다.	비서는 직무상 비교적 여러 분야의 다양한 직위의 사람들과 접촉이 많으므로 기업의 이미지를 대외적으로 표현하는 창구가 될 수 있다. 따라서 기업의 이미지와 기업 신용도를 높이기 위하여 노력해야 한다.

② 직무상의 역할

　㉠ 정보의 수집 및 관리

　　ⓐ 상황의 판단과 전략적 의사를 결정하는 상사의 업무를 보좌하기 위하여 정확한 정보의 제공
　　　이 반드시 필요하다.

　　ⓑ 정보의 원천인 자료의 체계적인 수집과 분석을 통하여 신속하게 정보를 제공함으로써 의사
　　　결정 시간을 단축시킬 수 있다.

　　ⓒ 이러한 역할을 수행하기 위하여 컴퓨터를 활용한 자료 수집, 문서 편집과 작성, 팩시밀리를
　　　통한 문서 송·수신을 할 수 있는 업무 능력을 갖추어야 한다.

ⓛ 상사의 업무 능률 향상을 위한 보좌

    ⓐ 비서는 상사가 업무를 능률적으로 수행할 수 있도록 준비와 사후 처리를 한다.

    ⓑ 상사의 일정 관리 및 회의 준비는 물론 경조사 관련 업무, 사무 비품 구입·조달, 비용이나
경비 처리 등의 역할을 담당한다.

(3) 비서의 업무 태도 및 지식

① 비서는 항상 최선을 다하여 자신의 업무를 수행해야 하며, 선배나 동료 비서가 있을 때에는 이들과
도 상호 협조적인 업무 관계를 유지해야 한다.

② 상사로부터의 지시 및 명령을 바르게 이해하여 충실히 이행해야 하고, 그러기 위해서는 업무에 대
한 목적, 내용, 방법, 순서, 기한 등을 정확히 알고 있어야 한다.

③ 비서는 상법, 기업법, 노동법 등의 법학지식과 기업경영, 인적자원관리, 마케팅 등의 경영학 지식
을 두루 갖춰야 한다.

03   비서의 자기개발

1 시간 관리 및 스트레스 관리

(1) 시간 관리

① **즉시처리의 원칙** : 미루지 않고 즉석에서 처리하고 결정한다.

② **계획에 의한 업무 추진** : 업무 수행에 필요한 목적을 설정하고 그 목적을 효과적으로 달성하기 위
한 활동의 순서, 지침, 방향을 정한다.

③ **상사와의 업무 및 시간 조절** : 상사와 지속적인 의사소통으로 업무일정을 조율하고 상사의 일정에
맞추어 자신의 시간을 조절한다.

④ **스스로의 통제** : 생각날 때마다 기록하고 모든 물건을 항상 제자리에 놓으며, 일이 몰릴 때도 한 가
지씩 차분히 처리한다.

⑤ 시간일지를 기록하여 시간 계획을 세우는 데 참고해야 한다.

⑥ 시간일지를 작성할 때 시간 단위를 너무 크게 나누어 기록하면 시간별로 기록한다는 의미가 없어
진다.

⑦ 예상치 못한 일정이 생길 수 있으므로 여유 있게 일정을 잡아야 한다.

(2) 시간 관리의 효과

① 시간을 낭비하는 것을 방지한다.
② 일을 진행하는 방식을 개선할 수 있다.
③ 최선의 결과를 기대할 수 있다.
④ 보다 높은 동기가 생긴다.
⑤ 자신의 일에 대한 성취도가 높아진다.
⑥ 크게 당황하거나 스트레스를 받는 일을 최소화할 수 있다.
⑦ 실수를 줄일 수 있다.
⑧ 보다 높은 차원의 일에 도전할 수 있는 자질을 함양할 수 있다.

(3) 스트레스 관리

① 사람들이 표현하는 말, 행동, 태도를 그 사람의 독특한 성격특성으로 인정하고 수용한다.
② 스트레스 관리를 위해 심신 이완과 명상을 하고 건강관리를 위해 규칙적인 운동을 한다.
③ 행복한 삶, 가치 있는 삶을 위해 일의 의미와 삶의 의미를 항상 인식한다.
④ 상대의 말, 행동을 고의성을 띤 것으로 해석하거나 감정적으로 맞서지 않고 문제 삼지 않는다.
⑤ 오늘은 내친김에 푹 쉬고 내일 조금 더 하면 된다고 미루지 않는다.
⑥ 일에 대한 갈등, 불안, 좌절을 인생의 낙오자로 비하하지 않는다.
⑦ 인간관계에 대한 갈등으로 자신을 비하하지 않는다.

2 경력관리

(1) 자기개발의 목적

자기개발이란 자기의 능력을 개발하여 키워 나가는 일이다. 즉, 자기를 최상으로 높이려는 노력이고 적극적으로 배우고 익혀서 얻는 힘을 사회적으로 향상시켜 가는 과정이다. 자기개발의 결과로 자기 성장을 도모할 수 있을 뿐 아니라 조직도 활성화되는 이점이 있다.

① **자기 성장** : 자기 성장의 목표는 개인의 성향과 목표, 그리고 조직에서 요구하는 능력에 따라 다르다. 내향형의 사람은 환경적응력과 대인관계능력 향상이 과제가 될 것이고, 외향형의 사람은 사물을 차분히 파악하는 마음가짐을 과제로 한다.
② **조직의 활성화** : 자기개발에서 자신 외 다른 한 면은 조직이다. 개인의 반복 업무의 결과로 나타나는 타성과 같이 조직도 경직화(硬直化)되기 쉽다. 이러한 문제를 극복하고 활력 있는 조직을 만들기 위한 자기개발도 필요하다.

(2) 자기개발의 필요성 [기출]

① 비서에게 자기개발이 필요한 이유는 과거의 지식과 경험만으로는 변화하는 환경에 능동적으로 대처할 수 없기 때문이다.

② 업무에 관한 창의력, 각종 외국어의 습득, 새롭게 개발되는 사무기기의 활용과 빠른 속도로 변화하는 컴퓨터 소프트웨어를 끊임없이 익히는 것 등 자기개발에는 끝이 없다.

③ 요즘 기업체에서는 비서를 선발할 때 컴퓨터 활용, 홈페이지 관리, 인터넷 활용, 멀티미디어기기 조작 등 다양한 능력을 갖춘 사람을 희망하는 사례가 늘고 있다.

④ 비서는 경영자인 상사를 보좌하는 역할을 하기 때문에 경영 전반에 대한 지식이 요구된다.

(3) 자기개발의 방법

비서로서 일정한 직장에 자리를 잡고 직업인으로서 가져야 할 직업의식과 직업윤리를 갖춘 다음 전문직 비서로 성장하기 위해서는 현재의 위치에 만족하기보다는 미래를 향하여 자기를 끊임없이 개발해야 한다.

① 목표 관리에 의한 방법

ㄱ 목표의 설정

ⓐ 효과적인 자기개발을 위해서는 달성 목표가 있어야 한다. 목표를 세움으로써 추진 방향이 확실하게 설정되며 지금 어떠한 노력을 더 해야 할 것인지를 알게 해 주기 때문이다.

ⓑ 일단 목표가 설정되면 목표를 신속하게 달성하기 위한 노력을 하게 되고, 일상생활에서 실천함으로써 자신의 삶에 활기를 얻게 된다. 자기가 설정한 목표가 충분한 가치가 있다고 생각하고 반드시 해낸다는 굳은 결의를 가져야 한다.

ⓒ 실천 일정표를 짜서 작은 노력일지라도 조금씩 생활 속에서 습관화가 되면 더욱 좋을 것이다.

ⓓ 정기적으로 진행 상황을 점검하는 것도 필요하다.

ㄴ 효과적 목표 설정

ⓐ 목표는 반드시 원대할 필요는 없으며, 현재의 능력, 환경 등을 고려하여 실현할 수 있는 합리적인 목표를 세운다.

ⓑ 실현 가능한 목표를 세우되 너무 쉽게 성취할 수 있는 목표보다는 도전할만한 가치가 있는 목표를 세운다.

ⓒ 애매모호한 목표보다는 구체적인 목표를 설정한다.

ⓓ 단기 목표와 장기 목표가 서로 조화되도록 설정한다.

ⓔ 목표는 일정 시간이 지난 후에 평가할 수 있도록 정한다.

ⓒ 목표의 유형

    ⓐ 업무 관련 목표

       • 일상의 업무 생활 속에서 필요한 지식과 기술을 배우는 것을 목표로 하는 경우이며 목표가 구체적이고 명확해야 한다.

       • 먼저 현재 자신의 직무 수행에서 부족하다고 느끼는 지식이나 업무 관련 기술은 어떠한 것이 있는지를 파악한 후 부족한 점을 향상시키기 위하여 목표를 세우고 노력해야 한다.

       • 직장에서 즉시 실현해야 할 과제에 대해서는 회사가 사내 또는 사외 연수를 통하여 제공하기도 한다.

    ⓑ 자기 성장 목표

       • 단기적으로 현재 자신의 업무를 잘 처리할 수 있는 능력을 갖춘 뒤에는 장차 자신이 도달하거나 성취하고자 하는 직위나 업무에 대하여 중 · 장기의 계획을 세우고 꾸준히 노력해 가는 과정을 거쳐야 한다.

       • 현재의 바쁜 업무에만 매달리기보다는 미래를 생각하는 시간을 가져야 하며 미래를 준비하는 사람만이 빠르게 변화하고 있는 환경에서 적응하며 발전할 수 있다는 생각을 항상 염두에 두어야 한다.

    ⓒ 삶의 질 향상을 위한 목표

       • 미래의 삶을 충실하게 하기 위해서는 자기의 잠재 능력의 개발이나 어학력, 기획력, 창조력의 연마 등 비교적 업무에 관계있는 능력 개발뿐만 아니라 취미, 운동, 여행, 음악회 등 개인 생활 속에서 자신의 여가와 취미를 통한 자기개발에 힘쓰지 않으면 안 된다.

       • 전문직 협회나 시민 단체, 봉사 단체 등에서 여가 시간을 활용하고 목표를 세워 봉사하는 것은 자기개발의 기회는 물론, 자신의 생활을 풍요롭게 하여 직업이나 직장에도 더욱 긍정적인 영향을 끼칠 수 있다.

② **업무를 통한 방법** `기출`

    ㉠ 문서 작성 : 문서를 작성할 때에는 문서의 내용을 이해하는 것이 상사가 하는 일에 대하여 배울 수 있는 좋은 기회가 된다. 왜 그 서류가 만들어졌고, 일이 어떠한 순서에 의하여 진행이 될 것이며, 어떠한 결과가 예상되는지를 생각하면서 작성하면 업무 파악에 많은 도움이 된다.

    ㉡ 우편물 처리

       ⓐ 비서는 일반적으로 상사의 우편물을 개봉하고 정리해서 상사에게 전달해야 하는 책임이 있다. 이때에 배달되는 편지, 문서, 메모는 업무나 조직의 상황에 대하여 좀 더 알 수 있는 훌륭한 자료원이 된다.

       ⓑ 상사 앞으로 배달되는 개인적인 편지나 인사(人事)에 대한 사내비 · 사외비에 관한 사항은 개봉하지 않도록 하며 실수로 보게 되었으면 외부에 누설하지 않도록 주의한다.

ⓒ 회사 홍보 매체

　ⓐ 일상적으로 주위에서 일어나는 일에 대한 이해 외에도 회사의 상품과 업종에 대한 정보를 얻
　　도록 노력한다. 이러한 정보는 주로 조직에서 발행하는 인쇄물이나 보고서들을 구해서 수집
　　할 수 있다.

　ⓑ 회사와 관련된 분야의 신문 기사가 나오면 스크랩을 하며 인터넷을 통하여 회사에 관련된 정
　　보를 검색하는 등 평소에도 항상 관심을 두도록 한다.

ⓔ 개선 방안 연구

　ⓐ 업무를 수행하다 보면 기존의 방법보다 시간과 비용을 조금 투자하고 같은 효과를 거둘 수
　　있거나 더 나은 성과를 얻을 수 있는 방법이 있다.

　ⓑ 최근에는 사원제안제도가 있어서 사원들이 아이디어를 제출하면, 평가를 거쳐 좋은 아이디
　　어는 회사 운영에 받아들이고 이에 대한 물질적 · 심리적인 보상을 하는 회사도 적지 않다.

(4) 자기개발 프로그램

① 정규 과정

　㉠ 2년제 대학, 4년제 대학교에 비서행정과, 정보비서과, 비서학과 등 비서 관련 학과가 개설되어
　　있으며, 대학원에서도 비서 관련 학과가 주간과 야간에 개설되어 있다.

　㉡ 자신의 관심 분야를 확대해 나가고, 관련 분야에 대한 지식과 능력을 높여 나가기 위해서는 경
　　영학, 행정학, 영문학, 교육학 등 다양한 전공을 선택해도 좋을 것이다.

　㉢ 방송통신대학, 사이버대학, 사회교육기관을 통한 학점은행제 등을 활용하여 학업을 계속할 수
　　있다.

② 비정규 과정

　㉠ 대중 매체의 활용 : 신문, TV, 라디오, 인터넷 등은 날마다 접하는 유력한 정보원이다.

　　ⓐ 신문 : 각종 신문 중에서도 경제 신문은 시사 일간지에 없는 전문적인 정보를 제공한다. 비서
　　　업무를 수행하는 것뿐만 아니라 경제의 흐름과 회사의 운영에 대한 이해를 넓히기 위해서도
　　　경제 신문은 매우 유용하다. 이러한 정보들은 상사의 업무에 대한 이해도 넓혀 주므로 효과
　　　적인 보좌에 많은 도움이 된다. 경제 기사는 다른 기사에 비하여 어느 정도 사전 지식이 있
　　　어야 이해하기 쉽다. 최소한 기사에 쓰이는 경제 용어에 대해서는 사전 지식이 있어야 하며,
　　　배우려는 성의를 가지고 경제 · 시사 사전 등을 활용하여 그때그때 의문점을 해결해 나간다.

　　　• 시리즈 기획물 : 이해가 어려운 경제 기사에 대한 이해를 집중적으로 도와주는 해설기사와
　　　　시리즈 기획물은 기사에 대한 이해를 높일 뿐만 아니라 거대한 경제 흐름에 대한 시각도
　　　　갖도록 해준다.

　　　• 인사 · 재계 동향란 : 재계의 동향이나 인사 변화와 관련된 내용이 나온 면은 주의 깊게 보
　　　　도록 한다. 또한, 회사와 관련되는 내용들은 신문에 표시를 하거나 복사해서 상사에게 보
　　　　이도록 한다.

- 시사만화 : 신문에 나오는 만화에는 중요하고 사회적으로 화제가 되는 내용에 대한 정보가 압축되어 있다. 신문 만평란이나 사회면 만화는 그날의 시사 흐름과 동향에 대한 내용을 담고 있다.
- 광고 : 신간 서적의 광고와 서평을 참고로 하여 독서 계획을 세우는 것도 좋다. 경제지, 사무 관련 책, 시사 잡지의 안내 광고 표제를 보는 것만으로도 주요 시사점을 파악할 수 있다. 그리고 화제가 되는 책이나 베스트셀러는 시대 흐름에 뒤처지지 않게 읽는다.
ⓑ TV와 라디오
- 방송 매체의 계획성 없는 시청은 시간을 낭비하기 때문에 각종 프로그램 가운데 선별하여 시청·청취하는 것이 바람직하다.
- 방송 매체 중에서도 교육 방송(EBS)은 다양한 주제의 강의와 어학 프로그램을 개설하고 있다. 방송 시간표를 참고하여 여유 시간에 공부하도록 한다.
ⓒ 인터넷
- 정보의 바다인 인터넷에서 검색 엔진을 이용하면 컴퓨터에 특별한 전문 지식이 없어도 원하는 분야의 자료를 쉽게 얻을 수 있다.
- 주제별 디렉터리를 따라가면서 검색하거나 찾고자 하는 키워드(단어나 문장)를 입력하여 검색할 수도 있다.
- 자주 방문하는 사이트는 '즐겨찾기' 항목에 추가하여 쉽게 찾을 수 있도록 지정해 두면 편리하다.
- 취업 정보 : 취업 정보에 있어서 인테넷은 신속성에서 가장 앞선 매체 중의 하나이다. 인터넷 정보를 이용한 취업의 가능성 외에 취업에서 빼놓을 수 없는 자격증에 대한 정보도 인터넷을 통하여 얻을 수 있다.
ⓛ 사내 연수 프로그램
ⓐ 최근에는 인적자원개발에 대한 관심이 높아지면서 사내 연수 프로그램을 설치하는 기업이 늘어나고 있다.
ⓑ 업무에 직접적으로 도움이 되는 연수회는 물론이고, 폭넓게 자기 능력을 개발하기 위한 각종 연수에도 적극적으로 참여하는 것이 바람직하다.
ⓒ 사내 연수나 회사에서 추천하는 외부 훈련 프로그램은 자신의 전문 분야를 개발, 확립한다는 점에서 바람직하다.
ⓒ 사외 연수 프로그램
ⓐ 사외 연수는 특히 직종 또는 소속이 다른 사람들의 모임이기 때문에 지식 이외에 인간관계를 형성하는 좋은 기회가 된다.
ⓑ 사외 연수로는 대학, 대학원, 학원, 협회, 단체, 기업 등 각종 기관에서 개설하는 전문 과정이 많이 있다.
ⓒ 사외 연수의 장점은 교육 참여를 통하여 네트워크를 구축할 수 있다는 점이다.

[비서의 자기개발을 위한 교육 훈련 프로그램]

정규 과정 (교육 제도)	• 방송 통신 대학, 야간 대학(학사 과정) • 경영대학원, 행정대학원, 정보대학원 등 각종 특수 야간 대학원(석사 과정) • 사회 교육원 : 경영, 법률, 정보 관계 등
비정규 과정	• 사내 교육 : 경영, 컴퓨터, 외국어 교육 및 예절, 기초 교양 강좌 • 사외 교육 : 각종 협회나 전문 기관 주최의 세미나 및 연수 프로그램

  ② 어학력 향상과 취미 생활

   ⓐ 어학력 향상

    • 좋아하는 외국 노래 가사를 외운다.

    • 속담, 약어의 지식을 늘린다.

    • 최근의 사회 이슈와 관련된 용어나 경영 관련 약어를 익힌다. 이는 영어 습득과 상식을 높이는 이중의 효과가 있다.

    • 출근 시간 전이나 퇴근 시간 후에 영어 및 제2외국어 학원을 다니면 어학 실력도 늘고 교통 체증에서 벗어날 수 있는 이중 효과가 있다.

    • 교육 방송(EBS)이나 라디오에서 제공하는 외국어 회화 프로그램에 대한 책자를 구입하고 꾸준히 방송을 들으며 실력을 쌓는다.

   ⓑ 취미 생활

    • 풍부한 취미 생활은 삶의 질을 높이고, 인간관계를 다양하게 해 줌으로써 적극적인 사회생활을 하는 데 밑거름이 된다.

    • 현대 사회에서는 성실이나 근면도 중요하지만 창의력, 독창성, 개성 등을 요구하고 있다.

    • 다양한 취미와 스포츠를 즐길 수 있고, 특기도 있어야 한다.

 ③ **자격시험**

  자격증은 직업 능력과 전문성을 측정하고 평가하는 기준이 된다. 자격증 취득은 업무에 직접 도움이 되며, 관련 업무의 폭을 넓힐 수 있는 준비이면서 또 공식적으로 직장에서 인정을 받을 수 있다.

  ㉠ 비서 자격시험

   ⓐ 비서 자격시험은 대한상공회의소에서 주관하며, 1 · 2 · 3급 시험이 있다.

   ⓑ 3급 시험은 비서에 관한 초보적인 지식, 2급 시험은 일반적인 지식, 그리고 1급 시험은 전문적인 지식을 갖추고 관련 업무를 신속하고 정확하게 수행할 수 있는 능력의 유무를 판정하는 시험이다.

  ㉡ 컴퓨터 관련 자격시험

   ⓐ 국가 자격증 : 워드프로세서, 컴퓨터활용능력, 전자상거래관리사, E-test, 정보처리기능사, 정보처리산업기사, 정보처리기사, 정보기기운용기능사, 웹디자인기능사, 전산회계운용사, 컴퓨터그래픽스운용기능사 등

   ⓑ 국가공인 민간 자격증 : PCT(PC 활용능력평가시험), DIAT(디지털정보활용능력), 인터넷정보관리사, 컴퓨터운용사, PC정비사, ITQ(정보기술자격시험), 네트워크관리사 등

   ⓒ 국제 자격증 : Adobe 자격증, 오라클 공인 전문가 제도, MOS 등

ⓒ 일반 자격시험

[일반 자격시험]

컨벤션기획사	국제회의 유치와 기획 준비 진행 등 모든 업무를 기획 · 조정 · 운영
감정평가사	동산이나 부동산 등 재산의 경제적 가치를 판정하여 가격으로 표시
경영지도사	각 기업의 경영을 진단하고 문제를 해결
공인중개사	부동산거래 중개
공인회계사	회계와 세무 대리
관세사	화주를 대리하여 수출입 통관 절차 이행, 행정 업무 처리
물류관리사	기업의 합리적인 물류 체제 구축
법무사	과거의 사법 서사로, 법 관련 서류 작성 및 수속 대행
변리사	개발자의 지적 · 산업 재산권에 관한 권익을 보호
선물거래중개사	국제 시장에서 미래 시점에 상품 인도나 대금 결제를 실행할 것을 전제로 현재 시점에서 계약 및 매매 대행
세무사	납세 의무자의 의뢰에 따라 조세에 관한 신고 및 청구의 대행
손해사정사	각종 사고에 대한 손해액과 보험금 지급 범위 및 보상금 산정
주택관리사	공동 주택 입주자의 권익을 보호, 건물과 제반 시설 관리
증권분석사	증권의 평가와 가격 변동, 수익률, 추세 분석 및 투자 운용에 관한 업무 수행
유통관리사	각 유통 회사나 백화점의 판매 및 유통 관리 업무 수행

중요 check　자격 관련 사이트

- 한국산업인력공단(www.hrdkorea.or.kr)
- 한국능률협회(www.kma.or.kr)
- 대한상공회의소(www.korcham.net)
- 한국정보산업연합회(www.fkii.or.kr)
- 한국생산성본부(www.kpc.or.kr)
- 한국정보통신자격협회(www.icqa.or.kr)
- 한국정보통신진흥협회(www.ihd.or.kr)

01 상사의 지시를 받는 이 비서의 태도로 가장 적절한 것은?

① 일정을 보고하러 들어갈 때에는 일정표만 가지고 들어가고, 혹시 메모할 사항이 생기면 상사 책상 위의 메모지를 활용하도록 한다.

② 회사 기념품의 종류를 어떤 것으로 할지는 비서가 적당한 것으로 고르면 되므로 다시 확인하지 않아도 된다.

③ "다음 달 중순 언제로 비행기 스케줄을 알아볼까요?"라고 궁금한 점이 있는 경우 지시 도중 질문을 한다.

④ 지시사항을 모두 메모한 뒤 간단히 복창하여 확인한다.

해설 ① 일정을 보고하러 들어갈 때에도 일정표와 함께 메모지를 가지고 들어간다.
② 회사 기념품의 종류를 어떤 것으로 할지를 비서가 골랐다 하더라도 상사에게 확인을 받는다.
③ 궁금한 점이 있더라도 지시 도중에는 꼼꼼하게 메모하고 지시가 끝난 후 질문을 한다.

02 각 상황에 대한 비서의 자세로서 가장 바람직한 것은?

① 총무과장에게 상사의 업무지시를 전달하기 위하여 "이 서류를 지금 바로 만들어 주세요. 사장님이 급하신 모양입니다."라며 총무과장에게 업무이행요청을 하였다.

② 사내 다양한 인맥을 유지하기 위하여 타부서 사람들과 친해진 뒤 상사와의 관계발전을 위해 타부서 사람들에게 자주 조언을 구하게 되었다.

③ 동료 비서가 매우 바빠 보이지만 상사의 업무지시를 대기하여야 하므로 선뜻 업무지원에 나서서는 안 된다.

④ 입사동기가 급하게 금전 도움을 요청하였지만 적절한 사유를 들어 조심스레 거절을 하였다.

해설 ① 총무과장이면 본인보다 직위가 높을 가능성이 많은데 "이 서류를 지금 바로 만들어 주세요. 사장님이 급하신 모양입니다."라고 하는 것은 지나치게 사무적이고 지시조로 들릴 수 있는 말투이다.
② 사내 타 부서 사람들과 친해지는 것은 바람직하지만 상사에 대하여 타 부서 사람들에게 자주 조언을 구하는 것은 바람직하지 않다.

③ 동료 비서가 매우 바빠 보일 경우, 상사의 업무지시가 있을 때까지는 융통성을 발휘하여 동료를 도와 준다면 후일 본인이 바쁠 때 동료의 도움을 기대할 수 있을 것이다.

03 비서에게 필요한 역량을 설명한 것 중 가장 올바른 것은?

① 회사 내 체계화되어 있지 않은 파일링 시스템을 구축한다.
② 정형화되어 있는 일이 대부분이므로 순간적인 판단이나 융통성을 발휘하는 것보다는 궤도에서 벗어나지 않게 일처리를 하는 것이 더 중요하다.
③ 업무를 처리하는 데에는 우리의 문화나 규범에 맞도록 업무 기준을 세우도록 한다.
④ 조직 내 구조가 점차 축소됨으로써 비서의 다기능적 역량이 요구된다.

> 해설 ① 비서는 직접적으로 경영목표 수행활동에 관여하지 않는다.
> ② 비서는 업무를 통하여 끊임없이 변화를 겪게 되므로 어떤 변화에도 신속하고 능동적으로 대처해야 한다.
> ③ 비서는 업무처리에 있어 타성적이기보다는 효율적인 방안을 생각하고 분석적인 태도와 호기심을 가져 야 한다.

04 김 비서가 사무실에서 사용하는 호칭으로 가장 적절한 것은?

① 대학교 후배에게 동료 직원이 없는 자리에서 "○○야, 요새 힘든 것은 없니?"라며 이야기를 건 넸다.
② 사내 회의에서 동문선배의 제안내용에 "○○형이 제안하신 내용은 고객관점에서 적절한 내용 같습니다."라고 말했다.
③ 부장님의 아들이 경연대회에서 입상한 소식을 듣고는 "자녀분이 수상을 하여 기분 좋으시겠어 요."라고 인사를 건넸다.
④ 여자 과장님이 부재중일 때 받은 전화메모를 건네며 "남편께서 10분 전에 전화하셨습니다."라 고 말했다.

> 해설 ② 사내 회의와 같은 공식적인 자리에서는 친한 사이라도 직위를 붙여서 호칭한다.
> ③ '-분'은 '귀하'에 버금가는 경칭이므로 '자녀'라는 명사에 '분'을 붙이는 것은 적절하지 않다.
> ④ 상사의 남편이므로 남편 앞에 높임을 뜻하는 '-분'을 넣어 '남편분'이라고 해야 한다.

05 비서가 유의해야 할 대인관계에 대한 설명이다. 다음 중 가장 올바른 것은?

① 상사로부터의 명령을 타인에게 전달할 경우에는 비서이지만 상사대리자로서 상사의 권위가 함께 전달될 수 있도록 한다.
② 비서로서 다른 이들과 항상 일정한 거리감을 두어 경영층의 기밀이 누설되지 않도록 노력한다.
③ 선배 비서의 지도를 충실히 따르도록 하지만 종래의 방법에 문제가 있다고 판단된다면 본인의 의견을 선배에게 그 자리에서 지적하여 더 나은 방향으로 조정되도록 한다.
④ 사무직원뿐만 아니라 모든 사람들에게 친근하게 대하고, 필요에 따라서는 동료들의 요구사항이나 고충을 상부에 조언할 수 있는 중재자 역할을 하도록 한다.

> **해설** ① 비서는 상사의 대리자일 뿐 상사의 권위를 내세워서는 안 된다.
> ② 비서는 커뮤니케이션의 통로로서의 역할을 수행해야 하므로 다른 직원들과도 친근하고도 원만한 유대관계를 유지하도록 한다.
> ③ 종래의 방법에 문제가 있다고 판단되더라도 선배에게 그 자리에서 지적하기보다는 우회적으로 건의하여 개선되도록 하는 요령이 필요하다.

06 비서의 대인관계 관리에 대한 사례들이다. 다음 중 가장 적절하지 못한 관리방법은?

① 비서의 업무 특성상 많은 사람들과 어울리기보다는 입사 동기들과 친하게 지내며 업무상 조언을 구하는 편이다.
② 거래처 사람들과 많이 친해져 가끔 점심을 함께 먹기도 하지만 그럴 경우 상사에게 보고를 드리고 있다.
③ 연말 임직원의 업무고과 평가기간이라 가급적 다른 부서의 동기나 선·후배와의 만남을 주의하고 소그룹의 모임도 자제하고 있는 중이다.
④ 업무상 자주 통화를 하게 되는 타 회사 임원비서들과는 우호적인 관계를 형성하도록 노력한다.

> **해설** ① 비서가 조직 내 인간관계에 있어서 타 부서의 직원들과 원활한 관계를 유지하는 것이 바람직하지만 업무상 조언은 입사 동기들보다는 선배에게 구하는 편이 바람직하다.

07 다음은 비서의 효율적인 시간 관리를 위한 행동이다 가장 적절하지 않은 것은? [09년 2회 2급]

① 시간일지(Time Sheet)를 기록하여 시간 계획을 세우는 데 참고하였다.
② 체크리스트(Checklist)를 사용하여 장기간 계속되는 업무에 대해서 추진 상황을 파악하고 실수로 업무를 빠뜨리는 것을 방지하였다.
③ 매일 아침 일일 작업 계획표를 작성하고 우선순위를 매겨 업무를 수행한다. 한 번 정한 우선순위는 바꾸지 않는다.
④ 어려운 업무는 능률이 가장 잘 오르는 시간에 완성하며, 업무 처리 방식이 비슷한 업무는 같은 시간 내에 처리하였다.

> **해설** ③ 한 번 정한 우선순위도 상황에 따라 유연하게 변경할 수 있어야 한다.

08 다음 중 비서의 스트레스 관리요령으로 가장 적절하지 않은 것은? [13년 1회 3급]

① 업무에 자신감을 가질 수 있도록 전문비서교육 과정을 수강한다.
② 스트레스 관리를 위해 규칙적으로 아침에 조깅을 하고 출근을 한다.
③ 업무에 어려움이 있을 때 선배의 조언을 듣는다.
④ 상사와 일하는 방식이 다를 경우, 자신의 업무 스타일을 상사에게 알려서 갈등이 없도록 한다.

> **해설** ④ 상사와 일하는 방식이 다를 경우, 가능한 상사의 업무가 원활하게 수행될 수 있도록 업무 방식을 조정한다. 자신만의 스타일을 고집하면 상사와의 갈등을 피할 수 없다.

09 최근 비서의 자기개발을 위한 방안으로 평생교육이 요구되고 있다. 이러한 비서의 평생교육의 배경으로 적당하지 않은 것은?

① 사회의 가속적 변화
② 인간존중의 중요성 증대
③ 매스컴의 발달과 정보의 팽창
④ 과학기술의 진보

> **해설** 비서의 입장에서 평생교육이란 비서로서 근무하면서 달성 가능한 장·단기 목표를 설정하여 보다 나은 내일을 계획적·체계적으로 설계하는 것을 말한다.

10 다음 중 경력관리를 도모하는 비서의 활동에 대한 설명으로 가장 적절하지 않은 것은?

① 거래처 비서들과의 네트워킹 구축은 비서의 경력개발 관리 관점에서 볼 때 중요하지 않다.

② 효과적인 네트워크 관리를 위하여 평소에 꾸준한 관계를 유지하여야 한다.

③ 평생교육에 대한 인식의 전환을 하여 생애교육(Lifelong Learning)을 통한 삶의 질 향상을 늘 염두에 두어야 한다.

④ 평생교육의 달성은 정규 및 비정규 교육 과정, 스스로 학습하는 자신의 노력 등을 통하여 이루어질 수 있다.

> 해설 ① 경력개발 방안으로 네트워킹 구축은 업무와 직접 연관이 있기 때문에 중요하다.

11 비서의 자기개발을 위한 목표 중 가장 올바르게 말하고 있는 것은?

① 전문비서가 되기 위해 열심히 노력하겠다.

② 영어실력을 향상시키기 위해 영어회화 모임에 가입하겠다.

③ 각종 영문서류들을 꼼꼼하게 정리해서 시간 날 때마다 읽고 해석하겠다.

④ 기업경영이나 경제환경 이해를 돕기 위해 경제신문을 정기구독해서 매일 읽겠다.

> 해설 목표설정 시 주의해야 할 사항은 구체적으로 실현가능한 것을 기술해야 한다는 것이다. ① 전문비서가 되기 위해 전문비서 자격증을 언제까지 취득하겠다든가, ② 영어실력 향상을 위해 영어회화 모임에 가입하여 공부를 어떻게 하겠다든가, ③ 영문서류들을 하루에 몇 개씩 읽겠다든가 등의 구체적인 목표설정이 중요하다.

※ 다음 보기의 내용을 읽고 물음에 답하시오(12~13).

> 대한 정보통신의 사장과 부사장의 공동비서로 근무하는 박주영은 최근 부사장님이 중국지사에 관심이 많아 중국관련 업무가 늘어나고 있다. 사장님은 박 비서를 불러 임원실 업무가 늘고 있어 신입비서 채용을 계획해서 보고하고 신입비서의 업무에 대해 관심을 가지고 관리할 것을 지시하셨다.

12 다음 중 박 비서의 경력개발을 위한 계획으로 가장 적절하지 않은 것은?

① 특수대학원 석사과정에 입학하여 인력개발관련 수업을 수강한다.

② 사이버대학에 등록하여 중국어 수업을 수강한다.

③ 데이터베이스를 수강하기 위해 학원에 등록하여 컴퓨터 능력을 향상시킨다.

④ 신입비서에게 필요한 교육프로그램 관련 서적을 구입한다.

> **해설** 경력비서의 경우 신입비서를 채용·교육하는 업무를 수행해야 하므로 관련 서적을 구입하거나 인력개발 관련 수업을 수강하여 자신의 경력개발을 이룰 수 있다. 또한 중국관련 업무가 늘어나고 있는 상황이므로 중국어 수업을 통해 자기개발을 하는 것도 바람직하다.

13 다음 중 박 비서의 바람직한 관리 역할에 대한 설명으로 가장 거리가 먼 것은?

① 조직에서 인사관리자로서의 역할에 관심을 갖고 지시받은 업무를 수행한다.

② 신입사원 채용과 관련하여 전자파일 및 각종 자료를 검색하는 정보관리자로서의 역할이 필요하므로 관련 능력을 개발한다.

③ 신입비서에게 직무수행상 필요한 능력을 훈련시키는 프로그램 개발에 관심을 가지고 교육훈련 관리자로서의 역할을 수행한다.

④ 정책관리자로서 신입비서를 위한 업무 매뉴얼을 작성하고 이를 유지하기 위한 방안을 기획한다.

> **해설** 비서로서의 관리역할은 경력직 비서에게 주어지는 인사관리자, 교육훈련관리자, 정책관리자의 역할을 의미한다. ②는 언뜻 신입사원 채용 업무처럼 보이지만 실제는 자료검색의 정보관리자 역할이므로 이는 신입 비서에게도 해당하는 내용이다.

14 다음 중 전문비서가 갖춰야 할 자질로서 가장 거리가 먼 것은?

① 상법, 기업법, 노동법 등의 법학지식과 기업경영, 인적 자원관리, 마케팅 등의 경영학 지식이 필요하다.

② 비서는 비정형적인 업무가 많으므로 상황에 따른 적절한 업무판단을 할 수 있는 판단력이 필요하다.

③ 상사의 직접적인 지시가 없어도 스스로 솔선수범하여 업무를 찾아서 수행할 수 있는 적극성과 주도성이 있어야 한다.

④ 상사에게 최대한 다량의 정보를 제공하기 위하여 새로운 정보를 얻는데 관심을 가질 뿐 아니라, 관련 정보는 모두 수집하여 상사에게 제공하는 정보수집능력이 필요하다.

해설 ④ 상사에게는 불필요한 정보는 배제하고 정확한 정보만을 수집하여 제공하도록 한다.

15 다음 그림을 보고 비서의 상사의 보좌 형태에 대해 가장 적합하게 설명하고 있는 것은?

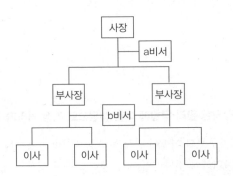

① a비서는 대부분 기관의 최고책임자를 보좌하는 경우로 업무가 중복되거나 비서 재량권이 없다.

② b비서는 비용절감을 목적으로 하는 경우로, 비서의 입장에서 업무의 우선순위를 둘 때 신중해야 한다.

③ a비서는 업무 범위가 명확하여 업무에 있어서 상사의 영향을 덜 받는 편이다.

④ b비서는 비서들 간의 업무가 중복되어 업무 범위가 명확하지 않다.

해설 ② a비서의 경우 단독비서(개인소속비서)이며, b비서의 경우 복수형비서(공동비서)이다.

16 다음 중 한국비서협회의 전문비서 윤리강령에 대한 예시 설명으로 가장 적절한 것은?

① 정직 : 근무시간에 충실하여 가능한 야근은 하지 않도록 한다.

② 충성심 : 조직이나 회사의 충성심이 상사에 대한 충성심보다 우위임을 잊지 않는다.

③ 신뢰감 : 상사와 신뢰 형성을 위해 상사의 개인적 목적을 위한 업무도 할 수 있어야 한다.

④ 비밀엄수 : 상사의 일정은 대외비로 보안을 철저하게 한다.

> **해설** ① 정직 : 직무수행에 있어 직위의 범위를 벗어나는 언행을 삼가며, 정직하게 임하여 신뢰를 받도록 노력한다.
> ③ 신뢰감 : 회사의 규칙을 준수하여 도리에 어긋난 행동을 하지 말아야 한다.
> ④ 비밀엄수 : 업무와 관련해 얻게 되는 상사나 조직, 또는 고객에 대한 정보의 기밀을 보장하고 업무 외의 목적으로 기밀 정보를 사용하지 않는다.

17 최근 강 비서는 처음 맞이하는 주주총회 준비로 업무가 많아졌다 관련 업무 내용도 생소하여 업무에 대한 자신감도 떨어지고 있다 게다가 주주총회 과정에서 안건처리 문제로 주주들의 갈등과 상사인 대표이사가 난처한 상황을 겪는 것을 경험한 후 업무 스트레스가 최고조에 이르렀다 강 비서가 스트레스를 줄이기 위해 취할 수 있는 방법으로 가장 적절하지 않은 것은? [15년 1회 1급]

① 현재 자신의 능력이나 역량에 비하여 높은 수준의 업무를 맡게 될 경우, 회사의 지원에 의존하지만 말고 스스로 역량 개발에 투자한다.

② 일정 기간에 많은 업무를 수행해야 한다면 우선순위에 따라 수행업무의 목록을 작성하여 체크하면서 체계적으로 업무에 임한다.

③ 업무에 대한 자신감을 키우기 위해서는 쉬운 일부터 먼저 처리하고, 어렵게 느껴지는 일은 더욱 효율적으로 처리할 수 있도록 주주총회가 가까워지면 한다.

④ 요즘처럼 일이 지나치게 많을 때는 업무위임 여부를 상사와 의논해 본다.

> **해설** ③ 비서는 업무를 우선순위에 따라 체계적으로 진행하도록 한다.

18 신유라 비서는 마케팅팀 업무를 추가로 맡게 되어 업무량이 증가하였다 이에 따라 주어진 시간 내에 업무를 마치려면 철저한 시간 관리가 필요한 상황이다 신 비서의 시간 관리 방법에 대한 다음 설명 중 가장 바람직하지 않은 것은? [15년 1회 1급]

① 바쁜 일정 속에서 우선순위에 따라 일하는 것은 불가능하므로 필요한 일은 그때그때 바로 처리하도록 한다.

② 일상적인 업무에 대해서는 표준화된 매뉴얼을 만들어 두면 타인에게 업무를 용이하게 위임할 수 있다.

③ 업무처리 방식이 비슷한 업무는 동시에 처리하는 방식으로 업무에 대한 집중도를 높인다.

④ 시간낭비 요소라고 여겨지는 요소들을 제거함으로써 시간을 효율적으로 관리한다.

> **해설** ① 기업에서 비서를 채용하는 이유의 가장 큰 부분은 일정관리에 있다. 이러한 일정들을 일일, 주간, 월간 등 우선순위 없이 그때그때 처리한다면 비서가 존재할 이유가 없다.

02 | 대인관계업무

01 전화응대

1 전화업무

(1) 전화업무의 중요성

① 기업에서 전화는 고객 또는 거래처와 회사를 연결하는 중요한 커뮤니케이션 수단이다. 전화응대를 하다보면 다양한 직종, 직급, 성격의 사람들과 통화를 하게 된다. 상대방이 회사의 고객일 수도 있고, 상사나 직원의 친척이나 친구, 또는 저명인사일 수도 있으며 심지어는 외판원이나 전화를 잘못 걸어 온 사람일 수도 있다.

② 비서 업무의 많은 부분들이 전화를 매개로 하고 있을 뿐 아니라 전화 업무는 상사와 회사의 이미지에 많은 영향을 끼쳐 회사의 이익에 직·간접적인 영향을 주기도 한다.

③ 비서는 상대방이 누구든, 전화를 건 목적이 무엇이든 간에 회사에 대한 좋은 인상을 심어 주기 위하여 노력해야 한다.

(2) 전화응대의 기본

전화는 업무에서 가장 빈번하게 이용하는 의사소통 수단이면서도 상대방을 보지 않고 의사를 전달하기 때문에 의사소통에 주의해야 한다. 전화통화 중에는 목소리, 발음, 어휘와 어법 같은 언어 구사능력까지 모두 의사소통에 영향을 끼치는 중요한 원인이 된다. 물론, 전화통화 중에는 목소리를 통하여 현재 자신의 기분 상태, 태도, 성격까지 상대방에게 전달이 되기도 한다.

① 음성과 말의 속도

　㉠ 음성의 높낮이 : 음성이 너무 낮거나 단조로우면 듣는 사람이 지루해지거나 주의를 집중해서 경청하기 어렵다. 활발하고 생기 있는 목소리로 대화한다.

　㉡ 크기 : 너무 크거나 작게 말하면 상대방의 기분을 상하게 하거나 통화 내용을 제대로 이해하기 어렵게 만든다.

　㉢ 말하는 속도 : 전문 용어나 중요한 정보의 전달이 필요할 때 너무 빠르게 말하면 듣는 사람이 메시지를 알아듣기 어렵다. 반면에, 간단한 메시지를 너무 천천히 말하면 듣는 사람이 지루해하므로 적당한 속도로 말한다.

② 올바른 어법, 어휘, 발음 : 목소리와 속도 못지않게 올바른 어법, 어휘, 발음법을 사용하는 것이 중요하다. 평소 말하는 습관이 입 안에서 웅얼거리거나 발음이 명확하지 않은 사람은 단어를 또박또박 분명하게 발음하는 훈련을 해야 한다.

[전화응대 전 준비사항]

비 품	• 두 자루 이상의 펜과 종이, 메모지 등 필기도구 • 벽시계 또는 탁상용 시계 • 탁상용 캘린더
전화기 위치	• 오른손잡이는 전화기를 책상의 왼쪽에 • 왼손잡이는 전화기를 책상의 오른쪽에
필요 서류 및 참고 자료	• 전화번호부 및 자주 거는 전화번호 리스트 • 회사와 관계된 안내 서류 및 참고 자료 • 스케줄 표 및 업무 관련 체크리스트

② 전화응대 태도

㉠ 되도록 출근 직후나 퇴근 직전, 점심시간 전후 등 바쁜 시간은 피한다.

㉡ 자신의 불쾌한 감정을 목소리에 나타내지 않는다.

㉢ 고객과의 언쟁은 피하고 말대꾸를 하지 않는다.

㉣ "여보세요"를 연발하지 않는다.

㉤ 상대방의 말이 끝나지도 않았는데 전화를 끊지 않는다.

㉥ 수화기를 '꽝'하고 소리 나게 끊지 않는다.

㉦ 불필요한 긴 통화로 회사 경비를 낭비하지 않는다.

㉧ 사적인 전화는 하지 않는다.

(3) 효과적인 전화응대

① 시작 인사

㉠ 인사하기

ⓐ 전화 대화의 첫 부분에서는 어느 쪽이든 먼저 인사와 함께 자신을 밝힌다.

"안녕하십니까? 한국 회사, 김영수입니다."

"감사합니다. 가나 주식회사 사장실입니다."

ⓑ 상대의 이름을 알 수 없거나, 상대방이 신원을 밝히지 않는 경우에는 상대가 누구인지 정중하게 물어보아야 한다.

"실례지만, 어느 분 전화라고 여쭐까요?"

"죄송하지만, 성함을 말씀해 주시겠습니까?"

ⓛ 통화 사정

　　ⓐ 상대가 전화를 받을 수 없거나, 중요한 일을 하고 있는 상황일 수 있으므로 상대방의 통화 사정을 물어 본다. 특히, 휴대전화일 경우 회의 중이거나 운전 중일 수 있으므로 반드시 통화 가능 여부를 물어 본다.

　　"지금 통화해도 괜찮으시겠습니까?"

　　"지금 전화 받기 어려우십니까?"

　　ⓑ 전화를 받을 수 없을 때에는 전화 받은 사람이 통화가 불가능하다는 것을 밝히고 다시 걸어 줄 것을 요청해야 하며, 거는 사람은 언제 다시 전화를 걸어도 되는지를 물어 보아야 한다.

　　"죄송합니다. 지금 운전 중이라 통화하기가 어려우니 30분 후에 다시 걸어 주시겠습니까?"

　　"제가 언제 다시 전화를 드리면 되겠습니까?"

② **용건 주고받기** : 인사를 교환한 후에는 곧바로 통화 목적으로 들어가야 한다.

　ⓣ 용건 표현

　　ⓐ 전화를 거는 사람은 예의바르고 조리 있게 자신의 용건을 이야기하고 상대방이 응답할 기회를 주어야 한다.

　　ⓑ 용건을 표현할 때에는 전화를 건 목적, 이유, 설명의 순으로 이야기한다.

　　"2시 회의가 3시로 변경되었습니다. 지방에서 오시는 분들이 3시면 다 도착하실 수 있기 때문입니다."

　　"제품 종류를 알고 싶습니다. 계약하기 전에 살펴보고 싶습니다."

　ⓛ 메모 및 용건 확인

　　ⓐ 전화 받는 사람이 메모를 하는 이유는 상대방의 전화 건 목적을 정확하게 기억하기 위함이다.

　　ⓑ 숫자나 글자 중에서 통화 발음상 혼동되기 쉬운 것은 확인하며 적는다.

　　"일 일 공 사 번 맞습니까?"(천 백 사 번이라고 했을 경우)

　　"혜천의 '혜'자는 '은혜'할 때의 '혜'자 입니까?"

　　ⓒ 전화 통화 중 많은 용건이 교환되었다면 용건을 요약하는 것이 좋다.

　　"제품 설명회는 13일, 전시회는 18일, 계약 날짜는 25일입니다."

③ **마무리 인사** : 용건에 대한 대화가 끝나면 마지막으로 전화 건 사람의 요구를 어떻게 처리할 것인지에 대해 언급을 하고 끝인사로 전화를 마친다.

　ⓣ 용건에 대한 수행 사항 알리기

　　전화를 받는 사람이 상대방의 용건을 듣고 자신이 수행할 행동에 대해 언급하는 이유는 상대방이 말한 내용을 어떻게 처리할 것인지를 미리 알려 줌으로써 잘못될 수 있는 의사소통의 오류를 막기 위함이다.

　　"말씀하신 대로 27일 목요일 오후 3시로 일정표에 기입해 놓겠습니다."

　　"요청하신 대로 오늘 즉시 변경해 드리겠습니다."

ⓛ 끝인사

 ⓐ 모든 대화가 끝나면 작별 인사를 하고 전화를 끊는다.

 ⓑ 용건이 끝났는데도 전화 건 사람이 계속 이야기를 할 때에는 상대방이 기분 상하지 않도록 주의해서 받는 사람이 전화를 끊도록 해야 한다.

  "전화 주셔서 감사합니다. 안녕히 계십시오."

  "다시 전화 드리겠습니다. 감사합니다."

 ⓒ 전화를 끊을 때는 전화를 건 사람이 먼저 끊는 것이 원칙이나, 상대방이 상사 또는 연장자인 경우에는 상대방이 먼저 끊고 난 후 끊는다.

② 전화 수ㆍ발신 원칙 및 예절

(1) 전화 받기

전화는 이쪽의 상황과 관계없이 동시에 여러 사람에게서 걸려 올 수도 있으므로, 때로는 전화를 받을 수 없는 상황에서 전화를 받아야 할 때도 있다. 그러한 경우라도 초조하거나 짜증나는 목소리로 상대방을 대해서는 안 된다. 전화 받을 형편이 좋지 않을 때에는 오히려 상황을 정중하게 설명하고, 나중에 통화를 하는 것이 더 바람직하다.

[전화 받는 요령]

전화 받는 순서	사 례
수화기는 왼손 (오른손잡이의 경우)	적어도 벨이 세 번 울리기 전에 든다.
인사 후 소속과 이름	• "안녕하십니까?" • "○○ 부의 ○○○입니다."
상대방 확인ㆍ인사	• "실례지만, 어디십니까?" • "그동안 안녕하셨습니까?"
용건 청취ㆍ메모	• "전하실 말씀이 있으십니까?" • 메모를 할 때 적어야 할 것을 미리 살펴둔다.
통화내용 요약ㆍ복창	"전하실 용건은 ~에 관한 것 맞습니까?"
끝맺음	• "감사합니다. 안녕히 계십시오." • 상대방이 끊고 난 후 조용히 수화기를 놓는다.

중요 check	전화응대 예절

- 벨은 3번 울리기 전에 받기
- 인사하고 소속 말하기
- 상대방의 요점을 재빨리 파악하기
- 전화메모 시 적어야 할 것들을 미리 살펴 메모하기
- 메모 내용을 복창·확인하기
- 친절하고 예의바르게 마무리 인사

(2) 전화 걸기

전화를 걸 때에는 상대방의 사정을 고려하여 더 효과적으로 통화할 수 있도록 상대방의 전화번호, 용건, 필요한 자료 등을 전화를 걸기 전에 미리 준비해 두는 것이 중요하다.

① 전화 거는 요령

전화 거는 순서	사 례
전화 용건, 순서의 메모하기	• 용건을 5W1H로 정리한다. • 서류, 자료를 갖춰둔다. • 상대방 번호를 확인한다.
상대방상황을 고려한 후 전화버튼 누르기	상대방의 시간(Time), 장소(Place), 상황(Occasion)을 충분히 고려하고 배려한다.
인사와 전화상대자 확인	"안녕하십니까? 00회사 전무실의 최00 비서입니다. 김 부장님이시죠?"
간단한 인사말과 용건	• "사장님께서 김 이사님과 통화를 원하십니다." • "다름이 아니오라, 휴대폰 수출 건에 관한 것입니다."
통화 희망자와 미통화 시	"메모를 부탁드려도 되겠습니까?"
끝맺음 인사	"감사합니다. 안녕히 계십시오."

중요 check	5W1H(육하원칙)

- When(언제)　• Who(누가)　• Where(어디서)　• What(무엇을)　• Why(왜)　• How(어떻게)

② 상황별 전화 걸기

　㉠ 통화 희망자가 부재중일 때

　　ⓐ 언제 돌아올 예정인지 묻는다.

　　ⓑ 다시 전화할 것을 약속하거나 돌아오면 전화해 줄 것을 요청한다.

　　ⓒ 메모를 남기고, 전화를 받는 사람의 이름을 묻는다.

　㉡ 상사 대신 거는 전화일 때

　　ⓐ 번호 버튼을 누르고 상대방의 비서가 나오면 인사를 하고, 상사의 부탁으로 전화를 하였음을 밝힌다.

　　ⓑ 상사가 원하는 상대방이 나오기 바로 직전에 상사가 수화기를 들 수 있도록 중재한다.

　㉢ 전화가 잘 들리지 않을 때

　　ⓐ 전화가 잘 들리지 않는다고 소리를 크게 내지 않도록 주의한다.

　　ⓑ "뭐라고요?", "잘 안 들리는데요."라는 표현을 쓰지 않도록 주의한다.

　㉣ 자동 응답기에 녹음을 해야 할 때

　　ⓐ 자동 응답기에 녹음을 해야 할 경우에는 소속, 성명, 용건뿐만 아니라 전화번호, 메시지를 남긴 날짜와 시각도 녹음한다.

　　ⓑ 상대방이 부재중이어서 자동 응답기에서 메시지가 나오면 끊어버리지 말고 반드시 메시지를 정확하게 남기는 습관을 기르는 것이 필요하다.

　㉤ 상대방을 배려하거나 양해를 구할 때

　　ⓐ 밤이 늦거나 휴일에 상사나 회사 사람들의 자택에 전화를 해야 할 때에는 폐를 끼친데 대한 사과의 말을 한다.

　　ⓑ 상대가 바쁠 때에는 상대방을 배려하는 예의가 필요하다.

❸ 전화선별

(1) 전화선별의 필요성

비서는 외부에서 걸려온 전화를 선별 처리하여 상사에게 연결해야 한다. 이는 상사가 걸려오는 모든 전화를 받음으로 인해 업무에 지장을 받을 수 있는 상황을 미연에 방지함으로써 업무의 효율성을 높일 수 있기 때문이다. 그러나 전화선별 업무도 스스로 판단하여 결정하기보다는 상사의 스케줄과 지시에 따르는 것이 좋다.

(2) 상황별 전화선별 방법 [기출]

① 즉시 상사에게 연결해야 하는 경우

　㉠ 상사와 자주 통화를 하는 사람의 전화는 통화가능한 상황이라면 즉시 연결하고, 받을 수 없는 경우라면 간단한 용건을 메모에 적어 상사에게 전달한다.

　㉡ 회사 내의 임원으로 상사보다 직급이 높은 경우에는 용건을 묻지 않아도 무방하며 가능하면 곧 바로 연결한다.

② 메모를 남긴 후 상사에게 보고하여 지시에 따라야 하는 경우

 ㉠ 상사가 회의, 면담, 부재중인 상황에서 걸려온 전화인 경우에는 전화건 사람의 소속, 성명, 연락처, 용건을 메모하여 두었다가 상사에게 보고한다.

 ㉡ 전화 건 사람에 따라 또는 용건의 중요 순위에 따라 전화를 연결해야 하는 경우도 있고, 그렇지 않은 경우도 있으므로 상사의 지시에 따른다.

③ 상사에게 연결하면 안 되는 경우

 ㉠ 처음 전화를 건 사람이 자신의 신분을 밝히지 않으면서 상사를 연결해달라고 하는 경우에는 즉시 연결하지 말고, 메모를 받아 두어야 한다.

 ㉡ 고객의 불만으로 인한 항의 전화인 경우 상사에게 곧바로 연결하기보다는 담당자에게 먼저 연결하여 해결할 수 있도록 조치한다. 이러한 경우에도 상대방에게는 끝까지 친절한 태도를 유지하는 것이 중요하다.

 ㉢ 세일즈 목적으로 불특정 다수에게 전화를 거는 업체의 경우에는 정중하게 거절한 후 스팸 처리한다.

4 직급별 전화연결 기출

(1) 전화연결의 의전

비서가 상사 간의 전화를 중재하여 연결할 때에는 양쪽 상사의 직급을 고려해야 한다. 즉, 직급이 낮은 쪽이 먼저 수화기를 들도록 중재해야 하는데 이러한 부분도 일종의 의전에 속하기 때문에 주의한다.

(2) 직급이 다른 상사들의 전화 중재

① 상사보다 높은 직급인 경우

 ㉠ 상사보다 지위가 높은 사람에게 전화를 할 때에는 우선 상대방 비서와 통화하는 것이 원칙이며, 일단 상대방 비서에게 용건을 전하고 적당한 조치를 기다리는 것이 바람직하다.

 ㉡ 상대방 비서에게 "제가 먼저 연결하겠습니다." 또는 "제가 먼저 여쭙겠습니다."라고 말한 후 상사에게 먼저 전화를 연결하는 것이 바람직하다.

② 직급이 비슷한 경우

 ㉠ 전화를 연결할 상대방의 직급이 상사의 직급과 비슷할 때에는 상사와 상대방이 수화기를 거의 동시에 들 수 있도록 상대방의 비서와 협의하여 중재한다.

 ㉡ 전화연결 시 상대방 비서에게 "같이 연결하겠습니다."라고 말하면서 상사의 내선버튼을 눌러서 연결한다.

③ 상사보다 낮은 직급인 경우

 ㉠ 직급이 낮은 상사가 직급이 높은 상사보다 먼저 수화기를 들고 기다리도록 중재하는 것이 좋다.

 ㉡ 상대방 비서에게 "먼저 연결해 주시겠습니까?" 또는 "먼저 여쭈어주시겠습니까?"라고 부탁한 후, 상대방과 연결되면 인사한 후 상사를 연결하도록 한다.

5 상황별 전화연결

(1) 전화를 연결할 때

① 다른 사람에게 전화를 연결할 때에는 보류 버튼을 누르거나 송화구를 손으로 막고, 상대방의 성명 과 용건을 간단히 전하고 연결한다.

② 다른 부서로 연결할 때에는 끊어질 경우를 대비하여 내선 번호나 전화번호를 안내해주고 연결한다.

③ 즉시 바꿔주지 못하고 지연될 때에는 수시로 중간 상황을 알린다.

(2) 오래 기다리게 할 때

① 상사가 금방 전화를 받지 못할 경우에는 상대방에게 상황을 알리고 계속 기다릴지 혹은 메시지를 남긴 후 다시 통화연결을 원하는 지를 물어본다.

② 계속 기다린다고 하더라도 상사의 다른 전화 통화가 금방 끝나지 않을 것으로 예상되거나, 상대방 의 직위가 상사보다 높거나 고객인 경우 통화가 끝나는 대로 비서가 연결할 것을 제의한다.

(3) 전화가 잘못 걸려 왔을 때

① 많은 전화를 받다 보면 간혹 잘못 걸려온 전화가 올 수도 있다. 이럴 때는 친절하게 상대방이 건 회 사명, 부서명, 전화번호를 확인하여 잘못 걸린 이유를 확인해 주는 것이 좋다.

② 상대방에게 우리 회사의 이름을 밝혀줌으로써 재차 잘못된 전화가 오는 것을 방지할 수 있을 뿐만 아니라, 자신의 회사이름을 홍보하는 결과도 가지게 된다.

(4) 상대방을 배려나 양해를 구해야 할 때

① 밤늦은 시간이거나 휴일에 상사나 회사 사람들에게 전화를 해야 할 때에는 폐를 끼친 것에 대한 사 과의 말을 하고 통화를 시작한다.

② 최근에는 개인 휴대전화로 전화를 거는 경우가 많은데, 이때에는 상대방이 통화 가능 상태인지 먼저 묻고 가능할 경우에 용건을 말함으로써 상대방의 상황을 세심하게 배려한다.

(5) 항의 전화가 왔을 때 기출

① 고객, 거래처 등으로부터 항의 전화를 받을 경우 같이 흥분하거나 맞서는 것은 금물이다.

② 일단은 상대방이 화를 내는 이유를 충분히 들어 주고, 상대방의 감정을 가라앉히도록 노력한다.

③ 항의 전화 시 통화하면서 해결 방안을 찾아보되, 상사를 꼭 연결해야 한다면 상황을 알아본 후 다 시 전화를 걸겠다고 유도한다.

④ 그런 다음 상사에게 간략한 상황을 보고하고 지시에 따른다.

(6) 통화하려는 사람이 부재중일 때

① 통화하려는 사람이 부재중일 경우에는 언제 돌아올 예정인지 묻고, 다시 전화하겠다고 하거나 돌아오면 전화해 달라고 메모를 남긴다.

② 전화 요청 메모를 남길 때는 전화를 받는 사람의 이름을 물어 적어 놓고 후에 참고한다.

(7) 전화를 다른 부서·사람에게 연결 시

① 옆 사람에게 전화를 연결 시, 보류 버튼을 누르거나 송화구를 손으로 막고 상대방의 성명과 용건을 간단히 전하고 연결한다.

② 다른 부서·사람에게로 연결할 때에는 끊어질 경우를 대비하여 내선 번호나 전화번호를 미리 안내해 주고 연결한다.

③ 전화를 즉시 바꿔주지 못하고 연결이 지연될 때에는 그런 상황을 상대방에게 알려서 마냥 기다리지 않도록 한다.

(8) 통화음이 고르지 않을 때

① 전화가 잘 들리지 않는다고 크게 소리를 지르며 "뭐라고요?", "잘 안 들려요."라는 표현을 쓰지 않는다.

② 상대방이 전화를 한 경우에는 전화상태가 좋지 않음을 알리고 다시 전화해 줄 것을 요청드리며, 전화를 건 경우에는 전화를 다시 드리겠다고 말한 후 끊고 다시 전화를 건다.

(9) 자동 응답기에 메시지를 남길 때

① 상대방이 부재중이어서 자동 응답기에서 메시지가 나오면 끊지 말고 반드시 메시지를 정확하게 남기는 것이 필요하다.

② 메시지를 남길 때는 소속, 성명, 용건, 전화 받을 번호 등을 순서대로 차근차근 남긴다.

(10) 회사의 위치를 물을 때

① 정확한 약도를 전화기 옆에 비치해 두고 회사 근처의 대형 건물이나 대표적인 정류장 이름, 교통편 등을 익혀 놓는다.

② 현재 상대방의 위치, 이용 차편을 묻고 그에 따라 위치를 설명한다.

③ 필요한 경우 약도를 팩스로 송신하거나 정확한 주소, 대표 전화번호 등을 알려주어 네비게이션, 인터넷 지도 등을 활용하여 찾아올 수 있도록 한다.

④ 그 외에 회사의 홈페이지에 약도와 찾아오는 길, 교통편 등을 올려 두어 안내한다.

6 국제전화 사용방법

(1) 자동전화 이용 방법

① 통신 사업자 번호 → 국가 번호 → 지역 번호 → 전화번호 순으로 버튼을 누르고 기다린다.

예 일본(국가 번호 81), 도쿄(지역 번호 3)의 상대방 전화번호 3478-8324로 걸 경우

통신 사업자 번호 → 81 → 3 → 3478-8324

② 지역번호에서 '0'이 있을 경우 이를 생략하고, 휴대전화인 경우에도 맨 앞자리의 '0'을 생략한다.

(2) 자주 사용되는 국가 번호

미국 · 캐나다	1	러시아	7	프랑스	33	영국	44
독일	49	오스트레일리아	61	필리핀	63	싱가포르	65
일본	81	대한민국	82	중국	86	홍콩	852

(3) 국제전화서비스 종류 기출

① 국제전화서비스의 종류와 용도, 사용 방법 등을 익혀 두면, 전화업무를 원활하게 할 수 있다.

② 국제전화를 걸 때에는 외국과의 시차나 공휴일을 고려하고, 현지 시각으로 출근 직후, 퇴근 직전, 월요일 오전 등 통화량이 많은 시간은 될 수 있으면 피하도록 한다.

[국제전화서비스 종류]

부가서비스 종류	서비스
수신자 요금 부담 통화 (Collect Call)	전화 요금을 수신인이 부담하는 서비스로, 교환원이 수신인에게 요금을 지불여부를 물어본 후 반드시 수신인이 승낙을 하였을 경우에만 통화가 가능함
지명 통화 (Person-to-Person Call)	통화 상대방을 지정하는 서비스로, 교환원에게 수신인의 전화번호와 이름을 지정해서 신청한 후, 지정한 사람이 있을 경우에만 통화를 지불함
번호 통화 (Station-to-Station Call)	이용 요금을 청구자가 부담하는 조건으로 상대방 전화번호를 지정하여 신청하는 서비스
국제전화 제3자 요금 부담 서비스	특정 전화번호를 요금 부담 전화번호로 미리 등록하고, 최대 10개까지 국제 통화 번호를 지정하여 통화하면 어디에서 전화를 하든지 미리 지정해둔 번호로 국제 통화 요금이 청구되는 서비스
국제전화 통역 서비스	외국인과의 국제 통화 시 언어의 불편을 해소하기 위한 전화 통역 서비스로 영어, 일본어, 중국어, 프랑스어 등 4개 국어 통역이 가능함
국제전화 요금 즉시통보서비스	통화가 끝난 직후 이용 시간과 요금을 알려 주는 서비스
국제 클로버 서비스	소비자가 해외에서 상품 상담 및 주문을 하거나 호텔, 항공사 등에 예약할 때 기업에서 고객의 통화 요금을 부담하는 서비스

한국 직통 전화 HCD (Home Country Direct)	해외에서 한국으로 전화할 때 그 나라 언어를 몰라도 한국 교환원을 통하여 통화하고 요금은 추후에 한국에서 수신자가 부담하는 서비스
신용카드 통화서비스	국내에서 발행된 신용카드 회원이 국제전화를 이용하고, 요금은 자신의 신용카드 계좌번호로 청구하는 서비스

중요 check 국제전화 경비처리 절차

회사에 업무성 경비로 정산처리 하기 위해서는 기본적인 정보인 통화 일시, 상대방 전화번호, 전화 사용요금, 통화 목적 등을 확인하여 경비처리 절차를 진행한다.

7 전화부가서비스 종류 및 활용

전화서비스의 다양한 종류를 알아두면 전화업무에 효율적으로 활용할 수 있다. 또, 전화를 효율적으로 이용하기 위해서는 평상시 전화번호부의 편집 구성 체계를 살펴두어 전화번호가 필요할 때에 신속하게 찾을 수 있도록 익혀둔다.

(1) 정 의

① 전화부가서비스는 유선전화 통신(PSTN)에 대형 컴퓨터를 연결해 기업 등 특정 소비자의 특별한 수요를 충족시켜 주기 위한 서비스이다.

② 일반 전화통화 사용에 편리하고 유용하며 다양한 고급 전화서비스를 부가하여 제공한 것이다.

(2) 전화 부가서비스의 종류 기출

부가서비스 종류	내 용
착신 전환	걸려오는 전화를 다른 번호에서도 받을 수 있도록 착신을 전환하는 서비스
부재중 안내	걸려오는 전화를 받을 수 없을 때 부재중으로 인해 전화를 받을 수 없음을 알려주는 서비스
3자 통화	동시에 세 사람이 함께 통화할 수 있게 하는 서비스
대표 번호	전화회선이 2개 이상일 경우 사업장을 대표하는 전화번호를 하나 정하고, 그 대표 번호가 통화 중일 경우에도 다음 회선에 순서대로 접속되어 통화할 수 있도록 하는 서비스
다른 지역 번호사용 서비스	다른 지역으로 회사를 이동하여 전화를 옮기는 경우 착신 전환 기능을 이용하여 전국 어디서나 일반 전화 또는 이동 전화에서 계속 받을 수 있게 하는 서비스
미팅 콜	예약을 하거나 예약을 하지 않더라도 별도의 장비 없이 최대 32명까지 전화로 회의를 할 수 있는 음성회의 서비스

클로버 서비스(080)	소비자가 공공기관, 금융, 운송, 통신, 관광, 유통업과 같은 서비스업체에서 전화로 정보를 문의하거나 예약, 주문 등을 할 경우 기업에서 고객의 전화요금을 대신 부담하는 서비스
음성 생활 정보 (ARS : Audio Response System)	각종 정보를 일반 전화 또는 휴대전화를 통해서 얻을 수 있으며, 각 정보별로 정보이용료와 통화료가 부과되는 서비스
전화 사서함	전하고 싶은 내용을 언제든지 상대방 사서함에 녹음, 저장하고 아무 때나 상대방이 저장된 내용을 들을 수 있는 간접통화 서비스
발신번호표시	전화가 왔을 때 상대방의 전화번호를 표시해 주는 서비스
단축다이얼	1~2자리 단축번호로 자주 거는 전화번호를 저장해 놓고 발신 시 단축번호만 눌러 편리하게 발신하는 서비스
내선통화(4자리)	회사 내에서 전화번호 뒤의 4자리(내선)만으로 통화하는 서비스
당겨 받기	미리 설정된 그룹 내에서 다른 사람의 전화를 당겨 받을 수 있는 서비스
핫라인(Hot Line)	수화기를 들었을 때 미리 지정된 번호로 자동으로 전화를 연결해주는 서비스
로밍서비스 (Roaming Service)	• 로밍은 한 통신업체가 다른 통신업체 망에 접속할 수 있도록 하는 것 • 국제 로밍은 국가 간의 로밍서비스 • 서비스가 안 되는 지역도 있으므로 출장지역에서 통화가 가능한 지 미리 문의해야 함

8 전화메모 및 기록부 작성 및 관리

(1) 메모지 작성법

① 상사에게 걸려온 전화를 연결하지 못할 때, 전화의 메시지 내용을 일목요연하게 정리한 메모를 상사에게 전달해야 한다.
② 발신자의 통화내용을 정확하게 상사에게 전달하기 위해서 일정한 양식을 토대로 작성한 메모내용을 기록한다.
③ 메모지를 전달하였더라도 상사가 보았는지 다시 한 번 확인하는 것이 좋다.

(2) 전화메모지 양식 기출

① **수신자** : 발신자가 통화하기를 원하는 사람의 이름과 직함을 적는다.
② **발신자** : 전화 건 상대방의 회사명, 성함, 직함 등을 적는다.
③ **일시** : 전화가 온 날짜와 시간을 정확히 기입한다.
④ **연락처** : 발신자의 연락처를 적는다. 이때 비서가 가지고 있는 연락처가 있더라도 시일이 오래 지났다면 변경사항이 없는지 상대방에게 한 번 더 확인하여 정확한 연락처 번호를 기입한다.
⑤ **전달사항**
　㉠ 발신자의 용건을 간단하게 '전화요망, 다시 전화예정, 안부전화, 방문약속 희망, 급한 용건, 기타' 등으로 나누어 체크할 수 있도록 양식을 만들면 메모하는 시간을 크게 줄일 수 있다.
　㉡ 세부적인 내용이나 체크리스트에 없는 용건은 기타란에 적는다.

⑥ **연락자** : 전화를 받아서 메모한 사람의 이름을 적어 놓으면, 상사가 전화내용에 대하여 좀더 궁금한 사항을 확인하여 업무를 처리할 수 있다.

[전화메모지 양식 예시]

전화메모

♠ 날짜 : 20 년 월 일

♠ 오전/오후 :

♠ 수신자 :

♠ 발신자 :

♠ 전달사항

· 전화요망(   )   · 다시 전화예정(   )

· 안부전화(   )   · 방문 약속희망(   )

· 급한 용건(   )

· 기타(   )

♠ 연락처 :

---

(3) 전화기록부의 작성

전화기록부는 상사가 장시간 부재중 혹은 출장으로 장기간 자리를 비울 때, 걸려온 전화를 서면기록으로 남겨 상사에게 전달하는 보고서식이다.

(4) 작성방법

① 부재 중 다수에게 걸려온 전화메모를 보고할 때 효율적이며, 날짜 · 시간대 별로 순차적으로 기록할 수 있어서 메모의 분실 위험도 적고 중요사항을 일괄적으로 확인할 수 있어서 편리하다.

② 전화 걸려온 날짜, 시간, 발신자, 수신자, 전화번호, 용건 등을 전화기록부에 기입하도록 한다.

[전화기록부]

20 년 월 일

번 호	날 짜	시 간	발신자	수신자	전화번호	용 건	확 인

1 내방객 응대 원칙

(1) 내방객 응대의 중요성

비서가 손님의 응대 시에 전문가다운 모습과 마음에서 우러나오는 친절로 상대를 위한 배려를 한다면 손님들은 그 조직에 대해 좋은 인상을 가지게 된다. 비서의 좋은 인상은 회사 전체의 인상을 좋게 만들 뿐만 아니라, 더 나아가서는 거래를 호전시키는 역할을 하여 회사의 성과에까지 긍정적인 영향을 끼칠 수 있다.

(2) 손님 응대의 기본

① 손님 응대 시의 자세 : 얼굴표정이나 복장, 말씨, 태도 등 손님을 대하는 모든 비서의 행동은 고객에게 호감을 주거나, 반대로 불쾌한 인상을 준다. 그러므로 기본자세를 갖추고 손님을 응대하는 것은 매우 중요한 일이다.

　ㄱ 자세 : 가슴은 똑바로 펴고, 머리와 목은 등과 일직선이 되도록 한다.

　ㄴ 표 정

　　ⓐ 표정은 밝고 자연스럽게 하도록 하되, 반가움이 나타나야 한다.

　　ⓑ 때와 장소에 알맞은 미소를 띤 표정을 짓는다.

　ㄷ 시 선

　　ⓐ 밝고 명랑한 모습을 위하며, 손님의 시선과 맞추되 가끔 입 언저리를 바라본다.

　　ⓑ 시선을 아래로 두면 상대방에게 집중하지 않는다는 느낌을 주기 쉽다.

　ㄹ 말 씨

　　ⓐ 천박한 표현이나 불쾌감을 주는 말을 삼가고, 정확한 응대 용어로 부드러운 말씨를 사용한다.

　　ⓑ 위압감을 주는 단어는 피하고 듣는 사람에게 알맞은 말을 한다.

② 손님 응대 시 예절

　ㄱ 손님 응대 시의 올바른 예절이란 아름다운 매너와 자세, 적극적인 마음가짐으로 상대방의 입장을 배려하는 것으로, 상대방에게 현재 무엇이 필요한지를 적극적으로 파악하여 응대하는 것이다.

　ㄴ 친절한 말씨로 상대방에게 공손히 말하고, 상대방의 이야기를 끝까지 들어 주며 자신의 주관적인 감정을 표현하지 않는다.

ⓒ 손님 응대 시 유의사항

    ⓐ 손님이 기다리지 않도록 먼저 적극적인 태도를 보인다.

    ⓑ 손님과의 논쟁은 금하고 친절함을 잃지 않는다.

    ⓒ 무관심은 금물이며, 성의를 가지고 대한다.

    ⓓ 손님의 이야기를 가로막지 않고 끝까지 들어 준다.

[손님 응대 전 준비사항]

상사의 기호 파악	• 주로 어떤 사람들을 만나는가? • 업무와 관계 없는 세일즈맨도 만나는가? • 선약 없이 만나는 사람은 누구인가? • 손님을 어떻게 안내하는 것을 원하는가?
장소 준비	• 상사실, 응접실, 비서실 : 청결, 정리 정돈 상태 점검 • 탕비실 : 찻잔 및 접시 등의 그릇 상태 점검, 다과 및 과일 등의 접대 음식
점검 필요한 서류 및 참고 자료	• 방문객 기록부 및 방문객 카드 • 회사와 관계된 안내 서류 및 참고 자료 • 스케줄표 및 방문 업무와 관련된 서류

2 내방객 응대 준비

(1) 내방객 면담을 위한 준비

① 상사의 선호 방식 파악

상사에 따라서 만나는 내방객과 그렇지 않은 내방객이 있으므로 상사의 선호도를 파악하는 것이 중요하다.

② 면담 약속 정하기

면담 약속을 사전에 정함으로써 면담 시간이 겹친다든지, 준비의 미비로 인해 발생할 수 있는 사고를 막을 수 있을 뿐 아니라 상사가 시간을 효율적으로 사용할 수 있도록 해 준다. 면담 예약을 받을 때는 다음 사항을 꼭 알아 두도록 한다.

㉠ 면담을 신청하는 상대의 이름, 직책, 소속, 연락처

㉡ 용건

㉢ 면담 날짜, 시간, 면담 시간

㉣ 면담 장소

③ 면담 약속 시 중요 사항

    ㉠ 만나는 목적을 반드시 파악한다.

    ㉡ 상황에 맞게 가능한 시간대를 먼저 묻거나 제시하여 선택한다. 약속 일정을 정할 때 상대방에게 막연히 어느 때가 좋은지를 묻지 말고, 이쪽에서 가능한 시간대를 두세 개 제시해 상대방이 선택하도록 한다.

    ㉢ 내방객과 약속 시각을 정할 시 차편에 따른 소요 시간을 알린다.

    ㉣ 방문자 정보를 위한 면담 노트를 작성한다(방문자 이름, 전화번호, 면담 목적, 소요 시간, 필요 자료 등).

    ㉤ 면담 약속의 변경 및 취소 시에는 신속하게 연락하고 취소 사유를 정확히 전하고 사과하되 불필요한 설명이나 변명을 자제한다.

    ㉥ 상사의 일정표와 비서의 일정표가 같은지 정기적으로 확인한다.

④ 면담 준비 사항

    ㉠ 면담자에 대한 정보(회사명, 직위, 경력)를 파악하여 상사에게 제공한다.

    ㉡ 면담에 필요한 관련 서류를 준비한다.

    ㉢ 내방객을 위한 홍보용 기념품이나 소개 책자를 준비한다.

    ㉣ 면담할 장소를 방문 인원수에 맞게 예약하고 관련 사내 직원에게도 사전 통보한다.

    ㉤ 음료를 신속하고 조용한 분위기에서 대접할 수 있도록 사전 준비한다.

(2) 내방객 관련 정보 수집

① 내방객 관련 정보는 방문 목적, 내방객 신상 및 이력 사항, 연락처, 차 기호, 상사와의 관계, 차량 정보, 이전 방문 기록 등을 포함한다.

② 내방객의 신상 및 이력 사항을 파악하기 위하여 포털에서 인물 검색을 하여 상사에게 보고한다.

③ 무료 서비스의 경우에는 정보가 제한적이므로 상사가 외부 고객을 만나야 하는 경우가 많다면 유료의 인물 검색 서비스에 가입하는 것도 고려할 만하다.

(3) 응대 장소의 예약

① 내방객이 방문하기로 결정되면 내방객의 인원수에 따라 적절한 규모의 응대 장소를 예약한다.

② 상사 집무실에서 응대할 수 있다면 따로 예약을 안 해도 되지만 인원이 초과하는 경우에는 회사 내의 적절한 장소를 예약한다.

③ 접견실을 사용해야 하는 경우는 접견실을 관리하고 있는 담당자에게 신청하여 예약해두고 면담에 필요한 자료도 준비해 둔다.

④ 단체 내방객일 경우 음료를 준비하는 데 시간이 걸리므로 도착 시각에 맞추어 바로 대접할 수 있도록 준비를 해 둔다. 이때 혼자 여러 번 음료를 나르기보다 동료 비서에게 도움을 청해 신속히 처리함으로써 면담 분위기가 산만해지지 않도록 한다.

(4) 응대 장소 정리 정돈

① 응대의 효과를 높이기 위해 회의실, 접견실 등 응대 장소의 실내환경을 늘 깨끗이 정돈해 두도록 한다.

② 테이블과 의자를 정리 정돈하고 먼지나 때가 없도록 한다.

③ 융단이 깔려 있으면 찢어진 곳이 있는지 확인한다.

④ 냉난방, 통풍이 잘되는지 점검한다.

⑤ 시계, 달력의 일시가 정확한지 확인한다.

⑥ 전화기 등의 청결상태를 확인한다.

⑦ 책, 신문 잡지 등이 바른 위치에 있는지 점검한다.

⑧ 내방객 응대 시 필요한 차와 찻잔 등이 충분한지 점검한다.

(5) 필요한 다과 및 다기 준비

① 내방객 인원수를 확인하고 음료수 잔을 확인한다.

② 음료의 종류에 따라 온도를 고려해 더운 음료일 경우에는 잔을 미리 따뜻하게 데워두고, 찬 음료의 경우에는 잔을 미리 차갑게 한 후 사용한다.

③ 찻잔은 받침 접시와 함께, 유리컵은 같은 모양의 것으로 준비한다. 그릇에 무늬가 있으면 잔과 받침의 무늬를 잘 맞추어 놓고, 음료수 잔의 청결 상태를 미리 확인한다.

④ 쟁반과 찻잔 사이에 물기가 없도록 하며 입이 닿는 잔의 가장자리는 손으로 만지지 않는다.

⑤ 음료를 내다가 쏟거나 흘리는 경우가 있으므로 음료 쟁반에 언제나 여분의 키친타월을 준비해서 같이 들고 간다.

(6) 원활한 방문을 위한 필요 사항

① 안내데스크에 방문 일정 전달

   ㉠ 처음 방문하는 내방객인 경우 면회 예약표를 보고 소속과 성명, 직책을 미리 확인하여 몇 시에 누가 방문하는지를 정확하게 안내데스크 직원에게 연락해 둔다.

   ㉡ 두 번 이상 방문한 내방객은 약속 시각 20~30분 전에 내방객의 특징을 적어 둔 내방객 카드를 참고하여 내방객의 성명, 소속, 직책 등을 확인하고 안내데스크 직원에게 알려 준다.

   ㉢ 내방객이 방문했다는 연락을 받으면 안내데스크 쪽으로 나가서 내방객을 맞도록 한다.

② 내방객에게 장소 위치 및 이동 방법 안내

   ㉠ 자세한 약도(승용차용, 버스용, 지하철용)를 항상 비치해 필요한 경우 팩스나 메일로 보내거나 회사 홈페이지 '찾아오는 길'에 올려 둔다. 내비게이션 사용자를 위해 정확한 주소와 주차장 입구 위치를 알려 준다.

   ㉡ 상대방에게 길 안내하기 전에 내비게이션이나 지도 검색을 활용하여 내방객이 출발하는 장소부터 회사까지의 거리를 검색하여 대강의 예상 소요시간을 확인해 둔다.

③ 건물 내 이동 경로 표시
  ㉠ 중요한 방문자가 사무실 위치를 정확히 모르는 경우, 비서가 직접 안내데스크로 가서 맞이하여 안내하도록 한다.
  ㉡ 비서가 내방객을 모시러 안내데스크까지 갈 수 없는 상황이라면 건물 내 이동 경로를 표시한 그림이나 글을 작성하여 내방객에게 메일로 전송한다

❸ 내방객 맞이 및 선별

(1) 내방객의 정보 확인하기
  ① 상대방의 회사
  ② 방문자 이름, 직위, 연락처
  ③ 방문 용건, 날짜, 시각
  ④ 면담 장소

(2) 내방객 응대 원칙
  ① 하던 업무를 멈추고 자리에서 일어나 공손히 인사한다. 일이 바쁘다고 내방객을 기다리게 해서는 안 된다. 통화 중이라도 목례로 인사하고 얼른 통화를 마무리하도록 한다.
  ② 외모나 복장으로 내방객 차별하지 않는다. 내방객은 도착순, 접수순으로 하되 약속된 내방객을 먼저 응대한다.
  ③ 내방객의 얼굴을 보며 대화하고 전문 용어나 약어의 사용을 자제한다.
  ④ 명함을 받을 때 이름에 손가락이 닿지 않는다.
  ⑤ 내방객에게 이유나 설명 없이 5분 이상 기다리지 않게 한다.
  ⑥ 내방객을 호명할 때는 명함의 직책을 확인한 후 직책명과 함께 부른다.
  ⑦ 내방객의 신분이 불분명할 때 상사의 재실을 알리지 않는다.

(3) 내방객 맞이 순서

① 인사하기	내방객이 오면 곧바로 의자에서 일어서 인사를 한다. 중요한 내방객인 경우에는 방문 시각에 맞추어서 문 앞에서 대기한다. 통화 중일 때는 목례를 한 후 빨리 통화를 마치고 응대하도록 한다.
② 내방객 확인하기	내방객이 명함을 줄 때는 정중하게 받고 소속과 이름을 읽으면서 구두로 확인한다. 명함도 주지 않고 선약도 되어 있지 않은 내방객에게는 이름, 회사명, 용건 등을 정중하게 묻는다. 안면이 있는 내방객에게는 비서가 먼저 내방객의 이름과 직함을 부르며 확인한다.
③ 용건 확인하기	어떠한 용건으로 내방했는가를 확실히 파악한다. 선약되어 있는 내방객에게는 용건을 묻지 않는다.
④ 판단하기	선약되지 않은 경우는 상사와 만나게 할지 다른 담당자에게 넘길지 또는 면담을 거절할지 등 상황 판단을 한다.

(4) 선약되어 있는 내방객

① 안내 직원이 처음 내방객을 응대하는 경우 비서는 약속된 내방객의 이름과 방문 시각을 미리 전달해 둔다.

② 중요한 방문자가 사무실 위치를 정확히 모르는 경우, 비서가 직접 안내데스크로 가서 맞이하여 안내하도록 한다.

③ 미리 약속된 내방객은 방문을 상사에게 구두로 전달(내방객의 소속 회사, 이름, 직책 등을 정확히 전달)한다.

④ 상사가 통화 중이거나 먼저 방문한 내방객이 계신 경우 반드시 바로 메모로 보고한다.

⑤ 고위직의 내방객이 있는 경우, 회사 정문의 경비에게도 방문 시각 및 차량 번호의 정보를 주고 연락해 달라고 요청한다.

⑥ 상사와 이전 내방객과의 면담이 예정보다 길어지는 경우 방문자에게 대신 정중하게 상황을 설명하고 지루하지 않도록 세심하게 배려한다.

⑦ 내방객이 비서실에서 대기 중인 경우 책상 위의 기밀문서를 보이지 않도록 하고 일하던 서류들은 폴더 등에 잠시 보관한다.

⑧ 상사와 내방객이 첫 대면일 경우 대개는 먼저 상사에게 내방객을 소개한다(방문자가 연장자이거나 높은 직책일 경우 보편적 소개 순서의 의함).

⑨ 내방객이 시간을 오래 끌거나 상사가 다음 스케줄이 있는 경우 비서는 센스 있게 면담을 마칠 수 있도록 보좌한다.

(5) 선약되지 않은 내방객

① 평소 상사가 약속이 없어도 만나는 사람과 만나지 않는 사람을 잘 구분한다.

② 내방객에게 성급하게 상사가 만나 줄 것이라는 확신을 주지 않는다.

③ 신분과 방문 목적을 정확히 밝히도록 한다.

④ 상사가 면담을 거절하거나 기다려 줄 것을 지시하면 내방객이 불쾌하지 않도록 요령 있게 설명한다.

⑤ 상사가 외출 중에 내방객이 방문한 경우, 신분과 방문 목적, 연락처를 반드시 받아 두고 후에 보고한다.

⑥ 상사가 외출 중인데 먼 곳에서 급한 일로 찾아온 경우나 평소 상사와 친분이 두터운 내방객의 경우 즉시 상사에게 전화로 먼저 보고한다.

(6) 내방객 조정

① 상사가 면담 중이거나 통화 중인 경우

내방객에게 상황을 설명하고 양해를 구하도록 한다. 시간이 걸릴 때는 상사에게 약속된 내방객이 기다리고 계신다는 내용을 메모로 전달하도록 한다.

② 두 사람 이상 동시에 방문했을 경우

먼저 온 내방객이나 약속이 된 내방객을 우선 안내한다. 기다리게 되는 내방객에게는 정중하게 이유를 설명하고 대기실로 안내하여 신문이나 잡지 또는 차를 미리 권하도록 한다.

③ 대기실에 여러 내방객이 동석한 경우

대기실에 여러 내방객이 동석하고 있게 된 경우 서로 소개해도 좋은 내방객들인지 상면하지 않는 것이 좋은 내방객들도 있는지 신경을 쓰도록 한다. 서로 알아도 될 때는 소개하도록 하고 서로 상면하지 않는 것이 좋은 경우는 다른 장소에서 기다리도록 안내한다.

(7) 기타 상황별 대처

① 신분을 밝히지 않는 내방객

㉠ 상대방이 소속, 성명, 용건을 밝히지 않으면 직접 상사에게 전할 용건을 적어 달라고 요청한다.

㉡ 어떠한 경우도 상사의 허락이 있기 전에 사무실로 안내하지 않는다.

㉢ 끝까지 정중하게 대한다. 상대방이 강경한 태도로 나와도 "잘 알겠습니다만, 사전 용건 확인을 지시받고 있습니다"라고 정중하게 응대한다. 회사나 상사의 방침을 이유로 뵙게 해 드릴 수 없음을 알리고 거절을 해야 한다.

㉣ 상사의 친구인 경우도 있으므로 불친절하거나 의심스러운 표정을 하지 말고 성의 있는 태도로 "네, 어느 분이시라고 전해 드릴까요?"라고 묻는다.

㉤ 때에 따라서 비서의 판단으로 상사에게 조용히 신분을 밝히지 않는 내방객이 왔음을 알리고 그 지시를 받도록 한다.

② 화가 난 내방객

㉠ 감정적이 아닌 이성적인 태도로 응한다.

㉡ 상대방의 말을 가로막지 말고 상대가 감정을 발산할 시간적 여유를 주어 감정을 완화시킨다.

㉢ 감정이 다소 가라앉은 후 상사에게 메모를 전해 지시를 기다린다.

(8) 인 사

① 인사 유의사항

인사는 마음에서 우러나오는 표현으로 상대의 마음을 열 수 있는 인간관계의 시작이 된다. 지나치게 형식적인 인사는 오히려 상대에게 부담을 주고, 아예 형식을 무시한 인사는 불쾌함을 줄 수 있다. 따라서 인사할 때는 다음 사항을 유의한다.

㉠ 시선에 존중하는 마음을 담아 상대의 눈을 바라본다.

㉡ 표정은 밝고 부드러운 미소를 지닌다.

㉢ 보통 때 손의 위치는 여성의 경우 오른손이 위로 올라가게 하고, 남성의 경우는 왼손이 위로 올라가게 한다. 흉사(제사나 문상) 때에는 평소와 반대로 한다.

㉣ 목소리는 알맞은 음량과 강약으로 또렷하고 쾌활하게 한다.

② 인사 자세

남 자	여 자
• 곧은 자세로 선다. • 가볍게 주먹을 쥔다. • 바지 재봉선에 맞춰 내린다. • 발을 30~45도 간격을 만든다. • 시선은 정면을 향한다.	• 곧은 자세로 선다. • 오른손이 위로 공수 자세로 손은 아랫배에 붙인다. • 발뒤꿈치는 붙이고 앞의 각도는 15~30도 간격을 만든다. • 시선은 정면을 향한다.

③ 인사의 종류

종 류	방 법	상 황
가벼운 인사	• 상체를 15° 앞으로 숙인 후 잠깐 멈추었다가 바로 선다. • 상체를 굽힐 때는 눈높이는 상대의 어깨 끝에 시선을 두고, 목이 아닌 허리부터 굽힌다.	• 엘리베이터 내 • 통화 중일 때 • 복도에서 마주쳤을 때 • 자주 마주칠 때
보통 인사	상체를 30° 정도 앞으로 숙인 후 잠깐 멈추었다가 바로 선다.	• 일반적인 인사 • 내방객 응대 및 환송 시 • 상사가 외출할 때나 귀사할 때
정중한 인사	상체를 45° 정도 앞으로 깊이 숙여 보다 정중함을 표현한다.	• 진심으로 정중하게 사과할 때 • 예의를 갖춰 감사를 표현할 때 • VIP 또는 단체 내방객을 배웅할 때

(9) 소 개

비서는 직무상 사람을 소개하고 소개받을 입장이 자주 된다. 알맞은 소개 방법을 알아 두어 소개할 때나 받을 때 예의에 어긋나지 않도록 주의한다.

① 소개하거나 받을 때는 일어나서 한다.

② 소개할 때는 성명, 소속, 직책명을 모두 말한다.

③ 직급이 낮은 사람을 먼저 윗사람에게 소개하고, 그다음에 윗사람을 아랫사람에게 소개한다.

④ 나이가 적은 사람을 많은 사람에게 먼저 소개한다. 그러나 나이가 적더라도 직급이 상대방보다 높거나 사회적 지위가 높은 경우에는 직위 순으로 하는 것이 일반적이다.

⑤ 남자를 여자에게 먼저 소개한다. 그러나 사회적지위나 연령의 차이가 클 때는 그렇지 않다.

⑥ 한 사람을 여러 사람에게 소개할 때는 그 사람을 먼저 여러 사람에게 소개하고 그 후에 여러 사람을 차례대로 소개한다. 그 후 많은 쪽의 사람을 한 사람씩 좌석순으로 소개한다.

⑦ 다수와 다수를 소개할 경우 한쪽 그룹을 일관된 방향으로 다 소개한 후 다른 쪽 그룹을 소개한다.

⑧ 사내와 사외사람인 경우에는 설령 사외의 사람이 나이가 적을지라도 사내의 사람부터 소개한다. 사내의 직급이 높은 사람부터 낮은 사람순으로 소개한 후, 사외 사람을 소개한다. 사내 사람에게 사외의 중요한 고객을 먼저 소개하지 않도록 유의한다.

⑨ 동행인과 함께 타사를 방문할 경우 동행인을 먼저 소개한 후 본인을 소개한다.

⑩ 연령, 직급이 같을 때는 소개자로부터 가까운 사람부터 소개한다.

⑪ 중간에서 소개해 주는 사람이 없을 때는 상대방에게 먼저 인사를 건네며 자신을 소개한다.

⑫ 사람을 소개할 때 어느 한쪽만을 소개하거나 이름을 빠뜨리고 소개하지 않도록 한다.

⑬ 소개받는 사람은 소개가 끝나면 본인이 다시 한번 성명과 소속 등을 말한다.

(10) 악 수

소개를 받으면 정중하게 인사를 하거나 악수를 하게 된다. 악수는 윗사람이 아랫사람에게 요청할 수 있는 인사법으로 반드시 선 자세로 오른손을 내밀어 자연스럽게 쥐는 것이 예의이다.

① 상대가 악수를 청할 때는 남성은 자리에서 일어나서 받는 것이 예의이나 여성은 앉은 채로 받아도 무방하다. 그러나 우리나라에서는 일어서서 하는 것이 일반적이다.

② 장갑은 벗고 악수를 하도록 한다. 그러나 예식용 장갑은 벗지 않아도 된다.

③ 악수는 오른손으로 한다. 따라서 오른손에 물건을 들고 있을 때는 빨리 왼손으로 옮기거나 땅에 놓고 악수하도록 한다.

④ 악수는 연장자나 직위가 높은 사람이 먼저 청하는 것이다.

④ 악수할 때 손은 자연스럽게 쥐고 인사를 하고 손을 놓으며, 상대의 시선을 피하거나 다른 곳을 보지 않도록 한다.

⑤ 악수할 때 너무 세게 하지 않도록 유의하고 손을 쥐는 힘이 약하면 성의가 없어 보이므로 조심한다.

⑥ 땀이나 물에 젖은 손으로 악수하지 않는다.

(11) 명 함

명함은 사회생활에서 자신의 소속과 직책, 성명을 알리는 것으로 언제든지 휴대하고 소중히 다루도록 한다. 소개에서 많이 이용되는 명함의 사용법과 취급하는 방법을 잘 알아 예의 바르게 교환할 수 있도록 한다.

① 명함을 줄 때는 자신의 소속 및 이름을 밝히고 일어서서 공손히 인사를 하면서 건넨다. 명함 위의 자신의 이름을 상대방이 볼 수 있도록 돌려서 건넨다.

② 상대가 명함을 건네줄 때는 정중하게 다룬다. 가볍게 인사를 하면서 두 손으로 받아 손가락이 글자를 가리지 않도록 한다.

③ 명함을 받으면 반드시 회사명, 이름, 직책을 구두로 확인한다. 어려운 한자 이름인 경우는 얼버무리지 말고 죄송하다는 말과 함께 성함을 여쭤보도록 한다.

④ 명함을 교환할 때는 손아랫사람이 먼저 명함을 내놓는다. 상대가 두 사람 이상일 경우에는 손윗사람에게 먼저 준다. 내방객의 경우 방문한 사람이 먼저 명함을 준다.

⑤ 명함을 한 손으로 받거나 대화 도중 받은 명함을 만지작거리거나 손장난하지 않도록 한다.

⑥ 상대가 보는 앞에서 명함에 메모하지 않는다. 메모해야 할 경우에는 상대방이 돌아간 후에 하도록 한다.

⑦ 받은 명함은 꼭 가지고 가도록 한다.

4 내방객 안내 및 면담 중 업무

(1) 내방객 안내 기본 원칙

① 내방객을 안내할 때는 내방객의 오른쪽 대각선 방향에서 내방객보다 두서너 걸음 앞에서 안내한다.
② 혼자서만 목적지에 가지 말고 가끔씩 발걸음을 늦추고 돌아보며 내방객과 보조를 맞추어 걷는다.
③ 안내할 때는 손가락으로 가리키지 말고 손바닥을 위로하여 허리 위치에서 가고자 하는 방향을 가리키며 안내한다.
④ 복잡한 곳에서는 미리 안내하여 내방객이 당황하지 않도록 한다.
⑤ 내방객이 불안한 느낌을 갖지 않도록 서두르지 않는다.

(2) 복도와 계단에서의 안내

① 복 도
복도에서는 내방객의 오른쪽 대각선 방향으로 약간 비켜선 자세로 2~3걸음 앞에 간다. 모퉁이를 돌 때는 가야 할 방향을 손으로 가리킨다.
② 계 단

남성 비서인 경우	계단을 오를 때는 내방객의 앞에 서서 안내하고 계단을 내려올 때는 내방객의 뒤에 서서 안내한다.
여성 비서인 경우	계단을 오를 때는 내방객의 뒤에 서서 안내하고 계단을 내려올 때는 내방객의 앞에 서서 안내한다.

③ 에스컬레이터
에스컬레이터에서는 올라갈 때와 내려갈 때 모두 내방객을 먼저 타게 하고 안내자가 뒤에서 안내한다.

(3) 엘리베이터에서의 안내

① 먼저 엘리베이터를 타기 전에 내방객에게 내리는 층을 알려 주도록 하며 내릴 때는 내방객이 먼저 내리도록 한다.
② 승무원이 없는 경우는 비서가 "먼저 실례하겠습니다"라고 한 후 먼저 타서 문이 닫히지 않도록 열림 버튼을 누르고 있다가 내방객을 타게 한다.
③ 승무원이 있는 경우는 내방객이나 윗사람이 먼저 타고 먼저 내린다.
④ 엘리베이터에서는 윗사람의 앞을 가리지 않도록 비스듬히 서도록 배려한다.

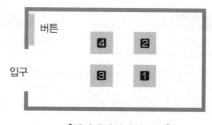

[엘리베이터에서 상석]

(4) 문에서의 안내

① 문이 안으로 열릴 경우 : 안내자가 먼저 들어가서 내방객을 안내한다.
② 문이 밖으로 열릴 경우 : 문을 열고 내방객을 먼저 안으로 들어가게 한다.
③ 미닫이문 : 들고 날 때 모두 비서가 문을 열고 내방객이 먼저 들어가고 나온다.
④ 회전문 : 내방객을 먼저 들어가게 하고 비서가 뒤에서 회전문을 밀어주며 들어간다.

(5) 접견실에서의 안내

① 접견실 앞에 오면 "이쪽입니다"하고, 노크한 후 문을 연다. 내방객에게 상석을 권하도록 한다.
② 상석의 위치를 매번 확인해 두고 내방객의 직위와 중요도를 고려해서 안내한다.

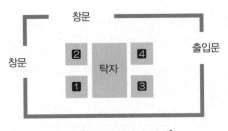

[접견실에서의 상석]

③ 상사의 자리가 정해져 있는 경우 상사와 가까운 곳, 특히 오른편이 상석이다.
④ 창문이나 액자가 있는 경우 전망이나 그림이 보이는 곳이 상석이다.
⑤ 소파인 경우 출입구로부터 먼 좌석이 상석이다.
⑥ 접견실에는 '사용 중'의 표시를 해 둔다.

(6) 각종 교통수단 안내

① 자동차
   ㉠ 기사가 운전할 경우 조수석 뒷자리가 최상석이고 그다음이 운전석 뒷좌석, 마지막은 조수석이다.
   ㉡ 상사가 직접 운전을 하는 경우 조수석이 최상석이고 그다음이 조수석 뒷자리이다.

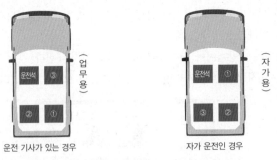

[승용차에서의 좌석배치]

② 열 차

열차에서는 순방향의 창가자리가 상석이다.

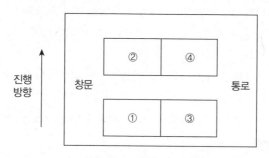

[열차에서의 좌석배치]

③ 비행기

비행기에서는 일반적으로 창가가 상석이나 장거리 비행일 경우 이동이 자유로운 통로 쪽을 선호한다. 3인석 좌석일 경우에는 가장 불편한 중간자리가 하석이다.

(7) 음료 접대

① 음료 접대 전

㉠ 인원수를 확인하고 음료수 잔을 확인한다.

㉡ 내방객에게 음료의 기호를 묻는다.

㉢ 자주 방문하는 내방객은 차에 대한 기호를 기억해 두어 재차 물어보는 일이 없도록 한다.

② 음료 접대

㉠ 언제 차를 대접하는 것이 좋은지 미리 상사와 상의해 놓는다.

㉡ 일반적으로는 회의가 시작되기 전에 내도록 한다. 회의 도중에 차를 낼 경우 이야기가 끊어진 때에 내도록 한다.

㉢ 면담 도중에 차를 낼 때는 이야기가 끊어진 때에 내도록 한다.

③ 상황별 음료 접대

㉠ 늦게 온 내방객이 있는 경우 : 늦은 사람에게만 낸다.

㉡ 면담이 길게 지속될 경우 : 차를 낸 후 2시간 이상 면담이 지속될 경우 상사에게 메모를 건네 지시를 받도록 한다.

㉢ 음료를 다시 내도록 지시를 받았을 경우 : 먼저 찻잔을 거두어들이고 새로운 것을 내도록 한다.

㉣ 차를 엎질렀을 경우 : "죄송합니다"하고 재빨리 닦아내고 새로운 것으로 바꾼다. 내방객 쪽에서 엎질렀을 경우는 "제가 닦겠습니다"하고 조용히 닦는다.

㉤ 상사가 내방객과 면담 중 차를 낼 경우 : 노크를 한 후 대답을 기다리지 않고 입실해도 무방하다. 여러 명이 회의실에서 회의 중일 때는 회의를 중단하지 않도록 노크를 하지 않고 조용히 들어간다.

④ 음료 준비

    ㉠ 찻잔의 청결 상태를 반드시 확인하고 찻잔과 받침 무늬가 같은 것으로 준비한다.

    ㉡ 찻물의 온도는 약 70℃가 적당하고 차는 찻잔의 70% 정도를 채운다.

    ㉢ 커피나 홍차를 낼 때는, 취향을 물어 내방객의 취향에 맞게 설탕이나 크림을 넣어 내도록 하거나 별도로 내놓는다.

    ㉣ 녹차 등의 경우 충분히 우려낸 다음 내도록 한다. 또 티백(Tea Bag)에 든 차를 이용할 경우는 티백은 빼고 내도록 한다.

    ㉤ 차와 함께 과일을 낼 때는 과일을 먼저 내고 그다음에 차를 내도록 한다.

⑤ 차와 다과를 내는 순서

    ㉠ 쟁반은 왼손으로 쥐고 오른손으로 노크한다. 접견실에서는 의례적으로 살짝 노크하고 2~3초 후에 들어간다. 큰 회의실일 경우 노크를 하고 들어가는 것이 방해될 수 있으므로 노크를 하지 않고 들어가도 무방하다.

    ㉡ 가볍게 "실례하겠습니다"라고 인사를 한 후 회의실로 들어간다.

    ㉢ 쟁반을 보조 탁자 위에 놓는다. 보조 탁자가 없는 경우에는 내방객의 하급자 좌측 끝에 놓는다. 놓을 자리가 없으면 손에 들고 차를 낸다.

    ㉣ 차는 내방객의 상급자순으로 시작해서 자회사의 상급자순으로 낸다.

    ㉤ 내방객의 좌측에서 차를 낼 때는 오른손으로 접시를 쥐고 왼손으로 떠받쳐서 내고 우측의 경우는 반대로 쥐고 낸다.

    ㉥ 과일이나 과자를 함께 낼 때는 먼저 과일이나 과자를 내방객의 좌측에 내고 다음에 차를 우측에 낸다.

    ㉦ 찻잔은 테이블 끝에서 5~10cm 안쪽에 낸다.

    ㉧ 차를 다 낸 다음 쟁반은 앞면이 밖으로 보이도록 왼쪽 옆에 낀다.

    ㉨ 뒤로 두세 걸음 물러나 인사를 한다.

    ㉩ 뒤돌아서 방문을 열고 다시 한번 목례를 하고 나가서 방문을 닫는다.

    ㉪ 내방객이 돌아간 후 곧 찻잔을 치우고 테이블을 정리한다.

(8) 면담 중인 상사에게 전언이 있는 경우

상사가 면담 중 전화가 걸려 오거나 상사의 지시가 필요한 급한 업무가 발생해도 신속하게 대처할 수 있도록 자리를 비우거나 방심하지 않도록 한다.

① 면담 중인 상사에게 전화가 왔을 때는 급한 용건이 아니면 상대방에게 메모를 남기도록 하여 면담 중인 상사를 방해하지 않도록 한다.

② 매우 급한 용건일 경우는 용건을 메모지에 적어 "말씀 중에 죄송합니다"라고 말하고 조용히 상사에게 메모를 전달하여 상사의 지시에 따르도록 한다. 면담 중인 상사에게 구두로 용건을 전달해서는 안 된다.

(9) 면담 중인 내방객에게 전언이 있는 경우

① 전화를 걸어온 상대방에게 내방객과 직접 통화를 원하는지 용건을 전달해 주기를 원하는지 우선 물어보도록 한다.

② 용건을 나중에 연락해도 되는 경우 면담이 끝난 후 내용을 전달하고, 급한 용건인 경우 면담 중인 내방객에게 "말씀 중에 죄송합니다만 OOO씨 전화인데 직접 통화하시기를 원합니다"라고 말하며 용건을 적은 메모를 전달한다. 그리고 내방객이 편리한 장소에서 전화를 받을 수 있도록 중재한다.

③ 여러 사람이 회의를 하고 있는데 그중 한 사람에게 급한 전화가 온 경우에는 내용을 메모지에 적어 본인에게 조용히 전달하도록 한다.

(10) 면담이 너무 길어지거나 다음 일정이 있는 경우

① 면담이 예정된 시간보다 길어지거나 다음 일정이 잡혀 있는 경우에는 상사가 적절한 시간에 면담을 마칠 수 있도록 다음 일정을 상사에게 메모로 전해 준다.

② 평소에 비서와 상사 간에 합의된 신호를 사용하여 알려 주기도 한다.

5 내방객 배웅 및 종료 업무

(1) 내방객 배웅

① 내방객이 업무를 마치고 돌아갈 때는 비서는 하던 일을 멈추고 내방객을 전송하도록 한다.

② 내방객이 코트나 모자를 입었을 경우나 우산이 있는 경우는 비서가 받아 보관해 두었다가 내방객이 면담을 마치고 돌아갈 때 잊지 않고 내어 주도록 한다.

③ 내방객의 물품은 늘 한곳을 지정해서 보관하면 내방객이 갈 때 그곳을 확인하면 잊지 않고 전달할 수 있다.

④ 배웅 인사는 상황과 내방객에 따라 자리에서 배웅 인사를 할 것인지, 엘리베이터까지 배웅할 것인지, 또는 승용차 타는 곳까지 배웅할 것인지를 결정한다. 내방객이 보이지 않을 때까지 다른 행동으로 옮겨서는 안 된다.

⑤ 내방객이 운전기사가 있는 승용차로 온 경우 주차장에 연락하여 내방객의 승용차를 정문 입구에 대기시키도록 한다. 승용차 번호, 운전자 이름 등을 내방객의 비서에게 미리 확인하여 내방객 기록 카드에 적어 놓도록 한다. 면담 중에 오간 메모나 기록 등은 잠시 보관한 후 정리한다.

(2) 응대 장소 정리 정돈

① 내방객이 돌아가시면 신속히 접견실의 찻잔 등을 치우고, 의자 상태를 정리하며 환기를 시켜 다음 내방객이 접견실을 사용하는 데 불편함이 없도록 한다.

② 의사나 변호사 같은 전문 사무실에서는 내방객과 방문 소요 시간에 대한 기록을 주의 깊게 다루어야 한다. 때에 따라 변호사는 요금 청구를 위한 기초 자료로 내방객과 보낸 시간에 대한 기록이 필요하고, 의사는 상담 후의 환자 관리에 필요한 참고 자료로 활용할 수 있기 때문이다. 내방객 기록부를 만들어서 내방객이 올 때마다 자세히 기록해 두면 매우 유용하다.

6 내방객 기록 관리

(1) 내방객 기록부와 내방객 카드

① 내방객 기록부와 내방객 카드를 마련하여 내방객이 처음 방문 시 내방객의 인상착의나 특징, 인적 사항 등을 기록해 두면 후에 유용하게 사용할 수 있다.

② 내방객이 다시 방문했을 때 비서가 먼저 이름과 직함을 불러 준다든지, 음료 대접 시 "이사님은 원두커피 좋아하시죠?"라고 묻는다면 아주 사소한 것이지만 회사와 상사의 이미지를 높일 뿐 아니라 비서 본인의 업무능력과 태도 또한 높이 평가받게 된다.

③ 내방객 기록부에는 내방객 이름, 회사명, 방문 일자, 시간, 목적, 동행자 등을 기록한다. 비고란을 두어 특기사항을 기록해도 좋다.

④ 비서가 상사의 명함철을 관리하는 경우 명함 크기의 카드를 준비해 명함과 함께 명함철에 보관하도록 한다.

⑤ 내방객 카드에는 인적 사항뿐 아니라 내방객의 인상착의나 특징, 기호 등을 적어 둔다. 내방객 카드가 없는 경우에는 명함 뒷면에 필요한 내용을 간단히 적어 내방객 카드 대용으로 사용할 수도 있다.

⑥ 내방객 기록부에 내방객이 방문할 때 가져온 선물, 상품 샘플(Sample) 등과 같은 물품명과 내방객에게 회사의 기념품이나 선물을 주었을 때의 물품명을 기록해 두면 다음에 같은 내방객에게 같은 선물을 주는 실수를 피할 수 있다.

⑦ 내방객 기록부는 엑셀로 관리하면 확장성도 좋고 손쉽게 검색하거나 관리할 수 있다. 내방객 기록부에 내방객에 대학 각종 정보를 모두 입력한 후에 편지 병합이나 메일머지를 이용하여 보기 좋게 카드를 만든다면 훨씬 더 유용할 것이다.

⑧ 또 상사의 명함철과 함께 명함 크기의 카드로 편지 병합한 자료를 출력해서 사용한다면 손쉽게 관리할 수 있고 수시로 자료 업데이트가 가능할 것이다.

[내방객 기록부(예시)]

내방객	성명 및 직책	
	회사명	
	연락처	
	인적사항 및 특징	
	차(茶) 기호	
	차량번호	
방문 목적		
상사와의 관계		
이전 방문기록		
참 조	동반 방문자	
	특 징	

(2) 내방객 정보 수집방법

① 이전 내방객 기록부 또는 명함관리 파일 참조

② 인터넷 포털 사이트를 통한 인물검색

③ 신문기사를 활용하여 내방객의 최근 동향 검색

④ 내방객의 비서에게 문의 : 내방객의 차(茶) 기호 또는 차량 정보

◻1 상사 및 조직구성원과의 관계

(1) 상사와의 관계

비서는 상사와 가장 긴밀하면서도 원만한 업무 관계 및 인간관계를 유지할 수 있어야 한다. 상사가 필요로 하는 일들을 예측하고 이를 효과적으로 보좌하기 위해서는 신뢰를 바탕으로 한 관계 형성이 매우 중요하다.

① 신뢰의 구축

상사와 비서의 관계는 존경과 신뢰의 관계라고 말할 수 있다. 상사가 비서를 신뢰하고 무슨 일이든 안심하고 맡길 수 있는 관계가 이상적이며, 이러한 관계가 형성될 때 모든 일이 원만하게 진행될 수 있다.

㉠ 신뢰 관계

ⓐ 신뢰 관계는 단시간에 형성되는 것이 아니라 평소의 행동이나 업무 처리를 통하여 이루어진다.

ⓑ 비서는 상사와 다른 직능, 권한과 인격을 가지고 있지만 상사의 직무 대행자로서 대인관계에 임하게 되기 때문에 상사의 절대적인 신뢰를 얻어야 한다.

ⓒ 상사의 신뢰를 얻기 위해서는 상사의 업무와 인품을 잘 이해하고 존경하며, 항상 상사의 입장이 되어서 생각하고 행동해야 한다.

㉡ 존경심

ⓐ 존경심은 상사의 인격이나 경력과 실력에 대하여 존경하는 마음이 자연스럽게 우러나오는 것이 가장 바람직하다.

ⓑ 아무리 사회적으로 훌륭한 사람이라고 하더라도 가까이서 보좌하다 보면 개인적인 결점을 발견하게 된다. 비서는 그러한 결점들을 동료나 다른 사람과 험담을 하기보다는 상사의 단점이나 실수를 이해하며, 조용히 보완하고 해결하는 성숙한 태도로 임해야 한다.

② 업무 처리 시 유의사항

㉠ 상사의 업무 영역에 필요 이상으로 개입해서는 안 되며, 사전에 지시받고 합의된 업무에한하여 융통성을 발휘하도록 한다.

㉡ 두 명 이상의 상사를 위해 공동으로 업무를 수행하는 비서의 경우, 직위가 높은 상사의 업무를 우선으로 처리하되, 될 수 있으면 업무의 중요성이나 소요 시간을 생각하여 우선 순위를 정하고 업무를 처리할 수 있도록 계획을 미리 세운다. 만일 어느 한 상사를 위해 더 많은 시간을 할애해야 할 때, 또는 현재 하고 있는 업무가 중단되어야 할 때에는 반드시 다른 상사에게 사전에 양해를 구하여 허락을 받거나 두 상사가 상호 우선순위를 조정할 수 있도록 조심스럽게 요청한다.

ⓒ 상사의 사적인 용무를 도와야 하는 경우가 종종 발생한다. 이러한 경우에는 비서 스스로 한계를 설정하고, 지나치거나 적극적인 협력은 삼가도록 한다. 지나친 시중이나 맹종은 바람직하지 못하다.

ⓔ 상사가 지나치게 값비싼 선물을 하거나 과다한 호의를 베풀 때에는 받지 않고 사양하도록 한다.

③ **질책을 받을 때** [기출]

ⓐ 상사로부터 꾸중을 듣는 경우 변명을 하거나 자기 방어를 하기보다는 자신이 잘못한 점에 대해서는 즉시 솔직하게 시인하고 오히려 발전의 계기로 삼는다.

ⓑ 상사가 이유 없이 질책을 한다고 느낄 때에도 변명을 하거나 불만을 품기보다 왜 자신이 질책을 듣는가에 대한 이유를 생각해야 한다. 상사가 질책하는 데에는 그만한 이유와 목적이 있기 때문이다.

ⓒ 꾸중을 들을 때에는 겸허하게 수용하고 같은 실수를 하지 않도록 다짐하여 자기 성장의 기회로 삼는다. 굳이 변명을 한다든지 뻔히 아는 사실조차도 감추려고 하는 것은 자기 자신의 성장을 위해서도 바람직하지 않다.

중요 check 개인 비서의 경우

- 개인 비서의 경우에 직속 상사와 마음이 맞지 않을 때에는 같이 일을 해 나갈 수 없으며, 업무 성과도 떨어진다.
- 이럴 때에는 상사의 성격, 습관, 업무처리 방법, 취미 등을 파악하여 비서가 상사를 이해하고 맞추도록 노력한다.

---

(2) 상사의 유형

① **표출형**

ⓐ 인간 지향적이며 매사에 적극적이고 외향적이다.

ⓑ 설득력이 있고 미래 지향적이다.

ⓒ 민감하게 반응하고 감정에 쉽게 좌우되며 논리적으로 생각하기 싫어한다.

ⓓ 이러한 상사에게는 인간적으로 대하고 칭찬을 아끼지 않되 너무 심각하게 접근하는 것은 금물이다.

② **우호형**

ⓐ 인간 지향적이고 성실하고 협력적이며, 친해지기 쉽다.

ⓑ 분위기 조성을 잘 하고 대인 관계에 익숙하다.

ⓒ 결점으로는 결단이 느리고 자기주장이 적으며, 남의 눈치를 보고 본인의 의사 전달이 미숙하다.

ⓓ 이런 상사에게는 인간적으로 대하되, 실무에 들어가기 전에 상사의 안부를 먼저 묻는다든가 집안일에 관심을 가져 주면 원만한 업무 관계를 형성할 수 있다.

③ **분석형**

ⓐ 업무 지향적이며 근면하고 논리적이다.

ⓑ 분석력이 뛰어나며, 업무 처리가 체계적이다.

ⓒ 유연성이 결여되어 있고, 결단력이 부족하며 보수적이다.

ⓔ 너무 신중하여 완벽주의자적인 경향도 있다.

ⓜ 분석형인 상사와 일을 할 때에는 모든 자료와 보고 내용은 세심히 분석하여 상사의 갑작스러운 질문에도 침착하고 논리적으로 대처할 수 있어야 한다.

④ 주도형

ⓖ 업무 지향적이며 효율적이고 능률적이다.

ⓛ 의사 결정이 빠르며, 항상 결과의 성과를 중시하는 열성파이다.

ⓒ 남에 대한 배려가 부족하며, 지나치게 자기중심적이고 냉정하다.

ⓔ 주도형인 상사에게는 주도권을 완전하게 넘겨주어야지 비서가 나름대로 잘해 보겠다고 미리 결정을 내린다면 오히려 낭패를 볼 수도 있다.

ⓜ 이러한 상사에게 인간적인 호소와 부탁은 통하지 않으며, 잘못하면 오히려 능력 부족으로 보이기 쉽다.

(3) 다른 부서와의 관계

① 비서는 상사와 다른 부서 간의 연락책임을 맡는 일이 많은데, 이때 상사의 지위가 높다고 상사의 권위를 내세워서는 안 된다. 상사로부터는 명령이지만 비서가 전달하는 경우에는 정중함과 임기응변적인 재치가 있어야 한다.

② 비서는 경영층과 연결이 되어 있기 때문에 다른 사람의 입장에서는 일종의 거리감을 가지기 쉽다. 상사의 부하 또는 직접 접촉이 없는 부서에 소속한 사람들에게도 회사 내외에서 마주치면 먼저 인사하는 등 작은 일에도 항상 주의한다.

③ 다른 부서의 사람들과 지나치게 가까워져서 상사에 관한 내용이나 업무에 관한 정보 등을 모두 털어놓는 행동은 삼가야 한다.

(4) 선배와의 관계

① 비서실에 여러 명의 비서가 있을 때에는 선배를 존중하는 태도가 매우 중요하다. 각 기업체에 따라 다양한 업무 처리 방법과 규정이 있는데, 이것을 존중하지 않고 학교에서 배운 지식이나 자신의 생각을 내세워 독단적으로 업무를 처리하는 일은 없어야 한다.

② 선배의 지도를 받고 그것이 자신의 생각과 다르다고 하더라도 처음에는 종래의 방법에 따라서 일을 처리하고, 자신이 상당한 책임을 가지고 업무를 수행할 수 있게 되었을 때 개선을 시도하는 것이 좋다. 선배들 중에서 존경하고 따를 만한 선배를 정해 두고 정기적으로 도움말을 구하는 것도 좋은 방법이다.

③ 특히, 자신이 성취하고자 하는 위치에 있는 인생의 선배를 직장에서 찾아 도움이나 조언을 구할 수 있다면 더욱 바람직하다.

(5) 동료와의 관계

① 동료란 같은 비서들뿐만 아니라 조직 내의 비슷한 연령이나 직급의 모든 사원을 포함한다. 비서의 직무 성격상 주로 조직 내 고위 직급자와 근무를 하다 보면 일반 직원에 대해서는 자신도 모르는 사이에 불친절하게 대하거나 실제로 그렇지 않음에도 불구하고 불친절하게 대한다는 오해를 받기 쉽다.

② 일반 부서의 사원들과도 직장 내 모임이나 취미 활동 등을 통하여 폭넓은 인간관계를 형성하며 경비원, 운전기사, 미화원과 같은 사람들에게도 친절하게 대하도록 한다.

③ 동료들의 고충이나 요구 사항이 있을 때에는 필요에 따라 상부에 조언하는 중개자 역할을 함으로써 누구에게나 함께 일하고 싶은 동료로 인정받을 수 있도록 노력해야 한다.

④ 동료 비서의 업무가 바쁘거나 본인과 직접 관련이 있는 부서의 업무가 바쁠 때에는 자신의 업무와 상사에게 지장이 되지 않는 범위 내에서 기꺼이 협력하도록 한다.

(6) 후배와의 관계

① 조직의 규모가 크고 여러 해 경력이 쌓이면 비서는 자신의 지시와 감독을 받는 후배 비서나 직원을 두게 된다. 후배로부터 신뢰할 수 있는 선배, 이해심 깊은 선배로 존경을 받으려면 자신의 경험을 기초로 하여 친절하게 지도해야 한다.

② 신입 비서를 조직에 적응시키고 유능한 비서로 키우기 위해서는 사려 깊은 배려와 체계적인 지도로 사무 처리 절차를 가르치며, 지속적으로 임무를 부과해서 실무를 익히도록 지도해야 한다.

③ 잘한 일에 대해서는 공개적인 칭찬과 격려를 아끼지 않으며, 실수에 대해서는 개인적으로 실수 자체를 일깨워 주되 인격에 손상을 주는 질책은 하지 않도록 한다.

④ 선배의 입장에서는 여러 가지 도움을 제공하여 신뢰받는 선배, 고충을 잘 들어주는 선배로서의 자세를 확립하도록 해야 한다.

(7) 기타 직장 내 유의 사항

① 화제를 선택해서 말하는 습관을 가진다.

② 금전 거래를 하지 않는 것이 좋다.

③ 회사 내에서의 이성 교제로 인하여 직무에 지장을 주지 않도록 주의한다.

④ 자신의 문제에 대하여 동료에게 동정을 구하지 않는다.

② 고객 및 이해관계자와의 관계

(1) 고객과의 관계

① 비서는 회사를 방문하는 손님에게 그 조직과 상사에 대한 첫인상을 주게 된다.

② 전화를 받거나 손님을 접대할 때에 항상 마음에서 우러나오는 친절함과 상대를 위한 배려의 자세를 보인다면 고객들은 그 조직에 대해 좋은 인상을 가지게 된다.

③ 이런 인상은 회사 전체의 신용을 좋게 하거나 거래를 호전시켜서 조직의 성과에까지 영향을 준다. 그러므로 자신이 아무리 바쁘고 힘들더라도 내색하지 않고 항상 미소와 예의바른 태도로 대해야 한다.

(2) 이해관계자와의 관계

① 접대와 관련된 업무는 상대방의 입장에서 정성을 다하고, 친절하면서도 신속·정확하게 처리한다.

② 손님을 접대할 때 유의해야 할 사항은 누구에게나 항상 정중하고 예의바르게 대해야 한다는 것이다.

③ 자주 방문하는 내방객에게는 신경을 써서 먼저 안내하며, 처음 온 손님을 뒤로 돌리거나, 외국인은 매우 친절히 응대하면서도 내국인에게는 불친절하게 응대한다거나 하는 행동은 삼가야 한다.

④ 옷차림으로 사람을 판단해서 상대방을 기분 나쁘게 하는 일이 없도록 하며, 외양이나 직위에 관계없이 모든 손님에게 한결같이 친절한 마음으로 성의껏 접대한다.

③ 직장예절

(1) 직장예절의 필요성

① 직장은 출생, 성장, 교육, 취미, 소질, 가치관이 다른 이질적인 사람들이 모여, 서로 협력하여 조직적으로 공동의 목표를 지향해 조화, 규율하기 위해 통일된 생활규범이 요구된다.

② 일반적인 예절관이 확립되고 생활예절이 바른 사람이라 하더라도 일정한 조직사회에 들어오면 나름대로의 전통과 특색 있는 예절이 새롭게 요구되고 직장 사회에서 요구하는 예절은 더욱 엄격하다.

③ 직원들 간에 예의 있는 행동, 즉 에티켓이 잘 지켜지는 회사일수록 업무능률도 향상되고, 일터에서 느끼는 보람도 클 것이다.

(2) 직장 인사예절

① 일반적인 인사예절

㉠ 인사는 윗사람, 아랫사람 구분 없이 누구에게나 먼저 보는 사람이 하며, 윗사람은 반드시 답례를 한다.

㉡ 시선은 상대방의 눈에 맞춘 다음 고개를 숙여 인사한다.

㉢ 얼버무리는 인사말은 상대에게 성의 없는 인상을 주기 때문에 바르고 정확한 발음으로 끝까지 해야 한다.

ⓔ 윗사람이 계단을 올라올 때는 벽 쪽에 붙어서 멈춘 다음 고개를 숙여 인사한다.

ⓜ 머리만 까닥거리는 인사는 상대에게 도리어 거부감을 주게 되며, 목덜미가 보일 정도로 지나치게 허리를 굽혀 인사하는 것은 도리어 무례하다는 인상을 상대방에게 준다.

ⓗ 여성의 경우 발뒤꿈치와 무릎이 많이 벌어지지 않도록 한다.

ⓢ 고개를 옆으로 돌리는 인사는 금물이다.

② 출 · 퇴근 인사

　　ㄱ 출근 인사

　　　　ⓐ 활기찬 표정과 태도로서 명랑한 인사를 나누도록 하며, 윗사람이 들어서면 일어서서 인사를 한다.

　　　　ⓑ 지각을 했을 경우는 상사 앞에까지 가서 사유를 공손하고 분명하게 말한다. 이때 먼저 사과부터 해야지 이유나 변명부터 하는 것은 예의가 아니다.

　　ㄴ 퇴근 인사

　　　　ⓐ 상사나 동료에게 퇴근 인사를 깍듯이 한다.

　　　　ⓑ 아랫사람이 윗사람에게 "수고하셨습니다, 수고하세요."라고 인사하지 않는다. 상사가 일이 끝나지 않았는데 먼저 나갈 경우 "아직 일이 많으신가 보지요. 제가 할 일은 없는지요?", "먼저 퇴근하게 되어 죄송합니다.", "부득이한 약속이 있어 먼저 퇴근합니다."라는 인사를 한다.

③ 외출 시

　외출할 때는 가능하면 미리 상사에게 말씀을 드린다. 반드시 언제, 어디로, 무슨 일로 가는 것을 서면으로 혹은 구두로라도 보고를 하고 나간다.

(3) 직장 근무예절

① 출근과 퇴근

　　ㄱ 근무 시작 전 일찍 출근하여 여유를 가지고 근무에 필요한 준비를 해야 하고, 근무 시간이 끝난 뒤에 오늘 한 일을 점검하고 내일 할 일을 메모하면서 퇴근 준비를 한다.

　　ㄴ 근무 복장이 따로 있으면 복장을 바꾸어 입고 주변 정리 등 근무 준비를 철저하게 한다.

　　ㄷ 퇴근할 때 근무복 정리, 전등, 전열기, 환기 장치, 서랍, 캐비닛 등을 점검하고 의자를 책상 밑으로 반듯하게 밀어 넣고 주변을 깔끔하게 정돈한다.

　　ㄹ 아침 조회나 회의 등에서 부서 간의 업무 협의가 주로 이루어지고, 상사로부터 지시나 명령을 받기도 한다.

② 지각과 조퇴

　　ㄱ 지각할 경우 반드시 직장에 연락해야 하며, 먼저 사과와 함께 사유를 간단히 말하고 출근 예정 시간을 보고한다.

　　ㄴ 지각하게 되었을 때 거래처 전화나 내방 손님이 있을 경우에는 동료에게 협조를 요청하여 사전 조치를 취한다.

　　ㄷ 상사는 물론, 동료에게도 "늦어서 죄송합니다."라고 인사를 한 뒤 자기 자리에 앉는다.

　　ㄹ 조퇴할 경우에는 업무 마무리에 최선을 다하며 하던 일은 상사의 지시를 받아 마무리를 하고 간다.

③ 휴가와 결근

사원의 갑작스런 결근이나 휴가는 업무에 막대한 지장을 가져다주기 때문에 결근을 하거나 휴가를 사용해야 할 경우에는 사전에 승낙을 받도록 하고 사후에는 꼭 결근계를 제출하도록 한다.

④ 자리를 비울 때

㉠ 근무시간에는 자리를 비우지 않는 것이 좋지만, 잠시 비우는 경우에도 동료직원에게 행선지, 용건, 돌아올 시간 등을 미리 알려두는 것이 좋다.

㉡ 일단 외출할 때에는 공적이든 사적이든 상사의 허락을 받고, 사무실에 들어오는 대로 결과를 보고한다.

㉢ 적어도 30분 이상 자리를 비울 때는 책상 위를 말끔히 정리해야 하고, 출장이나 교육 등으로 장기간 사무실을 비울 경우에는 책상 위에 사유를 적은 표시판을 놓아두는 것이 좋다.

㉣ 외출시간이 지연되면 그 사유를 전화로 연락한다. 일을 끝내고 집으로 귀가할 때는 반드시 회사에 전화를 걸어 활동 사항을 보고하고 회사로부터 긴급 지시 사항이 있는지도 확인한다.

⑤ 복도나 계단에서의 예절

㉠ 복도나 계단에서 언제나 좌측통행을 하고, 외부 손님이나 상사를 앞질러 가지 않는다.

㉡ 복도나 계단에서 긴 이야기를 하는 것은 삼가고, 담배를 피우거나 껌을 씹으며 다니지 않는다.

㉢ 외부 손님을 만나면 찾는 곳을 친절하게 안내한다.

⑥ 출 장

㉠ 출장을 떠나기 전에 목적을 정확하게 파악하고 사전에 치밀한 계획을 세운다.

㉡ 일정표를 작성하고, 업무 수행에 필요한 서류나 자료를 준비한다. 이때 상사나 동료의 의견이나 도움을 청하는 것이 바람직하다.

㉢ 출장지에서는 숙소 연락처, 업무 진행정도, 중간 변경사항 등을 중간보고(수시 보고)하는 것이 좋다.

㉣ 출장에서 돌아오면 우선 상사에게 구두나 전화로 보고하고 차후에 공식 보고서를 제출해야 한다.

㉤ 출장이나 사외 근무를 빙자하여 통상 업무를 지체하거나 남에게 미루는 일이 없도록 한다.

⑦ 휴게시간 예절

㉠ 정해진 휴식시간, 점심시간이라도 하던 일을 마치고 주변을 정리한 다음 남에게 방해되지 않는 범위 내에서 휴식, 점심식사를 한다.

㉡ 다시 근무에 임할 때는 아침 출근 때와 같이 한다.

⑧ 회식에서의 예절

㉠ 회식자리 배치는 최상위자(주빈)를 맨 안쪽 중간에 배치하고 나머지는 최상위자와의 관계성, 송ㆍ환영 회식 등 성격에 따라 자리에 착석한다.

㉡ 회식은 근무의 연장으로 생각하고 예의 바르게 행동하며, 특히 술자리에서 동료나 상사의 험담을 하지 않는다.

㉢ 외국인과 동석한 자리에서 술잔 돌리기나 폭탄주 등을 강요하지 않으며 사원들에게 술 따르기를 강요하거나 성적인 농담을 하지 않는다.

㉣ 선약이 있어 중간에 회식자리를 떠날 때는 사전 또는 중간에 상위자에게 보고하고 자리를 비운다.

ⓜ 술잔은 상위자에게 먼저 권하고 경우에 따라서는 무릎을 꿇거나 서서 잔을 따르고, 좌석이 먼 경우에는 왼손을 가슴에 살짝 대고 따른다.

ⓗ 술을 안마시더라도 술잔을 입에 대었다가 내려놓는다.

ⓢ 건배 시 잔을 부딪칠 때 상위자의 술잔보다 높게 들지 않으며, 먼저 술잔을 내려놓지 않는다.

ⓞ 건배구호는 1~2개 정도 준비한다.

(4) 직장 생활복장예절

① 복 장

ⓐ 얼룩지거나 구김, 단추 떨어짐 등이 없이 청결하게 유지한다.

ⓑ 품위유지 및 직장예절에 어긋나지 않는 범위 내 간소하고 단정한 복장을 착용한다.

ⓒ 근무시간 중에는 지정된 근무복을 청결하게 착용하고, 사원증을 부착한다.

ⓓ 단정하며 조화로운 맵시가 있으며 사회 관습에 맞게 입는다.

ⓔ 직장, 직종, 부서의 분위기에 맞게 입는다.

ⓕ 남자의 경우 똑바로 섰을 때 구두와 바지사이로 양말이 보이지 않도록 입는다.

ⓖ 여자의 경우 지나치게 노출이 심한 옷은 삼간다.

② 머 리

ⓐ 항상 청결하고 정돈된 스타일을 유지한다.

ⓑ 지나치게 짧은 머리, 염색은 지양한다.

ⓒ 인사할 때 머리가 얼굴을 가리면 보기에 좋지 않으므로, 깔끔하게 정리한다.

ⓓ 지나치게 유행을 따르는 스타일은 지양한다.

ⓔ 남자의 경우 옆머리는 귀가 보이도록 정리한다.

③ 화 장

ⓐ 자신의 개성을 살리며 직장 분위기에 어울리는 자연스러운 색조로 한다.

ⓑ 많은 사람이 보는 앞에서 화장을 고치지 않는다.

ⓒ 향수는 거부감을 주지 않는 은은한 향을 사용한다.

④ 얼굴 · 손

ⓐ 손톱의 길이는 2mm 이내를 넘지 않는 적당한 길이로 정돈한다.

ⓑ 매니큐어를 바르는 것은 무방하나 지나치게 진한 색은 지양한다.

ⓒ 음식을 먹은 후 이를 깨끗하게 닦는다.

ⓓ 눈곱, 귀지, 코털이 밖으로 나오지 않게 한다.

ⓔ 안경은 정장에 어울리는 보편적인 것으로 한다.

⑤ 보석 · 액세서리

ⓐ 보석이나 액세서리는 너무 화려하지 않으며 전체적으로 조화를 이루도록 착용한다.

ⓑ 전화 받기 불편할 정도로 큰 귀걸이, 철렁철렁 소리가 나는 큰 목걸이는 하지 않는다.

⑥ 스타킹 · 양말

ⓐ 스타킹은 착용하되 색상은 살색이나 커피색 등 피부색과 유사한 색상을 착용한다.

ⓑ 양말은 정장과 구두에 어울리는 색상을 민무늬를 착용하고, 지나치게 두드러진 상표나 스포츠형 양말은 지양한다.

4 갈등 및 스트레스 관리

(1) 갈등관리의 개요

① 개 념

갈등은 본질적으로 인간의 심리적 상태와 관련된 것으로서 둘 이상의 행동주체 사이에서 일어나는 현상이다. 가치추구의 대상이 되는 이해와 쟁점을 포함하며 상호작용과정이라는 수단의 적용을 통하여 가치추구를 위한 행동요소를 포함한다는 사실을 알 수 있다.

② 유 형

갈등의 유형에는 개인적 갈등, 개인 간 갈등, 집단 간 갈등이 있다.

③ 집단 간 갈등의 원인과 결과

㉠ 원인 : 집단 간 갈등의 원인에는 목표불일치, 자원부족과 배분의 불일치, 직위상호 간의 부조화, 지각의 차이 등이 있다.

㉡ 긍정적인 결과 : 적응, 조직문제의 정확한 이해, 집단 내의 응집력 증대, 권력한계의 명확화, 집단 간의 연계성 강화 등이 있다.

㉢ 부정적인 결과 : 정보의 은폐, 집단 간의 괴리증대, 소속집단의 이익 집착으로 고착화, 상호작용의 감소, 불신풍토의 조성 등이 있다.

(2) 조직갈등의 개념 및 요소

① 조직갈등의 개념 : 행동주체 간의 대립적 혹은 적대적인 상호작용

② 개념요소

㉠ 행동주체 간 : 둘 이상의 행동주체, 개인 – 집단 – 조직

　ⓐ 개인 : 개인 내면의 갈등 → 조직관리의 대상은 아님

　ⓑ 집단 : 소집단, 비공식집단과 공식부서

　ⓒ 조직 : 조직 간의 갈등은 갈등관리에서 보다는 환경관리의 차원

▣ **서로 수준을 달리하는 주체 간의 대립도 가능** : 개인 대 집단, 개인 대 조직, 조직 대 집단

㉡ 대립적인 상호작용 : 심리적 대립감과 대립행동 – 잠재 갈등과 현재화된 갈등

　ⓐ 갈등의 진행단계 : 야기된 상황 → 지각 → 심리적 대립 → 적대적 행동 심리(긴장, 불안, 적개심) → 행동(싸움, 파괴, 폭력, 의심, 다른 의견의 주장)

　ⓑ 대립행동에 가치를 부여할 수는 없다. → 중립적 개념

▣ **갈등과 조직과의 관계**
유해가능성뿐만 아니라 유익의 가능성도 존재 – 조직의 현상유지적 성향을 교란

(3) 갈등 기능(이론적인 시각의 변천)

① 전통적 접근법

　　㉠ 갈등에 대한 부정적 시각

　　㉡ E. Mayo의 인간관계론 : 갈등은 악, 사회적 기술이 부족한 징후로 갈등이 없는 상태가 이상적이며 갈등의 제거가 관리의 목적이다.

② 행태적 접근 : 갈등은 자연적으로 발생하고 불가피한 것으로 해소되어야 한다.

③ 상호작용론적 관점

　　㉠ 갈등은 비난의 대상만은 아니며 신중한 진단과 검토가 필요한 변수이다. → 갈등은 용납되는 경우가 있으며 유용할 수 있다.

　　㉡ Lewis Coser

　　　　ⓐ 갈등의 보편성과 기능성을 인정

　　　　ⓑ 집단형성과 집단활동의 유지에 필요 : 갈등은 조직의 생존에 반드시 필요한 적응과 변화의 원동력

　　　　ⓒ 순기능적이고 건설적인 갈등 ↔ 역기능적이고 소모적인 갈등

　　　　ⓓ 조직이 추구하는 목적이나 가치와 관련하여 시대에 따라 상대적

　　　　ⓔ 조직구성원의 사고 정체 → 능동적으로 변화

　　　　ⓕ 자율조정적 요소

　　　　ⓖ 현존 자원배분의 변화 야기(소외의 극복)

중요 check　갈등은 그 자체가 문제가 아니라 그것이 어떻게 다루어지는가가 문제이다. - Lewis Coser

1. 균 형
   - 불균형으로 인한 불안과 무질서 – 동태적인 성장과 발전의 계기
   - 새로운 균형상태를 지향(체제의 항상성)
2. 통합 : 파괴 – 응집성의 제고(비온 뒤에 땅이 굳는다)
3. 안정 : 불안과 긴장 – 새로운 돌파구 모색
4. 창의성과 쇄신성 : 현상유지 – 새로운 아이디어 모색

---

(4) 갈등의 유형

① 주체 : 개인, 집단, 조직

② 조직체제 : 협상(부족자원 대상), 관료제(계층제 상하 간), 체제(동일 계층 · 기관이나 개인 간)

③ 조직구조 변화 : 마찰적, 전략적

④ 상황적 행태 : 지속적, 반복적, 극한적

⑤ 발생영역 : 외생, 내생

⑥ 진행과정 : 잠재, 일과, 만성, 진행

⑦ 유인가 : 접근 – 접근, 회피 – 회피, 접근 – 회피

(5) 갈등의 원인

① 학자들의 견해

Clinton F. Fink	• 상충되는 목적(Incompatible Goal) • 상호배타적인 이해관계(Mutually Exclusive Interest) • 적대감정(Emotional Hostility) • 상이한 가치체계(Differing Value Structure)
Pondy	• 희소자원을 획득하기 위한 경쟁(Competition for Scarce Resources) • 자율성의 추구(Drive for Autonomy) • 목적의 분립(Divergence of Subunit Goal)
March와 Simon	공동의사결정의 필요에 대한 인지, 목적의 차이, 현실에 대한 지각의 차이
Curt Tausky	개인의 목표와 조직목표의 상충, 불확실하고 불균등한 보수, 기술적 제약, 조직의 변화

② 종합적인 견해

　㉠ 상호 의존성

　㉡ 부족한 자원의 획득과 사용 : 승진, 예산배정(정치과정으로서의 예산과정), 우수인력의 확보

　㉢ 상이한 목표의 추구를 통한 승패의 상황 : 감사와 피감사자, 재무와 영업담당자, 경찰과 행정자치부(인원관리와 치안수요의 충족)

　㉣ 구조상의 분화와 전문화

　㉤ 성취기대의 차이

　㉥ 인지상의 차이 – 대안선택의 차이

　㉦ 의사전달의 왜곡

　㉧ 신분상의 부조화 : 지위에 따르는 기술이 부족한 경우 상하 간 갈등의 원인(선임의 기술이 신규직원보다 열위, 동료나 후배가 상관이 된 경우) → 자기발전의 동인

　㉨ 대안선택의 곤란

(6) 갈등관리의 전략과 방법

① 갈등관리의 전략

　㉠ 갈등상황이나 근원을 근본적으로 변동시키지 않고 사람들을 적응시킴(인간관계기법)

　㉡ 조직상의 배열을 적극적으로 변동시켜 갈등상황을 제거

　㉢ 조직의 순기능적인 갈등의 조장

② 갈등관리의 방법 : 갈등관리와 갈등해소는 동의어가 아니다.

　㉠ 갈등해소

　　ⓐ 문제해결

　　ⓑ 상위목표의 제시

　　갈등당사자가 공동으로 해결해야 할 상위목표를 제시한다. 상위목표는 갈등당사자 모두가 소망하는 것이지만 독자적으로 달성하기 힘든 목표이다. 이를 달성하기 위해 현재 갈등상황을 유보, 완화한다.

　　예 위기의식의 확대재생산, 재벌 간 갈등 시 노조대응

ⓒ 자원의 증대

희소자원의 경쟁 시 효과적이다. 자원을 추가 확보·배분하여 모두가 승자가 될 수 있도록 한다. 조직 전체의 자원은 제한되므로 다른 부분으로 갈등이 옮겨지는 결과가 초래된다.

　예 농수산물수입(UR) - 수입권을 농민에게 - 판매 수입상 한약분쟁 - 한의학 발전계획 - 다른 부문의 예산삭감 쓰레기 소각장 입지 - 농공단지

ⓓ 회피(Avoidance)

- 단기적 갈등완화(냉각기 - 노사협상)
- 의사결정의 보류, 갈등당사자의 접촉금지, 갈등행동 억압

ⓔ 완화(Smoothing)

당사자들의 차이를 축소해석하고 유사성이나 공동이익을 강조

ⓕ 타협(Compromise)

- 대립되는 주장에서 부분적 양보
- 당사자 간 협상(Bargaining)과 제3자의 중재(Third Party Arbitration)
  - 예 중앙노동위원회, 공사장 출입 트럭의 통행금지 - 시간제한, 속도제한 통행

ⓖ 상관의 명령

권위에 의한 해소

ⓗ 갈등당사자의 태도 개조 : 갈등을 일으키거나 일으킬 소지가 있는 사람들의 태도를 변화시킴 - 교육, 훈련

ⓘ 구조적 요인의 개편

- 인사교류
- 조정담당직위 및 기구신설(국무총리 행정조정실)
- 이의제기제도
- 조직단위 합병
- 업무배분 변경
- 보상체계의 개편

ⓛ 갈등의 조장

ⓐ 의사전달통로의 의식적 변경

ⓑ 정보전달의 통제(억제 혹은 과잉노출)

ⓒ 조직 내의 계층수, 조작단위수를 늘려 견제

ⓓ 조직구성원의 유동, 직위 간 관계의 재설정

ⓔ 지도과정의 유형을 적절히 교체

ⓕ 조직구성원의 태도 변화

02 적중실제예상문제

01 상사 부재 시 전화응대에 대한 설명으로 적절하지 않은 것은? [17년 2회 1급]

① 상사의 부재 이유를 부정적으로 응답하지 않도록 한다.

② 상사가 어디로 외출했는지 혹은 어디로 출장 갔는지 집요하게 묻는 경우 비서가 아는 한도에서 친절하게 설명해 드리는 것이 좋다.

③ 예의 바르게 응대하다 과잉 친절이 되어 기밀 정보를 알려주는 일이 없도록 주의한다. 예를 들면 어디에 계신지 자세히 말하는 것보다 "방금 자리를 비우셨습니다." 또는 "외출 중이십니다."라고 한다.

④ 상사 부재 시에는 상사의 책상에 전화응대 메모를 갖다 놓는다. 그리고 상사가 들어오면 메모 내용을 간단하게 말씀드리고 메모를 보았는지 확인한다.

> **해설** ② 상사의 외출에 대해서 행선지를 밝혀서는 안 된다. "○○시에 돌아오실 예정입니다. 연락이 되면 오셨다고 전해 드리겠습니다."로 응답하는 것이 좋다.

02 다음의 전화 대화 중 적절하지 않은 항목으로 묶인 것은? [18년 2회 1급]

> 비서 : ⓐ 안녕하십니까? 가나전자 사장실입니다.
> 고객 : 네, 삼신물산 김동훈 부장인데 사장님 통화 가능한가요?
> 비서 : ⓑ 죄송합니다만 사장님은 지금 통화 중이십니다. 잠시 기다려주십시오.
> 고객 : 예.
> 비서 : 예, 부장님. 그럼, 통화 끝나시는 대로 연결해 드리겠습니다.
>   ⓒ (비서는 통화 버튼을 눌러놓는다.)
>   (통화가 길어진다.)
> 비서 : 부장님, 죄송합니다만 사장님께서 통화가 좀 길어지시는 것 같습니다. 계속 기다리시겠습니
>   까? 아니면 통화 끝나는 대로 연결해 드릴까요?
> 고객 : 그럼, 사장님 통화 끝나시는 대로 전화 부탁해요.
> 비서 : 네, 알겠습니다. ⓓ 김 부장님, 제가 전화번호를 확인할 수 있을까요?
> 고객 : 515-7745입니다.
> 비서 : 네, 515-7745번이요. 사장님께서 통화 끝나시는 대로 연락드리겠습니다. 안녕히 계십시오.

① ⓐ, ⓑ
② ⓐ, ⓒ
③ ⓑ, ⓒ
④ ⓒ, ⓓ

> **해설** • 오래 기다리게 할 때(ⓑ)
> – 상사가 금방 전화를 받지 못하는 경우 상대방에게 상황을 알리고 계속 기다릴지 혹은 메시지를 남긴
>   후 다시 통화 연결을 원하는지를 물어본다.
> – 계속 기다린다고 하더라도 상사의 다른 전화통화가 금방 끝나지 않을 것으로 예상되거나, 상대방의
>   직위가 상사보다 높은 고객일 경우 통화가 끝나는 대로 비서가 연결할 것을 제의한다.
> • 전화를 연결할 때(ⓒ)
> – 다른 사람에게 전화를 연결할 때에는 보류 버튼을 누르거나 송화구를 손으로 막고, 상대방의 성명과
>   용건을 간단히 전하고 연결한다.
> – 다른 부서로 연결할 때에는 끊어질 경우를 대비하여 내선번호나 전화번호를 안내해주고 연결한다.
> – 즉시 바꿔주지 못하고 지연될 때에는 수시로 중간 상황을 알린다.

03 다음 일반적인 직장 인사예절 중 잘못된 것은?

① 윗사람이 계단을 올라올 때는 벽 쪽에 붙어서 멈춘 다음 고개를 숙여 인사한다.
② 목덜미가 보일 정도로 허리를 굽혀 인사하는 것이 예의다.
③ 여성의 경우 발뒤꿈치와 무릎이 많이 벌어지지 않도록 한다.
④ 시선은 상대방의 눈에 맞춘 다음 고개를 숙여 인사한다.

> **해설** 목덜미가 보일 정도로 지나치게 허리를 굽혀 인사하는 것은 상대방에게 도리어 무례하다는 인상을 준다.

04 직장에서 출·퇴근 시 하는 인사로 옳은 것은?

① 회사에 지각했을 때는 이유나 변명을 먼저 밝혀서 양해를 구한다.

② 외출할 때 상사가 자리를 비웠다면 다녀와서 말씀드리도록 하고 나간다.

③ 아랫사람이 먼저 퇴근 시에는 윗사람에게 "수고하셨습니다, 수고하세요."라고 인사한다.

④ 윗사람이 들어서면 일어서서 인사를 한다.

> 해설 ① 회사에 지각했을 때는 상사 앞에까지 가서 사유를 공손하고 분명하게 말한다. 이때 먼저 사과부터 해야지 이유나 변명부터 하는 것은 예의가 아니다.
> ② 외출할 때는 가능하면 미리 상사에게 반드시 언제, 어디로, 무슨 일로 가는 것을 서면으로 혹은 구두로라도 보고를 하고 나간다.
> ③ 아랫사람이 윗사람에게 "수고하셨습니다, 수고하세요."라는 인사는 하지 않는다. 만일 상사가 일이 끝나지 않았는데 먼저 나갈 경우에는 "아직 일이 많이 남았는지요. 제가 도울까요?"라고 하는 것이 예의다.

05 다음 중 직장 근무예절에 어긋나는 행동은 무엇인가?

① 결근이나 휴가를 해야 할 경우에는 사전에 승낙을 받도록 하고 사후에는 꼭 결근계를 제출하도록 한다.

② 30분 이상 자리를 비울 때는 책상 위에 보던 업무를 그대로 놓아 퇴근한 것이 아님을 알리도록 한다.

③ 출장지에서는 숙소 연락처, 업무 진행 정도, 중간변경 사항 등을 중간보고하는 것이 좋다.

④ 퇴근할 때 근무복 정리, 전등, 전열기, 환기 장치, 서랍, 캐비넷 등을 점검하고 의자를 책상 밑으로 반듯하게 밀어 넣고 주변을 깔끔하게 정돈한다.

> 해설 ② 적어도 30분 이상 자리를 비울 때는 책상 위를 말끔히 정리해야 한다.

06 직장에서 하는 악수예절에 대한 내용으로 옳지 않은 것은?

① 연장자, 상사 및 여성에게는 먼저 악수를 청하는 것이 좋다.

② 매일 만나는 사내 임직원 사이에서는 보통 하지 않는 것이 좋다.

③ 악수할 때는 인사를 같이 하지 말고 대신 상체를 약간 앞으로 굽히는 상태가 좋다.

④ 장갑을 끼었을 때는 남성은 장갑을 벗고, 여성은 낀 채로도 무방하다.

> 해설 ① 보통 악수는 상급자가 연하자, 부하에게 청하며 연장자, 상사 및 여성에게는 먼저 악수를 청하지 않는 것이 좋다.

07 다음 중 직장 명함교환예절에 관한 것으로 잘못된 것은?

① 명함이 없을 경우 만일 상대가 명함을 받고 싶어 하면 깨끗한 종이에 써서라도 건넨다.

② 소개의 경우는 소개 받은 사람부터 먼저 건네고, 소개 없이 직접 첫인사를 할 때는 인사할 때의 순서에 의해 자기를 소개한다.

③ 자기를 먼저 소개하는 사람이 명함을 두 손으로 아래를 잡아 정중하게 건네고, 받는 사람은 두 손으로 위쪽을 잡아 받는다.

④ 주인과 손님이 인사할 때는 손님이 먼저 자기를 소개한다.

> **해설** ③ 자기를 먼저 소개하는 사람이 명함을 두 손으로 위쪽을 잡아 정중하게 건네고, 받는 사람은 두 손으로 아래를 잡아 받는다.

08 직장에서의 생활복장에 관한 예절이 아닌 것은?

① 여성의 경우 많은 사람이 보는 앞에서 화장을 고치지 않는다.

② 여성의 경우 스타킹은 피부에 가까운 것으로 하고, 원색이나 무늬가 있는 것은 피한다.

③ 남자의 경우 똑바로 섰을 때 구두와 바지 사이로 양말이 보이지 않도록 입는다.

④ 남자의 경우 넥타이를 맨 길이는 벨트의 버클을 완전히 덮어야 단정한 느낌을 준다.

> **해설** ④ 넥타이를 맨 길이는 벨트의 버클을 약간 덮을 정도가 적당한데, 이보다 짧으면 여유가 없어 보이고, 길면 느슨한 느낌을 준다. 넥타이의 길이가 적당한지를 살필 때는 내려다보지 말고 거울에 비춰 보는 것이 정확하다.

09 다음 중 비서의 직장 내에서의 바람직한 인간관계에 대한 설명으로 옳은 것은?

① 먼저 퇴근을 할 때에는 "수고하셨습니다."라고 밝게 인사를 하고 퇴근한다.

② 비서는 가급적 사내 모임의 적극적인 참가를 지양한다.

③ 다른 사람들의 고충이나 의견들을 잘 선별하여 상부에 전달함으로써 가교 역할을 한다.

④ 상사로부터 꾸중을 듣게 된 경우, 적극적인 변명을 통해 상사와의 신뢰를 회복해야 한다.

> **해설** ① 퇴근 때 윗사람에게 "수고하셨습니다."는 실례이며, "먼저 퇴근하겠습니다." 또는 "내일 뵙겠습니다."로 한다.
> ② 비서 동호회나 계열사 비서들 간의 모임 등 온라인, 오프라인을 통한 친목관계를 형성하는 것은 바람직하다.
> ④ 상사로부터 꾸중을 듣는 경우 변명을 하거나 자기 방어를 하기보다는 자신이 잘못한 점에 대해서는 즉시 솔직하게 시인하고 오히려 발전의 계기로 삼는다.

10 비서업무 중 발생하는 갈등 대처방안으로 적절치 않은 것은?

① 동료들이 빈번하게 업무를 맡기는 경우 화합을 위해 해주는 것이 바람직하다.
② 타인으로부터 업무에 관련한 비판을 받은 경우 긍정적으로 생각하고 발전할 수 있는 방향으로 노력한다.
③ 상사가 도를 벗어나 개인적인 일을 부탁하는 경우는 공사를 분명히 하여 정중히 거절한다.
④ 어렵고 복잡한 일이 한꺼번에 몰릴 경우에는 우선순위를 확인하여 차근히 일을 진행하고 효율적으로 시간관리를 한다.

해설 ① 동료들이 빈번하게 업무를 맡기는 경우 본인의 업무에 차질이 있을 수 있으므로 적당히 조절하는 지혜가 필요하다.

11 다음 중 비서의 조직 구성원과의 원만한 인간관계를 위한 노력으로 가장 올바른 자세는?

[20년 2회 3급]

① 비서는 상사의 지위를 자신의 지위와 동일시하는 주인의식을 가지고 상사 인간관계의 통로 역할을 하도록 한다.
② 비서는 상사를 보좌할 때 다른 비서들과 상사에 관한 다양한 정보를 공유하면서 비서로서 본인의 경험을 우선적으로 고려하여 업무처리를 한다.
③ 비서는 일반적으로 노동조합 가입이 허용되지 않으므로 비공식적으로라도 노조 직원들과 만남을 가지면서 정보를 공유한다.
④ 후배 비서의 고충이나 의견을 잘 듣고 조언을 하거나 필요할 경우 해당 부서에 전달함으로써 조직과 비서실의 의사소통에 도움이 되도록 한다.

해설 ① 비서가 상사의 지위와 자신의 지위를 동일시하는 인식은 위험한 행동이다. 비서는 상사를 보좌하는 위치에 있을 뿐, 상사와 같은 위치에 있는 것이 아니다.
② 상사에 관한 다양한 정보를 공유하는 것은 기밀유지에 위반되는 행동이다.
③ 비서는 회사와 관련된 기밀정보를 많이 알게 되므로, 노동조합 가입을 하지 않는 경우가 많으며, 따라서 비공식적으로라도 노조 직원들과 만남을 가지면서 정보를 공유하는 행위 또한 바람직하지 못하다.

12 각 대상별 갈등관리 방안으로 가장 적절한 것은?

① 평상시 동료에게 좋고 싫은 것을 분명하게 표현하여 갈등이 생기지 않도록 한다.

② 거래처 직원과의 원활한 업무진행을 위해 업무의 정도를 약간 일탈한 대화도 경우에 따라서는 나눌 수 있어야 한다.

③ 후배가 수행한 업무의 결과에 대해 잘된 것과 잘못된 부분을 이야기해 주어 발전을 격려한다.

④ 상사는 모든 면에서 완벽해야 한다는 마음으로 존경하고 따른다.

> **해설** ① 평상시 감정표현을 적절한 수준에서 하는 것은 바람직하지만, 특히 싫은 것을 너무 직설적으로 표현하면 불평불만으로 비칠 수 있고, 갈등의 원인이 될 수 있다.
> ② 가능하면 업무의 정도를 벗어나지 않도록 하여야 한다.
> ④ 상사도 한 사람의 인간이므로 모든 면에서 완벽하기를 바라는 것은 무리이다.

13 비서 A양은 다른 부서 직원을 만나면 언제든지 인사를 하는데, 그 중 한 명은 언제나 인사를 해도 그냥 지나치기만 하여 늘 불쾌했다. 그 사람은 사내 다른 부서 직원이며 비서와는 개인적으로 한 번도 이야기를 나눈 적이 없는 사람이었다. 이 경우 A양의 올바른 처신은?

① 그 사람을 만나자고 하여 기분 나쁜 감정을 솔직하게 이야기한다.

② 그 사람과 같은 부서에 있는 아는 사람을 통해 상황을 이야기하여 그 사람에게 전달하도록 한다.

③ 그 사람이 인사를 받든 안 받든 상관하지 않고 언제나 인사를 잘 하도록 한다.

④ 사내 게시판에 그 상황을 알리는 글을 올려서 사원들에게 알린다.

> **해설** ② 상대방에게 감정을 표출하기보다는 감정을 억제하고 자신을 침착하게 유지하며 차근차근 처리해 나가도록 한다. 혼자서 처리하기 힘들 때는 믿을 만한 선배나 동료에게 도움을 청한다.

14 다음은 상사 유형별 비서의 일반적인 대응법이다. 적절하지 않은 것은?

① 민주형의 상사인 경우에는 비서의 자발성이 더욱 요구된다.

② 표출형 상사인 경우에는 민감하게 반응하고 감정에 쉽게 좌우된다.

③ 분석형의 상사인 경우에는 모든 자료와 보고 내용을 자료에 근거하여 처리한다.

④ 권위형이면서 주도형의 상사인 경우에는 비서의 솔선수범이 매우 요구된다.

> **해설** ④ 주도형인 상사에게는 비서 나름대로 잘 해보겠다고 미리 결정을 내리는 솔선수범보다는 언제나 상사의 주도하에 먼저 지시를 받은 다음 처리하도록 한다.

15 다음 중 김 비서의 내방객 응대 방법으로 가장 적절한 것은?

> 오성전자는 최근 신규 업무협약 업체로 인터내셔널 네트워킹사를 영입했다. 오성전자의 이준오 전무는 인터내셔널 네트워킹사의 마케팅 담당 James Martin 이사를 초청하여 회의를 개최하기로 결정하고 김은희 비서에게 이를 준비하도록 지시했다.

① 방문시간에 자리를 비우지 않고 대기하고 있다가 James Martin 이사에게 먼저 악수를 청하면서 인사를 하였다.

② James Martin을 접견실로 안내하기 위하여 손바닥을 사용하여 방향을 가리키며 두서너걸음 뒤에서 안내하였다.

③ 접견실에 도착해서 James Martin에게 출입구에서 먼 상석을 권해드렸다.

④ 이준오 전무와 James Martin 이사와의 면담 중에 급하다고 하는 손님이 찾아와서 "Excuse me"라는 인사와 함께 메모를 전달하였다.

> 해설 ① 비서가 상사의 손님에게 먼저 악수를 청하는 것은 적절한 응대가 아니다.
> ② 두서너걸음 앞에서 손바닥을 위로하여 방향을 안내한다.
> ④ "말씀 중에 죄송합니다."라는 말을 한 뒤, 메모를 상사에게 보인다.

16 다음은 비서의 대인관계관리에 대한 설명이다. 잘못된 것은?

① 상사 이외의 임원으로부터 지시를 받을 경우, 상사의 업무에 큰 영향을 미치지 않는다면 가급적 보좌하도록 한다.

② 후배와의 관계에 있어서 필요한 경우에는 멘토의 역할을 할 수 있는 역량을 키워 나아가야 한다.

③ 최고위직 임원을 모시는 비서의 경우에는 하위직 임원 비서 관리에 대한 책임을 인식하여 적절한 역할을 하도록 한다.

④ 비서는 경우에 따라서는 상사의 개인적인 용무도 보좌할 수 있다는 열린 자세를 지녀야 한다.

> 해설 ③ 상사의 직위와 자신의 직위를 동일시하는 것은 절대 피해야 할 금기사항이다. 상사의 직위와 무관하게 다른 비서와 동일한 직원이므로 자신의 직위에 걸맞게 처신하도록 한다.

17 다음 중 직장 내 인간관계가 다른 집단과의 차별화를 만들어내는 요소에 대한 설명으로 가장 부적절한 것은?

① 사풍과 연관한 독특한 인간관계의 분위기 존재
② 명확한 상하관계 위주의 구성
③ 어떠한 목표달성을 위하여 집합된 집단
④ 각양각색의 사람들로 구성되어 개성이 우선시 된다는 점

> **해설** ④ 각양각색의 사람들로 구성되어 개성이 우선시 된다는 점은 차별화를 만들어내는 요소로 부적절하다.

18 직장 내에서의 인간관계에 관한 설명으로 바르지 않은 것은?

① 비서는 경우에 따라 상사의 개인적인 용무도 도와야 한다.
② 상사의 지위 고하에 따라 사장 비서는 전무 비서보다 서열상 우위이므로 다른 비서들을 통솔할 책임이 있다.
③ 후배와의 관계에 있어서 인격에 손상이 가는 질책을 하지 않도록 한다.
④ 상사 이외의 임원으로부터 지시를 받았을 때 비서의 재량 내에서 간단히 처리 가능하고 상사의 업무에 영향을 미치지 않으면 받아도 좋다.

> **해설** ② 상사의 지위가 높더라도 비서가 그 권위를 갖지는 않으므로 더욱 친절하고 정중한 자세가 요구된다.

19 다음 중 상사와 원만한 인간관계를 위하여 비서가 취할 가장 적절한 행동은? [20년 1회 1급]

① 비서 A는 상사의 급한 성격 때문에 스트레스를 받아 사내 스트레스 관리 프로그램에 참여하여 매주 자신의 사례를 공유하며 조언을 받았다.
② 비서 B는 상사의 업무지시가 과다하다고 판단되어 상사에게 이메일로 자신의 상황을 전달하였다.
③ 비서 C는 본인 역량을 넘어선 높은 수준의 업무가 주어지자 상사에게 본인의 업무영역이 아니므로 적절한 사람을 추천하겠다는 의견을 제시하였다.
④ 비서 D는 상사의 지시를 받고 나와 보니 이전의 지시와 상반된 내용이 있어 업무를 시작하기 전에 상사에게 확인하였다.

> **해설** ① 비서에게는 기밀성이 강조된다. 상사와 관련된 내용을 함부로 공유하여서는 안 된다.
> ② 비록 상사의 업무지시가 과다하다고 판단되더라도 상사에게 곧바로 이메일로 자신의 상황을 전달하기보다는 자신이 해결할 수 있는 한 능력을 발휘하여 업무를 수행하도록 해야 한다.
> ③ 비서는 직무수행에 있어 책임감이 높아야 한다. 다른 사람에게 위임하기보다는 어느 정도 도움을 받더라도 자신이 직접 수행하려는 자세가 필요하다.

20 직장 내에서의 인간관계에 대한 설명 중 바르지 않은 것은?

① 비서는 타 직원과의 교류를 많이 함으로써 여러 가지 구설수에 오를 수 있으므로 본인 스스로가 여러 모임에 적극적으로 참여할 필요는 없다.

② 같은 부서 내에서 나이는 어리더라도 직장의 경력이 비서보다 오래인 사람이 있다면 선배의 예우를 갖추어 주도록 한다.

③ 상사와의 인간관계는 비서가 상사의 신뢰를 얻기 위하여 상사에게 맞추려는 부단한 노력이 필요하다.

④ 선임 비서가 해왔던 업무방식이 마음에 들지 않을 경우 적절한 시기에 대화를 통해 업무방식을 개선할 수 있다.

> 해설 ① 비서는 타 부서의 일반사원들과도 직장 내 모임이나 취미활동 등을 통해 폭넓은 인간관계를 형성하며 경비원, 운전기사, 미화원과 같은 사람들에게도 친절하게 대해야 한다.

21 다음은 상황별 비서의 전화업무 처리이다. 바람직한 경우로만 묶은 것은?

> A : 다음 주 화요일 오후에 예정된 '하반기 영업전략 회의'에 사장님께서 그날 동창과의 점심약속이 있어 참석하기 어렵다고 영업부에 연락하라고 하신다. 그래서 나는 영업부장에게 전화하여 "사장님께서 그날 중요한 선약이 있어 하반기 영업전략 회의에 참석하실 수 없다고 전해 달라 하셨습니다."라고 알려드렸다.
>
> B : 보통 9시 이전에 출근하시는 상무님이 오늘은 9시 20분이 되어도 사무실에 도착하지 않으셔서 운전기사에게 전화하려는데 전화벨이 울렸다. 전화를 받으니 부장님이 상무님을 찾으신다. "부장님, 죄송하지만 상무님이 자리를 잠시 비우셨는데 전화하셨다고 전해 드릴까요?"라고 응대하였다.
>
> C : 사장님은 용건을 밝히지 않는 전화를 받는 것을 싫어하셔서 나는 사장님을 찾는 전화마다 반드시 용건을 확인하고 전화를 연결한다. 오늘 아침 회장님이 직접 전화하셔서 사장님을 찾으실래 "회장님, 죄송하지만 어떤 용건인지 여쭤 봐도 될까요?"하고 공손히 여쭤보았다.
>
> D : 사장님이 통화 중인데 친분이 두터운 홍길동 이사님이 전화를 하셨다. 나는 "이사님 안녕하셨어요?"라고 인사한 후 "사장님께서 지금 통화 중이신데 잠시 기다리시겠어요? 아니면 통화 마치는 대로 저희가 전화 드릴까요?"라고 여쭈었다.

① B, C, D   ② A, B, C

③ A, B, D   ④ A, C, D

> 해설 사장님보다 회장님이 상급자이므로 아무리 사장님이 용건을 밝히지 않는 전화를 받는 것을 싫어한다고 할지라도 상급자가 하급자를 찾는 전화에 용건을 물어보는 태도는 바람직하지 않다.

22 매우 중요한 내방객과의 일정이 지연되어 후속 일정관리에 영향을 미칠 경우 이에 대한 비서의 업무처리방식으로 가장 부적절한 것은?

① 더 큰 문제 발생을 방지하기 위해 후속 일정에 대한 재조정은 비서가 우선적으로 처리한 후 상사와 재조정을 한다.

② 일정 변경이 불가피할 경우 관련자뿐만 아니라 연계된 장소에 대한 취소나 변경이 이루어지도록 연락을 빨리 취한다.

③ 후속 일정과 관련된 참석자들의 형편을 파악하여 탄력적인 대응이 가능한지를 미리 알아보고 상사에게 보고하도록 한다.

④ 불가피하게 일정이 겹칠 경우 우선순위는 상사가 정하도록 신속하게 보고를 한다.

해설 ① 비서는 상사의 직접적인 지시나 예정된 요청 없이 자신의 독단적으로 결정이나 행동을 해서는 안 된다.

23 다음 중 사내 다양한 근무조건을 지닌 근로자의 업무 태도로서 가장 부적절한 것은?

① 정규직 직원으로서 회사 고용정책에 대한 사무실 내의 언쟁에 임시 직원들을 끌어들이지 않도록 조심한다.

② 내가 임시직 직원이라면 소속된 용역 에이전시와 현재 근무 중인 회사의 정책 모두를 인지하고 기밀유지에 더 주의를 기울이도록 한다.

③ 시간제 근무직일 경우 내가 근무하는 시간대가 아닌 시기에 발생하는 회의가 있을 경우에도 참석하도록 계획한다.

④ 서로 근무조건이 다른 정규직 및 비정규직 동료들과 급여나 복리후생 제도에 대한 정보를 자유롭게 공유하여 개선 방안이 있다면 건의한다.

해설 ④ 급여나 복리후생 제도에 대한 정보는 서로 공유하지 않는 것이 좋다.

24 다음은 비서가 방문객을 접대할 때의 요령이다. 잘못된 것은?

① 차와 과자를 권할 경우는 과자를 먼저 왼쪽에 내고, 차는 오른쪽에 오도록 한다.

② 차를 낼 때의 순서는 연령순으로 한다.

③ 커피, 홍차 등을 권하는 경우는 찻잔의 손잡이가 왼쪽(영국식), 오른쪽(미국식) 어느 쪽이든 무방하다.

④ 부주의로 차를 엎질렀을 경우는 손님의 옷과 서류를 먼저 처리한다.

해설 ③ 커피, 홍차 등을 권하는 경우는 찻잔의 손잡이가 영국식은 왼쪽, 미국식은 오른쪽에 오도록 한다.

25 신성산업 정홍식 상무는 외부 일정을 마치고 오후 3시경에 돌아왔다. 정 상무는 박 비서에게 메시지가 있었는지 물었고, 외근 중에 다음과 같은 상황이 있었다. 박 비서가 정 상무에게 부재중 메시지를 보고하는 방법으로 가장 적절한 것은?

> 정 상무가 오찬약속으로 외출한 후 11시 30분경 신성자동차 홍 전무님께서 사장님을 뵈러 왔다가 잠시 들르셨다가 가셨다. 1시 15분에는 재무팀장께서 보고드릴 내용이 있다며 오늘 중으로 급히 면담을 요청하는 전화가 왔다. 2시경에는 사모님께서 전화 달라는 메시지를 남기셨고, 2시 30분에는 사장님께서 찾으시며 들어오면 사장실로 와달라는 메시지를 남기셨다.

① 재무팀장의 면담요청이 급하므로 가장 우선적으로 면담하시도록 보고 드렸다.

② 이 경우에는 시간 순으로 보고 드리는 것이 상사에게 더욱 효과적으로 전달될 수 있다.

③ 보고를 할 때에는 부재중 메모와 함께 박 비서가 업무를 처리한 사항을 함께 보고하면 좋다.

④ 부재중 메시지가 많을 경우는 구두보고로 신속하게 일을 처리한다.

> 해설 ① 귀사 후 일정에 대해서는 예정만 세우고 상사가 돌아온 다음에 확정지을 수 있도록 정리해 둔다.
> ② 시간 순보다는 상사가 즉시 처리해야 할 사안부터 보고 드린다.
> ④ 부재중의 일들을 일목요연하게 메모하여 보고한다.

26 다음 중 방문객을 대하는 비서의 업무 처리방식으로 가장 적절한 것은?

① 다음 일정의 면담자가 대기 중일 경우 상사가 아직 회의 중이더라도 그 상황을 구두로 알려야 한다.

② 내방객이 자신의 신분을 밝히지 않으려 할 경우 굳이 질문하여 내방객을 불쾌하게 만들 필요는 없다.

③ 상사 부재 시 선약되지 않은 손님이 방문한 경우에는 손님 앞에서 바로 상사에게 연락하여 지시를 받도록 한다.

④ 약속 시간보다 일찍 도착한 내방객은 우선 대기실로 안내하고 상사의 앞 일정이 종료되는 대로 말씀드리겠다고 양해를 구한다.

> 해설 ① 다음 일정의 면담자가 대기 중일 경우, 면담자가 내방한 시각이 일정보다 일찍 온 경우라면 회의 중에 상황을 구두로 알리지 말고, 회의 중이니 잠시 기다려 달라고 방문객에게 요청한다.
> ② 내방객이 자신의 신분을 밝히지 않으려 하여도, 상대방이 기분 나쁘지 않도록 비서로서 자신의 업무이기 때문에 묻는 것임을 잘 설명하도록 한다.
> ③ 선약되지 않은 손님인 경우 상사가 반가워하지 않거나 만나고 싶지 않은 손님일 수 있으므로 손님 앞에서 바로 상사에게 연락하기보다는, 별도의 방에서 연락하여 지시를 받도록 한다.

27 비서의 내방객 응대 요령으로 적절하지 않은 것은?

① 내방객을 맞이하는 도중에 전화가 왔을 때에는 "잠깐 실례하겠습니다"라고 손님에게 양해를 구하고 나서 통화를 한다.

② 내방객이 내민 명함은 두 손으로 받고 이름은 내방객 앞에서 확인해 읽으며, 읽는 방법을 모를 때에는 물어본다.

③ 상사가 외출 중일 때 찾아온 내방객에게는 상사가 부재중인 것을 알리고, 대리자를 만나기를 원하는지 등을 물어서 내방객에게 방문이 헛수고였다는 느낌을 갖지 않도록 배려한다.

④ 비서가 면회 약속이 없는 내방객을 접대하는 중에, 면회 약속이 있는 내방객이 방문한 경우에는 공평을 기하기 위해 도착순으로 상사에게 전한다.

> **해설** ④ 비서가 면회 약속이 없는 내방객을 접대하는 중에 면회 약속이 있는 내방객이 방문한 경우에는 약속된 손님을 우선 안내하고, 약속이 없는 손님에게는 그 이유를 정중히 설명한다.

28 비서가 내방객을 응대하는 태도 중 가장 바르지 않은 것은?

① 손님이 방문하면 하던 일을 멈추고 얼른 자리에서 일어나 공손하게 인사한다.

② 약속이 되어 있지 않은 손님의 경우는 성명, 소속, 방문목적을 확인한 후 상사에게 보고하고 상사의 지시를 따른다.

③ 동시에 두 사람 이상의 손님이 잇달아 방문하였을 때는 용건이 간단한 손님이나 연령이 많은 손님을 우선 안내한다.

④ 약속이 되어 있는 손님이 오셨을 때, 상사가 통화 중이거나 먼저 방문한 손님이 있을 때는 메모로 알려서 상사의 지시에 따라 손님을 안내한다.

> **해설** ③ 동시에 두 사람 이상의 손님이 잇달아 방문하였을 때는 먼저 온 손님이나 약속된 손님을 우선 안내한다.

29 다음 중 고객과의 전화응대 시 유의해야 할 사항과 설명으로 가장 바르지 못한 것은?

① 음성의 크기 – 크게 말할수록 활기찬 느낌이 들어 의사소통에 유리하다.

② 말의 속도 – 전문용어나 중요한 정보를 전달할 때는 너무 빨리 말하지 않는다.

③ 음성의 높낮이 – 단조로운 음성은 주의집중하기 어렵게 만든다.

④ 정확한 발음 – 웅얼거리거나 부정확한 발음은 듣는 사람의 이해를 떨어뜨린다.

> **해설** ① 음성의 크기는 무조건 크게 말한다고 활기찬 느낌이 드는 것이 아니라, 주변의 사람들에게 피해가 가지 않는 적당한 크기의 목소리로 상냥하게 받는 것이 바람직하다.

30 다음은 전화를 받고 난 후 전화응대 메모를 적은 것이다. 가장 적절하게 메모한 것은?

① 전화가 왔었습니다.
이기자 사장님
강하자 사장님께서
1월 25일 8:30
용건 : 안부차
015-288-7779
김순희

② 전화가 왔었습니다.
나영숙 전무님
A회사 김철호 과장님께서
1월 24일 오전 9 : 10
용건 : 급히 전화해달라고
042-222-3333
박숙희

③ 전화가 왔었습니다.
신수정 부장님
(주) 가나에서
1월 26일 오전 10:15
용건 : 우성주택건설 기획전
032-333-5555
이정애

④ 전화가 왔었습니다.
나영숙 전무님
B회사 이명석 회장님께서
1월 23일
용건 : 3시에 방문하시겠다고
02-555-6666
백현주

해설 ① 전화받은 시간이 오전인지 오후인지 불분명
③ 전화건 사람이 누락
④ 전화받은 시간이 누락

31 약속을 하지 않은 손님이 방문했을 때 상사가 면담하기를 거절했다. 비서의 접대방법으로 가장 적절한 것은?

① 현재 상사가 회의 중이므로 다음에 면담약속을 의뢰하고 오도록 정중히 이야기하고 돌려보낸다.
② 약속이 되어 있지 않으면 만날 수 없다고 솔직히 말한다.
③ 오후에는 상사가 시간이 있을 것 같으니 다시 와 달라고 부탁한다.
④ 응접실에서 계속 기다리도록 하고 상사가 시간 여유가 있을 때 다시 상사에게 의뢰하여 본다.

해설 ② 솔직하기보다는 상대방의 기분을 고려하여 기분 상하지 않을 이유를 들어 말한다.
③ 상사가 거절했으므로 다시 방문해달라고 하는 것은 적절한 응대가 아니다.
④ 확실히 면담할 수 있을지 알 수 없는 상태에서 계속 기다리게 하는 것은 실례가 된다.

32 회사가 컴퓨터업에 새로이 진출하여 하청업체를 선정, 일을 맡기려고 하는데, 두 곳의 하청업자가 거의 같은 시각에 상사를 내방하였다. 이런 곤란한 경우 비서의 가장 적절한 응대 방법은?

① 서로를 간단히 소개하고 응접실에서 기다리게 한 후 한 분씩 모시고 간다.

② 서로가 친밀해지도록 다과를 대접하고 대화를 하게 한다.

③ 각기 다른 장소에서 기다리도록 안내하고 상사에게 알린다.

④ 약속일과 약속시간을 다시 정하기 위하여 모두 돌려보내고 차후에 연락하겠다고 말한다.

> 해설 ③ 서로 상면하지 않는 것이 좋겠다고 생각되는 거래처는 다른 곳에서 기다리도록 배려한다.

※ 다음을 읽고 물음에 답하시오(33~34).

> 김 비서의 상사는 잠시 외출 중이다. 오전에 배달된 우편물을 정리하고 있는데, 처음 보는 한 방문객이 찾아와서 다음과 같은 명함을 주었다. 상사의 스케줄표를 살펴보니 오늘은 아무런 면담 약속이 없었고, 상사로부터 특별히 지시받은 사항도 없다.
>
> | 미래 ⊙ 산업 주식회사 |
> | --- |
> | ⓒ 연구개발부 |
> | ⓒ 부장 金瑛植 |
> | ② 직통 (02)2261-3306 |

---

33 다음 중 김 비서가 내방객을 응대하는 방법으로 가장 적절하지 않은 것은?

① 또렷한 목소리로 인사하였다.

② 인사를 할 때는 오른손을 위로 포개어 인사한다.

③ 우편물 정리 일을 하는 중간이라 15° 정도 허리를 숙여 가볍게 인사한다.

④ 인사 후 대화할 때 시선은 상대의 눈을 향하되, 존중하는 마음으로 본다.

> 해설 ③ 전화를 받는 도중이라면 허리를 숙여 가볍게 목례 인사를 하지만, 우편물 정리와 같은 일상적인 업무에서는 잠깐 하던 일을 멈추고 일어나 30° 정도의 보통례로 인사한다.

34 위 상황에서 김 비서가 내방객에게 할 수 있는 말과 가장 거리가 먼 것은?

① 어디서 오셨습니까?
② 안녕하십니까? 김 부장님
③ 무슨 일로 오셨는지요?
④ 혹시 약속은 하셨습니까?

해설 이미 명함을 받은 상황이므로 ①의 물음은 적절하지 못하다.

35 정중한 인사요령으로 설명이 잘못된 것은?

① 고객과 눈을 맞춘 후 인사하고 굽혔을 때의 시선은 전방 1m 정도를 주시한다.
② 머리선보다 15° 정도 더 숙인다.
③ 인사는 아랫사람이 윗사람에게 먼저 한다.
④ 허리에서 머리까지 일직선이 되도록 한다.

해설 ③ 인사는 윗사람, 아랫사람 구분 없이 먼저 보는 사람이 하며, 윗사람은 반드시 답례를 한다.

36 다음 중 방문객 응대 태도로 가장 바람직하지 않은 것은?

① 복장이나 외모로 방문객을 차별하지 않는다.
② 손님이 방문하면 일단 자리에서 일어서도록 한다.
③ 손님을 기다리게 할 때는 이유를 설명하고 양해를 구한다.
④ 통화 중 방문객이 오면, 먼저 걸려온 전화를 마친 후에 인사한다.

해설 ④ 통화 중이나 긴급한 일을 처리하는 상황이라도 방문객이 오면 먼저 인사한다. 만약, 통화내용이 중요한 사안이라 하더라도 목례로 방문객에게 인사를 한 후 통화를 마치도록 한다.

37 다음은 비서가 전화를 받는 경우이다. 잘 처리하지 못한 경우는 어느 것인가?

① 전화벨이 울리면 왼손으로 받아 비서의 소속과 이름을 먼저 밝힌다.
② 상사 부재 시 상사를 찾는 전화의 경우, 상대방에게 상사가 있는 곳과 연락처를 친절하게 가르쳐준다.
③ 상대방의 이름을 물어보았더니 "박이라고 합니다"라고 대답하여 "죄송합니다만, 어디 계신 박 선생님이라고 할까요?"라고 다시 물었다.
④ 바쁜 중에 전화가 잘못 걸려왔지만 친절하고 상냥하게 응대해 주었다.

> **해설** ② 상사 부재 시 상사를 찾는 전화의 경우, 상대방에게 상사가 있는 곳과 연락처를 자세히 알려줄 필요는 없다.

38 일반적인 악수 에티켓으로 부적절한 것은?

① 윗사람이 아랫사람에게, 여성이 남성에게, 선배가 후배에게 먼저 악수를 청한다.
② 상대방의 지위가 높거나 연령이 많은 경우에는 가볍게 목례하고 악수를 한다.
③ 연령은 어리지만 직위가 높다면 직위에 우선한다.
④ 예식용 장갑은 반드시 벗고 악수해야 한다.

> **해설** ④ 장갑은 벗고 악수해야 하지만 예식용 장갑은 끼고 악수를 해도 무방하다.

39 비서의 방문객 응대 태도로 가장 적절한 것은? [20년 1회 1급]

① 비서 홍여진 씨는 사장님을 만나고 싶다는 손님이 안내데스크에서 기다린다는 연락을 받았다. 현재 사장님은 부재중이고 선약이 된 손님은 없는 시간이었으므로 사장님이 안 계신다고 손님에게 전해달라고 안내데스크에 이야기하였다.

② 비서 박희진 씨는 약속한 손님이 정시에 도착하였으나 상사가 면담 중이라 양해를 구하고 접견실로 안내하였다. 그리고 면담 중인 상사에게 손님이 기다린다는 메모를 전달하였다.

③ 비서 김영희 씨는 평소처럼 손님에게 차 종류를 여쭈어보았더니 시원한 물로 달라고 했으나 손님에게 물을 대접하는 것은 예의가 아닌 듯하여 시원한 주스를 드렸다.

④ 비서 채미영 씨는 2시에 예약된 A손님이 기다리고 있는 시간에 상사와 개인적으로 약속을 한 B손님과 겹치게 되어 당황했으나 A손님에게 양해를 구하고 B손님을 먼저 안내하였다.

> **해설** ① 손님에게 상사의 부재를 알린 뒤, 방문하신 손님의 소속과 성함 용건 등을 간략히 물어본 후 메모를 남겨 상사에게 전달한다.
> ③ 손님이 건강상 등의 이유로 마시지 못하는 음료가 존재할 수 있으니, 손님의 기호에 맞춘 음료를 제공하는 것이 바람직하다.
> ④ 비서가 독자적으로 판단하기보다는 상사에게 상황 보고 후 지시에 따라야 한다.

40 다음 중 전화부가서비스 이용에 대한 설명으로 적절하지 않은 것은? [18년 2회 1급]

① 상사가 이번 포럼에 참가했던 100명이 넘는 참가자에게 동일 메시지를 보내야 해서 크로샷 서비스를 이용해서 문자메시지를 발송하였다.

② 해외 출장 중인 상사 휴대폰 로밍 시에 무제한 요금제는 비용이 많이 발생하므로, 이동 중에 공유해야 할 자료와 정보는 별도로 이메일로 전송하였다.

③ 해외 지사와 연락을 할 때 시차로 업무시간 중 통화가 힘들어 전화사서함을 이용해서 메시지를 주고받았다.

④ 비서가 상사와 함께 외부에서 개최하는 회의에 종일 참석하게 되어 착신통화 전환을 해서 외부에서 사무실 전화처리를 할 수 있도록 하였다.

> **해설** ② 무제한 데이터 요금제 등에 가입하거나 로밍에그를 사용하면 요금폭탄을 피할 수 있으며, 이 밖에 요금이 지나치게 많이 나오지 않도록 데이터 로밍 요금상한 서비스를 신청하는 방법도 있다.

41 두 명의 상사를 모시면서 과중한 업무와 인간관계에 의한 스트레스를 받는 비서가 이를 조정하고 관리하는 방법으로 가장 부적절한 것은? [13년 2회 3급]

① 과다한 업무로 인한 스트레스를 받을 때 우선 감정을 억제하고 우선순위에 따른 업무리스트를 작성해서 차근차근 처리한다.

② 두 명의 상사를 보좌할 때 일의 우선순위를 상사들과 의논하여 정한다.

③ 충분한 수면과 규칙적인 운동, 일과 여가의 균형을 맞추는 생활을 함으로써 몸과 마음의 건강을 지킨다.

④ 사내 · 외에 멘토를 정하여 인간관계에서 오는 고충에 대해 털어놓고 조언을 받는다.

> **해설** ④ 회사 외부인사를 멘토로 정하여 업무상 고충을 털어놓는 것은 바람직하지 않다. 불가피한 경우에는 기밀유지에 특히 신경 써야 한다.

42 신영진 비서는 사장님, 상무님과 함께 신사옥 부지매입 건으로 외근을 하게 되었다 자동차 탑승 시 상석에 대한 설명으로 가장 바르게 설명한 것이 아닌 것은? [14년 1회 2급]

① 사장님은 운전기사 대각선 뒷좌석에 탑승한다.

② 비서는 조수석에 탑승한다.

③ 운전기사가 없이 상사가 직접 운전하게 되는 경우 비서와 상무는 모두 뒷좌석에 앉는다.

④ 일반적으로 상석이 있지만 상사가 특별히 원하는 좌석이 있다면 그쪽으로 착석하도록 한다.

> **해설** ③ 자동차에서 운전기사가 있는 경우에는 운전기사와 대각선에 있는 뒷줄 좌석이 상석이고, 운전기사 옆 좌석이 말석이다. 자가운전일 경우 운전석 옆 좌석이 상석, 뒷줄의 가운데 좌석이 말석이다.

43 다음 중 비서의 내방객 안내 자세로 가장 적절한 것은? [20년 2회 2급]

① VIP 손님과 사내 임원진들의 회의 시 VIP 손님을 입구에서 가까운 창가 쪽 좌석으로 안내하였다.

② 상사의 대학교 후배 내방 시 후배부터 차를 대접하였다.

③ 기사가 운전하는 차에 비서가 상사와 함께 타게 되어 뒷자리의 상사 옆좌석에 탑승하였다.

④ 수동 회전문 앞에서 비서가 손님보다 먼저 들어가서 안내하였다.

> **해설** ① 일반적으로 출입구에서 먼 곳이 상석이다.
> ② 손님이 상사의 후배이므로, 상사에게 먼저 차를 대접하는 것이 바람직하다.
> ③ 비서는 보통 운전석 옆 좌석에 앉는다.

03 | 일정 및 출장관리

01 일정

1 일정관리 원칙

(1) 일정관리의 이해

조직의 경영진은 중요한 의사 결정이 요구되는 상황과 복잡한 대인관계로 인해 많은 업무로 둘러싸여 있다. 상사의 일정이 중복되거나 잘못 처리되면 상사의 대내외적 이미지뿐 아니라 업무 및 조직의 성과에도 부정적인 영향을 미칠 수 있다. 따라서 비서는 상사의 시간 관리자로서 상사가 이러한 업무들을 올바르게 처리할 수 있도록 상사의 일정 계획부터 실행까지의 일정관리 업무를 수행하여야 한다. 이때 비서가 상사의 일정관리에 참여하는 재량권의 정도는 회사의 조직, 상사의 업무 방식, 상사의 비서에 대한 신뢰도 등 여러 변수에 의해 결정된다.

(2) 일정관리 절차

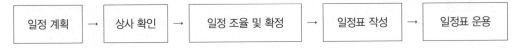

일정 계획 → 상사 확인 → 일정 조율 및 확정 → 일정표 작성 → 일정표 운용

[일정관리의 기본 절차]

① 일정 계획

일정 계획은 매년 회사와 부서의 연간 계획으로부터 시작된다. 회사와 부서 차원에서 정기적으로 발생하는 업무를 파악하여 대단위에서 소단위로 세부적으로 세우게 된다.

② 상사 확인

㉠ 모든 일정은 반드시 상사의 확인을 받고 일정을 수행하기 전에 상사에게 재확인한다.

㉡ 비서에게 일정관리의 전권을 위임한 경우에 비서가 전화나 내방객을 선별하여 일정을 관리하여도 최종 일정은 반드시 상사에게 보고하고 승인을 받는다.

㉢ 비서는 항상 본인이 모르는 새로운 일정이나 변경된 일정이 없는지 주의를 기울이며 확인하도록 한다. 하루 중 시간을 내어 상사와 일정을 공유하는 기회로 만들며 상사와 비서의 일정관리 프로그램을 연동시켜 추가되거나 변경되는 일정을 공유하는 등 상사와 비서 간의 의사소통을 통해 이를 해결하여야 한다.

③ 일정 조율 및 확정

　㉠ 상사 일정의 대부분은 대인관계 업무나 의사소통 업무를 위한 회의, 출장, 면담 약속 등으로 관련자들과의 일정 조율은 필수적이다.

　㉡ 또 중요한 회의 전에 회의를 준비하는 사전회의나 보고를 받는 경우, 회의 중이나 회의 후에 참석자들과 식사를 할 경우 등에 대비하여 상사 및 상사의 일정과 관련된 사람들의 전후 일정도 고려하여 일정을 확정해야 한다. 따라서 상사의 동정과 주변 상황 변경에 대해 세심한 주의와 적절하게 통지할 수 있는 능력이 요구된다.

④ 일정표 작성

비서는 연간, 월간, 주간, 일일 일정표 작성 방법을 알고 상사의 기호나 회사의 규정에 따른 일정표 양식을 만들어 놓고 필요한 일정들을 일정표에 기입하여 활용할 수 있어야 한다.

⑤ 일정표 운용

일정이 확정되면 그에 따른 예약 업무 등을 처리한 뒤 일정표에 기입하고 관련 인사들에게 일정을 통보하거나 공유한다. 공식적인 행사나 회의의 경우 가능한 한 문서로 작성하여 공지하되 중요한 일정은 전화로 다시 한번 확인한다.

2 비서 업무일지 작성법

(1) 정 의

업무일지는 일일 · 주간 · 월간 동안의 업무의 진행상황을 기록하여 작성하는 서식이다. 업무일지는 회사 내의 일정한 형식에 따라 진행되고 있는 업무를 정리함으로써 효율성과 능률성을 높일 수 있는 중요한 문서이다.

(2) 필요성

① 업무 진행 상황을 파악하고 이해함으로써 앞으로의 업무 계획을 세울 수 있다.
② 업무일지는 직원의 근무실적을 파악할 수 있는 근거자료로 활용할 수 있다.
③ 업무를 진행하면서 발생할 수 있는 오류나 실수를 방지할 수 있다.
④ 비서로서의 업무 충실도에 대한 반성을 할 수 있다.
⑤ 후임자에 대한 업무인수인계의 보조자료로 활용될 수 있다.

(3) 업무일지의 종류

① 일일 업무일지 : 하루의 업무 내용을 자세히 기록하는 것이 좋다.
② 주간 업무일지 : 한 주 동안 진행된 업무보고와 문제점, 특이사항, 협조사항 등을 기재하며, 다음 주의 업무계획을 세울 수 있다.
③ 월간 업무일지 : 월별 업무내용을 보고서식으로 작성하며, 향후 연간 업무계획의 기초자료가 된다.

(4) 업무일지 작성 시 주의사항

업무일지는 상사가 업무내용을 충분히 이해할 수 있도록 기재해야 한다. 효과적인 업무일지의 작성을 위해서는 작업의 핵심 포인트를 정확하게 전달할 필요가 있다.

① **명확한 내용작성** : 문장의 핵심적인 내용만을 이해하기 쉽게 작성하는 것이 좋다.

② **정확한 진행상황** : 당일 업무는 그대로 기입하고 추후 진행될 업무는 따로 기재하며, 장·단기 업무별 진행 상황을 구분하여 정리해야 한다.

③ **업무 서식의 변경** : 회사의 특성과 업무 효율성을 위하여 서식은 자유롭게 변형할 수 있으나 업무 목적에 맞게 수정하여야 한다.

(5) 업무일지의 효과

① 업무일지 체크를 통해 불필요한 시간을 제거하여 업무효율을 높일 수 있다.

② 근무실적을 파악할 수 있는 근거자료가 된다.

③ 개인별, 팀별 업무일지는 상사 및 동료 간의 의사소통에 도움을 준다.

3 일정표 작성법

중요한 직위에 있는 관리자들은 회의 참석 일정과 내방객 면담 약속이 많다. 비서는 상사에게 면담요청이 들어왔을 때 상사의 일정을 고려해서 상사나 내방객 모두에게 불편하지 않게 일정을 조정하고 일정표를 작성해야 한다.

(1) 일정표의 종류

① 연간 일정표

    ㉠ 연간 일정표(Annual Schedule)에서는 시무식, 종무식, 입사식, 주주 총회, 사원 체육대회 등 매년의 정기 행사나 임시 행사 등의 일정을 기록한다.

    ㉡ 기획실, 총무부 등 조직 전반의 행사를 관장하고 있는 부서가 연초에 모든 행사를 표로 만들어 각 부서로 통지하는 것이 일반적이나, 비서 자신이 만들 때에는 전년도의 일정표를 참고하고 일시, 장소, 회의 내용 등은 상사나 행사를 담당하는 부서에 확인한다.

② 월간 일정표

    ㉠ 월간 일정표(Monthly Schedule)는 1개월 간의 예정을 기록하기 위한 표로 정기적으로 발생하는 보고, 결재, 방문, 회의 등을 포함한 것이다.

    ㉡ 월간 일정표는 연간 일정표보다 구체적인 것으로 행사명, 일시 및 장소 등을 기입하되, 전달의 마지막 주일 전까지 작성하여 상사에게 보이고 수정할 사항이 있으면 정정한다.

③ 주간 일정표

    ㉠ 주간 일정표(Weekly Schedule)는 주요 일정, 내방객 방문 일정, 임원회의, 출장 계획, 각 부서의 행사 등을 요일별·시간별로 구분하여 작성하는 것으로, 1주 간의 예정을 기록하는 표이다.

    ㉡ 변경 가능성이 적고 매우 명확하며 시각 표시는 물론 각종 회합 장소도 기재한다.

    ㉢ 주간 일정표는 전 주의 금요일까지 작성하여 상사에게 보이고 수정할 사항이 있으면 정정한다.

④ 일일 일정표

　　㉠ 일일 일정표(Daily Schedule)는 하루 단위로 작성하는 일정표를 말하며 내방객 면담, 행사 및 각종 회의 등을 시간대별로 적어 두는 것으로, 가장 상세한 부분까지 기록되는 것이기 때문에 단순한 시간적인 예정뿐만 아니라 일정 시 예상되는 필요 자료에 대해서도 꼼꼼히 기록하도록 한다.

　　㉡ 일일 일정표에는 약속 시간, 약속 장소, 이동 시간, 연락처, 만나게 될 사람, 주제, 준비자료 등을 자세히 기록하는데, 이렇게 작성한 일일 일정표를 전날 상사가 퇴근하기 전까지 작성하여 상사에게 설명하고 지시를 받는다.

⑤ 휴대용 일정표

　　㉠ 휴대용 일정표는 일일 일정표의 일종으로, 상사가 항상 소지할 수 있도록 만든 것이다.

　　㉡ 중요한 약속이나 행사가 있을 때 필수적인 사항을 휴대하기 좋도록 명함 크기로 만들거나 휴대폰 등에 저장하여 상사가 외출할 때 또는 오전 행사일 경우에는 전날 퇴근 전에 상사가 휴대할 수 있도록 한다.

[휴대용 일정표]

시 간	방문처	주소	회의실 · 면담실
10:00~11:30	강남기획 최철규 사장	서울시 영등포구 여의도동 1234번지 제한빌딩 TEL : 02-1234-4567	2층 사장실
13:00~14:00	반석은행 김명호 은행장	서울시 강남구 신사동 1234번지 비호빌딩 TEL : 02-1245-7895	은행 VIP룸
15:00~16:30	본 사	서울시 영등포구 여의도동 456번지 우리빌딩	10층 대회의실
11:00~12:00	국제상사 김만철 상무	서울시 용산구 원효로3가 TEL : 02-5289-1234	6층 상무실

(2) 일정표 작성 시 유의점 `기출`

① 면회 약속 결정은 항상 상사의 승낙을 받아야 하며 면회 일정을 정할 때에는 예정된 일정에 유의해야 한다.

② 예상치 못한 일들을 고려하여 여유 있게 면담 시간을 정한다.

③ 하루에 과다하게 여러 건의 약속을 잡지 않도록 주의하며, 하루 중 약속이 여러 번 있을 경우 간격을 너무 짧게 잡지 않는다.

④ 회사 밖에서 만나는 장소를 정하는 경우에는 점심시간이나 퇴근길에 정하는 것이 좋으며 교통 사정 등을 감안해서 여유 있게 잡는다.

⑤ 일정 계획 보고 시에는 비서가 미처 모르는 상사의 약속 여부를 반드시 확인하여 누락되지 않도록 하고, 상사의 일정에 맞춰 비서 자신의 업무 일정표를 작성한다.

⑥ 일정은 항상 변동되기 쉬우므로 사전에 확인하는 습관을 가져야 하며, 변경 시에도 업무에 차질이 오지 않도록 대비해야 한다.

중요 check 일정표 작성 시 고려할 사항

- 사장단(임원단) 회의
- 각종 협회 미팅
- 동창회 또는 가입단체 모임
- 법정 공휴일(해외 관련 업무가 많은 경우 상대국의 법정 공휴일)
- 연례회의(주주총회, 이사회 등)
- 진료일
- 가족 생일이나 기념일 등

(3) 일정표 기록사항

① **성명** : 개인의 직위와 성명, 단체의 명칭, 전화번호
② **일시** : 날짜와 시각, 소요되는 시간
③ **장소** : 약속 장소(사내 · 사외, 위치와 전화번호)
④ **목적** : 약속의 명칭(전략회의, 동창회, 임원회 등)
⑤ **기타** : 회의자료, 통계자료, 노트북 등 시설자료

(4) 일정표 기입방법

① 모든 일정 기입은 상사의 의견을 들어서 정한다.
② 업무 후의 저녁 약속은 상사의 개인적인 용무 등을 고려하고, 반드시 상사의 승낙을 얻은 후에 시간과 장소를 기입한다.
③ 일정이 결정되면 즉시 비서의 종합 일정표에 기입하고, 그것을 토대로 상사의 일정표에 기입한다.
④ 상사가 비서를 통하지 않고 직접 정한 일정도 종합 일정표에 누락되지 않도록 한다.
⑤ 최초의 연간 예정은 비서의 종합 일정표에 옮긴다.
⑥ 일정표는 가능한 한 상세하게 기입하고 기억해 둔다.
⑦ 일정을 여러 곳에 나누어 기록하면 혼란이 생길 수 있으므로 되도록 한 곳에 기록하고, 개인적인 일정도 함께 기록한다.
⑧ 일정표의 내용이 상사의 직무에 관련하여 기밀 사항이 되어 있는 경우에는 특히 보안 유지에 주의해야 한다.
⑨ 잠정적인 예약은 연필로 기입하고, 결정되면 곧바로 펜으로 고쳐 쓴다.
⑩ 교통 체증, 약속 장소로의 이동 시간, 상사의 준비 시간 등 시간적인 여유를 두고 작성한다.
⑪ 일정 중에 출장 계획이 들어 있을 때에는 출발 및 도착 시각을 기입하고, 별도로 출장 일정표를 만든다.

④ 일정관리 절차(계획·정보수집·조율·보고)

(1) 일정계획

① 업무 순위 결정 기출

비서가 상사의 일정을 계획하기 위한 첫 단계는 업무의 중요도와 순서 파악이다. 그리고 상사와의 협의를 통해 업무의 경중과 순서를 정하여 일정표를 만들어 보고하는 방식으로 진행된다.

> **중요 check** 비서의 업무 우선순위 결정 시 고려할 사항 기출
> - 즉시 처리할 일, 오늘 해야 할 일, 천천히 해야 할 일로 구분하여 수행한다.
> - 상사의 가치관과 업무 스타일을 고려하여 비서 업무의 우선순위를 정한다.
> - 업무 중 급하고 중요한 일을 가장 먼저 수행한다.

② 일정계획의 진행방법

ㄱ 관련 부서 등과 협의 : 상사의 내방객과의 면담이나 중요회의 참석, 국내외 출장 등을 위해서 사전에 관련 부서의 담당자들과 협의하여 일정을 계획한다.

ㄴ 전년도 연간 일정표 확인 : 전년도 연간 일정표를 확인하여 올해 일정표에 연간 행사를 미리 기록한다.

ㄷ 전년도 행사관련 자료 : 매년 시행되는 행사는 전년도 관련된 자료를 참고해 상사의 일정, 관리, 비용, 관련 부서, 기타 사항 등의 대략적인 일정을 계획한다.

(2) 면담 약속을 정하는 요령

① 만나고자 하는 목적을 먼저 파악한 후 약속 시간을 조정한다.

② 약속 일정을 정할 때 상대방에게 막연히 어느 때가 좋은지를 묻지 말고, 이쪽에서 가능한 시간을 2~3개 제시하여 상대방이 선택하도록 한다.

③ 상대방을 방문하는 약속인 경우 장소 확인 및 목적지까지의 소요시간을 물어본다.

④ 손님이 찾아오는 약속인 경우 출발지로부터 차편에 따른 소요 시간을 알려준다.

⑤ 면담 요청을 받을 때에는 반드시 메모를 하고 확인을 한다.

⑥ 면담, 식사 약속 등은 반드시 기록으로 남긴다.

⑦ 승용차 준비 여부, 필요 서류 및 정보 등을 미리 확인한다.

⑧ 평상 시 상사와 교류가 빈번한 상대방의 비서와 좋은 업무 관계를 형성하여 만일의 사태에 대처하기 쉽도록 한다.

⑨ 보기 쉬운 약도(승용차용, 지하철용)를 준비해 두었다가 필요한 경우에 팩스로 보내거나 회사 홈페이지에 올려 둔다.

(3) 약속의 변경 및 취소 요령

약속의 변경요령	약속의 취소요령
• 일정이 변경되는 경우에는 잊지 말고 반드시 상사용 일정표와 비서용 일정표를 동시에 고쳐 기록한다. • 신속하게 관련 부서 및 담당자, 그리고 운전기사 등 관계자 전원에게 변동사항을 알린다. • 상대방이 납득할 수 있도록 공손하고 예의바르게 설명한다. • 상대방의 일정에 차질이 없도록 상의하여 조정한다.	• 상대방의 일정에 차질이 없도록 신속하게 통보해야 한다. • 취소 사유를 정확히 전해야 하며, 취소 이유를 정확히 전해주는 것을 피해야 하는 경우 너무 긴 변명을 늘어놓지 않도록 한다.

중요 check 면담 약속 시 피해야 할 시간

- 월요일 오전 : 주말 동안 들어온 이메일, 편지, 결재 서류 등이 쌓여 있고, 회의가 있을 수 있다.
- 오후 1시 ~ 1시 30분 : 외출이나 식사 시간이 예상 외로 길어질 수도 있다.
- 회의 직후 : 회의가 예정보다 길어져서 다음 약속 시간을 지킬 수 없게 되는 경우가 있다.
- 출장 전후 : 준비하고 처리해야 할 업무들이 많으므로 가급적 피한다.
- 출근 직후 : 그 날 바로 처리해야 할 일 등이 있다.
- 퇴근 직전 : 약속 시간이 지연이 되어 퇴근 시간에 차질을 줄 수 있다.
- 출퇴근 시간 : 교통 체증으로 지키지 못할 경우가 있다.

---

(4) 정보수집

① 사 람
  ㉠ 상사가 타사를 방문하거나 외부의 사람이 회사로 내방하는 경우, 만나는 사람에 대한 정보를 수집하여 미리 제공한다.
  ㉡ 약속을 정하고 만나는 경우라면 만나는 사람의 소속, 직급, 용건, 동반자가 있을 경우에는 그에 대한 정보까지 파악해야 한다.
  ㉢ 만나는 사람의 최근 동향 즉, 승진이나 영전, 이직, 경조사 등에 대한 정보도 비서가 사전에 파악하여 상사에게 제공해야 한다.
  ㉣ 자사로 손님이 내방하는 경우, 내방객 기록부를 활용하여 상대방에 대한 음료, 다과에 대한 기호 등을 파악하여 준비한다.

② 회 의
  ㉠ 정기적인 회의 : 임원회의, 경영전략회의, 팀장회의 등 정기적으로 개최되는 회의는 목적과 참석자 범위도 정해져 있으므로 업무일지 등을 참조하여 준비한다.
  ㉡ 비정기적인 회의 : 회의의 목적에 따라 참석자의 범위와 소요시간이 정해진다.

③ 외부 회합장소
  ㉠ 상사가 외부의 장소로 나가서 일정을 진행시키는 경우라면 방문해야 하는 곳에 대한 구체적인 정보가 필요하다.

ⓛ 예를 들면, 출발지에서 방문지까지의 교통편과 소요시간, 방문한 곳의 구체적인 장소(예 논현빌딩, 20F 대회의실)에 대한 정보를 파악하여 상사에게 제공함으로써, 일정이 제시간에 진행될 수 있도록 한다.

④ 식사약속

  ⓐ 자주 이용하는 식당 : 전화번호, 수용인원, 자주 이용하는 테이블 또는 방의 위치, 선호하는 메뉴 등을 파악한다.

  ⓛ 처음 가는 곳 : 비서가 상사의 기호를 고려하여 몇 군데 식당에 대한 정보를 조사한 후 상사에게 제시, 선택할 수 있도록 정보를 제공하는 것이 필요하다.

(5) 일정조율 기출

일정조율은 일정계획을 세우기 위해 먼저 정보를 수집한 후, 일정을 세우고 이를 다시 한 번 확인하며 만약 불가피하게 일정을 수정할 때 이를 조정하는 것이다.

① 일정의 확인

  ⓐ 전화로 면담과 회의의 일정을 잡았을 때에는 가능한 한 문서로 작성하여 공식 일정으로 확정한다.

  ⓛ 회의와 방문은 하루나 이틀 전에 회의 주최자와 방문지에 연락하여 일시와 장소 등을 재확인한다.

  ⓒ 매일 아침 당일의 일정을 상사의 일정표와 동시에 비교 · 확인한다.

  ⓔ 자기 일정표를 상사에게 미리 보고한다.

   예 다음 주 일정표(주말보고), 다음 달 일정표(월말보고), 차기 연도 일정표(연말 보고)

  ⓜ 회의 주최자가 상사일 때에는 회의실을 확인하고 외부 참석자의 비서에게 통지해 준다.

  ⓗ 회사 업무용 차량을 이용하는 경우, 일시 및 장소를 명확히 쓴 1주 간의 외출 일정을 운전기사에게 전달하고, 예정에 없던 주말이나 공휴일에 일정이 생기면 될 수 있는 대로 빨리 연락하여 대비하게 한다.

  ⓢ 비서와 운전기사가 긴밀한 연락을 취함으로써 장소와 시간 등에 대한 실수가 없도록 한다.

② 일정 변경

  ⓐ 상대방으로부터 일정 변경의 연락을 받은 경우에는 상사에게 즉시 보고한 후에 참고자료로 활용하기 위하여 변경 사정, 경과 등을 기록한다.

  ⓛ 변경된 일정, 장소, 교통편 등을 상사용 일정표와 비서용 일정표에 동시에 붉은 펜으로 기록하고 일정관리 소프트웨어를 수정한다.

  ⓒ 상사의 사정으로 일정을 변경해야 할 경우에도 상대방의 일정에 차질이 없게 가능한 한 빨리 알리고, 관련되는 인사 및 관계 부서에도 즉시 알린다.

(6) 일정보고

① 일정이 확정되고 이를 확인하였으면, 상사에게 그 일정에 대한 확정보고를 한다.

② 잠정적인 일정으로 보류해 두면, 자칫 기억하지 못할 수도 있기 때문에 서식 형태의 일정표와 구두로 두 번에 걸쳐서 상사에게 최종 보고를 해야 한다.

③ 일정보고는 그 일정(변경 포함)과 관련된 부서 및 관련자에게도 알려 일정 진행에 차질이 없게 각별히 유의한다.

④ 상사의 수행기사가 있는 경우에는 외부일정을 공유하고 그 장소까지의 소요시간 등을 확인하여 일정의 진행에 차질이 없도록 준비한다.

5 다양한 일정관리 방법의 활용

(1) 일정관리 도구

최근에는 일정관리, 주소록 등이 포함된 그룹웨어 시스템을 갖추고 인트라넷을 통해 개개인이 일정을 입력하고 공유하는 기업이 많아졌다. 만약 인트라넷에서 검색한 임직원의 일정표가 정확하다면 비서는 상사가 주최하는 일정을 잡을 때 일일이 전화나 메일을 보내지 않더라도 가능한 일정을 편리하게 찾아볼 수 있다.

또한, 컴퓨터의 일정관리 소프트웨어나 포털사이트의 일정관리 프로그램과 스마트기기의 발달로 스마트폰의 일정관리 앱을 다운 받아서 일정관리 프로그램과 연동하여 상사와 비서의 일정을 손쉽게 업데이트하고 공유하면서 일정을 관리하는 일이 많아졌다. 그러나 전자일정표의 사용이 보편화되어도 아직 종이로 된 전통적인 다이어리를 동시에 이용하는 비서가 많은데 다이어리는 보통 1년 기준이며 사용 후 버리지 말고 일정기간 보관하여 참고자료로 활용할 수 있다.

(2) 일정관리 소프트웨어 사용법

① 일정관리 소프트웨어

일정관리 프로그램 종류는 개인일정관리, 그룹일정관리로 나눌 수 있으며, 대표적인 일정관리 프로그램으로는 마이크로소프트사의 아웃룩(Outlook)이 있다. 또 각종 포털사이트에서 제공하는 무료 일정관리 프로그램이나 어플리케이션도 있다.

② 장단점

장 점	단 점
• 일정의 기입, 수정, 조회, 저장이 편리하다. • 일일, 주간, 월간 일정표 등을 실시간으로 확인할 수 있다. • 스마트폰, 태블릿 등의 다양한 기기를 이용하여 일정이 가능하다. • 스마트폰 앱과 연동하여 업무일정을 손쉽게 공유할 수 있다.	• 프로그램에 익숙하기까지 훈련이 필요하다. • 일정한 서식에 자료를 입력하므로 특수한 상황에 대처하기 힘들다. • 비용이 많이 든다. • 데이터 손상 시 자료 복구가 어렵다.

[일정관리 소프트웨어의 월간 일정표]

③ 소프트웨어의 사용법

　ㄱ 무료 프로그램을 다운받아 설치한다.

　ㄴ 업무관리 프로그램에 메모장, 연락처, 기념일, 결제일 등의 항목을 입력하고 저장한다.

　ㄷ 일일·주간·월간 일정표 등이 필요할 때 수시로 확인할 수 있다.

(3) 일정표 작성 후 업무

① 다양한 방법으로 수집되고 정리된 최종 일정은 상사를 비롯하여 관련 부서나 담당자들, 수행원이나 운전기사에게 전달하여 공유해야 한다. 단, 일정을 공유할 때 주의할 점은 상사가 만나는 사람이나 장소 등에 대해 구체적 내용까지 공유할 필요는 없다.

② 비서는 또한 계획한 일정이 예정대로 이행될 수 있도록 사전에 확인하는 등 세심한 주의를 기울여야 한다. 이를 위하여 시간을 정해 상사와 관련 부서 및 담당자들 사이에서 커뮤니케이션 채널 역할을 하며 일정을 재확인하도록 한다. 재확인하는 가운데 변경된 일정은 바로 수정하여 참고할 수 있도록 수정된 일정을 공지해야 한다.

02 예약

1 예약 종류별 예약필요지식

(1) 예약의 의미와 종류

① 예약의 의미
- ㉠ 상사나 손님이 일정을 소화하는 데 있어 필요한 각종 예약을 수행하는 것을 말한다.
- ㉡ 상사의 일정을 효율적으로 관리하기 위해 반드시 필요한 비서의 업무로 업무 중요도와 빈도수가 매우 높다.
- ㉢ 단순하게 예약 업무라 생각하면 간단할 것 같지만, 비서의 업무 역량에 따라 업무 성과가 확연히 차이 나는 난이도가 있는 업무이다.
- ㉣ 예약 시에는 예약 받는 사람의 이름, 전화번호, 예약 번호 등을 받고, 일정을 반드시 재확인하도록 한다.

② 예약의 종류와 선정 기준 `기출`

예약 종류	선정 기준
음식점	모임의 목적, 시간대, 예산, 상사와 손님의 음식 선호도 등을 고려한다.
골프장	골프장은 운동뿐 아니라 비즈니스가 이루어지는 곳(골프장에서 이루어지는 계약도 상당함)이므로 날짜, 시간대, 위치, 회원권 소지 여부, 상사 선호도 등을 고려한다.
교통편	경비 예산, 소요 시간, 여비 규정, 상사 선호도, 안전 등을 고려한다.
숙 박	경비 예산, 여비 규정, 상사 선호도, 편리성 등을 고려한다.

(2) 예약 업무 효율성을 높일 수 있는 방안

① 예약 연락처 목록 정리
- ㉠ 자주 사용하는 전화번호와 팩스 번호, 이메일 주소, 인터넷 사이트 주소 등의 목록을 정리하여 예약 시 바로 활용하면 신속하게 예약을 진행하는 데 도움이 된다.
- ㉡ 예약은 신속성이 중요한데, 얼마나 신속하게 예약을 하느냐에 따라 시간대와 좌석 선택의 폭이 달라진다.

② 예약 담당자와의 친분 관계 유지
- ㉠ 예약을 하다 보면 예약 담당자의 재량에 따라 예약 여부가 정해지는 경우도 있으므로, 자주 연락을 주고받는 예약 담당자와의 관계를 잘 형성해 두는 것이 좋다.
- ㉡ 예약 담당자의 이름을 기억하고, 친절하게 인사를 건네며 사소한 도움에도 감사를 전하는 등 담당자와 좋은 관계를 유지하는 것이 예약 업무를 수행하는 데 큰 도움이 될 수 있다.

③ 예약 관련 정보 수집

예약 업무를 하다 보면 시간이 맞지 않거나 갑작스러운 예약 등 예기치 않은 상황이 생기게 되는데, 이에 대비하여 사전에 다양한 관련 정보를 수집하여 문제를 해결할 수 있도록 미리 준비해 두어야 한다.

ㄱ 음식점 예약

ⓐ 음식 종류별 유명 음식점이나 회사 주변 유명 음식점의 정보를 수집한다.

ⓑ 유명한 음식점은 특정한 날짜의 경우 예약이 빨리 끝나 안 되는 경우가 종종 있으므로 미리 다양한 음식점 정보를 수집해 두면 상사에게 다양한 선택권을 제시할 수 있다.

ㄴ 숙박 예약

ⓐ 회사 주변·공항 주변·체인 호텔의 견적서를 받아둔다.

ⓑ 주거래 호텔이 아닌 호텔에서 견적을 주겠다고 먼저 연락 오는 경우가 있는데, 거절하지 말고 미리 정보를 받아서 정리해 두면 갑자기 자주 이용하는 호텔에 예약할 수 없을 때 매우 유용하게 사용할 수 있다.

ㄷ 항공편 예약

ⓐ 주로 이용하는 여행사 외의 다른 여행사의 영업 제안서도 받아둔다.

ⓑ 주거래 여행사가 갑자기 영업을 못 하게 되는 변수가 생기기도 하고 다른 업체와의 비교를 통해 더 합리적인 가격과 서비스를 받아 낼 수도 있다.

ⓒ 이를 상사 혹은 회사에 입증해 보이면 비서의 업무 성과로 인정받을 수 있다.

(3) 예약 시 유의 사항

① 예약 연락처 정보 입력 시 전화번호와 팩스번호를 오기하지 않도록 유의한다.
② 인터넷 사이트 주소 입력 시에 .com과 co.kr을 혼동하지 않도록 유의한다.
③ 동일한 지역에 같은 상호를 가진 예약처가 있을 수 있으므로 연락처 확인 시 유의한다.

☑ 예약 종류별 예약방법 및 절차

(1) 예약방법

① 예약의 주체에 따라

ㄱ 직접 예약 : 비서가 직접 예약을 진행하는 방식

ㄴ 대리 예약 : 대행사를 통해 예약을 진행하는 방식

② 예약 시 사용하는 매체에 따라 : 전화 예약, 이메일·팩스 예약, 인터넷 예약

예약매체	특 징	주의사항	주로 이용하는 예약
전 화	• 가장 많이 사용하는 방법으로 담당자와 직접 통화하여 실시간으로 정보 확인 가능 • 담당자와 친분이 있는 경우 더욱 쉽게 예약 가능	• 구두로 예약이 진행되므로 예약이 정확하게 진행되었는지 확인 필요 • 예약 담당자와 예약 정보를 기록해 두고 가능하면 확인서를 받아 둠	음식점, 숙박, 항공편, 단체 공연, 골프, 병원 등
이메일·팩스	• 구두로 예약을 하기에는 정보가 많거나 복잡해서 문서화가 필요한 경우 주로 사용하는 방법 • 시간적 여유를 두고 예약을 할 때 사용하는 방법으로 수발신이 정확하게 이루어졌는지 확인하는 과정 필요	• 이메일이나 팩스는 발신 후 반드시 수신 여부를 확인해야 함 • 반드시 회신을 통해 확인서를 받아 둠	숙박, 골프, 항공편 등
인터넷 사이트	• 시간 제약 없이 실시간 정보를 확인하고 직접 예약 진행 가능 • 예약 진행과 동시에 결제를 하는 경우가 대부분이므로 결제 정보를 미리 준비해야 함 • 가격 비교 사이트를 참고함으로써 비용 절감 가능	• 예약이 진행되었다가 인터넷 오류로 인해 취소되는 경우가 있으므로 반드시 예약 완료 여부에 대해 확인 필요 • 예약 확인서나 티켓은 바로 출력 가능하므로 프린터를 준비해 둠	숙박, KTX, 골프, 항공편, 공연 등

(2) 예약절차

① 예약처 정보 수집

　㉠ 예약처 정보 수집 방법

　　ⓐ 신문 기사, 예약 관련 정보지, 인터넷 검색을 통해 예약처 정보를 수집한다.

　　ⓑ 실무를 통해 자주 사용하는 예약처 정보를 정리한다.

　　ⓒ 온라인 커뮤니티나 비서 관련 정기 모임을 통해 예약처 정보를 수집한다.

　　ⓓ 선임 비서로부터 자주 사용하는 예약처 정보를 받는다.

　㉡ 정보 수집 시 고려 사항

　　ⓐ 예약의 목적

　　ⓑ 상사의 선호도

　　ⓒ 회사의 경비 규정

② 예약 연락처 목록 만들기

　　㉠ 전화나 팩스 예약 시 자주 사용하는 연락 번호 목록을 작성한다.

　　　　ⓐ 연락 번호 목록은 출력하여 전화 예약 시 활용하기 용이하도록 전화기 근처에 부착해 둔다.

　　　　ⓑ 새로 추가되는 연락처를 수시로 업데이트한다.

　　㉡ 인터넷 예약 시 자주 이용하는 사이트를 문서로 정리해 두고, 인터넷 즐겨찾기에 추가한다.

　　　　ⓐ 인터넷 즐겨찾기에 예약 종류별 폴더로 분류하여 즐겨찾기 목록을 만든다.

　　　　ⓑ 인터넷 사이트 목록을 문서로 정리하여 하이퍼링크로 연결해 두면 예약 시 클릭 한 번으로 예약 사이트에 접속할 수 있다.

　　㉢ 이메일 예약 시 자주 사용하는 메일 주소를 예약 항목별로 정리하여 목록을 만들고 자주 사용하는 문서 내용은 저장하여 예약 시 활용한다.

중요 check

• 자주 사용하거나 상사가 선호하는 업체는 형광펜 등으로 별도 표시하여 찾기 쉽도록 한다.
• 연락처 옆에 담당자의 이름을 기입해 두고 예약 시 활용한다.

---

(3) 예약 종류별 예약하기

① 음식점 예약

　　㉠ 상사의 예약 지시사항을 확인한다.

　　㉡ 인원수와 모임에 적합한 음식점 정보를 검색하고 연락처를 확인한다.

　　　　ⓐ 음식 종류별로 회사 인근의 유명 음식점이나 모임 장소로 적합한 음식점을 조사해 연락처를 정리해 둔다.

　　　　ⓑ 인터넷에서 유명 음식점 정보 공유 사이트를 검색하여 연락처 목록에 입력하고 예약 시 확인한다.

　　　　ⓒ TV 프로그램에 소개되는 음식점 정보를 찾아서 연락처 목록에 입력하고 예약 시 확인한다.

　　㉢ 선정된 음식을 예약한다.

　　　　ⓐ 상사의 지시 사항을 토대로 음식점을 선정하고 원하는 방문일자, 인원 수 등을 알려준다.

　　　　ⓑ 한 · 양 · 중 · 일식 등 대표 메뉴 및 가격대, 영업시간, 룸 예약과 주차 가능 여부, 예약 담당자 이름 등의 정보를 확인한다.

　　㉣ 예약 후 예약 사항을 예약 이력 정보 목록에 작성한다.

　　㉤ 예약이 완료되면 상사에게 구두 또는 문자로 보고한다.

[식당 예약 시 필요 정보]

필요 정보	예약 시 고려 사항
예약 날짜	날짜 확인 시 요일도 확인하여 날짜를 혼동하는 일이 없도록 한다.
예약 시간	오전 · 오후로 구분하여 표기함으로써 시간을 혼동하는 일이 없도록 한다.
예약 인원	인원에 따라 테이블 세팅이 달라지는 경우가 있으므로 상사가 음식점에 도착하기 전에 반드시 인원을 재확인한다.
식당명	인근 지역에 같은 이름의 식당이 있을 수 있으므로 반드시 주소와 전화번호를 확인하여 혼동하는 일이 없도록 한다.
룸	중요한 모임은 주로 룸에서 이루어지므로 반드시 룸 예약 가능 여부를 확인하고 불가할 경우 대기자 명단에 올려놓고 연락을 기다린다.
메 뉴	식사 시간의 제약이 있거나 모임 특성상 미리 메뉴를 선정하는 경우도 있으므로 이럴 때는 상사와 상의하여 미리 메뉴를 주문해 둔다. 또 해당 식당의 대표 메뉴를 확인하고 알려 드리면 메뉴 선택 시 도움이 된다.
주 차	유명한 음식점 중에서는 주차가 안 되는 경우가 종종 있으니 반드시 사전에 주차와 발렛 가능 여부를 확인한다.
예약 담당자 명	전화 예약으로 이루어지는 경우가 많으므로 반드시 예약 담당자 이름을 기록해 두고 예약 변경 및 재확인 시에도 가능하면 동일인에게 업무 요청을 하는 것이 좋다.
영업시간	영업 마감 시간 때문에 한창 분위기가 무르익은 모임을 서둘러 마쳐야 하는 상황이 발생하지 않도록 예약 시 영업시간을 확인한다.
기 타	모임의 성격, 식당 내 동선, 테이블 배치, 음료 반입에 관한 코르크 차지 등도 고려한다. ※ 코르크 차지 : 본인이 보관하고 있는 와인을 전문 레스토랑에 들고 가서 마실 경우 서빙 받는 조건으로 와인 가격의 일부, 혹은 병당 일정 금액을 내는 돈

② 골프장 예약 `기출`

㉠ 상사의 예약 지시 사항을 확인한다.

㉡ 상사와 상의하여 예약할 골프장을 선정하고, 알아 두어야 할 기본적인 골프 용어들을 미리 습득해 둔다.

㉢ 적합한 예약 방법을 결정한다. 예약 시기나 인원, 회원권 소지 여부에 따라서 예약 방법이 다르기 때문에 골프장 홈페이지에서 관련 정보를 사전에 확인하여 적합한 예약 방법으로 진행한다.

㉣ 예약 방법에 따라 골프장 예약을 진행한다. 예약 시, 예약을 원하는 날짜, 티오프 시간, 코스, 동반자 정보를 알려 주고, 예약 담당자명 혹은 확인서, 그린피와 캐디 · 카트피, 취소 규정에 관해서 확인한다.

㉤ 예약 후 예약 사항을 예약 정보 목록에 작성한다.

㉥ 골프 예약 이력 정보 목록을 바탕으로 상사에게 보고하고 필요하면 예약 확인서와 골프장 약도 등을 전달한다.

[골프 예약 시 필요 정보] 기출

필요 정보	예약 시 고려 사항
날 짜	날짜 확인 시 요일도 확인하여 날짜를 혼동하는 일이 없도록 한다.
티오프 시간	분단위로 티오프(Tee-off) 시각을 정하는 경우가 많으므로 예약 시 시각을 혼동하는 일이 없도록 한다.
동반자 정보	보통 3명 혹은 4명이 한 팀으로 라운딩이 가능하고 예약 시 동반자 정보가 대부분 필요하다.
골프장	• 골프 예약은 주로 회사나 상사 개인이 회원권을 소유한 골프장을 이용하는 경우가 대부분이지만, 예약 대행사들을 통해서 예약을 진행하기도 한다. • 일반인도 예약 가능한 퍼블릭 골프장과 회원권 소지자만 예약이 가능한 회원제 골프장이 있다.
코 스	골프장마다 난이도나 경관에 따라 2~3개의 코스로 나누어져 있으므로 예약 시 상사가 원하는 코스가 무엇인지 확인한다.
예약 담당자명	전화 예약으로 예약한 경우는 예약 담당자의 이름을 기록해 두고, 팩스나 인터넷 예약 시에는 확인서를 꼭 받아 둔다.
비 용	• 그린피와 캐디피 · 카트피로 나누어지며, 캐디피와 카트피는 법인 카드 사용이 안 되는 곳이 대부분이므로 현금을 준비하도록 한다. • 회원, 주말이나 주중에 따라서 가격이 달라지므로 해당 골프장 홈페이지를 참고해서 가격 정보를 확인한다.
위약 규정	• 골프장마다 자체적으로 정한 위약 규정이 홈페이지에 안내되어 있다. • 규정을 어기면 벌점을 받게 되는데 일정 점수 이상이 되면 골프 예약이 불가하므로 규정을 잘 준수해야 한다.
기 타	일기 예보, 코스 공략법, 골프장 내 식당과 편의 시설 등을 확인한다.

[골프 용어]

용어	의 미
그린피	골프장 코스 사용료
캐디피	캐디에게 주는 돈
카트피	카트 사용료로, 1팀(보통 4인)당 1대 사용료 부과
티오프	티에서 첫 타를 치는 순간, 경기의 시작을 알리는 순간
핸디캡	한 코스의 기준 타수보다 많이 치는 타수
파	티 그라운드를 출발하여 홀을 마치기까지의 정해진 기준 타수
퍼 트	그린에서 공을 홀에 넣기 위해 치는 것
홀인원	티샷을 한 공이 단번에 그대로 홀에 들어가는 일
클럽 하우스	골퍼가 식사, 옷 갈아입기, 목욕, 휴식 등을 하는 건물

(4) 예약 보고 방법

① 보고 시점
- ㉠ 중간 보고 : 예약을 진행하는 과정 가운데 변경 사항이 있거나 예약 확약이 지체되는 경우에도 수시로 상사에게 진행 과정에 대해 보고한다.
- ㉡ 최종 보고 : 예약이 확정되면 예약 확인서나 관련 준비물을 준비하여 상사에게 예약이 완료되었음을 보고한다.

② 보고 방식
- ㉠ 구두 보고 : 구두로 보고할 때는 육하원칙에 근거하여 예약 종류별로 필요한 핵심 내용을 간단명료하게 보고한다. 구체적이거나 복잡한 내용은 가급적 문서로 작성하여 구두 보고 시 함께 제시하여 보고하면 효과적이다.
- ㉡ 문서 보고 : 예약을 진행하면서 예약 이력 정보 목록을 수시로 업데이트하고 예약이 완료되면 예약 정리 목록을 근거로 구체적이고 상세하게 하여 문서 보고 시 활용한다.
- ㉢ 문자 보고 : 상사가 부재중일 경우 혹은 상사가 예약 내용을 휴대할 필요가 있을 경우 문자로 보고하는데, 핵심 내용만을 간단명료하게 작성하여 메시지로 전달한다.

3 예약 이력정보

(1) 예약 목록 서식

예약 종류별로 비서가 알아야 할 사전 정보와 예약 당시 확인해야 하는 정보를 바탕으로 예약사항을 정리할 수 있는 예약 이력 정보 목록 서식을 만들어 둔다.

[예약 시 필요 정보]

예약 종류	비서가 사전에 알아야 할 정보	예약 시 확인해야 하는 정보
골프	날짜, 골프장명, 티오프(Tee-off) 시간, 코스, 동반자 정보(인원, 연락처 등)	그린피, 카트피, 캐디피, 예약 담당자명, 취소 규정
항공편	시간, 출·도착 일자, 출발지, 목적지, 여권번호, 탑승자 영문명, 항공사 마일리지 번호, 좌석 위치, 좌석 등급	요금, 항공권 제약 조건, 발권 시한, 수화물 규정, 취소 및 환불 규정
음식점	음식점명, 예약명, 음식 종류, 날짜, 시간, 인원	영업시간, 룸 예약·주차 가능 여부, 예약 담당자명
숙박	투숙자명, 투숙인 수, 투숙 일자, 객실 종류, 연락처	서비스, 부대시설, 요금, 취소 규정, 호텔 이동 교통편

(2) 예약정보의 자료구축

기본 정보와 예약의 빈도수, 상사의 피드백 내용 등을 데이터베이스로 구축하여 다음 예약 때 활용함으로써 업무를 보다 신속하고 정확하게 처리할 수 있다.

(3) 예약정보의 보안

상사의 예약 이력은 기밀 사항일 수 있으므로 문서 보안 유지에 유의한다.

(4) 예약정보의 관리

필요 정보 항목을 입력할 수 있도록 엑셀 파일로 예약 이력 정보 목록 서식을 만드는데, 파일을 여러 개 만들기보다는 예약이라는 하나의 파일 안에 예약 종류별로 시트를 만들어 관리하면 입력과 관리가 수월하다.

(5) 예약정보의 보관 및 참조

① 예약 이력 정보 목록을 신속하게 검색, 입력, 수정, 출력 가능하도록 바탕 화면이나 찾기 쉬운 위치에 저장한다.
② 예약 이력 정보 목록에 정리된 내용을 바탕으로 예약 패턴을 파악하여 다음 예약 시 참고한다.

중요 check

예약 이력 정보를 분석해 보면 상사의 선호도를 파악할 수 있으므로 예약 이력 정보 목록을 활용하여 예약 연락처 목록도 정기적으로 갱신한다.

---

1 출장 일정표 작성

(1) 출장계획안

① 출장이 결정되면 상사는 우선 비서에게 출장지, 출발일, 도착일 등의 기본 내용을 밝힌다.

중요 check 출장 관련 정보

- 목적지 : 목적지에 언제까지 도착해야 하는가?
- 숙박 : 자주 이용하는 호텔이 있는가?
- 교통편 : 비행기, 열차, 승용차 중 어느 것을 이용할 것인가?
- 경유지 : 목적지 이외에 들러야 할 곳은 어디인가?
- 방문처 : 방문해야 할 기관 또는 회사는 어디인가?
- 지참 서류 : 가지고 가야 하는 서류는 무엇인가?
- 면회인 : 방문처에서 만나는 사람은 누구인가?
- 회합 : 회합이 예정되어 있는가?
- 여비 : 얼마를 지급해야 하는가, 신용카드를 사용할 것인가?

---

② 비서는 이 내용들을 중심으로 하여 보다 구체적인 사항을 검토하면서 계획안을 작성한다.
③ 출장과 관련된 예전의 문서철을 참고자료로 이용해도 좋으며, 모르는 부분은 상사에게 질문한다.
④ 출장계획안을 작성하여 일정에 무리는 없는지, 빠진 것은 없는지를 잘 검토한 후 상사에게 보여주고 의견을 구한다.
⑤ 필요하다면 수정하고 출장 일정을 확정한다.

중요 check 상사의 해외 출장계획안 작성 시 고려 사항 [기출]

- 상사의 건강상태
- 여권만기일 및 비자발급 필요여부
- 방문 예정지
- 출발 및 도착 일시
- 현지 기상상태
- 교통수단의 선정 및 예약
- 숙박 장소 예약
- 지참할 서류, 자료 등 휴대품 준비
- 기타 : 신속해외송금제도, 해외여행자보험 보장내역, 상사의 신용카드 대금 명세표 보관 · 관리

---

(2) 출장 일정표 작성

① 숙소와 교통편이 정해지면 출발부터 도착까지의 일정을 알기 쉽게 정리한 출장 일정표를 만든다.
② 출장 일정표는 출장 기간 중의 예정을 한눈에 볼 수 있게 한 장의 표에 모아 작성한 것이다.

[출장 일정표 기재 사항]

일 정	일정에 해당되는 날짜, 요일, 시간
교통편	이용하게 되는 교통수단의 출발과 도착 시간, 타는 곳의 명칭, 교통편의 자세한 이름 및 번호, 연결 교통편에 대한 사항
숙 박	숙박할 곳의 명칭, 주소, 전화번호
방문처	방문하는 곳의 위치, 약도
면담자	면담자의 성함, 회사명 및 직책
준비물	방문처 및 방문 목적에 따른 자료 및 준비물
긴급 연락처	비상시를 대비한 주재원 연락처 또는 비서의 연락처

③ 출장 일정이 복잡할수록 일정표의 준비는 매우 중요하며 완성되면 관계자(동행인, 출장지 담당자, 차량 운행자, 필요한 경우 자택)에게 배부해 둔다.

④ 해외 출장 때 재외 공관 주소, 현지 항공사 연락처, 여권과 신용 카드 번호 및 만기일, 여행자 수표 번호, 각종 예약 번호, 현지 기상 정보, 세계시차표, 지도 등을 정리해 두면 좋다.

중요 check   **여행자 수표(T/C)** **기출**

- 여행자 수표 구입 시 오른쪽 위에 서명을 하고, 현금으로 교환 시 받는 사람 앞에서 왼쪽 아래에 여권과 동일한 서명을 한다.
- 여행자 수표번호는 분실을 대비해 별도로 기재해 두는 것이 좋다.
- 현금으로 교환하기 전에 서명이 모두 되어 있으면 이미 사용된 수표로 간주되므로 도난, 분실 등의 안전을 위해 필요한 때 바로바로 서명해서 쓰는 것이 좋다.
- 여행자 수표의 매도율과 매입율이 현금에 비해 유리하게 적용되므로 환전해서 사용하는 것보다 이익이다.

---

⑤ 출장 일정표를 한 번에 완성하기는 어려우므로 여러 번 확인·점검을 한 후에 비로소 마무리 짓게 된다. 이때, 초안이나 복사본은 즉시 폐기 처리한다. 비슷한 일정표가 여러 장 있으면 혼동하거나 틀리기 쉽기 때문이다.

⑥ 항공사 간 공동운항(Code Share)편 : 공동운항편은 동맹항공사 간의 노선 공유를 통해 수익성을 확보하는 목적으로 운영되고 있으므로 타 항공사를 이용한다고 해서 요금이 비싸지는 경우는 없고, 상용고객우대제도에 의한 마일리지도 적립할 수 있다. 주요 항공 동맹 프로그램으로는 Star Alliance, One World, Sky Team 등이 있다.

(3) 출장 준비물

① 출장에 필요한 서류 외에도 준비해야 할 휴대품이 있다. 의류, 세면도구, 상비약 등 개인적인 물품은 상사의 가정에서 준비하겠지만, 그 밖의 것은 비서가 잊지 않도록 한다.

> **중요 check** **출장 시 휴대품 및 준비물 체크 사항**
>
> - 출장지의 기상 정보, 관련 지도, 약도
> - 여권, 항공권 및 기타 티켓
> - 노트북
> - 강연 자료, 영업 보고서 등의 자료
> - 출장 일정표
> - 기념품
> - 여행 경비 가지급금 및 법인 카드
> - 명함, 메모장, 각종 봉투
> - 약속된 사람들의 간략한 인적 사항

② 항공 출장 때 부피가 큰 여행 가방은 수하물을 찾을 때에 멀리서도 쉽게 알아볼 수 있도록 색깔 리본 같은 표시물을 달아 두면 편리하다.

③ 출장지에 마중 나올 사람이 있으면 교통편, 출발 시간, 도착지 등에 대하여 미리 연락을 해주고, 차량 편을 의뢰한다.

④ 확인이 되는 대로 상사에게 차량 제공 여부와 마중 나올 사람에 대한 인적 사항을 보고한다.

2 교통 · 숙소 예약방법 및 용어

(1) 차량 · 교통편 예약 [기출]

① **출장비 규정의 확인** : 상사의 직위에 따라 이용할 수 있는 교통편과 좌석 등급이 다르므로 이를 먼저 확인한다.

② **상사의 선호도** : 교통편의 종류, 좌석 등급 · 위치, 소요시간 등 상사의 선호도를 미리 파악해 둔다.

③ **거리와 위치** : 출장지의 거리 및 위치에 따라 교통편 및 숙소가 달라질 수 있으므로 미리 출장지를 파악해 둔다.

④ **동행자** : 출장 시 동행자 유무에 따라 교통편과 숙소의 예약이 달라지므로 미리 확인해 둔다.

⑤ **차량 예약** : 렌트 차량의 지불조건, 임차 도시, 주행거리 제한여부, 차량모델, 차량 인수 및 반환 시각, 비용에 포함되어 있는 보험의 내용 등의 정보를 온라인 예약서비스 등을 이용해서 알아본다.

(2) 항공편 예약 기출

① 좌석등급

ㄱ 1등석(First Class) : 등받이를 완전히 젖힐 수 있고 사용공간이 넉넉한 최상급 좌석, 개별 모니터, 고급 레스토랑급 식사를 이용할 수 있고, 1인당 거의 1~2명의 승무원이 배정되어 개별 서비스를 담당한다.

ㄴ 2등석(Business/Executive/Prestige Class) : 우등 고속버스 좌석 정도의 중간급의 좌석, 음료수 및 주류 수시 제공, 일반 레스토랑급 식사 배정, 승무원 1명이 10명 정도의 서비스를 담당한다.

ㄷ 3등석(Economy Class) : 일반 버스 수준의 좁은 좌석, 도시락 같은 기내식이 배정되고, 식사나 음료 서비스가 가장 늦게 제공된다.

② 예약 시 알아야 될 항공용어 기출

ㄱ 공동운항(Code Share) : 2개의 항공사가 노선 확충과 비용 절감을 위해서 항공 동맹을 통하여 1개의 항공기를 운항하는 것으로 마일리지 제도도 통합하여 관리한다.

ㄴ 오픈티켓(Open Ticket) : 일정이 확정되지 않아 돌아오는 날짜를 정확히 지정하기 어려운 경우 돌아오는 날짜를 임의로 정하여 예약하고 항공권의 유효 기간 내에서 일정 변경이 가능한 항공권이다.

ㄷ 초과예약(Over Booking) : 판매하지 못한 항공권은 시간적으로 재판매가 불가능하므로 예약이 취소되는 경우와 예약 손님이 공항에 나타나지 않는 경우를 대비하여 실제 판매 가능 좌석수보다 예약을 초과해서 접수하는 것을 말한다.

ㄹ 경유(Transit) : 비행기가 목적지까지 한 번에 가는 것이 아니라 중간 기착지에 들러서 1~2시간을 대기한 후 다시 동일한 비행기에 탑승하여 목적지에 도착하게 된다.

ㅁ 환승(Transfer) : 경유와 비슷하나 환승은 비행기가 중간기착지에 도착하면 다른 비행기로 갈아타고 목적지에 도착한다.

ㅂ 체류(Stop-over) : 여정 상 두 지점 사이에 잠시 체류하는 것으로 24시간 이상 체류 시에는 해당 국가 입국 심사를 마치고 위탁 수하물을 수령하여 세관검사까지 마쳐야 한다.

③ 주요 항공코드

ㄱ 국내 항공사 코드

항공사	항공코드
대한항공	KE
아시아나항공	OZ
제주항공	7C
이스타항공	ZE
진에어	LJ
티웨이항공	TW
에어부산	BX

ⓒ 국외 항공사 코드

항공사	항공코드	항공사	항공코드
에어캐나다	AC	하와이안항공	HA
에어프랑스	AF	일본항공	JL
중화항공	CI	중국동방항공	MU
케세이퍼시픽	CX	케이엘엠네덜란드항공	KL
델타항공	DL	필리핀항공	PR
에미레이트항공	EK	콴타스항공	QF
에뛰하드항공	EY	제스트항공	Z2
가루다인도네시아항공	GA	세부퍼시픽항공	5J

(3) 숙소 예약 기출

① 숙소 예약 시 고려사항

ㄱ 숙소의 유형 : 출장지의 위치와 업무장소, 상사의 취향, 호텔등급, 숙소 내부시설, 서비스 등을 참고하여 정한다.

ㄴ 날짜 : 출장지 착발 시간에 맞춰 체크인 날짜와 체크아웃 날짜를 계산(1박 기준 사용시간)하여 예약기간을 정한다. 특히, 체크아웃 시점은 비행기 출발시간 2시간 전에 공항에 도착해야 하는 점을 유념해야 한다.

ㄷ 교통편 : 이동 교통수단과 현지 교통사정, 업무미팅 장소, 랜드마크 등을 감안하여야 한다.

ㄹ 객실의 수 : 상사의 지위와 취향, 출장인원, 업무 중요도, 객실 허용 인원, 객실 종류 등을 고려해야 한다.

중요 check 호텔 객실의 종류 기출

- Single Room : 1인용 싱글 베드가 1개 들어 있는 객실
- Double Room : 2인용 베드가 1개 들어 있는 객실
- Twin Room : 싱글 베드가 나란히 2개 들어 있는 객실
- Triple Room : 싱글 베드가 3개 또는 트윈에 엑스트라 베드(Extra Bed)가 추가된 형태
- Quard Room : 4명이 잘 수 있도록 트리플 룸에 엑스트라 베드가 하나 더 추가된 객실
- Studio Room : 더블이나 트윈 룸에 소파형의 베드가 들어가 있는 룸인데 소파형 베드는 접으면 소파가 되고 길게 펼치면 침대가 되는 형태
- Connecting Room : 객실 2개가 연결되어 내부의 문을 이용하여 상호 왕래가 가능한 형태
- Suite Room : 침실에 거실이 딸린 호화 룸
- Adjoining Room : 나란히 위치한 객실로서 Connecting Room과 동일하고 내부 통용문이 없는 객실
- Out Side Room : 호텔건물의 바깥측에 위치한 객실로 외부 전망이나 경치를 볼 수 있는객실
- Inside Room : 호텔 안쪽으로 위치하며 외부경관은 볼 수 없는 객실
- Executive Floor Room : 비즈니스 고객을 위한 특별 전용층에 위치한 객실
- Blocking Room : 예약된 방
- On Change Room : 정비가 필요한 방

  ◎ 기타 : 식사 가능 유무, 편의시설, 호텔 등급, 이용평점, 할인쿠폰, 수수료, 호텔 공식 프로모션 등을 가격비교사이트를 검색하여 자세히 알아본다.

② 해외호텔 예약방법

  ㉠ 원하는 호텔과 객실, 인원 수 등을 체크한 후 예약하기를 누른다.

  ㉡ 예약자 이름, 성, 이메일, 국적, 전화번호, 요청사항(옵션) 등을 입력한다.

  ㉢ 예약사항과 객실요금, 세금 등이 합산된 총금액을 확인한 후 결제사항을 입력한다.

  ㉣ 카드번호, 카드 유효기간, CVC코드, 카드소지자 이름, 발급국가 등을 입력한 후 결제를 누르면 카드승인이 이루어진다.

  ㉤ 입력한 이메일로 호텔바우처가 왔는지 확인하고 프린트(분실을 대비하여 2부)를 한다.

③ 호텔 예약 시 주의사항

  ㉠ 총 요금 산정 : 세금 및 서비스 요금은 총 금액에 10%가 가산되므로 반드시 총 요금을 확인한다. 그 외 지역(도시)에 따라 지방세가 별도 부과되는 곳도 있다.

  ㉡ 예약 시의 최소 조항 : 취소 · 환불 · 변경 불가 예약은 상대적으로 가격이 저렴하므로 예약 즉시 전액 결제해야 하고, 무료 취소 가능 예약은 사전결제 또는 호텔에서 지불 가능하므로 예약 시 신중하게 선택한다.

  ㉢ 체크인 메시지 : 체크인 시간까지 호텔에 도착할 수 없는 경우에는 노쇼(No-show)로 간주되어 예약이 취소 혹은 환불 불가의 불상사가 발생할 수 있으므로 반드시 사전에 호텔에 메시지를 남겨야 한다.

❸ 국내 · 해외 출장준비물

(1) 출장비

① 출장비 지급에 관한 회사의 규정을 검토하여 적절한 수준에서 여비가 지출되도록 한다.

② 교통편과 숙소를 예약할 경우에는 직위에 따라 이용이 가능한 등급이 결정되므로, 비서는 이를 사전에 숙지해야 한다.

③ 숙박비, 교통비, 식비, 예비비 등의 비용은 개략적으로 산출하여 해당 부서에 제출하고 가지급금을 받는다. 여비를 선불했을 때에는 어떤 방법으로 정산하는지를 조사해 두어야 한다.

④ 해외 출장의 경우 환전을 해야 하는데, 주로 우리나라 화폐를 출장 대상 외국 화폐로 교환하는 업무를 말한다. 그날그날의 환율은 은행 홈페이지 등을 이용하면 쉽게 확인할 수 있다. 환전할 때에는 살 때의 가격과 팔 때의 가격을 구분해서 확인해야 한다.

중요 check　환전할 때의 유의점

- 적어도 출발하기 이틀 전에는 출장 가지급금을 가불받아서 환전해야 한다.
- 선진국에서는 신용 카드의 사용이 편리하므로 상사와 의논하여 환전할 금액을 결정한다.
- 환전할 때에는 상사의 여권을 지참하고 은행의 외환계를 이용한다.
- 일본 출장을 제외하고는 대부분 미국 달러화로 환전하는 경우가 많다.
- $100, $50, $20, $10, $1 등으로 나누어서 환전하여 사용할 때 불편함이 없도록 한다. 신용 카드를 많이 사용할 경우에는 큰 금액으로 환전하지 않는다. 다만, 1달러 지폐는 서비스 이용 시 팁으로 자주 사용되므로 적절한 금액을 환전해 둔다.

(2) 여 권

해외여행 중 여행자의 국적을 증명해 주는 유일한 신분증으로, 외교통상부 장관이 상대국에 자국 여행자의 보호를 요청하고 신분을 증명하며 해외여행 시에 보호와 협조를 받을 수 있는 공문서이다.

① 여권의 의의

여권은 해외에서 불의의 사고 발생 시 신원을 증명할 수 있을 뿐 아니라 환전, 면세점에서 물건을 구입하거나 호텔 투숙 등 해외 어디서나 필요한 증서이므로 반드시 소지해야 한다.

② 여권의 종류

　㉠ 일반여권

　　ⓐ 단수여권 : 유효 기간은 1년이며, 1년 안에 한 번만 여행을 할 수 있고, 여권 기간 연장은 할 수 없다.

　　ⓑ 복수여권 : 유효 기간은 5년(18세 미만), 10년(15세 이상)으로 유효기간 만료일까지 횟수에 제한 없이 국외여행을 할 수 있다.

　㉡ 관용여권 : 주로 공무원들이 국가의 공무로 해외에 여행하는 데에 발급이 필요하다고 인정되는 사람에게만 발급하는 여권이다.

　㉢ 취업여권 : 해외 취업 초청장, 구인신고필증, 일반구비서류, 노동부 허가서 등으로 발급받는 여권이다.

③ 여권의 신청

여권은 개인이 신청하거나 여행사에서 대행하여 신청한다. 여권 유효 기간이 최소한 6개월 이상 남아 있어야만 입국이 가능한 국가도 많으므로, 6개월 이하로 남아 있을 경우에는 사전에 확인하거나, 시간의 여유가 있을 경우 여권을 갱신하도록 한다.

　■ **여권 신청에 필요한 서류**
　　• 여권발급신청서(재발급 경우 구 여권)
　　• 여권용 사진 2매
　　• 주민등록증(운전면허증)
　　• 수수료

(3) 비 자

① 비자는 해당국에 입국을 허락하는 증서로서 불법체류나 범죄 가능성이 있는 사람의 입국을 막기 위해서 발급한다.
② 모든 국가가 비자를 요구하지 않으므로 출장 시 해당국이 비자를 요구하는지 혹은 우리나라와 상호 비자 면제 협정이 체결되어 있는지 확인한다.
③ 비자발급 신청은 여권 혹은 기타 신분증으로 대사관에 직접 신청하기도 하고, 여행사에서 대신 신청업무를 담당하기도 한다.
④ 비자발급 후에도 성명, 여권번호, 비자 유효기간 등의 주요정보를 비서가 꼼꼼히 확인해두어야 한다.
⑤ 비자는 여권의 사증란에 부착되므로 사증란이 충분히 여유가 있는지도 확인한다.
⑥ 비자의 종류
    ㉠ 사용횟수에 따른 분류 : 단수비자, 복수비자
    ㉡ 체류기간에 따른 분류 : 임시비자, 영주비자
    ㉢ 여행목적에 따른 분류 : 관광비자, 학생비자, 취업비자, 이민비자 등

(4) 출장 시 업무자료

① 상사가 출장지에서 처리해야 할 업무에 따라 비서가 그에 맞는 자료를 준비해야 한다.
② 최근에는 노트북 및 랩탑 등의 사용으로 회의자료, 강연자료, 영업통계자료, 영업보고서 등의 업무자료를 전자파일(USB)에 저장하여 준비한다.

(5) 그 외 휴대품

출장의 장소 및 업무 내용에 따라 휴대품의 리스트를 정리하여 하나하나 체크하면서 준비한다.
① 출장 일정표
② 휴대폰(출장지 지도검색 등)
③ 여권, 항공권 등
④ 노트북
⑤ 명함, 메모장, 필기도구 등
⑥ 업무 시 필요한 자료 저장(USB)
⑦ 출장지 미팅 관련 인사들의 인적 및 업무관련 경력사항
⑧ 여행경비 및 법인카드

4 기타 출장 전 업무

(1) 해외 출장 수속 준비

해외 출장 시에는 기본적인 출장 준비 외에 환전, 검역 등 추가로 준비해야 할 사항들이 많이 있다. 더욱이 업무 수행 환경이 많이 다르고 문제 발생 시 빠른 대처가 상대적으로 어렵기 때문에 사전에 필요 사항을 철저히 분석하고 준비하여야 한다.

① 분실을 대비한 주요 정보

분실을 대비하여 여권 정보(번호, 발행 일자, 교부받은 시·도명), 신용카드 번호, 항공권 번호, 여행자 수표 일련번호 등을 정리하여 비서가 보관한다. 또 영사 콜센터 번호, 재외 공관 주소와 연락처, 비서의 연락처, 출장 관계자 연락처 등을 정리하여 비서가 보관하고, 상사에게도 전달한다.

② 출장 현지 정보

해외 출장 시 현지 정보를 미리 수집하고 정리하여 상사에게 보고한다. 이를 통해 상사가 현지 상황을 대비해 출장 준비할 수 있도록 한다.

구 분	내 용
날씨 정보	출장 지역 날씨를 확인하여 의복 준비
문화 정보	옷차림, 예법, 금기 사항 등
식당 정보	출장지 근처 유명 음식점, 한식당 정보, 호텔 조식
관광 정보	업무시간 외 관광할 수 있도록 관련 정보 준비
회화 정보	현지 인사말, 감사, 사과 표현 등 간단한 회화 정보 준비

[출장지 정보]

(2) 상사 부재 대비 업무

① 업무 대리자 확인

상사가 출장일 때 상사를 대행할 업무 대리자를 상사와 상의하여 정하여 상사의 부재 시에도 업무 공백을 최소화할 수 있도록 한다.

② 부재중 업무 지시 확인

상사가 출장 중인 기간에 비서가 처리하기를 원하는 업무를 미리 확인하여, 상사의 지시에 따라 업무 수행을 하도록 한다. 또 비서가 처리해야 할 업무와 상사대리인이 처리해야 할 일에 대해서 출장 전에 미리 지시를 받아 둔다.

③ 출장 전 상사의 지시 사항 신속한 처리

상사가 출장을 떠나기 전에 지시한 사항에 대해서는 상사가 출장을 떠나기 전에 업무처리를 마치고 보고하는 것이 좋다. 그러지 못한 경우 상사에게 이 사실을 보고하고 빨리 처리해 둔다.

④ 관계 부처에 사전 연락

상사의 출장이 기밀 사항인지 아닌지를 상사를 통해 확인하고, 기밀 사항이 아닌 경우에는 사전에 관계 부처에 상사의 출장 사실을 알려 미리 업무를 처리할 수 있도록 한다.

5 출장 중 업무

(1) 상사 부재중 업무 태도

① 상사의 출장 기간에 비서는 상사의 부재 시의 업무 지침을 마련해 두고 원활하게 모든 업무가 수행될 수 있도록 조치를 취해야 한다.

② 일정한 시각을 정해 놓고 통화를 하거나 이메일 등을 이용하면 편리하게 업무 보고와 지시를 받을 수 있다.

③ 상사 부재 사실의 공개 여부에 대한 원칙을 마련하여 이에 맞게 내방객과 전화 업무, 우편업무를 처리해야 한다.

④ 상사가 없을 때에 비서의 근무 자세가 해이해지거나 자리를 자주 비우는 것은 좋지 못한 태도이다. 비서의 태도가 다른 직원들에게 태만하게 보일 수 있으며, 사고는 방심할 때 생기기 쉽기 때문이다.

⑤ 부득이하게 자리를 비워야 할 사정이 생기면, 외부나 상사로부터 급한 연락이 올지도 모르므로 다른 직원에게 전화를 부탁하고 외출 목적과 돌아오는 시각 등을 알려 둔다.

⑥ 상사의 부재 기간이라도 비서는 스스로 일을 찾아서 하는 태도가 필요하다. 이러한 시간을 활용하여 평소에 밀렸던 서류 정리나 캐비닛 정리 등을 해 두는 것이 바람직하다.

중요 check **상사 부재중 업무 지침** `기출`

- 전화응대 및 내방객을 접대할 때에는 상사의 부재 정보를 공개해야 할지 여부를 결정하여 그 원칙에 따라 대응한다.
- 상사 부재 시 대리접견을 할 때는 내방객을 안내하는 역할만을 수행한다.
- 모든 일정은 출장 후로 조정하되, 출장 직후 등을 피하여 업무에 부담이 되지 않도록 조치한다.
- 중요한 안건은 직접 상사에게 연락을 하거나 대리인과 상의하여 처리한다.
- 상사 부재 시는 비서가 밀린 업무를 정리할 수 있는 좋은 기회이므로 시간 계획을 구체적으로 세워 짜임새 있는 일과를 수행한다.
- 상사 부재 시에는 가능한 한 자리를 비우지 말아야 한다.
- 상사 부재 시의 업무 권한 대리자와 함께 중요한 일을 처리한다.
- 연락 사항, 사내 업무 등은 상사 출장지의 일정을 참고하여 일정한 간격으로 보고할 수 있도록 한다.
- 교통편 및 숙박 예약을 다시 확인해 둔다.
- 상사가 돌아온 후 바로 업무를 수행할 수 있도록 자료, 비품 등을 정리해 둔다.
- 서신 접수 대장, 전화 수신 목록, 내방객 리스트를 작성해 둔다.

---

(2) 상사 부재중 업무

① 우편물 처리

　　㉠ 상사가 출장을 가기 전에 우편물 종류에 따른 취급 원칙에 대하여 미리 지시를 받아 두는 것이 중요하다.

　　㉡ 개인 우편물은 개봉하지 않고 상사의 책상 위에 가지런히 놓아두는데, 장기 출장인 경우에는 상사의 자택에 전달할 수도 있다.

ⓒ 업무상의 대외비 또는 특수 취급 우편물은 개봉하지 않고 상사의 대리인에게 전해 주는 경우가 많다.

ⓡ 보통의 업무용 서신은 개봉하여 일부인(日附印 : 우편물 등에 날짜를 찍는 스탬프)을 찍고 복사를 한 후에 사본을 상사의 대리인에게 전해 준다.

ⓜ 개봉한 편지에는 일부인 옆에 전달자의 이름을 써 넣고 서류철에 끼워 상사의 책상 위에 놓아둔다.

ⓑ 상사의 출장이 장기간이고 급한 용건의 우편물을 접수했을 때에는 출장지의 상사에게 팩스를 보내 업무의 처리를 지시받도록 한다. 이때, 원본은 비서가 보관해야 한다.

② 방문객 및 전화 관리
　ⓐ 상사의 부재중에 방문한 내방객 명단을 만든다. 일시, 회사명, 성명, 직함, 면회 대리자의 명단을 기록해 둔다.
　ⓑ 전화메모는 기록해 두었다가 상사가 돌아오면 한꺼번에 책상 위에 둔다.
　ⓒ 장기 출장일 경우에는 표로 정리하여 한눈에 파악되도록 한다.

③ 상사의 귀사에 대한 업무
　ⓐ 비서는 상사가 돌아온 후 바로 업무를 시작할 수 있도록 준비하고 보고 사항들을 정리한다.
　ⓑ 상사의 우편물을 정리하여 서류철을 세 가지 정도로 나눈다.
　　ⓐ 돌아오는 즉시 처리해야 할 안건이나 중요한 사안
　　ⓑ 일반적인 문서나 참고 사항
　　ⓒ 잡지나 기타 간행물 등
　ⓒ 상사가 출장에서 돌아온 후의 일정을 대략적으로 작성한다. 귀사 후 일정에 대해서는 예정만 세우고 상사가 돌아온 다음에 확정지을 수 있도록 정리해 둔다.

중요 check　**공문서 결재관련 용어 정리** **기출**

• 전결(專決) : 사전에 위임 받은 자가 전결권자를 대신하여 결재하는 것으로 대부분의 회사나 관공서의 경우 내부적인 위임전결 규정을 만들어 놓고 있다.
• 대결(代決) : 회사나 기관의 의사를 결정할 권한이 있는 결재권자의 부재 시에 직무 대행자가 행하는 결재이다. 이때 중요 사항일 경우에는 결재권자가 복귀한 뒤 후열을 받는 것이 일반적이다.
• 후결(後決) : 최종 결재권자가 휴가나 출장 등으로 부재중이거나 특별한 사정상 결재를 할 수 없을 때 최종 결재권자의 차하위자(직무를 대행할 위임을 받지 않았더라도)로부터 결재를 받는 것을 의미한다. 통상적이고 의례적인 사항일 경우에 주로 집행된다.
• 후열(後閱) : 중간 결재권자가 출장·휴가 또는 기타 부득이한 사유로 공문을 결재할 수 없는 경우에 해당 결재란에 〈후열〉의 표시로 결재를 대신한 뒤 집행을 하고, 사후에 내용을 열람하게 된다.

6 출장 후 사후처리 업무 기출

(1) 출장 마무리 업무

① 상사가 출장에서 돌아오는 날 비서는 도착 시간과 배차 편을 확인하고, 필요한 경우 영접을 나가거나 회사 내의 관계 부서에 연락한다.

② 장기 출장이었을 경우에는 필요에 따라 외부의 관계 기관에도 통지하도록 한다.

③ 출장지에서 직접 회사로 돌아왔을 때에는 상사의 자택에 연락을 취해야 한다.

④ 부재중의 일들을 일목요연하게 메모하여 보고한다.

⑤ 결재 서류는 상사가 급한 것부터 처리하도록 정리해 둔다. 즉, 부재중의 내방객 명단과 전화메모 등을 정리하여 제시하고, 진행 중인 결재 업무에 대한 간단한 보고를 한 다음 중요한 순으로 결재를 받을 수 있도록 제시한다.

⑥ 상사 부재중에 임의로 처리한 사항 등이 있으면 반드시 보고하여 확인하도록 한다.

중요 check **출장의 마무리 업무**

• 상사 부재중에 일어났던 업무에 대한 전반적인 보고를 실시한다.
• 출장지에서의 회의 및 기타 자료를 정리하고 파일링 한다.
• 출장지에서 상사가 신세를 지거나 감사를 표해야 할 회사나 개인이 있다면 경우에 맞는 감사장을 작성하여 결재를 받아 발송한다. 가능하면 귀사 즉시 처리하도록 한다.
• 출장 보고서의 작성을 돕고 결재 처리한다.
• 출장 경비에 대한 업무는 영수증을 회사의 규정에 따라 항목별로 정리하여 경리과에 제출하고 사본은 보관한다.
• 상사의 귀사 후에는 상사 부재중 밀린 업무들을 가능하면 빨리 마무리한다.

---

(2) 출장 관련 사후 업무

① 경비 정산 및 보고서 작성

㉠ 출장 후 출장에서 사용한 금액을 영수증과 함께 정산 보고서를 작성하여 승인을 받은 후 경리부서에 넘기도록 한다.

㉡ 우선 영수증은 날짜별로 종이에 붙이고 날짜별, 항목별로 작성하도록 한다.

㉢ 회사의 경비 정산 서식에 맞게 경비를 기재하여 제출한 후, 경비 보고서를 복사하여 사본은 상사의 파일에 보관하도록 한다.

㉣ 출장 보고서는 상사가 초안을 써 주면 정리해서 해당 부서에 제출한다.

② 인사장 발송

㉠ 출장지에서는 많은 사람에게 본의 아닌 신세를 지게 된다. 이와 같은 경우에는 인사장을 발송하게 되는데, 인사장이 준비되지 않았을 때에는 상사의 지시 사항을 참고로 하여 초고를 작성한다.

㉡ 상사가 친필로 쓸 것인지, 비서가 대필할 것인지, 컴퓨터로 작성할 것인지 상사의 지시에 따르며 시기를 놓치지 않도록 되도록 빨리 처리하는 데 유의한다.

03 적중실제예상문제

01 상사의 일정을 관리하는 방법으로 가장 올바르지 않은 것은?

① 저녁에 퇴근하기 전, 상사에게 다음날 일정을 보고하면서 비서가 미처 모르는 상사의 약속이 있는지 확인한다.

② 상사가 외출 중일 때 거래처인 J물산의 박 상무로부터 모레 오후 2시에 상사를 만나고 싶다는 전화를 받았다. 마침 상사의 시간이 비어 있으므로 오후 2시에 오시라고 말씀드리고 상사의 일정표와 내 일정표에 오후 2시에 약속이 있음을 표시했다.

③ K기획 광고팀과의 회의가 내일 2시에서 일주일 뒤 2시로 변경되어서 마케팅 부서장과 담당자에게 전화를 하여 통지하였다.

④ 상사는 금요일 오전 10시에 거래처 J사를 방문하기로 하였다. 상사는 거래처 한 곳을 더 방문하고 싶어 하여 그 근처에 있는 B기획을 방문하도록 일정을 잡았다.

> 해설 ② 상사 부재중에 면회 신청을 받았을 때에는 상사의 승낙을 받을 수 없으므로 면회 일시를 정하더라도 나중에 일정이 바뀌게 될지 모른다는 것과 확정되는 대로 연락한다는 것을 상대방에게 미리 양해를 구해야 한다.

02 다음 중 상사의 스케줄을 관리하기 위한 일정표의 바른 사용법과 가장 거리가 먼 것은?

① 상사의 일정표는 다른 사람이 쉽게 볼 수 없도록 관리하여야 한다.

② 일정표에는 약속시간뿐만 아니라 필요한 정보도 같이 기입하면 편리하다.

③ 업무 계획을 포함한 일정표는 업무 진행에 대한 점검표로 이용할 수 있다.

④ 일정표를 여러 개 사용하면 혼돈하기 쉬우므로 반드시 한 종류의 일정표를 사용한다.

> 해설 ④ 일정표의 종류는 연간 일정표, 월간 일정표, 주간 일정표, 일일 일정표, 휴대용 일정표가 있다. 일정을 관리할 때의 수단으로 다이어리, 탁상달력, 컴퓨터 일정관리 프로그램(Outlook) 등을 사용하는데, 이를 혼용하여 사용하면 자칫 일정을 누락시키거나 겹칠 수 있어 조심해야 한다. 그러나 주간 일정표와 휴대용 일정표의 사용은 용도에 따라 그 쓰임새가 다르므로 함께 사용할 수 있다.

03 상사의 일정(Schedule)을 작성하고 관리하는 비서의 판단 중 가장 옳은 것은?

① 비슷한 일들은 한꺼번에 모아서 처리하는 것이 좋으므로 사람들을 만나는 약속은 되도록 일주일이 시작하는 월요일에 집중시킨다.

② 비서가 정각에 퇴근할 수 있도록 가급적 상사가 외부로 출타하는 시간 약속은 퇴근 무렵이나 오후 늦은 시간에 정하도록 한다.

③ 상사가 참석한 회의가 예정보다 지연될 것으로 판단되면 다음 약속된 사람에게 사전에 연락하여 양해를 구한다.

④ 상사의 점심식사 시간이 너무 길어지는 것을 방지하기 위해 오후 1시경에는 중요한 약속을 정하여 시간 관리의 효율성을 꾀한다.

> **해설** ① 월요일 오전 중의 약속은 피하는 것이 좋다.
> ② 시간 약속은 퇴근 무렵이나 오후 늦은 시간을 가급적 피한다.
> ④ 점심식사 시간인 오후 1시경에는 약속을 피한다.

04 다음 중 비서가 예약 진행 시 보고 방법으로 옳지 않은 것은?

① 예약이 확정되면 예약 확인서나 관련 준비물을 준비하여 상사에게 예약이 완료되었음을 보고한다.

② 상사가 부재중일 경우 혹은 상사가 예약 내용을 휴대할 필요가 있을 경우 문자 보고를 활용한다.

③ 예약을 진행하는 과정 가운데 변경 사항이 있거나 예약 확약이 지체되는 경우는 확실해질 경우에만 상사에게 보고한다.

④ 구두로 보고할 때는 육하원칙에 근거하여 예약 종류별로 필요한 핵심 내용을 간단명료하게 보고한다.

> **해설** ③ 예약을 진행하는 과정 가운데 변경 사항이 있거나 예약 확약이 지체되는 경우에도 수시로 상사에게 진행 과정에 대해 보고한다.

05 다음 중 예약 업무 효율성을 높일 수 있는 방안으로 옳지 않은 것은?

① 예약 담당자의 이름을 기억하고, 친절하게 인사를 건네며 사소한 도움에도 감사를 전한다.

② 비서는 사전에 다양한 관련 정보를 수집하여 갑작스러운 예약 등 예기치 않은 상황에 대비하여야 한다.

③ 항공권이나 열차의 경우 얼마나 신속하게 예약을 진행하느냐에 따라 예약 시간대와 좌석 선택의 폭이 달라진다.

④ 자주 이용하지 않는 호텔에서 견적을 주겠다고 먼저 연락 오는 경우는 정중하게 거절한다.

해설 ④ 자주 이용하지 않는 호텔에서 견적을 주겠다고 먼저 연락 오는 경우가 있다. 이럴 경우 거절하지 말고 미리 정보를 받아서 정리해 두면 갑자기 주거래 호텔에 예약할 수 없어 다른 호텔 예약이 필요할 때 매우 유용하게 사용할 수 있다.

06 다음 예약 시 사용하는 매체에 따른 특징의 연결이 잘못된 것은?

① 팩스 – 급작스레 예약을 진행해야 하는 경우 시간에 구제받지 않고 사용하는 방법이다.

② 전화 – 담당자와 직접 통화하여 실시간으로 정보 확인이 가능하므로 가장 많이 사용하는 방법이다.

③ 이메일 – 구두로 내용을 전하기에는 정보가 많거나 복잡하고 문서화가 필요한 경우 주로 사용하는 예약 방법이다.

④ 인터넷 사이트 – 시간 제약 없이 실시간 정보를 확인하고 직접 예약 진행이 가능하다.

해설 ① 팩스로 예약을 할 때는 수발신이 정확하게 이루어졌는지 확인하는 과정이 필요하므로 시간적 여유를 두고 예약을 진행하는 경우 사용하는 방법이다.

07 다음 중 골프 용어 의미가 잘못 연결된 것은?

① 퍼트 – 그린에서 공을 홀에 넣기 위해 치는 것

② 그린피 – 캐디에게 주는 돈

③ 파 – 티 그라운드를 출발하여 홀을 마치기까지의 정해진 기준 타수

④ 티오프 – 티에서 첫 타를 치는 순간, 경기의 시작

해설 • 그린피 – 골프장 코스 사용료
• 캐디피 – 캐디에게 주는 돈

08 예약 사항을 정리할 수 있는 예약 이력 정보 목록 서식에 관한 내용으로 옳지 않은 것은?

① 예약 이력 정보 목록을 신속하게 검색, 입력, 수정, 출력 가능하도록 바탕 화면이나 찾기 쉬운 위치에 저장한다.

② 상사의 예약 이력은 기밀 사항일 수 있으므로 문서 보안 유지에 유의한다.

③ 기본 정보와 예약의 빈도수, 상사의 피드백 내용 등을 데이터베이스로 구축하여 다음 예약 때 활용한다.

④ 예약 종류별로 파일을 여러 개 만들어 관리하도록 한다.

> **해설** ④ 파일을 여러 개 만들기보다는 예약이라는 하나의 파일 안에 예약 종류별로 시트를 만들어 관리하면 입력과 관리가 수월하다.

09 예약을 할 때는 비서가 사전에 알아야 할 정보와 예약하면서 확인해야 하는 정보가 있다. 예약 종류별로 비서가 사전에 알아야 할 정보가 아닌 것은?

① 항공편 – 수화물 규정, 항공권 제약 조건, 발권 시한, 요금, 취소 및 환불 규정 등

② 음식점 – 음식 종류, 날짜, 예약명, 음식점명, 시간, 인원 등

③ 숙박 – 투숙자명, 투숙인 수, 투숙 일자, 객실 종류, 연락처 등

④ 골프 – 날짜, 골프장명, 동반자 정보(인원, 연락처 등), 티오프(Tee-off) 시간, 코스 등

> **해설** 항공편
> • 비서가 사전에 알아야 할 정보 : 시간, 출발지, 목적지, 출발·도착 일자, 항공사 마일리지 번호, 탑승자 영문명, 여권번호, 좌석 등급, 좌석 위치 등
> • 예약 시 확인해야 하는 정보 : 수화물 규정, 항공권 제약 조건, 발권 시한, 요금, 취소 및 환불 규정 등

10 해외 출장을 마친 김 사장에게 출장 기간에 발생한 전화메모 내용을 보고하려 한다. 다음 중 다량의 전화메모를 보고하는 방법으로 가장 적절한 것은?

① 상사 출장 직후 수신 일자별로 정리하여 가장 오래된 내용부터 구두 보고하도록 한다.

② 상사 출장 중에도 보고를 통하여 전화메모 내용을 알리고, 출장 직후 문서로 정리한 내용을 출력하여 전달한다.

③ 전화수신 일자보다는 전화메모 내용의 중요도에 따라 분류하여 중요도가 높은 것부터 차례대로 구두 보고한다.

④ 상사 출장 중 매일 보고를 통하여 이미 보고 드린 경우 굳이 반복된 업무내용 보고를 할 필요는 없다.

> 해설 ② 상사가 출장 중일 때는 이메일 등을 사용하고, 출장을 마친 후에는 전화수신 상황 및 전화메모를 문서로 기록하여 구두 보고와 함께 드리도록 한다. 출장 중 이미 보고 드린 내용이라 하더라도 기록으로 다시 보고하여야 한다.

11 상사의 해외 출장 시 이용할 차량을 온라인으로 직접 예약하려고 한다. 비서가 예약하는 과정에서 확인하여야 할 정보의 내용으로 짝지어진 것 중 중요도가 가장 낮은 것은?

① 지불조건 – 임차지역

② 주행거리 제한여부 – 차량모델

③ 연소 운전자 보상 범위 – 운전기사 포함 임차여부

④ 차량 인수 및 반환 시각 – 비용에 포함되어 있는 보험의 내용

> 해설 ③ 대부분의 경우 21세 이상이면 렌트가 가능하나, 경우에 따라서는 25세 이상을 요구하고 25세 미만인 경우 할증료가 부과되어 10% 정도 비싸게 받는 경우도 있다. 연소 운전자라고 보상해 주는 경우는 없다. 또한 렌트는 거의 자가운전이며 운전기사가 포함되는 경우도 거의 없다.

12 다음은 사내 임직원을 위하여 호텔과 숙박료 할인 업무협약을 맺는데 필요한 기초 자료를 취합하고자 오피스 매니저 최수영이 준비하고 있는 내용이다. 중요도가 가장 낮은 것은?

① 사내 임직원이 작년에 투숙한 호텔과 숙박일수를 확인하여 소속 기업의 객실료 규모성과 객실 할인율의 적절성을 살펴본다.

② 자사 해외 지사에서 업무협약을 맺고 있는 호텔 협약서를 취합하여 내용을 분석하고 활용할 요소가 있는지 살펴본다.

③ 대표이사의 호텔 선호도를 우선 고려하여 대표이사의 인맥을 통해 추진하도록 한다.

④ 타 기업의 호텔 협약서 사본을 구하여 가격을 비교해 보고 유사한 가격경쟁력을 호텔 측에 요구하도록 한다.

> **해설** ③ 대표이사의 호텔 선호도를 어느 정도 고려하는 것은 필요하겠지만 업무협약을 맺으면서 대표이사의 인맥을 통하는 것은 바람직하지 않다. 어느 정도 규모가 있는 기업들은 여행사, 호텔, 항공사 등과 계약을 체결하여 할인, 등급상향조정, 포인트 혜택 등 다양한 혜택을 받는다.

13 신미나 비서의 상사는 독일로 출장을 떠날 예정이다. 출장경비를 준비하는 신미나 비서의 업무처리 방법으로 가장 적절치 않은 것은?

① 유럽지역으로의 출장 일정이므로 유로화로 고액권과 소액권을 섞어 환전하였다.

② 신용카드는 법인카드를 사용하되, 해외사용한도액이 충분한지 미리 확인하였다.

③ 분실 또는 도난에 비교적 안전한 여행자수표를 준비하였다.

④ 상사가 출장을 떠나기 2~3일 전에 출장 가지급금을 미리 받아서 환전해 둔다.

> **해설** ① 소액권은 현금으로, 고액권은 여행자 수표로 준비한다. 여행자수표는 수표 란에 해외여행자의 현금 휴대에 따르는 분실, 도난 등의 위험을 방지하기 위해 고안된 수표로 현금과 동일하게 호텔, 백화점, 음식점 등에서 사용할 수 있고, 은행, 환전상 등에서 현지 통화로 교환할 수 있다. 여행자 수표는 현찰 환전 시보다 유리한 환율이 적용되므로 수수료를 절감할 수 있는 반면, 해외 이용 시 여행자수표를 받지 않거나 환전소가 주변에 없으면 불편하다. 따라서 현금과 여행자 수표의 비율을 적절히 조절하고 현금은 소액권으로, 여행자 수표는 고액권으로 환전하는 것이 일반적이다.

14 상사가 뉴욕으로 출장을 가게 되었다. 이때 비서의 업무태도로 바람직하지 않은 것은?

① 대도시에는 공항이 2개 이상인 경우가 있으므로 갈아타는 경우 동일한 공항에서 갈아탈 수 있는 비행기를 예약하도록 한다.

② 회사의 여비 규정을 확인하여 상사의 직급에 맞는 교통수단과 등급으로 예약한다.

③ 상사가 희망하는 항공편의 좌석이 없는 관계로 즉시 다른 항공편으로 예약하였다.

④ 예약 시 항공일정을 재확인하여 예약 받는 사람, 전화번호, 예약번호를 받아놓았다.

> 해설 ③ 희망하는 항공편의 좌석이 없더라도 예약자 중에 결원이 생길 수 있으므로 대기명단에 일단 올려놓은 후 다른 항공편을 예약할지 여부를 상사에게 물어본다.

15 다음의 내용은 비서 커뮤니티에 올라온 글이다. 아래의 상황일 때 비서가 취해야 할 행동으로 적절한 것은?

> 골프장 예약 취소도 없이 안 갔어요. 어떻게 해요?
> 사장님의 장기 해외 출장으로 골프장 회원권을 빌려 쓰시는 분들이 많거든요. 오늘도 사장님 친구 분의 부탁으로 평일 예약을 해 두었는데, 제가 실수로 골프장을 헷갈려서 손님이 부탁하신 골프장은 A, 제가 잘못 부킹한 골프장은 B, 그래서 손님은 골프를 못 하시고 전 결장을 해 버렸죠. 결장한 골프장은 ○○ 컨트리클럽(Country Club)이에요. 이러다가 다음 주 예약까지 못 할까봐 간이 조마조마 해요.

① 회원약관을 찾아서 이럴 경우 어떤 벌칙 사항이 있는지 확인한 후 비서의 잘못이므로 벌칙사항을 이행한다.

② 사장님의 친구 분께 연락하여 자신의 잘못에 대해 진심으로 사과한 후 도움을 요청한다.

③ 결장으로 인해 위약금을 내야 하는 경우 비서의 잘못이므로 비서가 위약금을 낸다.

④ 상사에게 신속히 보고하여 도움을 받을 수 있는 방법을 여쭈어 본다.

> 해설 ④ 상사의 사적인 용무를 도와야 하는 경우에는 비서 스스로 한계를 설정하고, 지나치거나 적극적인 협력은 삼가며 자신이 할 수 없는 일이나 어떻게 해야 할 지에 대해 알 수 없는 경우에는 상사에게 도움을 구하는 것이 바람직하다.

16 다음 상사의 해외출장 항공 일정에 대한 설명으로 적절하지 않은 것은?

> TL673 Seoul(Incheon) – Narita/ Nov. 17 12:55 – 15:25, Boeing 777
> JL6611 Narita(Tokyo) – New York(JFK)/ Nov. 19, 11:30 – 13:30, Boeing 747
> KO331 New York(JFK) – Seoul(Incheon)/ Nov. 21, 22:30 – 4:00(+1), Boeing 747

① 상사는 11월 17일 오후에 TL673편으로 동경 나리타공항에 도착한다.
② 상사는 일본에서 3일, 미국에서 3일간 체류한다.
③ 상사는 한국 인천 공항에 11월 21일 오전 4시에 도착한다.
④ 상사는 미국 뉴욕의 John F. Kennedy 공항을 이용한다.

> 해설 ③ 출발과 도착시간은 모두 현지시각을 의미한다. 또한 도착시각인 새벽 4시 다음에 나오는 (+1)은 출발일에 하루가 더 소요된 다음 날을 의미한다. 따라서 상사는 인천공항에 11월 22일 오전 4시에 도착한다.

17 S전자의 사장님은 현재 중요한 회의로 유럽 출장 중이다. 거래처 H전자에서 진행 중인 일로 상사를 하루 속히 만나야 한다며 H전자의 스케줄에 맞춘 면담시간에 대해 신속히 회답을 달라고 요청해왔다. 비서로서 가장 적절한 업무처리방법은?

① H전자는 믿을 만한 거래처이며 상사가 계셨어도 당연히 H전자의 면담을 중요하게 생각하시기 때문에 상사의 귀국날짜에 맞춘 면담시간에 대해 승낙한다.
② 상사가 중요한 회의로 출장 중이라고 전달하면서 H전자 쪽에서 직접 출장지로 연락하여 일정을 요청하는 것이 좋겠다고 제안한다.
③ 상사가 귀국할 때까지 혹은 상사와 연락이 될 때까지 기다려 달라고 부탁드리고 시간적 여유를 얻은 후 이메일 혹은 유럽지사 수행원을 통해 상사께 여쭤본다.
④ 선임 비서였던 회장 비서 및 동료 비서들에게 신속히 알려서 다수의 의견에 따른다.

> 해설 ① 비서의 재량으로 면담시간을 결정할 것이 아니라 상사에게 문의 후 면담시간을 결정한다.
> ② 면담일정과 관련하여 상사와 직접 연락하도록 할 것이 아니라 상사와 조정을 거쳐 비서가 담당하도록 한다.
> ④ 업무진행과 관련하여 연관이 있는 소수 직원에게 문의해 볼 수는 있겠지만 너무 많은 직원들에게 알리는 것은 바람직하지 않다.

18 다음은 진행 중인 컨설팅 업무로 고객사에서 면담 요청이 들어와 비서가 면담일정을 잡는 대화내용이다. 밑줄에 해당하는 비서의 응대법으로 가장 적절한 것은?

> 고객사 : 다음 주 영업부 컨설팅과 관련하여 자료조사 작업이 끝나 대표님 면담 요청을 하려고 합니다.
> 비 서 : 네, 지금 대표님 출장 중이시지만 다음 주 목요일 오전에 도착하셔서 회사로 오신다고 했습니다.
> 고객사 : 되도록 빨리 뵙고 싶은데, 목요일 오후도 가능할까요?
> 비 서 : _____
> 고객사 : 네, 알겠습니다.
> 비 서 : 네, 감사합니다. 안녕히 계십시오.

① 고객사를 배려하여 최대한 빨리 목요일 오후로 면담을 잡는다.
② 상사가 출장 중이므로 즉시 연락을 취해 일정을 잡는다.
③ 출장 직후에 면담을 잡으면 일정에 무리가 있으니 고객사와 상사의 사정을 모두 고려하여 일정을 잡도록 한다.
④ 상사가 출장 중이므로 비서가 재량으로 일정을 잡는다.

해설 ① 출장 직후에 일정을 무리하게 잡는 것은 피한다.
② 긴급한 사안이 아니라면 굳이 출장 중에 연락을 취하는 것은 피한다.
④ 비서는 경영관리상의 업무와 같은 상사 고유의 직무 권한에 대해서는 함부로 관여해서는 안 되며 일정 관리와 재량권을 부여받은 업무라도 중요한 일이라면 상사의 의견을 구하는 신중한 일처리가 필요하다.

19 상사가 항공편을 이용하여 해외 출장을 가게 되었다. 이때 비서의 업무 태도로 바람직하지 않은 것은?

① 상사가 다양한 항공사의 서비스를 경험할 수 있도록 가능한 다른 항공편을 예약했다.
② 예약 시 항공 일정을 재확인하고 예약 받는 사람의 이름, 전화번호, 예약번호를 받아두었다.
③ 대도시에는 공항이 두 개 이상 있는 경우가 많으므로 비행기를 갈아탈 때 동일한 공항에서 갈아탈 수 있는 비행기를 예약했다.
④ 회사의 여비 규정을 확인하고 상사의 직급에 맞는 교통수단과 좌석 등급을 예약했다.

해설 ① 항공편을 예약할 때는 회사의 출장 여비 규정을 고려하여 상사가 선호하는 항공사의 좌석을 예약하도록 한다.

※ 다음 e-티켓확인증을 읽고 물음에 답하시오(20~21).

Departure /Arrivall	Date/Time	Class	Status	Not Valid Before	After	B.A
KN121 Kn Airlines						
Seoul /Sydney	07JUL17/19:05 08JUL17/06:20	Economy	OK		28JUL17	20K
KN122 Kn Airlines						
Sydney /Seoul	17JUL17/07:55 17:40	Economy	OK	17JUL17	28JUL17	20K

- Issuing : 30JUN17
- Restriction : NON-ENDS
- Total Fare : KRW 1,230,000

20 다음 중 위의 항공권의 내용으로 잘못된 것은?

① 전체 출장일정은 28일에 종료된다.
② 무료 수하물은 20kg로 제한된다.
③ 돌아오는 여정은 17일보다 빠른 일정으로 바꿀 수 없다.
④ 항공권 구매 시 대금은 한화로 지불되었다.

해설 'Not Valid After 28JUL'은 위 항공권의 유효기간이 7월 28일까지라는 의미이다. 따라서 ①의 28일은 항공권의 만료일이고, 전체 출장일정은 7월 17일에 종료된다.

21 위 항공권에 나타난 내용을 보고 알 수 있는 항공권 사용의 제약조건에 대한 설명으로 다음 중 가장 맞는 것은?

① 항공사 변경이 불가능하다.
② 여정 변경이 불가능하다.
③ 환불 불가 항공권이다.
④ 마일리지를 써서 비즈니스 석으로 업그레이드가 불가능하다.

해설 ① ENDS는 Endorsement의 약자로 항공회사 간의 항공권의 권리를 양도하기 위한 이서(배서)이다. 즉, ENDS인 경우는 항공권에 지정된 항공사가 아니더라도 타 항공사로 변경이 가능하다. 위 경우에는 NO-ENDS로 표기되어 있으므로 항공사 변경은 불가능하다.

22 상사가 출장 중일 때 비서가 취해야 할 조치 중 가장 올바른 것은?

① 평소에는 다른 사원들보다 일찍 출근하고 늦게 퇴근하였으므로 상사의 출장기간 동안은 업무에 지장이 없는 한 출퇴근 시간을 자유롭게 조절하였다.

② 별다른 업무가 없으므로 시간을 낭비하지 않기 위해 근무시간에 자기개발 차원에서 영어 공부에 전념하였다.

③ 상사에게 오는 우편물과 문서들은 용건별로 나누어 정리하였고, 상사의 업무 대행자에게 회부할 것은 내용을 요약한 후 처리 결과를 기록하였다.

④ 전화나 문서, 우편물, 방문객 등의 사안이 발생할 때마다 출장지의 상사와 긴밀하게 전화 연락하여 상사의 지시를 받았다.

> 해설　③ 비서는 상사가 출장에서 돌아온 후 바로 업무에 들어갈 수 있도록 준비하고, 보고해야 할 사항들을 정리한다.

23 다음은 국내출장과 관련된 기차표 내용이다. 내용에 대한 설명으로 가장 올바른 것은?

> 승차일 2017년 3월 25일　부산 ▶서울
> 　　　　　　　　11:00 13:36
> K** 제128 열차 일반실 10호차 5B석
> 운임요금 51,800　　　할인금액 16,200
> 영수액 35,600
> 어른 비즈니스　　　　포인트 신용 46,000

① 출발시각이 11시이므로 출발일 당일 11시까지 역에 도착하면 탑승이 가능하다.

② 기차 좌석이 창가 쪽인지 통로 쪽인지 현재의 승차권으로는 확인이 불가능하다.

③ 현재 기차표는 운임요금을 100% 현금으로 완납, 구입된 표이다.

④ 현재 기차표와 함께 비즈니스 할인권을 소지해야만 기차표 검열 시 문제가 발생하지 않는다.

> 해설　④ 포인트 신용 46,000원이 있는 것으로 보아 비즈니스 할인권이 적용된 상태이며 이것을 함께 소지해야한다.
> 　　　① 출발시각이 11시이므로 11시 정각에 기차가 출발하므로 그 전에 여유 있게 역에 도착하여야 한다.
> 　　　② 보통 기차좌석 뒤에 A~D가 표시되는 경우 A, D는 창가 쪽 좌석이고 B, C는 통로 쪽 좌석이다.
> 　　　③ 운임요금 51,800원 중에 16,200원을 할인받았으므로 100%를 현금으로 완납한 것은 아니다.

24 다음 중 상사의 일정표 관리방법으로 잘못된 것은?

① 상사의 일정을 일일 일정표에 상세히 기입한다.
② 일정표에는 상사의 행동이 상세히 기록되어 있으므로 관리에 유의하도록 한다.
③ 주간 일정표는 전 주말에, 일일 일정표는 전일 퇴근 전 또는 당일 아침에 확인한다.
④ 월간 일정표는 장소, 시, 분 등의 상세한 내용을 기입해야 관리하기 편하다.

> 해설 ④ 월간 일정표에는 정기적으로 발생하는 보고, 결재, 방문객 내방, 방문, 회의 등을 열거한 다음 상사와 의논하여 일시를 확정하고 기입한다. 상세한 내용은 일일 일정표에 기입한다.

25 상사가 출장을 간 동안 비서가 상사의 우편물을 처리한 것 중 가장 올바른 것은?

① 일반 업무용 서신을 개봉하여 일부인을 찍었다.
② 상사의 개인 편지를 개봉하여 팩스로 상사께 보내 드렸다.
③ 상사의 특수 취급 우편물을 개봉하여 일부인을 찍고 복사를 한 후에 사본을 상사의 대리인에게 전해 주었다.
④ 상사의 대외비 우편물을 개봉하여 사내 사람 모르게 상사의 대리인에게 갖다드렸다.

> 해설 상사의 개인 편지, 상사의 특수 취급 우편물, 상사의 대외비 우편물은 비서가 개봉해서는 안 된다.

26 시간 관리를 위한 우선순위의 결정 방법으로 틀린 내용은?

① 매일 아침 업무를 시작하기에 앞서 10분 정도 그날의 일과를 계획한다.
② '일일 작업 계획표'를 작성하고 각 업무에 대해 우선순위를 매겨 우선순위대로 업무를 처리한다.
③ 우선순위는 즉시 처리할 일, 오늘 중으로 끝내야 할 일, 시간 나는 대로 하면 될 업무 등으로 순위를 정한다.
④ 우선순위를 결정할 때 내용의 중요도보다는 상사의 의향에 따라 결정한다.

> 해설 ④ 우선순위를 결정하는 데는 시급성, 중요성, 상사의 의향 등 여러 가지 판단 기준이 있으나 시급성이나 중요도를 먼저 고려하는 것이 일반적이다.

27 다음은 양 비서가 알아본 상사의 출장목적지에 따른 항공일정이다. 양 비서가 상사에게 보고하는 내용으로 가장 옳지 않은 것은?

출발일정	도 시	항공일정
4월 10일	서울(ICN) – 동경(NRT)	JX960/ 09:30 – 11:50
4월 13일	동경(HND) – 뉴욕(JFK)	AO134/ 06:40 – 05:15
4월 19일	뉴욕(JFK) – 런던(LHR)	BT178/ 18:20 – 06:20(+1)
4월 21일	런던(LHR) – 홍콩(HKG)	BT025/ 18:35 – 13:20(+1)
4월 22일	홍콩(HKG) – 서울(ICN)	CA418/ 14:05 – 18:35

① "4월 13일 뉴욕행은 동경 하네다 공항에서 이른 아침에 출발합니다."
② "뉴욕 도착일자는 현지일자로 4월 13일입니다."
③ "4월 19일 뉴욕 케네디 공항에서 런던행 비행기를 탑승하시면 그 다음 날 오전 6시 20분에 도착하십니다."
④ "4월 10일 동경 행 비행기는 김포공항에서 출발합니다."

해설 ④ 서울(ICN) – 동경(NRT)이라는 내용으로 보아 출발지 공항은 김포(GMP)가 아니라 인천(ICN)임을 알 수 있다.

28 사장님은 9월 1일부터 6일까지 5박 일정의 미국 출장 예정이다. 상사는 전 세계적인 체인호텔인 B 호텔 ① 귀빈층의 ② 스위트룸을 선호하여 김영숙 비서는 상사의 기호에 맞는 방을 예약하였다. 예약 시 ③ 커머셜 요금을 적용받았으며 ④ 호텔 보증금을 상사의 법인 신용카드로 결제하였다. 다음 ①~④ 중 올바르지 않은 것은?

① Executive Floor : 잦은 해외 출장, 바쁜 일정, 복잡한 업무에 시달리는 현대 비즈니스맨들을 위해 보다 신속하고 정확하게 차별화된 서비스와 안락함과 편안함을 제공하는 호텔 내의 특별 층이다.
② Suite Room : 복도를 통하지 않고 객실과 객실 사이에 전용문이 있는 침실과 응접실이 있는 방이다.
③ Commercial Rate : 할인요금의 일종으로 특종 기업체나 사업을 목적으로 하는 비즈니스 고객에게 숙박비의 일정한 율을 할인해 주는 것이다. 미국의 도시 호텔에서 많이 채택되고 있으며 우리나라 대규모 호텔에서도 이 제도를 실시하고 있다.
④ Deposit : 호텔 예약 시 숙박자의 신용카드 번호와 유효기간을 호텔측에 알려주어 위약금을 물어야 하거나 기물 파손 등의 경우 호텔에서 숙박인에게 청구할 수 있도록 한다.

해설 ② Suite Room은 2실 이상의 연속객실이라는 뜻으로 적어도 욕실이 있는 침실 1개와 거실 겸 응접실 1개 모두 2실로 되어 있는 방이다. 때로는 침실이 두 개 이상 있기도 하고 거실과 응접실이 따로 분리되어 있기도 하다.

29 비서 김미연은 일본에서 진행되는 신규 프로젝트로 인해 일본으로 출장을 가게 되었다. 다음 항공권에 대한 설명으로 가장 적절하지 않은 것은?

■ 여정정보(Itinerary Information)				ASIANA AIRLINES 인터넷 좌석배정		

OZ142 ASIANA AIRLINES

	도시/공항	일자/시각	터미널	클래스	비행시간	상태
출발	SEOUL INCHEON INT	28JUL 15:00		ECONOMY/E	01:30	OK
도착	KUMAMOTO	28JUL 16:30				

경유지(Via) :	좌석(Seat Number) :	유효기간 Not Valid Before
무료수하물(Baggage) : 20K	운임(Fate Basis) : EHEE2KR	(Validity) Not Valid Before 28JUL15

OZ141 ASIANA AIRLINES

	도시/공항	일자/시각	터미널	클래스	비행시간	상태
출발	KUMAMOTO	28JUL 12:20		ECONOMY/E	01:30	OK
도착	SEOUL INCHEON INT	28JUL 13:50				

경유지(Via) :	좌석(Seat Number) :	유효기간 Not Valid Before
무료수하물(Baggage) : 20K	운임(Fate Basis) : EHEE2KR	(Validity) Not Valid Before 28JUL15

■ 항공권 정보(Ticket Information)

- 발행일/발행처(Issue Gate/Place) : 24JUL16/BLUEOCEAN TOUR SEOUL KR(17324985)
- 제한사항(Restriction) : NONENDS NO-MILE UG 4KJBM12JW-3
- 지불수단(FOP/Tourcode) : CASH/4KJBM12JW3
- 운임계산내역(Fare Calculation) : SEL OZ KMJ161,85OZSEL161,85NUC323,70END ROE1019,4
- 항공운임(Fare Amount) : KRW 330,000
- 세금/기타비용(Tax/Fee/Charge) : 28000BP 49800YQ
  ※YQ/YR/Q Code는 유류할증료 및 전쟁보험료 부담금 등입니다.
- 항공운임 총액(Total Amount) : KRW 407,800

① 서울 인천공항에서 7월 28일 오후 3시 비행기로 출발하여 일본 구마모토에 오후 4시 30분 도착 예정이다.
② 아시아나항공이 결항되거나 오랜 시간 지체되면 KAL이나 JAL을 이용할 수 있다.
③ 회사 여비 규정에 따라 김 비서는 이코노미좌석으로 예약하였다.
④ 무료 수하물은 20kg 이내에서 가능하다.

해설 ② ENDS는 Endorsement의 약자로 항공회사 간의 항공권의 권리를 양도하기 위한 이서(배서)이다. 즉, ENDS인 경우는 항공권에 지정된 항공사가 아니더라도 타 항공사로 변경이 가능하다. 위 경우에는 NONENDS로 표기되어 있으므로 항공사 변경은 불가능하다.

30 비행기 예약이 모두 끝나고 항공권이 여행사에서 도착하였다. 항공권에 나와 있는 용어와 그 뜻이 잘못 연결된 것은?

① C – 퍼스트 클래스
② Y – 이코노미 클래스
③ Flight – 항공기 편명
④ Destination – 최종 목적지의 도시명

> 해설 각 항공사마다 다른데 일반적으로 F, P는 퍼스트 클래스, C, J는 비즈니스 클래스, Y, M, Q는 이코노미 클래스를 나타낸다.

31 다음과 같이 상사가 해외출장 중 경험할 수 있는 사고나 사건에 대비하기 위하여 비서가 평상시 관심을 갖고 있어야 할 내용으로 가장 연관성이 낮은 것을 고르시오.

> 상사가 비서에게 한 달간의 중남미 지역 3~4개국(브라질, 멕시코, 칠레, 아르헨티나) 출장일정을 전달하며 이 지역 출장과 관련된 숙지사항을 알아봐 달라고 요청하였다.

① 신속해외송금지원제도
② 해외여행자보험 보장내역
③ 당좌수표 이용법
④ 상사의 신용카드 대금 명세표 보관, 관리

> 해설 ③ 당좌수표는 은행에 당좌예금을 가진 자가 은행을 지급인으로 하여 일정한 금액의 지급을 위탁하는 지급위탁 증권으로 해외출장과 관련하여 비서가 관심을 갖고 있어야 할 내용이라 할 수 없다.

32 다음 내용은 상사가 원하는 내용이다. 현금과 여행자 수표를 비교한 것으로 틀린 것은?

> 상사는 해외 출장 중 신용카드를 주로 사용할 예정이지만 일부 금액을 현금과 여행자 수표로 환전하길 원한다.

① 여행자 수표는 수표번호를 미리 적어두면 분실이나 도난을 당했을 때 재발급 받을 수 있다.
② 매입 시 여행자 수표가 현금보다 유리한 환율을 적용받는다.
③ 현지에서 사용할 때 현금이 여행자 수표보다 유리한 환율을 적용받는다.
④ 여행자 수표는 구입 즉시 수표 상단에 서명하고 사용할 때 카운터 서명을 한다.

해설 ③ 통상적으로 여행자 수표를 살 때, 현금보다 유리한 환율을 적용받는다.

33 다음 중 상사의 해외업무 출장을 위해서 환전할 때 분실이나 도난 시에도 재발급 받을 수 있는 지급수단은?

① Personal Check

② Cash

③ Traveler's Check

④ Cashier's Check

해설 ③ 여행자수표(Traveler's Check)는 현금분실 · 도난 등의 위험을 피하기 위하여 은행 자기앞수표 형식(정액권)으로 발행 · 판매하는 것이다. 전 세계 은행은 물론 호텔, 백화점, 음식점, 상점, 환전상 등에서 현금과 같이 사용할 수 있다. 특히 분실 및 도난당한 경우 소정의 요건만 갖추면 간편하게 현지에서 즉시 환급 받을 수 있어 안전하다.

34 다음은 중견기업 사장실에서 근무하는 이 비서가 상사의 취향을 고려하여 호텔에 예약한 내용이다. 다음 중 가장 적절하지 않은 것은?

> 상사의 취향
> – 1인용 싱글 침대를 매우 싫어함
> – 호텔에서 Business Center 사용하기를 원함
> – 출장지에서 이동거리가 최대한 짧은 것을 선호함
> – 대중교통수단 선호함

① 호텔의 Executive Floor에 있는 방으로 예약하였다.

② 공항 가까이에 있는 Airport Hotel보다는 출장 업무로 들러야 하는 시내 사무실 근처의 호텔에 예약하였다.

③ Twin Bed Room으로 예약하였다.

④ 예약 시 공항에서 호텔까지의 리무진버스 시간표와 금액을 문의하여 알아두었다.

해설 ③ Twin Bed Room은 1인용 싱글 침대가 두 개인 방이므로, 싱글 침대를 싫어하는 상사의 기호를 고려하여 Double Bed Room으로 예약하여야 한다.

35 비용 처리 업무방법 중 가장 올바른 것은?

① 상사 출장 후 받은 영수증은 출장비용 정산 후 필요 없는 것은 바로 폐기하였다.
② 상사가 구독하는 잡지의 만기일이 되어 바로 연장 신청을 하였다.
③ 신용카드 대금 명세서는 청구내역 확인 후 문서 세단기를 이용하여 바로 폐기하였다.
④ 신용카드의 매출전표와 청구서의 내용을 확인하여 다른 부분은 카드회사에 확인하였다.

해설 ④ 영수증이나 상사가 사용한 카드 대금 명세서는 세금환급에 제출되는 등 여러모로 필요할 수 있으므로 함부로 폐기하면 안 된다.

36 비서가 작성한 다음 일정표 중 가장 바람직한 것은?

①
시 간	일 정	장소 · 전화	소요시간	특이사항
오전 9 : 00	결 재	집무실	30분	서류준비 30분 거리
10 : 00	김영동 전무보고	집무실	30분	
오후 1 : 00	외부회의	A호텔(256-7777)	1시간	

②
시 간	일 정	장소 · 전화	소요시간	특이사항
오전 9 : 00	결 재	집무실	30분	서류준비 30분 거리
10 : 00	외부회의	집무실	1시간	
오후 2 : 00	김영동 전무보고	A호텔(256-7777)	30분	

③
시 간	일 정	장소 · 전화	소요시간	특이사항
오전 9 : 30	결 재	집무실	30분	서류준비 30분 거리
10 : 30	김영동 전무보고	집무실	30분	
오후 1 : 00	외부회의	A호텔(256-7777)	1시간	

④
시 간	일 정	장소 · 전화	소요시간	특이사항
오전 9 : 30	결 재	집무실	30분	서류준비 30분 거리
10 : 30	김영동 전무보고	집무실	30분	
오후 2 : 00	외부회의	A호텔(256-7777)	1시간	

해설 ④ 출근하자마자 바로 결재 받는 것은 피하고, 오후 1시~1시 30분의 시간 역시 일정에 포함되지 않도록 한다.

※ 다음 상황을 읽고 해당 질문에 답하시오(37~38).

회사 합작투자 회의를 위하여 카타르 현지 사업가와 3명의 현지 동행자들이 서울에 소재한 우리 회사에 방문할 예정이다. 그 방문 및 체류 일정은 다음과 같다.

세부일정		
5월 15일, 1일차	도하–인천 QR859/OZ6889 01:20/05:05	
	사내방문 및 임원회의	
	회의 후 만찬	
5월 16일, 2일차	• 합작투자 협력 산업체 울산공장 방문 • 울산투어 및 저녁 식사	
5월 17일, 3일차	인천–도하 QR858/OZ6888 01:30/16:00	

37 16일 울산으로 이동하는 도중 사장님이 비서 박미희에게 연락하여 서울 사내 영업이사, 울산 방문단 및 동행 협력사 임원, 그리고 협력사의 싱가폴 지사장 3자간 영상회의를 준비하라고 지시했다. 박 비서가 점검해야 할 내용으로 가장 우선순위가 높은 것을 고르시오.

① 영상회의 이행을 위한 기기 사전 테스트
② 협력 기업 내 영상회의 가능 여부 확인
③ 카타르 방문단과 동행하는 협력사 임원의 일정 확인
④ 영상회의 연결을 위한 싱가폴 현지 전화번호 확인

해설 ② 3자간 영상회의를 위해 협력 기업 내 영상회의 가능 여부를 먼저 확인해야 한다.

38 위의 카타르 방문단의 항공일정을 참고하여 비서가 일정확인 및 준비업무를 하기 위하여 가장 적절한 것으로만 묶인 것은?

가. 2일차 울산에서의 일정을 마치고 올라오면서 다음 날 DMZ 투어 준비를 위해 의견을 물어본다.
나. 방문단의 출국 비행일정을 운항 항공사인 아시아나 항공사에 재확인해 본다.
다. 16일 울산 공장 방문 시 이동 수단은 좌석이 편안한 자가용을 준비한다.
라. 방문단의 도착 첫 날 비행일정을 감안하여 임원회의는 오후부터 잡는다.
마. 방문단의 출장일정을 고려하여 서울에서 묵을 수 있는 호텔을 예약 · 확인한다.

① 가, 다, 마
② 다, 라, 마
③ 나, 라
④ 나, 마

해설 가. 3일차에는 DMZ투어가 없다
　　다. 인천부터 울산까지의 거리가 멀기 때문에 일정에 차질이 생길 수 있으므로 비행기나 KTX를 이용하도록 한다.
　　라. 회의 후 만찬이 있음을 고려하여 임원회의는 오전부터 잡는다.

39 출장을 마치고 수요일 오전에 출근하기로 예정된 상사의 일정이 금요일 오전 출근으로 변경되었다. 이와 같은 변경으로 인한 비서의 업무처리로 가장 적절치 않은 것은? [14년 1회 2급]

① 일정의 변경을 일정표에 수정하고 관련된 부서에 통보한다.
② 수요일, 목요일에 소화해야 하는 일정을 모두 금요일에 진행할 수 있도록 조정한다.
③ 상사의 개인적인 일정도 확인하여 조정이 필요한 부분이 있다면 처리한다.
④ 변경된 일정표를 상사에게 보고하고 확인한다.

해설 ② 신속하게 관련 부서 및 담당자 등 관계자 전원에게 변동사항을 알리고 상사 또는 상대방의 일정에 차질이 없도록 상의하여 조정해야 한다. 또한, 이틀 동안 처리할 업무를 하루에 처리할 수 있더라도 이는 보고하고 조정·진행해야 한다.

40 다음 중 비서의 상사 해외 출장관리 업무로 가장 적절한 것은? [19년 2회 1급]

① 휴가철이라 인천공항이 붐비는 관계로 상사 자택과 가까운 도심공항터미널에서 탑승수속을 먼저하고 수화물은 인천공항에서 바로 부칠 수 있게 했다.
② 3주 후 상사의 유럽 출장이 계획되어 있어 비서는 전임 비서가 추천한 기업요금(Commercial Rate)이 적용되는 호텔을 예약하였다.
③ 상사가 출장지에서 업무지시를 원활하게 할 수 있도록 스마트 기기에 애플리케이션을 설치해 드렸다.
④ 6개월 전 미국 출장을 다녀온 상사가 다시 미국으로 출장을 가게 되어 사전입국 승인을 위해 ESTA 작성을 했다.

해설 ① 도심공항터미널은 공항이 아닌 시내에서 짐 부치기를 포함한 모든 탑승수속을 할 수 있는 곳이므로 인천공항에서 따로 수화물을 부칠 필요 없이 모든 수속을 마치고 공항으로 가면 된다. 국제공항은 탑승수속을 하려는 사람들로 항상 붐비기 때문에 이곳을 이용하면 편리하다. 서울에는 삼성동과 서울역에, 지방 대도시에는 대부분 도심공항터미널이 있지만, 이용 가능 여부는 항공사에 따라 다르므로 이용할 항공사에 확인해야 한다.
　　② 전임 비서가 추천한 호텔을 예약하기보다 출장지의 위치와 업무장소, 상사의 취향, 호텔 등급, 숙소 내부시설, 서비스 등을 참고하여 예약한다.
　　④ 여권에 미국 비자가 있으면 ESTA(전자여행허가제)의 유효기간(2년) 안에는 ESTA를 다시 작성할 필요가 없다.

04 | 회의 및 의전관리

01 회의관리업무

▨ 회의 종류 및 좌석배치

(1) 회의의 종류

회의는 목적, 형태 및 참석자에 따라 여러 가지로 분류할 수 있다.

목적별 종류	형태별 종류	참석자별 종류
• 설명회의 • 연구회의 • 문제 해결 회의 • 연수회의 • 아이디어 회의	• 컨벤션 • 포럼(Forum) • 분임 토의 • 심포지엄 • 세미나	• 주주 총회 • 이사회 • 중역 회의(임원회의) • 부 · 과장 회의 • 부서 회의

(2) 회의 계획

① 회의의 기능에는 문제 해결, 의사소통, 교육 훈련, 자문 등이 있다.

② 회의는 상사가 주관하는 경우와 참석하는 경우에 따라 비서의 역할이 매우 다르다.

③ 회의를 준비하기 위한 계획은 처음부터 너무 세밀하게 하지 말고 대체적인 순서로 크게 잡아 보는 것이 좋다. 언제, 어디서, 누가, 무엇을 위해, 어떤 내용으로 회의를 하게 되는지를 파악한 뒤에 차근차근 업무를 수행해야 한다.

(3) 기업체에서 이루어지는 각종 회의

비 고	사장단 회의	이사회의	부 · 실장 회의
주 기	정 기	정 기	정기 또는 비정기
성 격	그룹 차원 경영 전략 회의	개별 회사 차원 경영 전략 회의	부서 단위 업무의 추진 상황 점검 및 조정 회의
내 용	• 그룹 전략 • 신규 투자 전략 • 기업 합병 및 통 · 폐합	• 신규 사업 전략 • 부문 간 업무 조정 회의	• 주요 업무계획 추진 상황 점검 확인 • 단위 업무계획 간 필요 사항에 관한 정보 교환 • 실 · 국 간 중복 또는 의견이 다른 사항에 관한 업무 조정 • 업무계획 추진에 따른 참고 의견 청취
참 석	• 회 장 • 사 장 • 그룹 비서실장 • 기타 배석자	각 부문 임원	• 부 · 실장 • 지방 영업소 소장 • 기획 조정실장
장 소	그룹 대회의실	회사 대회의실	회의실
점 검 사 항	• 회의 일자 및 시간 점검 • 참석 여부 확인 및 불참 시 대리 참석 조치	• 회의 일자 및 시간 점검 • 참석 여부 확인 및 불참 시 대리 참석 조치 • 회의 안건 점검	• 주요 안건의 내용(회의 자료) • 참석자 범위 • 불참자 현황 및 사유 • 좌석배치 및 연락 상황

(4) 회의의 형태

① **세미나** : 지정된 주제를 가지고 참가자들이 공동으로 토론, 연구하게 하는 방법으로 지명된 몇 명의 회원이 분담된 소주제에 대해 연구 · 발표하고 이를 바탕으로 회원 모두의 토론을 통해 대주제에 이르도록 하는 회의를 말한다.

② **심포지엄** : 여러 명의 전문가가 특정 의제에 대해 각자의 의견을 논하고 청중 혹은 사회자가 질문해 강연자가 여기에 답변하는 토의 형식이다.

③ **버즈 세션** : 다수의 인원을 소그룹으로 나누어 정해진 짧은 시간에 자유롭게 발언해 나온 의견을 그룹 대표자가 전체 앞에서 발표함으로써 전체의 의견을 통합해 나가는 형식이다.

④ **패널(공개토론)** : 토의할 문제에 대해 참석자 중에서 여러 대표자가 청중 앞에서 토론을 한 뒤 다시 전원에 의한 공개토론에서 질의응답을 하게 되는 형식이다.

⑤ **포럼** : 1~3인 정도의 전문가가 10~20분 간 공개연설을 한 후에, 이 내용을 중심으로 참가자들과 질의 응답하는 방식의 토의이다.

중요 check 상사가 회의를 주관할 때 기출

- 회의에 대한 개략적인 정보를 상사와 논의한다.
- 참석 여부를 확인한다.
- 필요한 시청각 기자재를 신청 · 준비한다.
- 회의 관련 자료를 준비 · 복사한다.
- 다과를 준비한다.
- 장소와 인원이 확정되면 참석 대상자에게 통보한다(결정된 안건도 알린다).
- 회의 결과를 정리하여 통보한다.

상사가 외부 회의에 참석할 때

- 상사에게 보고하여 참석 여부를 결정한다.
- 일정표와 대조하여 필요하면 일정 조정을 해 둔다.
- 참석 여부에 대한 회신을 한다.
- 회의 참석에 필요한 자료를 준비한다.
- 시간과 장소를 확인하고 차량을 준비한다.
- 회의 자료를 정리한다.
- 상사가 귀사한 후, 회의 결과 및 관련 자료에 대한 조치를 취한다.

---

(5) 회의장 선정 및 좌석배치

① 장소의 선정

ⓐ 회의를 개최하기 위해서는 장소를 먼저 정해 놓고 통지를 해야 한다.

ⓑ 최근의 회의에는 각종 시청각 기자재나 컴퓨터 등이 사용되므로 회의실에 그러한 기자재가 구비되어 있는지, 또는 연결할 수 있는지를 미리 확인해야 한다.

ⓒ 장소가 사내로 결정되면 회의실 담당 부서에 미리 연락하여 장소를 확보하고, 외부로 정해졌을 경우에는 이전에 이용했던 곳을 참고하여 예약하는 것이 좋다.

중요 check 회의 장소 결정 시 체크 사항 기출

- 회의 참석 인원
- 회의의 종류
- 회의 시간
- 회의의 목적
- 회의의 내용, 형식
- 회의에 사용될 기자재 구비 여부

ⓓ 회의장을 호텔이나 공공장소로 정하고자 할 때에는 예약하기 전에 여러 호텔을 직접 방문하여 회의장 및 회의 시설 사용에 대한 비용, 할인 혜택, 음식의 질, 주차 가능 여부 등을 자세히 비교 · 검토하여 더 좋은 조건으로 회의장을 이용할 수 있도록 한다.

ⓔ 회의 장소는 회의 목적에 어울리도록 회의 참석 인원수에 적합한 공간으로서, 조명과 냉난방, 환기 시설 등이 잘 갖추어진 조용한 곳이 좋다.

ⓕ 참석자들을 고려하여 교통편이 편리하고, 주차 시설이 확보되어 있는 장소를 선택하는 것이 바람직하다.

② 좌석의 배치

  ㉠ 회의장의 크기는 지나치게 넓으면 산만한 느낌을 주고, 지나치게 좁으면 답답하게 느껴진다.

  ㉡ 참석자의 인원에 따라 선택해야 한다.

  ㉢ 회의장의 책상과 의자의 배치는 회의 형식과 목적에 따라 알맞게 설치 · 운영해야 한다. 회의의 형식과 내용을 잘 이해하여 가장 능률적으로 진행될 수 있도록 좌석을 배치해야 한다.

  ㉣ 좌석의 배치는 사내 의전 규정을 따르며 일반적으로 의장의 좌석은 의사 진행을 하기 좋은 중앙에 배치한다. 내빈과 상사는 될 수 있는 대로 상석에 배치하며 주최측 중 회의 운영 관련자는 입구 가까운 곳에 배치한다.

[회의장 좌석배치] `기출`

극장형	연사 또는 주빈석 쪽을 정면으로 향하여 좌석을 배열하는 방법이다. 대규모 강연, 연차 대회에 적합하다.
U자형	60명 내외의 인원이 참가하는 회의에 적합한 배열로서, 좌석 간격은 60cm 정도가 적당하다.
E자형	내부에 착석하는 사람들의 출입이 자유롭도록 테이블을 배치한다.
T자형	T자형으로 좌석을 배치하면 넓은 공간을 효율적으로 이용할 수 있다.
이사회형 (타원형)	좌석의 간격은 60cm 정도로 배치하는 것이 적당하다.
ㅁ자형	U자형과 같으나 완전히 막혀 있으며, 외부 쪽에만 의자를 배열한다.
말굽형	U자형과 같으나 연결되는 모서리 부분을 둥근 책상으로 연결한다.
고리형	말굽형과 같은 배열 방법이나, 모두 막혀 있는 것이 특징이다.
교실형	회의실 중앙 통로를 중심으로 양 옆에 테이블 2~3개를 붙여 정면 주빈석과 마주 보게 배열하고, 테이블당 좌석을 3개로 배치한다.
수직 교실형	주빈석과 수직이 되도록 테이블을 배열하며, 양쪽에 좌석을 배치한다.
V자 교실형	중앙 통로를 중심으로 30°각도의 V자형으로 테이블을 배치한다. 50~100명 규모의 연수 회의에 적합하다.
원탁 테이블	총회 후 그 자리에서 그룹 토의를 진행할 수 있고 오찬, 만찬 등의 행사용으로도 쓸 수 있다.

③ 명패와 명찰

  ㉠ 참석자의 좌석 지정은 하지 않는 것이 일반적이지만, 미리 정해놓을 필요가 있을 때에는 탁자 위에 명패를 비치하면 된다.

  ㉡ 매번 명패를 만들기에는 여러 가지로 어려움이 있으므로 플라스틱 등으로 미리 주문하여 그때그때 참가자의 인적 사항을 갈아 끼울 수 있도록 하는 것도 좋은 방법이다. 명찰에는 참석자의 이름과 직함에 오류가 없도록 정확히 기재해야 하며, 컴퓨터 라벨 프로그램을 이용하면 편리하다.

  ㉢ 참석 인원이 많은 회의일 때에는 명찰을 만들어 회의장 입구에서 배부한다. 이때, 명찰을 등록대에서 작성하여 나누어 주는 것보다 사전 통보 등으로 참석자가 확인된 경우에는 미리 작성해서 이름을 가나다순으로 배열해 두면 등록대에서의 혼잡을 막을 수 있다.

② 회의 전 업무

(1) 회의 통지

회의 개최 통지의 경우 작은 규모의 사내 회의는 간단히 전화나 연락 문서(사내망) 또는 구두로 알릴 수 있지만, 대규모 회의나 회사 밖에서 열리는 공식 회의의 경우에는 반드시 문서나 초청장으로 통지한다.

① 통지서 발송

    ㉠ 회의 참석 통지문이나 청첩장은 받는 쪽을 생각해서 적어도 10일 전에 알리도록 한다.

    ㉡ 비정규 회의라도 2~3일 전에 연락을 취하지 않으면 상대방의 일정에 맞추기가 어려울 수 있다.

    ㉢ 통지서에는 필요한 정보를 빠뜨리지 않도록 주의하고, 간단명료한 표현을 쓰도록 한다.

중요 check   통지서에 들어가야 할 사항

- 회의의 명칭
- 개최 일시, 장소
- 주최자 연락처
- 진행 순서 및 프로그램
- 기타 사항(식사 준비 여부, 우천 시 변경 사항)
- 회의의 의제
- 참석 여부와 회신 마감일
- 자료와 그 밖의 주의 사항
- 준비물

---

② 참석자 확인

    ㉠ 참석자 확인은 미리 명부를 작성해 두고, 회신이 있는 사람부터 표시한다.

       ■ RSVP : 프랑스어 Respondez S'il Vous Plait(Reply Please)의 약자. 주로 초대장에서 사용되는 단어로 참석 여부를 알려달라는 부탁의 말

    ㉡ 명찰이 필요한 경우에는 참석이 확인된 사람의 것만 준비해 둔다.

    ㉢ 많은 참석자가 예상되는 대규모 회의에는 참석자의 확인을 위하여 참석 확인 엽서를 통지서와 함께 보내기도 한다.

    ㉣ 외부 연사를 초청해야 할 때에는 비서가 미리 일정을 확정한다.

중요 check   외부 연사에게 미리 알려야 할 내용 **기출**

- 회의 날짜, 시각 및 장소, 회의 목적
- 참석자 수, 참석자 배경
- 좌석배치 상태
- 사용 가능한 기자재 목록

    ㉤ 연사가 초청에 응할 경우에는 회의 시 참석자에게 연사를 소개할 때 필요한 약력 사항 등을 알아 둔다.

    ㉥ 연사에게 필요한 정보를 제공하여 강연의 효율성을 높이도록 하며, 시청각 기자재가 필요한 지의 여부를 알아 둔다.

ⓗ 강사료는 될 수 있는 대로 깨끗한 지폐로 준비하였다가 강연이 시작되기 전 또는 마친 후 적절한 기회를 보아 전달한다.

ⓘ 세금 보고에 필요한 양식을 외부 연사가 작성해야 할 경우에는 정중하게 요청하며, 결재판에 넣어 서명하기 쉽도록 필기도구와 함께 건넨다.

ⓙ 때에 따라서는 통장 번호를 받고 나중에 송금하는 경우도 있다. 강연자에게는 2~3일 후에 감사장을 준비하여 상사의 서명을 받은 후 보낸다.

(2) 자료와 비품 준비

① 자료의 준비

　　㉠ 사전에 고려가 필요한 사안이나 자료를 미리 배부할 필요가 있을 때에는 사전에 인쇄하여, "출석하시기 전에 반드시 읽어 주십시오."라는 글을 첨부하여 통지서에 동봉한다.

　　㉡ 이러한 자료는 참석자 각자의 역할을 자각하게 함으로써 회의에 임하는 참석자의 마음가짐을 가다듬게 할 수 있다.

　　㉢ 자료는 인쇄와 교정에 필요한 시간을 고려하여 원고를 받아 인쇄를 의뢰해야 한다.

　　㉣ 완성된 인쇄물은 상사의 지시에 따라 사전에 배부하거나 당일에 회의장에 가지고 간다.

② 비품의 준비

　　㉠ 회의용 비품이나 소도구류는 회의의 내용을 검토하여 빠짐없이 준비한다. 한 가지라도 실수를 하게 되면 회의의 효율을 떨어뜨리게 되기 때문이다.

　　㉡ 회의의 준비 업무를 효과적으로 처리하기 위하여 조직이나 회의의 성격에 맞추어 다음 도표의 항목들을 참고로 하여 확인 목록표를 작성해 둔다. 회의 준비에서부터 회의 종료 때까지의 모든 준비 사항을 하나하나 점검해 나가면 업무를 훨씬 효율적으로 처리할 수 있다.

[회의 준비 체크리스트]

내 용	수 량	확 인	종 류
회의용 비품		☐	탁 자
		☐	의자(수, 크기)
		☐	마이크로폰(수)
		☐	녹음기기
		☐	영상기기
		☐	노트북 컴퓨터 및 자료
		☐	컴퓨터용 액정 투사기(LCD Projector)
		☐	연장 전기 코드
		☐	OHP
		☐	플립 차트(Flip Chart)
		☐	슬라이드 프로젝터
		☐	스크린

회의용 소모품		☐	화이드보드판, 보드펜
		☐	카메라
		☐	복사기
		☐	프린터
		☐	화분, 꽃꽂이
		☐	방명록
		☐	명패 또는 명찰
		☐	회의 포스터
		☐	회의 장소 안내판
		☐	필기도구와 메모지
		☐	문구류
		☐	기 타

(3) 회의 시설 점검 및 접수

① 회의 시설의 점검

    ㉠ 회의 시설을 점검하기 위해서는 회의장에 조금 일찍 도착하여 조명, 환기, 냉난방, 책상과 의자의 수, 명패, 명찰 등 준비해 두어야 할 물건들이 잘 정돈되어 있는지를 재확인한다.

    ㉡ 마이크와 녹음장치, 빔 프로젝터 등을 시험해 보고, 의사 진행 순서를 보기 쉬운 곳에 붙인다.

    ㉢ 회의용 자료, 메모지, 필기구 등은 책상 위에 잘 정리하고, 정해진 자리 순서에 따라 명패를 놓는다.

    ㉣ 다과 준비와 접대용 비품도 잘 갖추어져 있는지 점검한다.

중요 check   회의장 점검 사항

- 냉난방, 환기, 조명, 전화
- 컴퓨터, 빔 프로젝터
- 책상 및 의자의 수, 좌석배열
- 다과 준비 및 접대용 비품
- 마이크와 녹음 장치, 환등기, OHP 시설
- 회의장 안내 표시
- 회의용 자료, 메모지, 펜
- 접수대

---

② 접수 업무

    ㉠ 비서는 회의장에서 접수를 담당하여 참석 예정자의 출결을 확인한다. 이때, 접수대에 참석 예정자의 목록을 준비해 두면 편리하다.

    ㉡ 접수대에서의 업무

        ⓐ 등록부 또는 방명록에 사인을 받는다.

        ⓑ 가나다순으로 정리된 참석자 명찰을 해당 참석자에게 전달한다.

        ⓒ 참석을 미리 통보하지 않은 사람이 참석할 경우를 대비하여 빈 명찰과 검정 사인펜을 여분으로 준비한다.

        ⓓ 참가비나 회비를 접수할 때 영수증을 발급한다(미리 직인을 찍어 둔다).

ⓔ 식사 시간이 있을 경우 식사 여부에 대해 체크하여 정확한 인원을 알려 준다.

ⓕ 참석자의 주소록이나 동정에 관한 변경 사항을 체크한다.

ⓖ 회의용 자료나 회의 일정표 및 기념품을 배부한다.

ⓗ 참석자들의 필요에 따라 휴대품을 보관하기도 한다.

ⓘ 개회 시간이 다가오면 출결 사항을 점검하여 참석자 명단을 상사에게 보고한다.

③ 회의 중 업무

(1) 회의 식·음료

비서는 필요에 따라 음료수, 다과 등을 준비한다. 일반적으로 소규모 회의일 경우 물, 음료수와 다과를 준비하며, 대규모 회의에서는 휴식 시간이 따로 있으므로 이때 음료수와 다과를 준비한다.

① 음료수

회의에서 준비하는 음료수는 커피, 녹차 등 차 종류와 물, 주스와 같은 시원한 음료로 나누어진다. 일반적으로 소규모 회의일 경우 커피, 녹차, 물 등을 준비하며 다과는 준비하지 않는다.

② 다 과

회의가 길어지거나 오후일 경우 음료수와 함께 다과를 준비하기도 한다. 과일이나 과자는 한입에 먹기 편한 것으로 준비한다.

③ 식사 제공 회의

점심 식사나 저녁 식사가 제공되는 회의에서는 메뉴를 선정하며, 회의 종류에 따라 리셉션 메뉴, 만찬 메뉴로 정할 수 있다.

㉠ 리셉션(Reception)

특정한 사람이나 중요한 사건을 축하 또는 기념하기 위해 베푸는 공식적인 모임인 리셉션에는 간단한 주류 및 음료, 그리고 카나페(Canape)가 제공하다. 주로 핑거 푸드(Finger Food)로 구성되며, 리셉션이 저녁파티까지 이어지는 경우 메뉴에 준하는 음식으로 식사까지 준비한다.

㉡ 점심(Lunch), 디너(Dinner)제공 회의

회의 시간에 따라 점심이나 저녁을 제공하기도 한다. 식사는 종류에 따라 뷔페식으로도 제공한다.

(2) 회의 개최 중 업무 기출

① 비서가 회의장 안에서 대기할 때에는 상사와 연락이 쉽고, 전체가 잘 보이는 입구 가까이가 좋다. 준비가 미진한 부분이 있으면 빨리 전달받아 해결해야 하기 때문이다.

② 회의 진행에 따라 필요한 자료를 준비하거나, 참석자의 동정에 주의하여 적극적으로 도울 수 있도록 신경을 써야 한다.

③ 회의장 밖에서 대기할 경우에는 늦게 도착하는 참석자를 조용히 장내로 안내하거나 도중에 밖으로 나오는 사람을 안내하고, 관계없는 사람이 장내로 들어가지 못하게 하는 것도 중요한 일이다.

④ 회의 중 다과나 물수건 등의 서비스를 하는 시점은 의사 진행상의 사정도 있으므로, 사전에 미리 상사에게 말하고 양해를 받아 둔다.

⑤ 비서가 너무 빈번하게 회의장에 출입하는 것은 바람직하지 않으므로 될 수 있는 대로 중간 휴식 시간에 음료 등을 제공하는 것이 좋다.

⑥ 예정된 회의에서는 예산을 미리 결재를 받아 부족하지 않게 준비한다.

⑦ 대기하고 있는 수행원이나 운전기사도 식사 등의 음식 제공을 잊어서는 안 된다.

⑧ 회의 중인 상사에게 메모를 넣을 때는 구체적이며 간략한 상황 설명과 함께 상사가 전화연결을 바로 원하는지 의견을 물어보는 것이 좋다.

(3) 회의록 작성

① 회의록 의의

회의록이란 회의가 끝난 뒤에 토의된 회의 내용을 적어두는 서류로서 어떤 의제가 어떤 방법에 의해 토의되고 결정되었는지 회의가 진행된 사항을 기록으로 남기는 것이다.

② 회의록 구성

㉠ 결재란 : 회의에 참석하지 않은 상사나 상부에게 회의 내용을 전달하기 위한 결재 과정이다.

㉡ 회의명 : 개최된 회의의 명칭를 말한다(예 간부회의, 임원회의, 팀장회의 등).

㉢ 회의 의제 : 회의의 핵심 안건을 기재하는 항목이다. 여러 안건이 있을 경우 모두 적는 것이 좋다.

㉣ 일시 및 장소 : 회의 개최 시기 및 장소를 적는 항목이다.

㉤ 회의 자료 : 회의를 진행하면서 필요한 자료를 첨부하여 회의 참석자들에게 배포하도록 한다.

㉥ 참석자 명단 : 회의에 참석한 사람과 불참한 사람들의 명단을 적는 항목이다.

㉦ 회의 내용 : 회의 안건의 세부 사항을 적는 항목으로 회의 참석자들의 찬반 의견이나 회의 중 논의된 사항을 일목요연하게 정리한다. 안건에 대한 진행 사항이나 계획 등을 적고 다음 회의에 논의할 사항을 따로 기입해 둔다.

㉧ 결재자 의견 : 회의록을 결재한 상사의 의견을 적는 항목이다.

㉨ 문서번호 : 상기와 같이 회의록을 작성할 경우에는 문서의 체계적인 관리를 위하여 문서의 고유 번호 내지는 문서의 코드를 정해 문서를 일관성 있게 분류하여 관리해야 한다. 체계적으로 문서를 분류하여 관리하면 해당문서를 관리하거나 다시 찾기 쉬워 효율적으로 업무에 활용할 수 있다.

㉩ 작성자 : 회의록을 작성한 사람을 기재한다.

③ 회의록 배부 절차

㉠ 회의가 끝난 후 가능한 한 빨리 회의록을 정리해서 상사의 승인을 받는다.

㉡ 회의 참석자들과 그 외에 회의록을 배부할 사람이 있는지 상사의 확인을 받는다.

ⓒ 이메일로 배포하는 경우 이메일 주소를 확인하고, 서면으로 회람을 배포하는 경우 직급별, 부서별로 회람할 수 있도록 조치를 취한다.
ⓔ 회의 불참자에게도 회의록을 보내 추후 참고할 수 있도록 한다.
ⓜ 당일 배부된 자료나 회의 사진이 있으면 함께 보낸다.

④ 회의 사후 업무

(1) 회의종료 직후 업무

① 참석자가 돌아갈 때
  ⑦ 승용차로 돌아가는 참석자의 배차를 한다.
  ⓒ 운전기사에게 회의 상황이나 종료 예정 시각을 알려 주어 배차에 차질이 없게 한다.

중요 check	회의 종료 직후 체크 사항

- 명찰 회수, 보관 물품 전달
- 참석자가 빠뜨린 물건 확인(서류, 안경 등)
- 메시지 전달(있을 경우)
- 참석자 전송

② 회의실에서 돌아올 때 : 사내 회의실에서 회의가 끝나고 돌아올 때에는 회의실 담당자와 관련 업무를 마무리하여 정리한다.
③ 회의 후 뒷정리 업무
  ⑦ 책상, 의자, 회의테이블 등을 정리 · 정돈한다.
  ⓒ 회의장에 가지고 온 자료나 회의용품을 챙긴다.
  ⓒ 창과 출입문 등을 점검하고, 출입구를 잠근다.
  ⓔ 회의장을 관리하는 부서에 회의 종료를 알린다.

(2) 회의 후의 업무

① 참석자에게 감사장을 보내야 할 필요가 있는 경우에는 이를 작성하여 발송한다.
② 회의 불참자에게 의사록이나 당일 배부된 자료 등을 보낸다.
③ 관계 서류를 정리 · 보관한다.
④ 비서가 행한 회의 준비 업무에 대해 평가표를 만들어 다음 회의 때에 참고하도록 한다.
⑤ 연사를 초빙했을 경우에는 연사에게 잊지 않고 감사편지를, 새로 임명된 간부에게는 상사와 의논하여 축하의 편지나 카드를 보내야 한다.

5 원격통신회의 지원 업무

(1) 원격회의의 특징

① 전화회의의 경우 각기 다른 지역에 있는 여러 명이 전화로 의견 교환을 한다.
② 컴퓨터 전자회의는 회의 참석자들이 컴퓨터통신망으로 의견을 전달한다.
③ 화상회의는 대면 회의와 가장 유사하다.
④ 오디오, 비디오, 통신 기술의 통합으로 멀리 떨어진 사람과 화면으로 보면서 회의할 수 있다.

(2) 원격회의 지원 업무

① 원격회의 시스템이 회의실에서 제대로 작동되는지 솔루션팀 등과 함께 점검한다.
② 외부회의 장소를 선정할 경우, 화상 회의 시설 등을 갖추고 있는 회의장을 대여해주는 전문 비즈니스 센터를 이용한다.

6 회의관련 지식

(1) 회의의 의사진행 절차 `기출`

① 의장의 개회선언(Call to Order by the Presiding Office)
② 인원점검(Roll Call)
③ 정족수 발표(Announcement of Quorum)
④ 전 회의록 낭독(Reading of Minutes of Previous Meeting)
⑤ 전 회의록 승인(Approval of the Minutes)
⑥ 회의 참석자들의 보고(Reports of Officers)
⑦ 미결 안건의 처리(Unfinished Business)
⑧ 새 안건의 토의(New Business)
⑨ 위원 임명(Appointment of Committees)
⑩ 지명 선출(Nomination and Election)
⑪ 차회 회의날짜 선정(Date of Next Meeting)
⑫ 폐회(Adjournment)

(2) 회의 관련 용어 기출

① 정족수(定足數) : 회의를 개최하기 위하여 필요한 최소한의 출석인원 수
② 안건(案件) : 의사일정 상정여부와 관련 없이 논의 대상이 되는 모든 사안
③ 의안(議案) : 회의에서 심의하기 위하여 제출되는 안건
④ 발의(發議) : 회의에서 의견이나 의안을 내는 일
⑤ 동의(動議) : 예정된 안건 이외에 전체 회의에서 심의하도록 안을 내는 것
⑥ 동의(同意) : 의안이나 발언에 찬성하는 것으로 구두 또는 서면의 방법 모두 가능
⑦ 개의(改議) : 동의와 관련하여 수정된 의안을 발의하는 것
⑧ 채결(採決) : 의장이 회의 참석자에게 거수, 기립, 투표 등의 방법으로 의안에 대한 가결 여부를 결정하는 것
⑨ 표결(表決) : 채결에 참가하여 의안에 대하여 찬성인지 반대인지의 의사 표시를 하는 일
⑩ 표결(票決) : 표결하는 과정에서 거수나 기립이 아닌 투표로 채결하는 것
⑪ 의결(議決) : 표결에 부친 안건에 대해 가결 혹은 부결을 최종적으로 결정하는 것

7 회의록 작성 및 관리

(1) 회의록 정리

① 회의록은 될 수 있는 한 빨리 정리해서 상사에게 제출해 승인을 받아야 한다.
② 대부분 회사는 정해진 회의록 양식을 사용하며, 만약 표준화된 양식이 없는 경우 양식을 만들어 사용한다.

(2) 회의록 배포

① 회의 참석자들과 그 외에 회의록을 배부할 사람이 있는지 상사의 확인을 받는다.
② 이메일로 배포하는 경우 이메일주소를 확인하고, 서면으로 회람을 배포하는 경우 직급별, 부서별로 회람할 수 있도록 조치를 취한다.
③ 회의 불참자에게도 회의록을 보내 추후 참고할 수 있도록 한다.
④ 당일 배부된 자료나 회의 사진이 있으면 함께 보낸다.

☑ 의전원칙과 절차

(1) 의전의 개념

① 의전은 기본적으로 형식이며, 형식은 관행이 축적되어 생긴 것이다.

② 국가 간 서로 다른 문화나 배경을 바탕으로 형성되었기 때문에 서로 다름을 인정하고, 그 다름을 효과적으로 조율하는 것이 중요하다.

③ 오늘날의 의전은 개인 간 관계에서 지켜야 할 국제예양 매너, 사교의례 등으로 폭넓게 혼용되고 있다.

(2) 의전의 5R 원칙 [기출]

① 존중(Respect)

ㄱ 의전의 바탕은 상대 문화 및 상대방에 대한 존중과 배려에서 출발한다.

ㄴ 공통적으로 적용되는 의전 관행도 있지만, 문화권별로 독특한 것도 있다. 예컨대 소를 신성시하는 나라의 대통령에게 쇠고기 요리를 대접하는 것은 결례다.

② 상호주의(Reciprocity)

ㄱ 상대방으로부터 배려를 바란다면 상대를 잘 대접해야 한다.

ㄴ 의전에서는 국력에 관계없이 동등한 대우를 해야 한다.

③ 문화의 반영(Reflecting Culture)

ㄱ 의전 관행을 보면 그 나라의 문화를 엿볼 수 있다.

ㄴ 중동지역 국가에선 국가 의전 행사 때 여성을 동반하는 경우가 드물다.

④ 서열(Rank)

ㄱ 의전행사에서 기본이 되는 것은 참석자들 간에 서열을 지키는 것이다.

ㄴ 참석자들의 서열을 무시하는 것은 해당 인사뿐만 아니라 그 인사가 대표하는 국가나 조직에 대한 모욕이 될 수 있다.

ㄷ 주요 20개국(G20) 정상회의 행사 때도 서열 문제를 놓고 신경전이 팽팽했다.

⑤ 오른쪽(Right)

ㄱ 의전의 상석은 오른쪽이다.

ㄴ 문화적으로, 종교적으로 왼쪽을 불경 또는 불결하게 여겨온 전통의 소산이 오른쪽 상석의 원칙으로 발전했다.

ㄷ 행사 주최자의 경우 손님에게 상석인 오른쪽을 양보한다. 다만, 국가를 상징하는 국기는 예외다.

2 의전 관련 지식

(1) 의식복장과 일반적인 관행

① 각종 공식행사나 연회장 등에서 착용할 복장은 국제적으로 통용되는 관행이 있으나 특정 행사별 착용 복장은 나라마다 관습, 기후, 유행 등 사정에 따라 다르다. 또한, 특수 복장이 요구되는 공식적인 행사 시에도 자국의 고유의상 착용이 무방하다는 것이 각국의 공통된 관행이다.

② 의식복장의 착용은 행사 주최 측에서 초청장, 안내장 또는 구두로 통보하며, 행사에 참가하는 일반 참가자, 공무원, 학생 등은 일상복과 단체복을 착용한다.

③ 우리나라의 의식복장은 지난 1966년 7월 구 총무처에서 정부의 각급 공무원, 정부를 대표하는 사절, 외교관, 해외주재관, 의전관 등이 국내외의 공식적 의전행사 또는 사교장에서 착용할 표준복장을 국제적으로 통용되는 제식에 따르도록 규정하고, 필요에 따라 착용할 수 있도록 하였다.

(2) 복장의 종류 기출

복장에는 정장예복(Full Dress), 만찬복(Dinner Dress), 모닝코트(Morning Coat), 평복(Lounge Suit) 등이 있는데 남녀 복장별로 그 내용을 보면 다음과 같다.

① 정장예복(Full Dress)

구 분	남 자	여 자
복 장	• 흑색 연미복(바지 포함) • 백색 조끼(싱글 또는 더블) • 백색 셔츠(가슴부분이 빳빳한 것) • 윙 칼라(Wing Collar) • 백색 보우타이 • 흑견 양말 • 흑색 에나멜 구두(Patent Leather) • 실크햇 • 백색 장갑(가죽, 나일론, 면제품)	• 긴 이브닝 드레스 • 백색 긴 장갑 • 비단신 • 장신구(목걸이, 귀걸이, 반지 등)
착용시기	• 오페라 • 야간 공식연회 행사, 무도회, 야간 결혼식, 겨울철 만찬 • 주간의 공식행사(프랑스 및 라틴아메리카)	
비 고	• 실내에 들어갈 때에는 장갑과 모자를 맡겨 둔다. • 초청장에 White Tie, Decoration이 쓰여 있을 때에는 훈장을 패용한다.	

② 만찬복(Dinner Dress) 기출

구 분	남 자	여 자
복 장	• 흑색 상·하의 • 흑색 허리띠(Cummerbund) 또는 조끼 • 백색 셔츠(가슴 부분이 주름 잡힌 것) • 턴다운 칼라(Turn Down Collar) • 흑색 보우타이 • 흑색 양말 • 흑색 구두(에나멜이 원칙) • 흑색 소프트 또는 함버그(Homburg)	• 디너 드레스(짧은 것도 가능) • 장갑(임의) • 비단신 • 장신구
착용시기	• 야간 연회(오페라, 극장) • 야간 리셉션 • 만 찬	
비 고	• 여름에는 상의도 무방(하얀 린넨) • 훈장을 패용하는 경우 최상급의 약장 하나만을 단다.	

※ 저녁 6시 이전에는 입지 않음

③ 모닝코트(예복)

구 분	남 자	여 자
복 장	• 모닝코트(흑색 또는 옥스포드 회색 저고리와 검정색 바지에 회색줄이 있거나 흰색줄이 쳐진 바지) • 백색 셔츠 • 조끼 또는 이중조끼(관례에 따라 흑색 또는 회색) • 턴다운 또는 윙 칼라 • 흑색 또는 회색 타이(폭넓은 넥타이(Sscot)나 보우타이도 맬 수 있음) • 흑색 양말 • 흑색 양화 • 실크햇이나 회색 함버그(모자의 일종)	• 몽탕(Highnecked Dress) • 액세서리(임의) • 목짧은 장갑 • 보통 양화 • 모 자
비 고	주간정식복장 예 신임장 제정, 오찬, 리셉션, 가든파티, 티파티, 결혼식, 장례식 등	

(3) 외국인 영접 업무

① 공항 영접 행사의 주요 준비사항

ㄱ 도열병 배치 : 공군의장대

ㄴ 팡파르병 : 군악대

ㄷ 레드 카페트 설치

ㄹ 수행원 이동차량 및 탑승자의 성명피켓

ㅁ 예포대(필요시) 등

② 영접 절차
  ㉠ 국빈 내외분이 탑승기에서 나오면 팡파르 연주
  ㉡ 타랍에서 내려올 때 예포 21발 발사(필요시)
  ㉢ 영접인사(외교부장관) 내외 분과 인사교환
  ㉣ 도열병 통과
  ㉤ 승차 · 출발의 순으로 진행
③ 수행원 승차 · 출발
  ㉠ 인사교환이 진행되는 동안 수행원은 미리 대기 중인 차량에 승차, 대기하도록 한다.
  ㉡ 이를 위해 모터케이드 대형과 각 수행원별 탑승차량 번호를 사전에 방한국 측에 통보하여 두도록 하며, 탑승차량 식별이 용이하도록 탑승자 성명 피켓을 준비하는 것이 좋다.

(4) 공항 환송식

① 공항 행사에 필요한 준비사항은 대부분 도착 시와 같다.
② 환송객의 공항 도착시간도 도착 시와 마찬가지다.
③ 국빈 내외분이 공항에 도착하면 외교부장관 내외의 영접을 받는다.
④ 외교부장관 내외가 먼저 의전장의 안내로 국빈 측 공식 수행원들과 작별인사를 나누고, 이어서 국빈 내외분이 의전장의 안내로 정부 측 인사, 외교단의 순서로 환송인사들과 작별인사를 나눈다(공식 수행원은 전송인사 내외분과 작별인사를 나눈 후 즉시 도열병 뒤를 통해 탑승 조치).
⑤ 작별인사를 나눈 후 도열병을 지나서 국빈 내외분은 마지막으로 타랍 밑에서 외교부장관 내외와 작별인사를 나눈 후 의전장과 주재대사의 안내로 기내로 탑승 · 이륙하게 된다.

(5) 좌석배치

① 단상 좌석배치
  ㉠ 단상에 좌석을 마련할 경우는 행사에 참석한 최상위자를 중심으로 단 아래를 향하여 우 · 좌의 순으로 교차 배치한다.
  ㉡ 최상위자가 부인을 동반한 경우라면, 중심의 우측에 최상위자를, 좌측에 부인을 배치한 후, 나머지는 마찬가지로 우 · 좌 순으로 교차 배치한다.
  ㉢ 분야별로 양분하는 경우에는 단상에서 단하를 바라보아 연대를 중심으로 오른쪽은 행사주관기관 인사를, 그 왼쪽은 외부초청 인사로 구분하여 배치한다.
② 단하 좌석배치
  ㉠ 탁자 없이 좌석으로 배열되어 있는 경우 단상좌석 배열과 '반치'하면 된다.
  ㉡ 단하에 좌석을 마련할 경우, 분야별로 양분하는 경우에는 단상에서 단하를 바라보아 연대를 중심으로 왼쪽은 행사주관기관 인사를, 그 오른쪽은 외부초청 인사로 구분하여 배치한다.
  ㉢ 단하좌석을 원탁으로 배열하는 경우는 다음과 같은 기준으로 배치한다.

ⓐ 탁자가 홀수인 경우

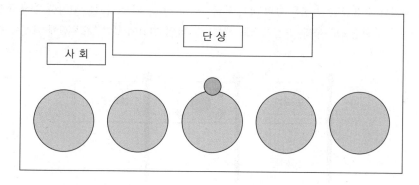

ⓑ 탁자가 짝수인 경우

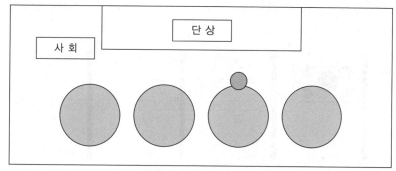

※ 중앙이 되지 않을 경우는 단상에서 단하를 바라보아 좌측 테이블이 선순위

(6) 일반 참석자 좌석배치

① 단하의 일반참석자는 각 분야별로 좌석군(座席群 : 개인별 좌석을 지정하지 않음)을 정하는 것이 무난하며, 해당 행사와의 관련성·사회적 비중 등을 감안하여 단상을 중심으로 가까운 위치부터 배치토록 한다.

② 주관기관의 소속직원은 뒷면에, 초청인사는 앞면으로 배치한다.

③ 행사진행과 직접 관련이 있는 참여자(합창단, 악단 등) 앞면으로 배치한다.

(7) 국기 게양

① 국기는 언제나 깃대의 왼쪽 깃봉 끝에 붙여 단다. 깃대의 깃봉과 국기 사이가 떨어져서는 안 된다.

② 여러 나라 국기를 한꺼번에 게양할 때는 국기의 크기나 깃대의 높이를 똑같이 한다.

③ 국기로 외국에 대해 경조의 뜻을 나타낼 때는 원칙상 우리나라 국기를 게양한다.

ⓒ 관공서나 외국 공관에 외국 원수 혹은 외국 국빈을 맞이할 때는 체류기간 동안 그 나라의 국기와 우리나라 국기를 동시에 게양한다.

ⓒ 이때 단상을 바라보았을 때 우리 국기는 왼편에, 외국 국기는 오른편에 각각 세운다.

④ 국기 하나만을 세울 때는 문밖에서 보아 왼편에 세운다.

⑤ 3개국 이상의 국기를 게양하는 방법은 다음과 같다.
  ㉠ 국기의 수가 홀수일 경우 우리 국기를 중앙으로 하고, 외국 국기는 단상을 향해 국명의 알파벳 순으로 왼편으로 둘째, 오른쪽으로 셋째, 그 밖의 왼편에 넷째, 오른편에 다섯째 등의 순으로 게양한다.

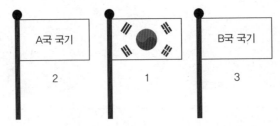

[국기의 수가 홀수일 경우 국기 게양 위치]

  ㉡ 국기의 수가 짝수일 경우에는 우리 국기는 단상을 바라보아 맨 왼쪽에 게양하고, 외국 국기는 국명을 알파벳순으로 그 오른쪽에 차례대로 게양한다.

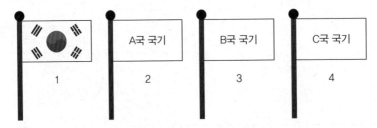

[국기의 수가 짝수일 경우 국기 게양 위치]

  ㉢ 교차 게양의 경우, 왼쪽에 태극기가 오도록 하고 그 깃대는 외국기의 깃대 앞쪽에 위치한다.

[교차 게양의 경우 위치]

  ㉣ 국기를 반기로 게양할 때는 조의를 표하는 경우이다. 반기를 다는 방법은 국기를 일단 깃대 끝까지 올린 다음 깃봉에서 기폭만큼 내려서 단다. 반기를 내릴 때도 일단 깃대 위까지 국기를 올린 다음에 내린다.
  ㉤ 우리나라 국기는 달지 않고 외국 국기만을 달아서는 안 된다.
  ㉥ 국기와 단체기를 같이 게양할 때에는 국기가 단체기보다 커야 하고 높게 단다.

(8) 해외방문 시 비즈니스 매너

① 공항 이용 시 매너

ⓐ 출입국 신고서 작성과 세관 신고는 미리 한다.

ⓑ 비행기 탑승 2시간 전에 공항에 먼저 도착하여 출입국 심사를 마친다.

ⓒ 흡연은 지정장소에서 하며, 기내 반입금지 물품을 반드시 확인한다.

ⓓ 사진촬영이 금지된 장소가 있으므로 규정을 준수한다.

② 항공기 내 매너

ⓐ 탑승 시 승무원의 안내에 따라 순서대로 지정된 좌석을 찾는다.

ⓑ 탑승권에 표기된 좌석에 앉으며, 승무원의 안내 없이는 이동하지 않는다.

ⓒ 뒷자리 승객을 배려해서 등받이를 지나치게 젖히지 않으며, 이 · 착륙 시, 식사 시에는 바로 세워준다.

ⓓ 기내의 흡연은 금지되고, 무료로 제공되는 와인이나 맥주는 적당히 마신다.

ⓔ 기내 비품(담요, 헤드셋, 포크, 나이프 등)은 무료 제공품이 아니므로 제자리에 두고 나온다.

ⓕ 기내에서 뛰거나, 고성, 난동 등을 부리지 않는다.

ⓖ 비행기 이용 시 상급자가 나중에 타고 먼저 내리도록 하고, 기내에서는 승무원의 지시를 따른다.

ⓗ 기내의 화장실이나 세면장은 남녀 공용이므로 이용 시에는 반드시 '비어 있음(Vacant)'의 표지를 확인하도록 하며, 들어가서는 밖에서 '사용 중(Occupied)'이란 표지가 나타날 수 있도록 반드시 문을 잠그도록 한다.

③ 호텔이용 시 매너

ⓐ 호텔은 항상 미리 예약을 하여야 하며, 부득이한 사정으로 예약을 취소하여야 할 경우 이를 즉시 알려야 한다.

ⓑ 호텔 객실에서는 다른 손님들에게 피해를 끼치지 않도록 조용히 하여야 하며, 복도에서 떠들거나 큰 소리를 내지 않도록 한다.

ⓒ 팁은 미리 잔돈을 준비해 두었다가 자신이 호텔 직원의 서비스를 받았을 때 감사의 뜻으로 주도록 한다.

ⓓ 호텔시설, 이용규칙, 룸서비스, 관광안내 등은 객실에 비치된 안내지 등을 이용한다.

ⓔ 욕실은 깨끗하게 사용하고 타월은 종류별로 구분하여 사용한다.

ⓕ 투숙 시 미니바를 이용하거나 전화를 사용했을 때에는 체크아웃 시 요금을 지불한다.

③ 식사 예절 및 선물예절

(1) 레스토랑 이용 매너

① 레스토랑을 이용할 때는 반드시 사전에 충분한 시간을 두고 예약하여야 좋은 자리를 확보할 수 있으며 양질의 서비스를 받을 수 있다.
② 레스토랑에서는 정장의 복장을 원칙으로 한다.
③ 레스토랑에 들어가기 전 화장실에 가서 손을 씻고 복장을 단정히 한 후 입장을 하여야 하며, 자리에 앉은 후 화장실에 다녀오겠다며 나가는 것은 실례이다.
④ 입장 시에는 여성을 앞세우며 입구에 일단 서서 좌석의 예약자명을 밝히고 직원의 지시를 받도록 한다.
⑤ 직원의 안내로 테이블에 앉을 때 직원이 가장 먼저 의자를 권하는 곳이 상석이므로 일행 중 가장 직위가 높은 사람, 연장자 혹은 여성이 앉도록 한다.

(2) 음식 주문

① 식사에서의 모든 행동은 손님을 초대한 주빈을 중심으로 이루어진다.
② 주빈은 손님들이 편안한 분위기에서 식사할 수 있도록 배려한다.
③ 식단(Menu)을 정할 때는 손님들이 먼저 정하도록 한 뒤 자신은 나중에 정하고 와인과 같은 주류가 필요할 때는 직원의 도움을 받아 정하도록 한다.

중요 check **전형적인 정찬메뉴**

- 전채[Appetizer(영어), Hors-D'oeuvre(불어)] : 입맛을 돋우는 음식으로, 주로 차가운 훈제 연어나 햄 혹은 상어 알 등이 나온다.
- 수프(Soup, Potage) : 수프는 맑은 것과 진한 것으로 나뉘며, 맑은 것으로는 콘소메, 진한 것으로는 퓨레(야채), 크렘(크림), 벨루테(야채와 고기), 차우더(조개) 등의 종류가 있으며, 빵이 함께 나오기도 한다.
- 샐러드(Salad, Salade) : 야채가 드레싱(Dressing)과 함께 나온다. 자신이 좋아하는 드레싱의 이름을 미리 알아 두도록 한다(Italian, Oil & Vinegar, French, Blue Cheese, Thousand Island).
- 생선(Fish, Poisson) : 새우와 같은 간단한 해산물이 나오기도 하며 생략되기도 한다.
- 고기(Meat, Entree) : 주요리(Main Dish)라고도 하며 쇠고기, 돼지고기, 양고기, 송아지고기 등으로 만든 요리이다.
- 디저트(Sweet, Entrements) : 식후 코스로서 단맛이 나는 케이크, 아이스크림, 샤벳, 과일 등이다.

---

(3) 웨이터의 서비스를 받는 법

① 서비스를 요청할 때는 웨이터의 시선을 기다렸다가 가볍게 손짓으로 신호를 하여야 하며 큰 소리로 부르거나 손뼉을 쳐서 부르는 것은 금물이다.
② 메뉴를 봐도 어떤 요리인지 이해가 되지 않을 때는 웨이터에게 설명을 요청하며, 먹는 방법을 모르는 생소한 음식이 나올 때 먹는 방법을 웨이터에게 물어보아도 실례가 되지 않는다.
③ 본인이 직접 먹고 난 접시의 위치를 움직인다거나 포개어 놓는 등의 행동은 삼가도록 한다.

(4) 냅킨 및 집기 사용법

① 냅킨 사용법

　㉠ 냅킨은 주빈이 참석하여 옆 사람과 이야기를 하면서 주빈이 먼저 들면 함께 들어서 무릎 위에 둔다.

　㉡ 음식을 먹는 도중 냅킨이나 포크가 바닥에 떨어진 경우에도 본인이 줍지 않고 웨이터를 불러 새 것을 가져다주도록 요청한다.

　㉢ 식사 중 악수를 하기 위하여 일어설 때는 냅킨을 테이블 위에 놓지 말고 왼손으로 든 채 일어선다.

　㉣ 식사를 마친 후에는 냅킨을 적절히 접어 탁상 위에 올려놓는다.

② 포크, 나이프, 스푼 사용법

　㉠ 중앙의 접시를 중심으로 나이프와 포크는 각각 오른쪽과 왼쪽에 놓이게 된다.

　㉡ 식사 중 대화를 나누다가 포크와 나이프를 바로 세워 든 채 팔꿈치를 식탁에 놓고 말을 하는 것은 대단한 실례이다.

　㉢ 나이프와 포크는 하나만을 계속 사용하는 것이 아니라 코스에 따라 각각 다른 것을 사용하는데, 바깥쪽에 있는 것부터 순서대로 사용한다.

　㉣ 나이프와 포크가 접시와 부딪쳐 소리를 내지 않도록 조심한다.

　㉤ 나이프는 사용 후 반드시 칼날이 자기 쪽을 향하도록 놓으며 포크는 접시 위에 엎어 놓는다.

(5) 식사 중의 매너 기출

① 동양식의 식사 자리에서는 이야기를 많이 하는 것이 바람직하지 않지만 양식에서는 착석하여 식사를 마칠 때까지 대화를 계속하는 것이 예의이다.

② 대화를 할 때는 일반적으로 조용히 그리고 빠르지 않게 이야기하며 입 안에 먹을 것을 넣은 상태에서는 말을 하지 않는다.

③ 화제는 심각하거나 전문적이기보다는 명랑하고 상호 관심이 있는 분야의 공통 화제를 찾아 나눈다.

④ 식탁에 음식이 떨어졌을 때에는 당황하지 말고 태연하게 이를 집어 접시 한 쪽 위에 둔다.

⑤ 식사 중 기침을 하는 경우에는 손으로 또는 손수건을 사용하여 입을 가리며 냅킨을 사용하지 않는다.

⑥ 식사 중 트림을 하거나 음식을 소리 내어 씹는 것은 실례이며 식사 후 이쑤시개를 버젓이 사용하는 것도 실례이다.

⑦ 식사 중 타인과 악수를 하여야 하는 경우는 입 안의 음식을 다 삼킨 후, 냅킨으로 입을 닦고, 냅킨을 왼손으로 들고, 천천히 일어나 악수를 한다.

⑧ 식사 중 자리를 뜰 때에는 냅킨을 의자 뒤쪽에 걸고 의자 왼쪽으로 일어선다.

(6) 계산 방법

① 식사 주문 전에 웨이터가 계산서를 함께 끊을 것인지 아니면 따로 끊을 것인지를 일반적으로 물어본다.

② 각자가 내는 경우에는 개인별로 청구서를 따로 줄 것을 요청하여야 한다.

③ 그렇지 않은 경우에는 식사 종료 후 초청인이 계산서를 요청한다.

(7) 각 국의 선물 예절(선물 매너) 기출

① 미 국
  ㉠ 백합꽃은 죽음을 의미하므로 선물하지 않는다.
  ㉡ 미국인에게 받은 선물은 받은 즉시 풀어보는 것이 예의이다.

② 독 일
  ㉠ 흰색, 검정색, 갈색의 포장지와 리본은 사용하지 않는다.
  ㉡ 꽃은 짝수가 아닌 홀수로 선물하며 13송이는 피한다.

③ 프랑스
  ㉠ 빨간 장미는 구애를 상징하고, 국화는 죽음을 상징하므로 선물하지 않는다.
  ㉡ 향수나 와인처럼 프랑스인이 잘 알고 있는 기호품은 좋지 않다.
  ㉢ 카네이션은 장례식용 꽃이므로 선물용으로 사용하지 않는다.

④ 중 국
  ㉠ 종이 달린 시계는 종결이나 죽음을 의미하므로 선물하지 않는다.
  ㉡ 과일 중 배는 이별을 상징하므로 피한다.
  ㉢ 손수건은 슬픔과 눈물을 상징하므로 선물하지 않는다.
  ㉣ 청색과 백색은 장례식을 상징하는 색깔이므로 사용하지 않지만, 빨간색은 선물용 포장지로 많이 사용된다.
  ㉤ 거북이는 우리나라에서는 장수를 상징하는 긍정적인 동물이지만, 중국에서는 욕설과 발음이 비슷하기 때문에 선물로는 적절하지 않다.

⑤ 일 본
  ㉠ 은장도 등의 칼은 단절을 의미하므로 선물로 좋지 않다.
  ㉡ 하얀색 종이는 죽음을 의미하므로 사용하지 않는다.
  ㉢ 김치나 건어물 등의 식품이나 도자기 종류를 선물하면 좋다.
  ㉣ '짝'을 이루는 것은 행복을 가져온다고 생각하여 좋은 선물이지만, '4개'는 불행을 가져온다고 믿어 선물하지 않는다.

⑥ 중 동
  ㉠ 애완동물은 격이 낮은 선물로 취급받는다.
  ㉡ 손수건은 눈물, 이별을 상징하므로 좋지 않다.
  ㉢ 선물을 주고받을 때는 반드시 오른손으로 해야 한다.
  ㉣ 이슬람교의 영향으로 돼지고기와 술 등은 가까이 하지 않는다.

⑦ 라틴 아메리카
  일본과 마찬가지로 칼은 단절을 의미하므로 선물하지 않는다.

⑧ 인도네시아
  이슬람교의 영향으로 돼지고기를 먹지 않고, 개는 불결한 동물로 여겨 가까이 하지 않으므로 개나 돼지 모양의 선물은 피해야 한다.

❹ 행사 의전계획

(1) 행사의 준비

① 초청

㉠ 초청범위 결정 : 행사에 누구를 초청하느냐에 따라 행사의 목적과 의의를 높이는 중요한 요소가 되는 만큼 관례적인 초청은 지양하고 행사 때마다 재검토하여 행사와 직접 관련된 인사가 소외되지 않도록 초청한다.

㉡ 초청인사 명부작성 : 초청인사 명부를 작성하는데, 안내사항을 염두에 두고 행사장 좌석배치에 따라 분야별로 작성하면 편리하다.

㉢ 초청장 작성 **기출**

ⓐ 초청자 상단에 '귀하'를 별도로 표기할 수 있으며, 이 경우 초청장 봉투에 직위·성명을 기재하고, 초청장은 너무 화려하지 않게 한다.

ⓑ 초청장에 지나친 약어 사용은 명확한 의사 전달을 방해할 수 있으므로 정식명칭을 쓰는 것이 좋다.

ⓒ 날짜가 촉박하여 전화로 초청사실을 미리 알리고 나중에 초청장을 보낼 경우 R.S.V.P. 대신 To remind라고 표기한다(R.S.V.P. : 참석여부에 대해 회신 바란다는 의미의 약어).

ⓓ 초청장을 직장이나 인편으로 직접 전달할 경우에는 초청대상자가 맡고 있는 공식적 직위와 성명을 모두 표기하도록 한다.

ⓔ 복장 표시는 초청장의 우측 하단에 표기하도록 한다.

㉣ 초청장 발송 : 초청장은 주차카드와 입장카드(필요시)를 함께 동봉하여 대략 행사 20~10일 전에 발송하는 것이 좋다. 너무 일찍 발송하게 되면 초청자가 이를 받은 후 분실의 우려가 있고, 너무 늦게 발송하면 초청자가 선약이 있어 참석할 수 없게 될 수도 있으므로 적정한 시간을 두고 발송하는 것이 좋다.

㉤ 참석인사 출입 및 안내 : 행사 참석인사는 초청장 또는 입장카드(필요시 동봉한 경우) 제시만으로 입장하도록 하고, 주요인사 참석으로 경호 상 불가피한 경우는 분야별·좌석별로 비표(리본) 색상을 구분하면 좌석을 안내하는 데 편리하다.

② 행사장 준비

㉠ 식장 : 행사장은 원칙적으로 자체 보유시설(회의실, 강당)을 이용하되, 보유시설이 없는 경우는 편리한 위치의 다른 공공시설을 우선 활용토록 한다.

㉡ 식단 : 식단은 단상 등의 기존시설을 이용함을 원칙으로 하되, 옥외 행사의 경우 단상은 검소하게 제작하고, 참석자들과의 일체감을 조성하기 위해 참석인사 모두가 단상을 바라보도록 좌석을 배치한다.

㉢ 가두장식 등 행사장식물 설치 : 행사와 관련하여 행사장식물(현판 등)은 식장 내·외에만 설치하는 것이 원칙이지만, 기·준공식 등 옥외행사의 경우와 같이 행사장을 직접 홍보해야 할 필요가 있는 경우는 행사장 위치를 잘 알려줄 수 있는 장소를 선정하여 홍보탑, 현수막 등 필요한 최소한의 홍보물을 설치한다.

(2) 각종 행사 진행절차

① 일반 행사 식순

행사진행 순서인 식순은 행사의 종류에 따라 달리 하나, 일반적인 공식 식순은 다음과 같다. 그러나 식순은 의식의 의의나 진행상 편의에 따라 적절히 신축성 있게 조정할 수 있다.

㉠ 개식(開式)

㉡ 국기에 대한 경례

㉢ 애국가 제창

㉣ 순국선열 및 호국영령에 대한 묵념

㉤ 식사 : 행사 주관 기관의 장이 진행

㉥ 식가 합창

㉦ 폐식(閉式)

② 진행요령

㉠ 식전안내 : 의식이 시작되기 전에 사회자는 의식을 질서 있게 진행시키기 위하여 다음과 같은 필요한 조치를 하도록 한다.

ⓐ 옥내 : 식장의 전반적인 좌석배치 상황을 설명하고 참석자가 지정된 좌석에 착석토록 한다.

ⓑ 옥외 : 옥내의 경우에 준하여 참가자들을 정렬하도록 하되, 단체별로 참가하였을 경우에는 각 단체의 인솔자에게 일차적으로 정돈하도록 한다. 특히 많은 사람이 참가하는 식장에서는 퇴장 시의 혼잡을 피하기 위하여 퇴장순서와 요령에 대해서도 개식 전에 미리 알려주는 것이 좋다.

ⓒ 옥내·외를 막론하고 의식진행 중의 유의사항에 대하여도 함께 개식 전에 주지시키도록 한다.

㉡ 행사 주빈 입장

ⓐ 행사 시작 1~2분 전에 단상인사들이 미리 단상에 도착하여 주빈을 맞이하는 경우가 대부분이나, 최근에는 행사 주빈이 다른 단상인사를 배려하는 차원에서 동시에 입장하는 예도 있다.

ⓑ 행사 주빈이 행사장에 입장할 때 사회자는 참석자들에게 이를 알리고, 음악연주단은 밝고 경쾌한 음율의 입장곡을 연주하는 것이 일반적이다.

㉢ 개식 : 행사주빈이 입장하여 착석한 후 장내가 정리된 것을 확인하고 사회자는 간략하게 개식선언을 하며, 이때 팡파르 등의 개식 연주가 준비되어 있으면 연주한다.

㉣ 국민의례

ⓐ 국기에 대한 경례

ⓑ 애국가 제창

ⓒ 순국선열 및 호국영령에 대한 묵념

㉤ 식사(式辭) : 당해 의식을 직접 주관하는 기관의 장(주최자 또는 단체의 장)이 하는 것을 원칙으로 한다.

㉥ 식가(式歌) 합창 : 각종 의식의 노래는 합창단이 참여할 경우 합창하거나 참석 인사 전원이 제창토록 한다.

㉦ 폐식 : 사회자는 간략하게 폐식 선언을 한다.

5 국가별 문화 이해

(1) 다른 나라 문화에 대한 이해

① 우리와는 다른 생소한 자연환경 · 종교 · 문화 · 풍습도 그것이 생성된 나름의 가치가 있다는 것을 이해하려는 노력이 필요하다.

② 타 문화와 풍습에 대해 배타적인 태도에서 벗어나 관용적인 태도를 갖추어야 한다.

③ 다른 나라 풍습에 대한 충분한 이해를 토대로 불필요한 오해와 갈등을 피하고, 상대방과 원만한 의사소통을 한다.

(2) 각 나라 풍습과 문화에 대한 이해

① 중국
  ㉠ 식사할 때 젓가락을 그릇 위에 두는 것은 불운을 상징한다고 믿는다.
  ㉡ 본인의 술잔을 본인이 따르지 않도록 한다.
  ㉢ 술 · 담배 · 라이터 · 칼 등을 선물로 주면 좋아한다.
  ㉣ 빨간색 포장지는 행운을 상징하지만, 검정색 포장지는 죽음을 의미한다.

② 일본
  ㉠ 체면을 중시해서 남에게 폐를 끼치는 것을 극도로 꺼린다.
  ㉡ 식사 중에 타인과 같은 그릇을 쓰지 않고 반드시 전용용기에 덜어 먹으며 젓가락으로 서로의 음식을 교환하지 않는다.
  ㉢ 모임 후에 식대, 가벼운 간식, 음료수 계산 시에도 각자 먹은 것만큼 나누어서 계산한다.
  ㉣ 대화 중에 거절의 의사를 단호하게 표현하지 않고 "생각해 보겠습니다", "긍정적으로 검토해 보겠습니다"라고 표현하지만 사실상 거절하는 말이다.

③ 미국
  ㉠ 팁문화가 생활 전반에 보편화되어 있다. 호텔 벨보이는 1~5달러(짐의 많고 적음 등에 따라), 택시는 10~15%가 적당하다.
  ㉡ 길을 건널 때는 반드시 신호등 옆의 버튼을 눌러야 신호가 바뀌므로 무한정 보행신호를 기다리지 않도록 한다.

④ 베트남
  ㉠ 식사 결제 시 주최자가 지불하는 것이 관례이므로 거절하지 않는다.
  ㉡ 식사 초청 시에 예상보다 인원이 많이 올 수 있으므로 예약자 숫자는 넉넉하게 잡는다.
  ㉢ 미팅 시에 대화가 끊겨도 어색해하거나 당황하지 않아도 된다. 말을 많이 하는 것 보다 침묵하는 것을 신중하게 여기기 때문이다.

⑤ 인도네시아
  ㉠ 허리에 양손을 얹는 행위는 분노 혹은 도전의 표시이므로 주의한다.
  ㉡ 친근함의 표시로 상대방이 머리를 만지는 것은 금기한다.
  ㉢ 우산을 선물하는 것은 절교를 뜻하므로 주의한다.

⑥ 독 일

  ㉠ 미팅할 때 손가락을 둥글게 표시하는 'OK 사인'은 무례하게 보일 수 있다.

  ㉡ 식사 시에 감자나 만두 등을 칼로 자르면 '음식이 딱딱해서 먹기 좋지 않다'는 의미로 비쳐질 수 있다.

⑦ 이탈리아

  ㉠ 대화할 때 상대방의 눈을 응시하지 않고 말을 하면 나쁜 의도를 가진 것으로 오해할 수 있다.

  ㉡ 선물은 준 사람 앞에서 바로 펴보는 것이 좋다.

⑧ 러시아

  ㉠ 5월 첫째 주는 연휴이므로 약속을 잡지 않는 것이 좋다.

  ㉡ 노란색 꽃과 짝수의 꽃다발은 죽음을 상징하므로 선물로는 피하는 것이 좋다.

(3) 국가별 응대 금기사항 [기출]

① 중 국

  ㉠ '중국은 하나'라는 생각을 가지고 있으므로 타이완, 티벳, 홍콩 등에 관한 언급을 삼간다.

  ㉡ 화장실에서 반드시 노크를 해야 한다. 중국은 사람들이 화장실 문을 안 잠그고 이용하는 경우가 많기 때문이다.

  ㉢ 차를 채울 땐 7할, 술은 8할을 채운다. 넘치도록 술을 따르는 것은 금기사항이다.

  ㉣ 병문안을 갈 때는 반드시 아침에 가야 한다. 저녁에 가는 것을 불길하게 여기기 때문이다.

  ㉤ 생선을 먹을 때 한 면을 먹은 후 뒤집어 먹지 않는데 이는 생선을 뒤집으면 배가 뒤집히는 것과 같다고 여기기 때문이다.

② 일 본

  ㉠ 개인 사생활에 대해 묻는 것을 좋지 않게 생각한다.

  ㉡ 젊은 여성의 경우 불법체류자 불심검문이 있으므로 밖에 나갈 때는 여권을 반드시 소지해야 한다.

  ㉢ 일본은 잔을 채우는 문화가 있으므로 옆 사람의 술잔이 비게 하는 것은 실례이다.

  ㉣ 약속을 지키지 않는 것은 명예를 훼손하는 것이라고 생각하므로 시간 약속은 반드시 지켜야 한다.

③ 태 국

  ㉠ 다른 사람의 머리에 손을 대는 것을 금기시하며, 발로 물건을 가리키는 것도 삼가야 한다.

  ㉡ 국기, 국왕, 왕비 등의 사진을 손가락으로 가리키는 행위도 삼간다.

  ㉢ 내·외국인을 막론하고 길거리에 담배꽁초나 쓰레기를 버리면 벌금을 내야 하므로 주의한다.

  ㉣ 여성의 경우 스님을 함부로 만지거나 스님의 숙소에 들어가는 행위는 삼가야 한다.

④ 싱가포르

  공공장소에서 흡연은 금지되어 있으며, 거리에서 침을 뱉거나 공공 교통수단에서 음식물을 섭취할 경우 무거운 벌금을 내야 한다.

⑤ 유 럽

  ㉠ 쇼핑 시 점원이 아닌 자신이 직접 매장 내에 있는 물건을 꺼내거나 만지지 않는다.

  ㉡ 샤워 시 샤워커튼을 욕실 안쪽으로 놓고 사용해야 하며 욕실 바닥을 물에 젖게 해서는 안 된다.

⑥ 미 국

  ㉠ 택시를 탈 때 운전사 옆자리는 택시기사만의 공간이므로 절대 앉지 않는다.

  ㉡ 동성끼리 손을 잡거나 어깨동무를 하면 게이나 레즈비언으로 오해받을 수도 있다.

⑦ 이탈리아

  ㉠ 사진을 찍어 달라고 사진기를 맡기거나 가방 등을 맡기면 도난당할 수도 있다.

  ㉡ 바티칸 박물관과 카타콤베 관광 시 여성은 소매 없는 옷, 짧은 치마, 남성은 반바지 차림을 삼가야 한다.

⑧ 인 도

  ㉠ 왼손으로 밥을 먹거나, 물건을 받거나, 남을 가리켜서는 안 된다. 왼손은 부정하게 생각되므로 화장실에서만 사용한다.

  ㉡ 인도는 다종교 사회이므로 힌두사회에서는 쇠고기나 쇠고기 통조림을 먹지 않도록 한다.

  ㉢ 인도는 음주, 도박, 마약, 싸움 등을 부정하게 여긴다.

  ㉣ 이슬람교도들은 돼지고기를 먹지 않으므로 주의한다.

⑨ 멕시코

  ㉠ 노란꽃은 죽음을 상징하므로 노란꽃을 선물하지 않는다.

  ㉡ 은을 값 싼 장신구라 생각하므로 은으로 만든 선물도 피하는 것이 좋다.

⑩ 러시아

  꽃을 선물할 때 축하의 의미는 홀수, 애도의 의미는 짝수로 한다.

⑪ 말레이시아

  ㉠ 개를 부정하게 여기므로 장난감 강아지, 개 그림이 들어간 장식물을 싫어한다.

  ㉡ 이슬람 교도들에게 돼지고기와 술은 금기이므로 돼지 가죽으로 된 물건이나 알코올이 함유된 향수 등을 선물해서는 안 된다.

⑫ 베트남

  여성의 경우 서양 남자와 동행하면 유흥업소 직원으로 오인받아 모욕을 당할 수도 있다.

⑬ 사우디아라비아

  ㉠ 이슬람 종교사원인 모스크 출입은 하지 않는다. 메카, 메디나는 이슬람교도 외에는 입성이 불가하다.

  ㉡ 라마단 기간의 낮에는 이슬람교도 앞에서 음식을 먹거나 담배를 피워서는 안 된다.

  ㉢ 여성을 흘끔 흘끔 보거나 사진을 함부로 찍어서는 안 된다.

  ㉣ 왼손을 부정하게 생각하므로 남에게 물건을 주거나 악수할 때 주의해야 한다.

  ㉤ 여성의 경우 외출 시 아바야를 착용해야 하고 한적한 길을 혼자 걷지 않는다.

04 적중실제예상문제

01 다음과 같은 회의의 목적에 맞는 회의장 좌석배치는 무엇인가?

> 쌍방 간의 토론보다는 일방적인 정보전달을 목적으로 하는 회의, 많은 인원이 참가하는 발표회, 주주
> 총회 등

① 원탁형
② ㄷ자형
③ 교실형
④ ㅁ자형

> **해설** ③ 회의실 중앙 통로를 중심으로 양 옆에 테이블 2~3개를 붙여 정면 주빈석과 마주보게 배열하고, 테이
> 블당 좌석을 3개로 배치하는 교실형이 가장 적절하다.

02 외부 인사들도 참석하는 마케팅 회의가 막 시작되었다. 다음 중 음료 대접에 대한 설명으로 가장
적절한 것은?

① 음료를 내기 위해 문밖에서 노크를 하여 인기척을 알린다.
② 테이블 위가 좁아서 서류들 위에 찻잔을 놓는 한이 있더라도 회의 서류들은 함부로 만지지 않
도록 한다.
③ 음료를 내는 순서는 서열 순서에 따르며 이동이 번거롭고 회의에 방해가 되더라도 이를 꼭 지
켜야만 한다.
④ 회의 중 방해가 되지 않도록 프리젠테이션 화면 반대쪽으로 동선을 잡도록 한다.

> **해설** ① 회의 중 음료를 낼 경우에는 노크를 하지 않고 조용히 들어가 재빠르게 음료를 낸다.
> ② 서류 때문에 찻잔을 놓기 어려운 경우에는 서류 위에 놓지 말고 서류를 조심스럽게 살짝 옆으로 밀고
> 놓도록 한다.
> ③ 음료를 내는 순서는 서열 순서에 따르는 것이 맞지만, 동선이 오히려 회의에 방해가 된다면 이를 반드
> 시 지켜야 하는 것은 아니다.

03 상사의 주관으로 일정에 없던 그룹 인력관리위원회 회의가 이틀 이내에 소집될 예정이다. 비서가 취하는 조치 중 잘못된 것은?

① 상사와 의논하여 회의 참석자를 결정한 후 전화상으로 참석자들의 일정을 알아본다.
② 상사와 참석자들의 일정을 고려한 후 회의에 소요될 시간을 예상하여 날짜와 시간을 정한다.
③ 회의 일정이 잡히면 그 시간에 가능한 회의장소를 물색한다.
④ 회의 통지문과 회의 자료를 작성하여 참석자들에게 우편으로 부친다.

> **해설** ④ 회의가 2~3일 이내에 열리므로 우편보다는 전화나 구두로 연락한다.

04 비서로서 알아야 할 회의 형태에 대한 서술로 합당한 것은?

① 연수회의 : 조직 구성원의 교육, 훈련을 목적으로 한다.
② 설명회의 : 정보 전달을 목적으로 하며, 질문과 토론을 활발히 한다.
③ 문제해결회의 : 의견을 모아서 최선책을 찾아낼 목적으로 하며, 회사에서는 좀처럼 이용하지 않는다.
④ 아이디어회의 : 어떤 문제에 대한 아이디어를 내고 서로 비판하며 힌트를 얻는 것으로 브레인 스토밍(Brainstorming) 방식이 이용될 수 있다.

> **해설** ② 설명회의 : 정보 전달을 목적으로 하므로 정보를 일방적으로 하부에 전달한다.
> ③ 문제해결회의 : 의견을 모아서 최선책을 찾아낼 목적으로 하며 특정문제, 의안에 대해 참가자의 토론과 채결로 최선의 해결책을 찾기 위해 회사에서 자주 이용한다.
> ④ 아이디어회의 : 어떤 문제에 대해 비판 없이 참가자의 자유로운 착상을 통하여 많은 아이디어를 수집하기 위한 회의로 브레인스토밍(Brainstorming)이 전형적인 예이다.

05 그룹회장 비서인 박정선은 중역 12명을 소집해서 시장개방에 따른 긴급회의를 준비하라는 지시를 받았다. 어떤 성격의 회의로 판단해야 하는가?

① 공개토론(Forum)
② 심포지엄
③ 집단토론(Buzz Session)
④ 문제해결회의

> **해설** 집단토론(Buzz Session)
> 다수의 인원을 소그룹으로 나누어 정해진 단시간에 자유롭게 발언하여 나온 의견을 그룹대표자가 전체 앞에서 발표함으로써 전체의 의견을 통합해 나가는 형식이다. 이 토론은 각자가 서로 자유롭게 발언하는 기회를 가지기 때문에 적극적인 토론을 유도할 수 있으며, 토론 참가자들의 활발한 토론 참여와 많은 아이디어 수집에 활용할 수 있다.

06 김 비서는 사장으로부터 20명 내외의 관리자 연수회의를 개최하니 회의 준비를 하라는 지시를 받았다. 회의에 적합한 회의장의 형태는?

① 원탁형
② ㅁ자형
③ 교실형
④ V자형

> **해설** ④ V자의 벌어진 곳에 회의 주재자의 자리를 마련하고, 그 뒤에 화이트보드나 스크린 같은 것을 놓는 방식이다. 연수와 같이 화이트보드나 슬라이드를 쓰는 회의에서는 참석자의 자리를 움직이지 않고 진행할 수 있는 편리한 방법이다.

07 김 비서는 상사로부터 회의를 준비하라는 지시를 받았다. 준비 단계에서 알아야 할 사항이 아닌 것은?

① 회의 내용
② 참석 인원
③ 회의 날짜
④ 진행 예정표

> **해설** ④ 회의를 원만히 진행하려면 장소, 의제, 각 의제의 문제점, 소요시간, 진행순서, 운영방법, 시간할당 등을 기입한 예정표를 작성한다.

08 다음은 비서의 회의 관련 업무처리의 유의사항을 지적한 것이다. 적절한 내용이 아닌 것은?

① 회의장의 레이아웃 중 V자형은 슬라이드나 VTR을 사용할 경우 구성원이 움직이지 않아도 되기 때문에 편리하다.
② 옵서버는 회의의 정식 구성원이 아니므로 회의에 방해가 되지 않도록 구성원의 뒤에 앉게 한다.
③ 회의장 구석에 전화를 설치하여 회의 참석자가 회의 중 전화를 받을 수 있도록 한다.
④ 비서가 회의의 결과와 경과를 의사록에 기록하는 경우에는 녹음기를 이용하여 발언자의 발언 내용을 녹음해 두는 것이 편리하다.

> **해설** ③ 회의 중에 출석자에게 걸려오는 전화는 회의에 방해가 되므로 사전에 상사와 상담하여 회의장 밖에서 전화를 받도록 한다.

※ 다음 보기의 내용을 읽고 물음에 답하시오(09~10).

> (가) [Translation]
>
> (나) Minutes of the Board of Directors' Meeting
>
> Date and Time : 10:00 a.m, April 30, 2017
> Place : Conference Room of the Company
> Number of Directors Present : 6 out of 11 directors,
>   1 out of 2 auditors
> Moonsu Kim, Chairman and the Representative Director of the Company, took the chair and opened
> the session declaring that a (다) quorum was present and the meeting was duly called
> and held. He then entered into the deliberation of the agenda.
> (라) Agenda : Issuance of Convertible Bonds

비서 김유선은 상사로부터 어제 개최하였던 이사회의 회의록을 작성할 것을 지시받았는데, 미국으로 회의록 내용을 보내야 하기 때문에 한글로 먼저 완성하여 참석자의 기명 날인(서명) 후 원문을 영어로 번역하였다. 상사는 번역이 끝난 후 한글 회의록 복사본과 함께 팩스로 미국에 보낼 수 있게 준비하도록 지시하였다. 위의 내용은 김유선이 번역한 회의록의 일부이다.

09 다음 중 밑줄 친 (가)~(라)의 의미로 올바르지 않은 것은?

① (가) 번역본   ② (나) 회의(의사)록
③ (다) 참석대상   ④ (라) 회의 안건

해설 quorum은 정족수라는 의미로 쓰인다.

10 다음 중 위에 작성된 회의록으로 알 수 없는 것은?

① 이사회 참석자 수는 7명이다.
② 회의 의장은 김문수 회사대표가 맡았다.
③ 정족수가 충족되었다.
④ 안건이 원안대로 가결되었다.

해설 ④ "안건이 원안대로 가결되었다"는 것은 위의 문장 속에 나타나 있지 않다.
   ① 'Number of Directors Present : 6 out of 11 directors, 1 out of 2 auditors'를 통해 이사 6명과 감사
      1명이 이사회에 참석하였음을 알 수 있다.
   ② 'Moonsu Kim, ~ took the chair~' 부분을 통해 김문수 대표가 회의의 의장을 맡았음을 알 수 있다.
   ③ 'a quorum was present~'를 통해 정족수가 충족되었음을 알 수 있다.

11 정기총회 도중에 늦게 도착한 주주가 총회장에 입장하기를 희망하고 있다. 이때 비서의 회의 중 업무에 대한 내용으로 가장 옳지 않은 것은?

① 회의장 안에서 상사와 연락이 쉽고 전체가 잘 보이는 입구 가까운 장소에서 대기하였다.
② 출입구에 '회의 중'이라는 표지판을 붙여 회의와 관련이 없는 사람들의 출입을 막았다.
③ 주주가 맞는지 먼저 주주 명부를 확인하였다.
④ 늦게 도착한 주주에게 안건을 상정 처리하는 도중이라 참석이 어려움을 정중하게 말씀드리고 휴식시간에 들어가도록 안내하였다.

> **해설** ④ 늦게 도착하는 주주를 조용히 장내로 안내해야 하며, 도중에 밖으로 나오는 사람을 안내하고, 관계없는 사람이 장내로 들어가지 못하게 한다.

12 회의록을 작성하거나 회의 관련 의사소통을 할 때는 회의 용어를 숙지하여야 하며 한자와 함께 익혀 두면 뜻을 이해하는 데 더욱 도움이 된다. 다음 중 회의 용어와 의미가 잘 연결되지 않는 것은?

① 動議 : 의결을 얻기 위해 의견을 내는 일, 또는 예정된 안건 이외의 내용을 전체 회의에서 심의하도록 안을 내는 것
② 票決 : 채결에 참석해 의안에 대해 찬성과 반대의 의사 표시를 하는 것
③ 定足數 : 회의를 개최하는 데 필요한 최소한의 출석 인원수
④ 採決 : 의장이 회의 참석자에게 거수, 기립, 투표(기명, 무기명) 등의 방법으로 의안에 대한 찬성·반대를 결정하는 것

> **해설** ② 채결에 참석해 의안에 대한 찬성과 반대의 의사표시를 하는 것은 표결(表決)이라 하고, 표결(票決)은 투표(投票)로써 가부(可否)를 결정(決定)하는 것을 말한다.

13 회의통지서에 포함되어야 할 사항만으로 구성된 것은?

㉠ 회의의 명칭	㉡ 개최일시
㉢ 회의 참석자 명단	㉣ 참석 여부와 회신 마감일
㉤ 주최자 연락처	㉥ 회의장 좌석배치 상태
㉦ 회의의 의제	㉧ 자료와 기타 주의사항

① ㉠, ㉢, ㉣, ㉥, ㉤
② ㉡, ㉢, ㉣, ㉥, ㉤
③ ㉠, ㉡, ㉣, ㉤, ㉧
④ ㉡, ㉢, ㉤, ㉥, ㉦

해설 회의 참석자 명단, 회의장 좌석배치 상태, 회의의 의제는 회의통지서에 포함되어야 할 사항이 아니다.

회의통지서에 포함될 사항
- 회의의 명칭
- 참석 여부와 회신 마감일
- 준비물 · 자료와 기타 주의사항
- 기타사항(식사준비 여부, 우천 시 변경사항)
- 개최일시, 개최장소
- 주최자 연락처
- 진행순서 및 프로그램

14 토의 참가자가 자유스럽게 정보나 의견을 제공하고 사회자는 화이트보드 등에 제기된 아이디어를 전원이 볼 수 있도록 적어가면서 진행하는 회의 형식으로 새로운 아이디어를 얻고자 할 때 주로 사용하는 회의는?

① 포럼(Forum)
② 버즈세션(Buzz Session)
③ 브레인스토밍(Brainstorming)
④ 프리토킹(Free Talking)

해설 브레인스토밍(Brainstorming)
일정한 테마에 관하여 회의형식을 채택하고, 구성원의 자유발언을 통한 아이디어의 제시를 요구하여 발상을 찾아내려는 방법이다. 어떠한 내용의 발언이라도 그에 대한 비판을 해서는 안 되며 오히려 자유분방하고 엉뚱하기까지 한 의견을 출발점으로 해서 아이디어를 전개시켜 나가도록 한다. 일종의 자유연상법이라고도 할 수 있으며 회의에는 리더를 두고, 구성원의 수는 10명 내외로 한다.
브레인 스토밍의 특성
- 한 사람보다 다수인 쪽이 제기되는 아이디어가 많다.
- 아이디어 수가 많을수록 질적으로 우수한 아이디어가 나올 가능성이 많다.
- 일반적으로 아이디어는 비판이 가해지지 않으면 많아진다.

15 회의 용어의 한자어 설명이 바르게 짝지어진 것은?

(ㄱ) 표결(表決) : 거수나 기립이 아닌 투표로써 채결하는 것
(ㄴ) 채결(採決) : 의장이 회의 참석자에게 거수, 기립, 투표 등의 방법으로 의안에 대해 찬성 · 반대를 결정하는 것
(ㄷ) 재청(再請) : 타인의 동의를 얻어 거듭 청하는 것
(ㄹ) 의안(義眼) : 회의에서 의견을 내는 일

① (ㄴ)-(ㄷ)
② (ㄱ)-(ㄷ)
③ (ㄴ)-(ㄹ)
④ (ㄱ)-(ㄴ)

해설 (ㄱ) 표결(表決)은 안건의 토론 과정이 끝나면 안건을 최종적으로 결정하는 단계이다. 표결에는 거수(擧手), 기립(起立), 투표(投票), 구두(口頭) 등에 의한 표결이 있다.
(ㄹ) 의안(議案)은 회의에서 심의하고 토의할 안건을 말한다. 참고로 의안(義眼)은 인공적으로 만든 안구를 말한다.

16 김 팀장은 홍 비서에게 "홍상이 씨, 오늘 3시 영업회의를 소집해줘. 참석자는 영업팀 김 과장, 이 대리, 김준수 씨, 이청아 씨야. 연락 좀 해줘요."라고 지시했다. 이 지시를 받은 홍 비서의 대응 방법으로 가장 적절하지 않은 것은?

① "오늘 오후 3시 회의 참석대상자는 팀장님 포함 모두 5명 맞지요?"
② "팀장님, 영업팀에는 이 대리가 2명이 있는데 회의 참석자는 이철구 대리와 이호섭 대리 중 누구인지요?"
③ "예, 신속히 전달하도록 하겠습니다."
④ "현재 김 과장께서는 외부 회의 참석 중이시라 3시까지 사무실로 들어오기가 어려울 것 같습니다."

> **해설** ③ 상사의 지시가 있으면 꼼꼼히 메모하고 끝난 후에는 복창하여 빠뜨린 내용이 있는지 확인한다. 상사의 지시사항에 의문사항이 있으면 상사의 말이 끝나고 바로 질문하도록 한다. 신속히 전달하는 데만 신경 쓰다가 실수하지 않도록 한다.

17 다음 중 회의의 형식에 대한 설명으로 올바른 것은?

① 집단토론(Buzz Session) : 발표자들이 개별적으로 자신의 의견을 발표한 후 발표자들 간 상호 토의를 거쳐 청중으로부터 질문을 받는 형식
② 공개토론(Panel) : 다수의 인원을 소그룹으로 나누어 정해진 의견을 그룹 대표자가 전체 앞에서 발표함으로써 전체의 의견을 통합해 나가는 형식
③ 심포지엄(Symposium) : 3~5명의 전문가가 특정 의제에 대하여 개별적으로 의견을 발표하고 청중이나 사회자로부터 질문을 받아 답변하는 형식
④ 포럼(Forum) : 토의 참가자가 자유롭게 정보나 의견을 제공하고 사회자가 화이트보드에 적어 아이디어를 전원이 볼 수 있도록 하면서 진행하는 형식

> **해설** ① 집단토론은 어떠한 문제를 해결하거나 주어진 과제를 함께 토의하기 위해 집단을 일정한 시간 동안 3~6명(대규모의 집단인 경우엔 8~15명)의 소집단으로 나누어 일제히 모임을 갖는 것으로서, 10~20분 정도의 짧은 시간 안에 토의를 끝내고 각 소집단의 발표자들이 토의 결과를 전체 앞에 발표하도록 하는 방법이다.
> ② 패널은 문제를 제기해 주고 있는 어떠한 주제에 대하여 기본적인 정보와 서로 다른 입장의 견해들을 알기 위하여 전문가들 또한 집단 구성원들 가운데서 3~6명의 패널 회원들을 선정하고 청중 앞에서 그 주제에 대해 목적 있는 대화를 수행하도록 하는 방법이다.
> ④ 포럼은 1~3인 정도의 전문가가 10~20분 간 공개연설을 한 후에, 이 내용을 중심으로 참가자들과 질의 응답하는 방식의 토의이다.

18 연사로 올 경영학자의 방한을 지원하기 위해 양 비서가 확인해야 할 내용 중 상대적으로 중요도가 가장 낮은 것은?

① 연사의 항공 일정
② 연사와 동행하는 수행인의 존재 여부
③ 워크샵 시 동시통역 혹은 순차통역의 선호 여부
④ 한국 체류 시의 국내 일정을 연사와 사전 조율

> 해설 비서는 방한하는 연사의 일정을 확인해야 하는데, 여기에는 항공 일정이 포함된다. 또한 수행인이 있는지의 여부를 확인하여 호텔예약에 참고하도록 한다. ③의 통역 선호방식에 대한 문의는 중요도 면에서 상대적으로 낮다.

19 다음 중 행사별 의식복장과 일반적인 관행에 대한 내용으로 옳지 않은 것은?

① 의식복장의 착용은 행사 주최 측에서 초청장, 안내장 또는 구두로 통보한다.
② 특정 행사별 착용 복장은 나라마다 관습, 기후, 유행 등 사정에 따라 다소 상이하다.
③ 특수 복장이 요구되는 공식적인 행사에서 자국의 고유의상 착용은 허용하지 않는다.
④ 행사에 참가하는 일반 참가자, 공무원, 학생 등은 일상복과 단체복을 착용한다.

> 해설 ③ 특수 복장이 요구되는 공식적인 행사 시에도 자국의 고유의상 착용이 무방하다는 것이 각국의 공통된 관행이다.

20 다음과 같은 상황에서 비서가 수행해야 할 업무로 가장 부적절한 것은?

> 김영호 사장은 중국 거래처 회장과 함께 방한한 회장 부인에 대한 의전에 각별히 신경을 쓰고 있다. 사장은 비서 김영희에게 회장 부인의 외부 일정에 수행원 자격으로 동행하도록 지시를 내렸다.

① 내방객 측 비서와 사전에 유기적인 정보 교류를 통하여 내방객 취향을 확인하여 대비해 둔다.
② 상대방 측의 의전 관례를 우선시하되, 필요한 경우 회사에 사후 처리 및 보고를 한다.
③ 해외에서 방문하는 내방객이라면 그 출신국의 문화적 특성 및 음식에 대한 정보를 파악하여 결례를 범하지 않도록 해야 한다.
④ 회장 부인에게 적합한 외부 일정 코스를 조사하여 상사와 의논하여 결정하고, 방문처에도 일정을 미리 전달한다.

> 해설 ② 접대와 관련된 업무는 상대방의 입장에서 정성을 다하고, 사후에 처리하기보다는 신속하고 정확하게 처리한다.

21 다음 중 행사의전 준비 시 공항 영접 단계에 해당하는 내용이 아닌 것은?

① 공항 VIP 라운지 예약
② 환영인사 대상과 인원 수 결정
③ 초청 문구
④ 이동차량 확인

해설　③ 초청 문구는 준비 단계에 해당한다.

22 다음은 때와 장소에 따른 상석을 설명한 사례들이다. 가장 부적절한 경우는 어느 것인가?

① 손님 접대 시 응접실 내의 상석은 입구에서 먼 쪽, 의자의 순서는 소파 등받이가 있는 것이 우선이다.
② 양식에서는 항상 호스트(호스티스)의 우측이 최상석이고 호스트(호스티스)로부터 가장 먼 쪽이 말석이다.
③ 자동차의 승차순위는 운전기사의 유무에 관계없이 뒷좌석의 운전석 대각선 방향이 가장 상석이다.
④ 열차좌석에 있어서는 차 진행방향을 바라보는 창가 쪽이 상석이다.

해설　③ 운전기사가 없이 상사가 운전할 경우에는 상사의 바로 옆자리가 상석이 된다.

23 행사 진행 시 초청에 관한 내용으로 옳지 않은 것은?

① 초청장은 일정이 정해지면 바로 발송하는 것이 좋다.
② 행사 진행 시 초청은 지양하고 행사 때마다 재검토하여 행사와 직접 관련된 인사가 소외되지 않도록 초청한다.
③ 초청자 상단에 '귀하'를 별도로 표기할 수 있으며, 이 경우 초청장 봉투에 직위·성명을 기재한다.
④ 초청인사 명부를 작성하는데, 안내사항을 염두에 두고 행사장 좌석배치에 따라 분야별로 작성하면 편리하다.

해설　① 초청장은 대략 행사 20~10일 전에 발송하는 것이 좋다. 너무 일찍 발송하면 초청자가 이를 받은 후 분실의 우려가 있고, 너무 늦게 발송하면 초청자가 선약이 있어 참석할 수 없게 될 수도 있으므로 적정한 시간을 두고 발송하는 것이 좋다.

24 사내 첫 방문하는 카타르 방문단 내방 일정을 토대로 비서 박미희가 준비해야 할 내용으로 가장 부적절한 것은?

① 만찬 준비를 위해 사장님께서 VIP 방문 시 늘 이용하시는 고급 한정식 레스토랑의 룸을 미리 예약해 둔다.

② 서울 도착 당일 인천공항 도착 대합실 앞에 환영 현수막을 준비하도록 한다.

③ 현지 비서에게 방문단의 개별 프로필과 방문자들의 공식 · 비공식 카타르 활동 이력을 확인하여 내방객 카드를 준비해 둔다.

④ 무슬림의 기도 판례를 확인하여 사내와 울산공장에 별도의 공간을 미리 마련해 두도록 조치해 둔다.

> **해설** ① 늘 이용하시는 레스토랑보다는 중동 대부분의 국가가 이슬람교의 영향을 받아 돼지고기 먹는 것을 금기한다는 점을 염두에 두고 레스토랑을 예약하도록 한다.

25 상사는 연찬행사의 초청장을 확인 후 "턱시도를 준비해야겠군."이라고 하였다. 그렇다면 초청장에 기입할 드레스코드(Dress Code)는?

① 화이트 타이(White Tie) ② 블랙 타이(Black Tie)

③ 칵테일(Cocktail) ④ 세미포멀(Semi-formal)

> **해설** ② 남자들의 예복 중 턱시도 스타일 때에는 검은 타이를 매는 것이 관습이다. 따라서 이 스타일을 블랙 타이라고 부르기도 한다.

26 국제회의 개최 시 올바른 국기게양법을 고르면? (방향은 단상을 바라보았을 때)

① 국명의 알파벳 순서대로 왼쪽부터 게양한다.

② 국기가 짝수일 경우 태극기를 맨 왼쪽에 게양하고, 국명의 알파벳 순서로 왼쪽부터 차례로 게양한다.

③ 국기가 홀수일 경우는 가운데부터 시작하여 오른쪽, 왼쪽 순서로 국명의 알파벳 순서대로 게양한다.

④ 태극기를 맨 오른쪽으로 시작하여 국명의 알파벳 순서대로 오른쪽부터 차례로 게양한다.

> **해설** ① 국기가 짝수인 경우와 홀수인 경우의 순서가 상이하다.
> ③ 홀수인 경우에는 중앙부터 왼쪽, 오른쪽 순서로 국명의 알파벳 순서로 게양한다.
> ④ 국기가 짝수인 경우 태극기는 맨 왼쪽에, 홀수인 경우는 중앙에 게양한다.

27 비서가 알아야 할 선물 관련 매너에 대한 사항으로 가장 거리가 먼 것은?

① 외국인에게는 한국을 상징적으로 나타낼 수 있는 수공예품이나 민예품을 선물로 하면 좋다.

② 종교나 관습 등의 이유로 하지 말아야 할 선물 품목에 대해 확인한다.

③ 부피가 큰 선물인 경우 우편이나 특별운송서비스를 이용해 본국으로 부쳐줄 것을 제의한다.

④ 선물을 받을 경우 그 자리에서 열어보면 실례이므로 개봉하지 않는다.

> 해설 ④ 선물을 받는 쪽에서는 성의에 감사를 표하고 그 자리에서 "열어 봐도 될까요?"라고 말한 다음 선물 상
> 자를 풀어보고, 적당히 좋아하는 표시를 하는 것이 매너이다.

28 프랑스인 대표이사가 비서 권은아 씨와 임원 8명을 본인의 집에서 여는 저녁파티에 초대하였다. 이때 비서의 행동으로 가장 적절하지 않은 것은?

① 초대를 받았을 때, 감사하다는 표현과 함께 자신이 준비하거나 도와줄 것이 없는지 물어보았다.

② 선물은 가장 무난한 빨간색 장미와 향수로 준비하였다.

③ 대표이사 댁에 약 5분~10분 전에 도착하였다.

④ 식사를 하는 동안 대표이사 부부의 관심사를 살펴 공통 화제로 대화를 계속하였다.

> 해설 ② 프랑스에서는 빨간 장미가 구애를 뜻하며, 주로 연인 사이에서만 주고받는다. 따라서 장미가 예쁘다고
> 아무에게나 선물하면 곤란하다. 향수도 프랑스에서는 너무 흔하고 익숙해서 선물로서의 감동이 적다고
> 한다.

29 다음 보기의 내용에서 L 전무는 Mr. Michael Clark이 부담 없이 받을 수 있는 선물을 준비하라고 비서에게 지시하였다. 다음 중 비서가 준비할 선물품목으로 가장 적절하지 않은 것은?

> L 전무는 6월 5일(월)부터 12일(월)까지 미국 뉴욕으로 출장을 갈 예정이다. 이번에 새로 계약을 맺은
> 회사의 사장인 Mr. Michael Clark과의 Meeting이 예정되어 있고, 미주지역 마케팅 전략회의도 예정
> 되어 있다.

① 전통문양이 디자인되어 있는 넥타이

② 작은 자개보석함

③ 노리개 매듭

④ 사무실 장식을 위한 고급스런 백자 도자기

> 해설 ④ Mr. Michael Clark의 사무실 장식 취향이 파악되지 않은 상태에서 사무실 장식을 위한 고급스런 백자
> 도자기는 상대가 부담스러울 수 있다.

30 행사 의전원칙에 대한 설명으로 적절하지 않은 것은? [17년 2회 1급]

① 의전원칙은 상대에 대한 존중(Respect), 문화의 반영(Reflecting Culture), 상호주의 (Reciprocity), 서열(Rank), 오른쪽(Right)이 상석이라는 것이다.

② 행사 참석 인사에 대한 예우 기준은 행사의 성격, 행사에서의 역할과 당해 행사와의 관련성 등을 고려하여 결정된다.

③ 단상 좌석배치는 행사에 참석한 최상위자를 중심으로 하고 최상위자가 부인을 동반하였을 때에는 단 위에서 아래를 향하여 중앙에서 좌측에 최상위자를, 우측에 부인을 각각 배치한다.

④ 단하 좌석배치는 분야별로 좌석 군을 정하는 것이 무난하며, 당 행사와의 관련성이 높은 사람들 순으로 단상에서 가까운 좌석에 배치한다.

> 해설 ③ 단상 좌석배치는 행사에 참석한 최상위자를 중심으로 하고, 최상위자가 부인을 동반하였을 때에는 단 위에서 아래를 향하여 중앙에서 우측에 최상위자를, 좌측에 부인을 각각 배치한다.

31 만찬 행사 시 의전 원칙으로 가장 적절하지 않은 것은? [18년 1회 1급]

① 만찬 초청장은 행사 2~3주 전에 발송하는 것이 바람직하다.

② 전화로 참석 여부를 물어보고 참석하겠다고 답변한 경우는 일의 효율성을 위하여 굳이 정식 초청장을 보낼 필요는 없다.

③ 만찬 행사 시 플레이스 카드(Place Card)는 참석자가 착석하면 치운다.

④ 복장은 'Business Casual'이어서 넥타이를 착용하지 않는다.

> 해설 ② 전화로 참석 여부를 확인하였어도 정식 초청장을 보내는 것이 좋다.

05 | 상사 지원업무

01 　보고와 지시

☑ 보고의 일반 원칙

(1) 업무의 기본흐름

① 비서는 공식적이든 비공식적이든 하루 일과의 대부분을 상사의 지시에 의하여 업무를 수행하고, 업무 결과를 보고한다.

② 비서는 상사의 지시를 정확하게 받고, 보고하는 방법을 익혀 두어야 한다.

③ 올바른 지시받기와 적절한 시기의 보고는 일의 흐름을 원활하게 한다.

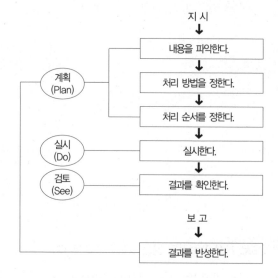

(2) 지시받기 [기출]

① 조직에서 비서의 하루 일과는 상사의 지시를 받는 일로부터 시작된다.
② 상사로부터 지시나 명령을 받아 그것을 충실히 이행한다는 것은 조직의 일원으로서 기본적인 자세이며 또한 의무이다.
③ 상사로부터 지시를 받을 때에는 잘못 듣는다든지 미리 짐작한다든지 하는 일이 없도록 특히 주의해야 한다. 그러기 위해서는 반드시 복창해서 확인하여야 한다.
④ 중요한 점을 잊어버리거나 빠뜨리지 않도록 메모를 해두는 것이 좋다. 메모를 하지 않고 듣고만 있다가는 업무를 부정확하게 처리하는 결과를 초래하게 된다.

(3) 보고하기

보고는 상대가 알고자 하는 것, 또는 내가 윗사람에게 알리고자 하는 내용을 정확히 전달하는 과정이다. 비서는 보고라는 절차를 통하여 상사의 지시나 명령을 실행한 것을 알릴 수 있다.

(4) 보고를 필요로 하는 경우

① 지시받은 업무가 끝났을 때
② 장기적 · 계속적인 업무의 경우는 그 진행 상황을 보고함
③ 지시받은 일이나 이미 승인된 작업 계획이 도중에 변경될 때
④ 상사가 담당하고 있는 업무와 관련이 있는 정보가 입수되었을 때

(5) 보고의 일반 원칙

필요성	• 보고의 용도를 명확하게 제시한다. • 불필요한 보고는 억제한다. • 활용할 목적에 합치되도록 한다. • 적정한 보고의 양과 질을 확립한다.
완전성	• 철저한 자료 수집으로 관련 사실을 완전히 정리한다. • 보고서 작성 시 책임 한계를 명백히 한다.
적시성	경영활동을 위한 전략적 또는 전술적 조치를 수행할 수 있도록 적시에 보고한다.
정확성	• 독단과 편견을 배제하고 공정한 판단에 의하여 정확하게 작성한다. • 불확실한 자료는 제외하고 임의성은 배제한다.
간결성	• 간결한 형식으로 내용을 요약한다. • 보고 서식은 간단명료하게 한다. • 이해하기 쉬운 표현을 쓴다.
유효성	• 관리 통제나 방침 결정에 유용한 보고를 한다. • 보고받는 사람이 즉시 활용할 수 있도록 한다.

(6) 보고를 할 때 특히 유의해야 할 점

① 명령 · 지시받은 일을 끝내면 즉시 보고한다.

② 보고는 결론을 먼저 말하고 필요가 있다면 이유, 경과 등의 순으로 한다.

③ 미리 보고할 내용을 정리하여 육하원칙에 따라 요점을 순서 있게 메모해 둔다.

④ 보고는 적당히 끊어서 요점을 강조하되 추측이나 억측은 피하고 사실을 분명하게 설명한다. 보고는 사실을 있는 그대로 정확하게 전하는 것이다.

⑤ 시일이 걸리는 일은 중간보고를 통하여 경과, 상황 등을 빠짐없이 보고한다.

⑥ 보고는 지시한 사람에게 한다. 그러나 지시한 사람이 직속 상사가 아닌 경우에는 상사에게도 보고한다.

(7) 보고의 여러 형태

① 대면보고

㉠ 기밀 · 긴급 사항, 서면 설명으로는 불충분한 사항, 간단한 보고, 긴급보고 사항이 생겼을때 효과적이다.

㉡ 용어는 표준어를 사용하고 체계적이고 논리적으로 예를 들어가며 조리 있게 보고한다.

㉢ 보고자는 우선 보고할 수 있는 분위기를 조성하고 침착한 태도로 보고 내용을 이해하기 쉽게 설명한다.

② 전화보고

㉠ 짧은 시간 내에 보고 내용을 정확하게 전달하기 위하여 사전에 보고의 제목, 순서, 결론, 건의 등에 관하여 요약 메모한다.

㉡ 전화 보고 시에는 상대방의 시간사정을 고려하여 통화하여야 한다.

㉢ 결론부터 보고한 후에 내용을 요약 · 설명하며, 이해하기 쉬운 용어로 간단명료하게 보고하고 중요한 부분은 반복한다.

③ 서면보고

보고서를 작성하거나 통계표, 도표 등을 목적에 적합하게 사용하여 일목요연하게 파악할 수 있게 한다.

2 보고 방법

(1) 말씨의 기본

① 보고할 때에는 올바른 자세뿐만 아니라 정확하고 요령 있는 말씨를 사용해야 한다.

② 말씨는 비서의 품성과 교양을 그대로 나타낸다. 천박한 표현이나 불쾌감을 주는 말은 쓰지 않는다.

③ 듣는 사람에게 맞는 단어, 경어(敬語), 호칭 등을 적절하게 사용하도록 한다.

(2) 보고 요령

① 보고는 지시한 사람에게 완료 즉시 직접 한다.

② 보고의 내용이 긴 경우, 결론 → 경과나 이유 → 소견 등의 순서로 말한다.

③ 나누어서 보고한다. 보고할 내용이 몇 가지 이상 겹쳤다면 전체 상황을 먼저 이야기 하고, 하나씩 조목별로 번호를 매겨서 이야기하는 것이 좋다.

④ 끝을 얼버무리는 말은 삼간다. 듣는 사람에게 확신이 가도록 수치를 사용하거나 명확한 표현을 쓰며, 말의 끝을 분명하게 맺는다.

⑤ 필요하다면 중간보고를 한다. 보고는 시기가 매우 중요하다. 일이 종료되었을 때뿐만 아니라 어떤 문제가 예상될 때, 실수를 저질렀을 때, 갑자기 변경을 해야 할 때 등은 일이 해결될 때까지 기다리기보다는 중간에 보고를 한다.

⑦ 상사에게 보고할 때에는 상사의 정면을 피해서 약간 측면으로 적정 거리에서 보고한다.

⑧ 보고가 길어지는 경우에도 상급자(上級者)의 권유가 있을 때까지 자리에 앉지 않도록 한다.

(3) 육하원칙에 의한 보고의 필요성

① 사실을 정확하게 전달할 수 있기 때문이다.

비서는 상사에게 모든 업무를 누가(Who), 언제(When), 어디서(Where), 무엇을(What), 어떻게 (How), 왜(Why)라는 육하원칙에 근거하여 정확하게 보고해야 한다. 이런 방법을 통해 상사는 사안을 정확하게 파악하고 판단해서 바른 결정을 내릴 수 있기 때문이다.

② 누락된 정보를 줄여 업무를 꼼꼼하게 체크할 수 있다.

비서는 끊임없이 육하원칙을 통해 자신의 보고를 체크하고 점검하여 누락된 정보가 없는지 확인하는 습관을 들이게 된다.

(4) 정보 보고의 요령 `기출`

① 간단명료하게 보고한다.

정보 보고는 우선 간단명료한 형태가 아니면 그 뜻을 충분히 전달할 수 없다.

② 신속하게 보고한다.

정보는 신선도가 떨어지면 그 가치가 반감되거나 무가치한 것이 되고 만다. 정보는 신속히 처리되고 보고되어야 하며, 따라서 첫 번째 보고가 완전한 최종 보고이어야 할 필요는 없다. 그리고 처음 보고의 미진한 부분은 2차, 3차로 추가 보고를 해나가야 한다.

③ 확실한 목적을 가지고 보고한다.

정보의 수집 단계에서 얻은 1차 정보(Information)의 경우는 가급적 양이 많을수록 좋지만 이들을 처리하여 얻는 2차 정보(Intelligence)는 그 양이 적어지게 된다. 2차 정보는 조직의 용도에 맞는 정보만을 가리키는 것이기 때문에 무엇을, 누가, 어떻게, 그리고 언제 사용해야 되는가 하는 것이 명확히 고려되어야 한다.

④ 핵심이 요약된 보고를 한다.

보고를 하기 전에 5W2H1R의 요령으로 보고하는 내용과 순서를 정리하여 둔다.

　■ 5W : When, Where, Who, What, Why
　　2H : How Many or How Much
　　1R : Result

⑤ 현상·경향 파악이 가능한 적극적인 보고를 한다.

정보란 현재와 아울러 미래를 관리하는데 그 의의가 있는 것이다. 사후 보고식의 소극적인 정보 보고를 떠나서 현상 파악을 통하여 경향을 분석하고 전망과 예측을 할 수 있도록 한층 적극적인 보고가 되어야 하는 것이다.

⑥ 탄력성이 있는 정보 보고를 한다.

정보 보고는 사용자의 창의력을 제한하는 보고가 되어서는 곤란하며, 의사 결정권자가 자유롭게 활용할 수 있도록 탄력성과 융통성이 있어야 한다.

⑦ 결론부터 정리하여 보고한다.

결론 먼저 간단명료하게 보고한 후에 구체적으로 설명을 첨가하는 것이 보고의 원칙이다. 결론−이유−경과 순으로 보고하는 습관이 필요하다.

⑧ 사실대로 정확하게 보고한다.

추측이나 감정에 치우치지 말고 사실 그대로 보고해야 한다.

⑨ 보고가 완료되면 내용을 정리해둔다.

보고가 끝나면 그 보고에 대한 상사의 의견이나 지시를 메모해서 필요에 따라 파일로 정리해두는 것을 잊지 말아야 하며 그 보고의 주제, 연월일의 기입도 명확히 한다.

⑩ 상사가 질문하기 전에 보고하여야 한다.

중요 check　보고서를 작성 시 유의사항

- 보고서를 읽는 대상을 생각하고 작성한다. 업무가 바쁜 상사라면 한눈에 결론이 이해되도록 작성하고, 문장은 가능한 한 짧게 하며, 이론을 좋아하는 상사라면 논리 정연하게 문장을 전개한다.
- 문서는 가능한 한 항목별로 소제목을 붙인다. 단순한 문장의 나열이 아니라 제목을 연구하거나 시각적 표현 등 입체적인 편집을 통해 가독성(可讀性)을 높인다.
- 결론은 앞에 쓰고 경위나 설명은 뒤에 쓴다.
- 사실과 의견, 추측과 인용을 명확히 구분한다.
- 도표, 그래프 등의 시각적 표현 방법을 폭넓게 활용한다.

---

(5) 보고서 작성방법

① 보고서는 읽는 사람이 누구인지 잘 생각하고 쓰고, 최종적으로 읽는 사람의 입장에서 검토한다.
② 이슈를 정확히 추출하고 전달하려는 메시지를 분명히 한다.
③ 객관성과 중립성을 유지하도록 한다.
④ 한 문장이 3줄 이상을 넘지 않도록 한다.

⑤ 주장에는 반드시 구체적인 근거를 들어야 한다.

⑥ 지금 쓴 용어가 정확한지 끊임없이 확인한다.

⑦ 한 문장에 두 개 이상의 메시지를 담지 않도록 주의한다.

⑧ 모든 글은 알 수 있도록 쉽게 써야 한다.

⑨ 비슷한 내용의 반복은 피해야 한다.

(6) 보고서의 원칙

① **간결성** : 한 문장은 평균 20~40자 정도가 적당하다.

② **목적성** : 목적이 분명해야 한다.

③ **핵심내용** : 신문기사의 제목과 같이 핵심내용만으로 논리적으로 구성한다.

④ **실용성** : 상사가 지시한 사항을 잘 파악하고 상사가 생각하는 수준 이상으로 생각하여 활용가치가 높은 보고서를 작성한다.

⑤ **명확성** : 구체적인 용어를 사용하고 일목요연하게 작성하며, 문장을 짧게 작성하고 중요하거나 강조할 부분은 눈에 띄게 처리한다.

⑥ **용이성** : 상대방이 알기 쉽게 써야 하며, 전문 용어를 쓰게 될 경우 괄호 안에 용어설명을 반드시 표기한다.

⑦ **포괄성** : 보고서는 가능한 모든 것을 포괄하여 국내 및 국외 자료를 참고하고, 보고를 받는 자가 보고자에게 무엇을 물어 볼 것인지 사전에 연습하며, 질문이 없도록 작성한다.

③ 지시받기와 전달

(1) 지시받는 요령

① **명령을 받을 때는 메모를 할 것** : 메모할 때는 육하원칙, 즉 '언제, 어디서, 누가, 무엇을, 어떻게, 왜'를 활용한다.

② **우선 끝까지 듣고 질문할 것** : 이해가 안 되는 점이 있으면 표시해 두었다가 말을 끊지 말고 지시가 끝난 후에 질문한다.

③ **지시를 받은 뒤 간단히 복창하여 확인할 것** : 지시를 다 받고 난 뒤에는 지시 내용을 요령 있게 복창하여 잘못 들었거나 빠뜨린 것이 없는지 확인하여야 한다.

④ **곧바로 지시받은 업무에 착수할 것** : 지시를 받으면 바로 일을 시작해야 한다.

⑤ 상사가 부르면 "네"하고 분명하게 대답한다.

⑥ 메모 준비를 해서 지시 내용을 메모하면서 들어야 한다.

⑦ **메모하면서 불명확한 점은 지시를 끝까지 받고 난 후 그 자리에서 질문할 것** : 상사는 언제나 완벽하게 지시를 내리지는 않기 때문이다.

⑧ 전체의 지시 내용을 다시 한 번 확인 복창하여 복창을 통해서 지시의 이해 여부를 확인한다.

(2) 지시내용 전달 요령

① 상사로부터 지시받은 내용을 타 부서 혹은 관련 담당자에게 전달하기 위해서 그 내용의 중요도와 효과성을 고려하여 전달방법을 선택해야 한다.

② 전달사항을 전한 사람과 받는 사람이 그 내용을 잘 이해할 수 있는 적절한 매체를 선택해야 한다.

③ 내용의 전달 방법은 크게 문장에 의한 서류 전달방법과 대면이나 전화 등의 매체를 이용한 구두 전달방법이 있다.

④ 문서 · 구두 전달의 장단점

구 분	문서 전달방법	구두 전달방법
장 점	• 체계적 · 논리적 전달 가능 • 통계표, 도표 등을 이용한 목적에 적합한 보고 가능 • 공문서, FAX, 이메일, 문자메시지, SNS메신저, 메모 등 문자를 통해 전달	• 문서보다 신속히 전달 • 한 명 혹은 소수에게 전달하므로 누락 방지 • 전화, 구두, 화상회의, 대리인 방문을 통한 대면 접촉의 메시지 전달
단 점	다수에게 전달 시 지시 내용의 미확인으로 인한 전달내용의 누락	• 한 명에게만 전달 가능 • 다수에게 동일 내용 전달 시 번거롭고 시간이 많이 소요

◢ 직장 화법

직장에서 고객을 대할 때에는 일반적으로 친절하고도 정중한 표현을 써야 한다.

[상황에 따른 표현]

상 황	표 현
고객을 맞이할 때	어서 오십시오. / 안녕하십니까? / 어떻게 오셨습니까? / 죄송하지만, 어디서 오셨습니까? / 오랜만에 뵙겠습니다.
용건을 받아들일 때	감사합니다. / 네, 잘 알겠습니다. / 네, 말씀대로 처리해 드리겠습니다. / 곧 처리하겠습니다.
용건을 마칠 때	대단히 감사합니다. / 오래 기다리셨습니다. / 바쁘실 텐데 기다리시게 해서 죄송합니다.
기다리게 할 때	죄송합니다만, 잠시만 기다려 주시겠습니까? 잠시만 기다려 주시면 곧 처리해 드리겠습니다.
자리를 비우거나 중간에 끼어들 때	죄송합니다. / 잠깐 실례하겠습니다.
상대를 확인할 때	죄송합니다만, 성함(존함)이 어떻게 되십니까? / 죄송합니다만, 어디시라고 말씀드리면 되겠습니까? / 죄송합니다만, 누구시라고 전해 드릴까요?
다시 물을 때	죄송합니다만, 다시 한 번 말씀해 주시겠습니까?
거절할 때, 사과할 때	죄송합니다만……. / 말씀드리기가 어렵습니다만……. / 죄송하게 되었습니다.
손님을 배웅할 때	안녕히 가십시오. / 살펴 가십시오. / 다음에 또 뵙겠습니다.
퇴근할 때	먼저 실례하겠습니다. / 먼저 가겠습니다.

(1) 호칭

직장에서 상대방을 어떻게 부를지는 소속된 조직의 분위기와 규칙을 따르는 것이 무난하다. 일반적으로 직장 내에서는 직함을 중심으로 호칭이 결정된다.

[상황에 따른 호칭]

상 대		호 칭	보 기
상급자	직함이 있을 때	성 + 직함 + 님	김 부장님, 정 이사님
	직함이 없을 때	성 + 선배님	김 선배님, 이 선배님
하급자	직함이 있을 때	성 + 직함	이 과장, 김 대리
	직함이 없을 때	이름 + 씨, 성 + 선배	김영호 씨, 이미숙 씨, 김 선배
총무 관련 근무자	경비원 · 미화원	상대방의 연령에 따라	박○○ 씨, 아주머니, 어머님, 아저씨
	운전기사	성 + 기사님	김 기사님, 차 대기시켜 주세요.
직장 상사 가족	부 인	사모님	사모님께서 전화하셨습니다.
	남 편	바깥어른, 바깥분	바깥어른께서 전화하셨습니다.
	자 녀	따님, 아드님, 자제분	아드님 전화 왔었습니다.
직업 관련		운전수	운전기사
		수 위	경비원
		청소부	환경미화원
		배달부	집배원
		간호원	간호사
		경 찰	경찰관
		점 원	판매원

(2) 경 어

경어에는 상대방을 높이는 존대어와 자신을 낮추는 겸양어, 그리고 정중어가 있으며, 이를 적절하게 사용할 수 있어야 한다.

① 존대어(尊待語), 존칭어(尊稱語) : 상대방을 높이는 말
② 겸양어(謙讓語) : 자신을 낮추는 말
③ 정중어(鄭重語) : 말하는 사람이 듣는 사람을 대우하여 공손하게 서술어 형식으로 표현하는 말
④ 존칭(尊稱), 경칭(敬稱) : 상대방을 높여 부르는 호칭

[경어의 표현]

존대어		겸양어		정중어	
있 다	계시다	나, 우리	저, 저희	미안해요	죄송합니다
만나다	만나시다	말하다	말씀드리다	했어요	했습니다
일	용 건	만나다	만나 뵙다	그래요	그렇습니다
야 단	꾸 중	찾아가다	찾아 뵙다	여 요	입니다
상대방 회사	귀 사	우리 회사	당사, 폐사	아니에요	아닙니다
집	댁	주 다	드리다	고마워요	감사합니다

예 내가 전화를 하겠습니다. → 제가 전화를 드리겠습니다.

예 부장님, 사장님이 부릅니다. → 부장님, 사장님께서 부르십니다.

예 차가 오고 계십니다. → 차가 오고 있습니다.

중요 check 압존법

자신보다 직위가 높은 사람을 그 사람보다 더 직위가 높은 사람에게 지칭할 때 사용하는 표현법

---

5 실용한자

(1) 촌 수

촌수란 친족 사이의 멀고 가까움을 나타내기 위해 만들어진 체계이다. 3·4촌의 경우는 친족 호칭을 대신하기도 한다. 우선 부부관계는 촌수가 없으며 부자관계는 1촌, 형제관계는 2촌이 된다. 각 명칭에서 '叔(숙)'은 아저씨, '姪(질)'은 조카, '嫂(수)'는 형제의 아내를 뜻한다.

① 친 족

친족이란 촌수가 가까운 사람들을 말한다. 법률상 배우자, 혈족, 인척을 통틀어 말하는 것으로 배우자와 8촌 이내의 부계 혈족, 4촌 이내의 모계 혈족, 남편의 8촌 이내의 부계 혈족, 남편의 4촌 이내의 모계 혈족, 처의 부모 등을 이른다.

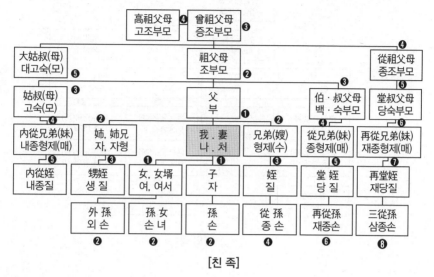

[친 족]

㉠ 백부(伯父), 숙부(叔父), 고모(姑母) : 아버지의 위 형제를 백부(큰 아버지), 아래 형제를 숙부(작은 아버지), 그리고 여형제를 고모라 하며 그 배우자를 각각 백모(큰 어머니), 숙모(작은 어머니), 고숙·고모부라 한다.

㉡ 종조부(從祖父), 대고모(大姑母) : 할아버지의 형제를 종조부(큰·작은 할아버지), 여형제를 대고모라 하며, 그 배우자를 또한 종조모, 대고숙·대고모부라 한다.

㉢ 당숙부모(堂叔父母) : 종조부모의 아들 부부이다.

㉣ 형수(兄嫂), 자형(姉兄) : 각각 형제와 여형제의 배우자이다.

㉤ 종형제(從兄弟), 종매(從妹) : 백·숙부모의 아들과 딸로, 나와 친사촌 사이이다.

㉥ 내종형제(內從兄弟), 내종매(內從妹) : 고모의 아들·딸로 흔히 고종사촌이라고 한다.

㉦ 재종형제(再從兄弟), 재종매(再從妹) : 육촌 형제·자매 사이이다.

㉧ 질(姪), 생질(甥姪), 당질(堂姪), 재당질(再堂姪) : 각각 형제, 누이, 내종형제·매, 재종형제·매의 자식이다.

㉨ 손(孫), 외손(外孫), 종손(從孫), 재종손(再從孫), 삼종손(三從孫) : 아들, 딸, 조카, 당질, 재당질의 자식이다.

② 외 족

외족이란 어머니의 친정 일가로서 외조부·모, 외숙부·모, 이모·부, 외종사촌과 이종사촌을 포함한다.

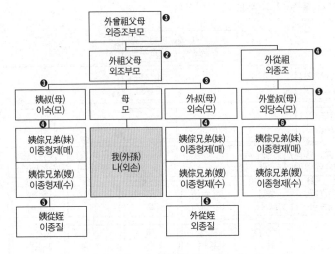

[외 족]

(2) 경조문 서식

주위 사람에게 경사스러운 일이나 불행한 일이 생겼을 때 보내는 글의 양식이다.

결혼식(結婚式)	祝盛典(축성전) / 祝聖婚(축성혼) / 祝華婚(축화혼) / 祝結婚(축결혼) / 賀儀(하의)
회갑연(回甲宴)	祝儀(축의) / 祝禧筵(축희연) / 壽儀(수의) / 祝壽筵(축수연) / 祝回甲(축회갑)
축하(祝賀)	祝入選(축입선) / 祝當選(축당선) / 祝榮轉(축영전) / 祝發展(축발전) / 祝優勝(축우승)
사례(謝禮)	菲品(비품) / 薄謝(박사) / 薄禮(박례) / 微衷(미충) / 略禮(약례)
초상(初喪)	謹弔(근조) / 賻儀(부의) / 弔儀(조의) / 香囑代(향촉대)
대소상(大小喪)	奠儀(전의) / 香奠(향전) / 菲儀(비의) / 菲品(비품) / 薄儀(박의)

① 결혼식(結婚式)

㉠ 祝盛典(축성전) : 많은 하객들이 모인 가운데 결혼식이 성대하게 이루어지기를 바라다.

㉡ 祝聖婚(축성혼) : 신랑·신부의 성스러운 혼인을 기원하다.

㉢ 祝華婚(축화혼) : '華婚(화혼)'이란 결혼을 아름답게 이르는 말이다.

㉣ 賀儀(하의) : 경사스런 일에 예물이나 예의를 갖추어 축하하다.

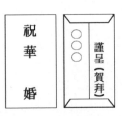

② 회갑연(回甲筵)

예순한 살이 됨을 축하하기 위하여 베푸는 잔치로 華甲筵(화갑연), 還甲筵(환갑연)이라고도 한다.

㉠ 祝儀(축의) : 경사스런 날을 축하하다.

㉡ 祝禧筵(축희연) : 복되고 길한 일이 만연하기를 기원하다.

㉢ 壽儀(수의) : 장수하기를 바라다.

㉣ 祝壽筵(축수연) : 장수하여 회갑을 맞은 것을 축하하며 더욱 오래 살기를 빌다.

③ 축하(祝賀)

㉠ 祝入選(축입선), 祝當選(축당선) : 선거나 대회 등에서 당선한 것을 축하하다.

㉡ 祝榮轉(축영전) : 승진 등 더 좋은 지위로 올라간 것을 축하하다.

㉢ 祝發展(축발전) : 사업 등이 번창하고 발전함을 축하하다.

㉣ 祝優勝(축우승) : 운동경기에서 잘 싸워 우승을 차지한 것을 축하하다.

중요 check

- 승진 · 취임 · 영전 축하 한자
  - 祝昇進(축승진) : 직위가 오를 때
  - 祝榮轉(축영전) : 더 좋은 자리로 전임을 할 때
  - 祝轉役(축전역) : 다른 역종으로 편입될 때
  - 祝遷任(축천임) : 다른 관직이나 임지로 옮길 때
  - 祝就任(축취임) : 맡은 자리에 처음으로 일하러 나아갈 때
- 개업 · 창립 축하 한자
  - 祝發展(축발전) : 좋은 상태로 나아가길 기원하며
  - 祝開業(축개업) : 영업시작을 축하하며
  - 祝盛業(축성업) : 사업이 잘되기를 바라며
  - 祝繁榮(축번영) : 일이 성하게 잘될길 바라며
  - 祝創設(축창설) : 새롭게 시작함을 축하하며
  - 祝創刊(축창간) : 정기 간행물지를 시작했을 때
  - 祝移轉(축이전) : 사업장을 옮겼을 때
  - 祝開院(축개원) : 병원, 학원 등의 설립을 축하하며
  - 祝開館(축개관) : 도서관, 박물관 등의 설립을 축하하며
- 약혼 · 결혼 축하 한자
  - 祝約婚(축약혼), 祝結婚(축결혼), 祝成婚(축성혼), 祝華婚(축화혼)
- 죽음 애도 한자
  - 賻儀(부의), 謹弔(근조), 追慕(추모), 追悼(추도), 哀悼(애도), 弔意(조의), 慰靈(위령)

④ 사례(謝禮)

비품(非品), 박사(薄謝), 박례(薄禮), 미충(微衷), 약례(略禮) : 보잘 것 없고 부족한 물건이나마 감사의 뜻을 표현하는 것이니 받아 주십시오.

⑤ 초상(初喪)

㉠ 근조(謹弔) : 삼가 조상하다. 죽음에 대하여 애도의 뜻을 표하다.

㉡ 부의(賻儀) : 초상난 집에 부조로 돈이나 물건을 보내다.

㉢ 조의(弔儀) : 죽음을 슬퍼하는 마음을 표현하다.

㉣ 영결식(永訣式) : 죽은 사람을 영원히 떠나 보내다는 뜻의 의식이다.

㉤ 장지(葬地) : 장사하여 죽은 사람을 묻는 땅을 의미한다.

㉥ 조화(弔花) : 죽은 사람을 슬퍼한다는 의미를 전하는 꽃이다.

⑥ 대소상(大小喪)

소상은 사람이 죽은 지 1년 만에, 대상은 2년 만에 지내는 제사이다.

奠儀(전의), 香奠(향전), 菲儀(비의), 菲品(비품), 薄儀(박의) : 초상집에 부조를 보내어 죽은 사람을 애도하다.

중요 check　부 고　**기출**

• 부고(訃告)의 작성
　– 상사의 아버지는 부고장에 대인(代人)이라고 칭한다.
　– 부고는 상주가 아닌 호상의 이름으로 보내는 것이 원칙이다.
　– 부고는 사람들이 내용을 잘 알 수 있도록 국한문을 혼용한다.
　– 부친상의 경우 상주는 자녀나 친손자가 담당하게 되므로 성은 생략하고 이름만 적는 것이 대부분이다.
　– 회사장의 경우, 부고 소식을 언론자료 배포 시 고인의 약력과 업적, 빈소(殯所)·발인(發靷)·장지(葬地) 정보, 향년 나이, 가족 관계 내용을 포함시킨다.
• 부고의 작성 시 주로 쓰는 호칭
　– 嗣子(사자) : 대를 잇는 맏아들 이름
　– 子(자) : 차남 이하의 아들, 딸
　– 孫(손) : 손자
　– 子婦(자부) : 며느리
　– 壻(서) : 사위
　– 姪(질) : 조카

---

(3) 10간 12지

'干(간)'은 나무줄기[幹(간)], '支(지)'는 나뭇가지[枝(지)]로, 각각 하늘과 땅을 뜻하며, 이로써 '천지(天地)의 조화'를 나타낸다. '10천간 12지지'라고도 하며, 이것은 길흉화복(吉凶禍福)을 점치거나 사람의 성격을 추측할 때, 달력 등에 이용된다.

① 10천간(十天干)

甲(갑)부터 2가지씩 靑(청색), 赤(적색), 黃(황색), 白(백색), 黑(흑색)을 나타낸다.

靑(청)		赤(적)		黃(황)		白(백)		黑(흑)	
甲(갑)	乙(을)	丙(병)	丁(정)	戊(무)	己(기)	庚(경)	辛(신)	壬(임)	癸(계)

② 12지지(十二地支)

각 지지를 상징하는 12가지의 동물이 있다.

쥐	소	호랑이	토끼	용	뱀	말	양	원숭이	닭	개	돼지
子 (자)	丑 (축)	寅 (인)	卯 (묘)	辰 (진)	巳 (사)	午 (오)	未 (미)	申 (신)	酉 (유)	戌 (술)	亥 (해)

③ 60갑자

60갑자란 십천간(十天干)과 십이지지(十二地支)를 甲(갑)과 子(자)로 짝짓는 것으로 시작해서 癸(계)와 亥(해)가 만날 때까지 60가지를 순차로 조합하여 늘어놓은 것으로, 10과 12의 최소공배수인 60이 한 주기가 되며 1바퀴를 다 돌고나면 다시 甲子年(갑자년)부터 시작이다. 우리가 回甲(회갑), 還甲(환갑), 華甲(화갑)이라 하여 61세 생일을 성대히 치르는 것도 이와 관련이 있다.

10年	甲子	乙丑	丙寅	丁卯	戊辰	己巳	庚午	辛未	壬申	癸酉
20年	甲戌	乙亥	丙子	丁丑	戊寅	己卯	庚辰	辛巳	壬午	癸未
30年	甲申	乙酉	丙戌	丁亥	戊子	己丑	庚寅	辛卯	壬辰	癸巳
40年	甲午	乙未	丙申	丁酉	戊戌	己亥	庚子	辛丑	壬寅	癸卯
50年	甲辰	乙巳	丙午	丁未	戊申	己酉	庚戌	辛亥	壬子	癸丑
60年	甲寅	乙卯	丙辰	丁巳	戊午	己未	庚申	辛酉	壬戌	癸亥

(4) 분야별 실용한자

① 교 육

- 學校(학교) : 일정한 목적 아래 교사가 지속적으로 교육하는 기관
- 教授(교수) : 대학에서 학술을 가르치는 사람을 통틀어서 가리키는 말
- 課題(과제) : 부과된 문제
- 獨學(독학) : 남에게 배우지 않고 저 혼자 공부함
- 登校(등교) : 학교에 출석함
- 問答(문답) : 물음과 대답
- 問題(문제) : 답을 요구하는 물음
- 放學(방학) : 배움을 잠시 놓는다는 뜻. 학교에서 수업을 쉬는 일
- 番號(번호) : 차례를 나타내는 호수
- 在學(재학) : 학교에 적을 두고 공부함
- 卒業(졸업) : 학교에서 정해진 교과 과정을 모두 마침

- 體育(체육) : 운동 능력을 기르는 교육
- 學習(학습) : 배워서 익힘
- 加算(가산) : 보탬. 덧셈
- 工夫(공부) : 학문, 기술을 배움
- 科目(과목) : 학문의 구분
- 敎育(교육) : 가르쳐서 기름
- 校則(교칙) : 학교의 규칙
- 別冊(별책) : 따로 엮은 책. 딴 책
- 修習(수습) : 학문이나 일을 닦고 익힘
- 例題(예제) : 보기 문제
- 探究(탐구) : 파고들어 깊이 연구함
- 筆記(필기) : 글씨로 써서 기록함
- 學者(학자) : 학문을 깊이 연구하는 사람
- 訓練(훈련) : 배워 익히도록 연습함
- 加減(가감) : 보탬과 뺌
- 皆勤(개근) : 일정한 기간 하루도 빠지지 않고 출근함
- 科程(과정) : 학과의 과정. 순서
- 美術(미술) : 회화, 조각, 건축, 공예 등의 예술 분야
- 受業(수업) : 학업이나 기술의 가르침을 받음
- 精讀(정독) : 자세히 읽음
- 哲學(철학) : 세계, 인생, 지식의 근본원리를 연구하는 학문
- 脚註(각주) : 본문 밑에 붙인 풀이
- 講習(강습) : 학문, 기예 등을 연구·학습함
- 試驗(시험) : 문제를 내어 답을 구하는 일
- 閱覽(열람) : 조사해 봄. 책을 읽음
- 冊床(책상) : 책을 읽거나 글을 쓰는 데 받치고 쓰는 상

② 회 사
- 職場(직장) : 사람들이 일정한 직업을 가지고 일하는 곳
- 退職(퇴직) : 현직에서 물러남
- 經歷(경력) : 여러 가지 일을 겪어 지내 옴
- 採用(채용) : 사람을 골라 뽑음
- 建議(건의) : 개인이나 단체가 의견이나 희망을 내놓음
- 起案(기안) : 사업이나 활동 계획의 초안(草案)을 만듦. 또는 그 초안
- 事務(사무) : 자신이 맡은 직책에 관련된 여러 가지 일을 처리하는 일
- 支社(지사) : 본사에서 갈려 나가, 본사의 관할 아래 일정한 지역에서 본사의 일을 대신 맡아 하는 곳

- 業務(업무) : 직장 같은 곳에서 맡아서 하는 일
- 會議(회의) : 2명 이상의 다수인이 모여서 어떤 안건을 의논·교섭하는 행위
- 影響(영향) : 어떤 사물의 효과나 작용이 다른 것에 미치는 일
- 組織(조직) : 어떤 기능을 수행하도록 협동해 나가는 체계
- 案件(안건) : 토의하거나 조사하여야 할 사실
- 定款(정관) : 회사 또는 법인의 자주적 법규
- 就任(취임) : 새로운 직무를 수행하기 위하여 맡은 자리에 처음으로 나아감
- 指導(지도) : 어떤 목적이나 방향으로 남을 가르쳐 이끎
- 聲援(성원) : 하는 일이 잘되도록 격려하거나 도와줌
- 業界(업계) : 같은 산업이나 상업에 종사하는 사람들의 활동 분야
- 參席(참석) : 모임이나 회의 따위의 자리에 참여함
- 與否(여부) : 그러함과 그러하지 아니함
- 抽身(추신) : 뒤에 덧붙여 말한다는 뜻

③ 자 연

- 景致(경치) : 자연의 아름다운 모습
- 雪景(설경) : 눈이 내린 경치
- 風景(풍경) : 자연의 모습. 경치
- 風雲(풍운) : 바람과 구름. 어지러운 형세나 가문
- 乾坤(건곤) : 하늘과 땅. 천지. 음양
- 宇宙(우주) : 천지 사방과 고금. 세계
- 天地(천지) : 하늘과 땅
- 靑雲(청운) : 푸른 구름. 높은 벼슬을 이르는 말. 출세
- 快晴(쾌청) : 하늘이 상쾌하게 갬
- 太陽(태양) : 해
- 西風(서풍) : 서쪽에서 불어오는 바람
- 原始(원시) : 자연 그대로인 것
- 蒼空(창공) : 푸른 하늘
- 土壤(토양) : 땅
- 桂魄(계백) : 달의 다른 명칭
- 秀麗(수려) : 산수 경치가 빼어나게 아름다움
- 樹林(수림) : 나무가 우거진 숲
- 月暈(월훈) : 달무리
- 赤鴉(적아) : 태양의 이칭
- 蒼穹(창궁) : 푸른 하늘
- 彩靄(채애) : 아름다운 아지랑이

④ 신 체
- 口鼻(구비) : 입과 코
- 骨肉(골육) : 뼈와 살. 혈통이 같은 부자, 형제 등 친족
- 耳目(이목) : 귀와 눈. 남들의 주의
- 胸骨(흉골) : 앞가슴의 좌우 늑골을 연결하는 뼈
- 頭腦(두뇌) : 머릿골. 사리를 판단하는 힘
- 毛髮(모발) : 털과 머리털
- 眉間(미간) : 눈썹 사이
- 拍掌(박장) : 손뼉을 침
- 脣齒(순치) : 입술과 이
- 皮膚(피부) : 살갗
- 喉舌(후설) : 목구멍과 혀. 곧 중요한 곳
- 康寧(강녕) : 건강하고 편안함
- 肋膜(늑막) : 늑골의 안쪽에 있는 폐의 외면을 덮는 막
- 眉睫(미첩) : 눈썹과 속눈썹
- 鼻腔(비강) : 콧속. 콧구멍
- 腋臭(액취) : 겨드랑이에서 나는 냄새. 암내
- 六骸(육해) : 머리, 몸뚱이, 양팔, 양다리
- 臟腑(장부) : 오장과 육부
- 脊椎(척추) : 등마루를 이루는 뼈
- 肺肝(폐간) : 폐장과 간장. 깊은 마음속
- 皓齒(호치) : 흰 이. 미인의 이
- 呼吸(호흡) : 숨쉬기
- 嗅覺(후각) : 냄새에 대한 감각
- 胸襟(흉금) : 가슴속. 마음

⑤ 날 씨
- 冬寒(동한) : 겨울의 추위
- 溫和(온화) : 날씨가 따뜻함
- 雨期(우기) : 비가 많이 내리는 시기
- 秋風(추풍) : 가을바람
- 雨天(우천) : 비가 내리는 날씨
- 淸凉(청량) : 맑고 시원함
- 寒暑(한서) : 추위와 더위
- 和氣(화기) : 온화한 기색
- 雷雨(뇌우) : 우레와 더불어 오는 비
- 零下(영하) : 0℃ 이하의 온도

- 晴朗(청랑) : 날씨가 맑고 화창함
- 洪水(홍수) : 큰물
- 霜雹(상박) : 서리와 우박
- 煙霧(연무) : 연기와 안개
- 風雨(풍우) : 바람과 비
- 寒波(한파) : 갑자기 닥친 추위
- 乾燥(건조) : 습기나 물기가 없어짐. 마름

⑥ 계 절
- 晚秋(만추) : 늦가을
- 四季(사계) : 춘하추동의 총칭
- 春季(춘계) : 봄철
- 夏節(하절) : 여름철
- 秋季(추계) : 가을철
- 冬季(동계) : 겨울철

⑦ 음 식
- 給食(급식) : 식사를 제공함
- 飲食(음식) : 마실 것과 먹을 것
- 間食(간식) : 식사와 식사 사이에 먹는 가벼운 음식
- 麥酒(맥주) : 보리를 효모균으로 발효시켜 만든 술
- 飲酒(음주) : 술을 마심
- 苦杯(고배) : 쓴 술잔. 억울한 실패
- 茶菓(다과) : 차와 과일
- 飯饌(반찬) : 밥에 곁들여 먹는 여러 음식
- 腐敗(부패) : 썩음
- 粉末(분말) : 가루
- 惡臭(악취) : 나쁜 냄새
- 香臭(향취) : 좋은 냄새
- 乾薑(건강) : 말린 생강
- 飢餓(기아) : 굶주림
- 酩酊(명정) : 몸을 가눌 수 없을 만큼 술에 몹시 취함
- 飲用(음용) : 마심. 마시는 데 쓰임
- 滋養(자양) : 몸의 영양을 붙게 함, 또는 그런 음식

⑧ 사자성어
  - 臥薪嘗膽(와신상담) : 중국 춘추전국시대 오나라와 월나라 간의 싸움에서 전해지는 고사로, 가시가 많은 나무에 누워 자고 쓰디쓴 곰쓸개를 핥으며 패전의 굴욕을 되새겼다는 뜻
  - 吳越同舟(오월동주) : 서로 미워하면서도 공통의 어려움이나 이해에 대해서는 협력하는 경우를 비유
  - 三顧草廬(삼고초려) : 삼국 시대에 촉한의 유비가 제갈량을 얻기 위해 몸소 제갈량의 초가집으로 세 번이나 찾아갔던 일화를 일컬음
  - 格物致知(격물치지) : 사물에 대해 계속 배우고 익히면 궁극의 이치를 알게 된다는 뜻
  - 泣斬馬謖(읍참마속) : 사사로운 감정을 버리고 엄정히 법을 지켜 기강을 바로 세우는 일을 비유하는 말
  - 切磋琢磨(절차탁마) : 학문이나 덕행 등을 배우고 닦음을 이르는 말
  - 朝三暮四(조삼모사) : 눈앞에 보이는 차이만 알고 결과가 같은 것을 모르는 것을 풍자
  - 同病相憐(동병상련) : 처지가 어려운 사람끼리 서로 동정하고 돕는 것을 말함
  - 刮目相對(괄목상대) : 학문이나 그 밖의 실력이 눈에 띄게 늘었음을 가리킴
  - 破竹之勢(파죽지세) : 세력이 강대해 감히 대적할 상대가 없음
  - 脣亡齒寒(순망치한) : 입술과 이의 관계처럼 결코 끊어서는 안 되는 관계를 가리킴
  - 無限追求(무한추구) : 한번 일을 시작하면 끝장을 내려고 노력하는 습관을 뜻함

중요 check 문서 수취인명 뒤에 붙이는 경칭 **기출**

- 各位(각위) : 다수의 사람
- 貴下(귀하) : 직위가 있는 개인
- 諸位(제위) : 여러분, 높여서 어떤 사람을 가리키는 말
- 先生님(선생님) : 직위가 없는 사람
- 貴中(귀중) : 편지나 물품 따위를 받을 단체나 기관의 이름 아래에 쓰는 높임말

◾ 상사 신상카드 작성

(1) 상사에 대한 이해

① 상사와의 신뢰관계 형성은 상사에 대한 이해로부터 시작된다.

② 상사에 대한 이해 없이 비서가 업무수행을 하다 보면 실수를 반복하거나 본래 의도와는 어긋나게 일을 진행하는 경우가 발생하기 때문에 세심한 주의가 필요하다.

③ 상사에 대한 이해를 위해 개인 신상카드를 작성하는 것이 좋은 방법이다.

④ 경력이 오래된 비서의 경우 별도의 신상카드를 작성하지 않더라도 그간의 경험과 축적된 노하우가 있기 때문에 상사와의 업무상 신뢰관계는 자연스레 형성되어 있지만, 초보 비서나 예비비서의 경우는 예외이다.

⑤ 기존 자료가 있더라도 비서의 개인 스타일에 따라 새로 작성하거나 업그레이드 한다.

(2) 개인 신상카드에 들어갈 내용

① 상사의 이력사항 : 학력, 경력 등

② 가족 사항 : 친인척 포함

③ 교제범위 체크 : 동창관계, 각종 모임, 클럽 등

④ 대내외적 활동분야 및 범위

⑤ 상사의 업무 스타일

⑥ 성격, 사고방식 및 취미 관심분야 목록

⑦ 주소록 정리

    ㉠ 가족 주소록 : 상사의 배우자와 자녀 등 가족의 이름과 연락처, 생일 등을 기록한다.

    ㉡ 직원 주소록 : 직원 주소록의 경우 인사부에 문의하면 쉽게 얻을 수 있다.

    ㉢ 지인 주소록 : 상사의 휴대전화에 있는 전화번호부를 자신의 컴퓨터로 옮길 수 있다면 간편하지만 그렇지 못할 경우는 수많은 지인의 명함을 일일이 정리하는 번거로움이 있다.

중요 check   상사의 신상카드 작성 및 필요성

- 상사의 이력사항, 가족 사항 등을 포함해서 각자의 상황에 맞게 상사의 신상카드를 기록한다.
- 비서는 상사의 신상카드를 작성하는 등의 과정을 통해 상사에 대한 이해가 이루어지면 전화·방문객 응대에 있어서도 상사의 기피인물 등을 파악하여 적절한 조치를 취하는 등 여러 상황의 업무 처리에 많은 도움이 된다.
- 상사에 대한 파악과 이해를 통해 그에 알맞은 업무스타일로 일을 해야 한다.

---

(3) 상사가 바뀌었을 경우

① 최근에는 비서직도 공채로 선발되는 경우가 많으므로, 모시던 임원의 인사이동이 있어도 비서는 그만두는 것이 아니라 다른 부서로 발령이 나거나, 다른 상사를 모시게 되는 경우가 발생한다.

② 비서가 상사와의 관계에 있어서 전임 상사와의 업무스타일에 구애 받지 않도록 주의해야 한다.

③ 상사가 바뀌었을 때 이전 방식을 무조건 고수하거나 전례만을 강조한다면 신임상사에게 부정적 이미지를 남길 수 있으므로, 신임상사의 새로운 업무스타일을 파악하고 이에 빨리 적응해야 한다.

④ 새로운 상사의 스타일에 맞추어 일을 추진하고 잘 모를 경우, 지시사항이나 처리방법 등을 물어서 해결한다.

② 상사의 네트워크 관리

(1) 인적 네트워크 관리 업무의 개요

① 인적 네트워크 관리 업무의 중요성

사회적으로 성공한 사람들은 인적 네트워크가 각계각층에 골고루 퍼져 있어 그 인맥을 자산으로 비즈니스 활동을 펼쳐 나가게 된다. 이러한 인적 네트워크는 하루아침에 저절로 얻어지는 것이 아니므로 평소 꾸준히 쌓아 나가야 한다. 따라서 비서는 상사가 효과적으로 인적 네트워크를 관리할 수 있도록 보좌해야 한다.

② 인적 정보 관리 시 유의점

㉠ 효과적인 인적 네트워크를 관리하기 위해 가장 먼저 상사의 인적 관계를 파악해야 한다.

㉡ 상사가 공적 혹은 사적으로 관련된 인사에 대한 명단 작성부터 시작하여 명함, 동창주소록 등과 유료 인물정보 사이트 자료를 수집해 데이터베이스화한다. 그러면 명단 작성 때나 인적 사항 변경이 생길 때 손쉽게 수정할 수 있다.

㉢ 유의할 점은 될 수 있으면 상세히 작성하고, 부정확한 출처로 나온 정보는 배제하여 정확하게 정리해 두어야 한다. 또 이러한 명부가 존재한다는 사실에 대해서도 기밀을 유지하고 공개되지 않도록 주의하며 항상 최근의 정확한 정보를 갖추도록 한다.

(2) 인적 정보 데이터베이스

① 인적 정보의 내용

㉠ 상사에게 중요한 인물의 자세한 정보를 수집해 입력하는 것이 바람직하다.

㉡ 성명, 회사명, 직위, 전화번호(회사, 자택, 휴대폰, 수행 비서), 주소(회사, 자택), 출생지, 생년월일, 학력, 경력, 상사와의 관계, 가족 사항, 취미, 좋아하는 운동, 좋아하는 음식, 연구 및 저서, 인터뷰 기사, 대외 활동 등 수집 가능한 모든 자료를 정리해 둔다. 취미나 기호는 상대방의 비서를 통해 파악할 수도 있다.

② 내부 인사의 정보

　　㉠ 인적정보 데이터베이스에는 외부인사뿐 아니라 내부인사도 포함한다. 상사의 윗사람, 동료, 부하 직원에 이르기까지 그들의 생일, 기념일, 기타 주요 사항들을 수집, 정리하여 필요할 때 상사가 적절한 판단을 내릴 수 있도록 하고 그에 대한 실행은 비서가 하도록 한다.

　　㉡ 예를 들면 부하 직원의 생일에 비서가 미리 생일 축하 카드와 함께 작은 케이크를 주문하고 상사의 이름으로 전달한다면 그 부하 직원은 회사와 상사에게 감사의 마음을 갖게 될 것이다. 이렇듯 비서는 상사가 대내외적으로 호의를 베푸는 방안들을 찾아내어 실행하는 역할을 해야 한다.

(3) 상사의 모임 관리

유능한 경영인일수록 업무상 또는 개인적인 인간관계 형성을 위해 각종 모임이나 단체에 가입하거나 참여하는 경우가 많다. 이러한 활동은 기업 활동에 직·간접적으로 도움이 된다.

① 비서는 상사가 참여하고 있는 각 모임의 이름과 구성원들의 이름, 소속, 연락처, 기념일 등을 정리하고 상사가 새로 가입하는 모임에 대해 변동사항을 주기적으로 갱신한다.

② 상사와 관련된 동창회, 운동 동호회 등 각종 단체 등의 회원가입 여부 및 회비납부 현황 등을 파악하고 모임의 총무 및 간사와 원활한 커뮤니케이션을 통해 상사의 인적 네트워크를 원활히 하는 데 도움을 줄 수 있도록 한다.

③ 공식적인 모임뿐 아니라 상사의 가족과 친척에 관련된 행사나 모임에 대한 사항도 기록하고 업무에 참조한다.

❸ 상사의 개인정보 관리

(1) 상사의 인적 사항 관리

비서는 상사의 인적 사항에 대한 모든 내용을 상사의 개인 파일에 정리해 둔다. 상사의 개인 파일에는 다음과 같은 내용을 정리하며 기밀 유지를 위해 남들이 잘 알지 못하는 곳에 보관하거나 암호화하여 보관하도록 한다.

① 상사의 사번, 주민등록번호, 생년월일, 가족 사항, 운전면허증

② 여권 번호와 만기일, 비자 만기일, 항공사 및 각종 마일리지 번호와 적립 상황

③ 은행 거래 통장 번호, 신용카드 번호와 각각의 만기일, 비밀번호

④ 인터넷 사이트 ID, 비밀번호

⑤ 병원 진료카드 번호, 회원권의 회원번호 및 만기일

⑥ 동창회, 각종 단체 등의 회원가입 여부 및 회비납부 현황 등

(2) 경력 정보 관리

① 비서는 상사의 이력서를 작성하고 필요에 따라 사용하는데, 특히 경력에 관련된 정보의 관리가 중요하다.

② 입사부터 현재까지의 경력에서 정확한 입사 및 퇴사 날짜, 근무기간, 소속기관, 직위, 활동 내역, 수상 내역 등을 날짜 순서대로 빠짐없이 써넣는다. 또 수정사항이나 첨가할 사항이 생겼을 경우 즉시 반영해야 한다.

③ 상사의 이력에 관한 사항은 비서가 업무를 하는 데 있어 참고할 뿐만 아니라 대내·외적인 필요에 의해 공개하거나 제출할 수 있다. 이런 경우 비서는 상사의 이력서 내용 중에서 외부에 공개할 내용을 선별하여 작성 후 상사에게 검토를 받은 후에 제공할 수 있다.

④ 인물 데이터베이스를 제공하는 포털사이트나 언론사 사이트에서 상사의 경력사항이 잘못되거나 누락되었을 경우 신속히 정보를 수정하고 업데이트한다.

(3) 건강 정보 관리

① 건강 관리

상사가 본연의 업무를 잘 수행할 수 있도록 비서는 상사의 건강도 신경 써야 한다. 특히, 1년에 한 번씩 정기적으로 건강검진을 놓치지 않고 받을 수 있도록 예약 및 관련 업무를 수행하며, 만일 특별한 지병이나 알레르기 등이 있으면 더욱 주의한다. 그런 경우 주의할 점과 개선방법 등을 알아보고 식사예약이나 간식을 준비할 일이 있다면 참고하며 사무실 환경조성에 유의한다.

② 건강 정보 활용

상사의 건강에 관한 항목을 따로 작성해 두고 업무에 활용하도록 하며 새로운 정보를 입수할 경우 즉시 내용을 수정하고 갱신한다. 기록된 항목에 따라 상사가 주기적으로 복용하는 약이 있다면 시간을 정확히 체크하여 드시도록 알려 드리고, 진료를 받거나 주기적으로 병원을 예약할 경우 날짜를 기록해 놓고 병원에 가실 수 있도록 신경을 쓴다.

[건강 항목 기재 양식(예시)]

건강 관련 사항		비 고
신장 · 체중	175cm, 77kg	목표 체중 75kg
혈 압	140/78	고혈압 주의(메밀차, 국화차)
지 병	천 식	환절기와 겨울철 가습기 사용
알레르기	꽃가루	특히, 봄에 유의하고 환기 주의
건강검진	OO대학병원 매년 11월	주치의 OOO 박사님(신경외과)
건강식품	종합 비타민, Fish Oil	주문 사이트 모음 참조

4 상사의 대외업무 관리(홍보 업무, 기사 작성 방법 등)

(1) 홍보의 의의

기업홍보는 기업이 사회로부터 정당한 이해와 호의를 받게 되어 양호한 관계가 유지되도록 기업이념과 정의를 PR하는 커뮤니케이션 활동이다.

① 홍보와 광고의 차이

구 분	홍 보	광 고
동 기	사회적 인지, 공감의 창조 · 유지	이윤동기
소구대상	기업 자체, 기업의 자세 · 철학	상품, 서비스
소구의 상대방	공 중	잠재적 고객(소비자)
효 과	장기적 시점	즉효성

② 기업홍보의 이유
- ㉠ 경쟁상품 간의 품질격차 축소
- ㉡ 상품 라이프사이클의 단축화
- ㉢ 기업의 다각화, 상품계열의 증가

(2) 홍보활동의 형태

① 홍보활동의 예
- ㉠ Publicity(기자회견, 뉴스공개 등 자료제공)
- ㉡ 사내보, PR지 발행
- ㉢ 간담회, 기념강연회 개최, 모집기획
- ㉣ 이벤트 개최, 참가
- ㉤ 지역이벤트에 찬조, 조성, 기부, 기증, 연구조성, 학술문화상 제정
- ㉥ 기업시설 개방

② 퍼블리시티를 추진하기 위한 방법
- ㉠ 퍼블리시티의 소재 : 퍼블리시티에 적당한 자료가 있는지 사내를 조사한다. 이때 자료는 뉴스로서의 가치가 있어야 한다.
- ㉡ 제공 자료의 정리 : 뉴스공개자료(사진)를 준비한다. 선전의도를 피하면서 관심을 불러일으키도록 할 필요가 있다. 추가 취재로 관련사항도 충분히 정리한다.
- ㉢ 매스컴과의 접촉 : 소재에 어울리는 매체에 접근하여 자료를 건네준다(필요에 따라 기자회견을 한다).
- ㉣ 결과의 체크 : 기사의 게재 유무, 기사의 클리핑, 기록정리를 한다.

(3) 특수 PR

① 위기관리와 PR
  ㉠ 위기관리는 위기의 발생을 예방하는 면과, 위기가 발생했을 때 그 손해를 최소한으로 줄이는 면 두 가지가 있다.
  ㉡ 위기관리 PR은 사고 · 재해의 발생 시 방어를 위한 PR이다. 즉, 긴급사태 시에 그 마이너스를 최소한으로 줄이려는 의도인 것이 일반 PR과는 다르다.
  ㉢ 정보수집체제, 외부발표 등 항상 대응책을 세워둘 필요가 있다.
  ㉣ 상품사고에 대해서는, 특히 제품책임예방계획(PLP)의 일환으로 사내의 체제구성이 필요하다.

② CI(Corporate Identity)
  ㉠ 사명, 심벌마크, 로고타입(사명, 브랜드명 등을 표시한 규격책자), 코포레이트 컬러(Corporate Color) 등의 시각적 요소를 중심으로 기업이념 등을 가미하여 이성보다는 감성에 강하게 소구 (訴求)하려는 계획이다.
  ㉡ 기업 측에서 이미지 변화를 목표로 한 특별한 프로젝트인 점이 일반 PR과는 다르다.
  ㉢ 이미지 구성(메시지 구성)의 프로젝트 중심으로 이를 어떻게 폭넓게 노출(커뮤니케이트)시킬 것 인가를 일상 업무 활동 중에 검토한다.

(4) PR의 대상

① 일반 공중
② 지역사회, 업계단체, 소비자단체
③ 소비자, 거래처(도 · 소매업), 구입처(원재료 구입처, 외주)
④ 금융기관, 주주
⑤ 학 교
⑥ 노동조합
⑦ 직원과 가족

(5) 홍보체제

① 홍보 부문
  홍보 부문은 홍보실(홍보부) 등 전문 부문을 두거나 총무부, 사장실 등에 홍보과 또는 전문 스태프 를 두고 있는 기업도 있다.

② 홍보 부문의 업무
  ㉠ 정보수집(사내외 광범한 정보수집 네트워크)
  ㉡ 조사 분석
  ㉢ 계획입안(장기적 관점, 폭넓은 시야로 계획 작성)
  ㉣ 실시(특수한 매스컴에 대한 센스와 이해가 요구됨)

중요 check PR 전문회사의 주요 업무

- 매스컴과의 접촉
- 여론의 형성(Opinion Leader와의 접촉)
- 의회, 정부에 대한 합리적 활동(로비활동)
- 기타, PR 업무 전체에 대한 컨설팅

(6) 비즈니스 문서 작성

① **통일성** : 비즈니스 문서는 의견 제안, 업무보고, 공지 등의 이유로 작성되므로 주제에 맞게 내용에 통일성이 있어야 한다(예 출장 보고서 등).

② **간결성 · 명확성** : 전달하고자 하는 내용만 간결하게 들어가야 하며 창작 글이 아닌 객관적 사실을 써야 한다(예 기안문서 등).

③ **꼼꼼하게 검토할 것**
  ㉠ 비서의 기본은 정확성에 기인하며, 특히 사내문서나 사외문서를 작성할 때 오타가 없도록 한다.
  ㉡ 항상 문서를 2번 이상 검토하고, 문서 작성 완료 후에 맞춤법 검사를 해봐야 하며 눈으로 직접 오타를 찾아야 한다(예 비용 작성 등).

④ **문장 연습** : 문장을 바꿔 쓰는 연습을 통해 자연스럽게 문장을 작성하는 방법을 익히게 되고, 문장을 다양하게 다룰 수 있게 된다.

⑤ **사전 활용** : 모르는 단어는 항상 사전을 찾아보는 습관을 가지고 기본 어휘에서도 더 고급스러운 표현이 있는지 사전을 확인해본다.

⑥ **메모의 습관** : 항상 메모하는 습관을 길러 상부에서 요구하는 상황을 보고서에 꼭 기입할 수 있도록 한다. 메모를 항상 다시 정리해보면서 글의 기획력을 높이도록 한다.

⑦ **출력 후 확인** : 문서를 작성할 때 컴퓨터 화면으로 보는 것과 실제 출력물은 차이가 날 수 있으니, 문서를 미리 출력해 문서의 형태를 파악하고 보기 좋은 문서를 만들도록 한다.

(7) 보도자료 작성

① **보도자료의 구성 요소**
  ㉠ 제목 : 보도자료의 제목은 뉴스의 제목에 해당하므로 간결하고 함축적으로 작성하는 것이 좋다.
  ㉡ 발표 날짜 : 보도자료 발표 당일의 날짜를 적어야 하는데, 날짜가 없으면 이미 오래 전에 발표한 보도자료로 오인될 가능성이 있다.
  ㉢ 본문 : 뉴스의 본문은 일어난 사건을 신문 기사체로 작성한다.
  ㉣ 회사소개 : 회사의 창립연도, 매출규모, 주력제품, 직원 수 등을 한 문단으로 정리한다.
  ㉤ 연락처 : 보도자료 문의처를 알린다(예 (주)시대고시기획 홍보팀 홍길동 1600-3600 sidaeedu@sidaegosi.com).

② 보도자료를 잘 쓰는 요령

 ㉠ 사건의 의미와 중요성을 강조한다.

 ㉡ 신뢰감을 주고 인상적이어야 한다.

 ㉢ 간명하고 함축적인 제목을 써야 한다.

 ㉣ 말을 하듯이 글을 쓴다.

 ㉤ 첫 문장에서 전체 윤곽을 잡아야 한다.

 ㉥ 본문은 역 피라미드 형식(가장 중요한 정보를 앞부분에 쓰고 뒤로 갈수록 덜 중요한 내용을 나열하는 방식)으로 작성해야 한다.

 ㉦ 독자의 입장에서 쉽게 작성한다.

 ㉧ 육하원칙에 따라 핵심내용을 요약해서 쓴다.

 ㉨ 핵심이 분명하고 일관성이 있어야 한다.

 ㉩ 문장은 짧고 명료하게 써야 하는데, 신문 기사의 경우 한 문장의 평균 글자 수가 60자 정도이다.

 ㉪ 긴 보도자료는 본문과 해설로 분리하고, A4 용지 2페이지를 넘기지 않는 것이 좋다.

 ㉫ 사진과 동영상을 삽입하면 뉴스의 주목도가 크게 높아진다.

 ㉬ 문의처, 회사소개, 웹 주소를 기재한다.

 ㉭ 대중이 잘 사용하는 적절한 키워드를 넣어서 작성하는 것이 좋다.

03   총무

1 회사 총무업무 이해

(1) 금융 · 은행 관련 업무 [기출]

회사의 은행 관련 업무는 해당 부서에서 처리하나 비서는 상사의 은행 관련 업무를 책임져야 할 때도 있다. 통장과 도장을 맡은 경우 이를 분실하지 않도록 유의하여야 하며, 제반 은행 서비스와 업무를 평소에 잘 파악하여 두고 새로운 서비스가 생겨나면 이를 적극 활용하여 편리를 도모하도록 한다.

① 금융거래에 필요한 기초지식

 ㉠ 당좌 수표 : 당좌 수표는 은행과 당좌 거래를 하는 개인이나 회사가 은행 소정의 당좌 수표용지를 사용해서 그 은행을 지불인으로 하여 수표를 발행한다. 즉, 은행은 당좌 수표를 가져온 사람에게 일정 금액을 지불하도록 의뢰를 받은 것이다.

 ㉡ 당좌 거래 : 어음이나 당좌 수표를 발행하기 위해서는 보통 거래를 하고 싶은 은행과 거래가 있는 소개인으로부터 소개장을 얻은 후 은행에 가서 당좌 거래를 신청한다. 은행은 신용조사를 한 뒤 당좌 거래 계약을 체결한다.

ⓒ 약속 어음 : 약속 어음은 은행과 당좌 거래를 하고 있는 사람이 은행 소정의 어음 용지를 사용하여 발행인이 장래의 어느 일정 기일에 금전을 지불한다고 약속한 증서이다. 약속 어음을 받은 사람은 자기가 거래하는 은행에 대하여 받아줄 것을 의뢰하고, 거래 은행은 어음교환소를 통해서 지불 은행에 제시한다.

ⓓ 환어음 : 환어음은 약속 어음처럼 통일된 어음 용지를 사용해서 어음의 발행인이 은행에 일정 금액의 지급을 위탁 또는 지시하는 형식의 어음을 말한다.

ⓔ 어음 교환소 : 같은 지역에 있는 은행이 어음 교환소를 조직하여 어음 교환소 규칙을 만들어 그 규칙에 따라 은행이 매일 일정 시각에 다른 은행에서 지불을 해야 할 어음이나 당좌 수표를 가지고 어음 교환소에 모여 각각 상호 간에 교환을 한다.

ⓕ 제시와 지불

   ⓐ 당좌 수표 : 당좌 수표는 현금 지불에 관련된 지불 수단이므로 은행에 제시하면 즉시 현금화할 수 있는 것이 원칙이다. 당좌 수표의 제시 기간은 발행 후 10일 간으로 정해져 있다.

   ⓑ 횡선 수표 : 횡선 수표는 사고를 방지하기 위하여 은행도(銀行渡 : Bank)라는 글자를 기록하거나 보통 수표의 왼쪽 모서리 상부에 도장을 찍은 것으로 은행은 자기 은행에 구좌가 있는 거래처에만 지불하며, 타인에게는 지불하지 않는다.

   ⓒ 어음 : 어음은 지불을 해야 할 날(만기일)이 당좌 수표와 달라서 3개월이나 6개월 정도로 장기화된다. 그래서 제시기간은 만기일을 포함해서 3일(은행 휴무 시 그날은 뺀다)이다. 어음의 경우 제시기간이 지나면 은행은 지불을 해 주지 않으므로 어음 관리에 각별히 주의해야 한다.

ⓖ 부도 : 당좌 예금 구좌의 잔고 부족으로 지불을 할 수 없을 때는 부도가 된다. 그리고 6개월 이내에 또 두 번째 부도가 나면 거래 정지 처분을 받게 되어 은행과 당좌 거래가 불가하고 대출을 못 받게 된다. 이렇게 되면 기업 활동을 할 수 없게 된다.

② 금융 사고의 예방

ⓐ 신용 카드 **기출**

   ⓐ 카드를 사용한 후 받은 매출 전표는 확실히 보관해 두는 것이 좋다. 그래야만 매월 카드회사에서 보내 주는 명세서의 금액과 대조해 볼 수 있기 때문이다.

   ⓑ 카드는 항상 현금처럼 보관하고 카드를 잃어 버렸을 때는 찾는 데 시간을 낭비하지 말고 회사 본점이나 지점에 전화 신고부터 해야 한다.

   ⓒ 신고 시 만일의 분쟁에 대비해 접수증을 받아두는 것은 물론이고 접수한 직원의 이름을 알아 둘 필요가 있다.

   ⓓ 상사의 성명, 주소, 근무처, 대금 결제용 예금 구좌, 가족 회원 등에 변동이 있을 때는 변동 내용을 즉시 은행에 통지하여야 한다.

   ⓔ 카드 거래상의 사고를 예방하기 위해서는 매출 전표의 금액과 날짜를 확인하고 서명함은 물론이고, 대금 명세표를 반드시 받아두되 최소한 3년은 보관해야 한다.

   ⓕ 대금 지불이 상사의 예금 구좌에서 직접 대체가 되는 경우 잔고를 확인해 보는 것도 잊지 말아야 한다.

ⓛ 보험

　　ⓐ 보험에서 흔히 발생되는 문제가 알지 못하는 사이에 계약의 효력을 잃게 되는 일이다. 이것을 '실효(失效)'라고 하는데, 그 대부분이 보험료의 미납 때문이다.

　　ⓑ 실효를 당했을 때의 대응책
　　　• 월납 보험료의 경우 보험료 미납은 납입 기일의 한 달 뒤까지의 유예 기간이 인정되고 있다.
　　　• 연납, 6개월 납의 경우에는 납입 기일로부터 2개월 뒤까지를 유예 기간으로 보고 있다.
　　　• 완전히 실효된 경우에도 보험 부활에 대한 수속을 취할 수 있다.
　　　• 실효하고 나서부터 2년 이내에 그때까지 보험료 미납금액과 해당 이자를 첨부해서 신청하면 보험 계약을 부활시킬 수 있다. 다만, 이 경우는 재고지, 재심사의 의무가 있다.

　　ⓒ 실효를 방지하기 위해 보험 회사에 연락을 해야 하는 경우
　　　• 주소나 성명이 변경되었을 때
　　　• 동명이나 번지의 표지가 변경되었을 때
　　　• 보험 계약제나 수취인 지정을 변경하고자 할 때
　　　• 인감을 바꾸거나 혹은 분실했을 때
　　　• 보험 증서를 분실했을 때

ⓒ 세금

　　ⓐ 납세자가 직접 납부해야 하는 세금의 기준이 되는 것은 납세자의 소득이다. 봉급 생활자의 경우 소득 신고를 할 필요 없이 매월의 급여나 상여금에서 자동적으로 원천 징수하게 되어 있다.

　　ⓑ 자유업이나 자영업을 하고 있는 사람은 소득세법의 사업 소득에 해당된다. 이 경우 원칙적으로 자신이 확정 신고를 해서 세액을 결정 받는다. '사업소득의 총수입－필요경비'라는 원칙에 의해 결정된다.

　　ⓒ 부과된 세금에 이의가 있을 때는 60일 이내에 국세청에 심사 청구를 하면 잘못 부과된 세금은 취소되거나 줄어든다. 심사 청구에 대한 판정이 부당할 때는 판정 통지를 받은 날로부터 60일 이내에 국세 심판소에 심사 청구를 하면 억울한 세금을 구제받을 수 있다.

ⓔ 해외 송금

　　외국 송금도 환전과 마찬가지로 한국은행에서 제정한 외국 법규에 따라야 하며, 일정 한도액이 지정되어 있으므로 한도액 범위 내에서 송금이 이루어져야 한다.

ⓜ 소액 현금 출납 업무

　　ⓐ 기업의 자금 운용에 관한 업무는 경리부나 회계부에서 맡아서 처리하나 비서는 상사의 소액 현금 관리, 사내 단체의 회계 등을 맡아 현금의 출납을 맡아야 하는 경우가 생긴다.

　　ⓑ 장부를 비치해 두거나 컴퓨터 프로그램을 사용하여 금전 출납부를 반드시 기입하고 영수증과 같은 증빙 서류는 따로 파일링한다.

(2) 비품 관리업무

① 비품의 관리 및 조달

    ㉠ 비품은 상사의 집무실, 회의실, 비서실, 탕비실 등에서 쓰이는 필기도구 및 잡화류 용품 등을 말한다.

    ㉡ 사무실 운용을 위해 필요한 비품 등은 떨어지기 전에 체크하여 구매하거나 총무부에 주기적으로 주문하도록 한다.

    ㉢ 비품의 조달방법

        ⓐ 직접 조달 : 비서실에 미리 지급된 비품관리비가 있을 경우에는 그 경비 내에서 사용하며, 구입 방법은 비품 거래업체와 인터넷 쇼핑몰 등을 비교하여 저렴하면서 좋은 품질의 제품을 구매한다.

        ⓑ 총무부에 신청하여 조달 : 총무부 또는 관리부 등에 비품 지원을 요청하여 충당하는 경우에는 비품신청서와 같은 양식을 사용하여 미리미리 비품을 신청, 조달하도록 한다.

② 비품의 관리대장

    ㉠ 비품대장에는 소모품 등의 구입일자, 물품 종류, 수량, 기타 내용 등을 적어놓고, 구매 시마다 전표처리하고 기록한다.

    ㉡ 음료, 다과 등은 상사의 기호에 따라 특정 제품을 구매하는 경우가 있으므로, 상시 거래처와 가격 변동 등을 빠짐없이 메모하여 정리해 놓는다.

    ㉢ 한 달이나 주간 별로 비품의 재고를 파악한 후 재구매할 물품 등을 미리 주문하여 둔다.

    ㉣ 비품 관리표를 작성하여 거래내역서와 같은 관련 증빙자료와 함께 보관한다.

    ㉤ 탕비실에 있는 물품의 경우 정해진 위치에 놓고 관리하는 것이 물건 수급과 재고 파악에 편리하다.

    ㉥ 컴퓨터, 복사기, 팩시밀리 등이 고장이 났을 경우에 즉시 관련 업체나 A/S 센터에 연락하여 빠른 시일 내에 수리하거나 교환하여 업무에 차질이 없게 한다.

    ㉦ 보관 파일 캐비닛, 금고 등의 열쇠는 분실하지 않도록 각별히 관리한다.

    ㉧ 비상 시 필요한 상사 및 직원 비상연락처, 보안·기밀서류 및 귀중물품, 관련기관 전화번호 등은 수시로 확인하여 둔다.

2 경비처리

(1) 경비처리

① 비서는 회사에서 상사와 관련된 업무와 비서실 내에서 발생하는 경비 등 소액 현금의 출납관리 업무를 담당해야 한다.

② 경비 관련 업무를 할 때에는 문서화된 장부나 컴퓨터 프로그램을 사용한 전자 금전출납부에 수입·지출 내용을 적고 영수증과 같은 증빙 서류들은 따로 철하여 보관해 둔다.

③ 주로 지출 증빙자료로 사용되는 영수증들은 세금계산서, 신용카드 매출 전표, 현금영수증, 지로영수증 및 청구서 등의 형태이다.

(2) 접대 관련 형태

① 접대비
  ⊙ 영수증 처리와 함께 지출내역을 밝힐 수 있는 접대비에는 주로 식사비, 골프장 출입비, 상품권 매입비, 다과비, 유흥접대비 등이지만 그 내역을 밝힐 수 없는 현금 비용이나 증빙처리를 하지 못하는 접대비는 세법상 인정받을 수 없다.
  ⓛ 접대비는 신용카드, 직불카드, 세금계산서, 계산서, 기명식 선불카드, 현금영수증 등으로 지출 증빙이 가능하지만, 1만 원이 넘는 간이영수증의 경우는 지출 증빙처리가 불가능하다.

② 경조사비
  ⊙ '부정 청탁 및 금품 수수 금지법' 시행으로 경조사비의 축의금 상한선을 10만 원으로 정했다. 그러나 사회 통념상 타당한 범위 내의 금액은 비용으로 처리하고, 이를 초과하는 금액은 급여로 산정되어 근로 소득세를 낸다. 따라서 조직의 경조사비 지급규정에 명기된 한도액을 확인해야 한다.
  ⓛ 거래처에 지출되는 경조사비는 접대비에 해당하므로, 10만 원 이하의 경우는 청첩장, 부고장을 첨부하여 접대비로 처리하면 비용으로 처리된다. 단, 건당 10만 원이 초과되는 금액은 초과금액에 대한 법적 증빙서류를 제시해야 한다.

❸ 경조사 업무

(1) 경조사 업무처리 방법

① 비서는 매일 신문이나 각종 경로를 통하여 상사와 관련된 인사의 경조사에 관한 정보를 수집하고 이를 확인한다.
② 상사와 상의하여 경조사에 대한 전화 혹은 문자메시지와 화환 등을 보내고, 상사가 직접 참석해야 하는 경조사는 위치와 시각 등을 정확히 확인한다.
③ 비서는 상사와 관련된 각종 행사의 안내, 초대장의 작성이나 발신을 하기도 하고, 경조사에서의 안내, 조사의 대리 출석, 선물의 구입 · 관리 · 발송 등의 교제 업무도 수행한다.

(2) 병문안의 경우

① 먼저 전화로 환자의 면회시간을 확인하고 간호사나 환자가족에게 양해를 구한 후에 병문안을 간다.
② 문병 시에는 화초, 과일, 쾌유 부조금 등을 상황에 맞게 준비한다. 병원마다 꽃이나 화분에 대한 업무 규정이 다르므로 미리 파악해둔다.

(3) 조문 시의 경우

① 조문 시에는 검정색, 감색 등 짙은 색 계열의 옷과 구두, 핸드백이 적당하며 흰색 옷도 무방하다.
② 조문 시 꽃을 보낼 때는 노란색이나 흰색의 꽃을 준비하여 보낸다.
③ 상사 부재 시에 비서가 대신 조문할 경우 조객록에 상사의 이름으로 서명을 한 후 조의금을 전달하고 호상에게 신분을 밝힌 후 조문을 한다.

(4) 결혼식의 경우 기출

① 결혼식 청첩장은 한 부 복사하여 비서가 보관하고 필요한 경우 축의금 증빙서로 제출한다.
② 결혼식의 화환이나 꽃을 보내는 경우 빨간색이나 분홍색의 꽃을 준비하여 축하해준다.
③ 결혼식 당사자의 이름, 날짜, 시간, 장소 등을 미리 확인하여 상사에게 전달하고, 결혼식 당일에 교통수단 등을 확인하여 전달한다.
④ 비서가 상사 대신 결혼식에 참석하여 축의금을 전달할 경우 깨끗한 종이에 싸서 단자(單子)를 써서 함께 넣어 보낸다. 이때 봉투를 봉하지 않고 전달한다.

중요 check 경조사 봉투처리 기출

• 단자에 적는 내용에는 금액과 날짜, 보내는 사람 이름을 포함해야 한다.
• 조의금 봉투 겉면에 "삼가 조의를 표합니다"와 같은 조의를 표하는 문구를 써서 보내는 것이 좋다.
• 축의금 봉투는 풀로 봉하지 않고 전달하는 것이 일반적이다.
• 부의금 봉투는 앞면에는 '부의(賻儀)'라고 쓰고 뒷면 왼쪽 하단 부분에 세로로 이름을 쓴다.
• 단자는 조의금을 전달할 때뿐만 아니라 결혼 축의금 전달에도 사용된다.

---

(5) 명 절

① 추석이나 설날과 같은 명절에는 상사와 중요한 거래관계에 있는 고객이나 친분이 있는 지인들에게 선물을 보내는 업무를 처리해야 하며, 이때 상사와 상의하여 처리하는 것이 좋다.
② 명절 선물 보내는 순서 기출
  ㉠ 선물을 전할 사람들의 명단을 작성한다.
  ㉡ 작성된 명단에서 누락된 사람들이 없는지 상사에게 확인받는다.
  ㉢ 주소와 연락처를 다시 한 번 확인한 후 최종 명단을 작성한다.
  ㉣ 선물의 품목과 가격을 확인한 후 구매 품의서를 경리부에 올려 결재받는다.
  ㉤ 선물을 구매한 후 동봉해서 보낼 명함 혹은 인사 카드를 작성한다.

1 사무용품 및 비품 용어

(1) 일반 사무용품 List

> 복사용지, 스테이플러, 스테이플러 침, 전기 연필 깎기, 수정테이프, 수정액, 형광펜, 파일철, 제침기, 풀, 투명테이프, 자, 가위, 펀칭기, 구멍 뚫는 도구, 인주, 계산기, 메모장, 서류철, 클립, 압정, 포스트잇, 노트, 봉투, 편지지(회사명이 들어있는), 종이보관상자 등

(2) 회의용 사무용품 및 비품 List

> 핀 마이크, 레이저 포인터, 메모판, 테이블용 명패, 가설(임시 설치)전화, 유선 마이크, 무선 마이크, 슬라이드 영사기, 슬라이드 뷰어, 비디오카세트 녹화기, 투명 필름 환등기 등

(3) 사무가구 · 기구 List

> 휴지통, 소화기, 책꽂이, 문서 세단기, 화이트보드, 도착서류함, 발송서류함, 우편물 저울, 책장 선반, 서랍, 비품 보관함, 스캐너, 복사기, 팩스, 회전의자, 게시판, 문서보관함 등

2 사무환경 관리(상사집무실, 회의실, 비서실, 탕비실 등)

(1) 비서의 환경 관리

비서는 일반적으로 상사 집무실, 접견실, 회의실, 그리고 비서실을 총괄하게 된다. 이곳을 쾌적하고 기능적인 공간으로 유지함으로써 사무의 생산성은 물론이고 기업의 대외적인 이미지를 높일 수 있다.

(2) 상사집무실 환경 관리

상사집무실은 비서가 관리해야 할 가장 중요한 공간으로서 언제나 깨끗이 정리 정돈하여 상사가 쾌적한 환경에서 자신의 역량을 최대한 발휘해 업무를 수행할 수 있도록 전체적인 분위기를 유지해야 한다. 집무실의 환경이 좋고 나쁨이 사무 능률에 큰 영향을 주게 되므로 비서는 환경정리와 더불어 집무실 미화에도 세심하게 신경을 써야 한다.

① 집무실 환경 확인 사항

구 분	확인 사항
책상 · 의자	책상 위는 항상 가지런히 정돈하고 책상의 중앙을 넓게 비워 둔다. 책상과 의자를 바르게 놓으며 의자의 팔걸이나 등받이 커버가 깨끗한지 살핀다.
결재 서류	결재된 서류와 미결재 서류가 뒤섞여 있는지 확인한다.
사무기기	컴퓨터, 프린터 등의 사무기기가 바른 위치에 있고 제대로 작동하는지 살핀다.
커튼 · 블라인드	커튼의 청결 상태와 레일에서 빠져나온 것이 있는지 확인한다. 블라인드의 경우 채광 상태에 따라 너무 눈부시거나 어둡지 않게 조절한다.
휴지통	사용하기 편리하며 가능한 한 눈에 뜨이지 않는 곳에 배치한다. 수시로 청결 상태를 확인한다.
달력 · 일력	바른 날짜에 펼쳐져 있는지를 수시로 확인한다.
시 계	정확한 시각을 가리키는지 확인한다.
전화기	제자리에 있는지, 코드의 꼬임이 없는지를 확인한다.
액자 · 화초	액자가 비뚤어지거나 화초가 시들지 않았는지를 확인한다.
조 명	어둡거나 깜박이면 교체한다.

② 안전관리

㉠ 상사의 집무실은 항상 도난 및 보안에 주의를 기울여야 한다. 특히, 중요한 서류는 잠글 수 있는 서류함과 캐비닛에 보관하고 가능하면 방을 비우지 않도록 하며, 방을 비울 때는 믿을 수 있는 사람에게 관리를 부탁한다.

㉡ 청소는 항상 상사가 출근하기 전에 마치고, 휴지통을 비울 때도 내용물을 잘 확인해서 버려서는 안 될 것들은 별도로 보관한다. 또 책상 위에 있는 메모와 문서는 함부로 버려서는 안 된다.

㉢ 퇴근 시에는 화재 예방에 유의하고 팩스 등 꼭 켜 두어야 하는 기기를 제외한 모든 기기의 전원을 끄고 전기코드 및 플러그 등을 뺀다. 또 집무실은 번호 키나 잠금장치를 해 두고 비밀번호와 개폐방법에 관한 보안을 철저히 하며 상사가 자리에 없는 경우 항상 잠가둔다.

(3) 비서실, 접견실, 탕비실 환경 관리

① 비서실

㉠ 비서실의 관리에서 중요한 점은 청결과 보안이다. 비서실은 정돈된 모습과 사무적인 모습을 동시에 지닐 수 있도록 관리해야 한다.

㉡ 많은 내방객이 출입하는 공간이므로 컴퓨터 모니터, 책상 위, 파일 캐비닛 등이 외부에 노출되지 않도록 주의한다.

㉢ 책상 위에는 꼭 필요한 것만 올려 두고 정리하는 습관을 들인다. 컴퓨터와 전화기, 책꽂이, 메모장, 연필꽂이, 달력, 티슈 등 꼭 필요한 것만 올려둔다.

㉣ 비서실에서 관리하는 화분 또한 식물의 종류와 크기에 따라 물을 주는 주기와 양이 다르므로 화분에 따른 적절한 방법을 터득하여 관리하도록 한다.

② 접견실

    ⊙ 접견실에서는 상사가 내부 임직원뿐 아니라 외부 내방객을 맞고 회의를 하게 되므로 비서는 접견실을 항상 청결히 관리해야 한다.

    ⓒ 의자의 커버나 테이블보는 자주 세탁하고 내방객이 다녀간 후에는 즉시 정리 정돈한다.

    ⓒ 그림이나 장식물에 먼지가 쌓이지 않도록 유지하며, 테이블 위는 가구나 유리를 닦는 전문 세정제로 자국이 남지 않게 닦는다.

    ⓔ 접견실 내 공기를 깨끗이 유지하기 위해 자주 환기한다. 카펫은 먼지가 많으므로 주기적으로 청소하도록 한다.

    ⓜ 접견실 내에 책장이나 신문, 잡지 정리대가 있다면 항상 최신의 것으로 갖추고 내방객이 보시고 난 후에는 정리 정돈을 한다.

③ 탕비실

    ⊙ 탕비실은 차와 간단한 다과를 준비하는 곳이므로 항상 깨끗이 한다.

    ⓒ 다양한 차와 음료를 구비해 두고 찻잔도 여유있게 준비한다.

    ⓒ 찻잔은 차의 종류에 따라 구비해 놓고, 찻잔이 깨끗이 닦여져 있는지, 립스틱이 묻어 있는지, 물기가 그냥 남아 있는지, 깨진 것이 있는지 확인한다. 특히, 개수대에 컵을 쌓아 두지 않도록 한다.

    ⓔ 차와 음료 등 평소 자주 사용하는 물건들은 찾기 쉬운 곳에 정리해 두고, 잘 사용하지 않거나 지저분한 물품은 비품함에 넣어 변질되지 않도록 보관한다.

    ⓜ 설거지와 청소의 경우 미루지 말고 그때그때 하도록 한다. 또 체크리스트를 만들어 잘 보이는 곳에 붙여 두고 확인하여 업무를 효율적으로 하도록 한다.

3 사무비품 관리

(1) 비품 관리 방법

① 상사 집무실과 비서실, 탕비실 등에서 쓰이는 사무용품과 비품은 항상 떨어지기 전에 구매 신청을 하여 구비해 놓고, 필요에 따라 주기적으로 주문하여 조달업무를 효율화한다.

② 비품을 구매하거나 관리 시에 항상 절약하는 습관을 지녀야 하며, 자주 쓰는 소모품은 책상 서랍 중에 가장 가까운 곳에 넣어 두고 다른 용품들도 종류별, 사용 빈도별로 구분하여 지정된 위치에 수납한 후 서랍 번호를 붙이고 사용 대장을 비치한다.

(2) 사무용 기기 및 비품 관리 시 유의할 점

① 사무기기나 비품들은 따로 대장을 만들어 구입일, 기종, 수량, 수리 내용 등을 잘 알 수 있도록 기록해 둔다.

② 항상 제자리에 있는지 확인한다.

③ 더러워지거나 고장이 나면 즉시 관계 부서에 연락하여 수리 또는 교환한다.

④ 캐비닛과 파일 보관실, 금고 등 중요한 곳의 열쇠를 도난이나 분실하지 않도록 철저히 관리한다.

⑤ 화재 예방에 유의하고 소화기나 비상전화의 취급방법, 비상구 등을 표시해 두고 비상시에 휴대할 서류를 정해 두어야 한다.

(3) 상사 집무실 비품 관리

상사의 책상 위에는 전화기, 전화번호부, 일정표, 문구류, 메모지, 명함첩, 결재함 등의 비품을 놓아 두게 되는데, 이러한 것들은 미리 위치를 정해 놓고 항상 제자리에 정리 정돈한다.

구 분	유의 사항
사무용품 · 소모품	매일 사용하는 사무용품은 충분히 준비한다. 특히, 프린터 용지와 잉크를 수시로 확인하여 떨어지지 않도록 한다.
연 필	상사가 연필을 사용할 경우 항상 서너 자루쯤 깎아 둔다.
볼펜 · 만년필	볼펜은 잘 써지는지 수시로 점검하고 만년필에 잉크를 채워 둔다.
Date Stamp	Date Stamp는 매일 아침 제날짜로 바꿔 놓는다.
인 주	인주는 수시로 면을 고르게 손질하고 스탬프의 잉크를 보충한다.
클립 · 핀	클립, 핀 등을 쓰기 쉽게 용기에 잘 정리해 둔다.
휴대폰 배터리	휴대폰의 배터리는 항상 여유분을 충전해 둔다.
사무용지	프린터, 복사기, 팩스 등에 용지가 넉넉히 채워져 있는지 수시로 확인한다.

4 간행물 관리

(1) 간행물의 종류 및 특성

기 준	종 류	특 징
발행처	국 내	국내에서 발행하는 신문, 잡지는 전화나 인터넷으로 주문하며 대개 1개월 단위로 구독할 수 있다.
	해 외	해외신문과 잡지는 직접 해외에서 주문하거나 해외 간행물 구독 신청 서비스사이트를 이용할 수 있다. 대개 1년 단위로 구독할 수 있다.
발행 기간	일 간	매일 발간되며 오전이나 오후에 배달된다.
	주 간	매주 발간되며 신문은 주말판으로 토요일이나 일요일에 배달되며 잡지는 매주 정해진 요일에 발간된다.
	월 간	매월 발간되며 주로 전문 잡지에 해당된다.
	격주 · 격월	2주마다 발행되거나 2달마다 발행된다.
	연감 및 단행본	일 년에 한 번씩 발간되거나 비정기적으로 발행된다.
분야별	전문지	시사, 경제, 경영, 육아, 아동, 과학, 교양, 연예, 미술, 건축, 디자인, 인테리어, 가드닝, 패션, 요리, 와인, 음악, 스포츠, 여행, 전자 제품, 자동차, 컴퓨터, 프로그래밍, 취미 등

(2) 간행물 목록 작성 및 관리

① 구독 중인 간행물의 주문 내역을 파악한다.

② 구독 중인 간행물과 관련된 정보를 엑셀파일로 정리한다.

③ 간행물 관리표를 참고하여 배달되는 간행물의 종류를 파악한다.

④ 간행물을 수신한 날짜 및 관련 사항을 엑셀파일로 정리한다.

⑤ 간행물 관리표와 수신 확인표를 바탕으로 간행물을 새로 신청하거나 구독을 갱신한다.

    ㉠ 간행물 관리표에 있는 구독기간을 확인한다.

    ㉡ 마감일 전에 상사에게 갱신 여부를 확인한다.

    ㉢ 상사의 지시에 따라 담당자에게 연락하여 계약 갱신이나 해지 등을 통보한다.

01 다음 중 상사가 바뀌었을 경우 업무처리 방식으로 잘못된 것은?

① 신임상사의 업무 스타일을 잘 모르므로 적응되기 전까지는 전임 상사의 방식을 따른다.
② 신임상사가 새로운 비서를 믿고 일을 시킬 수 있도록 신뢰관계의 형성이 중요하다.
③ 비서가 상사와의 관계에 있어서 전임 상사와의 업무스타일에 구애 받지 않도록 주의해야 한다.
④ 새로운 상사의 스타일을 잘 모를 경우, 지시사항이나 처리 방법 등을 물어서 해결한다.

> 해설 ① 상사가 바뀌었을 때 이전 방식을 무조건 고수하거나 전례만을 강조한다면 신임상사에게 부정적 이미지를 남길 수 있으므로, 신임상사의 새로운 업무 스타일을 파악하고 이에 빨리 적응해야 한다.

02 다음 중 상사의 건강관리에 관한 내용에 해당하지 않는 것은?

① 상사가 병원에 입원할 경우 긴급을 요하는 결재와 보고는 상사가 편히 쉬도록 대결하거나 다음으로 미룬다.
② 상사의 건강 체크리스트는 1년에 한 번씩 갱신하도록 한다.
③ 주기적으로 복용하는 약은 시간을 정확히 체크하여 주말이나 외근, 출장 시에 문자메시지로 알려준다.
④ 상사의 집무실 안에 아령, 체중계, 완력기 등을 미리 준비한다.

> 해설 ① 상사가 병원에 입원할 경우 간병인처럼 간호해야 하며, 긴급을 요하는 결재와 보고는 병원으로 직접 가져가서 처리하거나 전화로 처리한다.

03 다음 중 기사 작성 원칙으로 잘못된 것은?

① 항상 메모하는 습관을 길러 상부에서 요구하는 상황을 보고서에 꼭 기입할 수 있도록 한다.

② 문서 출력 전 컴퓨터 화면으로 보는 것과 실제 출력물은 같기 때문에 컴퓨터 화면에서 한번 더 확인한다.

③ 모르는 단어는 항상 사전을 찾아보는 습관을 가진다.

④ 전달하고자 하는 내용만 간결하게 들어가야 하며 창작글이 아닌 객관적 사실을 써야 한다.

> 해설 ② 문서를 작성할 때 컴퓨터 화면으로 보는 것과 실제 출력물은 차이가 날 수 있으니, 문서를 미리 출력해 문서의 형태를 파악하고 보기 좋은 문서를 만들도록 한다.

04 다음 중 상사에게 보고할 때의 요령으로 가장 바르지 못한 것은?

① 보고 내용이 긴급을 요할 때는 우선 구두로 보고한다.

② 비서는 상사로부터 지시를 받은 업무에 관련된 것만 보고한다.

③ 전화로 보고할 때는 결론부터 말한다.

④ 보고는 지시한 사람에게 하지만, 지시한 사람이 직속 상사가 아닌 경우에는 상사에게도 보고한다.

> 해설 ② 상사로부터 지시 받은 업무에 관련된 것을 보고하는 것은 물론, 상사 부재 시 전화메모 또는 내방객, 우편물이나 팩스를 통한 보고 내용 등을 정리하여 보고하도록 한다.

05 보도자료를 잘 쓰는 요령으로 옳지 않은 것은?

① 본문은 가장 중요한 정보를 뒷부분에 쓰고 앞머리는 덜 중요한 내용을 작성해야 한다.

② 긴 보도자료는 본문과 해설로 분리하고, A4 용지 2페이지를 넘기지 않는 것이 좋다.

③ 신문 기사의 경우 한 문장의 평균 글자수가 60자 정도이다.

④ 사진과 동영상을 삽입하면 뉴스의 주목도가 크게 높아진다.

> 해설 ① 본문은 역 피라미드 형식(가장 중요한 정보를 앞부분에 쓰고 뒤로 갈수록 덜 중요한 내용을 나열하는 방식)으로 작성해야 한다.

06 비서 박장호는 강연과 집필활동을 활발히 하는 상사 및 회사의 홍보업무도 담당하고 있다. 상사가 새로 집필한 신간서적의 홍보업무를 확대하기 위한 아이디어로 가장 부적절한 것은?

① 상사의 프로필과 신간서적의 내용을 요약하여 신문사에 팩스 전송 및 기사화를 요청한다.

② 신간서적을 출간하는 출판사의 홍보 담당자와의 유기적 협의를 통하여 전문가의 조언을 참고하여 진행한다.

③ 회사 홈페이지의 게시판을 통하여 임직원들에게 알리고 공유한다.

④ 박장호 개인의 블로그에 출간일정을 올리고 지인들에게 전한다.

> 해설 ④ 박장호 개인의 블로그가 소위 말하는 파워블로거가 아닌 이상, 회사 홈페이지나 다른 유명 사이트에 게재하여 다수가 접하도록 하는 것보다 접속 숫자상으로도 열세이므로 다른 내용들에 비해서 효용도가 적다고 할 수 있다.

07 이 비서가 상사에게 업무 보고를 하고자 할 때, 다음 중 가장 적절치 않은 것은?

① 거래처에 임원과의 면담으로 외근 중인 상사에게 급한 보고사항이 있어 거래처 비서에게 연락하여 메모를 남겼다.

② 오찬 약속으로 외부에 계신 상사에게 급하게 보고할 내용이 있어 이동 중인 시간에 휴대전화로 보고 드렸다.

③ 한 달 뒤에 개최될 협력사 초청 워크샵의 진행상황은 중간보고를 통해서 경과를 보고하였다.

④ 보고서로 작성해서 올려야 할 사안이 생겼을 때에는 긴급한 내용이더라도 보고서 작성이 끝난 후 보고 드린다.

> 해설 ④ 긴급한 내용이라면 먼저 구두로 보고 드리고, 이후에 보고서로 정리하여 보고한다.

08 상사에 대한 이해를 위하여 비서가 노력하여야 하는 내용으로 잘못 설명된 것은?

① 작성자와 작성일자가 표기된 상사 신상카드를 주기적으로 점검하고 보완하도록 한다.

② 상사의 조직 내 위치와 역할을 이해하기 위해 조직도 및 선임비서의 정보를 활용한다.

③ 인터넷 및 인물자료 검색을 활용하여 상사의 조직 외 위치 및 활동을 파악하도록 한다.

④ 상사의 선호 색상, 음악, 기호 식품 등 사적 영역에 속하는 것은 신상카드 관리에 포함시키지 않는다.

> 해설 ④ 상사의 기호와 같이 사적 영역에 속하는 것이라 하더라도 신상카드 관리에 포함하여 업무를 매끄럽게 진행할 수 있도록 한다.

※ 다음 보기의 내용을 읽고 물음에 답하시오(09~10).

> 암스테르담 본사의 임원인 Mr. Van der Ven이 휴가 차 한국 방문 중인데 모레 사무실에 잠시 들려 사람들과 간단한 인사를 나누겠다고 이메일을 보내왔다. 오피스 매니저인 황 과장은 상사인 한국 지사장이 홍콩 출장 중이라는 것을 전한 뒤 간단한 사무실 내방이라면 본인이 응대할 수 있다고 답장을 썼다.

09 황 과장이 Mr. Van der Ven의 방문을 상사에게 보고하는 방법으로 다음 중 가장 적절한 것은?

① 회사 임원의 비공식적 방문이므로 지사장이 출장에서 돌아온 후 보고해도 무방하다.
② 지사장이 출장업무에 전념할 수 있도록 사소한 내용은 오피스 매니저로서 알아서 처리하고 별도 보고는 하지 않는다.
③ 퇴근 전 상사에게 팩스를 보내어 Mr. Van der Ven이란 임원이 방문할 것이라고 알린다.
④ Mr. Van der Ven의 연락을 받자마자 상사에게 이메일로 보고하고 상사의 별도 지시사항을 확인한다.

> 해설　④ 상사가 출장 중일지라도 이메일이나 팩스를 통해 중요한 일정은 공유하도록 한다. 이 경우 Mr. Van der Ven이 이메일을 보내왔을 때 즉시 상사에게 이메일로 보고하고, 상사의 지시에 따라 응대한다. 오피스 매니저 정도의 중견비서이기 때문에 상사를 대신해 비서가 응대하도록 지시할 것으로 보인다.

10 다음 중 황 과장이 Mr. Van der Ven을 응대하는 태도로 가장 적절하지 못한 것은?

① 한국 지사의 방문인 만큼 사무실 내 직원들이 근무하는 시간대를 추천해 주도록 한다.
② 사무실 방문 시 오피스 매니저이자 상사의 대리인으로 만나는 것이니 간단한 인사를 하고 사무실 안내는 후배 비서에게 맡긴다.
③ 회사 영문 안내책자와 함께 회사 기념품인 자개 명함박스를 선물로 준비하였다.
④ 한국 지사의 직원 수는 20명 남짓의 가족적 분위기이므로 Mr. Van der Ven의 사무실 방문을 사전에 이메일로 직원들에게 알리고 따뜻한 환대를 요청한다.

> 해설　② 방문자가 본사의 임원이고 상사를 대신하여 응대하는 것이기 때문에 오피스 매니저인 비서가 직접 사무실 안내를 해주는 것이 의전상 바람직하다.

11 양 비서는 상사 개인의 일상적 금융관리도 책임지고 있다. 양 비서의 업무처리 방법으로 가장 옳지 않은 것은?

① 상사의 신용카드 매출전표는 청구서가 오더라도 일정기간 폐기하지 않고 보관한다.

② 매달 정기적으로 지출되는 돈은 자동이체를 신청한다.

③ 상사의 판공비 관리업무는 양 비서가 처리하고 판공비에 대한 상세 회계처리는 경리부나 회계부에서 처리하도록 요청하였다.

④ 상사의 통장과 도장은 기밀장소에 보관하고, 현금은 필요할 때마다 찾았다.

해설 ③ 상사의 판공비 관리업무를 양 비서가 처리한다면 판공비에 대한 회계처리도 양 비서가 하는 것이 바람직하다.

12 다음 중 경조사 업무를 처리할 때 주의해야 할 점으로 틀린 것은?

① 비서는 매일 신문이나 각종 경로를 통하여 상사와 관련된 인사의 경조사에 관한 정보를 수집하고 이를 확인한다.

② 결혼식에 대리로 참석하여 축의금을 전달할 경우 깨끗한 돈을 준비하고 흰 종이에 싸서 겹봉투에 넣은 후 봉하고 접수하는 것이 관례이다.

③ 병문안을 갈 경우 먼저 전화로 면회시간을 확인하고 간호사나 환자가족에게 양해를 구하는 것이 예의이다.

④ 조문 시에는 검정색, 감색 등 짙은 색 계열의 옷과 구두, 핸드백이 적당하며 흰색 옷도 무방하다.

해설 ② 결혼식에 대리로 참석하여 축의금을 전달할 경우 깨끗한 종이에 싸서 단자(單子)를 써서 함께 넣어 보내는 것이 관습이다. 봉투는 깨끗한 겹봉투를 사용하며 입구를 봉하지 않고 접수한다.

13 이 비서는 상사의 책상을 정리하다가 회사의 합병과 관련된 기밀 서류가 펼쳐져 있는 것을 발견하게 되었다. 상사가 급히 회의 참석차 나가면서 챙기지 못하고 간 서류인 것 같다. 이때 이 비서의 태도로 가장 바람직한 것은?

① 다음날 상사가 출근하자마자 서류를 드리면서 어떻게 된 일인지 여쭈어 본다.
② 서류를 원래의 위치에 놓고 보지 못한 것으로 한다.
③ 서류를 원래의 위치에 덮어 놓고 다음날 상사에게 본의 아니게 자신이 이 서류를 보았음을 말씀드린다.
④ 회사가 지금 위급 상황임을 자신과 가까운 지인들에게 알린 후 이 비서는 자신의 미래를 위해 다른 직장을 알아본다.

해설 ③ 비서는 최고경영자를 보좌하므로 회사의 기밀서류들을 보게 되는 경우가 많다. 이와 같은 경우는 특히 기밀이 누설되지 않도록 조심하며 본의 아니게 보게 된 경우이므로 상사에게 상황을 말씀드린다.

14 다음 내용의 상사의 지시를 받을 때 비서의 태도로서 가장 적절한 것으로만 묶인 것은?

> 상사는 주요 거래처인 한승기업 박진우 사장 집안의 結婚式 請牒狀을 주면서 祝儀金과 單子와 花環을 준비하라고 지시하였다. 비서는 祝儀金에 필요한 現金을 준비하기 위해 稟議書를 작성하고 상사의 決裁를 얻어 經理部에 제출하였다.

> 가. 지시를 받으면서 한승기업 박진우 사장에게 보낼 돈과 화환을 준비할 것을 메모장에 기록한다.
> 나. 지시를 받은 후 자리로 돌아와 경조사 관련 회사 규정을 참고하여 기안을 작성한다.
> 다. 일정을 보니 같은 날 다른 거래처 경조사와 겹치게 되어 경조전보 활용을 지시 중에 말씀드려 결정하시게 한다.
> 라. 지시를 받은 후 한승기업 박진우 사장에게 보낼 우편 송금환을 준비해서 문구를 작성한다.
> 마. 비서가 가지고 있는 현금으로 우선 전달한 후 나중에 경리과에 경비처리를 하도록 한다.

① 가, 나
② 가, 다
③ 가, 라
④ 가, 마

해설 결혼식 청첩장, 축의금, 단자, 화환, 축의금, 현금, 품의서, 결재, 경리부
다. 상사가 지시하는 중에는 기다렸다가 지시가 끝난 후에 말씀드린다.
라. 우편 송금환은 직접 참석할 수 없는 경우에 경조금을 보내는 것이다.
마. 경리부에 품의서를 제출하였으므로 시기에 맞춰 경비 지급이 될 것이다. 따라서 시급한 상황이 아니면 자신의 비용으로 먼저 전달해야 할 이유가 없다.

15 상사의 인적 관계를 파악하고 데이터베이스 프로그램 등을 사용하여 전산화시키는 상사의 네트워크 관리방법으로 가장 적절한 것은?

① 상사와 공적으로 혹은 사적으로 관련된 인사에 대한 소문 등도 파악하도록 한다.

② 작성한 명부에 대해서는 필요로 하는 부서와 공유할 수 있도록 한다.

③ 내부 인사에 대한 정보는 회사 내 인사기록카드를 참고할 수 있으므로 따로 기록하지 않는다.

④ 바이어나 고객에 대한 거래실적이나 상담기록은 추후 의사결정에 도움이 되므로 기록해 두도록 한다.

> 해설 ① 상사와 공적으로 혹은 사적으로 관련된 인사에 대한 소문 등은 파악하지 않는다.
> ② 작성한 명부에 대해서는 공유해서는 안 된다.
> ③ 내부 인사에 대한 정보는 기록해 두어야 한다.

16 일반적으로 통용되는 경조사 처리 방법으로 가장 옳은 것은?

① 단자에 적는 내용에는 금액과 날짜, 보내는 사람 이름이 포함된다.

② 조의금 봉투 겉면에 조의를 표하는 문구는 한글로 '삼가 조의를 표합니다'와 같이 쓰지 말고 반드시 한자로만 써야 한다.

③ 축의금 봉투를 풀로 단단히 봉하지 않고 전달하는 것은 잘못된 것이다.

④ 단자는 조의금을 전달할 때만 사용해야 하며 결혼 축의금 전달에 사용하면 안 된다.

> 해설 ② 조의금 봉투 겉면에 조의를 표하는 문구를 반드시 한자로 쓸 필요는 없다.
> ③ 축의금 봉투를 풀로 봉하지 않고 전달하는 것이 일반적이다.
> ④ 단자는 조의금을 전달할 때뿐만 아니라 결혼 축의금 전달에도 사용된다.

17 메모는 비서의 업무수행에 있어 필수요소이다. 메모에 관한 사항 중 잘못된 것은?

① 메모는 'Memorandum'의 약어로 비망록이라고도 한다.

② 메모는 시간이 걸리더라도 또박또박 정확하게 써야 한다.

③ 메모는 약어나 자신만이 아는 기호를 활용하면 효과적이다.

④ 메모는 빨리 쓸 수 있는 속기용 펜을 사용하는 것이 좋다.

> 해설 ② 메모는 알아볼 수 있을 정도이면 되므로 되도록 빠르게 적도록 한다.

18 경조사를 처리하는 비서의 업무방식이 바르지 못한 것은?

① 조문 시 꽃을 보낼 때는 노란색이나 흰색의 꽃을 준비하여 보낸다.
② 문병 시 꽃바구니를 보낼 때는 노란색 리본과 흰색 리본을 같이 달아 '기쾌유'라는 문구를 집어넣는다.
③ 선물을 보낼 때는 가위나 칼 같은 날붙이류는 삼가도록 한다.
④ 경사의 경우에는 빨간색이나 분홍색의 꽃을 준비한다.

> 해설 ② 문병 시에는 환자의 상태를 고려하여 알레르기를 유발할 수 있는 꽃은 피하는 것이 좋고, 노란색이나 흰색 리본은 일반적으로 사용하지 않는다.

19 다음 중 비서실 비품을 점검하기 위한 순서가 바르게 나열된 것은? [17년 2회 1급]

> ㉠ 비품 관리표를 바탕으로 필요한 비품을 구입한다.
> ㉡ 비품을 사무용품, 사무기기 등으로 구분하여 확인한다.
> ㉢ 비품의 종류, 잔여 수량, 최근 구매일과 추가 수량 등을 구분하여 정리한다.
> ㉣ 비품은 사용 빈도에 따라서 소모되는 속도가 다르므로 주기적으로 비품 관리표를 이용하여 비품의 상태와 수량을 확인한다.

① ㉠ - ㉡ - ㉢ - ㉣
② ㉠ - ㉢ - ㉡ - ㉣
③ ㉢ - ㉡ - ㉣ - ㉠
④ ㉡ - ㉢ - ㉣ - ㉠

> 해설 비품을 종류별로 확인한 후 재고량과 구입 여부를 체크하고 비품 관리표를 작성하여 필요한 비품을 구입한다.

20 다음 중 비서의 업무 공간 관리에 대한 설명으로 가장 적절하지 않은 것은? [14년 1회 3급]

① 책상 위 용품들을 일하기에 편리하도록 배치하여 항상 제자리에 정리해둔다.
② 파일링 캐비닛, 서류함, 비품 보관함 등은 보안을 위해 쉽게 찾을 수 없도록 관리한다.
③ 자리를 비울 때는 책상 위를 깨끗이 정돈하고, 행선지를 밝힌다.
④ 컴퓨터의 화면은 외부에서 직접 보이지 않도록 스크린세이버 기능을 사용한다.

> 해설 ② 파일링 캐비닛, 서류함, 비품 보관함 등은 자주 이용해야 하므로 쉽게 찾을 수 있도록 관리해야 한다. 보안이 필요한 서류 등은 따로 보관하도록 한다.

21 다음 중 사무실 비품 관리를 위한 비서의 행동으로 가장 옳지 않은 것은? [13년 2회 2급]

① 김 비서는 사무기기/비품 대장을 작성하여 구입날짜, 수리 기간, 소모품 비용 등을 꼼꼼히 기록해 둔다.
② 황 비서는 고장 난 사무기기를 모아두었다가 한꺼번에 관계부서에 연락해 수리한다.
③ 장 비서는 사무비품의 위치를 미리 정해 놓고 제자리에 정리정돈 한다.
④ 강 비서는 종이, 볼펜 같은 사무용품을 떨어지기 전에 미리 구매신청을 하여 충분한 양을 준비해 둔다.

> 해설 ② 사무기기가 고장 나면 업무에 차질이 생기므로, 바로 연락하여 수리하도록 한다.

22 상사를 대하는 비서의 업무태도로서 가장 부적절한 것은? [13년 2회 2급]

① 상사의 요청으로 상사 이메일을 관리할 경우 주기적으로 비밀번호를 변경하고 노출되지 않도록 주의한다.
② 상사의 직계가족에 대한 신상정보를 파악하여 상사의 도움 요청 시 사내업무에 장애가 되지 않는 선에서 필요하다면 지원하도록 한다.
③ 상사의 직접적인 요청이 없는 한 상사집무실의 환경정비는 건물 청소부원에게 일임한다.
④ 사내야유회나 회식자리에서도 비서는 상사 곁에서 보좌하는 자세를 지녀야 한다.

> 해설 ③ 상사의 집무실에는 회사의 기밀사항이나 상사의 프라이버시와 관련된 물건이 많으므로 환경정비를 청소부원에게 일임하는 것은 바람직하지 않다.

23 상사의 인적 네트워크를 관리하는 비서의 업무태도로서 가장 올바른 것은? [13년 2회 3급]

① 상사의 인적 네트워크 명단은 사내 비서들끼리 공유하여 대상자의 중복관리가 되지 않도록 한다.

② 인적 네트워크 관리를 위한 정보수집에서 상대방의 생년월일, 가족사항, 좋아하는 음식 종류 등은 사적 정보이므로 정보수집 시 배제하도록 한다.

③ 인적 네트워크 관리 대상과 관련된 주요사항들을 상사의 행사 달력에 표기하여 상사와 대처방안을 확인하도록 한다.

④ 상사의 인적 네트워크 관리 명단에는 국내외 거래처 명단에 초점을 맞춰 관리하며 사내 임직원 관리는 인사부서를 통하여 관리하도록 한다.

> 해설　① 인적 네트워크는 상사만의 경쟁력이 될 수 있으며, 상사가 회사 내에서 좀 더 유리한 입지를 다지는 데에 많은 도움이 될 수 있다. 따라서 상사의 인적 네트워크 명단을 무조건 공유하는 것은 바람직하지 않으며, 필요한 경우에만 선별적으로 공유한다.
> ② 인적 네트워크 관리를 위해서는 상대방의 사적인 정보도 적절히 관리하여야 한다.
> ④ 상사의 인적 네트워크 관리 명단에는 거래처뿐만 아니라 사내 임직원도 관리 대상이 된다.

24 다음 중 비서의 상사 신상정보 관리업무 수행자세로 적절하지 않은 것은? [17년 2회 1급]

① 상사에 관한 신상정보는 예전 기록이나 예약 관련 서류 등을 통해 파악할 수 있는데, 출장관련 서류를 통해 여권정보, 비자 및 항공사 마일리지 정보 등을 알 수 있다.

② 상사의 신상카드를 작성할 때 상사의 건강과 관련된 정보를 수집하여 정리하고, 식사예약이나 간식준비 시 참고한다.

③ 상사의 이력 사항은 업무에 참고할 뿐만 아니라 대내 · 외적인 필요에 의해 공개하거나 제출할 수 있는데, 이런 경우 비서는 상사의 이력서 내용을 외부에 공개하고 추후 상사에게 보고해야 한다.

④ 상사 신상카드에는 상사의 사번, 주민등록번호, 운전면허증, 신용카드번호와 각각의 만기일, 여권번호, 비자 만기일, 가족사항, 은행 계좌번호 같은 내용을 정리하며 기밀유지를 위해 암호화하여 보관한다.

> 해설　③ 비서는 상사의 신상카드를 작성하는 등의 과정을 통해 상사에 대한 이해가 이루어지면 여러 상황의 업무처리에 많은 도움이 된다. 이력서 내용을 대내 · 외적인 필요에 의해 공개하거나 제출할 경우 반드시 상사의 허락을 얻어야 한다.

25 **비서의 사무실 환경관리에 관한 내용이다. 가장 적절하지 않은 것은?** [18년 1회 1급]

① 상사 접견실에 있는 난초화분은 매일 아침 물을 준다.

② 탕비실에 구비된 다양한 차의 유통기한을 눈에 띄게 상자에 적어놓았다.

③ 상사 책상 위의 필기구는 확인하여 잘 나오지 않으면 바로 교체한다.

④ 기밀문서 작업이 많은 비서의 컴퓨터 모니터는 화면보호기가 자주 작동하도록 설정해 둔다.

> 해설 ① 난초는 각각의 특성에 맞게 관리한다.

26 **최고경영자의 이미지 제고와 홍보 관리자로서의 비서의 업무 수행 내용으로 가장 적절하지 않은 것은?** [16년 2회 1급]

① 최고경영자의 대외 스피치 자료와 기고문 등을 저장, 관리하여 사내외 온라인 게시판에 업로드한다.

② 최고경영자의 사회참여 활동과 봉사활동 등을 보좌하고 관련 정보를 수집하여, 사내 홍보담당자와 공유한다.

③ 최고경영자와 관련된 보도 자료에 세심한 관리뿐 아니라, 업무상 관련 기자들의 정보를 리스트 업하고 수시로 업데이트한다.

④ 최고경영자의 이미지가 중요하므로 회사를 홍보하는 팸플릿 등은 접견실에 두지 않고 상사 관련 보도 자료를 비치하여 손님 응대에 활용한다.

> 해설 ④ 최고경영자와 회사의 이미지는 직결되므로 홍보 팸플릿을 접견실에 비치하여 내방객들이 언제든지 볼 수 있도록 준비한다.

무언가를 위해 목숨을 버릴 각오가 되어 있지 않는 한
그것이 삶의 목표라는 어떤 확신도 가질 수 없다.

— 체 게바라 —

제2과목

경영일반

※ 제2과목 경영일반은 비서1 · 2급을 기준으로 작성되었습니다. 3급을 준비하시는 수험생께서는 참고용으로 활용하시기 바랍니다.

꿈을 꾸기에 인생은 빛난다.

– 모차르트 –

합격의 공식 ▶
SD에듀

자격증 · 공무원 · 금융/보험 · 면허증 · 언어/외국어 · 검정고시/독학사 · 기업체/취업

이 시대의 모든 합격! SD에듀에서 합격하세요!

www.youtube.com ➜ SD에듀 ➜ 구독

01 | 경영환경 및 기업형태

01 경영환경

1 경영환경의 개념

(1) 경영환경의 의의

기업환경이란 기업에 영향을 미치는 기업 안팎의 모든 요소로 크게 내부 환경과 외부 환경으로 나눌 수 있다. 내부 환경은 기업의 내부에 존재하는 요소와 상황을 의미하며 여기에는 조직 목표, 기업문화, 최고경영자의 관리스타일, 회사방침 및 종업원, 노조 등이 있다. 외부 환경은 기업 외부에 존재하는 환경으로 다양한 기회와 위협을 제공하는 일반 환경과 기업목표 달성에 직·간접으로 영향을 미치는 이해관계자 집단을 포함하는 과업 환경으로 나눌 수 있다.

(2) 경영환경의 중요성

① 기업 활동이 인간 생활 전반에 미치는 영향력이 커지고 결과적으로 비판이 증가함에 따라 기업 자체가 사회적 영향력을 고려할 수밖에 없는 입장에 처하게 되었다.

② 기업의 경쟁이 치열해짐에 따라 환경조건이 여러 가지로 복잡해졌으며 아울러 환경 자체가 급변하는 추세가 이어짐으로써 의사결정을 위한 환경예측 적응이 매우 곤란해졌다.

③ 민주주의의 발달과 더불어 기업과 지역사회와의 관계에도 큰 변화가 일어남으로써 지역사회가 기업경영에 중요한 영향을 미치게 되었다.

④ 기업에 대한 종래의 연구가 정태적 분석에서 동태적 분석으로 바뀌었을 뿐만 아니라 기업을 개방시스템으로 보아 기업 활동을 시스템적으로 파악하게 되었다.

⑤ 현대자본주의 경제의 중핵을 이루는 기업에 대해 한편으로는 공적 규제를 가하고, 다른 한편으로는 각종 지원과 유인을 주는 등 정부가 기업경영에 중요한 영향을 미쳤기 때문이다.

중요 check 경영환경
- 주주, 종업원, 채권자, 노동조합, 소비자, 정부, 지역사회와 같은 이해자 집단은 기업을 둘러싼 환경주체
- 기업과 환경과의 관계는 동태적임
- 환경은 기업에게 기회와 위협을 동시에 제공함
- 기업과 환경의 관계는 동태적이므로 그 한계가 모호함

---

(3) 경영환경의 분석

① 환경의 두 차원

환경의 두 차원은 변화의 정도와 복잡성의 정도를 말한다. 변화의 정도란 환경요소들이 안정적인지 아니면 동태적인지를 말하는 것이다. 즉, 환경이 과거의 패턴으로부터 예측가능한지 그렇지 않은지를 말하는 것이다. 복잡성의 정도란 환경요소들이 단순한가 그렇지 않은가를 말하는 것으로 상호 작용하는 환경요소의 수와 관련이 있다.

② 외부 환경의 분석

앞에서 설명한 환경의 두 차원을 바탕으로 환경의 불확실성을 분석한다. 먼저 외부환경을 분석하기 위해서는 환경의 구성요소인 경제·정치·사회·기술적인 측면에 대한 분석을 하여야 하고, 이것을 바탕으로 사업의 기회와 외형요인, 제약요인들을 분석한다. 이러한 분석을 바탕으로 조직활동의 영역(Domain)이 결정된다.

③ 내부 환경의 분석

외부 환경의 분석을 통하여 조직 활동영역이 결정되면 구체적인 경영활동을 수행하기 위해서 내부 환경을 분석하여야 한다. 즉, 구체적인 수행활동에는 조직 내부의 능력과 역량이 필요하며 이러한 능력은 조직의 자원과도 연관이 된다. 따라서 내부 환경 분석에서는 재무적 자원, 물적 자원, 인적 자원에 대한 세심한 분석이 요구된다.

(4) 기업 경영과 환경의 불확실성

① 기업은 환경으로부터 투입물을 받아 이것을 기업 내부의 여러 관리활동을 통해 처리 변환시켜 얻은 산출물을 다시 환경으로 내보내는 등 환경과 상호 의존 및 상호 작용 속에서 존속·성장한다.

② 환경은 수시로 변하며, 변화의 방향이 불확실하다는 성질을 갖고 있다.

③ 경영자는 환경 변화에 예의 주시하고 능동적·적극적으로 대처해야 한다.

② 일반 환경

일반 환경이란 사회 내의 모든 경영체에 유사하게 영향을 미치는 것으로 그 범위가 넓고 경영에 미치는 영향이 간접적이다. 일반 환경에 대한 분류는 학자에 따라서 다양하지만 일반적으로 다음과 같이 다섯 가지로 파악한다.

(1) 경제적 환경

기업 역시 국민경제의 일부를 구성하는 하나의 단위이며, 따라서 국민경제의 제(諸) 요소들의 영향을 받는다. GNP 성장률, 산업구조의 변화, 물가수준의 변화, 환율변동, 무역구조, 국제자본이동, 외국의 생산구조 등 다양한 경제조건의 변화에 많은 영향을 받고 있다. 예로는 환율절상에 의한 우리나라 기업의 수출경쟁력 악화 등이 있다.

① 국민소득 성장률 : 소비자의 실질소득이 감소하게 되면 구매에 신중을 기하게 되며, 이에 따라 기업은 절약형의 제품을 생산하고 광고에서도 가격측면을 강조하여 판매를 증가시키는 정책을 펼쳐야 한다.

② 물가상승률 : 물가의 상승은 소비자의 절약을 강조하게 되며 소비자들은 가능한 한 가격이 저렴한 제품이나 그러한 제품을 판매하는 유통경로를 찾게 된다.

③ 저축과 부채의 형태 변화 : 저축의 증가는 궁극적으로 판매력의 원동력이 될 뿐만 아니라 국내자본으로 자금을 조달할 수 있게 하여 경제성장을 가속시킬 수 있다.

(2) 정치적 환경

기업은 한 사회 내에서 합법성과 정당성을 인정받아야 한다. 그리고 그 사회를 다스리기 위해 존재하는 여러 가지 법률이나 규칙 등에 따라야 한다. 이러한 것들로는 경제정책상의 조건, 제반 법령, 외국의 정치변동 등이 있다.

(3) 사회문화적 환경

기업의 활동영역인 사회의 관습이나 문화, 인구통계적 특성, 사회구성원의 욕구와 가치관 등은 각 사회마다 다르다. 이러한 특성을 잘 파악하여야 기업은 내부 구성원, 이해관계자 및 소비자의 욕구를 충족시켜줄 수 있다. 이러한 요인으로는 인구특성(성별, 연령, 직업, 결혼 등)과 문화구조(국민성, 민족성, 종교, 가치관), 소득수준, 소비구조, 가계지출, 저축, 통신이나 운수 등 인프라 등이 모두 관련되어 있다.

(4) 자원 환경

기업은 외부의 자원을 이용하여 내부에서 기업 활동을 수행한다. 따라서 외부의 자원을 어떻게 내부화할 것인지, 그리고 그러한 자원을 어떻게 운용할 것인지 등이 중요해진다. 자원 환경은 다시 인적자원(노동자원, 대학, 직업훈련원 등), 재무자원(주식시장, 금융기관), 물적 자원(부동산, 원자재, 부자재, 기계 등) 등 다양한 형태로 나눌 수 있다.

(5) 기술적 환경

과학과 산업의 발전으로 오늘날 기술은 나날이 급속도로 변화해 가고 있다. 이러한 신(新)기술은 기업에 다양한 기회를 제공하며, 기업이 습득하여 체화시키지 못하면 다양한 외부 경쟁업체와의 경쟁에서 지게 된다. 따라서 기업은 기초연구기술, 응용연구기술, 실용화연구기술 등 각 분야에서 자신의 사업영역에 맞는 부분을 개발하고 습득하려는 노력을 지속하여야 한다.

중요 check　경영환경　**기출**

- 기업을 둘러싼 외부환경이 보다 복잡해지고 점점 동태적으로 변해가고 있다.
- 기업의 경영환경은 기업이나 기업의 활동에 영향을 주는 모든 요인을 의미한다.
- 거시환경에는 국제 환경, 경제 환경, 사회문화 환경, 정치법률적 환경, 기술 환경 등이 있다.
- 미시 환경에는 기업 내부 환경, 과업 환경 및 제약 환경 등으로 구성된다.

❸ 과업 환경

과업 환경은 특정한 기업이 목표설정 및 목표를 달성하기 위한 의사결정을 내리는 데에 직접적으로 영향을 미치는 환경을 말하며 각 기업에 따라 다르다. 과업 환경에 대한 분류 역시 학자마다 견해가 다양하다. 과업 환경은 기업의 행동에 직접적인 영향을 미치며, 그 범위가 일반 환경에 비해서 작고, 기업이 어느 정도 통제(Control)할 수 있다는 점 등이 특징이다.

(1) 주 주

주주는 주식의 귀속자로서 출자의무를 부담하는 한편 회사에 이익이 발생하면 그 이익을 배당받는다. 주주의 권리로는 총회에 출석하여 질문할 권리, 1주(株)에 대하여 1개씩 인정되는 의결권, 이익배당청구권 잔여재산분배청구권, 신주인수권 등이 있다. 주주는 회사가 파산했을 때 납입한 주금의 한도 내에서 책임을 부담하는 유한책임이다.

(2) 금융업자(금융기관)

기업을 확장하거나 다른 기업을 매수하는 경우 또는 유동성 압박을 받는 경우 등에 있어서 자본을 조달하려면 반드시 금융업자의 협력을 필요로 한다. 또한 대출받은 금액을 정해진 기일에 상환하고 이자를 정해진 기일에 납부하는 것도 매우 중요하다.

(3) 공급업자

기업이 경제적 가치를 생산하기 위해서는 원재료를 적시에, 적당량을 적절한 조건으로 획득할 수 있어야 한다. 특히 공급업자들이 원재료를 독점 혹은 담합하고 있는 첨단산업의 경우 소수의 공급자들이 기술우위를 확보하고 있는 경우가 많으며, 이런 현상이 세계경제의 추세로 심화되고 있으므로 적절한 대응정책 및 기술개발이 요구된다.

(4) 고 객

기업의 경영환경이 판매자 시장(Seller's Market)에서 구매자 시장(Buyer's Market)으로 전환됨에 따라 이에 대한 관리적 마케팅이 요구되고 있다. 따라서 기업이 성장하기 위해서는 소비자들의 욕구를 파악하여 소비자들이 원하는 제품이나 서비스를 제공하고 그로부터 적절한 이윤을 획득할 수 있어야 한다.

(5) 경쟁업자

자본주의는 자유경쟁의 원리가 지배하는 시장경제를 바탕으로 한다. 이러한 가운데 기업은 내적인 기업경영의 합리화 및 기술혁신 등으로 경쟁기업을 압도해야만 한다. 그러나 일부 기업의 담합이나 기업집중 등의 형태는 고객의 이익을 침해하고, 기술축적 및 경영의 합리화 등에 소홀하게 되어 국제경쟁력을 약화시키기 때문에 반드시 지양되어야 한다.

(6) 노동조합과 종업원

현대에 와서 노동자들의 노동조합활동은 법에 의하여 보장된 여러 가지 권리를 바탕으로 하여 기업의 성패에까지 영향을 미칠 수 있게 되었다. 노동자들을 자발적으로 참여시키기 위해서는 고용의 안정, 임금·노동시간 및 기타 노동조건을 향상시키고 인격적으로 대우해 주는 것이 필수적이다.

(7) 정 부

정부는 제반 법률을 바탕으로 하여 모든 기업들이 경영활동을 조화롭게 수행할 수 있도록 기업환경을 조성하는 역할을 담당하며 직접 조세를 징수하기도 한다.

4 경영환경의 이해관계자

(1) 의 의

① 이해관계자(Stakeholder)란 기업의 경영활동과 관련하여 직·간접적으로 이해관계를 맺고 있는 사회조직 또는 집단으로, '조직에 연결된 사람들, 조직에 이해관계가 있는 사람들 또는 조직의 의사결정에 의해 영향을 받는 사람들'을 말한다.

② 이해관계자들은 기업의 경영활동, 의사결정, 정책 등에 의해 영향을 받기도 하고 기업의 경영활동, 의사결정, 정책에 영향을 주기도 한다.

(2) 이해관계자의 세 가지 범주

① 소유권(Ownership)을 기반으로 한 이해관계 : 소유경영자, 대주주 및 일반주주

② 권리(Right)를 기반으로 한 이해관계 : 종업원 및 노동조합, 소비자, 공급기업, 채권자 등

③ 이익 또는 이해를 근간으로 한 이해관계 : 정부, 지역사회, 금융기관, 경쟁기업, 시민단체, 해외 진출지역의 정부 등

(3) 기업과 이해관계자의 관계

① 가해자와 피해자로서의 대립적 관계 : 기업권력의 남용이 이해관계자에게 피해를 입힘으로써 사회적 갈등을 고조시키고 이해관계자의 반발로 정상적인 기업활동이 중단된다.

② 상호의존성을 기반으로 한 공생적 관계

　㉠ 경제적 측면 : 상호의존을 통해 더 많은 경제적 이익을 안정적으로 얻을 수 있다.

　㉡ 사회적 측면 : 상호의존을 통해 사회적 관계 속의 구성원으로서 자신들의 역할을 지각하고 지속적으로 바람직한 영향을 주고받을 수 있게 된다.

(4) 기업과 이해관계자의 주요 기본 가치

① **성장성** : 기업과 이해관계자들이 상호이익을 증진하며 다 함께 성장·발전한다는 가치를 내포하는 개념
② **공정성** : 양측이 나누어 가질 수 있는 몫을 증대시키는 과정과 증대된 몫을 나눈 결과가 모두 공정하게 이루어져야 한다는 개념
③ **신뢰성** : 기업과 이해관계자가 단기적으로는 자신에게 손해가 있을지라도 장기적으로는 서로가 이익을 얻게 되는 관계라는 것에 대한 믿음

(5) 대표적인 이해관계자

① **주주(Stockholder)** : 기업의 금융 또는 실물 자본 중 자기자본에 해당하는 부분을 제공하는 개인이나 투자집단 또는 투자기관을 말한다.
② **노동조합 및 근로자집단** : 산업화가 진전되면서 필연적으로 발생한 집단으로서 경영자 집단과 함께 조직을 구성하는 기업의 주요 과업환경이다.
③ **소비자 및 소비자집단** : 제품소비시장을 형성하면서 구매력과 구매의욕을 가지고 기업이 생산한 상품이나 서비스를 반복하여 구매하는 개인 또는 사회의 여러 기관과 같은 소비주체이다.
④ **관계기업** : 대체로 같은 시장을 대상으로 시장점유율을 높이려는 기업을 경쟁기업이라 하고, 수직적 또는 수평적으로 연계해 원재료와 부품의 공급 및 완제품의 수요를 통해 상호 보완하는 기업을 협력기업이라고 한다. 이러한 경쟁기업과 협력기업을 관계기업이라 한다.
⑤ **지역사회** : 일정한 지역, 주민, 공동체 의식을 그 구성요소로 고용 및 소득증대, 지역사회 개발 등을 목적으로 한다. 그러나 공해 및 환경 파괴 등으로 기업의 사회적 책임이 부각되면서 그 중요성이 더욱 증가하고 있다.
⑥ **정부** : 정부는 일반주주·노동조합·소비자집단·지역사회 등 이해관계자 집단들의 이해관계를 정책적으로 수렴하여 기업활동에 영향을 주는 매개체로서 역할을 한다. 기업의 입장에서 볼 때 정부는 일반환경을 포괄하는 영향력을 행사하는 과업환경이다.

5 경영현황 지식

(1) 전략경영의 의의

① 전략경영이란 일반적으로 기업목표를 달성하기 위하여 고안된 계획들을 입안하고 실천하기 위한 의사결정과 행위들의 집합으로 정의할 수 있다. 즉, 전략경영은 기업의 미래방향을 결정하고 기업의 중장기 목표를 달성하기 위해 내려진 의사결정들을 실천하는 것이라고 할 수 있다. 이러한 전략경영은 정해진 방향 속에서 효율적 업무수행에만 초점을 두는 업무수준의 관리와는 본질적으로 다르다.

② 전략경영은 업무관리와는 달리 기업조직을 특정 부분이 아니라 기업 전체적 관점에서 파악한다. 또한 주된 관심이 일상적으로 반복되는 의사결정이 아니라 환경과의 관계설정과 관련된 전략적 의사결정에 있다. 따라서 전략적 의사결정이 어떤 내용들로 구성되어 있고, 그것이 어떠한 과정을 통해 만들어지는지를 이해할 필요가 있다. 왜냐하면 이러한 이해를 기초로 특정 기업이 처해 있는 전략적 문제가 무엇인지를 규명해 내고 해결방안들을 제시할 수 있는 능력을 키워나갈 수 있기 때문이다.

③ 기업환경의 이질적인 변화와 함께 과거에는 기업의 내부적인 측면만을 고려해도 되었으나 오늘날에는 사회 · 정치적 환경변화에 대응하여 정당성과 합법성을 유지하여야 한다. 따라서 포괄적인 관점에서의 전략경영이 등장하게 되었다.

(2) 전략적 의사결정

전략경영은 업무관리와 달리 전략적 의사결정에 주된 관심을 둔다고 하였다. 전략적 의사결정이 필요한 중요한 대상은 기업이 처한 상황이나 시점에 따라 다를 수 있으나 대체로 다음과 같은 특성을 갖는다.

① 전략적인 문제는 보통 기업 내 여러 부문에 동시에 관계되기 때문에 전사적(全社的) 안목과 자원배분의 권한을 가진 최고경영자의 의사결정을 필요로 한다.

② 보통 장기적 관점의 투자를 필요로 하며 자본, 인적 자원, 물적 자산에 관한 심각한 배분문제를 발생시킨다.

③ 장기투자의 문제를 다루며, 이러한 투자결과의 영향은 기업에 장기간에 걸쳐 영향을 준다.

④ 현재의 지식과 정보보다는 미래에 대한 예측과 판단에 기초하는 미래지향적인 특성을 가진다.

⑤ 기업 내 각 부분들과 복잡한 관계를 가지며 자원 및 책임의 재분배라는 측면에서 중요한 영향을 미치기 때문에 각 경영기능 또는 사업단위들에게 파급효과가 크다.

⑥ 기업은 환경변화로 인한 영향을 심각하게 받으며 전략적 의사결정은 경쟁자, 소비자, 공급자, 정부 등 외부로부터의 영향에 대해 효과적으로 대응함을 주된 과제로 한다.

(3) 전략경영의 구성요소

① 목표의 설정

기업의 목표는 그 기업조직이 존재하는 이유와 무엇을 해야 하는지에 관한 근거를 제공한다. 기업은 이러한 목표에 근거하여 전략을 수립하고 평가한다.

② 외부 환경의 분석

외부 환경의 분석은 기업이 당면하고 있는 전략적 기회와 위협들을 도출하기 위함이다. 이때 분석의 대상이 되는 외부 환경이란 정치, 경제, 사회, 문화 등 거시적 환경 요인들뿐만 아니라 기업이 속해 있는 산업의 경제적 구조 등을 포함한다.

③ 내부의 자원과 역량 파악

이러한 내부 분석은 기업의 강점과 약점을 파악하기 위한 것이다. 이를 위하여 기업이 보유하고 있는 자원의 양적 및 질적 수준을 평가하고, 경쟁우위를 가져다주는 기업의 독특한 내부 역량을 파악한다.

④ 전략적 대안 도출 및 최선의 전략 선택

설정된 기업의 목표, 내부 강점과 약점, 외부 환경으로부터의 기회와 위협을 종합적으로 고려하여 가능한 전략적 대안들을 도출하고 이 중 가장 바람직한 전략을 선택한다. 즉, 환경적 기회를 최대한 으로 활용하고 자신의 강점을 살릴 수 있는 전략을 선택해 나간다는 것이다.

⑤ 조직 내부 정비

어떠한 전략을 실천하느냐에 따라 요구되는 조직구조의 특성과 조직통제의 방법이 달라진다. 따라서 선택된 전략에 적합하도록 조직구조와 통제시스템을 설계하여야 한다.

⑥ 실천의 결과 평가 및 미래 의사결정에 반영

선택된 전략이 일단 실천되면 그 결과가 기업목표의 달성에 어느 정도 기여했는지를 평가한다. 그리고 그 평가결과를 다시 다음 단계의 전략 수립과 실천에 반영한다. 그리하여 기존의 기업 목표와 전략이 적절한지, 아니면 변화시켜야 하는지를 결정한다. 위와 같은 전략경영의 구성요소들은 합리적인 전략의 수립과 실천을 통하여 목표달성에 유리한 방향으로 외부 환경과 상호 작용시키는 데 그 목적이 있다.

(4) 전략경영의 수준(Three Levels)

기업 내부의 수준에 따라 몇 가지로 나누어 볼 수 있다. 여러 가지 서로 다른 사업들을 동시에 수행하는 다중사업(Multibusiness) 기업의 경우 일반적으로 전사적·사업부·기능별 수준에서 각각 전략경영이 이루어진다고 할 수 있다.

① 전사적 수준(Corporate Level)

㉠ 전략본부의 책임을 맡고 있는 최고경영층에 의해 이루어진다.

㉡ 주로 기업의 전체 목표를 정의하고, 무슨 사업에 참여하며 어떻게 사업부들 간에 자원을 배분할 것인가를 결정한다. 따라서 전사적 수준의 전략경영은 새로운 사업영역의 선택, 기존 사업의 포기, 성장의 우선순위 결정, 장기적 자본조달 방안, 배당 정책 등과 관련된 문제들을 다룬다.

㉢ 이와 같은 문제들은 기업 전체적 관점과 장기적 시야를 필요로 하며 잠재적 수익성은 높지만 위험부담 역시 높다.

② 사업부 수준(Business Level)

㉠ 여러 사업들을 동시에 영위하는 기업의 경우 여러 개의 독자적인 사업부들이 존재한다. 각 사업부는 각기 독자적인 사업영역을 가지고 있으며 생산, 마케팅, 재무, 인사 등 독자적인 경영기능들을 소유하고 있다. 사업부 수준의 전략경영이란 이러한 개별 사업부 안에서 이루어지는 것을 말한다.

㉡ 전사적 전략경영이 기업 전체의 관점에서 사업의 균형을 이루는 데 주안점을 두는 것에 반해, 사업부 수준의 전략경영은 특정 사업에 국한된 전략적 의사결정들을 주요 내용으로 한다.

ⓒ 사업부 수준의 전략경영은 전사적 수준에서 결정된 전략적 방향과 목표에 입각하여 개별사업의 영위에 필요한 구체적 전략들을 결정한다. 따라서 사업부 수준의 전략경영은 미리 정해진 사업 영역 안에서 어떻게 경쟁자들과 효과적으로 경쟁해 나갈 것인가의 문제를 주로 다룬다.

ⓔ 사업부 수준에서의 전략적 의사결정은 시장 세분화, 유통채널, 원가구조, 공장입지 등과 같이 상대적으로 구체적이고 경쟁우위의 확보와 관련된 것이 대부분이다.

③ 기능별 수준(Functional Level)

ⓐ 기능별 전략경영은 궁극적으로 각 경영기능별 경영자들이 담당한다.

ⓑ 생산, 마케팅, 재무, 인사, 연구개발 등 각 경영기능에서의 단기적 목표와 전략방안들 강구를 주요 내용으로 한다. 기능별 수준에서의 의사결정은 사업부 수준에서 결정된 전략을 실천하는 것과 직접 관련되어 있다. 따라서 기능별 수준의 전략들은 사업부 수준에서의 전략들과 일관성이 있어야 한다.

ⓒ 전사적 또는 사업부 전략에 비하여 단기적이며 보다 구체적이다. 즉, 이 의사결정은 주로 생산 시스템의 효율성 제고, 적정재고 수준의 결정, 고객서비스의 질적 향상, 연구 개발의 방법 결정 등과 같은 실천적 문제를 다룬다.

6 기업윤리(Business Ethics)

(1) 기업윤리의 의의

① 기업윤리는 '기업경영이라는 상황에서 나타나는 행동이나 태도의 옳고 그름이나 선악을 구분해 주는 규범적 판단기준, 또는 도덕적 가치를 반영하는 기업행동과 의사결정의 기준'이라고 할 수 있다.

② 기업윤리는 사회적 윤리에 관계되는 일반의 인식과 제도 및 입법의 기본 취지를 바탕으로 한다.

③ 현대사회에서 기업윤리가 중요하게 대두되는 이유는 경영활동의 윤리성이 기업의 내부적 이해관계자뿐만 아니라 외부적 이해관계자에게 미치는 영향이 크기 때문이다.

④ 세계적으로 비윤리적 기업 활동이 미치는 부정적 효과가 부각됨에 따라 주요 국가에서는 각국의 상황에 적합한 기업 윤리강령이나 헌장을 채택하고 준수하도록 권장하고 있다.

(2) 기업윤리의 요소

① 비윤리적 행위를 막을 수 있는 도덕지침으로서의 규칙이나 기준, 규범 또는 원칙을 지녀야 한다.

② 법 또는 사회적 규범 등의 기준을 따르거나 사실 또는 신념과 일치하는 행동과 같이 도덕적으로 올바른 행위를 포함한다.

③ 윤리적 판단을 요구하는 도덕적 딜레마에 빠진 경우와 같이 구체적 상황에 적용이 가능해야 한다.

④ 여러 가지의 윤리적 문제를 포괄적으로 고려하는 윤리적 의사 결정과정을 포함해야 한다.

(3) 기업윤리의 대두배경

기업윤리는 신학적이고 종교적인 입장에서 먼저 논의되기 시작하였다. 즉, 자본주의 발전과 그 역사를 같이 하는 기독교적 윤리 또는 청교도적 윤리를 기업의 경영자들이 자발적으로 준수하기를 기대하는 종교적 입장에서 기업윤리의 개념이 출발한 것이다. 이후 1980년대에 들어 윤리헌장이나 윤리위원회와 같은 윤리적 제도화가 시도되었고, 학계에서는 기업의 비윤리적 사례를 고발하고 윤리이론을 재정립하여 구체적인 문제해결에 적용하려는 본격적인 기업윤리 연구가 진행되었다. 몇몇 대기업들의 비윤리적 행동과 관련된 스캔들이 매스컴을 통해 일반 공중에게 널리 알려졌고, 경영층에 의해 저질러진 비행이 사회는 물론 기업 자신에게도 막대한 피해를 줄 수 있다는 점을 인식하기 시작했으며 경영자는 물론 일반 공중들도 경영의사결정과 관련된 윤리적 문제가 매우 복잡하며 어려운 문제라는 것을 알게 되었다. 그리하여 1980년대 후반부터는 기업윤리교육을 체계화하고, 윤리적 의사결정을 관리과정에 통합하려는 노력들이 이루어지고 있다.

(4) 사회적 문제가 되는 기업의 행태

① 기업의 독과점 행동

거대기업이 공공의 이익에 반하는 막강한 경제력과 정치력을 행사하고 있다. 우리나라에 있어서도 소위 재벌기업의 경제력 집중에 대한 비판이 이에 해당된다. 1980년 독점규제 및 공정거래에 관한 법률이 제정·공포되기 이전까지만 해도 독점적 행위가 관례적으로 용인되었으며 그 이후에 독점적 행위의 규제에서 정부주도적인 주요공동정책의 실현과 종합적 물가 대책, 신기술의 개발과 도입·보호, 특정 산업의 보호 등에 의하여 독점적 행위가 합법적으로 용인되었다. 따라서 기업의 입장에서는 경영전략상 독점행위를 선호하게 되었다.

② 경영자 권력의 증대

거대기업이 자기 보존적이고 무책임한 권력엘리트에 의하여 지배될 경우 이들 경영자는 소비자뿐 아니라 주주의 이해도 무시할 수 있는 권력을 보유하게 된다는 비난도 있어 경영자의 사회적 책임이 요청된다. 한편, 우리나라에서는 소유와 경영의 분리가 점차 진행되고 있으나 소유경영자의 권한이 거의 절대적이며 전문경영자는 소유경영자의 의사에 따라가는 형편이다. 따라서 우리나라에서는 소유경영자로서의 기업인의 사회적 책임이 문제가 된다.

③ 지나친 이윤추구

일부 기업들에서는 지나친 이윤추구로, 취업과 경제적 어려움을 이용해 근로자에게 지급해야 할 액수에 훨씬 못 미치는 임금을 지급하거나 편법으로 법정근로시간을 훨씬 초과하여 근무하게 하는 등의 악행을 저질러 적발되기도 했다.

④ 환경파괴

거대기업은 환경과 생활의 질을 파괴하고 있다. 기업의 과잉생산으로 자연자원의 조직적인 고갈, 미래세대에 대한 약탈, 약소국 자원의 착취, 장기적이며 부차적 효과를 무시한 산출의 극대화, 공해 방지를 위한 외부비용을 소비자에게 전가하는 등의 행태가 나타나고 있다.

(5) 기업의 사회적(社會的) 책임(責任)

① 사회적 책임의 의의

사회적 책임이란 '기업 활동으로 인해 발생하는 사회적·경제적 문제를 해결함으로써 기업의 이해 관계자와 사회일반의 요구나 기대를 충족시켜 주어야 하는 기업행동의 규범적 체계'이다.

② 사회적 책임의 내용

㉠ 우리 사회의 목표나 가치적 관점에서 바람직한 정책을 추구하고, 그러한 의사결정을 하거나 그러한 행동들을 따라야 하는 기업인의 의무이다.

㉡ 기업의 활동으로 인해 발생하는 문제의 관점 및 기업과 사회의 관계를 지배하게 되는 윤리원칙의 관점에서 생각될 수 있으며 이러한 문제의 해결과 윤리의 준수가 곧 기업의 사회적 책임이다.

㉢ 경제적·법률적인 필요요건을 넘어서 사회로부터 정당성을 인정받을 수 있는 기업 활동을 의미한다.

㉣ 주어진 특정 시점에서 사회가 기업에 대하여 가지고 있는 경제적·법적·윤리적 및 재량적 기대를 모두 포함한다.

중요 check **기업의 4가지 사회적 책임** 기출

• 경제적 책임 : 기업의 사회적 책임 중 제1의 책임이며 기업은 사회의 기본적인 경제단위로서 재화와 서비스를 생산할 책임을 진다는 것을 말한다.
• 자선적 책임 : 기업에 대해서 명백한 메시지를 갖고 있지 않으나 기업의 개별적 판단이나 선택에 맡겨져 있는 책임으로 사회적 기부행위, 보육시설 운영 등 자발적 영역에 속하는 활동을 말한다.
• 법적 책임 : 기업의 경영이 공정한 규칙 속에서 이루어져야 한다는 의미로, 기업이 속한 사회가 제정해 놓은 법을 준수하는 책임을 말한다.
• 윤리적 책임 : 법적으로 강제되는 책임이 아니지만, 기업이 모든 이해관계자 기대와 기준 및 가치에 부합하는 행동을 하여야 할 책임이 있다.

---

③ 사회적 책임의 중요성

㉠ 현대사회는 복잡하며 사회의 여러 기관과 이익집단들이 상호불가분의 의존관계에 놓여 있다. 특히 기업의 규모와 힘의 확장으로 기업은 사회에 막대한 영향력을 행사하게 되었다. 한편으로는 회사 내부의 요소들도 외부 사회로부터 영향을 많이 받게 된다. 이러한 이유에서 회사는 투명한 경영과 사회적 책임 완수 등을 통해 내·외부 모두의 신뢰를 얻어야 성공적인 기업으로 성장할 수 있다.

㉡ 사회가 보존하기를 원하는 부와 가치가 과거보다 다양해짐에 따라 위험한 제품의 판매, 전국적 노조파업, 수자원의 오염 등과 같은 무책임한 행위로 인한 파괴는 사회적 비난을 가져온다. 결국, 보다 나은 이미지를 유지하기 위해서는 책임 있는 기업의 행동이 요구되고 있다.

㉢ 사회과학의 발달에 힘입어 기업이 기업 외부의 사회시스템에 어떻게 영향을 미치는가를 알게 됨에 따라 사회에서 기업의 임무에 대한 더 많은 지식을 기대할 수밖에 없었던 것이다. 책임 있는 행동을 취할 것을 요구하고 있는 현대의 윤리개념과 관련된 것으로 기업가는 사회의 규범과 가치를 수용해야 할 필요성이 있다.

② 기업이 사회적 책임을 게을리하게 되면 정부의 규제를 받는다. 정부의 규제는 일단 설정되고 나면 좀처럼 철폐되지 않으며 그 상태가 장기화되는 것이 일반적이다. 따라서 기업은 그 권력의 한계를 명확히 이해하고 그 권력을 책임 있게 행사함으로써 정부가 개입할 가능성을 줄이고 기업의 자율성을 제고하도록 노력해야 한다.

(6) 사회적 책임과 기업윤리의 비교

① 사회 속에서의 기업의 역할과 기능면에서 양자 모두 기업의 경영역할과 기능을 넘어선 사회적 역할과 기능을 강조하고 있다.

② 사회적 책임과 기업윤리는 그 기준에 있어 상대적인 강조점의 차이가 있다고 하더라도 기업활동에 대한 사회의 가치나 기대, 이슈 등에 부응하는 규범 또는 기대 등은 초기에는 대중매체에 선도되는 사회적 여론이나 이해관계자에 의해 선도되는 사회운동의 형태로 가시화된다. 그러나 이러한 가시화된 사회적 규범이나 기대를 기업이 충족시켜 주지 못하면 이것은 사회적 이슈로 발전하게 된다. 사회적 책임이나 기업윤리는 이러한 사회적 기대나 이슈에 대응하기 위해 제기되어 왔다.

③ 사회적 책임과 기업윤리는 일련의 기업의사결정과 기업의 행동, 그리고 그로 인한 사회적 결과의 중대성에 의해 평가된다.

④ 사회의 기초규범으로서 국가권력에 의해 강제성을 갖고 있는 법률과의 관계에 있어서도 양자는 유사한 성격을 갖고 있다. 즉, 사회적 책임과 기업윤리는 법률이 규정하는 행위규범을 넘어서서 보다 자율적인 입장에서의 도덕적 의무나 책임을 수행하는 것을 의미한다.

중요 check 사회적 책임과 기업윤리의 구별	
사회적 책임	**기업윤리**
• 기업행동의 대사회적 영향력이라는 사회적 결과를 보다 크게 강조 • 사회적 책임은 이를 실천하려는 기업의 자유의지를 반영하는 능동적 역할을 보다 강조 • 수행주체로서 조직차원의 기업을 보다 강조 • 사회적 책임을 논하는 학자들의 기반은 대부분 경영학이나 경제학 등 사회과학임	• 기업행위나 경영의사결정의 옳고 그름을 따지는 판단 기준 자체에 보다 큰 중요성 부여 • 기업윤리는 상대적으로 이를 준수해야 한다는 수동적인 역할에서 시작 • 수행주체로서 인적 차원의 경영자나 조직구성원을 보다 중요시함 • 기업윤리를 주장하는 학자들의 기반은 대부분 철학이나 윤리학, 신학, 교육학 등 인문과학임

7 글로벌 경영의 이해

(1) 의 의 [기출]

① 교통·통신 등 각종 기술의 발달로 세계가 지구촌화되면서 WTO와 우루과이라운드(UR)체제를 기반으로 하여 보호무역주의의 철폐와 세계경제의 자유무역화를 추구하게 되었다. 이러한 상황에서 이미 수많은 다국적 기업들이 우리나라에 들어와 있고, 우리나라의 많은 기업 역시 해외로 진출하여 활발한 경제활동을 펼치고 있다. 그러나 국제 경영환경은 국내의 환경과 상이하여 국제 기업환경의 문제는 중요한 이슈로 떠오른다.

② 1947년, 23개국의 지도자들은 관세장벽과 수출입 제한을 제거하고 국제무역과 물자교류를 증진시키기 위해 국제적 포럼인 관세무역일반협정(GATT)을 출범시켰다.

③ 세계무역기구(WTO)는 1947년 시작된 관세 및 무역에 관한 일반협정(GATT) 체제를 흡수하여 세계의 무역질서를 수립하고 국가 간 무역으로 발생하는 무역 분쟁을 중재하고 무역의 장벽의 낮춰 자유무역을 지향한다는 목적으로 출범하였다.

(2) 지역경제 통합화 추세

① EU, NAFTA 등 지역경제통합체의 등장으로 인해 세계경제는 지역중심으로 분할되는 양상을 띠고 있는데, 이로 인해 역내국 간 관세 및 비관세장벽이 사라지면서 여러 국가의 시장이 통합되어가고 소비가 동질화되어 규모의 경제효과를 통해 세계로 진출하는 기업들이 많아지고 있다.

② 관세는 국제기업의 주요 관심사가 되어왔는데, 수출국 입장에서는 단순히 국제교역조건의 악화만을 가져올 뿐 별다른 이익을 주지 못해왔다. 그러나 수입국 입장에서는 수입물품의 가격인하로 인해 국제교역조건의 개선효과를 가져오는 동시에 경쟁력 없는 국내기업들의 비효율적인 생산과 관세로 인한 수입품 가격인상이 가져다 준 국내소비감소(국민후생감소)라는 악영향을 끼치게 됨으로써 결국 국제경제 상에 나쁜 영향을 주는 제도로 판명되고 있다.

③ 역내국 간의 관세철폐는 전 세계적으로 두 가지의 경제적·비경제적 효과를 가져다주는데, 하나는 무역창출효과이고 또 하나는 무역전환효과이다. 무역창출효과는 역내국 간 관세철폐로 인해 없었던 무역이 발생하는 경우 저렴한 생산비국에서의 생산을 가능하게 한다는 경제적 효과가 발생하는 경우를 의미하며, 무역전환효과는 관세철폐 전에는 최저생산비국으로부터 수입하던 것을 역내국 간 관세철폐로 인해 최저생산비국보다는 비싼 가격으로 생산하고 있는 특정의 역내국으로부터 수입하게 되어 수입대상국이 바뀌면서 동시에 비효율적인 생산이 발생하게끔 하는 비경제적 효과를 의미한다.

(3) 글로벌 기업의 환경

우리나라 기업이 진출하려는 나라마다 정치적 · 경제적 · 법적 · 사회 문화적 체제나 제도가 다르다.
외국시장의 여러 환경요인들은 국내보다 경직적이고 일방적이며 언어 등과 같은 제반 문화적 환경요
인은 기업의 경영에서 불가피한 요인으로 작용한다. 또한 각 나라마다 자국의 이익을 우선시하며 외
국기업에 대한 강력한 통제와 규제가 많기 때문에 글로벌 기업에 있어서는 특히 더 각종 환경이 중요
하다.

① **정치적 환경** : 경제에 대한 정부의 규제, 정치적 이념, 그 나라의 정치적 안정성, 국제 관계 등 기업
　의 활동에 커다란 영향을 미친다.
② **법적 환경** : 국제 경영을 위해서는 갖추어야 할 법적 지식이 다양하며 국제 분규의 관할권, 국제상
　사 분규에 관한 문제 등 그 나라의 상황에 맞는 법률적 지식이 요구된다.
③ **문화적 환경** : 현지의 역사, 언어, 미적인 감각, 교육 수준, 종교 등의 문화적 환경에 따라서 기업의
　활동도 커다란 영향을 받게 된다.

(4) 기업의 해외진출방식 `기출`

① 해외 직접투자는 해외관세 및 비관세 장벽의 문제를 극복하기 위해 현지화 수준을 높이는 방법이다.
② 프랜차이징 가맹사들은 본부의 정책과 운영절차에 따라 보다 더 강한 통제를 받게 된다.
③ 직접수출방식은 간접수출방식에 비해 시장개입의 범위를 확대할 수 있는 이점이 있다.
④ 턴키 프로젝트는 생산설비, 기술자, 노하우 등을 복합적으로 이전하는 수출형태로 현지정부의 규
　제로 직접투자가 어려운 국가에 유용한 진입방식이다.

중요 check　　라이센싱(Licensing)

- 의미 : 상표 등록된 재산권을 가지고 있는 개인 또는 단체가 기업이 소유하고 있는 브랜드를 사용하도록 허가
해주고 제공받은 디자인이나 제조기술을 활용하여 국내에서 영업할 수 있도록 하는 합작 또는 제휴의 형태이
다. 상품구성이나 광고 등의 활동은 라이센시가 담당한다.
- 국제 라이센싱(Licensing)
  - 현지국의 무역장벽이 높을 경우, 라이센싱이 수출보다 진입 위험이 낮으므로 진입전략으로 라이센싱이 유리
  하다.
  - 해외에 진출하는 제품이 서비스인 경우 수출과 이전비용이 적게 소요되므로 직접투자보다는 라이센싱을 선
  호한다.
- 라이센싱에 따른 수익이 해외투자에 따른 수익보다 낮지만 정치적으로 불안정한 시장에서 기업의 위험부담이
적다는 장점이 있다.
  - 라이센서(공여기업)가 라이센시(수혜기업)의 마케팅 전략이나 생산 공정을 통제하기가 쉽지는 않다.

---

02 기업형태

1 기업형태

(1) 의 의

기업을 세워 운영하려면 먼저 기업형태를 결정해야 한다. 기업형태에 따라 정부의 규제 및 지원이 달라지며 궁극적으로는 기업의 성장·발전과 직결되기 때문이다. 한편 기업의 구조적 특징은 그 기업이 어떠한 형태를 갖추고 있는가에 따라 달라진다. 간단하게 정리하면 다음과 같다.

① 기업의 목적(영리, 사회복지와 공익, 국가재정수익)
② 기업의 규모(중소, 대)
③ 소유관계(개인, 집단, 정부)
④ 참가관계(출자자의 경영참가 여부)
⑤ 제품시장관계(도매, 소매)
⑥ 위험과 책임의 정도(유한책임, 무한책임)

(2) 기업의 분류

기업형태란 출자(자기자본이나 출자자 자본형태)와 경영, 지배의 관계로부터 본 경제적 형태와 이를 기초로 하여 법률에 규정되어 있는 법률적 형태로 분류할 수 있다.

경제적 형태		법률적 형태	
사기업	개인기업	개인상인	–
	공동기업	소수공동기업	합명회사, 합자회사, 유한회사, 조합, 협동조합
		다수공동기업	주식회사
공기업		국영회사, 공영기업, 공사	
공사공동기업		특수회사, 영단(營團), 금고(金庫)	

(3) 개인기업

① 출자자와 경영자가 동일인이고, 개인이 기업의 위험에 대해 무한책임을 지는 형태이다. 혼자서 기업자본의 전부를 출자하는 동시에 자본에 대한 위험도 혼자서 부담한다. 일반적으로 개인 기업은 출자와 경영 및 지배가 일치한다.

② 이익이 발생하면 그 이익의 전부가 개인기업주 한 사람의 소유가 되어 자본금이 증가되고 손실이 발생하면 그만큼의 자본금이 직접 감소한다.

③ 소규모 기업경영에 적당한 형태이나 최근에는 대기업이 많이 생겨나고, 규모의 경제를 바탕으로 한 거대자본과 특수한 관리능력이 요구되면서 개인기업의 경쟁력이 약화되고 있는 추세이다.

[개인기업의 장단점]

장 점	단 점
• 창업이 간단하고 비용이 상대적으로 적게 든다. • 모든 이윤을 독점할 수 있다. • 의사결정과 지휘통제가 한 사람에게 집중되어 신속한 의사결정과 환경의 변화에 신속한 적응이 가능하다.	• 개인의 출자능력과 관리능력의 한도에 한계가 있기 때문에 기업경영에도 한계가 있다. • 위험을 분산할 수 없으므로 무한책임을 져야만 한다. 도산 시에는 개인의 재산까지도 채무를 갚기 위해 충당해야만 하므로 위험부담이 매우 크다. • 기업가의 개인적 사정에 따라서 기업의 활동이 제약되므로 안정성이 적다. • 우리나라의 경우 법인을 우대하므로 상대적으로 개인기업에 대한 세율이 높아 불리하다. • 불안정성과 한계성은 유능한 인재의 확보를 어렵게 한다.

(4) 조 합

두 사람 이상이 경영주체가 된다는 점에서 공동기업의 성격을 가지며 인적 결합을 중심으로 하므로 인적 공동기업에 속하게 된다. 다른 인적 공동기업과 달리 비록 복수의 사람들이 모여 민법상의 조합이나 익명조합을 형성하였더라도 외부에 나타날 때에는 단일의 회사와 같은 별개의 존재로 나타나지는 않는다. 조합기업은 대외적으로 단일의 행위주체로 나타나지 않기 때문에 내부회사라고 하는데 법인격(法人格)을 가지고 단일의 주체로 대외적으로 나타날 수 있는 협동조합, 합명회사, 합자회사, 주식회사 및 유한회사와 구별된다.

① 민법상의 조합(General Partnership)

㉠ 두 사람의 당사자가 조합계약을 체결하고 각자 출자하여 공동으로 사업을 경영하고 그 손익을 분배하는 조직체이다. 조합원은 모두 출자를 하여야 하나 그 출자는 금전뿐만 아니라 기타 재산 또는 노무로도 할 수 있다.

㉡ 조합원은 연대하여 무한의 책임을 부담하며, 합명회사와 비슷하나 법인격이 아니라는 점에서 차이가 있다. 즉, 법률상의 사업주체는 조합원 각자이며 조합자체가 사업주체는 아닌 것이다. 따라서 조합원이 출자한 재산은 조합원의 공동재산에 속하게 되며 조합이라는 독립된 주체에 속하는 것이 아니다.

㉢ 대개의 경우 조합은 사업 창설 당시 과도기적 형태로 사용되며 사업이 점차 발전하면 회사 형태를 취하는 것이 보통이다.

② 익명조합(Limited Partnership) - 상법의 규정에 의거한 조합

　　㉠ 익명조합은 출자를 함과 동시에 업무를 담당하는 조합원(영업자)과 단순히 출자만을 하는 조합원(익명조합원)으로 구성된다. 즉, 익명조합은 사업에 종사하는 영업자가 있는 반면에 그 사람에게 출자하고 그 이익의 분배에만 참여하는 익명조합원이 있는 것이다.

　　㉡ 익명조합원의 출자는 영업자의 재산이 되며 영업자는 그 재산을 기본으로 하여 사업을 영위한다. 영업상의 이익은 영업자와 익명조합원 사이에 분할된다. 익명조합원은 영업자의 행위에 대해서 아무런 권리나 의무도 가지지 않으므로 손실이 발생할 경우는 그 출자액을 한도로 부담하며 손실부문에 대해 재산을 각출하는 것은 아니다.

　　㉢ 익명조합은 합자회사와 비슷하나 법인이 아니며, 경제적으로는 공동기업이지만 법률상으로 조합의 사업은 영업자 개인의 사업이며 재산은 영업자의 재산이다.

　　㉣ 익명조합을 경영하는 이유는 다음과 같다.

　　　　ⓐ 자금이 부족한 자가 재력이 많은 자의 원조를 받아 사업을 할 때

　　　　ⓑ 개인기업을 확장하려 할 때

　　　　ⓒ 자본출자자가 경영에 관심이 없고 영업에서 생기는 이익배당에만 관여할 때

　　㉤ 익명조합은 출자자 자신의 이름을 공표하지 않고 자본조달을 할 수 있는 장점이 있다.

　　㉥ 출자자의 성명이 공표되지 않고 자본금액이 공표되지 않기 때문에 사회적 신용을 얻기 힘들다.

(5) 협동조합

① 의 의

자본주의에서 대개의 영리기업들은 이윤의 원리에 의하여 생산 및 판매를 담당하고 있다. 따라서 소비자들은 불리한 입장이고 대기업 이외의 소생산자들은 직·간접적으로 압박을 받아 계속적 생산에 어려움이 따른다. 이와 같은 상황에서 소비자나 비생산자가 이윤의 배제를 목적으로 상부상조의 정신에 따라 단결하여 자기의 경제나 생활을 유지·향상시키기 위하여 공동 사업을 영위하는 것이 협동조합(Cooperation)이다. 협동조합은 영리기업과 마찬가지로 구매, 판매, 생산 등의 각종 사업을 영위할지라도 원칙적으로 조합원들이 이용하게 되므로 영리를 목적으로 할 수 없다는 점이 일반 회사기업과는 다르다.

② 운영원칙

　　㉠ 소비자, 소규모 생산자 등과 같은 경제적 약자들이 협동하는 조합이며 조합원의 상호부조를 목적으로 한다.

　　㉡ 무한생명을 가진 법적 실체이며 조합원은 유한책임을 진다.

　　㉢ 조합원의 임의 가입·탈퇴가 인정되고, 각 조합원은 평등한 의결권을 부여받는다.

　　㉣ 조합 활동으로 생긴 잉여금은 원칙적으로 조합원의 조합이용도에 따라 배분한다.

③ 특 징

    ㉠ 인적 조직체(↔ 회사는 자본적 조직체) : 협동조합은 농가나 소생산자 또는 소비자들이 조직한 조합체로 사업에 필요한 만큼의 출자가 요구되는 것이 사실이나 조합원을 위한 하나의 사업수단일 뿐 협동조합은 조합원을 떠나 따로 존재할 수 없는 인적 조직체이다. 회사기업은 출자된 자본이 출자자로부터 독립되고 기업자체의 자본에 의하여 활동을 하는 것이므로 자본적 조직체이다.

    ㉡ 협동주의에 입각(↔ 회사는 경쟁주의에 입각) : 협동조합은 소생산자 또는 소비자들이 상부상조하여 경제생활을 유지·발전시키려는 협동주의에 입각한 것이다. 회사기업은 이윤이라는 동기에서 사업체가 형성되므로 출자자 상호간 또는 기업 상호간 경쟁주의가 지배하게 된다.

    ㉢ 민주적인 조직체(↔ 회사는 다액출자자가 지배) : 협동조합은 조합원이 출자에 관계없이 1인 1표의 원칙에 의해 차등을 두지 않고 전원이 협력하여 조합을 운영하게 된다. 회사기업은 많은 액수의 출자자가 전체적으로 지배권을 장악하게 된다.

    ㉣ 이용주의에 입각(↔ 회사는 영리주의에 입각) : 협동조합은 조합원에게 편익을 제공하기 위하여 사업을 운영하므로 이용주의에 입각한 것이다. 사업경영상 이익은 있을 수 없으므로 잉여금은 적립하여 이용자의 구매액에 따라 조합원에게 배당된다. 회사기업은 영리주의에 입각하고 있다.

④ 협동조합의 종류

    ㉠ 생산자 협동조합

        ⓐ 판매조합 : 대규모 생산업자에 대항하여 소규모 생산자가 합동으로 조직한 것이다. 직접 제조한 생산물을 소비자와 연결시킴으로써 중간상인의 개입을 배제하는 데 그 의도가 있다.

        ⓑ 구매조합 : 소규모의 생산자가 필요로 하는 원재료를 공동구입하거나 중간상인에 대항하여 부당한 중간이윤을 배제함으로써 조달가격의 인하를 기하고자 하는 조직이다.

        ⓒ 이용조합 : 중소경영자, 농민, 어민들이 자신들의 경제활동에 소요되는 시설을 공동으로 조달·사용·관리하고자 하는 목적에서 조직한 것이다(트랙터, 정미소 등의 시설).

        ⓓ 생산적 조합 : 조합원을 위해 공동으로 생산을 도모하거나 조합원이 생산한 생산물에 대해 가공을 하는 조합이다. 조합원이 생산한 우유로부터 치즈, 버터 등의 제품을 만들어내는 낙농조합 등을 예로 들 수 있다.

    ㉡ 소비자 협동조합 : 소비자들이 불필요한 유통경로 같은 불편을 제거하기 위해 각자 연합해 조합을 조직하고 물품을 생산자로부터 직접 대량으로 구입해 소비자에게 직접 분배하려는 조합이다. 소비자 협동조합은 1844년 영국의 로치데일의 후란넬 직공 28명이 1파운드씩 출자하여 소매점포를 개설한 것을 효시로 한다.

    ㉢ 신용조합 : 중소기업이나 노동자의 상호부조적 조합조직에 의한 금융기관을 말한다. 회원을 위한 자금의 대부, 예금의 수취, 어음할인 등을 취급하며 지방공공단체와 회원가족의 예금을 취급하고 예금을 담보로 한 대출업무도 겸하고 있다.

(6) 회 사

회사라 함은 상행위, 기타 영리를 목적으로 하여 상법의 규정에 따라 설립된 사단법인을 말한다. 우리 나라 상법에 규정된 회사의 종류는 합명회사, 합자회사, 유한회사, 주식회사의 4가지 형태가 있으며 분류의 법적 기준은 출자자 등의 책임한계에 있다. 즉, 회사의 종류는 회사의 채무에 대한 출자자 등 의 책임이 일정액을 한도로 하는 유한책임인가 무한책임인가 하는 점과 출자자 등의 책임이 회사채권 자에 대한 직접 책임인가 또는 회사재산만 책임을 지는 간접 책임인가에 따라 구별된다.

① 합명회사

합명회사는 출자자 전원이 무한책임을 지는 개인적 성격이 강한 회사이다. 2인 이상의 사원이 공 동으로 정관을 작성하고, 총사원이 기명날인 또는 서명함으로써 설립된다. 출자자 전원이 회사의 채권자들에 대해 무한책임을 지는 무한책임사원으로 구성되며, 사원(출자자) 전원이 사장과 같이 경영에 참여하고 대외적으로 회사를 대표하는 활동을 한다. 합명회사는 사원 모두가 서로 개인적 인 신뢰관계에 기반을 두고 출발하여 보통 2~3인의 출자자로 구성되는 공동기업 형태를 취하고 있기 때문에 회사규모는 작으나 거래에 있어서 비교적 안전하다는 장점을 가진다.

정관의 절대적 기재사항	설립의 등기 시 등기사항
• 목 적 • 상 호 • 사원의 성명 · 주민등록번호 및 주소 • 사원의 출자 목적과 그 가격 또는 평가의 표준 • 정관의 작성연월일	• 목적, 상호, 사원의 성명과 주소, 본 · 지점 소재지 • 사원의 출자 목적, 재산출자에는 그 가격과 이행한 부분 • 존립기간, 기타 해산사유를 정한 때에는 그 기간 또는 사유 • 회사를 대표할 사원을 정한 때에는 그 성명 • 여러 명의 사원이 공동으로 회사를 대표할 것을 정한 때 에는 그 규정

② 합자회사

무한책임사원과 유한책임사원으로 구성되어 있기 때문에 2원적 회사라고 불리며 폐쇄적인 성격이 강하다. 합자회사는 채권자에 대해 출자자가 범위 내에서만 책임을 지는 유한책임사원으로 구성된 다. 이러한 회사형태에서는 유한책임사원을 폭넓게 모집할 수 있기 때문에 합명회사보다 회사의 규모를 확대할 수는 있으나 유한책임사원의 책임이 가중되므로 회사의 규모를 무작정 확대할 수는 없다. 이러한 형태의 회사는 현재 거의 존재하지 않고 있다.

③ 유한회사

㉠ 의의 : 소수의 유한책임사원으로 구성되는 회사로 보유지분의 양도가 제한되어 기업의 폐쇄성 이 강한 면이 있으나 중소기업에 적합한 회사형태이다. 주식회사와 같이 출자자 전원이 유한책 임을 지고 그 범위도 극히 한정되어 있으며 출자자의 수도 50인 이하로 하고 있다.

㉡ 정관의 작성 : 정관은 2인 이상의 사원이 공동으로 작성하여야 하며 공증인의 인증을 받아야 효 력이 있다. 정관으로 이사를 정하지 아니할 경우에는 회사설립 전에 사원총회를 열어 이사를 선임하여야 한다.

㉢ 설립등기 : 자본의 납입이 완료된 날로부터 2주일 이내에 관할사업등기소에 설립등기를 하여야 한다.

정관의 기재사항	등기사항
• 목적, 상호, 사원의 성명과 주소 • 자본의 총액 • 출자 1좌의 금액 • 각 사원의 출자 좌수 • 본점의 소재지	• 목적, 상호, 본점과 지점의 소재지 • 자본의 총액, 출자 1좌의 금액 • 이사의 성명과 주소 • 대표이사를 정한 때에는 그 성명 • 두 사람 이상의 이사가 공동으로 회사를 대표할 것을 정한 때에는 그 규정 • 존립기간, 기타의 해산사유를 정한 때에는 그 기간과 사유 • 감사가 있는 때에는 그 성명과 주소

④ 주식회사

ㄱ 의의 : 주식의 발행을 통해 자본을 조달하는 현대 기업의 대표적인 형태로, 주식회사의 출자자인 주주는 모두 유한책임사원으로서 출자액을 한도로 회사의 적자, 채무, 자본 리스크에 대한 책임을 진다. 대중으로부터 대규모의 자본조달이 가능하며, 주주의 개인재산과 주식회사의 재산은 뚜렷이 구별된다. 전문경영인 도입과 소유권 이전이 용이하고, 자본조달의 확대가능성이 크다는 장점을 가진다.

ㄴ 설립의 특징

발기인 수	3인 이상
출자의 종류	금전 또는 현물
출자단위	1주에 100원 이상
출자방법	발행예정 주식 수(수권자본)의 1/4 이상
정관인증	필 요
창립총회	발기설립은 불필요, 모집설립은 필요
관선검사인선임	발기설립은 필요, 모집설립은 불필요

ㄷ 정관(Articles of Association)의 작성 : 정관이란 회사의 목적, 조직 및 행동에 관한 근본 규칙을 정하여 서면으로 작성한 것을 말하는 것으로 공증인의 인증에 의하여 효력이 생긴다.

ⓐ 절대적 기재사항 : 하나만 기재하지 않아도 정관 자체가 무효가 되는 사항

• 목 적
• 상 호
• 회사가 발행할 주식의 총수
• 1주의 금액
• 회사의 설립 시에 발행하는 주식의 총수
• 본점의 소재지
• 회사가 공고를 하는 방법
• 발기인의 성명 · 주민등록번호 및 주소

ⓑ 변태적 기재사항 : 상법에 규정되어 있으나 위험사항에 대해 정관에 기재하지 않으면 회사나 주주를 구속하는 규정으로서 효력이 생기지 않는 사항

ⓒ 임의 기재사항 : 강행법규에 위반되지 않는 한 어떤 사항도 기재할 수 있는 것

② 주식회사의 기관

　ⓐ 주주총회 : 주식회사의 최고기관으로 전체 주주로 구성되고 이사나 감사의 선임 및 해임권이 있으며, 이사나 주주 등은 그 의결에 반드시 복종해야만 한다. 총회소집은 2주일 전에 각 주주에게 서면으로 통지를 발송하거나 각 주주의 동의를 받아 전자문서로 통지를 발송하여야 한다. 총회의 결의는 출석한 주주의 의결권의 과반수와 발행주식총수의 4분의 1 이상의 수로써 하여야 한다. 정관변경, 사채모집, 매수 및 합병의 결의는 주주의 의결권의 3분의 2 이상의 수와 발행주식총수의 3분의 1 이상의 수로써 하여야 한다.

　　• 정기총회 : 정관에서 정한 장소에서 매년 1회 이상 일정한 시기에 이사가 소집하여 재산목록, 재무상태표, 손익계산서, 이익배당에 관한 토의를 한다.

　　• 임시총회 : 이사가 필요하다고 할 때, 감사가 필요하다고 인정할 때, 발행주식총수의 100분의 3 이상에 해당하는 주식을 가진 주주는 회의의 목적사항과 소집의 이유를 적은 서면 또는 전자문서를 이사회에 제출하여 임시총회의 소집을 청구할 수 있다.

　ⓑ 이 사

　　• 이사의 선임은 주주총회의 전속권한으로 정관의 규정 또는 주주총회의 특별결의로도 이사의 선임을 제3자나 타 기관에 위임하지 못한다.

　　• 이사의 수는 3인 이상이어야 하며(자본금 총액 10억 원 이상), 그 임기는 3년을 초과하지 못한다.

　　• 이사는 이사회의 소집권과 이사회에서의 의결권이 있다.

　　• 이사는 언제든지 주주총회의 결의로 이를 해임할 수 있다. 이사가 그 직무에 관하여 부정행위 또는 법령이나 정관에 위반한 중대한 사실이 있음에도 불구하고 주주총회에서 그 해임을 부결한 때에는 발행주식의 총수의 100분의 3 이상에 해당하는 주식을 가진 주주는 총회의 결의가 있은 날부터 1월 내에 그 이사의 해임을 법원에 청구할 수 있다.

　ⓒ 이사회

　　• 회사의 업무집행에 관한 모든 의사결정을 할 권한이 있을 뿐 업무집행권, 회사대표권은 가지지 않는다.

　　• 이사들로 구성되는 주식회사의 필요상설기관이다.

　ⓓ 대표이사

　　• 이사회의 구성원이 되어 의사결정을 함과 동시에 회사의 대표권을 가지는 경영관리의 집행기관(이사회에서 결정된 의사를 집행하는 기능)이다.

　　• 대표이사는 대외적으로 회사를 대표하며 대내적으로는 업무집행을 하는 회사의 필요상설기관이다.

　　• 이사회는 법정회의체로서 회의에 의해서만 그 기능이 가능하므로 업무집행에 대한 결정은 가능하지만 회의체인 이사회가 직접 업무집행을 담당하거나 회사를 대표한다는 것은 사실상 곤란하다.

　　• 따라서 상법은 이사회가 구성원 중에서 대표이사를 선임하여 회사의 업무집행과 회사를 대표하게 하고 있다.

ⓔ 감 사
- 회사의 회계감사 및 업무감사를 주임무로 하는 주식회사의 필요상설기관으로 주주총회에서 선임이 이루어진다.
- 임기는 취임 후 3년 내의 최종결산기에 관한 정기총회의 종결 시까지이다.
- 이사의 직무집행의 결과인 회계감사의 실효를 거두기 위해서 대주주 측의 일방적 감사선임을 방지하기 위해 발행주식 총수의 3% 이상의 주식을 가진 주주는 감사선임의 의결권을 행사하지 못하게 되어 있다.

(7) 공기업(Public Enterprise)

공공기관에 의하여 소유·관리되는 기업으로 회사법이나 기타 공법·특별법·행정규칙 등에 의해 설립된 공법인과 생산된 재화나 서비스의 대부분을 시장에 판매하는 대규모 비법인 정부 사업체에 해당하는 준법인 기업으로 분류된다. 또 공기업은 활동의 유형, 즉 경제활동별 분류에서는 산업으로, 제도부문별 분류에서는 비금융 법인기업과 금융기관으로 분류되는데 국민투자기금·공무원연금기금·중앙은행 등은 금융기관에 포괄적으로 분류되고 있다. 공기업의 특징으로 다음과 같은 것들이 있다.
① 매년 국회의 의결을 얻어 확정되는 예산에 의해 운영된다.
② 예산회계 및 감사 관계법령의 적용을 받는다.
③ 직원은 공무원이며 그들의 임용방법, 근무조건 등은 일반 공무원과 동일하다.
④ 이 형태의 공기업은 중앙관서 또는 그 산하기관의 형태로 운영된다.
⑤ 정부부처의 형태를 지닌 공기업은 창의력과 탄력성을 상실하기 쉽다. 그래서 많은 국가에서 정부부처의 형태를 지닌 공기업을 공사로 전환하고 있다.

(8) 기업집중

복합기업의 형태인 기업집중은 일반적으로 자본에 집적(Accumulation)과 집중(Concentration)의 두 가지 현상으로 나타나는데, 전자는 기업이 그 경영활동을 통하여 스스로 획득한 이윤을 축적하여 자본화함으로써 자기를 확대해가는 경우로 이를 내부성장이라 하고, 후자는 다른 기업과 상호 결합에 의하여 확대해가는 경우로 외부성장이라고 한다.
① 기업집중의 목적
  ㉠ 시장통계적 목적 : 시장에 있어서 기업 상호 간의 경쟁을 피하고 서로 유리한 조건을 유지하기 위해서 행해지는 경우로 이를 횡단적 또는 수평적 결합이라고 하며 카르텔이나 트러스트는 대체로 시장통제적 목적으로 이루어진다.
  ㉡ 생산 공정의 합리화 목적 : 생산 공정의 합리화를 통해 생산원가를 절감하거나 안정을 위하여 원료분야의 기업과 생산(제품)분야의 기업이 결합하는 경우로 이를 종단적 또는 수직적 결합이라고 하며 산업형 콘체른이 이 같은 목적으로 이루어진다.
  ㉢ 금융적 목적 : 재벌 또는 금융기관이 기업을 지배할 목적으로 그 출자관계에 의하여 여러 기업을 집중하고 그 지배력을 강화하려는 경우로 자본적 결합이라고 하며 금융형 콘체른은 여기에 속한다.

② 기업집중의 유형 기출

　㉠ 카르텔(Cartel) : 독점을 목적으로 하는 기업 간의 협정 또는 협정에 의한 횡적 결합으로 기업연합이라고도 한다. 같거나 유사한 기업 전부나 대부분이 경쟁의 배제로 시장을 통제하고 가격을 유지하기 위해 각자의 독립성을 유지한 채 협정에 가맹하는데, 그 내용에 따라 여러가지 카르텔로 분류된다. 판매조건을 협정하는 조건카르텔, 판매가격의 최저한을 협정하는 가격카르텔, 생산량 또는 판매량의 최고한도를 협정하는 공급제한 카르텔, 판매 지역을 협정하는 지역카르텔 등이 있다. 우리나라에서는 독점규제 및 공정거래법에 의해 카르텔이 금지된다.

　㉡ 트러스트(Trust) : 기업합동이라고도 하며 법률로써 그리고 경영상 내지 실질적으로도 완전히 결합된 기업결합 형태이다. 일반적으로 거액의 자본을 고정설비에 투하하고 있는 기업의 경우에 이러한 형태가 많다. 트러스트는 독점의 가장 강력한 형태로서 기업결합의 목적이 이윤추구이든 또는 합리적인 능률화든 그 목적을 가장 쉽게 또는 잘 달성할 수 있는 것이다. 트러스트의 종류에는 횡적 트러스트와 종적 트러스트의 두 가지가 있다. 전자는 단순트러스트라고도 하며 동일 기업만으로 결합된 것을 말한다. 후자는 고도트러스트라고도 하며 상이한 업종이나 각 생산단계를 다각적으로 결합한 경우를 말한다.

　㉢ 콘체른(Konzern) : 법률적으로 독립해 있는 몇 개의 기업이 출자 등의 자본적 연휴를 기초로 하는 지배종속관계에 의해 형성되는 기업결합체로 기업결합이라고도 한다. 카르텔이 개개의 기업의 독립성을 보장하고, 트러스트가 동일산업 내의 기업합동인 점과는 대조적으로 각종 산업에 걸쳐 다각적으로 독점력을 발휘하는 거대한 기업집단이다. 이에는 자본의 유효한 활용을 목적으로 하는 금융자본형 콘체른과 생산 판매상의 필요에서 이루어진 산업 자본형 콘체른이 있다.

　㉣ 콤비나트(Combinat) : 상호보완적인 여러 생산부문이 생산기술적인 관점에서 결합하여 하나의 생산 집합체를 구성하는 결합 형태이다.

　㉤ 콩글로머릿(Conglomerate) : 눈사람처럼 쌓여 자꾸만 확대되는 것을 의미하고, 흔히 '집괴기업'이라고도 불리며 복합 합병의 일종이다.

구 분	카르텔(Cartel)	트러스트(Trust)	콘체른(Konzern)
명 칭	기업연합(협정)	기업합동	기업결합(집단)
목 적	부당 경쟁 배제, 시장통제	경영 합리화, 실질적 시장 독점	내부 경영 통제 지배
독립성	각 가맹 기업 독립성 유지	법률적 · 경제적 독립성 완전 상실	법률적 유지, 경제적 상실
결합성	연약함(협정)	아주 강함(합동)	경제적으로 결합됨
존속성	협정 기간 후 자동 해체	완전 통일체	자본적 지배
결합방법	동종의 수평적 결합	수평 · 수직적 결합	수평 · 수직 · 자본적 결합
구속력	협정 조건에만 제한	완전 내부 간섭 지배	경영활동 구속, 지휘
국 적	독 일	미 국	독 일

중요 check　지주회사(Holding Company) 기출

- 여러 주식회사의 주식을 보유함으로써 다수기업을 지배하려는 목적으로 이루어지는 대규모의 기업집중 형태이다.
- 지주회사는 증권대위방식과 피라미드형의 지배단계를 활용하여 자본적 지배관계를 형성하게 된다.
- 순수지주회사는 뚜렷한 실체도 없고 독자적인 사업부문도 없이 전략수립, 인사, 재무 등 자회사의 경영활동을 총지휘하는 본부기능을 한다.
- 지주회사가 소액자본으로 다수 기업을 지배하고 기업 집단을 형성함으로써 경제력 집중의 문제가 발생할 수 있다.
- 지주회사는 다른 회사의 사업활동을 지배 또는 관리하는 회사를 말한다.
- 혼합지주회사는 다른 회사를 지배하면서 스스로 사업에 참여하는 지주회사를 말한다.
- 지주회사는 순환출자구조를 제한함으로써 투명성을 확보할 수 있다.

② 중소기업

(1) 중소기업의 의의

중소기업은 국민경제에서 차지하는 비중이 크고 대기업과의 상호보완적인 관계를 유지하여 기업 간의 분업을 담당하며 대기업이 제공하지 못하는 재화나 서비스를 제공하여 국민경제 발전에 기여하는 등 중요한 역할을 하고 있다. 중소기업의 개념은 그 범위와 대상 등이 일정하지 아니하며 국가별, 시기별 기준에 따라 변하게 되는데 질적 · 양적인 면에서 대기업에 대한 상대적인 개념으로 파악할 수 있다.

(2) 중소기업의 성장

1948년 대한민국 정부가 수립되자 섬유, 타이어, 연료 등의 화학제품 공업과 전기, 기계 등의 금속공업이 미국의 원조를 등에 업고 활기를 띠었으나 곧 극심한 인플레이션으로 어려움을 겪었다. 4 · 19 혁명 이후 정부는 중소기업 문제에 관심을 갖기 시작하여 중소기업 육성에 대한 정책을 발표했다. 그 후 1962년 경제개발 5개년 계획이 추진되고, 1966년 중소기업기본법이 제정되며 정부의 법적 뒷받침 아래 수출 중소기업의 육성이 두드러졌다. 그러나 정부의 중소기업 육성 정책에도 불구하고 1970년대부터 낮은 생산성, 대기업에 비해 불리한 시장성 등의 문제점들이 부각되기 시작하였다.

(3) 중소기업의 역할

① 생산과 고용의 증대에 기여하며, 산업구조의 저변을 형성한다.
② 대기업에 소재와 부품을 공급하고, 창조성과 신속한 전환능력을 토대로 해외 수요변화에 유연하게 대응한다.
③ 사회의 안정대로서의 역할을 하는 중산층을 창출 · 유지 · 존속시키는 기반이다.
④ 지역적으로 전국에 광범위하게 분산해, 지역주민의 소득증대, 생필품 제공 등 지역사회 발전에 기여하여 도시와 지방 사이의 소득격차를 해소하는 역할을 수행한다.

⑤ 다방면으로 창업의 기회를 제공하고, 종업원이 여러 가지 업무활동에 관여하여 이에 따른 경험의 증가로 다방면에 걸쳐 능력을 개발시킨다.

⑥ 소비자의 기호가 소품종 다량생산에서 다품종 소량생산으로 바뀌어 가는 경향에 대응하여 새로운 기술, 새로운 제품 및 새로운 시장개척에 열중한다.

(4) 중소기업의 필요성

① 특수기술이나 수공기술(手工技術)이 필요한 경우(귀금속 가공, 가발 생산 등)가 있다.

② 대기업과 보완적인 역할을 한다(자동차부품 생산, 전자부품 생산업체 등).

③ 대기업보다 중소기업 규모의 경영이 유리한 업종(낚시용품, 악기 생산 등)이 있다.

④ 저임금 인력을 활용할 수 있고, 소규모 자본의 경영이 가능하다.

⑤ 특수상품의 수요조정이 가능하며 불황 시에는 타 산업으로의 전환이 탄력적이다.

❸ 대기업

(1) 대기업의 의의

대규모의 생산자본과 판매조직을 갖추고 있어서 경제뿐만 아니라, 한 나라의 사회·문화에도 크게 영향을 미치는 일정규모 이상의 기업으로 큰 매출을 올리는 대규모 사업체를 말한다. 그러나 대기업의 진정한 의미는 단순히 양적인 규모가 크다는 데에 있지 않고, 그 기업의 경영을 해나가면서 양적인 규모에 비례하는 이상의 특별한 경제적인 영향력을 갖는 데 있다. 이처럼 기업의 경영활동이 나라의 경제·문화적으로 큰 영향을 미치게 되는 경우 이러한 기업을 대기업이라 한다.

① 거대한 자본력은 고도의 기술과 최신설비의 채용을 가능하게 하고, 또 그 최적규모의 실현으로 강한 경쟁력을 가진다. 강한 경쟁력은 과점에서 독점으로 나아가는 경향을 낳기도 하는데, 이 같은 경쟁의 제한이나 배제는 경쟁이라고 하는 진보의 원동력을 고갈시키기도 한다.

② 대기업의 존재는 사적 존재를 넘어 제도화되어 사회성, 공공성, 공익성 등이 강력히 요구된다. 특히 이것을 대기업 측에서 주체적으로 받아들일 때 사회적 책임이 생긴다.

(2) 대기업의 등장 배경

① 우리나라는 광복 후에도 바로 민족 간의 전쟁을 겪으며 국토는 황폐화되었고, 재정적으로도 여력이 없었다. 당장 먹을 것조차 없던 시기였기에 우리나라는 미국 등 일부국가에 의존할 수밖에 없는 상황이었던 것이다. 이러한 상황에서 선진국으로부터 농산물과 외화를 원조받으며 국가가 주도하는 산업개발이 시작되었다. 우선 삼백 산업이라 불리는 밀가루, 설탕, 면직물을 중심으로 정부의 집중적인 지원이 이루어져 자본이 투입되었고 이후 생필품에 이르기까지 산업이 일어나기 시작하는데 이 시기부터 현재의 삼성, CJ(제일제당), LG 등이 주도하는 산업 구조가 형성되기 시작하였다.

② 1960년대 초부터 1970년대 초까지는 원조 경제가 종료되고, 우리나라 기업들은 선진국으로부터 정부의 보증을 받고 외화를 대출받았는데 여기서 '정경유착'의 문제가 발생되기 시작하였다. 이 시기에는 석유, 시멘트, 정유, 건설, 운송업 등의 기간산업이 발달하게 되면서 현대, 한진그룹 등과 같은 국내 기업집단의 모체가 형성되거나 모기업이 기반을 굳혔다.

③ 1970년대부터는 외국 기업들이 직접 우리나라에 들어와 투자하기 시작하였고, 이에 맞춰 국내에서도 기술집약적인 중화학공업 즉 철강, 전자, 기계, 조선, 석유화학, 자동차 등이 발달하기 시작하였다. 이 시기는 중화학 공업을 토대로 현재의 POSCO(포항제철), 대우, GS, 기아 등의 기업들이 성장입지를 굳힌, 국내기업들의 실질적 팽창기로 중화학 공업 육성책이 다양한 산업에 걸쳐 시행되었고 이에 대기업들이 집중적으로 참여했다. 이와 동시에 국내 기업집단들은 부실기업의 인수, 제2금융권으로의 진출, 부동산 투자 등을 통해 급속한 팽창을 하게 되었다.

(3) 대기업의 필요성

① **일자리의 제공** : 30대 기업집단이 계열사를 통해 담당하고 있는 고용기여는 약 5%에 해당한다. 더욱이 30대 기업집단의 많은 하도급 계열사들이 간접적으로 파생하는 고용까지 포함한다면, 그 고용창출 기여도는 더욱 높다.

② **수출의 주역** : 한국의 경제발전 원동력은 수출을 통한 외화획득에서 비롯되었다. 한국의 대기업들은 수출전선의 첨병으로서의 역할을 담당하였으며 특히 세계적인 네트워크를 갖춘 종합상사는 한국의 수출을 주도하였다.

③ **국가 발전의 원동력** : 부가가치는 고용자에게 분배되는 인건비와 기업 내에서 새로운 투자를 가능하게 하는 당기순이익, 감가상각비, 금융비용, 조세공과 등으로 이루어진다. 따라서 기업이 부가가치를 많이 창출한다는 것은 그 기업이 경제에 이바지하는 기여도가 높다는 것을 알려 준다. 30대 기업집단이 2004년에 창출한 부가가치는 국가경제 전체의 부가가치의 약 16%를 차지했다.

④ **제조업 중심의 경제성장** : 선진국들은 계속 제조업에 투자하고 있으며, 상대적 기술우위를 확보하고자 노력하고 있다. 국가경제 전체에서 30대 기업집단이 차지하는 비중은 제조업 내에서 약 40%로 높다. 이는 과거 경제성장을 주도한 제조업의 성장에서 30대 기업진단의 역할이 매우 컸음을 보여 준다.

⑤ **높은 생산성으로 타 기업 선도** : 기업은 보다 낮은 비용을 들여 고품질의 상품을 생산해야 비교우위를 차지할 수 있다. 즉, 저비용 고효율로 생산이 가능해야 기업은 생존할 수 있다. 30대 기업집단은 경제 전체와 비교하여 부가가치를 기준으로 3.6배 높은 생산성을 보이고 있다. 이에 따라 30대 기업집단의 평균근로자는 타 부문보다 전반적으로 높은 임금을 받고 있다.

⑥ **조세부담으로 사회에 기여** : 기업은 고용을 창출하며, 근로자에게 소득을 주기도 하지만 한편으로는 조세를 부담하여 사회에 이바지하는 측면이 있다. 30대 기업집단은 법인세, 각종 공과 등을 통해 조세의 많은 부분을 담당하고 있다. 또한 기업이 종업원에게 주는 급여에 대한 근로소득세 부과도 실질적으로 기업에 의해 창출된 가치에서 나온 것이다. 관련기업들까지 고려하면 더욱 커질 것이다.

⑦ **인재의 산실** : 경제발전의 과정에는 수많은 기술 인력과 경영 인력이 필요하며, 기업에서 필요로 하는 인력은 현장체험과 노하우를 갖추고 있는 중견인력이다. 이러한 풍부한 경험을 갖춘 근로자는 대기업에서 많이 배출되고 있고, 선진 경영기법과 경험이 많은 임원 또한 대기업이 많이 배출하고 있다.

⑧ **연구개발에 적극적인 참여** : 설비투자만으로는 장기적인 기업의 비교우위를 확보할 수 없다. 따라서 연구개발에 대한 투자는 기업의 미래와 국가의 미래를 약속해 준다. 정부·공공부문까지 포함한 전체 연구개발비에서 차지하는 30대 기업집단의 비중을 구해 보면 약 40%로 매우 크다.

⑨ **중소기업의 지원** : 중소기업에 대한 지원형태에는 납품대금 결제, 운영자금 및 원부자재 구입대금 선급, 시설대체 및 설비구입자금 대부, 연계보증 및 지급보증, 기술협력 이전 및 공동기술개발, 사업이양, 해외진출 알선, 정보 공유, 유통망 공유 등이 있다.

⑩ **적극적인 사회공헌활동** : 기업은 본래 기능에 충실해야 한다. 소비자에게 최고의 상품과 서비스를 제공해야 하며, 기업 내의 소유자와 근로자에게 안정된 이익과 직장을 제공해야 한다. 이를 위해 기업은 적절한 수익을 남겨야 한다. 이 수익을 기반으로 미래의 상품생산과 안정된 고용을 가능하게 한다. 이러한 기업의 기본적인 책임 외에도 기업은 지역사회와 국가에 대한 공헌활동을 병행하고 있다.

4 중소기업과 대기업의 비교

(1) 경영적 특성

대기업은 자금력이 뒷받침되기 때문에 짧은 기간동안 흑자가 적거나 적자라도 유지할 수 있다. 하지만 중소기업은 대부분 이런 여유가 없다. 당장 자금의 흐름이 원활하지 않으면 흑자 도산도 가능하기 때문이다. 또 대기업은 전체적인 면에서 이익이 된다는 판단이 선다면 어느 한 분야의 적자도 감수하는 경우가 있지만, 중소기업은 조금이라도 적자가 있다면 대부분 포기할 수밖에 없다. 반면 대기업은 그 규모가 크고 경직되는 경우가 많기 때문에 변화에 대하여 민감하기가 쉽지 않지만 중소기업은 규모가 작고 유기적인 경우가 많아 변화에 유동적으로 대처한다.

(2) 환경적 특성

대기업은 시장을 주도하는 경우가 많은데 이것은 충분한 공급과 대기업에 대한 수요가 존재하기 때문이다. 하지만 중소기업이 시장을 주도하기는 힘들고, 대부분 시장의 변화에 따라 대처할 수밖에 없다. 또, 대기업은 당장 이익이 발생하지 않는 투자도 할 수 있으나, 중소기업은 이런 곳에 눈을 돌리기가 쉽지 않다.

(3) 생산기술의 특성

중소기업이 선택할 수 있는 생산기술은 주로 노동집약적인 경우가 많다. 비교적 기술수준이 낮은 제품을 보다 저렴하게 보다 빨리, 많이 만들어서 파는 것이 경쟁력인 경우가 많기 때문이다. 하지만 대기업은 대부분 자본집약적 형태를 띠게 되며 대기업의 기술력은 막대한 투자가 뒷받침되어 오래 이어진다.

구 분	대기업	중소기업
장 점	• 수출의 주역 • 국가 발전의 원동력 • 제조업 중심의 경제 성장 주도 • 높은 생산성으로 타 기업 선도 • 조세를 부담하여 사회에 이바지 • 인재의 산실	• 새로운 개념 도입과 신제품 출시의 혁신적 경영 • 틈새시장의 확보에 유리 • 지역경제의 발전에 기여 • 개인의 경제적 욕구 및 아이디어 실현 • 경영 의사결정 신속 • 기업환경의 변화에 빠르게 대응 • 강하고 인간적인 유대관계
단 점	• 과잉중복 투자 • 무분별한 다각화 • 과도한 차입 경영 • 작업의 단순화로 인한 작업의욕 감퇴 • 시장변화에 대응하는 탄력성이 적음 • 관리비용 증대	• 허술한 경영 • 부족한 자금 • 정부의 과도한 규제 및 관료주의에 따른 부담 • 자본의 영세성 • 기업의 낮은 신용도 • 동종 업종 간의 치열한 경쟁 • 독립성 유지 곤란

5 기업의 인수 · 합병(M&A)

(1) M&A의 의의

① M&A란 용어는 학문적으로 정의되어 있지 않으며, 단지 실무적인 차원에서 형성된 용어이다. 실무적으로도 인수 · 합병, 매수 · 합병, 기업인수, 합병매수 등으로 다양하게 쓰이면서 업무영역에서도 뚜렷이 정의된 바가 없는 것이 현실이다. 일반적으로 국내에서는 M&A가 다른 기업을 인수하거나 합병하는 협의의 의미로 사용되고 있다.

② 그러나 외국에서는 기업의 특정 부문이나 자회사의 매각처분(Divestitures), 기업 간의 자본제휴에 의거한 합작투자(Joint Venture), 또는 사기업화 등 광의의 의미로 사용되고 있다. 이는 M&A를 단순히 경영권을 가진 지배주주의 변경, 즉 기업지배권(Corporate Control, Corporate Governance)의 변경으로만 보지 않고 기존의 기업지배권에 영향을미칠 수 있는 일련의 행위를 포괄해서 파악하기 때문이다.

(2) M&A의 동기

기업이 인수 · 합병의 외적 성장을 추구하는 이유는 신규설립 등을 통한 내적 성장보다 낮다고 판단했기 때문이다. 즉, 기업을 둘러싼 환경 변화 등을 고려해 내적 성장을 통한 투자안의 평가와 외적 성장을 통한 투자안의 평가를 놓고 비교했을 때 M&A의 방법이 낮다고 판단할 경우 M&A가 일어난다.

① 경영전략적 동기

　㉠ 조직 성장의 지속적 유지

　　기업의 영속을 위한 지속적 성장과 개발이 필요하지만 기업 내부 자원의 활용에 의한 성장에는 한계가 있는 경우 기업 외부 자원(타 기업과의 결합)을 활용하여 성장하고자 한다.

　㉡ 국제화를 위한 경영 전략

　　시장의 국제화 및 다변화에 따라 제품 및 기술을 국제화하거나 개별 기업 자체의 국제화를 실시한다.

　㉢ 연구개발의 효율성 제고

　　연구개발에 요구되는 막대한 시간과 자금을 보완하기 위해 기술개발 능력이 있는 기업이나 기술개발에 도움이 되는 기업을 인수 · 합병한다.

　㉣ 저평가 기업의 이용

　　외부 기업 중 경영자의 능력 부족, 조직의 비능률성, 증권시장의 비효율성으로 저평가된 기업이 존재하는데 이 경우 해당기업의 인수 · 합병을 통한 경영 활성화로 저평가된 부분 만큼의 이익을 획득하고자 한다.

② 영업적 동기

　㉠ 시장 참여 시간 단축 : 기술 개발 속도가 빨라지면서 산업의 라이프 사이클(Life Cycle)이 짧아져 신규 투자에 의한 시장 참여보다 기업 매수에 의한 시장 참여가 경제적인 경우 인수 · 합병한다.

　㉡ 신규 시장 참여 시의 마찰 회피 : 기존 기업의 인수를 통해 기존 참가자와의 마찰을 경감하고자 한다(합작투자의 전형적 동기).

　㉢ 규모의 경제 효과 : 동종 기업 간의 합병으로 생산 규모가 대형화하면 각종 비용이 감소하게 된다.

　㉣ 시장 지배력의 증대 : 기업 인수 · 합병으로 기업 규모가 대형화되면 기업 자원 이용의 집중도가 커진다(국가별로 독과점을 규제하는 법규가 이를 제한).

③ 재무적 동기

　㉠ 위험 분산 효과 : 기업 인수 · 합병을 통한 사업의 다각화는 현금 흐름의 안정, 수익구조의 다각화, 환경 변화에 따른 경쟁력 제고 등을 실현하여 전체적인 경영 위험 감소효과를 가져온다.

　㉡ 조세 절감 : 이월결손금에 대한 조세 혜택 및 자본 소득세가 없거나 낮은 경우 대주주 입장에서 기업 인수 · 합병을 통해 보유 주식을 매각하여 상속세, 증여세의 절감 효과를 가진다.

④ 기타 동기 : 경쟁사 제거, 필요 자산의 적시 확보를 위한 기업 인수, 기존 자원(유통망, Brand, 기술력 등)의 효율적 이용, 경영자의 과시욕, 모기업 인사적체 해소, 경영권 방어를 위한 금융기관 인수

중요 check 적대적 M&A의 공격기법

- 공개매수 : 특정기업의 인수를 희망하는 자가 그 대상기업의 기발행주식의 획득을 결정하고 불특정 다수의 주주들로부터 증권시장 밖에서 공개적으로 매수할 것을 제안하는 것이다.
- 그린메일 : 장내에서 특정기업의 일정지분의 주식을 산 후 경영권 위협으로 대주주를 압박하거나 장외에서 비싸게 되파는 수법으로 주식의 판매차익을 챙기기 위한 적대적 M&A의 한 수법이다.
- 위임장대결 : 매수하는 기업의 주주들을 설득해 의결권을 위임(Proxy)받고 기존 경영자와 의결권 대결을 통해 인수하는 공격 전략이다.

6 기업인수(Acquisitions)

경영권을 수반하는 주식의 인수 및 영업(자산)의 양수를 말하는 것으로 여러 분류기준에 따라 그 유형을 나누어볼 수 있다.

(1) 인수대상에 따른 분류

① 주식인수(Stock Acquisitions) : 우리나라에서 가장 일반적으로 일어나고 있는 M&A로서 인수기업이나 그 지배주주가 대상기업의 지배주주로부터 직거래를 통해 주식을 취득하거나, 불특정 다수의 주주로부터 공개매수 방법을 통해 대상기업의 주식을 취득해 기업을 지배하는 방법이다. 기업의 실체에는 변동이 없이 대주주(경영주)만 변동되는 거래형태로 대주주가 거래당사자가 된다.

② 자산인수(Asset Acquisitions) : 인수기업과 피인수기업의 경영진 간에 영업권 양도 · 양수 계약을 체결해 피인수기업의 주식이 아니라 유형자산을 포함한 영업권을 양수 · 양도함으로써 피인수기업의 주요한 자산 전부 또는 일부에 대해 지배권을 인수하는 방법이다.

(2) 거래의사에 따른 분류

① 우호적 매수
　　㉠ 수의계약 : 일대일 협상에 의한 거래
　　㉡ Bidding(공매) : 다수의 매수자를 상대로 한 경쟁매매

② 적대적 매수
　　㉠ 공개매수(TOB ; Tender Offer 또는 Takeover Bid) : 특정기업의 인수를 희망하는 자가 그 대상기업의 기발행주식의 획득을 결정하고 매입주식수, 매입가격, 매입기간을 공표해서 대상기업의 불특정 다수의 주주들로부터 증권시장 밖에서 공개적으로 매수할 것을 제안하는 것이다. 그와 같은 제안절차는 우호적일 수도 있고 적대적일 수도 있는데, 매수제안 이전에 대상기업의 이사회와 경영진이 공개매수를 승인하였느냐에 따라 다르다.
　　㉡ 위임장 대결(Proxy Fight) : 매수하는 기업의 주주들을 설득해 의결권을 위임(Proxy)받고 기존 경영자와 의결권 대결을 통해 인수하는 공격 전략이다. 현(現) 경영진에 반대하는 주주들이 이사회에 진출함으로써 기업지배권을 인수하거나 단순히 소수의 이사진을 확보함으로써 기업경영에 자신들의 의견을 반영시키기 위한 목적으로도 활용될 수 있다.

ⓒ 시장매집(Market Sweep) : 장내시장인 주식시장을 통해 대상기업의 주식을 비공개적으로 원하는 지분율까지 지속적으로 매수해 나가는 방법이다.

(3) 매수 목적에 따른 분류

① 수평적 결합(경쟁관계의 동업종기업의 인수 → 규모의 경제, 시장지배력 강화)
② 수직계열화(전 · 후방사업에 속하는 기업의 인수)
③ 다각화 · 복합화(기존사업과 직접 관계가 없는 신규사업으로의 진출)

(4) 매수 결제 수단에 따른 분류

① 현금매수 : 매수대가로 현금을 지급하는 거래형태이다.
② 주식매수 : 매수대가로 일정 주식을 양도하는 거래형태이다.
③ LBO(Leveraged Buy Out) : 목표기업의 담보력을 이용한 차입자금으로 매수자금을 조달한다.

(5) 매수 주체에 따른 분류

① 국내기업 간(In-In)
② 국내기업의 외국기업인수(In-Out)
③ 외국기업의 국내기업인수(Out-In)

7 합병(Mergers)

(1) 의 의

우리나라에서의 합병은 대부분 타 기업을 인수한 후에 계열기업으로의 완전한 통합을 위한 후속 수단으로 사용되거나, 그룹계열사 간의 구조조정(Restructuring) 차원에서 계열기업 간에 이루어져 왔기 때문에, 미국과 같은 선진국에서 인수의 중요한 수단으로 사용되고 있는 Mergers와는 개념상의 차이가 있다.

(2) 합병의 유형

① 흡수합병(Mergers)
2개 이상의 기업이 결합할 때 그중 1개 기업만이 법률적으로 존속하여 다른 기업을 인수하고, 인수되는 기업은 해산하여 소멸하는 합병 형태를 의미한다.

② 신설합병(Consolidations)

결합하려고 하는 기업이 모두 해산·소멸하고 제3의 새로운 기업이 설립되어 여기에 해산된 기업의 모든 권리와 의무를 이전시키는 방법이다. 이 경우 해산된 기업의 결손금은 신설된 합병기업에 승계되지 않으며, 합병매수가 이루어질 때 당사자 기업들이 제품판매시장에서 어떤 관계에 있느냐에 따라 합병을 다음 세 가지로 분류한다.

    ㉠ 수평적 합병 : 동종 제품 또는 인접 제품을 생산하는 기업 간의 합병

    ㉡ 수직적 합병 : 생산 및 유통 과정의 수직적 흐름에 있어서 인접하는 단계에 있는 기업 간, 즉 공급자와 수요자 간의 합병

    ㉢ 다각적 합병 : 수평적이나 수직적 관계에 있지 않은 이종시장에 있는 기업 간의 합병

중요 check   기업의 인수 및 합병(M&A) 기출

- 인수 및 합병은 두 개 이상의 조직이 결합해서 보다 큰 조직을 만드는 것을 가리킨다.
- 기업이 새로운 분야에 진출하고자 할 때 이미 그 분야에서 활동하고 있는 기업을 인수 또는 합병하는 방법으로 획득하여 진출함으로써 경영기반을 확립하는데 소요되는 시간을 절약할 수 있다.
- 같은 업종의 기업을 인수 및 합병함으로써 기존시장에서 차지하던 시장점유율을 끌어올릴 수 있다.

---

8 전략적 제휴(Strategic Alliance)

(1) 의 의

경영권을 수반한 타 기업의 매수뿐만 아니라 동업종 경쟁기업과의 협조체제 구축을 통해 공동의 경쟁력 및 시장지배력을 키울 수 있고, 자금력 있는 기업이 기술력 있는 기업과의 제휴를 통해 공동으로 기술을 개발하거나 개발된 기술을 공유 및 상품화를 통해 상호의 부족한 부분을 보완하고 공동의 이익을 실현시킬 수도 있다. 이처럼 동일 업종 또는 유관 업종에 속한 기업들 간에 상호 시너지 효과를 극대화하고 공동의 이익을 추구하기 위하여 여러 가지 형태로 협력체계를 구축하는 경영전략을 통칭하여 전략적 제휴라 한다.

(2) 전략적 제휴의 유형

① 합작기업(Joint Venture)

제휴하려는 파트너들이 자본투자를 통해 모기업과 법적으로 별개의 독립된 기업을 설립하고, 이 합작기업을 통해 양자가 합의한 일정 분야에 대해 협력 체제를 구축하는 제휴 형태를 말한다. 일반적으로 합작 파트너들은 어느 한 특정 분야(특정 제품 또는 특정 시장)에 국한하여 협력관계를 맺고, 그 밖의 분야에서는 경쟁관계를 유지하게 된다.

② 지분참여(Equity Stake Alliance)

제휴파트너의 일방이 상대파트너에 일정 지분을 참여함과 동시에 일정 분야에서의 협력관계를 유지하는 제휴 형태를 말한다. 이런 형태의 지분참여는 일정한 자본투자를 통해 제휴파트너 간의 협력관계를 공고히 할 수 있고 또한 제휴를 통해 실현되는 수익을 공유할 수 있다는 특징을 가진다. 또한 지분참여는 기술과 자본의 만남이라는 목적으로도 많이 이용되고 있다.

③ 업무 제휴

어느 업무 분야(연구개발, 마케팅, 생산, 유통 등)에 있어 제휴선 간의 지분참여 없이 단순히 협력관계를 맺는 제휴의 형태를 말한다.

㉠ 기술 제휴 : 공동연구개발, 상호 라이센스 계약서(Cross Licensing Agreement)

㉡ 생산 제휴 : 공동생산협약, 부품공용화, 제조-판매 동맹 등

㉢ 마케팅 제휴 : 교차유통협약(Cross Distribution Agreement)

㉣ 영업업무 제휴 : 항공업무 제휴, 해운업 제휴, 보험업무 제휴, 신용카드업무 제휴, 백화점업무 제휴 등

중요 check 전사적 자원관리(ERP ; Enterprise Resource Planning) `기출`

- ERP는 기업활동을 위해 사용되는 기업 내의 모든 인적 · 물적 자원을 효율적으로 관리하여 궁극적으로 기업의 경쟁력을 강화시켜 주는 역할을 하는 통합정보시스템이다.
- 기업은 경영활동의 수행을 위해 여러 개의 시스템, 즉 생산 · 판매 · 인사 · 회계 · 자금원가 · 고정자산 등의 운영시스템을 갖고 있는데, ERP는 이처럼 전 부문에 걸쳐 있는 경영자원을 하나의 체계로 통합시스템을 재구축함으로써 생산성을 극대화하려는 기업 리엔지니어링 기법이다.
- ERP는 어느 한 부문에서 데이터를 입력하면 회사의 전 부문이 동시에 필요에 따라서 정보로 활용할 수 있게 하는 것이다.

01 적중실제예상문제

01 다음 중 기업의 경제적 환경에 대한 설명으로 가장 옳지 않은 것은?

① 지속적으로 국제수지 흑자를 나타낸다면 국내통화량이 증가하여 물가가 상승하는 부작용이 나타날 수 있다.

② 환율의 상승으로 화폐의 대외가치가 하락하지만 수출 시장에서 기업의 경쟁력은 높아지게 된다.

③ 인플레이션은 기업의 제품가격의 합리적 책정을 어렵게 하지만 기업의 수출경쟁력을 높일 수 있다는 장점이 있다.

④ 정부의 재정금융정책의 일환으로 경기가 과열되면 과세 표준을 상향조정하고 은행여신규모를 축소한다.

> **해설** ③ 인플레이션으로 물가가 상승하면 실질환율이 하락하여 순수출이 감소하므로 수출경쟁력이 낮아진다.

02 다음 중 기업환경에 대한 설명으로 가장 옳지 않은 것은?

① 기업의 일반환경이란 기업과 매우 밀접한 관련을 가지면서 기업활동에 직접적 영향을 미치는 근접환경을 의미한다.

② 기업의 과업환경은 기업경영활동으로 인해 직·간접적 이득이나 손해를 보는 이해관계자들로 분류된다.

③ 상황의 변화에 따라 기업 일반환경의 일부가 과업환경으로 변화하기도 한다.

④ 환경은 기업에게 사업의 기회를 제공해주는 한편 기업활동에 위협이 되기도 한다.

> **해설** ① 기업환경이란 기업에 영향을 미치는 기업 안팎의 모든 요소로 크게 내부 환경과 외부 환경으로 나눌 수 있다. 내부 환경은 기업의 내부에 존재하는 요소와 상황을 의미하며 여기에는 조직목표, 기업문화, 최고경영자의 관리스타일, 회사방침 및 종업원, 노조 등이 있다. 외부 환경은 기업 외부에 존재하는 환경으로 다양한 기회와 위험을 제공하는 일반 환경과 기업목표 달성에 직·간접적으로 영향을 미치는 이해관계자 집단을 포함하는 과업환경으로 나눌 수 있다.

03 다음 중 글로벌 기업경영에 대한 설명으로 가장 적절하지 않은 것은?

① 글로벌 기업의 목표는 단순한 이윤 극대화를 넘어선 시장의 확대 및 유지에 있다.

② 글로벌 경제원리는 자유로운 세계투자를 보장하는 자유무역주의나 보호무역주의와 관련하며 국가단위의 단일경제체제를 지향하고 있다.

③ 국내 기업이 국제기업 또는 다국적 기업으로 발전하여 글로벌 경제화가 진전됨에 따라 글로벌 기업이 등장하게 된다.

④ 최근 많은 기업이 전 세계 시장에 대응하기 위한 표준화된 제도 및 마케팅 방법을 사용하는 글로벌 전략을 채택하고 있다.

> **해설** ② 글로벌 경제원리는 자유로운 세계투자를 보장하는 자유무역주의와 밀접한 관련이 있으며, 보호무역주의를 지양한다. 또한 WTO 등을 통한 범세계적 경제체제나 나프타 등 지역경제통합을 통해 다수의 국가가 특정지역의 경제분야에서 국가 간에 장해를 없애고 경제활동의 자유화·일체화를 추진하고 있다.

04 다음 중 특정 산업 내 높은 경쟁강도를 가져올 수 있는 기업의 외부환경으로 가장 적절하지 않은 것은?

① 산업성장률이 높은 경우

② 진입장벽이 낮은 경우

③ 신규 대체재의 출현 가능성이 높은 경우

④ 시장 점유율이 비슷한 경우

> **해설** ① 특정산업의 성장세가 더딘 경우 상대기업이 점유한 시장을 빼앗아야 하므로 시장 점유율 확보를 위해 경쟁이 치열해진다.
> ② 진입장벽은 어떤 시장으로 새로운 경쟁자가 자유롭게 들어오는 데 어려움을 주는 유·무형의 요소를 말한다. 보통 진입장벽이 높을수록 경쟁이 제한되는 효과가 있어 산업의 평균 수익률이 높아진다.
> ③ 대체재가 많은 제품이나 서비스는 경쟁자가 많음을 뜻하고 이는 경쟁이 치열함을 의미한다.
> ④ 경쟁기업의 수가 많은 경우, 시장점유율이 비슷한 경우, 규모와 영업방식이 유사한 경우 경쟁이 치열해진다.

05 다음의 기업환경에 대한 설명으로 가장 적절하지 않은 것은?

① 사회적 환경은 사회구성원들이 행동하고 생각하며 원하고 믿는 것 등과 관련된 일반 환경으로, 여기에는 사회의 제 규범 및 가치관, 선악에 대한 판단근거, 관습 및 관행 등이 포함된다.

② 기술적 환경은 재화 및 서비스 생산과 관련되는 지식의 상태를 반영하는 것으로, 기업경영에 영향을 미치는 국가 또는 산업의 기술수준을 지칭한다.

③ 경제적 환경은 주주, 정부, 종업원과 노동조합, 서비스 제공자·공급자, 경쟁기업, 금융업자, 고객 등이 있는데, 이들을 기업의 의사결정에 간접적인 영향을 미치고 있는 이해관계자집단이라고 한다.

④ 정치적 환경은 법률과 공공정책이 형성되는 과정에 영향을 미치는 정치집단 및 이해관계자 집단을 지칭하는데, 기업경영과 관련된 여러 이해관계자집단들 간의 갈등을 정치적으로 해결해야 할 필요성 때문에 기업행동의 큰 테두리를 설정한다.

> 해설 ③ 경제적 환경은 기업이 운영되고 있는 경제체제의 성격, 종류, 구조, 방향 등과 관련된 요소로 물가, 이자율, 환율, 국민소득수준 등을 말한다.

06 글로벌 금융시장의 불안감 속에서 대기업들이 자금확보를 위해 회사채 발행을 늘려가고 있다. 다음 회사채에 대한 설명으로 가장 적절하지 않은 것은?

① 회사가 해산하고 남은 재산을 분배할 때 회사채의 채권자들은 소유주(주주)보다 우선권을 갖는다.

② 회사채는 주식회사가 투자자에게 사업자금을 장기간 빌리려고 발행하는 채권으로 일반적으로 금융채보다 금리가 높다는 이점이 있다.

③ 회사채는 채권자의 권리를 기준으로 일반사채와 특수사채로 구분하고 특수사채에는 전환사채, 신주인수권부사채 등이 있다.

④ 회사채 중 전환사채는 발행 시 주식으로 보유하지만 일정기간 내에 발행사의 채권으로 전환할 수 있는 청구권을 갖게 된다.

> 해설 ④ 전환사채(CB ; Convertible Bonds)란 주식으로 전환할 수 있는 권리, 즉 주식으로의 전환권이 인정되는 사채를 말한다. 일반 채권과 같이 만기일이 정해져 있고 그때까지는 정기적으로 이자가 지급되는 채권이기도 하다. 투자자는 사채의 확실성과 주식의 투기성을 비교하여 선택할 수 있으며 발행회사는 전환에 의한 사채상환의 효과를 누릴 수 있고 이자비용의 감소에 의한 자금조달상의 편의를 주는 의의를 지닌다. 발생은 원칙적으로 이사회가 결정하나 정관의 규정에 의해 주주총회가 결정할 수도 있다.

07 정치적 환경의 구성요소가 아닌 것은?

① 경제정책상의 조건
② 국제경제조건
③ 법령의 제정 및 개폐
④ 외국의 정치변동

> 해설 ② 정치적 환경으로는 경제정책상의 조건, 통화 이자율정책, 수출·입 진흥정책, 법령의 제정 및 개폐, 외국의 정치변동 등이 있다.

08 다음 중 국제 기업화의 필요성이라고 할 수 없는 것은?

① 해외시장에서 추가적인 이익과 시장을 추구하려는 것이다.
② 관세 및 비관세 장벽 등과 같은 수출환경의 악화에 대응하기 위한 것이다.
③ 수송·저장 등의 물적 유통기능을 높이기 위한 것이다.
④ 직접투자를 통해 해외의 생산시설을 보유함으로써 현지국 시장 수요에 신속하게 대응하기 위한 것이다.

> 해설 ③ 국제 기업화를 통해 현지 진출이 활성화되면 수·출입을 위한 수송이나 저장과 같은 물적 유통 기능의 비중은 줄어들게 되어 생산비 절감 효과로 이어진다.

09 다음 중 기업환경에 대한 설명으로 틀린 것은?

① 기업은 외부 환경으로부터 필요한 자원을 공급받고 산출물을 유통시키는 상호작용을 하는 개방 시스템(Open System)이다.
② 기술영역의 급속한 환경변화는 기업의 조직화와 관리자가 운영하는 방식을 근본적으로 변혁시키고 있다.
③ 기업과 환경과의 관계는 동태적(Dynamic)이며 기업에게는 위협으로만 작용하므로 이에 대한 신속한 대응이 필요하다.
④ 주주, 종업원, 채권자, 노동조합, 소비자, 정부, 지역사회와 같은 이해자 집단은 기업을 둘러싼 환경주체이다.

> 해설 ③ 기업의 외부환경이 동태적인 것은 맞지만, 기업에게는 위협(Threats)요인으로서만이 아니라 기회(Opportunities)요인으로도 작용한다.

10 오늘날 기업환경을 분류할 경우 기업 활동에 직접적인 영향을 미치는 요인이 많은데, 그중에서도 핵심적으로 부각되는 환경은?

① 정치 · 법률적 환경   ② 사회 · 문화적 환경

③ 경제적 환경   ④ 이해집단 환경

> **해설** ③ 기업환경에는 정치 · 법률적 환경, 사회 · 문화적 환경 그리고 경제 · 시장적 환경의 세 가지가 있다. 이 가운데 경영전략 수행의 의사결정에 매우 중대한 영향을 미치는 환경요인은 경제적 환경이며, 그중에서 직접적인 이해집단이 특히 중요하다.

11 오늘날 기업환경의 이해자 집단으로서 가장 큰 영향을 미치는 요인은 무엇인가?

① 주 주   ② 고 객

③ 거래처   ④ 경쟁기업

> **해설** ② 이해자 집단에는 주주, 금융기관, 거래처, 고객, 경쟁기업, 종업원, 정부, 지역사회 등이 있으며, 이 중 가장 큰 영향을 미치는 이해자 집단은 고객이다. 그러므로 현대의 의사결정은 고객 지향적이어야 하며 기업은 고객의 가치창조를 향해 전진해야 한다.

12 기업윤리가 오늘날 경영자들과 사회에 중요한 개념으로 부각되고 있음에 대해 설명하는 내용으로 가장 적절하지 않은 것은?

① 경영자의 비윤리적 행위가 빈번할수록 사회 전체가 지불해야 하는 비용이 증가할 수 있다.

② 소비자보호, 환경보호와 같은 윤리적 기업활동에 대한 시민단체 등을 통한 감시활동이 강화되고 있다.

③ 기업윤리에 대한 국제사회의 요구 및 압력이 증대되고 있다.

④ 윤리경영이 기업의 재무적 성과에 미치는 기여도는 매우 적다.

> **해설** 소비자들의 권익 증대, 환경보호에 대한 중요성 증가 등의 현대사회의 특징으로 볼 때, 기업의 윤리적 경영은 선택이 아닌 필수적 요소로 자리잡고 있으며, 비윤리적 행위가 빈번해졌을 때에는 국제 · 사회적 영업중단 및 금지 조치, 소비자들의 불매운동 등의 여파로 인해 매출에도 직접적인 영향을 미치게 된다. 따라서 ④의 설명은 틀린 내용이다.

13 다음 중 기업이 사회적 책임을 다하는 것으로 보기에 가장 적절하지 않은 것은?

① 하청업체의 원재료나 부품에 대해 적정한 대가를 지급하여 중소기업도 함께 성장할 수 있도록 한다.
② 지역 발전과 환경 보호에 기업이 앞장선다.
③ 소비자에게 낮은 가격의 상품을 공급하기 위해 인원을 감축하고 급여를 삭감한다.
④ 기업 활동의 일환으로 지역주민이나 환경에 피해를 주었다면 이를 보상하고 해결하기 위해 적극적으로 노력한다.

해설 ③ 낮은 가격으로 상품을 공급하기 위해 기업 내부의 인원을 감축하고 급여를 삭감하는 것은 기업 내부직원에 대한 비윤리적인 행동으로, 기업이 사회적 책임을 다하는 행위라고 볼 수 없다.

14 다음 중 기업의 사회적 책임과 기업윤리에 대한 설명으로 가장 거리가 먼 것은?

① 기업의 사회적 책임이 추가적인 정부 규제와 개입을 줄일 수 있으므로 기업의 의사결정에 더 큰 자유와 신축성을 가질 수 있다.
② 기업의 사회적 책임이 도덕적 · 규범적 측면을 강조하는 것이라면, 기업윤리는 법률적 · 제도적 측면에 초점을 둔다.
③ 기업은 기업의 유지 및 발전, 이해관계자의 이해 조정, 사회발전 등의 분야에서 사회적 책임을 진다.
④ 기업윤리는 모든 상황에 보편적으로 적용되는 윤리라기보다는 기업경영이라는 특수상황에 적용되는 응용윤리의 성격을 갖는다.

해설 기업윤리는 기업의 경영자와 구성원들이 조직내부에서 지켜야 할 행동의 기준이며 기업가정신을 바탕으로 정당한 방법을 통하여 기업을 올바르게 운영하는 기준이므로 도덕성이 평가의 기준이 된다. 이에 비해 기업의 사회적 책임은 기업이 이익에만 집착하지 말고 사회의 일원으로서 책임을 자각하여 그것을 실천해야 한다는 사고방식이다. 따라서 ②의 도덕적 측면은 사회적 책임이라기보다는 기업윤리에 해당하는 내용이다.

15 기업의 사회적 책임은 기업의 존속과 성장에 필요하다는 견해와 가장 거리가 먼 것은?

① 기업이 적극적 · 자발적으로 이해관계집단의 요청을 받아들여 이에 대응하는 것이 옳다.

② 기업의 장기적 생존과 이익을 위해 사회의 주요 문제를 해결해야 한다.

③ 기업의 사회에 대한 배려와 조치는 유익한 것이다.

④ 사회적 책임 수행에 따르는 비용은 제품의 가격을 상승시킨다.

> **해설** ④ 기업의 이윤추구와 사회적 책임은 종종 충돌하기 마련이다. 특히 기업이 단기적 성과에 집착할 경우 충돌이 심하다. 그러나 기업이 장기적인 시각을 가지고 사회적 책임을 다하는 것이 결국은 기업의 이윤추구에 도움이 된다는 인식을 가지고 활동한다면 양자를 조화시킬 수 있을 것이다.

16 세계시장을 대상으로 경영활동이 이루어지는 글로벌 경영(Global Management)을 촉진시키는 요인에 해당되지 않는 것은?

① 전 세계적으로 소비자의 수요나 구매 행태가 점차 이질화되고 있는 추세

② 생산방식이 노동집약적인 생산방식으로부터 자본집약적인 생산방식으로 전환되는 추세

③ 기술진보와 첨단산업에 지속적인 연구개발 투자가 증가되는 추세

④ WTO 체제에 따라서 각국에서 무역장벽의 감소가 이루어지는 추세

> **해설** ① 정보통신기술과 멀티미디어의 발달로 소비자의 특성이 동질화 · 획일화되고 있는 추세이다.

17 다음 중 기업의 경영활동을 둘러싼 제 환경요인 중 경제적 환경에 가장 적절한 것은?

① 실업률

② 허위 과장 광고의 규제

③ 소비자들의 웰빙 성향

④ 출산율 감소

> **해설** ① 경제적 환경은 GNP 성장률, 산업구조의 변화, 물가수준의 변화, 환율변동, 무역구조, 국제자본이동, 외국의 생산구조 등 다양한 경제조건의 변화에 많은 영향을 받는데 이러한 경제조건에 해당하는 것은 실업률이다.

18 오늘날 강조되는 있는 기업윤리의 중요성에 관한 설명으로 옳지 않은 것은?

① 어떤 기업이 인체에 유해한 식품을 법적 규제가 없는 국가에서 판매하여 이익을 취했을 경우, 법적인 문제가 발생하지 않으므로 기업윤리에도 문제가 없다.

② 기업윤리는 기업이 사회 속에서 해야 할 일과 해서는 안 될 일을 구분시켜 준다.

③ 장기적으로 기업윤리의 준수를 통해 질적인 기업활동 성과와 조직의 유효성이 증대된다.

④ 기업의 윤리적 활동은 종업원들로 하여금 자신이 속한 기업에 긍지와 애착을 느끼게 하며 열심히 보람 있게 일할 수 있는 동기를 부여한다.

> **해설** ① 기업윤리는 경영목적의 달성을 위한 수단의 선택에 있어서 고려해야 할 도덕적 도리와 규범이다. 윤리의 범위는 법적인 범위와 반드시 일치하지는 않으며 부도덕하다고 해서 반드시 불법인 것은 아니지만 기업윤리에 반하는 기업행동은 기업의 각 이해집단이나 일반사회의 불신감, 반발, 저항, 협력에서의 이탈 등을 일으키기 쉬우므로 궁극적으로 기업의 목표 달성을 저해하게 된다.

19 기업의 경영환경에 관한 설명 중 가장 옳지 않은 것은?

① 기업을 하나의 시스템으로 보면, 경영환경은 기업시스템의 입력·전환·산출에 막대한 영향을 미치고 있다.

② 경영환경의 동태성으로 인해 기업에게 미래에 일어날 환경변화가 무엇이며, 환경변화에 대한 기업행동의 결과가 어떻게 나타날지 예측하기가 더욱 힘들어진다.

③ 글로벌화로 인해 기업은 더욱 개방화되고 환경과의 상호작용이 밀접해짐에 따라 경영환경의 범위가 지속적으로 축소되고 있다.

④ 산업사회에서 정보사회로 진전되면서 경영환경의 변화속도는 더욱 빨라지고 있다.

> **해설** ③ 글로벌화로 인해 기업은 더욱 개방화되고 환경과의 상호작용이 밀접해짐에 따라 경영환경의 범위가 지속적으로 확대되고 있다.

20 전략경영의 특징에 속하는 것은?

① 제품 시장전략과 관계가 있다.

② 실행과 통제의 문제를 포함한다.

③ 전략수립에 역점을 둔다.

④ 기술적·경제적·정보적 측면에 집중된다.

> **해설** ② 전략계획은 기업의 외적 관계성, 즉 제품 시장전략과 관련되면 원칙적으로는 문제해결과정으로서 전략수립에 역점을 두며 전략결정시 기술적·경제적·정보적 측면에 집중되는 반면 전략경영은 내부 배열, 즉 조직시스템이나 조직변화와 관련 있고 실행과 통제의 문제를 포함하며 사회적·정치적 요소에도 주목한다.

21 자금조달 목적으로 발행되는 채권에 대한 설명 중 가장 거리가 먼 것은?

① 채권은 기업이나 정부가 원금과 이자를 향후 명시된 날짜에 돌려줄 것을 약속하는 부채계약이다.
② 채권의 이자는 빌린 돈을 쓰는 대가로 채권발행자가 채권 소유자에게 지급하는 돈이다.
③ 채권의 이자율은 경제현황, 발행기업의 평판, 국채나 유사한 기업의 이자율과 같은 요인들에 따라서 변한다.
④ 채권의 이자율은 한 번 정해지면 예외 없이 변경이 불가능하다는 장점이 있다.

> 해설 ④ 채권은 예외 없이 이자율의 변경이 불가능하지는 않다. 채권은 지급이자율의 변동 여부에 따라 확정금리부채권과 금리연동부채권으로 나눌 수 있는데, 금리연동부채권은 정기예금금리 등 기준금리에 연동되어 지급이자율이 변동되는 조건의 채권이기 때문이다.

22 다음에 해당하는 상품은?

> 65세 이상 고령자들이 보유하고 있는 주택을 담보로 제공하고 금융기관에서 매월 일정액을 연금 형식으로 받는 대출상품

① 오픈 모기지
② 역모기지
③ 모기지 대출
④ 모기지론

> 해설 역모기지론(Reverse Mortgage Loan)
> 장기주택저당대출이라고 하며 주택은 있으나 특별한 소득원이 없는 경우 고령자가 주택을 담보로 사망할 때까지 자택에 거주하면서 노후 생활자금을 연금 형태로 지급받고, 사망하면 금융기관이 주택을 처분하여 그동안의 대출금과 이자를 상환받는 방식이다.

23 다음 중 기업계열화의 형태가 잘못 연결된 것은?

① 수직적 계열화 – 이종 생산단계의 통합
② 수평적 계열화 – 동종 생산품목의 통합
③ 분기적 계열화 – 이종 공정 또는 원료에서 동종 제품의 분기
④ 사행적 계열화 – 부산가공물 또는 보조서비스의 계열화

> 해설 ③ 분기적 계열화 – 동일 공정 또는 원료에서의 이종 제품의 분기

24 다음 중 기업의 경영환경에 대한 설명으로 가장 적절하지 않은 것은?

① 경제환경, 사회환경, 기술환경 등은 기업환경 중 미시적·직접적 환경에 속한다.
② 경영자들이 주목하는 경제적 환경요인으로는 GNP나 GDP성장률이 기본적인 경제지표로 활용되며 이자율, 환율, 세율, 생산/투자/고용/소비지표 등이 많이 활용된다.
③ 기업내부의 조직문화, 조직의 역사 등도 조직경영에 큰 영향을 미칠 수 있기 때문에 조직내부 환경도 환경으로 본다.
④ 과업환경은 경영활동에 직접적으로 영향을 미치는 환경요인으로, 고객·공급자·경쟁자 등으로 구성된다.

> **해설** ① 경영환경 중 미시적 환경은 각 기업의 특성에 따라 고유하게 나타나며, 직접적으로 영향을 미친다. 경제환경, 사회환경, 기술환경 등은 모든 기업에 일반적인 영향을 미치는 거시적 환경에 해당한다.

25 대기업과 비교할 때 중소기업의 특징에 대한 설명으로 다음 중 가장 옳지 않은 것은? [20년 2회 1급]

① 자금과 인력의 조달이 어렵다.
② 경영진의 영향력이 커서 실행이 보다 용이하다.
③ 규모가 작아 고용증대에 큰 기여를 하지 못한다.
④ 환경의 변화에 보다 신속하게 대응할 수 있다.

> **해설** ③ 중소기업은 생산과 고용의 증대에 기여를 하며, 산업구조의 저변을 형성한다.

26 다음은 대기업과 비교하여 상대적으로 중소기업의 유리한 점에 관해 기술한 것이다. 보기 중 가장 거리가 먼 것은? [18년 2회 1급]

① 대기업보다 신제품 출시와 개발속도가 빠르고 자금과 인력이 적게 든다.
② 개인별 맞춤서비스를 원하는 특수분야 시장에는 중소기업이 유리하다.
③ 소수의 몇 사람이 출자하여 직접 경영에 참여하며 기업의 생명이 소유주 개인에 달려있다.
④ 대기업이 쉽게 진출하지 않는 수요량이 적은 틈새시장 공략에 유리하다.

> **해설** 중소기업
> • 새로운 개념도입과 신제품 출시의 혁신적 경영
> • 틈새시장 확보에 유리
> • 지역경제 발전에 기여
> • 개인의 경제적 욕구 및 아이디어 실현
> • 경영 의사결정 신속
> • 기업환경의 변화에 빠르게 대응
> • 강하고 인간적인 유대관계

27 **다음 중 기업의 인수 및 합병에 관한 설명으로 가장 적절한 것은?**

① 기업이 인수합병 전략을 사용하여 신규 진출하는 경우 진입장벽은 보다 쉽게 넘을 수 있으나 기존 경쟁사와의 마찰은 더욱 심화될 수 있다.

② 혼합합병은 경쟁관계가 있는 두 산업 내 기업 간의 합병으로, 이는 제품군을 다각화하고 확장하는 데 목적을 둔다.

③ 기업들이 인수합병 전략을 선택하는 동기에는 규모의 경제 확보, 조세절감, 자금조달 능력의 확대 등이 있다.

④ 합병은 한 기업이 다른 기업의 경영권을 매입하는 것으로 기업매수 또는 주식취득에 의한 사업결합을 의미한다.

> **해설** ① 기업이 인수합병을 통하여 신규 진출하는 경우 기존 경쟁사와의 마찰이 더 심해질 이유는 없다.
> ② 혼합합병은 상호관련성이 없고 경쟁관계가 없는 이종업종의 기업들 간에 이루어지는 합병을 말한다. 주로 재무적 측면에서의 상승효과를 얻기 위한 합병이지만 일반관리기술의 이전 등 경영 측면에서의 효과도 있을 수 있다.
> ④ 합병에는 합병 당사자인 모든 회사가 해산하고 동시에 새로운 회사를 설립하여 해산회사의 사원과 재산을 새로운 회사에서 포괄적으로 승계하는 신설합병과, 해당회사 중에서 한 회사가 존속하고 다른 회사는 해산하여 그 재산과 사원을 존속회사가 포괄적으로 승계하는 흡수합병이 있다.

28 **다음 중 기업의 인수 및 합병에 관한 설명으로 가장 적절하지 않은 것은?**

① M&A는 외부경영자원 활용의 한 방법으로 기업의 인수와 합병을 의미한다.

② 우호적 합병은 상대기업의 이사진이 인수제의를 거부하고 방어행위에 돌입하는 경우 사전에 수립된 인수전략에 따라 인수작업에 착수한다.

③ 수평적 합병은 동일 산업에서 생산활동 단계가 비슷한 기업 간에 이루어지는 경우를 말하며 시장점유율을 높이거나 판매력 강화 또는 생산 및 판매를 일원화하기 위해 이루어지는 것이다.

④ 수직적 합병은 한 기업의 생산과정이나 판매경로 상에서 이전 또는 이후의 단계에 있는 기업을 인수하는 것으로 주로 일관된 생산체제 또는 종합화 등을 목적으로 할 때 나타난다.

> **해설** ② 적대적 합병에 관한 설명이다. 우호적 합병은 상대기업의 동의를 얻고 그 기업의 경영권을 얻는 경우이다.

29 다음 중 개인기업의 한계를 극복하기 위해 등장한 공동기업에 대한 설명으로 가장 적절하지 않은 것은?

① 합명회사는 2인 이상이 공동으로 출자하고 회사의 채무에 대해서 유한책임을 지면서 직접 회사경영에 참여한다.

② 합자회사는 무한책임을 지는 출자자와 유한책임을 지는 출자자로 구성되는 기업형태이다.

③ 유한회사는 2인 이상 50명 이하의 유한책임사원으로 구성되며, 주식회사보다 설립절차가 간편하여 중소기업에 적합한 기업형태이다.

④ 주식회사는 주식을 통해 자본이 조달되며 자본의 증권화, 출자자의 유한책임제도, 소유와 경영의 분리라는 특징을 보유한다.

> **해설** ① 합명회사의 사원은 회사의 채무를 회사채권자에 대하여 직접 연대하여 변제할 무한책임을 진다. 따라서 정관에 다른 규정이 없는 한, 사원은 회사의 업무를 집행하고 회사를 대표하는 권한을 가진다.

30 다음 중 기업의 다양한 형태에 대한 설명으로 가장 바람직하지 않은 것은?

① 합명회사는 각 사원이 회사의 채무에 대해 연대하여 책임을 진다는 점에서 대외신용력이 높다는 장점이 있다.

② 유한회사는 소수의 사원과 소수의 자본으로 운영되므로 중소규모의 기업경영에 주로 이용된다.

③ 합자회사의 유한책임사원은 출자는 물론 경영을 담당하고 무한책임사원은 재산출자만을 할 수 있다.

④ 합자회사는 합명회사에 비해 자본조달이 용이한 장점이 있으나 지분양도가 어려워 대기업으로 성장하는 데 한계가 있다.

> **해설** ③ 합자회사(合資會社)는 무한책임사원과 유한책임사원으로 이루어지는 회사로서 무한책임사원이 경영하고 있는 사업에 유한책임사원이 자본을 제공하고 사업으로부터 생기는 이익의 분배에 참여하는 회사이다.

31 다음 주식회사의 장점과 단점에 대한 설명으로 가장 적절하지 않은 것은?

① 주주는 회사에 대해 개인적으로 출자한 금액한도에서 책임이 부여되기 때문에 안심하고 기업에 출자할 수 있는 점이 장점이다.

② 주식이라는 유가증권을 통해 출자의 단위를 소액단위의 균일한 주식으로 세분하여 출자를 쉽게 하고 이를 주식시장에서 매매 가능하도록 하여 소유권 이전이 용이한 것이 장점이다.

③ 대규모의 자금조달과 기업성장이 상대적으로 어려운 단점이 있다.

④ 회사의 설립이 상대적으로 복잡하고 비용이 많이 드는 단점이 있다.

> 해설 ③ 주식회사는 대규모의 자금조달에 가장 편리한 기업형태이다. 주식회사는 자본금을 균등한 주식으로 분할하여 출자자, 즉 주주는 주식의 인수가액을 한도로 출자의무를 부담할 뿐, 회사의 채무에 대하여 아무런 책임을 지지 않고 회사재산만이 책임을 지는 회사를 말한다.

32 다음 중 벤처기업에게 필요한 외부자금을 제공하는 엔젤투자자에 대한 설명으로 가장 적절하지 않은 것은?

① 엔젤은 사업구상에서 초기 성장단계의 투자를 주로 한다.

② 엔젤의 주요 투자동기는 높은 수익성 추구이며 친분을 중시한다.

③ 엔젤은 기업에 자금만 지원하는 형태로 경영자문 및 경영참여의 비중이 거의 없다.

④ 엔젤은 주로 개인투자자로서 일정한 법적 자격요건을 필요로 하지 않는다.

> 해설 ③ 엔젤투자는 창업 또는 창업 초기 단계인 벤처기업에 필요한 자금을 공급해 주고 경영에 대한 조언을 수행하는 개인 투자를 말한다. 엔젤투자는 기업이 창업단계 투자와 성장단계 투자 사이의 자본공급 차이를 극복하게 하고, 멘토링을 통해 창업기업에게 경영 및 기술, 마케팅 등의 지원을 제공하는 등 초기 기업성장에서 필수적인 요소로 평가받고 있다.

33 기업이 단독으로 해외의 새로운 사업에 진출하는 것이 어려운 경우, 해외기업과 전략적 제휴를 고려할 수 있다. 이때 기업들이 전략적 제휴를 선호하는 이유로 다음 중 가장 적절하지 않은 것은?

① 참여기업들이 지분참여를 통해 공동으로 하나의 새로운 회사를 설립함으로써 현지 정부의 각종 규제를 줄일 수 있다.
② 참여기업들은 투자비용을 줄이면서 기업의 핵심역량을 구축하여 집중화 효과를 볼 수 있다.
③ 참여기업들의 자원과 능력을 결합하여 생산, 판매 등에서 규모의 경제를 실현할 수 있다.
④ 기업이 이용하기 어려운 해외의 특정자원이나 시장에의 접근이 용이하다.

> **해설** ① 전략적 제휴는 참여기업들이 공동으로 하나의 새로운 회사를 설립하는 것이 아닌 실질적 또는 잠재적 경쟁관계에 있는 기업들이 사업의 일부 또는 특정 기능부문에 있어 일시적으로 협조관계를 맺는 것이다.

34 다음 중 기업의 성장전략 중 수직적 통합전략에 대한 설명으로 가장 적절하지 않은 것은?

① 수직적 통합은 생산과정상 또는 유통경로 상에서 공급자나 수요자를 통합하는 전략을 말한다.
② 수직적 통합은 원가절감과 안정적 수요와 공급이 가능하다는 전략적 이점을 지니고 있다.
③ 수직적 통합을 통해 기업은 환경변화에 대한 탄력적 대응이나 기술변화에 대한 민감한 반응이 가능하다.
④ 자동차 회사가 부품공급업체를 수직 통합한다면 품질향상과 유지를 통해 제품차별화를 달성할 가능성이 높아질 수 있다.

> **해설** ③ 수직적 통합은 원재료의 획득에서 최종제품의 생산, 판매에 이르는 전체적인 공급과정에서 기업이 일정 부분을 통제하는 전략으로 다각화의 한 방법이다. 수직적 통합은 원료의 독점으로 경쟁자를 배제하고, 원료부문에서 수익을 얻고, 원료부터 제품까지의 기술적 일관성이 이루어지는 등의 장점이 있다. 그러나 수직적 통합을 하게 되면 경기의 변동이나 기업 내부의 운영에 대한 유연성이 떨어지게 된다. 예를 들어 조선산업이 불황기를 맞게 되면 외부에서 구매하는 부품은 주문을 줄이면 되지만 자체적으로 부품을 만들고 있다면 불황기에도 많은 고정비용은 계속 투입되게 되는 것이다.

35 합명회사에 관한 설명으로 틀린 것은?

① 2인 이상의 사원이 공동출자하는 회사이다.

② 전형적인 인적 공동기업이다.

③ 합명회사의 사원은 기업의 채무에 대해 유한책임을 진다.

④ 합명회사의 사원은 정관에 규정이 없는 한 모든 업무를 집행할 책임과 권한을 가진다.

> 해설 ③ 합명회사 사원은 회사의 채무를 채권자에 대하여 직접 연대하여 변제할 무한책임을 진다.

36 기업형태는 출자자의 책임한도에 따라 구분할 수 있는데, 각 1인 이상의 유한책임사원과 무한책임 사원으로 구성되어 있는 기업형태는?

① 주식회사   ② 협동조합

③ 합명회사   ④ 합자회사

> 해설 ④ 출자자 전원이 무한책임을 지는 무한책임사원으로 구성되는 회사는 합명회사이고, 소수의 출자자가 유한책임사원으로 구성되는 회사는 유한회사이다. 합자회사는 무한책임사원과 유한책임사원으로 구성되어 있어 이원적 회사라고도 불리며 폐쇄적인 성격이 강하다.

37 다음 중 주식회사의 장점에 속하는 것은?

① 기업에 대한 약간의 제한

② 파트너의 자금과 재능의 풀링(Pooling)

③ 합명회사보다 자금력이 큼

④ 소유권 이전의 용이성

> 해설 ④ 주식회사는 자금의 조달이 용이하고 대자본의 형성이 타 회사에 비해 비교적 쉽게 이루어진다. 다수의 주주에게 책임이 분산되며 주주는 출자한 만큼의 책임을 지게 된다. 또한 지속적인 성장이 가능하고 소유와 경영의 분리를 이룰 수 있을 뿐만 아니라 소유권 이전이 용이하다는 장점이 있다.

38 다음에 해당하는 조합은?

> 상법상의 조합에 해당되며 합자회사와 비슷하지만 법인은 아니며, 경제적으로 공동기업이지만 법률상 조합의 사업은 영업자 개인의 사업이며 재산은 영업자의 재산이다.

① 판매조합   ② 신용조합

③ 소비조합   ④ 익명조합

> **해설** 익명조합
> 상법의 규정에 의거한 조합으로 출자를 함과 동시에 업무를 담당하는 조합원(영업자)과 단순히 출자만을 하는 조합원(익명조합원)으로 구성되어 있다. 합자회사와 비슷하지만 법인은 아니며, 경제적으로 공동기업이지만 법률상 조합의 사업은 영업자 개인의 사업이며 재산은 영업자의 재산이다.

39 다음 중 주식회사에 대한 설명으로 적당하지 않은 것은?

① 대규모의 자본조달이 불가능하며, 정부의 규제와 보고의 의무가 있다.

② 설립이 복잡하며, 영업활동에 대해 공개할 의무가 있다.

③ 전문경영자의 도입이 가능하며, 소유권 이전이 용이하다.

④ 소유권자는 유한자본조달의 책임이 있다.

> **해설** ① 주식회사는 일반 투자자들에게 주식을 발행하여 자본을 조달하기 때문에 대규모의 자본조달이 가능하다는 특징이 있다.

40 다음 중 소수공동기업에 대한 설명으로 옳은 것은?

① 소수공동기업은 법제도에 따라 물적인 성격을 갖는 물적 공동기업이다.

② 합명회사는 2인 이상이 공동출자하여 연대무한의 책임을 지는 인적 기업의 대표적 형태이다.

③ 합자회사는 무한책임사원으로 구성되는 물적 기업의 대표적 형태이다.

④ 유한회사는 출자와 업무집행을 담당하는 무한책임사원과 출자만을 책임지는 유한책임사원으로 구성되는 회사의 형태이다.

> **해설** ① 소수공동기업은 인적 성격이 강하다.
> ③ 합자회사는 무한책임사원과 유한책임사원으로 구성되며 인적 회사에 속한다.
> ④ 유한회사는 사원이 회사에 대하여 출자금액을 한도로 책임지고, 회사 채권자에 대해 책임을 지지 않는 사원으로 구성된 회사이다.

41 **지주회사(Holding Company)에 대한 설명 중 가장 거리가 먼 것은?**

① 여러 주식회사의 주식을 보유함으로써 다수기업을 지배하려는 목적으로 이루어지는 대규모의 기업집중 형태이다.

② 지주회사는 증권대위방식과 피라미드형의 지배단계를 활용하여 자본적 지배관계를 형성하게 된다.

③ 순수지주회사는 뚜렷한 실체도 없고 독자적인 사업부문도 없이 전략수립, 인사, 재무 등 자회사의 경영활동을 총지휘하는 본부기능을 한다.

④ 타 기업을 지배하면서도 동시에 자신도 사업을 영위하는 사업지주회사의 경우 카르텔 형태로 기업결합이 이루어진다.

> 해설 ④ 지주회사는 순수지주회사와 사업지주회사의 두 가지 유형이 있는데, 순수지주회사는 타기업의 주식을 보유함으로써 그 기업을 지배·관리하는 업무를 하며 이는 경영권만을 확보할 뿐 독립적인 사업을 할 수 없다. 이에 비해 사업지주회사는 혼합지주회사라고도 하는데, 독자적인 영업이 가능하다. 이 두 가지 유형 모두 지주회사이다. 지주회사는 카르텔이 아닌 콘체른의 대표적인 예이다.

42 **다음 중 벤처기업(Venture Business)의 특징에 해당되지 않는 것은?**

① 연구개발·디자인 개발 등 지식집약형 기업이다.

② 신시장지향·기술지향형 중소기업이다.

③ 확실하게 성장이 보장되는 수익성이 높은 기업이다.

④ 기술혁신적 아이디어를 상업화하기 위해 설립된 신생기업이다.

> 해설 ③ 벤처기업은 첨단의 신기술과 아이디어를 개발하여 사업에 도전하는 창조적인 중소기업으로 연구개발형 기업, 기술집약형 기업, 모험기업 등으로 불리며 다른 한편으로는 위험기업이라고도 한다.

02 | 경영관리

01 경영조직관리

1 경영자 역할의 이해

(1) 경영자의 의의

경영자는 기업의 목적달성을 위한 경영활동의 핵심적 역할을 수행하며 주요 의사결정을 담당하는 사람으로 기업의 외부 환경에 대한 대응(거시경영), 기업 내부의 제반 활동에 대한 계획-조직-지휘-통제, 기업 내 인적·물적 자원의 결합 및 조정 등의 업무를 수행한다. 현대의 기업은 그 규모가 커지고 경영 내용이 복잡해짐에 따라 기업의 소유자(자본가)가 직접 기업 경영을 하는 것보다 전문성을 지닌 경영자를 따로 고용해서 그들에게 경영을 맡기는 것이 효율적이라고 판단·분석되고 있다. 이러한 이유로 대부분의 기업은 소유와 경영의 분리를 이루고 있는데, 이때 전문경영자는 출자자가 제공하는 기계나 설비 및 원료와 같은 자본 등의 물질적 요소와 근로자가 제공한 노동을 결합함으로써 기업 활동이 합리적으로 수행되도록 계획·조직하고, 지휘·감독하는 실질적인 기업의 지도자라 할 수 있다.

(2) 경영자의 유형
① 직무수준에 따른 분류
  ㉠ 일선경영자(Operational Manager) : 계장, 주임 등 종업원의 활동을 직접 감독하는 자
  ㉡ 중간경영자(Middle Manager) : 과장, 부장 등 일선경영자 혹은 종업원을 지휘하고, 최고경영층과 현장을 연결·조정하는 자
  ㉢ 최고경영자(Top Manager) : 이사, 상무, 전무, 사장 등 조직의 경영전반에 책임을 지는 자
② 직무범위에 따른 분류
  ㉠ 직능경영자(Functional Manager) : 부문(생산, 마케팅, 인사, 재무 등)관리자, 일선 중간경영자
  ㉡ 총괄경영자(General Manager) : 조직 전반에 관한 의사결정 기능, 최고경영자

③ 경영체제(소유권 분산정도에 따른 경영권의 소재)에 따른 분류

　　㉠ 소유경영자(Owner Manager) : 기업의 소유자가 경영 전반에 관한 의사결정 권한을 행사하는 경우

　　㉡ 고용경영자(Employed Manager) : 소유자에 의해 위양된 특정 경영활동에 대해서만 책임을 지는 경우

　　㉢ 전문경영자(Professional or Expert Manager) : 출자 기능만을 제외한 경영 전반에 대해 책임을 지는 경우

중요 check　소유경영자와 전문경영자 `기출`

구 분	소유경영자	전문경영자
장 점	• 강력한 리더십 • 과감한 경영혁신	• 경영의 전문화 · 합리화 • 민주적 운영
단 점	• 가족 경영의 위험 • 독단적 의사결정의 위험 • 부와 권력의 독점	• 소극적 투자의 위험 • 단기적 이익 및 성과에 집착 • 주주 이해관계의 경시

(3) 경영자의 역할

경영자는 전략 · 계획의 수립, 조직의 조정 및 통합, 통제, 평가 등의 역할을 수행한다.

① 대인관계

　　㉠ 대표자 : 조직의 대표자로서의 상징적 역할을 맡아 회사를 대표하는 여러 가지 행사를 수행한다.

　　㉡ 리더 : 조직의 리더로서 경영목표를 달성하기 위해 종업원들에게 동기를 부여하고 격려하며 조직 내 갈등을 해소하는 역할을 담당한다.

　　㉢ 연락자 : 상사와 부하, 회사와 고객, 사업부와 사업부 등의 관계에서 연결고리 역할을 한다.

② 정보의 수집 및 전달

　　㉠ 외부 환경과 관련된 정보를 지속적으로 수집하고 이를 관찰한다. 정보가 많을수록 경영자는 의사결정을 신속 · 정확하게 할 수 있고 이를 통해 기업의 성과를 높일 수 있다(모니터의 역할).

　　㉡ 수집된 정보를 조직의 구성원들에게 충실하게 전달하는 역할을 수행해야 한다(전파자의 역할).

　　㉢ 기업 외부인들로부터 투자를 유치하고 기업을 홍보하기 위해 기업 내부의 객관적인 사실을 대변하는 역할을 수행한다(대변인의 역할).

　　㉣ 경영자는 조직내부와 조직외부로부터 지속적으로 정보를 탐색하는 역할을 수행한다(탐색자의 역할).

③ 의사결정

　　㉠ 새로운 아이디어를 내놓고 이를 종업원들과 공유하기 위해 자원의 활용과 기술개발에 대한 의사 결정을 과감하게 내려야 한다. 자신이 직접 새로운 사업을 시작하지는 않더라도 조직 내에서 혁신적인 방법을 모색할 필요가 있으며 이런 의미에서 경영자의 창업자로서의 역할이 요구된다.

　　㉡ 경영자는 노사관계, 계약관계 등에 관한 문제를 다룬다. 따라서 조직 내 갈등을 극복하는 문제 해결사로서의 능력을 갖추고 조직의 조화에 항상 신경써야 한다.

　　㉢ 주어진 자원을 최대한 효율적으로 활용해 경영목표를 달성하기 위해 인사, 재무, 생산, 판매 등 기업의 각 기능 부문에 자원을 신중히 배분해야 한다.

　　㉣ 경영자는 협상에 많은 시간과 노력을 들이게 된다. 특히 외부와의 협상에서 경영자는 회사에 유리한 결과를 이끌어내도록 최선을 결정할 수 있어야 한다.

(4) 경영자의 자질

① 의 의

　경영자가 가진 특성이나 능력, 가치관 등에 따라 성공하는 경영자와 그렇지 못한 경영자로 나뉜다. 이러한 경영자의 자질은 기업경영에 직·간접적으로 많은 영향을 미치는데, 제임스 쿠즈와 배리 포스너는 성공하는 경영자가 되기 위한 자질로서 정직성, 비전 제시 능력, 선도성, 공정성, 지성, 솔직성, 대담성, 신뢰감, 협조성, 창의성, 배려, 결단력, 야망, 자제력, 독립성 등 여러 가지를 제시하고 있다. 우리나라에서는 일반적으로 구성원에 대한 인간적 배려를 중시하는 인간중시의 경영 신조와 솔선수범의 자세 등을 경영자의 중요한 자질로 꼽는다.

② 경영자가 갖추어야 할 자세

　　㉠ 경영자의 자세는 기업의 업무방식, 분위기, 구성원의 사고나 태도 나아가 기업 문화, 성과에 이르기까지 기업경영에 폭넓게 영향을 미친다. 따라서 경영자는 올바른 가치관으로 구성원을 존중하고 아끼며 솔선수범하는 자세를 보여야 한다.

　　㉡ 새로운 아이디어나 색다른 관점을 포용할 수 있는 개방적인 사고를 갖고, 강인하고 도전적인 실제 행동가로서 능동적으로 변화를 창조하는 진취적 자세를 갖추어야 한다.

③ 경영자가 갖추어야 할 지식과 기술

　　㉠ 경영자는 기업경영과 관련된 전문지식을 반드시 갖추어야 한다. 경영자가 자신의 직무를 수행하는 데 전문성이 부족하면 구성원이나 조직에 영향력을 행사하지 못한다.

　　㉡ 상황을 신속·정확하게 파악하여 조직의 발전 기회로 삼는 분석기술이 요구된다. 관리기술이란 기업의 목표를 결정하고 이를 달성하기 위한 계획, 조직화, 실행 등을 지속적으로 관리하고 통제하는 능력을 말한다.

　　㉢ 기업이 당면하고 있는 문제에 대해서 정확한 판단을 내릴 수 있는 지적 능력이 있어야 한다.

④ 경영능력
　　㉠ 경영능력은 사고를 통해 추상적인 관계를 다룰 수 있는 정신적 능력으로 경영자가 조직을 거시적이고 전체적인 관점에서 바라볼 수 있도록 한다. 예를 들어 회사가 어떤 새로운 프로젝트를 추진할 때 이를 회사 차원에서만 보는 것이 아니라 지역사회 등 외부의 다른 이해집단과 상호 관련되어 있다는 것을 파악하고 미리 대비하는 능력이다.
　　㉡ 조직 내의 다른 구성원들과 원만한 관계를 맺고 의사소통할 수 있는 인간적 능력이 있어야 한다. 경영자는 조직의 구성원들에게 동기를 부여하고 그들을 리드하는 입장에 있다. 부하 직원이 의기소침해 있을 때는 그들을 격려하고 다시 의욕적으로 일할 수 있도록 하는 것이 이러한 능력에 해당된다.
　　㉢ 경영기법, 수단, 운영 프로세스 등을 활용할 수 있는 기술적 능력이 요구된다. 이러한 능력을 통해 기업의 구체적이고 기술적인 문제를 해결할 수 있으며 구성원의 업무를 감독·평가할 수 있다.

2 경영관리의 기능

(1) 경영과 관리

경영은 기업 기능의 종합 관리이고, 관리는 부문 관리이다. 즉, 각각의 부문 관리를 전체적으로 통합·관리하는 것이 경영이라고 할 수 있다.

① 경영(Administration)
　기업의 목적을 달성하기 위해 기업의 기능을 효율적으로 계획·조직·지휘·통제하는 일련의 활동을 말한다.
② 관리(Management)
　경영 계획이나 방침을 효율적으로 수행하기 위해 여러 자원을 적절히 활용하는 조직 내의 특정 기능을 말한다.

(2) 경영관리(Management)

① 경영관리
　기업이 경영활동을 능률적으로 수행하도록 하기 위해 경영 목적과 정책을 설정하고, 이를 달성하기 위해 인적·물적·재무적·기술적 요소를 계획·조직·지휘·조정·통제하는 모든 활동을 말한다.
② 경영과정
　계획수립, 조직화, 지휘, 통제로 이어지는 보편적 경영활동의 과정을 말한다.
③ 경영관리의 담당자
　㉠ 경영자
　㉡ 관리자

④ 경영관리의 5요소(5M)
  ㉠ 경영자(Man)
  ㉡ 원재료(Material)
  ㉢ 기계(Machine)
  ㉣ 자본(Money)
  ㉤ 시장(Market)

중요 check **공급망 관리(SCM ; Supply Chain Management)**

물류의 이동에 따라 제품, 정보, 자금의 흐름을 최적화하여 생산성을 높이고 안전성을 확보하며 최적화를 추구하는 관리방식이다. 특징으로는 시장의 수요변화에 대한 신속하고 경제적인 대응이 가능하여 기존 사업의 생산성을 높인다. 또, 고품질 제품의 제조 및 판매가 가능하며 물류비용을 최소화할 수 있다.

---

⑤ 경영관리의 기능(페욜의 관리 기능)
  ㉠ 계획 기능(Planning) : 계획은 경영활동의 목표, 방침, 절차 등을 사전에 설정하는 기능으로 계획 설정에는 기업체의 모든 계층에서 수행하는 모든 활동을 포함시켜야 한다. 어떠한 형태의 계획이든 그것은 통제의 전제가 되는 점에서 계획은 그 중요성이 크다.
  ㉡ 조직 기능(Organizing) : 직무를 분석하여 구성원에게 할당하고 책임과 권한을 확정하는 기능으로 사람과 직무를 결합시키는 것이다.
  ㉢ 지휘 기능(Directing) : 지휘는 기업체가 기대하는 것이 무엇인가를 부하(종업원)들에게 인식시키고, 또한 그들이 맡은 바 직책을 능률적으로 수행하여 기업의 목적달성에 기여하도록 인도(Guide)하고 감독하는 경영자의 기능이다.
  ㉣ 조정 기능(Coordinating) : 업무 수행상의 이해관계와 의견의 대립 등을 조정·조화시켜 협력체제를 이루게 하는 기능이다.
  ㉤ 통제 기능(Controlling) : 통제는 계획된 목표와 실적을 측정·비교·수정하고 처음 계획에 접근시키는 기능이다. 통제 기능을 발휘하려면 경영자는 계획대로 집행 활동이 이루어지고 있는지 또는 이루어졌는지를 파악하고, 만일 이루어지지 않고 있거나 이루어지지 않았을 때에는 집행 활동을 시정시켜야 한다. 통제 기능은 집행 활동의 실시 중에는 물론이고 실시 후에도 수행되어야 한다.
⑥ 경영관리의 순환(Management Cycle)
  경영관리 활동은 계획에서 통제에 이르는 하나의 과정으로 끝나지 않고 계획, 조직, 지휘, 조정, 통제의 순환 과정을 거쳐 효율성과 유효성을 높여 가는데 이를 관리의 순환이라고 한다.

(3) 경영관리자의 계층별 유형

① 최고경영자 계층

회장, 사장, 전무, 상무, 이사 등 최고경영자 계층은 조직 전체의 목표와 방향을 설정하고, 경영정 책이나 경영전략에 대한 총괄적이고 종합적인 의사인 전략의사를 결정한다(신제품 개발, 기술 도 입, 기업의 인수, 생산 설비 확충 등과 관련된 의사 결정).

② 중간관리층

부장, 차장, 과장 등 중간관리층은 조직 전체의 목표와 방향을 성공적으로 수행하기 위한 각 부서 의 역할과 구체적 활동에 대한 의사결정인 전술적 의사를 결정한다(예산 편성, 판매망 구축과 고객 서비스 방법 결정 등).

③ 현장감독자 계층

대리, 직장, 조장, 반장 등 현장감독층은 작업 제시 및 작업상 발생하는 여러 문제의 해결에 대한 의사결정인 운영적 의사를 결정한다.

(4) 경영관리자의 역할(민츠버그의 경영자 역할론)

① 대인관계적 역할

상징적 대표자, 지도자, 연락자

② 정보 관리적 역할

청취자, 전파자, 대변자

③ 의사결정적 역할

기업가, 분쟁조정자, 자원 배분자, 교섭자

중요 check Mintzberg의 경영자의 10가지 역할
- 대인관계적 역할 : 상징적 대표자의 역할, 지도자의 역할, 연락(접촉)자의 역할
- 정보관리적 역할 : 정보 수집 · 청취자의 역할, 정보 보급 · 전파자의 역할, 대변자의 역할
- 의사결정적 역할 : 기업가의 역할, 분쟁(동요) 조정자의 역할, 자원 배분자의 역할, 협상자의 역할

---

(5) 경영 혁신

① 계획단계

㉠ 장기전략 계획(LSP ; Long-term Strategy Planning)

ⓐ 기업목표를 설정하고 전략실행에 필요한 자원을 배분하는 전략적 판단을 포함하며 사업구조 나 제품구조와 같은 경영구조 자체의 변혁을 도모하는 전사적 · 종합적 · 포괄적 성격의 거 시적 계획이다.

ⓑ 한 번 정해지면 고정되는 확정계획이 아니라 상황변화에 따라 변동하는 연동계획(Rolling Plan)의 성격을 가진다.

ⓛ 경쟁전략(CS ; Competitive Strategy)

 ⓐ 어떤 기업이 그 기업이 속해 있는 산업 내에서 유리한 경쟁적 지위를 확보하기 위해 추구하는 전략을 기획하는 기법을 말한다.

 ⓑ 독자적 경쟁대상을 갖는 사업부 수준에 적용되는 경영혁신기법으로, 기업의 장기적 수익성을 결정하는 공급자, 구매자, 대체품, 잠재적 진출기업 및 기존기업 등 5개 경쟁요인을 분석하여 산업 내에서 상대적으로 유리한 경쟁지위를 확보하는 기법이다.

ⓒ 영점기준예산(ZB ; Zero-based Budgeting)

 ⓐ 조직이 장래에 추구하는 목표를 세우고 이를 달성하기 위해 새롭게 예산을 편성하는 방법이다.

 ⓑ 예산이라는 기능 차원에서 적용할 수 있는 기법으로 계획단계에서 작성된다.

ⓔ 신인사제도(NP ; New Personnel System)

 ⓐ 인재육성, 능력개발, 적재적소 배치, 적극적 평가 및 공정한 보상제도를 체계화하는 기법이다.

 ⓑ 능력이나 숙련 등 직무수행 능력의 정도에 따라 인재를 육성하고 활용하는 자격주의와 능력개발을 지향하는 능력주의가 그 기본방향이다.

② 실행단계

 ㉠ 리엔지니어링(RE ; Reengineering)

  ⓐ 기존의 기업 활동을 무시하고 모든 기업 활동과 업무 프로세스를 완전히 백지 상태에서 새롭게 구성하는 경영혁신기법이다.

  ⓑ 고객에게 신속히 반응할 수 있도록 기능 중심의 수직적 사고에서 프로세스 중심의 수평적 사고로 전환할 것을 요구한다.

  ⓒ 리엔지니어링은 기능, 사업부, 기업 전체에 적용될 수 있는 혁신기법이다.

 ㉡ 다운사이징(DS ; Downsizing)

  ⓐ 미국 기업들이 급속히 약화된 경쟁력 회복을 위하여 비대한 관리층과 비효율적인 조직을 바꾸기 위해 도입된 혁신기법이다. 이에 따라 분권화, 슬림화, 프로세스 통합화를 추구하는 다운사이징이 등장했다.

  ⓑ 정보 시스템의 다운사이징은 효율적 네트워크 운영을 위해 기업의 정보 흐름을 기업 전체 차원에서 분산시키는 기법이다.

  ⓒ 조직 다운사이징은 조직의 슬림화, 재정비 차원에서 이루어지며 리스트럭처링의 일부분으로 추진된다.

 ㉢ 시간기준경쟁(TBC ; Time Based Competition)

  ⓐ 시장의 적합성을 높이기 위해 경쟁기업보다 개발이나 생산에 걸리는 시간을 단축시켜야 한다.

  ⓑ 근본적으로 중간관리자에게 권한을 이양함으로써 고객 불편 해소를 위한 반응시간을 줄여 시장을 호의적으로 확보하는 것이다.

③ 평가단계
　　㉠ 전사적 품질경영(TQM ; Total Quality Management)
　　　　ⓐ 평가단계에서 경영내용을 변화시키는 기법으로 생산 부서의 통계적 품질관리(SQC ; Statistical Quality Control)와 사업부 단위의 전사적 품질관리(TQC ; Total Quality Control)로부터 발전된 개념이다.
　　　　ⓑ TQM은 전략적인 관점에서 회사 전체를 대상으로 기존 조직문화와 경영관행을 재구축하여 제품과 서비스의 질을 향상시키고 소비자의 만족도를 높이자는 것이 그 목적이다.
　　　　ⓒ TQM은 제품의 기능, 미관은 물론 구성원의 만족감과 긍지, 환경보호, 사회봉사 등을 포괄하는 총체적인 품질(Total Quality)을 극대화하여 소비자, 조직구성원, 사회 등 모든 고객에게 기쁨을 주자는 것이다.

중요 check　통계적 품질관리(SQC ; Statistical Quality Control) 기출

- 통계적 기법을 사용하여 제품이나 서비스의 품질을 관리하는 것으로 대량생산방식에 의해 제조되는 제품관리에 일반적으로 많이 사용된다.
- 데밍(W.E. Demming)의 정의 : 가장 유용하고 시장성 있는 제품을 가장 경제적으로 생산할 것을 목표로 하여 생산의 모든 단계에서 통계학적 원리와 수단을 응용하는 것이다.
- 쥬란(J.M. Juran)의 정의 : 품질관리란 품질표준을 설정하고 이를 실현하기 위한 모든 수단의 전체이며, 통계적 품질관리란 그런 방법들 중에서 통계적 기법에 기반을 둔 부분을 말한다.
- 품질관리에 응용되는 통계기법의 종류에는 관리도, 상관분석, 실험계획법 등이 있다.

　　㉡ 전략평가시스템(SES ; Strategic Evaluation System)
　　　　ⓐ 기존의 평가 시스템을 개선한 것이 아니라 새로운 그림을 그리는 차원에서 등장한 개념이다.
　　　　ⓑ 경영환경의 변화를 고려하여 수립된 전략의 실행 및 결과를 평가하는 것이며, 조직 전체의 관점에서 기업경쟁력 강화를 추구하는 평가 여건까지 고려한 평가 시스템이다.

③ 경영조직과 유형변화

(1) 경영조직의 요소

① 부문화

부문화는 조직의 목표달성에 필요한 업무들을 합리적으로 분류하고 구성되어진 각종의 부서와 관리단위에 할당하는 과정을 의미한다. 즉, 부문화는 직무를 어떻게 집단화해야 하는가에 관한 것이다.

② 직무할당

조직에 있어 부문화가 이루어지면 모든 업무는 각 조직 구성원들이나 각 직위에 직무로서 할당되어야 한다. 직무가 할당되면 각 구성원은 자기가 해야 할 업무를 부여받게 된다.

③ 권한배분

권한은 직무가 할당되고 직위를 부여받은 업무수행자가 직무를 수행하는 데 필요한 힘을 의미한다. 권한은 권한을 부여받은 자가 직무를 스스로 수행하거나 또는 다른 사람으로 하여금 직무를 수행할 수 있도록 하는 공적인 힘을 말한다.

④ 책임배분

책임은 주어진 권한의 행사에서 수반되는 행동에 대한 의무라고 할 수 있다. 여기서 의무는 단순한 의무감으로서가 아니라 조직목표의 달성에 기여할 구체적인 의무를 말하는 것이다.

(2) 조직 부문화의 유형

① 부문화의 개념

부문화는 조직목표달성에 필요한 업무를 분류·통합하여 각 부문관리자들에게 활당하는 것이다.

② 부문화의 종류

㉠ 기능별 부문화 : 조직 내의 주요기능에 따른 부문화(생산, 마케팅, 재무, 회계 등)로 업무의 효율성을 증대시키고 기능적 전문화가 가능하며 자원낭비를 절약할 수 있다. 부문 간의 조정이 어렵고 총괄경영자 양성이 어렵다.

㉡ 지역별 부문화 : 지역을 중심으로 한 부문화(미주, 아시아, 유럽, 아프리카 등)로 지역 특성에 맞는 문제해결능력을 증대시키고 지역 내의 조정이 개선된다. 자원의 낭비가 크고 이중적 노력이 소요되며 많은 경영 인력이 필요하다.

㉢ 제품별 부문화 : 제품의 종류에 따른 부문화를 말한다. 경쟁유발로 사업의 단위별 성과노력이 증대할 수 있고 특화에 의한 집중관리가 가능하나 더 많은 경영자의 필요성이 증대되고 최고경영자의 통제 곤란 가능성이 있다.

㉣ 매트릭스별 부문화 : 제품별 부문화와 기능별 부문화가 결합된 형태로 조직의 유연성을 증대시키고 구성원의 잠재능력을 개발하며 도전의식을 고취시킨다. 그러나 명확한 지휘통제가 어렵고 권력투쟁을 유발할 가능성이 있다.

(3) 경영조직의 구조

① 수직적 구조

업무의 분화에 있어 계층에 의한 분화를 의미한다. 직위에 의한 상하 계층 간 분화는 수직적 구조의 예라고 할 수 있다.

② 수평적 구조

기업에 있어서 업무의 종류에 의한 분화로 수평적 분화를 의미한다. 수평적 분화는 업무를 분화하여 세분화된 행동을 직무와 연관시켜 그룹화하는 과정으로, 부문화라고 한다.

㉠ 기능별 조직구조 : 조직 활동의 기능적인 분화를 통하여 형성되는 조직으로 일반적으로 대부분의 조직이 기능별 조직에 속한다. 이러한 기능별 조직은 조직성장의 초기 단계에서 주로 형성되며, 이후 부문화에 의한 다른 형태의 조직이 생성된다. 기능별 조직 내에서 각 부서는 부서별로 전문화를 촉진하고 효율성을 향상시키기 위해 부문화했기 때문에 각 기능부서 내의 조직이 쉽다는 이점이 있으나 규모가 커지고 다양화될수록 조직 전체의 의사결정이 신속하게 이루어지지 못하고, 효율적인 통제가 어렵다.

ⓛ 목적별 조직구조 : 제품별 조직구조, 고객별 조직구조, 지역별 조직구조라는 세 가지 형태를 총
칭하는 것이다. 이 세 가지 조직구조의 특징은 각 부분이 개별적으로 완비된 조직의 형태를 이
루고 있으므로 내부적으로 한 관리자에 의한 조정과 관리가 용이하다는 장점이 있으나 지나친
부서의 독립성은 조직 전체 목표와의 괴리현상을 일으킬 가능성이 높으며 각 부문 조직의 완비
는 업무의 중복을 초래할 수 있다는 단점을 가지고 있다.

③ 집권화와 분권화

집권화와 분권화란 조직에 있어서 하위관리자들에게 권한, 책임, 의무의 위임 정도를 의미한다. 상
부관리자에서 하부관리자로의 위임 정도가 높은 경우를 분권화라 하고, 위임의 정도가 낮은 경우
를 집권화되어 있는 조직이라고 말한다.

④ 라인과 스탭

ⓐ 라인은 조직목표의 직접적인 수행의 역할을 하는 자로서 직속의 상사로부터 지휘·명령·감독
을 받고 부하는 상사에게 보고, 명령의 수발 등을 수행하는 상하의 종적 개념이다. 스탭은 조직
의 목표를 가장 효과적으로 달성하도록 라인을 도와주는 참모의 역할을 수행하는 것이다.

ⓑ 라인과 스탭의 궁극적인 구별은 기능이나 업무영역에 의해 이루어지는 것이 아니라 권한관계에
서 구별된다. 라인은 최상위에서 최하위의 계층까지 권한을 제공하게 되고, 스탭은 조언을 행
사하는 관계인 것이다.

ⓒ 라인과 스탭 사이에 업무수행 과정에 있어서 업무역할의 차이로부터 존재하는 갈등이나 마찰이
일어날 수 있다. 이를 방지하기 위해서는 라인과 스탭 사이의 인간적인 신뢰의 조성이 중요하
며 라인과 스탭의 본질적인 업무영역을 확실하게 인식시켜야 한다.

중요 check 라인과 스탭 부서

- 라인 : 구매부, 제조부, 판매부 등
- 스탭 : 인사부, 총무부, 기술부, 조사부, 기획부, 관리부 등

---

(4) 조직의 형태

① 공식 조직과 비공식 조직

공식 조직은 조직의 궁극적인 목표를 달성하기 위해 효율성과 경제성의 관점에서 인위적으로 만들
어지는 조직인 반면, 비공식 조직은 조직의 궁극적인 목적과 일치하지 않는 경우가 대부분이며 때
로는 상충되어 조직의 목표와 상반되는 집단으로서의 역할을 하기도 한다.

② 라인 조직

조직의 초기 형태에서 이루어지는 가장 기초적인 조직이라고 할 수 있다. 직계 조직 혹은 군대 조
직으로도 불리며 수직적인 명령과 지시가 이루어진다. 한 명의 상사로부터 지시와 감독을 받기 때
문에 신속하고 분명한 의사전달이 이루어져 부서 간의 조정과 관리가 쉬우나 대규모 조직에서는
부적당하다.

③ 라인 · 스탭 조직

명령계통의 일원화를 추구하는 라인조직에 스탭 조직을 병합한 형태로 직계 참모 조직이라고도 불린다.

④ 기능식 조직

각 부문마다 업무영역에 따라 전문지식과 경험을 가지고 있는 전문관리자들을 두어 업무의 전문화를 기하고 현장작업자는 각 부문의 전문관리자들로부터 명령 · 감독 · 지시를 받아 업무를 수행하는 조직으로 라인 조직의 단점을 보완하고자 만들어졌다.

⑤ 위원회 조직

해당 분야와 관련한, 전문성을 가진 사람들로 이루어지며 회의방식으로 진행된다. 경영자의 경영활동 수행에 있어서의 조언 · 협조, 더 나아가 경영 전반에 걸친 각종 문제들에 대한 의사결정 역할을 수행한다.

⑥ 프로젝트 조직

전통적인 라인 · 스탭조직과 사업부제 조직의 보완조직으로서 특정한 목표 혹은 특정한 계획이나 과업을 달성하기 위해 일시적으로 조직 내의 인적 · 물적 자원을 결합시키는 조직 형태이다.

⑦ 사업부제 조직 기출

㉠ 분권조직의 대표적인 형태로서 독립적인 사업부로 부문화된 후 각 사업부 내부에 기능식 부문화가 이루어지는 형태의 조직이다.

㉡ 대규모이거나 다양한 종류의 제품을 취급하는 경우, 제품의 판매지역이 넓은 경우 등에 적용하며 사업부제의 단위사업부는 다른 사업부들과 달리 독립적으로 운영할 수 있는 자원을 가지고 있다.

㉢ 사업부제 조직의 장단점

장 점	단 점
• 각 사업부는 사업부의 활동을 위한 모든 자원을 가지고 있기 때문에 사업부 내의 조정과 통제가 용이하다. • 사업부제 조직에 속한 관리자와 종업원들은 그들이 무엇을 하고자 하는지를 이해하고 있으며 어떻게 진행되어 어떤 결과가 나왔는지를 알고 있다. 피드백을 통하여 그들은 스스로를 통제하고 학습하게 된다. • 제품을 위해 필요한 모든 일들을 하나의 부서에 통제함으로써 책임의 소재를 분명히 한다. 제품과 관련된 전문가들을 하나의 부서에 모아 제품에 집중 · 강조할 수 있다. • 사업부별 경영성과가 분명히 나타나고 그에 대한 보상이 이루어지기 때문에 동기부여가 용이하며, 하나의 사업부를 직접 경영하여 봄으로써 관리자의 능력개발 및 유능한 경영자의 양성이 수월하다.	• 독립적인 형태로서 사업부 내의 조정은 쉽게 이루어지게 되지만 사업부 간의 소통 · 조정에 어려움이 따른다. • 각 사업부는 독자적인 환경에 따라 자율적으로 경쟁하기 때문에 자본과 시설, 관리자와 전문가를 독자적으로 보유하게 되는데 이는 기업 전체가 필요로 하는 자원보다는 많은 자원을 가지게 되는 자원의 중복 소유가 일어나게 된다.

중요 check 사업부제 조직의 유형

제품별 사업부제	유사한 제품군, 또는 단일제품을 기준으로 부문화 된 형태이다. 그들 부서의 특화된 전문적인 기능을 수행하게 되어 제품에 대한 강조를 할 수 있게 된다.
지역별 사업부제	서로 다른 지역의 요구에 따른 제품과 서비스에 상당한 차별화가 이루어질 때 적용되는 형태이다.
고객별 사업부제	특정한 고객의 유형에 따라 부문화가 이루어진 형태로서 기업이나 제품에 대한 고객들의 요구의 차이가 보통의 기능적 형태로는 적절하게 조정되기 어려운 경우에 적용한다.

⑧ 매트릭스(Matrix) 조직 기출

　　㉠ 계층적인 기능식 구조에 수평적인 사업부제 조직을 결합한 부문화의 형태로, 기능식 구조이면서 동시에 사업부제적인 구조를 가진 상호 연관된 구조이다.

　　㉡ 애드호크라시(Adhocracy) : 조직에 해당되는 개념으로 다중명령체계라고도 부르며 조직의 수평적·수직적 권한이 결합된 형태이다.

　　㉢ 특수 과제를 맡은 팀에서 작업하는 직원들은 높은 수준의 주인의식, 몰입도 및 높은 작업 의욕을 체험할 수도 있다는 장점이 있는 반면 팀 구성원들 사이의 혼란, 보고관계와 직무에 대한 책임이 명확하지 않을 수 있다.

　　㉣ 관리자는 유휴인력을 가진 거대집단을 구축하기보다는 오직 일을 완수하기 위해 필요로 하는 전문화된 스탭(Staff)만 활용하므로 자원의 효율적 활용이 가능하다.

　　㉤ 이원적인 권한과 권력의 균형이라는 특성으로 인해 동태적이고 복잡한 환경에서 성장전략을 추구하는 조직체에 적합하다.

중요 check 매트릭스 조직의 고려사항
• 경쟁과 소비자의 요구, 각종 규제들로 인하여 조직이 다양하고 혁신적인 제품을 생산하여야 할 뿐만 아니라 기술적으로도 품질이 높은 제품을 생산하여야만 할 때이다.
• 불확실하고 복잡한 환경이 되어 갈수록 조직이 처리하여야 할 정보는 보다 광범위하고 빠르게 변하므로 이럴 경우에는 제품과 기술적인 전문성을 분리하여 정보를 처리하는 것이 효과적일 것이다.
• 조직이 각 제품마다 인력과 장비를 제각기 배정할 수 없을 경우에는 이중적인 구조를 편성하여 여러 제품 라인에 걸쳐 인력과 자원을 교대로 배치하게 할 수 있다.

⑨ 팀 조직(Team Organization)

상호 보완적인 기술이나 지식을 가진 소수의 구성원들이 자율권을 갖고 기업의 목표를 달성하도록 구성된 조직을 말한다. 21세기 글로벌 경영환경에서는 단순한 라인·스탭 조직을 구성하여 기업을 경영하게 되면 급격하게 변하는 환경변화에 대응하기가 어려워진다. 이에 따라 기업들은 의사결정 구조를 보다 단축시키고, 급속히 변하는 기술혁신을 보다 빨리 수용할 수 있는 조직체계를 갖출 필요가 있는데, 이런 필요에 부응하는 가장 보편적인 조직구조 중 하나이다.

장 점	단 점
• 업무추진에 있어 불필요한 부서 간의 장벽 제거 • 신속한 의사결정체계 • 매트릭스 조직의 이중적인 명령·보고체계 탈피 • 구성원의 의사가 최고 경영자에게 바로 전달 • 성과에 대한 평가와 동기부여가 쉬움	• 무능한 구성원으로 팀을 구성하면 다른 형태의 조직보다 성과가 못할 수도 있음 • 구성원의 능력을 일정 수준으로 유지하도록 교육·훈련에 많은 비용과 시간을 들여야 한다는 부담이 있음

4 경영전략

(1) 경영전략의 개념

① 희소한 경영자원을 가진 경쟁상황 속에서 기업이 경쟁우위를 확보하기 위해 환경을 분석하고 전략을 도출·실행하는 종합적인 행동계획을 말한다.

② 경영전략의 추진 과정

전략 목표설정 → 전략 환경분석 → 전략 도출 → 전략 실행 → 전략 평가

(2) 전략 목표의 설정

① 경영전략을 통해 기업이 도달하고자 하는 비전과 사명을 정립하는 단계로, 경영자는 조직의 리더로서 조직이 나아가야 할 방향을 제시해야 한다.

② 기업의 경영전략은 사업 영역을 설정하고, 경쟁자에 대한 경쟁우위 확보를 위해 기업의 모든 경영 활동을 체계화하므로 그 파급효과가 전사적이라고 할 수 있다. 따라서 전략 목표를 설정하는 것이 최우선적이며, 중대한 의사결정에 해당한다.

(3) 전략 환경분석

① 기업의 경영환경

외부 환경 (통제 불가능 요인)	미시환경(과업환경)	고객, 경쟁자, 공급자, 노조, 종업원 등
	거시환경(일반환경)	경제적, 사회적, 정치적, 법률적, 기술적 환경 등
내부 환경 (통제 가능 요인)	기업 연혁, 역량, 조직문화, 조직분위기, 기업 내부자원 등	

② SWOT(Strength, Weakness, Opportunity, Threat) 분석

전략적 상황 요인들 간의 관계를 분석하여 전략을 수립하는 기법으로, 내부 환경분석과 외부환경 분석으로 이루어진다.

㉠ 내부 환경분석

강 점 (Strength)	시장에서 기업의 우위를 얻을 수 있는 경쟁적, 차별적 능력 또는 보유 자원
약 점 (Weakness)	기업의 효과적인 성과를 방해하는 요인으로, 극복해야 하는 자원이나 능력의 결핍

㉡ 외부 환경분석

기 회 (Opportunity)	기업 활동에 유리하게 영향을 미치는 환경 요인
위 협 (Threat)	현재 또는 미래의 기업 활동에 불이익을 초래하는 환경 요인

㉢ 기업은 환경분석을 통해 강점(Strength), 약점(Weakness), 기회(Opportunity), 위협 (Threat) 요인을 규정하고 이를 토대로 전략을 수립할 수 있다.

㉣ 즉, 종업원, 상품, 서비스, 자본 등 내부 환경분석(강점과 약점)과 경쟁사 전략, 정부 정책, 환율 변화, 금리 추세 등 외부 환경분석(기회와 위협)을 통해서 사업 환경을 분석한 후, SO전략, ST 전략, WO전략, WT전략을 수립할 수 있다.

㉤ SWOT 분석 전략

구 분	강점(Strength)	약점(Weakness)
기 회 (Opportunity)	① SO전략(강점 – 기회 전략) 시장의 기회를 활용하기 위해 강점을 사용하는 전략을 선택	③ WO전략(약점 – 기회 전략) 약점을 극복함으로써 시장의 기회를 활용하는 전략을 선택
위 협 (Threat)	② ST전략(강점 – 위협 전략) 시장의 위협을 회피하기 위해 강점을 사용하는 전략을 선택	④ WT전략(약점 – 위협 전략) 시장의 위협을 회피하고 약점을 최소화 하는 전략을 선택

③ GE & 맥킨지의 산업 매력도–사업 강점 분석

산업매력도와 사업강점(경쟁력)을 지표로 하여 9가지 영역으로 사업을 구분하는 분석 방법이다. 9가지 영역에는 우위사수, 성장투자(리스크 감수), 선택적 성장, 이익 극대화 및 리스크 최소화, 현 상유지, 선택적 투자/철수, 이익창출, 선택적 수확/리스크 배제, 철수 및 손실최소화가 있다.

	산업매력도			
높음	우위 사수	성장 투자 (리스크 감수)	선택적 성장
중간	이익 극대화 및 리스크 최소화	현상 유지	선택적 투자/철수
낮음	이익 창출	선택적 수확 리스크 배제	철수 및 손실최소화
	높음	중간	낮음

사업경쟁력

1. 우위사수 (높은 시장 매력도, 높은 사업 강점)	• 높은 시장 매력도와 시장 경쟁력을 가진 이 위치의 브랜드 혹은 전략 사업단위 는 강점을 고수하는 전략을 우선 수행 • 시장 상장 규모를 살펴본 후 집중 투자
2. 성장투자 (높은 시장 매력도, 중간 사업 강점)	• 자사의 시장 경쟁력을 확장하여 경쟁사와 격차를 벌리는 것을 사업 전략으로 선택 • 시장지위 확장을 위한 투자가 필요하며, 비즈니스 모델의 강점을 강화하기 위한 전술 필요
3. 선택적 성장 (높은 시장 매력도, 약한 사업 강점)	• 시장 매력도에 비해 자사의 강점이 약한 이 사업군은 시장의 지위를 리더가 아 닌 도전자 또는 틈새시장의 강자로 포지셔닝 필요 • 기업의 다른 자원 활용이 가능할 경우, 시장 내 우수 사업자를 인수, 합병할 기 회를 노려야 함
4. 이익 극대화 및 리스크 최소화(평균적인 시장 매력도, 높은 사업 강점)	• 소비자 집단을 세분화하여 가장 매력적인 집단에 투자가 필요 • 자사의 수익성 중심의 확장 전략 수립 필요
5. 현상유지 (평균적인 시장매력도, 평균적인 사업 강점)	탐색적 접근과 특화된 상품을 통한 수익 중심의 시장 접근 필요
6. 선택적 투자/철수 (평균적인 시장 매력도, 약한 사업 강점)	• 위험도를 중심으로 확장 전략 수립 • 투자를 최소화하는 탐색적 접근 필요 • 특화된 상품과 원가 합리화 필요
7. 이익창출(낮은 시장 매력도, 높은 사업 강점)	• 현금흐름을 중심으로 하여 시장 지위를 유지하는 전략 수립 • 고정비가 사업에 악영향을 끼치지 않는 한도 내 롱테일 구성

8. 선택적 수확, 리스크 배제(낮은 시장 매력도, 평균적인 사업 강점)	• 수익이 발생하는 사업만 유지 • 그 외 사업은 사업종류(철회) 필요 • 투자는 최소화하고, 철수 준비 필요
9. 철수 및 손실최소화 (낮은 시장 매력도, 약한 사업 강점)	투자 축소와 고정비 요소의 제거, 매각 등의 방법으로 시장 철수를 계획

④ 마이클 포터(M. Porter)의 5세력 모델(5 Force Model)

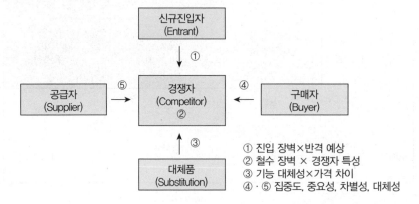

① 진입 장벽×반격 예상
② 철수 장벽 × 경쟁자 특성
③ 기능 대체성×가격 차이
④ · ⑤ 집중도, 중요성, 차별성, 대체성

㉠ 5 Force 분석은 자사가 속한 시장구조에서 자사에 가해지는 힘(Power)을 경쟁 요인에서 가장 중요한 것으로 보아 '이익을 낼 수 있는 시장'인지 아닌지를 판단하기 위한 분석법이다. 이러한 분석 방법을 산업의 매력도측정 또는 산업구조 분석이라고도 한다.

㉡ 업계 구조는 자사에 가해지는 압력으로 이해할 수 있으며, 여기에는 새로운 경쟁기업의 진출 위협, 기존 기업 간의 경쟁 강도, 대체품의 위협, 구매자의 교섭력, 공급자의 협상력 5가지가 있다. 이 중에서 가장 강한 힘(경쟁에서 가장 중요한 요인)이 결정적 요소가 된다.

(4) 전략 수립

① 사업 포트폴리오 전략 수립

㉠ 사업 포트폴리오 전략의 개념 : 사업을 통해 현금을 확보하고, 사업을 통해 미래의 신성장 동력을 확보하고, 원천 기술의 확보를 위해 어느 부분의 사업을 축소할 것인지에 대한 전략적 의사결정을 하는 것이 사업 포트폴리오 전략이다.

㉡ 사업 포트폴리오 전략 구성 : 사업 포트폴리오 전략 구성을 위해서 우선적으로 요구되는 일은 기업의 주요한 사업의 단위들을 찾는 것이다. 기업의 주요 사업은 전사적인 목적 달성을 위해 서로 다른 역할을 수행할 수 있다는 것을 전제한 것이 사업 포트폴리오 전략의 기본 개념이다.

② BCG 매트릭스(성장 – 점유율 분석)

사업이 현재 어떤 상황에 놓여있는지를 시장점유율(Market Share)과 사업의 성장률(Growth)을 기준으로 사업 포트폴리오를 평가하는 기법이다. 가로축에는 상대적 시장점유율(현재 시장점유율)을, 세로축에는 시장성장률(성장가능성)로 하여 4가지로 사업을 분류하고 있다.

스타(Star)	높은 성장률과 점유율을 보이는 것으로 지속적인 투자가 필요하다.
캐시카우 (Cash Cow)	낮은 성장률과 높은 시장점유율을 보이는 것으로 안정적이고 성공적인 사업이며 높은 이익을 창출한다. 보통 현상유지 전략이 필요하다.
물음표 (Question Mark)	높은 성장률과 낮은 시장점유율을 보이는 것으로 신규 사업이 이에 해당한다. 스타 혹은 도그로 위치하게 될 수 있으며, 시장점유율을 높이기 위해 많은 투자 금액이 필요하다.
도그(Dog)	낮은 성장률과 낮은 점유율을 보이는 것으로 철수가 필요한 사업이다.

⇨ BCG 매트릭스에서 이상적 기업전략은 '캐시카우'에서 발생한 초과 자금을 '스타'에 지원하여 안정적 사업단위를 구축하는 것이다. 또한, Dog에서는 서서히 발을 빼(비용절감) 투자금을 회수하거나 타기업에 매각해 철수하는 것이다.

③ 경영 전략의 구분

경영 전략은 수준에 따라 기업 전략, 사업 전략, 기능별 전략으로 구분할 수 있다.

ⓐ 기업 전략 : 기업이 경영목적 달성을 위해 환경 변화에 기업을 전체로서 적응시키는 경영 전략이다. 본사 차원에서 형성되어 최고경영자에 의해 결정되며, 재무 전략, 연구개발 전략, 다각화 전략, 합병 · 매수 전략 등을 다루게 된다.

ⓑ 사업 전략 : 기업 전략이 정한 각각의 사업 영역에서 해당 사업의 경쟁적 위치를 강화하는데 필요한 모든 활동을 다루게 된다. 경쟁기업과 경쟁할 구체적인 방향과 방법을 강구하므로 경쟁전략이라고도 하며, 사업 전략의 성과는 시장점유율, 이윤 등으로 측정될 수 있다.

ⓒ 기능별 전략 : 사업 전략을 실행하기 쉽도록 각 기능 조직 단위로 실행할 전략을 규정하고 구체화하는 것이다. 인사, 연구개발, 재무관리, 생산 및 마케팅 등의 기능별 조직에서 제품 기획, 영업활동, 자금조달 등의 세부적인 수행방법을 결정하게 된다.

5 조직 문화의 개념

(1) 조직 문화의 정의

① 한 조직을 다른 조직과 구분할 수 있도록 해주는 것으로서 조직 구성원들에 의해 공유된 믿음 체계나 공유된 핵심 가치를 말한다.

② 환경에 적응하고 내부 통합을 위해 특정 조직에서 고안되고 개발된 기본 가정의 양상이다.

③ 일반적으로 조직 구성원들이 공유하고 있는 신념, 가치관, 신화, 행사, 정서, 의식 구조, 전통, 행동양식 등의 패턴으로서 조직 내의 모든 개인이나 집단의 행동에 영향을 미치는 요소를 말한다.

④ 서로 다른 조직 문화의 영향을 받은 구성원들의 각기 다른 행동의 양상을 보이거나 조직 특유의 제도가 만들어지고 운용될 수 있다.

(2) 조직 문화의 구성 요소(조직 문화의 7S)

① 공유 가치(Shared Value)

㉠ 공유 가치는 조직 구성원들이 함께 가지고 있는 신념이나 믿음을 말하며, 이것은 다른 조직 문화의 구성 요소에 영향을 줄 수 있다.

㉡ 일반적으로 조직의 비전을 달성하기 위해 공유된 가치가 강조되며, 조직 문화 형성에서 의미 있는 역할을 한다.

② 전략(Strategy)

㉠ 전략은 조직의 장기적인 방향과 조직의 기본 성격을 결정할 수 있으며, 다른 조직 문화구성 요소에 큰 영향을 줄 수 있다.

㉡ 조직 목표의 달성을 위해 추구되는 방향성을 의미하며, 이러한 전략은 조직의 사명이나 비전에 의해 도출될 수 있다.

③ 조직 구조(Structure)

㉠ 조직 구조는 조직체의 전략수행을 위한 기본적인 틀로 권한 관계와 방침, 조직구조와 직무설계 등 구성원의 역할과 그들 간의 상호관계를 지배하는 공식요소들을 포함한다.

㉡ 조직의 전략에 따른 목표 달성을 위해 요구되는 조직 및 부서 등의 특정한 형태를 말한다.

㉢ 고유의 조직 구조에 따라 부서마다 다른 직무를 수행하고 권한이나 책임 등의 범위가 결정될 수 있다.

④ 조직 시스템(System)

㉠ 조직을 보다 효과적으로 운영하기 위해 조직 내에서 실행되고 있는 여러 제도들을 의미한다.

㉡ 조직경영의 의사결정과 일상 운영의 틀이 되는 보상 시스템이나 복리후생제도, 성과 관리 시스템, 경영계획과 목표설정 시스템, 경영정보와 의사결정 시스템, 결과측정과 조정·통제 등 경영 각 분야의 관리제도와 절차를 포함한다.

⑤ 조직 구성원(Staff)

조직 구성원의 인력 구성에 따른 특징을 의미하며 구성원들의 능력, 신념, 전문성, 욕구와 동기, 과업 수행에 필요한 행동이나 조직에 대한 태도와 행동 등을 포함한다.

⑥ 관리 기술(Skill)

㉠ 관리자들이 조직 구성원들을 통제하거나 목표를 달성하기 위해 사용될 수 있는 기법을 의미한다.

㉡ 조직체 내 변화 관리, 갈등 관리와 같은 문제를 다루는데 필수적이라고 할 수 있다.

⑦ 리더십 스타일(Style)

㉠ 조직의 구성원을 이끌어 가는 관리자의 유형을 말한다.

㉡ 구성원들의 동기부여와 상호작용, 조직분위기 및 조직문화에 직접적인 영향을 준다.

(3) 조직문화의 특징

① 혁신과 위험에 대한 태도(Innovation and Risk Taking)

그 조직이 얼마나 혁신에 대해 관대한가를 말하는 것으로 어떤 회사에서는 무엇인가 개선하기 위해 실패하더라도 새로운 시도를 하는 것을 좋아한다. 반면, 어떤 조직은 기존의 룰에서 벗어난 행동을 금한다.

② 디테일에의 관심(Attention to Detail)

어떤 조직은 업무의 내용을 세세하게 파악하고 엄밀하게 수행하는 것을 권장하는 분위기인 반면, 어떤 조직은 큰 방향만 잡아 주고 나머지는 각 개인에 맡긴다.

③ 성과 지향(Outcome Orientation)

일 처리 과정보다는 결과만을 중시하는 곳이 있는 반면, 어떤 기술을 사용했느냐, 어떤 과정을 거쳐서 일 처리를 했느냐에 많은 의미를 부여하는 곳이 있다.

④ 인재에 대한 관심(People Orientation)

직원 한 명 한 명의 성장에 깊은 관심을 기울이는 조직이 있는 데 반해 직원을 그저 왔다가 사라지는 부수적 존재로 취급하는 곳이 있다.

⑤ 팀 지향성(Team Orientation)

조직은 모두 팀워크를 중시하지만 특히 더 그런 곳이 있는데, 작업을 항상 팀 차원에서 세분화하여 조직한다.

⑥ 공격성(Aggressiveness)

어떤 조직은 구성원이 매우 공격적이고 경쟁적인 반면, 어떤 조직은 느슨하고 여유가 있다.

⑦ 안정성(Stability)

조직에서 수행하는 활동이 현 상태를 유지하는 것에 관심을 맞추고 있는지, 성장에 더 초점을 맞추고 있는지를 말한다. 잘 경영되고 있는 대기업은 신입 사원에게 기존의 방식을 교육시켜 빠르게 기존 방식대로 일이 진행되는 것을 요구한다. 반면, 신생 벤처 기업은 조직원에게 많은 책임을 맡기면서 각자 알아서 일을 개척하고 방법을 찾아내길 원한다.

(4) 조직 문화의 형성과 유지

① 조직 문화의 형성

조직 문화는 창립자의 영향을 많이 받는데, 창업자의 가치관이나 철학이 시간이 흐르면서 최고 경영층이나 조직 내의 시니어 리더들에게 침투되고 그들이 제시하는 비전이나 과업과 관련된 행동이 조직 구성원들로 하여금 특정한 신념이나 믿음을 갖게 하여 조직에 어떤 분위기가 형성될 때 조직 문화가 발생할 수 있다.

㉠ 선발 과정 자체가 조직 문화 유지에 기여하게 된다.

㉡ 경영진들이 하는 말이나 행동이 하나의 규범을 만들어 낸다.

㉢ 새로 들어온 직원들은 사회화(Socialization) 과정을 거치며 조직에 적응한다.

② 조직 문화의 유지

㉠ 의식 : 조직과 구성원에게 행사의 중요성을 인식하게 하는 공식적 행위로, 구성원들의 자아관념을 분명히 하고 응집력을 돈독히 해 준다. 회사의 월요조회, 포상식 등이 있다.

㉡ 물질적 상징 : 회사의 빌딩, 사무실, 생산제품, 사무용품 등은 그 조직의 문화적 특징을 담고 있기 때문에 이를 통하여 문화를 구성원에게 전달하고 외부에게도 알린다.

㉢ 이야기와 에피소드 : 조직의 영웅이나 문화 요소를 강하게 실천했던 행동에 관한 에피소드이다. 사실인지 여부보다는 이 이야기를 배운 사람은 그것으로 남을 가르쳐줄 수 있다.

㉣ 언어 : 회사 혹은 부서마다 자기들만의 용어가 있는데, 이는 외부인과 구별되면서 자기들만의 독특성과 응집성 내지는 공동체 소속감을 표현하고 느끼게 한다.

(5) 조직 문화의 유형(Quinn의 정의)

① 집단 문화

㉠ 조직이 막 발생했을 때 조직에게 요구되는 문화 유형으로 초창기의 조직은 조직 규모가 크지 않기 때문에 조직 구성원의 개발이 중시되고 그들 간 협력이 강조된다.

㉡ 조직 구성원들의 활발한 참여나 권한 위임, 긴밀한 커뮤니케이션을 통해 내부 통합과 유연성이 확보될 수 있다.

② 임시 조직 문화

㉠ 조직의 중요한 업무를 수행하거나 신제품을 개발할 때 요구될 수 있는 조직 문화이다.

㉡ 새로운 가치를 창출한다는 측면에서 조직 구성원의 재량권이 요구되며 이를 통해 다른 기업과 구별되는 차별성을 가질 수 있다.

③ 위계질서 문화

㉠ 조직 연령이 증가하고 규모가 성장함에 따라 요구된다.

㉡ 조직 하부 부서의 기능적 역할에 있어 효율성을 도모할 수 있고 이를 위해 기능 단위 부서에서 수행되는 프로세스 관리가 철저히 분석되어야 한다.

㉢ 구성원들의 성과에 대한 보상도 연공서열에 따라 합리적으로 일관성 있게 차등적으로 이루어지는 것이 바람직하다.

④ 시장 문화

다른 기업과 치열하게 동일 산업 내에서 경쟁하고 있는 경우에 요구되며, 고객 만족, 생산성 강화, 경쟁력 제고 등이 그것이다.

(6) 조직 문화의 기능

① 조직 정체성의 확립

정체성과 일체감은 외부 상황이 급변할 때 조직 구성원의 결속력을 강화시키고 일체화된 조직으로 뭉치게 하는 힘이 된다.

② 조직 몰입 형성

㉠ 조직 몰입은 조직 구성원이 조직에 대해 갖는 태도라고 할 수 있는데, 조직의 목표를 달성하기 위해 자기가 속한 조직에 기꺼이 충성을 다하려고 노력하게 된다.

㉡ 일단 조직에 소속하게 되면 시간이 지남에 따라 동질감을 느끼게 되고 공유의식과 문화의 수용은 집단의 번영 내지는 영속적 활동을 위해 전념하도록 만들어 준다.

③ 기업 전체의 안정성 강화

강한 조직 문화를 보유한 기업은 조직의 전념도가 향상됨에 따라 결근율과 이직률이 줄어들며 구성원의 사기는 증대된다. 이와 같은 조직의 안정적인 상태는 구성원의 단결심과 일체감을 높인다.

④ 행동의 지침 제공

일반적으로 특별한 문제가 없는 경우 평소 해왔던 방식으로 일을 처리하며 위기 상황이 닥쳤을 때 공유된 문화가 해야 할 것과 하지 말아야 할 것에 대해 해답을 제공해준다.

중요 check 조직구성원을 기업경영에 참여시키는 경영참가제도의 유형

• 의사결정참가제도 : 근로자 대표 또는 노동조합이 경영의사결정에 참여하여 그들의 의사를 반영시키는 제도
  예 공동의사결정체, 노사협의회
• 자본참가제도 : 근로자들로 하여금 자금을 출자하게 하여 기업경영에 참가하는 제도 예 종업원지주제
• 이익참가제도 : 근로자가 기업의 경영성과 배분에 참가하는 제도 예 이윤분배제도, 스켄론플랜, 락카플랜

---

1 동기부여

(1) 동기부여의 이론(Content Theories) 기출

① 동기를 유발하는 요인의 내용을 설명하는 이론이다.

② 무엇이 개인의 행동을 유지 혹은 활성화시키는가, 혹은 환경 속의 무슨 요인이 사람의 행동을 움직이게 하는가에 관한 이론이다.

③ 동기유발의 주요 내용이론으로는 맥그리거의 XY이론, 매슬로우(Abraham H. Maslow)의 욕구단계이론, 앨더퍼(Clayton R. Alderfer)의 ERG이론, 허즈버그(Frederick Herzberg)의 2요인이론, 그리고 맥클리랜드(David C. McClelland)의 성취동기이론 등이 있다.

(2) 맥그리거의 XY이론 기출

X 이론	Y 이론
• 인간은 원천적으로 일하기를 싫어함 • 인간은 책임지기를 싫어하며, 타인의 지휘와 통제 받기를 좋아함 • 인간은 엄격히 통제되어야 하고, 조직목표를 달성하기 위해서는 강제적으로 다루어야 함	• 작업조건만 정비된다면 인간이 일하는 것은 자연스러운 것 • 인간이라면 조직문제를 해결하기 위한 창의력을 누구나 갖고 있음 • 인간에게 적절한 동기부여를 하면 직무에 자율적이고 창의적임

(3) 매슬로우의 인간욕구 5단계설 기출

① **자아실현의 욕구** : 가장 고차원적인 단계로, 자신의 잠재능력을 최대한 발휘하고자 한다(직무충실, 직무확대, 사회적 평가 제고).

② **존경의 욕구** : 타인으로부터 존경받기를 원하는 단계이다(교육훈련, 제안제도).

③ **사회 · 애정의 욕구** : 이웃 사람과의 친밀한 인간관계이다(의사전달의 원활).

④ **안전의 욕구** : 외부 환경으로부터 생명의 안전을 보장하고, 위협적인 요인을 제거하는 단계이다(고용안정, 신분보장).

⑤ **생리적 욕구** : 가장 하위에 위치한 인간의 본능적인 욕구를 말한다(의식주 문제와 관련된 보수, 시설 등).

(4) Herzberg의 2요인 이론(동기-위생이론) 기출

① 위생요인(Hygiene Factor)이라고 명명하였다.

② 허즈버그는 인간이 자신의 일에 만족감을 느끼지 못하게 되면 위생요인에 관심을 기울이게 되고 이들에 대해 만족하지 못할 경우에는 일의 능률이 크게 저하된다고 주장했다. 또한 위생요인은 충분히 충족된다 해도 작업능률을 다소 높일 수 있는 불만은 해소되지만 자아실현을 통한 일의 성취를 기대할 수 없다는 것이다.

③ 반면에 자신의 일 자체에 만족을 하고 있는 사람은 위생요인이 다소 충족되지 못한다 해도 이를 받아들이고 자신의 일 자체를 즐거워하고 보람되게 생각해서 일의 성취를 위해 도전한다는 것이다. 허즈버그는 위생요인을 아무리 개선해도 조직구성원의 욕구는 충족되지 못하므로 장기적으로 모티베이션을 유지하여 생산성을 높이기 위해서는 동기요인의 충족에 관심을 가져야 하며 이에 한 걸음 더 나아가 직무까지도 재설계할 것을 강조하고 있다.

④ 이런 관점에서 허즈버그의 이론은 매슬로우의 이론을 한 단계 발전시킨 이론이라고 할 수 있다.

동기요인	위생요인
성취감	감독
인정	근무조건
일 자체	상호인간관계
책임	임금 및 안정적 고용
승진 및 성장	회사정책과 경영방식

(5) 앨더퍼의 ERG 이론 기출

① 매슬로우의 다섯 가지 욕구를 세 가지 범주로 구분하고 각 욕구들에 대한 첫 글자들을 따서 ERG라는 명칭을 붙였다.

② ERG 이론은 상위욕구가 개인의 행동과 태도에 영향을 미치기 전에 하위욕구가 먼저 충족되어야 한다는 매슬로우 이론의 가정을 배제한다.

③ 세 가지 범주의 욕구
  ㉠ 존재욕구 : 배고픔, 갈증, 수면, 주거와 같은 생리적이고 물리적인 욕구 → 매슬로우 이론의 생리적인 욕구와 안전의 욕구에 해당
  ㉡ 관계욕구 : 직무내외적으로 상호인간 관계에 관련된 모든 욕구를 포함하는 욕구 → 매슬로우의 소속욕구와 존중욕구의 일부가 포함
  ㉢ 성장욕구 : 개인과 직무에 대한 계속적인 성장과 발전에 대한 욕망에 해당하는 욕구 → 매슬로우 이론의 존중욕구 및 자아실현 욕구에 해당

(6) 브룸(Victor H. Vroom)의 기대이론(VIE 이론) 기출

① 어떤 일을 하게 되는 사람의 동기는 적극적이든 소극적이든 간에 자신이 노력한 결과에 대해 스스로 부여하는 가치에 의해 결정될 수 있다는 이론이다.

② 자신의 노력이 목표를 성취하는데 실질적으로 도움을 줄 것이란 확신을 갖게 될 때 더욱 크게 동기를 부여받는다는 이론이다.

③ 브룸의 기대이론은 가치(Valence), 수단(Instrumentality), 기대(Expectancy)의 세 요인으로 구성되며, 첫 글자를 따서 VIE모형이라고도 한다.

④ 동기력/힘(Force) = 가치성(Value) × 기대감(Expectancy)

⑤ 가치성(유의성)은 특정 보상에 대해 갖는 선호의 강도이며 수단은 성과달성에 따라 주어지리라 믿는 보상의 정도이고, 기대감은 자신의 노력으로 어느 정도의 성과를 낼 것인가에 대한 기대를 뜻한다.

(7) 테일러의 과학적 관리론 [기출]

① 경영의 합리화와 능률화의 요청에 따라 등장한 이론이다.

② 최소의 노력과 비용으로 최대의 산출을 획득하기 위해 최선의 방법을 추구하는 관리이론이다.

③ 종업원의 시간연구와 동작연구(Time and Motion Study)에 따라 객관화 · 표준화된 과업을 설정하고 경제적 욕구에 대한 자극을 통하여 공장경영을 합리화하려 하였다.

(8) 아담스(Adams)의 공정성 이론 [기출]

① 조직 내 개인이 자신의 업무에서 투입한 것과 산출된 것을 다른 사람(준거인)과 비교하여 차이가 있음을 인지하면 그 차이를 줄이기 위하여 동기가 부여된다는 이론이다.

② 동기부여에 있어서 중요한 요소는 구성원 개인이 보상체계를 공정하다고 인식하고 있는지의 여부이다.

③ 자기의 노력과 이에 대한 성과, 즉 급여의 비율과 타인의 투입과 성과의 비율을 비교하여 같은 경우는 공정하며 같지 않으면 불공정하다고 느낀다(자신의 성과/자신의 투입 = 타인의 성과/타인의 투입).

④ 공정하다고 인식된 보상은 직무만족도와 성과를 향상시키는 반면에 불공정하다고 인식된 보상은 직무만족도와 성과 면에서 저하를 가져온다.

2 리더십

(1) 리더십의 개념

① **사전적 의미** : 집단적 기능의 하나로 집단 구성원으로 하여금 그 집단의 목표를 달성하는 방향으로 행동하도록 하는 모든 작용을 말한다.

② **일반적 의미** : 리더가 조직의 목표 달성을 위해 조직 구성원들을 끌고 가는 힘을 말한다.

③ **현대적 의미** : 지배와 복종의 관계가 아니라 협력과 조화의 관계이며 상명하복의 수직적 관계가 아니라 상호작용의 수평적 관계를 말한다.

(2) 관리자와 리더

① 관리자(Management) : 관리를 하는 사람으로서 조직이 의무적으로 완수해야 할 일들이 잘 이루어지도록 조직구성원들에게 직무를 배분하고 그들과 직무를 잘 연결시키는 등 통제, 명령, 지도, 책임할당 등의 기능을 수행하는 자이다.

② 리더(Leader) : 조직 구성원들이 일을 할 수 있도록 주선해 주고 방향을 제시하며 유도하여 이끄는 사람을 말한다.

(3) 리더십의 유형

① 권위적 리더십 : 집단의 행위와 관련된 거의 모든 방침을 리더가 단독 결정하는 유형으로, 전제적 리더십을 가진 리더는 인간을 수동적이고 신뢰할 수 없는 존재로 보며, 인간을 도외시하고 과업을 성취하는 데만 관심을 갖는다.

② 민주적 리더십 : 의사결정의 권한을 구성원들에게 위양하는 리더의 리더십 스타일을 말한다. 인간의 본질을 능동적이고 창의적이라고 보며, 부하의 참여와 자율적 행동을 존중한다.

③ 자유방임적 리더십 : 집단에게 정보와 물자를 제공한 후 그들 스스로의 의사결정에 의해서 업무를 수행하도록 내버려 두는 형태로써, 이 같은 유형은 조직질서의 파괴와 무질서 및 혼란으로 나타나기 때문에 거의 사용되지 않고 있다.

④ 변혁적 리더십 `기출`

  ㉠ 리더는 바람직한 가치관, 존경심, 자신감들을 구성원들에게 심어줄 수 있어야 하고 비전을 제시할 수 있어야 한다.

  ㉡ 리더는 구성원들이 개인적 성장을 이룩할 수 있도록 그들의 욕구를 파악하고 알맞은 임무를 부여해야 한다.

  ㉢ 리더는 구성원들이 상황을 분석하는 데 있어 기존의 합리적 틀을 뛰어넘어 보다 창의적인 관점을 개발하도록 격려한다.

  ㉣ 구성원의 노력에 대한 칭찬, 감정적으로 기운을 북돋아 준다거나 활기를 불어넣어 준다.

[리더십 유형별 특성과 효과]

구 분	권위적 리더십	민주적 리더십	자유방임적 리더십
정책결정	리더 단독 결정	집단 결정(리더의 조언)	집단 결정(리더 없이)
집단행위 특성	공격적, 냉담	응집력이 크고 안정적	냉담, 초조
리더와 구성원 관계	수동적	호의적	무관심
계획수립	리더 단독 수행	계획수립에 필요한 정보 제공	체계적인 계획 수립이 없음
평 가	리 더	객관적 기준에 의한 평가	평가 없음(다른 집단 구성원에 의한 임의적 평가)

(4) 리더십의 기능

① 조직 구성원을 조직 목표에 일치시킨다.

② 환경변화에 대한 적응성, 신축성을 확보한다.

③ 조직의 목표를 설정하여 부하직원들의 역할을 명확히 규정한다.

④ 조직목표 달성에 필요한 인적 · 물적 자원을 동원하는 역할을 한다.

⑤ 조직 전체 활동을 총체적으로 조성하고 통합하는 역할을 한다.

⑥ 리더십은 조직 구성원들에게 동기부여 역할을 한다.

(5) 리더십의 영향과정 [기출]

① 권력과 권한

　㉠ 권력 : 다른 구성원 행동에 영향을 줄 수 있는 잠재능력

　㉡ 권한 : 합법적인 권력을 의미

② 부하의 행동에 영향을 주는 방법

　㉠ 모범(Emulation) : 리더의 본을 받아서 자신의 행동에 변화를 가져오게 하는 것

　㉡ 제언(Suggestion) : 아이디어나 의견을 제시하여 부하로 하여금 자신의 행동에 영향을 가져오게 하는 방법

　㉢ 설득(Persuasion) : 제언보다는 더 직접적인 방법으로 부하의 행동에 영향을 주려는 적극적인 방법

　㉣ 강요(Coercion) : 상벌을 중심으로 부하의 행동을 강제로 유도하는 방법

③ 영향력의 원천

　㉠ 강압적 권력 : 리더가 가지고 있는 강압적 권한에 의해 발생

　㉡ 합법적 권력 : 리더의 공식적인 권위와 개인적인 능력에 의하여 발휘되는 영향력

　㉢ 준거적 권력 : 리더가 조직에 우호적이고 매력적인 카리스마를 가짐으로써 조직원들에게 믿음을 주며 생기는 영향력

　㉣ 보상적 권력 : 리더가 조직원에게 원하는 보상을 줄 수 있을 때 발생하는 비공식적인 능력

　㉤ 전문적 권력 : 능력이나 전문적 기술, 지식 등 리더의 개인적인 실력을 통하여 발휘되는 영향력

(6) 리더십 이론 [기출]

① 리커트(R. Likert)의 리더십 이론

　㉠ 착취적 권리형

　　ⓐ 관리자는 부하를 신뢰하지 않고, 관리자에 의한 독단적인 의사결정을 하며, 하향 일방식으로 부하에게 전달된다.

　　ⓑ 부하는 협박이나 처벌 등의 방법을 통해 행동하며, 기계적으로 업무를 수행한다.

　㉡ 온정적 권위형

　　ⓐ 관리자는 어느 정도 온정적으로 부하들을 대하며, 약간의 신뢰감을 가지고 약간의 위임이 행해지는 의사결정을 한다.

　　ⓑ 부하들의 의견을 구하기도 하며, 보상과 처벌을 혼합하여 부하들을 감독한다.

© 협의적 참여형
  ⓐ 관리자는 부하들을 크게 신뢰하며, 중요한 정책이나 방침은 최고 관리층에서 결정하되 구체적인 결정은 하급계층에 위임한다.
  ⓑ 주로 보상의 방법을 통해 부하들을 동기부여를 하며 처벌은 제한적으로 사용하고, 부하들의 아이디어를 업무에 반영한다.
② 참여 집단형
  ⓐ 관리자는 모든 면에서 부하직원들을 완전히 신뢰하며, 다방향적인(민주적 체제) 의사 전달과 참여로 의사결정이 원활히 이루어진다.
  ⓑ 모든 의사결정에 부하직원들을 참여시키며, 참여를 통한 동기부여가 이루어진다.

② 블레이크(R. R. Blake)와 머튼(J. S. Mouton)의 리더십 이론
  ㉠ 무기력형
    ⓐ 과업에 대한 관심과 인간에 대한 관심이 모두 낮다.
    ⓑ 문제가 되는 일을 방치한 채 기본적인 것만을 강조하며, 상급자의 지시를 그대로 받아들여 과업을 수행하고자 한다.
  ㉡ 친목형
    ⓐ 인간에 대한 관심은 매우 높으나 과업에 대한 관심은 낮은 리더를 말한다.
    ⓑ 구성원들과의 친밀한 관계의 유지에만 관심이 있으므로 조직의 과업목표를 제대로 달성하는 데 어려움을 겪는다.
  ㉢ 과업형
    ⓐ 과업에 대한 관심은 매우 높지만 인간에 대한 관심은 매우 낮게 갖는다.
    ⓑ 과업목표를 수단과 방법을 가리지 않고 달성하고자 하므로 매우 독재적인 리더십을 행사한다.
  ㉣ 단합형 [기출]
    ⓐ 인간과 과업에 대한 관심이 모두 높다.
    ⓑ 구성원 개인의 욕구를 만족시키면서 과업목표를 달성하는 매우 민주적인 리더십을 발휘한다.

③ 상황적 리더십 이론 [기출]
  ㉠ 리더십의 효과성은 리더의 특성이나 행위와 함께 상황적 조건에 따라 달라진다는 리더십 이론으로, 상황에 따라서 과업지향적 리더가 효과적일 때도 있고 관계지향적 리더가 효과적일 때도 있다.
  ㉡ 피들러의 상황적 리더십
    ⓐ 최초의 상황이론으로 평가받는 피들러의 상황모델은 리더의 스타일과 상황특성을 기준으로 이론을 구성하였다.
    ⓑ 피들러는 상황변수, 리더-구성원 관계, 과업구조, 그리고 리더의 직위권한 등 세 개를 각각 2분하여 8가지로 구체화한 후 상황에 맞는 리더십 스타일을 경험적으로 도출하였다.
    ⓒ 피들러의 상황이론에서 상황의 통제가능성이 아주 높거나 낮은 극단적인 경우에는 과업중심형 리더가 적합하다.
  ㉢ 허시와 블랜차드의 상황적 리더십
    ⓐ Hersey & Blanchard(1969)가 블레이크와의 관리격자의 개념을 이용하여 리더의 행동을 과업행동과 관계행동의 2차원 축으로 분류하고, 여기에 상황요인으로 부하의 성숙도를 추가하여 적합한 관계를 가질 때 조직의 유효성이 높아진다는 이론이다.

ⓑ 이론 구성은 4가지 리더십 유형(지시형, 설득형, 참여형, 위임형)과 1가지의 상황변수(구성원의 성숙도)로 구성되었다.

ⓒ 위임형은 의지와 능력이 높고, 참여형은 능력은 높으나 의지는 낮다. 또 설득형은 능력은 낮으나 의지는 높고, 지시형은 의지와 능력이 모두 낮다.

❸ 의사소통

(1) 의사소통의 기능

① **정보전달 기능** : 커뮤니케이션은 개인과 집단 또는 조직에 정보를 전달해 주는 기능을 함으로써 의사결정의 촉매제 역할을 한다. 의사소통은 여러 가지 대안을 파악하고 평가하는 데 필요한 정보를 제공해 줌으로써 의사결정을 원활하게 한다.

② **동기유발 기능** : 커뮤니케이션은 조직 구성원들의 동기유발을 촉진시키는 데 사용된다. 조직 구성원이 해야 할 일, 직무성과를 개선하고 달성하기 위해서 어떻게 해야 하는지, 다른 구성원들과 어떻게 협동해야 하는지 등을 구체적으로 알려주는 매개체 역할을 하는 것이 의사 소통이다.

③ **통제 기능** : 커뮤니케이션은 조직구성원의 행동을 조정·통제하는 기능을 한다. 즉, 의사소통은 조직구성원들의 행동이 특정한 방향으로 움직이도록 통제하는 기능을 한다.

④ **정서 기능** : 커뮤니케이션은 조직구성원들이 자신의 감정을 표현하고 사회적 욕구를 충족시켜주는 역할을 한다. 구성원들은 자신이 속한 집단이나 조직에서 이루어지는 자신의 고충이나 기쁨, 만족감이나 불쾌감 등을 토로하게 된다. 의사소통을 통하여 자신의 심정을 표출하고 다른 사람들과의 교류를 넓혀 나가는 것이다.

(2) 의사소통의 원칙

① **명료성** : 전달하는 내용이 분명하고 정확하게 이해할 수 있게 해야 한다.

② **일관성** : 전달하는 내용은 전후가 일치되어야 한다.

③ **적시성** : 필요한 정보는 필요한 시기에 적절히 입수해야 한다.

④ **적정성** : 전달하고자 하는 정보의 양과 규모는 적절해야 한다.

⑤ **배포성** : 의사전달의 내용은 모든 사람들이 알 수 있도록 공개해야 한다.

⑥ **적응성** : 의사소통의 내용이 상황에 따라 융통성과 신축성이 있어야 한다.

⑦ **수용성** : 피전달자가 수용할 수 있어야 한다.

(3) 의사소통의 중요성

① **협동의 전제조건이며 조정의 수단**

조직에서 의사소통이 없으면 신경계통이 없는 인간과 같아서 그 조직은 기능이 마비된 상태가 된다. 따라서 조직에 있어서의 의사소통은 조직의 협동적 행동이 가능하게 하며 이와 같은 협동적 행동은 조정의 수단으로서 기능을 하게 된다.

② 정보의 제공과 합리적 의사결정의 수단

조직의 활동은 의사결정의 연속적 과정이다. 이러한 결정을 합리화하고 효율적으로 집행하기 위해서는 의사소통을 통하여 필요한 정보를 제공하고 교환하여야 한다. 또한 의사소통의 내용이 정확·신속하고 적절하며 그 전달의 질이 우수해야 의사결정의 질도 확보될 수 있다.

③ 갈등해소의 수단

조직에서의 개인 간·부서 간의 갈등은 있게 마련이다. 그런데 이런 갈등은 여러 가지 원인에서 생긴다. 이와 같은 갈등의 원인을 해소하는 수단으로서 의사소통이 사용된다.

④ 통솔과 사기앙양의 수단

의사소통은 조직을 통솔하고 조직구성원의 사기를 앙양시키는 수단이 된다. 조직 구성원들은 의사소통을 통하여 참여감, 귀속감, 인정감, 유대감 등 사회·심리적 욕구를 충족하고, 이런 과정에서 자발적 통솔이 이루어지며 사기가 앙양되고 근무에 대한 동기가 유발된다.

(4) 의사소통의 과정

① 전달자가 아이디어를 전달하고 이해가능한 형태로 변환하는 과정이다(부호화).
② 부호화된 메시지는 의사소통 매체를 통해 수신자에게 전달된다. 전화선, 라디오, TV 시그널, 광섬유 케이블, 우편 등 다양한 매체들이 이용될 수 있으며, 매체는 대체로 전달하고자 하는 정보 형태에 의해 결정된다.
③ 수신자는 전해진 메시지를 아이디어로 환원하는 해독작업을 수행해야 한다(해독). 해독작업이 정확하게 이루어진다면 아이디어는 전달자가 의도한 대로 전해질 것이다.
④ 메시지가 해독된 후, 수신자는 메시지를 전달자에게 다시 전달하는데 이를 피드백이라 한다. 전달자는 피드백을 통해 전달하려는 메시지가 전달되었고, 의도한 효과를 발휘하였는지 여부를 가늠한다.
⑤ 잡음은 전달과 수신 사이에 발생하여 의사소통의 정확도를 감소시킨다. 여기에는 언어가 갖는 어의상의 문제, 메시지의 의도적 왜곡 등이 있다. 전달자의 부정확한 사상인식, 부적절한 코드화, 수신자의 부정확하거나 왜곡된 해석 등 잡음은 어디에서나 발생하며 의사소통을 왜곡시킬 수 있다.

(5) 의사소통망의 형태

① **쇠사슬(Chain)형** : 공식적인 계층이 많은 조직에서 명령계층에 따라 의사소통이 상위계층에서 하위계층으로 상·하로만 흐르는 형태이다. 엄격한 계층제의 원리에 의해 운영되므로 상위층의 중심인물에 정보가 집중되고 종합되기 때문에 문제해결에 신속성과 정확성이 있으나 조직의 직무만족은 낮은 편이다.
② **수레바퀴(Wheel)형** : 구성원들이 한 사람의 중심인물하고만 의사소통을 하는 형태이다. 그러므로 중심인물은 신속하게 정보를 얻을 수 있고 정보를 분석하여 문제해결책을 바로 구성원에게 전달할 수 있어 과업성과를 높일 수 있다. 이런 유형은 단순과업에서 이루어질 수 있는 것이지 복잡한 과업일 때에는 반대로 과업성과가 낮아지고 직무만족도도 낮다.
③ **Y형** : 최상층이 복수인 형태로 공식적 조직에서는 찾아보기 힘든 의사소통 형태이다.
④ **원(Circle)형** : 권한의 계층관계가 형성되어 있지 않고 중심인물도 없는 상황에서 나타날 수 있는 형태로서, 권한이 어느 한 쪽에 집중되어 있지 않아서 문제해결이 느린 편이지만 구성원의 만족도는 일반적으로 높다.

⑤ **완전연결(All Channel)형** : 비공식적 의사소통에서 형성되는 의사소통망이다. 이것은 특정한 중심
인물이 없고 구성원 개개인이 서로 의사소통을 주도한다는 것이 특징이다. 구성원들 상호 간에 정
보교환이 왕성하게 이루어짐으로써 상황의 파악과 문제해결에 시간이 많이 소요되는 단점을 가지
지만 구성원들이 참여를 통하여 창의적으로 문제를 해결하고자 할 때에는 효과적일 수 있으며, 구
성원들의 만족도도 대체로 높다.

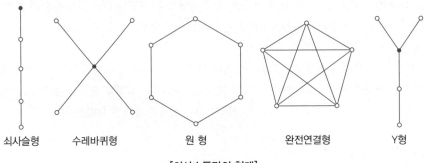

쇠사슬형　　　수레바퀴형　　　　원 형　　　　완전연결형　　　　Y형

[의사소통망의 형태]

(6) 의사소통의 종류

① 언어적 의사소통과 비언어적 의사소통 `기출`

ㄱ. 언어적 의사소통 : 언어를 매개체로 하여 의사소통이 이루어지는 것으로, 이는 다시 구두의사소
통과 문서의사소통으로 나누어진다. 구두의사소통은 직접적인 말을 수단으로 하여 정보를 교
환하며 메시지를 전달하는 것을 의미한다. 대면적 의사소통이 여기에 속한다.

ⓐ 구두 의사소통 : 대면적인 의사소통이므로 대면성이 갖는 즉시성과 신축성, 융통성, 비밀보
장성 등의 장점이 있으나, 전달대상이 제한되며 전달 내용이 중요하고 복잡할 때는 사용하
기 어렵다.

ⓑ 문서 의사소통 : 문서를 통한 의사소통으로 공문서, 보고서, 지침, 메모, 편지, 회람, 안내서
등이 여기에 포함된다. 정확성 · 보존성이 특징이다.

ㄴ. 비언어적 의사소통 : 구두나 문서 언어를 사용하지 않고 메시지를 전달하는 의사소통이다. 여기
에는 물리적 언어(교통신호, 사이렌, 도로표지판 등), 상징적 언어(사무실의 크기, 의자의 크
기, 자동차의 크기와 색깔 등), 신체적 언어(자세, 얼굴표정, 몸짓, 목소리, 눈동자, 하품 등)가
있으며 비언어적 의사소통은 경우에 따라 언어적 의사소통보다 더 효과적일 수 있다.

② 일방적 의사소통과 쌍방적 의사소통

ㄱ. 일방적 의사소통 : 명령이나 지시와 같이 전달자가 수신자에게 일방적으로 메시지를 전달하는
방법이다.

ㄴ. 쌍방적 의사소통 : 전달자가 수신자에게 메시지를 전달하면 수신자의 반응이 피드백되어 다시
전달자에게 되돌아오는 형태이다.

③ 공식적 의사소통과 비공식적 의사소통 [기출]

    ㉠ 공식적 의사소통은 공식적 조직에서 공적인 권한의 계층을 따라 정보와 지식이 소통되는 절차와 경로의 합리적이고 계획적인 의사소통체제를 말한다. 공식적 의사소통의 목적은 정책결정과 지시사항의 전달, 관리층에 대한 부하직원의 보고, 제안의 전달, 조직목적 등을 구성원에게 전달하는 데 있다.

    ㉡ 비공식적 의사소통은 조직에서의 비공식적인 인간관계에 의한 의사소통을 말한다. 조직의 의사소통은 공식적인 의사소통체계뿐만 아니라 자생적으로 형성된 비공식적 의사소통체계도 존재한다. 이러한 비공식적 의사소통체계를 '포도넝쿨을 닮았다'하여 '그레이프바인(Grapevine)'이라 한다.

④ 수직적 의사소통과 수평적 의사소통 [기출]

    ㉠ 수직적 의사소통

        ⓐ 하향적 의사소통 : 조직의 위계 또는 명령계통에 따라 상급자로부터 하급자에게로 전달되는 것으로 명령과 일반적 정보 등이 있다. 명령은 지시, 훈령, 발령, 규정, 요강, 고시, 회람, 영달 등을 포함하는 것으로 구두명령과 문서명령이 있고, 일반적 정보에는 기관지, 편람, 예규집, 벽신문, 포스터 게시, 구내방송, 인터폰, 강연, 영화 등이 포함되며 이것도 명령과 같이 구두에 의한 것과 문서에 의한 것이 있다.

        ⓑ 상향적 의사소통 : 하급자의 성과, 의견, 태도 등이 상위의 계층으로 전달되는 의사소통이다. 여기에는 면접, 보고, 제안제도, 직원의견조사, 상담제도, 고충처리제도 등이 포함되며 구두와 문서에 의한 방법이 있다.

    ㉡ 수평적 의사소통 : 횡적 의사소통은 동일 계층의 수준에 있는 구성원이나 부서 사이의 의사소통으로 상호작용적 의사소통 또는 수평적 의사소통이라 한다. 횡적 의사소통에는 사전심사, 사후통지, 회의, 위원회 통보, 회람 등의 방법이 포함된다.

(7) 의사소통의 유형

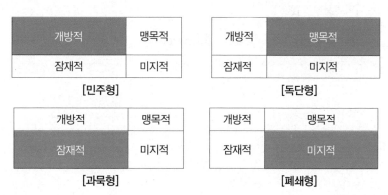

개방적	맹목적
잠재적	미지적

[민주형]

개방적	맹목적
잠재적	미지적

[독단형]

개방적	맹목적
잠재적	미지적

[과묵형]

개방적	맹목적
잠재적	미지적

[폐쇄형]

① 개방적 부분(Open Area, 민주형) : 자신에 대한 정보가 자신이나 타인에게 잘 알려져 있는 부분으로, 서로 잘 알고 상호작용한다. 일반적으로 개방적이고, 방어적이지 않기 때문에 효과적인 의사소통이 가능해진다.

② **맹목적 부분(Blind Area, 독단형)** : 자신에 대해 타인에게는 알려져 있지만 자신은 모르고 있는 정보로 구성되어 있다. 그러므로 타인으로부터 피드백을 받지 못할 때는 이 부분이 더 넓어져 의사소통에서 자신의 주장을 내세우고 타인의 의견을 불신하고 비판하며 수용하려 들지 않는다. 따라서 효과적인 의사소통이 이루어지지 않는다.

③ **잠재적 부분(Hidden Area, 과묵형)** : 자신에 대한 정보가 자신에게는 알려져 있으나 타인에게는 알려져 있지 않은 부분이다. 이와 같은 경우에는 타인이 어떻게 반응할지 몰라 자기의 감정과 태도를 비밀에 붙이고 타인에게 방어적인 태도를 취하게 된다. 그러므로 의사소통에서 자신의 의견이나 감정을 표출시키지 않고 타인으로부터 정보를 얻으려는 경향이 커진다.

④ **미지적 부분(Unknown Area, 폐쇄형)** : 자신과 타인에게 모두 알려지지 않은 부분이다. 즉, 나에 대해서 자기 자신도 모르고 또한 타인도 모르는 정보로 구성되어 있다. 이러한 경우에는 자신에 대한 견해를 표출하지도 않을 것이며 또한 타인으로부터 피드백을 받지도 못할 것이다. 이런 상태가 계속되면 미지적 부분의 넓이가 더 커질 것이다.

중요 check　조해리의 창

자신을 다른 사람에게 나타내 보이는 정도는 사람에 따라 차이가 있는데, 타인은 나를 비춰주는 사회적 거울(Social Mirror)이라는 말처럼 다른 사람의 반응 속에서 나의 모습을 비춰보는 일은 꽤 중요하다. 자기공개와 피드백의 측면에서 우리의 인간관계를 진단해볼 수 있는 방법이 조해리의 '마음의 창(Johari's Window of Mind)'이다. 조해리의 창은 심리학자인 Joseph Luft와 Harry Ingham에 의해서 개발되었고 두 사람의 이름을 합성하여 '조해리의 창'이라고 명명되었다.

• 공개적 영역(Open Area)
　나도 알고 있고 다른 사람에게도 알려져 있는 나에 관한 정보를 뜻한다.
• 맹목적 영역(Blind Area)
　이상한 행동습관, 특이한 말버릇, 독특한 성격과 같이 '남들은 알고 있지만 자신은 모르는 자신의 모습' 등을 가리킨다.
• 숨겨진 영역(Hidden Area)
　나는 알고 있지만 다른 사람에게는 알려지지 않은 정보를 의미하는 것으로 나의 약점이나 비밀처럼 다른 사람에게 숨기는 나의 부분을 뜻한다.
• 미지의 영역(Unknown Area)
　나도 모르고 다른 사람도 알지 못하는 나의 부분을 의미한다.

01 다음 중 프로젝트 조직과 매트릭스 조직에 대한 설명으로 가장 적절한 것은?

① 프로젝트 조직은 기능조직에 비하여 안정적으로 운영된다.

② 프로젝트 조직은 제품, 지역, 고객관리에 필요한 인적 자원 사용이 비탄력적인 모델이다.

③ 프로젝트 조직은 과업이 진행됨에 따라 필요한 인원을 모으고, 프로젝트가 완료되면 해산되는 탄력적인 조직구조이다.

④ 매트릭스 조직은 전통적 조직화 원리에 의한 조직구조로서 명령일원화의 원칙에 입각한 조직이다.

> 해설 ① 프로젝트 자체가 시간적 유한성을 지니기에 프로젝트 조직도 임시적(잠정적)이다.
> ② 인적자원 사용이 매우 탄력적인 모델이다.
> ④ 매트릭스 조직은 계층 원리와 명령일원화 원리가 적용되지 않고, 라인과 스태프 구조가 일치하지 않으며 프로젝트가 끝나면 원래 조직 업무를 수행한다.

> **The 알아보기**
>
> **프로젝트 조직**
> 특정한 사업목표를 달성하기 위하여 일시적으로 조직 내의 인적 · 물적 자원을 결합하는 조직형태
>
> **매트릭스 조직**
> 전통적인 기능적 구조에 사업부제 조직을 결합시킴으로써 수직적 구조와 수평적 구조가 혼합된 동태적 조직의 형태

02 다음의 사업부제 조직에 관한 설명 중 가장 적절하지 않은 것은?

① 제품, 고객 또는 지역에 따라 사업부로 나뉘어져 운영되는 집권적 구조이다.

② 경영자의 훈련과 개발에 효과적이며, 위험의 분산에 효과적인 조직구조이다.

③ 사업부제 조직은 독립채산성을 높일 수 있다.

④ 사업부제 조직의 단점은 사업활동에 따른 자원과 부서가 중복됨에 따라 운영비용이 증대된다는 점이다.

해설 ① 전통적인 기능적 조직구조와는 달리 단위적 분화의 원리에 따라 사업부 단위를 편성하고 각 단위에 대하여 독자적인 생산, 마케팅, 재무, 인사 등의 독자적인 관리권한을 부여함으로써 제품별, 시장별, 지역별로 이익 중심점을 설정하여 독립채산제를 실시할 수 있는 분권적 조직이다. 사업부제는 생산, 판매, 기술개발, 관리 등에 관한 최고 경영층의 의사결정 권한을 단위 부서장에게 대폭 위양하는 동시에 각 부서가 마치 하나의 독립회사처럼 자주적이고 독립채산적인 경영을 하는 시스템이다. 사업부제는 고객·시장욕구에 대한 관심 제고, 사업부 간 경쟁에 따른 단기적 성과 제고 및 목표달성에 초점을 둔 책임 경영체제를 실현할 수 있는 장점이 있는 반면에 사업부 간 자원의 중복에 따른 능률 저하, 사업부 간 과당경쟁으로 조직 전체의 목표달성에 저해를 가져올 수 있다는 단점이 있다.

03 다음 중 경영자에 대한 설명으로 가장 적절하지 않은 것은?

① 경영자는 조직의 목표를 효과적으로 달성하기 위해 조직을 이끌고 그 결과에 책임을 지는 사람을 말한다.

② 경영자는 인간관계역할, 정보관리역할, 의사결정역할을 수행한다.

③ 경영자는 계층에 따라 소유경영자, 고용경영자, 전문경영자로 구분된다.

④ 주인-대리인 문제는 주인인 주주가 직접 일을 할 수 없는 상황에서 대리인인 전문경영자에게 경영활동을 위임할 경우, 주인과 대리인이 다른 개인적 목표를 갖게 되어 주주의 의사대로 일을 수행하지 않게 되는 문제이다.

해설 ③ 경영자의 계층에 따라 최고경영자, 중간관리자, 일선감독자(하위경영자)로 나눌 수 있다.

The 알아보기

1. 최고경영자

최고경영자 층은 회장, 부회장, 사장, 부사장, CEO 등의 명칭으로 불리는 이사회 구성 멤버들이 여기에 속한다. 최고경영자는 조직 전체의 경영에 책임을 지고 있으며 조직이 나아갈 방향을 제시하는데 많은 노력을 기울인다.

2. 중간경영자

중간 관리자층은 처장, 국장, 실장, 부장 그리고 과장 등의 직함을 갖고 있다. 중간경영자는 최고경영자가 정한 목표를 달성하기 위해 자신이 책임지고 있는 하부조직의 구체적인 목표를 세우고 정책을 실행하는 데 중추적인 역할을 한다.

3. 일선경영자

현장경영자라고도 하며, 작업자의 활동을 감독하고 조정하는 경영자로서 기업 내에서 가장 낮은 단계의 경영자를 말한다. 따라서 일선경영자는 자신이 담당하고 있는 어떤 작업을 직접 실행하는 작업자만을 감독하고 다른 경영자의 활동은 감독하지 않는다. 일선경영자로는 공장의 생산감독자, 기술감독자 또는 관리부서의 사무감독자 등을 들 수 있다.

---

04 전략(Strategy)이나 목표(Goal)와 비교하여 조직의 사명(Mission)에 대한 설명으로 가장 적절치 않은 것은?

① 조직이 원래 무엇을 하기로 되어 있는지를 간단하고 명확한 용어로 표현한 것이다.
② 환경과 자원의 변화를 반영하거나 새로운 기회를 활용하기 위해 정기적으로 재정립된다.
③ 조직이 수행하는 업무에 대한 의미를 최고로 표현한 것이다.
④ 조직의 모든 사람들이 힘을 합쳐서 해야 할 일, 즉 공유된 목표를 제시한다.

해설 ② 조직의 사명(Mission)은 다른 기업과 해당기업을 차별화하고 활동의 영역과 방향을 규정함으로써 기업의 근본적인 존재 의의와 목적을 나타내는 것이다. 사명은 기업 운영의 나침반 역할을 담당하게 되는 것으로 한번 정립된 사명은 특별한 이유가 없는 한 재정립되지 않는다.

05 기업에서 조직구성원의 모티베이션을 향상시키기 위해 직무충실화라는 직무재설계 접근법을 적용하고 있다. 이에 대한 근거가 되는 동기부여이론으로 가장 적합한 것은?

① 하우스의 경로 – 목표이론
② 브룸의 기대이론
③ 허즈버그의 2요인이론
④ 맥클리랜드의 성취동기이론

해설 ③ 허즈버그는 직무만족에 영향을 주는 요인을 '동기요인(Motivator)'이라 하고, 직무불만족 요인을 '위생요인(Hygiene Factor)'이라고 하였다. 인간이 자신의 일에 만족감을 느끼지 못하게 되면 위생요인에 관심을 기울이게 되고 이들에 대해 만족하지 못할 경우에는 일의 능률이 크게 저하된다고 주장했다. 또한 위생요인은 충분히 충족된다 해도 작업능률을 다소 높일 수 있는 불만은 해소되지만 자아실현을 통한 일의 성취를 기대할 수 없다는 것이다. 반면에 자신의 일 자체에 만족을 하고 있는 사람은 위생요인이 다소 충족되지 못한다 해도 이를 받아들이고 자신의 일 자체를 즐거워하고 보람되게 생각해서 일의 성취를 위해 도전한다는 것이다. 허즈버그는 위생요인을 아무리 개선해도 조직구성원의 욕구는 충족되지 못하므로 장기적으로 모티베이션을 유지하여 생산성을 높이기 위해 동기요인의 충족에 관심을 가져야 하며, 이에 한 걸음 더 나아가 직무까지도 재설계할 것을 강조하고 있다. 이런 관점에서 허즈버그의 2요인이론은 매슬로우의 이론을 한 단계 발전시킨 이론이라고 할 수 있다.

동기요인	위생요인
성취감	감 독
인 정	근무조건
일 자체	상호인간관계
책 임	임금 및 안정적 고용
승진 및 성장	회사정책과 경영방식

06 TQM(Total Quality Management)에 관한 설명으로 가장 적절하지 않은 것은?

① TQM은 품질을 생산라인에만 관련되는 개념으로 파악하던 기존의 개념에서 벗어나, 모든 사람과 업무에 적용되어 제품생산뿐만 아니라 관리업무나 서비스 등에 적용되는 개념으로 '고객의 욕구와 합리적인 기대를 충족시켜 주는 활동'이다.

② TQM은 고객지향, 지속적 개선, 종업원 참여를 강조하는 개념이다.

③ TQM은 품질개선을 위한 단순한 기법 차원을 넘어 기업 전체의 경쟁력을 향상시키기 위한 철학이라 할 수 있다.

④ TQM은 품질관리부서 최고책임자의 강력한 리더십에 의해 추진되는 단기적 품질혁신 프로그램이다.

> **해설** ④ TQM(Total Quality Management)은 전사적 품질경영으로서 제품 및 서비스의 품질을 향상시켜 장기적인 경쟁우위를 확보하기 위해 기존의 조직문화와 경영관행을 재구축하는 것이다. 최저비용으로 고객의 요구에 부응하는 것으로, 품질관리책임자뿐만 아니라 마케팅 · 생산 · 노사관계 등 기업의 모든 구성원이 품질관리의 실천자가 되어야 한다는 내용이다.

07 다음 중 경영의 특성을 설명한 것으로 가장 적절하지 않은 것은?

① 경영은 연속성과 순환성을 갖는 프로세스이다.

② 경영은 서로 다른 사람들이 조직 내에서 공통의 목적 달성을 위해 하는 활동들을 포함한다.

③ 경영은 환경변화를 예측하고 적응해가는 활동들을 포함한다.

④ 경영은 무한한 자원을 바탕으로 이익의 극대화를 추구한다.

> **해설** ④ 경영은 유한한 자원을 바탕으로 이익의 극대화를 추구한다. 현대기업들은 유한한 경영자원으로써 무한한 인간의 욕구를 실현해야 한다는 현실적 과제를 해결하기 위해 경영전략이란 개념을 도입하게 되었다.

08 다음 중 조직의 형태별 특징에 대한 설명으로 가장 적절하지 않은 것은?

① 사업부제 조직은 자원의 효율적 활용으로 규모의 경제를 가져올 수 있다.

② 네트워크 조직은 필요한 정보를 중심으로 연결되므로 상황에 따라 변형되며, 필요에 따라 추가되고 제휴되는 특성을 가진다.

③ 라인조직은 최고경영자의 명령이 상부에서 하부로 직선적으로 전달되는 조직형태이다.

④ 매트릭스 조직은 기능부서간 유기적 협조가 이루어져 조직운영에 도움이 된다.

> **해설** ① 사업부제 조직은 사업부마다 필요한 경영자원, 즉 인재, 물품, 금전, 정보 등 자원의 중복으로 낭비가 생길 수 있다는 단점이 있다.

09 라인조직에 대한 설명으로서 옳지 않은 것은?

① 대규모 기업에 적용했을 때 매우 효율적이다.

② 임기응변에 의한 응급조치가 가능하다.

③ 조직원들이 창의력을 발휘하기 어렵고, 각 부문 간의 유기적인 조정이 어렵다.

④ 명령 일원화의 원리에 의해서 경영활동의 통제가 용이하다.

> 해설 ① 라인조직은 상부에서 하부로 수직적인 명령전달 형태로, 결정과 집행이 신속하며 통일성·질서 유지가 용이하고 책임의 소재가 명확하다. 상위자에게 너무 많은 책임이 따른다는 단점이 있으며, 소기업에 적합하다.

10 기업의 경영관리활동 중 계획화 과정에서 다양한 경영전략을 적용한다. 경영전략기업에 대한 다음의 설명 중 가장 적절한 것은?

① SWOT 분석은 기업의 외부환경요인과 내부요인에 대한 분석을 기초로 기업의 핵심역량을 파악하는 것이다.

② SWOT 분석에서 S(Situation)는 경쟁력 유지에 활용할 기업 상황을 의미한다.

③ BCG 매트릭스는 제품성장률과 기업외적요인인 자금점유율을 기준으로 사업포트폴리오를 평가하는 기법이다.

④ BCG 매트릭스에서 이상적 기업전략은 '별'에서 발생한 초과 자금을 '현금젖소'에 지원하여 안정적 사업단위를 구축하는 것이다.

> 해설 ② SWOT 분석에서 S(Strength)는 기업 내부적 요소로 기업이 가진 강점을 의미한다.
> ③ BCG 매트릭스는 기업의 경영전략 수립에 있어 시장점유율(Market Share)과 사업의 성장률(Growth)을 기준으로 사업포트폴리오를 평가하는 기법이다.
> ④ 기업의 가장 이상적인 기업전략은 현금젖소의 자금을 스타에 투자하는 것이다.

11 페욜의 14가지 관리원칙에 대한 설명 중 올바른 것은?

① 관리 활동에서 반드시 지켜야 할 엄격한 규준이다.

② 제각기 조건의 변화에 따라 탄력성과 적응성을 지닌 지침이다.

③ 실제 관리 활동에 별로 도움이 되지 않는다.

④ 기업뿐 아니라 개인의 생활 내지 초역사적인 이익에 관한 규준이다.

> 해설 ② 페욜이 주장한 14가지 일반 관리원칙은 경영자의 입장에서 조직 전체를 효율적으로 운영할 수 있는 원칙으로 각 상황에 따라 탄력성과 적응성을 지닌 관리 지침이다.

12 조직구조의 구성요소에 대한 설명 중 가장 올바른 것은?

① 과업의 분화 : 업무를 어느 정도나 담당자의 재량에 맡길 것인가를 정하는 방법
② 공식화 : 조직의 목표달성을 위해 필요한 업무들을 할당하는 방법
③ 코디네이션(조정) : 업무수행과정에서 발생하는 갈등을 조정하는 방법
④ 권한의 배분 : 업무수행을 위해 필요한 규정과 절차를 명시하는 방법

> 해설　① 과업의 분화 : 조직의 목표달성을 위해 필요한 업무들을 할당하는 방법
> 　　　② 공식화 : 업무수행을 위해 필요한 규정과 절차를 명시하는 방법
> 　　　④ 권한의 배분 : 업무를 어느 정도나 담당자의 재량에 맡길 것인가를 정하는 방법

13 다음 중 프로젝트 조직에 대한 설명으로 틀린 것은?

① 특정한 프로젝트의 수행을 위한 일시적이고 잠정적인 조직이다.
② 협의 과정을 중요시하고 각 부문의 정보를 반영할 수 있는 합리적 의사결정이 가능한 조직이다.
③ 경영활동을 프로젝트별로 분화하고, 이것을 중심으로 제 기능을 시스템화한 것이다.
④ 프로젝트의 목표가 명확하므로 책임과 평가가 명확해지는 장점이 있다.

> 해설　프로젝트 조직은 일시적으로 특정 목표의 달성을 위해 인적·물적 자원을 결합한 형태의 조직으로 협의
> 과정을 통한 의사결정이 이루어지지는 않는다. ②가 설명하는 것은 위원회 조직으로 각 분야의 전문성을
> 가진 사람들로 구성된 회의를 통해 합리적인 의사결정을 가능하게 하는 조직이다.

14 다음 중 팀제에 대한 설명으로 옳지 않은 것은?

① 의사결정 단계를 대폭 줄여 의사결정을 빨리 내리려는 목적으로 도입되었다.
② 팀제의 실행으로 인사권과 결재권을 박탈당한 부장, 차장, 과장급의 상실감이 문제가 될 수 있다.
③ 중간층이 없어 팀장의 일이 가중되는 문제점도 생긴다.
④ 팀장은 인사권과 결재권을 가질 수 없다.

> 해설　④ 팀제 조직구조에서는 팀장이 인사권과 결재권도 가진다.

15 다음 조직 형태에 대한 설명으로 적합하지 않은 것은?

① 위원회조직은 해당 관련 분야의 관련성과 전문성을 가진 사람들로 이루어지며 회의형식으로 진행되므로 경영자의 경영활동 수행에 조언과 협조를 하지만 경영전반에 걸친 문제들에 대한 의사결정은 절대 수행할 수 없다.

② 프로젝트 조직은 전통적인 라인·스탭조직과 사업부제 조직의 보완조직으로 특정한 목표 혹은 특정한 계획이나 과업을 달성하기 위하여 일시적으로 조직 내의 인적·물적 자원을 결합하는 조직형태이다.

③ 매트릭스 조직은 조직의 기능에 따라 수직적으로 편성된 직능조직에 수평적으로 프로젝트 조직의 모형을 부가시킨 조직으로 전통적인 기능적 조직과 프로젝트 조직을 병합한 것이다.

④ 팀조직은 상호보완적인 기술이나 지식을 가진 소수의 구성원들이 자율권을 갖고 기업의 목표를 달성하도록 구성된 조직으로 업무추진에 있어 불필요한 부서 간의 장벽을 제거한 것이다.

> **해설** ① 위원회조직은 경영자의 경영활동 수행에 있어서의 조언과 협조, 더 나아가 경영 전반에 걸친 문제들에 대한 의사결정을 수행한다.

16 사업부제에 대한 다음 설명 중 가장 옳지 않은 것은?

① 개별 사업부가 독립적인 회사처럼 관리 업무까지 독자적으로 수행한다.

② 독립채산제를 통해 사업부 단위로 성과를 평가하고 경쟁한다.

③ 사업부 간의 긴밀한 조정과 협조가 매우 중요하다.

④ 개별 사업부의 독립성을 유지하기 위해 별도의 법인으로 분리한다.

> **해설** ④ 별도의 법인으로 분리하면 본사 중앙조정부서의 확립 및 조직구성원의 상호작용이 어려워져 효과적인 통제가 불가능하다.

17 다음 중 공식조직과 비공식조직에 대한 설명으로 옳은 것은?

① 공식조직이란 조직을 이루는 구성원들의 이해와 요구에 의해 구성된다.

② 공식조직의 목표는 업무완수를 통해 조직목표달성에 기여하는 데 있다.

③ 비공식조직은 구체적인 과업수행이나 목표달성을 위해 의도적으로 형성된 조직이다.

④ 공식조직은 개인의 다양한 욕구를 해소시켜 주는 통로가 되는 순기능을 갖는다.

해설 ① 공식조직은 조직의 목표 달성을 위해 효율과 경제적 관점에서 인위적으로 만들어지는 조직이다.
③ 공식조직에 대한 설명이다.
④ 비공식조직에 대한 설명이다.

공식조직	비공식조직
• 계층 및 부서 간의 권한 및 책임과 의사소통의 경로를 분명하게 함 • 모든 구성원에게 구체적으로 직무가 할당되며 지위, 신분의 체계가 문서화됨 • 조직 목적을 달성하기 위해 의도적으로 구성된 조직 • 조직 수명이 지속적임	• 구성원들 간의 친밀감을 바탕으로 하여 의사소통 원활 • 구성원 개인이 좌절이나 불행, 욕구불만 등을 느낄 때 소통으로 해소하는 조직 유지의 안전장치 구실 • 구성원들에게 일정한 행동양식, 규범, 가치체계 등을 제공함으로써 귀속감, 안정감, 만족감 등 정서적 만족 제공 • 구성원들 간의 협동 도모, 의사결정 참여, 유기적 상호관계 증진 등을 도모함으로써 업무를 능률적으로 수행하게 함 • 구성원들 간의 커뮤니케이션을 통해 조직의 생리 파악 가능

18 SWOT 분석은 기업의 전략적 계획수립에 빈번히 사용하는 기법이다. 다음 A반도체의 SWOT 분석 내용 중 O에 해당하지 않는 것은? [19년 2회 1급]

① 브랜드 신뢰도 확보 및 반도체 시장점유율 확대
② 미국과 중국의 반도체 수요 증가
③ 4차 산업혁명에 따른 메모리 반도체 수요 증가
④ 반도체 산업의 활황세

해설 ① 브랜드 신뢰도 확보 및 반도체 시장점유율 확대는 S(Strength, 강점)에 해당한다.
SWOT 분석

구 분	의 미	비 고
강점(Strength)	우리 기업의 강점	우리 기업 내부의 분석
약점(Weakness)	우리 기업의 약점	
기회(Opportunity)	기업의 발전에 기여할 수 있는 요인	외부 환경의 분석
위협(Threat)	기업의 생존에 위협을 주는 요인	

19 다음 중 집권화된 조직구조의 장점이라고 할 수 있는 것은?

① 경영환경 변화에 대응하는 신속한 의사결정이 가능하다.
② 조직구성원의 자발적이고 창의적인 참여를 유발한다.
③ 조직의 활동을 조직의 목표와 일관되게 통제할 수 있다.
④ 최고경영자의 노력을 절약할 수 있다.

해설 ① · ② · ④ 분권화된 조직구조의 장점이다.

20 다음 중 사업부제에 의한 경영관리 분권화의 장점으로서 가장 적절하지 않은 것은?

① 경영의사결정의 합리화를 꾀할 수 있다.
② 생산성 향상에 대한 의욕이 강화된다.
③ 각 사업부 단위의 제품 제조 및 판매에 대한 전문화를 촉진할 수 있다.
④ 사업부 간의 협력 증대로 공통비의 절감이 가능하다.

> 해설 ④ 사업부제 조직은 개별사업부마다 연구개발, 회계, 판매, 구매 등의 조직이 존재하게 되어 기업 전체의 관리비는 증가한다.

21 다음 중 매트릭스(Matrix) 조직에 대한 설명으로 옳지 않은 것은?

① 기능식 조직의 이점과 프로젝트 조직의 장점을 결합한 조직형태이다.
② 역할 수행과 관련하여 갈등이나 모호성이 발생하기 쉬운 단점이 상존한다.
③ 자본집약적 산업의 경우 그 중요성이 더욱 부각된다.
④ 조직구성원의 능력을 최대한 활용하기 위한 조직형태이다.

> 해설 ③ 매트릭스 조직은 조직의 기능에 따라 수직적으로 편성된 직능조직에 수평적·측면적인 프로젝트 조직의 모형을 부가시킨 조직으로 자본집약적 산업에서는 중요성이 부각되지는 않는다.

22 조직구조의 형태에 관한 설명 중 가장 옳은 것은?

① 기능별 조직구조는 가장 일반적인 형태로 제품별·시장별·지역별로 분화시킨 조직구조이다.
② 사업부제 조직은 동일하거나 유사한 성격의 업무내용별로 분류·결합되는 조직구조이다.
③ 비공식조직은 조직목표의 합리적인 달성을 위해 의식적·인위적으로 형성된 조직이다.
④ 프로젝트 조직은 프로젝트의 진전에 따라 인원을 교체하고, 프로젝트가 완료되면 이를 해산하는 탄력성이 있는 조직이다.

> 해설 ① 사업부제 조직, ② 기능별 조직, ③ 공식조직

23 다음 중 매트릭스 조직에서 특정 프로젝트를 작업하기 위해 결합시킨 조직 부문화의 유형으로 가장 올바르게 짝지어진 것은?

① 직능별 부문화, 기능별 부문화
② 과제별 부문화, 직능별 부문화
③ 제품별 부문화, 기능별 부문화
④ 지역별 부문화, 과제별 부문화

해설 조직 부문화의 유형

유 형	업무 분류	특 징
기능별 부문화	조직 내의 주요기능에 따른 부문화(생산, 마케팅, 재무, 회계 등)	• 업무의 효율성을 증대시키고 기능적 전문화가 가능하며 자원낭비를 줄일 수 있다. • 부문 간의 조정이 어렵고 총괄경영자 양성이 어렵다.
지역별 부문화	지역을 중심으로 한 부문화(미주, 아시아, 유럽, 아프리카 등)	• 지역 특성에 맞는 문제해결능력을 증대시키고 지역 내의 조정이 개선된다. • 자원의 낭비가 크고 이중적 노력이 소요되며 많은 경영인력이 필요하다.
제품별 부문화	제품의 종류에 따라 부문화	• 경쟁유발로 사업의 단위별 성과노력이 증대할 수 있고 특화에 의한 집중관리가 가능하다. • 더 많은 경영자의 필요성이 증대되고 최고경영자의 통제 곤란 가능성이 있다.
매트릭스별 부문화	제품별 부문화와 기능별 부문화가 결합된 형태	• 조직의 유연성 증대, 구성원에 몰입과 도전감 부여, 종업원의 잠재능력을 개발한다. • 명확한 지휘통제가 어렵고, 권력투쟁을 유발할 가능성이 있다.

24 다음 중 조직문화의 구성요소인 7S에 대한 설명으로 가장 적절한 것은? [19년 2회 1급]

① 기업의 구조(Structure)는 기업의 컴퓨터 및 기계장치 등 물리적 하드웨어를 의미한다.
② 공유가치(Shared Value)는 구성원을 이끌어 가는 전반적인 조직관리 형태로 경영 관리제도와 절차를 포함한다.
③ 구성원(Staff)은 기업의 인력구성, 능력, 전문성, 구성원의 행동패턴 등을 포함한다.
④ 전략(Strategy)은 기업의 단기적 방향에 따라 실행하는 비공식적인 방법이나 절차를 의미한다.

해설 ① 기업의 구조(Structure)는 조직체의 전략수행을 위한 기본 틀로, 권한 관계와 방침, 조직구조와 직무설계 등 구성원의 역할과 그들의 상호관계를 지배하는 공식요소를 포함한다.
② 공유가치(Shared Value)는 조직구성원이 함께 가지는 신념이나 믿음을 말하며, 이것은 다른 조직문화의 구성요소에 영향을 줄 수 있다.
④ 전략(Strategy)은 조직의 장기적인 방향과 기본 성격을 결정할 수 있으며, 다른 조직문화 구성요소에 큰 영향을 줄 수 있다.

25 의사소통 방법에 대한 설명으로 옳지 않은 것은?

① 몸짓, 표정, 사무실 및 책상의 크기와 같은 물리적 요소와 환경으로는 의사전달이 이루어질 수 없다.

② 비서는 업무상 많은 전화응대를 하여야 하므로 능률적인 전화 의사소통을 할 수 있어야 한다.

③ 구두(口頭) 의사소통으로는 대면 대화, 전화, 회의, 구두 발표 등이 있다.

④ 의사를 전달할 때 매우 중요한 메시지가 연관되어 있을 경우 글로써 이루어지는 기록에 의한 의사소통 방법을 사용한다.

> 해설 ① 사무실 및 책상의 크기가 소유자의 지위와 권력을 말해주듯, 물리적 요소와 환경으로도 의사전달이 이루어질 수 있다.

26 비공식조직에 관한 설명으로 옳지 않은 것은?

① 종업원들의 직무만족감, 소속감 등 감정의 논리에 입각하였다.

② 그레이프바인(Grapevine)이라고도 한다.

③ 조직 내부의 공식적 의사소통경로를 말한다.

④ 조직 자체가 비성문적이고 자연발생적이며 동태적인 인간관계에 의한 조직이다.

> 해설 ③ 비공식조직은 조직 내부의 비공식적인 의사소통경로를 말한다.

27 구성원의 행동을 유도하는 동기부여이론에 관련한 다음의 설명 중 가장 적절한 것은?

① 허즈버그의 2요인이론에 따르면 임금을 높여줌으로써 종업원에게 만족감을 줄 수 있다.

② 아담스의 공정성이론은 개인이 과다보상을 받았다고 느끼는 경우 자신의 투입을 줄임으로써 공정성을 유지하려 한다는 것이다.

③ 매슬로우의 욕구단계론은 인간의 행위에 둘 이상의 욕구가 동시에 작용할 수 있다고 가정하였다.

④ 브룸의 기대이론에서 기대감은 자신의 노력으로 어느 정도의 성과를 낼 것인가에 대한 기대를 뜻하는 것이다.

> 해설 ① 허즈버그의 2요인이론에 따르면 임금은 동기요인이 아닌 위생요인으로서 종업원에게 만족을 주지 못하고 불만족을 감소시키는 작용만 한다고 보았다.
> ② 과다보상은 죄책감을 발생시켜 자신의 투입을 증가시키거나 타인의 산출에 따른 보상을 증가시키기 위하여 적극적으로 노력하게 된다.
> ③ 매슬로우의 욕구단계론은 인간의 욕구는 동시에 나타나 상호 경쟁하는 것이 아닌 계층에 따라 질서를 가진다고 가정하였다.

28 경영혁신기법 중 정보화 사회 진전에 따라 구성원들의 새로운 아이디어 등 의사소통이 활발하게 이루어질 수 있도록 관료조직을 축소하고 조직 계층 구조를 대폭 감소시킬 필요성을 강조하는 것은?

① 비즈니스 다운사이징(Business Downsizing)

② 벤치마킹(Benchmarking)

③ 아웃소싱(Outsourcing)

④ 리엔지니어링(Reengineering)

> 해설 ① 비즈니스 다운사이징은 필요 없는 인원과 경비를 줄여 낭비를 막는 것을 목표로 하는데 팀제, 명예퇴직, 성과보수체계 등이 이의 구체적인 실현 방법이다.

29 경영을 변화시키는 혁신기법들에 대한 설명으로 틀린 것은?

① 리스트럭처링(Restructuring) : 사업구조조정

② 벤치마킹(Benchmarking) : 경쟁기업 프로세스와 비교하여 지속적으로 자사의 프로세스를 개선하려는 노력 및 기법

③ 리엔지니어링(Reengineering) : 일본의 점진적 경영방식

④ 목표중심경영(Management By Object) : 적절한 목표를 설정하고, 이를 기준으로 하여 작업실적을 평가

> 해설 ③ 리엔지니어링은 기존의 조직 단위나 규칙, 순서를 완전히 무시하고 일의 방법을 근본적으로 개선해 모든 사업 활동을 프로세스 중심으로 재편하는 것으로, 정보시스템을 적극 활용하여 경영효율을 높이는 기법이다. 일본의 점진적 경영방식은 카이젠(改善)이다.

30 다음의 리더십 이론에 대한 설명으로 가장 적절하지 않은 것은?

① 허쉬와 블랜차드의 상황이론에서 부하의 성숙도가 매우 높은 경우에는 위임형 리더십 스타일이 적합하다.

② 블레이크와 머튼의 관리격자이론은 리더와 부하의 상황에 따라 리더십을 9개의 유형으로 구분하였다.

③ 피들러의 상황이론에서 상황의 통제가능성이 아주 높거나 낮은 극단적인 경우에는 과업중심형 리더가 적합하다.

④ 리더십 특성이론은 리더의 신체적 특성, 성격, 능력 등과 같은 개인적 특성에 초점을 두고 있다.

> 해설 ② 블레이크와 머튼의 관리격자이론은 리더의 생산(=과업)에 대한 관심과 인간(=관계)에 대한 관심의 두 차원을 기준으로 리더의 행동유형을 5가지로 분류하였다.

31 조직 문화의 구성 요소 중 전략(Strategy)에 관한 내용으로 맞는 것은?

① 인력 구성에 따른 특징을 의미하며 구성원들의 능력, 신념, 전문성, 욕구와 동기, 과업 수행에 필요한 행동이나 조직에 대한 태도와 행동 등을 포함한다.

② 조직경영의 의사결정과 일상 운영의 틀이 되는 보상 시스템이나 복리후생제도, 성과 관리 시스템 등 경영 각 분야의 관리제도와 절차를 포함한다.

③ 조직 구성원들이 함께 가지고 있는 신념이나 믿음을 말한다.

④ 조직의 장기적인 방향과 조직의 기본 성격을 결정할 수 있으며, 다른 조직 문화 구성 요소에 큰 영향을 줄 수 있다.

> 해설　① 조직 구성원(Staff)
> ② 조직 시스템(System)
> ③ 공유 가치(Shared Value)

32 조직 문화의 유지에 관련된 내용 중 물질적 상징을 나타내는 것은?

① 회사의 빌딩, 사무실, 생산제품, 사무용품 등은 그 조직의 문화적 특징을 담고 있기 때문에 이를 통하여 문화를 구성원에게 전달하고 외부에게도 알린다.

② 회사 혹은 부서마다 자기들만의 용어가 있는데, 이는 외부인과 구별되면서 자기들만의 독특성과 응집성 내지는 공동체 소속감을 표현하고 느낄 수 있다.

③ 조직의 영웅이나 문화 요소를 강하게 실천했던 행동에 관한 이야기이다.

④ 조직과 구성원에게 행사의 중요성을 인식하게 하는 공식적 행위이다.

> 해설　② 언 어
> ③ 이야기와 에피소드
> ④ 의 식

∃∃ 다음 중 브룸(Victor H. Vroom)의 기대이론에 대한 설명으로 가장 옳지 않은 것은?

① 동기는 조직 내의 개인이 자신의 성과를 그에 대한 보상과 비교하고 그 비율을 다른 조직 구성원과 비교했을 때 공정한지를 판단한다는 이론이다.

② 개인의 동기는 개인의 노력이 성과를 가져오리라는 기대와 성과로부터 보상을 받는다는 기대가 복합적으로 작용하여 결정된다는 이론이다.

③ 개인의 주관적인 평가를 중시하는 이론이다.

④ 동기의 강도는 유의성, 수단성, 기대의 곱으로 나타낼 수 있다.

해설   ① 공정성 이론에 대한 설명이다.

> **The 알아보기**
>
> **브룸의 기대이론**
> 동기는 자신의 노력이 가져올 성과에 대한 기대와 성과로부터 보상이 오리라는 기대가 복합적으로 결정된다는 동기이론으로 VIE이론이라고도 한다.
> - V(Valence ; 유의성) : 보상에 대해 갖는 기대의 강도
> - I(Instrumentality ; 수단성) : 성과로부터 보상이 주어지리라는 기대
> - E(Expectancy ; 기대) : 자신의 노력이 성과를 가져오리라 믿는 가능성

∃Ꮲ 리더십이론 중에서 인간과 업무에 초점을 두고 직원중심적 리더십과 업무중심적 리더십으로 분류한 이론은 무엇인가?

① 피들러(F.E.Fiedler)의 상황적합이론

② 리커트(R. Likert)의 리더십이론

③ 블레이크(R.R.Blake)와 머튼(J.S.Mouton)의 관리망

④ 레딘(W.J.Reddin)의 리더십이론

해설   리커트(R. Likert)의 리더십이론
- 착취적 권리형 : 관리자에 의한 독단적인 의사결정
- 온정적 권위형 : 약간의 위임이 행해지는 의사결정
- 협의적 참여형 : 중요 정책을 최고관리층에서 결정하되 구체적인 결정은 하급 계층에 위임
- 참여 집단형 : 다방향적인 의사전달과 참여하에 의사결정이 원활

35 다음 리더십의 유형별 특성과 효과 중 옳지 않은 내용은?

	구 분	권위적 리더십	민주적 리더십	자유방임적 리더십
①	정책결정	리더 단독 결정	리더의 조언 없이 집단 결정	리더의 조언으로 집단 결정
②	집단행위 특성	공격적 · 냉담	응집력이 크고 안정적	냉담, 초조
③	리더와 구성원 관계	수동적	호의적	무관심
④	계획수립	리더 단독 수행	계획수립에 필요한 정보 제공	체계적인 계획 수립이 없음

해설 ① 리더십의 유형별 정책결정 시 민주적 리더십은 리더의 조언으로 집단 결정을 하고, 자유방임적 리더십은 리더의 조언 없이 집단 결정을 한다.

36 블레이크(R. R. Blake)와 머튼(J. S. Mouton)의 리더십 이론 유형과 그에 관한 내용 중 잘못된 것은?

① 단합형 : 과업도 중요하지만 직원들의 화합을 더욱 강조한다.
② 무기력형 : 과업에 대한 관심과 인간에 대한 관심이 모두 낮다.
③ 친목형 : 인간에 대한 관심은 매우 높지만 과업에 대한 관심은 낮다.
④ 과업형 : 과업에 대한 관심은 매우 높으나 인간에 대한 관심은 매우 낮게 갖는다.

해설 ① 단합형 : 인간과 과업에 대한 관심이 모두 높다.

37 전략적 관점에서 자사의 강 · 약점과 결합시켜 효과적인 전략을 수립하는 과정으로서 SWOT 분석을 진행하고자 할 때, 내부적 강점(Strengths)으로 고려해야 할 사항으로 적합한 것은?

① 불분명한 전략적 방향
② 적절한 재무적 자원
③ 빠른 시장성장
④ 새로운 경쟁자의 진입가능성

해설 ① 내부적 약점, ③ · ④ 외부적 기회와 위협에 대한 고려사항이다.

03 경영활동

01 기능별 경영활동

1 마케팅 일반

(1) 마케팅의 개념

① 마케팅의 의의 : 소비자의 필요(Needs)나 욕구(Wants)에 의해 상품 또는 서비스를 생산하여 가격과 유통경로를 결정하고 촉진하여 소비자 스스로 만족감을 가지고 구매 또는 이용하도록 하는 전사적 기업 활동이다.

  ㉠ 제품 정책 : 소비자가 제품으로부터 향유하는 제품의 모든 측면을 다룬다.

  ㉡ 가격 정책 : 소비자가 실질적으로 제품을 구매함으로써 부담하는 비용 및 제품을 판매하는 도매상과 소매상에게 부과하는 가격을 다룬다.

  ㉢ 유통 정책 : 도매상, 소매상 등 회사와 최종 소비자를 연결하는 중간매개업체에 대한 정책을 다룬다.

  ㉣ 촉진 정책 : 광고, 인적 판매, 홍보 등의 활동에 대한 정책을 말한다.

② 마케팅 참가자

  ㉠ 기업 : 마케팅은 주로 영리를 목적으로 하는 기업을 다루지만 학교, 병원, 종교 단체, 사회 복지 단체와 같이 비영리 기관에서도 마케팅 활동은 수행된다.

  ㉡ 소비자 : 소비자는 마케팅의 존재 이유라고 볼 수 있고, 회사는 소비자의 욕구를 알아내고 그들의 만족도에 영향을 끼칠 수 있는 모든 활동을 조정·통합함으로써 소비자로 하여금 만족감을 느끼게 하고, 그 만족감을 계속 유지할 수 있도록 한다.

  ㉢ 유통 경로 구성원 : 많은 제품의 성공 또는 실패 여부는 유통 과정에서 중간상들의 적극적인 협조를 얻느냐 못 얻느냐에 달려 있다.

  ㉣ 경쟁사 : 자기의 경쟁 상대를 어떻게 정의하는가는 매우 어렵고도 중요한 일이며, 때로는 고도의 기술이 필요하다.

중요 check 마케팅 믹스(Marketing Mix) 기출

- 마케팅 믹스는 제품(Product), 가격(Price), 유통(Place), 촉진(Promotion)의 머리글자를 따서 4P라고도 부름
- 제품관리를 위해서는 시장수요의 변화패턴을 의미하는 제품수명주기에 대한 이해가 필요함
- 제품수명주기는 일반적으로 도입기, 성장기, 성숙기, 쇠퇴기로 구분됨

(2) 마케팅 관리

① 의 의

　㉠ 마케팅 부문의 목표설정과 달성 방법의 선정

　㉡ 목표달성을 위한 조직구조의 결정 및 조직에 필요한 구성원의 모집과 배치

　㉢ 구성원에 대한 효율적 지휘

　㉣ 마지막으로 목표와 대비하여 통제를 행하는 일련의 과정

　㉤ A.M.A.(American Management Association)는 마케팅 관리에 대해서 '기업의 마케팅 활동을 계획·집행·통제하는 것'이라고 하여 관리과정적 관점에 기초한 포괄적인 정의를 내리고 있음

② 과 제

마케팅 관리는 기업이 그의 목표를 달성하는 데 기여할 수 있는 방법으로 수요의 수준, 시기 및 성격을 규제하는 과업을 수행한다. 이러한 의미에서 마케팅 관리는 수요의 관리라고 할 수 있다. 수요의 상황에 따른 마케팅 관리의 과제는 다음과 같다.

수요상황	과 제	명 칭
부정적 수요(구매기피)	수요의 전환(긍정적 수요로의 전환)	전환적 마케팅
무 수요(기호·관심 X)	수요의 창조(환경변화·정보유포)	자극적 마케팅
잠재적 수요(부존재·강한 욕구)	수요의 개발(실제 수요가 되도록)	개발적 마케팅
감퇴적 수요(하락·침체)	수요의 부활(이전 수준으로)	재 마케팅
불규칙적 수요	수요와 공급의 시기 일치화	동시화 마케팅
완전 수요	수요의 유지	유지적 마케팅
초과 수요(수요 > 공급능력)	수요의 감소(일시적·영구적 억제)	역 마케팅
불건전한 수요	수요의 파괴	대항적 마케팅

(3) 마케팅 조사

① 마케팅 조사란 회사가 직면하고 있는 마케팅 문제와 관련된 정보를 체계적이고 객관적으로 수집, 분석, 보고하는 일련의 활동을 말한다.

② 마케팅 관리자는 시장, 환경, 마케팅 의사 결정의 효과, 마케팅 활동의 성과 등에 대한 정확한 정보를 수집함으로써 마케팅 활동을 둘러싸고 있는 불확실성을 줄이는 중요한 기능을 담당한다.

③ 마케팅 조사는 문제의 정의, 조사 계획의 수립, 조사 실시(자료의 수집 · 처리 · 분석) 등의 과정으로 이루어진다.

중요 check　마케팅 관리 과정

- 마케팅 기회 분석 : 기업의 마케팅 활동 성과를 향상시킬 수 있는 장기적인 기회를 파악, 분석
- 표적시장의 선정 : 어떤 시장을 표적으로 선정하여 마케팅 활동을 전개할 것인지 결정
- 마케팅 믹스의 개발(마케팅 믹스 : 통제 가능한 마케팅 수단의 집합)
- 마케팅 활동의 집행과 통제

---

(4) 마케팅 전략 `기출`

① 기업경영을 수행하는 마케팅 활동은 일반적으로 마케팅 준비, 마케팅 전략, 마케팅 관리, 마케팅 실시 등의 네 가지 단계적 과정에 의하여 실현된다.

② 마케팅 전략은 일반적으로 끊임없이 변화하여 예측하기 힘든 경쟁적인 환경조건에서 고객을 확대하고 기업의 성장과 발전을 꾀하는 통합적이고도 장기적인 경영방책이라고 정의된다.

③ 마케팅 전략의 특성

　㉠ 경영목표를 달성하기 위한 수단이다.

　㉡ 환경변화에 적응성을 갖는다.

　㉢ 마케팅 정책에 유기성을 부여하는 역할을 한다.

④ 마케팅 전략의 구성

　마케팅 전략의 주된 구성요소는 마케팅 정보의 수집, 시장 기회의 평가, 목적 시장의 설정, 마케팅 제수단의 선택적 통합, 즉 마케팅 믹스로 구성된다.

중요 check　시장 세분화에 따른 표적 시장 결정과 마케팅 전략

- 비차별적 마케팅 : 기업이 한 가지 제품이나 서비스 및 마케팅 믹스로써 전시장을 목표로 마케팅 활동을 하는 것을 말하며, 대량 마케팅이라고도 한다.
- 차별적 마케팅 : 여러 세분화 시장을 대상으로 각각의 세분화 시장에 적합한 제품이나 서비스 및 마케팅 믹스를 개발하는 것이다.
- 집중적 마케팅 : 하나의 세분 시장을 대상으로 이상적인 제품이나 서비스 및 마케팅 믹스에 의하여 마케팅 활동을 하는 것이다.

---

(5) 제품시장 성장 과정 `기출`

분류	기존제품	신제품
기존 시장	시장 침투(Marketing Penetration)	제품 개발(Product Development)
신시장	시장 개발 · 개척(Market Development)	사업 다각화(Diversification)

① **시장 침투** : 기존 시장에 기존 제품의 판매를 증대하는 기존 시장 심화전략을 말한다.

② **시장 개발** : 신시장에 기존의 제품을 판매하는 것으로서 경영자는 새로운 시장의 반응을 잘 살펴야 한다.

③ **제품 개발** : 기존 시장에 신제품을 판매하는 것으로 경영자는 소비자들의 반응을 주시해야 한다.

④ **사업 다각화** : 새로운 제품을 가지고 새로운 시장에 들어가서 판매활동을 수행하는 과정을 말한다.

중요 check

블루오션(Blue Ocean)
경쟁의 원리에서 벗어나 발상의 전환을 통해 고객이 모르던 전혀 새로운 시장을 창출해야 한다는 전략으로 기회를 최대화하고 위험(Risk)을 최소화한다는 원리를 토대로 하는 시장이다.

레드오션(Red Ocean)
일반적인 현실의 시장, 즉 기존의 모든 산업을 의미한다. 레드오션에 있는 기업들은 기존 시장수요에 대한 점유율을 높이기 위해 경쟁기업보다 우위에 서려고 노력한다.

---

(6) 제품 포지셔닝 전략

① 소비자 포지셔닝 전략

   ㉠ 소비자의 니즈와 자사 제품 편익(Benefit)의 연관성을 어느 범위에서 전달하느냐에 따라 구체적으로 포지셔닝하기도 하고, 일반적으로 포지셔닝하기도 한다.

   ㉡ 제품의 편익을 구체적으로 포지셔닝하면 포지셔닝의 효과는 크지만 고객의 범위가 작아질 우려가 있다.

   ㉢ 일반적으로 포지셔닝하면 범위가 크긴 하지만 막연하고 애매하기 때문에 커뮤니케이션에 문제가 생길 수 있다.

   ㉣ 제품의 편익과 소비자의 욕구를 연관시킬 수 있는 포지셔닝 전략을 세우는 것이 중요하다.

   ㉤ 제품의 편익과 연관성을 전달하는 방법에 따라서 정보를 제공하는 방법으로 포지셔닝하기도 하고 상징적으로 심상을 전달하는 방법으로 포지셔닝하기도 한다.

② 경쟁적 포지셔닝 전략

   ㉠ 경쟁제품의 포지션을 바탕으로 포지셔닝하는 전략으로, 소비자들은 경쟁제품의 포지션에 자사 제품의 포지션을 연관지어 인식하게 된다.

   ㉡ 주로 경쟁제품과의 차별화를 목적으로 비교 광고를 통해서 많이 수행되며, 보다 수월하게 포지셔닝을 할 수 있다.

   ㉢ 소비자들의 혼란 야기와 경쟁제품의 인지도가 오히려 더 커질 수 있다.

(7) 마케팅 믹스의 관리 기출

① 제품 관리

오늘날과 같이 소비자들의 기호가 다양하고 급변하며, 또 경쟁이 치열한 상황에서는 신제품이 기업의 성패에 매우 큰 영향을 끼친다.

㉠ 아이디어 창출 : 신제품 개발의 첫 단계는 신제품에 대한 아이디어를 모으는 것이다.

㉡ 아이디어 추출 : 아이디어 추출은 아이디어 창출 단계에서 수집된 많은 제품 아이디어들 중에서 좀 더 자세하게 연구할 만한 아이디어를 추려내는 단계를 말한다.

㉢ 제품 개념의 정립 : 제품 개념이란, 제품 아이디어를 좀 더 구체적이고, 소비자들에게 의미있는 언어로 제품을 표현한 것을 말한다.

㉣ 사업성 분석 : 사업성 분석은 앞의 세 단계를 거쳐 살아남은 아이디어들을 판매율, 시장 점유율, 수익률 측면에서 평가하는 과정이다.

㉤ 제품 개발 : 제품 개발은 앞의 네 단계를 통과한 제품 아이디어를 실제로 제품화시켜 기술적·상업적 타당성을 검토해 보는 단계이다.

㉥ 시험 마케팅과 시판 : 시험 마케팅은 새로 개발된 신제품 및 그에 부수되는 마케팅 프로그램을 실제의 시장과 유사한 환경과 특성을 지닌 소수의 소비자들에게 시험해 보는 과정이다.

구 분	도입기	성장기	성숙기	쇠퇴기
매출액	저	급속성장	최 대	감 소
이 익	적 자	증 대	고	감 소
고 객	혁신층	조기 수용층	중간 다수층	지연 수용층
경쟁자	소 수	점차 증대	점차 감소(최대)	감 소
마케팅목적	제품의 인지, 수요창출	시장점유율 극대화	이익의 극대화, 시장점유율 방어	비용절감, 투자회수
중점활동	제품관리, 1차 수요 자극	촉진관리, 선택적 수요 자극	가격관리, 상표의 경쟁우위 확보	제품철수, 1차 수요 유지
제 품	기본제품 제공	제품 확대, 서비스·보증 제공	상품과 모형의 다양화	취약 제품 폐기
가 격	원가가산 가격, 상층흡수 가격	시장침투 가격	경쟁자대응 가격	가격 인하
유 통	선택적 유통, 좁은 유통 커버리지	집약적 유통, 유통 커버리지 확대	집약적 유통, 유통 커버리지 최대화	유통경로의 일부 폐쇄
광 고	조기수용층·중간상의 제품인지 형성	대중시장의 인지, 관심 형성	상표차이와 효익 강조	상표충성도 고객의 유지
판 촉	강력(시용 확보)	감소(수요 확대)	증대(상표전환유도)	최 저
시장세분화	무차별	세분화 시작	세분화 극대화	역세분화

중요 check **제품 수명 주기**

- 도입기 : 제품 수명 주기의 도입기는 신제품이 처음 시장에 선을 보이면서 시작된다. 이 시기의 마케팅 활동은 소비자들과 중간 상인들에게 제품의 존재와 제품의 이점을 알리는 데 중점을 두게 되며, 광고와 판매 촉진에 많은 투자를 한다.
- 성장기 : 성장기에는 소비자들이 문제의 제품에 대해서 이미 어느 정도 알게 되었고, 그 제품을 취급하는 점포도 늘었기 때문에 판매가 급속히 증가한다.
- 성숙기 : 자사 제품의 독특한 점을 부각시켜 자사 제품이 경쟁 제품과 구별되도록 하는 데 주안점을 둔다.
- 쇠퇴기 : 판매 부진과 이익 감소로 인하여 몇몇 회사는 시장을 떠나고, 남은 회사들은 광고와 판매 촉진비를 줄이고 가격을 더 낮추며, 원가 관리를 강화하는 등의 자구책을 강구하게 된다.

② 가격 관리

　　㉠ 원가 중심 가격 결정

　　　　ⓐ 원가 가산 가격 결정법 : 제품의 단위당 원가에 표준 이익을 가산

　　　　ⓑ 목표 이익 가격 결정법 : 일정한 표준 생산량에서 총원가에 예정된 수익률을 가산

　　㉡ 수요 중심 가격 결정

　　　　ⓐ 지각 가치 가격 결정법 : 구매자의 제품에 대해 지각된 가치에 입각하여 결정

　　　　ⓑ 수요차 가격 결정법 : 수요의 정도에 따른 가격 결정

　　㉢ 경쟁 중심 가격 결정

　　　　ⓐ 모방가격 : 자사의 생산 비용이나 시장 수요를 토대로 하여 가격을 결정하기보다는 경쟁사의 가격을 기초로 하여 결정

　　　　ⓑ 입찰가격 : 경쟁사보다 낮은 가격을 제시해야 계약을 체결할 수 있을 때 쓰는 방법

중요 check **가격정책(Price Policy)**

- 상층흡수 가격정책(Skimming Price Policy)
  제품을 고가격으로 고소득 계층을 먼저 흡수하고 그 뒤에 가격을 인하시킴으로써 저소득층에게도 판매하는 정책으로 투자액을 조기에 회수할 목적이거나 수요의 가격탄력도가 낮은 제품인 경우에 이용한다.
- 시장침투 가격정책(Penetration Price Policy)
  제품의 시장성장률을 증대시키기 위하여 제품 도입 초기에 저가를 설정하는 정책을 말한다. 대중적인 제품이나 수요의 가격탄력성이 높은 제품에 많이 이용되는데 수요의 가격탄력성이 커서 저가격이 충분히 수요를 자극할 수 있어야 하고, 경쟁자는 아직 규모의 경제를 실현할 수 없어 시장 진입이 어려운 상태에 있어야 한다.

구 분	Penetration Price Poicy	Skimming Price Policy
가격탄력성	탄력적	비탄력적
생산 마케팅 비용	낮 음	높 음
규모의 경제효과	큼	작 음
제품의 확산속도	빠 름	느 림

③ 유통 관리
  ㉠ 유통 경로 : 제품이 생산자로부터 소비자에 이를 때까지 거치는 과정이며, 이 과정에는 운송업자, 금융기관, 중간상 등이 개입하게 된다. 대리중간상과 같이 상품에 대한 소유권 이전 없이 판매 활동만 수행하는 형태도 있으며 유통경로 관리에는 수송방법 및 적정재고를 결정하는 것도 포함된다.
  ㉡ 유통 경로의 유형
    ⓐ 소비재
      • 생산자 → 소비자 : 생산자가 소비자에게 직접 판매하는 것
      • 생산자 → 소매상 → 소비자 : 하나의 중간상이 개입된 경로 유형
      • 생산자 → 도매상 → 소매상 → 소비자 : 소비재 중에서 소비자가 원할 때에 손쉽게 구입할 수 있는 식료품, 일용 잡화 및 의약품 등에 주로 이용되는 유통 경로
    ⓑ 산업재 : 대부분 고객에게 직접 판매
  ㉢ 유통 경로 정책의 유형
    ⓐ 집약적 유통 : 제조 회사가 최대한 많은 점포로 하여금 자사의 상품을 취급하게 하는 정책
    ⓑ 전속적 유통 : 제조 회사들이 일부러 자사의 상품을 취급할 수 있는 점포의 수를 제한하여 자사의 상품을 팔 수 있는 권리를 특정 점포에게 주어, 이런 점포들만을 통해 상품을 유통시키는 정책
    ⓒ 선별적 유통 : 집약적 유통 경로 정책과 전속적 유통 경로 정책의 중간에 해당하는 정책

중요 check 시장 세분화 **기출**

시장 세분화는 한 제품시장을 전체 소비자들의 니즈나 행동, 특성 면에서 유사한 하부집단으로 구분하는 것이다. 이것이 성공적으로 이루어지기 위해서는 측정가능성, 접근가능성, 경제적 시장규모, 안정성, 차별적 반응 등의 요건이 충족되어야 한다. 이때 사용될 수 있는 기준은 인구통계, 사회계층, 문화, 라이프 스타일 등이 될 수 있다.

---

④ 촉진 관리
  기업이 제품의 판매를 증가시키기 위해 자사의 제품이 다른 회사의 제품들보다 더 가치가 있다는 것을 현재와 잠재 고객들에게 설득력 있게 커뮤니케이션하기 위한 기업의 활동을 의미한다.
  ㉠ 광 고

목표 설정	광고 프로그램을 개발할 때 마케팅 관리자가 가장 먼저 해야 하는 일
예산의 결정	현재 또는 예상 매출액의 일정 비율, 기업의 부담 능력, 경쟁사의 같은 비율의 광고비 지출 등의 방법을 이용하여 편성
메시지의 제작	광고에 어떤 메시지를 어떻게 담아 전달할 것인가를 결정
매체의 선정	광고 메시지를 가장 잘 전달할 광고 매체를 정하는 일
효과의 측정	소비자들에게 광고가 얼마나 효과적으로 잘 전달되었는지를 측정하는 커뮤니케이션 효과 측정과 광고가 판매에 어느 정도 영향을 끼쳤는지를 측정하는 판매 효과 측정의 방법

광고효과의 측정

구 분	커뮤니케이션 효과	판매 효과
방 법	직접평가, 실험법, 포트폴리오 테스트	화상테스트, 재인식테스트, 의견조사법
유 형	시장실험법	통계기법

  ⓒ 제품수명주기에 따른 광고 유형
   ⓐ 도입기 : 정보전달형 광고, 일차수요의 자극
   ⓑ 성장기 : 설득 광고(경쟁자 출현), 선택적 수요의 자극
   ⓒ 성숙기 : 비교 광고
   ⓓ 쇠퇴기 : 상기 광고, 강화 광고
  ⓒ 홍보 : 사람 이외의 매체(신문, 잡지, TV, 라디오 등)로 하여금 제품, 서비스, 회사 등을 뉴스나 논설의 형태로 다루게 함으로써, 이것들에 대한 수요를 자극하는·것을 의미한다.
  ⓔ 인적 판매 : 판매원이 직접 고객과 대면하여 자사의 제품이나 서비스를 구입하도록 권유하는 촉진활동이다.
  ⓜ 판매 촉진 : 자사의 상품이나 서비스의 판매를 늘리기 위하여 짧은 기간에 거래처나 최종 소비자들을 상대로 벌이는 광고, 인적 판매, 홍보 이외의 여러 가지 마케팅 활동이다.

[기업의 촉진활동의 유형별 특성]

구 분	광 고	홍 보	인적판매	판매촉진
범 위	대중(광범위)	대중(광범위)	개별 고객(좁음)	대중(광범위)
비 용 (노출인구 1인)	보통이나 저가	무료나 유료	고 가	고 가
장 점	• 메시지 신속 전달 • 다수에 전달	높은 신뢰도	• 즉각적인 피드백 • 정보의 양과 질 우수	• 주의집중과 즉시적 효과 • 인지도 향상
단 점	• 정보의 양 한계 • 효과측정의 어려움	통제의 곤란	• 느린 촉진 속도 • 높은 비용	경쟁사 모방이 쉬움

❷ 인적자원관리 일반

(1) 인적자원관리의 개념

① 의 의

인적자원관리는 개인과 조직의 목표를 달성하기 위해 장·단기적인 인적자원을 계획(Planning)하고 조직화(Organizing)하면서, 지도(Leading)하고 통제(Controlling)하는 총체적 관리행위로 정의될 수 있다.

② 인적자원관리의 기본적인 연구방향

③ 과업의 조직화와 할당 : 총체적인 계획에 따라 과업을 어떻게 조직화하고, 또 직무를 종업원에게 어떤 방법으로 할당할 것인지에 관한 과학적이고 계량적인 방법론이 체계적으로 연구·개발되어야 한다.

⑥ 효과적인 관리와 모집·훈련·개발 : 직무수행의 주체인 사람을 어떻게 관리하고, 모집·훈련·개발할 것인지를 미래지향적인 차원에서 프로그램을 연구·개발하여야 한다.

⑥ 작업조건과 보상·평가·징계시스템의 확립 : 조직의 전체 종업원이 고도의 사기와 효율성을 유지할 수 있는 작업조건, 능력과 결과에 따른 적정한 보상을 지급하는 체계, 그리고 과오와 손실에 따른 징계 등의 시스템이 공정성과 타당성이 인정되는 수준에서 연구·개발되어야 한다.

② 조직의 혁신과 시대적 적응 : 불확실성 시대에서 조직은 시대적 조류와 환경에 적응할 수 있는 이론과 기법, 제도 등에 관한 혁신은 당연하며 이를 위한 연구와 개발이 조직 차원에서 이루어져야 한다.

⑩ 무한경쟁의 대비와 타개책 강구 : 무한경쟁시대에서 조직은 각종 위협으로부터 도전을 받고 있으며, 이에 대한 해결책이 무엇인가를 사전예측을 통해 연구·개발하여야 한다.

③ 인적자원관리의 접근방법

인적자원관리의 기능과 역할의 한계성과 모호성을 보완하고, 인사정책의 공식화, 인사정책의 이행, 감사와 통제 및 혁신 등의 과정에서 결과의 창출을 위한 효율적 측정방법을 의미한다.

④ 인적자원관리의 측정방법

③ 인적자원부서의 최고책임자, 관리자, 종업원 등의 태도조사, 또는 효율성 그리드

⑥ 부서별 목표프로그램에 따른 인적자원관리를 위한 목표관리

⑥ 인적자원 프로그램의 원가와 이익분석

중요 check 인적자원관리의 핵심활동 [기출]

- 개발관리 : 인적자원의 잠재능력을 개발하도록 지원하며 이는 종업원에 대한 교육훈련, 승진관리, 직무순환을 포함한다.
- 보상관리 : 인적자원의 조직 공헌에 따라 금전적, 비금전적 대가를 제공하는 활동으로, 기본급 임금체계, 수당 및 퇴직금 지급 등을 포함한다.
- 평가관리 : 평가의 여러 가지 구성요소를 효율적으로 다루는 일련의 질적 통제절차이다.
- 확보관리 : 조직의 목표달성에 적절한 인력의 수와 질을 획득하는 활동으로 직무분석을 통한 인력계획, 채용관리 활동을 포함한다.

(2) 인적자원관리의 효율성 그리드(PEG ; Personnel Effectiveness Grid)

① 의 의

인사관리의 효율성 그리드는 인사 활동을 측정하는 하나의 태도조사를 의미하여, 상이한 조직환경에서 인사기능의 상대적 효율성을 예측하는 데 이용되는 3차원적 그리드이다.

② 원 리

ⓐ 상위관리층에 인사관리의 지원과 영향 확대

ⓑ 하위관리층에 인사관리의 협력과 지원

ⓒ 기업목표 지원면에서 인사스탭의 자격과 인사관리 목표 및 프로그램 질의 이해

③ 인사관리의 효율성 그리드의 수준

ⓐ 완전한 파트너 수준

ⓑ 의심 많은 수준

ⓒ 진열장 수준

ⓓ 일상적 서비스 수준

④ 전체 인사관리의 효율성 그리드에 대한 스코어

ⓐ 상위관리의 지원

ⓑ 하위관리의 협동

ⓒ 인사스탭의 자격과 프로그램의 질

(3) 호손실험과 인적자원관리

① 실험의 배경

1920년대에 시작되었던 호손실험은 노동시간, 휴식시간, 그리고 조명 등이 종업원의 피로와 생산성에 어떠한 영향을 미치고 있는지를 확인하려는 연구이다. 이 실험은 메이요와 뢰슬리스버거 및 딕슨 등 주축이 되어 시카고 근처에 있는 서부전기회사의 호손공장을 대상으로 생산성에 영향을 주는 요인의 연구를 처음 시도한 것이다.

② 결과 및 영향

호손실험의 결과는 종업원의 태도가 생산성에 영향을 미치는 작업집단과 작업 자체 및 관리 등에 의존하고 있는 것으로 나타나는데, 이는 호손연구와 인간관계운동의 확산보다도 실험을 통해 관리적 사고의 변화라는 차원에서 공헌도가 인정되고 있다. 호손실험을 주도해 온 학자들이 이용한 면접기술은 시간적 개념을 전제로 한 감정의 중요성을 인식하는 상담으로서의 비지식적 접근방법이었다. 이 방법은 인적자원관리의 이론적 개발에 중요한 역할을 하였을 뿐만 아니라 인간관계론이라는 새로운 학문을 탄생시킨 원동력이 되었다.

(4) 인적자원기능의 주요 내용

① 모집 : 기업의 직무와 일치할 수 있는 전문지식과 기술 및 훈련을 받은 사람 등이 자사에 지원할 수 있도록 인적자원의 원천을 확보하려는 관리행위라고 정의된다. 즉, 인적자원에 관한 현재와 미래의 수요를 분석ㆍ예측하고, 이 수요를 충족하기 위해 종업원을 확보하는 과정을 의미한다.

② 선발(選拔) 또는 채용(採用) : 모집 과정에서 지원자 중에 조직이 필요로 하는 직무에 가장 적합한 기술이나 자질을 갖추었다고 판단되는 인력을 고용할 조건으로 결정하는 과정이다.

③ 훈련과 개발 : 기업 내 훈련(TWI) 프로그램은 경험과 지식을 얻는 데 중요한 계기가 되고 동시에 다양한 차원에서 경력의 개발과 활동계획을 이론적으로 정립하는 데 기초적 역할을 한다.

④ 성과평가 : 성과평가는 스코트가 판매원을 대상으로 개발한 시스템이 효시인데, 이 시스템은 사람 대 사람의 평정으로 개인별 성과를 설정한 기준에 따라 평가하는 방법이다.

⑤ 직무평가 : 각 직무의 중요성, 난이도, 위험성 등을 평가하여 상대적 가치를 정하는 방법이다. 동일 노동ㆍ동일 임금을 기본으로 하는 직무급제도의 기초가 된다. 이는 임금의 공정성 확보와 인력개발과 배치의 합리성 제고를 목적으로 한다.

⑥ 보상관리 : 인적자원의 활용에 대한 급여를 제공하는 것을 기본으로 건강과 휴가, 유급 휴일, 보험 등 복지에 관한 문제를 포함한다.

⑦ 노사관계 : 근로기준법, 노동조합 및 노동관계조정법 등 각종 노동법령들은 자본주의 경제질서에서의 근로관계를 규율함으로써 근로자의 근로조건 등을 보장하고, 노사분쟁을 공정하게 조정ㆍ해결하도록 함으로써 인적자원관리 기능의 기초를 정립하고 발전시키는 데 공헌하였다.

(5) 인사고과

① 의 의

종업원들이 소속된 조직에 대해 갖고 있는 잠재적 유용성에 대해 평가하는 것으로, 조직에서 현재 수행 중인 직무에 대한 만족도와 승진할 수 있는 잠재능력의 존재 여부를 정기적ㆍ객관적으로 평가하는 것을 의미한다.

② 구성 요소

㉠ 타당성(Validity) : 고과목적에 평가내용이 잘 반영되고 있는지 여부

㉡ 신뢰성(Reliability) : 평가하려는 고과내용(항목)이 측정되는 정확성의 정도

㉢ 수용성(Acceptability) : 인사고과 제도를 피고과자인 조직원이 정당하다고 느끼고 동의하는 정도

㉣ 실용성(Practicability) : 고과제도의 비용과 효과 대비 현실적인 활용도

③ 인사관리 이론

㉠ 인간관계론 : 기존 인사관리의 한 영역으로서 인간관계 연구 중 커뮤니케이션의 여러 제도를 중심으로 한 인사관리 이론

㉡ 행동과학 이론 : 인간의 행동에 관하여 객관적인 방법을 수집한 경험적 증거에 의해 입증된 일반적 법칙을 확립하고 인간 행동을 과학적으로 설명하고 예측하는 사회과학

㉢ 모티베이션(Motivation) 이론 : 인간의 욕구는 어떠한 목적을 충족시키기 위해 인간으로 하여금 행동을 하게 한다는 동기부여에 관한 이론

㉣ 리더십(Leadership) 이론 : 관리자와 관리를 받는 입장에 대해 논하는 이론

④ 목표관리법(MBO ; Management By Objectives) 기출
  ㉠ 목표관리법은 효율적인 경영관리체제를 실현하기 위한 경영관리의 기본 수법으로 구성요소는 목표설정, 참여, 피드백이며, 목표관리는 연봉인상, 성과급 지급뿐 아니라 승진 등 인사자료로도 활용한다.
  ㉡ 목표는 도전적이어야 하되 달성 가능한 것이어야 한다. 또한 목표가 개인의 노력으로 이어지기 위해서는 반드시 명확하고 구체적이어야 한다.
  ㉢ 목표관리는 상사와 부하가 협조하여 목표를 설정하고, 그러한 목표의 진척상황을 정기적으로 검토하여 진행시켜 나간 다음 목표의 달성 여부를 근거로 평가한다.
  ㉣ 목표관리에 의한 인사고과는 목표의 설정, 목표달성 활동, 목표달성에 대한 평가 등 크게 3단계로 이루어진다. 목표의 설정 단계에서는 전사적인 목표에서 도출된 부서의 목표에 근거하여 상사(고과자)와 부하(피고과자)의 협의를 통해 피고과자가 일정 기간(분기, 반기, 연간) 동안 달성해야 할 목표가 설정되어야 한다.
  ㉤ 목표 설정에 어려움이 있으며 관리자들이 설정하는 목표는 단기적인 것이어서 1년 이상을 초과하는 경우는 드물며 대개 분기별 또는 그 이하의 기간을 기준기간으로 정하는 경우가 대부분이다.
  ㉥ 목표달성활동 단계에서는 설정된 목표를 달성하기 위하여 피고과자는 자기통제(Selfcontrol)하에 업무를 수행하여야 하며, 상사는 피고과자의 지속적인 접촉을 통해 목표달성 상황에 대한 확인, 지도, 원조, 커뮤니케이션 등을 수행한다. 목표달성에 대한 평가 단계에서는 상사의 일방적인 평가를 탈피하여, 피고과자 자신이 평가한 자기 평가 결과를 반영한 평가가 이루어진다.
⑤ 인사고과의 오류 기출
  ㉠ 현혹 효과(Halo Effect)
    ⓐ 한 분야에 있어서의 어떤 사람에 대한 호의적인 또는 비호의적인 인상을 말하는데, 이는 다른 분야에 있어서의 그 사람에 대한 평가에 영향을 주는 경향을 말하며 후광효과(後光效果)라고도 한다.
    ⓑ 현혹 효과는 다른 사람의 평가를 우호적이든 비우호적이든 오직 하나의 속성에 기초하여 평가하는 것을 의미하므로 현혹 효과를 줄이기 위해서는 평가 항목을 줄이거나 여러 평가자가 동시에 평가하도록 하여야 한다.
  ㉡ 상동적 오류(Stereotyping)
    ⓐ 상동적 태도는 현혹 효과와 유사한 점이 많다. 현혹 효과가 한 가지 특성에 근거한 것이라면, 상동적 태도는 한 가지 범주에 따라 판단하는 오류이다.
    ⓑ 실제의 경우를 예를 들면, 엔지니어라고 해서 모두 다 냉정하고 합리적인 것은 아니며, 인적자원관리 담당자라고 해서 모두 조직 구성원을 행복하게 해 주지는 않는다.
  ㉢ 관대화 경향(Leniency Tendency)
    ⓐ 피고과자의 능력이나 성과를 실제보다 더 높게 평가를 하는 경향을 의미하는데 이러한 평가는 대개 고과자의 의도가 포함되어 있는 주관적 평가에 기인한다.
    ⓑ 고과자의 경우 피고과자와 관련된 정보에 크게 영향을 받지 않고, 피고고자에 대해서 가능하면 호의적으로 평가한다.

ⓔ 대비 오류(Contrast Error)
  ⓐ 고과자가 피고과자 여러 명에 대해서 평가할 때 우수한 고과자 다음에 평가되는 고과자에게 는 실제보다 낮게 평가한다.
  ⓑ 낮은 수준의 고과자 다음에 평가되는 고과자에게는 실제보다 높게 평가한다.
ⓜ 가혹화 경향(Harsh Tendency)
  ⓐ 관대화 경향과 반대되는 개념으로서 고과자가 피고과자의 능력 및 성과를 실제보다 의도적 으로 낮게 평가하는 경향이다.
  ⓑ 고과자의 기대수준이 높거나 피고과자에 대한 처벌적 성격이 포함되어 있는 경우에 해당한다.

(6) 직무분석(Job Analysis)

① 직무 분석의 방법
  ㉠ 실제수행법(Job Performance Method)
    ⓐ 특정한 직무에 관련된 과업을 직접 경험해 봄으로써 직무의 육체적 · 환경적 · 사회적 요건 등에 대한 정확한 파악 가능
    ⓑ 비교적 짧은 기간 동안에 학습할 수 있는 직무에 적합하며, 광범위한 훈련이 필요하거나 수 행하는 데 위험이 따르는 직무에는 적합하지 않음
  ㉡ 관찰법(Observation Method)
    ⓐ 작업 활동의 범위가 한정되어 있고 작업 방법이 정형화되어 있으며 작업하는 광경이 쉽게 관 찰될 수 있는 직무의 분석에 적합
    ⓑ 성격상 정신노동을 많이 필요로 하는 경우, 작업활동의 범위가 매우 넓은 경우, 그리고 중요 하기는 하지만 자주 발생되지 않는 활동이 포함되어 있는 경우 등에는 부적합
  ㉢ 면접법(Interview Method)
    ⓐ 직무 분석 담당자가 특정한 직무를 직접 수행해 보는 것이 불가능하거나 다른 사람이 직무를 수행하는 것을 직접 관찰하기가 어려울 경우 수행되는 방법
    ⓑ 정형화된 작업활동과 비정형화된 작업활동뿐만 아니라 육체적 활동 및 정신적 활동에 대한 정보까지 파악 가능
  ㉣ 설문지법(Questionnaire Method)
    ⓐ 특정 직무를 직접 수행하는 사람이나 상사 또는 그 직무의 전문가 등에게 직무의 내용, 목 적, 작업 조건, 사용 장비, 직무 요건인 지식, 능력, 기능, 경험, 학력 등에 대해 자유롭게 기 술하게 하는 개방형 설문지를 활용
    ⓑ 비용이 저렴하고 광범위한 조사 가능
  ㉤ 중요 사건법(Critical Incidents Method)
    ⓐ 직무 행동 중에서 보다 중요한 혹은 가치 있는 면에서 정보를 얻는 것으로서 사람들이 직무 에 임하여 실제로 어떠한 일을 하는가에 초점을 맞추기 때문에 직무의 역동적 성격에 대하 여 이해할 수 있는 계기를 제공함
    ⓑ 일반적으로 여러 가지 사건에 관한 내용을 수집하고, 정리하고 분류하려면 많은 시간과 비용 소요

ⓑ 작업 기록법(Job Recording Method)
　　ⓐ 자신이 수행하는 작업에 대하여 작업 내용, 빈도, 시기 등을 중심으로 일지를 작성한 다음 직무 사이클(Job Cycle)에 따른 작업일지의 내용을 전문가들이 분석하는 방법
　　ⓑ 자신이 수행하는 업무 내용을 기록하게 하기 때문에 관찰 불가능한 정보를 얻어낼 수 있고 비교적 비용이 저렴하며 광범위하게 적용 가능

② 직무 기술서(Job Description) `기출`
　ㄱ 직무 기술서는 인사관리의 기초라 할 수 있으며 직무의 분류, 직무평가와 함께 직무분석에 중요한 자료로서 직무분석의 결과로 얻어지고, 직무에 관한 모든 중요한 사실과 정보를 그것을 보는 모든 사람이 이해하기 쉽도록 간략히 정리하여 기술한 양식을 말한다.
　ㄴ 직무 기술서의 내용
　　ⓐ 직무 구분(Job Identification) : 직무 명칭, 소속 부서, 직무 번호, 직속 상관, 작성자, 작성 일자 등 직무에 대한 코드 등
　　ⓑ 직무 요약(Job Summary) : 직무명칭으로는 불충분하여 직무의 목적과 직무에서 기대되는 결과 등을 간략하게 나타낸 것
　　ⓒ 장비(Equipment) : 직무를 효과적으로 수행하는 데 필요한 도구, 장비, 정보 등을 명시해 놓은 것
　　ⓓ 환경(Environment) : 직무를 수행하는 작업조건, 직무가 수행되는 장소, 그리고 위험 요인이나 소음 정도 등 직접적인 작업환경 특성
　　ⓔ 작업활동(Job Activities) : 직무에 포함되어 있는 임무, 책임, 행동 등과 아울러 직무에 요구되는 사회적 측면을 기술해 놓은 것
　ㄷ 직무 기술서 작성 시 유의사항
　　ⓐ 직무와 명확한 책임의 한계 명시
　　ⓑ 감독책임 명시
　　ⓒ 간략한 기술
　　ⓓ 재검토

③ 직무 명세서(Job Specification) `기출`
　ㄱ 직무 명세서는 하나의 직무를 수행하기 위하여 필요한 최소한의 인적자원에 관한 설명서로서 종업원의 행동, 기능, 능력, 지식 등을 일정한 형식에 맞게 기술한 문서를 말한다.
　ㄴ 직무 명세서의 내용
　　ⓐ 직무 그 자체의 내용을 파악하는 데 초점을 둔 것이 아니라 직무를 수행하는 사람의 인적 요건에 초점을 맞춘 것
　　ⓑ 직무확인사항에는 직무의 명칭, 직무부서, 직무 부호 등을 기술하고, 직무내용에는 직무 수행방법과 기간, 관련활동 사항 등을 기술
　　ⓒ 직무 명세서를 별도로 작성하지 않고 직무 수행요건을 직무 기술서에 함께 작성하기도 함
　　ⓓ 정형화된 형태는 존재하지 않지만 일반적으로 직무 명칭, 교육 수준, 육체적·정신적 특성, 지적 능력, 전문적 능력, 경력, 지식, 기능 등을 포함

중요 check   OJT(On the Job Training)

- '직장 내 교육훈련'이라는 뜻으로, 피교육자는 직장 내에서 직무에 종사하면서 상사나 선배 등에 의해 교육이나 훈련을 받게 됨
- 지도자와 피교육자 사이에 친밀감을 조성하며 시간의 낭비가 적고 기업의 필요에 합치되는 교육훈련을 할 수 있다는 장점이 있지만 동시에 지도자의 높은 자질이 요구되며 교육훈련 내용의 체계화가 어렵다는 등의 단점이 있음

---

3 경영정보 일반

(1) 경영정보시스템의 개념

① 의 의

경영정보시스템(MIS ; Management Information System)이란 관리자들에게 정보를 제공하며, 조직 내의 운용과 경영 및 관리자의 의사결정 기능을 지원하는 종합적인 사용자-기계시스템(Man-Machine System)으로 정의된다. 기업의 목적달성을 위해 업무관리, 전략적 의사결정을 합리적으로 수행할 수 있도록 기업 내외의 정보를 제공하는 조직체로 컴퓨터의 하드웨어, 소프트웨어, 수작업 절차, 분석 및 계획모형, 통제와 의사결정 및 데이터베이스, 모델, 정보통신 등을 활용함으로써 그 기능을 수행한다. 서브시스템으로 경영정보시스템이 사용할 자료를 처리하는 자료처리시스템(DPS)이 있다.

② MIS의 적용분야

경영정보시스템은 최고 경영자의 의사결정, 중간 관리자의 계획통제, 일선 실무자의 운영 전반에 걸쳐 다양하게 적용된다.

    ㉠ 인사 관리(급여 관리, 사원 관리)

    ㉡ 판매 관리(판매예측, 효과적인 관리)

    ㉢ 재고 관리(상품의 구매 및 공급을 관리)

    ㉣ 회계 관리(예산이나 현금의 관리)

③ MIS의 구성요소

    ㉠ 경영(Management) : 계획 · 통제, 업무에 관한 의사결정을 말하며, 다른 사람을 통하여 과업을 성취하기 위한 수단

    ㉡ 정보(Information) : 의사결정을 위해 이용되는 질서 있게 선택된 자료의 구성으로서 사람들 사이에서 의사소통되는 지식

    ㉢ 시스템(System) : 정보의 교환을 통하여 관련된 모든 구성요소가 공통목표에 의해 결합된 단위

④ 경영정보시스템의 목적

　　㉠ 경영자에게 적절한 정보제공

　　㉡ 신뢰성 있고 정확한 정보를 편리하게 제공

　　㉢ 적정시기에 정보제공

⑤ 경영정보시스템의 필요성

　'제3의 물결'이라 불리는 정보사회로 진입함에 따라 경영자가 변화하는 환경에 유효하게 적응하고, 불확실성을 감소시키며 합리적인 의사결정을 하기 위함이다.

중요 check　　경영정보시스템을 요하는 현대사회의 환경요인

- 기업의 대규모화, 국제화 : 수직적 분화, 수평적 분화, 지역적 분산
- 사무관리의 복잡화 : 기술혁신, 연구개발, 경영과학, 시뮬레이션 접근
- 업무처리의 신속화 : 컴퓨터 활용
- 급격한 환경변화 : 불확실성 증대, 기업경쟁의 격화, 소비자의 욕구변화
- 정보화 사회 : 정보 필요, 지원이 필요함

---

(2) MIS의 기능구조

① **거래처리시스템** : 거래처리시스템은 컴퓨터를 이용한 사무업무나 운용적 업무의 신속 정확한 처리를 위한 시스템으로서, 주요 기능은 거래처리, 마스터 파일의 보전, 보고서 출력, 데이터베이스에 자료제공과 검색 등이다.

② **정보처리시스템** : 데이터베이스시스템이라고도 일컬어지며 의사결정에 필요한 정보를 제공하는 시스템이다.

③ **프로그램화 의사결정시스템** : 구조적 의사결정을 위한 시스템으로서 주로 시스템에 의해서 의사결정이 자동적으로 이루어지게 한다. 이러한 시스템은 의사 결정절차가 구조적이며 업무처리절차가 정의된 업무에 적용된다.

④ **의사결정지원시스템** : 프로그램화할 수 없는 비정형적·비구조적 의사결정을 위한 다양한 지원을 하는 시스템이다.

⑤ **의사소통시스템** : 개인용 컴퓨터, 터미널, 팩시밀리, 워드프로세서, 컴퓨터 네트워크, 통신장치를 이용해 환경과 시스템 간의 의사소통과 정보전달 기능을 담당한다.

(3) 정보시스템의 운영요소

① 물리적 요소

　　㉠ **하드웨어** : 물리적인 컴퓨터장비와 관련 장치를 의미하며 입력, 출력 데이터 프로그램을 위한 보조기억장치, 중앙처리장치, 커뮤니케이션 등의 주요 기능을 제공해야 한다.

　　㉡ **소프트웨어** : 하드웨어의 작동을 지시하는 명령어를 가리키는 광범위한 용어로 시스템 소프트웨어와 응용 소프트웨어의 두 가지 주요 유형으로 분류할 수 있다.

ⓒ 데이터베이스 : 데이터베이스는 응용소프트웨어가 사용하는 모든 데이터를 갖는다. 저장된 데이터의 물리적 실체는 보조기억장치로 사용되는 물리적 저장매체에 의해 증명된다.

ⓔ 절차 : 공식적인 운영절차는 물리적인 구성요소이다. 이것은 매뉴얼 같은 물리적인 형태로 존재하기 때문에 다음의 3가지 주요절차가 요구된다.
    ⓐ 사용자가 데이터를 기록하고 데이터를 입력 · 검색하기 위해 단말기를 사용하고 작업결과를 사용하기 위한 사용자의 지시
    ⓑ 데이터 준비요원에 의한 입력 준비 지시
    ⓒ 컴퓨터 조작요원을 위한 운영 지시

ⓜ 운영요원 : 컴퓨터 오퍼레이터, 시스템분석자, 프로그래머, 데이터 준비요원, 정보 시스템관리자, 데이터 관리자 등

② 처리기능
    ㉠ 거래 처리 : 거래는 구매 · 판매 혹은 제품생산과 같은 활동이다.
    ㉡ 마스터 파일의 유지 : 많은 처리 활동에는 조직의 실체에 대해 비교적 영구적이고 역사적인 데이터를 저장하는 마스터 파일을 만들고 유지하는 것이 필요하다.
    ㉢ 보고서 작성 : 보고서는 정보 시스템의 주요산물이다. 계획된 보고서는 정기적으로 작성되며 정보시스템은 또한 특수한 요청에 대해 신속하게 특수 보고서를 만들 수 있다.
    ㉣ 조회 처리 : 데이터베이스를 사용하여 조회에 응답한다.
    ㉤ 상호대화지원 응용처리 : 정보시스템은 계획수립, 분석, 의사결정시스템을 지원한다.

③ 사용자를 위한 출력
경영정보시스템 사용자는 입력을 제공하고 출력을 받는다. 따라서 정보시스템에 대한 사용자의 평가는 입력의 용이성에도 다소 의존하나 주로 사용자가 쓸 수 있는 출력의 유용성에 기초한다. 즉, 출력은 정보시스템을 설명하는 한 방법이 된다. 출력은 다음의 5가지 주요 형태로 분류될 수 있다.
    ㉠ 거래서류 혹은 화면
    ㉡ 사전에 계획된 보고서
    ㉢ 사전에 계획된 조회 응답
    ㉣ 특수보고서와 조회 응답
    ㉤ 사용자−기계대화의 결과

4 회계 일반 및 재무 기초

(1) 회계(Accounting)의 개요

① 의 의
    ㉠ 회계는 회계정보의 이용자들이 합리적인 판단이나 경제적 의사결정을 하는 데 필요한 특정 경제 실체에 관한 유용한 재무적 정보를 식별 · 측정 · 전달해 주는 과정이다.
    ㉡ 회계는 거래를 기록 · 분류 · 요약하고 그 결과를 해석하는 기술이다(미국공인회계사회).
    ㉢ 회계는 정보이용자가 사정을 잘 알고서 판단이나 의사결정을 할 수 있도록 경제적 정보를 식별하고 측정하여 전달하는 과정이다(미국회계학회).

② 목적(1978년 FASB ; 미국재무회계기준심의위원회)
  ㉠ 투자와 신용제공에 유용한 정보의 제공
  ㉡ 현금흐름전망을 평가하는 데 유용한 정보의 제공
  ㉢ 기업의 자원 그리고 그 청구권 및 이들의 변동에 관한 정보의 제공
③ 회계의 필요성
  ㉠ 기업의 경영상태의 파악
  ㉡ 기업 경영관리의 수단
  ㉢ 경영정책 자료의 제공
  ㉣ 기업의 사회적 책임의 수행
④ 회계의 일반원칙
  ㉠ 신뢰성(Reliability)의 원칙
  ㉡ 명료성(Clarity)의 원칙
  ㉢ 충분성(Sufficiency)의 원칙
  ㉣ 계속성(Consistency)의 원칙
  ㉤ 중요성(Materiality)의 원칙
  ㉥ 안전성(Conservatism)의 원칙
  ㉦ 경제실질우선의 원칙
⑤ 회계의 분류
  ㉠ 관리회계(Managerial Accounting) : 기업의 내부 이해관계인인 경영자에게 관리적 의사결정에 유용한 정보를 제공하는 것을 목적으로 하는 회계
  ㉡ 재무회계(Financial Accounting) : 기업의 외부 이해관계인인 주주나 채권자 등(불특정 다수인)에게 경제적 의사결정에 유용한 정보를 제공하는 것을 목적으로 하는 회계
  ㉢ 관리회계와 재무회계의 비교

구 분	관리회계	재무회계
보고 대상	내부 정보이용자	외부 정보이용자
보고 시기	수시보고 및 내부보고	정기적 보고
기본 시스템	원가계산시스템	복식부기시스템
보고 형식	획일적 기준 없음	일정한 기준에 따른 형식
보고 내용	정해진 기준 없음	일정한 규정에 따름

중요 check 분식회계
- 기업이 고의로 자산이나 이익 등을 크게 부풀리고 부채를 적게 계상함으로써 재무상태나 경영성과 등을 고의로 조작하는 것
- 분식회계를 막기 위해 회사는 감사를 둬야 하고, 외부 감사인 공인회계사에게서 회계감사를 받도록 되어 있음
- 부채의 과소계상은 부채가 있음에도 재무제표에 기재하지 않는 분식회계 유형임

(2) 재무제표

① 재무제표의 개념 기출

기업이 영업 활동을 수행하는 과정에서 발생한 거래를 측정·기록·분류·요약한 재무보고서로서 일반적으로 일정 시점에서의 재무상태를 나타내주는 재무상태표와 일정 기간 동안의 영업성과를 보여주는 손익계산서를 말한다. 우리나라의 '기업회계기준'에서는 재무제표로서 재무상태표와 손익계산서 이외에도 이익잉여금처분계산서(또는 결손금처리계산서)와 현금흐름표를 작성할 것을 요구하고 있다.

중요 check **연결재무제표** 기출

법률적으로는 별개의 독립된 기업이라도 경제적으로 상호 밀접하게 연결되어 있는 기업집단이 존재할 때에는 그들을 하나의 조직체로 간주하여 재무제표를 작성하는 것이 경제적 통일체로서의 기업의 실태를 파악하는 데 유리하다. 작성은 각 회사의 재무제표를 연결하여 시행되므로 동종 계정잔고의 집계, 회사 상호 간의 채권·채무의 상계(相計), 내부이익의 제거 등이 필요하다. 우리나라에서도 K-IFRS(한국채택 국제회계기준) 도입 후부터 연결재무재표를 작성하는 기업이 늘었다.

---

② 재무제표의 역할

오늘날 외부 이해관계자들의 의사결정에 공통적으로 요구되는 정보는 합리적인 투자, 신용 및 의사결정에 필요한 정보로서 구체적으로는 미래의 현금수입의 금액, 시점 및 불확실성을 평가하기 위한 정보이다. 이것들은 기업의 재무상태, 경영성과, 현금흐름에 관한 정보로 요약된다. 따라서 재무회계의 기본적인 목적은 재무상태, 경영성과, 현금흐름에 관한 정보를 제공하는 것이며 이러한 목적을 달성하기 위한 재무보고의 주요한 수단이 바로 재무제표(Financial Statements)이다.

③ 재무상태표

㉠ 재무상태표란 일정 시점에 기업이 보유한 자산, 부채, 자본 등 기업의 재무상태를 나타내는 회계보고서를 의미한다.

㉡ 자산(유동, 비유동), 부채(유동, 비유동), 자본(자본금, 자본 잉여금, 자본조정)으로 구분하여 작성하고 총액에 의해 기재하며 자산과 부채는 1년을 기준으로 구분한다.

중요 check **재무상태표의 구성(자산 = 부채 + 자본)**

• 자산 : 경제적 가치가 있는 자원(가치가 있는 물건 또는 권리, 총자본)
 [현금과 예금, 유가증권, 매출채권(외상매출금, 받을 어음), 대여금, 미수금, 선급금, 상품, 부동산 등]
• 부채 : 미래에 남에게 갚아야 할 의무(빚, 타인자본, 타인으로부터 조달)
 [매입채무(외상매입금, 지급어음), 차입금, 선수금, 미지급금 등]
• 자본 : 본인 소유의 순수한 재산(자기자본, 자신이 조달)
 [자본금, 자본잉여금, 이익잉여금, 당기순이익]

㉢ 재무상태표는 기업의 유동성(Liquidity)과 재무적 융통성(Financial Flexibility)에 관한 정보를 제공한다. 여기서 유동성(流動性)이란 기업의 자산을 현금으로 전환하기까지 또는 특정 부채를 상환하기까지 소요될 기간을 의미하며 재무적 융통성(融通性)이란 기업이 사전에 예상하지 못한 자금수요에 대처할 수 있는 능력을 말한다.

② 재무상태표로 기업의 영업활동에 사용되는 자산, 부채, 자본 등이 어떻게 구성되었는지를 검토할 수 있다.

⑩ 손익계산서의 이익이나 구성요소들을 자산계정과 관련시킴으로써 기업의 투자수익률(Rates of Return)을 평가하는 데 유용한 정보를 제공한다.

ⓑ 재무상태표의 대부분의 항목들은 취득원가로 측정되어 있기 때문에 현행 시장가치를 나타내지 못하고, 인적자원정보나 경영자의 능력과 같은 질적 정보 및 비계량적인 정보가 표시되지 않는다는 한계를 갖는다.

ⓐ 재무상태표를 작성하는 데는 매출채권의 회수가능성, 고정자산의 내용연수의 추정 등 많은 주관적인 판단이 개입된다.

④ 손익계산서

㉠ 손익계산서는 기업의 일정 기간의 경영성과를 나타내는 동태적 보고서로서, 모든 수익과 비용을 대비시켜 당해 기간의 순이익을 계산하여 나타낸다.

중요 check **손익계산서의 구성(수익 − 비용 = 순이익 or 순손실)**

• 수익 : 일정 기간 동안 경영활동을 통해 벌어들인 자산 및 자본의 증가

例 매출액, 영업외수익(이자수익, 임대료, 유가증권처분이익, 외환차익 등), 특별이익(보험차익 등)

• 비용 : 수익을 얻기 위해 일정 기간 동안 소비한 자산 및 자본의 감소

[매출원가, 판매비와 관리비, 영업외비용(이자비용, 유가증권처분손실, 평가손실 등), 특별손실(재해손실 등), 법인세비용]

• 순이익 : 수익>비용 → 당기순이익

수익<비용 → 당기순손실

㉡ 계정과목은 소위 영업 활동의 기능별로 분류되어 있기 때문에 그 누계액은 영업 활동을 기능별로 표시한 것이라고 할 수 있다. 그러므로 손익계산서에는 비용 및 수익을 그 발생원인별로 표시하는 것이 요청되고 있다.

㉢ 당기순이익은 기업경영의 성과를 나타내는 포괄적인 성과지표이다. 성과는 어떠한 기간, 즉 한 회계기간의 성과(Accomplishments)를 의미하기 때문에 성과라고 하면 보통 기간손익을 말한다. 따라서 손익계산서는 성과보고서로서의 성격을 지닌다.

㉣ 오늘날의 회계는 바로 정확한 기간손익계산에 중점을 두고 있다. 그러므로 손익계산서는 재무상태표와 더불어 가장 중요한 회계보고서의 하나이다.

㉤ 기업의 일정 기간의 경영성과에 관한 정보, 기업의 수익성을 평가하는 데 유용한 정보와 기업의 배당정책의 수립 및 세금결정의 자료를 제공한다.

㉥ 손익계산서상의 당기순이익은 역사적 원가에 의해 측정된 것이므로 기업의 진실한 이익이라고 보기 어렵다.

중요 check　포괄손익계산서 기출
• 기업이 일정 기간 동안 경영 성과를 한 눈에 포괄적으로 보기 위해 작성한 재무제표이다.
• 기업의 손익을 보여주는 표로 기업의 경영성과를 명확히 하는 데 목적이 있다.
• 기업의 수익발생부분과 지출내역 등을 파악하고 그에 관해 미래를 예측할 수 있는 지표로도 사용된다.

⑤ 현금흐름표

　㉠ 현금흐름표는 일정 기간에 있어서 기업의 영업활동과 투자활동을 요약하고 현금흐름의 변동을 밝힘으로써 이에 대한 판단과 의사결정을 하는 사람들에게 유용한 정보를 제공하기 위하여 작성되는 재무제표 중 하나이다.

　㉡ 현금흐름표는 일정 기간 동안 기업의 현금의 유입과 유출을 영업활동, 투자활동, 재무활동으로 나타낸다.

　㉢ 기업의 자금흐름(Fund Flow)을 나타내기 위한 계산서로서의 현금흐름표에서는 현금흐름을 영업활동 · 투자활동 · 재무활동으로 나누어 표시하고 그 결과인 당기의 현금증가(감소)에 기초현금을 가산하여 기말현금이 산출되는 과정을 나타낸다. 그러므로 현금흐름표는 현금과 예금 및 현금등가물을 현금으로 보아 그것이 어디에서 유입되어 어디로 유출되었는가의 명세를 표시하게 된다.

　㉣ 현금흐름표는 기업의 영업활동과 투자활동 및 재무활동의 결과를 현금의 증감을 통하여 나타내기 때문에 손익계산서나 재무상태표에서 얻을 수 없는 정보를 제공해준다.

　㉤ 기업의 미래현금흐름의 창출능력에 관한 정보를 제공한다. 즉, 영업활동에서 조달된 현금흐름과 매출액과의 관계 및 현금예금의 증감액과의 관계를 알 수 있게 되므로 미래에 발생할 현금흐름의 금액과 귀속시간, 그리고 불확실성을 예측하고 평가하는 데 필요한 정보를 제공한다.

　㉥ 기업의 부채상환능력, 배당금 지급능력, 외부자금 조달의 필요성에 관한 정보를 제공한다. 즉, 투자활동과 재무활동으로 인한 현금흐름에 관한 정보를 검토함으로써 기업의 부채상환 능력 및 배당금 지급능력과 외부자금 조달의 필요성에 관한 정보를 얻을 수 있다.

　㉦ 영업활동에서 조달된 순현금흐름과 당기순이익 간의 차이 및 그 이유에 관한 정보를 제공한다. 즉, 발생주의에 의한 손익계산서상의 당기순이익은 회계담당자의 추정이나 임의적인 원가배분이 이루어지기 때문에 자금흐름에 관한 충분한 정보를 제공할 수가 없다. 따라서 영업활동과 관련된 자금흐름의 정보를 제공함으로써 이익의 질(Quality of Earnings)을 평가할 수 있도록 해준다.

중요 check　이익의 질
발생주의 원칙 등에 따라 산출된 손익계산서의 당기순이익과 현금흐름의 상관관계를 나타내는 척도를 의미하는데 당기순이익이 같더라도 현금흐름이 많은 쪽의 이익의 질이 더 좋다고 할 수 있다.

◎ 기업의 일정 기간 중 현금예금 및 비현금예금의 투자 및 재무거래가 기업의 재무상태에 미치는 영향을 알 수 있게 해준다. 즉, 투자 및 재무활동에 관한 정보를 제공함으로써 자산이나 부채가 증가 또는 감소하게 된 이유를 더 잘 이해할 수 있게 해준다.

⑥ 이익잉여금처분계산서

이익잉여금처분계산서는 기업의 이월이익잉여금의 변동사항을 나타내는 재무제표로, 전기 이월이익잉여금과 당기순이익의 처분사항을 명확히 하기 위하여 처분 전 이익 잉여금 변동사항을 표시하는 것이다.

중요 check 이익잉여금(Retained Earnings)

영업활동이나 재무활동 등 기업의 이익창출 활동에 의해 축적된 이익으로서 사외에 유출되거나 불입자본에 대체되지 않고 사내에 유보된 부분을 말한다. 이익잉여금은 크게 기처분이익잉여금과 미처분이익잉여금으로 구분할 수 있다.

기처분이익잉여금	미처분이익잉여금
법적 또는 기업의 임의적으로 적립된 이익잉여금을 말하는 것으로서 법정적립금과 임의적립금으로 분류된다. 법정적립금은 상법에 의하여 매 결산 시 현금배당의 1/10을 적립하는 이익준비금과 조세감면규제법에 의하여 적립된 기업합리화적립금 및 상장법인 재무관리규정에 의하여 적립된 재무구조개선적립금 등 법률에 의하여 강제적으로 적립된 이익잉여금을 말한다. 임의적립금은 기업이 임의적으로 기업자체의 필요에 따라 적립하는 것으로 사업확장적립금, 감채기금적립금 등을 그 예로 들 수 있다.	기업이 벌어들인 이익 중 배당금이나 다른 잉여금으로 처분되지 않고 남아 있는 이익잉여금으로서 이월이익잉여금과 당기순이익의 합계액을 말한다. 기업이 영업활동에서 벌어들인 이익은 주주에게 배당금으로 분배되거나 미래에 예기치 못한 손실에 대비할 목적으로 또는 기업의 시설규모 확장을 위하여 유보되기도 하며, 상법이나 제반 법률에 의하여 강제적으로 일정금액이 적립되기도 한다. 우리나라는 이러한 이익잉여금의 총변동사항을 명확히 보고하기 위하여 이익잉여금처분계산서를 기본재무제표의 하나로 규정하고 있다.

1 실생활 중심 경제

(1) 성 장

① 경제성장
  ㉠ 경제성장의 개념
    ⓐ 한 나라의 재화와 서비스 생산이 증가하여 경제 규모가 커지는 것으로 재화 및 서비스의 생산이 지속적으로 증가·확대되는 일이다.
    ⓑ 측정 기준으로는 한 나라의 소득 수준과 경제 규모를 나타내는 국내 총생산(GDP)이 이용되는데, 글로벌화의 진전으로 국내에서 활동하는 해외기업도 많고, 해외에서 활동하는 국내기업도 증가함에 따라 자국민을 대상으로 하는 국민 총생산(GNP)보다 적합하다고 여기기 때문이다.
  ㉡ GDP의 한계
    ⓐ 계산상의 한계 : 시장에서 거래되지 않은 재화나, 생산되었더라도 불법적으로 거래되는 상품은 계산에 포함되지 않는다.
    ⓑ 복지수준을 정확히 반영하지 못한다는 한계 : 공해 발생, 범죄, 교통사고 등 국민들의 삶의 질을 떨어뜨리는 일이 오히려 GDP를 증가시킨다는 것이다.
    ⓒ 분배 상황을 알려주지 못한다는 한계가 있다.
② 경제성장의 요인
  ㉠ 경제적 요인
    ⓐ 생산 요소 투입 : 자원, 자본, 노동을 많이 투입할수록 경제 성장이 가능함
    ⓑ 생산성 향상 : 동일한 생산 요소로 더 많은 생산량 산출 가능
    ⓒ 시장의 확대 : 생산된 물건이 소비될 수 있는 수요의 창출 필요, 세계화에 따라 전 세계가 하나의 시장으로 인식되고 있으며 해외 시장의 개척으로 시장 확대
  ㉡ 경제 외적
    ⓐ 합리적인 법과 제도 : 시장에서 공정한 경쟁 촉진, 독점 규제 및 공정 거래에 관한 법률
    ⓑ 기업가 정신 : 위험을 감수하고 기업을 성장시키고자 하는 기업인의 자세
    ⓒ 원만한 노사 관계 : 노사 분쟁에 따른 비용 감소, 질 좋은 제품 생산

중요 check 우리나라의 경제성장의 문제점 및 대책
- 대기업과 중소기업의 불균형 : 중소기업에 대한 지원 확대 등
- 환경오염 심화 : 지속 가능한 개발 추진, 환경 보호 활동 등
- 농업과 공업의 불균형 : 농어촌에 대한 지원 확대 등
- 계층 간 소득 격차 심화 : 누진세 확대 실시, 저소득층 복지 증진 등

---

(2) 분 배

① 분배의 개념

㉠ 한 사회 내에서 산출된 소득과 부(富)를 생산에 참여한 구성원들에게 나누는 것이다.

㉡ 근로에 대한 임금, 토지에 대한 지대, 자본에 대한 이자, 경영에 대한 이윤 등의 형태로 생산 활동에 대한 기여를 시장가격으로 보상받는 것이다.

② 분배의 분류

㉠ 소득분배

ⓐ 기능별 소득분배

• 소득 중에서 임금, 이자, 지대, 이윤이 차지하고 있는 각각의 비중을 말한다.

• 기능별 분배를 나타내는 지표로는 국민소득에서 임금소득이 차지하는 비중을 표시하는 노동소득분배율이 사용된다.

ⓑ 계층별 소득분배

• 가계소득이 어떻게 분포되어 있는가를 말한다.

• 계층별 분배는 지니(Gini)계수, 10분위 분배율, 로렌츠 곡선 등으로 측정한다.

㉡ 재산분배

③ 성장과 분배의 선순환 구조

㉠ 성장이 크게 진전되고 나면 분배 문제는 자동적으로 해결된다는 논리이다.

㉡ 자본주의를 바탕으로 개인의 능력에 따라 자유롭게 경쟁하다 보면 자연스럽게 성장이 이루어지고 성장을 이룬 후에 발생한 사회의 양극화 문제는, 소득을 고소득층에서 저소득층으로 확산시켜 분배를 통해 해결하는 것이다.

(3) 시장과 시장경제의 정의

① 시장 : 수요자와 공급자들 간에 어떤 재화나 서비스를 사거나 팔기 위해 서로 접촉하고 정보를 교환하며 가격을 결정함으로써 매매가 이루어지는 유형, 무형의 공간을 의미한다.

② 시장경제

㉠ 소득을 낳는 재화(토지, 건물, 기계 등)가 개인에 의해 소유되고, 수요와 공급에 의해 결정되는 가격인 시장가격에 의해 자발적 교환이 이뤄지는 시스템이다.

㉡ 시장경제가 제대로 작동되기 위해서는 사유재산이 보장되어야 하며 가격이 통제되어서는 안 된다.

(4) 실생활에서 경제이론과 접목되는 사례

① 게임 이론

㉠ 개념 : 한 사람의 행위가 다른 사람의 행위에 미치는 상호의존적, 전략적 상황에서 의사결정이 어떻게 이루어지는가를 연구하는 이론이다. 게임이론의 중요한 특징 가운데 하나는 의사결정자들이 합리적으로 선택한다는 점이다.

ⓛ 실생활 사례
  ⓐ 혼잡한 도로에서 운전
  ⓑ 싼 값에 물건을 사기 위해 온라인 매장에서 입찰
  ⓒ 기업과 노조가 임금 및 단체협약을 논의
  ⓓ 선거에서 정책과 정강을 통하여 유권자에게 지지를 호소

② 레몬시장 이론
  ㉠ 개념 : 구매자와 판매자 간에 재화나 서비스 등 거래대상에 대한 정보를 동등한 위치에서 공유하지 못하는 상태에서 거래가 이루어져 불량품만 남아도는 시장을 의미한다.
  ㉡ 실생활 사례
  ⓐ 신라면 블랙 대박과 퇴출
  ⓑ 중고차 시장에서 중고차 매매 때 성능 불량, 허위 매물 구매 등으로 다툼이 일어남

③ 거미집 이론
  ㉠ 개념 : 상품시장에서 일시적으로 가격이 변동하면 수요량은 즉각 반응하는 반면, 공급량은 일정한 시간이 지나면서 지체되어 움직이는 것을 말한다.
  ㉡ 실생활 사례 : 농수산물의 가격 폭등과 폭락의 반복

2 시사 · 경제 · 금융용어

(1) 시사용어

◆ 4차 산업혁명

현재의 생산설비에 정보통신기술을 융합시켜 경쟁력을 제고하는 차세대 산업혁명을 말한다. 증기기관차의 발명으로 시작된 1차 산업혁명이 기계화, 2차 산업혁명은 대량생산, 3차 산업혁명은 정보화 및 자동화라는 특징이 있다. 4차 산업혁명은 기존의 산업에 정보통신기술(ICT)을 융합시켜 능동성을 갖췄다는 점을 특징으로 한다. '지능적 가상물리시스템'이 핵심키워드라 할 수 있다. 우리나라에서 '제조업혁신 3.0 전략'이 같은 선상의 개념이고, 미국에서는 'AMP(Advanced Manufacturing Initiative)', 독일과 중국에서는 '인더스트리(Industry) 4.0'으로 불린다.

◆ 브렉시트(Brexit)

영국(Britain)과 탈퇴(Exit)를 합쳐서 만든 혼성어로서 영국의 유럽연합 탈퇴를 말한다. 브렉시트 여론은 유럽 재정위기에서 비롯되었다고 평가된다. EU의 재정 악화가 심화되자 영국이 내야 할 EU 분담금 부담이 커졌고, 이에 영국 보수당을 중심으로 EU 탈퇴 움직임이 확산됐다. 여기에 취업 목적의 이민자가 크게 증가하고, 시리아 등으로부터의 난민 유입이 계속되자 EU 탈퇴를 요구하는 움직임은 가속화됐다. 이에 EU는 2016년 2월 EU 회원국 정상회의에서 앞서 영국이 EU 잔류를 위해 제시했던 요구조건(이민자 복지혜택 제한, 영국 의회의 자주권 강화, EU규제에 대한 영국의 선택권 부여, 비유로존 국가의 유로존 시장 접근 보장)을 대부분 수용했다. 캐머런 총리는 2016년 6월 23일 브렉시트 찬반 국민투표 실시를 공식 발표하면서 'EU 잔류'에 투표할 것을 국민들에게 호소했지만 26만여 표차로 유럽연합(EU) 탈퇴가 결정되었다.

◆ 성과연봉제

성과연봉제는 연봉제의 하나로 업무의 성과에 따라 임금에 차이를 두는 임금 지급 방식이다. 연봉제란 연 단위로 개인 능력과 실적, 공헌도 등을 평가해 임금을 결정하는 제도이다. 정부는 본래 고위 공무원과 4급인 과장급 이상에 적용되었던 성과연봉제를 2017년까지 일반직 5급과 경찰·소방 등 특정직 관리자에까지 확대한다는 방침을 발표했다.

◆ 판매 관련 전략 용어

- 싱글 채널 전략 : 온라인과 오프라인 중 하나의 매장만을 운영하는 전략
- 푸시 전략 : 판매원에 의한 인적판매를 이용한 유통채널 중심의 전략
- 풀 전략 : 광고 등으로 소비자를 움직여 상품을 지명하여 사도록 유도하는 전략
- 옴니 채널 전략 : 온라인과 오프라인 유통 경로를 유기적으로 융합하는 유통 전략

◆ OSMU(One Source Multi Use) 마케팅

각종 기술이 발달한 현대는 모든 콘텐츠들이 연결되어 있다. 예를 들면, 인기 있는 웹툰이 영화나 드라마로 제작되기도 하고 이렇게 만들어진 제작물은 다시 제조업과 결합해 캐릭터 상품으로 탄생한다. 연극, 뮤지컬, 게임과 테마파크 등 새로운 놀이문화까지 만들어내며 다른 산업에서도 적극적으로 활용되는데, 이를 OSMU 마케팅이라 한다. 하나의 원천 콘텐츠를 토대로 다양한 분야에 폭넓게 활용하며 부가가치를 극대화시키는 것이다. OSMU는 문화콘텐츠산업에서 중요한 마케팅 전략이다.

◆ 넛 크래커(Nut-cracker)

원래는 호두를 눌러서 까는 기계를 뜻하는데, 중국과 일본 사이에 끼여 아무것도 하지 못하는 우리나라의 경제 상황을 표현하는 말로 쓰인다. 우리나라는 일본에 비해 품질과 기술력이 뒤처지고, 중국에 비해 가격 경쟁력에서 뒤처지는 상황에 처해있다는 것이다. 또한 최근 시장 변화로 '신 넛크래커'라는 용어도 등장했는데, 아베노믹스로 인한 엔화 약세 및 선제적 구조조정으로 경쟁력을 회복한 일본 기업과 기술력 및 구매력을 갖춘 중국 기업 틈에서 한국 기업이 고전하고 있는 현상을 가리킨다.

◆ 한한령

중국이 우리나라의 THAAD 배치 결정에 대한 보복으로 한국드라마를 비롯해 영화나 예능 등 각종 프로그램 방영과 한국 연예인들의 중국 내 미디어 광고출현을 금지하는 방침을 말한다. 사드 배치 문제가 제기되기 시작한 이후 중국에서 인기리에 활동하던 연예인들의 출연 취소, 드라마 허가 지연 등 눈에 보이는 영향이 나타나기 시작하였다.

◆ 사드(THAAD ; 고고도미사일방어체계)

미국 미사일방어 체계의 핵심 전력 중 하나로 탄도미사일이 발사되었을 때 인공위성과 지상 레이더에서 수신한 정보를 바탕으로 요격미사일을 발사시켜 40~150킬로미터의 높은 고도에서 직접 충돌하여 파괴하도록 설계되었다. 2016년 정부는 북한의 공격을 방어하기 위해 사드의 국내 배치를 선언하고 경북 성주를 배치지역으로 결정했다. 그러나 지역 주민의 결사적인 반발과 국정농단 사태, 중국·러시아 등 주변국의 강력한 비난, 특히 중국의 보복성 경제조치 등으로 적극적으로 추진되지 못하는 상황이다.

◆ 세컨더리보이콧

제재대상이 되는 국가와 무역을 하는 등 각종 경제활동과 관련해 거래하는 제3국에 제재를 가하는 것을 의미한다. 미국은 대북제재강화법을 발효시킴으로써 북한과 거래하는 제3국의 기업 또는 금융기관 등을 제재시키는 방안을 마련하였는데, 이는 사실상 북한의 제1무역 파트너인 중국을 직접 타깃으로 하는 조치라고 평가된다.

◆ 소비절벽

경기 불황이 이어지면서 소비자들의 불안 심리가 커져 소비가 급격하게 줄어드는 현상을 표현한 용어이다. 30~50대 주력 소비 계층이 미래에 대한 대비를 위해 소비를 줄이는 대신 저축 등을 하면서 나타난다. 이런 식으로 주력 소비 계층이 지갑을 닫으면서 전체 소비가 감소하고 그로 인해 경제가 더욱 침체되는 결과로 이어진다.

◆ 젠트리피케이션

도심의 낙후된 지역이 여러 가지 환경 변화로 특색을 가진 인기 지역이 됨에 따라 지가나 임대료가 상승하게 되면서 중·상류 층이 유입되고, 기존에 살던 주민들이 다른 곳으로 밀려나게 되는 현상을 말한다. 서울에서는 서촌, 경리단길, 성수동, 해방촌 등이 대표적인 곳이다. 지역공동체 붕괴나 영세 상인의 몰락을 가져온다는 문제가 제기되면서 젠트리피케이션 현상에 대한 대책 마련도 시급한 상황이다.

◆ 서핑포인트(Surfing Point)

직역하면 '파도 타기 좋은 곳'이라는 의미이지만 일반적으로 성장가능성이 큰 산업 분야를 말한다. 전문가들은 4차 산업혁명이 시작된 만큼 기업들이 재빨리 이 분야를 개척하여 세계적인 4차 산업혁명을 주도하여야 한다고 주장한다. 현재 국내에서는 AI와 생명과학 산업이 유망분야로 꼽히고 있다.

◆ 차이나리스크(China Risk)

중국경제가 침체되면 중국에 대한 의존도가 높은 기업이나 국가가 타격을 입음을 의미하나 현재는 중국경제의 침체뿐만 아니라 중국기업들의 성장 역시 우리나라에 큰 리스크가 되고 있는 것도 포함하여 사용한다. 삼성전자의 갤럭시노트7 발화사건 후 삼성전자가 배터리를 중국 기업 ATL제품으로 교체한 것을 두고 중국 언론은 중국의 우수성을 인정받은 것으로 평가하였는데 첨단산업에 있어서도 이제 중국은 무시할 수 없는 위협적인 경쟁상대가 되었다.

◆ 디지털 세탁소

'잊힐 권리'와 연결되어 인터넷 사용자가 각종 자신의 개인정보나 사이트 등에 게시한 글이나 자료 등을 삭제하길 원하거나 사망한 사람이 남긴 이와 같은 흔적을 유족들이 삭제시키길 원하는 경우 이러한 정보들을 찾아내어 없애주는 업체이다. 인터넷 상의 개인의 인생을 마감한다고 해서 디지털 장의사라 불리기도 한다.

◆ 증강현실(AR ; Augmented Reality)

실제 환경에 가상의 사물이나 정보를 합성하여 원래의 환경에 존재하는 사물처럼 보이도록 하는 컴퓨터그래픽 기법으로 현실세계의 기반 위에 가상의 사물을 합성하여 현실세계만으로는 얻기 어려운 부가적인 정보들을 보강해 제공할 수 있다. 스마트폰 카메라로 주변을 비추면 인근에 있는 상점의 위치, 전화번호 등의 정보가 입체영상으로 표기되는 것을 예로 들 수 있다. 2016년 전 세계적인 열풍을 일으킨 게임 '포켓몬GO'가 AR기술을 이용한 것이다.

◆ 바이오시밀러(Biosimilar)

특허가 만료된 합성신약(오리지널 바이오의약품)을 복제하여 비슷한 효과와 품질로 만든 의약품을 말한다. 오리지널 의약품에 비해 개발기간이 짧고, 효능은 유사하며 가격도 저렴한 것이 특징이다.

◆ 스몸비족

스마트폰과 좀비를 합성하여 만든 단어로 언제나 스마트폰을 보고 길을 걸을 때도 앞을 보지 않고 스마트폰을 보며 걷는 사람들을 말한다. 이렇듯 많은 사람들이 스마트폰에 집중하여 주위를 살피지 않음으로써 사고가 많이 발생해 문제가 되고 있다.

◆ 클라우드 컴퓨팅

'가상화된 정보기술(IT) 자원을 서비스로 제공하는 컴퓨팅'이라는 의미이다. 소프트웨어, 스토리지(저장공간), 서버, 데이터베이스 등 IT 자원을 사용자가 사서 이용하던 기존 방식과 달리, 이제는 필요할 때마다 인터넷으로 접속해 '빌려서' 쓰고 그만큼의 비용을 지불한다는 것이다.

◆ 스마트 그리드(Smart Grid)

스마트 그리드란 기존의 전력망에 정보기술(IT)을 접목하여 전력공급자와 소비자가 양방향으로 실시간 정보를 교환하고, 에너지 효율을 최적화하는 차세대 지능형 전력망이다.

◆ 캐시 카우(Cash Cow)

성장성은 낮으나 시장수익성은 높은 사업 부문으로 기업에 막대한 현금유동성을 제공해주는 사업 분야를 말한다.

◆ 온디맨드 경제(On Demand Economy)

고객이 원하는 시간에 물품이나 서비스를 즉각 제공하는 서비스를 말하는 것으로, 대표적인 서비스로는 행선지를 입력하면 차량이 오는 '우버' 택시 서비스, '아마존'·'구글'의 특급배송서비스 등이 있다.

◆ 인구절벽

한 세대의 소비가 정점을 찍고 다음 세대가 소비 주역이 될 때까지 경기가 둔화하는 것을 가리킨다. 이는 경제예측전문가인 해리 덴트가 자신의 저서 '인구 절벽(Demographic Cliff)'에서 사용한 용어로 청장년층의 인구 그래프가 가파르게 떨어지는 것을 비유한 것이다.

◆ 혼밥족

사회적으로 주목받는 독특한 문화 현상의 하나로 '혼자 밥 먹기' 혹은 '혼자 먹는 밥'의 줄임말을 일컬어 '혼밥'이라고 부른다. 혼밥의 자유로움, 혼밥의 편함 등을 내세우면서 혼밥의 고독을 감당해가는 부류를 '혼밥족'이라고 한다.

(2) 경제용어

◆ 리쇼어링(Reshoring)

싼 인건비나 시장을 찾아 해외로 진출한 기업들이 본국으로 되돌아오는 현상을 말한다. 세계의 각 정부는 해외에 나가 있는 자국기업들을 각종 세제혜택과 규제 완화 등을 통해 자국으로 불러들이는 정책을 시행하고 있다. 특히 미국의 트럼프 대통령은 리쇼어링을 통해 세계의 패권을 되찾는다는 전략을 적극 추진하겠다고 밝혔다.

◆ 리니언시제도 `기출`

관대한, 관용, 너그러움을 의미하는 영어 Liniency에서 파생된 용어로 담합행위 등 불공정행위를 스스로 신고한 기업에 대해서 과징금을 감면하거나 면제해주는 자진신고자 감면제도를 말한다. 즉, 공정거래위원회가 증거확보가 어려운 기업 간 담합조사의 효율성을 높이기 위해 불공정한 담합행위를 자진 신고한 기업들에게 과징금을 면제해 주거나 감면해준다.

◆ EVA(경제적 부가가치)

EVA는 기업의 영업활동 결과 창출된 부가가치라는 의미로 투하자본에 '투하 자본 수익률에서 가중평균 자본 비용을 차감한 비율'을 곱하여 구한 값이며, 투하된 모든 자본(자기자본 및 타인자본)의 기회비용을 고려하여 기업(경영자)의 실질적인 경영성과를 측정하기 위해 개발된 개념이다.

• EVA = (투하자본 수익률 − 가중평균 자본비용) × 투하자본
• 투하자본 = 총자산 − 비영업자산 − 비이자발생 부채(매입채무, 미지급 비용 등)

◆ 크라우드소싱

크라우드는 대중을 뜻하며 아웃소싱은 외부발주를 의미한다. 즉, 기업 활동(제품개발, 서비스개선 등)을 진행함에 있어 일반 대중을 참여시키는 형태를 일컫는다.

◆ 구매자관리지수(PMI)

제조업체의 물건 구매 담당자들이 현재, 향후 경제를 어떻게 보는지를 나타내는 지표이다. PMI는 조사기관이 기업 설문조사를 통해 작성하는 지표로, 기업이 향후 경제에 대해 긍정적인 전망을 한다면, 기업체는 원재료, 즉 상품의 재료가 되는 원자재 구입량을 늘리게 될 것이고, 반대로 향후 경제에 대해 부정적 의견을 지닌다면 원자재 구매량을 줄이면서 PMI지수가 허락하는 것이다.

◆ 노쇼(No Show)

예약을 해놓고 아무 연락 없이 나타나지 않는 예약부도를 뜻하는 것으로, 원래는 항공 용어였으나 식당을 비롯하여 미용실, 병원, 고속버스, 공연장, 호텔 등 서비스업 전반적으로 사용되는 용어가 되었다.

◆ **게임이론**

경제행위에서 상대방의 행위가 자신의 이익에 영향을 미치는 경우 이익을 극대화하는 방법에 관한 이론이다.

◆ **아웃소싱(Outsourcing)**

기업 내부의 프로젝트나 제품의 생산, 유통, 용역 등을 제3자인 외부 업체에 위탁하여 처리하는 것이다.

◆ **롱테일 법칙(Long Tail Theory)**

하위 80%에 해당하는 다수가 상위 20%보다 더 뛰어난 가치를 창출한다는 법칙이다. 파레토법칙과 반대되는 이론으로 역 파레토 법칙이라고도 한다. 비주류 상품들의 매출인 80%에 해당하는 나머지가 20%의 주류 상품 못지않은 경제성을 지니고 있다는 이론이다.

중요 check 파레토 법칙(Pareto's Law)

1960년 이탈리아 전체 인구의 20%가 국토의 80%를 소유하고 있다는 사실에서 도출한 경제법칙으로, 전체 결과의 80%가 전체 원인의 20%에서 일어나는 현상이다. 소득분포의 불균형 정도를 나타낸다.

◆ **베블런 효과(Veblen Effect)**

가격이 오르는 데도 수요가 줄어들지 않고, 오히려 증가하는 상류층 소비자들의 소비 행태이다. 즉, 필요해서 구입하는 경우가 아니라 자신의 부를 과시하거나 허영심을 채우기 위해 구입하는 현상을 뜻한다.

◆ **밴드왜건 효과(Bandwagon Effect)**

유행에 따라 상품을 구입하는 소비현상을 뜻하는 경제 용어로 한 소비자가 어떤 재화를 소비할 때, 다른 소비자들이 그 재화를 많이 소비하여 소비가 증가되는 경우를 말한다.

◆ **BTL(Build-Transfer-Lease)**

민간 투자자가 공공시설 등을 건설하여 정부에 빌려준 뒤 임대료를 받는 민자유치 방식이다. 민간이 돈을 투자해 학교, 군 막사 등 공공시설을 건설한 뒤 국가나 지자체에 소유권을 이전하고, 리스료 명목으로 20여 년 간 공사비와 일정 이익(국채수익률+α)을 분할 상환 받는 건설사업방식이다.

◆ **인플레이션(Inflation)**

개별상품 및 서비스 가격들의 평균값이 지속적으로 상승하는 현상이다. 즉, 화폐가치가 하락하는 것으로, 100원짜리 사과가 인플레이션으로 인해 300원, 500원으로 가격이 높아지는 현상을 말한다. 이는 화폐가 시중에 많이 풀려 화폐 가치가 하락하면서 나타나는 현상이다.

◆ **좀비 경제(Zombie Economy)**

경기부양을 위해 어떤 정책을 내놓아도 경제주체들의 반응이 거의 없는 불안한 경제 상황을 말한다. 국제 금융전문가들이 일본의 불안한 경제 상황을 빗대어 만든 용어로, 경기 부양을 위해 각종 정책을 내놓음에도 불구하고, 경제주체인 기업과 가계가 반응을 보이지 않아 어떠한 정책도 효과를 발휘하지 못하는 불안한 경제 상황을 의미한다.

◆ 통상 임금

근로자에게 정기적으로 지급되는 월급, 주급, 일급, 시간급 등을 말한다. 사업주가 일률적으로 지급하는 임금은 모두 포함되지만 근로실적에 따라 변동 지급되는 임금은 포함되지 않는다.

◆ 기회비용

하나의 재화를 선택했을 때, 그로 인해 포기한 다른 재화의 가치로, 어떤 생산물의 비용을 그 생산으로 단념한 다른 생산기회의 희생으로 보는 개념이다. 대안이 여러 가지인 경우에는 포기한 대안들 중 가장 큰 가치를 의미한다. 여기서 중요한 것은 선택에 영향을 주지 않는 비용인 매몰비용은 기회비용에 포함되지 않는다는 것이다.

중요 check   매몰비용

의사 결정을 하고 실행한 이후에 발생하는 비용으로 회수할 수 없는 비용이며, 함몰 비용이라고도 한다.

◆ MIST

골드만삭스가 최근 주목받는 이머징 유망 국가 4곳을 지칭한 것으로, 멕시코(Mexico), 인도네시아(Indonesia), 한국(South Korea), 터키(Turkey) 4개국의 머리글자를 따서 만들어졌다.

◆ 세이의 법칙(Say's Law)

'공급은 스스로 수요를 창조한다'는 고전학파의 이론이다. 즉, 공급이 되면 생산물의 가치만큼 소득이 창출되고, 이 소득은 수요로 나타나서 결국 초과 공급은 존재하지 않는다는 것이다.

◆ 윔블던 효과(Wimbledon Effect)

국내 시장에서 외국 기업이 자국 기업보다 더 활발히 활동하거나 외국계 자금이 국내 금융시장을 장악하는 현상을 지칭하는 용어이다. 윔블던 테니스대회에서 개최국인 영국 선수가 우승하지 못하고 매번 외국 선수들이 우승 트로피를 가져가는 상황을 빗대어 만든 경제용어이다.

◆ 로렌츠 곡선

소득 분포의 불균등을 나타내기 위하여 미국인 통계학자 로렌츠가 고안해 낸 누적 도수 분포곡선으로 x축에 소득자 수의 누적 백분율을, y축에 소득 금액의 누적 백분율을 취한다.

◆ 그레샴의 법칙

악화와 양화가 동일한 액면 가치를 갖고 함께 유통될 경우, 악화만이 그 명목 가치로 유통되고 양화는 유통되지 않고 사라지는 현상을 말한다. 16세기 영국의 그레샴이 제창한 화폐유통에 관한 법칙으로 당시 영국에서는 귀금속인 금화나 은화가 화폐로 유통되었는데 비양심적인 사람들이 이 화폐의 귀금속 함량을 낮춰서 유통시켰고(악화), 귀금속 함량이 양호한 화폐(양화)를 보유한 사람들은 이를 시장에 풀지 않아 결국 시장에는 귀금속 함량이 낮은 악화만 유통되었다.

◆ 더블딥(Double Dip)

경기가 침체 국면에서 회복될 조짐을 보이다가 다시 침체국면으로 빠져드는 현상을 의미한다. '이중하강', '이중침체' 등의 의미로 사용되며 더블딥에 빠지면 이전보다 상황이 더욱 악화된다. 원인으로는 근본적인 소비 침체, 정부 지출 확대로 인한 재정 적자, 출구전략 등이 있다.

◆ **부메랑 현상(Boomerang Effect)**

선진국이 개발도상국에 경제원조나 자본투자를 하여 생산된 제품이 마침내 현지 시장의 수요를 충족하고도 남아 선진국에 역수출 그리고 선진국의 해당 산업과 경합을 벌이는 현상이다.

◆ **토빈세(Tobin Tax, 통화거래세)**

국제 투기자본의 무분별한 자본시장 왜곡을 막기 위해 모든 단기외환거래에 부과하는 세금이다. 통화거래세가 거래비용을 높여 변동이 심한 금융시장을 안정화하고 국가의 통화정책에 대한 자율성을 향상시키는 효과가 있다.

◆ **버핏세(Buffet Rule)**

투자의 귀재로 불리는 워렌 버핏이 2011년 8월 뉴욕타임스에 기고한 칼럼에서 비롯된 것으로 연간소득 100만 달러 이상의 고소득자들이 일반 미국 시민보다 낮은 세율의 세금을 내고 있다며 실효세율이 적어도 중산층 이상은 되도록 세율 하한선을 정하자는 것이다.

◆ **프리드먼 비율(Friedman Ratio)**

국민총생산 또는 국내총생산 가운데 정부의 지출이 차지하는 비율이다. 미국의 통화주의학파 경제학자인 턴 프리드먼에 의해 등장한 개념이다.

◆ **소프트 패치(Soft Patch)**

경기가 상승하는 국면에서 본격적인 침체국면에 접어들거나 후퇴하는 것은 아니지만 일시적으로 성장세가 주춤해지며 어려움을 겪는 현상을 의미한다.

◆ **엔젤(Angel)계수**

가계 총지출에서 취학 전후의 어린이들을 위해 지출한 비용의 비율이다. 엔젤은 보통 미국 등에서 유아부터 초등학교까지의 어린이를 지칭하는 용어로 가계 총 지출에서 이들을 위해 지출한 교육비, 장난감, 옷값, 용돈 등이 모두 엔젤계수에 포함된다. 엔젤계수가 높아진다는 것은 그만큼 그 나라가 선진화되었다는 것을 의미한다.

◆ **스태그플레이션(Stagflation)**

경기침체를 의미하는 '스태그네이션(Stagnation)'과 물가상승을 의미하는 '인플레이션(Inflation)'을 합성한 용어로, 경제활동이 침체되고 있는 상황에서도 물가는 지속적으로 상승하고 있는 현상이다.

◆ **비자발적 실업**

현재 임금 수준으로 일할 의사와 능력을 가지고 있음에도 불구하고, 유효수요(有效需要)의 부족으로 일터가 없어 비자발적으로 강요당하는 실업을 말한다.

◆ **잠재적 실업**

보이지 않는 실업이라고도 하며, 일할 의사와 능력이 있지만 정상적인 취업기회가 없어서 저소득 상태에 있는 열악한 취업상태를 말한다.

◆ **슈바베(Schwabe's Law) 법칙**

독일 통계학자 슈바베가 주장한 소득과 주거비에 대한 지출의 관계법칙으로, 소득 수준이 높을수록 주거비에 지출되는 금액은 커지지만, 전체 생계비에 대한 주거비의 비율은 낮아지고, 소득수준이 낮을수록 전체 생계비에 대한 주거비의 비율은 높아진다는 것이다.

◆ **엥겔(Engel) 계수**

엥겔 계수는 총가계 지출 중에서 식료품비가 차지하는 비율이다. 저소득 가계일수록 가계 지출 중 식료품비가 차지하는 비율이 높다. 엥겔 계수는 소득 수준이 높아짐에 따라 점차 감소하는 경향이 있다.

◆ **보이지 않는 손**

경제학자인 애덤 스미스가 '국부론'에서 사용한 말로서 경제나 시장은 자동 조절되어 시장을 통제하고, 결국 균형을 이룬다는 것이다.

◆ **양적완화(Quantitative Easing)** 기출

금리인하를 통한 경기부양 효과가 한계에 봉착했을 때, 중앙은행이 국채매입 등을 통해 통화를 시중에 직접 푸는 정책이다. 이른바 유동성 저하 상황에서 유동성을 충분히 공급함으로써 중앙은행의 거래량을 확대하는 것이다. 중앙은행은 채권이나 다른 자산을 사들임으로써 이율을 낮추지 않고도 돈의 흐름을 늘이게 된다.

◆ **콜라보노믹스(Collabonomics)**

불투명한 경제 상황에서 혁신적인 아이디어를 찾아내기 위한 상생의 윈-윈 파트너십이다. 'Collaboration'과 'Economics'의 합성어로, 협력의 경제학을 의미한다. 기업 간, 노사 간, 기업과 시민단체 간의 협력을 통해 난제를 해결하고, 1+1=2가 아닌 3 이상의 시너지 효과를 만들어내는 21세기형 부의 창출 방식이다.

◆ **비트코인(Bitcoin)**

각국의 중앙은행이 화폐 발행을 독점하고 자의적인 통화정책을 펴는 것에 대한 반발로 탄생한 사이버 머니이다. 지갑 파일의 형태로 저장되고, 이 지갑에는 각각의 고유 주소가 부여되며 그 주소를 기반으로 비트코인의 거래가 이루어진다.

◆ **카페라테 효과**

식사 후 커피 한 잔의 값을 아끼기만 해도 기대 이상의 재산을 축적할 수 있음을 말하는 효과이다. 평균 4,000원 가량 하는 커피 값을 절약할 경우 30년에 2억이라는 목돈을 마련할 수 있다는 점에서 소액이라도 장기적으로 투자하면 큰 효과를 볼 수 있다는 것이 핵심이다.

◆ **빅맥지수**

맥도널드의 빅맥 햄버거 값을 비교해 각국의 통화가치와 통화의 실질 구매력을 평가하는 지수이다. 영국 이코노미스트지는 맥도널드 햄버거인 빅맥지수를 발표하는데 이것은 '환율은 두 나라에서 동일한 상품과 서비스의 가격이 비슷해질 때까지 움직인다'는 구매력 평가설을 근거로 적정 환율을 산출하는 데 활용된다.

◆ 리디노미네이션(Redenomination) 기출

화폐 단위를 하향 조정하는 것을 말한다. 즉, 화폐 가치의 변동 없이 지폐의 액면을 같은 비율로 줄이거나 새로운 통화 단위로 호칭을 변경하는 것이다.

◆ 경제활동인구

만 15세 이상 인구 중 노동 능력이나 노동 의사가 있어 경제활동에 기여할 수 있는 인구로, 만 15세이상 인구 중 경제활동인구(취업자 + 실업자)가 차지하는 비율을 말한다.

◆ 생산자물가지수(PPI)

국내시장의 제1차 거래단계에서 기업 상호 간에 대량 거래되는 서비스를 제외한 모든 상품의 평균적인 가격 변동을 측정하기 위해 작성된 지수이다.

◆ 가변자본

상품생산에 투하되는 자본은 불변자본과 가변자본으로 나눌 수 있는데, 가변자본은 생산과정에서가변자본 이상의 초과분인 잉여 가치를 발생시킨다.

(3) 금융용어

◆ 로보어드바이저(Robo-advisor)

'로봇'(Robot)과 '투자자문가'(Advisor)의 합성어인 로보어드바이저는 인공지능(AI)의 발달에 따른 알고리즘 및 빅데이터를 기반으로 투자자의 정보를 가지고 시장 상황에 따라 알맞은 자산 관리및 운용에 관한 포트폴리오를 제시하여 투자 자문 등의 서비스를 하는 기술이다. 시장상황 등의 변동이 생기면 포트폴리오 역시 변경된다.

◆ ISA(Individual Savings Account ; 개인종합자산관리계좌)

ISA는 한 계좌에 예·적금, 펀드 등 다양한 금융 상품을 넣어 운용하면서 세제 혜택까지 볼 수 있어 '만능 통장'으로 불린다. 해당 계좌 내 이익과 손실을 통산해 순이익 기준으로 세금을 매기며,조건 충족 시 수익금 일부에 대한 비과세 혜택도 제공된다. 전 금융사에서 1인당 1개 계좌만 개설할 수 있고, 세제 혜택을 위한 장기 가입이 필요한 상품 특성 때문에 초기 고객 선점을 노린 금융사간의 과당경쟁 우려가 커지고 있다.

◆ 후강퉁 / 선강퉁

중국의 상하이 증시와 홍콩 증시의 상장주식 간 직접매매를 허용하는 후강퉁과 중국 선전 증시와홍콩 증시의 교차거래를 허용하는 선강퉁 시대가 개막하면서 세계 강국들 그리고 중국의 일반 개인투자자들이 홍콩을 통해 중국 본토의 자산운용사가 운용하는 주식에 투자할 수 있게 되었다.

◆ 계좌이동제

주거래 예금 계좌를 타 은행으로 옮기면서 각종 거래가 자동으로 옮겨지는 제도이다. 지금까지는주거래 은행을 옮기기 위해서 계좌에 연결돼 있는 공과금이나 급여이체 등을 하나하나 직접 옮겨야 했지만 계좌이동제는 이런 이체 항목들이 자동으로 이전된다.

◆ **투기성 단기자본** 기출
- 헤지펀드 : 짧은 시간에 높은 수익을 노리는 투기자본
- 핫머니 : 국제금융시장으로 이동하는 단기자금
- 토빈세 : 단기성 외환거래에 부과하는 세금

◆ **환헤지** 기출

환율 변동에 따른 위험을 없애기 위해 수출이나 수입, 투자에 따른 거래액을 현재 수준의 환율로 고정시키는 것을 말한다.

◆ **개인퇴직연금(IRP)** 기출

근로자가 회사를 퇴직할 때 받는 퇴직금을 바로 사용하지 않고, 은퇴 시까지 보관·운용할 수 있는 퇴직금 전용 통장이다.

◆ **코픽스(Cofix)금리**

예금은행의 자금조달비용을 반영하여 산출되며 주택담보대출을 받을 때 기준이 되는 금리를 말한다.

◆ **파생금융상품** 기출
- 옵션(Option) : 장래 특정일 또는 일정기간 내에 미리 정해진 가격으로 상품이나 유가증권 등의 특정자산을 사거나 팔 수 있는 권리를 현재시점에서 매매하는 거래이다.
- 선물(Futures) : 거래소에서 거래되는 장내거래상품으로 표준화된 계약조건으로 매매계약 체결 후, 일정기간이 경과한 뒤에 미리 결정된 가격에 의하여 그 상품의 인도와 결제가 이루어지는 거래를 말한다.
- 스왑 : 일정한 기간 동안에 당사자끼리 일정한 현금흐름을 교환하기로 약정하는 계약(예 금리스왑, 이자스왑)을 말한다.

◆ **인터넷전문은행**

무점포로 자동화기기(ATM)나 인터넷, 스마트폰 등 전자매체를 통해 온라인상에서만 영업을 하는 은행을 말한다. 기존 은행과 달리 비대면 실명 인증 방식으로 운영되기 때문에 은행에 갈 필요 없이 온라인상에서 은행계좌 개설은 물론, 예금수신, 대출신청 등의 금융거래도 가능하다.

◆ **경상수지**

한 국가의 대외거래상태를 나타내는 지표 중의 하나로서 무역수지, 무역외수지, 이전수지를 합한 것으로 보통 국제수지적자 또는 흑자를 말할 때 대개 경상수지를 기준으로 하고 있다. 경상수지에 자본수지를 합한 것이 종합수지이며 자본수지 중의 장기자본수지와 경상수지를 합하면 기초수지가 된다.

◆ **스프레드(Spread)**

채권이나 대출 금리를 정할 때 신용도를 고려하여 기준 금리에 덧붙이는 가중 금리(가산 금리)로 국제금융거래의 기준이 되는 런던은행 간 금리(LIBOR)와 실제 시장 금리의 차이를 말한다.

◆ **배드뱅크(Bad Bank)**

금융기관의 부실 자산을 인수하여 전문적으로 처리하는 기구이다. 신용불량자에게는 채권추심에 대한 부담을 덜어주면서 신용 회복의 기회를 제공해 주고, 금융기관 입장에서는 채권추심일원화에 따라 채권추심 비용을 절약하고 채권회수 가능성도 제고하는 등 부실 채권을 효율적으로 정리할 수 있게 한다.

◆ **리츠펀드**

부동산 투자를 전문으로 하는 투자신탁이다. 'Real Estate Investment Trusts'의 약자이며 부동산에 투자한 뒤 그 수익을 투자자들에게 배당하는 부동산 증권화 상품이다.

◆ **모기지론(Mortgage Loan)**

부동산을 담보로 주택저당증권을 발행하여 장기주택자금을 대출해주는 제도이다. 주택자금 수요자가 은행을 비롯한 금융기관에서 장기주택자금을 빌리면 은행은 주택을 담보로 주택저당증권을 발행하여 이를 중개기관에 팔아 대출 자금을 회수한다.

◆ **LTV(Loan To Value ratio ; 담보인정비율)**

주택 담보대출을 취급하는 기준의 하나로 담보로 한 자산의 가치와 비교했을 때의 대출금액 비율을 의미한다. 금융기관이 주택을 담보로 대출을 해주고 난 뒤 해당 채권이 부도가 나는 경우 채무자가 담보한 자산을 처분하여 채권 상환에 충당하는데, 이때 담보자산의 처분금액이 채권 상환액에 못 미치는 경우가 발생되지 않도록 금융기관은 각 주택담보대출에 대해 주택의 종류 및 소재지 등을 고려하여 담보인정비율을 산정·운용한다.

> LTV = (주택담보대출금액 + 선순위채권 + 임차보증금 및 최우선변제 소액임차보증금) ÷ 담보가치

◆ **DTI(Debt To Income ration ; 총부채상환비율)**

차주의 금융부채 원리금 상환액이 그의 소득에서 차지하는 비율을 말한다. 은행 등 금융기관이 대출금액을 정할 때 대출자의 상환능력을 검증하기 위해 활용하는 개인신용평가시스템과 유사한 개념이다. 주택담보대출 시에 차주의 소득을 바탕으로 채무상환능력을 판단하기 위해 고려하는 수치이다. 수치가 낮을수록 빚 상환능력이 양호하거나 소득에 비해 대출규모가 작다는 의미이다.

> DTI = (해당 주택담보대출 연간 원리금 상환액 + 기타부채의 연간 이자 상환액) ÷ 연소득

◆ **미소(美少)금융사업**

무담보 소액 대출을 뜻하는 '마이크로 크레디트(Micro Credit)'를 우리말로 순화한 것이다. 창업 시 사업타당성 분석 및 경영 컨설팅 지원, 채무불이행자에 대한 부채상담 및 채무조정 연계지원, 취업정보 연계제공 등 금융사각지대를 해소하고 금융소외계층이 사회·경제적으로 자립할 수 있는 기반을 마련해주기 위한 자활 지원사업이다.

◆ 팩토링(Factoring)

금융기관들이 기업으로부터 매출채권을 매입, 이를 바탕으로 자금을 빌려주는 제도이다. 기업들이 상거래 대가로 현금 대신 받은 매출채권을 신속히 현금화하여 기업활동을 돕자는 취지로 지난 1920년대 미국에서 처음 도입되었다.

중요 check 매출채권

기업의 영업활동 과정에서 재화나 용역을 판매하는 것과 같은 수익창출 활동으로부터 발생한 채권

◆ 시드머니(Seed Money)

부실기업이 발생했을 때 그 기업의 회생을 위하여 신규 대출을 해주는 자금으로 종잣돈이라고도 한다. 대출이 많은 부실기업 정리 시 인수기업이 나서지 않을 때 추가로 신규대출을 해주는 것이다.

◆ 사모펀드 [기출]

소수 투자자들의 자금을 모아 주식이나 채권 등에 운용하는 고수익 기업투자펀드이다. 개개인들의 돈을 모아 저평가된 기업을 사고팔며 자유로운 운용이 가능하고 고수익이지만 위험률이 높다.

◆ 디폴트(Default)

채무불이행, 즉 채무자의 귀책사유(고의 또는 과실)로 인하여 이행기까지 채무의 내용에 따른 이행을 하지 않는 것을 말한다.

◆ DSR(Debt Service Ratio ; 채무상환비율)

어느 한 국가의 채무에 대한 심각성을 판단하는 기준으로 연간 대외채무상환액을 같은 기간중의 총수출액으로 나눈 값이다. 채무상환비율은 원리금 상환액이 높아지면 상승하고, 원리금 상환액이 감소하고 경상수입이 증가하면 하락한다.

◆ 레버리지(Leverage)

'지렛대'라는 의미로 적은 돈으로 큰 수익률을 얻기 위해 빚을 내는 투자기법이다. 레버리지는 보유한 자산보다 높은 부채를 끌어들여 이를 지렛대로 삼아 투자수익률을 높이는 것으로 경기가 호황일 때 효과적인 투자법이다.

◆ 사이드 카(Side Car)

프로그램 매매호가 관리제도의 일종으로 선물가격이 기준가 대비 5% 이상(코스닥은 6% 이상)인 상황이 1분간 지속하는 경우 선물에 대한 프로그램 매매만 5분간 중단한다. 5분이 지나면 자동으로 해제되며 1일 1회만 발동될 수 있다.

◆ 서킷 브레이커(CB ; Circuit Breaker)

주식시장에서 주가가 급등 또는 급락하는 경우 주식 매매를 일시 정지하는 제도이다. 코스피나 코스닥지수가 전일대비 10% 이상 폭락한 상태가 1분간 지속하는 경우 시장 모든 종목의 매매거래를 중단한다. 1일 1회만 발동할 수 있다.

◆ **블루칩(Blue Chips)**

주식 시장에서 건전한 재무구조를 유지하는 우량 기업의 주식을 말한다. 포커에서 돈 대신 쓰이는 3종류의 칩 가운데 가장 가치가 높은 것이 블루칩인데서 유래되었다.

중요 check

• 옐로칩 : 블루칩보다 다소 떨어지는 중저가 우량주
• 레드칩 : 홍콩 증권거래소에 상장된 기업 중에 중국 정부와 국영 기업이 지분을 가지고 있는 기업들의 주식

◆ **스톡옵션(Stock Option)**

기업이 임직원에게 자기회사의 주식을 일정 수량, 일정 가격으로 매수할 수 있는 권리를 부여하는 제도이다. 자사의 주식을 일정 한도 내에서 액면가보다 낮은 가격으로 매입할 수 있는 권리를 부여한 뒤 일정 기간이 지나면 매입자 임의대로 처분할 수 있는 권한을 부여하는 것이다.

◆ **랩어카운트(Wrap Account)**

고객이 예탁한 재산에 대해 자산 구성·운용·투자 자문까지 통합적으로 제공하는 자산종합관리계좌이다. 증권사에서 여러 종류의 자산 운용 관련 서비스를 하나로 구성하여 관리하는 종합자산관리방식이다.

◆ **프랜드 조항(Fair, Reasonable & Non-discriminatory)**

특허 기술의 독점을 방지하기 위해 표준 특허의 경우 소송을 하는 대신에 공정하고 합리적이며 비차별적으로 특허를 제공해야 한다는 조항이다.

◆ **통화스와프(Currency Swaps)**

다양한 계약 조건에 따라 일정 시점에 통화, 금리 등의 교환을 통해 이뤄지는 금융 기법이다. 스와프에는 외국환을 거래하는 외환스와프, 통화를 교환하는 통화스와프, 동일한 통화의 이자를 서로 교환하는 금리스와프 등이 있다.

◆ **코넥스(KONEX)**

2013년 설립된 코스닥(KOSDAQ)에 비해 진입 문턱과 공시부담을 크게 낮춘 시장으로, 창업 초기의 중소·벤처기업들이 자본시장을 통해 필요한 자금을 원활하게 조달할 수 있도록 개설된 중소기업 전용 주식시장이다.

◆ **코스닥시장**

유가증권시장과 함께 독립된 경쟁시장이다. 유가증권시장에 비해 완화된 상장기준으로, 금융투자업자의 역할과 책임이 중요시되며 고위험·고수익 시장으로 투자자의 자기책임원칙이 강조된다. 자금의 조달 및 운용, 벤처산업의 육성기능을 한다.

◆ **신디케이트**

동일 시장 내의 여러 기업이 출자하여 공동판매회사를 설립하여 판매하는 조직이며, 신디케이트론은 다수의 은행으로 구성된 차관단이 공통의 조건으로 일정 금액을 차입자에게 융자해 주는 중장기 대출을 말한다.

03 적중실제예상문제

01 다음 중 제품수명주기에 관련된 설명으로 가장 적절한 것은?

① 제품수명주기는 신제품의 개발단계에서부터 시장 도입 후 시간경과에 따른 매출액 수준을 나타낸다.

② 제품수명주기의 성숙기는 자사 제품의 경쟁우위 관리가 주목적이므로 이익 극대화보다는 차별화된 비용투자가 지속적으로 필요한 시기이다.

③ 산업별 제품수명주기는 기술혁신과 기술개발의 가속화로 그 주기가 점점 길어지고 있다.

④ 제품수명주기의 성숙기에는 경쟁이 치열하여 가격이 떨어지며 판매촉진을 위한 여러 가지 조치가 취해진다.

해설 ① 제품수명주기는 하나의 제품이 시장에 도입되어 폐기되기까지의 과정을 말한다. 이 수명의 장단(長短)은 제품의 성격에 따라 다르지만 대체로 도입기·성장기·성숙기·쇠퇴기의 과정으로 나눌 수 있다.
② 성숙기는 그동안 판매량이 증가하면서 성장을 계속하던 제품이 어느 시점에서 판매량이 감소하면서 성장률이 둔화되기 시작하는 단계이다. 그 이유는 이제 거의 다수의 소비자들이 그 제품을 이미 구입한 상태이기 때문이다. 따라서 이 단계에서는 기존의 시장점유율을 유지하려고 노력하게 되는데, 적극적으로 상표를 재활성화할 필요가 있다. 그래서 시장확대전략, 제품수정전략, 그리고 브랜드 리포지셔닝전략 등이 이 단계에서 사용할 수 있는 주요전략이다.
③ 산업별 제품수명주기는 기술혁신과 기술개발의 가속화로 그 주기가 점점 짧아지고 있다.

02 기업은 경영정보시스템을 활용하여 보다 효과적인 경영활동을 수행할 수 있다. 다음 중 경영정보시스템의 활용에 관한 설명으로 가장 적절하지 않은 것은?

① CRM(Customer Relationship Management)은 고객의 내·외부 자료를 분석·통합한다는 점에서 데이터베이스 마케팅의 성격을 띤다.

② SCM(Supply Chain Management)은 수직계열화와 유사한 개념으로 기업 내부의 각 부문을 하나의 사슬로 연결하여 통합적으로 관리하는 것이다.

③ ERP(Enterprise Resources Planning)는 기업 전체를 경영자원의 효과적 이용이라는 관점에서 통합적으로 관리하고 경영의 효율화를 기하기 위한 수단이다.

④ 성공적 CRM을 위해서는 고객과의 접점인 웹사이트와 내부의 ERP가 통합되어 정보교환이 원활해야 한다.

해설 ② SCM(Supply Chain Management)은 기업에서 생산·유통 등 모든 공급망 단계를 최적화해 수요자가 원하는 제품을 원하는 시간과 장소에 제공하는 '공급망 관리'를 뜻한다. SCM은 부품 공급업체와 생산 업체 그리고 고객에 이르기까지 거래관계에 있는 기업들 간 IT를 이용한 실시간 정보공유를 통해 시장 이나 수요자들의 요구에 기민하게 대응토록 지원하는 것이다.

03 경영정보시스템의 하위시스템을 설명하는 것 중 가장 적절치 않은 것은?

① 사무자동화시스템(OAS)은 정보기술이 사용된 사무기기를 이용하여 사무처리를 자동화한 시스템을 말한다.
② 의사결정지원시스템(DSS)은 최고경영자의 활동만을 지원하기 위해 개발된 시스템이다.
③ 거래처리시스템(TPS)은 거래 데이터를 처리하기 위한 시스템이다.
④ 회계정보시스템(AIS)은 이익, 자산 등 기업의 경제적 정보를 측정 및 예측하기 위한 시스템이다.

해설 의사결정지원시스템(DSS)
사용자들이 기업의 의사결정을 보다 쉽게 할 수 있도록 하기 위해 사업 자료를 분석해주는 컴퓨터 응용 프로그램을 말한다. 의사결정지원시스템은 정보를 도식화하여 나타내줄 수 있고, 경우에 따라 전문가시스템이나 인공지능 등이 포함될 수도 있으며 이를 통해 기업의 최고경영자나 다른 의사결정그룹들에게 도움을 줄 수 있다. 의사결정지원시스템을 통해 얻을 수 있는 전형적인 정보로는 다음과 같은 것을 들 수 있다.
• 주간 판매량 비교
• 신제품 판매 전망에 기초한 수입 예측
• 어떤 환경 하에서 주어진 과거의 실적에 따라 서로 다른 의사결정 대안별 결과 분석

04 정보시스템의 유형과 기능에 대한 아래 설명 중 가장 옳지 않은 것은?

① 거래처리시스템(TPS ; Transaction Processing System) : 거래처리를 통해 발생되는 데이터를 획득하고 저장
② 경영정보시스템(MIS ; Management Information System) : 경영관리에 필요한 정보를 제공
③ 중역정보시스템(EIS ; Executive Information System) : 최고경영자의 전략기획 업무를 지원
④ 전략정보시스템(SIS ; Strategic Information System) : 통계적 기법을 통해 의사결정 대안들을 비교하여 의사결정에 필요한 정보를 제공

해설 ④ 전략정보시스템(Strategic Information Systems)은 정보 기술을 기업 전략의 일환으로서 적극적으로 활용하여 경쟁에서 앞서 가기 위한 정보시스템이다. 전략정보시스템은 단순한 효율성 차원을 넘어 정보 기술을 경쟁무기로 활용하며 경쟁세력을 약화시킴으로써 경쟁우위를 확보하기 위한 목적으로 이용한다. 궁극적으로는 매출 증대나 시장점유 확대를 위함이다.

05 다음 중 경기변동 관련 용어에 대한 설명으로 가장 옳지 않은 것은?

① 슬럼프플레이션 : 경기가 후퇴하는 가운데 일어나는 급격한 물가 하락 현상
② 애그플레이션 : 농산물 가격이 상승함에 따라 물가가 상승하는 현상
③ 스태그플레이션 : 경기가 침체되어 수요가 감소함에도 오히려 물가가 상승하는 현상
④ 비용인플레이션 : 원자재 가격이나 임금이 상승하여 물가가 상승하는 현상

> **해설** ① 슬럼프플레이션은 불황을 뜻하는 슬럼프와 인플레이션을 합성한 용어로 불황기의 인플레이션을 의미한다. 즉, 경제활동이 침체되고 있음에도 불구하고 물가는 지속적으로 상승하는 저성장·고물가 상태로 스태그플레이션에 비해서 경기의 침체가 더욱 심각한 상태를 말한다.

06 다음 중 인사고과의 오류에 대한 설명으로 가장 거리가 먼 것은?

① 관대화 경향은 정규분포곡선의 이용을 통해 더욱 심해진다.
② 중심화 경향을 해소하기 위해 강제할당법과 서열법을 활용할 수 있다.
③ 시간적 오류는 평가센터를 상시 운용함으로써 피할 수 있다.
④ 대비오류는 고과자가 자신이 지닌 특성과 비교하여 피고과자를 평가하는 경향이다.

> **해설** ① 관대화 경향(Leniency Tendency)은 피고과자의 실제 능력이나 업적보다 더 높게 평가하는 경향을 말한다. 이는 부하를 나쁘게 평가하여 서로 대립할 필요가 없고, 자기부하가 타부분의 종업원보다 더 나쁘게 평가되는 것을 피하기 위한 것이다. 이를 막기 위해 강제배분법이나 정규분포곡선을 이용하기도 한다.

07 다음 중 인적자원관리와 관련된 조직의 여러 활동에 대한 설명으로 가장 적절하지 않은 것은?

① 직무평가는 개별 직무의 수행에 필요한 지식, 능력, 숙련 등 여러 요건을 기초로 직무의 절대적 가치를 평가하는 체계적인 방법이다.
② 직무순환은 기능이나 작업조건, 책임 등이 현재까지 담당하던 직무와는 성격상 다른 직무로의 이동을 말한다.
③ 보상관리는 조직 내 인적자원이 조직에 공헌한 만큼 금전적·비금전적 대가를 제공하는 활동을 말한다.
④ 노동조합은 조합원의 경제·사회적 지위향상을 위해 경제적 기능, 공제적 기능, 정치적 기능 등을 수행한다.

> **해설** ① 직무평가란 조직에 있어서 각 직무가 지니는 상대적인 가치를 결정하는 과정을 일컫는 것으로서 직무분석에 의하여 작성된 직무기술서(Job Description) 또는 직무명세서(Job Specification)를 기초로 하여 이루어진다. 직무평가에서 각 직무의 상대적 가치가 높으면 높을수록 조직의 목표 달성에의 공헌도가 큰 것으로 평가된다.

08 다음의 e-비즈니스의 유형에 대한 설명 중 가장 적절하지 않은 것은?

① B2B(기업 간 거래) : 두 기업 간의 거래에서 발생하는 것으로 구매와 조달, 재고관리, 영업활동, 지출관리, 서비스와 지원에 인터넷을 활용하는 것이다.

② B2C(기업과 소비자 간 거래) : 기업과 소비자 간의 거래를 말한다.

③ C2C(소비자 간 거래) : 두 고객 간 혹은 고객들 사이에서 이루어지는 거래를 말한다. 판매자와 구매자가 직접 거래를 할 수도 있지만 경매사이트와 같은 제삼자가 관련될 수도 있다.

④ G2C(정부와 소비자 간 거래) : 일반기업과 정부 간에 이루어지는 사업 유형으로, 정부의 공공 자원을 일반기업이 구매하거나 기업이 세금 납부를 전자적으로 하는 것이 해당한다.

> 해설 ④ G2C(Government to Customer)는 경제 정부와 국민 간 전자상거래로 인터넷을 통한 민원서비스 등 대국민 서비스 향상을 그 주된 목적으로 하고 있다. B는 원래 비즈니스(Business)를 의미하지만 전자상거래에서는 기업이라는 뜻이며, C는 일반 소비자(Consumer), 고객(Customer)을 말하고 G는 정부(Government)를 뜻한다. 2는 to를 의미한다.

09 인터넷을 통하여 개인의 지식 및 전문기술을 판매하는 경우나 경매 사이트에서 개인 물건을 경매에 부치는 경우는 다음 중 어떤 유형의 전자상거래에 해당되는가?

① B2B(Business to Business)

② B2C(Business to Consumer)

③ G2C(Goverment to Consumer)

④ C2C(Consumer to Consumer)

> 해설 ④ C2C는 소비자 대 소비자 간의 인터넷 비즈니스를 지칭하는 말로 이러한 경우 소비자는 상품을 구매하는 주체이면서 동시에 공급의 주체가 되기도 한다. 인터넷이 소비자들을 직접 연결시켜주는 시장의 역할을 하게 됨으로써 발생한 거래형태로 현재는 경매나 벼룩시장처럼 중고품을 중심으로 거래가 이루어지고 있다.
> ① B2B는 기업이 기업을 대상으로 각종 서비스나 물품을 판매하는 방식의 전자상거래를 말한다.
> ② B2C는 기업이 소비자를 상대로 행하는 인터넷 비즈니스로 가상의 공간인 인터넷에 상점을 개설하여 소비자에게 상품을 판매하는 형태의 비즈니스이다.
> ③ G2C는 정부와 국민 간 전자상거래로 인터넷을 통한 민원서비스 등 대국민 서비스 향상을 그 주된 목적으로 하고 있다.

10 자금을 빌려줄 때 적용하는 금리로 국제금융거래에서 기준금리 역할을 하는 금리를 말하며, 자금을 차입하는 국가나 기업의 신용상태에 따라 이 금리에 차등금리를 가산하여 실제 적용금리를 정한다. 이 금리는 무엇인가?

① 리보(LIBOR)금리
② 가산금리
③ CD금리
④ 금리스왑

> **해설** ② 가산금리는 채권이나 대출금리를 정할 때 기준금리에 덧붙이는 위험가중 금리를 말하며 스프레드(Spread)라고도 한다.
> ③ CD금리는 CD(양도성예금증서)가 발행되어 유통시장에서 거래될 때 적용되는 금리를 말한다.
> ④ 금리스왑은 금리상품의 가격변동으로 인한 손실을 보전하기 위해 금융기관끼리 고정금리와 변동금리를 일정기간 동안 상호교환하기로 약정하는 거래를 말한다.

11 기업의 재무 상태를 파악하기 위한 재무비율과 그 판단대상을 설명한 것인데, 이 중 가장 적절하지 않은 것은?

① 유동성 비율 – 채무자의 단기 지급능력
② 레버리지 비율 – 생산 활동의 인적·물적 자원의 능률
③ 활동성 비율 – 기업 자산의 물리적 이용도
④ 수익성 비율 – 기업의 수익창출 능력

> **해설** ② 레버리지 비율(Leverage Ratio)은 기업의 타인자본 의존도를 나타내는 비율을 말한다. 레버리지 비율은 두 가지 방법으로 측정할 수 있는데, 재무상태표를 이용하여 부채의존도를 측정하는 것으로 부채비율·자기자본비율·고정비율 등이 있다. 또 다른 방법은 손익계산서를 이용하여 타인자본에 의존함으로써 발생하는 재무적 고정비가 영업이익에서 차지하는 비중을 계산하여 부채 의존도를 측정하는 것으로 이자보상비율이 있다. 타인자본 의존도가 높은 기업일수록 경기상황에 따라 세후순이익의 변동폭이 확대되는 레버리지 효과(Leverage Effect)에 의해 투자위험이 증대되므로 도산의 원인이 되기도 한다.

12 다음 중 마케팅 믹스(Marketing Mix)에 관련한 설명으로 옳지 않은 것은?

① 마케팅 믹스는 제품(Product), 가격(Price), 유통(Place), 촉진(Promotion)의 머리글자를 따서 4P라고도 부른다.

② 제품관리를 위해서는 시장수요의 변화패턴을 의미하는 제품수명주기에 대한 이해가 필요하다.

③ 제품수명주기는 일반적으로 도입기, 성장기, 성숙기, 쇠퇴기로 구분된다.

④ 촉진관리란 생산자와 소비자 사이의 공간적 분리를 메워 주는 마케팅활동이다.

> **해설** ④ 유통(Place) 관리에 관한 설명이다. 촉진관리는 제품의 수요를 자극하는 활동으로서, 잠재고객에게 정보를 제공하고 그들을 설득하기 위한 모든 수단들을 말한다. 광고, 인적판매, 홍보 및 기타의 판매촉진 수단이 여기에 속한다.

13 다음 중 중앙은행이 국채매입 등의 방식으로 통화를 시중에 직접 공급하여 경기를 부양하는 통화정책을 가리키는 경제용어로 가장 적절한 것은?

① 양적완화　　　　　　　　　　　② 긴축정책
③ 낙수효과　　　　　　　　　　　④ 금리인하

> **해설** ① 양적완화는 중앙은행이 시중에 돈을 푸는 정책으로, 정부의 국채 및 다양한 금융자산의 매입을 통해 시장에 유동성을 공급하여 신용경색을 해소하고, 경기를 부양시키는 것이 목적이다.

14 다음 중 마케팅 관련 설명으로 가장 적절하지 않은 것은?

① 마케팅의 개념(Marketing Concept)은 소비자들의 욕구를 파악하여 그들의 욕구를 충족시켜 줌으로써 기업은 장기적 이윤을 얻겠다는 의미이다.

② 마케팅관리(Marketing Management)는 고객의 욕구 충족과 기업의 목적을 달성하기 위해 관련 자료를 수집·분석하여 마케팅전략을 수립하고 실행하며 그 성과를 평가하고 통제하는 관리활동이다.

③ 마케팅믹스(Marketing Mix)란 기업이 표적시장에서 원하는 반응을 얻기 위해 사용되는 절대적 통제 불가능한 마케팅변수의 집합으로 구성되며 이는 제품, 가격, 유통, 촉진의 4가지 변수로 4P's라 한다.

④ 그린마케팅(Green Marketing)은 환경에 대한 관심을 가지고 마케팅활동을 수행하는 것을 의미한다.

> **해설** ③ 마케팅믹스는 외부 환경의 변화에 적응하면서 고객의 욕구와 필요를 충족시키기 위한 통제 가능한 요인으로 제품, 가격, 유통, 촉진으로 구성된다.

15 시장세분화에 대한 설명으로 옳지 않은 것은?

① 시장세분화란 일정 기간에 걸쳐서 특정제품의 마케팅 활동에 대한 예상반응이 유사한 예상소비자들을 집단화하는 것을 뜻한다.
② 시장을 구매동기와 소비자 욕구 등으로 보다 정확히 파악할 수 있으며, 변화되어 가는 시장수요에 창조적으로 대응할 수 있다.
③ 대량생산, 대량광고에 의한 규모의 이익을 누릴 수 있다.
④ 각 마케팅 활동에 대한 소비자들의 반응을 알 수 있기 때문에 마케팅 자원을 더 효과적으로 배분할 수 있다.

> 해설 ③ 세계를 하나의 시장으로 보는 글로벌 마케팅에 관한 내용으로 시장세분화와는 관련이 없다.

16 다음 제품수명주기(PLC)에 따른 마케팅 목적에 대한 설명으로 적합하지 않은 것은?

① 도입기는 제품의 인지와 수요창출이 주목적으로 광고와 판매촉진에 많은 투자가 필요한 시기이다.
② 성장기는 시장점유율 극대화가 주목적으로 선택적 수요를 자극하기 위해 촉진관리에 대한 투자가 필요하다.
③ 성숙기는 자사제품이 경쟁우위면 관리가 주목적으로 자사제품이 경쟁제품과 구별되도록 하기 위해 이익극대화보다 차별화된 비용투자가 지속적으로 필요하다.
④ 쇠퇴기는 비용절감과 투자회수가 주목적으로 판매부진과 이익감소로 인하여 대부분 회사는 광고와 판매촉진비를 줄이고 가격을 더 낮추며 원가관리를 강화하는 것이 필요하다.

> 해설 ③ 자사제품의 독특한 점을 부각시켜 자사 제품이 경쟁 제품과 구별되도록 하는 것은 맞지만, 비용투자가 지속적으로 필요한 시기는 도입기이다.

17 다음 중 관계마케팅(Relationship Marketing)에 대한 설명으로 가장 거리가 먼 것은?

① 생산자와 소비자 간의 커뮤니케이션과 지속적인 유대관계가 중시된다.
② 데이터베이스 마케팅(Database Marketing)을 주요한 수단으로 활용한다.
③ 신규고객 유치를 주로 강조한다.
④ 고객과 진지한 신뢰관계를 장기간 지속하면서 욕구를 정확하고도 경제적으로 채워주는 것이 성과를 높일 수 있다고 본다.

> 해설 ③ 신규고객 유치보다는 기존 고객에 집중한다.

관계마케팅(Relation Marketing)
신규고객 유치에 드는 비용보다 기존 고객의 충성도를 높이고 유지하는 것이 비용 상 작다(약 1/10)는 전제하에 확립된 마케팅 기법이다.

18 매장에서 물건을 살펴보고 실제 구매는 인터넷에서 이루어지는 등 온라인과 오프라인을 넘나들면서 구매하는 것이 일반화되고 있다. 이러한 현상으로 인해 온라인과 오프라인 유통 경로를 유기적으로 융합하는 유통 전략으로 가장 적절한 것은?

① 싱글 채널 전략   ② 옴니 채널 전략
③ 푸시 전략   ④ 풀 전략

해설 ① 싱글 채널 전략 : 온라인과 오프라인 중 하나의 매장만을 운영하는 전략
     ③ 푸시 전략 : 판매원에 의한 인적판매를 이용한 유통채널 중심의 전략
     ④ 풀 전략 : 광고 등으로 소비자를 움직여 상품을 지명하여 사도록 유도하는 전략

19 직무분석에 대한 기술 중 틀린 것은?

① 정태적 조직구조 표현의 한 형식이다.
② 일 중심의 인사관리를 하기 위한 전제조건이다.
③ 직무분석 그 자체가 목적이 된다.
④ 직무정보는 항상 최선의 것으로 대체해야 한다.

해설 ③ 직무분석은 그 자체가 목적이 아니고 많은 시간과 경비를 소요하므로 분석의 결과를 어떻게 활용한다
     는 목적을 명확히 하여 이에 적합하도록 최대한 단순화할 필요가 있다. 직무분석의 방법으로는 면접
     법, 중요사건법, 관찰법, 설문지법, 워크샘플링법 등이 있다.

20 직무기술서와 직무명세서에 대한 설명 중 틀린 것은?

① 직무기술서와 직무명세서는 직무분석의 산물이다.
② 직무분석은 직무기술서와 직무명세서의 기초가 된다.
③ 직무기술서는 사람 중심의 직무분석에 의하여 얻어진다.
④ 직무명세서는 종업원의 행동, 기능, 능력, 지식 등을 일정한 양식에 기록한 문서이다.

해설 ③ 직무기술서는 과업 중심적인 직무분석에 의하여 얻어지며 직무명세서는 사람 중심적인 직무분석에 의
     해 얻어진다.

21 다음은 마케팅 관리에 대한 설명이다. 가장 옳지 않은 것은?

① 마케팅 관리의 4P는 제품(Product), 가격(Price), 판매촉진(Promotion), 유통(Place)이다.

② 마케팅 믹스란 선정된 목표시장에 가장 효과적으로 도달할 수 있도록 각 마케팅 요소를 최적으로 배합하는 것이다.

③ 제품, 촉진, 가격, 산업구조는 마케팅 요소로 마케팅 관리자가 통제하는 요소들이다.

④ 마케팅 전략에 있어 광고 및 판매촉진에 의해 소비자를 제품에 유인하는 것을 풀 전략이라고 한다.

> 해설 ③ 마케팅 계획을 수립할 때 마케팅 관리자가 통제할 수 있는 변수를 마케팅 믹스(Marketing Mix)라고 한다. 필립 코틀러가 제시한 전통적인 마케팅 믹스에는 제품, 가격, 촉진, 유통의 4가지가 있다.

22 직무분석에 대한 설명으로 틀린 것은?

① 직무분석이란 분화된 조직의 직무를 효율적으로 수행하기 위하여 직무의 내용을 분석하는 것이다.

② 직무분석은 직무를 수행하는 데 있어서 구성원에게 요구되는 숙련, 지식, 능력, 책임 등과 같은 직무상의 제 요건을 결정하는 것이다.

③ 직무분석의 결과는 직무기술서와 직무명세서로 요약된다.

④ 직무명세서는 직무 자체의 내용, 요건, 특성을 기술한 것이고, 직무기술서는 직무에 따라 요구되는 인간의 특성을 요구한 서식이다.

> 해설 ④ 직무명세서는 특정한 직무를 수행하는 데 필요한 작업자의 지식, 기술, 능력 및 기타 성격 등을 명시해 놓은 문서를 말하며, 직무를 수행하는 사람의 인적 요건에 초점을 맞추는 데 있다.

23 마케팅 일반에 대한 설명으로 가장 거리가 먼 것은?

① 마케팅이란 고객의 욕구를 충족시키기 위하여 기업이 행하는 시장과의 커뮤니케이션, 적시적소의 상품유통, 적정한 가격결정, 제품의 설계와 개발 등을 의미한다.

② 마케팅의 4P는 제품(Product), 가격(Price), 유통(Place), 기획(Planning)을 의미한다.

③ 마케팅관리는 조직목표를 수립하고 이를 달성하기 위한 마케팅활동을 계획, 수행, 통제하는 관리활동이다.

④ 마케팅 담당자들은 경쟁자의 위치를 조사하여 어떤 경쟁자와 비슷한 위치를 취할 것인가, 아니면 시장의 빈곳, 즉 틈새시장(Niche Market)에 위치할 것인가를 결정하여야 한다.

> 해설 ② 마케팅의 4P는 제품(Product), 가격(Price), 유통(Place), 촉진(Promotion)이다.

24 다음 중 분식회계에 대한 설명으로 가장 거리가 먼 것은?

① 기업이 고의로 자산이나 이익 등을 크게 부풀리고 부채를 적게 계상함으로써 재무상태나 경영 성과 등을 고의로 조작하는 것이다.

② 제품을 제조하지 않았거나, 제조하였더라도 판매하지도 않은 상황에서 매출을 한 것처럼 재무 제표에 매출액을 계상하는 분식회계 유형을 재고자산 과다계상이라고 한다.

③ 부채의 과소계상은 부채가 있음에도 재무제표에 기재하지 않는 분식회계 유형이다.

④ 분식회계를 막기 위해 회사는 감사를 둬야 하고, 외부 감사인인 공인회계사로부터 회계감사를 받도록 되어 있다.

> 해설 ② 제품을 아직 제조하지 않았다면 재고자산 과대평가에 해당하지 않는다. 재고자산은 판매를 목적으로 보유하며 재고자산을 과대평가하게 되면 매출원가가 과소평가되기 때문에 자산을 부풀리는 동시에 이 익까지 부풀리게 되므로 분식회계에서 가장 빈번하게 발생한다. 재고자산을 과대평가하면 비용처리되 어야 할 부분을 원재료 등의 재고자산으로 계상하여 과대처리하며 경제적 진부화로 판매할 수 없는 제 품을 그대로 재고자산으로 계상해도 외부에서 알아차리지 못할 것이라는 유혹이 상존하는 것이다.

25 경영환경의 변화는 기업의 경영혁신을 강력하게 요구하고 있으며, 이에 구체적 대안으로서 연봉제 의 실제적 적용이 증가하고 있다. 이러한 연봉제를 도입하는 주된 목적이 아닌 것은?

① 경쟁유발을 통한 효율성 제고

② 능력주의적 인사관리 체제로의 전환

③ 유능한 인재의 유동화 방지

④ 스카우트 인사의 방지

> 해설 ④ 연봉제의 도입으로 업적주의 및 능력주의 강화, 경쟁유발을 통한 효율성 제고, 임금의 유연성 확보, 고 령화 및 승진적체 등 연공임금문제 해소, 유능한 인재의 유동화 방지, 임금체계 및 임금관리의 간소화 를 이룰 수 있다.

26 다음 중 재무제표에 대한 설명으로 가장 옳지 않은 것은?

① 재무상태표로 기업의 영업활동에 사용되는 자산, 부채, 자본 등이 어떻게 구성되었는지를 검토할 수 있다.
② 손익계산서는 일정 시점의 기업의 경영상태를 나타내는 표로서 비용 측면에서 나타낸다.
③ 현금흐름표는 일정 기간 동안 기업의 현금의 유입과 유출을 영업활동, 투자활동, 재무활동으로 나타낸다.
④ 재무제표는 조직 내외에서 발생한 조직의 각종 거래행위를 화폐가치로 나타낸 여러 가지 표를 말한다.

> 해설 ② 손익계산서는 기업의 일정 기간의 경영성과를 나타내는 동태적 보고서로서, 모든 수익과 비용을 대비시켜 당해 기간의 순이익을 계산하여 나타낸다.

27 다음 중 인적자원관리의 주요 활동내용에 대한 설명으로 옳지 않은 것은?

① 인적자원관리는 확보관리, 개발관리, 보상관리, 유지관리와 같은 활동을 수행하는 것이다.
② 선발된 인원은 적재적소주의, 실력주의, 인재육성주의, 균형주의에 입각하여 배치되어야 한다.
③ 인사고과는 조직원의 능력, 근무성적, 자질, 관습, 태도 등의 절대적 가치를 추정에 입각하여 주관적으로 평가하는 절차이다.
④ 인사이동은 선발 배치한 후에 행하는 배치전환, 승진, 이직 등을 말하며 조직 내 최대 관심사 중의 하나이다.

> 해설 ③ 인사고과는 조직원의 능력, 근무성적, 자질, 관습, 태도 등의 상대적 가치를 사실에 입각하여 객관적으로 평가하는 절차이다.

28 다음 중 기업이 사업 확장이나 창업을 위해 필요한 자금을 조달하는 방법에 대한 설명으로 가장 적절하지 않은 것은?

① 회사채는 장기 자본 조달을 목적으로 기업이 발행하며 채권자는 정해진 이자와 만기일에 원금을 받을 뿐 기업의 주요 의사결정에는 참여할 수 없다.
② 주식발행에서 우선주는 보통주에 비해 안전성이 떨어지지만 보통주 취득자보다 우선적 권리와 투표권이 주어진다.
③ 기업은 자기 신용이나 담보물을 근거로 은행에서 대출을 받는 은행차입을 통해 자금을 조달할 수 있다.
④ 기업어음은 단기 자본 조달을 위해 발행하며 기업과 투자자 사이의 자금수급 관계를 고려하여 금리를 자율적으로 결정한다.

26 ② 27 ③ 28 ② **정답**

해설 ② 우선주는 이익의 배당이나 잔여 재산의 분배 등에 보통주보다 우선해 권리를 행사할 수 있는데, 보통 주보다 많은 수익이 보장되는 대신 의결권은 없다.

29 다음 중 재무상태표의 자산, 부채, 자본의 항목에 대한 설명 중 옳지 않은 것은?

① 유동자산에는 단기적 자금운용 목적의 금융상품과 유가증권, 재고자산 등이 있다.

② 유형자산에는 판매목적으로 보유하는 토지, 건물, 기계장치 등이 있다.

③ 무형자산은 물리적 형태는 없으나 기업의 수익창출에 기여할 것으로 예상되는 것으로 영업권, 특허권, 상표권 등이 이에 속한다.

④ 고정부채는 만기가 1년 후에 도래하는 부채로 장기차입금 등이 이에 속한다.

해설 ② 유형자산은 비교적 장기간 기업의 정상적인 영업활동과정에서 재화 및 용역을 제공하기 위한 목적으로 보유하고 있는 자산을 말한다.

30 다음 기사의 ( ) 안에 공통으로 들어갈 용어로 가장 적절한 것은?

> ○○기업의 재고자산은 지난해 상반기 1조 2,224억 원에서 올 상반기 1조 5,648억 원으로 전년 동기 대비 28% 증가했다. 매출거래에 이상이 생기거나 매출급증을 대비해 재고를 쌓아둘 때 재고자산이 크게 늘어나곤 한다. 재고자산 증가율이 매출 증가율을 상회하면서 ( )도 소폭 하락했다. ( )은 매출액을 재고자산으로 나눈 것으로 ( )이 높을수록 재고자산이 현금성자산으로 변하는 속도가 빠르다는 것을 의미한다.
>
> – ○○기업재고자산 급증 –

① 매출채권 회전율

② 재고자산 회전율

③ 매출액 증가율

④ 유동성 비율

해설 ① 매출액을 평균매출채권 금액으로 나눈 것인데, 회전율이 높을수록 좋다.
③ 성장성의 분석에 사용되는 지표로 기준연도 매출액에 대한 비교연도 매출액의 증가율을 말한다.
④ 기업이 단기에 상환해야 하는 부채에 대한 변제능력을 평가하는 재무비율을 의미한다.

31 다음 중 모바일 커머스(M-Commerce)의 설명으로 옳은 것은?

① 이동통신 단말기와 통신 네트워크를 이용해 각종 정보와 서비스를 이용할 수 있고, 물품까지도 구입할 수 있는 전자상거래 방식을 말한다.

② 기존 사업에 관한 지식과 전문기술을 바탕으로 하고 정보기술과 바이오테크와 같은 최신의 새로운 지식을 결합하여 발상의 전환과 창의적인 아이디어로 새로운 사업을 창출하는 기법이다.

③ 세후영업이익에서 자본비용을 차감한 잔액으로 기업의 재무적 가치와 경영자의 업적을 평가하는데 많이 활용되고 있다.

④ ERP 시스템 및 내·외부의 각종 시스템에서 파악한 양적·질적 정보를 한데 묶어 핵심성과지표를 관리하는 전략경영시스템이라고 할 수 있다.

> 해설 ① M-Commerce란 무선네트워크를 통해 발생하는 가치의 교환활동으로 E-Commerce가 Mobile화 한 형태이다.

32 다음 중 전자상거래(EC ; Electronic Commerce)의 특징이라고 할 수 없는 것은?

① 직접거래가 불가능하므로 중개인의 역할이 크다.

② 상품에 대한 정보가 대량으로 제공될 수 있다.

③ 판매비용의 감소에 의해 상품가격이 낮다.

④ 소비자의 정보수집이 용이하며 구매시간이 절약된다.

> 해설 ① 전자상거래에서는 거래 경로가 단순화되어 제조업자와 소비자가 직접거래할 수 있는 기회가 대폭 증가하면서 중개인의 역할이 줄어든다.

33 다음 중 전자상거래 시대의 패러다임 변화에 대한 설명으로 가장 적절하지 않은 것은?

① 물적 자산이나 금융 자산보다는 무형자산에 대한 중요성이 높아진다.

② 질 좋은 제품을 제공하기 위해, 상품과 서비스의 표준화가 진행된다.

③ 공급자는 차별적 마케팅을 통해 시장에 접근한다.

④ 정부는 전자매체를 통해 세금을 부과 및 징수하고 전자매체를 이용한 각종 주민생활서비스를 제공한다.

> 해설 전자상거래의 특징은 다품종, 소량생산이라는 특징을 지니고 있다. 따라서 ②의 상품과 서비스의 표준화라기보다는 소비자의 다양한 기호에 부응하는 개별적 맞춤형 상품과 서비스라는 특징이 있다.

34 오늘날 전자상거래는 급속한 속도로 성장하고 있는 새로운 형태의 비즈니스 모델로 평가받고 있다. 그러나 앞으로 전자상거래가 더욱 성장하기 위해서 해결해야 할 과제가 아닌 것은?

① 대금지불 및 운송에 대한 물류적인 문제의 해소
② 전자적인 거래에 대한 사용자와 소비자들의 신뢰 확보
③ 법적인 불확실성의 최소화
④ 폐쇄적 정보인프라의 구축

해설 ④ 전자상거래의 성장을 위해서는 개방적 정보인프라의 구축이 필요하다.

35 적시관리, 혹은 무재고 시스템으로서 적시에 적량의 부품이 생산에 공급되도록 함으로써 비용요인인 재고를 최소화하거나 아예 없애도록 해야 한다는 것은 다음 중 무엇을 설명한 것인가?

① EOQ(Economic Order Quantity) 모델
② MRP(Material Requirement Planning) 기법
③ ABC 재고 분류 시스템
④ JIT(Just In Time) 생산 시스템

해설 ④ JIT 생산 시스템은 필요한 물건을 필요한 만큼 만들 것을 지향해 여분의 재고를 최소한으로 줄여 재고 감소, 낭비제거, 비용절감 등을 추구한다.

36 다음의 전자상거래 가운데서 B2C의 전자상거래 모델에 해당하는 것은?

① 자기가 구입한 월드컵 입장권을 다른 사람에게 판매
② 인터넷 서점에서 책 구매
③ 인터넷 상에서 공급자로부터 생산원자재 조달
④ 인트라넷을 통한 기업의 경영관리

해설 ② B2C(Business to Customer)는 인터넷을 이용하여 기업이 일반 소비자를 대상으로 재화나 서비스를 판매하는 전자상거래 모델이다.

37 인터넷, 인트라넷, 엑스트라넷 등 인터넷을 기반으로 하여 얻는 경영상의 효과라고 할 수 없는 것은?

① 기업정보의 기밀성 확보

② 거래비용의 절감

③ 고객서비스의 개선

④ 글로벌 접근가능성의 제고

해설 ① 컴퓨터 시스템에 해커들이 침입하여 정보가 노출될 수 있으며 자료의 복사 및 조작이 용이하여 보안시스템의 사용이 필요하다.

38 다음 중 MIS의 운영에 필요한 물리적 구성요소에 속하지 않는 것은?

① 하드웨어　　　　　　　　② 소프트웨어

③ 보고서 작성　　　　　　　④ 데이터베이스

해설 ③ MIS의 운영에 필요한 물리적 구성요소는 하드웨어, 소프트웨어, 데이터베이스, 절차 그리고 운영요원이다.

39 다음 중 e-Business를 설명한 것 중 가장 거리가 먼 것은?

① 디지털 기술과 네트워크 기술을 기반으로 한다.

② IT를 활용하여 기존의 비즈니스 모델을 재정비하거나 새로운 비즈니스 모델을 창출한다.

③ 기존시장보다 더욱 고객위주의 시장이라 할 수 있기에, 고객정보를 효과적으로 활용하는 것이 중요하다.

④ 주로 아날로그 방식으로 수행되는 제조 사업 방식이다.

해설 ④ 현재 수행되고 있는 e-Business는 주로 디지털 방식으로 가능하다.

제3과목

합격의 공식 SD에듀 www.sdedu.co.kr

사무영어

많이 보고 많이 겪고 많이 공부하는 것은
배움의 세 기둥이다.

– 벤자민 디즈라엘리 –

합격의 공식 ▶
SD에듀

자격증 · 공무원 · 금융/보험 · 면허증 · 언어/외국어 · 검정고시/독학사 · 기업체/취업
이 시대의 모든 합격! SD에듀에서 합격하세요!
www.youtube.com ➜ SD에듀 ➜ 구독

01 | 비즈니스 용어 및 문법

01 비즈니스 용어

■ 비즈니스 기본 단어 및 약어

(1) 비즈니스 기본 단어

① 일반적인 단어

accept : 수락하다, 받아들이다
acknowledge : 인정하다, 감사하다, 통지하다
advice : 조언, 충고
agree : 동의하다
amount : 금액, 합계액, 합계가 되다
article : 물품, 상품, 소책자
book : 예약하다, 장부, 장부에 기입하다
business : 사업, 거래
business trip : 출장
claim : 클레임, 배상청구액, 배상청구하다
condition : 조건, 사정, 상태
confirm : 확인하다
corporate : 협력하다, 협조하다
customer : 고객, 손님
discontinue : 중단되다
document, paper : 서류
enclose : 동봉하다
estimate : 견적서
expense : 비용
favor : 호의, 은혜, 은혜를 베풀다
furnish : 제공하다, 보내다
goods : 상품
increase : 증가, 상승, 증가하다, 상승하다
interest : 이자, 관심, 관심을 끌다
line : 업종, 상품 거래망

manufacture : 제조, 제품, 제조하다
market : 시장, 시황, 시세, 판로
notice : 통지
offer : 청약, 신청, 판매 제의하다
open : 개설하다, 신설하다
order : 주문, 주문서, 주문하다
origin : 원산지, 기원, 원인
package : 포장, 소포, 포장하다
payment : 지급, 지급금액, 결제
price list : 가격표
quantity : 수량
quotation : 견적, 시세, 견적서
receipt : 영수증
report : 보고서
sale : 판매, 대매출
statement : 명세서, 계산서
stock : 재고, 주식
stock list : 재고표
telephone message : 전화 메모

② 상황 관련 단어

㉠ 공항 관련

admission : 입국허가	destination : 목적지
airline : 항공사	detector : 검색대
airline ticket : 항공권	domestic line : 국내선
aisle seat : 통로좌석	duration of stay : 체류기간
baggage : 수하물(= luggage)	duty-free shop : 면세점
baggage claim area : 수하물 찾는 곳	embarkation card : 출국신고서
boarding : 탑승	excess baggage charge : 추가수하물운임
boarding area : 탑승장	flight : 항공편(= airplane)
boarding pass : 탑승권	gate : 탑승구
carry-on baggage : 기내휴대용수하물	immigration : 출국신고 입국심사
check-in : 탑승수속	international line : 국제선
check-in baggage : 탁송화물	limousine bus : 리무진버스
check-in counter : 탑승창구	one-way ticket : 편도권
claim area : 수하물 찾는 곳	passport : 여권
claim check : 수하물표	port of disembarkation : 도착지
customs : 세관	purpose of visit : 방문목적
customs declaration form : 여행자휴대품신고서	quarantine station : 검역소
customs official : 세관원	round trip ticket : 왕복표(= return ticket)
declare : 신고하다	visa : 비자, 입국사증(= green card)
departure : 출발(↔arrival)	window seat : 창가좌석

ⓛ 항공기 관련

aisle : (좌석사이의) 통로
beverage : 음료(a drink of any type)
business class : 비즈니스석
captain : 기장
cockpit : 조종석(the small enclosed space where the pilot sits in an aircraft)
complimentary service : 무료서비스
connection : 접속편비행기(예 If the flight is late, we'll miss our connection.)
deplane : 비행기에서 내리다
economy class : 일반석
ETA(Estimated Time of Arrival) : 도착예정시각
flight attendant : 기내승무원

in-flight feature : 기내영화
in-flight magazine : 기내지
in-flight meal : 기내식
jet lag : 항공여행에서 시차 때문에 오는 피로
land : 착륙하다
life vest : 구명조끼(= life jacket)
nonsmoking section : 금연구역
occupied : (화장실 등을) 사용 중(↔ vacant)
overhead rack : (기내의 짐 넣는) 선반
rest room : 화장실
runway : 활주로
stopover : 중간 기착지
take off : 이륙하다

ⓒ 호텔 관련

accommodation : 숙박시설(a room or building to stay or live in)
bellboy : 벨 보이(= bellhop)
booked up : 예약이 모두 된(예 All the hotels in the area are booked up weeks in advance.)
capacity : 수용 능력
check-in : 체크인, 투숙
check-out : 체크아웃, 퇴실
conference room : 회의실
doorman : 도어맨
double : 더블, 침대 한 개가 있는 2인용 객실
fitness center : 운동시설
key deposit : 열쇠 예치금
lobby : 로비
lounge : 라운지
maid : (호텔의) 여급
maid service : 객실청소서비스
meeting room : 회의실
no-smoking room : 금연층 객실

page : (구내방송이나 호출기로) 호출하다
party : 일행
receptionist : 접수계원
registration card : 숙박카드
restaurant : 레스토랑
reservation : 예약
reservation number : 예약번호
reserve : 예약하다
room rate : 방값, 숙박료
room service : 룸서비스
safety box : 귀중품 보관함
sauna : 사우나
service charge : 봉사료, 팁(= tip)
single : 싱글, 1인용 객실
suite : 스위트(a set of connected rooms in a hotel)
twin : 트윈, 싱글 침대 두 개가 있는 2인용 객실
valuables : 귀중품
wake-up call : 모닝콜

② 은행 관련

accrue : (이자 등이) 붙다, (결과로서) 생기다
ATM(Automatic Teller Machine) : 현금자동
　인출기
balance : 잔고
bankbook : 통장(= passbook)
banker : 은행가
branch : 지점
bank clerk : 창구 직원
bank guard : 은행 경비원
bank statement : 예금 내역서
bill : 지폐bounce : (수표가)
by wire : 전신으로, 전보로
부도나다credit : (금융상의) 신용(도), 신용거래
　(대출), 외상
creditor : 채권자
credit to : ~에 입금시키다
credit record : 신용평가기록
CD(Certificate of Deposit) : 양도성 정기예금
　증서
checking account : 결제용 계좌, 당좌 예금
charge : 결제하다
collateral : 담보(물)
compound : 복합의, 복리의cf)
compound interest : 복리
confidential access number : 비밀번호
debt : 채무
　cf) debtor : 채무자
delinquent account : 체납 계좌
deposit : 입금(예금)하다
direct deposit : (봉급의) 온라인 입금
deposit slip : 입금표
down payment : 계약금, 착수금
draw a bill : 어음을 발행하다
endorsement : (수표의) 배서
exchange : 환전

exchange rate : 환율, 외환시세
fee : 수수료financial history : 신용거래실적
forge : 위조하다
have an account : 은행에 계좌가 있다
home equity loan : 주택담보대출
interest : 이자
ID(identification) : 신분증
joint account : 공동계좌
loan office : 대출부서
loan : 융자, 대출
make a deposit : 입금하다
minimum balance : 최소 잔고
money order : 은행(우편)환
mortgage(loan) : 담보대출
note : 어음
　cf) promissory note : 약속어음
open an account : 계좌를 개설하다
outstanding : 미지불의(= unpaid), 미해결의
overdraw : 초과 인출하다
overdue : (지불) 기한이 지난, 미지불의
paycheck : 급여
pay off : ~을 갚다
personal check : 개인 수표
principal : 원금
redeemable : 상환할 수 있는
remittance : 송금
서명T/C(Traveler's Check) : 여행자 수표
teller : 은행 창구직원
transfer : 이체하다
transact : 거래하다
utility bill : 공공요금
wire transfer : 전신 송금
withdraw : 인출하다
withdrawal slip : 예금 청구서

ⓜ 자동차 관련

accelerator : 가속 페달
back : 후진하다
brake : 브레이크
breakdown : 고장
cab : 택시(= taxi)
collision : 충돌(= crash)
compact car : 소형차
dent : 부딪혀서 움푹 들어간 곳
driveway : (도로에서 차고로 들어오는) 진입로
fare : 요금
flat (tire) : 펑크가 난 (타이어)
garage : 차고
hood : 후드, 보닛
horn : 경적
jeep : 지프

license number : 차량번호
license plate : 차량 번호판
luxury car : 고급차
mechanic : 정비사
metro : 지하철
mileage : 주행거리
off-road vehicle : 비포장도로용 차량
pull over : (차를) 길가에 대다
rent-a-car : 렌터카
repair shop : 정비소
secondhand : 중고의(= used)
tow : 견인하다
transmission : 변속기
van : 밴
vehicle : 차량

ⓗ 회사 관련

affiliate : 계열 회사, 자매 회사
board of directors : 이사회(the group of people who are responsible for controlling and organizing a company or organization)
branch : 지사, 지점
company : 회사(= firm)
conglomerate : 복합기업, 재벌
co - worker : 동료(= colleague)
demote : 좌천시키다
  cf) demotion : 좌천, 강등
department : 부서
downsize : (기업)규모를 줄이다
employee : 사원(= worker)
enterprise : 기업
executive : 경영진, 간부
executive board : 집행 이사회, 운영 위원회
executive director : 전무
incorporated(Inc.) : 주식회사
layoff : (경영 부진 등으로 인한) 해고

main office : 본사(= headquarters)
M&A(Merger and Acquisition) : 합병과 인수
management : 경영진
managing director : 상무
manufacture : 제조(업)(making something in a factory)
merge : 합병하다(to combine or join together)
position : 직급, 직위
promote : 승진하다
  cf) promotion : 승진
staff : 임직원
subsidiary : 자회사
supervision : 감독, 지휘
supervisor : 주임, 감독자
take over : 경영권을 인수하다(to assume control or possession of management right)
unemployment rate : 실업률
workplace : 작업장

⊛ 경제 관련

bankruptcy : 도산, 파산
bankrupt : 도산한, 파산한
boom : 반짝경기, 붐(a period of sudden growth that results in a lot of money being made)
brisk : 활발한(quick, energetic and active)
capital : 자금, 자본
competitive edge : 경쟁우위
consumption : 소비
deflation : 디플레이션, 총화수축
depression : 불황
extravagant : 낭비하는(spending, using or doing more than necessary in an uncontrolled way)
fluctuate : 오르내리다
goods : 상품
income : 수입
inflation : 인플레이션, 통화팽창
infrastructure : 산업기반, 기간시설

investment : 투자
output : 생산(량)(something that a person or thing produces)
overconsumption : 과소비
plunge : 폭락하다(= plummet)
produce : 생산하다
R&D(Research and Development) : 연구개발
recession : 경기침체
sector : 부문, 분야
sluggish : 부진한
slump : 경기폭락
soar : 치솟다(to increase by a great deal)
stable : 안정된
stimulate : 활성화하다
supplier : 공급자
supply : 공급(량)
thrifty : 절약하는(= frugal)
trade deficit : 무역수지 적자

◎ 증권 · 보험 관련

allot : 배당하다(to be given to someone as his share)
bond : 채권
cash value : 해약(만기) 환급금(= cash buildup)
claim : 청구하다(예 When my car was stolen, I claimed on the insurance and got $10,000 back.)
commercial paper : 상업어음
coverage : 보상범위(the highest amount of money that an insurance policy will pay, or the risks which it protects against)
Dow Jones Industrial Average : 다우존스 기업 평균 지수
dividend : 배당금
full coverage : 종합보험
futures trading : 선물거래(先物去來)
insurance : 보험
insurance agent : 생활설계사
insurance company : 보험회사

insurance policy : 보험증서, 보험약관
insure : 보험에 들다, 가입하다
issue : 발행하다
liability : 책임보험(예 Your employer's liability does not cover accidents that you have on your way to work.)
partial coverage : 부분보상
policyholder : 보험 계약자(= insured)
policy statements : 보험약관, 보험 계약 조항들
portfolio : 포트폴리오
premium : 보험료
securities : 유가증권
share : 주, 주식
stock broker : 증권 중개인(= broker)
stock exchange : 증권거래소
stockholder : 주주(= shareholder)
stock : 주식, 증권
stock price index : 주가지수
surrender : 보험해약
treasury bond : (美)장기채권

ⓩ 무역 관련

barter : 물물교환, 구상(求償) 무역
business correspondence : 상업 통신문
buyer : 구매자, 바이어
claim : 클레임
contract : 계약(서)(a written legal agreement between people)
COD(Cash on delivery) : 상품인도결제방식
deficit : 적자
delivery date : 납품일
dumping : 덤핑
embargo : 금수(禁輸)조치(an order to temporarily stop trading or giving information)
export : 수출하다

FOB(Free On Board) : 본선인도(no charge to the buyer for goods placed on board a carrier at the point of shipment)
import : 수입하다
impose : 부과하다
invoice : 송장(送狀)
L/C(Letter of Credit) : 신용장
multilateral : 다자간의
P.O.(Purchase Order) : 구입 주문서
reimbursement : 변상, 상환
shipment : 선적, 수송
stipulation : 조항, 약정
surplus : 흑자
tariff : 관세

ⓒ 회의 관련

adjourn : 휴회하다
agenda : 의제, 안건
agreement : 합의
alternative : 대안
approval : 찬성(= consent)
  cf) approve : 찬성하다
attendee : 참석자(= attendant)
board room : 중역 회의실
brainstorming : 브레인스토밍(예 We are having a brainstorming session on Wednesday.)
breakthrough : (난관의) 타개(an important discovery that helps to provide an answer to a problem)
by majority : 다수에 의해
call A to order : A의 개회를 선언하다(예 I now call this meeting to order.)
chair : 의장(석)

conference room : 회의실
conference : 회의(= meeting)
deadlock : 교착 상태
debate : 토론(= argument)
decision-making : 의사결정
handout : 유인물
opening address : 개회사
opinion : 견해, 의견(= view)
preside : 사회를 맡다
proposal : 제안
quorum : (의결에 필요한) 정족수
representative : 대표자, 대의원
session : 회의, 회의 기간(a formal meeting or series of meetings of an organization such as a parliament or a law court)
turnout : 참석자 수
unanimous : 만장일치의
vote : 표결, 투표

ㄱ 우편 관련

addressee : 수신인	mail : 우편(물), 우송
addresser : 발신인(= sender)	mailbox : 우편함
address : 주소	mailman : 우체부
air freight : 항공화물	money order : 우편환
airmail : 항공우편	POB(Post Office Box) : 사서함
correspond : 서신왕래하다	parcel : 소포(= package)
enclosure : 동봉물(a document, money, etc.	postage : 우편 요금(= postal rates)
enclosed as with a letter)	registered : 등기의
enclose : 동봉하다(to insert in an envelope	regular mail : 일반 우편
often along with something else)	return address : 발신인 주소
envelope : (편지)봉투	seal : 밀봉
express : 빠른, 속달의	self-addressed : 반송용의
first-class mail : 제1종 우편	surcharge : 추가요금
fragile : 깨지기 쉬운	telegram : 전보(= telegraph)
international mail : 국제 우편	zip code : 우편번호
junk mail : 광고 우편물	

ㅌ 전화 관련

answering machine : 자동 응답기	hold on : 전화를 끊지 않다(= hang on)
area code : 지역 번호	local call : 시내 전화
beeper : 호출기, 삐삐(= pager)	long-distance call : 장거리 전화
phone booth : 공중전화 박스	leave a message : 메시지를 남기다
busy : 통화 중인	operator : 교환원
call : 전화하다	person-to-person call : 지명 통화
cellular phone : 휴대용 전화기	reach : ~와 연락이 되다(예 I tried to reach
coin slot : 동전 투입구	you last night, but I couldn't get through.)
collect call : 수신자 부담 전화	receiver : 수화기
connect : 연결하다	return one's call : ~의 전화에 회답하다
cordless : 무선의(= wireless)	(phone someone who tried to phone you
country code : 국가 번호	earlier)
dial : 다이얼을 돌리다	station-to-station call : 번호 통화(a call
direct call : 직통 전화	which is chargeable upon speaking with
discount rate : 할인요금	anyone at the number called)
extension (number) : 내선 번호	telephone directory : 전화번호부(= phone
hang up : (전화를) 끊다(예 Let me speak to	book)
Melanie before you hang up.)	transfer : 전화를 돌려주다

ⓟ 미디어 관련

anchorman : 앵커
article : 기사
bimonthly : 격월간지
broadcast : 방송하다
broadcasting station : 방송사
cablecast : 유선방송(a television broadcast via cable television)
cable channel : 유선방송사
channel : 채널
circulation : 발행부수(예: The paper has a circulation of 300,000.)
classified (ad) : (신문·잡지의) 항목별 광고
correspondent : 특파원
feature : 특집 기사
in-depth coverage : 심층보도
live : 생중계
monthly : 월간지
newsstand : 신문가판대

news weekly : 시사 주간지
obituary : (신문의) 부고란
paper : 신문(= newspaper)
quarterly : 계간지
real time : 실시간
reporter : 기자
scoop : 특종
section : (신문의) 섹션, 난(欄)
sitcom(situation comedy) : 시트콤
soap opera : 연속극
subscribe to : ~을 구독하다(예 She subscribes to women's magazines.)
subscriber : 구독자
tabloid : 타블로이드판 신문(a newspaper usually half the ordinary size)
talk show : 대담 프로
up-to-the-minute : 최신의
Web site : 웹 사이트(World Wide Web의 주소)

(2) 약 어

① 편지에 주로 쓰이는 약어

Attn : Attention, ~앞
ASAP : As Soon As Possible, 가능한 한 빨리
bcc : blind carbon copy, 숨은 참조인
cc : carbon copy, 함께 받는 사람
DM : Direct Mail, 우편 직접 발송(매스컴 등을 통해 광고하는 대신, 기업에서 잠재 고객에게 판촉 관련 광고를 직접 발송한다는 의미에서 비롯됨)
e.g. : exempli gratia, 예를 들면(=for example)
etc. : et cetera, 등등(=and so on)
enc : enclosure, 동봉물
FYI : For Your Information, 참고로
FYR : For Your Reference, 참고로
LC : Letter of Credit, 신용장
LOI : Letter Of Intent, 의향서
MOU : Memorandum Of Understanding, 양해 각서
P.S. : Post Script, 추신
RFP : Request For Proposal, 제안요청서

② 직위 · 학위 · 회사 관련 약어

CAO : Chief Administrative Officer, 관리 담당 임원
CDO : Chief Development Officer, 개발 담당 임원
CEO : Chief Executive Officer, 최고 경영자(요즘에는 주로 대표이사 등을 말함)
CFO : Chief Financial Officer, 재무 담당 임원
CHO : Chief Health Officer, 건강 담당 임원
CIO : Chief Information Officer, 정보통신 담당 임원
CKO : Chief Knowledge Officer, 지식경영 담당 임원
COO : Chief Operating Officer, 운영 담당 임원
CTO : Chief Technology Officer, 기술 담당 임원
Corp : Corporation, 회사
Inc. : Incorporated, 유한회사, 주식회사(영국에서는 Ltd.를 주로 씀)
Ltd. : Limited, 유한 책임의
MOUS : Microsoft Office User Specialist, 마이크로소프트에서 인증하는 오피스 사용 전문가 자격
MBA : Master of Business Administration, 경영학 석사
PM : Project Manager, 사업 책임자
R&D : Research and Development, 연구개발부
TFT : Task Force Team, (특정 임무) 전담팀
VIP : Very Important Person, 귀빈
VP : Vice - president, 부통령, 부사장, 부총장, 부지사 등

③ 회의 관련 약어

AOB : Any Other Business, 그 밖의 사항들(회의록 등에서 사용)
ETA : Estimated Time of Arrival, 도착예상시간
FAQ : Frequently Asked Questions, 자주 묻는 질문
TO : Table of Organization, 인원편성표

④ 국제기구 관련 약어

NGO : Non-Government Organization, 비정부기구
OECD : Organization for Economic Cooperation and Development, 경제협력개발기구
WTO : World Trade Organization, 세계무역기구
WHO : World Health Organization, 세계보건기구

⑤ 기타 비즈니스 영어 관련 약어

AS : After-sales Service, 애프터서비스
ATP : Acceptance Test Procedure, 인수 시험 절차서
COB : Close Of Business, 업무 종료(시각)
COD : Cash (Collect) On Delivery, 물건을 받을 때 운송인에게 대금을 지불하는 조건
CF : Commercial Film, 광고 · 선전용 영상
CV : Curriculum Vitae, 이력서
DDD : Direct Distance Dialing, 장거리 자동전화
DID : Direct Inward Dialing, 내선 직접 호출
DOD : Direct Outward Dialing, 외선 직접 호출
DTP : Desktop Publishing, 전자출판
DOB : Date Of Birth, 생년월일
EXT. : Extension Number, 내선번호
F.O.C : Free Of Charge, 공짜
IR : Investor Relations, 투자 관련
K : One thousand, 천(1,000)
N/A : Not Applicable, 해당 없음
OJT : On-the-Job Training, 직무 교육
OT : Overtime, 시간 외 근무
RFI : Ready For Infrastructure, 기반시설이 완전히 준비된 상태
TBD : To Be Decided, 결정되어야 할 것들
TM : Trademark, (등록) 상표
WPM : Words Per Minute, 1분간 타자 속도
VAT : Value Added Tax, 부가가치세

② 거래, 회계, 인사 · 조직 용어(1,2급)

(1) 거 래

가격표 : price list
견본 : sample
견적서 : price quotation
관세 : tariffs
계약조건 : sales contract
계약해제 : termination
담보 : warranty
만기일 : due date
매매계약서 : sales contract
매입서 : purchase order(P/O)
명세서 : specification
반송품 : returns
발행일 : date of issue

배송료 : delivery charge
보증 : guarantee
보증금 : deposit
선적 : shipment
선지급 : payment in advance
송금 : remittance
송장 : invoice
수수료 : commission
승낙 : acceptance
신용장 : letter of credit (L/C)
신용조회 : credit inquiry
어음 : bill
우편환 : mail transfer
운송 : carriage
운임 : freight
이자 : interest
입찰 : bid
재고 : inventory
재고매매 : stock sale
전표 : slip
주문 : order
지연 : delay
통관 : customs clearance
특허권 : patent
파손 : breakage
포장명세서 : packing list
환불 : reimbursement
환율 : exchange rate

(2) 회 계

감사 : audit
기장(부기) : bookkeeping
대차대조표 : balance sheet(B/S)
비용 : cost
배당금 : dividend
손익분기점 : break-even point
손익계산서 : income statement(I/S)
연차보고서 : annual report
예산 : budget
자산 : asset
자본 : capital
재무제표 : financial statement
차입금 : borrowings

청구서 : bill
회계 : accounting
현금흐름 : cash flow
회계연도 : fiscal year

(3) 인사 · 조직

① 조직 관련

본사 : headquarters(혹은 head office)
지역본부 : regional headquarters
지점 : branch
사무소 : representative office

② 고용 관련

정규직 : full-time employees
계약직 : contract employees
시간제 근로 : part-time employees
임시직 : temporary employees
파견직 : outsourcing
수습 기간 : probation period
급여명세서 : pay slip
이동 : transfer
파견 : secondment
이직 : turnover
사직 : resignation
정년퇴직 : retirement
해고 : layoff, redundancy

③ 평가, 보상 및 훈련 관련

인사평가 : performance appraisal(혹은 performance evaluation)
연봉 : annual salary
승진 : promotion
상여금 : bonus
복리후생 : employee benefit
현장직무훈련 : On-the-Job Training(OJT)
외부훈련 : Off-the-Job Training(Off JT)

❸ 영문 부서명과 직함명

(1) 부서명

국 : Bureau
부 : Department / Division
팀 : Team
과 : Section

사장실 : President's Office
비서실 : Secretary's Office / Secretarial Department / Secretariat
기획부(팀) : Planning Department(Team)
총무부(팀) : General Affairs Department(Team) / Administrative Division(Team)
인사부(팀) : Personnel Department(Team) / Human Resources Department(Team)
영업부(팀) : Sales Department(Team)
홍보부(팀) : Public Relations Department(Team)
광고부(팀) : Public Advertising Department(Team)
구매부(팀) : Purchasing Department(Team)
회계부(팀) : Accounting Department(Team)
기술부(팀) : Engineering Department(Team)
연구개발부(팀) : Research and Development Department(Team) / Research & D Department(Team)
마케팅부(팀) : Marketing Department(Team)
해외사업부(팀) : Overseas Operation Department(Team)
재무부(팀) : Financial Department(Team) / Finance Department(Team)
전산실(팀) : Electronic Data Processing Department(Team) / IT Department(Team)

❹ 사무기기 및 사무용품 용어

(1) 사무기기 관련 용어

가설(임시 설치)전화 : temporary phone
레이저 포인터 : laser pointer, laser marker
메모판 : message board
무선 마이크 : wireless microphone
문서 세단기 : paper shredder
복사기 : copier, copy machine, photocopier
비디오카세트 녹화기 : VCR(Video Cassette Recorder)
슬라이드 영사기 : slide projector
슬라이드 뷰어 : slide viewer

스캐너 : scanner
음향 : audible effect
유선 마이크 : wired microphone
초당패킷처리성능 : PPS(Packet Per Second), 근거리통신망 전송속도
테이블용 명패 : place card
트라이얼 버전, 시험판 : TV(Trial Version), 상용 소프트웨어의 판매를 촉진하기 위한 방편의 하나로 일정 기
　간 동안 사용해 볼 수 있도록 한 소프트웨어 체험판
투명 필름 환등기 : OHP(Overhead Projector)
팩스 : facsimile, fax machine
핀 마이크 : lapel microphone

(2) 사무용품 관련 용어

가위 : scissors
계산기 : calculator
게시판 : bulletin board
도착서류함 : in-tray
문서보관함 : file cabinet
메모장 : notepad
복사용지 : copying paper
봉투 : envelope
발송서류함 : out-tray
비품 보관함 : supply cabinet
소화기 : fire extinguisher
스테이플러 : stapler
스테이플러 침 : staple
수정테이프 : correction tape
수정액 : correction fluid
서류철 : folder
서랍 : drawer
인주 : stamp pad, ink pad
압정 : drawing pins
우편물 저울 : postal scale
전기 연필 깎기 : sharpener
자 : ruler
종이 보관 상자 : paper storage
제침기 : staple remover
책꽂이 : bookcase
책장 선반 : bookshelf
클립 : foldback clips(집게 클립), paper clips(페이퍼 클립)
투명 테이프 : clear tape
타인기, 구멍 뚫는 도구 : (hole) puncher
파일철 : fastener
풀 : glue
포스트 잇 노트 : post-it notes

편지지(회사명이 들어있는) : letterhead paper
형광펜 : highlighter
휴지통 : waste-paper basket
화이트 보드 : white board
회전의자 : swivel chair

02 영문법

1 영문법의 정확성

(1) 1형식으로 착각하기 쉬운 3형식 동사

complain : ~을 불평하다	interfere : ~을 간섭하다
consent : ~을 승낙하다	read : ~라고 읽혀지다
experiment : ~을 실험하다	sympathize : ~을 동정하다
graduate : ~을 졸업하다	wait : ~을 기다리다

(2) 자동사로 착각하기 쉬운 타동사

괄호 안의 전치사를 쓰면 틀린 문장이 된다.

address (to), accompany (with), approach (to), attend (at), answer (to), await (for), approach (to), affect (to), board (to), contact (to), discuss (about), enter (to), explain (about), greet (to), follow (to), follow (after), join (to), leave (from), marry (with), mention (about), meet (to), obey (to), report (to), reach (at), resemble (with), surpass (to), survive (to) 등

(3) 타동사로 착각하기 쉬운 자동사

전치사와 함께 써야 목적어를 취할 수 있다.

account for, agree to, arrive at, apologize to, assent to, complain about, compensate for, compete with, consent to, dissent from, graduate from, go into, interfere with, listen to, look for, object to, participate in reply to, start from, wait for, 등

(4) 자동사와 타동사의 의미가 다른 경우

동 사	자동사	타동사
become	되다 He became a teacher.	어울리다 Her new dress becomes her well. (= match, go well with)
grow	되다 He grew old.	기르다 He is growing a beard.
run	달리다 He ran in the rain.	경영하다 He runs a small shop.
turn	되다 He turned pale.	돌리다 He turned his back.
stand	(서)있다 There stands a tall tree.	참다 He couldn't stand such manners.

(5) 간접목적어로 to 부정사만을 쓸 수 있는 동사

expect : 기대하다
offer : 제안하다
order : 주문하다
propose : 제안하다
recommend : 추천하다

require : 요구하다
request : 요청하다
suggest : 제안하다
want : 바라다

(6) 진행형을 쓰지 않는 동사

① 지속적인 상황이나 상태를 나타내는 동사 : be(이다), seem(보이다), look(보이다)
② 지각을 나타내는 동사 : feel(느끼다), see(보다), smell(냄새를 맡다)
③ 감정이나 인지를 나타내는 동사 : prefer(선호하다), love(사랑하다), hate(미워하다)
④ 소유를 나타내는 동사 : have(가지다), belong(소유하다), possess(소유하다)

(7) 사람을 주어로 할 수 없는 형용사

necessary, natural, easy, important 등의 형용사는 사람을 주어로 할 수 없다.

• You are necessary to go there. (×)
• It is necessary for you to go there. (○)
• It is necessary that you should go there. (○)

(8) 자동사 + 전치사

전치사의 목적어는 반드시 전치사 다음에 오며, 자동사와 전치사 사이에 올 수 없다.

• Look the picture at. (×) 자동사 + 명사 + 전치사
• Look at the picture. (○) 자동사 + 전치사 + 명사

(9) 타동사 + 부사

타동사의 목적어는 타동사 다음에 올 수도 있고, 부사 다음에 올 수도 있다. 다만, 대명사는 반드시 타동사와 부사 사이에 온다.

- Put on your coat. (○) 타동사 + 부사 + 명사
- Put your coat on. (○) 타동사 + 명사 + 부사
- Put on it. (×) 타동사 + 부사 + 대명사 → Put it on. (○) 타동사 +대명사 +부사

(10) 수여동사의 사용

전치사	수여동사	예 시
to	give, send, teach, tell, show	My mother gave me the book. → My mother gave the book to me.
for	buy, make, get	My brother will buy me a toy. → My brother will buy a toy for me.
of	ask	My student asked me a lot of questions. → My student asked a lot of questions of me.

(11) 부가의문문

- You bought the bike, didn't you?
- He is busy, isn't he?
- She can speak French, can't she?
- Let's call it a day, shall we?
- Bring me today's newspaper, will you?

(12) would / used to

과거의 불규칙적인 습관은 would로 나타내고, 과거의 규칙적인 습관이나 지속적인 상태는 『used to + 동사원형』으로 나타낸다.

- He woild take a walk every morning.
  그는 매일 아침 산책을 하곤 했다.
- There used to be a book store around the corner.
  예전에는 길모퉁이에 서점이 있었다.

(13) both / either / neither

both는 둘 다 긍정, either는 양자택일, neither는 둘 다 부정할 때 쓰인다.

- I like both of the books.

  나는 그 책을 둘 다 좋아한다.

- Do you know either of them?

  너는 그들 중 한 명을 아느냐?

- I have read neither book.

  나는 어느 책도 읽지 않았다.

(14) very / much

very는 형용사와 부사를 수식하고(동사는 수식하지 않음), much는 동사를 수식한다. very가 형용사나 부사를 수식할 때에는 반드시 형용사나 부사 앞에 위치해야 한다.

- He is very honest.

  그는 매우 정직하다.

- He helped me much.

  그는 나를 많이 도와주었다.

(15) too / either

'역시'라는 뜻으로 쓰일 경우 too는 긍정문, either는 부정문에 쓰인다.

- He is an engineer, too.

  그도 역시 엔지니어이다.

- He is not an engineer, either.

  그도 역시 엔지니어가 아니다.

(16) already / yet / still

① '이미, 벌써'의 뜻으로 쓰일 경우 already는 긍정문, yet은 의문문·부정문에 쓰인다.

② still은 '지금도, 아직도, 여전히'라는 뜻으로 긍정문·부정문·의문문에 쓰인다.

(17) ago / since

ago는 명백한 과거를 나타내는 표현이므로 과거시제에만 사용할 수 있고, 현재완료시제에는 사용할 수 없다. 또한 ago를 사용하면 that이나 when이 이끄는 절은 올 수 있으나, since가 이끄는 절은 뒤에 올 수 없다.

- We lived in Busan ten years ago.

  우리는 부산에서 10년 전에 살았다.

- I met him four years ago.

  나는 그를 4년 전에 만났다.

(18) till / by

till / by는 둘 다 '~까지'를 의미하지만, till은 어떤 동작의 '계속'을 나타내는 반면, by는 일회적인 사건의 발생이나 어떤 동작의 완료를 나타낸다.

- I will wait here till five.
  나는 5시까지 여기서 기다릴 것이다.
- We need to get home by five.
  우리는 5시까지 집에 도착해야 한다.

(19) for / during / through

for / during / though는 모두 '~동안'을 의미하지만, for는 일정한 길이의 시간, 일반적으로 숫자 앞에서 쓰이고, during은 어떤 일이 계속되고 있는 특정한 기간에 쓰이며, through는 '처음부터 끝까지'라는 의미로 쓰인다.

- He has studied English for three hours.
  그는 영어를 3시간 동안 공부했다.
- I went to my uncle's (house) during the summer vacation.
  나는 여름방학 동안 삼촌네 집에 갔다.
- It kept raining through the night.
  밤새도록 비가 왔다.

(20) would like to + 동사원형

would like to + 동사원형은 '~하고 싶다'는 의미의 표현이다.
I would like to buy the book.
나는 그 책을 사고 싶다.

(21) should have + 과거분사

should have+과거분사는 '~했어야만 했는데'의 의미로, 과거에 하지 못한 일에 대한 후회나 유감을 나타내는 표현이다.
You should have done the work.
당신은 그 일을 꼭 했어야만 했다.

(22) must

① must의 미래형 : will have to
② must의 과거형 : had to
③ must의 부정형 : don't / doesn't / didn't have to
④ 의무나 당위를 나타내는 must는 have to / has to / had to로 바꾸어 쓸 수 있다.
⑤ 강한 추측을 나타내는 must에 대한 부정은 '~일 리가 없다'라는 'cannot be'를 사용한다.

(23) one / it

앞에 나온 명사의 반복을 피하기 위해서 사용된다. 종류는 같으나 다른 물건일 때 one이 쓰이고, 같은 물건일 때에는 it이 사용된다.

- I have lost a pen. I must buy one.

  펜을 잃어버렸다. 나는 펜을 하나 사야 한다.

- I bought a pen, and have lost it.

  나는 펜을 샀는데 그것을 잃어버렸다.

(24) one / no one / none

① one(s) 앞에는 a, this, that, these, those 등을 쓸 수 있다. 단, a / an은 one 앞에 형용사가 있는 경우에만 쓸 수 있다.

I'm looking for a tie. Do you have a black one?

저는 넥타이를 고르려 합니다. 검정색 넥타이가 있습니까?

② no one은 단수로, none은 복수로 취급한다.

- No one is more beautiful than she.

  그녀만한 미인은 없다.

- None of my friends are here yet.

  나의 친구들은 아직 아무도 오지 않았다.

(25) some / any

① some과 any는 둘 다 '약간의'라는 뜻이지만 some은 긍정문에 any는 부정문과 의문문에 주로 사용된다.

② some이 권유, 부탁, 긍정의 답을 기대할 때는 의문문이나 조건절에 쓸 수 있다.

Won't you have some tea?

차 좀 드시지 않겠습니까?

③ any는 셀 수 있는 명사(수)와 셀 수 없는 명사(양) 둘 다에 사용된다.

Do you have any money with you?

너는 돈을 좀 가지고 있니?

④ any가 긍정문에 사용되면 '무엇이든지, 누구든지, 어떤 ~라도'의 뜻으로 every의 뜻이 강화된 의미로 쓰인다. 이 경우에는 any 다음에 단수명사가 온다.

Any help is better than no help.

어떤 도움이라도 없는 것보다는 낫다.

(26) each / every / all

① each : 대상을 개별적인 것으로 간주할 때 단수명사 앞에 사용한다.

Each book was a different size.

② every : 대상을 집단으로 간주할 때 단수명사 앞에 사용한다.

Every student in the class is good at music.

③ all : 주로 복수명사 앞에 사용한다.

All students have their own computer in his class.

(27) other / others / another

① 둘 중의 하나는 one이고, 나머지 하나는 the other이다.

They are twins and we can hardly know one from the other.

그들은 쌍둥이이기 때문에 거의 구별을 할 수 없다.

② 막연한 나머지는 others로, 지정된 나머지는 the others로 나타낸다.

Some boys like baseball, and others do not like it.

어떤 소년들은 야구를 좋아하고 나머지는 그렇지 않다.

③ another는 '또 다른 하나, 하나 더'의 뜻으로, 3개 이상의 대상을 하나씩 언급할 때 처음은 one, 다음 부터는 another, 마지막은 the other를 사용한다.

Would you like another cup of tea?

차 한 잔 더 하시겠습니까?

(28) each other / one another

'서로서로'의 뜻으로 'each other'는 '둘 사이', 'one another'는 '셋 이상의 사이'에 쓰이는데 엄격히 구별 하지 않으며 바꾸어 쓰는 경우도 있다.

• They loved each other.

(둘 사이) 그들은 서로 사랑했다.

• They loved one another.

(셋 이상 사이) 그들은 서로 사랑했다.

(29) few / little

① few는 수에 쓰이고, little은 양에 쓰인다.

② a few, a little은 '약간 있는'의 긍정의 뜻이고, few, little은 '거의 없는'의 부정의 뜻이다.

He has a few / few friends.

나는 친구가 조금 있다 / 거의 없다.

(30) percent / percentage

① percent는 '100 중에서(in the hundred)'라는 의미를 가지고 있으며 불가산 명사이기 때문에 percent 다음에 복수형 어미 '-s'를 붙일 수 없고 항상 'percent' 그대로 써야한다. 또한 percent(= %)는 언제나 숫자와 함께 사용된다.

② percentage는 전체를 백으로 봤을 때 차지하는 비율을 의미하며 one을 제외한 숫자와는 함께 사용될 수 없으며 복수형 어미 '-s'를 붙일 수 없다.

(31) 상관접속사

either A or B : A와 B 둘 중 하나	both A and B : A와 B 둘 다
neither A nor B : A나 B 둘 다 아닌	not only A but (also) B : A뿐만 아니라 B도 또한
not A but B : A가 아니라 B	B as well as A : A뿐만 아니라 B도

(32) 동명사의 관용적 표현

① be busy ~ing : ~하느라 바쁘다

My boss is busy attending a lot of meeting today.

② look forward to ~ing : ~하기를 학수고대하다

I look forward to hearing from you soon.

③ go ~ing : ~하러 가다

Why don't you go swimming today?

④ feel like ~ing : ~하고 싶다, ~하고 싶은 기분이 들다

I don't feel like working with him anymore.

⑤ spend (시간, 돈) ~ing : ~하는데 (시간, 돈)을 소비하다

You spend too much time watching the TV.

(33) 장소전치사 on / at / in

on : street, floor, house 등에 사용
at : building, address 등에 사용
in : room, city, state, country, house 등에 사용

(34) 시간전치사 by / at / on / in / for

by(~까지) : by Sunday
at(시간, 시각) : at 6:30, at 8 o'clock, at night
on(요일, 특정한 날) : on Monday, on Christmas Day
in(월, 계절, 연도) : in May, in winter, in 2017
for(기간, ~동안) : for a month
관용적 표현 : in the morning, in the afternoon, at night, at dawn, on weekends

(35) 수량형용사

수를 나타내는 형용사 (셀 수 있는 명사와 함께 사용)	뜻	양을 나타내는 형용사 (셀 수 없는 명사와 함께 사용)
many + 복수명사	많은	much + 단수명사
a few + 복수명사	조금, 약간	a little + 단수명사
few + 복수명사	거의 없는	little + 단수명사

[물질명사의 수량표시]

a glass of water	물 한 잔
a cup of coffee	커피 한 잔
a piece(bit, item) of advice	충고 한 마디
a sheet of paper	종이 한 장
a box of paper	종이 한 박스
a lump of sugar	설탕 한 덩어리

01 Choose the one which does NOT explain the meaning correctly.

① sales clerk — someone who sells things in a shop

② customer — a person who buys goods or services from a shop

③ producer — a person or company that makes or grows goods, foods or materials

④ employee — a person who runs his or her business and hires someone for the business

> 해설 ④ employee가 아니라 employer에 대한 설명이다. employee는 'a member of the staff'를 의미한다.

02 Belows are sets of English sentences translated into Korean. Choose one which does NOT match correctly. [19년 1회 2급]

① Thank you for your hard work. — 당신의 노고에 감사드립니다.

② On behalf of my boss, I am here to sign the contract. — 사장님을 대신해서 제가 계약서 사인을 하러 왔습니다.

③ I forgot to attach the file in my email. — 제 이메일에 파일을 첨부했던 것을 깜박했습니다.

④ We are running out of time. — 우리는 시간이 얼마 없습니다.

> 해설 ③ I forgot to attach the file in my email. — 제 이메일에 파일을 첨부하는 것을 깜박했습니다.

03 Read the passage below and fill in the blank with the most appropriate department name.

> I founded Universal Computer 20 years ago. We started with a small office in Seoul. Now we have branches all over Korea, with about 500 employees. Many of the offices are open-plan : everyone works together, from managers to administrative staff, as well as people selling over the phone, and people in technical support giving help to customers over the phone. Recruitment is taken care of in Seoul, by the _____ .

① general affairs department

② secretarial department

③ human resources department

④ public relations department

해설 나는 유니버설 컴퓨터를 20년 전에 설립하였다. 우리는 서울의 조그만 사무실에서 시작하였다. 지금은 한국 전역에 지사가 있으며, 500여명의 직원이 있다. 많은 사무실들은 건물 내부가 벽으로 나뉘지 않은 오픈 플랜식이다. 경영자부터 행정직원까지, 판매직에서 기술지원직까지 모두 함께 일한다. 채용 (Recruitment)은 서울에서 인사부(human resources department)에 의해 처리(take care of)된다.
① general affairs department : 총무부
② secretarial department : 비서실
④ public relations department : 홍보부

04 경제 관련 신문기사에 등장하는 다음의 용어 중 번역이 잘못된 것은?

① Fiscal Requirements – 재정적인 요구사항

② The Shareholders' Meeting – 주주총회

③ The Auditor of Commercial Banks – 시중은행 총재

④ The Foreign-currency Loans – 외화대출

해설 ③ auditor는 대기업이나 금융기관의 임원 중에서 '감사, 회계 감사관'을 가리키는 말이다. audit는 동사로 '회계·감사하다'라는 뜻이고, 명사로는 '회계, 감사' 혹은 '감사보고서'를 가리킨다.

05 다음 중 용어의 설명이 적절하지 않은 것은?

① merger – the joining of two or more companies or organizations to form one larger company

② facilities – rooms, buildings, and equipment

③ contract – legal written document between two people or companies

④ export – bring something into one country from another country

> 해설 ④ bring~into는 '~을 (안으로) 끌어 들이다'라는 의미로 import(수입)을 설명하고 있다. export는 수출을 의미한다.
> ① merger : (기업 또는 조직 간의) 합병
> ② facilities : 시설
> ③ contract : 계약(서)

06 Choose the underlined word which is not correct.

① Fringe benefits are main source of salary that some people get from their job.

② A headhunter is an informal name for an employment recruiter, sometimes referred to as 'executive search'.

③ Copyright is a form of intellectual property, applicable to certain forms of creative work.

④ A subsidiary is a company which is part of a larger and more important company.

> 해설 ① 부가혜택은 근로자가 월급 이외에 받는 편익으로 현금이나 금전적 보상을 제외한 것이다. 따라서 일에서 받는 급여를 의미하지 않는다.
> ② headhunter : 인재 스카우트 전문가
> ③ copyright : 저작권
> ④ subsidiary : 자회사

07 Which of the followings is the most grammatically correct sentence?

① For your reference, let me explain China's retail price index.

② If you have look at this first graph, you will notice the high percent of the population using the Internet.

③ The employment's rate have peaked at 60% in December.

④ This figure is five percentages higher than a month ago.

> 해설 ② If you have look at this first graph, you will notice the high <u>percentage</u> of the population <u>use</u> the Internet.
> ③ The employment's rate <u>has</u> peaked at 60% in December.
> ④ This figure is five <u>percent</u> higher than a month ago.

08 아파트 광고문에 들어갈 다음 내용 중 번역이 잘못된 것은?

① Affordable deposits − 보증금 면제

② School term leases − 개학 기간 임대 가능

③ Cable, water paid − TV 및 수도 요금 관리비(월세)에 포함

④ Carports available − 간이 차고 사용 가능

> 해설 ① affordable deposits은 합리적인 보증금을 말하는데 일반적으로 '저렴한 보증금'을 표현한다.
>
> affordable 감당할 수 있는, 적당한
> afford ~할 여유가 있다. ~을 지불할 수가 있다
> carport 벽이 없고 지붕만 있는 '간이 차고'

09 다음 중 비즈니스 약어에 대한 풀이가 잘못된 것은?

① Blvd. − Boulevard　　　　② Corp. − Corporation

③ Attn. − Attention　　　　④ Inc. − Including

> 해설 ④ Inc. ; Incorporated 주식회사(영국에서는 주로 Ltd.를 씀)

10 자동차 및 자동차 운전과 관련된 다음의 용어 중 번역이 바르게 된 것은?

① Right-of-way – 보행권
② Intersection – 횡단보도
③ Manual Shift – 수동식 기어
④ No-passing Zone – 진입금지

해설 Right-of-way는 차량의 '통행권, 통행우선권'을 가리킨다. Intersection은 '교차로'를 말하며, 횡단보도는 'Cross walk'라고 표현한다. No-passing Zone은 '추월금지 지역'을 의미한다.

11 단체의 규정과 관련해서 용어의 번역이 적절하지 못한 것은?

① The Unexpired Term – 잔여 임기
② Quorum – 정족수
③ Proceedings – 의사록
④ Public Hearing – 공개 회의

해설 ④ Public Hearing은 '공청회'를 뜻한다.

12 Which of the following is NOT required for the position?

> Assistant Wanted
>
> Position Summary : Assistant for Research and Development
> Position Responsibilities :
> - Liaising with senior management
> - Data processing
> - Maintaining files
> - Scheduling
> - Answering the phone
> Qualifications : Office experience required
>
> Call now for an appointment with us at 345–6789.

① Communicating and keeping each other informed about what is happening
② Putting documents in the correct file
③ Managing schedules
④ Fixing answering machine

해설 ④ 자동 응답기를 수리하는 일은 항목에 표기되어 있지 않다.
① Liaising with senior management(고급 관리자와의 업무 연결)가 있으므로 옳다.
② Maintaining files가 있으므로 옳다.
③ Scheduling이 포함되어 있으므로 옳다.

13 What is the most suitable word for the blank __(a)__ and __(b)__ each?

> We set __(a)__ the Busan office two years ago. As business is getting better, we had to take __(b)__ more and more work.

① (a) in, (b) at
② (a) at, (b) in
③ (a) up, (b) on
④ (a) through, (b) to

해설 ③ 우리는 2년 전에 부산 사무실을 설립하였다. 사업이 번창하게 되면서 더 많은 일을 맡게 되었다.

> set up ~을 설립 · 시작하다
> take on (일, 책임 등을) 맡다, 처리하다

14 Choose the most appropriate answer for the blank.

> A (an) _____ is a document that lists goods that have been supplied or services that have been done, and it says how much money you owe for the seller.

① letter of recommendation
② application form
③ invoice
④ income statement

해설 ③ 송장은 제공된 상품이나 서비스 목록과 그에 대한 가격이 적힌 서류이다.
① letter of recommendation : 추천장
② application form : 신청서
④ income statement : 손익계산서

15 Which of the following correction is NOT appropriate?

> Secretary : Good morning, sir. May I help you?
> Visitor : Good morning. I'm Jack Smith from Daehan Trading in Atlanta.
> ① I'm writing Mr. Lee on my visit in Seoul. I wonder if he can spare ② several minute for me now.
> Secretary : Oh, yes, Mr. Smith. I remember that ③ correspondance. I'm sorry, but Mr. Lee is in a meeting right now and won't be back in the office until noon.
> ④ How much will you stay in Seoul?
> Visitor : I'm leaving tomorrow evening.

① I'm writing → I've written

② several minute → several minutes

③ corespondance → correspondance

④ How much → How long

해설 ③은 correspondence(서신)로 고쳐야 한다. correspondance는 대응을 의미한다.
① 'I'm writing', 'This is to~'는 서신의 초두에서 용건을 밝힐 때 쓰는 표현이다. 대화에서는 비서의 상사인 Mr. Lee에게 앞서 서신을 작성한 사실을 알리고 있으므로 과거부터 현재까지 있었던 일을 나타내는 현재완료를 쓴다.

16 Choose the phrase which has grammatical error.

> Employees with exceptional efficiency or outstanding performance ⓐ can be recognized through "Employee of the Month" award. Highlighting the performance of employees with good personal accountability may bring about ⓑ improving performance throughout each department. Consequently efficiency and performance throughout the whole company ⓒ will increase. ⓓ A partial list of the other ideas listed by employees in the survey can be found in Appendix D.

① ⓐ   ② ⓑ

③ ⓒ   ④ ⓓ

해설 '~을 가져오다'의 의미인 'bring about'이라는 동사구가 앞에 나와 있으므로, performance 앞에는 문맥상 수동의 의미를 나타내는 과거분사가 오거나, 이와 같은 의미를 나타내는 명사구가 와야 한다. 따라서 ⓑ improving performance는 'improved performance' 또는 'improvement of performance'가 되어야 한다.

17 Choose the word which is the best for the underlined blanks in common.

> _____ beverage will be available during the conference.
> _____ copy of the magazine should be ready for every participant.

① congratulatory

② complimentary

③ executive

④ extraordinary

> 해설 ② 회의 참석자들에게 제공되는 음료 및 자료는 무료라는 의미가 적절하다. 따라서 밑줄 친 빈칸에 들어
> 갈 어휘는 complimentary이다. 호텔이나 레스토랑 등 접대, 서비스의 장소에서 무료로 비치되었다는
> 의미로서 complimentary를 쓰면 보다 격식을 갖춘 표현이 된다.
> ① congratulatory : 축하의
> ③ executive : 고급의, 중요인물을 위한
> ④ extraordinary : 눈에 띄는, 비범한

18 다음 문장 중 어법상 옳은 것은?

① We would like to announce about some very good news.

② Our plan is to send food and clothes to the people who have lost one's houses.

③ I cannot stand that gentleman over there.

④ The two boys shook their hand and became friends again.

> 해설 ① announce는 타동사로 전치사를 필요로 하지 않는다.
> ② one's는 people을 받는 소유격 their로 바뀌어야 한다.
> ④ hand는 복수형으로 바꿔야 한다.

19 다음 문장의 밑줄 친 부분 중에서 올바르지 않은 것은?

> ① The Empire State Building is ② quite tall, and ③ is so ④ the World Trade Center.

해설 ③ '~도 역시 그렇다'라는 의미가 되려면 「so + 동사 + 주어」의 어순이 되어야 한다. 따라서 'is so'는 'so is'로 고쳐야 한다.

20 Choose the one which does not correctly explain the abbreviations.

① RSVP : Don't reply
② F.O.C : Free of Charge
③ C.O.D : Cash on Delivery
④ e.g. : For Example

해설 ① RSVP(Répondez s'il vous plaît)는 '회신 바란다'는 뜻이다.

02 | 영문서 지원업무

01 영문서 구성 내용 및 형식

1 비즈니스 레터(Business Letter)

(1) 비즈니스 레터의 특징

사내 인트라넷의 발달로 요즘은 인쇄 서두에 출력하는 비즈니스 레터를 사용하는 경우는 매우 드물다. 하드카피(Hard Copy)로 보관해야 하는 비즈니스 계약서나 회사 (최)고위 임원이 공식적으로 보내는 내용이나 그들의 외부 공식일정 등의 경우 외에는 거의 사용하지 않는 추세이다. 대신 일반적으로 전자우편(email)을 통해 업무 대부분이 이루어진다고 이해하면 된다.

(2) 비즈니스 레터의 구성요소

① 인쇄 서두(Letterhead)
- ㉠ 인쇄 서두란 종이의 위나 아랫부분에 회사 로고와 함께 회사명, 주소, 전화번호 등이 인쇄된 서식지를 말한다.
- ㉡ 레터헤드지라고 부르기도 하며 그 위치는 회사마다 다양하다.
- ㉢ 비즈니스 계약서 등과 같이 공식적으로 보관해야 하는 문서의 경우 첫 페이지는 인쇄 서두가 인쇄된 레터헤드 용지를 사용한다.

> **중요 check** 서신 용지(Letterhead)
>
> A letterhead is the name and address of a person, company, or organization which is printed at the top of their writing paper.
> 레터헤드는 편지지 위쪽의 인쇄 문구(로고, 회사명, 소재지, 전화번호 등)를 말한다.

② 발신 일자(Date)
- ㉠ 비즈니스 레터가 작성되어 발송되는 날짜를 기입한다.
- ㉡ 발신 일자는 인쇄 서두(Letterhead)가 끝나는 부분에서 2~6줄 사이에 위치한다.

© 미국식으로 표기할 때에는 월, 일, 연도의 순으로 표기하고, 영국식으로는 일, 월, 연도의 순으로 하되 콤마(,)를 사용하지 않는다.

예 미국식 표기 : September 3, 2017 / 영국식 표기 : 3rd September 2017

③ 수신인 주소(Inside Address)

㉠ 영문 편지는 편지를 받는 사람의 주소를 편지 내에 기입한다.

㉡ 보통 수신인의 이름, 직책/직위, 소속 부서명, 회사명, 수신인의 주소순으로 각기 다른 줄에 기입한다.

㉢ 직위는 약어로 쓰지 말고 전부 풀어 쓰는 것이 좋다.

㉣ 직위는 대·소문자를 섞어 쓰되, 첫 자는 반드시 대문자로 써야 한다.

㉤ 직위를 바로 호칭으로 쓰지 않는다.

예 Chairman John Smith(×)

④ 서두 인사말(Salutation)

㉠ '~에게'에 해당하는 부분으로서, 공식 비즈니스 편지에서는 이름을 쓰지 않고, 성만 기입하며, 성과 이름을 동시에 기입하지 않는다는 것에 주의해야 한다.

㉡ 'Dear Mr. Kim,' 'Dear Mrs. Kim,' 'Dear Dr. Kim,' 등과 같이 콤마(,) 혹은 콜론(:)으로 마무리한다.

August 21,20ーー	발신일자
Mr.David Lee	수신인이름
ChiefOperation Officer	수신인 직책
Division of Operation	소속부서명
NCS Corp.	회사명
21 Floor, NCS Building	수신인 주소 1
NCS 3ーgil, Mapogu	수신인 주소 2
Seoul 15678, Korea	수신인 주소 3
Dear Mr. Lee,	서두인사말

[수신인 주소와 서두 인사말을 올바르게 기입한 예]

⑤ 본문(Body of the Letter)

㉠ 편지를 쓰는 목적과 그 내용을 기입한다.

㉡ 내용이 길어 다음 장으로 넘어가는 경우에는 본문의 내용이 최소한 3줄 이상이어야 한다.

㉢ 다음 장은 인쇄 서두가 있는 레터헤드지와 크기, 색, 재질이 같은 용지를 사용하는 것이 바람직하며, 용지 상단에 일반적으로 페이지 번호, 수신자명, 날짜 등을 기재한다.

㉣ 두 번째 페이지 서식은 아래와 같이 페이지 번호, 발신인 이름, 발송 날짜 등을 기입한다.

```
Page2
Mr. David Lee
August 21, 20－－

gave to various organizations the largest amount in our history. Even then, we
were able to ..................................................................
```

[비즈니스 레터 두 번째 페이지의 예]

⑥ 결구(Complimentary Close)
   ㉠ 편지를 마무리하며 의례적으로 들어가는 어구이다.
   ㉡ 문장의 처음만 대문자로 표기하고 끝에는 ','를 찍는다.
   예 Sincerely yours,(○) Sincerely Yours,(×) Yours Sincerely,(×)

일반적	Sincerely, Sincerely yours, Yours always
격식을 갖춤	Truly yours, Respectfully yours, Yours faithfully
감사편지 등	Gratefully yours, Thanks & best regards
기 타 (친밀한 사이)	With love, Yours, Regards(Kind regards), Best regards, Warmest regards(Warm regards), Best wishes(Warm wishes), Cordially, Cordially yours, Thanks, Best (All my best)

⑦ 서명(Signature) : 편지 작성자가 펜으로 서명하므로, '결구'와 '발신인 이름 및 직위' 사이에 비즈니스 레터 작성자가 펜으로 서명할 수 있을 정도의 여백을 남긴다.

⑧ 발신인의 이름 및 직위(Writer's Identification)
   ㉠ 서명 아래에 작성자의 이름, 직함 및 부서명, 회사명 등을 기입한다.
   ㉡ 서명 후 이름과 직함, 소속 부서명까지 기입하는 것이 일반적이며, 각각 다른 줄에 작성한다.

⑨ 서신 관계자(Identification Initials)
   ㉠ 필요에 따라 편지 작성자 혹은 입력자를 밝힌다.
   ㉡ 작성자 이름의 이니셜(Initial)과 서문을 입력한 비서의 이니셜을 함께 기입한다.
   ㉢ 작성자 이름의 이니셜은 대문자로, 서문을 입력한 비서의 이니셜은 소문자로 기입한다.
      예 'KP/jy' 혹은 '/gdb', 'gdb' 등

⑩ 동봉물(Enclosure Notation)

    ㉠ 함께 보낼 동봉물이 있으면 '서신 관계자' 한 줄 아래에 기입한다.

    ㉡ 'Enclosure' 혹은 동봉물이 2개 이상일 경우 'Enclosures'라고 작성한다.

    ㉢ 첨부 자료가 있으면 본문에서 이를 반드시 언급해야 하고 반드시 자료를 첨부해야 한다.

⑪ 사본 송부처(Carbon Copy Notation)

    ㉠ 편지 사본이 제3자에게 보내져야 하면 '동봉물' 아래에 기입한다.

    ㉡ 사본 송부처 표시는 'cc', 'cc:' 등으로 한다.

    ㉢ bcc(Blind Carbon Copy)

- 수신인 모르게 참고로 제삼자에게 사본을 배부할 때 쓰는 방법이다.
- 수신인에게 발송되는 원본에는 표기되어서는 안 된다.
- 해당 제삼자에게 배부되는 사본에만 표기되어, 수신인 모르게 그 사본을 받았다는 것을 알도록 해야 한다.

        예 cc: Mike Cho

            Sun-Young Lee

            bcc: So-Young Park

중요 check

발신 일자(Date), 서두 인사말(Salutation), 본문(Body of the letter), 서명(Signature)은 어떤 서신에든 반드시 기입해야 한다.

(3) 비즈니스 레터의 스타일

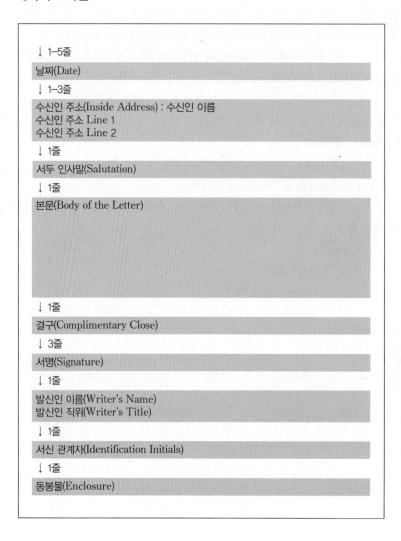

↓ 1-5줄

날짜(Date)

↓ 1-3줄

수신인 주소(Inside Address) : 수신인 이름
수신인 주소 Line 1
수신인 주소 Line 2

↓ 1줄

서두 인사말(Salutation)

↓ 1줄

본문(Body of the Letter)

↓ 1줄

결구(Complimentary Close)

↓ 3줄

서명(Signature)

↓ 1줄

발신인 이름(Writer's Name)
발신인 직위(Writer's Title)

↓ 1줄

서신 관계자(Identification Initials)

↓ 1줄

동봉물(Enclosure)

2 전자우편(E-mail)

(1) 전자우편의 특징

① 전자우편에서는 비즈니스 레터에서 사용하는 형식적인 요소 등은 많이 생략된다.

② 각 비즈니스의 상황과 전자우편을 받는 수신인에 따라 격식을 갖추어 사용한다.

③ 빈번히 사용되는 비즈니스 전자우편은 개인적으로 사용되는 전자우편의 형식과 동일하다.

④ 전자우편은 특성상 짧고 간결하고 이해하기 쉽게 쓴다.

⑤ 의사소통을 위해 이전 문서가 필요할 때는 회신 기능으로 이메일을 보낸다.

⑥ 수ㆍ발신인과 첨부파일 등의 요소[수신(To)과 참조(cc) 구별 등]를 잘 확인하고 문서를 처리하는 것이 중요하다.

⑦ 전자우편을 다룰 때 주의해야 하는 것은 수신자에 감추어진 사본송부처(bcc, Blind Carbon Copy)가 있을 경우인데, 이는 발신인이 수신인들이 모르게 제삼자에게 보낸 경우로, 비서가 bcc로 전자우편을 수신하였을 경우 다른 수신인에게 비서 본인이 문서를 받았다는 사실에 대해 알려지지 않도록 주의하여야 한다.

(2) 전자우편의 구성요소

① 수신인(To)
　　㉠ 전자우편을 받는 이의 이메일(E-mail) 주소를 기입한다.
　　㉡ 이메일 주소를 기입할 때 정확히 기입하여 잘못된 곳으로 전송되는 일이 없도록 주의한다.

② 사본 송부처(Carbon Copy)
　　㉠ 동일 내용의 전자우편을 수신인 이외의 관련된 사람이나 팀ㆍ부ㆍ처 등의 사람에게 한 번에 보낼 수 있다.
　　㉡ 보통 여러 사람일 경우 콤마(,)나 세미콜론(;)으로 구분하여 연속적으로 기입한다.

③ 숨은 사본 송부처(Blind Carbon Copy)
　　㉠ 수신인이나 사본 수신인이 모르게 제삼자가 받아볼 필요가 있는 경우 사용한다.
　　㉡ 제삼자의 이메일 주소를 bcc(숨은 참조) 난에 쓴다.

④ 발신인(From) : 일반적으로 발신인의 이메일 주소는 자동으로 작성된다.

⑤ 발신 일자(Date) : 보통 문서 첫머리에 발신 일자와 시간이 나오므로 입력할 필요가 없는 경우가 대부분이다.

⑥ 제목(Subject)
　　㉠ 전체 내용을 간략히 요약하여 기입한다.
　　㉡ 수신인은 제목만 보고 먼저 읽을 것을 결정하는 경우가 많으므로 신중히 기입한다.

⑦ 첨부(Attachment) : 본문의 내용과 관련된 자료를 함께 보내고자 할 때 관련 파일을 첨부한다.

⑧ 본문(Body) : 일반적으로 형식적이고 상례적인 인사말보다는 간단한 인사와 함께 바로 본론으로 들어가며 내용도 결론부터 먼저 쓰고 이유나 과정을 그 후에 쓰는 것이 효율적이다.

(3) 전자우편의 형식

① 기본 형식

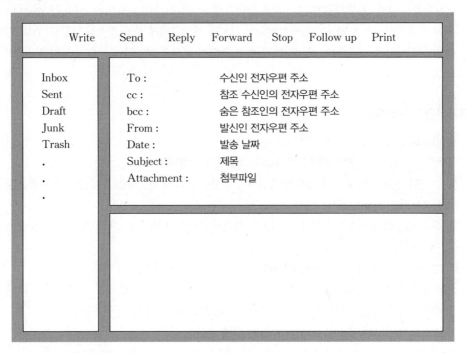

| Write | Send | Reply | Forward | Stop | Follow up | Print |

| Inbox
Sent
Draft
Junk
Trash
·
·
· | To :
cc :
bcc :
From :
Date :
Subject :
Attachment : | 수신인 전자우편 주소
참조 수신인의 전자우편 주소
숨은 참조인의 전자우편 주소
발신인 전자우편 주소
발송 날짜
제목
첨부파일 |

② 기본 형식 사용 예시

To(받는 사람) : jay@sidaegosi.com
cc(참조) : Park@sidaegosi.com
bcc(숨은 참조) :
Subject(제목) : Congratulations for Contract!!
Attachment(파일첨부) : contract.doc
Content(내용) :

Dear Jay

Many thanks for your ....

Signature(서명)

❸ 사내연락문(Memorandum 혹은 Memo)

(1) 사내연락문의 특징

① 회사 내 동료나 같은 부서원 혹은 팀원들과의 의사소통을 위해 사용하는 문서이다.

② 조직 내 인트라넷의 발달로 인한 전자게시판이나 전자우편의 사용으로 사내연락문의 사용 빈도수는 현격히 줄어들었으나, 특별한 사안에 대해서는 여전히 사용되고 있어 사내연락문의 형식에 대해 파악해 둘 필요가 있다.

③ 사내의 여러 사람이 회람할 문서가 컴퓨터로 작성되기 어려운 문서이거나 회람 문서를 확인해야 하는 사내 구성원이 그 문서를 읽었다는 것을 꼭 확인하는 것이 필요한 경우 등에는 사내연락문을 사용하기도 하는데, 이 경우 비서는 회람될 사내연락문의 수신자 명단을 확인하고 사내연락문의 표지를 작성하면 된다.

④ 구성은 팩스 표지와 비슷하며, 다양한 형식의 포맷으로 사용되고 있다.

⑤ 다른 영문서 서식과 마찬가지로 레터헤드를 사용할 수도 사용하지 않을 수도 있다.

(2) 사내연락문의 구성요소

① 수신인(To)

ⓙ 사내연락문의 수신인을 기입하고, 필요한 경우 사본 송부처 ('cc:')를 추가하기도 한다.

ⓛ 상급자에게 대한 예의를 표시하기 위한 것이 아니라면, 일반적으로 Mr.나 Mrs. 등의 경칭은 생략하는데, 직책, 부서명 등은 혼동을 피하고자 기입하기도 한다.

② 발신인(From) : 사내연락문을 보내는 사람을 나타내며 발신인 이름 앞에 경칭(Mr. Ms. Mrs.)은 붙이지 않지만, 직함이나 부서명 등은 수신인의 경우처럼 정확성이나 편리성을 위해 덧붙여질 수 있다.

③ 발신 일자(Date) : 사내연락문의 발송 날짜를 기입한다.

④ 제목(Subject)

ⓙ 본문 내용을 간략히 설명할 수 있는 말을 기입한다.

ⓛ 제목은 수신인이 본문의 내용에 대해 준비를 할 수 있게 한다.

⑤ 본문(Body)

ⓙ 형식적인 인사말이나 결구 등은 생략하고 바로 내용을 기입한다.

ⓛ 비즈니스 레터와 달리 형식적인 인사치레는 일반적으로 생략되며 다른 부분은 유사하다.

(3) 사내연락문의 형식

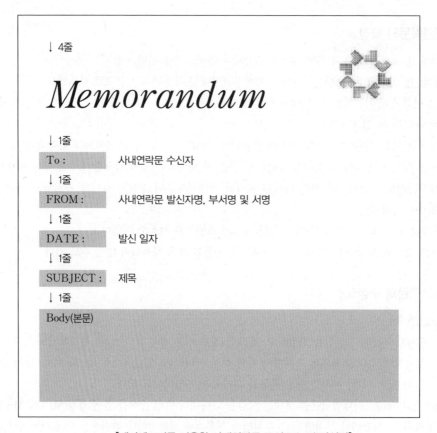

↓ 4줄

Memorandum

↓ 1줄
To :   사내연락문 수신자
↓ 1줄
FROM :   사내연락문 발신자명, 부서명 및 서명
↓ 1줄
DATE :   발신 일자
↓ 1줄
SUBJECT :   제목
↓ 1줄
Body(본문)

[레터헤드지를 이용한 사내연락문 구성요소 및 작성법]

〈출처 : NCS, 영문서 지원업무〉

④ 팩스 문서(Fax)

(1) 팩스 문서의 특징

① 대부분 문서가 전자우편으로 송·수신되고 있기는 하나 팩스로 문서를 교환하는 때도 있다.

② 팩스 내용은 사본에 해당하므로 실제로 서명이 필요한 경우는 별도로 원본을 보내야 한다.

③ 팩스 표지(Fax Cover, Fax Cover Sheet)

　㉠ 팩스를 이용하는 경우에는 정확한 전달을 위해 팩스 표지를 사용하는 것이 바람직하다.

　㉡ 발신자가 팩스로 문서를 보내기 전에 송·수신자의 정보와 간략한 내용을 기재하여 발신하는 문서를 팩스 표지라 한다.

　㉢ 팩스 문서는 내용만 송·수신하는 것이 아니고, 팩스 표지를 작성하여 수·발신인을 표시하고 총 몇 매가 보내지는 것인지를 기입하여 그 사안이 정확하게 처리될 수 있도록 해야 한다.

ⓔ 팩스 표지에는 발신 담당자의 성명, 상호, 연락처, 팩스 번호, 발송 일자, 문서 제목과 내용요약
본, 총 페이지 수 등을 표기한다.

중요 check

Fax is sending information electronically along a telephone line, and to receive copies that are sent in this way.
팩스는 전화선을 따라 정보를 전자적으로 전송하고, 이런 방식으로 전송된 사본을 수신한다.

---

(2) 팩스 문서의 구성요소

① 발신 일자(Date)
  ㉠ 팩스 발송 날짜를 기입한다.
  ㉡ 표기는 미국식으로 'January 31, 2018' 혹은 영국식으로 '31 January 2018' 등과 같이 기입할 수
    있다.
② 수신인(To)
  ㉠ 팩스 수신인의 이름, 회사명 등을 간략히 기입한다.
  ㉡ 필요한 경우, 사본 송부처 ('cc:')를 추가하기도 한다.
③ 발신인(From) : 팩스 발신인의 회사명 등이 '인쇄 서두'에 기입되어 있다면 생략해도 되나, 전송에
  문제가 있을 경우를 대비해 발신인의 이름과 연락처를 기입한다.
④ 팩스 번호(Fax) : 수신인의 팩스 번호를 기입한다.
⑤ 전화번호(Telephone) : 수신인이 작성된 곳 가까이에 수신인의 전화번호를, 발신인이 작성된 곳 가
  까이에는 발신인의 전화번호를 기입한다.
⑥ 문서의 면수(Number of pages) : 팩스 표지 면을 포함하여 전송할 문서의 총 면수를 기입해야 하는
  데, 이는 수신인이 전송받은 문서의 총 면수를 확인할 수 있도록 하기 위해서다.

(3) 팩스 문서의 형식

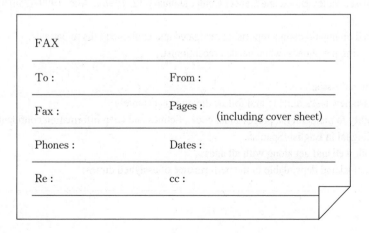

⑤ 기타 비즈니스 영문서(1, 2급)

(1) 이력서(Resume)

① 영문이력서는 가능한 한 장으로 작성한다.

② 지원직종과 연락처를 반드시 기입한다.

③ 학력과 경력은 최근 것부터 차례로 기입하고, 이전 업무에 대해 간단히 설명하고 참조할 수 있는 연락처를 기재하는 것도 좋다.

④ 자신의 강점과 취득한 자격증, 활동사항 등도 명시해둔다.

⑤ 이력서의 예시

SYLVIA DAWSON
WATERLOO, AL 35677
CELL · 561-526-5982 HM · 256-718-1004
CYNTHIA.DAWSON29@GMAIL.COM

EMPLOYMENT OBJECTIVE :
To join a professional office where I can work as a team, to make the office run smooth.
EDUCATION :
Ross Technical Institute, West Palm Beach, Florida
Registered Medical Assistant Program, Graduated May 22, 1992

John I. Leonard High School, Greenacres, Florida
Graduated June 1991

EMPLOYMENT HISTORY :
Dr. Robert C. Greer IV, D.O., F.A.C.O.F.P. (April 13, 2002 to February 15,2012)
(561)844-2464

Receptionist : duties include answering phone, checking in and out patients.
I also verify insurance and work unclaimed reports. I transmit insurance and post payments.

Tennessee Valley Blood and Cancer Center (January 12, 1998 to May 1999) (256)760-0422

Worked on unpaid claims reports, Investigated and explained bills to patients.
Answering the phones, when needed receptionist.

Additional Assets :
1. Learn new tasks quickly and follow directions accurately
2. Ability to maintain the professional code of ethics and keep information confidential
3. Bilingual in English/Spanish
4. Work well and get along with all ages
5. Punctual and dependable in the performance of assigned duties

---

SYLVIA DAWSON이 직장에 지원하기 위하여 자신의 학력, 경력과 장점을 기술한 이력서이다. 경력 사항에서는 담당했던 업무나 조회할 수 있는 번호를 기재하는 것이 좋다.

중요 check

Resume is a brief account of your personal details, your education, and the jobs you have had. (Job Experiences) You are mostly asked to send a resume when you are applying for a job.
이력서는 개인의 신상명세를 적은 것으로 학력과 경력사항을 기재하며 입사지원 시 요구된다.

---

(2) 커버레터(Cover Letter) 기출

커버레터는 이력서와 함께 자기소개서를 첨부해 보내기 위해서 지원 의사를 밝히는 편지로, 날짜와 수신인 주소(Inside Address), 서두인사(Salutation)를 작성한다.

주 제	내용 / 예시문
지원경로	I wish to apply for your advertisement in ○○ on Monday, Oct 3rd. 저는 10월 3일 월요일에 올린 귀사의 ○○공고에 지원하고 싶습니다.
지원동기	동기부여, 전공과의 관련, 자신의 적성 등을 언급한다. • The reason I apply for your company that ~ 　저는 ~때문에 이 회사에 지원하게 되었습니다. • I have applied to your company considering I can improve myself and it can be big power to me. 　저는 저 자신을 향상시킬 뿐 아니라 이 일이 저에게 큰 힘이 되어줄 수 있다고 생각하여 귀사에 지원했습니다. • It's because tasks at ○○ are related to my major and they treat the fields that I have wanted to do. 　○○ 일은 저의 전공분야일 뿐 아니라 제가 원하던 분야여서 지원했습니다.
자격요건	학력과 경력을 기재하고 담당업무에 대해 간단히 설명한다. After graduation from university, I entered ○○ Bank Co., Ltd. I took the training course so that I could learn the sources of bank business about credit, foreign exchange. 졸업 후, 저는 ○○은행에 입사했으며 신용거래와 외환에 대한 은행 업무를 익히기 위해 훈련코스를 밟았습니다.
간단한 자기PR	지원업무에 대한 자신감과 그를 뒷받침하는 설명을 추가한다. • I myself try to find my work rather than doing the works given to me. 　저는 주어진 일을 행하기보다는 스스로 일을 찾아서 하고자 합니다. • Now I am very confident to say that I am the perfect person for Insurance sales. 　저는 보험판매에 최적화된 사람이라는 것을 자신 있게 말씀드리고 싶습니다.
마무리	Looking forward to hearing good news from you. 귀사로부터의 연락을 기다리겠습니다.

② 커버레터의 예시 1

Ji-won Kim
90-4, 1ga Cheongdam-dong,
Gangnam-gu, Seoul.
010-1234-5678
jykim@nate.com

February, 15, 2021

Mr. Billson Miller
Human Resource Team Manager
Soul Communications Ltd.
120 sinmun-ro
Jong ro gu, Seoul, 42344

Dear Mr. Miller :
I am a recent college graduate with a B.A. Degree in Secretarial Science. I am interested in applying for an administrative assistant as advertised in today's newsletter.
This is a job that I believe was made for me. I have been employed as Administrative Assistant in ABC Communications for the last 6 months. My full particulars are shown on my enclosed Resume. I am available immediately. If you don't mind, I will call you next week to see if a personal interview can be scheduled.

Thank you for your consideration and I look forward to speaking with you next week.

Sincerely,
Ji-Won Kim

지원자는 비서학을 전공하고 오늘자 뉴스에 공고한 행정비서직에 지원하고자 하고 있다. 이전에 ABC Communications에 6개월 근무한 적이 있고 자세한 사항은 이력서에 기재했으니 참고해 달라는 커버레터이다.

③ 커버레터의 예시 2 기출

Mr. Banta
Personnel Director
XYZ Ltd.

Dear Mr. Banta :

I would like to apply for the position of secretary, which you advertised in the New York Times on January 10, 2021. I believe my education and experience will be the background you desire for the position.

The enclosed resume will provide you further details of my qualifications and I would appreciate it if you could give me an opportunity to have an interview. Thank you very much for your consideration, and I look forward to hearing from you soon.

2021년 1월 10일 뉴욕타임즈에 공고한 비서직에 지원하며 동봉한 이력서에 자격에 대한 자세한 사항을 기재했으니 참고해 달라는 내용의 커버레터이다.

(3) 구매주문서(Purchase Order)

Messrs.   PURCHASE ORDER

Your Ref ....
OurRef...........................
Date & Place ....

Dear sirs.
We as Buyer, hereby confirm our purchase of the following goods in acco
with the terms and conditions given below
DESCRIPTION

QUALITY
PACKING

QUANTITY
PRICE

AMOUNT
INSURANCE

PAYMENT

SHIPMENT

MARKS&NOS

REMARKS

Confirmed & accepted by

(4) 출장일정표(Itinerary)

일정표의 경우 상사의 모든 회의 일정에 대한 정보를 모두 가지고 있어야 하며, 출장의 경우 교통편과 숙박에 관한 내용도 함께 일정표에 담아야 한다. 다음의 내용을 확인하고 작성하도록 한다.

① 일정 확인
　　㉠ 잡힌 일정의 일시, 만나는 사람 혹은 함께 배석하는 사람이 누구인지 확인하고, 회의가 이루어지는 장소와 연락처 등에 대해 자세히 기입할 수 있도록 확인한다.
　　㉡ 식사를 겸한 회의(조찬, 오찬, 만찬 등)의 경우, 식사가 이루어지는 음식점에 대한 상세한 위치 및 연락처 등을 확인한다.

② 교통편 확인
　　㉠ 국내 일상적인 일정표의 경우
　　　　• 주로 공식적인 일정이 있는 경우 일정표를 작성하므로 각 해당하는 일시에 따라 교통편에 대한 정보를 확인한다.
　　　　• 회사에서 제공하는 자동차 차량 번호(예 Company Car No. 12가3456)와 각 차량을 운행하게 될 기사님에 대한 정보(예 Driver : Mr. GD Hong, 010-123-4567 혹은 Chauffeur : Mr. GD Hong, 010-123-4567)에 대해 확인한다.
　　㉡ 국내 · 외 출장 일정표의 경우
　　　　• 출장의 경우 출장지까지의 기차나 비행기 등과 같은 교통편을 확인한다.
　　　　• 기차의 경우 승차하게 될 플랫폼(Platform), 비행기의 경우 탑승할 게이트(Gate) 번호 등에 대한 정보까지 확인한다.

③ 숙박 확인
　　㉠ 예약해 둔 호텔명과 연락처, 숙박 예약번호를 확인한다.
　　㉡ 해외 호텔의 경우 호텔명의 철자를 정확히 확인한다.

(5) 일정표(Schedule)

① 상사의 일정표를 작성하기 위해서는 일정표상에 만나게 되는 고객 명단과 회의가 이루어지는 시간 및 장소, 교통편 등에 대해 기입되는 문서라고 할 수 있다.
② 공식적인 일정에 대한 정리를 요구받았을 때 일정표(Itinerary)를 준비하면 된다.
③ 일정표 서식은 자유로운 형식으로 작성하면 되며, 각 회사나 팀 혹은 부서에서 사용되고 있는 형식이 있다면 그에 따르도록 한다.

(6) 전화 메모

① 전화 메모 양식 [기출]

```
                      TELEPHONE MEMO

Date :                         Time :
For :
From :


Tel No.                        ext.
  □ Telephoned                   □ Please call
  □ Wants to see you             □ Will call again
  □ Returned your call           □ URGENT
  □ Was here to see you


  □ Message :


Taken by
```

② 전화 메모 예시 [기출]

For : Ms. Natasha Insler
Recorded by : Miyuki Ishii Today's Date : Tuesday, May 15

Time of call	Caller	Company	Message
9:10 A.M.	James Fiddler	Apartment · 420	Available at 10:00 A.M. May 19, to sign new lease for apartment. 5월 19일 오전 10시 아파트 계약에 사인 가능
9:35 A.M.	Carmen Helmsworth	Saint Maria Hospital	Follow-up on proposal to organize wellness fair for all patients. Contact by dialing 624-567-1216 모든 환우를 위한 웰니스페어 제안 마무리건 전화번호로 연락바람
10:20 A.M.	Janie Reed	KKC Kims Advertising	Completed printing 400 brochures. Will send them to your office by May 20. 400장의 책자 인쇄 5월 20일까지 사무실에 배달 예정

(7) 초청장(Invitation Letter)

① 회사에서 크고 작은 행사를 개최한다거나 관련 협력업체로부터 행사의 초대장을 받게 될 때 비서 가 행사 초대장 문구를 준비해야 하는 경우가 있다.

② 초청장에는 초청하는 사람, 시간, 장소, 행사명, 복장 코드, 참석 여부 통지방법과 연락처 등을 기 재한다.

> The World Aluminum Association 행사주관자
> is honored to invite
> Peter Weston, CEO of Star Aluminum Company 초청자
> to its 10th Annual Awards Presentation Ceremony 행사명
> being held at Hilton Hotel, 85 Essex Street, Washington 장소
> on May 4th at 6:00 p.m. 시간
> Dress is formal and dinner will be provided. 복장 코드
> Please RSVP by contacting 참석여부 회신
> Sherry Clark, the ceremony coordinator, at Sherry@waa.org. 담당자 연락처

[초청장 양식의 예] 기출

③ 초청장 예시 1

> Mr. Kang
> Requests the honor of your presence at a formal reception of our new Vice-President on Wednesday, March 25th from 6 to 9 o'clock in the evening at Shilla Hotel.
> RSVP
> 010 − 515 − 2463

3월 25일 신라호텔 6시부터 9시까지의 신임 부사장님의 공식만찬회에 참석해달라는 내용의 초청 장으로 답신을 요하는 초청장이다.

④ 초청장 예시 2

> KRIVET
>
> GRAND OPENING
>
> KRIVET requests the pleasure of your company at a reception
> Friday, 25th May, 2017
> From 6:30 P.M to 8:30 P.M
>
> RSVP by 28th April   The Grand Banquet Hall
> to Kay Min (☎044 − 345 − 6789)   KRIVET Annex
> or kmin@krivet.co.kr

회사의 그랜드 오프닝 초대장 예시 글이다. KRIVET 회사는 5월 25일 오후 6시 30분, 크리벳 별관 (KRIVET Annex) 대연회장 홀(The Grand Banquet Hall)에서 2시간 행사를 개최할 것이라고 알리고 있다. 참석 여부를 4월 28일까지 케이 민(Kay Min)에게 전화나 이메일로 알려달라고 요청하고 있다.

* RSVP : 참석 여부를 알려달라는 불어의 약어로 초청장에서 많이 쓰이는 표현이다.

중요 check　초대수락(Acceptance of Invitation)의 예 **기출**

> Dear Mr. Johnson :
> Thank you for your letter inviting me to speak at your conference on October 5.
> I am delighted to accept your invitation, and confirm that shall require overnight accommodation on October 4.
> I look forward to meeting you and other members of your Society again at your conference and wish you every success.
>
> Yours sincerely,

10월 5일 회의의 연사로 초청해주셔서 감사하며 그 제안을 수락함에 따라 10월 4일 숙박을 확인을 요청하는 내용의 메일이다.

(8) 감사장(Appreciation Letter)

감사한 마음을 담아 비즈니스 레터의 형식으로 보낸 편지를 말한다.

> We were highly honored by your participation in our company's opening ceremonies and we do thank you for your significant endeavor. I believe what ABC Corporation is now owes to those who have sent me consistent encouragement and affection by now.
> I do wish your persistent interests and guidances toward me, and I also wish your great achievements in your every business.

[감사장의 예]

회사의 창립기념식에 참석해주셔서 감사하며 성원에 힘입어 계속 번창하기를 바란다는 내용이다.

■ 상황별 영문서 내용 파악

상사에게 비즈니스 영문서 작성에 대한 지시를 받았을 경우 사무실에서 빈번히 발생하여 사용될 수 있는 상황별 예문을 알아두면 비서의 업무 수행이 더 쉬워진다. 여러 가지 상황별 예문을 통해 자주 사용될 수 있는 문구를 익혀두도록 한다.

(1) 알 림

직원들에게 알리는 문서를 작성하는 상황에는 새로운 임직원이 오거나 회의 또는 회사 정책의 변경을 알리는 등의 여러 가지 상황이 있다.

> Dear all,
>
> I am out of the office from August 20 thru 24 but will get back to you as soon as I can. In the mean time, please contact Ms. Sehyun Lim(shlim@krivet.co.kr). She will be happy to assist you.
>
> Many thanks,

[상사가 출장을 알리는 글의 예시]

8월 20일에서 24일 사이 사무실에 없으며, 돌아오는 대로 가능한 한 빨리 연락할 것이니, 그 사이 임세현(Ms. Sehyun Lim) 씨에게 연락하면 기꺼이 도움을 받을 수 있다는 취지의 예문이다.

(2) 약 속

상사의 일정을 잡고 조율하기 위해 비서가 상사 대신 전자우편을 작성하여 서신 교환을 하는 경우가 자주 있어 일정 업무와 관련된 문구를 알아두면 업무를 수행하는 것이 용이할 것이다.

> Dear OOO,
>
> This coming Wednesday, 3rd of November at 10 am (Seoul time), Mr. Mingook Lee will speak on a conference call to you. Please let me know if you are unable to call in.
>
> The telephone number, pass code, and conference room number will be informed before the end of this week.
>
> Regards,

[전화 회의(Conference Call) 일정 조율을 위해 보내는 글의 예시]
〈출처 : 『영문 비즈니스 문서 작성 및 수발신』 민선향 外 저 도서출판 청람〉

위 예시는 11월 3일 서울시간으로 오전 10시 이민국(Mr. Mingook Lee) 씨가 전화 회의로 전화를 걸 것이니 통화가 되지 않을 것 같으면 알려달라는 글이다. 그러면서 전화 회의에 필요한 전화번호, 암호, 회의실 번호 등은 금요일(the end of this week)이 되기 전에 공지가 갈 것이라고 알리고 있다.

(3) 취 소

일정을 조율하다 보면 예기치 않은 상황으로 일정을 취소해야 하는 경우가 종종 발생한다.

Dear OOO,

I am sorry to inform you that Catherine Jo's business trip to London has been cancelled. Would you please cancel any hotel arrangements you may made for her?

Best wishes,

[예약한 호텔 취소를 요청하는 글의 예시]
〈출처 : 『영문 비즈니스 문서 작성 및 수발신』 민선향 外 저 도서출판 청람〉

위 예시는 런던 지사의 동료에게 보내는 요청의 글이다. 캐서린 조(Catherine Jo)의 런던 출장이 취소되었으니, 캐서린 이름으로 예약된 호텔이 있다면 취소를 부탁하는 글을 보낸 글이다.

(4) 문 의

상사의 지시에 따라 혹은 여러 가지 업무를 수행하는 데에 정보가 필요하여 문의하는 일이 종종 발생한다.

Dear OOO,

I have a big interest in EM-123 ergonomics monitor advertised on the front page of "Office for Industry 4.0." I would appreciate if you send me a brochure to the following address: 370, Sicheong-daero, Sejong-si, 30147 Korea.

Best regards,

[사무기기 안내 책자를 받을 수 있는지 문의하는 글의 예시]
〈출처 : 『영문 비즈니스 문서 작성 및 수발신』 민선향 外 저 도서출판 청람〉

위 예시는 '4차 산업시대의 오피스' 책자의 첫 페이지에 광고된 인체공학 모니터에 관심을 갖고 상품 책자를 요청하는 글이다. 그러면서 책자를 받아볼 주소를 우편번호와 함께 알려주고 있다.

(5) 예 약

상사의 회의 일정을 예약, 출장으로 인한 교통 예약, 숙박 예약뿐만 아니라 예약된 사항을 관련 부서에 알리는 것도 비서 업무의 하나이다.

Dear OOO,

Please arrange a car transfer with the following flights details for David Chen
and Becky Row.

	Date	Flight	ETD / ETA
Beijing(PEK) – Incheon(ICN)	Jun 3	KE 456	07:00 / 08:05
Incheon(ICN) - Beijing(PEK)	Jun 5	KE 321	21:15 / 00:20+1

Many thanks,

[비행기 예약 사항을 출장지 사무소에 알리는 글의 예시]
〈출처 : 『영문 비즈니스 문서 작성 및 수발신』 민선향 外 저 도서출판 청람〉

위 예시는 데이비드 첸(David Chen) 씨와 벡키 로우(Becky Row) 씨의 서울 출장에 따른 비행기 예약을 서울지사에 알리면서 공항에서의 자동차 픽업을 부탁하는 글을 받은 예시 글이다. 6월 3일 오전 8시 5분에 인천 공항에 도착하여 6월 5일 저녁 9시 15분에 인천 공항을 출발하여 다음 날 새벽 12시 20분에 베이징에 도착하는 일정이다.

---

03 영문서 수·발신 처리

1 영문서 수신 및 전달

(1) 의 의

① 비서에게 문서의 수 · 발신 업무는 매우 큰 부분을 차지한다.
② 원활한 업무 수행을 위해 국문서의 형식과 차이가 있는 영문서에 대한 이해가 필요하다.
③ 발신자를 정확히 파악하여 수신인에게 올바르게 전달하기 위해서 기본적으로 어떠한 종류의 영문서인지 이해하는 것이 필요하다.
④ 신속하고 정확한 문서 처리를 위해 대표적인 영문 비즈니스 문서 양식의 구성을 파악해 두어야 한다.

(2) 영문 비즈니스 문서 종류 파악

① 비즈니스 레터(Business Letter)
  ㉠ 비즈니스 레터의 구성요소 : 서문, 본문, 결문 등 세 부분으로 나누어 살펴볼 수 있다.

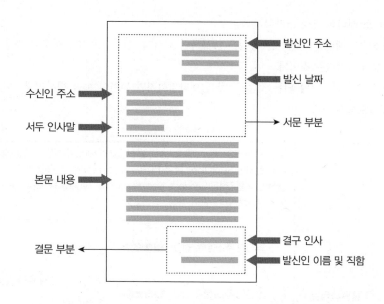

	서 문	인쇄 서두 혹은 송신자 주소	• 보통 레터헤드(Letterhead)라는 원 용어로 자주 불린다. • 송신자가 속한 회사의 로고 및 주소가 용지에 인쇄된 것을 말한다. • 레터헤드가 인쇄된 용지를 사용할 경우 송신자의 주소를 다시 기입할 필요가 없다. • 레터헤드 용지를 사용하지 않고 빈 여백의 용지를 사용할 경우 송신자의 주소를 기입하게 되어 있다.
		발신 날짜	문서가 작성되어 발송된 날짜를 의미한다.
		수신인 주소	• (송신자 입장)보내는 곳의 주소를 기입하게 되어 있다. • 수신인의 이름(Full Name)과 함께 쓰여 있다.
		서두 인사말	• 국문 편지의 '~에게'에 해당하는 부분이다. • 수신인 주소에 기입된 사람과 동일인으로, 성(Family Name)과 이름(First Name) 중 성만 기입한다. • 'Dear Mr. Kim,' 등의 형식으로 쓴다.
본 문			편지를 쓴 목적과 내용이 기입되어 있다.
결 문		결 구	• 국문 편지와 달리 영문 편지에는 본문의 내용 이후에 의례적으로 결구를 기입한다. • 자주 사용되는 결구에는'Sincerely,' 'Sincerely yours,' 등이 있다.
		서 명	영문 편지의 다른 부분은 인쇄되어 보내되 이 서명 부분은 문서의 발신인이 펜으로 직접 서명한다.
		발신인의 이름 및 직위	윗부분의 펜으로 서명한 발신인의 이름과 직위, 소속 등이 인쇄체로 작성되는 부분이다.
		동봉물	• 영문 편지와 함께 첨부한 문서가 있다는 것을 알리는 것이다. • 동봉물 표시가 편지 아랫부분에 보이면 전달 시 누락되지 않도록 주의하여야 하는데, '발신인의 이름 및 직위' 아래에 'Enclosure'(첨부 문서가 하나인 경우) 또는 'Enclosures'(첨부 문서가 2개 이상인 경우)가 표시되어 있는지 주의 깊게 살펴야 한다.

ⓒ 비즈니스 레터의 작성 스타일

- 비즈니스 레터를 작성하는 방식은 다양하며 회사에 따라 다르지만 중요한 것은 일관성 있게 작성해야 한다는 것이다.
- 최근 가장 많이 사용되는 것은 풀 블록 스타일이지만 본인이 속한 회사에서 사용하는 스타일을 따르도록 한다.
- 유 형

풀 블록 스타일 (Full-Block Style)	발신인 주소(Sender's Address), 발신 일자(Date), 수신인 주소(Inside Address), 서두 인사말(Salutation), 본문 내용(Body of Letter), 결구(Complimentary Close), 발신인 이름&직함(Sender's Name and Title Typed) 등 모두 왼쪽 맞춤으로 들여쓰기(Indention) 없이 작성 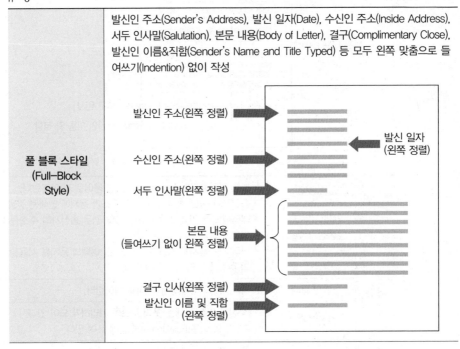

수정 블록 스타일 (Modified Block Style)	• 풀 블록 스타일에서 살짝 수정된 형식으로, 수신인 주소(Inside Address), 서두 인사말(Salutation), 본문 내용(Body of Letter) 등 모두 왼쪽 맞춤으로 들여쓰기 없이 작성(풀 블록 스타일과 동일) • 풀 블록 스타일과 달리, 발신인 주소(Sender's address), 발신 일자(Date), 결구(Complimentary Close), 발신인 이름&직함(Sender's Mame and Title Typed) 등은 비즈니스 레터의 가운데에서 약간 오른쪽 위치에서 같은 폭의 들여쓰기로 작성 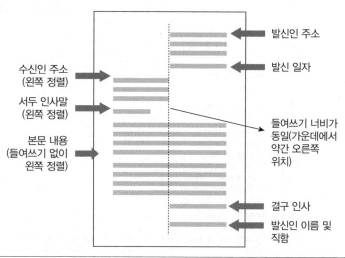
세미 블록 스타일 (Semi-Block Style)	• 수정 블록 스타일과 매우 흡사한 스타일로, 발신인 주소(Sender's Address), 발신 일자(Date), 결구(Complimentary Close), 발신인 이름&직함(Sender's Name and Title Typed) 등은 비즈니스 레터의 가운데에서 약간 오른쪽 위치에서 같은 폭의 들여쓰기로 작성 • 수신인 주소(Inside Address), 서두 인사말(Salutation), 본문 내용(Body of Letter) 등은 모두 왼쪽 맞춤으로 작성 • 수정 블록 스타일과 다른 점은 본문 내용에서 단락마다 들여쓰기한다는 것이다. 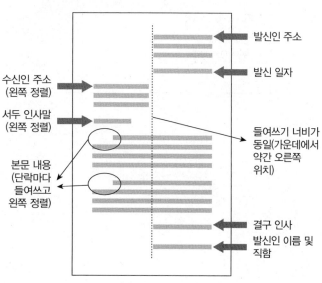

ⓒ 레터헤드 인쇄 유무에 따른 사용 예시
• 레터헤드가 인쇄된 용지를 사용한 비즈니스 레터 예시

KRIVET

1th Avenue Suite 100
New York NY 10456, USA
WWW.Krivet.com

March 30, 20− −

Mr. Chulsoo Kim
Head of Team
Purchase Team
Food International Corp.
15 Hangul gil
Gangnamgu, Seoul 12345
Republic of Korea

Dear Mr. Kim

Thank you for your order foo 2000 vinyl garment bags. We are
delighted to have it. I am sending you immediately the black,
brown dark blue, and white garment bags. We no longer
manufacture these bags in lemond yellow.

I am enclosing a tear sheet from our current catalog in which all
our garment bags are shown in eight different colors. Perhaps you
will find another color that you like since we don't have lemon
yellow. Incidentally, two vert popular bags at the moment are
gold and maroon I can send you either or both of these colors
immediately. To save time, why not telephone me collect at (456)
123−4567

Sincerely yours,

Jane Kirby
Sales manager

• 레터헤드가 인쇄된 용지를 사용하지 않은 비즈니스 레터 예시
[개인용 비즈니스 레터(Personal Business Letter)의 경우 사용될 수 있음]

Jane Kirby
Titan Company
1st Avenue, Suite 100
New York, NY 10456
U.S.A
March 30, 20__

Mr. Chulsoo Kim
Head of Team
Purchase Team
Food International Corp.
15 Hangul gil
Gangnamgu, Seoul 12345
Republic of Korea

Dear Mr. Kim

Thank you for your order foo 2000 vinyl garment bags. We are
delighted to have it. I am sending you immediately the black,
brown dark blue, and white garment bags. We no longer
manufacture these bags in lemond yellow.

I am enclosing a tear sheet from our current catalog in which all
our garment bags are shown in eight different colors. Perhaps you
will find another color that you like since we don't habe lemon
yellow. Incidentally, two vert popular bags at the moment are
gold and maroon I can send you either or both of these colors
immediately. To save time, why not telephone me collect at (456)
123－4567

Sincerely yours,

Jane Kirby
Sales Manager

• 초대에 대한 감사

[LETTERHEAD]

February 19, 2021

Mr. George Wythe
[Inside Address]

Dear Mr. Wythe :
[LETTERHEAD]
February 19, 2021
Mr. George Wythe
[Inside Address]

Dear Mr. Wythe :

Mr. Yoon and I thoroughly enjoyed our visit to Canada. Our trip was very much enhanced by your kind arrangements and hospitality and the obvious warmth of our reception at PHILKO.
Thank you so much for arranging the lunch with Mr. Holst and Mr. Gempers.
It was also a great honor to visit your home and meet your lovely wife Gretchen and, of course, to hear her play the piano so skillfully.

My wife was naturally eager to hear about my visit and to learn about you and Gretchen and your family. She was delighted with the handsome tapestry you presented me with and joins me in thanking you. It is now proudly displayed in our house as a constant reminder of our dear friends in Canada.

And, also be sure to thank Gretchen for cooking that wonderful meal and for making us feel so welcome.

I take pleasure in enclosing the photographs taken with my very simple camera.

I look forward to our next meeting and hope it is soon.
Yours sincerely,

Jae-doo Cho
Deputy General Manager

• 면담 제의

[LETTERHEAD]

May 5, 2021
Miss Diana Goiter
Vice President
COLTER Laboratories, Inc.
185 Maple Street
Lakewood, CO 80215
U.S.A.

Dear Miss Colter :

I have heard from Andrew McAliff that you will be coming to Seoul. I am afraid that I cannot meet you on June 9. Unfortunately, I have to attend a dinner at which some government dignitaries will also be present.

I am very much anxious to see you. It would be very nice if you could check out what is happening with regard to the conversations I have had with Mr. Day about a potential link up with JESTO on Agri-Chemicals - including pesticides and fungicides.

I will, of course, liaise with your secretary. However, it would give me a great deal of pleasure to invite you for lunch on Sunday the 5th to have a general chat about business matters. In the meantime, I will talk to JESTO to see if they could join us.

With warmest regards,

In-chul Bae
Director

[LETTERHEAD]

January 22, 2021
Mr. Anton Gerst, Director
AAT Franz, Hegel & Co., Ltd.
Leimenstrasse 7
CH–2002 Basel
SWITZERLAND

Dear Mr. Gerst :

We at INTERCOM are very satisfied with the smooth and steady progress in our business relationship. The results to date say a lot for the quality of work being done by both our firms.

I am writing today about another company, Shin-han Computer, Ltd. Shin-han Computer is a peripheral equipment maker and has been our main supplier for various lines of equipment for more than 20 years. They are now in the process of going international and are seeking dependable sales channels. We have suggested they approach you for assistance.

Their representatives will be in your area in mid May and would very much like to be able to consult with you. They will be contacting you directly.

Anything you could do in support of their effort would be very much appreciated.

Yours sincerely,

Soo-yong Han
General Manager

• 취직을 위한 일반적인 추천장

[LETTERHEAD]

August 27, 2021

To Whom It May Concern :

Mr. Barry O'Cornell was affiliated with Communications Associates Company, Limited, for over two years. During that time he held the position of full-time lecturer and was engaged in industrial education.

He was directly involved with our programs. At the following Korean corporations :

Korea Advertising Company
Dong-yang Electric Company
Dong-ah Motor Company
Dong-ah Diesel Motor Company

While in our employ, Mr. O'Connell's performance was more than satisfactory. He was serious about his work and demonstrated a high degree of competence in education.

If further information is necessary, I will be glad to comply.

Sincerely yours,

Chan-yong Park
Managing Director

---

② 전자우편(email)

㉠ 전자우편의 구성요소

To(받는 사람)	이메일 주소를 확인하여 정확히 기입하도록 한다.		
cc (참조)	• 동일한 메일을 제삼자에게 보내는 것을 말한다. • bcc(숨은참조)는 제삼자에게 보내어지지만 받은 사람은 자신 외에 누구에게 갔는지 알지 못하며, 이에 따라 상대방이 불쾌하게 생각할 수도 있으므로 주의를 요한다.		
Subject(제목)	내용을 짐작할 수 있는 제목을 단다.		
Attachment (파일 첨부)	파일 첨부 시 Attachment를 이용하고 내용에 동봉에 대한 것을 쓴다.		
Content (내용)	일반 편지의 양식과 크게 벗어나지는 않지만, 이메일의 특성상 좀 더 친근한 표현을 쓸 수 있다.		
	상대방의 성별과 이름을 모를 경우	Dear Sir / Ma'am, Dear Colleagues, Dear Members	
	특정부서에 보낼 때	Dear Marketing manager(홍보과장님께)	
	맺음말	Best Regards, Best Wishes, Regards, Thanks	

중요 check 참고할 만한 이메일 약어
- AKA : Also Known As(다른 이름으로, 별칭으로)
- ASAP : As Soon As Possible(가능한 한 빨리)
- BTW : By The Way(그런데)
- FAQ : Frequently Asked Questions(빈번한 질문)
- FYI : For Your Information(참고로)
- IAE : In Any Event(어쨌든)
- IOW : In Other Words(다시 말해서)
- IMO : In My Opinion(내 견해로)
- NRN : No Response Needed(답장 불필요)
- OIC : Oh, I see(아, 알겠어요)
- OTOH : On The Other Hand(다른 한편으로)
- TIA : Thanks In Advance(미리 감사드립니다)
- TYVM : Thank You Very Much(감사합니다)
- WRT : With Respect To(~에 관하여)

ⓒ 전자우편의 상황별 사용 예시
- 사내공고 이메일 [기출]

> E-MAIL : Liz Ranger 5/21/21 3:45 p.m.
> TO : All staff
> SUB : Vacation schedules
> MESSAGE :
> I need to know your vacation schedules for the month of June and July. Please send your vacation dates to me by June 1, 2021.
> Thank you for your cooperation.

전 직원에게 휴가계획 여부를 묻고 2021년 6월 1일까지 휴가 날짜를 이메일로 답신하도록 요청하는 내용이다.

- 회의 통지와 참석 여부에 관한 이메일 [기출]

> Dear all sales staff,
>
> The last meeting for 2021 will be held on Friday, December 16th 10:00 a.m. until 4:00 p.m. at the Head Office. Lunch will be provided. The agenda will be mailed by the end of November. If you are unable to attend the meeting, please call 412-1234 (area code 041) no later than November 30th.
>
> Best wishes,

2021년 마지막 회의가 본사에서 12월 16일 오전 10시부터 오후 4시까지 열리며 점심이 제공된다. 안건은 11월 말까지 우편으로 보내질 것이다. 회의에 불참하게 되면 늦어도 11월 30일까지는 전화를 달라는 내용이다.

• 전화 회의 개최안내를 위한 이메일

Dear Steven,

This coming Thursday 6th July at 2:00 (Seoul time), Mr. J. D. Lee will speak out on a conference call to you. Please let me know if you are unable to call in or if you will be traveling and calling in from a hotel mobile.

서울 시각으로 오는 7월 6일 목요일 2시에 Mr. J. D. Lee가 전화 회의를 할 것인데, 만약 전화가 어렵거나 다른 사유가 있으면 알려달라는 내용이다.

• 질의를 위한 이메일

Subject : Marketing service in Japan

We do marketing service in Japan. I visited and reviewed your website. And I have confidence that your business is perfect to our clients. I'd appreciate it if you could send me further information about your products.

Thanks.

Hiroshima

우리는 일본에서 홍보서비스를 하는 업체이며 귀사의 홈페이지를 방문했는데, 귀사의 사업이 우리의 고객들에게 딱 들어맞는다고 확신합니다. 상품에 관한 추가자료를 보내주시면 감사하겠습니다.

중요 check 유용한 표현

• I visited your website and would like to know more about your service.
귀사의 홈페이지를 방문했는데 제공하는 서비스에 대하여 더 알기를 원합니다.

• I am very happy to find your site on the internet.
인터넷을 통하여 귀사의 사이트를 알게 되어 기쁩니다.

• I'm very happy to find your website through internet surfing. And I have confidence that your business is perfect to our clients.
인터넷 서핑을 통하여 귀사의 사이트를 발견하여서 기쁩니다. 귀사의 사업이 저희 고객들에게 딱 들어맞는다고 확신합니다.

• I would appreciate any information you can send to us.
어떤 자료라도 보내주시면 고맙겠습니다.

• If you have other information available about your service, I'd like to receive it.
귀사의 서비스에 관한 다른 자료가 있으면 받고 싶습니다.

• 회신을 위한 이메일

Subject : RE : Invitation from Korea

Dear Mr. Hong

Thank you for your E-mail. I apologize for the delay in responding, but we have just returned from our summer vacations.

ABC Inc. is indeed interested in your proposal and in furthering our activities in the Korean market in the future. I would like some more information regarding your intentions for cooperation in this project.

ABC Inc. is a world leader in developing quality educational software, and we have recently begun development on a complete internet - based online Chinese - learning system with more than 27 different support languages.

I look forward to hearing your comments on the possibilities for our business cooperation.

Best regards,

보내주신 이메일에 감사드리며, 여름휴가를 다녀오느라 회신이 늦은 것에 사과를 드립니다. ABC사는 귀하의 제안에 관심이 있으며 향후 한국시장의 활동에 박차를 가하고자 합니다. 이 프로젝트에 대한 귀하의 협력의사에 관해서 더 많은 정보를 얻고자 합니다. ABC사는 우수한 교육적 소프트웨어 분야의 세계적 리더이며, 최근 27개 이상의 다양한 언어지원과 함께 인터넷 기반 온라인 중국어 학습시스템을 개발했습니다. 귀하의 사업협력 가능성에 관한 의견을 기다립니다.

중요 check 유용한 표현

- Thank you for your inquiry about our products.
  저희 제품에 관하여 문의해 주셔서 고맙습니다.
- Thank you for your inquiry. We are sending you our products information by E-mail. You should receive them by the end of this week.
  문의해 주셔서 감사합니다. 상품정보를 이메일로 보내 드리겠습니다. 이번 주말까지 받아보실 수 있을 것입니다.
- You will receive our catalog soon.
  곧 카탈로그를 받아보실 수 있을 것입니다.
- If you need more information, please reply this mail. Thank you for your interest.
  정보가 좀 더 필요하시면 답장을 해 주시기 바랍니다. 관심을 가져주셔서 감사합니다.
- If you tell us what kind of information or what market you are interested in, we'd be able to send more information.
  어떤 정보나 시장에 관하여 흥미가 있으신지 말씀해 주신다면 정보를 보내드리도록 하겠습니다.
- Could you please let us know your product requirements so that we can send you more information about our products.
  귀사에서 필요로 하는 제품이 무엇인지 알려 주시면 제품에 관한 상세한 정보를 보내드리도록 하겠습니다.

• 자료발송에 대한 감사 이메일

> Subject : Products catalog
> Thank you for product catalog information, which we received today. After we review it, we will get back to you if we need more information.

자료는 오늘 잘 받았고, 검토 후 정보가 더 필요하면 다시 연락하겠다는 내용이다.

중요 check **유용한 표현**

- The inquiry has been forwarded to the Marketing Manager and you may hear directly from her.
  당신의 질문은 마케팅 매니저에게 전달되었으며 그녀로부터 직접 답변을 받을 것입니다.
- We will enter your e-mail address into mailing list and send you a mail regularly.
  당신의 이메일을 메일링 리스트에 등록하고 정기적으로 메일을 보내 드리겠습니다.
- We received the sample of TOP9 yesterday. Thank you.
  어제 TOP9의 견본을 받았습니다. 감사합니다.
- Thank you for responding to my inquiry regarding the publishing of my book in the USA in English.
  제 책을 영문판으로 미국에서 출판하는 데 대한 문의에 답변해 주셔서 감사합니다.

• 방문약속 이메일

> Subject : Our Visit
>
> According to the contract, it will be helpful that we meet for a fact-to-face discuss at this point.
> Our preference is September 27–29. As we suggested earlier, we would like to spend one day looking at your plant. We would appreciate if you could schedule a plant tour for one day and a meeting with all those involved for the other day(just half a day).
> We look forward to your confirmation.

우리의 계약과 관련하여, 이 시점에서 직접 만나서 회의를 한다면 도움이 되리라 생각합니다. 날짜는 9월 27일에서 29일이 좋을 것 같으며, 이전에 제안했던 것처럼 우리가 귀사의 공장을 하루 둘러보고자 합니다. 귀하가 공장 투어의 하루 일정을 잡고 이에 관련된 회의를 다른 날(반나절) 잡아주신다면 감사하겠습니다. 귀하의 확답을 기다리겠습니다.

중요 check 유용한 표현

- We would like to visit you this week to further discuss our consortium.
  컨소시엄에 대하여 좀 더 논의하기 위하여 이번 주에 방문하고 싶습니다.
- Would you let me know when and where would be convenient for you?
  언제, 어디가 당신에게 편한지 알려주시겠습니까?
- I'll call you at 10 a.m., your time.
  그곳 시간으로 오전 10시에 전화하겠습니다.
- I'll be visiting Seoul on November 29, for a month. I would like to meet with you if you are in Seoul.
  저는 11월 29일부터 한 달간 서울을 방문할 것입니다. 당신이 서울에 계신다면 만나 뵙고 싶습니다.

• 약속의 거절 · 연기를 위한 이메일

> Subject : RE : Our Visit
> Thank you for your e-mail about your visit.
> Honestly speaking, I think it's rather premature to meet at this time and we should probably wait until the end of December.

당신의 방문에 대한 이메일은 잘 받았습니다. 사실대로 말하자면 이번 만남은 시기상조라고 생각되며, 12월 말까지는 기다렸으면 합니다.

중요 check 유용한 표현

- I'm sorry for your inconvenience, but I need to postpone our appointment until next year.
  불편을 끼쳐서 죄송합니다만, 내년까지 약속을 연기했으면 합니다.
- I think you should probably see someone from HR.
  당신은 인력개발부에서 나온 사람과 만날 것입니다.
- Please make an appointment at least two months before the date you hope.
  당신이 희망하는 날짜보다 2개월 전에 약속을 해 주십시오.

중요 check

E-mail is a system of sending written messages electronically from one computer to another. E-mail is an abbreviation of electronic mail.
이메일은 인터넷 또는 기타 컴퓨터 통신망을 통해 주고받는 우편 방식으로 전자메일의 약어다.

③ 사내연락문(Memorandum 혹은 Memo)
  ㉠ 사내연락문의 구성요소

수신인 (To)	• 사내연락문 수신인을 기입한다. • 필요한 경우에 사본 송부처 ('cc:')를 추가하기도 한다. • 상급자에 대한 예의를 표시하기 위한 것이 아니라면, 일반적으로 Mr.나 Mrs. 등의 경칭은 생략한다. • 직책, 부서명 등은 혼동을 피하고자 기입하기도 한다.
발신인 (From)	• 사내연락문을 보내는 사람을 나타낸다. • 발신인 이름 앞에 경칭(Mr. Ms. Mrs.)은 붙이지 않지만, 직함이나 부서명 등은 수신인의 경우처럼 정확성이나 편리성을 위해서 덧붙여질 수 있다.
발신일자(Date)	사내연락문의 발송 날짜를 기입한다.
제 목 (Subject)	• 본문 내용을 간략히 설명할 수 있는 말을 기입한다. • 제목은 수신인이 본문의 내용에 대해 준비할 수 있게 한다.
본 문 (Body)	• 형식적인 인사말이나 결구 등은 생략하고 바로 내용을 기입한다. • 비즈니스 레터와 달리 형식적인 인사치레는 일반적으로 생략되며 다른 부분은 유사하다.

  ㉡ 레터헤드 인쇄 유무에 따른 사용 예시
    • 레터헤드가 인쇄된 용지를 사용한 사내연락문 예시

MEMORANDUM

To :   All Head of Teams   From :   Joseph Stuart
SUBJECT : Advertising Layout and Copy   DATE : 11 June, 20__

Attached is a rough layout wihe copy of an advertisement which we are planning
to publish in a number of medical periodicals, including the Journal of medicine,
in December.
As you will see, the ad os strictly "institutional" ――no products are mentioned by
name.

please let me have your comments and suggestions, if any.

〈출처 : NCS, 영문서 지원업무〉

• 레터헤드가 인쇄된 용지를 사용하지 않은 사내연락문 예시

MEMORANDUM

To :   All Head of Teams
From :   Joseph Stuart
SUBJECT : Advertising Layout and Copy
DATE :   11 June, 20__

Attached is a rough layout wihe copy of an advertisement which we are planning
to publish in a number of medical periodicals, including the Journal of medicine,
in December.
As you will see, the ad os strictly "institutional" ――no products are mentioned by
name.

please let me have your comments and suggestions, if any.

ⓒ 사내연락문의 상황별 사용 예시

• 정책 공지 기출

To: All employees
Re: New policy on information protection law
The Information Committee has recently agreed on introducing a new policy as the
private information protection law has been enacted by the government. An improved
security measure related to our paper recycling practice will be implemented effective as
of September 1, 2021. It requires all the documents produced or received by the
company to be no longer recycled after their use, but destructed. We are taking this
measure at the safety inspectors' recommendations based on their findings.

정보보호법에 따른 새로운 정책으로, 재활용 실행과 관련하여 개선된 보안대책은 2021년
9월 1일부터 시행되므로 회사에서 제작되거나 받은 모든 서류는 사용 후 더는 재활용하지 않
고 파쇄해야 한다는 내용을 공지하는 사내연락문이다.

• 회의 변경에 대한 공지 [기출]

To: Members of Marketing Team
From: Rob Phillips
Date: Thursday, May 3
Re: Weekly meeting

Hello everyone,
It has just been brought to my attention that some of the staff members must leave for the 3-day conference this Thursday and we must hold our weekly meeting on Wednesday instead of Friday. Therefore, I need all of your completed marketing reports by 4:00 this afternoon. I know this is very short notice and I apologize for not informing you earlier.

Rob Phillips
Director of Marketing
Andrews, Inc.

직원 일부가 이번 목요일 3일차 회의를 위해 떠나야 하므로, 금요일의 주간회의를 수요일로 변경하기 때문에 마케팅 보고서를 오늘 오후 4시까지 마쳐달라는 내용의 사내연락문이다.

중요 check

Inter-office memo is a short official note that is sent by one person to another within the same company or organization.
사내 메모는 같은 사무실 내 사람들끼리 주고받는 간단한 공적 메모이다.

• 협조공문 [기출]

To: All employees
From: Mark Lee, President
Date: June 15, 2021
Subject: Electrical Service on Weekends

Due to increased energy costs, electrical service will be suspended from 9:00 a.m. to 5:00 p.m. on Sundays and Saturdays, beginning from July 8. Starting this year, we will put more efforts into becoming a leader in energy efficiency, and we are already making progress in cutting back on energy costs at our facilities. Your cooperation on this campaign will be much appreciated.

주말 전기 공급으로 인한 에너지 비용증가로, 전기 공급이 7월 8일부터 매주 토요일과 일요일 오전 9시부터 오후 5시까지 중단될 예정이므로 이에 협조해 달라는 내용의 사내연락문이다.

④ 팩스 문서(Fax)

　㉠ 팩스 표지(Fax Cover, Fax Cover Sheet)의 구성요소

발신인 정보	• 발신인에 대한 정보는 비즈니스 레터의 인쇄 서두와 마찬가지로, 팩스 표지를 위한 인쇄 서두가 인쇄된 용지를 사용할 수 있다. • 인쇄 서두 부분에 발신인의 회사명과 주소, 전화번호가 기입되어 있어, 팩스를 수신하는 곳에서 잘못 받았을 경우 연락할 수 있다. • 'FROM' 부분에 발신인을 정확히 기입한다. • 인쇄 서두 부분에 발신인의 직통번호가 기입되어 있지 않으면 발신인의 이름과 함께 연락처를 함께 기입한다.
수신인 정보	• 팩스 수신인을 'TO' 부분에 기입하고, 참조할 수신인이 있다면 'cc' 옆에 수신인의 목록을 기입할 수 있다. • 팩스 표지에 TO와 cc의 목록으로 수신인이 여럿 있다면 TO뿐만 아니라 cc의 목록에 기입된 모든 이가 수신인이라는 것을 알고 배부해야 한다. • 수신인의 전화번호와 팩스 번호도 함께 기입하기도 한다.
기타 정보	• 팩스 표지에서 가장 중요한 부분의 하나로 송수신하는 팩스 문서의 총 매수를 정확히 파악하여야 한다. • '페이지(Pages)'난에 기입된 총 매수가 팩스 표지 포함인지 아닌지 정확히 살펴보아야 한다. • 위의 내용 외에 문서 발송 날짜(Date), 제목(Subject), 문서 참조번호(Reference) 등이 있다.

　㉡ 팩스 표지 서식 및 팩스 메시지 예시

　　• 팩스 표지 서식 예시

KCSYSTEM
SEOUL, KOREA

FACSIMILE TRANSMITTAL SHEET

To	수신인 이름	From	발송인 이름
Company	수신인 회사	Date	날 짜
Fax number	수신인 팩스번호	Sender's Fax number	발송인 팩스번호
Phone number	수신인 전화번호	Phone number	발송인 전화번호
Re :	안 건	Total of pages including cover 표지를 포함한 전체 페이지 수	

Urgent 긴 급	For Review 검토요망	Please Comment 메모요망	Please Reply 답신요망

Note / Comments : (간단한 코멘트)
Dear Mr. Park,
It was pleasure talking to you on the phone again. Please took over the following order and call me at your convenience. (전화로 다시 연락드리게 되어 기쁘게 생각합니다. 다음 주문을 보시고 편리한 시간대에 연락주시기 바랍니다.)
Thank you.

Yoon Jung lee/ Sales promotion team
KCSYSTEM　　　　　　　　　　　　　서명(이름, 소속, 전화번호 등)

• 팩스 메시지 예시

FAX Message
Pelican Paper Ltd. College Court, College Road, London N21 3LL,
Tel: 0870-7675982
Fax: 0870-7675983

Ms. Paula Robinson   Date: November 17, 2021
Northern Paperworks   No. of pages to follow: 0
Fax 01524-767542

Dear Ms. Robinson:
Thank you for your email of November 15, enquiring about Wainman Ltd. We have been
dealing with the company for over six years. For these years, they have always settled
their accounts with us promptly, and we have never had any reason for complaint.

I hope that this information is of use to you.

Yours sincerely,

Wainman 회사에 대해 문의한 11월 15일자 이메일에 대한 답신이다. 발신자는 그 회사와 6년 넘게 거래해왔으며 항상 신속히 결재해 주었으므로 믿을만하다는 내용을 말하고 있다.

ⓒ 레터헤드 인쇄 유무에 따른 사용 예시

• 레터헤드가 인쇄된 용지를 사용한 팩스 표지 예시

KRIVET

1882 shelby St.
Seattle, Wa, 980112
www.krivet.com

FAX

To :   From :

Fax :   Pages :

Phones :   Dates :

Re :   cc :

□ Urgent   □ For Review   □ Please Comment   □ Please Reply   □ Please Recycle

■ Comments

• 레터헤드가 인쇄된 용지를 사용하지 않은 팩스 표지 예시

Facsimile

Date :
Subject :

To :
Phone :
Fax :

From :
Phone :
Fax :

No. of pages :

Message : _____

---

⑤ 기타 : 위에 제시된 영문서 외에도 회의록, 출장보고서, 일정표 등 다양한 영문서가 있으며 이러한 문서들이 전자우편의 첨부파일로 함께 수·발신되어 사용되고 있다.

(3) 봉투 수·발신 및 우편처리 방법

① 영문주소에서의 약어

Blvd. : Boulevard, (―가)
Ave. : Avenue , (남북으로 난)큰 도로
St. : Street, (동서로 난)도로
Rd. : Road, 작은 도로

② 수신인/발신인 주소의 순서

경칭 + 성명 : Ms. Christina Anderson
직급명 : Managing Director
회사명 : Swany Hotel
거리명(또는 사서함 번호) : 9 Hill Street
시, 주, 우편번호 : Albany, NY 20221
국명(모두 대문자로 표기) : U.S.A.

③ 한글 주소 표기

> 한글 주소의 영문표기법은 정반대로 하면 된다.
> 행정구역 사이는 (,)로 구분하며 시 · 군 · 구에 해당하는 표기는 (—)로 구분한다.
> 예 서울특별시 강남구 압구정로 25길 21
>   21, Apgujeong-ro 25-gil, Gangnam-gu, Seoul

④ 우편물의 종류

> First-class Mail : 편지, 고지서, 엽서 등 일반적인 보통우편
> Priority Mail : 빠른우편
> Special Delivery : 속달우편
> Express Mail : 특급우편(24시간 내 배달)
> Periodicals : 출판사나 신문사 등에서 이용하는 정기간행물
> Standard Mail : A와 B로 나뉜다.
> • Standard Mail A는 주로 업체에서 다량의 카탈로그, 광고물을 보낼 때(Parcel Post), Standard Mail B는 일반인이 주로 이용하는 것으로 소포를 보낼 때 이용된다.

⑤ 기타 우편 서비스

> Certificate of Mailing : 우편을 부쳤다는 증명서
> Certified Mail(Registered mail) : 등기우편
> Insured Mail : 분실 또는 손상(Loss or Damage)에 대해 보험을 드는 것
> Money Order : 우편환
> Book Rate : 엄격히 책만 보낸다는 조건하에 요금을 저렴하게 책정한 우편

⑥ 봉투 작성 예시

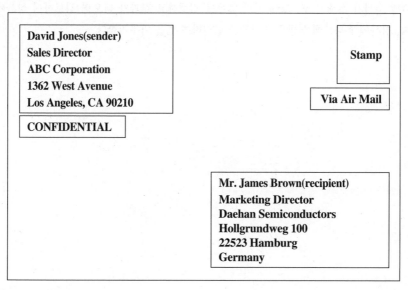

Sender : 발신자
Recipient : 수신자
Confidential : 기밀서류
Via air mail : 항공우편
Personal : 사직서 같은 개인적인 메일일 때

(4) 영문 비즈니스 문서 보고

① 영문서 파악

㉠ 영문 비즈니스 문서 종류 파악
- 수신한 영문서의 종류를 먼저 파악하는 것이 내용을 짐작하는 데에 도움이 된다.
- 앞서 소개된 영문서의 종류 외에도 회의록, 일정표 등 영문서에도 국문서와 마찬가지로 여러 가지 문서의 종류가 있음을 이해한다.

㉡ 영문 비즈니스 문서 내용 파악
- 수신한 영문서의 종류를 파악한 후에는 각 문서에서 전달하고자 하는 내용이 무엇인지 파악하여야 한다.
- 이를 위한 필요지식은 앞서 기술된 'CHAPTER. 01 비즈니스 용어 및 문법, 01 비즈니스 용어'를 참조한다.

② 영문서 보고

㉠ 영문서 보고 절차는 비서가 수행하는 일반보고 절차와 동일하다.

㉡ 상사로부터 업무지시를 받게 되면, 받은 지시의 내용을 파악하고 처리방법을 정하여 일의 수행 순서를 정한다.

㉢ 수행 순서가 정해진 후, 그에 따라 업무를 진행하고 결과가 나오면 검토하여 상사에게 보고한다. 상사에게 피드백을 받으면 그것을 반영하여 일을 마무리한다.

① 상황별 영문서 작성 (1,2급)

(1) 회의 통지문 작성

① 회의참석을 위한 등록안내 영문서 예시 기출

> You are invited to attend Sales Managers Workshop. Managers Workshop is a one-day workshop designed to equip you with the foundation to understand how to progress deals faster through your pipelines and help your team perform at a higher level.
>
> To Register
> Click on the registration link for the session you wish to attend. Three sessions will be held. On the resulting page, select the "Enroll" button, located on the top-right side of the page. You will receive an email confirmation and a calendar entry.
>
> Each workshop has a maximum capacity of twenty seats. If you register but are unable to attend, please send an email to Mirae Lee to cancel your registration.

파이프라인을 통한 더 빠른 협상 진행 방법의 이해와 향상된 팀 수행을 위한 하루 일정의 세일즈매니저 워크샵에 초대하는 내용으로 등록 방법은 컴퓨터 신청으로 해야 한다. (페이지 상단의 등록 버튼을 누름) 추가사항으로 좌석은 최대 20석이며 불참할 경우 취소 이메일을 보내야 한다.

② 회의참석을 요청하는 영문서 예시 기출

> We have had some difficulty arranging parking spaces for all employees. Also, as you know, we have committed to a new green guide for the company. Therefore, we need to bring green practices to our company. We are interested in finding a green solution to the parking problem. A meeting will be held on Thursday, March 23, at 12:30 p.m. to hear your suggestions. We encourage everyone to join the meeting.

주차 공간 마련의 어려움으로 새로운 지침서가 필요하여 3월 23일 목요일 오후 12시 30분에 회의를 개최하니 모두 참석하여 의견을 제시하도록 독려하고 있다.

(2) 출장 일정표 작성

출장 일정표는 출장계획을 적은 표로서, 출장 일정뿐만 아니라 교통, 숙박, 현지 대사관 정보 등을 기입한다.

① 출장 일정표에 기입해야 할 내용

교통편	출발공항, 도착공항, 출발/도착 날짜, 현지 시각, 항공사, 편명, 좌석번호, 예약번호, 항공사 회원번호 등
숙박편	호텔명, 주소, 전화번호, 예약번호, 공항 호텔간 셔틀버스, 픽업 서비스 여부 등
일 정	만날 사람, 소속, 연락처, 시간, 장소 등
여행 티켓	편도(One-Way Ticket), 왕복(Round-Trip Ticket, Return-Ticket), (유효)기한이 없는 티켓(Open-Ended Ticket)

② 출장 일정을 정리한 영문서 예시 기출

Tue, Sept. 8 Southeastern Airlines EC3453	9월 8일 화요일 일정
10:15 Depart : INCHEON	인천 출발
17:00 Arrive : HO CHI MINH	호치민 도착
Transport to Shangrilla Hotel	샹그릴라 호텔로 이동
Wed, Sept. 9	9월 9일 수요일 일정
08:00 Breakfast meeting with the branch managers	지점장들과 조식
12:00 Luncheon with chairman and members of the Vietnamese Chamber of Commerce	베트남 상공인들과 오찬
14:00 Tour of new Hanoi factory	하노이공장 견학

② 상황별 표현의 적절성

(1) 상황별 어휘

① 비서행정 어휘

A

acknowledgment letter : 편지 등을 받았다는 사실을 알리거나 주문받은 내용을 확인하는 편지
agenda : 의제, 안건
alphabetic subject filing : 알파벳(가나다)순 주제별 문서정리
annual report : 기업의 1년 동안의 활동 (수익, 자산, 부채, 목적, 성과 등)에 대한 종합보고서
application letter : 입사지원서
asset : 자산
audit : 감사

B

balance sheet : 재무상태표
bankruptcy : 파산
board of directors : 이사회
brainstorming : 다수인의 집단회의를 열고 참가자의 자유 연상을 유도하여 각자가 자유롭게 생각나는 아이디어를 낸 후 이를 문제해결책으로 채택 · 사용하는 방법
brochure : 안내 팸플릿, 소책자

C

CALS (Commerce At Light Speed) : 제품의 발주, 수주 및 구매절차로부터 생산과 유통, 폐기에 이르기까지의 전 수명주기를 관리하는 정보체계
carrousel file : 회전식 파일
CEO (Chief Executive Officer) : 최고경영자
CFO (Chief Financial Officer) : 재무담당임원
chronological file : 가장 최근 문서가 가장 처음에 나오는 날짜순서로 된 파일
CI (Corporate Identity) : 기업이미지의 통일, 기업문화를 말함. CI는 자기기업의 사회에 대한 사명, 역할, 비전 등을 명확히 하여 기업 이미지나 행동을 하나로 통일하는 역할을 함
CIF (Cost, Insurance & Freight) : 무역거래조건의 하나로 운임보험료 부담조건
commission : 수수료
commodity : 상품, 일용품
conference call : 여러 사람과 동시에 회의형태의 전화하는 것
confidential : 친전
conflict management : 갈등관리(갈등관리의 의미는 갈등을 해소 및 완화시킬 뿐 아니라 갈등을 용인하고 그에 적응하는 조치를 취하며, 조직에 유익한 갈등을 조장하는 것을 포함)
conglomerate : 복합기업
copyright : 판권, 저작권

correspondence : 카드형식이 아닌 문서형식, 즉 편지, 주문서, 보고서 등과 같은 서면 의사소통
cross-reference : 교차참조, 파일링할 때 하나의 문서를 2개 이상의 폴더에 파일링을 해야 하는 내용인 경우에 사본을 넣는 대신 원본 서류가 있는 위치를 알려주는 안내문서
CV (Curriculum Vitae) : 이력서

 D

database management : 데이터베이스 관리, 입력, 저장, 복사, 검색이 가능한 시스템
date stamp : 수신된 문서나 편지에 도착된 날짜를 찍도록 된 스탬프
debit : 차변, 청구액
debt : 채무, 빚
dividend : 배당금
downsize : 줄이다
duty-free : 면세의

 E

EDI (Electronic Data Interchange) : 기업 간의 거래데이터를 교환하기 위한 표준시스템
endorsement : 이서 혹은 배서, 수표의 권리를 위임하기 위하여 수표뒷면에 하는 서명
entropy : 엔트로피는 무작위 혹은 무질서의 상태를 의미함. 시스템을 내버려두면 언젠가 엔트로피가 최대 수준으로 증가여 그 시스템은 기능을 정지하거나 해체됨
ERP (Enterprise Resource Planning) : 전사적 자원관리시스템
exchange rate : 환율
executive : 임원, 경영진
export : 수출하다

 F

face value : 액면가치
FAQ (Frequently Asked Question) : 자주 묻는 질문
feedback : 다른 사람에게 자신의 지각과 정보를 전달하는 과정, 메시지에 대한 이해를 명료화 하는 과정
financial statement : 재무제표
flowchart : 운영절차의 시작에서 끝가지를 단계별로 보여주는 다이어그램
FOB (Free On Board) : 무역의 거래조건 중 본선인도조건
follow-up file : 특정날짜에 처리해야할 업무나 문서에 대해서 주의를 기울이도록 고안된 파일
franchising : 마케팅믹스를 제공하기로 약속하는 계약방식으로 소유권과 경영권 이전은 없고 마케팅 비법을 거래하는 것
frequent-flier programs : 항공사의 마일리지 프로그램
FY (Fiscal Year) : 회계연도
FYI (For your information) : 참고로, 참고사항
FTP (File Transfer Protocol) : 원격지 컴퓨터 간 파일을 송수신할 수 있는 서비스

 H

headquarters : 본부, 본사
HTTP (Hyper Text Transfer Protocol) : 웹상에서 하이퍼텍스트를 송수신하기 위한 프로토콜

human relations : 인간관계
human resources director : 인사담당 이사

inactive record : 자주 사용하지 않는 문서
Inc. (Incorporated) : 주식회사
income statement : 손익계산서
inventory : 재고
invoice : 송장
IRR (Internal Rate of Return) : 내부수익율, 투자에 소요되는 지출액의 현재가치가 그 투자로부터 기대되는 현금수입액의 현재가치와 동일하게 되는 할인율
ISDN (Integrated Service Digital Network) : 종합정보통신망
itinerary : 여행 일정표

job analysis : 직무분석
job description : 직무기술서
job portfolio : 취업을 위해서 지원자의 역량과 자질에 관한 아이템을 담은 폴더
job satisfaction : 직무만족
job specification : 직무명세서

LC (Letter of Credit) : 신용장
labor union : 노동조합
liaison : 집단이나 조직 사이의 연락
LOI (Letter of Intent) : 의향서

M&A (Merger & Aquisition) : 인수합병
mail merge : 편지병합
market segmentation : 시장세분화
MBO (Management By Objectives) : 목표관리제
minutes : 회의록
miscellaneous folder : 잡폴더. 개별폴더를 만들기에 서류가 충분하지 않을 경우에 보관하기 위한 폴더
multinational corporation : 다국적 기업
MOU (Memorandum Of Understanding) : 양해각서

N/A (Not Applicable) : 해당 없음
negotiation : 협상
nonprofit corporation : 비영리법인

O

OJT (On-the-Job Training) : 현장 직무교육

outsourcing : 조직내부의 프로젝트나 활동을 조직외부의 제삼자에게 위탁해서 처리하는 방식

P

paperwork : 서류업무

pending file : 조치가 필요하지만 아직 종료되지 않는 안건을 보관하는 파일

PR (Public Relations) : 조직이 목표달성을 위해 조직의 정책활동에 영향을 미치는 대내외적인 개개인과
  집단들로 하여금 평소에 우호적이고 신뢰적인 태도와 의견을 가질 수 있도록 하는 활동

preface : 문서에 처음 시작하는 글, 서문

press release : 뉴스나 다른 뉴스 매체에 제공하는 서류, 보도자료

problem-solving skill : 문제해결능력

R

R&D (Research & Development) : 연구개발

R.S.V.P. (Répondez s'ilvousplaít(Reply, if You Please)의 약자) : 참석여부 회신요망

reengineering : 인원삭감, 권한이양, 노동자의 재교육, 조직의 재편 등을 함축하는 말로서 품질, 서비스와
  같은 핵심적인 경영요소를 획기적으로 향상시킬 수 있도록 경영과정과 지원시스템을 근본적으로 재설계
  하는 기법

references : 개인의 능력이나 자질에 대한 정보를 주는 추천서

registered mail : 등기우편

Regret only : 불참할 경우에만 연락해주시오

résumé : 이력서

S

shareholder : 주주

strategy : 전략

subordinate : 부하직원

supervisor : 감독자

supplies : 공급물, 소모품

suspended folders : 파일서랍안에 금속프레임으로 가장자리에 매달려 있는 폴더(Hanging Folder)

suspense file : follow-up 파일과 같이 앞으로 해야 할 업무에 관한 내용을 기억하게 하기 위해 사용하는
  파일

T

table of contents : 목차

tariff : 관세

TCP/IP (Transmission Control Protocol / Internet Protocol) : 인터넷에 기본이 되는 프로토콜, 통신규약

teleconference system : 원격회의시스템

tickler file : 날짜별로 해야 할 일을 정리해놓은 카드파일

time management : 시간관리

top management : 최고경영진

U ─────────────────────────────────

unemployment : 실업
URL (Uniform Resource Locator) : 인터넷에 있는 정보의 위치를 표기
usenet : 인터넷에서 제공하는 게시판 기능

V ─────────────────────────────────

VAN (Value Added Network) : 부가가치통신망, 순수통신업자로부터 통신설비를 제공받아 이를 컴퓨터와
　결합하여 새로운 형태의 통신서비스를 제공하는 것
VAT (Value Added Tax) : 부가가치세
video conference : 화상회의
viewpoint : 견해
VIP (Very Important Person) : 귀빈
VP (Vice President) : 부사장

W ─────────────────────────────────

warrant : 보증하다
work ethic : 직업윤리

② 빈출 어휘

fringe benefits : 부가급여	validate : 입증하다
headhunter : 인재 스카우트 전문가	contact : 접촉하다
Copyright : 저작권	represent : 대표하다
subsidiary : 자회사	coordinate : 조정하다
priorities : 우선사항	reference : 참고
terms and conditions : 조건	congratulatory : 축하의
inquiry : 문의	complimentary : 무상의
reasonable : 합리적인	extraordinary : 놀라운

(2) 상황별 표현

① 회의 관련 표현

　㉠ 회의 관련 문서

cover material for a proposal : 회의 보고서
title page : 속표지
table of contents : 목록
abstract : 초록
quarterly sales report : 분기별 판매 보고서
draft : 원고, 초안
finalized copy : 최종 사본
agenda : 의제, 안건
minutes : 회의록
contract : 계약서

ⓒ 회의 준비 관련 어구 **기출**

> Schedule the meeting : 회의 스케줄 정하기
> Send checking e-mails or letters to all attendee : 모든 참석자에게 이메일이나 편지보내기
> Arrange the conference room : 회의실 예약
> Prepare refreshments for a break time : 휴식시간 다과준비
> Arrange an audio, speakers and computer projection system : 오디오, 스피커, 컴퓨터 프로젝터 시스템 준비
> Check the computer connected to a projector : 컴퓨터가 프로젝터에 연결되어 있는지 확인
> Put a notice or map on the main lobby : 회의 안내문 비치
> Set the seat assignments and parking tickets : 좌석 및 주차권 비치

ⓒ 회의 진행 관련 어구

> Run through the minutes of the previous meeting : 이전 회의 의사록 점검
> Draw up the agenda for the meeting : 회의에 대한 안건상정
> Presentation : 발표
> Break time : 휴식시간
> Resume the meeting : 회의 재개

ⓔ 회의 시작 직전부터 종료까지의 관련 예문

- 회의 시작 직전 관련 예문

> · Your meeting will be held in the main conference room on the 3rd floor.
>   3층 주 회의실에서 회의가 열릴 것입니다.
> · Let me give you the direction to the conference room.
>   회의실로 가는 길을 알려드리겠습니다.

- 회의 소개 영문서 예시 **기출**

> Good morning, everyone!
> First of all, I'd like to refresh your memories as to the background to the project. I'd like to give you abroad outline of what we've achieved so far. Finally, I'll try to give an indication of what our priorities will be over the next few months.

- 회의 진행 중 관련 예문

> · 10 minutes for questions for each presentation.
>   각 프레젠테이션에 대해 10분의 질문 시간이 주어집니다.
> · 10 minutes for questions are allocated for each presentation.
>   각 발표자에게는 10분의 질문 시간이 주어집니다.
> · Let me introduce today's presenters to you one by one.
>   오늘 발표자를 한 사람씩 소개하겠습니다.
> · Let me just run over the key points again.
>   다음 중요 사항을 다시 짚어보겠습니다.
> · Let's just go over the main points raised so far.
>   지금까지 제기된 요점을 살펴보겠습니다.

- Let me summarize the matter as it stands.
  그 문제를 그대로 요약해 드리겠습니다.
- That brings me to the end of my presentation.
  이상으로 프레젠테이션을 마칩니다.

- 회의 도중 휴식 관련 예문

  - Let's take a 10 minute break.
    10분간 휴식시간을 갖겠습니다.
  - We will adjourn until after lunch time and reconvene at 2 o'clock sharp.
    점심시간 후까지 휴회하기로 하고 2시 정각에 회의를 재개하겠습니다.
  - Let's recess for a short coffee break and resume at 3:00.
    잠깐 커피타임을 갖도록 하고 3시에 다시 시작하겠습니다.
  - Now, we have an intermission for 20 minutes.
    20분간 쉬도록 하겠습니다.

- 회의 종료 관련 예문

  - Thank you for your time, everyone.
    시간 내주셔서 감사합니다.
  - I really appreciate your contributions.
    오늘 발표해주셔서 감사드립니다.
  - We will close today's conference.
    오늘 회의를 마치겠습니다.
  - We'll be meeting again at our regular meeting time next Monday.
    다음 주 월요일 정례회의 시간에 다시 모이도록 하겠습니다.
  - The next meeting will take place at 10 a.m. on May 4th.
    다음 회의는 5월 4일 오전 10시에 열릴 예정입니다.
  - I declare today's meeting closed.
    오늘의 회의가 종결되었음을 선언합니다.

② 출장 관련 표현

㉠ 일정 조정 관련 예문 기출

  - I'm afraid I need to change my Friday meeting with Mr. Stewart. Something has come up, and I won't be able to make it.
    금요일 스튜어트 씨와 하는 미팅을 바꿔야 합니다. 일이 생겨서 할 수 없습니다.
  - Can we change it to next week?
    다음 주로 바꿀 수 있나요?
  - Mr. Stewart is available at 10 o'clock or at 4 o'clock on Tuesday.
    스튜어트 씨는 화요일 10시 혹은 4시에 가능합니다.
  - Shall we talk at 4 o'clock on Tuesday?
    화요일 4시에 얘기하는 게 어때요?
  - What time is fine with you?
    몇 시가 괜찮으신가요?

ⓛ 영문 항공표 예시 [기출]

CATHAY Pacific Airways 항공사		
e-Ticket Itinerary / Receipt 영수증		
Passenger name 승객이름		KIM/SUNGSOOMR
e-Ticket number 번 호		16048376
Itinerary 일정표		Booking Reference 예약조회번호 6417485
CX 411 항공기	Operated by CATHAY Pacific Airways Via: -	
Departure 출 발	서울(ICN) 16:25 Local Time 현지시간	06MAY17 Terminal NO.: -
Arrival 도 착	홍콩(HKG) 19:30 Local Time	06MAY17 Terminal NO.: 3
Class B 좌 석	Status OK 예약상태	Fare Basis SYIA17 요 금
Free Baggage Allowance 20KG	무료 수하물 허용중량	
Not Valid Before - After 07APR17	4월 7일 이전/이후 유효하지 않음	
CX 412 항공기	Operated by CATHAY Pacific Airways Via: -	
Departure	홍콩(HKG) 08:20 Local Time	11MAY17 Terminal NO.: -
Arrival	서울(ICN) 11:30 Local Time	11MAY17 Terminal NO.: 3
Class B	Status OK	Fare Basis SYIA17
Free Baggage Allowance 20KG	무료 수하물 허용중량	
Not Valid Before Not Valid Before 06MAY17 After 13MAY17		
2017년 5월 6일 이전, 5월 13일 이후 유효하지 않음		

ⓒ 출장경비 정산 관련 용어와 예문

• 출장경비 정산 관련 용어

open an account : 신규계좌개설	accommodations : 숙박 시설
deposit money : 입금하다	airfare : 항공료
cash a check : 수표를 현금으로 바꾸다	meal : 식사 / 식사비
withdraw money : 예금을 인출하다	transportation expenses : 교통비
business expense : 출장경비	total expenses : 비용총계
travel expense report : 여행 경비 보고서	balance : 차액
settlement of costs : 경비 정산	others : 기타
lodging : 숙소	provide communication allowances : 교통
lodging charge, board charge, room charge : 숙박료	비를 지급하다
	add up the meals : 식대를 합산하다

• 출장경비 정산 관련 예문

• Could you arrange the foreign currency for me?
외화를 준비해 주시겠어요?

• I'll need to change a thousand dollars into traveller's check.
1,000달러를 여행자 수표로 바꾸어야 합니다.

> • I'll get right on it.
> 바로 준비하겠습니다.

(3) 표현의 적절성

① 시간과 날짜

연도는 보통 두 자리씩 나누어 읽는다.

연 도	1985 2015 900 1980's	nineteen eighty–five two thousand and fifteen / twenty fifteen nine hundreds nineteen eighties
월 / 일	3월 15일	the fifteenth of March / March (the) 15th
시 간	5:00 5:15 5:30 5:45 5:50 6:10	five (o'clock) five fifteen / a quarter past five / a quarter after five five thirty / half past five five forty–five / a quarter to six / a quarter of six five fifty / ten (minutes) to six six ten / ten (minutes) past six / ten minutes after six
금 액	백 만 십 억 일 조 $5.23 $215,456,421	1,000,000 : million 1,000,000,000 : billion 1,000,000,000,000 : trillion five dollars (and) twenty three (cents) two hundred fifteen million, four hundred fifty six thousand, four hundred twenty one dollars

② 전화번호, 온도, 기타

	예 시	설 명	
전화번호	507–7336	five o seven, seven double three six • 전화번호는 한 자리씩 끊어 읽는다. • 숫자 0은 [ou]라고 읽는다. • 같은 숫자가 겹치면 double을 붙여 읽는다.	
온 도	24℃	twenty–four degrees Centigrade(Celsius)	섭씨 24도
	−15℃	fifteen degrees below zero Centigrade	섭씨 영하 15도
		minus fifteen degrees Centigrade	
	85℉	eighty–five degrees Fahrenheit	화씨 85도
기 타	$6.35	six dollars (and) thirty–five (cents)	
	Chapter III	chapter three/the third chapter	제3장
	p.275	page two hundred and seventy–five	
	Elizabeth II	Elizabeth the Second	엘리자벳 2세 여왕
	World War II	World War Two/the Second World War	제2차 세계대전

③ 기수와 서수

㉠ 기수와 서수 표현

기 수				서 수			
1	one	11	eleven	1st	first	11th	eleventh
2	two	12	twelve	2nd	second	12th	twelfth
3	three	13	thirteen	3rd	third	13th	thirteenth
4	four	14	fourteen	4th	fourth	14th	fourteenth
5	five	15	fifteen	5th	fifth	15th	fifteenth
6	six	16	sixteen	6th	sixth	16th	sixteenth
7	seven	17	seventeen	7th	seventh	17th	seventeenth
8	eight	18	eighteen	8th	eighth	18th	eighteenth
9	nine	19	nineteen	9th	ninth	19th	nineteenth
10	ten	20	twenty	10th	tenth	20th	twentieth

㉡ 기수와 서수에서 주의할 사항

ⓐ hundred, thousand, dozen(12), score(20) 앞에 복수를 나타내는 숫자가 와도 항상 단수형을 사용한다.

　예 four hundred students

　　400명의 학생

　　three thousand children

　　3,000명의 어린이

ⓑ 막연하게 많은 수를 나타낼 때 hundreds of ~, thousands of ~, millions of ~, dozens of ~ 와 같이 복수형을 사용한다.

　예 Millions of people die every year from starvation.

　　수많은 사람이 매년 굶주림으로 죽는다.

ⓒ 서수는 항상 the를 붙인다.

　예 Sunday is the first day of the week.

　　일요일은 한 주의 첫째 날이다.

　　The conference room is on the third floor.

　　회의실은 3층에 있다.

④ 분수와 소수

분자는 기수로, 분모는 서수로 읽는다. 분자가 2 이상이면 분모에 s를 붙여 읽는다. 숫자가 두 자리 이상일 때에는 분자, 분모 모두 기수로 읽으며 전치사는 over를 사용한다.

분 수	½	a half / one half
	¼	a quarter / one-fourth
	¾	three-quarters / three-fourths
	3⅔	three and two-thirds
소 수	5.38	five point three eight
	3.15	three point one five
	0.25	zero(= naught) point two five / point two five
부 호	2 + 3 = 5	Two plus three is[are] five. / Two and three makes[make] five.
	5 − 3 = 2	Five minus three is[equals] two. / Three from five leaves two.
	6 × 4 = 24	Six multiplied by four is twenty-four.
	6 ÷ 2 = 3	Six divided by two is three.

⑤ 배수사

㉠ 배수사는 half(반의), double(두 배의), twice(두 배의, 두 번) 등으로 표현한다.

㉡ 3배 이상일 때는 『기수사 + times + as + 형용사 + as』의 형태로 표현한다.

　예 That house is twice as large as this one.

　　저 집은 이 집보다 두 배는 크다.

　　I have been to Gwang-ju twice.

　　나는 광주에 두 번 가봤다.

⑥ 차트 해석 기출

차트를 보고 본사의 상품 서비스와 종업원 수를 파악한다.

FIVE BIGGEST EMPLOYERS IN DEVON PROVINCE				
Company Name 회 사	Headquarters 본 사	Product / Service	상품 / 서비스	Number of Employees 종업원 수
Wide World Inc.	Dryden	Travel and Tourism	여행 및 관광	13,300
K.D Boyce and Sons	Bristol	Oil and Natural Gas	석유와 천연가스 개발	12,230
The Moon	Stratford	Restaurant Chain	레스토랑 체인	8,930
Happy Valley	Wilmot	Amusement Park	놀이공원	7,400
ABC Corporation	Juniper	Electronics	전 기	4,680

01 According to the following fax message, which is NOT true?

> FACSIMILE
> Imperial Hotel
> tel : 02−566−7568 fax : 02−566−8921
> TO : Crown International Co.
> Mr. George Mitchell
> Date : May 20, 2017
> Sub : Room Reservation
> Pages : 3 (including this)
>
> We are pleased to confirm the reservation for you as follows :
> Arrival : June 3, 2017 at 14:30 (KE705)
> Departure : June 6, 2017
> When you arrive at the airport, you may use our Hotel shuttle bus. The shuttle buses run every 20 minutes, and the bus station is in front of Gate 4. You can easily find it. I am sending the time table of the shuttle bus and a copy of the map that shows our hotel area for your information.
>
> Best regards,
> Jun Hee Choi
> Reservation Manager

① Mr. Mitchell is supposed to stay in the Imperial Hotel.

② Ms. Choi attached a copy of the travel itinerary with this fax.

③ Mr. Mitchell will check out June 6.

④ The hotel runs shuttle buses every 20 minutes from the airport to the hotel.

해설 ② 셔틀버스 시간표와 호텔 주변 지도를 보내준다는 말은 있지만 여행일정표 사본에 관한 언급은 없다.

02 According to the following fax, which is true?

FAX from Anna Sullivan
       Advantage Supplies INC.
       Tel. (324) 371−1121
       Fax. (324) 371−1120
# of pages 1 including this page
DATE March 22, 2017
FAX to Debby Weston, Purchasing Manager
       PRAM international Inc.
       Fax. (734) 253−5454

RE : Your fax#023 dated March 21, 2017

Thank you for your fax. Most of all, we apologize for the delay in shipping your order. We normally keep to our delivery dates, but in this case, our supplies shipped to us late. Your order will be shipped today, and the date of delivery will be March 27.
We are very sorry and will make every effort to prevent a recurrence.

---

① The fax number of the recipient is 324 371 1120.

② This fax is a complaint about delayed delivery date of order.

③ This is a reply to the fax that Debby sent to Anna on March. 21.

④ The total pages of this fax is 2 including the cover.

해설　① 팩스 수신자의 번호는 (734) 253−5454이다.
　　　② 팩스는 배송이 지연된 데 대한 사과를 내용으로 한다.
　　　④ 팩스는 총 1장이다.

According to the hotel bill, which of the following is NOT true?

Hotel Bill Summary : Room 101
Total Room charge (Excl. Tax) : $180.00 USD
Telephone Service (Excl. Tax) : $4.17 USD
Additional Service (Excl. Tax) : $8.00 USD
(Mini-bar : 1 bottle of beer)
Bill Summary (Excl. Tax) : $192.17 USD
              (Incl. Tax) : $211.39 USD

Guest's Signature   Note :
Scarlet Rhett   Telephone Service Tax : 10%
                           Room Service Tax : 10%
                           Additional Service Tax : 10%

Sunday, March 26, 2017

① The guest stayed at Room 101.
② The total hotel bill is $211.39 USD including tax.
③ Scarlet Rhett issued the bill.
④ The guest used something from the mini-bar in the room

해설 ③ Scarlet Rhett가 계산서를 발행한 게 아니라 호텔이 발행한 계산서에 서명한 것이다.

What is the purpose of the following letter?

Dear Mr. Green :
Thank you for your letter of January 25, 2017 expressing interest in our printers.

As you requested, I have enclosed our catalogs, full details of prices and terms of payment. Also, you will find the information on shipping procedures, necessary time for delivery, and available discounts.

If you have any questions, please do not hesitate to contact us.

We are looking forward to hearing from you soon. Again, thank you for your inquiry.

Sincerely yours,

WOOK KIM
WOO KIM
Customer Service

Enclosures

① to ask necessary information about the new printers

② to apologize Mr. Green for the late delivery

③ to provide requested information

④ to invite Mr. Green to show the new products

해설 ③ 위 편지는 제품에 관심을 보인 고객이 요청한 정보를 제공하기 위해 작성되었다.
친애하는 Mr. Green,
2017년 1월 25일에 편지를 통해 저희 프린터에 관심을 보여주셔서 감사합니다.
요청하신대로 가격과 지불 기간에 관해 자세히 설명되어 있는 저희 카탈로그를 동봉합니다. 또한 선적절
차와 배송 기간, 할인 폭도 아시게 될 것입니다. 다른 문의사항이 있으시면 주저 마시고 연락 주세요.
다시 한 번 감사드리며 연락을 기다리고 있겠습니다.

05 Choose the correct inside address in a business letter.

① Mr. Jason Claus

Global Telecom

Sales & Marketing Director

11 Main Street

Grand Plains, NY 21596

② Sales & Marketing Director / Jason Claus

Global Telecom

11 Main Street

Grand Plains, NY 21596

③ Dear Mr. Jason Claus

11 Main Street

Grand Plains, NY 21596

Global Telecom

Sales & Marketing Director

④ Mr. Jason Claus

Sales & Marketing Director

Global Telecom

11 Main Street

Grand Plains, NY 21596

해설 수신인 주소(inside address)
• 영문 편지는 편지를 받는 사람의 주소를 편지 내에 기입한다.
• 보통 수신인의 이름, 직책/직위, 소속 부서명, 회사명, 수신인의 주소 순으로 각기 다른 줄에 기입한다.
• 직위는 약어로 쓰지 말고 전부 풀어 쓰는 것이 좋다.
• 직위는 대 · 소문자를 섞어 쓰되, 첫 자는 반드시 대문자로 써야 한다.
• 직위를 바로 호칭으로 쓰지 않는다.

06 According to the following itinerary, what is Mr. Edward going to do on Tuesday?

Tentative Schedule
For Mr. J. Edward SS Technologies

6/24(M)
| 11:50 | Arrive Incheon Int'l Airport |
| | (KE071)- Hilton HTL (82−2−771−2200) |

6/25(Tu)
08:30	Leave HTL for SS Technologies office
10:30~12:00	Meet SS Technologies staff to discuss on product quality and other concerns
16:00~17:30	Meet with Mr. H. W Cho to discuss on sales strategy
18:00	Dinner hosted by Mr. J. M. Park
	(Plaza HTL/Chinese Restaurant)

6/26(W)
08:00	Leave for Suwon by subway
09:30~11:30	Meet Mr. P. Choi
	(President/Daehan Tech)

6/27(Th)
| 07:00 | Check out HTL & leave for airport |
| 09:00 | Depart Incheon airport for London(KE017) |

① He is going to meet with Mr. J. M. Park to discuss on sales strategy together.

② He is going to meet Mr. P. Choi to discuss on product quality and other concerns.

③ He is going to meet SS staff in the office to discuss on several things.

④ He is going to check out the hotel to leave for London.

해설　① Mr. J. M. Park과는 중식당에서 있을 저녁 만찬에 참석할 예정이다.
　② Mr. P. Choi가 대한텍의 사장인 것은 알 수 있지만 무슨 용건인지는 일정표에 나타나 있지 않다. 제품의 품질 및 기타 관심사에 관해서는 SS 테크놀로지의 직원들과 논의하는 것으로 나타나 있다.
　④ 호텔을 체크아웃한 후 인천공항에서 출발하여 런던으로 향하는 것은 목요일 일정이다.

06 ③ 정답

07 Choose the most effective subject line that reflects the message below.

> We have had some difficulty arranging parking spaces for all employees. Also, as you know, we have committed to a new green guide for the company. Therefore, we need to bring green practices to our company. We are interested in finding a green solution to the parking problem. A meeting will be held at 12:30 p.m. on Thursday, March 23, to hear your suggestions. We encourage everyone to join the meeting.

① We need your suggestions for parking problem
② Green practices to our company
③ Difficulty of parking
④ Encouraging all employees to arrange meetings

해설 ① 주차문제 해결을 위한 회의를 공지하는 메시지이다.
우리는 모든 직원들에게 주차 공간을 배정하는 데에 어려움이 있습니다. 또한 여러분도 아시다시피 우리는 회사를 위한 새로운 녹색지침을 천명하였습니다. 그에 따라 우리는 회사가 녹색실천들을 하도록 하여야 합니다. 우리는 주차 문제를 해결할 친환경 해법을 찾는데 관심이 있습니다. 여러분의 제안을 듣기 위한 회의는 3월 23일 목요일 오후 12시 30분에 열릴 예정입니다. 모든 분들이 회의에 참석하기를 바랍니다.

08 Read the following and choose the set which arranges the litter appropriately.

> Dear Mr. Grant :
> a. We will send you the correct items free of delivery charge.
> b. We are sorry to hear that you received the wrong order.
> c. Once again, please accept our apologies for the inconvenience, and we look forward to serving you again in the future.
> d. Thank you for your letter dated October 28 concerning your recent order.
> e. Apparently, this was caused by a processing error.
>
> Yours faithfully,

① c-e-a-d-b   ② d-b-e-a-c
③ b-c-a-e-d   ④ e-a-b-d-c

해설 d. 당신의 최근 주문에 관한 10월 28일자 편지에 감사드립니다.
b. 주문과 다른 물품을 보내드려 죄송합니다.
e. 명백하게 이것은 진행상 실수로 야기된 것입니다.
a. 주문하신 물품의 배송비를 저희가 부담하여 다시 보내 드리겠습니다.
c. 다시 한 번 불편을 끼쳐드린 점에 대해 사과드리며, 다음에도 당신에게 도움이 되기를 기대합니다.

09 Choose one which is not true to the given text.

> To: Mr. Jason Cooper
> From: Ms. Olivia Easton
> of: B&B Holdings,Ltd.
> Contact No. (675) 467−9865
> Message: (√) URGENT!
>   just called
>   (√) please call back
>   will call later
>   other
> must talk to you before noon today _____
> _____
> _____
>
> Message Taken by : Michelle Lee
> Time & Date : 10:40 a.m., January 7, 2017

① Ms. Easton left this message.

② Mr. Cooper should call Ms. Easton as soon as he see this message.

③ Michelle is working for B&B holdings.

④ This message should be given to Mr. Cooper before 12 o'clock.

해설 ③ B&B holdings에서 근무하는 사람은 전화를 건 Ms. Easton이다. Michell은 부재중인 Mr. Cooper를 대신하여 전화를 받은 사람이다.
① Ms. Easton이 이 메시지의 발신인이다.
② Message란을 통해 Mr. Cooper가 Ms. Easton에게 긴급히 전화를 걸어야 함을 알 수 있다.
④ must talk to you before noon today를 통해 오전 중에 Mr. Cooper에게 메시지가 전달되어야 함을 알 수 있다.

10 Which is not cover material for a proposal?

① title page   ② author's identification

③ table of contents   ④ abstract

해설 제안서는 제안하고자 하는 바를 통해 얻을 수 있는 효과 및 해결책을 제시하여 고객의 선정을 받고자 하는 도구라고 할 수 있다. 이러한 점에서 제안서의 표지는 고객의 욕구와 일치시키는 제시로서 그 흥미를 이끌어내는 것이어야 하므로 작성 시에 매우 유의해야 하는 부분이다. 여기에 ②작성자의 신원은 포함시킬 필요가 없다.
① 제목 : 무엇을 어떻게 할 것인지 짧고 명료하게 나타내야 한다.
③ 목차 : 현실과 목표, 과제, 과제해결을 위한 방법, 제안 내용 등의 순서로 정리한다.
④ 개요 : 현실, 목표, 방법, 예상비용 등을 200자 내외로 간추린다.

11 Choose the most appropriate answer for the blank.

> A(an) _____ is a document that lists goods that have been supplied or services that have been done, and it says how much money you owe for the seller.

① letter of recommendation ② application form
③ invoice ④ income statement

해설 ③ 송장은 공급된 상품이나 지금까지 처리된 서비스목록, 그리고 얼마를 지불해야 하는지를 명시한 문서이다.
① 추천서
② 지원서
④ 손익계산서

12 According to the letter, what did Mr. Edward Kim tell Eva to do?

> Dear Mr. Klaus :
> Thank you for taking time from your busy schedule to meet with me on Tuesday. It was very helpful to me to learn much about the current projects of Dennis hilton Co. Ltd. and the career paths of several of your staff. I appreciate your reviewing my portfolio and encouraging my career plans.
>
> I also enjoyed meeting Mr. Edward Kim and am glad to have his suggestions on how I can make the most productive use of my last semester before graduation.
>
> Sincerely yours,
> Eva Walton

① To make her last semester the most productive
② To review her portfolio
③ To get a job in his company
④ To study harder to get better grades

해설 편지내용의 두 번째 단락에서 Eva는 Mr Edward Kim과 미팅을 했었고, 그가 Eva에게 졸업 전 마지막 학기를 가장 생산적으로 보내라고 말해 주었다는 내용이 있으므로 ①이 정답이다.

13 Choose the incorrect replacement of the underlined word(s).

> Recruitment refers to the overall process of finding and ⓐ hiring the ⓑ best-qualified candidate for a ⓒ job opening, in a timely and cost effective manner. The process includes analyzing the requirements of a job, attracting candidates to that job, ⓓ screening applicants, hiring, and integrating the new employee to the organization.

① ⓐ hiring → employing

② ⓑ best-qualified → most suitable

③ ⓒ job opening → vacant position

④ ⓓ screening applicants → making videos of applicants

해설 ④ '지원자의 비디오 제작하기'는 '지원자 선별하기'의 대체어로 맞지 않다.

※ 다음 글을 읽고 물음에 답하시오(14~15).

> The Honorable Tony Knowles, Governor, the State of Alaska and Mrs. Susan Knowles request the pleasure of your company at a reception to honor the growing ties between the Republic of Korea and State of Alaska on Monday, the 18th day of September, 2017 from six until eight o'clock p.m.
> R.S.V.P. 739-8098/9(Ms. Park)
> The Grand Ballroom
> Western Chosun Hotel

14 위의 리셉션의 주최 측은 누구인가?

① Ms. Park

② Mr. and Mrs. Knowles

③ Republic of Korea

④ Western Chosun Hotel

해설 ② 알래스카 주지사인 Knowles 부부가 리셉션의 주최자이다.

15 위의 리셉션을 개최하는 목적과 날짜는?

① 한국과 알래스카의 유대감 증진 – 9월 18일
② 회사의 유대감 증진 – 9월 18일
③ 주지사 당선 축하 – 7월 3일
④ Alaska 관광지로서 홍보 – 7월 3일

해설 ① 한국과 알래스카 간의 growing ties(유대감 증진)를 위해 9월 18일에 개최한다고 하였다.

16 다음의 용어와 설명이 잘못 연결된 것은?

① Confidential – 기밀
② Personnel – 친전
③ Registered – 등기
④ Special Delivery – 속달

해설 ② 'Personnel'은 '인사(人事)'를 의미하고, 친전은 'Personal'로 표기한다.

17 다음 Letter의 구성 요소에 대한 설명 중 틀린 것은?

① Letterhead contains the name, address, telephone number, etc., of the company where the letter is received.
② The inside address identifies the recipient of the letter.
③ A salutation normally consists of Dear + personal titles and receiver's surname.
④ Enclosure means something is being sent with the letter.

해설 ① Letterhead는 편지의 수신인에 대한 정보가 아니라 발신인에 대한 정보로서, 편지의 맨 위쪽에 위치한다.

18 **Choose one which is NOT true to the given text.** [19년 1회 1급]

> TELEPHONE MEMO
> To Mr. S. Y. Kim of Min Company
> Date 2019. 2. 2. Time 2:20 pm
>
> **WHILE YOU WERE OUT**
> Mr. Paul Robinson of International Home Appliances
> phone 555-2485 Ext 144
>
> ■ Telephoned   □ Please Call
> □ Returned Your Call   □ Will Call Again
> □ Came to see You   □ Wants to see you
>
> **Message** : Mr. Robinson'd like to cancel the meeting of February 5th, Monday at 2 o'clock. He has to leave for New York tonight and will be back on February 12th.
>
> taken by Michelle Lee

① Mr. Robinson left this message to Ms. Michelle Lee.

② Mr. Robinson called Mr. Kim to cancel the meeting of February 5th.

③ Ms. Michelle Lee is working for International Home Appliances.

④ This message should be given to Mr. S. Y. Kim as soon as possible.

해설 ③ Ms. Michelle Lee는 사내 메모를 남긴 사람으로 Min Company 소속일 확률이 높다.

C&J Inc.
Miss Lisa Park
823-1212 W. Hastings Street
Philadelphia, PA 19107

March 13, 2021

Ms. Jane Hall
350 Fifth Avenue
Philadelphia, PA 19221

Ref : Account No. 1012-04
Dear Miss Hall :

According to our records, your payment of $120.50 is now one month past due. We tried to contact you last week but we couldn't.
Since we don't have any partial payment which is half of the whole payment, we will have to take appropriate action if your payment of $120.50 plus $15 late fee is not paid by May 13, 2021.
We look forward to your prompt response.

Yours truly,

19 위 편지의 내용에서 돈을 지불해야 했던 날짜는 언제였나?

① January 13, 2021
② February 13, 2021
③ March 13, 2021
④ April 13, 2021

해설 ② 편지 내용에 따르면 납부일로부터 한 달이 지났으므로 납부일은 현재로부터 한 달 전인 February 13, 2021이다.

20 Ms.Hall은 총 얼마를 지불해야 하는가?

① $60.25
② $120.50
③ $15
④ $135.50

해설 ④ Ms. Hall은 $120.50에 연체비 $15를 더하여 $135.50를 지불해야 한다.

M&M Co., Inc.
Address : _____
Phone : (212) 556-1234 / Fax: (212) 556-7389
E-mail : mandmco@finance.com
April 5, 2021
To : Sales Dept, Daehan trading Corporation
Fax : +82-2-570-2122 Phone : (823) 570-1234
Date : March 23, 2021 Total : 1page
Fax Message :

Dear Sir or Madam,
Order 232 payment on the above order is now overdue. We would be grateful if you could send us your check without delay.

Sincerely,

David Smith
Name : David Smith
Title : Export Manager

21 위의 팩스가 제대로 전달되지 않은 경우 수신인은 어디로 전화연락을 해야 하는가?

① 212-556-1234
② 82-2-570-2122
③ 212-556-7389
④ 823-570-1234

해설 ① 발송인의 전화번호로 연락해야 한다. 발신인은 팩스 전송에 문제가 있을 경우를 대비해 자신의 이름과 연락처를 팩스 문서에 기입한다.

22 위의 팩스에서 Address(주소)란에 올바른 순서로 주소를 넣은 것은?

① NY 10050, East 55, Manhattan, Lexington Avenue, New York
② East 55 Lexington Avenue, Manhattan, New York, NY 10050
③ New York, Manhattan, East 55 Lexington Avenue, NY 10050
④ NY 10050, East 55, Lexington Avenue, New York, Manhattan

해설 ② 주소는 번지, 거리, 도시, 주, 우편번호순으로 적는다.

23 위의 팩스의 내용으로 알맞은 것은?

① 기한 내에 지체 없이 결제해주셔서 감사합니다.
② 기한이 지나도 아직 물건이 오지 않았으므로 빨리 확인 바랍니다.
③ 주문에 대한 결제 기한이 지났으므로 수표를 조속히 보내주길 바랍니다.
④ 결제액이 주문보다 많이 왔으므로 처리방법을 알려주십시오.

> 해설 ③ 팩스내용은 주문에 대한 결제 기한이 지났으므로 수표를 조속히 보내주길 바란다는 것이다.

24 다음 중 각 우편물에 대한 설명이 잘못된 것은?

① Junk Mail – Unwanted mail. Often it is advertising.
② Interoffice Mail – Delivered to different offices outside the company.
③ Incoming Mail – Delivered to your company.
④ Enclosure – Something extra included with a letter or memo.

> 해설 ② Interoffice Mail (동일 조직 내에서)은 회사외부의 다른 사무실로 전해지는 우편이 아니고 회사 내부에서 내부로 전하는 우편을 말한다.

25 다음 밑줄 친 ⓐ~ⓓ를 각각 설명한 것으로 옳지 않은 것은?

Fax Cover Sheet
Dear Jaime,

_____

_____

This fax may contain ⓐ confidential information.
If you are not the intended ⓑ recipient, advise the sender and ⓒ destroy this document.
If you do not receive all pages, or if any pages are ⓓ illegible, please phone 82-2-555-2330
immediately.

---

① ⓐ things that others should not know
② ⓑ the person who should receive the fax
③ ⓒ distribute
④ ⓓ unreadable

> 해설 ③ 'destroy'는 '파기하다'는 뜻이고, 'distribute'는 '배포하다'를 뜻한다.

26 What is MOST proper as a closing of the letter? [19년 1회 1급]

① I'm writing to apologize for the wrong order we sent.

② Thank you for your quick reply.

③ I'm looking forward to hearing from you soon.

④ I have received your letter of May 1st.

해설 서한의 말미에 들어갈 말로 가장 적합한 것은 ③의 "귀하로부터 곧 소식을 들을 것을 고대하겠습니다(I'm looking forward to hearing from you soon)"이다.

27 Read the following letter and choose the one which is NOT true. [20년 1회 1급]

Dear Ms. Kim :

In reply to your advertisement in Korea Times, I am applying for the position of a secretary. Words such as "responsible" and "administrative ability" in the description of the position immediately appealed to me.

I believe I have the necessary qualification; therefore, I would like to be considered for this position. An examination of my personal data sheet will show that I am well prepared by training and experience for secretarial work. In addition, my extracurricular activities, described in the enclosed personal data sheet, have prepared me work with other people.

I would very much like the opportunity to work in your company and convert my knowledge and well-prepared training to practical use. I should be grateful if you would grant me an interview.

I look forward to hearing from you soon.

① 이 편지는 지원자가 기관의 채용 광고를 본 후 관심 있는 직종에 지원 의사를 밝히기 위해 작성한 것이다.

② 지원자는 본 문서에 본인의 이력서를 첨부하였다.

③ 지원자는 비서 경험이 없는 신입 비서로서, 입사 후 비서직에서 훈련받기를 원한다는 내용이다.

④ 지원자는 다양한 과외 활동을 통해 협업 능력을 길렀다.

해설 ③ 지원자는 비서 업무를 위한 훈련과 경험이 있는 사람이다.

친애하는 Ms. Kim에게.

저는 코리아 타임즈에 실린 당신의 광고를 보고 비서직에 지원하게 됐습니다. 직책에 대한 설명인 "책임 있는"과 "행정수행능력"이라는 단어들이 곧바로 저에게 다가왔습니다.

저는 제가 필요한 자격을 갖추고 있다고 생각합니다. 그러므로 이 직책에 있어 제가 고려되기를 원합니다. 제 개인 데이터 시트를 검사해 보시면 비서 업무를 위한 훈련과 경험으로 준비가 잘 되어 있다는 것을 알 수 있을 것입니다. 또한, 동봉된 개인 데이터 시트에 기술된 저의 특별 교육 활동을 통해 저는 다른 사람들과 일할 수 있도록 준비되었습니다. 저는 귀하의 회사에서 일할 기회와 제 지식과 잘 준비된 교육을 실용화할 기회를 매우 원합니다. 저에게 인터뷰를 허락해 준다면 무척 감사할 것입니다. 저는 곧 당신으로부터 소식을 들을 수 있기를 고대하겠습니다.

28 Which of the following is the MOST appropriate expression for the blanks ⓐ, ⓑ and ⓒ?

[20년 2회 1급]

Dear Dr. Grondahl,

Charles Lewis has asked me to ⓐ _____ your luncheon meeting with him and a representative of Third Millennium at noon on Monday, June 3.
The Moonsoon Restaurant, ⓑ _____ the Metropolis Hotel at 29 West 49th Street, is convenient to numerous midtown offices and the prime shopping and entertainment districts, and you should have no trouble finding it. You will be Mr. Lewis's guest for lunch.
I am ⓒ _____ a map of the New York City area for your convenience.

Sincerely,
Jane Jones

① ⓐ cancel   ⓑ placed in   ⓒ sending

② ⓐ confirm   ⓑ located in   ⓒ enclosing

③ ⓐ remake   ⓑ to be placed   ⓒ attaching

④ ⓐ call off   ⓑ located on   ⓒ forwarding

해설
- confirm : 확인해 주다
- cancel : 취소하다
- placed in, located in, located on : ~에 위치하다
- remake : 새로 만들다
- enclose : 동봉하다
- attaching : 첨부하다
- call off : 취소하다
- forwarding : 추진, 발송

Dr. Grondahl께
Charles Lewis 씨가 6월 3일 월요일 정오에 있을 Third Millennium 대표와의 오찬 회동의 확인을 부탁한다고 요청했습니다. West 49번가 29번지에 위치한 Metropolis Hotel에 있는 Moonsoon 레스토랑은 수많은 미드타운 사무실과 최고의 쇼핑 및 놀이시설을 편리하게 이용할 수 있으며, 당신이 이곳을 찾는 것은 어려움이 없을 것입니다. 당신이 Mr. Lewis의 점심 식사 손님이 될 것입니다. 제가 당신의 편의를 위하여 뉴욕지역의 지도를 동봉하였습니다.
Jane Jones 올림.

29 According to the followings, which one is NOT true? [19년 1회 1급]

Visitor	Food Restriction	Coffee/Tea	Drinks	Meal Preference	Dessert
Dan Ammann	None	Black Coffee	Sparkling Water	Steak	Chocolate
Chuck Stevens	No Tomato	Hot Americano	Diet Pepsi	Salmon	Chocolate Cookies
Jim DuLuca	No Peanuts	Black Coffee with Milk	Sparkling Water		Candy
Stefan Jacobi	None	Milk Tea			
Gerard Connell	No Pork				Ice Cream

① Dan Ammann has no food restriction.

② Chuck Stevens doesn't want to have meal with tomato.

③ Jim DuLuca may have peanut allergy.

④ Gerard Cornell can buy pork steak.

해설 ④ Gerard Connell은 돼지고기를 먹지 못한다.

30 Which is LEAST correct about Mr. Kim's itinerary? [19년 2회 1급]

Inerary for Mr. Kim
April 3(Monday)
Note : All times are local times.

16:00	Check in at Incheon Airport, Korea Airlines counter.
18:00	KAL724 to San Francisco
10:45	Arrive at San Francisco International Airport
12:00	Check in at St. Francisco Hotel 100 Post Street San Francisco, CA 94110
13:00	Lunch with Mr. Jones at Grotto · 9 Restaurant at Fisherman's Wharf
15:00~17:00	Staff Meeting at San Francisco Downtown Branch office

① Mr. Kim will have lunch with Mr. Jones in USA.

② The destination of Mr. Kim's flight is San Francisco.

③ Mr. Kim will attend staff meeting in the afternoon at San Francisco.

④ At 14:00 of local time in San Francisco, he is in flight.

해설 ④ 13:00부터 15:00까지 Mr. Jones와 점심 식사하는 것으로 되어 있으므로 Mr. Kim은 샌프란시스코 현지 시각으로 14:00에는 비행기를 타고 있는 것이 아니라 점심을 먹을 것이다. 그러므로 ④번이 오답이다.
　① Mr. Kim은 Mr. Jones와 미국에서 점심을 먹을 것이다.
　② Mr. Kim의 비행 목적지는 샌프란시스코다.
　③ Mr. Kim은 샌프란시스코에서 오후에 직원회의에 참석할 것이다.

31　What kind of letter is this? [20년 2회 1급]

> Mr. Benjamin Button
> HR Director
> New Bridge Finance, Ltd.
>
> Dear Mr. Button :
>
> It is my great pleasure to write for Stacy Truman for the opening position in your company. During the past three years that Ms. Truman was with us, I have come to know her as a hard-working, diligent and optimistic person with tremendous initiative. She began as a part-time secretary in Finance division but quickly demonstrated her potential and was promoted to executive secretary within a year's time.
> Though I would be upset me to see her go, I also know that Ms. Truman's ambition should not be held back. I'm sure she will make a valuable asset to any company.
>
> Sincerely,
> Richard Branson,
> Executive Vice President

① Condolence Letter

② Congratulatory Letter

③ Resignation Letter

④ Recommendation Letter

해설 ④ 추천편지
　① 문상편지
　② 축하편지
　③ 사직서
Stacy Truman이 귀사에서 직책을 맡게 되어 매우 기쁩니다. 트루먼 양이 우리와 함께 있었던 지난 3년 동안 나는 그녀가 엄청난 진취성을 가지고 열심히 일하고, 부지런하며, 낙천적인 사람이라는 것을 알게 되었습니다. 그녀는 재무부에서 시간제 비서로 일하기 시작했지만 잠재력을 빠르게 보여주었고, 1년 안에 경영 간부 비서로 승진했습니다. 비록 그녀가 가는 것을 보면 속상하겠지만, Truman 씨의 야망이 억제되어서는 안 된다는 것도 알고 있습니다. 나는 그녀가 어떤 회사에도 귀중한 자산이 될 것이라고 확신합니다.

32 Which is INCORRECT about the letter? [19년 1회 1급]

Dear Mr. Trump,

In Ms. Silverman's absence, I am responding to your request for information about our Model XX3 Laser printer. I enclose a brochure explaining many of the new features.

I hope this information will be of some help to you until Ms. Silverman returns to the office early next week. She will be in touch with you then to answer any further questions you may have about this new model which we have in stock.

Sincerely yours,
Kate Brown

---

① Mr. Trump asked for the information about Model XX3 Laser printer before.
② Next week, Ms. Silverman will answer to Mr. Trump directly.
③ Kate Brown is a buyer of the Laser printer.
④ This is a reply to the inquiry.

해설 ③ 레이저프린터를 구매하려고 하는 쪽은 Mr. Trump측이다.

03 | 비서 영어회화 업무

01. 전화 응대

1 응대 인사(수 · 발신)

(1) 전화를 받을 때

① 전화를 받는 자신을 밝힐 때 쓰는 표현
- ○○○ speaking.
- This is ○○○ speaking.

  ○○○입니다.

② 상대편이 누구인지를 물어볼 때 쓰는 표현
- May I ask who is calling?
- Can I ask who is calling?

  누가 전화하셨는지 여쭤도 될까요?
- May I have your name, please?

  성함을 말씀해 주시겠습니까?

③ 상대편이 누구와 통화를 원하는지 물어볼 때 쓰는 표현
- Who are you trying to reach?
- Who do you want to speak to?

  어느 분과 통화하고자 하시는지요?

(2) 전화를 걸 때

① 전화 거는 자신을 밝힐 때 쓰는 표현
- This is ○○○ from ABC company.
- This is ○○○ of ABC company.

  저는 ABC 회사의 ○○○입니다.

② 통화하고자 하는 사람을 밝힐 때 쓰는 표현

- I'd like to speak to ○○○.
- I want to speak with ○○○.
- I want to talk to ○○○.

  ○○○와 통화하고 싶습니다.

- Can I speak to ○○○?

  ○○○와 통화할 수 있나요?

③ 통화하고자 하는 부서(담당자)와 연결해 달라고 요청할 때 쓰는 표현

- Could you connect me with Planning Department?

  기획부와 연결해 주시겠어요?

- Could you transfer this call to Sam's office?

  이 전화를 Sam의 사무실로 연결해주시겠어요?

- Can you put me through to Sam?

  Sam에게 연결해주시겠어요?

- Can you switch over to his extension?

  그의 교환번호로 연결해주시겠어요?

- May I talk to the person in charge?

  담당자와 통화할 수 있을까요?

- I'd like to speak to the man in charge.

  책임자와 통화하고 싶어요.

④ 통화하려는 사람의 핸드폰 번호를 알고자 할 때 쓰는 표현

- What's his cell phone number?
- Let me get his cell phone number.
- Please tell me his cell phone number.

⑤ 나중에 다시 전화하고자 할 때 쓰는 표현

- Please allow me to call you later.
- Let me call you back in a few minute.
- May I call you in a minutes?
- I will call back.

⑥ 그 밖의 표현

- Could you ask her to call me back?

  저에게 전화 달라고 해주시겠어요?

- When do you expect him to be back?

  언제쯤 오실까요?

- I will let you know our mailing address.

  저희 메일주소를 알려드리겠습니다.

- Please give me a call.

  전화 주십시오.

- Could you get this information though to Mr. Kim?

  Mr. Kim에게 이것을 전해주시겠어요?

- I'll look forward to your call.

  전화 기다리겠습니다.

- Will you transfer this call to Mr. Kim?

  이 전화를 김 선생님에게 돌려주시겠습니까?

(3) 일반적인 전화 응대하기

① 전화를 받는다.

Mr. Lee's office. This is Minjung Kim speaking. May I help you?

② 통화 내용을 파악한다.

Oh, hi. My name is Greg Iverson of ABC company. May I speak to Mr. Lee?

예 전화를 건 사람

③ 상사가 통화가 가능한지 확인한다.

Let me check if Mr. Lee is available. Could you hold on a moment?

④ 전화를 연결한다.

Let me put you through.

(4) 일반적인 전화를 응대하는 대화

Secretary : Good afternoon. Mr. Lee's office. This is Minjung Kim speaking. May I help you?
Caller   : Oh, hi. My name is Greg Iverson of ABC company. May I speak to Mr. Lee?
Secretary : Hello, Mr. Iverson. Let me check if Mr. Lee is available. Could you hold on a moment, please?
Caller   : Sure. Thank you.
Secretary : Thank you for waiting, Mr. Iverson. Let me put you through to Mr. Lee. One moment, please.
Caller   : Thank you very much.

- 회사 이름, 부서명, 자신을 밝히는 법과 간단한 인사말을 메모지에 써서 전화기와 가까운 곳에 붙여 두고 익숙해질 때까지 활용한다.
- put through와 transfer는 의미가 같은 단어이므로 자기가 더 익숙하고 잘할 수 있는 단어를 사용해서 연습한다.

---

2 용건 파악

(1) 용건을 파악하고 전할 말이 있는지 물을 때

① 용건을 파악할 때 쓰는 표현
- Can I tell him why you're calling?

  용건이 무엇인지 그에게 전할까요?
- Is it anything urgent?

  긴급한 사항입니까?

② 전할 말이 있는지 물을 때 쓰는 표현
- May I take a message?
- Could you like to leave a message?
- Is there anything you'd like me to tell him?

(2) 통화 목적 묻기

① 전화를 받는다.

Mr. Lee's office. This is Minjung Kim speaking. May I help you?

② 상대방이 통화를 원하는 대상을 파악한다.

Can I speak to Mr. Lee, please? 예 전화를 건 사람

③ 통화 상대편의 이름과 통화 목적을 묻는다.
- May I ask who is calling, please?
- May I ask what your call is regarding?

④ 통화 목적을 파악한다.
- I'm returning his call from yesterday. 예 전화를 건 사람

⑤ 상사가 통화가 가능한지 확인한다.
- Let me check if Mr. Lee is available. Could you hold on a moment?

⑥ 전화를 연결한다.
- Let me put you through.

(3) 통화 목적을 묻는 대화

Secretary	: Good morning. Mr. Lee's office. This is Minjung Kim speaking. How may I help you?
Caller	: Can I speak to Mr. Lee, please?
Secretary	: May I ask who is calling, please?
Caller	: My name is Sylvia Chung. Sylvia Chung from DEF Incorporated.
Secretary	: Thank you Ms. Chung. **May I ask what your call is regarding?**
Caller	: Oh, I'm returning his call from yesterday. He left a voice mail message asking about our new product.
Secretary	: I'll check if Mr. Lee is available now. Could you hold for a moment?

Caller	: Yes, thank you.
Secretary	: Ms. Chung, thank you for waiting. Mr. Lee is expecting your call. I'll put you right through.
Caller	: Thanks.

상대편이 답신 전화를 거는 것이라고 밝혔더라도 반드시 상사에게 먼저 확인을 하고 연결하도록 한다.

(4) 용건 파악 대화 2

> **중요 check** 통화 목적을 물을 때 유의 사항
> • 전화벨이 3번 이상 울리기 전에 응대한다.
> • 상사의 일정표 및 부서별 전화번호부 등의 필요한 정보를 즉시 볼 수 있는 곳에 둔다.
> • 통화 시 주의가 산만해지지 않도록 업무 환경을 정리한다.

3 메시지 전달

(1) 메시지를 전달할 때

① 메시지를 전달하는 표현

- Here are some messages for you.
  여기 메시지를 받아놓았습니다.
- Here, this is the message for you.
  여기 메시지가 있습니다.

② 전화 내용을 전달하는 표현

- The sales manager said that they'd offer us a bigger discount.
  영업부장이 우리에게 더 큰 할인을 제공하겠다고 말했습니다.
- Mr. Baker said that the suppliers need confirmation in writing.
  베이커 씨가 공급자 측에서는 서면 확인이 필요하다고 하셨습니다.
- She told me that the meeting began at 3 o'clock.
  그녀는 회의가 3시에 시작한다고 말했습니다.
- They wanted to know how long the meeting was going to last.
  그들은 그 회의가 얼마나 계속될 것인지 알기를 원했습니다.
- Mr. Brown asked me when Mr. Clark was coming back.
  브라운 씨는 나에게 클라크 씨가 언제 돌아오시는지를 물었습니다.

(2) 전화 관련 메시지를 전달할 때

① 전화가 왔었다는 것을 전달할 때

- There have been □ phone call(s) while you were out.

  자리 비우신 사이에 □통의 전화가 왔었습니다.

- Mr./Ms.○○○ asked you to call him/her back.

  ○○○님께서 다시 전화 걸어주기를 부탁하셨습니다.

- Mr./Ms. ○○○ would like you to ~(동사)

  ○○○님께서 ~해주시기를 바라십니다.

- There was a phone call from Mr. Baker of EEC company.

  EEC사의 베이커 씨로부터 전화 왔었습니다.

- You've got a phone call from Mr. Brown.

  브라운 씨로부터 전화 왔었습니다.

② 상대방에게 전화를 걸도록 부탁할 때

- Can you call back later?

- Could you please call him back?

- Please tell him to call me back.

- Could you ask him to ring me back?

- Can you call again later, please?

  나중에 다시 전화해 주실 수 있습니까?

③ 이쪽에서 전화하도록 할 때

- May I have him call you back?

- May I have him call you when he gets in?

- Could you like me to call you when he comes in?

- Shall I ask him to return your call?

  응답전화를 하시라고 할까요?

④ 상대방에게 요청할 때

- He would like you to call him back.

  그는 당신이 전화하기를 원합니다.

- He wants you to come to the meeting.

  그는 당신이 그 회의에 오기를 원합니다.

- Mr. Hampton asked you to give them a report on the trip.

  햄턴 씨가 여행에 관한 보고서를 제출할 것을 요청했습니다.

(3) 통화 내용 전달하기

① 통화 내용을 파악한다.

② 상사의 부재 사실을 알린다.

㉠ 상사의 부재 사실을 알리는 범위는 사전에 상사와 조율이 되어 있어야 하고 부재의 이유를 알리는 말을 한다.

ⓛ Mr. Hernandez is in a meeting now.

③ 통화 내용을 메모한다.

　　Would you like to leave a message?

④ 상사에게 전화가 왔음을 알린다.

　　While you were out, there was a call from Jason Hong.

⑤ 통화 내용을 보고한다.

(4) 메시지를 전달하는 대화

Secretary	: The sales director is on a business trip now. **Would you leave a message?**
Caller	: Yes, I would like him to send me the sample ASAP.
Secretary	: Can I have the sample number and your address?
Caller	: Yes. The number is PA-double three-two-five. It's P as in 'papa' and A as in 'alpha'. And the address is twenty ten, Maple street, Saint Paul, P-A-U-L, MD. M as in 'mike' and D as in 'delta'.
Caller	: I got it. That will be taken care of right away.

메시지를 전달하는 내용으로 sample 번호, 주소, 이름 등을 정확히 전달하도록 주의해야 한다. Sample 번호는 PA 3325이고 주소는 2010 Maple St. Paul, MD로 샘플과 이름을 알아듣기 쉽게 알파벳을 예를 들어 설명하고 있다.

(5) 통화 내용을 전달하는 대화

Caller	: This is Jason Hong from CDF Computer. I'm calling to talk about the new laptop computer that Mr. Hernandez is planning to purchase. Can I speak with him?
Secretary	: I'm sorry but Mr. Hernandez is in a meeting now and will be back within 20 minutes. Would you like to leave a message or call him later?
Caller	: Then, could you ask him to call me back when he gets back?
Secretary	: Sure. What is your contact number, sir?
Caller	: Here. My number is 356-7890 and I'll stay at the office until 4:00.
Secretary	: Your number is 356-7890. All right, Mr. Hong. I'll give your message to Mr. Hernandez as soon as he gets back. Thank you for calling. Good bye. (20분 후 사무실로 돌아온 상사에게 비서가 위의 내용을 전달한다.)
Secretary	: Mr. Hernandez. While you were in the meeting, there was a call from Jason Hong from CDF Computer.
Hernandez	: What does he want?
Secretary	: **He wants to talk about the computer you are planning to purchase. He wants you to call him back. Here, this is the message for you.**
Hernandez	: OK. Thank you.

전화메모지에 적은 통화 내용을 적을 때도 중요한 부분을 시각적으로 강조하여 표시해 두는 것도 상사에게는 도움이 된다.

④ 전화 연결

(1) 전화를 연결할 때

① 전화를 바꿔줄 때 쓰는 표현

- Let me check if Mr./Ms. ○○○ is available.

  ○○○가 계신지 (통화 가능하신지) 확인해 보겠습니다.

- I'll put you through.

- Let me put you through.

  연결하도록 하겠습니다.

- I'll transfer your call to ○○○.

- I'll connect you to ○○○.

  ○○○분께 전화를 돌리겠습니다.

- Could you hold on a moment, please?

- Would you mind hanging on for a minute?

- Can I put you on hold for a second?

  잠시만 기다려 주시겠습니까?

- Hold on a moment, please.

- Hold the line, please.

- Hang on, please.

- Please hold a moment.

- One moment, please.

  잠시만요.

② 전화를 다른 부서로 연결할 때 쓰는 표현

- Hold on please. I'll transfer you to the ○○○ department.

- Let me put you through to the ○○○ department.

  잠시만 기다려 주세요. 제가 당신을 ○○○ 부서로 연결하겠습니다.

- I'll get ○○○'s secretary for you.

  제가 ○○○씨의 비서와 연결해 드리겠습니다.

- In case this call isn't connected successfully, the direct number is 000-0000.

  만약 통화 연결이 안 될 시, 직통 전화 번호는 000-0000입니다.

③ 전화를 바로 연결할 수 없을 때 쓰는 표현

- I'm sorry, but Mr./Ms. ○○○ is in a meeting right now.

  죄송합니다만, ○○○께서 지금 회의 중이십니다.

- Her line is busy at this moment.

- I'm sorry he is on the other line(on another line).

- He's on the phone.

- I'm sorry, but Mr.(Ms.)○○○ is on the phone at the moment.

  죄송합니다만, ○○○께서는 통화 중이십니다.

- I'm sorry, but Mr.(Ms.)○○○ is not at the desk at the moment.

  죄송합니다만, ○○○께서 지금 자리에 안 계십니다.

- I'm sorry, but Mr.(Ms.) ○○○ is on a business trip.

  죄송합니다만, ○○○께서 출장 중이십니다.

- I'm sorry, but Mr.(Ms.)○○○ is on vacation.

  죄송합니다만, ○○○께서 휴가 중이십니다.

- I'm sorry, but Mr.(Ms.)○○○ has gone for the day.

  죄송합니다만, ○○○께서 퇴근하셨습니다.

- May I take your message?

- Would you like to leave a message?

  메모를 남기시겠습니까?

④ 통화 대기를 시켜야 할 때 쓰는 표현

- Let me put you on hold for a moment.

  잠시 통화 대기시키도록 하겠습니다.

- May I put you on hold?

  통화 대기시켜도 되겠습니까?

(2) 그 밖의 표현

① 잘못 걸려온 전화를 받을 때 쓰는 표현

- I'm sorry, but you've got the wrong number.

  죄송합니다만, 잘못 거셨습니다.

- I'm sorry there is no one by that name.

  죄송합니다만, 그런 이름을 가진 분은 안 계십니다.

② 사무실에 걸려온 전화를 끊을 때 쓰는 표현

- Thank you for calling. Good Bye.

  전화해 주셔서 감사합니다.

③ 전화상에 문제가 있을 때 쓰는 표현

- There is a lot of interference on this line.

  전화가 혼선이 심합니다.

- We seem to have a lot of echoes.

  소리가 울립니다.

- We are having some break-ups.

  전화가 좀 끊깁니다.

(3) 타 부서로 전화 연결하기

① 전화를 받는다.

② 통화 내용을 파악한다.

③ 부서가 잘못됨을 알린다.

I'm sorry you've come through to the wrong department.

④ 타 부서로 연결한다.

㉠ 타 부서로 전화를 연결하기 전, 상대편에게 전화를 돌릴 것을 안내한다.

㉡ Please hold while I put you through to the advertising department.

(4) 전화 연결 대화 1

Mr. Edwards	: Yes, Tina?
Secretary	: Excuse me, Mr. Edwards. It's Mr. David Jones from Asia Corporation. He's calling long distance.
Mr. Edwards	: What does he want?
Secretary	: He's responding to the e-mail you sent him.
Mr. Edwards	: Ah, yes. Okay. I'll put him through.
Secretary	: Mr. Jones?
Mr. Jones	: Yes?
Secretary	: **I'll transfer your call to Mr. Edwards.**
Mr. Jones	: Thank you.
Mr. Edwards	: Hello, this is Bill Edwards.
Mr. Jones	: Mr. Edwards, this is David Jones from Asia Corporation. Thanks for taking my call.

Mr. David Jones가 장거리 전화로 Mr. Edwards가 보낸 이메일에 응답하고자 하므로 비서는 전화를 연결해 주려 하고 있다.

(5) 전화 연결 대화 2

(인터폰으로)

Secretary	: Mr. Park, Mr. Hampton of MS is on the line.
Mr. Park	: Put him through, Miss Kim.
Secretary	: Yes, Mr. Park.
	(손님에게)
Secretary	: **Mr. Hampton, Mr. Park is on the line. Go ahead, please.**
Caller	: Thank you.

Mr. Hampton의 전화를 Mr. Park에게 연결하는 내용이다.

(6) 타 부서로 전화 연결하는 대화 1

Secretary	: President's office. How may I help you?
Caller	: Hello. Isn't this advertising department?
Secretary	: I'm sorry you've come through to the wrong department. This is the president's office.
Caller	: Oh, I'm sorry.
Secretary	: That's OK. You want the advertisement department, right?
Caller	: Yes.
Secretary	: Please hold while I put you through to the advertising department.
Caller	: Thank you so much.
Secretary	: No problem. If you are not connected successfully, the extension number for the advertising department is 3322. Good bye.

전화기 제조사에 따라 전화를 연결하는 방식이 다를 수 있으므로 근무하는 첫날부터 전화 연결이 익숙
해질 때까지 전화기와 가까운 곳에 연결하는 방법을 간단히 적어둔다.

(7) 타 부서로 전화 연결하는 대화 2

Caller	: Hi, I'd like to speak to Dr. Hernandez. My name is Doris Miller and I'm his patient.
Secretary	: I'm sorry, Ms. Miller, but Dr. Hernandez is out of town. He is attending a medical conference. Is this an emergency?
Caller	: No, I'm calling about the medicine he prescribed. I wanted to ask him about changing to a different one.
Secretary	: In that case, I'll connect you to Dr. Kim's office. She is taking care of Dr. Hernandez's patients until he returns.
Caller	: I'd appreciate if you put me through to her office.
Secretary	: In case, Dr. Kim's extension is 4512. Hold for a moment.

- 회사의 조직도 및 부서별 전화번호부를 반드시 참고하기 쉬운 곳에 비치해둔다.
- 통화 내용의 녹음이 필요하다면 상대방의 동의를 반드시 얻어서 진행한다.
- 다른 부서로 통화를 연결하다가 끊길 경우를 대비해서 반드시 직통 전화 번호를 미리 안내한다.

5 상황별 전화 응대

(1) 상사의 통화 중 전화 응대하기

① 전화를 받는다.

Mr. Lee's office. This is Minjung Kim speaking. May I help you?

② 통화 내용을 파악한다.

This is Karen from the Accounting Department. Can I talk to Mr. Lee?

예 전화를 건 사람

③ 상사가 통화 중임을 알릴 때 쓰는 표현

　I'm sorry, but Mr. Lee is on the phone right now.

④ 상대방이 메시지를 남길지 묻는 표현

　Would you like to wait or shall I take a message?

⑤ 기다린다고 할 때 쓰는 표현

　I'll put you on hold.

⑥ 메시지를 적을 때 상대방의 연락처를 반드시 확인한다.

　May I have your number?"

⑦ 응대를 마친다.

　상사의 통화가 끝나면 전화를 연결하고, 메모를 남기고 통화를 끝내는 경우 전달할 것을 확인시켜
　준다.

(2) 상사의 부재 시 전화 응대하기

① 전화를 받는다.

　Mr. Lee's office. This is Minjung Kim speaking. May I help you?

② 통화 내용을 파악한다.

　Hello, This is Joshua Ellis from ABC Inc. Could I speak to Mr. Lee please? 예 전화를 건 사람

③ 상사의 부재를 알린다.

　㉠ 상사의 부재 사실을 알리는 범위는 사전에 상사와 조율이 되어 있어야 하고, 상사의 부재 이유
　　를 말한다.

　　• I'm sorry Mr. Lee is in a meeting at the moment.

　　　이 선생님은 지금 회의 중이십니다.

　　• He just left for lunch.

　　　점심 식사하러 나가셨습니다.

　　• He just stepped out.

　　　금방 나가셨습니다.

　　• He is out of town.

　　　출장 중이십니다.

④ 상대방이 메시지를 남길지 묻는 표현

　Would you like to leave a message?

⑤ 상대방의 이름과 연락처를 묻는 표현

　• May I have your name please?

　　성함이 어떻게 되십니까?

　• How do you spell your name?

　　이름 철자가 어떻게 됩니까?

　• What is your contact number?

　　연락처 번호가 어떻게 되나요?

⑥ 이름이나 연락처를 받아 적을 때 쓰는 표현

　　· May I have it, just in case?

　　　만약을 대비해 제가 가져도 될까요? / 제가 알아도 될까요?

　　· Could you read that back to me?

　　　다시 읽어주시겠습니까?

　　· I'll read it again. / Let me read that back to you. / Let me repeat it.

　　　다시 읽어보겠습니다.

⑦ 끝인사 후 전화를 끊는다. 메시지를 전달할 것을 확인시켜주고 통화를 마친다.

(3) 통화 시 문제점 해결을 위한 전화 응대하기

① 전화를 받는다.

　Mr. Lee's office. This is Minjung Kim speaking. May I help you?

② 통화 내용을 파악한다.

　Hello. This is Steve Roson from JK consulting from Singapore. I'm just returning Mr. Lee's call from

　yesterday. 예 전화를 건 사람

③ 통화 문제점을 말한다.

　㉠ 목소리 크기, 말의 속도, 통화 품질 등의 문제점을 언급하는 표현

　　· I'm sorry but could you speak up a bit please?

　　　죄송하지만 조금만 더 크게 말씀해 주시겠습니까?

　　· Could you speak more slowly please?

　　　좀 더 천천히 말씀해 주시겠습니까?

　　· This is a bad connection.

　　　연결 상태가 좋지 않습니다.

④ 문제를 해결한다.

(4) 상사의 소재를 묻는 전화 응대 대화

Caller	: Is Mr. Hampton in?
Secretary	: No.
Caller	: Do you know where he is?
Secretary	: I couldn't tell you where he is.
Caller	: Why is that?
Secretary	: Because he never tells anyone where he's going.
Caller	: I see.
Secretary	: Do you want to leave a message?

잘 아는 사람이 아니면 상사의 소재를 밝히지 않는 것이 좋다.

(5) 상사의 통화 중 전화 응대 대화

Secretary : Good morning. Mr. Lee's office. This is Minjung Kim speaking. How may I help you?

Caller : This is Karen from the accounting department. Can I talk to Mr. Lee?

Secretary : Hi, Karen. I'm sorry, but Mr. Lee is on the phone right now. Would you like to wait or shall I take a message?

Caller : Please ask him to call me back. This is about the next year's budget.

Secretary : All right. I'll make sure that he gets the message. May I have your number just in case?

Caller : Sure. My extension is 5678. Thank you, Minjung.

Secretary : You're welcome, Karen. Bye.

상대방이 답신 전화를 원하는 경우 회사 내에서 걸려온 전화라도 연락 가능한 번호를 반드시 확인한다.

(6) 급한 용무 시 전화 응대 대화

Mr. Parker : This is Alan Parker from BioTech. I'd like to see Mr. Smith.

Secretary : Do you have an appointment with him?

Mr. Parker : No, I don't. I believe I spoke with you last week and left a message for Mr. Smith.

Secretary : I contacted Mr. Smith and delivered your message. Is there anything that I can do further for you?

Mr. Parker : Yes, indeed. I haven't heard from him and I haven't received any proposal for the new project yet. Can I speak with him? It's urgent.

Secretary : Actually, he's tied up at the moment. But I'll see what I can do.

급한 용무로 전화했을 때 비서가 상사의 상황을 파악해보겠다는 내용의 지문이다.

(7) 상사의 부재 시 전화 응대 대화

Secretary : Mr. Lee's office. This is Minjung Kim speaking. May I help you

Caller : Hello, This is Joshua Ellis from ABC Inc. Could I speak to Mr. Lee please?

Secretary : I'm sorry Mr. Lee is in a meeting at the moment. Can I take a message?

Caller : Yes. Could you ask him to call me back when he gets back?

Secretary : Certainly. May I have your name again, please?

Caller : My name is Joshua Ellis. I'm calling from ABC Inc.

Secretary : How do you spell your last name?

Caller : It's E-double Ls-I-S

Secretary : E-L-L-I-S

Caller : That's correct.

Secretary : What is your contact number?

Caller : It's 00 77 896 342 4567

Secretary : Let me repeat that. It's 00 77 896 342 4567. Is that right?
Caller : Right.
Secretary : Mr. Ellis, I'll tell him to call you back. Good bye.

- 영어를 모국어로 하지 않는 통화자들은 서로의 영어 발음에 익숙하지 않기 때문에, 영어 전화 알파벳 코드의 도움을 받아 정확한 스펠링을 확인한다.
- 전화상으로 정보를 주거나 받을 때는 정확히 들었는지를 확인하는 질문을 던지거나, 숫자 등의 정보를 다시 따라 말함으로써 실수를 최대한 줄일 수 있다.
- 전화 메모를 받아 적을 때는 메모 패드를 이용하되, 메시지를 전달할 때에 전화메모지에 잘 정리하여 상사에게 전한다.

(8) 통화 시 문제점 해결 전화 응대 대화

Secretary : Mr. Lee's office. This is Minjung Kim speaking. How may I help you?
Caller : Hello. This is Steve Roson from JK consulting from Singapore. I'm just returning Mr. Han's call from yesterday.
Secretary : **I'm sorry but could you speak up a bit please?**
Caller : (조금 더 큰 목소리로) This is Steve Roson from JK consulting from Singapore. I'm just returning Mr. Han's call from yesterday.
Secretary : Thank you Mr. Roson. Let me transfer your call to Mr. Han. One moment please.
Caller : Thank you.

소리가 작게 들려 조금 더 크게 말해달라는 내용이다.

(9) 상사가 회의 중 전화 응대 대화

A : AAA Company, Jena Park speaking.
B : This is James White from Intel Company. Can I speak to Mr. Sean Kim?
A : Mr. White, **I'm afraid Mr. Kim is in a meeting at the moment. Would you like to leave a message?**
B : Yes, please tell him to call me back.
A : Certainly I will. Does he know your number?
B : Yes, he does.
A : May I have it, just in case?
B : It's 456-445-7870.
A : I'll read it again. 456-445-7870.
B : It's correct.
A : Thank you. I'll tell him to call you back as soon as he can.

상사가 회의 중이므로 456-445-7870으로 회신하도록 전달하겠다는 내용이다.

(10) 상사가 출장 중 전화 응대 대화

C : Hello. I'm Mike Hampton of MS. I know Mr. Park is out of town this week. I'd like to leave a message for him.

S : Certainly.

C : I'd like him to get in touch with me as soon as he returns from his business trip.

S : All right, sir. I'm sorry, but I couldn't catch your name.

C : That's Mike Hampton of MS.

S : Thank you, Mr. Hampton. I'll be sure he gets your message. Thank you for calling. Good-bye.

상사가 출장 중이므로 메시지를 전달하겠다는 내용이다.

---

02 내방객 응대

1 내방객 맞이

(1) 내방객을 맞이하는 기본 절차

① 상사에게 바로 안내

맞이하기→ 약속 확인→ 상사에게 안내 → 음료 등 접대

② 잠시 대기 후 상사에게 안내

맞이하기→ 약속 확인→ 대기→ 상사에게 안내 → 음료 등 접대

(2) 사무실을 방문한 외국인을 맞이하기

① 때에 맞는 인사를 한다.

• Good morning.

• Good afternoon.

② 방문 목적을 묻는다.

• What can I do for you?

• How may I help you?

어떻게 도와드릴까요?

③ 상대방의 이름을 묻는다.

May I have your name please?

④ 외국인 내방객이 선약이 있을 때

• 상대방의 이름을 확인하고 맞이한다.

- You are Mr./Ms. ○○○. We have been expecting you.

  당신이 ○○○ 씨군요. 오실 줄 알고 있었습니다.
- I'll let Mr./Ms. ○○○ know that you are here.

  ○○○ 님께 당신이 오셨다고 말씀드리겠습니다.
- Mr. Peterson is waiting for you.

  Peterson 씨가 기다리고 계십니다.

(3) 약속된 내방객을 맞이하는 대화

Secretary	: Good morning, may I help you?
Visitor	: Good morning. My name is Lucy Choi. I have an appointment with Mr. Jones at 11, but I'm a little early.
Secretary	: Oh, Ms. Choi. Mr. Jones has been expecting you. Wait a moment, please. (via interphone)
Secretary	: Mr. Jones, Ms. Choi came here a few minutes early for her 11 o'clock meeting. Are you available now?
Boss	: Not really. Just a second. I'm replying to an urgent email at the moment. Would you ask her to wait for a few minutes?
Secretary	: Sure.
Secretary	: Ms. Choi, Mr. Jones is not available at the moment. Would you please have a seat and wait for a moment?

방문객이 사장님과 만나기로 약속이 되어 있지만, 사장님이 긴급한 이메일에 답하고 있으므로 잠시 기다려 달라고 요청한 지문이다.

② 약속 확인 또는 용건 파악

(1) 내방객의 약속 확인과 용건을 파악할 때

① 약속이 되어 있는지 확인하는 표현
- Do you have an appointment?
- Did you make an appointment?

② 내방객의 방문 용건을 확인하는 표현
- What is the nature of your business?
- What is the purpose of your business?

  무슨 이유 때문이신지요?
- Why do you want to meet ○○○?
- May I ask the reason why you want to meet ○○○?

  왜 ○○○ 씨를 만나려고 하시나요?

중요 check 방문한 이유를 묻는 다양한 표현

- Could you give me the nature of your business?
- Could you tell me what you want to see her about?
- Could you tell me the business affairs?
- May I ask what your visit is for?
- May I ask what your visit is in regard to?
- May I ask the business purpose?
- May I ask what is the nature of your visit?
- Could I ask what you want to see her about?

(2) 방문 목적을 파악하기 위한 대화

Visitor	: Excuse me. My name is David Martin of IBM. I'd like to see Ms. Yoon, director of HR Department.
Secretary	: Have you made an appointment?
Visitor	: No, I haven't made it.
Secretary	: Well, could you give me the nature of your business?
Visitor	: I'd like to discuss our new product.
Secretary	: I see. I'll see if she's available now. Would you please wait for a while?

선약이 없이 왔을 때 방문 목적을 묻는 지문이다.

③ 내방객 안내

(1) 내방객 안내하기

① 내방객을 잠시 대기하도록 한다.

- Could you have a seat and wait a little?
  잠시 앉아서 기다려 주시겠습니까?
- I'll let her know that you are here.
  여기 오신 것을 말씀드리겠습니다.
- Mr. Kim will be available soon. Would you please wait for a minute?
  Mr. Kim께서 곧 시간이 괜찮으십니다. 잠시만 기다려주시겠어요?

② 내방객을 안내한다.

- Please come with me.
  동행하며. 저와 따라오십시오.
- Please go in.
  안내하며. 안으로 들어가십시오.

(2) 외국인 내방객에게 건물 내부 위치를 안내하기

① 외국인 방문객이 찾고자 하는 부서나 사람을 파악한다.

찾고자 하는 부서명이나 장소를 메모한다.

② 방향과 위치를 설명한다.

방향과 위치를 효율적으로 설명하기 위해서 위치를 안내하는 표현을 숙지한다.

③ 위치를 안내할 때 쓰는 표현

• Where is □ □ □ office?

□ □ □ 사무실이 어디죠?

• How can I get to the □ □ □?

□ □ □ 어떻게 가지요?

• Take the elevator to the □th floor.

□층까지 엘리베이터로 가세요.

• When you step out of the elevator, turn right(left).

엘리베이터에서 내리시면, 오른쪽(왼쪽)으로 돌아가세요.

• It's on your right(left).

그것은 오른편(왼편)에 있습니다.

• It's at the end of the hallway.

그것은 복도 끝에 있습니다.

• It's past the □ □ □.

그것은 □ □ □를 지나면 있습니다.

• It's next to the □ □ □.

그것은 □ □ □ 옆에 있습니다.

• It's opposite to the □ □ □.

그것은 □ □ □의 반대편에 있습니다.

(3) 주차 관련 사항을 안내하는 대화

Secretary	: How may I help you?
Visitor	: Could you validate my parking ticket?
Secretary	: Definitely.
Visitor	: It was really hard to find a parking spot today. What was worse, I was not allowed to park on the ground level.
Secretary	: Ah, we're sorry. Our parking lot is very limited. When you can not find a parking spot, you can use the public parking lot next to this building. You can get three hours of free parking.
Visitor	: Oh, I see. Thanks

내방객의 주차 시 주차증의 발급과 다른 주차장을 안내하는 지문이다.

(4) 회의실을 안내하는 대화

S: Good morning, Mr. Hampton. I'm glad to see you again.

V: Thank you. I'm glad to be back in Seoul again. Is Mr. Park in?

S: Yes, he's expecting you. A meeting wih you will be held in the conference room on the 5th floor. Let me take you there.

V: Thank you.

S: Please make yourself comfortable. Mr. Park will be with you.

5층 회의실에서 회의가 열릴 것이며 그리로 안내하겠다는 내용이다.

(5) 외국인 내방객에게 건물 내부 위치를 안내하는 대화

Visitor   : Excuse me. Where is the sales department?

Secretary   : When you step out of this office, go straight along the hallway, and turn left at the first corner.

Visitor   : Turn left at the first corner?

Secretary   : Yes. The sales department is the second door on your right, and it says "Sales Department" on it. You can't miss it.

Visitor   : Thank you.

Secretary   : You're welcome.

방향, 위치를 알려줄 때는 간단한 명령문으로 설명하는 것이 효율적이다. 최종 위치를 더 정확히 하기 위해서 주변에 있는 다른 사무실이나 특징들을 언급하면 상대방이 더 쉽게 이해할 수 있다.

4 내방객 접대

(1) 내방객 접대하기

① 내방객을 접대할 때 쓰는 표현

- Please have a seat here.

  이쪽으로 앉으세요.

- Please make yourself comfortable.

  편히 쉬십시오.

- Please have a seat. I'll bring you some newspapers.

  앉으세요. 신문을 가져다드리겠습니다.

- I'll let her know that you are here.

  여기 오신 것을 말씀드리겠습니다.

② 음료를 권할 때 쓰는 표현

- Would you like something to drink?
- Would you care for something to drink?

  마실 것을 좀 드릴까요?
- How would you like your coffee, black or with cream and sugar?

  커피는 어떻게 드릴까요? 블랙으로 아니면 크림과 설탕을 같이 드릴까요?
- We have some (green, herb, ginseng, black, etc.)tea if you like.

  원하시면 (녹차, 허브, 인삼, 홍차 등)도 있습니다.

(2) 내방객에게 음료 대접하기

① 내방객을 대기(면담) 장소로 안내한다.

Have a seat here.

이쪽으로 앉으세요.

② 예상 대기 시간을 말해준다.

내방객을 대기시켜야 하는 경우 기다려야 할 대략적인 시간을 알려준다.

③ 음료를 권한다.

Would you like something to drink?

마실 것을 좀 드릴까요?

④ 내방객의 요청에 따라 접대한다.

내방객이 음료를 거절하는 경우에는 "OK!"와 같은 말로 대화를 끝낸다.

(3) 내방객에게 음료를 대접하는 대화

Secretary	: (방문하신 손님에게) Have a seat here, please. Mr. Han will be right with you in 10 minutes. He hasn't finished meeting with another client yet, but it won't be too long. Would you like something to drink, Mr. Cooper?
Visitor	: Oh, thank you. Can I have some tea?
Secretary	: Of course. We have some herb and green tea. What would you like to have?
Visitor	: Green tea sounds good. Thank you.
Secretary	: No problem. I'll be right back. (비서가 준비한 녹차를 손님에게 내어놓으며)
Secretary	: Thank you for waiting. This is green tea. I hope you enjoy this.

- 차를 가지고 들어갈 때는 노크를 한다. 이때 노크는 의례적인 것이므로 2~3초 후 바로 들어가도 무방하다.
- 차는 내방객의 상급자 순으로 낸 후 자회사의 상급자 순으로 낸다.

5 내방객 배웅

(1) 내방객 배웅하기

① 하던 일을 잠시 멈춘다.

② 내방객이 용무를 마치고 나가는 것인지 확인한다.

- Are you leaving?

- Are you finished?

  다 끝나셨나요?

③ 안내가 필요한지 확인한다.

㉠ 엘리베이터의 위치나 회사 출구 위치 등에 대한 안내가 필요한지 확인한다.

- Let me show you to the elevator.

  엘리베이터로 안내해 드리겠습니다.

- Do you know where the elevator is?

  엘리베이터가 어디에 있는지 아세요?

㉡ 중요한 손님의 경우라면 직접 엘리베이터나 회사 출입구까지 배웅한다.

④ 간단한 인사말로 손님을 배웅한다.

⑤ 방문객 명단 작성하기

㉠ 날짜, 시간, 성명, 소속, 방문 용건을 일목요연하게 정리할 수 있는 양식을 이용하여 기록해둔다.

㉡ 추후 방문객에 관한 보고를 위해 참고할 뿐만 아니라 업무 관련 데이터베이스를 구축할 때 자료가 된다.

(2) 내방객을 배웅할 때 쓰는 표현

- It was nice meeting you.

  만나 뵈어서 좋았습니다.

- Thank you for visiting us.

  방문해주셔서 감사합니다.

- Have a nice trip.

  즐거운 여행 되십시오.

- Let me show you to the elevator.

  엘리베이터까지 안내해 드리겠습니다.

- I hope to see you again.

  다시 뵙겠습니다.

- I'll take you to the lobby.

  로비까지 모셔다드리겠습니다.

(3) 내방객을 배웅하는 대화

> Secretary : Ms. Swanson, are you leaving now?
> Visitor : Yes. It was really nice meeting you, Ms. Kim. Thank you for everything.
> Secretary : You're very welcome. Thank you for your visiting. Here, let me show you to the elevator.
> Visitor : Oh, you don't have to. I know where the elevator is. But thank you.
> Secretary : You're welcome. Then good bye, have a nice trip!

- 외국인 내방객이 운전기사와 대동하여 공용차로 방문하는 경우에, 운전기사분과 미리 연락을 취하여 주차에 관한 안내를 하고, 면담을 마치고 나갈 때 연락을 취하여 차량을 대기시킬 수 있도록 한다.
- 외국인 내방객이 운전기사 없이 직접 차량을 운전해서 방문하는 경우에는 미리 주차 관리 직원에게 연락을 취하여 차량 번호 등에 관한 정보를 주고, 주차에 불편함이 없도록 미리 조치하도록 한다.

6 상황별 응대

(1) 상사 부재 시 내방객 응대

① 상사 부재 시 내방객 응대하기

㉠ 자리에서 일어나서 인사를 한다.

- How may I help you?
- May I help you?

무엇을 도와드릴까요?

㉡ 방문객이 면담하고자 하는 대상이 누군지 파악한다.

㉢ 상사의 부재 사실을 알린 후 상대방의 신분을 파악한다.

상사와 사전에 부재 사실을 알리는 범위에 대해서 조율한다.

㉣ 방문객의 용건을 파악한다.

May I ask the nature of your business?

㉤ 방문객의 연락처를 받아 둔다.

㉥ 정중한 인사로 마무리한다.

② 상사의 부재 시 내방객을 응대하는 표현

㉠ 상사의 부재를 알리는 표현

- I'm sorry, but Mr./Ms. ○○○ is not in.

죄송합니다만, ○○○씨는 안 계십니다.

- She is not in at this moment.

지금은 안 계십니다.

- Not right now.

지금은 안 됩니다.

- He is not in the office.

  사무실에 안 계십니다.

- He is not at his desk.

  자리에 안 계십니다.

ⓛ 이름과 용건을 묻는 표현

May I ask your name and the nature of your business?

성함과 용건을 여쭤도 될까요?

ⓒ 약속을 잡는 표현

- Would you like to make an appointment?

  약속을 정하시겠습니까?

- Let me pencil your name in.

  일단 귀하를 예정에 넣어드리겠습니다.

ⓔ 연락처를 묻는 표현

- May I have your contact number just in case?

  만약의 경우를 대비하여 연락처를 주시겠어요?

- Would you give me your business card, please?

  명함을 한 장 주시겠습니까?

- How do you pronounce your name?

  성함을 어떻게 읽어야 할까요?

③ 상사 부재 시 내방객 응대하는 대화 1

Secretary	: Good afternoon. How may I help you?
Visitor	: Good afternoon. I'd like to see Mr. Robinson.
Secretary	: He is in a meeting now. May I have your name, please?
Visitor	: Oh, my name is James Brown from ABC Advertising Group. Well... when will he be back?
Secretary	: I'm sorry the meeting gets longer than expected. May I ask the nature of your business?
Visitor	: I'd like to introduce our advertising service to Mr. Robinson.
Secretary	: I see. Mr. Brown, I'll let him know about your visit. May I have your contact number just in case?
Visitor	: Here is my business card. When is he usually available?
Secretary	: Well, Mr. Robinson is usually tied up with many schedules, so I can't tell you "when" exactly. However, I'll definitely hand your business card to him.
Visitor	: Thank you so much. I hope I can hear from him soon.
Secretary	: You're welcome. Thank you for visiting. Bye.

상사의 부재 이유를 지나치게 상세하게 알리지 않도록 한다.

④ 상사 부재 시 내방객 응대하는 대화 2

> A : Good morning. I'm Mrs. Kim's secretary. She's not in the office at the present time. May I do anything for you?
>
> B : My name is Jonathan Gray. I'm from the ABC Company. Here is my business card. I would like to see Mrs. Kim regarding our latest order.
>
> A : Mrs. Kim is out today, but I can give you an appointment at 10 a.m. for tomorrow. Will that be satisfactory?
>
> B : Yes, thank you.
>
> ABC회사의 Jonathan Gray라는 사람이 Mrs. Kim과 최근 주문 건에 관하여 만나 뵙고 싶다고 하면서 명함을 남겼고, 다음날 오전 10시에 만나기로 약속을 정한 내용이다.

(2) 약속이 되어 있는 내방객 응대

① 약속이 되어 있는 내방객 응대하기

㉠ 자리에서 일어나서 인사를 하고 묻는다.

- How may I help you?
- May I help you?

㉡ 상대방의 이름과 약속 시각을 확인하고 예약 장부를 확인한다.

May I have your name please?

㉢ 상사에게 내방객 도착을 알린다.

㉣ 내방객을 상사에게 안내한다.

② 약속이 되어 있는 내방객을 잠시 대기시키기

㉠ 자리에서 일어나서 인사를 한다.

- How may I help you?
- May I help you?

㉡ 상대방의 이름과 약속 시각을 확인한다.

May I have your name please?

㉢ 상사에게 내방객 도착을 알린다.

㉣ 상사의 면담이 진행 중임을 알리고 양해를 구한다.

㉤ 내방객을 대기시킨다.

③ 약속된 내방객을 응대하는 대화

> Secretary : Good afternoon. How may I help you?
> Visitor : I'm here to see Mr. Han. I have an appointment at 3:00.
> Secretary : May I have your name, please?
> Visitor : My name is Michael Brook.
> Secretary : Ah, you are Mr. Brook. Nice to meet you. We have been expecting you. I'll let Mr. Han know that you are here. Could you wait a little?
> Visitor : Sure.
> Secretary : (인터폰으로) Mr. Han. Mr. Brook is here to see you for the 3:00 o'clock appointment.
> Mr. Han : Please send him in.
> Secretary : Mr. Brook, you can go in.
> Visitor : Thank you.
>
> 약속이 되어 있는 내방객이라도 상사가 바로 면담 가능한지 반드시 먼저 확인하고 안내할 수 있도록 주의한다.

④ 약속이 되어 있는 내방객을 잠시 대기시키는 대화

> Secretary : Good afternoon. How may I help you?
> Visitor : I'm here to see Mr. Han. I have an appointment at 3:00.
> Secretary : May I have your name, please?
> Visitor : My name is Michael Brook. I arrived a little earlier, though.
> Secretary : Mr. Brook. Nice to meet you. We have been expecting you. I'll let Mr. Han know that you are here.
> Visitor : Thank you.
> Secretary : (인터폰으로) Mr. Han. Mr. Michael Brook is here to see you for the 3:00 appointment.
> Mr. Han : Can you send him in at 3:00? I haven't finished meeting a client yet.
> Secretary : Sure, Mr. Han. (방문객에게) Mr. Brook, Mr. Han is with another client, but he will be right with you in 10 minutes. Could you have a seat and wait for about 10 minutes?
> Visitor : No problem.
>
> • 내방객이 약속 시각보다 먼저 도착한 경우라도 상사가 면담 의사를 보이면 대기 없이 안내할 수 있다.
> • 약속된 시간보다 일찍 도착하는 내방객이 많으므로 비서는 가급적이면 방문 시간 전후 10분 정도에는 자리를 비우지 않고 내방객을 맞이하도록 한다.

(3) 선약이 없이 방문한 내방객 응대

① 선약이 없이 방문한 내방객 응대하기

ㄱ 자리에서 일어나서 인사를 한다.

- How may I help you?

- May I help you?

ⓛ 상대방의 이름과 약속 여부를 확인한다.

　May I have your name please?

ⓒ 방문 목적을 묻는다.

　May I ask the nature of your business?

ⓔ 상사에게 내방객의 존재를 알리고 적절한 지시를 받는다.

ⓜ 상사의 지시에 따라 내방객을 안내한다.

　특별한 약속을 하지 않았더라도 상사가 시간을 내어서 내방객을 만나고자 할 때는 상사의 다음 일정을 확인하여 상사가 시간 면담 시간을 조절할 수 있도록 세심하게 안내할 필요가 있다.

② 상사가 약속되지 않은 내방객의 면담을 거부할 때 쓰는 표현

　• I'm sorry, but Mr.(Ms.)○ ○ ○ has another appointment.

　죄송합니다만 ○ ○ ○씨가 선약이 있으십니다.

　• I'm sorry, but he/she is booked up today.

　• I'm sorry, but he/she is tied up all day.

　죄송합니다만, 상사께서 오늘 일정이 온종일 빠듯하십니다.

　• I'm sorry, but he(she) has planned meeting with somebody now.

　죄송합니다만, 상사께서 지금 선약된 분을 만나고 계십니다.

　• Would you like to leave your business card, and I'll let him(her) know that you came when he(she) gets back.

　명함을 남겨주고 가시면, 상사께서 돌아오시면 방문하셨다고 전해드리겠습니다.

③ 선약이 없이 방문한 내방객을 응대하는 대화 1

Secretary : Good afternoon. How may I help you?

Visitor : Excuse me. Can I see Mr. Parker for a moment?

Secretary : May I have your name, please?

Visitor : I am Kelly Lee.

Secretary : I'm sorry, but Mr. Parker is booked up all day today. But let me check if he is available to see you. May I ask what's the business?

Visitor : Oh, I just want to say hello to him. I'm his old friend.
　(비서가 상사에게 방문객에 대해 보고한다.)

Secretary : Mr. Parker. Ms. Kelly Lee is here to see you. She said she just dropped by to say hello to you.

Boss : Oh, really? Please show her in. By the way, do I have any scheduled meeting now?

Secretary : Not now. But you have an appointment in 20 minutes.

Boss : OK. Please let her in.
　(비서가 내방객에게)

Secretary : Ms. Lee. Please go in.

Visitor : Thank you.

상사가 약속이 없이 만나는 손님이 있는 경우는 손님이 방문한 사실과 함께 다른 공식적인 스케줄과 충돌이 없는지를 반드시 알려야 한다.

---

④ 선약이 없이 방문한 내방객을 응대하는 대화 2

A : Good morning. May I help you?

B : I am Peter Evans of Boston Insurance. I'd like to see Mr. Kwon.

A : Do you have an appointment with him?

B : I'm afraid not.

A : Actually he is having a meeting with someone at this moment. But I'll see if he is available.

B : Thank you.

A : (To Mr. Kwon) Mr. Peter Evans of Boston Insurance is here to see you.

C : I'm sorry, but I have to attend the board meeting right now. Would you have him call me anytime after three o'clock this afternoon?

A : I certainly will. (To Ms. Evans) I'm sorry, but he is scheduled to attend the board meeting. Please call him after 3 o'clock.

B : Thank you.

A : You're welcome.

Boston 보험회사의 Mr. Evans가 Mr. Kwon을 만나고자 선약 없이 방문하였고 Mr. Kwon은 이사회의 중이라 오늘 오후 3시 이후 아무 때나 전화해 달라고 요청하고 있다.

⑤ 선약이 없이 방문한 내방객을 응대하는 대화 3

S : Good morning. May I help you?

V : Yes, please. I'm Mike Hampton from MS. I'd like to see Mr. Park as soon as possible.

S : I see. Won't you please wait a moment?
(인터폰으로 말한 다음)

S : Thank you for waiting, Mr. Hampton. Mr. Park has a visitor just now, but he should be finished in about 30 minutes.

V : Thank you. In that case, I'll be back in 30 minutes.

S : Fine. We'll be seeing you in 30 minutes.
(30분 후)

S : Mr. Park will see you now, Mr. Hampton. Please go right in.

V : Thank you very much.

선약 없이 방문했지만 30분 후 상사와의 만남이 가능할 경우이다.

1 교통수단 예약

(1) 비행기를 예약할 때

① 항공 예약 시 쓰는 표현 1
- I'd like to reserve a flight.
- I'd like to book a flight.
- I'd like to make a reservation for a flight.
  비행기 좌석을 예약하고 싶습니다.
- I'd like to reserve a round trip flight for △ on ○ ○.
  ○월 ○일에 △행 왕복 편 비행기를 예약하고 싶습니다.
- I'd like to reserve under the name of ○○○.
  ○○○의 이름으로 예약하고 싶습니다.
- How much is it?
- How much will it cost?
  얼마입니까?
- When does it depart? / When does it leave?
  언제 출발합니까?
- When does it arrive?
  언제 도착합니까?
- We are fully booked. / We are booked up. / All seats are reserved.
  좌석 예약이 모두 찼습니다.
- Can you place ○○○ on the waiting list?
- Can you put ○○○ on the waiting list?
  ○○○를 대기자 명단에 올려주시겠습니까?

② 항공 예약 시 쓰는 표현 2
- I would like to book a flight to ~
  ~로의 항공편을 예약하고 싶습니다.
- One-way, or round-trip?
  편도인가요? 왕복인가요?
- Business (Ecomomy), please.
  비즈니스(이코노미) 석으로 해주세요.
- Can I get my seat assignment now?
  좌석 배치도를 볼 수 있을까요?

- I'd like to pre-order my in-flight meals.

  기내식을 미리 주문하고 싶습니다.
- I'd like to leave Busan around April 4th and be back here by April 15th.

  저는 4월 4일쯤 부산에서 출발하여 15일에 여기로 돌아오고 싶습니다.
- How do you spell your name?

  이름 철자를 알려주세요.
- Would you like a window seat or aisle seat?

  창가 또는 복도 좌석 중 어느 좌석을 원하십니까?
- Aisle seat, Please.

  복도 자리로 부탁합니다.
- I have a carry-on and another 2 bags to check-in.

  가지고 탈 가방 1개와 부칠 가방 2개가 있습니다.

(2) 그 밖의 교통수단 관련 표현

① 기차를 예약할 때 쓰는 표현
- Is there a high-speed train?

  고속열차가 있나요?
- These are reserved seating.

  이것은 지정석입니다.
- Make it round-trip, please.

  왕복으로 주세요.
- I'd like to reserve a berth.

  침대차를 예약하고 싶어요.
- I'd like a seat on the 12:30 train.

  12시 30분 열차 자리 하나 주세요.
- Can I cancel this ticket?

  이 표를 취소할 수 있을까요?
- Where is the dining car?

  식당칸이 어디에요?

② 교통수단 관련 영어 표현
- Is there a train going to Phoenix?

  피닉스행 기차 있습니까?
- How often does the train come?

  몇 분마다 열차가 옵니까?
- Do you know how often the trains run?

  기차가 얼마나 자주 다니는지 아십니까?

- Every five minutes, I believe.

  5분 간격으로 다니는 걸로 알고 있습니다.

- Where do I change? / Where should I transfer?/ Where do I transfer?

  어디서 갈아타야 합니까?

- You can transfer to the Number Two line.

  2호선으로 갈아타세요.

- Our train arrived thirty minutes behind schedule.

  우리가 탈 기차는 30분 연착되었습니다.

- Can you tell me how late those subway trains run?

  지하철은 몇 시까지 운행하나요?

- Excuse me. Is this seat free? / Is this seat vacant? / Is this seat occupied?

  이 자리는 비어 있습니까?

- The bus stopped running.

- The bus doesn't run this late at night.

- There is no bus at this time of night.

  버스가 끊겼어요.

- Do you have a bus route map?

  버스 노선 안내도 있습니까?

- This is bus lane.

- This lane is only for buses.

- This lane is buses only.

- Only buses can drive in this lane.

  이 차선은 버스 전용 차선입니다.

(3) 영어로 항공 예약 진행하기

① 예약할 기관의 예약 부서에 전화를 건다.

상대편이 전화를 받으면서 응대하는 말을 들으면서 자신이 올바른 기관으로 전화를 걸었는지 확인한다.

② 예약을 원하는 날짜와 요일 및 시간에 가능한지 문의한다.

I'd like to reserve(book) ~.

③ 예약과 관련된 상대방의 질문을 듣는다.

상대방이 원하는 예약에 필요한 정보를 제공한다.

④ 예약한다.

㉠ OK. I'll take it. 또는 ~ sounds great.

㉡ 예약을 확정하기 전 가격, 할인율, 취소 변경에 대한 방침 등을 확인한다.

⑤ 인사를 하고 통화를 마친다.

Thank you. Bye.

(4) 영어로 항공 예약 변경하기

① 해당 항공사의 예약 부서에 전화를 건다.

상대편이 전화를 받으면서 응대하는 말을 들으면서 자신이 올바른 기관으로 전화를 걸었는지 확인한다.

② 예약 변경이 가능한지를 문의한다.

I'd like to change my flight reservation.

③ 예약 정보를 제공한다.

예약번호나 이름 등을 알려준다.

④ 변경하고자 하는 일정을 말해주고 예약을 변경한다.

OK. I'll take it. 또는 ~ sounds great.

⑤ 변경된 예약 사항을 확인한다.

⑥ 통화를 마친다.

Thank you. Bye.

(5) 영어로 항공 예약 진행하는 대화

Travel Agent	: Good morning. ACE Travel. How may I help you?
Secretary	: Hello, I'd like to make a round-trip flight reservation for Tokyo next week.
Travel Agent	: When are you planning to leave?
Secretary	: On July 15th. Are there any flights available in the late morning, like 11:00 a.m.?
Travel Agent	: Let me check. Yes. There are some seats available at 10:30 a.m. How about the return flight? When are you planning to return?
Secretary	: On July 22nd.
Travel Agent	: On July 22nd we have seats available at 1:00 p.m. Is that OK?
Secretary	: That's good. I'll take the flight. Please reserve the seat under the name of Mr. Min Ho Whang.
Travel Agent	: All right. I booked Mr. Min Ho Whang on the flight ABC leaving for Tokyo on July 15th and return to Madrid on July 22nd. Could you fax us Mr. Whang's passport please? Our fax number is 112-2234. And may I ask his credit card number and the expiration date, please?
Secretary	: Sure. It's 123-4567-456 and the expiration date is September, 2020.
Travel Agent	: Thank you for the information. You will receive the E-ticket itinerary and the receipt by e-mail. May I have your e-mail address please?
Secretary	: It's marie98@abc.net. Is everything set?
Travel Agent	: Yes. You are all set. Thank you for calling ACE Travel. Good bye.

• 가능하다면 상사의 목적지까지 직항으로 여행할 수 있도록 예약하는 것이 바람직하다. 그러나 목적지에 따라 불가피한 경우는 최소 환승할 수 있도록 배려한다.

• 상사가 선호하는 항공사, 좌석 등을 미리 알아둔다.

• 출장경비에 관한 회사의 한도 규정을 미리 확인한다.

(6) 영어로 항공 예약 변경하는 대화

Reservation Clerk	: MAC Airlines. How can I help you?
Secretary	: Hello. I'd like to change my flight reservation.
Reservation Clerk	: Do you know your reservation number?
Secretary	: Actually, I made the reservation for my boss, and his name is Carlos Torrez. His reservation number is E34567890.
Reservation Clerk	: OK. That's E34567890. Yes, I found him now. Mr. Carlos Torrez, scheduled to depart on July 10 at 10:30 on MAE001 flight, right?
Secretary	: Yes. That is correct.
Reservation Clerk	: How do you want the reservation changed?
Secretary	: Mr. Torrez wants to leave on the next day, July 11, at the same time. Will it be available?
Reservation Clerk	: All right. Let me check if there are any seats available on the 11th. Oh, you're lucky. There is one seat left!
Secretary	: Great! Then book him for the 11th flight, please.
Reservation Clerk	: OK. ma'am, your reservation has been changed from MA306 to MA307 departing from New York at 10:30 a.m.
Secretary	: Thank you. Bye.

2 호텔 예약

(1) 호텔을 예약할 때

① 호텔을 예약할 때 쓰는 표현 1

- I'd like to reserve(book) a room for ○ nights from ○ ○.
- I'd like to make a reservation for a room for ○ nights from ○ ○.
  ○월 ○일부터 ○일간 방을 예약하고 싶습니다.
- Do you have any rooms available? /Are there any vacancies?
  묵을 수 있는 객실이 있습니까?
- Does it include breakfast?
  조식은 포함되나요?
- I'd like to reserve under the name of ○ ○ ○.
  ○ ○ ○의 이름으로 예약하고 싶습니다.
- We are fully booked. / We are booked up. /All rooms are reserved(booked).
  객실 예약이 다 찼습니다.
- May I have your credit card information to guarantee your reservation?
  객실 확보를 위해서 신용카드 정보를 알려주시겠습니까?

② 숙박 기관을 예약할 때 쓰는 표현 2

- I'd like to book a single room for this weekend.

  이번 주에 1인용 침실을 예약하고 싶습니다.

- I didn't make a reservation. Do you have any vacancies?

  예약하지 않았습니다. 빈방이 있습니까?

- I want 5 small rooms that can hold more than 10 people.

  10명 이상을 수용할 수 있는 다섯 개의 작은 방을 원합니다.

- What is your room rate per night?

  하룻밤에 얼마인가요?

- What's the check-in time?

  체크인 시간은 언제입니까?

- Could you put me on the waiting list?

  대기자 명단에 올려주시겠어요?

- Could you check under the name Kim?

  Kim의 이름으로 확인해주세요.

- I'm sure the reservation was made under the name (of) Kim.

  Kim의 이름으로 예약이 되어 있을 것입니다.

(2) 숙박 예약 E-mail

Dear sir,

I would like to book a single room with bath from the 28th of September to the 2nd of October for Mr. Jay Lee, our Export Manager.

As you know, our executives normally stay at the Hilton Hotel when in New York. We would like you to provide a room on the executive floor overlooking the ocean and harbor during his stay.

Mr. Lee will arrive in the evening on the 28th of September and is intending to leave in the late afternoon on the 3rd of October.

You may remember that he stayed at your hotel last year. We should be greatly obliged if you would let us have your current prices including service charges.
I want you to check this reservation and reply.

Yours truly,
Sunna Cho/Secretary to Mr. Jay Lee

Sunna Cho 씨는 자주 예약했던 힐튼호텔에 Mr. Jay Lee를 위해 9월 28일부터 10월 2일까지 욕실이 딸린 싱글룸으로 바다와 항구가 보이는 특실을 예약하고자 한다. 서비스 요금을 포함한 가격을 알려달라고 하였고 확인차 회신을 부탁하였다.

(3) 예약 예약 확인 E-mail

Subject: Confirming reservation

As we discussed in our telephone conversation this morning, I'd like to confirm my hotel reservation.

Please guarantee my reservation with my Star card.

The card number is 4545 9793 4262 4786 and the expire date is 12/19. I look forward to my staying at your hotel.

호텔 예약 시 확인차 보낸 메일로 결제된 카드와 번호를 다시 확인하는 내용이다.

(4) 영어로 호텔 예약 진행하기

① 예약할 기관의 예약 부서에 전화를 건다.

② 예약을 원하는 날짜와 요일 및 시간에 객실 예약이 가능한지를 문의한다.

I'd like to reserve(book) ~.

③ 예약과 관련된 상대방의 질문을 듣는다.

상대방이 원하는 예약에 필요한 정보를 제공한다.

④ 예약한다.

• OK. I'll take it. 또는 ~ sounds great.

• 예약을 확정하기 전 확인해야 할 내용: 가격, 할인율, 취소 변경에 대한 방침 등

⑤ 통화를 마친다.

Thank you. Bye.

(5) 영어로 호텔 예약 취소하기

① 호텔의 예약 부서에 전화를 건다.

② 예약 취소 의사를 밝힌다.

I'd like to cancel my reservation.

③ 예약 정보를 제공한다.

④ 환불방침에 대해 질문한다.

㉠ What's your cancellation policy?

㉡ What's the penalty for cancellation?

⑤ 중요 사항을 메모한다.

⑥ 통화를 마친다.

Thank you. Bye.

(6) 영어로 호텔 예약 진행하는 대화

Reservation Clerk	: Reservation. How can I help you?
Secretary	: I'd like to book a single room on the 23rd of May.
Reservation Clerk	: How many nights are you going to stay?
Secretary	: I'll check out on the 25th.
Reservation Clerk	: OK. Two nights and three days. May I have your name, please?
Secretary	: I'd like to reserve a room under the name of Mr. James Yoon.
Reservation Clerk	: May I have the credit card information to guarantee your reservation?
Secretary	: How much is the rate?
Reservation Clerk	: It will cost $190 per night during week days, and $250 during weekends.
Secretary	: Then how much will it cost for Mr. James Yoon for three days?
Reservation Clerk	: Because he stays from Friday through Sunday, only weekend rates will apply, so it will be $750 before tax.
Secretary	: I see. OK. The credit card number is 1234-567-890 and it expires in August 2021.
Reservation Clerk	: Thank you.

- 호텔을 검색할 때 상사의 동선을 생각해서 가장 편리한 곳으로 예약할 수 있도록 한다.
- 호텔 객실을 예약할 때는 신용카드 번호를 제시해야 하므로 반드시 상사 및 법인 신용카드 정보를 미리 받아 두도록 한다.

(7) 영어로 호텔 예약을 취소하는 대화

Reservation Clerk	: Reservations. How can I help you?
Secretary	: I'd like to cancel my room reservation for March 20.
Reservation Clerk	: May I have your name please?
Secretary	: This reservation is for my boss, and his name is Carlos Torrez.
Reservation Clerk	: How do you spell the last name?
Secretary	: It's T-O-R-R-E-Z.
Reservation Clerk	: Mr. Torrez. OK. We will cancel the reservation for Mr. Torrez.
Secretary	: What's your cancellation policy?
Reservation Clerk	: There is a cancellation fee of $150, and we will refund the rest amount of $600. If you have any detailed questions about our cancellation policy, please find more information on our website.
Secretary	: Oh, I see. Thank you for your help.
Reservation Clerk	: Thank you for calling. Good bye.

호텔 예약 취소와 변경에 관한 방침은 일반적으로 자세히 공지되므로 사전에 이에 대해 정확히 인지하고 있어야 한다.

３ 식당 예약

(1) 식당을 예약할 때

① 식당을 예약할 때 쓰는 표현 1

- Can I book(reserve) a table for 요일 at 시간?

  ~요일 ~시에 예약이 가능한가요?

- How many are there in your party?

  몇 분 일행이십니까?

- I'd like to book(reserve) a quiet private dining room.

  조용한 별실로 예약하고 싶습니다.

- I'd like to book(reserve) a table in the hall.

  홀로 예약하고 싶습니다.

- We are fully booked. / We are booked up. / All tables are reserved.

  자리 예약이 모두 찼습니다.

② 식당을 예약할 때 쓰는 표현 2

- I'd like to book a table for this Monday.

  이번 주 월요일 테이블을 예약하고 싶습니다.

- I have 4 guests and I'd like to come at 6:00.

  네 분이고 6시에 갈 것입니다.

- I'd like to book a table for 5.

  5인용 테이블을 예약하고 싶습니다.

(2) 식당을 이용할 때 쓰는 표현

- Let me show you to the seat.

  자리로 안내해드리겠습니다.

- Are you ready to order? / May I take your order?

  주문하시겠습니까?

- I'll have 음식 이름 for the main course.

  메인 요리로 ~을 먹겠습니다.

- I'll order 음식 이름.

  ~를 주문하겠습니다.

- Show me your wine list, please.

- Will you show me the wine list, please?

  와인 리스트를 보여주시겠습니까?

- Please bring my bill(check).

- Will you bring my bill(check), please?

  계산서를 가져다주세요.

(3) 영어로 식당 예약 진행하기

① 예약할 식당의 예약 부서에 전화를 건다.

② 날짜와 요일 및 시간에 예약할 수 있는지를 문의한다.

  ㉠ I'd like to reserve(book) ~

  ㉡ 동행할 인원수를 말해준다.

③ 예약이 가능하다면 예약한다.

  ㉠ OK. I'll take it. 또는 ~ sounds great.

  ㉡ 예약자의 이름과 전화번호를 제공한다.

④ 통화를 마친다.

  Thank you. Bye.

(4) 영어로 식당 예약하는 대화 1

Reservation Clerk	: Olive restaurant. This is Sylvia. How can I help you?
Secretary	: Hello. I'd like to book a table for Friday evening at 7:00.
Reservation Clerk	: How many are there in your party?
Secretary	: I want a table for 5 people. Can you seat us in a quiet place?
Reservation Clerk	: We have a private dining room for 5 people if you want.
Secretary	: That will be great. I'll take it.
Reservation Clerk	: May I have your name and your contact number please?
Secretary	: Please put the reservation under the name of Steve Lim, and the phone number is 345-6789.
Reservation Clerk	: All right. We'll see you on Friday evening at 7:00. Good bye.
Secretary	: Thank you. Bye.

- 식당을 예약할 때 이동 동선과 교통 상황을 고려할 수 있도록 한다.
- 상사의 일정 변경 등으로 불가피하게 예약을 취소해야 할 때는 가급적이면 빨리 식당에 알려 주어야 나중에 같은 식당을 예약할 시에 불이익이 없다.

(5) 영어로 식당 예약하는 대화 2

R : Big apple Restaurant. What can I do for you?

S : Yes, I'd like to reserve a table for two at 6 p.m. tonight.

R : A table for two at today 6 p.m. May I have your name, please?

S : Yes, it's for Mike Hampton.

R : That's Mr. Mike Hampton. And the number, please.

S : It's 1321-4655. I wonder if we could have the table near the window.

R : Yes, I think I can get you a table near the window.

S : Thank you. Good-bye.

해당 저녁 오후 6시 두 명 좌석으로 창가 자리를 예약하는 내용이다.

4 예약 관련 지식

(1) 호텔 예약 시 필요 정보

필요 정보	영문	예시
도착 날짜	Arrival / check-in	Wednesday, June 7
출발 날짜	Department / check-ou	Monday, June 12
투숙객 수	No. of Guests	2 adults
방 개수	No. of room	1 (with 2 single beds)
숙박료	Room Charge	$130 per night
신용카드번호/ 유효기간	Credit Card	AMEX A33208272-3887 Expiry date: Aug. 2017

(2) 항공 예약 관련 표현

구분	영문
일등석 / 비즈니스석 / 이코노미석	first class / business class /economy class
창가 좌석 / 통로 좌석	window seat / aisle seat
편도 티켓 / 왕복 티켓	single(one-way) ticket / return(round-trip) ticket
오픈 티켓	open ticket(출발과 도착 날짜를 임의로 지정하고 유효기간 안에 날짜 변경이 가능한 티켓)
직항편	direct ticket
연결 항공편	connecting flight
코드쉐어	code share(특정 노선을 취항하는 항공사가 좌석 일부를 다른 항공사와 나누어 운항하는 공동운항 서비스)
스탑오버	경유지(목적지까지 이동하는 과정에서 중간기착지에 머무는 시간이 24시간 이상인 체류)
예약기록	PNR(Passenger Name Record) (항공여행을 원하는 서비스 예약 등을 요청한 승객의 정보가 저장되어 있는 여객 예약기록)
ENDS(Endorsement)	항공사 간에 항공권의 권리를 양도하기 위한 이서(배서). 타 항공사로의 변경 가능
NON-ENDS	항공사 변경 불가
NONREF	환불 불가
NO MILE UPGRADE	마일리지로 클래스 업그레이드 불가

(3) 호텔 예약 관련 표현

구 분	영 문
일인실	single room
이인실(침대 하나)	double room
이인실(침대 두 개)	twin room
거실이 딸린 방	suite room
체크인/아웃	check-in/out
객실 식음료 서비스	room service
객실 내 냉장고의 음료, 술	mini bar
객실 청소 담당	house keeping
컨시어지 (각종 안내)	concierge
투숙객의 사무 공간	business center
호텔 내 편의용품 및 서비스 설비	amenities
무료의, 우대하는	complimentary

5 일정 보고하기

(1) 일정을 보고할 때

① 시작하는 시간과 끝나는 시간을 말할 때 쓰는 표현

- Our office opens at nine and closes at five.
  저희 사무실은 9시에 열어서 5시에 닫습니다.
- The company's reception desk is open from nine until noon and from one until six.
  회사 안내데스크는 9시에서 12시까지 그리고 1시에서 6시까지입니다.
- I work from eight to four thirty.
  저는 8시에 일을 시작해서 4시 30분까지 합니다.

② 오전, 오후, 저녁과 밤을 말할 때 쓰는 표현

- eight thirty in the morning / 8:30 a.m.
  오전 8시 30분
- four in the afternoon / 4:00 p.m.
  오후 4시
- seven in the evening / 7:00 p.m.
  저녁 7시
- ten at night / 10:00 p.m.
  밤 10시

③ 영어로 날짜를 말할 때는 달과 서수로 일을 말한다.
  • 달을 먼저 말할 때는 서수 앞의 관사 the를 생략해서 말할 수 있다.
  • 영어로 날짜 일기 예시

쓸 때	읽기 / 말하기
March 1	March (the) first / the first of March
March 2	March (the) second / the second of March
March 3	March (the) third / the third of March
March 5	March (the) fifth / the fifth of March
March 6	March (the) sixth / the sixth of March

(2) 영어로 상사에게 일정 보고하기

① 상사에게 보고할 일정이 있음을 알린다.
  ㉠ Can I come in and fill you in on your schedule for today?
  ㉡ Mr. / Ms.○○○, would you like to check your schedule for today?
② 상사가 허락하면 일정 순서에 따라서 말한다.
③ 상사의 질문에 대해서 답한다.
  상사가 알고자 하는 정보가 무엇인지를 파악하고 이에 대해 답한다.
④ 상사의 세부 지시 사항을 메모 패드에 적는다.
⑤ 보고를 마친다.

(3) 영어로 일정에 관한 상사의 질문에 답하기

① 상사의 질문에 집중한다.
  필요하면 중요한 단어를 메모한다.
② 상사가 알고자 하는 일정을 보고한다.
③ 상사의 세부 지시 사항을 메모한다.
④ 보고를 마친다.

(4) 영어로 상사에게 일정 보고하는 대화

Secretary	: Mr. Chan. Can I come in and fill you in on your schedule for today?
Boss	: Well, I looked it through before I left home this morning, but come in Ms. Lee. It doesn't harm to double check, does it?
Secretary	: Not at all sir. Actually, Mr. Trevor of the finance department dropped by yesterday after you left for home. He wanted to see you to discuss funding for the next year's project.
Boss	: I can see him now.
Secretary	: Well. Mr. Trevor has a department meeting at the moment. He will come to see you at 11:00. Mr. Chan, you don't have anything scheduled from 11 until noon.
Boss	: 11 o'clock is good. Let me know when he is here. Anything else?
Secretary	: You are scheduled to go to the 5th Annual Meeting for Seoul SME Executives Association.
Boss	: What time is the meeting and where should I go?
Secretary	: It is at 6:00 p.m. at the ABC hotel. Because it's rush hour, I suggest your leaving at least an hour earlier.
Boss	: OK. Thank you. Ms. Lee.

일정 보고는 상사의 취향에 따라 대면 보고를 할 수도 있고, 이메일로 정리된 형태를 선호하는 경우, 인스턴트 메시지를 선호하는 경우 등 다양하므로 상사가 선호하는 방식에 맞출 수 있도록 해당 커뮤니케이션 방법에 익숙해질 수 있도록 한다.

(5) 영어로 일정에 관한 상사의 질문에 답하는 대화

Boss	: Ms. Lee, do I have an appointment this morning?
Secretary	: Yes. Mr. Robinson of CDF Company will be here at 10:30.
Boss	: OK. After that?
Secretary	: You have a luncheon meeting with the board of directors at the ABC Hotel at noon.
Boss	: I have a pretty tight schedule this morning, huh?
Secretary	: Yes. To be on time for the luncheon meeting, you should leave here at 11:30.
Boss	: Hmm. Can you contact Mr. Robinson of CDF Company? If it's possible, I want to meet him 30 minutes earlier.
Secretary	: I'll contact him now to see if he can move up the schedule to 10:00.
Boss	: Thank you.

- 자신의 하루 일과를 간단하게 써서 스케줄 말하기를 연습하는 것도 도움이 된다.
- 자신과 가족들의 생년월일을 서로 말해보면서 날짜를 영어로 말하도록 한다.

⑥ 일정 계획 및 조율

(1) 만남을 제안할 때

① 만남 가능 여부를 알고자 할 때 쓰는 표현
- Do you have time to meet ○○○ next week?
  다음 주에 ○○○를 만날 시간이 있으신가요?
- I was wondering if you might have time to meet next week.
  다음 주에 만날 시간이 되실지 알고 싶습니다.

② 시간과 장소를 제안할 때 쓰는 표현
- When would suit you?
- When would be good for you?
- When are you available?
  언제가 괜찮으신가요?
- Would __day be OK for you?
  __요일이 괜찮으시겠습니까?
- How about __day morning?
  __요일 오전은 어떻습니까?
- Where would you like to meet?
  어디에서 만나는 게 좋겠습니까?
- Shall we say 10 o'clock in my office?
  How about 10 o'clock in my office?
  10시에 제 사무실은 어떠십니까?
- Please pencil me in on __day morning.
  일단 제 이름을 __요일 오전에 써주세요.

③ 제안된 사항에 응대할 때 쓰는 표현
- Let me check my schedule.
- I need to check my diary.
  제 스케줄을 확인해 보겠습니다.
- I think that should be possible.
  괜찮을 것 같은데요.
- Yes, that would be good for me.
  네, 그게 제게는 좋을 것 같습니다.
- I'm sorry, but __day is bad for me.
  죄송하지만 __요일은 힘들겠습니다.
- I'm tied up all day.
  하루 종일 (일정에) 묶여있습니다.

④ 일정을 확정할 때 쓰는 표현

- OK. I'll see you on __day.

  알겠습니다. 그러면 __요일에 뵙지요.

- So, that's __day at 10 o'clock at your office.

  그러면 __요일 오전 10시에 당신 사무실입니다.

(2) 일정을 변경해야 할 때

① 일정 변경 이유를 말할 때 쓰는 표현

- I'm sorry something has come up.

  죄송합니다만 일이 좀 생겼습니다.

- The meeting lasted longer than I expected.

  회의가 제 생각보다 길어졌습니다.

- One of our clients brought forward our appointment.

  One of our clients moved up our appointment.

  고객분이 약속된 일정을 당기셨습니다.

- I am afraid I can't make it.

  아무래도 안 될 것 같습니다.

- I have another appointment then.

  그때는 다른 약속이 있습니다.

- We are going to have to delay the meeting to another day.

  미팅을 다른 날로 연기해야 할 것 같습니다.

- I will be out of the office all day tomorrow.

  저는 내일 하루 종일 사무실에 없을 거예요.

- We will have to cancel the appointment.

  약속을 취소해야 하겠습니다.

② 일정 조율을 제안할 때 쓰는 표현

- I wanted to ask you if we could meet a bit earlier?

- Can we meet a bit earlier?

  혹시 우리가 조금만 일찍 만날 수 있을까요?

- I wanted to ask you if we could meet a bit later?

- Can we meet a bit later?

  혹시 우리가 조금만 늦게 만날 수 있을까요?

- I was wondering if we could reschedule our appointment.

  Can we reschedule our appointment?

  우리의 약속을 재조정할 수 있을지 알고 싶습니다.

- How about Tuesday morning?

  화요일 오전은 어떠세요?

- Would tomorrow afternoon be okay?

  내일 오후에 괜찮을까요?

- Could we meet in the afternoon?

  오후에 만날 수는 없을까요?

- Can you set up a meeting?

  당신은 회의를 열 수 있습니까?

- When are you coming to Seoul?

  언제 서울로 돌아오시나요?

- Let me check my schedule first.

  우선, 스케줄을 확인해보겠습니다.

- When would suit you best?

  언제가 좋으십니까?

- Let's meet in two days in your office.

  이틀 후에 당신의 사무실에서 만납시다.

- So how about next week?

  그럼 다음 주는 어떠세요?

(3) 약속을 잡기 위해 상대편에게 영어로 전화하기

① 상대에게 전화를 건다.

　㉠ 자신을 밝히고, 상대편 담당자 또는 비서와 통화 연결을 요청한다.

　㉡ This is ○○○ of ○○○'s office.

② 통화의 목적을 밝힌다.

　㉠ I'm calling to make an appointment.

　㉡ I'm calling because I need to make an appointment.

③ 약속을 잡고자 하는 이유를 밝힌다.

④ 일정을 조율한다.

　날짜, 시간, 장소 등이 서로 겹치지 않도록 두 개 정도의 선택 사항을 건네어 조율하도록 한다.

⑤ 일정을 확인한다.

⑥ 인사를 하고 대화를 끝낸다.

(4) 일정 조율을 위해 상대편에게 영어로 전화하기

① 상대에게 전화를 건다.

    ㉠ 자신을 밝히고, 상대편 담당자 또는 비서와 통화 연결을 요청한다.

    ㉡ This is ○ ○ ○ of ○ ○ ○'s office.

② 통화의 목적을 밝힌다.

    ㉠ I am calling to reschedule the appointment.

    ㉡ I am calling because I need to reschedule the appointment.

③ 가능하면 일정을 변경하는 이유를 밝힌다.

    ㉠ 지나치게 사적인 이유까지 세세히 말할 필요는 없지만, 변경 이유를 밝히는 것이 비즈니스 매너이다.

        • I'm sorry something has come up.

          죄송합니다만 일이 좀 생겼습니다.

        • The meeting lasted longer than I expected.

          회의가 제 생각보다 길어졌습니다.

        • One of our clients brought forward our appointment.

          One of our clients moved up our appointment.

          고객분이 약속된 일정을 당기셨습니다.

④ 일정을 조율한다.

⑤ 조율된 일정을 확인한다.

⑥ 인사를 하고 대화를 끝낸다.

(5) 중복된 일정을 조율하기 위해 영어로 통화하기

① 전화를 받는다.

    Mr. Johnston's office. May I help you?

② 통화 내용을 듣는다.

③ 일정 조정의 이유를 묻는다.

    May I ask the reason?

④ 상대방의 통화 내용을 듣는다.

⑤ 일정을 조율한다.

    일정을 조율하기 위해서 날짜와 시간을 가급적이면 두 개 이상 제시하되, 사정상 일정 조율이 불가능한 경우에도 이에 대해 알리고 상대방이 결정할 수 있도록 한다.

⑥ 통화를 마친다.

(6) 약속을 잡기 위한 전화 대화

Secretary : Hello. This is Sohee Kim of Mr. Johnston's office. May I speak with Mr. Miller's secretary?
Receiver : She's speaking. This is Sue. What can I do for you?
Secretary : Hi, Sue. I am calling because Mr. Johnston needs to make an appointment with Mr. Miller next week.
Receiver : May I ask why Mr. Johnston wants to meet Mr. Miller?
Secretary : He needs to discuss the hiring policy for overseas branches with Mr. Miller.
Receiver : When would Mr. Johnston like to see Mr. Miller?
Secretary : Would Thursday of the 15th be possible? If not, how about Wednesday of the 14th?
Receiver : Thursday is good for him. He is available at 1:00 p.m., 3:00 p.m. and 4:00 p.m.
Secretary : Thursday 1 o'clock is the best.
Receiver : All right. So that's Thursday of the 15th, at 1 o'clock at Mr. Miller's office.
Secretary : That would be perfect. Thank you very much. Good bye.
Secretary : Good bye.

- 영어로 전화를 걸 때는 자신이 말할 내용을 간략히 미리 써서 리허설을 해 본다.
- 실제 전화를 걸 때는 중요한 정보를 메모지에 적어서 날짜, 시간, 장소 등을 혼동해서 전달하는 일이 없도록 주의한다.

(7) 일정 조율을 위한 전화 대화

Secretary : Hello. This is Sohee Kim of Mr. Johnston's office. May I speak with Mr. Miller's secretary?
Receiver : She's speaking. This is Sue. What can I do for you?
Secretary : Hi, Sue. I am calling because Mr. Johnston needs to reschedule the appointment with Mr. Miller for Thursday of the 15th.
Receiver : Oh, may I ask the reason?
Secretary : Unfortunately, something urgent has come up.
Receiver : Oh, I see. So, how would you like the appointment rescheduled?
Secretary : I was wondering if Mr. Johnston could meet Mr. Miller a bit later that day.
Receiver : Hmm. How about 3 or 4 o'clock?
Secretary : 4 o'clock should be good for him. Thank you very much, and again we are very sorry for this inconvenience.
Receiver : Oh, that's all right. So, it's 4:00 p.m. in our office. Good bye.
Secretary : Good bye.

우리 편에서 사정이 생겨서 일정을 조정해야 하는 경우라면 불편함을 초래하는 부분에 대해서 충분히 양해를 구하고 일정 조정이 가능한지를 문의한다.

(8) 중복된 일정을 조율하는 전화 통화

Secretary	: Mr. Johnston's office. May I help you?
Caller	: This is Sue from Ms. White's office. I'm calling because Ms. White needs to reschedule the appointment with Mr. Johnston for Wednesday of the 20th.
Secretary	: Hi, Sue. May I ask the reason?
Caller	: Ms. White got mixed up with her schedule when she made this appointment with Mr. Johnston, so now she has some schedule conflicts for Wednesday. It would be appreciated if this meeting could be rescheduled another time.
Secretary	: Hmm. Mr. Johnston is tied up all this week except for Wednesday. If we want to reschedule the appointment, we have to redo all the others. I'm sorry, but there's nothing I can do for you at the moment.
Caller	: Oh, that's too bad. OK. I'll check with Ms. White and see what she really wants to do. Thank you anyway.
Secretary	: You're welcome, but please let us know what you decide on Wednesday appointment as soon as possible.
Caller	: Sure. I'll let you know by 4 o'clock today. Bye.
Secretary	: Bye.

- 일정을 좀 더 쉽게 정하기 위해서 가능한 날짜와 시간을 두 개 정도 제시한다.
- 날짜와 시간을 서로 주고받을 때는 되묻거나 복창하는 방식으로 확인을 하는 것도 좋은 방법이다.

04 지시와 보고

1 지 시

(1) 업무를 부탁하거나 지시할 때

① 업무를 부탁하거나 지시할 때 쓰는 표현

- Can you come to my office now?

  지금 제 사무실로 와 줄 수 있나요?

- There's something I'd like to ask of you.

  당신에게 부탁할 일이 있습니다.

- What are you working on?

  지금 무슨 일을 하고 있지요?

- I need your help on this project.

  이 프로젝트에 당신의 도움이 필요해요.

- Can you handle this? / Can you do this?

  당신이 할 수 있겠습니까?

② 업무에 대한 구체적인 사항을 질문할 때 쓰는 표현

- How soon do you need to have(get) it done?

  How soon would you like me to finish this?

  언제까지 해 드려야 됩니까?

- When is the deadline?

  When is it due?

  기한이 언제죠?

- When do I need to turn it in?

  언제까지 제출해야 하죠?

- Is this urgent?

  급한 건가요?

- Is there anything else?

  Anything else?

  또 다른 건 없나요?

③ 단순 작업에 대한 부탁 사항에 쓰는 표현

- Make (photo) copies, please.

  서류 좀 복사해 주세요.

- It needs stapling.

  스테이플러로 찍어주세요.

- Send a fax please.

  팩스 좀 보내주세요.

- Pass this memo around please.

  이 메모를 회람 좀 돌려주세요.

- Please send an email.

  이메일 보내주세요.

- Reduce this page to △ percent please.

  이 페이지를 △ 퍼센트로 축소해주세요.

- Make copies on both sides please.

  양면 복사해 주세요.

- Make color copies please.

  Can you make color copies?

  컬러 복사해 주세요.

(2) 영어로 지시된 단순 작업 파악하기

① 상사의 업무 지시를 듣는다.

정확한 업무 파악을 위해서 연관된 질문을 할 수 있다.

② 지시된 사항을 확인한다.

③ 추가의 지시 사항이 있는지 질문한다.

④ 대화를 끝낸다.

(3) 영어로 지시된 다양한 업무 파악하기

① 상사의 업무 지시를 듣는다.

정확한 업무 파악을 위해서 연관된 질문을 할 수 있다.

② 지시된 사항을 확인한다.

지시된 사항을 확인할 때는 복창 등을 이용할 수 있다.

③ 여러 업무를 지시받았으면 메모한다.

단순 업무를 지시받을 때와는 달리 여러 업무를 지시받을 때는 모두 기억하지 못할 수 있으므로 메모를 해서 중요한 순서대로 일을 처리할 수 있도록 한다.

④ 대화를 끝낸다.

추가의 지시 사항이 없다면 주어진 업무를 수행할 수 있도록 한다.

(4) 영어로 지시된 단순 작업 파악하는 대화

Boss	: Ms. Han, can you make photocopies of this book?
Secretary	: Yes, what pages of the book need to be copied?
Boss	: I marked the pages with sticky notes.
Secretary	: Now I can see. Just one copy?
Boss	: No, I need 3 copies. One for me and two for other managers.
Secretary	: OK. 3 copies.
Boss	: Don't you think the size will be too big? Please reduce the size to 75% so that two pages fit in one A4 page.
Secretary	: No problem. I'll make it reduced size. Do you want them in both sides of paper? It can save pages.
Boss	: Yes, that will be great.
Secretary	: Anything else?
Boss	: I think that will do enough. Thank you, Ms. Han.
Secretary	: You're welcome.

각종 사무기기를 다루는 방법을 정확히 알고 업무를 수행한다. 같은 종류의 기기라도 제조사가 다를 때 조작 패널이 상이할 수 있으므로 평소에 여러 제조사의 사무기기를 접할 기회를 갖도록 한다.

(5) 영어로 지시된 다양한 업무를 파악하는 대화

Boss : Ms. Han, can you finish typing up the minutes by the end of the day? I'm going to meet the president tomorrow morning and need to review it before the meeting.

Secretary : Mr. Brown. Did you say by the end of the day?

Boss : Yes. Can you make it? This is top priority.

Secretary : OK. I'll get it on right away. Anything else, sir?

Boss : Please send the same file in the PDF format to Mr. Robinson in the sales department. He and I both go to see the president, so he also needs to review it.

Secretary : Sure. I'll send the minutes in the PDF file to Mr. Robinson.

Boss : Ms. Han, can you also order lunch for me? I don't think I have enough time to eat out for lunch today.

Secretary : No problem, what would you like to have for lunch?

Boss : Can you order a cheese pizza delivered to my office?

Secretary : OK. A cheese pizza. Don't you need any soft drinks?

Boss : I don't drink soda. Thank you.

Secretary : You're welcome, sir.

- 상사의 말을 경청하는 기술로는 복창, 확인 질문하기, 되 읽어주기와 같은 것이 있다.
- 복창의 예

  A : We can deliver on Tuesday. / B: Tuesday. Right.
- 확인 질문의 예

  A : My address is 14 Oak Street. / B: Sorry, did you say 40 or 14?
- 되 읽어주기의 예

  A : My telephone number is 2345 2324.

  B : Let me just read that back to you. So, that's 2345 2324.

2 외국어로 지시된 업무 수행

(1) 기한을 제시하여 업무를 지시하는 표현

① 빨리해달라고 재촉할 때

- Can you make it as soon as possible?

  가능한 빨리해 줄 수 있습니까?
- This has to be done right away.

  Can you have(get) it done right away?

  Can you have(get) it finished right away?

  이건 바로 해주세요.

② 날짜와 기한을 제시할 때

- It needs to be done by the end of the day.

  It has to be done by the end of the day.

  오늘 퇴근 전까지 해주세요.

- Have(Get) this done by tomorrow please.

  Can you finish this by tomorrow?

  Can you get this done by tomorrow?

  내일까지 해주세요.

- I need to have(get) it done by next △day at the latest.

  Can you have(get) it done by next △day at the latest?

  늦어도 다음 주 △요일까지는 해주세요.

- Please finish this within two days.

  이틀 안에 끝냈으면 좋겠습니다.

(2) 다양한 보고서 및 문서에 관한 영어 표현

우리말 보고서 및 문서 명칭	영어 명칭
사업 계획서	business plan
마케팅 계획서	marketing plan
월간(영업) 보고서	monthly (sales) report
지출 보고서	expenditure report
시장 조사 보고서	market research report
출장 경비 보고서	travel expense report
업무 일지	daily work report
제안서	proposal
계약서	contract
견적서	estimate
원 고	draft (first draft 초고, final draft 최종 원고)
거래명세서	invoice

(3) 지시된 업무를 진행할 때

① 기기에 문제가 있을 때 쓰는 표현
- The computer is down.
  컴퓨터가 고장이 났어요.
- The copy machine is out of paper.
  복사 용지가 떨어졌어요.
- The copier is out of order.
  복사기가 고장 났어요.

② 기타 다른 문제가 있을 때 쓰는 표현
- We have a very tight deadline.
  마감이 너무 타이트합니다.
- We are short-handed.
  인력이 부족합니다.
- We are short on budget.
  예산이 부족합니다.
- I'm far behind in my work.
  I have so much work to catch up on.
  업무가 너무 많이 밀려있습니다.
- That's far beyond my ability.
  제가 할 수 있는 일이 아닙니다.

(4) 영어로 지시받은 문서업무 수행하기

① 상사에게 지시받은 문서업무에 관한 수행상황을 설명한다.
② 상사의 피드백이나 추가적인 지시 사항을 듣는다.
③ 상사의 추가 지시를 확인한다.
④ 질문이나 문제점을 보고한다.

(5) 영어로 지시받은 행사업무 수행하기

① 상사에게 지시받은 행사업무에 관한 수행상황을 설명한다.
② 상사의 관련 질문을 듣고 답한다.
③ 상사에게 필요한 요구와 질문을 한다.
④ 상사의 피드백이나 추가적인 지시 사항을 듣는다.
⑤ 상사의 추가 지시를 확인한다.

(6) 영어로 지시받은 문서업무를 수행하는 대화

Secretary : Ms. White, I am collecting data for the annual sales report that you asked me to complete by tomorrow. I also begin to work on the estimate you gave me this morning. However, I'm afraid that working on two projects at the same time is too much.

Boss : The estimate is the top priority. Collecting data can wait for another day!

Secretary : Then can I ask for an extension for the deadline on the sales report? I sure need more time to put data together with some other information.

Boss : OK. I think you are right. Can you have the annual sales report done by Thursday? But, still, I need the estimate by noon today.

Secretary : I think I can handle those with the new timeline.

Boss : Good. When you draft the estimate, let me review it.

Secretary : Sure. Is there anything else I can do for you?

Boss : That's it for now. Thank you.

Secretary : You're welcome, Ms. White.

불가능한 업무를 무조건할 수 있다고 말하는 것보다는 수행상의 어려움이나 문제점도 함께 보고할 수 있도록 하여 상사의 적절한 지시를 받을 수 있도록 한다.

(7) 영어로 지시받은 행사업무를 수행하는 대화

Secretary : Ms. White. I made a reservation for a conference room at the ABC Hotel on September 24.

Boss : Did you confirm how many people it can accommodate?

Secretary : Yes. The conference room can hold up to 200 people.

Boss : We need an on-site interpreter, screen, audio visual equipment, and so on. Did you check all of those?

Secretary : Sure. However, I'm still working on the program pamphlet. Could you look it over please?

Boss : Send it to me through e-mail.

Secretary : Also, we are short-handed to prepare such a big event within a month. Is it possible to hire some temporary staff members?

Boss : How many workers do you think we need for this job?

Secretary : I think two is enough.

Boss : OK. Post the hiring advertisement for temporary workers.

Secretary : I'll do it right away.

• 업무를 보고할 때 상사와 시선을 맞추고 말할 수 있도록 연습한다.
• 상사에게 업무요구를 할 때는 요점을 간결히 말할 수 있도록 한다.

③ 업무 내용 보고하기

(1) 업무 진행 상황을 보고할 때

① 진행 상황에 관한 질문할 때 쓰는 표현

- How's the report going?
  보고서는 어떻게 되어가고 있습니까?
- How soon will the paperwork be finished/done?
  서류 작업은 언제까지 완성됩니까?
- Is everything on schedule?
  다 예정대로 진행되고 있습니까?
- Is the work coming along well?
  일은 잘 진행되고 있습니까?
- How soon is the event going to be ready?
  행사는 언제까지 준비가 됩니까?
- Has the report come out yet?
  보고서는 나왔습니까?

② 업무 진행 상황을 설명할 때 쓰는 표현

- It's almost done.
- I'm almost finished.
  거의 다했습니다.
- I've done about half of it.
  반쯤 끝냈습니다.
- I got it done.
  다 끝냈습니다.
- It will be done on schedule.
  예정대로 끝날 것입니다.
- It is ahead of schedule.
  예정보다 빨리하고 있습니다.
- It is behind the schedule.
  예정보다 늦어지고 있습니다.
- I'll get it done by 시간/요일/날짜.
  It will be done by 시간/요일/날짜.
  I'll get through by 시간/요일/날짜.
  ~까지는 이 일을 마치겠습니다.

- I am still working on it.

  It's being processed.

  아직 하는 중입니다.

- I haven't done(finished) it yet.

  아직 끝내지 못했습니다.

(2) 마감 기한 관련 기본 영어 표현

① 기한 연장을 요청할 때 쓰는 표현

- Could you extend the deadline?

  Could you postpone the deadline?

  마감 기한을 연장해 주실 수 있을까요?

- Can I complete the report by next week?

  보고서를 다음 주까지 완성해도 될까요?

② 기한 연장을 수락할 때 쓰는 표현

I can give you another week.

I can give you one more week.

한 주 더 드릴 수 있어요.

(3) 영어로 전반적인 진행 상황 보고하기

① 상사가 묻는 업무 진행 상황에 대한 질문의 요점을 파악한다.

② 질문에 답한다.

질문에 답할 때는 가급적이면 구체적이고 정확한 답을 제공한다.

③ 상사의 추가적인 질문을 듣고 답한다.

추가적인 질문 사항이 여러 가지라면 메모를 한다.

④ 업무 기한에 관해 확인하고 대화를 끝낸다.

업무를 끝낼 수 있는 시점이나 기한에 관한 확인을 한다.

(4) 영어로 행사업무 진행 상황 보고하기

① 상사가 묻는 업무 진행 상황에 대한 질문의 요점을 파악한다.

② 질문에 답한다.

질문에 답할 때는 가급적이면 구체적이고 정확한 답을 제공한다.

③ 추가적인 상사의 질문을 듣고 답한다.

추가적인 질문 사항이 여러 가지라면 메모한다.

④ 상사의 질문에 답하고 요구 사항을 숙지한다.

(3) 영어로 업무 진행 중 문제 상황 보고하기

① 상사가 묻는 업무 진행 상황에 대한 질문의 요점을 파악한다.
② 질문에 대답하고 발생된 문제점을 언급한다.
　문제점을 언급할 때는 요점을 정확히 밝힌다.
③ 상사의 추가적 질문에 답한다.
　상사가 구체적인 상황을 알고자 하면 육하원칙에 맞추어 일목요연하게 답한다.
④ 상사의 피드백에 따른다.
　메모를 해두어 놓치는 사항이 없도록 주의한다.

(4) 영어로 전반적인 진행 상황 보고하는 대화

Boss　　　: Ms. Oh, how's my business trip arrangement going?
Secretary : I've done about half of it.
Boss　　　: Can you be more specific?
Secretary : Yes, sir. I reserved a round-trip flight and hotel accommodation. However, I'm still searching for local transportation within the States.
Boss　　　: When do you expect to complete the arrangement?
Secretary : It'll be done by tomorrow.
Boss　　　: As soon as you finish reserving local transportation, can you outline the itinerary for the entire trip?
Secretary : Yes. I think I can do that by Friday at the latest.

상사의 해외 출장 준비는 상당한 시간이 요구되는 복잡한 업무이므로 충분한 시간을 두고 준비할 수 있도록 한다.

(5) 영어로 행사업무 진행 상황 보고하는 대화

Boss　　　: Is everything for the conference planning on schedule?
Secretary : I am contacting overseas speakers this week.
Boss　　　: How about conference facilities?
Secretary : As you asked me last week, I searched several convention facilities in the downtown. I can show you the list and their prices.
Boss　　　: OK. Please leave the information on my table before you leave for the day.
Secretary : As soon as I get confirmation from the speakers, I'll start to arrange accommodations and flight reservations.
Boss　　　: Make sure that we are short on budget this year. Also, everything should be ready by the end of this month at the latest.
Secretary : Yes, I'll remember that.

행사업무를 진행하는 경우 해외 연사 등과 연락을 원활히 할 수 있도록 영문으로 이메일을 보내는 방법을 미리 익혀둔다.

(6) 영어로 업무 진행 중 문제 상황 보고하는 대화

Boss	: How is the budget planning going?
Secretary	: Everything seems OK except for one thing.
Boss	: What do you mean?
Secretary	: Susan in the human resources department called in sick today. She is in charge of analyzing employee training budget, so we can't finish this by the deadline without her input.
Boss	: When do you think she will be back?
Secretary	: She said she would be OK and back to the office tomorrow, but we can't be for sure. I've heard that she got the flue, and I think it will take a while she gets well from it.
Boss	: Yeah. I think you are right. When was the original due date for the budget plan?
Secretary	: We are supposed to hand it in by next Wednesday.
Boss	: I'll check with the planning manager and ask for another week.
Secretary	: That will be a big help. Thank you.

- 업무 진행 상황을 보고할 때는 주어진 업무의 무엇을 얼마만큼 했는지 결과를 위주로 말할 수 있도록 한다.
- 기한 연장이 필요한 경우는, 이유를 짧게 설명하고 정중히 요청할 수 있도록 한다.

03 적중실제예상문제

01 According to the dialogue, which of the following is NOT true?

> A : Good afternoon. May I help you?
>
> B : Good afternoon, Is Ms. Smith in?
>
> A : May I ask your name and the nature of your business?
>
> B : I am John Kim of PAG Life Insurance. I'd like to see her for a few minutes.
>
> A : I'm sorry Mr. Kim, but could you let me know the nature of your business, too?
>
> B : I'd like to talk to her about our new insurance product.
>
> A : I see. I'll see if she's available. One moment, please.
>   I'm sorry but she is talking someone on the phone now. Why don't you make an appointment before you visit her?
>
> B : I will. Here's my business card. Could you give it to her?
>
> A : Sure.

① John Kim visited Ms. Smith's office without an appointment.

② The purpose of John Kim's visit is to introduce the new insurance product of PAG.

③ Ms. Smith is having conversation on the phone.

④ John Kim informed Ms. Smith of his visit in advance.

해설 John은 그의 방문을 미리 알리지 않았으므로 대화와 일치하지 않는 것은 ④이다.

> A : 안녕하세요. 무엇을 도와드릴까요?
>
> B : 안녕하세요, Mr. Smith 계신가요?
>
> A : 성함과 방문 목적을 알려 주시겠습니까?
>
> B : 저는 PAG 생명보험의 John Kim입니다. 잠깐 사장님을 만나고 싶습니다.
>
> A : 죄송하지만 방문 목적을 말씀해 주시겠습니까?
>
> B : 사장님께 우리 회사의 새 보험 상품에 대해 말씀드리려고 합니다.
>
> A : 알겠습니다. 지금 시간이 되시는지 알아보겠습니다. 잠시만 기다려주세요.
>   죄송합니다만 지금 통화중이십니다. 먼저 시간 약속을 하시고 방문하시는 것은 어떻습니까?
>
> B : 그러겠습니다. 여기 제 명함입니다. 사장님께 전해 주시겠습니까?
>
> A : 알겠습니다.

Which of the following is the most appropriate expression for the blank?

> Ms. Brown : I'm Louise Brown.
> Secretary : Do you have an appointment, Ms. Brown?
> Ms. Brown : No. But we talked on the phone this morning. He's waiting for me.
> Secretary : I'm afraid _____. Can you wait a moment, please?
> Ms. Brown : Yes, certainly.
> Secretary : Where are you from, Ms. Brown?
> Ms. Brown : From Vancouver.
> Secretary : They say it's a very nice place. Is it cold?
> Ms. Brown : Yes. But for me it's the perfect weather.
> Secretary : Do you prefer cold to heat?
> Ms. Brown : Definitely.

① he's on a business trip

② his schedule is fully booked today

③ he's in a conference now and won't be back all morning

④ he's with a customer at the moment

해설 Ms. Brown : 저는 Louise Brown입니다.
Secretary : 약속을 하셨습니까, Ms. Brown?
Ms. Brown : 아니요. 하지만 오늘 아침에 전화로 이야기했습니다. 저를 기다리고 계실겁니다.
Secretary : 사장님은 지금 고객과 면담중인 것 같습니다. 잠시만 기다려 주시겠습니까?
Ms. Brown : 그럼요.
Secretary : Brown 씨는 어디 분이세요?
Ms. Brown : 밴쿠버에서 왔습니다.
Secretary : 참 좋은 곳이라고 들었습니다만 추운가요?
Ms. Brown : 추운 편이긴 하지만 저한테는 적당합니다.
Secretary : 더운 것보다는 추운 것을 좋아하시는군요.
Ms. Brown : 그렇습니다.

03 Which of the following is the least appropriate expression for the blank?

> A : Good morning, Apple Software, Marketing Division.
> B : Hello, this is Rachel Park from Green Computers. Is Ms. Taylor in?
> A : Just a second please. I'm sorry, _____ at the moment.

① she's expecting you

② she's talking on another line

③ she's not her desk

④ she's in a meeting

해설 ① '기다리고 계십니다.'라는 의미로, 빈 칸에 적합하지 않은 표현이다.
② 통화중이십니다.
③ 자리에 안 계십니다.
④ 회의중이십니다.

A : 안녕하세요. 애플 소프트웨어의 판촉부입니다.
B : 안녕하세요. 저는 그린 컴퓨터의 Rachel Park입니다. Ms. Taylor 계신가요?
A : 잠시만 기다리세요. 죄송합니다만 _____.

04 Choose the most appropriate sentence for the blank in the following conversation.

> A : Good morning, Mr. Crevice. Ms. Priest is waiting for you.
> B : Hi. Could you please tell me where to go?
> A : Yes. Please go straight down the hallway and turn left. It's the only office on the left.
> B : Okay, go straight down and turn left.
> A : _____
> B : Thank you.

① I'll give her the message.

② Let me check if she is available at the moment.

③ That's right.

④ No, go straight down the hallway and turn to the right.

해설 A : 안녕하세요, Mr. Crevice, Ms. Priest가 기다리고 계십니다.
B : 안녕하세요. 어디로 가야 되는지 말해 주세요.
A : 복도를 바로 가셔서 왼쪽으로 도세요. 왼편에 사무실이 하나뿐입니다.
B : 네, 복도를 똑바로 가서 왼쪽으로 돌면 되는군요.
A : 그렇습니다.
B : 고마워요.

05 Which of the following is the least appropriate expression for the blank?

Secretary : Are you Mr. Wilson of Star Electronics?

Mr. Wilson : Yes. I am.

Secretary : Mr. Brown is expecting you. I'll take you up to his office.

Mr. Wilson : Thank you.

Secretary : _____ Would you get on the elevator, please?

...

Would you step out, please?

...

(Knock on the door)

Mr. Wilson of Star Electronics is here.

Mr. Brown : Come in.

Secretary : Please go right in, Mr. Wilson.

---

① You're welcome.　　　　　　　　② Don't mention it

③ That's very kind of you.　　　　　④ It's my pleasure.

해설　Secretary : 스타 일렉트로닉스의 Mr. Wilson입니까?

Mr. Wilson : 그렇습니다.

Secretary : 사장님이 기다리고 계십니다. 사무실로 안내해 드리겠습니다.

Mr. Wilson : 고마워요.

Secretary : 천만에요. 엘리베이터를 타시겠습니까?

...

여기서 내리시면 됩니다.

...

(문에 노크)

스타 일렉트로닉스의 Mr. Wilson이 오셨습니다.

Mr. Brown : 들어오세요.

Secretary : Mr. Wilson, 들어가십시오.

06 According to the following dialogue, why isn't Mr. Adams able to meet Ms. Garner now?

> A : Good morning. May I help you?
> B : Good morning. I have an appointment with Ms. Garner at 10 o'clock.
> A : Oh, yes. Are you Mr. Adams from Cosmos Electronics?
> B : Yes, I am.
> A : You are just on time. We've been expecting you. It's nice to see you. I'm sorry but Ms. Garner is with a client and it takes longer than expected. Would you please have a seat?
> B : Thank you.
> A : Would you care for coffee?
> B : Yes, please.

① Mr. Adams didn't make an appointment in advance.
② Mr. Adams was late for the meeting with Ms. Garner.
③ Ms. Garner forgot the appointment with Mr. Adams.
④ Ms. Garner is in a meeting with her client.

해설 ④ Ms. Garner는 현재 고객과 면담 중이다.

> A : 안녕하세요. 무엇을 도와드릴까요?
> B : 안녕하세요. 저는 Ms. Garner와 10시에 약속이 되어 있습니다.
> A : 코스모스 일렉트로닉스의 Mr. Adams이시군요?
> B : 그렇습니다.
> A : 정시에 오셨군요. 기다리고 있었습니다. 만나서 반갑습니다. 죄송합니다만 사장님의 고객 면담이 예상보다 길어지고 있습니다. 자리에 앉으시겠습니까?
> B : 고맙습니다.
> A : 커피 드시겠습니까?
> B : 네, 부탁합니다.

07 Choose the most appropriate sentence for the blank in the following conversation.

> A : Hi. How can I help you?
> B : Could I see Mr. Strong?
> A : Do you have an appointment?
> B : No. I didn't make an appointment.
> A : May I have your name, please?
> B : My name is Linda Priest from SI Corporation.
> A : Please be seated. _____

① He's not in today.

② Let me see if Mr. Strong is available at the moment.

③ Let me put you through to Mr. Strong.

④ I'll make sure Mr. Strong receives your message.

해설   A : 안녕하세요. 무엇을 도와드릴까요?
           B : Mr. Strong을 만날 수 있을까요?
           A : 약속을 하셨나요?
           B : 약속을 하지는 않았습니다.
           A : 성함이 어떻게 되십니까?
           B : 저는 SI코퍼레이션의 Linda Priest입니다.
           A : 잠시 앉아 계세요. <u>사장님이 시간을 내실 수 있는지 알아보겠습니다.</u>

08 Which of the followings is the most appropriate expression for the blank?

> V : Hello, I'm a friend of Mr. Park. Can I see him now?
> S : May I have your name, please? Is he expecting you?
> V : I don't think so, but he'll be glad to see me.
> S : _____
> V : All right. I'm from AIM Insurance Company and just want to explain our new insurance services to him.
> S : I see. I'm afraid he's fully booked all day. But I'll see if he is available now.

① May I ask who's calling, please?

② Could you write your name in the visitor's book, please?

③ May I ask what your visit is in regard to?

④ Could you spell your name, please?

해설 밑줄 친 공란의 뒤에 이어지는 Visitor의 대답을 통해 알 수 있듯이 약속이 없이 내방한 방문객에 대해 용건을 묻는 말이 적절하다.

V : 안녕하세요? 저는 Mr. Park의 친구입니다. 그를 만날 수 있을까요?
S : 성함을 말씀해 주시겠습니까? 예정된 방문입니까?
V : 그렇지는 않지만, 저를 보면 반가워할 겁니다.
S : <u>무슨 일로 오셨는지 여쭤봐도 될까요?</u>
V : 그러지요. 저는 보험회사 AIM에서 왔으며, 저희 새로운 보험 서비스를 설명해 드리려고 합니다.
S : 알겠습니다. 오늘은 일정이 다 찼을 수도 있습니다. 그래도 지금 시간을 낼 수 있는지 알아보겠습니다.

09 Which of the following is the most appropriate expression for the blank?

> Visitor : Hello, I am Mike Cameron from IBM. Is Mr. Kim in? I have an appointment at 9 o'clock.
> Secretary : I'm really sorry, Mr. Cameron, but Mr. Kim has just phoned and said he would be about 10 minutes late. He said he got caught in a traffic jam. _____
> Visitor : Oh, that's all right.
> Secretary : Would you prefer to wait here, or in your office?
> Visitor : I'd prefer to wait here, if you don't mind.
> Secretary : Not at all. Please have a seat and make yourself comfortable. Would you like something to drink?

① I'm sorry, but he won't be back in the office today.

② You shouldn't worry about it.

③ He asked me to give you his apology.

④ He's leaving tomorrow evening.

해설 ③ 사과를 전하는 표현이 적절하다.

손님 : 안녕하세요, 저는 IBM사의 Mike Cameron입니다. Mr. Kim 계신가요? 9시에 약속을 했습니다.
비서 : 정말 죄송합니다, Mr. Cameron. 사장님께서 조금 전에 전화를 하셔서 10분쯤 늦을 거라고 하셨습니다. 교통 체증이 심하다고 하시는군요. <u>사과의 말씀을 전해달라고 하셨습니다.</u>
손님 : 아, 괜찮습니다.
비서 : 이곳과 선생님의 사무실 중에서 어느 곳에서 기다리시는 게 편하십니까?
손님 : 폐가 되지 않는다면 여기서 기다렸으면 합니다.
비서 : 물론 폐가 되지 않습니다. 앉으셔서 편하게 계십시오. 마실 것을 가져다 드릴까요?

10 대화의 흐름상 밑줄 친 부분에 적절하지 않은 것은?

> Secretary : I'm sorry Mr. Jackson, but it takes longer than I expected.
> Mr. Jackson : Well, could you please check again?
> Secretary : With my pleasure._____
> Mr. Jackson : That sounds good. Thank you.

① Would you care for some coffee?

② How would you like your coffee?

③ How about another cup of coffee?

④ Could I bring you something to read?

해설 위의 대화는 방문객인 Mr. Jackson이 방문하였는데, 상사가 회의 또는 다른 면담 등의 다른 일이 길어져서 바로 만나지 못하는 상황이다. 따라서 기다리시는 동안 차, 음료 또는 신문, 잡지 등의 읽을거리를 권하는 것이 좋다. ②는 '커피를 어떻게 타 드릴까요?'를 의미하는 질문으로 커피를 먹는다고 한 후에 설탕, 크림 등을 어떻게 조절해 드리냐는 질문이므로 적절하지 않다.

Secretary : 죄송합니다. Mr. Jackson, 예상보다 시간이 오래 걸립니다.
Mr. Jackson : 음, 다시 한번 확인해 주시겠습니까?
Secretary : 기꺼이 도와드리겠습니다. _____
Mr. Jackson : 좋습니다. 감사합니다.
① 커피 좀 드시겠습니까?
② 커피는 어떻게 해드릴까요?
③ 커피 한 잔 더 하실래요?
④ 읽을거리를 좀 가져다드릴까요?

11 Which of the following is the most appropriate expression for the blank ⓐ?

Visitor : Good morning.

Secretary : Good morning, How may I help you?

Visitor : I'm Robert Bin from AAA Electronics. I'd like to see Mr. Kim.

Secretary : Do you have an appointment?

Visitor : No, I don't.

Secretary : I'm sorry ⓐ _____.
　　　　　　 May I ask what your visit is in regard to?

Visitor : I have an important offer so that I would like to see him today or tomorrow. Shall I come back tomorrow, if he is busy today?

Secretary : If you leave your telephone number, I'll let you know this afternoon when he is available.

Visitor : Thank you. Here's my business card.

---

① He asked me to show you to the meeting room.

② Would you come this way, please?

③ His schedule is fully booked all day.

④ Mr. Kim will be available soon. Would you please wait for a minute?

해설 AAA 전자의 Robert Bin 씨가 선약 없이 방문하였고 뒤에 비서가 전화번호를 남겨주시면 오후에 시간이 있을 때 연락드린다는 내용으로 보아 Mr. Kim의 일정은 모두 차서 만날 수 없다는 내용이 오는 것이 적합하다.

Visitor 　　　: 안녕하세요.

Secretary : 안녕하세요. 무엇을 도와드릴까요?

Visitor 　　　: AAA 전자의 Robert Bin입니다. Mr. Kim을 만나고 싶습니다.

Secretary : 약속하셨습니까?

Visitor 　　　: 아니요, 안 했습니다.

Secretary : 죄송합니다. 그의 일정이 하루 종일 꽉 찼습니다. 무슨 일로 방문하셨는지 여쭤봐도 될까요?

Visitor 　　　: 중요한 제안이 있어서 오늘이나 내일 만나고 싶습니다. 오늘 바쁘면 내일 다시 올까요?

Secretary : 전화번호를 남겨주시면 오늘 오후에 그분이 가능한 시간을 알려드리겠습니다.

Visitor : 감사합니다. 명함 여기 있습니다.

① 그는 당신을 회의실로 안내해 달라고 했습니다.

② 이쪽으로 오시겠어요?

③ 그의 일정이 하루 종일 꽉 찼습니다.

④ Mr. Kim이 곧 시간이 되실 것입니다. 잠시만 기다려 주시겠습니까?

12 밑줄 친 부분에 들어갈 표현으로 가장 적합하지 않은 것은?

> A : Hello, may I speak to Mrs. Ann Daniels?
> B : _____

① May I have your name, please?

② Could you spell your name, please?

③ May I ask who's calling, please?

④ Could you tell me what your name is?

해설 ② 누군지를 묻는 표현이 들어가야 하는데, "Could you spell your name, please?"는 "성함의 스펠링이 어떻게 되세요?"를 의미한다.

13 다음 대화에서 밑줄 친 부분에 가장 적절한 표현은?

> S : Good morning, sir. May I help you?
> V : Good morning. I'm John Lee from L&H Trading. I've written Mr. Kim about my visit in Seoul. I wonder if he can spare a few minutes for me now.
> S : Oh, yes, Mr. Lee. I remember that correspondence. I'm really sorry, but Mr. Kim is in a meeting right now. _____
> V : I'm staying at the Hilton Hotel. Room number is 702.

① How long will be in Seoul?

② How long will you stay in Seoul?

③ How can I reach you, just in case?

④ Can I have a message?

해설 S : 안녕하세요. 무엇을 도와드릴까요?
V : 안녕하세요. 저는 L&H Trading에서 온 John Lee입니다. 저는 편지로 Mr. Kim에게 저의 서울 방문을 알린 적이 있습니다. 지금 잠시 만나볼 수 있을까요?
S : 오, 네, Mr. Lee. 저도 그 편지를 기억합니다. 그런데 죄송합니다만 사장님은 지금 회의 중이십니다. 혹시 모르니 어떻게 연락드리면 됩니까?
V : 저는 Hilton 호텔에 머무르고 있습니다. 702호실입니다.

14 What is the least appropriate expression for the blank?

> A : I just dropped in without an appointment. Can I see Mr. Kim now?
> B : I'm sorry, but _____
> A : I see. Please tell Mr. Kim that I dropped in to give my regards to him.
> B : All right. I'll give him the message.

① Mr. Kim is occupied right now.

② Mr. Kim has to attend an important meeting right now.

③ Mr. Kim is on a business trip now.

④ Mr. Kim is waiting for you.

> 해설 방문객이 약속 없이 방문한 경우에 대한 내용이므로 I'm sorry, but 뒤에는 Mr. Kim을 만날 수 없는 이유
> 가 와야 한다.
> ④ Mr. Kim이 당신을 기다리고 계신다.
> ① Mr. Kim이 지금 자리가 비어있다.
> ② Mr. Kim이 지금 중요한 회의에 참석해야 한다.
> ③ Mr. Kim은 지금 출장 중이다.

15 Which of the followings is the most appropriate expression for the blank?

> Mr. Smith : Ms. Lee, can you tell me what my schedule is today?
> Ms. Lee   : You have a meeting with Robert Brown of Pacific Holdings at 10 a.m. and a
>   luncheon appointment with Ms. Kelly Howard at the Sunny Hotel at noon.
> Mr. Smith : _____
> Ms. Lee   : Mr. Johnson of Central Bank is supposed to be here at 3 p.m.

① What should I do first?

② I've already done it.

③ Can you cover for me?

④ Anything else?

> 해설 ④ Mr. Smith는 Ms. Lee에게 일정을 묻고 있고, 밑줄 친 공란 다음에 Ms. Lee가 추가로 일정을 알리고 있
> 으므로 기타 일정은 없는지를 묻는 'Anything else?'가 적합하다.

16 Which of the following is the most appropriate expression for the blank?

> A : Hello. This is Janet Morris from Apple Holdings. May I speak to Mr. Jeff Parker?
> B : _____
> A : I am returning Mr. Parker's call.
> B : Can you hold for a second?
> A : Yes, thank you.

① May I ask who is calling?

② What can I do for you?

③ May I ask what you're calling for?

④ Can I tell him why you're calling?

해설 A : 안녕하세요. 저는 애플 홀딩스의 Janet Morris입니다. Mr. Jeff Parker와 통화할 수 있을까요?
B : 실례지만 무슨 용건이신가요?
A : Mr. Parker의 부재중 전화가 있어서 전화하는 것입니다.
B : 잠시만 기다려 주시겠습니까?
A : 네. 고맙습니다.

17 According to the conversation, which of the followings is true?

> Jane : Could we meet sometime next week to discuss the new project?
> Mark : Of course. When do you have in mind?
> Jane : How about Tuesday afternoon?
> Mark : I'm sorry, I'm busy all day. But I'm free on Wednesday.
> Jane : Then how about in the morning, say ten to ten.
> Mark : Wednesday at ten to ten? Just a moment. Yes, that would be fine.

① Jane is talking to Mark to make an appointment.

② Jane is meeting Mark on Tuesday afternoon.

③ Mark and Jane arrange to meet on Wednesday at 10:10 a.m.

④ Mark has sometime to meet Jane Tuesday morning.

해설 ① Jane은 Mark와 약속을 잡기 위해 이야기를 나누고 있다.
② 'on Wednesday morning'이 맞다.
③ 'ten to ten'은 10시의 10분 전을 가리키므로 9:50이다. 10:10은 'ten past ten'으로 표현한다.
④ 화요일에 Mark는 "I'm busy all day long"이라 했으므로 답이 아니다.

Jane : 다음 주 중에 만나서 새로운 프로젝트에 대해 이야기할까요?
Mark : 물론이죠. 언제가 좋을까요?
Jane : 화요일 오후는 어때요?
Mark : 미안하지만 그날은 종일 바빠요. 수요일은 괜찮은데요.
Jane : 그럼 오전 9시 50분은 어때요?
Mark : 수요일 9시 50분이요? 잠깐만요. 좋아요, 그렇게 하죠.

18 Which of the followings is the most appropriate expression for the blank?

> A : ABC. Tracy speaking.
> B : Hi, this is Steve of Jameson and Co. Can I have Gordon in Sales, please?
> A : Gordon, yes, hold on …. _____ Can someone else help?
> B : Yes, Elena might know. Could you try her?

① You're through now.

② May I ask what it's about?

③ I'll see if he's available.

④ His line's engaged, I'm afraid.

해설 밑줄 친 공란 뒤에 다른 사람으로 연결해도 되겠느냐는 표현이 나오므로 ④의 "죄송합니다만, 그는 통화 중입니다."가 답이 된다. 전화영어에서 The line is engaged란 통화 중이라는 의미이다.
① 전화가 연결되었음을 알리고 있다.
② 전화를 건 용건을 묻는 표현으로 May I ask the purpose of your call?이 보다 정중한 표현이다.
③ 대상의 스케줄이 비는지 알아보겠다는 표현이다.

19 다음에 빈칸에 들어갈 적절한 표현이 아닌 것은?

> A : Hilton Hotel. May I help you?
> B : _____
> A : What exactly do you need?
> B : A single room from August 26th to the 30th.
> A : I'll check to see if we have any available rooms.

① Hello. I'd like to reserve a room.

② May I make a reservation?

③ Yes, I'd like to book a room.

④ I'd like to make an appointment about your room.

> 해설 ④ 당신 방에 관해 약속을 잡고 싶은데요.
> ① · ② · ③ 방을 예약하고 싶은데요.

20 Which of the following is NOT appropriate for the blank?

> Secretary : This is Gina Lee, Mr. Taylor's secretary.
> Stewart : Hello, Ms. Lee. This is John Stewart from Cheil Electronics.
> Secretary : Oh, hello, Mr. Stewart.
> Stewart : Can I make an appointment with Mr. Taylor on Monday?
> Secretary : Let me check his appointment book. _____.
>   How about Tuesday at 10 o'clock?
> Stewart : Yes, that sounds good. I'll see you on Tuesday at 10 o'clock.

① I'm afraid he has a previous appointment then.

② I think he has another appointment then.

③ I'm afraid he is tied up then.

④ I think he can make it then.

> 해설 Stewart가 Mr. Taylor와 월요일에 약속을 잡고 싶어 했는데, 비서가 일정을 확인한 후 화요일이 어떤지 묻고 있다. 따라서 빈칸에는 그 날이 어려울 것 같다는 내용이 들어와야 자연스럽다. 따라서 ④의 "I think he can make it then(그때 가능하다)."는 표현은 적절하지 못하다.

제4과목

사무정보관리

무언가를 위해 목숨을 버릴 각오가 되어 있지 않는 한
그것이 삶의 목표라는 어떤 확신도 가질 수 없다.

– 체 게바라 –

자격증 • 공무원 • 금융/보험 • 면허증 • 언어/외국어 • 검정고시/독학사 • 기업체/취업
이 시대의 모든 합격! SD에듀에서 합격하세요!
www.youtube.com ➔ SD에듀 ➔ 구독

01 | 문서작성

01 문서작성의 기본

1 문서의 종류와 구성 요소

(1) 문서의 종류

① **품의서** : 업무의 수행과 관리를 위해 계획된 사항에 대해 상사에게 상신하여 결재를 얻는 문서이다.

② **보고서** : 상사의 지시 또는 자의에 의하여 특정부문에 관련된 사항을 상사에게 보고하는 문서이다.

③ **지시서** : 상사가 부하 직원에게 업무상 방침과 계획의 지침을 내리거나 기타 업무를 목적으로 작성하는 문서이다.

④ **협조전** : 특정 업무에 대한 의사결정권자의 결재, 특정 사항에 대한 관련부서 간 의견교환 및 협조를 위한 문서이다.

⑤ **업무연락서** : 부서 간의 업무에 관한 협조 · 의뢰 및 통보를 위하여 정보제공과 협조의 수단으로 사용되는 문서이다.

⑥ **회보** : 업무상의 유의 · 참고 · 조언 · 공지사항 등을 공지하기 위하여 작성하는 문서이다.

⑦ **명령서** : 당직이나 출장 등 복무에 관한 문서이다.

⑧ **장표** : 해당 사항을 기입할 것을 예정해서 공란이 포함된 서식류를 총칭하는 것으로 장부, 전표, 표 등이 있다.

⑨ **공문서** : 정부기관에서 대내적 혹은 대외적인 공무를 집행하기 위해 작성하는 문서를 의미한다. 엄격한 규격과 양식에 따라 정당한 권리를 가진 사람이 작성해야 하며 최종결재권자의 결재가 있어야 문서 기능이 성립된다.

⑩ **기획서** : 어떤 일을 기획해서 하나의 프로젝트로 만들어 문서형태로 정리한 문서이다. 상대방에게 기획 내용을 전달하고, 그 기획이 시행될 수 있도록 설득하기 위해 작성된다.

⑪ **기안서** : 회사의 업무에 대한 협조를 구하거나 의견을 전달할 때 작성하는 것으로 흔히 사내 공문서로 불린다.

⑫ **설명서** : 상품의 특성이나 성질과 가치, 작동 방법, 사용방법이나 과정 등을 알기 쉽게 사용자에게 설명하는 것을 목적으로 작성된 문서이다.

⑬ **보도자료** : 정부 기관이나 기업체, 각종 단체 등이 언론을 상대로 자신들의 주요 정보를 기사화하기 위해 만드는 자료이다.

⑭ **자기소개서** : 개인의 성장배경과 가치관, 특별한 경험, 입사 동기와 향후 목표 등을 구체적으로 기술하여 자신을 소개하는 문서이다.

⑮ **비즈니스 레터** : 사업상의 고객이나 단체에게 편지를 쓰는 것을 말한다. 제안서나 보고서 등 공식적인 문서를 전달하는데도 사용된다.

⑯ **비즈니스 메모** : 업무상 필요한 중요한 일이나 앞으로 체크해야 할 일이 있을 때 필요한 내용을 메모 형식으로 작성하여 전달하는 글이다.

⑰ **위임장** : 상사가 여러 가지 이유로 회사를 비울 때 상사를 대신하여 일처리를 하기 위해서 비서는 상사의 위임장을 작성한다.

⑱ **감사장** : 상대방에게 호의를 받게 되었을 경우에 상대방에게 감사장을 작성하여 발송한다. 형식적인 문구 대신 진심에서 우러나는 감사의 마음을 표현해야 한다.

⑲ **안내장** : 회사의 여러 가지 안내 사항을 작성한 문서로 정확한 정보를 먼저 수집해야 한다.

⑳ **초대장** : 각종 행사에 상대방을 초청할 목적으로 작성되는데, 초대 목적, 장소, 일시에 대한 정확한 정보를 입수한 후에 작성한다.

(2) 문서의 구성 요소

① **육하원칙에 따른 구성 요소** : 모든 현상과 사실은 기본적으로 육하원칙(누가, 언제, 어디서, 무엇을, 어떻게, 왜)으로 설명될 수 있으며, 문서도 육하원칙에 따라 작성된다.

 ㉠ Who(누가) : 문서 작성자, 문서 수신자, 문서 내용상의 행위자

 ㉡ When(언제) : 문서 작성일, 문서에 언급되는 사실에 관한 시간

 ㉢ Where(어디서) : 문서 내용과 관련된 장소

 ㉣ What(무엇을) : 문서의 핵심 주제 내용

 ㉤ How(어떻게) : 실행의 방법, 실행 비용, 실행 기간 등

 ㉥ Why(왜) : 문서 내용과 관련된 이유, 원인 등으로 결론에 대한 근거

② **사무문서의 구성 요소** : 문서의 유형과 내용에 따라서 조금씩 차이가 있지만, 일반적으로 문서 번호, 작성 연월일, 수신인, 발신인, 제목, 첫머리, 본문, 맺음말, 다음 및 붙임 등으로 구성된다.

 ㉠ 문서 번호 : 문서의 증빙과 보관상 편의를 위해 업무부서 단위로 정한 규칙에 따라 기재

 ㉡ 작성 연월일 : 문서를 작성한 날짜가 아니라 문서를 발신한 날을 기재

 ㉢ 수신인 : 내부 보고 목적의 문서는 수신부서 기재, 외부 발송의 경우 회사의 이름을 첫 행에, 직위명과 성명은 그다음 줄에 기재

 ㉣ 발신인 : 회사, 부서, 직위 이름을 모두 쓰며, 필요한 경우 대표자의 성명을 먼저 기재

 ㉤ 제목 : 문서의 성격과 내용을 알 수 있는 제목 기재

 ㉥ 첫머리 : 인사말 기재

 ㉦ 본문 : 문서의 용건에 해당하는 부분으로 간단명료하게 기재, 항목별로 번호 체계를 이용하여 작성

 ㉧ 맺음말 : 끝 표시 또는 공손한 인사말 기재

 ㉨ 다음 및 붙임 : 본문 이외 추가적으로 상세 내용을 기재하는 경우 다음으로 해서 따로 기재하여 정리, 다른 문서가 첨부될 경우 첨부물 기재

(3) 문서별 구성 요소

① 문서의 유형과 종류에 따라서 구성 요소와 형식이 조금씩 다르지만, 대부분은 두문(서문), 본문, 결문으로 구성된다.

② 두문은 문서의 윗부분이나 첫 페이지에 기재된 회사의 로고, 회사명 및 주소, 연락처 등이 들어간 레터헤드(Letterhead) 부분을 포함하여, 문서의 수신인, 발신인, 발신 날짜, 제목 등 기본 정보를 제공하는 부분을 말한다.

③ 본문은 간단한 인사말과 전달할 내용을 구성하는 부분으로 문서에 따라서 분량이나 내용이 매우 큰 차이를 보인다. 보고서에는 그래프와 그림 등을 포함하여 내용 전달이 쉽게 작성하여야 한다.

④ 결문은 문서의 아랫부분 또는 마지막 부분으로, 부록이나 첨부 사항, 발송인 정보, 참고 사항 등을 포함하는 것이 일반적이다.

❷ 공문서의 작성 기출

공문서란 일정한 서식을 갖추어 행정기관 내부 또는 상호 간이나 대외적으로 공무상 작성 또는 시행되는 문서를 말한다. 공문서는 각급 기관의 공적 임무 수행을 위하여 행정기관 또는 공무원이 그 직무상 작성 · 시행 · 보존하는 등 행정기관의 활동 과정에서 생산된다. 공문서는 사무관리규정 시행규칙에 맞추어 작성해야 한다. 워드 프로세서에는 자주 사용하는 문서의 모양이 미리 서식 파일로 만들어져 있어 편리하다.

① **두문** : 두문은 발신 기관명, 발신 기관의 우편 번호 · 주소 · 전화 번호 · 모사 전송 번호, 처리과명, 과장 이하 직원의 직위(또는 직급) 및 성명, 문서 번호, 시행 일자 및 수신처 보존 기간, 공개 여부, 수신란(경유 · 수신 · 참조)으로 구성된다.

  ㉠ 발신 기관명

    ⓐ 문서를 기안한 부서가 속한 행정 기관의 명칭을 쓴다.

    ⓑ 용지의 위로부터 3~4cm 띄우고, 6~8cm의 길이로 각 문자 사이를 일정하게 하고 본문의 글자 크기보다 크게 하여 중앙에 위치시킨다.

  ㉡ 발신 기관의 우편 번호 · 주소 · 전화 번호 · 모사 전송 번호

    ⓐ 우편 번호 · 주소 : 발신 기관의 우편 번호 및 주소를 기재한다. 우편 번호는 '우'로 줄여 쓰며, 주소가 긴 경우에는 간략하게 기재한다.

    ⓑ 전화 번호 : 발신 기관의 전화번호를 기재한다. ( ) 안에는 지역 번호를, 내부 문서인 경우에는 구내 전화번호를 기재한다. 용지의 가로 중앙에 빗금(/)을 친 다음, '전화'란 낱말을 입력하고 한 칸을 띄운 후 국번과 전화번호를 하이픈(−)으로 이어 입력한다.

    ⓒ 모사 전송 번호 : 문서 수발이 가능한 모사 전송(팩스) 번호를 기재하되, 없으면 생략한다. 빗금(/)을 친 다음, '전송'이란 낱말을 입력하고 한 칸을 띄운 후 국번과 번호를 하이픈(−)으로 이어 입력하되, 용지의 오른쪽 끝에 맞춘다.

  ㉢ 처리과명, 과장 이하 직원의 직위(또는 직급) 및 성명 : 당해 문서를 처리한 처리과명을 기재하며, 당해 문서의 처리 및 문의에 응할 자를 기재하되, 과장 이하 직원의 직위(또는 직급) 및 성명을 기재하며, 담당자는 성명만 기재한다.

② 문서 번호 : 문서 번호는 기관 기호, 분류 번호 및 문서 등록 번호로 구성된다.
　ⓐ 기관 기호 : 그 기관의 과 또는 담당관의 약칭으로 한다.
　ⓑ 분류 번호 : 공문서 분류 및 보존에 관한 규칙에 따른다.
　ⓒ 문서 등록 번호 : 처리과별로 문서등록대장에 등록된 순서에 따라 연도별 등록 일련번호를 부여한다.

⑫ 시행 일자 및 수신처 보존 기간
　ⓐ 시행 일자 : 왼쪽 기준선에 맞추어 '시행 일자'를 쓰고 두 칸을 띄운 후, 문서를 시행한 날짜를 기재한다. 연·월·일의 글자는 생략하고 대신 온점(·)으로 표기하며, 온점 다음에는 두 칸을 띄운다.
　ⓑ 수신처 보존 기간 : 시행 일자 다음에 두 칸을 띄운 후, ( ) 안에 당해 문서를 수신 기관에서 보존할 기간을 기재한다. 행정 기관이 아닌 기관에 보낼 때에는 쓰지 않는다(보존기간 : 영구, 준영구, 20년, 10년, 5년, 3년, 1년).
⑭ 수신란(경유·수신·참조)
　ⓐ 경유 : 문서가 경유될 기관의 장의 명칭을 쓰고, 없을 경우에는 빈 줄로 남겨 둔다.
　ⓑ 수신 : 문서를 수신할 기관의 장의 명칭을 쓴다. 수신 기관이 두 곳 이상일 때에는 '수신처 참조'라고 쓰고, 결문의 수신처란에 2곳 이상의 수신 기관을 입력한다.
　ⓒ 참조 : 수신 기관에서 실제로 당해 문서를 처리할 부서장의 명칭을 쓰고 없을 경우 빈 줄로 남겨 둔다.

[수신란 입력 사항]

경유, 수신, 참조가 모두 있는 경우	수신, 참조만 있는 경우	수신만 있는 경우
경유 ○○시 교육감	경유	경유
수신 교육과학기술부 장관	수신 ○○시 교육감	수신 평생교육 과장
참조 평생학습정책 과장	참조 평생교육 과장	참조

② 본문 : 본문은 제목, 내용, 첨부로 구성된다.
　㉠ 제목 : 왼쪽 기준선에 맞추어 '제목'을 쓰고 두 칸을 띄운 후, 문서의 내용을 쉽게 알 수 있도록 간단하고 명확하게 쓴다.
　㉡ 내용 : 표현하고자 하는 뜻을 쉬운 말로 간략하게 작성한다. 회보를 제외하고는 성질을 달리하는 내용을 같은 문서로 작성해서는 안 된다.
　㉢ 첨부 : 문서에 첨부 항목이 있을 때에는 내용이 끝난 다음 줄의 왼쪽 기준선에 맞추어 '첨부'를 쓰고 두 칸을 띄운 후, 첨부 항목을 표시한다. 첨부 항목이 2개 이상일 경우에는 항목을 구분하여 번호를 붙인다. '첨부'는 '붙임', '덧붙임'으로 바꾸어 쓸 수 있다.

[첨부 항목 구분 방법]

첨부가 1개인 경우	첨부가 2개 이상인 경우
붙임 산업체 현장 연수 자료 1부. 끝.	붙임 01 산업체 현장 연수 자료 1부. 　　02 산업체 현장 연수 대상자 명단 1부. 끝.

③ **결문** : 결문은 발신 명의, 수신처로 구성된다.

　　　㉠ 발신 명의 : 문서를 발신하는 행정 기관의 장의 명칭을 쓴다. 용지의 아래로부터 3~5cm 띄운 후, 8~12cm의 길이로 각 문자 사이를 일정하게 하고, 본문의 글자 크기보다 크게 하여 중앙에 위치시킨다.

　　　㉡ 수신처 : 수신 기관이 두 곳 이상일 때에는 두문의 수신란에 '수신처 참조'라고 쓰고, 결문의 발신 명의 아랫줄의 왼쪽 기준선에 맞추어 '수신처'라고 쓴 후, 두 칸을 띄우고 수신처 기호 또는 수신 기관명을 입력한다. 수신 기관들 사이는 쉼표(,)로 구분하며, 마지막 수신 기관 끝에는 마침표(.)를 찍는다.

중요 check　공문서 작성　**기출**

- 구성 : 두문, 본문, 결문으로 구성한다.
- 용지의 규격 : 문서 및 서식작성에 쓰이는 용지의 기본규격은 가로 210mm, 세로 297mm(A4용지)로 한다.
- 용지의 여백 : 위로부터 3cm, 왼쪽으로부터 2cm, 오른쪽으로부터 1.5cm, 아래로부터 1.5cm → 문서의 편철위치나 용도에 따라 각 여백을 달리할 수 있다.
- 용지 및 글자의 색깔 : 특별한 사유가 있는 경우를 제외하고는 용지는 흰색으로 하고, 글자는 검은색 또는 푸른색으로 한다.
- 문서작성의 기본원칙
  - 문안 : 어문규범에 맞게 한글로 작성하되, 필요한 경우에는 괄호 안에 한자 그 밖의 외국어를 넣어 쓸 수 있으며, 특별한 사유가 없으면 가로로 쓴다.
  - 숫자 : 아라비아 숫자로 쓴다.
  - 날짜 : 숫자로 표기하되 연·월·일의 글자는 생략하고 그 자리에 온점(·)을 찍어 표시한다.
  - 시간 : 시·분표기는 24시간제에 따라 숫자로 하되, 시·분의 글자는 생략하고 그 사이에 쌍점(:)을 찍어 구분한다.
  - 금액 : 문서 및 유가증권에 금액을 표시하는 때에는 아라비아 숫자로 쓰되, 숫자 다음에 괄호를 하고 한글로 기재한다.
- 표시위치 및 띄기
  - 첫째 항목 부호는 제목의 첫 글자와 같은 위치에서 시작한다.
  - 첫째 항목 다음 항목부터는 바로 앞 항목의 위치로부터 2타(한글은 1자, 영문·숫자는 2자)씩 오른쪽에서 시작한다.
  - 항목부호와 그 항목의 내용 사이에는 1타를 띄운다.
  - 하나의 항목만 있을 경우에는 항목구분을 생략한다.

- 문서의 수정
  - 종이문서의 경우 : 원안의 글자를 알 수 있도록 삭제 또는 수정하는 글자의 중앙에 가로로 두 선을 그어 삭제 또는 수정한다.
  - 전자문서의 경우 : 수정한 내용대로 재작성하여 결재를 받아 시행하되, 수정전의 문서는 기안자 · 검토자 또는 결재권자가 보존할 필요가 있다고 인정하는 경우에는 이를 보존하여야 한다.
- 문서의 '끝' 표시
  - 본문이 끝났을 경우 : 1자(2타) 띄우고 '끝' 표시
  - 첨부물이 있는 경우 : 붙임 표시문 끝에 1자(2타) 띄우고 '끝' 표시
  - 본문의 내용이 표 형식으로 끝나는 경우 표의 중간까지만 작성한 경우에는 '끝' 표시를 하지 않고 마지막으로 작성된 칸의 다음 칸에 '이하 빈칸'으로 표시
  - 서식의 칸 밖 다음 줄의 왼쪽 기본선에서 1자 띄우고 '끝'자를 표시
- 기 타
  - 수신기관이 여럿인 경우는 '수신'란에 '수신자 참조'라고 기재하고, 결문의 발신명의 다음 줄에 '수신자' 란을 만들어 수신자 기호 또는 수신자명을 표시
  - 두문의 여백에는 행정기관의 로고, 상징, 마크, 홍보문구 또는 바코드 등을 표시 가능

③ 문서의 결재

(1) 의 미

① 문서에 작성된 사안에 대하여 기관의 의사를 결정할 권한을 가진 사람, 즉 결재권자가 직접 그 의사를 결정하는 행위를 의미한다.

② 부서장이나 보조 기관의 검토, 관계 부서의 협조는 결재의 개념에 해당하지 않는다.

(2) 종 류

① **정규 결재** : 기안 작성자로부터 최고결재권자(기관장)까지 정상적인 절차를 거쳐 결재가 이루어지는 형태로 기관장의 직위를 간략히 직위란에 표시하고 결재란에 서명 날짜와 함께 서명한다.

② **전 결**
  - ㉠ 결재 권한을 위임받은 사람이 행하는 결재를 말한다.
  - ㉡ 전결권자는 그 직무의 수행을 위해 필요한 권한을 가지며 위임된 전결 사항에 대하여 전결권자가 책임을 진다.
  - ㉢ 표시 : 기관장의 결재란은 표시하지 않고 전결한 사람의 서명란에 '전결' 표시하고 전결자가 서명한다.

③ **대 결**
  - ㉠ 결재권자가 휴가, 출장, 그 밖의 사유로 결재할 수 없을 때 그 직무를 대리하는 사람이 대신하여 결재하는 것을 말한다.

     ⓪ 기관에서는 직무 대리 규정을 통해 미리 정해진 직무 대리자가 대결한다. 중요한 내용은 사후에 보고하지만, 원래 결재권자의 사후 검토는 시행상의 효력이 없으므로, 시행상 변경은 불가능하다.
     © 표시 : 대결하는 사람의 서명란에 대결을 표시하고 대결권자가 서명한다. 서명하지 않는 기관장의 결재란은 따로 표시하지 않는다.
  ④ **후결** : 결재권자가 부재중이거나 특별한 사정으로 결재를 할 수 없을 때 최종결재권자의 차하위자의 결재로서 우선 시행하게 하고 사후에 최종결재권자의 결재를 받는 조건부 대결을 의미한다.

④ 문장부호의 기능과 사용법

(1) 문장 부호의 개념

① 문장 부호 : 문장의 각 부분 사이에 표시하여 논리적 관계를 명시하거나 문장의 정확한 의미를 전달하기 위하여 표기법의 보조 수단으로 쓰이는 부호를 말한다.

② 문장 부호의 체계와 명칭

구 분	명 칭	부 호	비 고
마침표	온 점	.	가로쓰기에는 온점, 세로쓰기에는 고리점(。)을 씀
	물음표	?	
	느낌표	!	
쉼 표	반 점	,	세로쓰기에는 모점(、)을 씀
	가운뎃점	·	
	쌍 점	:	
	빗 금	/	
따옴표	큰따옴표	" "	세로쓰기에는 겹낫표(『 』)를 씀
	작은따옴표	' '	세로쓰기에는 낫표(「 」)를 씀
묶음표	소괄호	( )	
	중괄호	{ }	
	대괄호	[ ]	
이음표	줄 표	—	
	붙임표	–	
	물결표	~	
드러냄표	드러냄표	′, ゜	
안드러냄표	숨김표	××, ○○	
	빠짐표	□	
	줄임표	……	

(2) 문장 부호의 이름과 사용법

① 마침표

　㉠ 온점(.), 고리점(。)

　　가로쓰기에는 온점, 세로쓰기에는 고리점을 쓴다.

　　ⓐ 서술, 명령, 청유 등을 나타내는 문장의 끝에 쓴다.

　　　젊은이는 나라의 기둥이다.

　　　황금 보기를 돌같이 하라.

　　　집으로 돌아가자.

　　　다만, 표제어나 표어에는 쓰지 않는다.

　　　압록강은 흐른다(표제어)

　　　꺼진 불도 다시 보자(표어)

　　ⓑ 아라비아 숫자만으로 연월일을 표시할 때 쓴다.

　　　1919. 03. 01. (1919년 3월 1일)

　　ⓒ 표시 문자 다음에 쓴다.

　　　1. 마침표　　　ㄱ. 물음표　　　가. 인명

　　ⓓ 준말을 나타내는 데 쓴다.

　　　서. 1987. 3. 5.(서기)

　㉡ 물음표(?)

　　의심이나 물음을 나타낸다.

　　ⓐ 직접 질문할 때에 쓴다.

　　　이제 가면 언제 돌아오니?

　　　이름이 뭐지?

　　ⓑ 반어나 수사 의문(修辭疑問)을 나타낼 때 쓴다.

　　　제가 감히 거역할 리가 있습니까?

　　　이게 은혜에 대한 보답이냐?

　　　남북통일이 되면 얼마나 좋을까?

　　ⓒ 특정한 어구 또는 그 내용에 대하여 의심이나 빈정거림, 비웃음 등을 표시할 때, 또는 적절한 말을 쓰기 어려운 경우에 소괄호 안에 쓴다.

　　　그것 참 훌륭한(?) 태도야.

　　　우리 집 고양이가 가출(?)을 했어요.

　　[붙임 1] 한 문자에서 몇 개의 선택적인 물음이 겹쳤을 때에는 맨 끝의 물음에만 쓰지만, 각각 독립된 물음인 경우에는 물음마다 쓴다.

　　　　너는 한국인이냐, 중국인이냐?

　　　　너는 언제 왔니? 어디서 왔니? 무엇하러?

　　[붙임 2] 의문형 어미로 끝나는 문장이라도 의문의 정도가 약할 때에는 물음표 대신 온점(또는 고리점)을 쓸 수도 있다.

　　　　이 일을 도대체 어쩐단 말이냐.

　　　　아무도 그 일에 찬성하지 않을 거야. 혹 미친 사람이면 모를까.

ⓒ 느낌표(!)

감탄이나 놀람, 부르짖음, 명령 등 강한 느낌을 나타낸다.

ⓐ 느낌을 힘차게 나타내기 위해 감탄사나 감탄형 종결어미 다음에 쓴다.

앗!

아, 달이 밝구나!

ⓑ 강한 명령문 또는 청유문에 쓴다.

지금 즉시 대답해!

부디 몸조심하도록!

ⓒ 감정을 넣어 다른 사람을 부르거나 대답할 때 쓴다.

춘향아!

예, 도련님!

ⓓ 물음의 말로써 놀람이나 항의의 뜻을 나타내는 경우에 쓴다.

이게 누구야!

내가 왜 나빠!

[붙임] 감탄형 어미로 끝나는 문장이라도 감탄의 정도가 약할 때에는 느낌표 대신 온점(또는 고리점)을 쓸 수도 있다.

개구리가 나온 것을 보니, 봄이 오긴 왔구나.

② 쉼표[休止符]

㉠ 반점(,), 모점(、)

가로쓰기에는 반점, 세로쓰기에는 모점을 쓴다.

문장 안에서 짧은 휴지를 나타낸다.

ⓐ 같은 자격의 어구가 열거될 때에 쓴다.

근면, 검호, 협동은 우리 겨레의 미덕이다.

충청도의 계룡산, 전라도의 내장산, 강원도의 설악산은 모두 국립 공원이다.

다만, 조사로 연결될 때는 쓰지 않는다.

매화와 난초와 국화와 대나무를 사군자라고 한다.

ⓑ 짝을 지어 구별할 필요가 있을 때에 쓴다.

닭과 지네, 개와 고양이는 상극이다.

ⓒ 바로 다음의 말을 꾸미지 않을 때에 쓴다.

슬픈 사연을 간직한, 경주 불국사의 무영탑

성질 급한, 철수의 누이동생이 화를 내었다.

ⓓ 대등하거나 종속적인 절이 이어질 때에 절 사이에 쓴다.

콩 심으면 콩 나고, 팥 심으면 팥 난다.

흰 눈이 내리니, 경치가 더욱 아름답다.

ⓔ 부르는 말이나 대답하는 말 뒤에 쓴다.

얘야, 이리 오너라.

예, 지금 가겠습니다.

ⓕ 제시어 다음에 쓴다.

　빵, 이것이 인생의 전부이더냐?

　용기, 이것이야말로 무엇과도 바꿀 수 없는 젊은이의 자산이다.

ⓖ 도치된 문장에 쓴다.

　이리 오세요, 어머님.

　다시 보자, 한강수야.

ⓗ 가벼운 감탄을 나타내는 말 뒤에 쓴다.

　아, 깜빡 잊었구나.

ⓘ 문장 첫머리의 접속이나 연결을 나타내는 말 다음에 쓴다.

　첫째, 몸이 튼튼해야 된다.

　아무튼, 나는 집에 돌아가겠다.

　다만, 일반적으로 쓰이는 접속어(그러나, 그러므로, 그리고, 그런데 등) 뒤에는 쓰지 않음을 원칙으로 한다.

　그러나 너는 실망할 필요가 없다.

ⓙ 문장 중간에 끼어든 구절 앞뒤에 쓴다.

　나는 솔직히 말하면, 그 말이 별로 탐탁하지 않소.

　철수는 미소를 띠고, 속으로는 화가 치밀었지만, 그들을 맞았다.

ⓚ 되풀이를 피하기 위하여 한 부분을 줄일 때에 쓴다.

　여름에는 바다에서, 겨울에는 산에서 휴가를 즐겼다.

ⓛ 문맥상 끊어 읽어야 할 곳에 쓴다.

　갑돌이가 울면서, 떠나는 갑순이를 배웅했다.

　갑돌이가, 울면서 떠나는 갑순이를 배웅했다.

　철수가, 내가 제일 좋아하는 친구이다.

　남을 괴롭히는 사람들은, 만약 그들이 다른 사람에게 괴롭힘을 당해 본다면, 남을 괴롭히는 일이 얼마나 나쁜 일인지 깨달을 것이다.

ⓜ 숫자를 나열할 때에 쓴다.

　1, 2, 3, 4

ⓝ 수의 폭이나 개략의 수를 나타낼 때에 쓴다.

　5, 6 세기　　　　　　　　　　6, 7 개

ⓞ 수의 자릿점을 나타낼 때에 쓴다.

　14,314

ⓛ 가운뎃점(·)

　열거된 여러 단위가 대등하거나 밀접한 관계임을 나타낸다.

　ⓐ 쉼표로 열거된 어구가 다시 여러 단위로 나뉠 때 쓴다.

　　철수 · 영이, 영수 · 순이가 서로 짝이 되어 윷놀이를 하였다.

　　공주 · 논산, 천안 · 아산 등 각 지역구에서 2명씩 국회의원을 뽑는다.

　　시장에 가서 사과 · 배 · 복숭아, 고추 · 마늘 · 파, 조기 · 명태 · 고등어를 샀다.

ⓑ 특정한 의미를 가지는 날을 나타내는 숫자에 쓴다.

　　3·1 운동　　　　　8·15 광복

ⓒ 같은 계열의 단어 사이에 쓴다.

　　경북 방언의 조사·연구

　　충북·충남 두 도를 합하여 충청도라고 한다.

　　동사·형용사를 합하여 용언이라고 한다.

ⓒ 쌍점(:)

ⓐ 내포되는 종류를 들 때 쓴다.

　　문장 부호 : 마침표, 쉼표, 따옴표, 묶음표 등

　　문방사우 : 붓, 먹, 벼루, 종이

ⓑ 소표제 뒤에 간단한 설명이 붙을 때에 쓴다.

　　일시 : 1984년 10월 15일 10시

　　마침표 : 문장이 끝남을 나타낸다.

ⓒ 저자명 다음에 저서명을 적을 때에 쓴다.

　　정약용 : 목민심서, 경세유표

　　주시경 : 국어 문법, 서울 박문서관, 1910.

ⓓ 시(時)와 분(分), 장(章)과 절(節) 따위를 구별할 때나, 둘 이상을 대비할 때에 쓴다.

　　오전 10 : 20 (오전 10시 20분)

　　요한 3 : 16 (요한복음 3장 16절)

　　대비 65 : 60 (65대 60)

ⓔ 빗금(/)

ⓐ 대응, 대립되거나 대등한 것을 함께 보이는 단어와 구, 절 사이에 쓴다.

　　남궁만/남궁 만　　　　　　　백이십오 원/125원

　　착한 사람/악한 사람　　　　　맞닥뜨리다/맞닥트리다

ⓑ 분수를 나타낼 때 쓰기도 한다.

　　3/4 분기　　　　　　　　　　3/20

③ 따옴표

㉠ 큰따옴표(" "), 겹낫표(『 』)

가로쓰기에는 큰따옴표, 세로쓰기에는 겹낫표를 쓴다.

대화, 인용, 특별 어구 따위를 나타낸다.

ⓐ 글 가운데서 직접 대화를 표시할 때에 쓴다.

　　"전기가 없었을 때는 어떻게 책을 보았을까?"

　　"그야 등잔불을 켜고 보았겠지."

ⓑ 남의 말을 인용할 경우에 쓴다.

　　예로부터 "민심은 천심이다"라고 하였다.

　　"사람은 사회적 동물이다"라고 말한 학자가 있다.

ⓛ 작은따옴표(' '), 낫표(「 」)

가로쓰기에는 작은따옴표, 세로쓰기에는 낫표를 쓴다.

ⓐ 따온 말 가운데 다시 따온 말이 들어 있을 때에 쓴다.

"여러분! 침착해야 합니다. '하늘이 무너져도 솟아날 구멍이 있다'고 합니다."

ⓑ 마음속으로 한 말을 적을 때에 쓴다.

'만약 내가 이런 모습으로 돌아간다면 모두들 깜짝 놀라겠지.'

[붙임] 문장에서 중요한 부분을 두드러지게 하기 위해 드러냄표 대신에 쓰기도 한다.

지금 필요한 것은 '지식'이 아니라 '실천'입니다.

'배부른 돼지'보다는 '배고픈 소크라테스'가 되겠다.

④ 묶음표

㉠ 소괄호(( ))

ⓐ 언어, 연대, 주석, 설명 등을 넣을 때 쓴다.

커피(Coffee)는 기호 식품이다.

3.1 운동(1919) 당시 나는 중학생이었다.

'무정(無情)'은 춘원(6 · 25 때 납북)의 작품이다.

니체(독일의 철학자)는 이렇게 말했다.

ⓑ 특히 기호 또는 기호적인 구실을 하는 문자, 단어, 구에 쓴다.

(1) 주어 (ㄱ) 명사 (라) 소리에 관한 것

ⓒ 빈 자리임을 나타낼 때 쓴다.

우리나라의 수도는 ( )이다.

㉡ 중괄호({ })

여러 단위를 동등하게 묶어서 보일 때에 쓴다.

주격 조사 $\left\{ \begin{array}{l} 이 \\ 가 \end{array} \right\}$

국가의 3 요소 $\left\{ \begin{array}{l} 국토 \\ 국민 \\ 주권 \end{array} \right\}$

㉢ 대괄호([ ])

ⓐ 묶음표 안의 말이 바깥 말과 음이 다를 때에 쓴다.

나이[年歲] 낱말[單語] 手足[손발]

ⓑ 묶음표 안에 또 묶음표가 있을 때에 쓴다.

명령에 있어서의 불확실[단호(斷乎)하지 못함]은 복종에 있어서의 불확실[모호(模糊)함]을 낳는다.

⑤ 이음표

㉠ 줄표(—)

이미 말한 내용을 다른 말로 부연하거나 보충함을 나타낸다.

ⓐ 문장 중간에 앞의 내용에 대해 부연하는 말이 끼어들 때 쓴다.

그 신동은 네 살에 — 보통 아이 같으면 천자문도 모를 나이에 — 벌써 시를 지었다.

ⓑ 앞의 말을 정정 또는 변명하는 말이 이어질 때 쓴다.

어머님께 말했다가 — 아니, 말씀드렸다가 — 꾸중만 들었다.

이건 내 것이니까 — 아니, 내가 처음 발견한 것이니까 — 절대로 양보할 수가 없다.

ⓛ 붙임표(–)

ⓐ 사전, 논문 등에서 합성어를 나타낼 때, 또는 접사나 어미임을 나타낼 때 쓴다.

겨울–나그네	불–구경	손–발
휘–날리다	슬기–롭다	–(으)ㄹ걸

ⓑ 외래어와 고유어 또는 한자어가 결합되는 경우에 쓴다.

나일론–실	디–장조	빛–에너지	염화–칼륨

ⓒ 물결표(~)

ⓐ '내지'라는 뜻에 쓴다.

9월 15일 ~ 9월 25일

ⓑ 어떤 말의 앞이나 뒤에 들어갈 말 대신 쓴다.

새마을 : ~ 운동 ~ 노래

–가(家) : 음악~ 미술~

⑥ 드러냄표(˚, ˙)

˙ 이나 ˚ 을 가로쓰기에는 글자 위에, 세로쓰기에는 글자 오른쪽에 쓴다.

문장 내용 중에서 주의가 미쳐야 할 곳이나 중요한 부분을 특별히 드러내 보일 때 쓴다.

한글의 본 이름은 훈민정음이다.

중요한 것은 왜 사느냐가 아니라 어떻게 사느냐 하는 문제이다.

[붙 임] 가로쓰기에서는 밑줄(＿＿＿, ~~~~)을 치기도 한다.

다음 보기에서 명사가 아닌 것은?

⑦ 안드러냄표[潛在符]

ⓐ 숨김표(××, ○○)

알면서도 고의로 드러내지 않음을 나타낸다.

ⓐ 금기어나 공공연히 쓰기 어려운 비속어의 경우, 그 글자의 수효만큼 쓴다.

배운 사람 입에서 어찌 ○○○란 말이 나올 수 있느냐?

그 말을 듣는 순간 ××란 말이 목구멍까지 치밀었다.

ⓑ 비밀을 유지할 사항일 경우, 그 글자의 수효만큼 쓴다.

육군 ○○부대 ○○○○이 작전에 참가하였다.

그 모임의 참석자는 김××씨, 정××씨 등 5명이었다.

ⓛ 빠짐표(□)

글자의 자리를 비워 둠을 나타낸다.

ⓐ 옛 비문이나 서적 등에서 글자가 분명하지 않을 때에 그 글자의 수효만큼 쓴다.

大師爲法主□□賴之大□薦(옛 비문)

ⓑ 글자가 들어가야 할 자리를 나타낼 때 쓴다.

훈민정음의 초성 중에서 아음(牙音)은 □□□의 석 자다.

ⓒ 줄임표(……)
    ⓐ 할 말을 줄였을 때에 쓴다.
     "어디 나하고 한 번……." 하고 철수가 나섰다.
    ⓑ 말이 없음을 나타낼 때에 쓴다.
     "빨리 말해!"
     "……."

5 한글맞춤법

제1장 총 칙

제1항 한글 맞춤법은 표준어를 소리대로 적되, 어법에 맞도록 함을 원칙으로 한다.
제2항 문장의 각 단어는 띄어 씀을 원칙으로 한다.
제3항 외래어는 '외래어 표기법'에 따라 적는다.

제2장 자 모

제4항 한글 자모의 수는 스물넉 자로 하고, 그 순서와 이름은 다음과 같이 정한다.

ㄱ(기역)	ㄴ(니은)	ㄷ(디귿)	ㄹ(리을)
ㅁ(미음)	ㅂ(비읍)	ㅅ(시옷)	ㅇ(이응)
ㅈ(지읒)	ㅊ(치읓)	ㅋ(키읔)	ㅌ(티읕)
ㅍ(피읖)	ㅎ(히읗)		
ㅏ(아)	ㅑ(야)	ㅓ(어)	ㅕ(여)
ㅗ(오)	ㅛ(요)	ㅜ(우)	ㅠ(유)
ㅡ(으)	ㅣ(이)		

[붙임 1] 위의 자모로써 적을 수 없는 소리는 두 개 이상의 자모를 어울러서 적되, 그 순서와 이름은 다음과 같이 정한다.

ㄲ(쌍기역)	ㄸ(쌍디귿)	ㅃ(쌍비읍)	ㅆ(쌍시옷)
ㅉ(쌍지읒)	ㅐ(애)	ㅒ(얘)	ㅔ(에)
ㅖ(예)	ㅘ(와)	ㅙ(왜)	ㅚ(외)
ㅝ(워)	ㅞ(웨)	ㅟ(위)	ㅢ(의)

[붙임 2] 사전에 올릴 적의 자모 순서는 다음과 같이 정한다.

자음 ㄱㄲㄴㄷㄸㄹㅁㅂㅃㅅㅆㅇㅈㅉㅊㅋㅌㅍㅎ
모음 ㅏㅐㅑㅒㅓㅔㅕㅖㅗㅘㅙㅚㅛㅜㅝㅞㅟㅠㅡㅢㅣ

제3장 소리에 관한 것

제1절 된소리

제5항 한 단어 안에서 뚜렷한 까닭 없이 나는 된소리는 다음 음절의 첫소리를 된소리로 적는다.

01 두 모음 사이에서 나는 된소리

소쩍새	어깨	오빠	으뜸	아끼다
기쁘다	깨끗하다	어떠하다	해쓱하다	가끔
거꾸로	부썩	어찌	이따금	

02 'ㄴ, ㄹ, ㅁ, ㅇ' 받침 뒤에서 나는 된소리

산뜻하다	잔뜩	살짝	훨씬
담뿍	움찔	몽땅	엉뚱하다

다만, 'ㄱ, ㅂ' 받침 뒤에서 나는 된소리는, 같은 음절이나 비슷한 음절이 겹쳐 나는 경우가 아니면 된소리로 적지 아니한다.

국수	깍두기	딱지	색시
싹둑(~싹둑)	법석	갑자기	몹시

제2절 구개음화

제6항 'ㄷ, ㅌ' 받침 뒤에 종속적 관계를 가진 '-이(-)'나 '-히-'가 올 적에는 그 'ㄷ, ㅌ'이 'ㅈ, ㅊ' 으로 소리나더라도 'ㄷ, ㅌ'으로 적는다(ㄱ을 취하고, ㄴ을 버림).

ㄱ	ㄴ	ㄱ	ㄴ
맏이	마지	핥이다	할치다
해돋이	해도지	걷히다	거치다
굳이	구지	닫히다	다치다
같이	가치	묻히다	무치다
끝이	끄치	–	–

제3절 'ㄷ' 소리 받침

제7항 'ㄷ' 소리로 나는 받침 중에서 'ㄷ'으로 적을 근거가 없는 것은 'ㅅ'으로 적는다.

덧저고리	돗자리	엇셈	웃어른	핫옷	무릇	사뭇
얼핏	자칫하면	뭇[衆]	옛	첫	헛	

제4절 모 음

제8항 '계, 례, 몌, 폐, 혜'의 'ㅖ'는 'ㅔ'로 소리나는 경우가 있더라도 'ㅖ'로 적는다(ㄱ을 취하고, ㄴ을 버림).

ㄱ	ㄴ	ㄱ	ㄴ
계수(桂樹)	게수	혜택(惠澤)	헤택
사례(謝禮)	사레	계집	게집
연몌(連袂)	연메	핑계	핑게
폐품(廢品)	페품	계시다	게시다

다만, 다음 말은 본음대로 적는다.

게송(偈頌)	게시판(揭示板)	휴게실(休憩室)

제9항 '의'나, 자음을 첫소리로 가지고 있는 음절의 'ㅢ'는 'ㅣ'로 소리나는 경우가 있더라도 'ㅢ'로 적는다(ㄱ을 취하고 ㄴ을 버림).

ㄱ	ㄴ	ㄱ	ㄴ
의의(意義)	의이	늴큼	닁큼
본의(本義)	본이	띄어쓰기	띠어쓰기
무늬[紋]	무니	씌어	씨어
보늬	보니	틔어	티어
오늬	오니	희망(希望)	히망
하늬바람	하니바람	희다	히다
늴리리	닐리리	유희(遊戱)	유히

제5절 두음 법칙

제10항 한자음 '녀, 뇨, 뉴, 니'가 단어 첫머리에 올 적에는 두음 법칙에 따라 '여, 요, 유, 이'로 적는다(ㄱ을 취하고 ㄴ을 버림).

ㄱ	ㄴ	ㄱ	ㄴ
여자(女子)	녀자	유대(紐帶)	뉴대
연세(年歲)	년세	이토(泥土)	니토
요소(尿素)	뇨소	익명(匿名)	닉명

다만, 다음과 같은 의존 명사에서는 '냐, 녀' 음을 인정한다.

냥(兩)	냥쭝(兩-)	년(年)(몇 년)

[붙임 1] 단어의 첫머리 이외의 경우에는 본음대로 적는다.

남녀(男女)	당뇨(糖尿)	결뉴(結紐)	은닉(隱匿)

[붙임 2] 접두사처럼 쓰이는 한자가 붙어서 된 말이나 합성어에서, 뒷말의 첫소리가 'ㄴ' 소리로 나더라도 두음 법칙에 따라 적는다.

신여성(新女性)	공염불(空念佛)	남존여비(男尊女卑)

[붙임 3] 둘 이상의 단어로 이루어진 고유 명사를 붙여 쓰는 경우에도 붙임 2에 준하여 적는다.

한국여자대학	대한요소비료회사

제11항 한자음 '랴, 려, 례, 료, 류, 리'가 단어의 첫머리에 올 적에는 두음 법칙에 따라 '야, 여, 예, 요, 유, 이'로 적는다(ㄱ을 취하고 ㄴ을 버림).

ㄱ	ㄴ	ㄱ	ㄴ
양심(良心)	량심	용궁(龍宮)	롱궁
역사(歷史)	력사	유행(流行)	류행
예의(禮儀)	례의	이발(理髮)	리발

다만, 다음과 같은 의존 명사는 본음대로 적는다.

리(里): 몇 리냐?
리(理): 그럴 리가 없다.

[붙임 1] 단어의 첫머리 이외의 경우에는 본음대로 적는다.

개량(改良)	선량(善良)	수력(水力)	협력(協力)
사례(謝禮)	혼례(婚禮)	와룡(臥龍)	쌍룡(雙龍)
하류(下流)	급류(急流)	도리(道理)	진리(眞理)

다만, 모음이나 'ㄴ' 받침 뒤에 이어지는 '렬, 률'은 '열, 율'로 적는다(ㄱ을 취하고 ㄴ을 버림).

ㄱ	ㄴ	ㄱ	ㄴ
나열(羅列)	나렬	분열(分裂)	분렬
치열(齒列)	치렬	선열(先烈)	선렬
비열(卑劣)	비렬	진열(陳列)	진렬
규율(規律)	규률	선율(旋律)	선률
비율(比率)	비률	전율(戰慄)	전률
실패율(失敗率)	실패률	백분율(百分率)	백분률

[붙임 2] 외자로 된 이름을 성에 붙여 쓸 경우에도 본음대로 적을 수 있다.

신립(申砬)	최린(崔麟)	채륜(蔡倫)	하륜(河崙)

[붙임 3] 준말에서 본음으로 소리나는 것은 본음대로 적는다.

국련(국제연합)	대한교련(대한교육연합회)

[붙임 4] 접두사처럼 쓰인 한자가 붙어서 된 말이나 합성어에서, 뒷말의 첫소리가 'ㄴ' 또는 'ㄹ' 소리가 나더라도 두음 법칙에 따라 적는다.

역이용(逆利用)	연이율(年利率)	열역학(熱力學)	해외여행(海外旅行)

[붙임 5] 둘 이상의 단어로 이루어진 고유 명사를 붙여 쓰는 경우나 십진법에 따라 쓰는 수(數) 도 붙임 4에 준하여 적는다.

서울여관	신흥이발관	육천육백육십육(六千六百六十六)

제12항 한자음 '라, 래, 로, 뢰, 루, 르'가 단어의 첫머리에 올 적에는 두음 법칙에 따라 '나, 내, 노, 뇌, 누, 느'로 적는다(ㄱ을 취하고 ㄴ을 버림).

ㄱ	ㄴ	ㄱ	ㄴ
낙원(樂園)	락원	뇌성(雷聲)	뢰성
내일(來日)	래일	누각(樓閣)	루각
노인(老人)	로인	능묘(陵墓)	릉묘

[붙임 1] 단어의 첫머리 이외의 경우는 본음대로 적는다.

쾌락(快樂)	극락(極樂)	거래(去來)	왕래(往來)
부로(父老)	연로(年老)	지뢰(地雷)	낙뢰(落雷)
고루(高樓)	광한루(廣寒樓)	동구릉(東九陵)	가정란(家庭欄)

[붙임 2] 접두사처럼 쓰이는 한자가 붙어서 된 단어는 뒷말을 두음 법칙에 따라 적는다.

내내월(來來月)	상노인(上老人)	중노동(重勞動)	비논리적(非論理的)

제6절 겹쳐 나는 소리

제13항 한 단어 안에서 같은 음절이나 비슷한 음절이 겹쳐 나는 부분은 같은 글자로 적는다(ㄱ을 취하고 ㄴ을 버림).

ㄱ	ㄴ	ㄱ	ㄴ
딱딱	딱닥	꼿꼿하다	꼿곳하다
쌕쌕	쌕색	놀놀하다	놀롤하다
씩씩	씩식	눅눅하다	눙눅하다
똑딱똑딱	똑닥똑닥	밋밋하다	민밋하다
쓱싹쓱싹	쓱삭쓱삭	싹싹하다	싹삭하다
연연불망(戀戀不忘)	연련불망	쌉쌀하다	쌉살하다
유유상종(類類相從)	유류상종	씁쓸하다	씁슬하다
누누이(屢屢－)	누루이	짭짤하다	짭잘하다

제4장 형태에 관한 것

제1절 체언과 조사

제14항 체언은 조사와 구별하여 적는다.

떡이	떡을	떡에	떡도	떡만
손이	손을	손에	손도	손만
팔이	팔을	팔에	팔도	팔만
밤이	밤을	밤에	밤도	밤만
집이	집을	집에	집도	집만
옷이	옷을	옷에	옷도	옷만
콩이	콩을	콩에	콩도	콩만
낮이	낮을	낮에	낮도	낮만
꽃이	꽃을	꽃에	꽃도	꽃만
밭이	밭을	밭에	밭도	밭만
앞이	앞을	앞에	앞도	앞만
밖이	밖을	밖에	밖도	밖만
넋이	넋을	넋에	넋도	넋만
흙이	흙을	흙에	흙도	흙만
삶이	삶을	삶에	삶도	삶만
여덟이	여덟을	여덟에	여덟도	여덟만
곬이	곬을	곬에	곬도	곬만
값이	값을	값에	값도	값만

제2절 어간과 어미

제15항 용언의 어간과 어미는 구별하여 적는다.

먹다	먹고	먹어	먹으니
신다	신고	신어	신으니
믿다	믿고	믿어	믿으니
울다	울고	울어	(우니)
넘다	넘고	넘어	넘으니
입다	입고	입어	입으니
웃다	웃고	웃어	웃으니
찾다	찾고	찾아	찾으니
좇다	좇고	좇아	좇으니
같다	같고	같아	같으니
높다	높고	높아	높으니
좋다	좋고	좋아	좋으니
깎다	깎고	깎아	깎으니
앉다	앉고	앉아	앉으니
많다	많고	많아	많으니
늙다	늙고	늙어	늙으니
젊다	젊고	젊어	젊으니
넓다	넓고	넓어	넓으니
훑다	훑고	훑어	훑으니
읊다	읊고	읊어	읊으니
옳다	옳고	옳아	옳으니
없다	없고	없어	없으니
있다	있고	있어	있으니

[붙임 1] 두 개의 용언이 어울려 한 개의 용언이 될 적에, 앞말의 본뜻이 유지되고 있는 것은 그 원형을 밝히어 적고, 그 본뜻에서 멀어진 것은 밝히어 적지 아니한다.

(1) 앞말의 본뜻이 유지되고 있는 것

넘어지다	늘어나다	늘어지다	돌아가다
되짚어가다	들어가다	떨어지다	벌어지다
엎어지다	접어들다	틀어지다	흩어지다

(2) 본뜻에서 멀어진 것

드러나다	사라지다	쓰러지다

[붙임 2] 종결형에서 사용되는 어미 '-오'는 '요'로 소리나는 경우가 있더라도 그 원형을 밝혀 '오'로 적는다(ㄱ을 취하고 ㄴ을 버림).

ㄱ	ㄴ
이것은 책이오.	이것은 책이요.
이리로 오시오.	이리로 오시요.
이것은 책이 아니오.	이것은 책이 아니요.

[붙임 3] 연결형에서 사용되는 '이요'는 '이요'로 적는다(ㄱ을 취하고 ㄴ을 버림).

ㄱ	ㄴ
이것은 책이요, 저것은 붓이요, 또 저것은 먹이다.	이것은 책이오, 저것은 붓이오, 또 저것은 먹이다.

제16항 어간의 끝음절 모음이 'ㅏ, ㅗ'일 때에는 어미를 '-아'로 적고, 그 밖의 모음일 때에는 '-어'로 적는다.

01 '-아'로 적는 경우

나아	나아도	나아서
막아	막아도	막아서
얇아	얇아도	얇아서
돌아	돌아도	돌아서
보아	보아도	보아서

02 '-어'로 적는 경우

개어	개어도	개어서
겪어	겪어도	겪어서
되어	되어도	되어서
베어	베어도	베어서
쉬어	쉬어도	쉬어서
저어	저어도	저어서
주어	주어도	주어서
피어	피어도	피어서
희어	희어도	희어서

제17항 어미 뒤에 덧붙는 조사 '-요'는 '-요'로 적는다.

읽어	읽어요
참으리	참으리요
좋지	좋지요

제18항 다음과 같은 용언들은 어미가 바뀔 경우, 그 어간이나 어미가 원칙에 벗어나면 벗어나는 대로 적는다.

01 어간의 끝 'ㄹ'이 줄어질 적

갈다:	가니	간	갑니다	가시다	가오
놀다:	노니	논	놉니다	노시다	노오
불다:	부니	분	붑니다	부시다	부오
둥글다:	둥그니	둥근	둥급니다	둥그시다	둥그오
어질다:	어지니	어진	어집니다	어지시다	어지오

[붙임] 다음과 같은 말에서도 'ㄹ'이 준 대로 적는다.

마지못하다	마지않다
(하)다마다	(하)자마자
(하)지 마라	(하)지 마(아)

02 어간의 끝 'ㅅ'이 줄어질 적

긋다:	그어	그으니	그었다
낫다:	나아	나으니	나았다
잇다:	이어	이으니	이었다
짓다:	지어	지으니	지었다

03 어간의 끝 'ㅎ'이 줄어질 적

그렇다:	그러니	그럴	그러면	그러오
까맣다:	까마니	까말	까마면	까마오
동그랗다:	동그라니	동그랄	동그라면	동그라오
퍼렇다:	퍼러니	퍼럴	퍼러면	퍼러오
하얗다:	하야니	하얄	하야면	하야오

04 어간의 끝 'ㅜ, ㅡ'가 줄어질 적

푸다:	퍼	펐다		뜨다:	떠	떴다
끄다:	꺼	껐다		크다:	커	컸다
담그다:	담가	담갔다		고프다:	고파	고팠다
따르다:	따라	따랐다		바쁘다:	바빠	바빴다

05 어간의 끝 'ㄷ'이 'ㄹ'로 바뀔 적

걷다[步]:	걸어	걸으니	걸었다
듣다[聽]:	들어	들으니	들었다
묻다[問]:	물어	물으니	물었다
싣다[載]:	실어	실으니	실었다

06 어간의 끝 'ㅂ'이 'ㅜ'로 바뀔 적

깁다:	기워	기우니	기웠다
굽다[炙]:	구워	구우니	구웠다
가깝다:	가까워	가까우니	가까웠다
괴롭다:	괴로워	괴로우니	괴로웠다
맵다:	매워	매우니	매웠다
무겁다:	무거워	무거우니	무거웠다
밉다:	미워	미우니	미웠다
쉽다:	쉬워	쉬우니	쉬웠다

다만, '돕-, 곱-'과 같은 단음절 어간에 어미 '-아-'가 결합되어 '와'로 소리나는 것은 '-와'로 적는다.

| 돕다[助]: | 도와 | 도와서 | 도와도 | 도왔다 |
| 곱다[麗]: | 고와 | 고와서 | 고와도 | 고왔다 |

07 '하다'의 활용에서 어미 '-아'가 '-여'로 바뀔 적

| 하다: | 하여 | 하여서 | 하여도 | 하여라 | 하였다 |

08 어간의 끝음절 '르' 뒤에 오는 어미 '-어'가 '-러'로 바뀔 적

이르다[至]:	이르러	이르렀다
노르다:	노르러	노르렀다
누르다:	누르러	누르렀다
푸르다:	푸르러	푸르렀다

09 어간의 끝음절 '르'의 '_'가 줄고, 그 뒤에 오는 어미 '-아/-어'가 '-라/-러'로 바뀔 적

가르다:	갈라	갈랐다		부르다:	불러	불렀다
거르다:	걸러	걸렀다		오르다:	올라	올랐다
구르다:	굴러	굴렀다		이르다:	일러	일렀다
벼르다:	별러	별렀다		지르다:	질러	질렀다

제3절 접미사가 붙어서 된 말

제19항 어간에 '-이'나 '-음/-ㅁ'이 붙어서 명사로 된 것과 '-이'나 '-히'가 붙어서 부사로 된 것은 그 어간의 원형을 밝히어 적는다.

01 '-이'가 붙어서 명사로 된 것

| 길이 | 깊이 | 높이 | 다듬이 | 땀받이 | 달맞이 |
| 먹이 | 미닫이 | 벌이 | 벼훑이 | 살림살이 | 쇠붙이 |

02 '-음/-ㅁ'이 붙어서 명사로 된 것

| 걸음 | 묶음 | 믿음 | 얼음 | 엮음 | 울음 |
| 웃음 | 졸음 | 죽음 | 앎 | 만듦 | |

03 '-이'가 붙어서 부사로 된 것

| 같이 | 굳이 | 길이 | 높이 | 많이 | 실없이 | 좋이 | 짓궂이 |

04 '-히'가 붙어서 부사로 된 것

밝히	익히	작히

다만, 어간에 '-이'나 '-음'이 붙어서 명사로 바뀐 것이라도 그 어간의 뜻과 멀어진 것은 원형을 밝히어 적지 아니한다.

굽도리	다리[髢]	목거리(목병)	무녀리
코끼리	거름(비료)	고름[膿]	노름(도박)

[붙임] 어간에 '-이'나 '-음' 이외의 모음으로 시작된 접미사가 붙어서 다른 품사로 바뀐 것은 그 어간의 원형을 밝히어 적지 아니한다.

(1) 명사로 바뀐 것

귀머거리	까마귀	너머	뜨더귀	마감	마개
마중	무덤	비렁뱅이	쓰레기	올가미	주검

(2) 부사로 바뀐 것

거뭇거뭇	너무	도로	뜨덤뜨덤	바투
불긋불긋	비로소	오긋오긋	자주	차마

(3) 조사로 바뀌어 뜻이 달라진 것

나마	부터	조차

제20항 명사 뒤에 '-이'가 붙어서 된 말은 그 명사의 원형을 밝히어 적는다.

01 부사로 된 것

곳곳이	낱낱이	몫몫이	샅샅이	앞앞이	집집이

02 명사로 된 것

곰배팔이	바둑이	삼발이	애꾸눈이	육손이	절뚝발이/절름발이

[붙임] '-이' 이외의 모음으로 시작된 접미사가 붙어서 된 말은 그 명사의 원형을 밝히어 적지 아니한다.

꼬락서니	끄트머리	모가치	바가지	바깥	사타구니
싸라기	이파리	지붕	지푸라기	짜개	

제21항 명사나 혹은 용언의 어간 뒤에 자음으로 시작된 접미사가 붙어서 된 말은 그 명사나 어간의
원형을 밝히어 적는다.
01 명사 뒤에 자음으로 시작된 접미사가 붙어서 된 것

값지다	홑지다	넋두리	빛깔	옆댕이	잎사귀

02 어간 뒤에 자음으로 시작된 접미사가 붙어서 된 것

낚시	늙정이	덮개	뜯게질
갉작갉작하다	갉작거리다	뜯적거리다	뜯적뜯적하다
굵다랗다	굵직하다	깊숙하다	넓적하다
높다랗다	늙수그레하다	얽죽얽죽하다	

다만, 다음과 같은 말은 소리대로 적는다.
(1) 겹받침의 끝소리가 드러나지 아니하는 것

할짝거리다	널따랗다	널찍하다	말끔하다
말쑥하다	말짱하다	실쭉하다	실큼하다
얄따랗다	얄팍하다	짤따랗다	짤막하다
실컷			

(2) 어원이 분명하지 아니하거나 본뜻에서 멀어진 것

넙치	올무	골막하다	납작하다

제22항 용언의 어간에 다음과 같은 접미사들이 붙어서 이루어진 말들은 그 어간을 밝히어 적는다.
01 ' -기-, -리-, -이-, -히-, -구-, -우-, -추-, -으키-, -이키-, -애-'가 붙는 것

맡기다	옮기다	웃기다	쫓기다	뚫리다	울리다
낚이다	쌓이다	핥이다	굳히다	굽히다	넓히다
앉히다	얽히다	잡히다	돋구다	솟구다	돋우다
갖추다	곧추다	맞추다	일으키다	돌이키다	없애다

다만, '-이-, -히-, -우-'가 붙어서 된 말이라도 본뜻에서 멀어진 것은 소리대로 적는다.

도리다(칼로~)	드리다(용돈을~)	고치다	바치다(세금을~)
부치다(편지를~)	거두다	미루다	이루다

02 '-치-, -뜨리-, -트리-'가 붙는 것

놓치다	덮치다	떠받치다
받치다	밭치다	부딪치다
뻗치다	엎치다	부딪뜨리다/부딪트리다
쏟뜨리다/쏟트리다	젖뜨리다/젖트리다	찢뜨리다/찢트리다
흩뜨리다/흩트리다		

[붙 임] '-업-, -읍-, -브-'가 붙어서 된 말은 소리대로 적는다.

미덥다	우습다	미쁘다

제23항 '-하다'나 '-거리다'가 붙는 어근에 '-이'가 붙어서 명사가 된 것은 그 원형을 밝히어 적는다(ㄱ을 취하고 ㄴ을 버림).

ㄱ	ㄴ	ㄱ	ㄴ
깔쭉이	깔쭈기	살살이	살사리
꿀꿀이	꿀꾸리	쌕쌕이	쌕쌔기
눈깜짝이	눈깜짜기	오뚝이	오뚜기
더펄이	더퍼리	코납작이	코납자기
배불뚝이	배불뚜기	푸석이	푸서기
삐죽이	삐주기	홀쭉이	홀쭈기

[붙 임] '-하다'나 '-거리다'가 붙을 수 없는 어근에 '-이'나 또는 다른 모음으로 시작되는 접미사가 붙어서 명사가 된 것은 그 원형을 밝히어 적지 아니한다.

개구리	귀뚜라미	기러기	깍두기	꽹과리	날라리
누더기	동그라미	두드러기	딱따구리	매미	부스러기
뻐꾸기	얼루기	칼싹두기			

제24항 '-거리다'가 붙을 수 있는 시늉말 어근에 '-이다'가 붙어서 된 용언은 그 어근을 밝히어 적는다(ㄱ을 취하고 ㄴ을 버림).

ㄱ	ㄴ	ㄱ	ㄴ
깜짝이다	깜짜기다	속삭이다	속사기다
꾸벅이다	꾸버기다	숙덕이다	숙더기다
끄덕이다	끄더기다	울먹이다	울머기다
뒤척이다	뒤처기다	움직이다	움지기다
들먹이다	들머기다	지껄이다	지꺼리다
망설이다	망서리다	퍼덕이다	퍼더기다
번득이다	번드기다	허덕이다	허더기다
번쩍이다	번쩌기다	헐떡이다	헐떠기다

제25항 '-하다'가 붙는 어근에 '-히'나 '-이'가 붙어서 부사가 되거나, 부사에 '-이'가 붙어서 뜻을 더하는 경우에는 그 어근이나 부사의 원형을 밝히어 적는다.

01 ' -하다'가 붙는 어근에 '-히'나 '-이'가 붙는 경우

급히	꾸준히	도저히	딱히	어렴풋이	깨끗이

[붙 임] '–하다'가 붙지 않는 경우에는 소리대로 적는다.

갑자기	반드시(꼭)	슬며시

02 부사에 '–이'가 붙어서 역시 부사가 되는 경우

곰곰이	더욱이	생긋이	오뚝이	일찍이	해죽이

제26항 '–하다'나 '– 없다'가 붙어서 된 용언은 그 '–하다'나 '없다'를 밝히어 적는다.
　01 '–하다'가 붙어서 용언이 된 것

딱하다	술하다	착하다	텁텁하다	푹하다

　02 '–없다'가 붙어서 용언이 된 것

부질없다	상없다	시름없다	열없다	하염없다

제4절 합성어 및 접두사가 붙은 말

제27항 둘 이상의 단어가 어울리거나 접두사가 붙어서 이루어진 말은 각각 그 원형을 밝히어 적는다.

국말이	꺾꽂이	꽃잎	끝장	물난리
밑천	부엌일	싫증	옷안	웃옷
젖몸살	첫아들	칼날	팥알	헛웃음
홀아비	홑몸	흙내		
굶주리다	낮잡다	맞먹다	값없다	겉늙다
빗나가다	빛나다	새파랗다	받내다	벋놓다
싯누렇다	엇나가다	엎누르다	샛노랗다	시꺼멓다
짓이기다	헛되다		엿듣다	옻오르다

[붙임 1] 어원은 분명하나 소리만 특이하게 변한 것은 변한 대로 적는다.

할아버지	할아범

[붙임 2] 어원이 분명하지 아니한 것은 원형을 밝히어 적지 아니한다.

골병	골탕	끌탕	며칠
아재비	오라비	업신여기다	부리나케

[붙임 3] '이[齒, 虱]'가 합성어나 이에 준하는 말에서 '니' 또는 '리'로 소리날 때에는 '니'로 적는다.

간니	덧니	사랑니	송곳니	앞니	어금니
윗니	젖니	톱니	틀니	가랑니	머릿니

제28항 끝소리가 'ㄹ'인 말과 딴 말이 어울릴 적에 'ㄹ' 소리가 나지 아니하는 것은 아니 나는 대로 적는다.

다달이(달-달-이)	따님(딸-님)	마되(말-되)
마소(말-소)	무자위(물-자위)	바느질(바늘-질)
부나비(불-나비)	부삽(불-삽)	부손(불-손)
소나무(솔-나무)	싸전(쌀-전)	여닫이(열-닫이)
우짖다(울-짖다)	화살(활-살)	

제29항 끝소리가 'ㄹ'인 말과 딴 말이 어울릴 적에 'ㄹ' 소리가 'ㄷ' 소리로 나는 것은 'ㄷ'으로 적는다.

반짇고리(바느질~)	사흗날(사흘~)	삼짇날(삼질~)	섣달(설~)
숟가락(술~)	이튿날(이틀~)	잗주름(잘~)	푿소(풀~)
섣부르다(설~)	잗다듬다(잘~)	잗다랗다(잘~)	

제30항 사이시옷은 다음과 같은 경우에 받치어 적는다.

01 순 우리말로 된 합성어로서 앞말이 모음으로 끝난 경우

(1) 뒷말의 첫소리가 된소리로 나는 것

고랫재	귓밥	나룻배	나뭇가지	냇가	댓가지
뒷갈망	맷돌	머릿기름	모깃불	못자리	바닷가
뱃길	볏가리	부싯돌	선짓국	쇳조각	아랫집
우렁잇속	잇자국	잿더미	조갯살	찻집	쳇바퀴
킷값	핏대	햇볕	혓바늘		

(2) 뒷말의 첫소리 'ㄴ, ㅁ' 앞에서 'ㄴ' 소리가 덧나는 것

멧나물	아랫니	텃마당	아랫마을	뒷머리
잇몸	깻묵	냇물	빗물	

(3) 뒷말의 첫소리 모음 앞에서 'ㄴㄴ' 소리가 덧나는 것

도리깻열	뒷윷	두렛일	뒷일	뒷입맛
베갯잇	욧잇	깻잎	나뭇잎	댓잎

02 순 우리말과 한자어로 된 합성어로서 앞말이 모음으로 끝난 경우

(1) 뒷말의 첫소리가 된소리로 나는 것

귓병	머릿방	뱃병	봇둑	사잣밥
샛강	아랫방	자릿세	전셋집	찻잔
찻종	촛국	콧병	탯줄	텃세
핏기	햇수	횟가루	횟배	

(2) 뒷말의 첫소리 'ㄴ, ㅁ' 앞에서 'ㄴ' 소리가 덧나는 것

곗날	제삿날	훗날	툇마루	양칫물

(3) 뒷말의 첫소리 모음 앞에서 'ㄴㄴ' 소리가 덧나는 것

가욋일	사삿일	예삿일	훗일

03 두 음절로 된 다음 한자어

곳간(庫間)	셋방(貰房)	숫자(數字)	찻간(車間)	툇간(退間)	횟수(回數)

제31항 두 말이 어울릴 적에 'ㅂ' 소리나 'ㅎ' 소리가 덧나는 것은 소리대로 적는다.

01 'ㅂ' 소리가 덧나는 것

댑싸리(대ㅂ싸리)	멥쌀(메ㅂ쌀)	볍씨(벼ㅂ씨)
입때(이ㅂ때)	입쌀(이ㅂ쌀)	접때(저ㅂ때)
좁쌀(조ㅂ쌀)	햅쌀(해ㅂ쌀)	

02 'ㅎ' 소리가 덧나는 것

머리카락(머리ㅎ가락)	살코기(살ㅎ고기)	수캐(수ㅎ개)
수컷(수ㅎ것)	수탉(수ㅎ닭)	안팎(안ㅎ밖)
암캐(암ㅎ개)	암컷(암ㅎ것)	암탉(암ㅎ닭)

제5절 준 말

제32항 단어의 끝모음이 줄어지고 자음만 남은 것은 그 앞의 음절에 받침으로 적는다.

본 말	준 말	본 말	준 말
기러기야	기럭아	가지고, 가지지	갖고, 갖지
어제그저께	엊그저께	디디고, 디디지	딛고, 딛지
어제저녁	엊저녁		

제33항 체언과 조사가 어울려 줄어지는 경우에는 준 대로 적는다.

본말	준말	본말	준말
그것은	그건	너는	넌
그것이	그게	너를	널
그것으로	그걸로	무엇을	뭣을/무얼/뭘
나는	난	무엇이	뭣이/무에
나를	날		

제34항 모음 'ㅏ, ㅓ'로 끝난 어간에 '-아/-어, -았-/-었-'이 어울릴 적에는 준 대로 적는다.

본말	준말	본말	준말
가아	가	가았다	갔다
나아	나	나았다	났다
타아	타	타았다	탔다
서어	서	서었다	섰다
켜어	켜	켜었다	켰다
펴어	펴	펴었다	폈다

[붙임 1] 'ㅐ, ㅔ' 뒤에 '-어, -었-'이 어울려 줄 적에 준 대로 적는다.

본말	준말	본말	준말
개어	개	개었다	갰다
내어	내	내었다	냈다
베어	베	베었다	벴다
세어	세	세었다	셌다

[붙임 2] '하여'가 한 음절로 줄어서 '해'로 될 적에는 준 대로 적는다.

본말	준말	본말	준말
하여	해	하였다	했다
더하여	더해	더하였다	더했다
흔하여	흔해	흔하였다	흔했다

제35항 모음 'ㅗ, ㅜ'로 끝난 어간에 '-아/-어, -았-/-었-'이 어울려 'ㅘ/ㅝ, ㅘㅆ/ㅝㅆ'으로 될 적에는 준 대로 적는다.

본말	준말	본말	준말
꼬아	꽈	꼬았다	꽜다
보아	봐	보았다	봤다
쏘아	쏴	쏘았다	쐈다

두어	둬	두었다	뒀다
쑤어	쒀	쑤었다	쒔다
주어	줘	주었다	줬다

[붙임 1] '놓아'가 '놔'로 줄 적에는 준 대로 적는다.

[붙임 2] 'ㅚ' 뒤에 '-어, -었-'이 어울려 'ㅙ, ㅙㅆ'으로 될 적에도 준 대로 적는다.

본 말	준 말	본 말	준 말
괴어	괘	괴었다	괬다
되어	돼	되었다	됐다
뵈어	봬	뵈었다	뵀다
쇠어	쇄	쇠었다	쇘다
씌어	쐐	씌었다	쐤다

제36항 'ㅣ' 뒤에 '-어'가 와서 'ㅕ'로 줄 적에는 준 대로 적는다.

본 말	준 말	본 말	준 말
가지어	가져	가지었다	가졌다
견디어	견뎌	견디었다	견뎠다
다니어	다녀	다니었다	다녔다
막히어	막혀	막히었다	막혔다
버티어	버텨	버티었다	버텼다
치이어	치여	치이었다	치였다

제37항 'ㅏ, ㅕ, ㅗ, ㅜ, ㅡ'로 끝난 어간에 '-이-'가 와서 각각 'ㅐ, ㅖ, ㅚ, ㅟ, ㅢ'로 줄 적에는 준 대로 적는다.

본 말	준 말	본 말	준 말
싸이다	쌔다	누이다	뉘다
펴이다	폐다	뜨이다	띄다
보이다	뵈다	쓰이다	씌다

제38항 'ㅏ, ㅗ, ㅜ, ㅡ' 뒤에 '-이어'가 어울려 줄어질 적에는 준 대로 적는다.

본 말	준 말	본 말	준 말
싸이어	쌔어, 싸여	뜨이어	띄어
보이어	뵈어, 보여	쓰이어	씌어, 쓰여
쏘이어	쐬어, 쏘여	트이어	틔어, 트여
누이어	뉘어, 누여		

제39항 어미 '-지' 뒤에 '않-'이 어울려 '-잖-'이 될 적과 '-하지' 뒤에 '않-'이 어울려 '-찮-'이 될 적에는 준 대로 적는다.

본 말	준 말	본 말	준 말
그렇지 않은	그렇잖은	만만하지 않다	만만찮다
적지 않은	적잖은	변변하지 않다	변변찮다

제40항 어간의 끝음절 '하'의 'ㅏ'가 줄고 'ㅎ'이 다음 음절의 첫소리와 어울려 거센소리로 될 적에는 거센소리로 적는다.

본 말	준 말	본 말	준 말
간편하게	간편케	다정하다	다정타
연구하도록	연구토록	정결하다	정결타
가하다	가타	흔하다	흔타

[붙임 1] 'ㅎ'이 어간의 끝소리로 굳어진 것은 받침으로 적는다.

않다	않고	않지	않든지
그렇다	그렇고	그렇지	그렇든지
아무렇다	아무렇고	아무렇지	아무렇든지
어떻다	어떻고	어떻지	어떻든지
이렇다	이렇고	이렇지	이렇든지
저렇다	저렇고	저렇지	저렇든지

[붙임 2] 어간의 끝음절 '하'가 아주 줄 적에는 준 대로 적는다.

본 말	준 말	본 말	준 말
거북하지	거북지	생각하건대	생각건대
생각하다 못해	생각다 못해	깨끗하지 않다	깨끗지 않다
넉넉하지 않다	넉넉지 않다	못하지 않다	못지않다
섭섭하지 않다	섭섭지 않다	익숙하지 않다	익숙지 않다

[붙임 3] 다음과 같은 부사는 소리대로 적는다.

결단코	결코	기필코	무심코	아무튼	요컨대
정녕코	필연코	하마터면	하여튼	한사코	

제5장 띄어쓰기

제1절 조 사

제41항 조사는 그 앞말에 붙여 쓴다.

꽃이	꽃마저	꽃밖에	꽃에서부터
꽃으로만	꽃이나마	꽃이다	꽃입니다
꽃처럼	어디까지나	거기도	멀리는	웃고만

제2절 의존 명사, 단위를 나타내는 명사 및 열거하는 말 등

제42항 의존 명사는 띄어 쓴다.

아는 것이 힘이다.	나도 할 수 있다.	먹을 만큼 먹어라.
아는 이를 만났다.	네가 뜻한 바를 알겠다.	그가 떠난 지가 오래다.

제43항 단위를 나타내는 명사는 띄어 쓴다.

한 개	차 한 대	금 서 돈	소 한 마리
옷 한 벌	열 살	조기 한 손	연필 한 자루
버선 한 죽	집 한 채	신 두 켤레	북어 한 쾌

다만, 순서를 나타내는 경우나 숫자와 어울리어 쓰이는 경우에는 붙여 쓸 수 있다.

두시 삼십분 오초	제일과	삼학년	육층
1446년 10월 9일	2대대	16동 502호	제1실습실
80원	10개	7미터	

제44항 수를 적을 적에는 '만(萬)' 단위로 띄어 쓴다.

십이억 삼천사백오십육만 칠천팔백구십팔	12억 3456만 7898

제45항 두 말을 이어 주거나 열거할 적에 쓰이는 다음의 말들은 띄어 쓴다.

국장 겸 과장	열 내지 스물	청군 대 백군	책상, 걸상 등이 있다.
이사장 및 이사들	사과, 배, 귤 등등	사과, 배 등속	부산, 광주 등지

제46항 단음절로 된 단어가 연이어 나타날 적에는 붙여 쓸 수 있다.

그때 그곳	좀더 큰것	이말 저말	한잎 두잎

제3절 보조 용언

제47항 보조 용언은 띄어 씀을 원칙으로 하되, 경우에 따라 붙여 씀도 허용한다(ㄱ을 원칙으로 하고, ㄴ을 허용함).

ㄱ	ㄴ
불이 꺼져 **간다**.	불이 꺼져**간다**.
내 힘으로 막아 **낸다**.	내 힘으로 막아**낸다**.
어머니를 도와 **드린다**.	어머니를 도와**드린다**.
그릇을 깨뜨려 **버렸다**.	그릇을 깨뜨려**버렸다**.
비가 올 **듯하다**.	비가 올**듯하다**.
그 일은 할 **만하다**.	그 일은 할**만하다**.
일이 될 **법하다**.	일이 될**법하다**.
비가 올 **성싶다**.	비가 올**성싶다**.
잘 아는 **척한다**.	잘 아는**척한다**.

다만, 앞말에 조사가 붙거나 앞말이 합성 동사인 경우, 그리고 중간에 조사가 들어갈 적에는 그 뒤에 오는 보조 용언은 띄어 쓴다.

잘도 놀아만 **나는구나**!	책을 읽어도 **보고**…….	네가 덤벼들어 **보아라**.
강물에 떠내려가 **버렸다**.	그가 올 듯도 **하다**.	잘난 체를 **한다**.

제4절 고유 명사 및 전문 용어

제48항 성과 이름, 성과 호 등은 붙여 쓰고, 이에 덧붙는 호칭어, 관직명 등은 띄어 쓴다.

김양수(金良洙)	서화담(徐花潭)	채영신 씨
최치원 선생	박동식 박사	충무공 이순신 장군

다만, 성과 이름, 성과 호를 분명히 구분할 필요가 있을 경우에는 띄어 쓸 수 있다.

남궁억/남궁 억	독고준/독고 준	황보지봉(皇甫芝峰)/황보 지봉

제49항 성명 이외의 고유 명사는 단어별로 띄어 씀을 원칙으로 하되, 단위별로 띄어 쓸 수 있다(ㄱ을 원칙으로 하고, ㄴ을 허용함).

ㄱ	ㄴ
대한 중학교	대한중학교
한국 대학교 사범 대학	한국대학교 사범대학

제50항 전문 용어는 단어별로 띄어 씀을 원칙으로 하되, 붙여 쓸 수 있다(ㄱ을 원칙으로 하고, ㄴ을 허용함).

ㄱ	ㄴ
만성 골수성 백혈병	만성골수성백혈병
중거리 탄도 유도탄	중거리탄도유도탄

제6장 그 밖의 것

제51항 부사의 끝음절이 분명히 '이'로만 나는 것은 '-이'로 적고, '히'로만 나거나 '이'나 '히'로 나는 것은 '히-'로 적는다.

01 '이'로만 나는 것

가붓이	깨끗이	나붓이	느긋이	둥긋이
따뜻이	반듯이	버젓이	산뜻이	의젓이
가까이	고이	날카로이	대수로이	번거로이
많이	적이	헛되이		
겹겹이	번번이	일일이	집집이	틈틈이

02 '히'로만 나는 것

극히	급히	딱히	속히	작히	족히
특히	엄격히	정확히			

03 '이, 히'로 나는 것

솔직히	가만히	간편히	나른히	무단히
각별히	소홀히	쓸쓸히	정결히	과감히
꼼꼼히	심히	열심히	급급히	답답히
섭섭히	공평히	능히	당당히	분명히
상당히	조용히	간소히	고요히	도저히

제52항 한자어에서 본음으로도 나고 속음으로도 나는 것은 각각 그 소리에 따라 적는다.

본음으로 나는 것	속음으로 나는 것
승낙(承諾)	수락(受諾), 쾌락(快諾), 허락(許諾)
만난(萬難)	곤란(困難), 논란(論難)
안녕(安寧)	의령(宜寧), 회령(會寧)
분노(忿怒)	대로(大怒), 희로애락(喜怒哀樂)
토론(討論)	의논(議論)
오륙십(五六十)	오뉴월, 유월(六月)

목재(木材)	모과(木瓜)
십일(十日)	시방정토(十方淨土), 시왕(十王), 시월(十月)
팔일(八日)	초파일(初八日)

제53항 다음과 같은 어미는 예사소리로 적는다(ㄱ을 취하고, ㄴ을 버림).

ㄱ	ㄴ	ㄱ	ㄴ
─(으)ㄹ거나	─(으)ㄹ꺼나	─(으)ㄹ지니라	─(으)ㄹ찌니라
─(으)ㄹ걸	─(으)ㄹ껄	─(으)ㄹ지라도	─(으)ㄹ찌라도
─(으)ㄹ게	─(으)ㄹ께	─(으)ㄹ지어다	─(으)ㄹ찌어다
─(으)ㄹ세	─(으)ㄹ쎄	─(으)ㄹ지언정	─(으)ㄹ찌언정
─(으)ㄹ세라	─(으)ㄹ쎄라	─(으)ㄹ진대	─(으)ㄹ찐대
─(으)ㄹ수록	─(으)ㄹ쑤록	─(으)ㄹ진저	─(으)ㄹ찐저
─(으)ㄹ시	─(으)ㄹ씨	─올시다	─올씨다
─(으)ㄹ지	─(으)ㄹ찌		

다만, 의문을 나타내는 다음 어미들은 된소리로 적는다.

─(으)ㄹ까?   ─(으)ㄹ꼬?   ─(스)ㅂ니까?   ─(으)리까?   ─(으)ㄹ쏘냐?

제54항 다음과 같은 접미사는 된소리로 적는다(ㄱ을 취하고 ㄴ을 버림).

ㄱ	ㄴ	ㄱ	ㄴ
심부름꾼	심부름군	귀때기	귓대기
익살꾼	익살군	볼때기	볼대기
일꾼	일군	판자때기	판잣대기
장꾼	장군	뒤꿈치	뒷굼치
장난꾼	장난군	팔꿈치	팔굼치
지게꾼	지겟군	이마빼기	이맛배기
때깔	땟깔	코빼기	콧배기
빛깔	빛갈	객쩍다	객적다
성깔	성갈	겸연쩍다	겸연적다

제55항 두 가지로 구별하여 적던 다음 말들은 한 가지로 적는다(ㄱ을 취하고 ㄴ을 버림).

ㄱ	ㄴ
맞추다(입을 맞춘다. 양복을 맞춘다.)	마추다
뻗치다(다리를 뻗친다. 멀리 뻗친다.)	뻐치다

제56항 '-더라, -던'과 '-든지'는 다음과 같이 적는다.

01 지난 일을 나타내는 어미는 '-더라, -던'으로 적는다(ㄱ을 취하고 ㄴ을 버림).

ㄱ	ㄴ
지난 겨울은 몹시 춥더라.	지난 겨울은 몹시 춥드라.
깊던 물이 얕아졌다.	깊든 물이 얕아졌다.
그렇게 좋던가?	그렇게 좋든가?
그 사람 말 잘하던데!	그 사람 말 잘하든데!
얼마나 놀랐던지 몰라.	얼마나 놀랐든지 몰라.

02 물건이나 일의 내용을 가리지 아니하는 뜻을 나타내는 조사와 어미는 '(-)든지'로 적는다 (ㄱ을 취하고 ㄴ을 버림).

ㄱ	ㄴ
배든지 사과든지 마음대로 먹어라.	배던지 사과던지 마음대로 먹어라.
가든지 오든지 마음대로 해라.	가던지 오던지 마음대로 해라.

제57항 다음 말들은 각각 구별하여 적는다.

가름 갈음	둘로 가름 새 책상으로 갈음하였다.
거름 걸음	풀을 썩인 거름 빠른 걸음
거치다 걷히다	영월을 거쳐 왔다. 외상값이 잘 걷힌다.
걷잡다 겉잡다	걷잡을 수 없는 상태 겉잡아서 이틀 걸릴 일
그러므로(그러니까) 그럼으로(써)(그렇게 하는 것으로)	그는 부지런하다. 그러므로 잘 산다. 그는 열심히 공부한다. 그럼으로(써) 은혜에 보답한다.
노름 놀음(놀이)	노름판이 벌어졌다. 즐거운 놀음
느리다 늘이다 늘리다	진도가 너무 느리다. 고무줄을 늘인다. 수출량을 더 늘린다.
다리다 달이다	옷을 다린다. 약을 달인다.
다치다 닫히다 닫치다	부주의로 손을 다쳤다. 문이 저절로 닫혔다. 문을 힘껏 닫쳤다.
마치다 맞히다	벌써 일을 마쳤다. 여러 문제를 더 맞혔다.

목거리 목걸이	목거리가 덧났다. 금 목걸이, 은 목걸이
바치다 받치다 받히다 밭치다	나라를 위해 목숨을 바쳤다. 우산을 받치고 간다. 책받침을 받친다. 쇠뿔에 받혔다. 술을 체에 밭친다.
반드시 반듯이	약속은 반드시 지켜라. 고개를 반듯이 들어라.
부딪치다 부딪히다	차와 차가 마주 부딪쳤다. 마차가 화물차에 부딪혔다.
부치다	힘이 부치는 일이다. 편지를 부친다. 논밭을 부친다. 빈대떡을 부친다. 식목일에 부치는 글. 회의에 부치는 안건. 인쇄에 부치는 원고. 삼촌 집에 숙식을 부친다.
붙이다	우표를 붙인다. 책상을 벽에 붙였다. 흥정을 붙인다. 불을 붙인다. 감시원을 붙인다. 조건을 붙인다. 취미를 붙인다. 별명을 붙인다.
시키다 식히다	일을 시킨다. 끓인 물을 식힌다.
아름 알음 앎	세 아름 되는 둘레 전부터 알음이 있는 사이 앎이 힘이다.
안치다 앉히다	밥을 안친다. 윗자리에 앉힌다.
어름 얼음	두 물건의 어름에서 일어난 현상 얼음이 얼었다.
이따가 있다가	이따가 오너라. 돈은 있다가도 없다.
저리다 절이다	다친 다리가 저린다. 김장 배추를 절인다.
조리다 졸이다	생선을 조린다. 통조림, 병조림 마음을 졸인다.
주리다 줄이다	여러 날을 주렸다. 비용을 줄인다.
하노라고 하느라고	하노라고 한 것이 이 모양이다. 공부하느라고 밤을 새웠다.
-느니보다(어미) -는 이보다(의존 명사)	나를 찾아오느니보다 집에 있거라. 오는 이가 가는 이보다 많다.
-(으)리만큼(어미) -(으)ㄹ 이만큼(의존 명사)	나를 미워하리만큼 그에게 잘못한 일이 없다. 찬성할 이도 반대할 이만큼이나 많을 것이다.
-(으)러(목적) -(으)려(의도)	공부하러 간다. 서울 가려 한다.

(으)로서(자격) (으)로써(수단)	사람으로서 그럴 수는 없다. 닭으로써 꿩을 대신했다.
─(으)므로(어미) (─ㅁ, ─음)으로(써)(조사)	그가 나를 믿으므로 나도 그를 믿는다. 그는 믿음으로(써) 산 보람을 느꼈다.

⑥ 문서작성의 기본

(1) 문서작성의 목적과 원칙

① 문서작성의 목적
　　㉠ 정확한 사실과 정보 전달
　　㉡ 상대방의 적극적인 협력 유도
　　㉢ 사무처리의 기록보존
　　㉣ 행정감사, 추가비용 발생방지로 재무리스크 예방

② 문서작성의 원칙
　　㉠ 문서를 작성하는 목적이 무엇인지 분명히 파악한 뒤에 문서를 작성한다.
　　㉡ 전달하고자 하는 메시지를 분명하고 간결하게 표현한다.
　　㉢ 문서는 어문규범을 준수하고 이해하기 쉬운 용어를 사용한다.
　　㉣ 형식과 내용이 조화를 이루어 한 번에 업무성과와 연결되게 한다.
　　㉤ 작성된 문서를 받는 사람이 누구인지에 따라 문서의 표현과 형식을 다르게 한다.
　　㉥ 작성된 문서가 받는 사람에게 제때에 전달될 수 있도록 전달 전략을 세워야 한다.
　　㉦ 상사를 대신해서 작성하는 문서는 초안 작성 후 상사의 최종 검토를 받아서 발송한다.
　　㉧ 모든 처리절차는 업무관리 시스템 또는 전자문서 시스템상에서 전자적으로 처리한다.

중요 check　작성 목적에 따른 문서의 유형 **기출**

- 상사를 대신하여 작성 : 업무관련 서신, 발표용 문서, 연설문, 인사장, 감사장, 초대장, 위임장, 출장 보고서, 경조 단자 등
- 상사에게 보고 목적 : 업무 보고서, 출장 보고서, 조사 보고서, 영업 보고서, 상사의 일정표 등
- 비서의 업무처리 목적 : 품의서, 기안문, 업무협조문, 회의록, 상사신상기록카드, 비서업무매뉴얼, 업무일지, 일정표, 문서 수·발신대장, 각종 안내문 등

---

(2) 문서작성의 요건

① **정확한 내용** : 사무문서는 그 자체가 중요한 증거가 되거나 수신자의 의사결정과 행동에 영향을 미치므로 정확성이 요구되어야 한다. 정확한 문서가 되기 위해서는 다음과 같은 사항을 고려해야 한다.

㉠ 자료를 완전히 갖추어야 한다. 불완전한 자료는 작성된 문서에서 정확성을 기대하기는 어렵다.

㉡ 표기법을 정확히 해야 한다. 문자, 언어를 정확히 사용함은 물론 문법상, 관습상의 잘못이 없도록 주의할 필요가 있다.

㉢ 작성이 합리적이어야 한다. 이는 사무절차의 단순화와 밀접한 관계가 있다. 즉, 복사함으로써 전기 작업이 가능하도록 한다든가, 꼭 필요한 도장만 찍게 하여 책임의 소재를 애매하게 하지 않도록 하는 사무절차상의 검토가 필요하다.

㉣ 5W1H의 원칙을 체크할 필요가 있다.

ⓐ 무엇을 쓸 것인가(What) : 문서의 내용을 정확히 인식하여야 한다.

ⓑ 무엇을 위하여 쓸 것인가(Why) : 문서의 목적을 분명히 한다.

ⓒ 언제 행해지는 것인가(When) : 회의개최의 일시, 출장 시의 도착일시 등을 정확히 기재하여야 한다.

ⓓ 어디서 행해질 것인가(Where) : 장소의 기술, 표시에는 세심한 배려가 요구된다.

ⓔ 누가 주최자인가(Who) : 주최자가 분명하지 않으면 책임의 소재가 불분명해진다.

ⓕ 어떻게 할 것인가(How) : 문서내용이 분명해지려면 그 방법, 절차 등이 제시되어야 한다.

② **적절한 표현** : 이해하기 쉬운 글자·용어·문맥을 선택한다. 명쾌한 문장이 되기 위해서는 어려운 표현을 피해야 한다. 규정문이 아니고 설명문인 경우에는 이해하기 쉽게 쓰는 것이 가장 중요하다. 이해하기 쉬운 문서를 작성하기 위한 요령은 다음과 같다.

㉠ 긍정문으로 작성한다.

㉡ 문장은 짧고 간결하게 쓴다.

㉢ 행을 적당하게 나눈다.

㉣ 한자는 상용한자의 범위 내에서 사용한다.

㉤ 문제점 및 결론을 먼저 쓴다.

㉥ 문서의 내용을 일목요연하게 파악할 수 있도록 간단한 표제를 붙인다.

③ **신속한 작성**

㉠ 신속한 작성을 위해서는 문서작성에 관한 사항이 표준화되어야 한다.

㉡ 기업체의 일상 업무는 동일 업무의 반복이므로, 표준적인 예문을 준비해 두고 활용하면 노력과 시간을 절약할 수 있다.

㉢ 표준 예문, 상례문, 파라그래프 시스템(Paragraph System)을 활용하고 반복적인 문서는 워드프로세서를 이용하면 상당한 도움이 된다.

④ **용이한 취급**

㉠ 문서는 처리되기 위한 것이므로 기입을 용이하게 하고, 파일링이 편리하도록 양식에 충분한 배려를 하여야 한다.

㉡ 대외용 서한, 영구보존 문서 등에는 용지가 조잡하지 않은 것을 써야 하며 용도에 따라 용지를 선택해야 한다.

⑤ 비용의 경제성
　　㉠ 기업의 경제 활동을 위한 문서작성 비용은 되도록 최소화시킨다.
　　㉡ 경비 절감에 초점을 두어 워드프로세서와 같은 기기를 이용하고 기존 문서를 활용하는 등 작은
　　　노력으로 큰 효과를 올릴 수 있는 문서작성 방법을 고안해야 한다.
　　㉢ 목적에 맞게 경제적으로 종이를 선택하는 등의 방법으로 경비를 절감할 수 있다.

(3) 문장의 작성방법

① 긴 문장은 적당히 끊는다.
　　㉠ 두 개 이상의 다른 사항을 한 문장으로 쓰지 않는다.
　　㉡ 접속어, 지시어를 적절히 사용한다.
② 주어와 술어의 관계를 분명히 한다.
　　㉠ 술어를 빠뜨리지 않는다.
　　㉡ 주어와 술어는 가능한 한 근접시킨다.
　　㉢ 주어와 술어는 의미와 형태상 올바르게 대응시킨다.
　　㉣ 문장 도중에는 가능한 한 주어를 두지 않는다.
③ 무엇인가를 병렬시킬 때는 분명히 한다.
④ 수식어를 정확히 사용한다.
　　㉠ 수식어를 받는 구절을 빠뜨리지 않는다.
　　㉡ 현혹되거나 혼동되기 쉬운 수식은 되도록 피한다.
　　㉢ 수식어와 수식을 받는 구절은 가능한 한 근접시킨다.
　　㉣ 장황한 수식어는 사용하지 않는다.
⑤ 이해하기 쉬운 용어를 쓴다.
　　㉠ 한자어, 외국어를 지나치게 사용하지 않는다.
　　㉡ 전문용어, 학술용어는 가능한 한 피한다.
⑥ 결론을 먼저 제시한다.
　　㉠ 사무용 문서에서는 용건의 중요도에 따라서 문서의 목적을 먼저 제시한 후 보조적 사항을 설명
　　　하는 것이 원칙이다.
　　㉡ 결론을 먼저 제시한 이유는 마음에 두고 실행에 옮겨 달라는 것이다.
　　㉢ 처음부터 장황하게 늘어놓다가 최후에는 핵심에 접근 못하고 흐지부지되는 경우가 많으므로 처
　　　음부터 핵심을 제시하도록 한다.
⑦ 예고형 부사를 활용한다.
　　문장의 결론을 먼저 제시하고 예고형 부사, 즉 아마도, 오히려, 도리어, 반드시, 만약, 아무튼 등을
　　활용하면 어느 정도 문제는 해결될 것이다.
⑧ 애매모호한 표현을 하지 않는다.
　　어법에 따라서는 의미가 여러 가지인 경우도 있으므로 간단명료한 용어를 사용하는 것이 좋다. 애
　　매모호한 표현은 다음의 경우에 많이 나타난다.

○ 문장이 지나치게 길어서 의미를 잘못 이해하는 경우

○ 격조사(의, 를, 이, 가, 에서, 로)가 무엇을 받는지 분명하지 않는 경우

○ 부정어법에 말려들어 잘못 이해하는 경우

○ 술어가 애매하여 의미가 잘못 전달되는 경우

중요 check   문서작성의 일반사항

- 문서는 한글로 쓰는 것을 원칙으로 하고 간명하게 기술하며, 어문규범을 준수하여 가로로 작성한다. 다만, 고유명칭, 외국어로만 표시되는 용어 및 뜻의 전달이 어려운 경우에는 원어 또는 한자를 쓸 수 있다.
- 문서에 사용하는 숫자는 아라비아 숫자로 한다.
- 문서에 사용하는 일시는 숫자로 표시하며, 연·월·일의 문자는 생략하고 온점(·)을 찍어 구분한다.
- 문서에 쓰는 시간은 24시간제에 의하며, 시·분의 문자는 생략하고 두점(:)을 찍어 구분한다.
- 문서에 쓰는 경어는 보통의 경어를 쓰되 문장의 끝에만 쓰고 중간에는 되도록 쓰지 않는다.
- 문서작성에 쓰이는 용지의 크기는 특별한 경우를 제외하고는 가로 210mm, 세로 297mm 크기의 종이(A4)를 사용한다.

---

02   각종문서 작성

🔟 의례문서 작성

(1) 의례문서

① 평소 친분이나 거래 관계에 있는 사람이나 조직끼리 관계 유지에 대한 표시로서 주고받는 문서로 상호 간의 관계를 원활하게 하는 중요한 의미가 있는 문서이다.

② 작성 시 유의 사항

○ 형식을 존중하고 예의를 갖춘다.

○ 정성과 예의를 갖추어서 올바른 경어를 사용한다.

○ 보내는 시기가 중요하므로 적절한 때를 놓치지 않도록 주의한다.

○ 품격 있는 문장을 사용한다. 그러나 어렵고 난해한 한자어 중심의 표현은 피한다.

(2) 주요 의례문서

① 안내장

○ 초대장은 특정인을 대상으로 초대하기 위한 것이라면, 안내장은 일반인을 대상으로 하여 교육이나 모임, 행사 등에 참가요청을 목적으로 하는 문서이다.

ⓛ 작성 시 유의 사항

- 통지문의 성격이 강하므로 용건이나 목적을 명확하게 작성한다. 행사 내용이나 장소, 일시 등은 상대방이 이해하기 쉽도록 '다음'란을 만들어서 기입한다.
- 내용은 용건이나 목적을 간단하게 기재하고, 자세한 설명이 필요한 경우에는 별도로 첨부한다.
- 참가 여부를 연락하거나 참가 신청방법을 반드시 기재하여야 한다. 간단한 참가여부 연락은 전화로 주로 하며, 참가 신청서양식 등이 별도로 있는 경우는 팩스나 이메일을 이용하거나 홈 페이지의 참가 신청양식에 기입한다.
- 참가비 등이 있는 경우 금액을 안내장에서 안내하는 것이 좋다.

② 초대장

ⓖ 모임을 초대하는 문서라는 점에서 안내장과 유사하지만, 특정인을 대상으로 하여 꼭 참석해 주기를 바라는 성격이 강하므로 안내장보다 더욱 예의와 격식을 갖출 필요가 있다.

ⓛ 작성 시 유의 사항

- 예의를 갖추어 겸손하고 정중한 표현을 한다. 손님으로 참석을 요청하는 것이므로 '바쁘신 중에서 꼭 참석하시어 자리를 빛내 주시길 바란다.'라는 형식을 사용할 필요가 있다.
- 기념 축하 행사의 초대장은 외부에 홍보하는 효과도 함께 있으므로 디자인에도 신경을 써서 품격 있는 카드를 사용하는 것이 좋다.

③ 인사장

ⓖ 인사장은 자신의 회사나 개인적인 신상에 관한 변동사항을 상대방에게 알려서, 서로 간의 이해와 협력을 보다 공고히 하려는 목적으로 작성하는 문서이다.

ⓛ 작성 시 유의 사항

- 계절 인사와 전할 용건을 먼저 밝히고, 그다음으로 과정이나 설명을 아주 간결하게 언급한 후, 마지막으로 직접 방문하여 전하지 못하는 점에 대해서 양해를 구하는 내용으로 구성한다.
- 변경사항을 알리는 통지문의 성격을 함께 가지므로 전달 내용을 정확하고 알기 쉽게 쓴다.
- 겸손하고 예의 바른 경어체를 사용하여야 하며, 정성이 느껴지는 정중한 표현을 한다.

④ 축하장

ⓖ 기업에 관련된 다양한 축하 행사나 개인과 관련된 경사에 관한 연락을 받았을 때 축하의 메시지를 전달하기 위한 목적으로 작성하는 문서이다.

ⓛ 작성 시 유의 사항

- 정중하고 격식을 갖추어야 한다. 너무 형식에 치우는 것보다는 진솔한 표현을 쓰는 것이 좋다. 개인에게 보낼 시 정감 있는 표현을 사용하여도 무방하다.
- 상대방이 기뻐할 때 축하해 줄 수 있도록 신속하게 작성해서 보내는 것이 좋다.

⑤ 감사장

ⓖ 축하나 위문 등을 받았을 때나 업무상의 협조나 편의를 제공받았을 때 상대방의 호의와 도움에 감사하는 마음을 전하기 위해서 작성하는 문서이다.

ⓛ 작성 시 유의 사항
- 겸손하고 정중하게 서식에 맞추어 작성한다.
- 상대방의 성의와 관심, 열정에 감사드리는 내용을 작성하여야 한다. 물품 등에 대한 언급은 자세하게 하지 않는 것이 좋다.
- 소개, 추천의 경우라든지 재해, 병문안에 대한 감사의 경우 그 뒤의 경과나 결과를 간략하게 알려주는 것이 예의다.
- 감사장은 대부분 기업에 보내는 것이 아니라 개인에게 직접 감사하는 형식이므로 너무 형식에 치우치지 않고, 읽는 사람이 정성과 믿음을 느낄 수 있도록 작성하는 것이 좋다.
ⓒ 유형별 감사장 작성 방법
- 준공 축하장에 대한 감사장 : 사옥 신축, 개업·개점, 창립기념 등의 행사 후 보내는 감사장은 비즈니스 문서 중에서도 사교적인 성격이 강하다. 이때는 자사의 결의나 포부를 쓰고, 앞으로 더욱더 긴밀한 관계를 바란다는 말을 덧붙이는 것이 좋다.
- 공사 완료에 대한 감사장 : 상대방의 친절한 지도에 무사히 마칠 수 있었다고 쓰는 것이 좋은데, 이러한 겸허한 자세는 비즈니스 관계에 있어서 상대방에게 호감을 주는 요소가 된다.
- 상담 알선에 대한 감사장 : 비즈니스에 직결된 것이므로 신속하게 보내야 하는데, 열심히 노력하겠다는 결의를 표명해, 상담 알선자에 대한 감사의 마음을 이중으로 표현하는 것이 바람직하다. 상담이 잘 안 되었을 때도 감사장을 보내는 것이 예의이며, 상대의 알선으로 얻게 된 긍정적인 요소를 담백하게 쓴다.
- 기념물에 대한 감사장 : 선물을 받았거나 주문을 받은 경우 반드시 감사장을 보낼 필요는 없지만, 상대방과의 관계 발전 측면에서 다소 형식적이더라도 예의를 갖추어 감사장을 보내는 것이 좋다.
- 자료를 받았을 때의 감사장 : 중요한 자료를 받은 경우 시기를 놓치지 말고 감사장을 보내야 한다. 이때 '유용하게 활용하겠다.'라는 취지의 표현을 사용하는 것이 좋다.
- 발주에 대한 감사장
  - 발주 직후 : 우선 발주에 대한 감사의 마음을 적고, 의뢰받은 건에 대한 의사를 밝히면서 앞으로 더 많은 지원을 요청하는 문장으로 구성한다.
  - 업무 개시 : 발주에 대한 감사의 의미보다는 이제 본격적인 업무협조가 개시되었음을 통지하는 성격의 문서로서 신속하고 간편하게 작성하여 사용할 수 있다.
- 행사 참석에 대한 감사장 : 먼저 감사의 말을 쓴 다음에 행사 당일에 혹시 실례를 범하지는 않았는지 염려하는 내용을 담는 것이 일반적으로, 행사 중 미진함으로 인해 불편을 끼친 것에 대해 사과의 말도 함께 적으며 되도록 빨리 보내는 것이 성의를 표하는 가장 좋은 방법이다.
- 출장 시 호의에 대한 감사장 : 출장지에서 돌아온 후에 즉시 작성하며, 출장 때 베풀어준 호의에 대한 감사의 마음을 쓴다.
- 초대에 대한 감사장 : 축하 파티 초대에 대한 답례의 경우 감사장까지 보내기가 쉽지 않지만 보냈을 경우 좋은 인상을 심어줄 수 있다.

- 접대에 대한 감사장
  - 접대를 받은 경우에도 감사장을 보내는 것이 좋을 때가 있는데, 접대 내용이나 접대 중에 베푼 배려에 대해 감사의 뜻을 담아 정중한 표현으로 쓴다.
  - 거래처로부터 선물을 받았다거나 접대신청을 받은 경우 상사에게 보고하는 것이 좋으며, 선물에 대한 감사장은 엽서로 대신해도 무방하다.
- 전임 시 상사에게 보내는 감사장 : 언제 어디서 또 신세를 지게 될지 모르기 때문에 전근 후에 잊지 말고 바로 감사장을 보내는 것이 현명하다. 이때 그동안 무사히 근무를 마칠 수 있었던 것에 대해 감사를 표하고 다음에 만날 때도 배려해 주기 바란다는 문장을 덧붙인다.
- 문상 답례장 : 문상 답례장은 감사의 뜻을 담아 간결하면서도 진정성을 넣어 글을 쓴다. 미사여구를 활용한 계절인사는 적절치 않다.

② 업무문서 및 거래 문서의 작성

(1) 비서의 문서 작성

① 비서가 작성하는 문서 유형
  - ㉠ 상사를 대신하여 작성하는 문서 : 업무 관련 서신이나 각종 발표용 문서, 연설문, 인사장, 감사장, 초대장, 위임장, 출장 보고서, 경조 단자 등
  - ㉡ 상사에게 보고하기 위해 작성하는 문서 : 업무보고서, 출장보고서, 조사보고서, 영업보고서 등과 같은 각종 보고서와 상사의 일정표 등
  - ㉢ 비서의 업무처리를 위해서 필요한 문서 : 품의서, 기안문, 업무협조문, 회의록, 상사 신상 기록 카드, 비서 업무 매뉴얼, 업무 일지, 일정표, 문서 수발신 대장, 각종 안내문 등

② 문서 작성 원칙
  - ㉠ 목적에 충족된 내용과 형식에 갖춰야 한다. 목적을 분명하게 파악하여 그 목적을 달성할 수 있도록 작성하여야 한다.
  - ㉡ 상사를 대신하여 작성 또는 상사에게 보고할 문서를 작성하는 경우에는 그 문서를 읽는 사람의 이해 정도와 그 문서에 대한 욕구와 태도를 고려하여야 한다.
  - ㉢ 메시지는 문서작성 시작 부분에서 기술하며, 그 이후에는 이에 대한 세부 내용을 구체화하는 형식인 두괄식 구성을 사무 문서에서 대체로 선호한다.
  - ㉣ 사무 문서를 읽는 사람은 간결한 문서를 선호하므로, 가급적 단어를 적게 사용하면서 메시지를 분명하게 전달한다.
  - ㉤ 우편제도 및 인편을 통한 문서전달, 전자적 전달, 구두전달 또는 이 방법의 혼용 등에 관해 고려하여 적절한 문서전달 계획을 세워야 한다.
  - ㉥ 문서는 상사의 최종 검토와 확인을 받아서 상사의 이름으로 나가는 것이 원칙이다.

(2) 상업문서의 작성

상업문서는 사외 문서와 사내 문서로 나눌 수 있으며, 사외 문서는 통지서, 안내장, 의뢰서, 조회, 승낙서, 회답, 감사장, 인사장, 초대장, 축하문, 문안 편지, 소개장, 추천서 등이 있으며, 사내 문서에는 공문서, 기안문, 보고서, 회의록, 신고서, 출원서 등이 해당한다.

① 사내 문서의 서식

　㉠ 두문(머리말) : 문서의 상단에 수신자와 발신자명, 문서 번호, 발신 연월일 등을 기록한다.

　　• 문서 번호 : 문서의 고유 번호로 다른 문서와 구별되는 표시가 되며, 문서의 왼쪽 상단에 표기한다.

　　• 발신 연월일 : 문서 상단 오른쪽에 쓰되 날짜를 표시하는 마지막 글자가 오른쪽 한계선과 만나도록(Aligning) 한다. 연·월·일의 글자를 생략할 경우 온점(·)을 찍어서 대신한다.

　　• 수신자명 : 문서를 받아볼 상대방을 기재한다. 사내 문서의 경우는 직명과 성명만 기재한다.

　　• 발신자명 : 그 문서 내용을 책임지는 발신자의 성명을 기재한다.

　㉡ 본문 : 문서의 주된 내용을 기록한다.

　　• 제목 : 본문의 내용을 구체적으로 간략하게 표현한다. 너무 짧게 제목을 달면 이해하기 어려운 경우가 많다.

　　• 주문 : 문서의 주된 내용을 기록하되 간결하고도 정확하게 표현해야 한다. 한편, 본문의 내용을 보기 좋고 알기 쉽게 표현하기 위해서 '별기'란을 사용하기도 한다. '별기'란은 '다음', '아래' 등으로 나타내며, 주문의 내용을 함축해서 담고 있어야 한다.

　　• 결문 : 문서의 아래 여백에 담당자명을 기록한다. 통신문서의 발신인은 그 문서의 내용을 실제로 처리한 담당자와 일치하지 않는 것이 보통이다.

② 사외 문서의 서식

　㉠ 두 문

　　• 문서 번호 : 문서 번호는 생략하고 기재하지 않는 경우가 많으나 관공서 앞으로 보내는 문서의 경우는 문서의 왼쪽 상단에 표시한다.

　　• 발신 연월일 : 사내 문서의 서식과 동일하다.

　　• 수신인 : 사외 문서는 수신인에 주소를 사용하는 경우가 많으나 주소는 생략해도 된다.

　　　－ 수신인은 약자로 쓰지 말고 정확하게 기재한다.

　　　－ 수신인에서 주소와 회사 이름, 수신자명은 행을 다르게 하는 것이 좋다.

　　　－ 회사 이름은 주소보다 한 칸 들여 기재하고 수신자명도 회사 이름보다 한 칸 들여 쓴다.

　　• 발신인 : 발신인에는 그 문서 내용을 책임지는 발신자의 성명을 기재한다. 사외 문서에서는 발신자의 주소, 회사명을 기재한다.

　㉡ 본문 : 본문은 제목, 전문, 주문, 말문으로 구성된다.

　　• 제목 : 제목은 본문의 내용을 간략하게 한 마디로 간추린 것이므로 그 문서의 내용을 한눈에 파악할 수 있게 한다.

　　• 전문 : 전문이란 용건을 말하기 전에 하는 간단한 인사말이다. 일반적으로 계절인사와 더불어 상대방에 대한 축하의 말을 쓰고 평소의 깊은 관심과 도와주심에 대한 감사의 표현을 기록한다.

- 주문 : 주문은 문서의 핵심에 해당하며, 전하고자 하는 내용을 간결, 명확하게 나타낸다.
- 말문 : 문장을 요약해서 매듭짓는 것이므로 행을 바꾸어 '우선', '일단' 등으로 쓰기 시작해서 '…해 주시면 감사하겠습니다.' 등으로 끝내는 것이 관례이다.

ⓒ 부기(첨기, 첨문) : 부기는 본문 내용을 보충하기 위하여 쓰는 부분으로 추신, 첨부물, 담당자의 직위 및 성명으로 구분한다.

- 추신 : 본문에서 빠뜨린 것을 보충하거나 발신자가 본문 내용 중의 일부를 다시 강조하기 위해서 기록하는 부분으로 '추신'이라고 쓰고 추가사항을 첨가한다. 추신은 본문이 끝나는 곳에서 2~3행 띄어서 쓴다.
- 첨부물 : 첨부물은 통신문에 동봉하여 보내는 문서가 있는 경우, 그 문서의 명칭과 수량을 기입한다. 첨부물의 내용이 많은 경우는 순서대로 첨부물 번호를 매긴다.
- 담당자의 직위 및 성명 : 문서의 아래 여백에 담당자명을 기록한다. 통신문서의 발신인은 그 문서의 내용을 실제로 처리한 담당자와 일치하지 않는 것이 보통이다.
- 이상 : 이상은 주문과 부기가 끝난 다음 오른쪽 끝에 쓰며, 문서의 내용이 끝났음을 나타낸다.

(3) 거래 문서의 작성

① 거래 문서

ⓐ 기업 간 서로 업무 관계로 주고받는 문서를 말한다.

ⓑ 거래 문서는 거래 계약 체결에 따른 계약서를 작성하고 거래 관계를 유지하는데 필요한 물품의 주문과 대금의 지금 등에 따라 주문서, 견적서, 청구서 등이 있다.

② 작성 시 유의 사항

ⓐ 업종마다 거래 문서 양식은 다양하지만, 내용과 목적에 맞게 작성되어야 한다.

ⓑ 거래 문서는 기업 간의 거래 내역 등에 관한 사항을 작성하는 것으로 간결하고 명확하게 작성하여야 한다.

ⓒ 품명, 단가, 수량, 소재지, 전화번호, 품목번호 등은 정확하게 기재하여야 한다.

ⓓ 주문서의 경우 일반적으로 품명, 규격, 수량, 단가, 납기일, 납품 장소, 지급조건 등을 기재하는데, 물품을 제시간에 받기로 한 장소에서 정확하게 받을 수 있도록 명확하게 작성하여야 한다.

ⓔ 견적서나 청구서의 경우 정확한 계산을 통해 수치가 포함된 항목의 투명성과 신뢰성을 증명할 수 있으므로, 숫자나 금액이 기입되어 있는 항목에 계산 착오나 누락이 없는지 확인하여야 한다.

ⓕ 사후의 분쟁을 대비하기 위해 사본을 보관하는 것이 좋다.

③ 이메일 작성

(1) 이메일 작성 시 고려사항

① **효과성** : 전달하고자 하는 내용을 이메일로 보내는 것이 가장 효과적인 방법인지 고려해 보아야 한다. 격식을 차려서 보내야 하는 문서나 기밀을 요하는 문서는 이메일로 보내는 것이 적합하지 않을 수 있다.
② **시기 적절성** : 실시간으로 이메일 발송은 가능하지만, 상대방이 언제 확인할지는 알 수 없으므로 급한 문서는 발송 후에 메일을 확인하도록 연락하는 것이 좋다.
③ **명확성** : 보낸 목적과 의도를 상대방이 명확하게 파악할 수 있도록 제목과 내용을 구성하여야 한다.

(2) 제목 설정 시 유의 사항

수많은 이메일 제목 중 수신자가 반드시 읽을 수 있도록 용건의 핵심을 명확하게 보여 주는 제목을 설정하여야 한다.
① 주요 메시지를 제목으로 설정한다.
② 수신인에게 바라는 실행조치 또는 반응으로 설정한다.
③ 구체적이면서도 너무 길지 않게 작성한다.
④ 수신인이 메시지를 쉽게 이해하고 상기할 수 있도록 작성한다.
⑤ [ ]과 같은 글머리 기호를 활용하여 메일 내용의 중요한 요청 사항이 돋보이게 작성한다.

(3) 내용 작성 시 유의 사항

① **도입부 및 인사말 작성**
  ㉠ 도입부에는 상대방의 이름과 직급을 지칭한다.
  ㉡ 간단한 인사말과 계절 인사, 안부의 글을 짧게 포함한다.
② **내용은 간단하면서도 명료하게 작성**
  ㉠ 복잡한 내용이 있는 경우 메일 본문은 쉽고 깔끔하게 작성하고, 첨부 파일을 통해서 충분한 정보 전달이 되도록 한다.
  ㉡ 문장을 길게 쓰기보다는 개조식으로 정리하여 한 줄이 넘어가지 않게 짧게 끊어서 쓴다.
  ㉢ 지나치게 격식을 차리거나 전혀 격식을 차리지 않는 것도 곤란하다.
  ㉣ 빨간색, 밑줄, 진한 글자의 사용은 꼭 필요한 경우에만 하고 이모티콘의 사용도 업무상 이메일에서는 사용하지 않는 것이 좋다.
  ㉤ 영어 이메일의 경우 모든 글자를 대문자로 쓰는 것은 상대방에게 위협하는 듯한 인상을 주므로 피한다.

(4) 끝인사

업무상 메일이라도 마지막에 부드러운 근황 인사로 끝인사를 하는 것이 좋은 관계유지에 도움이 될 수 있다. 그러나 너무 친한 척하여 부담감을 주지 않도록 깔끔한 인사 정도가 적당하다.

(5) 발신인 정보 작성

보낸 사람이 누구인지 명확하게 확인할 수 있도록 발신자명은 실명으로 작성하는 것이 바람직하다. 또 메일 본문의 끝부분에 '서명' 기능을 이용하여 보내는 사람의 소속, 직위, 연락처 등을 등록하여 사용한다. 이름 뒤에는 상황에 따라 '배상', '드림', '올림' 등을 적는다.

① 회사와 부서명
② 직위 및 이름
③ 회사 전화번호
④ 휴대폰 번호
⑤ 회사 주소
⑥ 이메일 주소

(6) 파일 첨부하기

텍스트로만 전달하기 힘든 내용이거나 복잡한 사항이 있는 경우에 파일을 첨부하는 것이 일반적이다. 첨부파일의 용량이 다소 큰 경우에는 가급적 대용량 메일 등을 이용해서 상대방의 메일 용량에 부담을 주거나 용량 문제로 인해 반송되지 않도록 한다. 첨부파일이 있는 경우에는 발송하기 전에 반드시 해당 파일을 첨부하였는지 확인한다.

(7) 이메일 사용 방법

① 이메일은 업무용과 개인용으로 구분하여 사용하는 것이 좋다.
② 아이디는 알파벳 엘(l)과 숫자 1(1)과 같이 혼동될 수 있는 것은 가급적 피한다.
③ 계정이 생기면 비밀번호(Password)가 주어져 자신 이외의 타인의 접근을 막을 수 있으므로 한 번에 한사람에게만 보내지 않아도 개인정보 보호가 된다.
④ 본래의 수신인 이외에 다른 수신인을 지정하여 발신하기 위해 cc를 사용한다.
⑤ 받는 사람 모르게 다른 사람에게도 같은 전자우편을 보내려면 숨은 참조를 사용한다.
⑥ 수취 일시를 저장해 그 일시에 수취인에게 송신되도록 예약하는 기능도 있다.
⑦ 수신하는 메일이 너무 많아서 여러 편지함에 메일을 분류하기 위해서는 Filtering 기능을 사용한다.

4 기타 문서 작성

(1) 메일머지(편지병합)

① 여러 사람의 성명, 직책, 부서 등이 들어 있는 데이터 파일과 본문의 내용은 같고 성명, 직책, 부서 등의 개인별 인적 사항이 다른 초대장, 안내장, 시행문 발송 등의 내용문 파일을 병합하여 서로 다른 문서를 한꺼번에 작성하는 기능이다.

② 동일한 내용의 편지를 받는 사람의 정보만 달리하여 여러 명에게 보낼 때 사용하는 기능이다.

③ 회원들에게 정기적으로 안내장 같은 것을 발송할 일이 있다면, 많은 양의 단순 반복 작업을 메일머지 기능으로 대신에 할 수 있다. 메일머지를 하기 위해서는 내용문 파일(Form Letter File)과 데이터 파일(Data File)이 필요하다.

(2) 라벨링

① 라벨은 다른 대상과의 분류나 구분을 목적으로 각종 테이프나 디스켓 등에 각각의 특색을 간단히 표시하기 위해 달아두는 이름표를 말한다.

② 라벨 용지의 네모난 칸 하나하나를 '라벨 이름표'라고 한다. 라벨 이름표의 크기는 고정되어 있어, 이름표를 넘치게 내용을 입력하더라도 표가 자동으로 늘어나지 않으며, 표를 넘치는 부분은 화면에 표시되지 않는다.

③ 라벨 이름표 안에 [메일머지]의 내용문을 만들면, 메일머지 결과를 일반 용지에 출력하는 대신 라벨 용지에 출력하여 우편물 봉투에 붙일 이름표를 쉽게 만들 수 있다.

01 적중실제예상문제

01 다음 문서 중 공문서로서 가장 적절하지 않은 것은?

① '국가고용률 70% 달성'에 대해 교육부에서 작성한 국정과제 기본계획

② '전문대학 육성방안'에 대해 교육부 홍보담당관실에서 배포된 보도자료

③ '국가직무능력표준 개발 및 활용 연수 개최 알림'을 작성한 교육부 인재 직무능력정책과의 연수 협조문

④ '전문대학 육성방안 상세자료'에 대한 한국대학교 부총장의 대한일보 기사

> **해설** ④ 공문서는 행정기관이 공무상 작성 또는 시행되는 문서와 행정기관이 접수한 모든 문서들을 말한다. 대학교 부총장이 신문에 낸 기사는 이에 해당하지 않는다.

02 한국섬유에서 근무하고 있는 김 비서가 상사의 지시에 따라 우편물을 보내기 위해 봉투를 작성하고 있다. 이 중 수신자에 대한 경칭이 가장 올바른 것은?

① 아이텍스쳐(주) 대표이사 김만수 귀하

② 아이텍스쳐(주) 김만수 사장님 귀하

③ 아이텍스쳐(주) 대표이사 귀중

④ 아이텍스쳐(주) 임직원 귀하

> **해설** ① 일반적으로 수신처는 회사 · 관공서 · 단체명을 첫 행에, 직위명 · 성명은 다음 행에 쓴다. 그리고 수신처의 주소는 원칙적으로 쓰지 않는다. 단, 내용증명우편이나 수신처 명을 개인적으로 특칭할 필요가 있는 경우는 별도이다. 수신처 명에 붙이는 경칭은 다음과 같다.
>
> | 직위가 있는 수신인 : 귀하 | 아이텍스쳐(주)
대표이사 김만수 귀하 |
> | --- | --- |
> | 회사, 단체, 관공서 : 귀중 | 사단법인 한겨레정책포럼 귀중 |
> | 직위가 없는 수신인 : 님 | 서울특별시 마포구 공덕동 264-1
김만수 님 |
> | 동일 문서를 여러 곳에 송부할 경우 : 각위 | 협력업체 및 거래처 각위 |

03 행정기관에서 일하고 있는 김 비서는 2017년 11월 1일 자로 변경된 공문서 작성방법에 따라서 기안문을 작성하고 있다. 다음 중 가장 적절하지 않은 것은? [18년 2회 1급]

① 공문서를 작성할 때 숫자를 아라비아 숫자로 표기하였다.
② 음성정보나 영상정보와 연계된 바코드를 표기하였다.
③ 상위 항목부터 하위 항목은 1., 가., 1), 가), (1), (가) 순으로 하였다.
④ 본문의 첫째 항목(1., 2., 3.)은 왼쪽에서 6타를 띄어서 제목 밑에서 시작하도록 하였다.

해설   ④ 첫째 항목 부호는 제목의 첫 글자와 같은 위치에서 시작한다.

04 다음은 워크샵 개최에 관한 안내문의 일부분이다. 가장 적절하지 않은 내용 표시 부분은?

> 가. 일   시 : (가) 2021. 06. 10.(화) (나) 10:00~18:30
> 나. 장   소 : 서울 교육문화회관 본관 거문고홀
> 다. 참석인원 : (다) 백오십 명(선착순 마감)
> 라. 등 록 비 : (라) 100,000원(일십만원)

① (가)
② (나)
③ (다)
④ (라)

해설   ③ 안내문은 독자에게 정보를 전달하는 특성 때문에 객관적인 정보의 정확성이 매우 중요하다. 예를 들어 사안이나 행사를 안내할 때 장소 및 시간 등이 잘못 기재되어 알려지게 된다면 안내문을 본 상대방에게 오히려 혼란만 가중시키게 된다. 또한 안내문은 목적지향성 특성을 가지고 있기 때문에 정보를 효율적으로 신속히 전달하여야 한다. 따라서 참석인원도 아라비아 숫자로 표시하는 것이 바람직하다.

05 다음은 공문서의 하단부이다. 이를 통해 알 수 있는 내용으로 가장 올바른 것은?

> (주) 상공에너지 대표이사
>
> 직인생략
>
> 수신자 상공유화, 상공유지, 상공가스, 상공석유
>
> 담당 최수정　　　　　　　　　　기획팀장 황연석　　상무 안혜수
> 부사장 전결 이금철
> 협조자
> 시행 기획2015-233(2017.03.25)　　　　　접수 상공석유-1034(2017.03.27)
> 우)159-22x 서울시 중구 공원로 41x (상공빌딩) / http://www.sg.co.kr
> 전화 (02)2123-335x / 전송 (02)2123-334x / sjchoiX@sg.co.kr / 공개

① 상공석유에서 이 문서를 처리하고 시행하였다.
② 대표이사가 부재중이어서 날인을 받을 수 없어 직인을 생략하였다.
③ 대표이사가 부재중이어서 결재를 받을 수 없어 이금철 부사장이 전결하였다.
④ 상공에너지에서 보낸 것을 상공석유에서 받은 것이다.

해설　① 상공에너지에서 보낸 문서이다.
　　　② 인허가 내용이 아닌 행정홍보 등 경미한 내용의 문서일 경우 직인을 생략할 수 있다.
　　　③ 이 문서는 대표이사가 부재 중이어서 부사장이 결재한 것이 아니라 이금철 부사장 전결로 처리되는 문서이다.

---

06 다음 중 결재받은 공문서의 내용을 일부 삭제 또는 수정할 때의 처리 중 가장 부적절한 내용은?

[19년 2회 1급]

① 문서 일부분을 삭제 또는 수정하는 경우, 수정하는 글자의 중앙에 가로로 두 선을 그어 삭제 또는 수정한 후 삭제 또는 수정한 자가 그곳에 서명 또는 날인한다.
② 원칙은 결재받은 문서 일부분을 삭제하거나 수정할 때에는 수정한 내용대로 재작성하여 결재를 받아 시행하여야 한다.
③ 시행문 내용을 삭제하는 경우, 삭제하는 글자의 중앙에 가로로 두 선을 그어 삭제한 후 그 줄의 오른쪽 여백에 삭제한 글자 수를 표시하고 관인으로 날인한다.
④ 문서의 중요한 내용을 삭제 또는 수정한 때에는 문서의 왼쪽 여백에 수정한 글자 수를 표시하고 서명 또는 날인한다.

해설　④ 문서의 중요한 내용을 삭제 또는 수정한 곳에는 문서의 여백에 정정한 자수를 표시하고 서명 또는 날인한다.

07 공기업 홍보팀에서 팀비서를 하는 홍지영 비서가 다음과 같은 직무위임표에 따라 결재 관련 업무를 진행한 것 중에서 가장 올바르지 않게 진행된 것은? [18년 2회 1급]

업무 내용	사 장	전결권자		
		부사장	본부장	팀 장
홍보 기본계획 수립	○			
홍보성 행사 주관			○	
공고 및 홍보물 제작				○
광고비결재(3억 원 이상)		○		
광고비결재(3억 원 미만)			○	
공보업무−보도자료 관리 등				○

① 홍보팀장 책임하에 작성한 2019년도 홍보 기본계획을 본부장, 부사장 검토를 거쳐서 사장님에게 최종결재를 받았다.
② 홍보팀원으로서 홍보 행사 기획안을 작성하여 본부장에게 결재를 받으려 했으나 휴가 중이어서 부사장에게 대결을 받았다.
③ 3억 원의 광고비 결재를 위해서 부사장의 전결을 받았다.
④ 신제품 출시에 관한 보도자료를 작성하여 홍보팀장의 전결을 받아서 언론기관에 배부하였다.

> **해설** ②는 본부장의 대결을 받아야 하는 내용이다.

08 (주)한국기업에서 아래와 같이 결재가 처리되었다. 다음 중 아래의 결재 처리에 대한 설명이 가장 적절한 것은? [19년 1회 1급]

대 리	부 장	전 무	부사장	사 장
김철수	임승석(11/10)	대 결	전 결	박주민(11/12)

① 이 문서의 기안자는 임승석 부장이다.
② 이 문서는 박주민 사장이 결재한 문서이다.
③ 이 문서는 대리−부장−전무 순서로 결재된 문서이다.
④ 이 문서는 부사장이 사장 대신에 결재한 문서이다.

> **해설** ③ 전결은 결재권을 위임받은 자가 행하는 결재이고, 대결은 결재권자의 사정으로 결재받을 수 없는 때에 그 직무를 대리하는 자가 행하는 결재를 말한다.

09 다음 중 문장부호 사용법이 잘못된 것은? [19년 2회 1급]

① "어디 나하고 한번...."하고 민수가 나섰다.
② 광역시 : 광주, 대구, 대전, …
③ 날짜 : 2019. 10. 9.
④ 상사는 "지금 바로 출발하자."라고 말하며 서둘러 나갔다.

> **해설** ② 열거할 어구들을 생략할 때 사용하는 줄임표 앞에는 쉼표를 쓰지 않으므로, '광역시 : 광주, 대구, 대전…'이라고 쓰는 것이 바르다.

10 다음 중 띄어쓰기가 잘못된 것을 모두 고르시오. [19년 1회 1급]

> 상사 : ⊙ 김철수 이사는 ⓒ 대한 고등학교를 나왔나?
> 비서 : 아닙니다. ⓒ 서울 대학교 사범 대학 부속 고등학교를 나오셨습니다. 부장님, 이번에 ⓔ 얼마 짜리로 이사님 감사패를 제작할까요?
> 상사 : 저번 달에 제작한 ⓜ 감사패 만큼 예산을 책정해 보지.

① ⓒ, ⓒ
② ⓒ, ⓔ, ⓜ
③ ⓔ, ⓜ
④ ⊙, ⓒ, ⓔ

> **해설** ⓔ 얼마짜리, ⓜ 감사패만큼

11 다음 문서작성 요령 중 바람직하지 못한 것은?

① 다양한 문장을 충분히 활용하여 읽는 사람으로 하여금 명확히 그 의미를 알 수 있도록 한다.
② 여러 가지 해석이 가능한 표현은 피해야 한다.
③ 문서의 기본 형태를 설계해서 응용한다.
④ 원칙적으로 하나의 문서에는 하나의 용건만 기재한다.

> **해설** ① 간결하고 이해하기 쉬운 문장으로 표현한다.

12 다음 중 공문서에 대한 설명으로 가장 적절하지 않은 것은?

① 공문서는 기본적으로 사무관리규정 시행규칙에 따라 작성한다.

② 개인이 작성한 사문서도 행정기관에 제출해 접수하면 공문서가 된다.

③ 공문서는 행정기관 또는 공무원이 그 직무상 작성 또는 접수한 문서를 말한다.

④ 공문서는 일반적인 용지로 작성된 문서만 의미하며 도면, 사진, 필름 등은 공문서에 포함되지 않는다.

해설 ④ 공문서에는 일반적인 문서는 물론 도면 · 사진 · 디스크 · 테이프 · 필름과 슬라이드 등이 포함된다.

13 다음 중 마침표에 대한 설명으로 옳지 않은 것은?

① 서술, 명령, 청유 등을 나타내는 문장의 끝에 쓴다.

② 표제어나 표어에 쓴다.

③ 아라비아 숫자만으로 연월일을 표시할 때에 쓴다.

④ 준 말을 나타내는 데 쓴다.

해설 ② 서술, 명령, 청유 등을 나타내는 문장의 끝에 쓰지만, 표제어나 표어에는 쓰지 않는다.
• 압록강은 흐른다(표제어)
• 꺼진 불도 다시 보자(표어)

14 다음 중 문장부호의 사용이 올바르지 않은 것은?

① 그러나, 너는 실망할 필요가 없다.

② 5 · 6세기에는 한자가 일반인에게도 쓰이기 시작했다.

③ 저번 농구경기에서는 65:70으로 우리가 졌다.

④ 손발[手足]이 성한데 무엇이 걱정인가?

해설 ① 접속어에는 문장부호(쉼표)를 사용하지 않는다.

15 다음 중 맞춤법이 잘못된 것은?

① 띄어쓰기 규정에 맞게 우리말을 쓰는 것은 쉽지 않다.

② 이번에 새로 지은 건물의 안팎을 둘러보았다.

③ 갑자기 웅성대며 지꺼리는 소리가 들려왔다.

④ 교실 문을 잘 잠가야 한다.

해설 ③ '지껄이는'이 표준어이다.

16 다음 중 두 말이 모두 표준어로 사용되는 복수표준어에 해당하는 것은?

① 아주 / 영판　　　　　　　② 무 / 무우

③ 심술꽤나 / 심술깨나　　　④ 소고기 / 쇠고기

해설 ④ '소고기'와 '쇠고기'는 경우에 따라 쓸 수 있는 복수 표준어이다.
① '아주'만을 표준어로 쓴다.
② '무'만을 표준어로 쓴다.
③ '～깨나'만을 표준어로 쓴다.

17 다음 중 맞춤법이 잘못된 것은?

① 배던지 사과던지 마음대로 먹어라.　② 깊던 물이 얕아졌다.

③ 지난 겨울은 몹시 춥더라.　　　　　④ 가든지 오든지 마음대로 해라.

해설 ① 배든지 사과든지 마음대로 먹어라.
• 지난 일을 나타내는 어미는 '-더라, -던'으로 적는다.
• 물건이나 일의 내용을 가리지 아니하는 뜻을 나타내는 조사와 어미는 '(-)든지'로 적는다.

18 한국상공(주)의 대표이사 비서인 이나영 씨는 거래처 대표이사가 새로 취임하여 축하장 초안을 작성하고 있다. 다음 축하장에서 밑줄 친 부분의 맞춤법이 바르지 않은 것끼리 묶인 것은? [18년 1회 1급]

> 귀사의 무궁한 번영과 발전을 기원합니다.
> 이번에 대표이사로 새로 취임하심을 진심으로 기쁘게 생각하며 ⓐ 축하드립니다. 이는 탁월한 식견과 그동안의 부단한 노력에 따른 결과라 생각합니다. 앞으로도 저희 한국상공(주)와 ⓑ 원할한 협력관계를 ⓒ 공고이 해나가게 되기를 기대하며, 우선 서면으로 축하 인사를 대신합니다.
> ⓓ 아무쪼록 건강하시기 바랍니다.

① ⓐ, ⓑ

② ⓑ, ⓒ

③ ⓑ, ⓓ

④ ⓒ, ⓓ

해설 ⓑ 원할한 → 원활한, ⓒ 공고이 → 공고히

19 아래 감사장 내용과 작성에 관련한 설명이 가장 적절하지 않은 것은? [19년 2회 1급]

> 감사의 글
> 신록의 계절을 맞이하여 귀하의 건강과 발전을 기원합니다. 이번 본인의 대표이사 취임을 축하해주신 문철수 사장님의 많은 관심과 배려에 감사드립니다. 미약한 능력이나마 제게 맡겨진 역할과 임무에 최선을 다해 노력하겠습니다. 아무쪼록 지금과 같이 아낌없는 관심과 지원 부탁드립니다. 시간을 내어 축하해주신 모든 분을 찾아뵈어야 하는데 서면으로 인사를 드리게 되어 송구스럽습니다.
>
> 주식회사 상공상사
> 대표이사 최진우

① 대표이사 취임을 축하해준 문철수 사장에 대한 감사인사를 하기 위해 작성한 것이다.

② 많은 사람에게 동일한 내용을 발송하는 경우 수신자의 이름과 직책은 메일머지를 사용하면 편리하다.

③ 축하해주신 분을 직접 찾아뵙고 감사인사를 드릴 예정임을 미리 알리는 서신이다.

④ 취임에 대한 축하를 받은 후 일주일 이내에 작성해서 발송하는 것이 좋다.

해설 ③ 감사장은 축하나 위문 등을 받았을 때 또는 업무상 협조나 편의를 받았을 때 상대방의 호의와 도움에 감사하는 마음을 전하기 위해 작성하는 문서이다.

20 다음은 각종 인사장 및 감사장에 대한 설명이다. 내용이 잘못 기술된 것은? [19년 1회 1급]

① 협조에 대한 감사장 작성 시에는 앞으로 성원을 부탁하는 내용과 함께 상대의 발전을 기원하며 축원하는 내용을 덧붙여 기재하는 것이 좋다.

② 신년인사장은 작성 목적에 따라 자유롭게 내용을 구성할 수 있으며, 새해를 상징하는 이미지 등을 삽입하여 개성 있게 작성할 수 있다.

③ 취임 인사장은 새로운 취임자가 취임에 대한 감사의 인사와 포부를 전하기 위한 것으로 전임 직무자들이 이룩한 성과에 대한 언급과 함께 앞으로의 포부와 계획 등을 밝힌다.

④ 축하에 대한 감사장 작성 시에는 내용을 일반화하고 정형화하여 감사를 표하고자 하는 사람의 상황과 성격, 감정 등과 무관하게 격식을 차려 정중하게 작성하여야 한다.

> **해설** ④ 감사장은 대부분 기업에 보내는 것이 아니라 개인에게 직접 감사를 표시하기 때문에 너무 형식에 치우치지 않고, 읽은 사람이 정성과 믿음을 느낄 수 있도록 작성하는 것이 좋다.

21 다음 중 감사장을 적절하게 작성하지 않은 비서를 묶은 것은? [18년 2회 1급]

> 가. 김 비서는 상사가 출장 후 도움을 준 거래처 대표를 위한 감사장을 작성하면서 도움을 준 내용을 상세하게 언급하면서 감사장을 작성하였다.
> 나. 이 비서는 창립기념행사에 참석하여 강연해준 박 교수에게 감사 편지를 작성하면서 강연 주제를 구체적으로 언급하면서 감사의 내용을 기재하였다.
> 다. 최 비서는 상사 대표이사 취임 축하에 대한 감사장을 작성하면서 포부와 결의를 언급하며 보내준 선물품목을 상세히 언급하여 감사의 글을 작성하였다.
> 라. 나 비서는 상사의 부친상 문상에 대한 답례장을 작성하면서 메일머지를 이용하여 부의금액을 정확하게 기재하며 감사의 내용을 작성하였다.
> 마. 서 비서는 문상 답례장을 작성하면서 계절인사를 간략하게 언급하고 담백하게 문상에 대한 감사의 내용을 기재하였다.

① 김 비서, 이 비서   ② 김 비서, 서 비서

③ 최 비서, 이 비서   ④ 최 비서, 나 비서

> **해설** 감사장 작성 시 유의사항
> - 겸손하고 정중하게 서식에 맞추어 작성 : 상대방이 베푼 호의와 친절, 정성에 대해 감사를 드리는 것이므로 예의에 어긋나면 안 보내는 것만 못하기 때문에 겸손하고 정중하게 서식에 맞춰 작성하는 것이 중요하다.
> - 상대방의 성의와 관심, 열정에 감사드리는 내용을 작성 : 선물에 대한 감사장의 경우, 선물 자체에 대한 언급을 자세하게 해 자칫 상대의 성의 자체를 소홀히 하는 우를 범하지 않도록 조심한다.
> - 소개, 추천의 경우라든지 재해, 병문안에 대한 감사의 경우 그 뒤의 경과나 결과를 간략하게 알려주는 것이 예의다.
> - 감사장은 대부분 기업에 보내는 것이 아니라 개인에게 직접 감사를 표시하기 때문에 너무 형식에 치우치지 않고, 읽은 사람이 정성과 믿음을 느낄 수 있도록 작성하는 것이 좋다.

22 다음 중 문서작성에 관한 내용으로 잘못된 것은?

① 문서에 쓰는 경어는 보통의 경어를 쓰되 문장의 끝에만 쓰고 중간에는 되도록 쓰지 아니한다.

② 문서에 사용하는 일시는 숫자로 표시하며, 연월일의 문자는 생략하고 두점(:)을 찍어 구분한다.

③ 문서에 사용하는 숫자는 아라비아 숫자로 한다.

④ 문서는 한글로 쓰는 것을 원칙으로 하고 간명하게 기술하며 띄어서 가로 쓰고 표준어를 사용한다.

> 해설 ② 문서에 사용하는 일시는 숫자로 표시하며, 연ㆍ월ㆍ일의 문자는 생략하고 온점(ㆍ)을 찍어 연ㆍ월ㆍ일을 구분한다.

23 박 사장이 출장을 다녀온 뒤 이 비서에게 감사편지를 보내라는 지시를 내렸다. 다음 중 감사편지에 대한 설명과 업무처리 방식으로 가장 적절하지 못한 것은?

① 박 사장이 지시한 감사편지는 출장 중에 행해진 업무나 회의에서 만났던 사람들과 신세진 사람들에게 보내는 편지를 말한다.

② 감사편지는 출장 후 부재중 보고 및 결재, 출장 경비 정산 등 모든 바쁜 일정이 정리되면 여유를 갖고 보낸다.

③ 카드 형태로 보낼 것인지 짧은 편지문으로 보낼 것인지 상사와 의논하여 결정한다.

④ 상사가 친필로 쓸 것인지, 이 비서가 컴퓨터로 워드프로세싱할 것인지는 상사의 지시에 따른다.

> 해설 ② 출장 중 상대방의 호의에 대한 감사장은 출장지에서 돌아온 후에 즉시 작성한다.

24 전자우편 시스템의 사용 방법에 대한 설명으로 가장 적합하지 않은 것은?

① 전자우편은 업무용과 개인용으로 구분하여 사용하는 것이 좋다.

② 아이디는 알파벳 엘(l)과 숫자 1(1)과 같이 혼동될 수 있는 것은 가급적 피한다.

③ 정보보호를 위해 전자우편은 한 번에 한 사람에게만 보내는 것이 좋다.

④ 받는 사람 모르게 다른 사람에게도 같은 전자우편을 보내려면 숨은 참조를 사용한다.

> 해설 ③ 계정이 생기면 비밀번호(Password)가 주어져 자신 이외의 타인의 접근을 막을 수 있기 때문에 한 번에 한사람에게만 보내지 않아도 개인정보 보호가 된다.

25 한강그룹의 김 비서는 선정된 고객 1,000명에게 제품 팸플릿과 안내문을 우편발송하려고 한다. 편지병합을 이용한 업무처리가 가장 적절하지 않은 것은?

① 고객명단에서 선정된 1,000명의 주소와 이름을 엑셀에 저장하여 데이터파일로 사용한다.

② 파워포인트에서 디자인을 하고 편지병합을 이용하여 이름을 입력한 안내문을 완성한다.

③ MS-Publisher에서 편지병합을 이용하여 팸플릿에 고객이름을 입력한다.

④ 병합된 주소와 이름을 편지봉투에 직접 인쇄한다.

> 해설 ② 파워포인트에는 편지병합(메일머지) 기능이 없다.

02 | 문서·전자문서 관리

01 문서관리

1 문서관리의 기본과 원칙

(1) 문서의 정의

① 문서의 정의 : 문자나 기호를 사용하여 사람의 의사 또는 사물의 상태, 현상, 관계 등을 서면(書面)에 기록한 것으로, 기록을 표시하는 물질을 지면에만 국한하지 않고 계속 보존이 가능한 모든 물질에 문자나 기호 등을 표시한 것도 문서이다.

② 문서관리

ㄱ 문서의 기안, 결재, 보관, 보존 및 폐기 등 일련의 문서의 흐름에 따라 문서의 소재를 분명히 기록·유지하여 분실을 방지하고 색인에 신속을 기하도록 해야 한다.

ㄴ 문서관리의 기본 방향은 경영정보관리 및 정책결정, 집행에의 효율성이라는 측면에서 행해져야 하며, 사무 자동화 및 전산화와의 연계성과 합치성을 고려해야 한다.

(2) 문서의 기능

① 의사전달기능 : 상급자와 하급자 간, 부서와 부서 간 업무의 원활한 진행을 보조한다.

② 의사보존기능 : 문서에 의한 기록이 남아 있어 명확한 의사전달이 가능하며, 차후에 증거 자료로서 이용할 수 있다.

③ 자료제공기능 : 처리가 완료된 문서는 지정한 기간만큼 보관, 차후에 관련 업무를 진행할 때나 부가자료가 필요할 때 언제든지 열람할 수 있다.

④ 협조기능 : 부서 간의 협조 업무가 필요할 때 단순히 구두로 행하는 것보다 일목요연하게 정돈된 문서로 대치하면 전달과정에서의 오류를 최대한 줄일 수 있고 목적을 확실히 이해할 수 있어 매우 효율적이다.

(3) 문서 정리 체제(Filing System)

① 문서 정리의 목적

    ㉠ 문서 관리 체계를 확립하여 문서의 사물화(私物化)를 방지하고, 사무의 표준화·통일화를 이룩하며, 불필요한 문서를 적시에 폐기하면 자연히 문서의 검색이 용이하게 되므로 문서의 활용도를 높일 수 있게 된다.

    ㉡ 문서 정리 체제를 구축하면 불필요한 문서는 버리고 가장 필요한 문서만을 사무실 내에 보관토록 하여 지금까지 불필요한 문서에 점령된 공간을 유효하게 활용할 수 있게 되며, 확실한 기준에 따라 문서를 관리함으로써 분실을 방지할 뿐만 아니라 문서를 누구든지 쉽게 꺼내볼 수 있도록 하여 찾는 시간을 단축시킬 수 있다.

[문서 관리의 목적]

신속한 검색	어떤 문서든 1분 이내	• 분류 체계 정립 • 모든 문서의 고정위치화 • 모든 집기, 비품의 고정위치화 • 보존 연한의 명확화
개방화	자료의 사물화 금지	• 개인 관리 → 조직 관리(과 단위) • 중복 보관 배제
비품의 감축	비품의 여유 공간 확보	• 보존 문서는 보존 서고로 이관(40%) • 불필요 문서의 과감한 폐기(40%) • 마이크로필름화 • 신규 구입 억제
사무 환경 개선	쾌적한 사무실	• 파일용품의 통일·표준화 • 집기·비품의 통일·표준화
장표 감축	현재 사용 중인 각종 양식을 같은 내용끼리 통·폐합	• 내용의 통·폐합 • 유통 경로의 단축 • 임의 제작 사용은 절대 불허 • 장표 통제 기능 강화

② 문서 정리 체제의 조건

    ㉠ 정확성 : 파일 체계가 잘못되면 많은 노력과 시간이 낭비된다. 파일링 방법은 표준화되고 과학적인 정확성을 가진 시스템이 되어야 한다.

    ㉡ 경제성 : 시스템이 완전하다 해도 성과에 비해 경비가 과다하면 실현 가능성은 적다. 관리수단인 파일링 시스템에 소요되는 경비는 가능한 한 줄여야 한다.

    ㉢ 융통성 : 파일링 시스템은 모든 조건변화에 적응할 수 있어야 한다. 조건변화에 대한 혼란이 없도록 확장·축소가 용이해야 한다.

    ㉣ 간이성 : 파일링 시스템의 간소화는 정확히 취급할 수 있고 쉽게 이용할 수 있도록, 난해한 분류와 자연스럽지 못한 사고는 피해야 한다.

    ㉤ 논리성 : 실제적으로 파일링 시스템이 항상 논리적이라고는 볼 수 없다.

③ 문서 정리 체제(Filing System)의 기본 원칙
  ㉠ 전원 참가 : 문서 정리 체제를 효율적으로 운용하기 위해서는 전 사원이 적극적으로 참여하여야 한다.
  ㉡ 문서 정리 방법의 표준화 : 문서 정리는 회사 전반에 걸쳐 점진적으로 혹은 동시에 실시하게 되므로 문서 정리 방법 전반에 대한 내부 규정을 제정하여 표준화한다.
  ㉢ 문서 검색의 용이화 및 신속화 : 필요한 문서를 쉽게, 그리고 신속하게 찾아낼 수 있도록 한다. 문서가 보관된 서류함이나 서랍의 위치를 누구나 쉽게 알 수 있도록 소재를 명시해 둔다.
  ㉣ 문서의 적시 폐기 : 쓸모없는 서류들 때문에 정작 필요한 자료를 찾기 위해선 많은 시간을 소비해야 하므로 수시로 정해진 규칙에 의해 폐기하는 것을 습관화·제도화해야 한다. 불필요한 문서를 보관하게 되면 자리를 많이 차지하여 보관비용을 증대시킬 뿐만 아니라 반드시 보관·관리해야 할 문서에도 지장을 준다.
  ㉤ 부수(部數)의 제한 : 꼭 필요한 자료를 꼭 필요한 곳, 꼭 필요한 사람에게만 배포하고 있는지를 다시 한 번 생각해야 한다. 또 자료 수집도 필요한 것만 한정하도록 하고 새로운 자료 입수 시에는 오래된 자료는 즉시 폐기하도록 한다.

② 목적 · 수신대장 · 처리단계에 따른 문서의 분류

(1) 목적 또는 작성주체에 의한 문서의 분류

① 공문서
  ㉠ 공문서의 정의
    ⓐ 공문서(公文書)는 행정기관 또는 공무원이 그 직무상 작성 또는 접수한 문서를 말한다.
    ⓑ 사무관리규정에 의하면 공문서라 함은 행정기관 내부 또는 상호 간이나 대외적으로 공무상 작성 또는 시행되는 문서 및 행정기관이 접수한 문서로 정의하고 있다.
    ⓒ 공문서에는 일반적인 문서는 물론 도면·사진·디스크·테이프·필름과 슬라이드 등이 포함된다.
  ㉡ 공문서의 처리원칙
    ⓐ 즉일처리의 원칙 : 문서는 내용 또는 성질에 따라 그 처리기간이나 방법이 다를 수 있으나, 효율적인 업무수행을 위하여 그날로 처리하는 것이 바람직하다.
    ⓑ 책임처리의 원칙 : 문서는 정해진 사무분장에 따라 각자가 직무의 범위 내에서 책임을 가지고 관계 규정에 따라 신속·정확하게 처리하여야 한다.
    ⓒ 적법처리의 원칙 : 문서는 법령의 규정에 따라 일정한 형식 및 요건을 갖추어야 함은 물론, 권한 있는 자에 의하여 작성·처리되어야 한다.
    ⓓ 전자처리의 원칙 : 문서의 기안, 검토, 협조, 결재, 등록, 시행, 분류, 편철, 보관, 보존, 이관, 접수, 배부, 공람, 검색, 활용 등 문서의 모든 처리절차가 전자문서시스템에서 전자적으로 처리되도록 하여야 한다.

중요 check

공문서의 형식
- 두문 : 행정기관명, 수신자
- 본문 : 제목, 내용, 붙임
- 결문 : 발신명의
  - 기안자, 검토자, 협조자, 결재권자의 직위 또는 직급 및 서명
  - 생산등록번호와 시행일자, 접수등록번호와 접수일자
  - 발신기관의 우편번호, 주소, 홈페이지 주소
  - 발신기관의 전화번호, 모사전송번호, 담당자 전자우편주소

공문서 용지 규정
- 용지 크기 : A4 용지로 하되, 필요한 경우에는 그 용도에 적합한 규격을 정하여 사용할 수 있다.
- 용지 색깔 : 특별한 사유가 있는 경우를 제외하곤 흰색으로 한다.
- 용지 여백 : 기본적으로 위쪽 3cm, 왼쪽 2cm, 오른쪽 및 아래쪽 여백을 1.5cm로 두되, 문서의 용도에 따라 각 여백을 달리할 수 있다.
- 글자 색깔 : 글자의 색깔은 검은색 또는 푸른색으로 한다. 다만, 도표의 작성이나 수정 또는 주의 환기 등 특별한 표시가 필요한 때에는 다른 색깔로 할 수 있다.

② **사문서**
  ㉠ 사문서(私文書)는 개인이 사적인 목적을 위하여 작성한 문서를 말한다.
  ㉡ 사문서도 각종 신청서 등과 같이 행정기관에 제출하여 접수가 된 것은 사문서가 아니고 공문서로 본다.

(2) 문서의 성질에 의한 문서의 분류

① **법규문서** : 헌법 · 법률 · 규칙 · 규정 및 내규 등에 관한 문서이다.
② **지시문서** : 지침 · 수칙 · 지시 · 예규 · 일일명령 등 기관의 장이 소속공무원에 대하여 일정한 사항을 지시하는 문서이다.
③ **공고문서** : 고시 · 공고 등 일정한 사항을 소속기관, 공무원 또는 일반국민에게 알리기 위한 문서이다.
④ **비치문서** : 비치대장 · 비치카드 등 소속기관이 일정한 사항을 기록하여 소속기관 내부에 비치하면서 업무에 활용하는 문서이다.
⑤ **민원문서** : 민원인의 청원 · 진정 및 처분 등 특정한 행위를 요구하는 문서와 그에 대한 처리문서이다.
⑥ **일반문서** : 일반적으로 처리되는 문서로서 흔히 공문서를 말한다.

(3) 수신대상에 의한 문서의 분류

① **사내(대내) 문서**
  ㉠ 기업이나 정부기관 내에서, 혹은 본점과 지점 사이에서 여러 가지의 업무 연락이나 정보의 전달을 목적으로 작성하는 조직체 내부의 문서를 말한다.
  ㉡ 종업원에게 내리는 지시문이나 전달문, 본점과 지점 사이의 각종 보고서, 지시서, 전언통신문, 각종 장표 등이 있다.

ⓒ 사내문서의 유형으로는 지시문서(명령서, 지시서, 통지서, 기획서 등), 보고문서(업무 · 출장 · 조사 · 영업 보고서 등), 연락문서(안내문, 게시문, 협조문, 조회문, 회람문, 통지서 등), 기록문서(회의록, 인사기록카드, 장표 등), 기타문서(상사의 연설문, 발표문서 등) 등이 있다.

② 사외(대외) 문서

    ㉠ 외부의 다른 기업 혹은 다른 조직과 주고받는 문서로서 통지, 조회, 의뢰, 초대, 독촉 등의 형식을 취하는 문서이다.

    ⓒ 사외문서는 공문서에서부터 사교적인 문서에 이르기까지 다양하다.

    ⓒ 상거래에 직접 관계되는 거래문서를 상용통신문서라고 하는데 주문서, 청구서, 송품장, 검수증, 영수증 등이 있다.

    ⓔ 상거래와는 직접 관계가 없는 사교적인 통신문서로서 인사장, 안내장, 초대장 등이 있다.

    ⓜ 외부와 긴급한 처리를 해야 할 용건이 있을 때는 전송문서(Fax)를 사용한다.

    ⓗ 기업의 홍보나 상품의 소개 또는 선전을 위한 문서로서 사원채용공고, 신제품 광고, 특약점 모집광고, 기업선전광고 등의 광고문서도 있다.

    ⓢ 대외문서의 유형으로는 의례문서(초대장, 인사장, 축하장, 감사장 등)와 거래문서(주문서, 청구서, 견적서 등)가 있다.

중요 check   장 표

문서 중 일정한 양식을 가지는 것으로서 항상 반복되는 사무에 이용되며 전표, 장부, 표가 있다.
- 전표 : 양식이 일정하며 형태가 비교적 작고 1매씩 찢어 여러 사람에게 유통될 수 있는 문서이다. 전표에는 매출전표, 출고전표, 출고지시서 등과 같이 기업내부에서 유통되는 것과 납품서, 청구서 등과 같이 기업외부에서 유통되는 것이 있다.
- 장부 : 특정한 정보를 계속적으로 기록할 수 있도록 한 문서로 장부에는 회계장부, 급여대장, 주주명부 등이 있다.
- 표 : 각종의 정보를 일정한 기준에 의해 정리하여 보기 쉽도록 만든 것으로 재고표, 매출일계표, 각종 통계표 등이 있다.

---

(4) 처리 단계에 의한 분류 [기출]

① **접수문서** : 외부로부터 접수된 문서로 문서 접수부서의 절차를 거쳐 접수된 문서

② **기안문서** : 사전에 결재권자의 결재를 얻기 위하여 각 기관별로 정해진 기안서식에 따라 작성된 결재를 위한 문서

③ **완결문서** : 기안하고 결재하여 문서 처리가 완료된 문서

④ **시행문서** : 발송 문서라고도 하며 기안문서의 내용을 시행하기 위해 작성된 문서

⑤ **보관문서** : 완결문서로서 보존 상태에 들어가기 전의 문서

⑥ **보존문서** : 완결문서로서 보존 상태에 들어간 문서

⑦ **폐기문서** : 더 이상의 문서로서 효력이 없어 폐기하는 문서

⑧ **이첩문서** : 배부 문서의 내용이 타 기관의 소관사무인 경우 그곳으로 이첩하기 위해 기안된 문서

⑨ **공람문서** : 배부 받은 문서를 결재권자 이하 관계자의 열람에 붙인 문서

⑩ **미결문서** : 기안문서 중 보조기관의 검토를 거쳐 결재를 앞둔 문서

(5) 문서의 형태에 의한 문서의 분류

① 종이문서 : 전자적인 형태가 아닌, 종이 형태로 작성한 문서나 시행되는 문서 및 접수한 문서이다.

② 전자문서 : 종이 문서 형태가 아닌 컴퓨터 등 정보처리 능력을 가진 장치에 의하여 전자적인 형태로 작성, 송·수신 또는 저장된 문서이다.

③ 명함 관리방법

(1) 명함의 정리

① 명함 관리의 요령

㉠ 명함은 연락처 교환뿐만 아니라 홍보의 수단으로도 활용한다.

㉡ 명함을 크기, 두께, 글씨방향(종서·횡서), 한자, 한글, 영문 등을 기준으로 하여 일괄적으로 분류한다.

㉢ 명함을 통하여 네트워크 관리까지 가능하기 때문에 명함에 대한 관리는 필수적이다.

② 명함의 관리 방법

㉠ 명함 뒤에 날짜, 상황 등을 메모해 두면 편리하다.

㉡ 정리 상자식으로 정리할 때는 빽빽하게 끼우지 말고 여유를 남겨두는 것이 요령이다. 명함이 많아지면 빨리 상자를 늘려야 한다.

㉢ 1년에 1회는 오래 전의 명함이나 연락할 필요성이 없는 명함을 정리하도록 한다.

㉣ 주소, 전화 번호, 회사명 변경이나 승진, 이동으로 칭호가 변경된 것을 알면 즉시 정정하여야 한다.

㉤ 연하장, 여름 인사장을 보낼 때에도 최근의 명함인지 체크할 필요가 있다.

㉥ 명함은 여유 있게 넣고 다닐 수 있게 준비하고 항상 떨어지지 않도록 한다.

㉦ 거래하는 회사와의 거래관계, 중요도, 빈도수 등을 고려하여 특정 회사의 명함을 별도로 분류하기도 한다.

㉧ 명함은 개인명 또는 회사명으로 정리하여 명함첩에 모아 두거나 컴퓨터 프로그램으로 관리한다.

㉨ 명함의 수량과 사용빈도에 따라 알맞은 정리용구를 선택하여 사용하면 편리하다.

③ 명함의 분류 방법 `기출`

㉠ 성명을 기준으로 한 분류 : 성명을 가나다순으로 분류하는 방법으로 명함이 많지 않은 경우에 효과적이다.

㉡ 회사명을 기준으로 한 분류 : 회사명을 가나다순으로 분류하고, 그 다음에 성명을 가나다순으로 배열한다. 그리고 각각의 회사명마다 앞에 회사명을 쓴 컬러카드를 꽂아 두면 찾기가 쉽다. 또 하나의 방법은 위의 컬러카드에 그 회사에 속한 개인의 이름을 적어 두는 것이다. 이것은 회사명은 외우고 있는데, 개인명을 잊었을 때 쉽게 찾아 볼 수 있는 방법이다.

㉢ 번호식 정리방법 : 받은 순서대로 일련번호를 명함에 기재하고, 명함에 관련된 정보를 입력하고 일련번호순으로 정리한다.

② 명칭별 정리방법 : 명함정보를 입력하고 회사명이나 이름명 등의 가나다순으로 정리한다.

⑩ 주제별 정리방법 : 명함을 주제를 결정하고 이 주제를 토대로 정리한다.

④ **명함을 정리하는 용구**

ⓕ 명함정리 상자

ⓐ 케이스 속에 분류된 가이드를 세우고, 그 뒤쪽에 명함을 카드식으로 정리하는 것으로 가이드에는 상호명·단체명·성명·업종명 등에 따라 분류하여 가나다순으로 명함을 세워 놓는다.

ⓑ 명함정리 상자에는 명함을 빽빽하게 끼우지 말고 여유를 남겨 두어야 해당 명함을 찾기가 용이하다. 그러므로 명함이 많아지면 또 다른 상자를 사용하도록 한다.

ⓒ 명함정리 상자는 명함을 찾고 나서 일일이 꺼내 보아야 되는 번거로움이 있어 회전식 명함정리용구로 대체 사용하면 편리하다.

ⓛ 명함첩

ⓐ 투명한 비닐포켓에 끼워 넣는 방식으로, 가나다순의 색인이 필요하다.

ⓑ 끼워 넣고 빼기가 불편하지만 한 눈에 수십 개의 명함을 파악할 수 있고 명함의 교환을 쉽게 할 수 있다는 장점이 있다.

ⓒ 장부식 명함정리첩

ⓐ 명함의 네 귀퉁이를 장식고정 붙임 부분 안쪽에 끼워 가나다순의 색인을 만드는 것이다.

ⓑ 명함수가 적을 때 사용하면 좋고 보기 좋게 만드느라 시간이 걸린다는 단점이 있으나, 일단 정리가 된 후에는 깔끔하다.

ⓡ 명함 스캐너

ⓐ 스캐너에 명함을 넣으면 자동으로 명함이 컴퓨터 프로그램에 저장된다.

ⓑ 일일이 정보를 키보딩하는 번거로움이 없으며, 명함관리 시간을 단축시켜 준다.

ⓒ 저장된 데이터는 엑셀이나 다른 문서 작성으로 쉽게 활용될 수 있으며, 이메일, 문자메시지 등의 서비스로도 활용될 수 있다.

ⓓ 스캔할 때에 인쇄불량이나 다르게 읽히는 경우가 있어 꼼꼼히 확인해야 한다.

중요 check　영문명의 명함정리　기출

• 첫째, '성'을 기준으로 알파벳순으로 정리한다.
• 둘째, 성까지 동일할 경우 이름을 기준으로 알파벳순으로 정리한다.

---

④ 문서 수·발신 처리방법

(1) 문서의 접수와 배부

문서의 접수와 배부는 정확하게 접수하는 데에서 시작되는데, 외부에서 도착하는 모든 문서는 총무과와 같은 담당 부서에서 일원적인 창구로 접수해 도착문서의 누락을 예방하고, 접수한 것을 확인 등록한 후 관계부서에 신속하게 배부한다. 이 과정에서 분실 등의 사고가 발생하는 일이 없도록 각별히 주의한다.

① 문서 접수·배부방법
  ㉠ 접수된 문서를 개봉하지 않고 문서 담당 부서에서 직접 수신처 앞으로 배부하는 방식
    모든 문서가 내용의 검토 없이 수신자나 수신처에 송달되므로 광고문과 같이 필요하지 않은 문서까지도 전달되고 문서의 긴급성을 알 수 없어 문서처리의 신속성을 저해할 수 있다.
  ㉡ 접수된 문서를 문서 담당 부서에서 개봉하고 내용에 따라서 관계부서를 판정해 해당 관계부서에 배부하는 방식
    ⓐ 문서처리 담당 부서에서 문서의 중요성을 판단해 처리하기 때문에 업무의 배분에 알맞게 처리하게 된다.
    ⓑ 문서 접수방법은 조직의 규모와 특성에 따라 다르지만 매일 전달되는 대량의 문서를 어떻게 효율적으로 처리하는가는 업무에 큰 영향을 끼친다.

② 수신된 우편물 처리방법
  ㉠ 우편물 기록부나 문서 접수 기록대장에 접수연월일, 발신처, 수신인, 주무과, 문서 제목, 첨부물 등과 등기 우편물인 경우 등기 번호를 기재하고 해당 부서나 개인에게 배부한다.
  ㉡ 봉투에 주무 부서가 표시되어 있지 않은 경우에는 개봉해서 내용을 보고 관계부서로 보내는데, 이 때 봉투를 같이 첨부하고 간단히 메모에 개봉하게 된 설명을 적는다.

③ 비서에게 도착한 우편물
  ㉠ 상사가 비서에게 우편물 개봉을 허락하지 않는 경우 : 분류만 한다.
  ㉡ 우편물을 개봉해서 읽어보고 처리하도록 권한을 위임한 경우 : 우편물을 개봉해 중요도에 따라 분류하고, 광고나 일상적인 내용의 답신이 요구되는 경우는 자신이 직접 처리해 상사의 업무 부담을 덜고, 중요한 내용의 우편물은 상사에게 전달해 처리될 수 있도록 한다.

(2) 수신 문서의 처리 [기출]

① 수신된 우편물 중 상사 개인에게 보내온 편지나 친전 편지 등은 개봉하지 말고 상사에게 직접 전한다.
② 은행, 증권회사에서 온 편지 등의 개봉 여부는 상사의 지시에 따른다.
③ 수신 문서는 받은 날짜가 중요하므로 문서는 개봉하여 서류(내용)의 여백에 접수 일부인을 찍는다.
④ 수신 문서는 내용을 보아서 상사에게 보일 것, 다른 부서로 보낼 것, 대리로 처리할 것, 폐기할 것 등으로 나누어 처리한다.
  ㉠ 상사에게 제출할 우편물은 공적인 것과 사적인 것으로 분류하고, 또 내용의 중요도에 따라서 분류한다.

ⓛ 긴급 서신, 중요 서신, 개봉하지 않은 서신은 위에 올려놓고, 정기간행물 등 크기가 큰 우편물은 밑에 놓는다. 선전문서, 광고 등은 자료가 되는 것 이외에는 버린다.

ⓒ 청구서, 견적서, 송장 등 숫자나 금액이 기입되어 있는 것은 계산 착오나 기입 누락이 없는 지 검사한 다음 제출한다.

ⓔ 상사의 부재 시에는 폴더나 큰 봉투 속에 넣어 책상 위에 놓아둔다.

⑤ 비서가 처리해야 할 문서도 내용을 확인하여 중요한 것, 시급을 요하는 것과 그렇지 않은 것으로 분류한다.

ⓐ 사후 처리를 필요로 하는 업무는 메모를 하여 티클러 파일의 필요한 날짜에 끼워두거나 탁상일기에 메모해 둔다.

ⓛ 동봉물의 표시가 있는 경우에는 봉투 속에 실제로 들어 있는 것과 대조해 본다.

ⓒ 청구서나 견적서 등의 경우는 혹 계산이 잘못된 것이 없나 검토해 보아야 하며, 수표나 우편환으로 송금이 왔을 때에는 편지에 적혀 있는 액수와 같은지 확인하여야 한다.

⑥ 수신된 편지가 이쪽에서 보낸 편지의 답장일 경우에는 발신했던 편지의 사본을 찾아 첨부해 두고 상품 안내서나 광고문은 그 내용이 상사에게 필요하겠다고 생각되는 것에 한해서 적절한 때에 전달하도록 한다.

⑦ 당직근무자가 접수한 문서는 익일 관련부서에 전달한다.

⑧ 접수문서는 문서수신부서에서 접수하여 등록대장에 기재한다(담당부서가 있는 경우).

⑨ 접수문서는 접수인을 찍고 접수번호와 접수일시를 문서에 표시한다(직접 처리할 경우).

⑩ 여러 부서원들이 보아야 할 문서는 복사본으로 회람을 한다.

⑪ 접수된 문서나 우편물을 개봉하지 않고 직접 내용에 따라 관계부서에 배부한다.

중요 check 회람 문서

- 상사에게 온 편지나 서류를 사내에서 회람하여 읽어 볼 필요가 있을 경우 회람하는 편지를 복사해 두거나 편지에 회람표를 붙여서 표시하고 어디까지 회람되었는지 전화로 확인한다.
- 단기간 내에 여러 사람에게 읽혀야 할 것은 여러 장 복사해서 필요한 사람들에게 배포하기도 한다. 이때 원본에는 배포한 장소를 기입해야 한다.

---

(3) 발신 문서의 처리 기출

① 발신 문서는 전자 파일로 보관하되 필요시 복사본을 만들어 보관하는 것이 원칙이다.

② 조직 내부 문서

ⓐ 비밀을 요하는 문서는 봉투에 넣어서 직접 전달하며 중요문서를 전달할 때에는 수령인이나 인수자의 서명을 받는다.

ⓛ 기밀을 요하는 경우에는 사내문서라 할지라도 봉투를 봉하여 전달한다.

③ 조직 외부 문서

ⓐ 문서 담당 부서나 문서 담당자가 일괄해서 발송하거나 비서가 발송한다.

ⓛ 동봉물(첨부서류)이 있는 경우 정확히 넣었는지 확인한다. 각각 다른 편지에 여러 종류의 동봉물(영수증, 청구서, 자료 등)을 동봉할 때는 서로 바뀌지 않도록 주의한다.

ⓒ 문서의 수신인 주소가 정확히 작성되었는지 다시 한번 확인한다. 같은 문서를 여러 사람에게 발송하는 경우에는 반드시 봉투와 문서의 수신인 주소가 동일하게 작성되었는지 확인한다.

ⓔ 봉투의 입구를 확실히 봉해 전달 도중 개봉되지 않도록 하고, 우편요금이 부족하지 않은지 확인하여 확인된 우표를 반듯하게 붙인다.

ⓜ 요금별납 우편, 후납 우편은 특별히 인쇄되어 있는 봉투를 사용하거나 스탬프를 찍는다.

ⓗ 투명 창이 있는 봉투를 사용할 때에는 수신자의 주소와 성명이 잘 보이도록 한다.

ⓢ 중요한 우편물의 발신은 비서가 따로 발신부를 만들어 기록해 두는 것이 후일 참고를 위해 바람직하다.

ⓞ 특별 우편물은 봉투에 특별 우편물 표기를 한다. '친전', '빠른우편', '등기' 등을 기입하거나 고무인 등을 찍는다. 다른 우편물과 섞일 염려가 있는 경우에는 수취인의 편의를 생각해 'ㅇㅇ재중' 등의 표기를 하고, 친전이라고 쓴 것은 확실히 봉한다.

ⓩ 문서를 발송하기 전 상사 확인 후 서명을 받아서 발송한다.

ⓧ 익일특급으로 발송하였을 때에는 등기 번호를 잘 기록해둔다.

(4) 문서의 접수 및 처리

① 문서의 접수 [기출]

ⓖ 모든 대외문서는 문서관리자 또는 해당사업 담당자가 접수한다.

ⓛ 접수된 문서는 문서접수대장에 기재하고 문서 처리인을 날인한 후 송부한다.

ⓒ 기밀문서, 친전문서 등 개봉하기에 부적당하다고 인정되는 문서는 봉투에 문서 처리인을 날인하여 해당자에게 송부한다.

ⓔ 대외문서를 접수할 때에는 지체 없이 인계하여야 하며 휴일에 문서를 접수할 때에는 다음날 출근 시각 직후에 직접 접수한다.

ⓜ 문서접수대장은 기업 내 접수된 문서를 기록·관리하는데 사용되므로 접수일자, 발신기관명, 인수자는 반드시 기록해야 한다.

② 문서의 처리

ⓖ 문서처리 날인은 다음의 순위에 따라 날인한다.

　　ⓐ 본문과 결문사이 중앙 여백

　　ⓑ 최하단 중앙 여백

　　ⓒ 문서 후면 윗부분 여백

ⓛ 긴급한 내용의 문서, 담당자가 불명확한 문서 또는 전결권자의 직접 지시를 받을 필요가 있는 문서는 우선 전결권자의 선결을 받아 처리할 수 있다.

③ 문서의 반송

ⓖ 접수한 문서가 형식상 결함이 있거나 내용이 소관업무와 관련이 없을 경우에는 의견서를 첨부하여 즉시 반송한다.

ⓛ 반송된 문서를 즉시 발신기관으로 송부한다.

(5) 문서의 성립과 효력 발생 [기출]

① 문서는 다른 규정에 특별히 명시한 경우를 제외하고는 그 문서에 대하여 결재가 있음으로써 성립한다.

② 일반문서는 다른 규정에서 특별히 명시한 경우를 제외하고는 수신자에게 도달됨으로써 그 효력이 발생한다(도달주의).

③ 수신자에게 문서가 도착할 때 효력이 발생하므로 분쟁의 소지가 있는 문서는 수령증을 받아둔다.

④ 공고문서의 경우는 공시 또는 공고가 있은 후 5일이 경과한 날로부터 효력이 발생한다.

⑤ 문서의 성립 시기는 특별한 규정이 없는 한, 최종결재권자의 서명에 의한 결재가 완료되면 성립한다.

5 우편관련 업무

(1) 우편 업무의 종류 [기출]

① 등기 : 접수에서 배달까지 기록을 남기는 우편물로, 중요한 우편물을 보낼 때 이용한다.

② 통화등기(현금배달서비스)

  ㉠ 우편으로 현금을 직접 수취인에게 배달하는 서비스이다.

  ㉡ 10원~100만원까지 가능하며 우체국에 의해 분실된 통화등기는 전액 변상된다.

  ㉢ 토, 일요일 및 공휴일은 배달소요일에서 제외된다.

  ㉣ 등기통상으로 3~4일 소요된다.

③ 유가증권 등기 : 수표류, 우편환 증서 등을 발송해 주는 서비스, 2천만 원 이내에서 가능하며, 우체국에서 판매하는 특정 봉투를 사용한다.

④ 내용증명과 배달증명 [기출]

  ㉠ 내용증명 : 발송인이 수취인에게 어떤 내용의 문서를 언제 발송하였다는 사실을 우편관서가 증명하여 주는 증명취급제도이다. 내용증명으로 발송하기 위해서 원본 1부와 등본 2부를 준비한다.

  ㉡ 배달증명 : 우편배달을 틀림없이 하였다는 증명으로 받은 사람의 사인을 받아서 엽서로 받은 사람을 알리는 답변을 하므로 상대방이 받았다는 것을 입증해줄 수는 있으나 내용물에 대한 증명은 하지 못한다.

⑤ 우편요금 감액제도

  ㉠ 동일 규격의 우편물을 대량으로 발송할 때 우편요금을 감액해주는 제도이다.

  ㉡ 발행주기를 일간 · 주간 또는 월간으로 하여 월 1회 이상 정기적으로 발송해야 한다.

  ㉢ 요금별납 또는 요금후납 일반우편물로서 무게와 규격이 같아야 한다.

⑥ 요금별납과 요금후납 [기출]

  ㉠ 요금별납 : 같은 요금의 우편물을 동시에 많이 발송할 때 우표를 붙이는 작업을 생략하고 요금을 별도로 납부하는 제도로 우표 대신 스탬프를 찍어서 발송한다.

  ㉡ 요금후납 : 정기적으로 우편물을 다량으로 매월 100통 이상 발송하는 다량발송업체의 경우 우체국과 사전에 우편요금을 월 1회 결제할 것을 계약하고, 우편요금을 추후에 일괄적으로 납부하는 제도이다.

⑦ 국내와 국제 특급 우편
- ㉠ 국내 특급 우편 : 등기취급을 전제로 긴급을 요하는 우편물로서 통상 송달 방법보다 **빠르게** 송달해 주는 서비스로 당일특급, 익일오전특급, 익일특급으로 구분한다.
- ㉡ 국제 특급 우편(EMS) : 급한 편지, 서류, 소포 등을 외국으로 배달해 주는 서비스로 신속하게 전달되며 배달 여부의 조회도 가능하다.

⑧ 기 타
- ㉠ 민원우편 : 정부 각 기관에서 발급하는 민원서류를 우체국을 통하여 신청하고 발급된 민원서류를 배달하는 제도
- ㉡ e-그린 우편 : 편지 내용문과 주소록을 우체국이나 인터넷 우체국에 접수하면 내용문 출력부터 봉투에 넣어 배달해 주는 전 과정을 대신해 주는 서비스
- ㉢ 우체국 경조카드 : 직접 찾아가서 축하, 애도의 뜻을 전하기 힘든 경우에 우체국 경조카드에 메시지를 담아서 배달하는 서비스

중요 check 우편업무 중 봉투 처리 `기출`

- 편지 속의 발신인 주소와 봉투의 주소가 다른 경우 봉투를 보관한다.
- 편지 속에 발신자의 주소와 성명이 없을 경우 봉투를 보관한다.
- 소인이 찍힌 계약서 서류 봉투가 법적 증거로 필요할 수 있어 봉투를 보관한다.
- 봉투의 처리는 조직의 그 특성에 따라 다르지만 특별한 것이 없을 경우 하루정도 보관하고 폐기하는 것이 일반적이다.
- 잘못 배달된 편지가 회송되어 왔을 경우 이쪽에서 회신이 늦어지게 되는 이유가 되므로 봉투를 그 증거로 보관한다.
- 편지 겉봉에 찍힌 소인의 날짜와 편지 안에 적힌 날짜가 차이가 많이 나는 경우 보관한다.
- 동봉물이 있어야 할 우편물에 동봉물이 보이지 않을 경우 재차 조사해야 할 필요가 있으므로 봉투를 보관한다.

---

(2) 상사 부재 중의 우편물 처리

① 상사의 부재 중에 오는 우편물의 구분
- ㉠ 상사에게 보내든지 상사가 돌아올 때까지 보관해야 하는 우편물
- ㉡ 비서가 대신 처리해야 하는 우편물
- ㉢ 상사 대신 처리할 수 있는 대리자에게 보낼 우편물

② 처리 상황에 따른 부재 중 우편물의 분류 · 정리
- ㉠ 회신을 내지 않고 상사의 처리를 기다리는 모든 우편물
- ㉡ 사내의 타 직원에 의해 처리된 우편물 및 처리 결과
- ㉢ 비서가 회신한 편지와 답장 복사

③ 상사 부재 중 우편물 처리방법
- ㉠ 상사 부재 중에 수신한 회의 참석통지서나 초대장, 또는 상사의 의견이 필요한 우편물은 적절한 시기를 놓치지 말고 답해 준다.
- ㉡ 출장 중인 상사에게 우편물을 보낼 때는 분실상황에 대비하여 복사본을 마련해 놓고, 상사의 대리권자에게 우편물을 보낼 경우에는 복사본을 전한다.

ⓒ 출장 중인 상사에게 우편물을 보낼 경우에는 '수신우편물 요약지'를 작성하여 함께 송부한다.

ⓔ 상사 부재중의 우편물은 회신을 내지 않고 상사의 처리를 기다리는 우편물, 사내의 다른 직원에 의해 처리된 우편물 및 처리결과, 그리고 비서가 회신한 편지와 답장 복사본으로 분류하여 정리한다.

ⓜ 상사 부재 시 처리한 우편물에 대해 보고할 경우에도 '수신우편물 요약지'를 작성하여 함께 제시한다.

ⓗ 업무상의 대외비 또는 특수 취급 우편물은 개봉하지 않고 상사의 대리인에게 전해 주는 경우가 많다.

ⓢ 상사의 출장이 장기간이고 급한 용건의 우편물을 접수했을 때에는 출장지의 상사에게 팩스를 보내 업무의 처리를 지시받도록 한다. 이때, 원본은 비서가 보관해야 한다.

ⓞ 상사 부재 시 우편물을 폴더에 넣어 책상 위에 놓아둔다.

ⓩ 개인 우편물은 개봉하지 않고 상사의 책상 위에 가지런히 놓아두는데, 장기 출장인 경우에는 상사의 자택에 전달할 수도 있다.

⑥ 문서의 정리(Filing)

(1) 문서 정리의 기본

① 정의 : 문서 정리(Filing)란 말 그대로 문서가 필요할 때 이용할 수 있도록 정리해 두는 것을 의미한다. 그러므로 비서는 사무실에 있는 문서를 체계적으로 분류 · 정리해 두었다가 상사가 정책 결정이나 계획 수립에 참조해야 할 경우 즉시 제공할 수 있어야 한다.

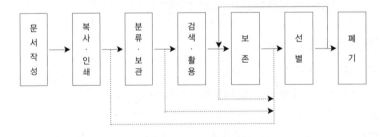

[문서의 순환 과정]

② 문서 정리의 대상 [기출]

㉠ 일반 문서 : 수신 문서와 발신 문서의 비본, 품의서, 보고서, 조사서, 의사록, 증서 등

㉡ 장표 : 기재가 끝난 장부, 전표 등

㉢ 도면 : 설계도면, 청사진 등

㉣ 자료 : 정기 간행물, 스크랩, 카탈로그, 팸플릿 등

㉤ 도서 : 사전, 육법전서, 참고 도서 등

㉥ 기타 : 그 밖에 중요한 자료나 문서가 마이크로필름화 되거나 광(光)디스크에 저장된 경우 파일링의 대상이 된다.

③ 문서 관리

    ㉠ 문서 관리란 조직체의 업무 수행에 꼭 필요한 정보 교환의 매체인 문서를 통해 업무 효율을 향상시킬 목적으로 문서의 작성 · 유통 · 활용 · 축적 등 각 단계별로 표준화 · 간소화 기준을 설정, 이를 적용하고 유지 · 보완하는 일련의 활동을 말한다.

    ㉡ 문서의 활용도 : 대부분의 문서는 시간이 지남에 따라 활용도가 떨어져 반년이 지나면 전체의 10%, 1년이 지나면 1% 정도만이 활용 가치를 지니게 된다고 한다. 즉, 1년이 지나면 99%의 문서가 불필요하게 되는데도 발생하는 문서를 계속 쌓아만 놓는다면 사무실은 서류 보관 창고로 전락할 수밖에 없다.

    ㉢ 효율적 문서 관리

        ⓐ 문서 관리를 효율적으로 하기 위해서는 문서의 발생부터 폐기에 이르기까지 일련의 체계적인 문서 정리 체제를 구축하여 활용하는 것이 필수적이다.

        ⓑ 문서 정리를 할 때에는 일반 문서뿐만 아니라 도서, 도면, 자료, 각종 전표 등 기업 경영과 관련된 모든 정보를 조직적이며 체계적으로 분류 · 정리한다.

        ⓒ 문서의 보관 · 이관 · 보존 · 폐기의 모든 절차는 반드시 회사의 규칙에 따라야 하며 전사적(全社的)으로 이루어져야 한다.

[효율적인 문서관리]

서류	불필요	즉시 폐기	이분법의 개념을 이용
	필요	–	
필요한 서류	보관	사무실 내에 둔다	
	보존	서고에 둔다	
보관하는 서류	많이 이용하는 서류	가까이 둔다(책상)	
	그다지 이용하지 않는 서류	멀리 두어도 상관없다	'흐름'의 개념을 이용

(2) 문서 관리의 기본 원칙

① 표준화

    ㉠ 문서 사무 처리에 적용할 수 있는 여러 가지 방법 중에서 가장 타당한 것을 기준으로 정하는 것이다.

    ㉡ 문서 관리의 표준화로 인해 문서 사무의 통일성과 객관성을 유지할 수 있게 되며, 같은 내용의 문서 사무는 누가, 언제 처리하더라도 동일한 방법이 적용되게 한다.

    ㉢ 표준화의 대상은 용지의 크기, 정형문서의 서식, 문서의 접수 및 배부에 관한 사항, 그밖에 문서의 작성 · 처리 · 발송에 관한 사항 등이 있다.

② 간소화

    ㉠ 문서처리의 절차나 방법 중에서 중복되는 것이나 불필요한 것을 없애고 또 동일 종류의 문서처리는 하나로 통합하여 처리한다.

    ㉡ 문서처리 시간을 단축하고 업무 능률을 증진시킬 수 있다.

③ 전문화
- ㉠ 문서 관리 업무에는 문서의 작성, 배포, 접수, 보관 등 여러 가지가 있는데, 이 중 특정 사무에 담당자를 정하여 전담하도록 함으로써 전문성을 높이는 것이다.
- ㉡ 전문화를 이루면 문서사무의 숙련도를 높이고 문서사무의 능률을 증대시킬 수 있다.

④ 기계화 · 자동화
- ㉠ 문서 관리를 자동화함으로써 신속하고 편리하게 관리할 수 있다.
- ㉡ 문서작성에 기계를 사용하여 자동화하는 것은 문서작성의 정확도를 높이고 문서처리 시간을 단축하는 데 그 의의가 있다.

⑤ 신속화
- ㉠ 필요한 문서를 쉽게 신속하게 찾을 수 있도록 한다.
- ㉡ 문서가 보관된 서류함이나 서랍의 위치를 누구나 쉽게 알 수 있도록 소재를 명시한다.

(3) 문서 분류 및 정리 순서

① 문서의 분류 및 정리 [기출]
- ㉠ 미결 문서나 유통 문서의 보관, 완결 문서의 정연한 보존에 의하여 문서가 지니는 의사 전달과 의사 보존의 기능을 원활히 발휘할 수 있도록 일정한 기준에 따라서 문서를 체계적으로 구분하는 것을 분류라 한다.
- ㉡ 문서 정리(Filing)는 문서의 분류에 의해서만 가능할 뿐만 아니라 사규나 사칙을 편집할 때나 장표를 관리할 때도 문서의 분류 기준에 따라서 배열을 하면 편집의 표준화와 관리의 합리화를 기할 수 있다.
- ㉢ 문서를 한 장씩 편철하느라 같은 서랍을 여러 번 여닫지 말고 동선(動線) 절약을 위해 우선 큰 묶음으로 순서를 나눈 뒤 재분류하여 가나다 혹은 번호순으로 정리한다.
- ㉣ 분류 · 정리한 다음 우선 서류함 외부의 색인표를 보고 적절한 서랍을 열어서 가이드(Guide)와 폴더(Folder)의 명칭을 보고 해당 폴더를 찾아 올바른 위치에 삽입한다.

중요 check 문서를 분류할 때 유의해야 할 사항
- 과대 분류나 과소 분류가 되지 않도록 한다. 과대 분류란 관련 분야를 너무 넓게 잡아 크게 묶는 것을 말하며, 과소 분류는 그 반대의 경우이다.
- 분류된 각 항목은 포함하는 범위가 서로 비슷하거나 중복되지 않아야 한다.
- 조직의 업무 실태에 맞아야 한다.
- 타 분야의 분류와 관련성을 유지해야 한다.
- 분류 기준을 일관성 있게 적용한다. 즉, 일단 정한 분류 기준은 모든 문서에 대해 일관성이 유지되도록 한다.

---

② 문서 정리의 일반적 순서

    ㉠ 검사(Inspecting) : 이 문서가 과연 파일하여도 좋은 상태로 되어 있는가의 여부를 검사하여야 한다. 그 문서가 파일하여도 되는 상태이면 문서에 문서 정리인을 날인하고 담당 취급자의 날인과 처리 연월일을 기입한다.

    ㉡ 주제 결정(Indexing) : 문서를 어느 제목으로 정리할 것인지 정하기 위하여 내용을 읽는다. 경우에 따라서 그 내용이 기술적이거나 전문적이어서 비서가 주제를 결정하기 어려운 경우 그 업무의 담당자에게 문의, 결정하는 것도 한 방법이다.

    ㉢ 주제 표시(Coding) : 문서의 제목으로 정한 주제에 붉은 색 밑줄을 긋는다.

    ㉣ 상호 참조 표시(Cross Referencing) : 두 개 이상의 제목으로 요청될 가능성이 있는 문서의 경우, 주된 제목의 폴더에 이 문서를 넣어두고 관계가 적은 편 제목의 폴더에는 상호 참조표를 넣어둠으로써 어느 경우라도 검색이 용이하도록 한다. 혹은 복사를 하여 양쪽에 보관할 수도 있다. 상호 참조를 위한 문서 제목에는 밑줄을 긋고 옆에 ×로 표시한다.

③ 문서 정리 용구

    ㉠ 문서 정리 박스(File Box) : 서랍이 4개가 있고 강철제로 16절지 크기 폴더를 세워서 넣을 수 있는 것이 일반적이지만 서랍 2개의 책상 높이인 것과 서랍 3개 높이인 것들도 있다.

    ㉡ 가이드(Guide) : 정리 박스의 서랍에 세워서 나열해 놓은 폴더를 구분해서 쉽게 찾아볼 수 있게 그룹별로 끼워 두는 두꺼운 종이이다. 아래쪽에 구멍이 있으며 정리 박스의 쇠막대에 끼워 가이드가 빠지지 않도록 하고 있다. 가이드로 잘 쓰이는 것은 제1가이드나 제2가이드이다.

    ㉢ 폴더(Folder) : 표지용 두꺼운 종이를 반으로 접어서 서류 집게를 써서 그 가운데에 서류를 넣고 캐비닛 안에 세워두기 위한 것이다. 서류 항목을 쉽게 찾을 수 있도록 커버 뒷면에 돌출 부분을 만들어 두는데 이를 '귀(Cut)'라고 부른다.

    ㉣ 견출지(Label) : 폴더의 귀에 붙이는 종이로서 폴더에 넣어둔 서류의 이름이나 제목명을 써서 붙이되 가이드별로 통일된 색깔의 것을 붙이도록 한다.

(4) 문서 정리 방법 기출

① 가나다식 문서 정리 방법(Alphabetic Filing System) : 편철하고자 하는 문서를 상호별, 대표자별, 지역별, 장소별로 분류 · 정리하는 방법으로 왕복 문서의 파일링에 많이 사용된다.

    ㉠ 명칭별 정리법 : 거래자나 거래 회사명에 따라 이름의 첫머리 글자를 기준으로 해서 가나다순 혹은 알파벳순으로 분류한다.

        ⓐ 명칭별 정리의 장점

- 동일한 개인 혹은 회사에 관한 문서가 한 곳에 집중된다.
- 직접적인 정리와 참조가 가능하며 색인이 불필요하다.
- 가이드나 폴더의 배열 방식이 단순하다.
- 잡건(雜件)의 처리가 용이하다.

        ⓑ 명칭별 정리의 단점

- 비슷한 명칭이 밀집해서 지장이 있다.
- 명칭 특히 조직명의 표시 방법에 관련하여 문서가 분산된다.

ⓛ 주제별 정리법 : 주제별 정리법이란 문서의 내용으로부터 주제를 결정하고 이 주제를 토대로 문서를 분류 · 정리하는 방법이다.
  ⓐ 주제별 정리의 장점
    • 같은 내용의 문서를 한 곳에 모을 수 있다.
    • 무한하게 확장할 수 있다.
  ⓑ 주제별 정리의 단점
    • 분류하는 것이 어렵다.
    • 색인 카드가 필요하다.
    • 잡건의 취급이 어렵다.
    • 어떠한 관점으로도 찾을 수 있도록 상호 참조를 해야 한다.
ⓒ 지역별 정리법 : 거래처의 지역이나 범위에 따라 가나다순으로 분류하는 방법이다. 예를 들어 거래처가 전국으로 분산되어 있는 경우에는 단계별로 분류하며, 외국의 여러 나라와 거래를 하는 경우에는 국가, 지역, 거래처 명칭순으로 분류 · 정리한다.
  ⓐ 지역별 정리의 장점
    • 장소에 따른 문서의 집합이 가능하다.
    • 직접적인 정리와 참조가 가능하다.
    • 잡건의 처리가 가능하다.
  ⓑ 지역별 정리의 단점
    • 지역별로 분류한 다음에 한글순, 알파벳순으로 구분하기 때문에 착오가 많고 노력이 많이 든다.
    • 명칭과 같이 장소를 모르면 조사를 할 수 없다.
    • 카드 색인에 의존해야 한다.
② 번호식 문서 정리 방법(Numeric Filing System)
  ㉠ 구 성
    ⓐ 숫자로 색인된 주된 문서 정리(Main Numeric File) : 활동 중의 거래처나 항목에 관한 왕복 문서가 일정량 모이면 개별 폴더에 넣어 숫자를 지정하여 주된 정리 서랍에 보관한다.
    ⓑ 2차적인 문서 정리(Miscellaneous File) : 충분히 축적되기 전의 상태에 있는 문서는 한글순 혹은 알파벳순으로 잡(雜)폴더 속에 수용한다. 이 중에서 1개의 거래처 혹은 항목의 문서가 일정량(보통 5매) 축적되면 개별 폴더에 이전하여 새로운 번호를 붙이고 주된 파일로 옮겨 번호 순서에 삽입한다.
    ⓒ 색인 카드 정리(Card File) : 개별 폴더에 보관 중인 거래처나 항목의 명칭을 카드에 기재하고 지정된 숫자를 적는다. 모든 카드는 거래처나 항목의 명칭에 따라 한글순 혹은 알파벳순으로 배열한다.
    ⓓ 번호 등록부(Accession Book) : 번호순으로 이미 지정된 명칭을 기록해 둔다.
  ㉡ 문서 정리(Filing) 절차
    ⓐ 검사 : 각 왕복 문서는 처리필의 결과, 정리에 회부되었다는 것을 확인하기 위하여 검사한다.
    ⓑ 한글 혹은 알파벳순의 색인과 기호화 : 문서가 정리될 때의 명칭 혹은 항목을 결정하고 밑줄을 긋는다. 그리고 상호 참조를 위한 명칭도 결정하고 표시한다.

ⓒ 한글 혹은 알파벳순의 분류 : 문서는 한글 혹은 알파벳순으로 분류하고 수용한다.

ⓓ 숫자의 기호화 : 카드 색인에 의하여 확인된 폴더 번호는 각각 문서의 상단 우측 구석에 기재한다. 잡폴더에 수용되는 문서에 관한 카드에는 Miscellaneous의 M(혹은 雜)이라는 기호를 기재하며 색연필을 사용한다.

ⓔ 숫자의 분류 : 분류되는 문서는 우선 100단위로, 그 다음에 10단위, 그리고 마지막에 정확한 번호순으로 분류한다.

ⓕ 문서 정리 : M이라는 기호가 붙은 문서는 잡폴더에 수용하고, 숫자 번호를 가진 문서는 해당 개별 폴더에 수용한다.

ⓒ 번호식 문서 정리의 장점

ⓐ 정확하다.

ⓑ 카드 색인이 그대로 거래처의 목록표가 된다.

ⓒ 무한히 확장할 수 있다.

ⓓ 문서를 구별하든가 부를 때에 번호를 사용할 수 있어 기밀을 유지할 수 있다.

ⓔ 번호식 문서 정리의 단점

ⓐ 간접적인 정리 방법이다.

ⓑ 잡문서가 별도의 철에 보관된다.

ⓒ 인건비, 비용이 많이 든다.

③ **혼합형 문서 정리 방법(Mixed Filing System)** : 이 방법은 편의에 따라 문서를 명칭별·주제별·형식별 등 다양한 방법으로 혼합 분류해서 배열하는 방법이다.

중요 check 문서 분류의 방법 **기출**

- 명칭별 분류법(거래처별 정리) : 문서를 거래처별로 회사 명칭이나 고객 명칭으로 통합하여 정리하는 것이므로 특별히 곤란한 점은 없다. 다만 한글 혹은 알파벳순으로 정리될 것을 고려해서 거래처가 혼동되기 쉬운 명칭일 때에는 어느 것을 기준으로 할 것인지 분류 시에 신중히 고려할 필요가 있다.
- 주제별 분류법(업무별 정리) : 조직 내에서 문서가 다루고 있는 업무 내용에 따라서 배열할 수 있도록 분류하는 방법이다. 주제별 분류를 전사적으로 실시하거나 통일된 문서 정리를 하기 위해서는 업무 분류에 따른 문서 분류표를 작성하여야 한다.
- 형식별 분류법 : 문서를 형식에 따라 분류하는 방법이다. 즉, 품의서, 보고서, 계약서, 의사록 등 문서가 가지고 있는 형식별로 정리하는 방법이다.
- 표제별 분류법 : 문서의 표제에 따라 분류·정리하는 방식이다. 견적서, 생산 월보, 판매 일보 등이 문서의 표제라고 하면 각각의 표제를 용어로 하여 동일 표제의 것을 한 파일에 모으는 방법이다.
- 프로젝트별 분류법 : 계약, 소송, 정기 행사 등 어떤 구체적인 행사나 프로젝트별로 일의 발생에서부터 완결까지의 전 과정과 관련된 문서를 하나의 파일로 정리한다.

(5) 문서의 보관 및 폐기

① 문서의 편철 및 보관
  ㉠ 문서의 정리
    ⓐ 문서는 별도 규정이 없는 한 업무담당자가 정리한다.
    ⓑ 문서는 미결, 완결을 명확하게 구분하여 정리한다.
  ㉡ 문서의 편철
    ⓐ 문서는 생산 연도별로 구분하여 편철함을 원칙으로 한다.
    ⓑ 문서의 편철은 1건 문서별로 최근의 문서가 위에 오도록 완결일자 순으로 편철하여 1건 문서의 순서는 아래에서부터 기안문, 시행문, 회신문 순으로 한다.
    ⓒ 법령, 규정, 도면, 카탈로그, 책자 등 서류철에 합철하기 곤란한 첨부물의 경우 별도의 방법으로 보관할 수 있다. 이 경우에는 별도 관리하는 첨부물의 제목, 내용, 보관위치 등을 기재한 별지를 관계서류에 대신 첨부하며, 또한 별도 관리하는 첨부물의 표면에는 관련문서의 문서번호, 일자, 제목 등을 기재한 별지를 첨부한다.
    ⓓ 편철된 문서를 신속하게 검색하기 위하여 문서철 표지 이면 좌측에 색인표를 부착하여 기록 유지한다.
  ㉢ 미결문서의 처리 : 1건 처리가 완전히 끝나지 않은 문서는 미결문서로 취급하며 업무담당자가 별도 관리한다.
  ㉣ 문서의 보관
    ⓐ 문서의 보관은 각 부서별로 집중 보관 관리하며 문서의 사물화를 방지하여야 한다.
    ⓑ 모든 문서철은 연도별로 구분 보관함을 원칙으로 하며 보관기간은 문서의 완결연도를 제외하고 최고 3년으로 한다.
    ⓒ 부서 내에서의 보관기간이 끝난 문서는 보존연한에 따라 자체 폐기한다.

② 문서의 이관
  ㉠ 문서의 이관
    ⓐ 이용 가치가 낮아진 문서를 문서보존창고로 옮기는 것을 '이관'이라고 한다.
    ⓑ 문서의 이관은 매년 정기적으로 실시하되 그 시기는 사무국장이 정한다.
    ⓒ 문서를 이관할 시에는 보존문서 이관 목록표를 작성하여 이관문서와 함께 인계한다.
    ⓓ 보존문서 이관 목록표는 2부 작성하여 사무국장의 확인을 필한 후 1부는 이관하는 사업에서 보관하며 1부는 사무국장이 보관한다.
  ㉡ 이관된 문서의 보존관리 [기출]
    ⓐ 이관된 문서를 보존할 서고에는 보존 문서 진열용 서가를 준비하고 보존 문서의 변질이나 병충해를 막기 위한 적절한 시설을 갖춘다.
    ⓑ 보존 장소를 최대한 활용하기 위하여 가급적 이동식 서가를 이용하며, 적절한 온ㆍ습도 유지 및 소독을 철저히 하고 항상 청결하게 관리한다.
    ⓒ 보존 문서의 관리 책임자를 지정하여 문서의 보존 및 대출을 관장하도록 한다.
    ⓓ 보관 시에 사용했던 폴더, 바인더 등은 그대로 옮겨 사용한다.

ⓔ 보존 문서 대장을 준비하고 보존이 시작되는 시기부터 기록하며 이 대장은 문서 보존을 전담하는 부서에 비치한다.

ⓕ 문서 보존기간은 일반적으로 1년, 5년, 10년, 영구 보존의 4단계로 구분된다.

ⓖ 대량의 문서를 보존해야 하는 정부 기관이나 대기업에서는 문서 내용을 축소하여 마이크로필름에 수록하여 이를 보존하고 이용하기도 한다.

[문서 보존기간에 따른 분류]

영구보존	• 복원 불가능 • 정관, 중요 계약 관계 서류 • 등기, 특허 관계 • 품의서, 주주 총회 관계 등
10년 보존	• 복원 가능(비용이 많이 든다) • 세무 관계 • 월차 결산서, 상업 장부 관계 • 주주 명부 관계 등
3~5년 보존	• 복원 가능(비용이 적게 든다) • 주요 전표, 거래 관계 • 문서의 수·발신 기록 • 사원 이동, 급료 수당 관계 등
6개월~1년 보존	• 복원할 필요가 없다. • 왕복 문서, 통지 서류 관계 • 일보, 월보 관계 • 내용의 통·폐합

③ 문서의 폐기 <u>기출</u>

㉠ 보존기간이 지난 문서는 보존 여부를 다시 한번 검토하여야 한다.

㉡ 폐기하고자 하는 문서가 재차 필요할 것인가의 여부는 사업 및 사무의 성질과 과거의 사례를 참작하여 판단한다.

㉢ 폐기하고자 하는 문서가 어떤 예측할 수 없는 이례적인 사건이나 사정에 의해서 재차 필요하게 되는 경향의 유무를 검토해야 한다.

㉣ 원본이 있는 문서의 사본은 처리 종결 후 수시 폐기한다.

㉤ 문서의 보존기간에 따라 문서전담부서에서 폐기할 때까지 문서보존함이나 보존장소에 유지·관리한다.

중요 check 문서 관리의 범주와 목적 <u>기출</u>

• 범주 : 조직체의 업무 수행에 꼭 필요한 정보 교환의 매체인 문서를 통해 업무 효율을 향상시킬 목적으로 문서의 작성·접수·정리·보관·보존·폐기 등 각 단계별로 표준화·간소화 기준을 설정, 이를 적용하고 유지·보완하는 일련의 활동을 말한다.

• 목적 : 문서 색출 시간 절약, 문서 보관 공간 절약, 사무환경 개선 등

중요 check 문서 관리 관련 용어
- 보관 : 분류, 정리된 문서를 각 부서의 관리 책임하에 부서 내 문서 보관 용기에 넣어두고 활용하는 것
- 이관 : 보관 기간(당해년도 1년)이 경과한 문서를 문서 관리 주관 부서에 보존 요청하는 것
- 보존 : 이관된 문서를 관리 주관 부서에서 폐기할 때까지 문서고에 원본 상태로 유지, 관리하는 것(보존 연한 : 사무실 보관 기간 + 문서고 보존 기간)
- 폐기 : 보존 연한이 경과한 문서를 문서 관리 주관 부서 혹은 각 과에서 세단하거나 또는 일괄 매각 처분하는 것(폐기 연도 : 작성 연도 + 보존 연한 + 1년)
- 문서철 : 문서를 정리하기 위해 일반적으로 사용하고 있는 용구의 일종으로 현재의 문서 정리 커버(File Cover)
- 파스너(Fastener) : 문서를 정리할 수 있는 용구로서 폴더에 부착시켜 사용
- 문서 목록표 : 폴더 이면 좌측에 인쇄되어 있는 편철된 문서들의 일련 번호, 제목을 기재하도록 한 양식
- 파일 조견표 : 폴더 우측 상 · 하단에 위치하며, 색상으로 대분류를 나타내고 문서 분류 번호, 파일 명칭을 기재하는 표지
- 문서 관리 기준표 : 문서를 과별, 기능별로 분류하여 문서의 보관 및 검색 관리를 편리하게 한 기준표

02 전자문서 관리

1 전자문서의 개요

(1) 정 의

① **전자문서** 기출
ㄱ 정보처리 시스템에 의하여 전자적 형태로 작성, 송신 · 수신 또는 저장된 문서를 말한다.
ㄴ 전자문서관리시스템에 의하여 전자적으로 생산 · 관리된 문서가 전자문서이다.
ㄷ 이미지 또는 영상 등의 디지털 콘텐츠도 전자문서에 포함된다.
ㄹ 전자문서의 국제표준과 우리나라 전자문서 국가표준은 PDF이다.
ㅁ 문서 등급에 따라 접근자의 범위와 열람 권한을 지정해야 한다.
ㅂ 공개 구분란에 공개, 부분공개, 비공개로 표기한다.
ㅅ 결재권자가 전자 서명하여 결재하면 암호 입력의 방식으로 처리된다.
② **정보처리 시스템** : 전자문서의 작성, 송신 · 수신 또는 저장을 위하여 이용되는 정보처리 능력을 가진 전자적 장치 또는 체계를 말한다.
③ **작성자** : 전자문서를 작성하여 송신하는 자를 말한다.
④ **수신자** : 작성자가 전자문서를 송신하는 상대방을 말한다.

(2) 전자문서의 효력발생 시기

① 전자문서가 그 효력을 발생하는 경우는 수신자의 컴퓨터 파일에 기록되었을 때이다.
② 행정기관에 송신한 전자문서는 송신 시점이 컴퓨터에 의하여 전자적으로 기록된 때 송신자가 전자문서를 발송한 것으로 본다.
③ 전자문서는 작성자 외의 자 또는 작성자의 대리인 외의 자가 관리하는 컴퓨터에 입력된 때에 송신된 것으로 본다.

(3) 전자문서의 보관

전자문서가 다음의 요건을 갖춘 경우에는 그 전자문서의 보관으로 관계 법령이 정하는 문서의 보관에 갈음할 수 있다.
① 전자문서의 내용을 열람할 수 있게 보관할 것
② 전자문서가 작성 및 송신 · 수신된 때의 형태 또는 그와 같이 재현될 수 있는 형태로 보존되어 있을 것
③ 전자문서의 작성자, 수신자 및 송신 · 수신일시에 관한 사항이 포함되어 있는 경우에는 그 부분이 보존되어 있을 것

(4) 송신 · 수신의 시기 및 장소

① 전자문서는 수신자 또는 그 대리인이 당해 전자문서를 수신할 수 있는 정보처리 시스템에 입력된 때에 송신된 것으로 본다.
② 전자문서는 다음에 해당하는 때에 수신된 것으로 본다.
   ㉠ 수신자가 전자문서를 수신할 정보처리 시스템을 지정한 경우에는 지정된 정보처리 시스템에 입력된 때. 다만, 전자문서가 지정된 정보처리 시스템이 아닌 정보처리 시스템에 입력된 경우에는 수신자가 이를 출력한 때
   ㉡ 수신자가 전자문서를 수신할 정보처리 시스템을 지정하지 아니한 경우에는 수신자가 관리하는 정보처리 시스템에 입력된 때
③ 전자문서는 작성자 또는 수신자의 영업소 소재지에서 각각 송신 또는 수신된 것으로 본다. 이 경우 영업소가 2 이상인 때에는 당해 전자문서의 주된 관리가 이루어지는 영업소 소재지에서 송신 · 수신된 것으로 본다. 다만, 작성자 또는 수신자가 영업소를 가지고 있지 아니한 경우에는 그의 상거소(常居所)에서 송신 · 수신된 것으로 본다.

(5) 작성자가 송신한 것으로 보는 경우

① 작성자의 대리인 또는 자동으로 전자문서를 송신 · 수신하도록 구성된 컴퓨터 프로그램, 그 밖의 전자적 수단에 의하여 송신된 전자문서에 포함된 의사표시는 작성자가 송신한 것으로 본다.
② 전자문서의 수신자는 다음에 해당하는 경우에는 전자문서에 포함된 의사표시를 작성자의 것으로 보아 행위할 수 있다.

⊙ 전자문서가 작성자의 것이었는지를 확인하기 위하여 수신자가 미리 작성자와 합의한 절차를 따른 경우

ⓛ 수신된 전자문서가 작성자 또는 그 대리인과의 관계에 의하여 수신자가 그것이 작성자 또는 그 대리인의 의사에 기한 것이라고 믿을 만한 정당한 이유가 있는 자에 의하여 송신된 경우

(6) 수신확인

① 수신한 전자문서는 문서마다 독립된 것으로 본다. 다만, 수신자가 작성자와 합의된 확인절차를 따르거나 상당한 주의를 하였더라면 동일한 전자문서가 반복되어 송신된 것임을 알 수 있었을 경우에는 그러하지 아니하다.

② 작성자가 수신확인을 조건으로 하여 전자문서를 송신한 경우 작성자가 수신확인통지를 받기 전까지는 그 전자문서는 송신되지 아니한 것으로 본다.

③ 작성자가 수신확인을 조건으로 명시하지 아니하고 수신확인통지를 요구한 경우 상당한 기간(작성자가 지정한 기간 또는 작성자와 수신자 간에 약정한 기간이 있는 경우에는 그 기간) 내에 작성자가 수신확인통지를 받지 못한 때에는 작성자는 그 전자문서의 송신을 철회할 수 있다.

중요 check   전자문서 총정리 `기출`

- 개념 : 정보처리 능력을 가진 장치에 의해 전자적인 형태로 작성, 송수신 또는 저장된 문서 → 컴퓨터 파일로 보존하는 것을 원칙으로 하되 출력하여 보존이 가능
- 전자문서의 보안 : 행정기관의 장은 국가정보원이 안전성을 확인한 보안조치를 해야 함
- 전자관인의 인증 : 인증사무는 행정자치부장관이 행함
- 준영구 이상은 마이크로필름으로 보존
- 보존기간이 20년 이상인 전자문서는 컴퓨터 파일과 장기 보존 가능한 용지에 출력한 출력물을 함께 보존
- 전자문서를 컴퓨터 파일, 마이크로필름, 광디스크 등의 전자 매체에 수록하여 보존하는 경우는 2부 이상을 복사하여 보존
- 보존기간이 20년 이상인 전자문서는 마이크로필름이나 광디스크에 수록되어 있더라도 보존기간 중에 이를 폐기할 수 없음

---

② 전자문서의 종류 및 정리방법

(1) 전자문서의 종류 `기출`

① hwp, doc, xls 형식 등의 파일 : 문서작성용 소프트웨어(한글, 워드, 엑셀 등)를 사용하여 작성, 저장된 파일이다.

② jpg, gif, avi, mp3 형식 등의 파일 : 전자적 이미지 및 영상 등의 디지털 콘텐츠에 사용된다.

③ PDF 파일 [기출]

    ⊙ 국제표준화기구(ISO)에서 지정한 전자문서 국제 표준 포맷이다. 특히 PDF/A는 국제표준화기구(ISO)에서 지정한 전자문서 장기 보관 및 보존을 위한 국제표준 포맷이다.

    ⓒ 컴퓨터 기종이나 소프트웨어 종류와 관계없이 호환이 가능한 문서 형식이다.

    ⓒ 암호화 및 압축 기술을 통해 내용의 변조가 어렵다.

(2) 전자문서의 정리방법

① 전자문서 정리

    ⊙ 비서는 여러 가지 형태의 전자문서들을 체계적으로 점검·분류·정리·보관하여야 한다.

    ⓒ 보존기간이 준영구 이상인 전자문서는 장기보존 가능한 용지에 출력하여 종이문서와 같은 방식으로 편철·정리하여야 한다.

    ⓒ 보존기간이 20년 이하인 전자문서는 서버에 보관 관리하는 것이 원칙이며, 종이문서로 출력하여 업무상 활용하더라도 반드시 전자문서 원본을 보관해야 한다.

    ⓒ 점검할 때에는 전자문서의 파일명이 적절하게 부여되었는지, 파일명으로만 문서 내용을 알 수 있게 되어있는지를 점검한다.

    ⓤ 전자문서가 작성 중인지 끝난 파일인지 점검하고, 외부 문서일 경우에도 파일명을 보고 내용을 알 수 있는 것인지를 점검한다.

    ⓗ 문서의 분류는 종류나 보안 등급 등에 따라 분류하는데, 접근에 대한 권한을 부여한다.

    ⓢ 문서는 폴더로 분류하는데, 폴더명을 주제별이나 부서명 또는 거래처별로 분류한다.

    ⓞ 필요할 경우 하위 폴더를 만들며, 폴더의 이름 및 분류체계는 일관성 있게 분류한다.

    ⓩ 문서를 이동시킬 경우 이전 폴더에 중복되어 저장되지 않도록 정리한다.

    ⓨ 만일을 위해 다른 저장매체에 백업을 받아 보관하며, 보관 시에는 반드시 최종 완료된 파일을 해야 한다.

    ⓚ 1년 동안 사용한 전자문서는 연도별로 구분하여 폴더에 보관한다.

② 전자문서의 정리 절차 [기출]

    ⊙ 생 성

        ⓐ 전자문서를 작성하여 보존하기로 결정하는 과정

        ⓑ 조직이 작성한 전자문서(작성)나 조직의 외부에서 수집 또는 접수되어 조직내부에서 관리하기로 결정한 전자문서(획득)도 포함한다.

    ⓒ 등 록

        ⓐ 전자문서가 관리되기 위해 정보처리 시스템에 공식적으로 저장되는 과정

        ⓑ 이 과정에서 전자문서와 관련한 메타데이터가 생성되어 정보처리 시스템에 저장되어야 한다.

    ⓒ 분 류

        ⓐ 조직의 기능과 업무활동을 체계화한 업무 범주 또는 단위에 따라 전자문서의 분류, 보안·접근권한을 결정하는 과정

        ⓑ 전자문서 및 파일을 일정한 그룹이나 범주화할 수 있는 항목에 넣고, 해당 전자문서에 대한 보안·접근권한을 부여하는 것이다.

ⓔ 보 관

　　ⓐ 전자문서가 진본으로서 신뢰받을 수 있도록 변형이나 훼손으로부터 보호받으며 필요할 때
　　　이용 가능한 상태로 정보처리 시스템에 저장되어 관리하는 과정

　　ⓑ 정보처리 시스템에 등록된 전자문서를 등록된 상태 그대로 저장 및 관리하는 것이다.

ⓜ 추 적

　　ⓐ 전자문서와 관련되어 발생하는 모든 행위에 대한 내역을 생성, 저장, 관리하는 과정

　　ⓑ 추적은 전자문서가 폐기(삭제)되어 더 이상 관리되지 않는 시점까지 전자문서와 관련하여 발
　　　생되는 모든 행위에 대한 내역을 생성, 저장, 유지해야 한다.

　　ⓒ 전자문서의 객관적 증거력(법적, 일반적)을 증명하는 중요한 판단 기준이 되고 이것이 신뢰
　　　받기 위해서는 어떠한 상황에서도 변경, 삭제가 이루어지지 않도록 해야 한다.

ⓗ 유 통

　　ⓐ 전자문서가 조직의 업무나 활동과정에서 활용되는 과정으로 조직의 내 · 외부로 전자문서가
　　　송신 및 수신되는 것

　　ⓑ 유통은 전자적 유통, 매체적 유통, 출력적 유통으로 구분된다.

　　　• 전자적 유통 : 네트워크/통신망(HTTP, FTP, SMTP, POP 등의 통신 프로토콜 기반 네트
　　　　워크)를 통해 전자문서가 송신 또는 수신되는 것

　　　• 매체적 유통 : 디지털 저장매체 또는 장치(Flash Memory, CD/DVD, HDD, SSD 등)에
　　　　저장되어 전자문서가 송신 또는 수신되는 것

　　　• 출력적 유통 : 디지털 데이터 출력/인쇄장치(프린터)를 통해 전자문서가 종이문서로 출력/
　　　　인쇄되어 송신 또는 수신되는 것

ⓢ 처분 : 전자문서의 보관기한이나 필요성과 전자문서의 소유권상태를 기준으로 폐기, 보존, 이관
　　을 결정하는 과정

　　　ⓐ 폐기 : 보관기한이 만료되고 더 이상 저장의 필요성이 없을 때 전자문서를 파기하거나 삭
　　　　제하는 것

　　　ⓑ 보존 : 보관기한이 만료되었으나 업무 또는 기타의 사유로 인하여 전자문서를 계속 또는
　　　　일정한 시점(보관기한 이후의 시점)까지 저장하고 관리하는 것

　　　ⓒ 이관 : 전자문서를 비롯한 모든 정보처리 시스템에서 관리되어 온 모든 정보(파일, 메타
　　　　데이터, 추적정보 등)를 물리적으로 이전하는 것

중요 check　　메타데이터

전자문서 관리에 필요한 데이터로 고유 식별자, 제목, 초록/설명, 작성자, 작성일자, 업무분류, 문서분류, 색인/키
워드와 같이 전자문서의 속성과 관련한 항목들이다.

⟨3⟩ 종이문서를 전자문서화 하는 방법

(1) 전자문서의 장점

① 보관에 필요한 공간이 절약된다.
② 검색을 통해 원하는 문서를 편리하게 찾을 수 있다.
③ 손쉽게 문서 관리를 할 수 있다.

(2) 전자화 절차

① **전자화 작업의뢰서의 작성 및 전달** : 전자화 작업 이전에 전자화 작업의뢰서를 작성하여 대상문서와 함께 전자화책임자에게 전달하여야 한다.

② **대상문서의 사전검사 및 처리** : 전자화작성자는 전자화 작업에 앞서서 구김 또는 접힘 여부, 첨부문서나 의미 있는 문서단위 중 대상문서 일부의 누락 여부, 첨부의 문서가 있거나 여러 면으로 구성된 대상문서는 함께 처리하여야 하며, 전자화하는 동안이나 이후에도 적절한 순서를 유지하는 사항을 검사 및 처리하여야 한다.

③ **전자화 환경설정** : 전자화 책임자 또는 전자화 작성자는 전자화 작업에 앞서 이미지 환경설정을 위하여 대상문서의 종류에 따라 명도, 농도, 색상, 해상도 및 계조 등에 대해서 환경설정을 하여야 한다.

④ **작업형태의 기록** : 전자화 문서관리 규정에서 규정되지 않은 일반적인 방식이 아닌 특수한 형태의 전자화 작업이 수행되는 경우에는 그 작업 형태 등을 전자화 기록부에 기록하여야 한다.

⑤ **전자화 절차 마련** : 전자화 문서관리 규정에는 대상문서의 유형(단면·양면, 흑백·컬러 등)에 따라 각각의 전자화 절차가 마련되어 있어야 하며, 동 규정에서 정한 절차에 따라 전자화 작업이 수행되어야 한다.

⑥ **전자화 공정**

㉠ 전자화 공정은 분산형 공정과 집중형 공정으로 나뉜다.
㉡ 전자화 공정상 정해진 전자화 관계자의 역할은 서로 겸할 수 없다. 다만, 분산형 공정의 경우에는 전자화 책임자는 전자화 검사자의 역할을 겸할 수 있다.

⑦ **내용검사** : 전자화 검사자는 대상문서와 전자화 문서의 내용이 일치여부 및 이미지의 누락·중복 여부를 검사하여야 하며, 이 경우 검사는 전수검사 또는 표본검사의 방법에 의한다.

⑧ **품질검사** : 전자화 검사자는 전자화 문서의 품질 확인을 위하여 전자화 문서의 해상도, 채도 및 농도 등의 육안 판독 가능 여부와 총체적인 가독성을 검사하여야 하며, 검사는 전수검사의 방법에 의한다.

⑨ **전자화 문서의 이관** : 신뢰할 수 있는 보관시스템에 이관한다.

⑩ **대상문서의 폐기** : 전자화 문서 이관이 완료된 시점으로부터 6개월 후 폐기가 가능하다.

(3) 페이퍼리스

① 정의 : 페이퍼리스란 종이문서가 아닌 전자문서를 기반으로 업무를 처리하는 과정, 즉 종이문서의 발생을 최소화하며 전자문서를 최대한 활용하는 업무처리 환경을 말한다.

② 목 적

    ㉠ 종이문서가 아닌 전자문서를 기반으로 모든 업무가 진행되기에 문서의 체계적 관리 및 보관이 가능하다.

    ㉡ 문서 보안을 통해 위변조에 대한 불안 해소와 함께 문서 변경 일시 및 GPS를 이용하여 작성위 치를 기록 · 보관하여 문서에 대한 신뢰성을 제공한다.

    ㉢ 보다 간편하게 작성할 수 있어 업무 처리 시간을 단축시켜 준다.

    ㉣ 환경보호에 도움을 준다.

중요 check　사무용지의 규격 `기출`

명 칭	치수(mm)	명 칭	치수(mm)
A0	841 × 1,189	B0	1,030 × 1,456
A1	594 × 841	B1	728 × 1,030
A2	420 × 594	B2	515 × 728
A3	297 × 420	B3	364 × 515
A4	210 × 297	B4	257 × 364
A5	148 × 210	B5	182 × 257

---

4 저장 매체에 대한 이해

(1) 분류기준에 따른 저장매체의 종류 `기출`

분류기준		저장 매체의 종류
용 도	주기억장치	RAM, ROM
	보조기억장치	자기 디스크, 광학 디스크 등
물리적 저장방식	자 기	자기 테이프, 플로피 디스크, 하드 디스크, ZIP 드라이브, JAZ 드라이브 등
	광 학	CD(Compact Disc), DVD(Digital Versatile Disc), Blu-Ray Disk
	반도체	RAM, ROM, 플래시 메모리
휘발성 여부	휘발성	RAM
	비휘발성	ROM, 보조 기억 장치
접근 방식	순차접근	자기 테이프
	직접접근	디스크, 플래시 메모리 등

(2) 반도체를 이용한 저장매체 [기출]

① ROM(Read-Only Memory) : 읽기만 가능한 기억장치이다.

② RAM(Random Access Memory) : 자유롭게 읽고 쓰기가 가능하며 전원이 공급되지 않으면 데이터가 사라지는 휘발성 메모리이다.

③ 플래시 메모리(Flash Memory) : 읽기 쓰기가 자유로우며 별도의 전원이 필요하지 않은 비휘발성 매체로 MP3, 휴대폰, 녹음기, 디지털 카메라, USB 플래시 드라이브 등에 널리 사용된다.

④ USB 플래시 드라이브 : USB 인터페이스 방식을 사용한 플래시 메모리로 2GB~128GB까지 다양한 용량, 휴대가 간편한 반면, 분실 시 정보 유출의 위험이 있다.

⑤ 메모리 카드 : CF, SD, SM, XD, Memory Stick, Micro SD, SxS, Compact Flash 등 다양한 종류가 있고, 디지털 카메라, 휴대폰, MP3, 게임기 등에 사용된다.

⑥ SSD(Solid State Drive) : NAND 플래시 메모리를 이용한 저장매체이다. 암과 플래터가 사용되지 않으므로 읽기, 쓰기의 접근이 매우 빠르고, 소비 전력도 낮고 소음이나 발열이 거의 발생하지 않는다.

(3) 전자기를 이용한 저장매체

① 자기 테이프 : 플라스틱 테이프에 금속의 자성체를 입혀서 데이터를 기록한다.

② 플로피 디스크 : 초기 8인치에서 3.5인치로 발전하였으나 현재는 거의 사용되지 않는다.

③ Zip 드라이브 : 플로피 디스크의 차세대 버전으로 아이오메가(Iomega)에서 1994년 개발되었지만, CD/DVD, 플래시 메모리에 밀려 널리 사용되지 못하였다.

④ DAT(Digital Audio Tape) : 오디오 샘플을 전문가 수준의 품질을 유지하면서 디지털 형태로 기록하기 위한 표준 매체이다.

⑤ 하드디스크 드라이브 : 자기장을 이용해 플래터(Platter)라고 부르는 금속판 위에 데이터를 기록한다.

(4) 광학 저장매체 [기출]

① CD-ROM(Compact Disc-Read Only Memory) : 제작 시 최초 1회만 기록할 수 있고 그 후로는 읽기만 가능하며 주로 음악, 게임, 소프트웨어 등을 담아 판매할 때 사용된다.

② DVD-ROM (Digital Versatile Disc, Digital Video Disc) : 알루미늄 원판에 플라스틱 막으로 코딩하여 CD의 7배가 넘는 데이터를 기록할 수 있다.

③ Blu-Ray Disc : 차세대 DVD로 HD(High-Definition)급 비디오 영상을 저장하기 위해 개발되었다.

④ MO(Magento Optical) 드라이브 : 레이저를 이용한 기록으로 자성으로 기록한 매체보다 보관성이 뛰어나다.

⑤ 전자문서관리 시스템

(1) 자료 저장의 자동화

① 전자 파일링 시스템(Electronic Filing System)
- ㉠ 컴퓨터 내부에서 처리되는 데이터의 묶음에 대하여는 일상적인 파일과 구분하기 위하여 전자 파일이라고 부른다.
- ㉡ 전자 파일링 시스템은 전자파일 저장 매체에 수록된 자료들의 데이터베이스에 의거, 색인을 작성하고 필요할 때마다 신속하게 데이터의 검색과 편집이 가능하도록 한 시스템이다.
- ㉢ 전자 파일링 시스템을 구성할 때에는 문서 발생 건수에 따른 문서 처리 능력, 데이터베이스에 수록할 입력 문서의 기준, 색인에 사용될 검색키의 합리적 설정, 보관 자료의 중복 배제 등을 신중하게 고려해야 한다.

② 데이터베이스
- ㉠ 어떤 특정한 목적의 응용을 위해 상호 연관성이 있도록 자료를 저장하고 운영할 수 있도록 모아 둔 집합체이다.
- ㉡ 데이터베이스 시스템의 구성 요소에는 데이터베이스 관리자(DBA ; Data Base Administrator)가 포함된다.
- ㉢ 데이터베이스를 구축하는 목적은 통합되지 않은 데이터들을 체계적으로 정리하여 데이터의 중복을 최소화하고 데이터의 공유, 데이터의 일관성 유지, 데이터의 보안 보장 등을 통하여 전체적인 업무의 표준화와 효율을 극대화시키는 데 있다.
- ㉣ 데이터베이스 시스템이 가지는 단점은 운영비가 많이 들고 시스템이 복잡하고, 시스템고장에 따른 영향이 너무 크다는 것이다.

(2) EDI(전자 데이터 교환)

① 정의 : 'Electronic Data Interchange'의 약자로, 조직 내에서 상호 교환되는 문서를 정형화된 양식과 코드체계를 이용하여 컴퓨터에 도입한 하드웨어와 소프트웨어 기술의 집합
② 등장요인
- ㉠ 정보 기술의 발전 및 정보기기의 가격 하락
- ㉡ 조직 내 전산화의 발전
- ㉢ 정보 통신의 활용 가능성 인식
- ㉣ 정보처리 소요 비용 증가
- ㉤ 외부 정보에의 의존 증대
- ㉥ 분류 시스템의 영향 증대
③ EDI의 효과 기출
- ㉠ 송신 측의 문서발송 비용 절감
- ㉡ 수신 측의 재입력 비용 절감
- ㉢ 송·수신 양측의 오류 감소 및 수작업(자료의 분류, 저장, 보관, 발송) 비용 절감

ⓔ 물품의 재고관리에 JIT(Just-In-Time)전략을 도입하여 창고 면적 및 관리 인원, 관리비 등이
절감

ⓜ 적절한 생산계획 및 재고관리를 통하여 경영업무의 효율성 증대

ⓗ 정확한 정보전달을 통해 업무의 정확성과 신뢰성 증대

④ 구성 요소

㉠ EDI 표준 : 양식 표준(Formatting Standard)과 통신 표준(Communication Standard)으로
구분

㉡ EDI 소프트웨어 : 모든 업체는 자기 고유의 데이터구조와 형식을 가지고 데이터를 보관·이용
하고 있기 때문에 이를 상호 연결하기 위한 표준화된 EDI 소프트웨어가 필요함

㉢ EDI 네트워크 : 거래 당사자 간의 직접 연결, 제삼자를 통한 연결

㉣ EDI 하드웨어 : 컴퓨터와 통신용 모뎀 0.2 EDI의 표준

⑤ EDI로 문서를 작성한 예 기출

㉠ 무역회사의 무역주문서 작성

㉡ 의료기관의 국민건강보험 의료비 청구

㉢ 홈쇼핑회사의 물류정보 전송

(3) EDIFACT(행정·상업·수송을 위한 전자 자료 교환)

① 정의 : EDIFACT(EDI For Administration, Commerce and Transport)란 전 세계적으로 행정
기관, 상업, 운송업체 간에 이용되는 모든 서류를 EDI를 활용하여 전자적 데이터로 교환할 수 있도
록 유엔/유럽경제위원회(UN/ECE)에서 연구 개발한 전 EDI 표준을 가리킨다.

② 주요 특징

㉠ 기존의 종이 서류양식을 전자 파일로 대체

㉡ 국제 표준에 따라 작성된 메시지를 통일적으로 제공

㉢ 개방통신을 통하여 응용력과 경쟁력 향상

㉣ 세계적인 승인과 국제적 지원으로 무역절차 및 거래 간소화

㉤ 현대적 네트워크 및 서비스를 최대한 이용할 수 있음

㉥ 행정, 상업 및 운송 업무 등에서 전 세계적으로 폭넓게 지원됨

(4) EDMS(전자문서관리시스템) 기출

① 정 의

㉠ EDMS(Electronic Document Management System)란 네트워크상의 여러 서버에 분산되어
있는 텍스트, 그래픽, 이미지, 영상 등 모든 문서 자원을 발생부터 소멸까지 통합 관리해 주는
문서 관리 소프트웨어로서 윈도우 NT, 유닉스 등 다양한 플랫폼에서 워크그룹 간 정보 공유를
지원할 수 있다.

㉡ 문서의 기안·검토·협조·결재·등록·시행·분류·편철·보관·보존·이관·접수·배부·
공람·검색·활용 등 문서의 모든 처리 절차가 전자적으로 처리되는 시스템이다.

ⓒ 기업 내에서 사용자들이 문서를 만들 때 종이문서 등을 전자문서의 형태로 변환한 뒤, 저장 · 편집 · 출력 · 처리하는 것을 말하는 데 텍스트 형태뿐만 아니라 이미지 · 비디오 · 오디오 형태의 문서를 관리할 수 있다.

ⓔ 전자문서시스템은 종이문서를 읽기 위한 스캐너, 종이출력프린트, 저장장치, 문서 저장 데이터베이스를 관리하는 컴퓨터 서버 그리고 서버 프로그램 등을 모두 포함한다.

② 장 점

㉠ 신속한 문서 조회, 검색 및 활용 등을 통해 생산성이 극대화된다.

㉡ 종이 문서 보관 장소의 획기적인 절감으로 쾌적한 사무환경 조성이 가능하다.

㉢ 자료집계 및 대장관리의 자동화로 업무환경 개선과 조건검색에 의한 필요문서를 즉시 제공받을 수 있다.

중요 check 전자문서시스템을 이용한 기안문 작성 방법 **기출**

• 문서번호를 먼저 입력하고 항목(부서)의 명칭에 따라 한글순 혹은 알파벳순으로 배열한다.
• 시행일자는 전자달력으로 연월일을 지정한다.
• 공개, 비공개, 부분공개 등 공개구분과 등급을 선택한다.
• 한 명 혹은 여러 명의 수신자를 지정한다.

---

⑥ 전자결재 시스템

(1) 전자결재 시스템의 개념과 기능

① 전자결재는 경영활동을 위한 기안문이나 조직 내외 업무 처리와 의사 결정을 위한 다양한 형식의 결재 처리를 할 때, 종이 서류를 직접 들고 찾아가 결재를 하는 데 필요한 시간을 최소화하는 결재 방식이다.

② 문서작성 및 정보관리의 효율성을 증대할 목적으로 기존의 직접적인 결재 방법 대신 전산망을 이용해 결재를 처리할 수 있도록 한 새로운 개념의 결재 방식이다.

(2) 전자결재 시스템의 특징 **기출**

① 결재 경로 변경 등의 업무의 변화에 신속히 적응할 수 있다.
② 복잡한 문서 사무 업무의 간소화로 업무의 생산성을 증대시킨다.
③ 출장 계정과 같은 자료가 자동으로 입력된다.
④ 전자결재를 통한 문서는 통합 관리되어 업무의 효율성을 향상시킨다.
⑤ 인사, 학사, 재무 시스템과 연계할 수 있다.
⑥ 종이를 쓰지 않는 사무실을 지원한다.

⑦ 결재선을 지정하면 자동으로 검토자 및 결재자에게 문서가 전달되어 신속한 의사 결정이 가능하다.

⑧ 피결재자와 결재권자가 동시에 동일 위치에 존재하지 않아도 문서의 결재가 가능하여 시간적·공간적 제약을 극복한다.

⑨ 회사별로 표준화된 고유 양식을 사전에 등록하여 문서작성의 편리성을 도모한다.

⑩ 문서의 흐름을 모니터링할 수 있다.

⑪ 결재 문서의 작성부터 문서의 수신과 발신 및 배부가 온라인으로 처리되어 문서 관리가 단순화된다.

⑫ 문서 유통 과정을 표준화시킬 수 있고 문서작성 실명제가 시행된다.

⑬ 결재 상황 조회가 가능해 이전 방식에 비해 신속한 결재가 가능하다.

(3) 전자결재 시스템의 필요성

① 관리상의 LOSS인 의사소통의 문제, 표준의 부적절성, 부정확한 정보에 의한 잘못된 의사 결정, 정보 공유의 부재에 의한 이중 관리 등의 문제를 해결하기 위해서는 업무 전산화를 통한 회사의 전반적인 정보 공유 및 갱신된 정보에 대한 빠르고 정확한 업데이트가 필수적이다.

② **경영자의 의사 결정의 기반이 되는 정보 제공** : 급변하는 시장 상황은 경영자에게 신속한 의사 결정을 요구하고, 경영자는 그때마다 정확한 데이터의 필요성을 느끼게 된다. 업무 전산화는 경영자가 실시간으로 제공되는 경영 정보를 바탕으로 빠른 의사결정을 할 수 있도록 도와준다.

③ **시스템의 지속적인 개선** : 업무 전산화를 통한 정보 공유 및 회사의 노하우 공유는 조직원 개개인이 가지고 있는 정보 및 기술을 공유함으로서 회사 전체 시스템의 지속적인 개선을 보장할 수 있다.

(4) 전자결재 시스템의 실사용 시스템

① 인트라넷

   ⊙ 기업 내 통신망을 인터넷의 방대한 정보망에 연결, 조직 내부 간 통신에 활용하는 시스템으로 업무연락, 공지사항 고지, 공문전달 등에 이용된다.

   ⓒ 해외지사와 서울본사가 정보를 공유할 수 있음은 물론 전자결재 시 인터넷 정보를 끌어내 결재 내용에 첨부하는 것이 가능하다.

② 그룹웨어 기출

   ⊙ 그룹 작업을 지원하기 위한 소프트웨어나 소프트웨어를 포함하는 구조로 개인용 소프트웨어와 반대되는 개념이다.

   ⓒ 여러 집단의 사람들이 같은 서류 작업을 하거나 스케줄에 맞춰 공동작업을 할 수 있도록 도와주는 네트워크 소프트웨어이다.

   ⓒ 협동성을 높여 생산성을 증가시키는 것이 목적이며, 기업 내 컴퓨터 사용자들이 LAN 등의 네트워크로 연결된 퍼스널컴퓨터를 통해 워드프로세서, 스프레드시트, 데이터베이스 등의 업무용 소프트웨어들과 함께 전자결재 등의 통신기능을 부가한 것이다.

(5) 전자결재 시스템의 장단점

① 장 점
  ㉠ 종이 없는 사무실 구현을 위한 문서유통 실현이 가능하다.
  ㉡ 문서의 다중 복사 및 불필요한 보관을 억제할 수 있다.
  ㉢ 전자결재의 시행으로 신속한 의사결정이 조성된다.
  ㉣ 여러 상대를 통해서 결재를 할 때에도 동시 결재가 가능하다.
  ㉤ 결재시간이 절약됨으로써 업무의 효율성이 증대된다.

② 단 점
  ㉠ 전자결재 시스템 도입 시 초기 투자비용이 크다.
  ㉡ 직인 관리자가 다수이므로 직인의 도·남용 우려 및 부서의 전 직원들이 동료 직원이 작성한 서류내용을 알 수 있어 보안상 문제가 있을 수 있다.
  ㉢ 결재 시 메모가 불가능하거나 불편하여 결재권자가 중간관리자와의 의사소통이 불편하다.
  ㉣ 문서작성 소프트웨어가 한글, 훈민정음, MS워드 등 시스템별로 달라 전자문서가 읽을 수 없어 전자결재가 이루어지지 않을 수도 있다.
  ㉤ 정부기관과 민간기업 간 전자결재 시스템이 달라 상호 호환성이 없어 사용이 불편한 경우도 있다.

중요 check

전자화폐 `기출`
- 범용성 선불카드로서 전자적인 매체(컴퓨터, IC카드, Network 등)에 화폐적 가치를 저장하였다가 물품 및 서비스 구매 시 활용하는 결제수단이다.
- 누가 어떤 상점에서 무엇을 샀는지를 제삼자가 알 수 없어야 한다.
- 불법 변조 및 위조가 불가능하여야 한다.

금융감독원의 전자공시 시스템 `기출`
금융감독원의 전자공시 시스템은 상장법인 등이 공시서류를 인터넷으로 제출하고, 이용자는 제출 즉시 인터넷을 통해 공시서류를 조회할 수 있도록 하는 기업공시 시스템이다. 이 시스템에는 회사개황은 물론 얼마나 순이익을 내고 있는지, 매출액은 얼마인지 등 기업의 '신체검사'가 잘 나타나 있다.

적중실제예상문제

01 외국계 기업의 비서가 고객파일을 정리하고 있다. 알파벳순으로 정리할 경우 순서가 가장 적절한 것은?

> (가) J. H. Arthur   (나) James M. Arthur
>
> (다) A. G. Brown   (라) Anne G. Brown

① (가) - (나) - (다) - (라)
② (나) - (가) - (라) - (다)
③ (다) - (라) - (가) - (나)
④ (라) - (다) - (나) - (가)

> 해설   ① 성의 알파벳순으로 파일링한다. 성이 같으면 이름의 알파벳순으로 파일링한다.

02 김 대리가 다니는 손해보험회사는 전국에 백만 명 정도의 고객을 확보하고 있다. 하루에도 몇 만 건씩 사건접수가 이루어지고 있어서 새 파일을 만들 때 무한정 확장할 수 있어야 한다. 또한 고객의 전화번호, 주민등록번호, 자동차번호 등의 고객의 개인정보는 철저히 보안 유지가 되어야 한다. 이 사례에 가장 적절한 파일링 방법은?

① 사건의 종류별로 파일정리를 하고 있다.
② 고객의 주민등록번호로 파일정리를 하고 있다.
③ 지역별 고객의 이름으로 파일정리를 하고 있다.
④ 계약건별 보험증서번호로 파일정리를 하고 있다.

> 해설   ④ 파일을 만들 때 무한정 확장할 수 있어야 한다면 계약건별로 파일정리하는 것이 불가피하다. 더구나 고객의 개인정보에 대한 보안유지라는 측면에서도 계약건별 파일링이 가장 유리하다.

03 다음 중 문서의 폐기에 대한 설명으로 옳지 않은 것은?

① 폐기문서는 어떠한 경우에도 재활용할 수 없으므로 모두 소각처리한다.
② 문서의 보존기간은 미리 정해진 사무관리규정에 따른다.
③ 문서를 폐기할 때는 보존문서 기록대장에 폐기 사실을 빨간색으로 기입하고 폐기인을 날인한다.
④ 폐기란 보존기간이 만료되거나 불필요한 기록물을 처분하는 것을 말한다.

해설 ① 문서의 폐기는 소각 처분하는 것을 원칙으로 하고, 중요하지 않은 문서는 세절(細切) 처리한다.

04 다음은 사무실에서 많이 사용되는 사무용지 사용에 관한 설명이다. 설명이 가장 잘못된 것은?

① A4 용지는 문서작성의 기본크기이며 가로 210mm, 세로 297mm 이다.
② A3 용지 크기는 A4 용지 크기의 2배이다.
③ A4 용지의 크기는 B4 용지의 크기보다 크다.
④ B5 용지에 있는 내용을 A4 용지 크기에 맞게 확대 복사한다.

해설 사무용지의 명칭과 치수

명 칭	치수(mm)	명 칭	치수(mm)
A0	841 ×1,189	B0	1,030 ×1,456
A1	594 ×841	B1	728 ×1,030
A2	420 ×594	B2	515 ×728
A3	297 ×420	B3	364 ×515
A4	210 ×297	B4	257 ×364
A5	148 ×210	B5	182 ×257

05 번호식 문서 정리 방법(Numeric Filing System)의 설명으로 옳은 것은?

① 번호식 문서 정리 방법은 주제별 정리 시에도 공통적으로 이용되며, 모든 문서 정리에 기초를 형성한다.
② 번호식 문서 정리 방법은 직접적인 정리와 참조가 가능하며 색인이 필요 없다.
③ 번호식 문서 정리 방법은 명칭 특히 조직명의 표시 방법에 관련하여 문서가 분산되기 쉽다.
④ 번호식 문서 정리 방법은 문서를 구별하든가 부를 때에 번호를 사용할 수 있어 기밀을 유지하는 데 유용하다.

해설 번호식 문서 정리 방법
- 장기간에 걸쳐 부정기적인 시기에 빈번히 사용되는 경우에 사용된다.
- 광범위한 상호참조를 해야 하는 계약, 특정사건에 사용된다.
- 명칭보다 번호를 기준으로 하는 업무에 사용된다.
- 빠른 속도로 보관 대상 문서가 늘어나는 경우에 사용된다.
- 기밀을 유지할 수 있다.
- 무한하게 확장할 수 있다.
- 문서가 일련번호로 정리되기 때문에 찾기가 쉽다.
- 잡문서가 별도의 철에 보관된다.
- 인건비, 비용이 많이 든다.

06 매월 10일에 월간보고서를 제출해야 하는 경우 일주일 전 날짜에 보고서 준비에 필요한 서류를 넣어둠으로써 비서가 실수로 업무를 빠뜨리는 것을 막아주는 역할을 하는 파일의 이름은?

① 인덱스 파일(Index File)
② 티클러 파일(Tickler File)
③ 상호 참조 파일(Cross-reference File)
④ 리마인더 파일(Reminder File)

해설 ② 티클러 시스템(Tickler System) : 매일 처리해야 할 사무 작업을 날짜별 색인 카드에 끼워두었다가 처리해야 할 시간에 서류를 찾아내서 처리하는 것이다. 이는 문서의 반환예정일을 사전에 알 수 있게 함으로써 예정일에 차질 없이 문서가 반환되도록 하는 제도이다.

07 정 비서는 다음 기업과 관련 문서들을 기업 특성인 업종에 따른 주제별 분류법으로 정리하고자 한다. 다음 중 순서가 가장 적절한 것은?

㉠ 삼성텔레콤	㉡ 대림물산
㉢ 강센전자	㉣ 호경무역
㉤ 삼정물산	㉥ 강산전자
㉦ 화정무역	㉧ 세정텔레콤

① ㉦ - ㉣ - ㉡ - ㉤ - ㉥ - ㉢ - ㉠ - ㉧
② ㉣ - ㉦ - ㉡ - ㉤ - ㉥ - ㉢ - ㉠ - ㉧
③ ㉥ - ㉢ - ㉡ - ㉠ - ㉤ - ㉧ - ㉣ - ㉦
④ ㉣ - ㉦ - ㉡ - ㉤ - ㉢ - ㉥ - ㉠ - ㉧

해설 주제별 분류법 순서
　　• 주제별 분류법으로 분류하기 위해서는 먼저 텔레콤, 물산, 전자, 무역으로 주제를 선정한다.
　　• 선정된 주제를 가나다순으로 배치한다. 즉, 무역, 물산, 전자, 텔레콤의 순서이다.
　　• 앞에서부터 즉, 무역에 해당하는 ⓔ 호경무역, ⓐ 화정무역이 제일 처음에 오고, 그 다음 물산에 해당하는 ⓛ 대림물산, ⓗ 삼정물산의 순서로 배치하면 된다. 이어서 전자에 해당하는 ⓑ 강산전자, ⓒ 강센전자, 텔레콤에 해당하는 ⓖ 삼성텔레콤, ⓞ 세정텔레콤의 순이다.

08 상사로부터 그동안 정리하지 않고 두었던 많은 명함들을 받아 정리하고자 한다. 다음 중 옳지 않은 것은?

① 관리할 명함이 많지 않을 때는 가나다순으로 관리하는 것이 효과적이다.
② 앨범식으로 된 명함첩은 많은 명함을 관리하는 데 적당한 명함정리용구이다.
③ 명함박스는 분실의 우려가 있지만 찾아보기 쉬운 장점이 있다.
④ 변경사항이 있는 사람의 명함은 새로운 명함을 보관하고 오래된 것은 폐기한다.

해설 ② 명함첩은 투명한 비닐 포켓에 보관하는 것으로 가나다순의 색인이 필요하며 명함의 교환이 쉽다. 명함수가 많으면 명함정리 상자를 사용하는 것이 좋다.

09 외국회사들과 거래가 많은 상사가 몇백 장의 명함을 한꺼번에 주면서 정리하라고 했다. 이 경우 가장 적절한 명함정리방법은?

① 앨범식 명함첩을 여러 개 마련하여 한글명함은 이름 가나다순으로, 외국명함은 이름 알파벳 'A'를 '가'로 취급하여 함께 정리했다.
② 앨범식 명함첩을 여러 개 마련하여 한글명함과 외국명함을 따로 분리하여 사람이름 순서로 정리하되, 한국사람 이름은 가나다순으로, 외국사람 이름은 알파벳 순서로 정리했다.
③ 회전식 명함첩을 몇 개 마련하여 한글명함과 외국명함을 분리해서 회사이름 순서로 정리하되, 한국회사는 가나다순으로, 외국회사는 알파벳 순서로 정리했다.
④ 회전식 명함첩을 몇 개 마련하여 한글명함과 외국명함을 분리해서 사람이름 순서로 정리하되, 한국사람 이름은 가나다순으로, 외국사람 이름은 알파벳 순서로 정리했다.

해설 ③ 명함수가 많기 때문에 앨범식보다는 회전식이 좋다.

10 다음 중 문서의 성립 및 효력 발생에 대한 설명으로 가장 옳지 않은 것은?

① 문서는 당해 문서에 대한 서명에 의한 결재가 있음으로써 성립한다.
② 문서는 발신자가 문서를 발송함으로써 그 효력이 발생한다.
③ 공고문서의 경우 특별한 규정이 없을 때, 공고가 있은 후 5일이 경과한 날부터 효력이 발생한다.
④ 법규문서 중 법률 · 명령 · 조례 · 규칙은 공포일로부터 20일 경과 후 효력이 발생한다.

> 해설 ② 일반문서의 경우 문서가 수신자에게 도달된 때에 그 효력이 발생한다.

11 일반적으로 수신 문서의 봉투는 하루정도 보관하고 폐기하지만 경우에 따라서는 일정 기간 보관해야 하는 경우가 있다. 이러한 경우에 해당하지 않는 사례는?

① 첨부물이 있을 경우
② 봉투소인과 편지내용상의 날짜가 많이 차이가 날 경우
③ 소인이 입찰이나 계약서 등의 법적 증거가 될 경우
④ 발신인의 주소가 변경되었다고 판단될 경우

> 해설 ② · ③ · ④ 외에도 아래와 같은 경우가 있다.
> • 편지 속에 발신자의 주소와 성명이 없을 때
> • 동봉물이 있어야 할 우편물에 동봉물이 보이지 않을 때
> • 잘못 배달된 편지가 회송되어 왔을 때

12 비서경력이 3년인 김 비서는 상사에게 온 우편물을 개봉하여 처리한다. 이 경우 가장 적절하지 않은 방법은?

① 법원에서 온 우편물의 봉투는 주소만 오려서 내용물에 클립으로 끼워 보여드리고 보관한다.
② 상사의 개인적 우편물은 별다른 지시가 없는 한 개봉하지 않는다.
③ 청첩장이나 초청장 등이 많을 경우는 행사제목, 날짜, 위치, 참석여부 등을 컴퓨터를 사용하여 표의 형식으로 만들어 보이고 원본은 비서가 보관한다.
④ 내용물의 날짜와 봉투 소인 날짜가 차이가 많이 나는 경우에는 봉투를 바로 폐기하지 않는다.

> 해설 ① 봉투에 찍힌 소인은 법적 증거가 될 수 있으므로 보관한다.

13 상사가 부재중인 경우 우편물 처리가 가장 적절하지 않은 것은?

① 일반 업무용 서신은 상사의 대리자가 처리하도록 원본을 전달하였다.

② 상사가 장기간 출장 중인데, 급한 개인의 우편물이 도착해서 상사의 출장지로 보내드렸다.

③ 상사가 직접 회신해야 하는 편지인 경우에 상사가 부재중임을 알리는 간단한 메일을 비서가 대신 보냈다.

④ 대외비로 온 우편물은 수신날짜와 발신인을 메모한 후에 개봉하지 않고 상사의 대리자에게 전달했다.

해설 상사 부재중 우편물 처리방법
- 상사 부재중에 수신한 회의 참석통지서나 초대장, 또는 상사의 의견이 필요한 우편물은 적절한 시기를 놓치지 말고 답해 준다.
- 출장 중인 상사에게 우편물을 보낼 때는 분실상황에 대비하여 복사본을 마련해 놓고, 상사의 대리자에게 우편물을 보낼 경우에는 복사본을 전한다.
- 출장 중인 상사에게 우편물을 보낼 경우에는 '수신우편물 요약지'를 작성하여 함께 송부한다.
- 상사 부재중의 우편물은 회신을 내지 않고 상사의 처리를 기다리는 우편물, 사내의 다른 직원에 의해 처리된 우편물 및 처리결과, 그리고 비서가 회신한 편지와 답장 복사본으로 분류하여 정리한다.
- 상사 부재 시 처리한 우편물에 대해 보고할 경우에도 '수신우편물 요약지'를 작성하여 함께 제시한다.

14 자동차 부품회사에 근무하는 박 비서는 상사인 박 사장으로부터 거래처인 서울자동차에 보낼 문서 두 건에 대한 지시를 받았다. 그 내용은 "만찬 초대에 대한 감사장"과 "부품가격 인상 건"에 대한 공문이었다. 다음 중 문서작성 및 처리방법으로 가장 적절한 것은?

① 두 장의 문서를 별도로 작성하고 따로 발송한다.

② 문서 두 건은 같은 회사로 보낼 것이므로 "가격인상에 대한 고지 및 초대에 대한 감사"라는 제목으로 사외문서 한 장으로 작성하였다.

③ 하나의 문서에 두 개의 제목(제목 : 부품가격 인상 건/제목 : 초대에 대한 감사)을 쓰고 문서내용은 1, 2로 작성하였다.

④ 두 장의 문서를 별도로 작성하고 같은 봉투에 두 장의 문서를 함께 발송하였다.

해설 ① 두 건의 문서가 같은 거래처로 발송될 것이지만, 두 건의 내용이 지나치게 상이하므로 별도로 작성하여 별도의 봉투에 넣어 따로 발송하는 것이 바람직하다.

15 상사의 책이 출판되어 지방에 있는 상사의 친구분에게 한 권을 보내려고 한다. 다음 중 어느 우편으로 보내는 것이 가장 바람직한가?

① 전자우편　　　　　　　　　　② 국내특급우편
③ 국제특급우편　　　　　　　　④ 민원우편

> 해설 ② 서울과 지방, 지방주요도시 상호 간에 긴급히 전달하여야 하는 편지, 상업용 서류 등을 특별한 송달방법에 의하여 이용자가 원하는 시간에 신속·정확하게 배달하는 우편서비스
> ① 통신문 작성부터 봉투에 넣어 배달까지 우체국이 도와주는 사무자동화(OA)시대의 새로운 우편서비스
> ③ 우편을 취급하는 모든 나라 상호 간에 긴급한 서류, 상품견본 등을 EMS(Express Mail Service)라는 공동명칭의 특별우편운송망을 통하여 신속하고 안전하게 배달하는 제도
> ④ 정부 각 기관에서 발급하는 민원서류를 우체국을 통하여 신청하고, 발급된 민원서류를 집배원이 각 가정이나 직장에 배달하는 서비스

16 다음 중 우편업무에 관한 설명으로 옳지 않은 것은?

① 통화등기 : 현금을 송달할 때에만 이용하는데, 반드시 보험등기 취급용 봉투를 사용하여야 한다.
② 요금별납 : 한꺼번에 발송하는 동일한 보통 우편물의 수가 10통 이상일 경우 우표 대신 스탬프를 찍어서 사용한다.
③ 배달통지 : 접수한 우편물의 배달 결과를 발송인에게 회송해 준다.
④ 내용증명 : 특정한 사실 또는 내용을 우체국에서 발송 후 1년 동안 증명해 준다.

> 해설 ④ 내용증명우편은 발송인이 수취인에게 어떤 내용의 문서를 언제 발송하였다는 사실을 우편관서가 증명하여 주는 증명취급제도이며, 배달증명은 우편배달을 틀림없이 하였다는 증명으로 받은 사람의 사인을 받아서 엽서로 받은 사람을 알리는 답변을 하므로 상대방이 받았다는 것을 입증해줄 수는 있으나 내용물에 대한 증명은 하지 못한다.

17 다음 중 문서의 접수에 관한 내용으로 옳지 않은 것은?

① 기밀문서, 친전문서 등 개봉하기에 부적당하다고 인정되는 문서는 봉투에 문서 처리 인을 날인하여 해당자에게 송부한다.
② 대외문서를 접수할 때에는 다음날 직접 접수한다.
③ 모든 대외문서는 문서관리자 또는 해당사업 담당자가 접수한다.
④ 접수된 문서는 문서접수대장에 기재하고 문서 처리인을 날인한 후 송부한다.

> 해설 ② 대외문서를 접수할 때에는 지체 없이 인계하여야 하며 휴일에 문서를 접수할 때에는 다음날 출근 시각 직후에 직접 접수한다.

18 홈쇼핑회사에 다니는 김 비서는 자사의 판매제품에 대한 소비자의 의견을 알아보기 위해 소비자의 주소지로 요구조사지를 발송하고, 소비자는 이 요구조사지를 작성한 후 자사로 발송하도록 하려고 한다. 다음 중 소비자가 우편요금을 부담하지 않고 받는 사람이 우편요금을 부담하는, 김 비서가 사용할 수 있는 가장 적절한 우편서비스는?

① 수취인 후납부담
② 내용증명
③ 요금별납
④ 요금후납

> **해설** ② 내용증명 : 우편물의 내용인 문서를 등본에 의하여 증명하는 제도
> ③ 요금별납 : 동일인이 우편물의 종류와 우편요금 등이 동일한 우편물을 동시에 다량 발송하는 경우에 우표를 붙이지 않고 현금으로 직접 납부할 수 있는 서비스로 10통 이상 우편물에 적용됨
> ④ 요금후납 : 매월 동일인이 100통 이상의 우편물을 발송할 경우

19 다음 중 문서 파일링의 절차 중 (가)와 (나)에 들어갈 단계가 순서대로 된 것은?

(가) – Indexing – (나) – Cross Referencing – Sorting – Storing

① Guiding – Coding
② Inspecting – Ordering
③ Guiding – Ordering
④ Inspecting – Coding

> **해설** 파일링 절차를 나타내고 있는데, 그 순서는 다음과 같다.
> 검사(Inspecting) – 주제결정(Indexing) – 주제표시(Coding) – 상호참조표시(Cross-Referencing) – 분류(Sorting) – 저장(Storing)
> Inspecting은 이 문서를 저장해도 되는지에 대하여 확인을 하는 단계이고, Coding은 저장될 파일명을 해당 문서에 표시해 놓는 단계이다.

20 다음의 폴더들을 영문 명칭별로 분류하고자 할 때 가장 적절한 것은?

> (가) Smith, Robert A.　　　　　　(나) S 가이드
> (다) Smith, T. F.　　　　　　　　(라) Tolson, Billy
> (마) T 가이드　　　　　　　　　　(바) Tolson, B. A.
> (사) Tweedy, A.

① (나) – (가) – (다) – (마) – (라) – (바) – (사)
② (나) – (다) – (가) – (마) – (라) – (바) – (사)
③ (나) – (가) – (다) – (마) – (바) – (라) – (사)
④ (나) – (다) – (가) – (마) – (바) – (라) – (사)

해설 가나다식 문서 정리 방법(Alphabetic Filing System) 중 명칭별 정리법이므로 거래회사명의 첫머리 글자를 기준으로 가나다순 또는 알파벳순으로 분류한다. 가이드 아래 개별 폴더가 위치하면 되므로 크게 S 가이드 → T 가이드의 순서가 된다.

명칭별 정리의 장점
• 동일한 개인 혹은 회사에 관한 문서가 한 곳에 집중된다.
• 직접적인 정리와 참조가 가능하며 색인이 불필요하다.
• 가이드나 폴더의 배열 방식이 단순하다.
• 잡건(雜件)의 처리가 용이하다.

21 방대한 양의 화상, 음성 및 문자 정보를 작은 마그네틱 원판에 저장할 수도 있고, 필요할 때에 컴퓨터를 이용하여 정보를 검색할 수 있도록 한 장치는?

① CD-ROM

② USB메모리

③ CD-RW

④ LP(Long Play Record)

해설 ① 디지털 정보를 저장하는 광디스크로, 제작 시 최초 1회만 기록할 수 있고 그 후로는 읽기만 가능하며 주로 음악, 게임, 소프트웨어 등을 담아 판매할 때 주로 사용된다.
② 디지털 카메라, 음악 파일 플레이어 등 다양한 매체에 정보 저장 기기로 활용되고 있는 USB 메모리 카드는 기존의 정보 저장 매체보다 작고 휴대가 간편한 특징이 있다.
④ 아날로그 음원 저장 장치인 축음기 음반의 표준 중 하나이다.

22 네트워크상의 여러 서버에 분산되어 있는 텍스트, 그래픽, 이미지, 영상 등 모든 문서 자원을 발생부터 소멸까지 통합관리해 주는 문서관리 소프트웨어는?

① EDMS
② EDI
③ EDIFACT
④ EC

해설 ① EDMS(Electronic Document Management System) : 네트워크상의 여러 서버에 분산되어 있는 텍스트, 그래픽, 이미지, 영상 등 모든 문서 자원을 발생부터 소멸까지 통합 관리해 주는 문서관리 소프트웨어로서 윈도우 NT, 유닉스 등 다양한 플랫폼에서 워크그룹 간 정보 공유를 지원할 수 있다.

23 다음 그림에서 사용한 문서 분류방법의 명칭으로 가장 적절한 것은?

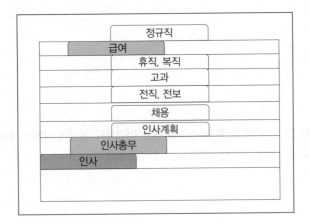

① 프로젝트별 분류법
② 형식적 분류법
③ 표제별 분류법
④ 주제별(색인별) 분류법

해설 ④ '인사 > 인사총무 > 인사계획, 채용…'과 같이 태그에 적힌 내용이 '색인(Index)'이므로 주제별 분류법이다.

24 다음 중 문서 정리의 대상을 모두 포함한 것은?

> (가) 업무관련 수신 문서　　　　　(나) 업무관련 발신 문서
> (다) 비용관련 전표　　　　　　　(라) 자사제품 카탈로그
> (마) 회사 정기간행물

① (가), (나), (다)　　　　　　　　② (가), (다), (마)
③ (가), (나), (다), (라)　　　　　　④ (가), (나), (다), (라), (마)

> **해설**　문서 정리의 대상
> • 일반 문서 : 수신 문서와 발신 문서의 비본, 품의서, 보고서, 조사서, 의사록, 증서 등
> • 장표 : 기재가 끝난 장부, 전표 등
> • 도면 : 설계도면, 청사진 등
> • 자료 : 정기간행물, 스크랩, 카탈로그, 팸플릿 등
> • 도서 : 사전, 육법전서, 참고도서 등
> • 기타 : 그밖에 중요한 자료나 문서가 마이크로필름화되거나 광(光)디스크에 저장된 경우

25 공공 기관의 김인경 비서는 문서의 보관 및 폐기 업무를 처리하고 있다. 다음 설명 중 가장 적절하지 않은 것은?

① 보존기간이 지난 문서는 보존여부를 다시 한 번 검토하여야 한다.
② 원본이 있는 문서의 사본은 처리 종결 후 수시 폐기한다.
③ 문서의 보존 기간에 따라 문서 전담 부서에서 폐기할 때까지 문서 보존함이나 보존 장소에 유지 · 관리한다.
④ 이용 가치가 낮아진 문서를 문서보존창고로 옮기는 것을 '보존'이라고 한다.

> **해설**　④ 이용 가치가 낮아진 문서를 문서보존창고로 옮기는 것을 '이관'이라고 한다.

26 문서정리를 하는 김 비서의 행동 중 가장 부적절한 것은?

① 문서를 보관하기 위해 2단식 파일캐비닛을 구매했다.
② 거래처파일을 명칭별로 정리하기 위해 가이드의 탭에 ㄱ, ㄴ, ㄷ 등을 표시했다.
③ 파일캐비닛 안에 문서를 넣기 위해 행거식 폴더를 구매했다.
④ 잡건의 취급을 위해 색인카드를 만들었다.

> **해설**　④ 잡건의 경우 색인카드를 만들기보다 별도의 철에 보관하는 것이 좋다.

27 자료관리에 있어서 자료의 이관 및 폐기에 관한 설명으로 옳은 것은?

① 자료 폐기 시에는 자료관리대장의 당해 자료의 제목 아래에 적색으로 '폐기'를 표시한다.

② 자료관리대장까지 함께 폐기한다.

③ 자료 이관 시에는 비고란에 '이관' 표시를 한다.

④ 이관 또는 폐기 시에는 일시란에 그 일자를 기재하여야 한다.

> 해설 ③ 자료를 이관 또는 폐기한 때에는 자료관리대장의 해당 자료의 분류번호 및 제목을 2줄로 삭제하고, 비고란에 '이관' 또는 '폐기' 표시를 한 후 그 일자를 기재한다.

28 법률비서 이민정은 문서 분류 업무를 수행하고 있다. 다음 중 가장 적절하지 않은 것은?

① 주제별 분류는 분류자에 따라 달라질 수 있으므로 미리 주제 결정 방식을 만들어둔다.

② 개인명 또는 조직명으로 언급되지 않는 문서를 정리하는 경우 주제별 분류를 사용한다.

③ 지역별 분류는 분류 후에 제목이나 이름으로 가나다순 배열해야 하기 때문에 착오가 생기지 않는다.

④ 지역별 분류는 분류 명칭과 지역을 모르는 경우에는 찾기 힘든 단점이 있다.

> 해설 ③ 지역별 분류는 지역으로 구분한 후 지역 내에서 회사명이나 고객명, 가나다순으로 배열한다. 지역별 분류는 동명의 회사나 인물이 있는 경우에는 다른 지역으로 저장하는 착오가 생길 수 있으므로 주의한다.

29 다음 중 명함관리 프로그램에 대한 설명으로 가장 옳지 않은 것은?

① 명함의 내용을 프로그램에 직접 입력하거나 명함 이미지를 스캔하여 관리한다.

② 명함관리 프로그램으로 입력된 내용은 수정이 어려우므로 변경사항이 생기면 삭제 후 재입력한다.

③ 명함관리 프로그램으로 입력된 내용 중 필요한 자료를 검색하는 것이 가능하다.

④ 명함관리 프로그램에 입력된 내용은 다른 프로그램과 연계하여 라벨 출력이 가능하다.

> 해설 ② 명함관리 프로그램으로 입력된 내용 중 변경되었거나, 스캔의 오류로 인하여 잘못 인식된 글자가 있으면 확인 후 수정할 내용만을 수정할 수 있다.

30 다음 중 이름(회사명)으로 문서를 관리하는 명칭별 분류법의 특징에 대한 설명으로 옳은 것은?

① 무한하게 확장이 가능하다는 장점이 있다.

② 동일한 개인(회사)에 관한 문서가 한 곳에 집중된다.

③ 직접적인 정리와 참조가 불가능하다.

④ 색인이 필요하다.

> 해설 ① 주제별 분류법에 대한 장점이다.
> ③ 명칭별 분류법은 직접적인 정리와 참조가 가능하다.
> ④ 명칭별 분류법은 색인이 불필요하다.
>
> 명칭별 분류법
> • 문서를 거래처별로 회사 명칭이나 고객 명칭으로 통합하여 정리하는 것으로 첫머리 글자를 기준으로 해서 가나다순이나 알파벳순으로 분류하는 것을 말한다.
> • 동일한 개인 혹은 회사에 관한 문서가 한 곳에 집중되고, 색인이 불필요하며, 배열 방식이 용이하고 다양한 서류의 처리가 쉽다.

31 전자문서에 관한 설명이다. 가장 적절하지 않은 것은?

① 문서 등급에 따라 접근자의 범위와 열람 권한을 지정해야 한다.

② 공개 구분란에 공개, 부분공개, 비공개로 표기한다.

③ 결재권자가 전자 서명하여 결재하면 암호 입력의 방식으로 처리된다.

④ 결재 중에는 문서의 일부를 수정할 수 없다.

> 해설 ④ 전자문서는 결재 중에도 필요시 문서의 일부 수정이 가능하다.

32 다음 기기 중 성격이 다른 하나는?

① USB 드라이브

② Blu-ray 디스크

③ Flash Memory Card

④ Memory Stick

> 해설 ② Blu-ray는 다른 것과 마찬가지로 저장매체이지만 레이저 광선을 이용해 음성 및 영상 정보를 디지털 부호로 변환시켜 저장하는 광(光) 기록방식의 저장매체라는 점에서 다른 기기와 성격이 다르다.

33 전자문서 관리시스템의 특징에 대한 설명으로 가장 적절하지 않은 것은?

① 문서의 신속한 조회와 검색이 가능하다.
② 종이문서의 감소로 사무환경이 개선된다.
③ 데이터의 중복을 최소화할 수 있다.
④ 보안이 철저하여 문서작성자의 익명성이 보장된다.

해설 ④ 결재권자, 검토자, 문서의 최초 기안자가 자동으로 입력되므로 익명성이 보장된다고 보기는 어렵다.

34 다음 중 국제표준화기구(ISO)에서 지정한 전자문서 장기 보관 및 보존을 위한 국제 표준 포맷은?

① PDF/A
② PDF/D
③ PDF/S
④ PDF/X

해설 ① PDF/A는 한국 국가기록원에서도 문서 보존포맷으로 확정된 포맷으로 국제표준화기구(ISO)에서도 인정한 것이다.

35 다음은 EDI로 문서를 작성한 예이다. 가장 적절하지 않은 것은?

① 무역회사의 무역주문서 작성
② 의료기관의 국민건강보험 의료비 청구
③ 홈쇼핑회사의 물류정보 전송
④ 광고회사의 디자인시안 수정

해설 ④ EDI의 대상은 컴퓨터가 직접 읽어 해독하고 인간의 개입 없이 다음 업무처리를 자체적으로 처리할 수 있는 주문서, 영수증 등과 같은 정형화된 자료이므로 광고회사의 디자인시안 수정은 적절하지 않다.

03 정보관리

01 정보분석 및 활용

1 정보수집

(1) 비서의 정보관리 업무

① 필요한 정보를 수집하고 분류·정리하며, 이용하기 쉽게 가공하여 필요한 사람에게 신속하게 제공해 주는 모든 과정을 정보관리라고 한다. 비서는 상사와 거래 관계에 있는 고객이나 거래처, 관련 단체 및 협회 인사, 동창 관련 인사, 경쟁사의 주요 임직원 동향 등의 정보를 평소에 파악하고 관리함으로써 필요할 때에 적절하게 활용할 수 있다. 상사가 속한 공식 모임에 대한 동정, 상사의 관심 분야, 취미에 관련된 정보 등 상사의 정보 요구를 미리 파악해 두었다가 수시로 정보 수집을 하도록 하며, 수집된 정보는 해당 분야별로 파일링 하거나 스크랩한다.

② 비서에게 필요한 정보 관련 지식과 기술

  ㉠ 상사의 정보 요구를 미리 파악할 수 있어야 한다.

  ㉡ 필요한 정보를 어디에서 입수할 수 있는지 판단할 수 있어야 한다.

  ㉢ 필요한 정보와 불필요한 정보를 취사선택할 줄 알아야 한다.

  ㉣ 사내 정보의 흐름을 파악하고 있어야 한다.

  ㉤ 컴퓨터, 전화기, 팩스 등 정보관리 관련 기술을 잘 알아야 한다.

  ㉥ 능률적인 정보관리 시스템(예 파일링)을 유지할 수 있어야 한다.

(2) 비서의 기업정보 관리

① 외부 정보

  ㉠ 경쟁 업체의 동향에 대한 연구, 정치·경제 동향과 사회 환경에 관한 정보, 신제품이나 소비자의 동향과 같은 시장 정보, 장기 일기 예보나 농작물 작황과 같은 정보는 조직 외부의 각종 원천을 통하여 확보할 수 있는 정보이다.

  ㉡ 외부 정보원은 신문, 정기 및 비정기 간행물, 단행본, 각종 안내장 및 정부 기관 발행 보고서 등 다양하다. 이 밖에도 인터넷과 각종 상용 데이터베이스를 통하여 경영, 경제, 무역, 인물 정보, 기업 정보 등 필요 정보를 수집한다. 이러한 공개적 정보 원천 외에 해외주재원이나 관계 회사 등 해외 기관을 활용하여 현지 정보를 수집할 수 있다.

② 내부 정보

　㉠ 회사의 자금 운영 상태에 관한 정보, 조직원들의 구성과 동향에 관한 정보 등은 조직 내부에서 확보할 수 있는 정보이다.

　㉡ 내부 정보의 원천으로는 사보, 영업 보고서, 상품 팸플릿, 제품 카탈로그, 사내 연구소 홍보지, 기타 홍보지(PR용 자료), 회사 홈페이지 등이 있다.

　㉢ 조직 내부에서 보면 내부 정보이지만, 다른 회사의 입장에서 보면 외부 정보가 된다.

　㉣ 내부 정보를 외부에 공개해도 무방한 정보가 있는 반면, 외부에 유출되면 회사에 손실을 입힐 수 있는 정보가 있다. 이러한 정보는 비공개 기밀 정보이며, 여기에는 내부의 보고, 기획 회의, 신제품 개발 회의, 연구회 등의 의사록, 정보 자문 회사(Consulting Firm) 등에서 특수 계약으로 입수한 극비 정보 등이 있다. 이러한 정보들은 기업 비밀에 속하는 것이기 때문에 일반적으로 사내 및 사외 비밀로 한다.

　㉤ 비싼 정보료를 지불하고 입수한 정보는 특별 취급하여 외부로 유출되지 않도록 한다.

　㉥ 비서는 다양한 정보 원천을 통하여 기업이 필요로 하는 정보를 잘 판별하여 수집하고, 시기적절하게 제공할 수 있어야 한다.

[정보의 원천]

인쇄 매체	기업 내 정보	보고 서류, 정관, 규정집, 회의록, 결재 문서, 홍보용 자료 등
	기업 외 정보	신문(일간지, 경제지, 전문지), 정기 · 비정기 간행물, 잡지, 학회지, 협회지, 논문집 등
영상 매체	TV 자료(국내)	뉴스, 다큐멘터리, 기획 프로그램, 경제 정보 프로그램 등
	TV 자료(국외)	해외 뉴스, 해외 정보 프로그램, 해외 지사 취재 프로그램 등
전자 매체	통신 및 인터넷 자료	뉴스 그룹, 동호회, 게시판, 정보 검색 자료, 정보 센터(인물, 경제 지표, 기업 신용, 뉴스, 생활 정보, 공개 자료, 부동산 등)
	전문 데이터베이스 자료	신문 데이터베이스, 학술 자료, 해외 전문 데이터베이스
인적 매체	사내 인적 자원	해당 부서의 인력, 사내 전문가, 홍보실, 기획실
	사외 인적 자원	관련 기업 동우회, 동창회, 기타 모임 인명부, 타사 비서실, 기타 사모임

(3) 비서의 정보업무 내용

① 사업계획, 영업계획, 상품개발계획 등 기획에 관한 일

② 임원이나 종업원의 임용, 승진, 승인, 고시 등 인사에 관한 일

③ 예산, 결산, 자금운용, 재무제표 등 재무에 관한 일

④ 상사가 관여하는 기업 내외의 중요 회의에 관한 일

⑤ 담당부분이 불명확한 업무나 임시로 발생하는 업무에 관한 일

⑥ 기타 상사가 필요로 하는 정보 등

(4) 비서의 정보활동

① 비서는 상사의 의사·의향을 기업 내외로 전하는 것을 돕거나 대행도 하고 기업 내외에서 듣게 되는 여러 가지 정보의 중개·집약·정비를 대신함에 따라 상사의 업무를 돕는 역할을 하게 된다.

② 정보교환은 상사와 상대방 간 개별적으로도 이루어지기도 하고, 다수의 관계자가 회의를 함으로써 이루어지는 것도 많다. 특히 주주총회, 이사회, 경영간부회의 등의 회의는 기업의 의사를 결정하는 중요 회의다.

③ 상사가 회의에 참석할 경우에는 의제에 대비해서 의제내용을 명료하게 표현할 의안서나, 기업 활동이나 사회동향의 흐름을 정확히 간파하기 위한 자료의 작성이 필요하다.

④ 상사가 회의를 소집하는 경우에는 일정표(Schedule)의 조정, 회의 일정의 결정, 의제의 집회, 소집통지, 회의장 준비, 의사록 정리 등이 필요하다.

⑤ 비서는 상사의 지시에 따라 상사가 작성한 의안의 원안 메모, 의사록의 메모, 기업 내외의 여러 가지 자료를 기초로 하여 의안을 작성하고 또 관계자와의 연락·조성을 상의하는 등 회의에 관련한 업무수행의 보조대행을 한다.

(5) 정보업무의 기본능력

① 사물을 표현하는 기술 : 언어, 문자, 기호, 도표 등의 표기기술

② 문서에 기록하는 기술 : 연필, 타이프라이터(Typewriter), 속기, 복사, 인쇄 등의 서기기술

③ 자료정리능력 : 산술, 계산기, 부기, 파일링(Filing) 등의 처리기술

④ 상사의 요구에 적시·적절한 정보활동 수행능력

⑤ 미디어(Media)의 우수한 조작능력

(6) 비서의 정보관리·수집

① 비서는 정보를 평소에 파악하고 관리하여 상사가 필요할 때마다 적절히 대응해야 한다. 특히, 상사와 거래 관계에 있는 고객·거래처 및 관련 단체, 협회, 동창 등의 동향 등을 잘 파악하고 있어야 한다.

② 경제협력보고서나 수출관련 내용은 대한무역투자진흥공사(KOTRA)를 통해서 정보를 입수하여 상사에게 보고한다.

③ 교통통제상황은 국가교통정보센터, 중앙교통정보센터(교통알림e), 서울특별시 교통정보센터 등을 통해 알아보고 상사에게 전달한다.

④ 10년 전 경제신문에 게재된 기사내용을 확인하기 위해서는 카인즈(KINDS) 사이트를 이용한다.

⑤ 상사가 속해 있는 모임의 동정이나 상사의 취미 정보 또는 상사의 관심 분야 등 상사와 관련된 정보를 알아야 한다.

⑥ 수집된 정보는 분야별로 분리하여 스크랩하거나 파일로 보관한다.

② 정보검색

(1) 정보검색의 기본개념

① 정보의 개념
- ㉠ 자료(Data) : 특정 목적에 이용될 수 있도록 평가되지 않은 단순 사실이나 사건들로 대부분 인터넷에서 얻을 수 있는 내용들을 말한다.
- ㉡ 정보(Information) : 자료들을 수집, 가공, 재처리하여 어떤 목적에 활용될 수 있도록 체계적으로 정리한 것을 말한다.
② **정보검색의 정의** : 정보검색이란 수집된 정보를 분석한 뒤 적절히 가공하여 축적해 놓은 정보 파일로부터 이용자의 정보요구에 적합한 정보를 탐색하여 찾아내는 일련의 과정을 말한다.
③ **인터넷 정보검색** : 인터넷으로 접속할 수 있는 모든 데이터베이스 또는 디지털 정보 자원에 존재하는 데이터베이스를 통해 사용자가 찾고자 하는 최종 정보원을 찾아 이를 가공하는 것으로 정의할 수 있다.
④ **정보검색의 방법**
- ㉠ 정보검색의 원칙 : 정보검색은 방대한 양의 정보를 사용자의 의도대로 분류해주고, 관련성이 없는 문서를 제거해주며, 검색된 결과를 사용자에게 가장 적절한 형태로 보여주는 역할을 수행하여야 한다.
  - ⓐ 찾고자 하는 정보에 적절한 검색 도구를 선정한다.
  - ⓑ 자신이 찾고자 하는 정보의 검색어를 정확하게 선정한다.
  - ⓒ 검색엔진의 기능을 올바로 이해한다.
  - ⓓ 다양한 인터넷 서비스(Archie, Gopher, BBS, 뉴스그룹, E-mail, Mailing List 등)를 활용한다.
  - ⓔ 유용한 정보는 반드시 북마크 해둔다.
- ㉡ 인터넷 정보검색의 문제점
  - ⓐ 웹에 존재하는 정보 사이트의 수는 매우 많으며 나날이 추가되고 있다. 이런 상황에서 찾고자 하는 정보가 정확히 어느 사이트에 있는지를 알기란 매우 어렵다.
  - ⓑ 원하는 정보를 찾기 위해 어떤 단어를 입력해 주어야 하는지 판단하기 어렵다. 예를 들어 '자동차'에 대한 정보를 찾기 위해 'Automobile'이라고 검색어를 입력하는 경우 같은 의미인 'Car', 'Vehicle', 'Truck' 등을 포함한 문서는 찾기 어렵다.
  - ⓒ 입력된 검색어를 포함한 문서가 너무 많을 경우 사용자에게 어떠한 형태로 보여주어야 하는지 판단하기 어렵다.
  - ⓓ 사용자의 수준에 맞는 내용을 찾기가 어렵다. 예를 들어 초등학생이 'Physics'에 대하여 검색하였을 경우 물리학에 대한 박사학위 논문을 가져다준다면 소용이 없을 것이다.

ⓒ 정보검색에 관한 잘못된 생각
  ⓐ 정보검색이 정보사냥과 동일하다는 생각 : 정보사냥은 원하는 정보를 찾아서 재가공하는 과정을 거치지 않고 정보 아이템을 찾는데 주안점을 두고 있지만 정보검색은 필요한 정보에 관한 전문적인 지식을 기반으로 검색한 정보를 필요한 정보로 가공하는 과정을 수반한다.
  ⓑ 인터넷에 모든 정보가 있다는 생각 : 인터넷의 양적·질적 발전 속도가 가속화되고 있지만, 인터넷이 모든 정보를 담고 있지는 않다.

⑤ 정보검색의 절차
  ㉠ 영역 결정
    ⓐ 정보검색의 첫 번째 절차는 검색하고자 하는 영역을 결정하는 것이다. 즉, 무엇과 관련된 검색을 할 것인가를 결정해야 한다.
    ⓑ 검색 영역을 신중하게 결정하는 것은 보다 신속하고 빠른 검색의 지름길이다.
  ㉡ 주제어 및 검색어 선정
    ⓐ 검색 영역을 결정하면, 구체적으로 주제어 및 검색어를 선정한다.
    ⓑ 주제어 및 검색어는 가급적이면 찾고자 하는 정보를 포괄할 수 있는 것이어야 한다.
  ㉢ 검색 엔진의 결정
    ⓐ 검색 엔진은 검색을 전담하는 컴퓨터가 소장한 데이터베이스의 양 및 내용에 따라서 서로 다른 서비스를 제공한다.
    ⓑ 각 검색 엔진의 특성 및 특정 분야에 따른 차등 검색에 대한 많은 정보를 가지고 있어야 한다.
  ㉣ 검색 결과의 검토
    ⓐ 이미 검색된 목록에서 원하는 정보를 결정하기 위한 것이다.
    ⓑ 찾은 사이트 목록을 모두 클릭하여 정보를 검색할 것이 아니라 개괄적으로 설명해 둔 사이트 소개와 사이트 이름을 보고서 찾고자 하는 정보에 가까운 것이 어떤 것인지 결정한다.
  ㉤ 정보의 확인과 저장
    ⓐ 검색결과를 검토하여 원하는 정보라고 판정된 자료는 자신의 것으로 만들어야 한다.
    ⓑ 원하는 자료를 인쇄하여 보고서나 기타 학습자료로 활용한다.

⑥ 정보의 필터링(Information Filtering)
  정보의 필터링은 기본적으로 끊임없이 유입되는 정보 중에서 필요한 것이 무엇이고 필요없는 것이 무엇인지를 판단하여 필요하지 않은 것은 무시하는 개념이다.

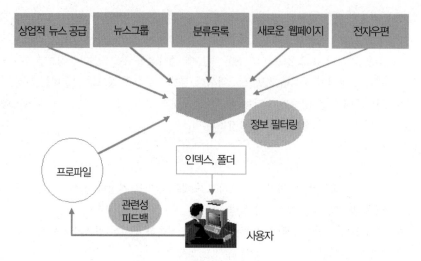

[정보 필터링 과정]

㉠ 정보 필터링의 과정(프로파일) : 사용자의 프로파일(Profile)은 사용자가 관심을 가지는 사항에 대한 정보가 포함되는 대부분의 단어를 나열한다.

㉡ 정보여과(Information Filtering) : 전자우편이나 뉴스 그룹의 정보와 같은 정보 스트림을 사용자의 프로파일과 비교하여 관심이 있는 정보만 걸러서 저장한 후 사용자는 걸러진 정보만 본다.

㉢ 관련성 피드백(Relevance Feedback) : 사용자가 여과 과정을 거친 결과를 본 후 그것이 실제로 자신이 원하는 것이었는지를 알려주게 되는 과정이다.

㉣ 정보검색과 정보필터링의 차이점

　ⓐ 정보검색 : 사용자의 질의에 따라 원하는 정보를 찾아주는 것으로 일종의 최종목적 찾기(Finding)이다.

　ⓑ 정보 필터링 : 사용자의 프로파일에 따라서 필요없는 정보를 걸러주는 과정으로 최종목적 제거(Removing)이다.

㉤ 정보필터링의 단점

　ⓐ 단어문제의 선택 : 대부분의 관심도를 단어로 표현한다고 할 때 같은 관심 분야라고 하더라도 사람마다 선택하는 단어가 다를 수 있고 심지어는 같은 사람이라도 시간 경과에 따라 다른 형태로 표현할 수 있다.

　ⓑ 문서구조화 : 문서구조화가 되어있지 않거나 일부만 되어있는 경우, 사용자에게 유입되는 정보의 종류가 다양하고 각각이 서로 다른 구조를 가지고 있기 때문에 이를 모두 고려하는 작업이 필요하다.

　ⓒ 정보여과 시스템의 학습 : 사용자의 프로파일은 처음에 사용자의 의도를 완벽하게 나타낼 수 없기 때문에 점진적으로 만족스러운 상태로 재구성해야 하는데, 관련성 피드백이나 사용습성에 따라 정보여과 시스템을 학습해야 한다.

중요 check 　정보검색관련 용어

- 검색어 : 검색하고자 하는 단어를 말한다.
- 검색식 : 정보검색을 위한 검색어와 연산자의 조합을 말한다.
- 리키지(Leakage) : 부적절한 키워드 선정이나 연산자의 잘못된 사용으로 인하여 검색 결과에서 빠져버린 정보를 뜻한다.
- 가비지(Garbage) : 검색결과에서 부적절한 키워드 선정이나 연산자의 잘못된 사용으로 인하여 불필요하게 검색된 쓸모없는 정보를 뜻한다.
- 불용어(Stop Word 또는 Noise Word) : 검색엔진이 데이터베이스를 구축할 때 색인에서 제외해 버리는 단어를 뜻한다.
- 시소러스(Thesaurus) : 정보의 색인이나 저장 그리고 검색을 위해 만들어 놓은 일종의 용어사전을 말한다.

(2) 검색엔진의 종류 및 특징

① 검색엔진의 개념

　㉠ 정의 : 검색엔진은 정보의 중개인 역할을 하는 것으로 수천 개의 링크를 가진 강력한 온라인 데이터베이스를 의미한다. '인터넷 검색엔진' 또는 '웹 검색엔진'이란 정보 수집 프로그램을 이용해 대량으로 정보를 수집하고 하이퍼텍스트기법을 통해 편리하게 정보를 찾아갈 수 있도록 하는 검색엔진을 말한다.

　㉡ 검색엔진의 기능

　　ⓐ 정보수집 : 로봇 프로그램을 이용하여 인터넷에 있는 정보를 수집한다.

　　ⓑ 검색진행 : 이용자가 검색을 통해 원하는 정보를 찾을 수 있도록 해준다.

　　ⓒ 기타 부가서비스 : 검색기능 이외에 헤드라인 뉴스, 날씨정보, 지리정보, 번역서비스 등 부가정보를 제공한다.

　㉢ 검색엔진의 구축방법

　　ⓐ WWW에 있는 정보는 스파이더, 로봇, 크롤러, 웜이라고 불리는 프로그램을 통해 수집된다.

　　ⓑ 로봇 프로그램 또는 자료정리 프로그램은 키워드 검색에 사용할 수 있도록 웹 문서의 내용을 색인화(Index)하는 역할을 수행한다.

　　ⓒ 색인화된 정보는 사용자가 원하는 것을 찾아볼 수 있도록 데이터베이스로 구축된다.

　　ⓓ 로봇은 웹에 있는 정보를 수집하고, 분류하며 색인화한 다음 이를 데이터베이스로 구축하는 작업을 한다.

② 검색엔진의 구성

　인터넷에 흩어진 정보를 검색할 때 가장 먼저 사용하게 되는 것이 검색 엔진이다. 검색 엔진은 약간의 차이점은 있겠지만 대체로 검색 로봇(Search Robot), 인덱스(Index), 질의 서버(Query Server)의 세 가지 구성요소를 가지고 있다.

⊙ 검색 로봇 : 주기적으로 웹 공간에 존재하는 문서를 수집하여 인덱싱할 수 있도록 도와준다.

⊙ 인덱스 : 검색 로봇이 모아준 문서를 데이터베이스에 저장하는 작업을 하는데 빠르고 효율적인 검색을 위해 주로 키워드와 문서를 연결해주는 역인덱스 방법을 많이 사용한다.

⊙ 질의 서버 : 사용자의 질의어를 입력으로 받아서 인덱스를 참조하여 검색결과를 출력해준다.

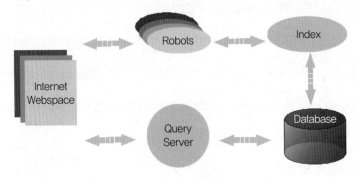

[검색엔진의 흐름도]

③ 검색엔진의 종류

　　㉠ 주제별 검색엔진

　　　ⓐ 개 념

　　　　인터넷에 있는 정보를 선택된 주제별로 분류하여 목록을 제공하는 검색엔진(대분류 – 중분류 – 소분류)이다.

　　　ⓑ 장 점

　　　　구체적인 검색어를 잡아내기 어려운 검색을 하거나, 해당 분야에 대한 지식이 없을 경우 검색하기가 편리하다.

　　　ⓒ 단 점

　　　　• 정보를 찾기까지 여러 단계를 거치므로 많은 시간과 노력이 필요하다.
　　　　• 주제분류가 주관적이고, 계층적으로 배열되어 있어 찾고자 하는 정보에 직접 접근하기가 어렵다.

　　㉡ 단어별(Keyword) 검색엔진

　　　ⓐ 개 념

　　　　사용자가 입력한 키워드를 사용해서 정보를 검색하는 검색엔진이다.

　　　ⓑ 장 점

　　　　• 구체적 단어나 이름으로 검색이 가능하다.
　　　　• 각종 연산자 및 검색옵션을 활용하여 정밀한 검색이 가능하다.
　　　　• 자동화 검색도구인 로봇을 이용함으로써 광범위한 검색이 가능하다.

　　　ⓒ 단 점

　　　　검색어를 올바르게 선정하지 않으면 정보검색이 어렵다.

ⓒ 메타 검색엔진
  ⓐ 개 념
    • 자신의 데이터베이스를 갖고 있지 않고 다른 검색엔진을 이용하여 정보를 찾는 검색엔진
      이다.
    • 멀티스레드 기법을 이용하여 여러 개의 검색엔진을 통한 동시 검색기능을 제공한다.
  ⓑ 장 점
    • 각 검색 엔진마다 다른 사용자의 입력형태를 하나로 통일함으로써 초보자가 쉽게 이용할
      수 있다.
    • 여러 검색 엔진을 동시에 구동시킴으로써 각 검색 엔진을 하나씩 구동시키는 것에 비해 효
      율적인 검색이 될 수 있다.
    • 하나의 검색 엔진 이용 시에 놓칠 수 있는 정보를 여러 검색 엔진을 통하므로 좀 더 광범위
      한 검색이 가능하다.
  ⓒ 단 점
    • 여러 개의 검색엔진을 참조하게 되므로 검색속도가 느리며, 특정한 검색엔진별로 검색에
      실패할 때가 많다.
    • 여러 개의 검색엔진에서 찾은 결과가 한 화면에 출력되기 때문에 원하는 정보를 가려내기
      어렵다.
    • 여러 검색 엔진을 구동시키기 위해 더 많은 자원이 필요하다.
    • 각 검색엔진에서 제시하는 인터페이스 기능을 이용하지 못한다.
  ⓓ 메타검색의 구조 : Dispatch와 Display라는 추가 구성 요소를 포함한다.
    • Dispatch : 사용자의 요구를 받아서 각 검색 엔진의 입력형태로 변화시킨 후 검색 엔진을
      구동시키는 역할을 수행한다.
    • Display : 각 검색 엔진의 결과를 동일한 형태의 출력형태로 변화시켜 사용자에게 출력해
      주는 역할을 한다.

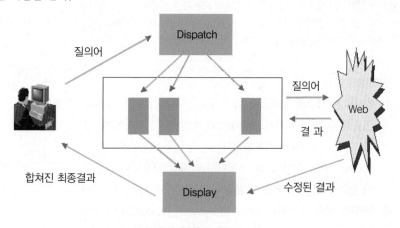

[메타 검색엔진의 검색 과정]

③ 인터넷 활용 일반

(1) 인터넷의 이해

① 인터넷의 정의

    ㉠ 인터넷(Internet)이라는 이름은 전 세계의 컴퓨터를 하나의 통신망 안에 연결하겠다는 의미(Inter Network)에서 붙여진 것이다. 즉, 인터넷은 전 세계의 컴퓨터 통신망을 하나의 통신망으로 연결했음을 의미한다. 그래서 인터넷을 '망들의 망(Network of Networks)'이라고도 부른다.

    ㉡ 인터넷은 특별히 정해진 통신규약(프로토콜, Protocol)을 이용하여 전 세계의 통신망을 연결하고 있으며 그 자체가 하나의 사회이며 도구이다. 그 사회는 다양한 관심을 가지는 구성원으로 이루어진다.

② 인터넷의 기능 및 활용

    ㉠ 인터넷 기능은 데이터의 교환, 파일의 교환, 원격이용 등으로 시작되어 고퍼(Gopher)와 웹을 이용하여 정보를 검색하는 것과 전자우편 등이 주요 기능이었으나, 현재는 전화, 라디오, 팩스, TV, 신문의 역할까지 지원하여 문서, 음성, 소리, 이미지, 동화상 등의 멀티미디어 정보를 동시에 전달할 수 있다.

    ㉡ 기본적인 인터넷의 활용은 개인 및 회사 홈페이지 소개와 정보를 검색하기 위한 도구로 사용되고 있다. 그리고 전자우편을 통한 문서나 서류의 전달, 물건의 소개 및 판매가 인터넷을 이용하여 이루어지는 전자상거래, 전자금융 업무, 기업 업무 등을 처리할 수 있게 되었으며, 영화 및 게임 사업 등과 같은 다양한 분야에서도 응용된다.

중요 check　　인터넷의 구체적 정의

- 일반적 정의 : 전 세계에 분산된 컴퓨터와 네트워크들을 공통된 규약에 따라 연결시킨 네트워크의 집합체
- 문헌적 정의 : 전 세계적으로 수많은 컴퓨터 사용자를 연결해주는 네트워크
- 기술적 정의 : 운영체계인 UNIX와 통신 규약(Communication Protocol)인 TCP(Transmission Control Protocol)/IP(Internet Protocol)를 이용하여 전 세계의 컴퓨터를 연결하는 네트워크

---

③ 인터넷의 역사

    ㉠ 인터넷은 적국의 공격으로 일부 군사용 시스템이 파괴되더라도 경로를 변경하여 다른 시스템과 접속할 수 있는 원격시스템 접속과 파일 전송, 전자우편, 정보공유 등이 가능하게 하기 위한 군사 전략적 목적으로 시작되었다.

    ㉡ 1963년 라이 로보트고의 아이디어를 바탕으로 인터넷이 개발되기 시작하였다. 이것은 원거리에 있는 서로 다른 기종의 컴퓨터 간 자원공유를 목적으로 연구 · 추진되었다.

    ㉢ 1969년 미국 국방성의 ARPA(Advanced Research Projects Agency)라는 부서에서 연구기관과 군납업체 상호 간에 정보를 공유하기 위한 통신망인 ARPANet이 최초로 건설되었다.

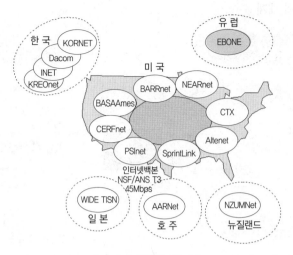

[전 세계 인터넷 접속도]

ⓔ 1971년 MIT에서 시연회를 통해 공개되면서 미국 내의 50개 대학과 연구소들이 이 네트워크에 연결되었고, 이것이 전 세계의 모든 컴퓨터를 하나로 연결하는 계기가 되었다.

ⓜ 점차 사용자 수는 물론 통신망이 확장됨에 따라 어떤 컴퓨터 기종이든 상호 연결하기 위한 하나의 통일된 규약이 필요하게 되어 1972년에 TCP/IP가 개발되었다.

④ 인터넷의 구성

　ⓐ 인터넷은 TCP(Transmission Control Protocol)/IP(Internet Protocol)를 기본 전송규약(통신규약)으로 하며, 전용회선과 라우터를 이용해서 연결되어 있다. 즉, 컴퓨터 통신망 구조는 게이트웨이를 포함해서 상호 연결되어 제공되는 시스템 및 정보들로 구성되어 있다.

　ⓑ 전용회선과 라우터로 Point-to-Point 방식으로 연결된다.

　ⓒ 인터넷의 중추 통신망이라고 할 수 있는 미국의 NSFNet은 45Mbps급의 고속전송회선으로 구성되어 있으며, 이곳으로부터 각 지역의 인터넷 ISP(Internet Service Provider)에 의해 전 세계 서브 네트워크들이 연결되는 구조를 가지고 있다. 따라서 각 서브 네트워크와 호스트들은 각각의 유일한 IP 주소(IP Address)를 필요로 한다.

　ⓓ 이 IP 주소들은 숫자로 이루어져 있기 때문에 더욱 편리한 IP 네임 서버(IP Name Server)를 필요로 하게 되었고, 현재는 이런 주소 대신 호스트의 이름만으로도 접속이 가능하게 되었다.

(2) 인터넷 서비스의 세계

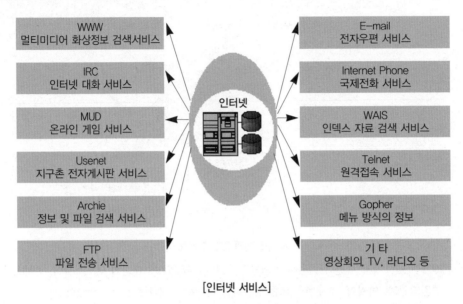

[인터넷 서비스]

(3) 주요 인터넷 용어

① 월드 와이드 웹(World Wide Web)

　㉠ 정의 : 마크업 언어(Markup Language)를 이용하여 멀티미디어, 하이퍼텍스트 환경을 구현한 인터넷 서비스의 하나라고 말할 수 있다. 다른 인터넷 서비스들이 문자 중심이라면 월드 와이드 웹은 인터넷에서 그래픽, 음악, 영화 등 멀티미디어로 정보를 보고 들을 수 있는 서비스이다.

　㉡ 월드 와이드 웹의 특징

　　ⓐ 인터넷에 존재하는 일반 텍스트 형태의 문서, 그림, 음성, 오디오, MPEG 형식의 화상 등의 각종 데이터를 URL을 이용하여 하나의 문서 형태로 통합적으로 제공해준다.

　　ⓑ 선택한 단어에 대한 문서를 보여주고 이 문서 속에서 또 다른 단어를 선택함으로써 그 단어에 대한 문서를 보여주는 과정이 꼬리를 물고 계속 이어진다.

　　ⓒ 웹의 사용은 텔넷을 이용한 Remote Login의 방법과 브라우저 프로그램을 실행함으로써 가능하다. 브라우저는 문서를 가져와서 보여주며, 특정 단어에 대한 링크를 통해 다른 문서를 가져올 수 있게 한다.

　　ⓓ 브라우저는 URL의 지정에 따라 HTTP란 WWW 프로토콜과 함께 고퍼, FTP, 텔넷 등의 기존 프로토콜을 지원하며 Archie, Finger, WAIS, Veronica 등은 게이트웨이를 통해 서비스를 제공한다.

　　ⓔ 문서는 하이퍼텍스트로 되어 있는데, 이 문서는 특정 단어들에 관련된 다른 문서를 지정하는 포인터가 있어서 사용자로 하여금 더 자세한 정보에 대한 선택을 할 수 있게 하며, 기본적인 형태는 정상적인 텍스트 문서와 같다.

ⓕ 하이퍼텍스트 문서는 다른 문서들에 대한 포인터만이 아니라 음성, 화상, 이미지 등과 같은 다른 미디어에 대한 포인터도 함께 가지고 있으며, 선택에 의해 해당 미디어를 서비스해준다. 이 때문에 이 문서를 하이퍼미디어 문서라고도 한다.

중요 check WWW에서 가능한 인터넷 서비스의 종류

- Archie 서비스
- Finger 서비스
- Usenet의 모든 것
- 텔넷을 통한 모든 것
- Hytelnet을 통한 모든 것
- Hyper-G에서 모든 것
- HTML 문서로 되어 있는 모든 문서
- Anonymous FTP에서 제공하는 모든 것
- Veronica 서비스(고퍼 검색 서비스)
- Techinfo 또는 Texinfo로 되어 있는 모든 것
- 고퍼에서 제공하는 모든 것
- WAIS에서 제공하는 모든 것

---

② URL
　㉠ 인터넷에 있는 정보의 위치를 표기하기 위한 방법이다.
　㉡ WWW의 클라이언트가 서버에게 특정한 자료를 요구하기 위해서 사용되는 자료 요청방법이다.
　㉢ 프로토콜이나 인터넷 서비스 등과 같은 내용이 담겨 있는 명령체계이다.
　㉣ 1990년부터 웹에서 사용되었고, 현재 표준으로 정해져 있다.

③ HTML(Hyper Text Markup Language)
　㉠ 홈페이지 만들기에서 웹의 기본인 하이퍼텍스트를 만들기 위한 언어로 문서와 문서의 구조나 형식 그리고 다른 문서가 서로 연결되도록 하는 태그(Tag)들의 모임이다.
　㉡ HTML 문서의 규약에 대한 표준은 IETF의 HTML 워킹 그룹에서 규정된다.

④ E-mail
　㉠ E-mail(Electronic Mail, 전자우편)이란 컴퓨터로 작성한 문서, 그림, 음악 등의 모든 파일을 인터넷망을 통해 공간적으로 떨어진 다른 컴퓨터로 전송하는 것을 말한다.
　㉡ 컴퓨터끼리 송·수신하기 때문에 속도가 아주 빠르며, 인터넷망을 통하기 때문에 전 세계 어디든지 메일을 보낼 수 있다.

중요 check E-mail 관련 보안관리업무 **기출**

- 상사의 이메일을 비서가 직접 관리할 경우 이메일 확인 범위를 사전에 상사와 협의한다.
- 상사의 이메일 아이디와 패스워드가 유출되지 않도록 한다.
- 상사를 대신하여 이메일을 작성할 경우에는 작성된 내용을 상사에게 확인받은 후에 발송한다.
- 이메일에 첨부된 문서도 안전하게 보관·관리한다.

⑤ 원격접속(Telnet)

   ㉠ 원격지 컴퓨터에 접속해서 자원을 이용할 수 있도록 해주는 서비스이다.

   ㉡ 특정지역의 사용자가 다른 곳에 위치한 컴퓨터를 온라인으로 접속하여 사용하는 서비스로 일단 원격시스템에 접속되면 사용자는 마치 하드웨어적으로 직접 연결된 단말기에서처럼 접속한 원격 컴퓨터를 사용할 수 있다.

   ㉢ Telnet 서비스를 요구하는 시스템(클라이언트)과 Telnet 서비스를 제공하는 시스템(서버)이 존재해야 한다.

⑥ FTP(File Transfer Protocol)

   ㉠ 인터넷 상에 존재하는 많은 종류의 컴퓨터들이 서로 기종에 관계없이 자료를 주고받을 수 있게 해주는 파일 전송을 위한 표준 프로토콜(파일전송)이다.

   ㉡ 다른 사용자들을 위해서 FTP 프로토콜을 이용해서 파일을 공유시켜 놓은 컴퓨터를 FTP사이트라고 한다.

   ㉢ 인터넷에서의 파일 전송 규약으로서, 로컬시스템과 리모트 시스템간의 파일전송 프로토콜 기능을 제공하는 TCP/IP 규약 계열 중의 하나이다.

   ㉣ FTP의 목적은 인터넷에 연결되어 있는 컴퓨터들 사이의 파일들을 쉽고 빠르게 전송하기 위한 것이다.

   ㉤ FTP는 파일 전송 프로그램을 의미하기도 한다. 대부분의 인터넷 서비스와 마찬가지로 FTP도 클라이언트/서버시스템을 사용하고 있다.

⑦ 유즈넷(Usenet)

   ㉠ 1979년 Duke 대학에서 처음 시작된 것으로 인터넷에서 제공되는 게시판 기능이다.

   ㉡ 관심 분야별로 뉴스그룹을 구성하여 관련 정보를 분석, 조회할 수 있도록 하는 서비스이다.

   ㉢ TCP/IP 응용 프로토콜의 하나인 NNTP(Network News Transfer Protocol) 프로토콜을 통해 통신이 이루어진다.

   ㉣ 유즈넷은 뉴스그룹이라 불리는 하나 또는 여러 개의 널리 인식되는 명칭을 가진 기사(Article)들을 교환하는 기계들의 집합체이다.

⑧ 고퍼(Gopher)

   ㉠ 인터넷에 존재하는 수많은 데이터를 색인하여 정보를 메뉴방식으로 검색할 수 있도록 만든 자원검색도구이다.

   ㉡ 인터넷에서 고퍼를 이용하여 정보를 검색할 경우, 고퍼 클라이언트는 고퍼 서버에게 실제 서비스를 요청하는데, 이 고퍼 서버들은 서로 연결되어 있어 직접 연결된 고퍼 서버에 원하는 정보가 없어도 다른 서버를 통해 원하는 정보를 얻을 수 있다.

⑨ 아키(Archie)

　　㉠ 캐나다의 몬트리올에 있는 McGill 대학에서 개발한 검색 시스템으로, 익명 FTP(Anonymous FTP) 사이트의 파일들을 검색하는 서비스이다.

　　㉡ 파일 검색도구로 찾고자 하는 파일이 어디에 위치해 있는지 검색해주는 프로그램이다.

　　㉢ 특징은 임의의 FTP 서버에 있는 파일을 검색하고 검색 후에 FTP 주소와 디렉터리를 알려준다.

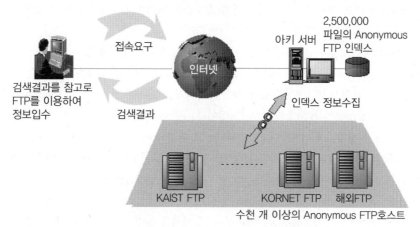

[아키 서비스]

⑩ 채팅(IRC ; Internet Relay Chatting)

　　㉠ 인터넷에 접속된 수많은 사용자와 대화하는 서비스이다.

　　㉡ IRC는 인터넷상의 여러 사용자가 채널이라 불리는 방에서 실시간으로 대화를 나눌 수 있도록 해주는 프로그램이다.

⑪ 프로토콜(Protocol) : 네트워크상의 통신규약으로, 대표적인 프로토콜에는 SMTP, HTTP, TCP, IP, UDP, ICMP, ARP, RARP, RIP, IGRP 등이 있다.

⑫ HTTP(Hyper Text Transfer Protocol) : 인터넷(www)상에서 정보를 주고받기 위한 프로토콜로 주로 HTML 문서를 주고받는데 쓰인다.

⑬ 북마크(Bookmark)

　　㉠ 웹 브라우저가 가진 URL을 등록하여 보존해주는 기능을 제공한다.

　　㉡ 홈페이지를 즐겨찾기에 등록해 두면 또다시 그 홈페이지를 방문하고자 할 때 URL을 기입할 필요 없이 즐겨찾기에서 선택만 하면 되기 때문에 편리하다.

⑭ 인코딩(Encoding)과 디코딩(Decoding)

　　㉠ 인코딩은 부호화라고도 하는데, 공기 중에 전파되는 음성정보나 컴퓨터에 저장된 디지털 정보 등 여러 형태의 정보를 전류나 전자기파 형태의 에너지 흐름인 신호(Signal)로 변환하는 과정을 말한다.

　　㉡ 디코딩은 인코딩의 반대로 디코딩의 변환 과정을 거쳐 도달된 정보를 받아들이게 된다. 내용은 변조 및 인코딩과 유사하다.

(4) 기타 인터넷 용어 [기출]

① WAIS

    ○ 특정 단어를 포함하는 인터넷 자료들을 찾아주는 역할을 하는 것으로 색인된 자료를 찾는 데 유용하다.

    ○ 사용자가 인터넷상의 자료의 실제 위치를 고려할 필요 없이 이용이 가능하다. 고퍼는 찾고자 하는 자료를 얻을 때까지 메뉴를 찾아가며, WAIS는 거기에 검색까지 가능한 것이 특징이다.

② MBONE(오디오, 비디오 회의를 위한 가상 네트워크)

    ○ 인터넷상의 새로운 기술표준을 제정하고 있는 IETF에서는 일 년에 몇 차례뿐인 총회를 통해 서로 모이지 않더라도 인터넷을 이용해 자유로이 음성회의를 진행할 수 있도록 하자는 시도에 따라 아날로그 음성정보 및 영상정보를 IETF 회의장소로부터 전 세계 각지에 멀티캐스팅 하는 'Audiocast' 실험이 기반이 되어 MBONE이라는 반영구적인 IP 멀티캐스트 시험망이 탄생되었다.

    ○ MBONE은 실제의 인터넷상에 IP 멀티캐스트 패킷의 라우팅 기능을 추가한 가상의 네트워크로 이더넷과 같은 멀티캐스트 LAN처럼 IP 멀티캐스트 기능을 지원하는 네트워크들로 이루어지며, 터널(Tunnel)이라 불리는 가상의 점 대 점 링크로 연결된다.

③ 인트라넷

    ○ 근거리 통신환경의 인터넷으로, 인터넷이 전 세계를 상대로 하는 의사소통의 범위를 갖고 있다면 이를 일정한 범위 안으로 축소한 것이다.

    ○ TCP/IP를 지원하는 LAN 환경에서 구축되며, 인터넷과 동일한 브라우저상에서 그룹웨어를 사용할 수 있다.

    ○ 특 징

        ⓐ 전 세계를 상대로 통신할 수 있기 때문에 외부정보를 쉽게 얻을 수 있다.

        ⓑ 네트워크상에서 멀티미디어 정보를 처리할 수 있다.

        ⓒ 이미 표준화되어 있는 인터넷 기술을 사용하기 때문에 비용이 절감된다.

        ⓓ 통신환경을 표준화할 수 있다.

④ UCC(User Created Contents) : 인터넷, 디지털카메라, 휴대전화 등 정보통신의 발달과 함께 전문가가 아닌 일반 사용자가 상업적인 의도 없이 제작한 콘텐츠를 온라인상으로 나타내는 것을 말한다.

⑤ 소셜 네트워크 서비스(Social Networkg Service)

    ○ 정의 : 온라인 인맥구축 서비스로 1인 미디어, 1인 커뮤니티, 정보 공유 등을 포괄하는 개념이며, 참가자가 서로에게 친구를 소개하여, 친구관계를 넓힐 것을 목적으로 개설된 커뮤니티형 웹사이트이다. 전자우편이나 인스턴트 메신저 서비스를 통해 사용자들끼리 서로 연락할 수 있는 수단을 제공하고 있다.

    ○ 종 류

        ⓐ X(트위터) : 블로그의 인터페이스와 미니홈페이지의 '친구 맺기' 기능, 메신저 기능을 한데 모아놓은 소셜 네트워크 서비스로 하고 싶은 말을 그때그때 짧게 올릴 수 있는 공간이다. 관심 있는 상대방을 뒤따르는 '팔로우(Follow)'라는 기능을 중심으로 소통한다.

        ⓑ 페이스북(Facebook) : 미국의 유명 소셜 네트워크 서비스로 2004년 하버드대학교 학생 마크 주커버그가 개설하였다. 이름, 이메일, 생년월일, 성별의 기입만으로 간단히 가입할 수 있으며 '친구 맺기'를 통하여 다양한 정보와 자료를 공유할 수 있다.

⑥ 클라우드 컴퓨팅(Cloud Computing) : 차세대 인터넷 서비스로 이용자의 워드, 엑셀, 파워포인트 등의 각종 문서를 인터넷상의 서버에 저장하고, 이 문서는 데스크톱, 태블릿 PC, 컴퓨터, 노트북, 넷북, 스마트폰 등의 각종 IT 기기를 통하여 언제 어디서든 이용할 수 있게 되었다. 이와 같이 인터넷상의 서버를 통하여 데이터의 저장, 네트워크, 콘텐츠 사용 등 IT 관련 서비스를 한 번에 사용할 수 있는 컴퓨팅 환경을 말한다.

⑦ RSS(Really Simple Syndication, Rich Site Summary) : 이용자가 원하는 것을 골라 서비스 해주는 맞춤형 뉴스 서비스이다.

⑧ 캐싱(Caching) : 명령어와 데이터를 캐시 기억장치 또는 디스크 캐시에 일시적으로 저장하는 것이다.

⑨ 쿠키(Cookie) : 인터넷 웹사이트의 방문기록을 남겨 사용자와 웹사이트 사이를 매개해주는 정보를 담은 파일이다.

⑩ 풀(Pull) : 인터넷 사용자가 서버로부터 요청하여 받은 웹 페이지를 컴퓨터 화면에 보여주는 방식이다.

⑪ 푸시(Push) : 인터넷 사용자가 요청하지 않은 정보를 서버가 보내는 것이다.

⑫ TCP/IP : 서로 기종이 다른 컴퓨터간의 통신을 위한 전송 관리 프로토콜/인터넷 프로토콜을 말한다.

⑬ Web Browser : 인터넷상에서 (www) 서비스를 이용하기 위한 프로그램으로 그래픽을 기반으로 한 GUI 환경을 제공하며 문자, 음성, 동영상 등 멀티미디어 정보의 열람 및 검색이 가능하다.

⑭ 도메인(Domain) : 어떤 한 기관이나 단체가 가진 네트워크의 총칭으로, 인터넷 IP 주소를 영문으로 표기한 것을 말한다.

⑮ Account(계정) : 호스트 컴퓨터를 사용할 수 있는 권리(사용자 ID와 비밀번호에 의한 시스템 사용 영역 확보로 다수의 사람들이 같이 사용하는 Unix 체계의 컴퓨터 이용권리)를 말한다.

⑯ FAQ(Frequently Asked Questions) : 인터넷상에 초보자들이 많이 묻는 질문들과 그에 해당하는 답을 모아 정리한 내용을 분야별로 모아 놓은 파일이다.

4 정보 선별 능력

(1) 정보와 매체

① 사물이나 현상의 존재, 양, 변화, 관계, 형태, 구조 등을 표현한 것을 정보라 하며, 데이터와 비슷한 의미를 갖기도 한다.

② 데이터는 정보를 전달하려고 하는 내용을 표현하기 위한 수단을 말하며, 데이터는 정보의 송신자 (送信者)와 수신자와의 상호 간에 교환 가능한 신호와 미디어에 대하여 당사자 쌍방 간에 공통의 의미가 주어지고 있는 것이 필요하다.

③ 정보송신자(情報送信者)는 전하고 싶은 내용을 미디어의 신호로 바꾸어 송신수단을 사용하여 송출한다.

④ 정보의 송신자는 수신수단을 사용하여 미디어의 신호를 받고 그것을 해독(解讀)하여 송신자의 전달 내용을 이해한다.

(2) 기업의 정보흐름

① 기업의 외부로부터의 정보는 영업활동, 시장의 상황 등 외부환경에 관한 조사 보고로, 기업 내부의 정보는 기획, 제조, 연구 등 내부 활동의 보고로서 각각의 업무담당자로부터 정보기능 담당자에게 보내진다.

② 기업의 정보흐름은 정보기능 담당자에 의해 가공·정리·보존되고 필요에 따라 의사결정자에게 보고된다. 의사결정자는 보고에 의해 필요한 의사결정을 하고 정보기능 담당자를 통하여 필요한 지시나 연락을 외부활동이나 내부활동의 담당자에게 전달한다. 외부로의 의사표시나 공개정보는 외부활동 담당자로부터 외부 관계자에게로 전달된다.

(3) 비서의 정보 선별 능력 기출

① 조직에서 상사를 보좌하는 비서는 상사가 필요로 하는 정보에 대하여 항상 관심을 가지고 선별하여 수집하여야 한다.

② 비서는 정보를 얻기 위해서는 과학적이고 체계화된 정보처리능력이 있어야 한다.

③ 비서는 수집한 정보를 냉철하게 처리·분석하고 정보를 분류·보관·재생함으로써 가치 있는 정보를 창출할 수 있는 능력이 있어야 한다.

④ 비서는 상사에게 필요한 정보 및 필요 정보 원천 판단에 따른 정보 선별 능력이 필요하다.

(4) 정보 선별 요소

① **적절성** : 상사의 필요한 정보와 관련이 있어야 하고 정보가 현재 상사에게 문제되고 있는 일에 도움이 되어야 한다.

② **정확성** : 정보의 원천과 수집 그리고 사용이 명확하고 뚜렷해야 한다.

③ **적시성** : 상사가 필요로 할 때 적절히 제공되어야 정보가 가치가 있는 것이며 시기를 잃은 정보는 상사에게 그 가치를 상실하게 된다.

④ **최신성** : 정보는 상사에게 자주 제공될수록 도움이 되고 항상 최신으로 유지하여야 한다.

(5) 비서의 인터넷 정보 선별

① 상사에게 필요한 정보를 효율적으로 찾기 위해서는 인터넷을 이용하는 것이 바람직하다.

② 일부대기업에서는 사내망을 통해 경영진에게 필요한 관련 자료를 매일 제공하고 있기도 하며, 홍보실 등에서 정리한 내용이 매일 아침 보고되기도 한다.

③ 비서라면 누구나가 자신이 속한 기업과 상사와 관련된 정보를 보다 신속하고 정확하게 검색하여 내용을 선별하고, 이해하여 상사에게 제공할 수 있어야 한다.

④ 비서와 관련된 인터넷 정보

기업정보 관련	• 주가 확인 • 기사 검색 • 인물정보검색(업계 CEO 프로필 검색)	• 환율 확인 • 신용등급 검색
전화서비스/예약 업무	• 전화번호 찾기 • 인터넷 예약하기	• 지도 찾기 • 경조사 카드 발송하기
국내외 출장 업무	• 숙박업소, 교통편 가격 비교 및 예약 • 기후 정보검색	• 출장지 관련 정보검색
문서/총무 및 경조사 업무	• 인터넷 뱅킹 • 서식 사이트 활용	• 꽃 배달 서비스 • 인물동정(경조사 및 인사)

(6) 신문스크랩 기출

① 비서의 효과적인 신문스크랩

ⓖ 현재 상사가 진행하고 있는 프로젝트와 관련된 분야를 집중 스크랩한다.

ⓛ 상사의 관심분야에 대한 내용은 여러 신문을 비교하여 선택하여 스크랩한다.

ⓒ 신문에서 경조사, 인사동정란을 살펴보고 화환을 보내거나 축전을 보낼 곳이 있으면 즉시 상사에게 보고한다.

ⓔ 신문마다 논조나 편집방향이 다르므로, 2~3종을 선별하여 적절히 스크랩하도록 한다.

ⓜ 중요한 신문 기사자료는 그 자리에서 복사해 분류기준에 따라 파일링 한다.

ⓗ 신문을 볼 때, 제목을 기준으로 훑어보아 중요 기사를 파악한 후 관련 기사를 찾아 상세히 읽고, 상사가 요청한 기사를 스크랩해둔다.

ⓢ 일간지 외에도 여러 종류의 경제 신문을 구독하여 회사업무와 관련된 필요 내용을 스크랩한다.

ⓞ 상사가 회사 관련 기사에 밑줄을 그어 두기를 원하면 비서는 신문을 먼저 읽고 큰 제목을 먼저 훑어보고 기사에 밑줄을 그어 놓는다.

ⓩ 스크랩은 항상 몇 가지 주제로 구분하여 정리해야 하며, 기사의 내용에는 반드시 출처와 날짜 정보가 포함되어야 하지만 출처별로 정리하는 것은 적합하지 않다.

② 신문 스크랩 절차

ⓖ 기사의 선택

ⓐ 신문의 헤드라인, 정치, 경제, 금융 등을 읽으며 스크랩할 기사를 선택하고, 평소 상사의 관심분야나 주제에 대한 기사내용도 선택한다.

ⓑ 인물동정, 승진, 부고 등에서 지인의 기사가 있는지 확인한다.

ⓛ 중요 부분 표시

ⓐ 선택한 기사의 내용 중 중요한 부분을 밑줄이나 형광펜으로 표시한다.

ⓑ 표시해 둔 곳을 중심으로 시간을 할애해 한 번 더 보고 스크랩 할 부분에 대한 표시를 따로 해둔다.

ⓒ 스크랩할 기사가 실린 신문의 이름, 날짜, 면의 페이지 등을 표시해둔다.

ⓒ 오려 붙이기

  ⓐ 신문 기사를 오릴 때에는 먼저 뒷면 기사를 확인하고 시행한다.

  ⓑ 자와 칼 등을 이용하여 깔끔하게 오린다.

  ⓒ 사전에 준비된 스크랩 양식에 맞추어 기사 내용을 붙인다.

ⓔ 내용 요약

  ⓐ 선택한 기사 내용을 요약하면서 모르거나 새로운 용어가 있으면 검색하여 함께 정리해둔다.

  ⓑ 정리 · 요약 후 제목과 페이지로 표지와 목차를 작성한다.

ⓜ 관련 기사 스크랩

  ⓐ 필요시 기사에 대한 본인의 생각이나 의견을 함께 적는다.

  ⓑ 스크랩과 관련된 기사가 있을 경우 함께 스크랩한다.

③ 인터넷을 통한 신문 기사 검색 : 많은 사무실에서 인터넷을 이용하여 뉴스를 검색, 정리하는 방식으로 기사를 정리하고 있다.

 ㉠ 한국언론재단의 카인즈 서비스(www.bigkinds.or.kr) : 국내 뉴스를 무료로 검색할 수 있는 곳은 한국언론재단의 카인즈 서비스가 대표적이다. 이 사이트는 종합 일간지 10종을 비롯하여 경제지, 영자지, 지방 일간지, TV 방송 뉴스, 시사 잡지까지 검색할 수 있는 종합 뉴스 데이터베이스이다.

 ㉡ 검색엔진 : 그날그날의 속보를 실시간으로 항상 확인하려면 각 검색엔진의 메인페이지를 활용하면 도움이 된다. 또, 각종 검색엔진에서 제공하는 주제 등록 서비스를 이용하면 자신이 등록한 관심 분야에 대한 뉴스를 매일 제공받을 수 있으므로 매우 편리하다.

 ㉢ 기타 : 각종 통신업체에서 제공하는 뉴스 클리핑, 또는 NOD(News On Demand) 방식의 뉴스 검색도 매우 유용하다.

중요 check NOD(News On Demand) 맞춤 신문 기출

독자들이 받아 보고자 하는 뉴스의 특정 분야나 사건명 · 인물명 · 회사명 · 상품명 등과 수신하고자 하는 팩스 번호를 미리 신문사 컴퓨터에 등록시켜 놓은 후 뉴스가 발생할 때마다 컴퓨터가 바로 등록 내용을 확인, 해당뉴스를 독자에게 배달하는 서비스

---

5 그래프와 도표 이해 및 활용

(1) 그래프 활용의 기본 기출

① 개 요

 ㉠ 회사에서는 제품의 제조 기록, 판매에 대한 기록, 급여와 경비에 대한 기록 등 헤아릴 수 없을 정도로 많은 영업 활동의 결과를 숫자로 표시하고 있다. 이러한 숫자는 집계해서 앞으로의 기업 활동과 예산의 기초 자료로 쓰이기도 하고, 또 과거의 실적과 비교해서 업무를 분석하고 앞으로의 계획을 위한 참고로 삼기도 한다.

ⓛ 비서는 여러 가지 그래프의 기본적 특성을 잘 분별하여 그것이 나타내고 있는 의미를 정확하게 파악함과 동시에 스스로 정보를 가공하여 그래프로 표현할 수 있는 능력이 있어야 한다.

② **도표화의 이점** : 수치로 나열하기보다 수치를 가공하여 도표화하게 되면 다음과 같은 이점이 있다.

ⓐ 잠재적인 문제점이 부각된다. 숫자만으로는 자칫 놓쳐 버리기 쉬운 문제점이 명확해지므로 개선 방향으로 연결하기 쉽고, 또한 어디에 중점을 두어야 하는가의 해결책도 파악하기 쉽다.

ⓛ 시계열적인 변화나 경향을 알 수 있다. 얻은 정보를 시계열로 그래프화함으로써 문자나 숫자의 경우와 달리 그 내용의 변화 상태나 경향을 시각적으로 알 수 있다.

ⓒ 전체와 그 구성 내용을 알 수 있다. 전체를 구성하는 개개의 요소 상태를 비유로 파악하는 경우, 원그래프로 표현하면 이해하기 쉽다.

ⓓ 목표 달성 등의 동기 부여에 도움이 된다. 목표의 달성까지 조직이나 개인의 입장에서 앞으로 어느 정도의 노력을 기울여야 하는지에 대해 도표로 나타내면 쉽게 알 수 있다.

③ **그래프화의 유의점**

ⓐ 그래프의 목적을 확인한다. 데이터를 그래프로 전환할 때 무엇을 나타내고자 하는가, 무엇을 알고자 하는가라는 질문을 하고 그래프화한다.

ⓛ 가장 적합한 표현 방법을 선택한다. 그래프에는 몇 가지 유형이 있으므로 각각 그 특성에 따라 사용할 필요가 있다.

ⓒ 시계열적인 경향을 파악하도록 한다. 어느 한 시점의 값이 저조하다고 할지라도 장기적으로 과거까지 거슬러 올라가 전체로서 파악하여 상승 경향에 있다면 좋은 평가를 할 수 있다. 따라서 도표화할 때는 시계열로 보면 어떠한 것인지 생각할 필요가 있다.

(2) 그래프와 도표 기출

① **막대그래프**

ⓐ 종축과 횡축 : 막대그래프는 선그래프와 마찬가지로 종축과 횡축이 L자형의 기본선으로 이루어진다. 막대그래프는 횡축에서부터 위로 뻗어 올라가는 '세로 막대그래프'가 일반적으로 이용된다. 이 경우 종축에서는 수량이나 금액 등을 취하고, 횡축에서는 속성·종류·시간 등을 취한다.

ⓛ 눈금을 취하는 법

ⓐ 눈금의 숫자 : 종축의 하단은 반드시 0으로 한다.

ⓑ 눈금의 간격 : 보통 그래프에서는 반드시 같은 간격을 취한다.

ⓒ 눈금의 수 : 10개 이내로 하는 편이 뚜렷하게 알아보기 쉽다.

ⓓ 눈금의 단위 : 금액, 수량, 비율, 연(年), 기(期) 등의 단위는 종축에서는 상단에, 횡축에서는 오른쪽 끝에 괄호로 묶어 표시한다.

ⓒ 막대그래프 그리는 법

ⓐ 막대그림의 굵기 : 모두 같은 굵기로 한다.

ⓑ 막대그림의 간격 : 막대그림의 굵기와 같거나 반 정도로 한다.

ⓒ 막대그림의 나열법 : 순서가 정해져 있지 않은 것은 데이터의 크기순으로 나열하는 것이 좋다. 단, '기타'의 항은 제일 끝에 배열한다.

ⓓ 표제(表題) : 어떤 그래프인지 적절·간결하게 표현한 표제를 생각하여 그래프 위 중간에 쓴다. 그래프의 수가 두 개 이상일 때는 그림에 번호를 매긴다.

ⓔ 두주(頭註) : 표제를 더욱 알기 쉽게 하기 위하여 표제에 첨가하는 주이다.

ⓕ 각주와 인용 자료 : 각주는 그래프 아래의 여백에 써 넣는다.

ⓖ 해칭(Hatching) : 막대그림을 검게 칠하거나 사선을 그어 알아보기 쉽게 한다.

ⓔ 막대그래프의 활용

ⓐ 내역 막대그래프 : 보통 막대그래프의 막대그림에 그 내역을 나타낸 것

ⓑ 편차 막대그래프 : 어느 기준에서 데이터가 어느 정도 격차가 나고 있는 것에 사용

ⓒ 수평 막대그래프 : 0의 기선을 사이에 두고 대칭적인 특성을 나타내는 것에 사용

② 선그래프

㉠ 선그래프의 축과 눈금

ⓐ 종축과 횡축 : 보통 막대그래프와 마찬가지로 종축과 횡축이 L자 형태를 이룬다. 종축에는 수량, 횡축에는 시간의 경과를 나타내는 눈금을 취한다. 시계열 눈금은 종축에 표현하지 않는다.

ⓑ 눈금 : 눈금도 막대그래프와 기본적으로는 같다.

ⓒ 선그래프의 단위 : 표시하는 위치는 종축에서는 상단, 횡축에서는 우측으로 한다. 수량을 나타내는 눈금의 자릿수는 4개를 한도로 한다. 이것을 초월할 때의 금액의 경우라면 만원, 백만 원, 억 원 등의 단위로 한다.

㉡ 그래프선 : 그래프선의 종류에는 여러 가지가 있으나 실선을 많이 사용한다.

㉢ 두 개의 축과 눈금 : 하나의 사항을 두 가지 다른 관점에서 그래프화한 것이 있다.

㉣ 선그래프의 활용

ⓐ 지수그래프 : 수치를 지수로 바꾸어 놓으면 다른 척도라도 모두 백분율로 나타낸다.

ⓑ 층그래프 : 전체를 구성하고 있는 내역이 시계열적으로 보아 어떻게 변화했는가를 포착한 그래프이다.

③ 원그래프

㉠ 원그래프는 데이터 전체를 원의 면적 100%로 하여 그 구성 항목을 비율에 의해 부채꼴 형태로 구분한 그래프이다.

㉡ 원그래프 작성법

ⓐ 구성비를 구하고, 원주각으로 환산한다.

ⓑ 원을 그리는 기선을 긋는다.

ⓒ 비율이 큰 것부터 배열한 후 항목과 비율을 기입한다.

ⓓ 알아보기 쉽게 하기 위해 항목에 해칭을 하는데, '기타'에는 하지 않는다.

ⓔ 위 중앙에 간결하고 이해하기 쉬운 제목을 단다.

㉢ 원그래프의 활용

ⓐ 다중층(多衆層) 원그래프 : 원의 내측에 대분류를, 외측에 중분류 이하를 배치하면 좋다.

ⓑ 대응 원그래프 : 시계열에서의 변화를 보든가, 대칭적인 사항을 비교할 때 사용한다.

6 프레젠테이션 활용

(1) 프레젠테이션의 개념 [기출]

① **정의** : 프레젠테이션이란 짧은 시간 내에 송신자와 수신자 간의 효과적인 의사소통의 한 형태이다. 다시 말하면 '한정된 시간 내에 정보를 정확하게 전달하고, 그 결과로서 판단과 의사결정까지 초래하는 커뮤니케이션 방법'으로 정의할 수 있다.

② **프레젠테이션의 사전적 의미** : 소개, 표시, 발표, 연출 등 자신이 가지고 있는 생각이나 주장을 다른 사람들에게 효율적으로 발표하는 것을 뜻한다. 발표하는 사람은 발표할 내용을 보다 잘 전달하기 위해서 각종 매체, 즉 컴퓨터, 빔 프로젝터, 동영상, 인쇄물, 소리 등을 이용하게 되는데, 최근에는 컴퓨터의 사용이 일반화됨에 따라 컴퓨터를 활용한 프레젠테이션 소프트웨어가 많이 이용되고 있다.

③ **프레젠테이션 소프트웨어** : 컴퓨터를 활용하여 발표 자료를 쉽게 만들고, 시청각 효과를 주어 정보를 효과적으로 전달할 수 있도록 도와주는 응용 소프트웨어이다. 프레젠테이션 소프트웨어를 이용하면 동영상, 소리, 다양한 애니메이션, 적절한 그림 등을 포함한 멀티미디어 프레젠테이션 자료를 쉽게 만들 수 있다.

(2) 프레젠테이션 자료구성 [기출]

① **프레젠테이션의 대상 파악** : 프레젠테이션의 자료를 준비할 때에는 먼저 참석할 대상을 파악한 후 그들에게 맞춰 화면과 시간을 선택하고 알맞은 기능을 사용하며, 유인물을 준비해야 한다.

② **검증된 자료 사용** : 제시하는 정보가 정확하지 못하면 개인이나 소속된 기업 또는 학교의 신뢰도가 떨어질 수 있으므로, 반드시 검증된 자료들만을 사용해야 한다. 자료를 인용할 때에는 출처를 밝혀줌으로써 자료의 신빙성을 높이고 저작권 문제 등에도 철저하게 대비를 해야 한다.

③ **핵심 내용만 입력** : 내용 전달에 치우쳐 한 화면에 글자를 필요 이상으로 많이 넣으면 잘 보이지도 않거니와 보는 사람을 답답하거나 지루하게 할 수 있다. 한 화면에는 핵심 내용만 입력하고, 유인물을 사용하거나 진행자가 설명을 곁들이는 것이 좋다. 본문은 5줄 내외로 입력하는 것이 적당하며 문자 부호는 생략해도 무방하나, 맞춤법은 정확하게 지켜야 한다.

④ **슬라이드 개수를 적절하게 줄임** : 프레젠테이션 자료에 슬라이드를 많이 사용하면 자세한 설명을 하는 데에는 도움이 될 수 있으나 보는 사람들의 집중도를 떨어뜨릴 수 있다. 슬라이드의 개수는 주제와 장소, 그리고 대상에 따라 적절하게 선정해야 한다.

⑤ **요란하게 꾸미지 않음** : 중요한 것은 내용이므로 소리, 동영상, 애니메이션, 각종 그림 등은 내용을 파악하는 데 도움이 될 정도로만 삽입하고, 시선을 분산시켜서 집중도를 떨어뜨릴 정도의 화려함이나 애니메이션, 화면 전환 등은 피해야 한다.

(3) 프레젠테이션의 준비

① 효과적인 시간 배분

⑤ 프레젠테이션의 성격에 따라 다르기는 하지만 시간은 될 수 있는 대로 15분을 넘지 않도록 한다.

⑥ 프레젠테이션은 주어진 예정 시간보다 오히려 짧게 준비하고, 끝난 후 수신자의 질문이나 의견 혹은 피드백 등을 유도함으로써 프레젠테이션의 효과를 높일 수 있다.

⑥ 시간이 길어질 경우에는 중간에 휴식 시간을 넣든가, 사용하는 시청각 기자재를 다른 것으로 바꾸는 등의 배려를 함으로써 주의를 환기시킨다.

⑥ 점심시간 직전이나 직후, 혹은 퇴근 직전 등은 주의력이 떨어지는 시간이므로 피하도록 한다.

② 기자재 선정 및 준비

⑤ 시각적 효과를 주는 여러 매체 중에서 비즈니스에서는 프로젝터가 일반적으로 널리 활용되고 있다.

⑥ 근래에 와서는 비디오나 애니메이션을 사용한 그래픽 형태의 프레젠테이션도 늘어가고 있다.

[각종 시각 기재의 비교 및 평가] `기출`

기재명	장 점	단 점
Overhead Projector(OHP)	• 원고를 손쉽게 만든다. • 장소에 구애받지 않는다. • 회의장을 어둡게 할 필요가 없다. • 자신의 필요에 따라 사용할 수 있다. • 비교적 저렴하다.	대규모의 회의장에서는 보기 힘들다.
빔 프로젝터	• 화상이 선명하고 깨끗하다. • 대규모 회의장에서도 가능하다. • 음성을 동시화 시키면 자동화가 가능하다. • 이동성이 높다.	• 회의장을 어둡게 할 필요가 있다. • 제작비가 많이 든다.
VTR	• 움직임을 효과적으로 볼 수 있다. • 실물로 직접 보기 힘든 것이나 시스템 내부의 설명 등에 사용한다.	• 대규모의 회장에서는 보기 힘들다. • 제작비가 많이 든다. • 제작 기간이 오래 걸린다.
화이트보드	• 손쉽게 사용할 수 있다. • 그 자리에서 곧 의논할 수 있다.	• 글을 쓰고 있는 동안 커뮤니케이션이 중단된다. • 동시에 많은 사람에게 보일 수 없다.
차 트	• 가격이 싸다. • 손쉽게 사용할 수 있다. • 그 자리에서 곧 의논할 수 있다.	• 보존과 재이용이 불편하다. • 동시에 많은 사람에게 보일 수 없다.

③ 컴퓨터 시스템을 활용한 준비 : 우리나라에서는 프레젠테이션 자료 준비에 효과적인 파워포인트나 프레지와 같은 프로그램들이 많이 활용되고 있다. 컴퓨터 시스템을 구축할 때는 여러 가지 고려 사항이 따르지만 특히 프레젠테이션을 위한 시스템을 구축할 때는 다음과 같은 기능을 가지고 있어야 한다.

ㄱ 다른 종류의 기기, 프로그램과의 호환성이 높아야 한다.

ㄴ 문자, 그래프, 도형 등 여러 형태의 자료를 다룰 수 있는 입력, 편집 기능이 있어야 한다.

ㄷ 통신 기능이 있어야 한다. 즉, 다른 부서에서 자료를 전송받아 다시 입력할 필요 없이 그 자료를 활용하여 도표화할 수 있어야 한다.

ㄹ 데이터베이스가 구축된 중앙 컴퓨터에 연결되어 있으면 편리하다. 필요한 자료를 쉽게 검색할 수 있을 뿐만 아니라 정보를 데이터베이스 형태로 체계적으로 구축할 수 있기 때문이다.

ㅁ 사용이 간편하고 조작이 용이하여야 한다.

ㅂ 출력 기능이 뛰어나야 한다. 화면에 프레젠테이션 내용을 출력하여 바로 투사기를 통하여 스크린에 비추려면 컬러 모니터가 바람직하다.

중요 check 시각 자료 작성 시 유의할 점 기출

• 시각 자료를 작성할 때의 유의 사항
 − 여러 장의 자료를 준비할 때는 각 장마다 형식을 통일시키는 것이 필요하다.
 − 세로(Portrait) 방향으로 하는 것보다 가로(Landscape) 방향으로 배치하는 것이 더욱 안정감이 있다.
 − 내용을 빽빽하게 배치하는 것보다 상하 좌우 여백을 적절히 안배하는 것이 보기에 부담감이 없다.
 − 명조체보다 글자에 각이 진 고딕체가 더 선명하다. 컴퓨터를 사용할 경우 전체를 진한 문자로 처리하면 나중에 투사하였을 때 더욱 선명한 결과를 얻을 수 있다. 또한 제목 등은 적절한 크기로 확대시킨다.
• 긴 문장을 요약 · 단문화시키는 요령
 − 문장을 잘 읽고 단락마다 요약한다.
 − 단락마다 요약한 문장을 조목조목 쓴다.
 − 중요 단어에 밑줄을 치는 등 표시를 한다.
 − 중요 단어를 원이나 사각형으로 둘러싸고 상호 관계를 나타내는 화살표를 붙인다.
 − 눈에 띄게 하고 싶은 포인트는 강조한다.

---

(4) 프레젠테이션에서의 환경 기출

① 프레젠테이션을 할 회의장의 크기와 환경

ㄱ 회의장은 참석자의 숫자에 알맞은 크기의 회의장을 택하도록 한다. 지나치게 넓으면 주의가 산만해지기 때문에 알맞은 크기의 회의장을 확보하지 못한 경우에는 참석자만큼의 좌석을 앞쪽으로 배치하도록 한다.

ㄴ 스크린을 사용할 때는 햇빛이 정면으로 비치거나 문에 가까운 쪽은 피하도록 한다.

ㄷ 전원의 위치 등을 미리 파악하여 기자재 사용 시 불편함이 없도록 한다.

ㄹ 소음이 심한 곳은 피하며, 습도와 온도는 쾌적한 정도로 조절한다.

② 발표자의 태도

ㄱ 태도 · 자세

ⓐ 발표자는 양 발을 어깨 넓이로 벌린 자세로 서서 이야기하되 필요에 따라 자세에 변화를 주도록 한다.

ⓑ 어깨나 등이 굽은 자세로 이야기하거나 호주머니에 손을 넣는 등의 행위는 금한다.

ⓒ 발표 시에는 시각적 · 청각적인 의사 전달 수단뿐만 아니라 몸짓, 손짓 등의 표현(Body Language)이 의외로 상대에게 강렬하게 전달될 수 있기 때문에 적절한 제스처를 쓰되 과다하게 사용하지 않도록 유의한다.

ㄴ 옷차림

ⓐ 옷차림은 지나치게 색상이 화려한 것은 피함으로써 단순하면서도 감각이 돋보이는 비즈니스 정장 차림이 무난하다.

ⓑ 지나치게 요란한 목걸이나 귀걸이 같은 장신구를 피하여 상대의 시선이 발표자의 옷차림에 가는 경우가 없도록 유의한다.

ㄷ 목소리

ⓐ 목소리는 힘 있고 낮은 톤이 무난하다.

ⓑ 강조할 곳에서는 목소리의 크고 작음을 활용하고 명확하고도 또렷한 목소리를 유지하도록 노력한다.

(5) 발표 시 유의점

① 가능하면 프레젠테이션 장소에서 리허설을 하면 조명, 전원, 좌석 배치에 따른 문제점을 사전에 발견할 수 있을 뿐만 아니라 발표 당일 낯익은 환경에서 편안한 마음으로 발표하는 데에 도움이 된다.

② 준비한 대본에 지나치게 의지하지 말고 발표 전 충분한 연습을 통하여 편안한 태도로 문어체가 아닌 회화체로 발표한다.

③ 프레젠테이션의 목적을 밝힌다.

④ 수신자의 입장에서 전달하도록 한다.

⑤ 프레젠테이션을 할 때 스크린만을 응시할 것이 아니라 한 번씩 수신자를 향하여 시선을 줌으로써 수신자의 반응을 파악하여 일방적인 자료의 전달이 아닌 쌍방 의사소통의 효과를 높인다.

⑦ 각종 검색매체의 특성과 활용

(1) 정보 매체의 종류

① 문자매체 : 신문, 잡지, 도서, 지도, 각종 정보지 등

② 전자매체 : 인터넷, 메일링서비스, 모바일서비스, 전자책, 전자신문, CD 등

③ 음향영상매체 : TV, 라디오, 비디오, 오디오 등

(2) 대중 매체의 유형과 특징 기출

유 형		내 용	특 징
인쇄 매체		• 신문, 책, 잡지 등 • 시각적 이미지를 활용하여 메시지 전달	• 시간과 공간의 제약이 많지 않음 • 정보 전달의 속도가 느림 • 반복 활용 가능, 상세한 정보 전달 가능
전자 매체	음성 매체	• 음반, 라디오, 녹음기 등 • 청각에 의존하는 전달 매체 : 볼 수 없는 사람까지 이용 가능	• 비교적 낮은 비용으로 정보 제공 가능 • 시각 정보처리가 어려움 • 신속하고 휴대성이 높음, 전달 속도 빠름
	영상 매체	• 공중파 텔레비전, 케이블 텔레비전 등 • 시청각 이미지 전달 : 문맹자 이해 가능	• 영향력이 가장 높은 매체 • 오락 기능이 뛰어남 • 전달 속도 빠름, 현장감 있는 정보 제공
	뉴 미디어	스마트폰, 인터넷, 소셜 네트워크 서비스	• 정보의 복제 · 전송이 용이하여 대량의 정 보유통 • 대중의 정보 생산자로서의 참여 • 정보의 상호 작용성, 쌍방향 매체

(3) 매체의 활용

① 소셜미디어(SNS) 기출

　㉠ 소셜미디어의 개념

　　ⓐ 소셜미디어는 소셜 네트워킹 서비스(SNS) 가입자들이 서로 정보와 의견을 교환하는 곳으로, X(트위터, Twitter)와 페이스북(Facebook)이 대표적이다.

　　ⓑ 기본적으로 사람과의 관계를 지향하기 때문에 이전의 다른 서비스들에 비해 쉽게 흥미도 느낄 수 있고 사람 간의 관계가 깊어질수록 효과에 대한 파워도 체험하게 된다.

　　ⓒ 다수의 의견, 경험, 관점 등이 공유된다는 의미에서 블로그, 소셜네트워크, 인스턴트 메시지 보드, UCC 등도 소셜미디어에 해당한다.

　　ⓓ 컴퓨터와 개개인의 모바일에서도 인터넷이 상용화되면서 더욱 다양한 소셜미디어가 생겨나고 있고 이러한 환경 속에서 대부분의 기업은 SNS를 활용하여 소셜미디어 기반의 마케팅을 실시하고 있다.

　㉡ 소셜미디어(SNS)의 활용 기출

　　ⓐ 프로필의 활용 : 대부분의 SNS 서비스들은 개인 또는 기업에 대해서 알릴 수 있는 공간이 있는데, 이 공간에 최대한 자신을 브랜딩 할 수 있는 정보를 채우면 좋다.

　　ⓑ 사진의 활용 : 요즘에는 명함에도 자신의 얼굴을 올릴 정도로 그 중요성이 높은데, 기업의 경우 상대방이 쉽게 어떤 기업이라는 인식을 할 수 있는 기업의 CI(Corporate Identity)/BI(Brand Identity)로 올리는 것이 좋다.

　　ⓒ 배경의 활용 : 소개 공간이 부족할 경우도 있으므로, 이런 경우는 배경화면을 이용하는 것도 좋은 방법이다.

　　ⓓ Mail 프로필의 활용 : SNS가 사람 간의 관계를 형성하는 서비스라고 본다면 메일도 인맥관계를 구축하는 좋은 도구라고 할 수 있다. 스마트폰과 연동될 경우 유용하게 사용될 수 있다.

ⓔ 블로그의 프로필 키워드 등록 : 블로그에 자신의 정보를 별도로 포함할 수 있는 키워드나 포스팅을 해 놓고 링크로 연결하면 다른 사람들이 정보를 쉽게 볼 수 있다.

ⓕ 소셜미디어는 기업의 상품판매와 광고, 홍보 효과는 물론이고, 소비자들과의 직접적인 커뮤니케이션을 이루기 위해 활용되고 있다.

중요 check   비서의 소셜미디어 관리

- 회사의 SNS를 수시로 모니터링한다.
- 경쟁사의 SNS도 모니터링한다.
- SNS 관련 모니터링 결과를 보고서로 작성한다.
- 다양한 SNS에 관심을 갖는다.
- 작성된 모니터링 보고서는 타 부서와 공유한다.
- 소셜미디어를 통해 항상 모니터링하여 고객들의 반응과 의견을 정리, 상사에게 보고한다.
- 소셜미디어의 기능과 특징에 대해 이해한다.
- 최근 사용추이와 새로운 소셜미디어가 무엇인지 등에 대한 확인이 필요하다.

---

② **인터넷의 활용** : 인터넷의 보급이 확산되면서 인터넷을 통하여 유통되는 콘텐츠의 종류와 내용이 다양화되었으며, 비서 업무를 수행할 때에도 이러한 콘텐츠를 활용할 수 있다.

  ㉠ 홍보용

    ⓐ 비서는 개인 또는 기업 홈페이지를 통하여 홍보용 콘텐츠를 만들 수 있다.

    ⓑ 다른 기관에서 만들어 놓은 홍보용 홈페이지를 통하여 관련 기관의 정보를 수집할 수 있다.

  ㉡ 인터넷 쇼핑 : 인터넷을 통하여 주문·결제·구입하는 것을 말한다.

  ㉢ 인터넷 뱅킹

    ⓐ 인터넷 뱅킹을 통하여 은행의 홈페이지에 접속하여 금융 정보 조회, 예금, 대출 등 은행에서 제공하는 대부분의 업무 처리가 가능하다.

    ⓑ 상사의 은행 업무를 대행해야 하는 비서의 경우, 인터넷 뱅킹은 은행까지 직접 가지 않고 은행 업무를 볼 수 있어서 시간 절약과 동시에 수수료 할인도 받을 수 있다는 장점이 있다.

    ⓒ 인터넷 뱅킹 서비스 이용 시 비밀번호 등이 누출되지 않도록 보안에 유의해야 한다.

중요 check   전자상거래

- 개념 : 인터넷이나 PC통신을 이용해 상품을 사고파는 행위
- 형 태
  - 광고, 쇼핑몰, 상용 DB 서비스, 전자출판, 오락
  - 소셜 커머스 : 소셜 네트워크를 이용해 이뤄지는 전자상거래를 의미한다. 현재 시장에서 주목받고 있는 소셜 커머스는 공동구매형으로 온라인상에서 매일 하나의 상품에 대해 지정된 수량 이상의 판매가 이뤄질 경우 대폭의 할인율을 적용해 주기 때문에 사용자들이 자발적으로 SNS를 통해 내용을 전하고 있다.
- 비즈니스 주체 간의 거래 유형 **기출**
  - B2B(Business-to-Business, 기업과 기업)
  - B2G(Business-to-Government, 기업과 정부)
  - B2C(Business-to-Consumer, 기업과 개인)
  - C2C(Consumer-to-Consumer, 개인과 개인)
  - G2G(Government-to-Government, 중앙정부와 지방정부 간)

③ 홈페이지와 블로그
  ㉠ 홈페이지
    ⓐ 홈페이지의 기본 구성은 회사 소개, 사업개요, 제품소개, 홍보, 고객지원, 인재채용 등으로 이루어져 있다.
    ⓑ 홈페이지 도메인(URL)은 사람들이 쉽게 기억할 수 있는 이름으로 하여 가급적 많은 사용자가 접속하게 해야 한다.
    ⓒ 가상의 공간에서 소통할 수 있으며, 회사의 각종 정보와 소식을 알릴 수 있는 커뮤니케이션 수단으로 활용된다.
  ㉡ 블로그
    ⓐ 개인이 자신의 관심주제나 일상에 대하여 온라인상에서 자유롭게 글을 게재하는 웹사이트이다.
    ⓑ 블로그를 통하여 다른 사람과 소통하고, 자신의 생각과 의견에 대한 글과 사진을 올리고 타인과 공감할 수 있는 공간이다.

⑧ 데이터베이스 활용

(1) 데이터베이스의 개념과 특징

① 데이터베이스(DB)의 개념 `기출`
  ㉠ 한 조직의 여러 응용 시스템을 다수의 사용자가 공용으로 사용하기 위해 통합, 저장된 운영데이터의 집합이다.
  ㉡ 방대한 자료를 보관하고 처리하여 문제를 해결해 줄 수 있는 프로그램이다.
  ㉢ 여러 유형의 데이터들을 저장·정렬·편집할 수 있는 등 조건을 주어서 검색할 수 있는 소프트웨어를 말한다.
  ㉣ 대부분 서버로서 동작하는데, 즉 데이터베이스 소프트웨어가 동작하고 있는 컴퓨터가 있으면 다른 컴퓨터에서 요청이 들어올 때 그 요청에 맞는 데이터를 되돌려 주게 된다.
② 데이터베이스의 특징 `기출`
  ㉠ 똑같은 자료를 중복하여 저장하지 않는 통합된 자료이다.
  ㉡ 항상 최근의 데이터를 유지하고 자료 접근에 대한 권한을 관리한다.
  ㉢ 수시적이고 비정형적인 사용자의 질의(조회, 검색)에 대하여 최적화된 수행을 한다.
  ㉣ 복잡하고 많은 자료 유형과 자료들 간의 관계 모델링이 쉽다.
  ㉤ 하이퍼미디어 방식을 이용한 사용자 접속과 데이터베이스의 시각적인 구축 및 편집으로 사용이 편리하다.
  ㉥ 한 조직에서 가지는 데이터베이스는 그 조직 내의 모든 사람들이 소유하고 유지하며 이용하는 공동 자료로서 각 사용자는 같은 데이터라 할지라도 각자의 응용 방법에 따라 다르게 사용할 수 있다.
  ㉦ 많은 종류의 플랫폼을 지원하고 HTML 문서를 서버에 저장하여 대규모 서비스를 관리할 수 있다.

(2) 데이터베이스관리시스템(DBMS) 기출

① 데이터베이스를 관리하는 데 필요한 데이터의 추가, 변경, 삭제, 검색 등의 기능을 위한 시스템이다.

② 데이터의 논리적 · 물리적 독립성이 보장된다.

③ 데이터의 실시간 처리로 최신 데이터를 유지할 수 있다.

④ 저장된 데이터를 공동으로 이용할 수 있다.

⑤ DBMS은 데이터 중복을 최소화 할 수 있다.

⑥ 하나의 데이터베이스에 여러 응용 프로그램이 접근할 수 있기 때문에 경제성, 조작성 등의 장점이 있다.

⑦ 테이블에 작성되어 저장된 데이터를 이용하여 폼이나 쿼리, 보고서 등의 기능을 이용하여 데이터 관리가 가능하다.

⑧ MS-Access는 개인사용자용으로 개발된 데이터베이스 관리 시스템이다.

(3) 데이터베이스 관련 용어 기출

① 바이트(Byte) : 7개 또는 8개의 이진수(Bit : Binary Digit)를 코드화한 것

② 필드(Field) : 여러 개의 바이트가 모인 모임

③ 레코드(Record) : 데이터베이스에 데이터가 저장될 때 데이터들은 관련된 것끼리 분류되어 저장되는 묶음

④ 파일(File) : 여러 개의 레코드들을 모아 놓은 테이블

⑤ 테이블 : 액세스에서 데이터를 저장하고 관리하는 규칙과 형식을 제공하는 개체

⑥ 폼 : GUI 개념을 도입하여 결과물을 사용자가 사용하기 편하도록 비주얼하게 구성할 수 있도록 하는 개체

⑦ 페이지 : 액세스에 저장된 데이터를 웹페이지에서 볼 수 있도록 하는 개체

⑧ 보고서 : 데이터를 인쇄된 형식으로 나타나기 위해 사용하는 개체로서 정보를 사용자가 원하는 형식으로 출력

⑨ 매크로 : 여러 개의 작업을 한 번에 실행하는 등의 일괄처리 작업을 할 때 동작하도록 하는 개체

(4) 엑세스 데이터베이스 프로그램 활용

① 액세스는 대기업의 부서와 프로그래머를 포함하여 소형 비즈니스에서 주로 사용된다. 액세스는 마이크로소프트 인터넷 정보 서비스(IIS)와 액티브 서버 페이지(ASP) 위에서 기본 웹 기반의 응용 프로그램들을 위한 데이터베이스로 사용될 수 있다.

② 액세스 구축 시의 장점

  ㉠ DB 관리가 쉽다.

  ㉡ PC 한 대로 구축이 가능하다.

  ㉢ 다른 포맷으로 변환이 쉽다.

③ 액세스 구축 시의 단점

  ㉠ 멀티유저를 위한 DB라기보다는 싱글유저를 위한 DB에 적합하다.

  ㉡ 복잡한 Query 문은 작업상 성능이 떨어진다.

④ 액세스 데이터베이스 활용

  ㉠ 데이터베이스는 대부분 업무에 기반을 둔다. 데이터베이스는 거래처 관리, 입출고 및 재고 관리, 고객 관리, 판매·영업 관리, 인사 관리, 인터넷에서 게시판 관리, 방명록 관리, 질문·답변 관리, 쇼핑몰의 제품 소개 등 광범위하게 사용되고 있다.

  ㉡ 액세스는 데이터베이스 활용 도구(툴)로서 MS 오피스 패키지에 포함되어 있다.

  ㉢ 전산화 시스템 구축 시 많은 비용이 소요되지만, 액세스를 활용할 경우 적은 비용으로 효과를 볼 수 있다.

  ㉣ 매일·매주·매월 등 일정 기간마다 주기적으로 반복하는 업무를 자동화(프로그램 작성)하여 업무처리 소요시간을 절약할 수 있다.

  ㉤ 처리 조건이 복잡하거나 까다로워 수작업으로 처리할 때 실수가 자주 발생하는 업무처리의 경우, 프로그램에 조건 설정을 확실히 해 두면 업무의 신뢰성을 향상시켜 준다.

  ㉥ 오랫동안 축적된 많은 자료를 분석하여 정해진 기준에 맞는 자료를 추출하거나 집계를 구하는 작업에 유리하다.

  ㉦ 그리 어려운 작업은 아니지만, 수작업으로 하면 시간이 오래 걸리는 업무(예 분류·검색 등)에 액세스 데이터베이스를 활용하면 신속하게 처리할 수 있다.

  ㉧ 액세스 데이터베이스에 암호나 권한 등을 설정하여 등록된 사용자만이 사용하게 할 수 있다.

9 정보 분석 및 이해

(1) 의 의

① 자 료

ㅇ 자료는 1차 자료와 2차 자료로 구분할 수 있다.

ㅇ 1차 자료는 원래의 연구 성과가 기록된 자료이며, 2차 자료는 1차 자료를 압축·정리해서 읽기 쉬운 형태로 제공하는 자료를 말한다.

② 정보와 정보분석의 의미

ㅇ 정보 : 자료를 처리·가공함으로써 '특정한 목적을 달성하는 데 필요하거나, 특정한 의미를 가진 것으로 다시 생산된 것'을 뜻한다.

ㅇ 정보 분석 : 여러 정보를 상호 관련지어 새로운 정보를 생성해내는 활동을 말한다.

(2) 정보 분석

① 정보 분석을 통해 한 개의 정보로써 불분명한 사항을 다른 정보로써 명확히 할 수 있으며, 상반되거나 큰 차이가 있는 정보의 내용을 판단해서 새로운 해석을 할 수도 있다.

② 좋은 자료가 있다고 해서 훌륭한 분석이 되는 것이 아니다. 훌륭한 분석이란 하나의 메커니즘을 그려낼 수 있고, 동향과 미래를 예측할 수 있어야 한다.

③ 정보 분석의 절차 : 1차 정보를 분석하고 압축·가공하여 2차 정보를 작성한다.

ㅇ 수집 정보 : 1차 정보가 포함하는 내용을 몇 개의 설정된 카테고리로 분석하여 각 카테고리의 상관관계를 확정한다.

ㅇ 서열화 및 구조화 : 1차 정보가 포함하는 주요 개념을 대표하는 용어(Key Word)를 추출하며, 이를 간결하게 서열화 및 구조화하여야 한다.

(2) 정보 분석상의 유의사항

① 기본적인 지식의 습득을 통하여 지식의 수준을 넓혀 특별한 지식을 일반지식 즉, 상식화할 필요가 있다.

② 정보를 분석·해석하다 보면 자료가 지닌 의미를 확대 혹은 축소하여 해석할 수도 있으므로 제시된 정보의 의미를 정확히 숙지해야 한다.

③ 정보를 통해 알 수 있는 것과 알 수 없는 것을 완벽하게 구별하여 주어진 정보를 토대로 자신의 주장을 충분히 추론할 수 있는 보편타당한 근거를 제시해야 한다.

중요 check 쿼리(Query)의 요약 기능 `기출`

쿼리는 데이터베이스에서 특정한 테이블에 특정한 조건을 주어 검색하는 기능을 뜻하며 데이터베이스에서 기본적이면서도 매우 중요한 요소이다. 테이블을 데이터베이스 자체라고 한다면, 쿼리는 이 데이터베이스에서 필요한 것만을 뽑아내어 가공하는 형태라고 할 수 있다. 요약 기능은 하나 이상의 테이블에서 조건에 맞는 데이터를 검색하여 원하는 순서대로 데이터를 보여주는 기능이다. 또한 데이터를 그룹화하여 합계, 개수, 평균, 기타 요약 계산을 수행할 수 있다.

---

1 정보보안 관리

(1) 비서의 정보보안 관리

① 비서직은 상급 관리자를 보좌하고 조직 내에서 많은 기밀 사항을 다루는 업무의 특수성으로 인하여 일반 사무직보다 더욱 철저한 정보보안 의식과 기밀 유지 의식을 가지고 있어야 한다.

② 비서 업무를 수행할 때 첨단 정보기기와 프로그램을 활용하는 빈도가 증가되어 정보의 보안에 대한 중요성이 더욱 커지고 있다.

③ 비서는 중요한 내용의 기밀 정보를 어떻게 관리할 것인지에 대하여 상사와 미리 상의를 해야 하며, 이에 기초하여 지속적으로 보안을 유지하려는 노력을 기울여야 한다.

④ 비서는 정보보안과 관련된 내용의 대화를 상사와 하는 것이 좋다. 그래야 상사는 비서가 정보보안에 민감하다는 인식을 하게 된다.

⑤ 비서는 '기본적으로 글로 된 것이든 말로 된 것이든 상사에게서 지시받은 모든 정보는 기밀이다'라는 원칙 아래 업무를 수행해야 한다.

[정보보안과 관련된 질문 사례]

분 류	상 황
정보 접근 권한 범위	• 비서는 '사문서', '기밀'이라고 표시된 물건이나 서류 우편물을 개봉할 권한을 가지고 있는가? • 비서는 상사의 이메일을 열어보거나 전화 녹음 메시지를 들을 권한이 있는가? • 상사와 비서 외에 특정 정보에 접근 가능한 자는 누구이며 어떤 경우에 가능한가?
구체적 질문사례	• "신문사에서 국장님의 이력서를 보내 달라고 하는데 보내도 괜찮습니까?" • "마케팅 부사장님이 그 부서의 예산 파일을 보여 달라고 요청하면 보여 드릴까요?" • "사장님이 안 계실 때 정보, 서류, 컴퓨터 파일 등의 요청이 있을 때 어떻게 할까요?"

(2) 정보보안 방침 및 윤리 [기출]

① **문서 정보** : 우편물, 결재 서류 등은 문서로 된 정보원이다. 문서 정보를 보호하는 최선의 방법은 '다른 사람을 유혹에 빠지지 않게 하는 것'이다. 눈에 띄는 장소에 서류를 두는 것은 다른 사람들로 하여금 무심코 관심을 가지게 만들기 때문에 특히 주의해야 한다.

ㄱ 잠시 자리를 비울 경우에도 중요 문서나 기밀문서들은 책상 안에 보관하거나 파일 캐비닛에 넣고 잠그도록 한다.

ㄴ 일반 문서라고 하더라도 잠시 자리를 비울 경우에는 서류를 뒤집어 놓는다.

ㄷ 몇 시간 동안 민감한 사안이 포함된 기밀문서를 다루는 일을 하는 경우, 사람들의 왕래가 많고 바쁜 시간에 업무를 처리할 때 호기심 어린 사람들에 의하여 자료가 노출되지 않도록 유의해야 하며, 본인(비서) 책상이 아닌 다른 장소에 가서 업무를 처리하는 것은 바람직하지 않다.

② 업무가 끝나기 전에 책상정리를 항상 깨끗이 하고, 다른 사람이 보면 안 되는 서류는 서랍에 넣고 반드시 잠그도록 한다. 회계장부 · 계획서 · 스케줄뿐 아니라 이와 관련된 문서 · 메모장 등을 포함한 모든 문서에 대하여 아무리 조심해도 지나치지 않다.

⑩ 사무실에서 서류를 파기할 때에는 기밀에 해당되는 부분을 특히 유의하여 파기해야 한다. 다른 층에 서류를 전하러 가는 중일지라도 봉투에 넣어 봉해서 이동한다.

⑪ 업무나 출장 중에 기밀서류를 옮길 경우, 해당 서류는 서류 가방에 넣고 잠그며 공공장소에 서류 가방을 방치하지 않도록 한다.

⑫ 회의에 참석할 때에는 다른 사람들이 볼 수 있는 곳에 서류를 노출시키지 않는다. 서류를 뒤집어 놓거나 폴더에 넣어서 내용이 보이지 않도록 유의한다.

⑬ 기밀서류를 우편으로 보낼 때, '기밀'이라고 찍힌 봉투에 봉해 넣은 후 '기밀'이라고 표시한 또 다른 봉투에 봉해 넣음으로써 이중 보호를 한다.

⑭ 기밀서류, 초안, 복사본, 메모를 버릴 때에는 반드시 찢어서 버리거나 문서 세단기를 이용하도록 한다.

② 일정 관련 정보

㉠ 상사의 일정도 때에 따라서는 극비 정보가 될 수 있다. 상사에게 "사장님의 여행 일정에 대해 질문하는 임원이 있으면 일정을 말씀드려도 됩니까?"와 같이 구체적인 질문을 하여 일정 정보의 공개 여부를 파악해 두어야 한다. 상사의 여행 일정을 알 필요가 없는 사람이 상사의 일정에 대하여 물어볼 때에는, "이유를 여쭈어 봐도 될까요?"라고 질문함으로써 공손하게 거절할 수도 있고, 질문한 사람이 스스로 알 필요가 있는지에 대하여 생각할 수 있게 해주어야 한다.

㉡ 상사의 일정에 대하여 질문을 받을 때 "잘 모르겠습니다"라는 대답은 바람직하지 않다. 왜냐하면, 일반적으로 상사의 일정을 물어 보는 사람은 비서가 모른다고 생각하지는 않기 때문이다. 이러한 상황에서는 "잘 모르겠다"라고 하는 것보다 "일정에 대한 자세한 말씀은 드릴 수 없습니다. 이해해 주시기 바랍니다"라고 대답하는 것이 좋다. 그래도 계속 알려달라고 하면, "업무규칙상 말씀드릴 수 없습니다"라고 한다. 상냥하지 못하고 냉정하다는 느낌을 줄 수도 있으므로 부드러운 음성으로 이야기하며, 분명히 거절하는 것이 장기적으로 보았을 때 신뢰감을 주는 행동이다.

③ 팩스 및 음성 정보

㉠ 기밀 정보는 팩스보다는 등기 우편이나 인편으로 보내는 것이 좋다. 만일 어쩔 수 없이 팩스로 보내야 할 경우에는 먼저 전화를 걸어서 정확히 몇 분 후에 팩스가 갈 것이라고 알려 주어 다른 사람에게 정보가 누출되지 않도록 한다.

㉡ 다른 사람의 팩스를 읽는 것은 다른 사람의 우편물을 개봉해서 읽는 것과 같은데도 다른 사람에게 온 팩스를 아무렇지 않게 읽는 경우가 있으므로 특히 주의해야 한다.

㉢ 음성 메시지로 기밀이나 개인적 내용을 남기지 않도록 한다. 쉽게 음성메시지에 접근할 수 있는 만큼, 이로 인한 결과는 매우 파괴적이다.

④ 컴퓨터 파일 정보 : 사무실 업무는 컴퓨터 없이는 이루어질 수 없을 정도로 많은 정보가 컴퓨터상에서 파일의 형태로 작성되고 저장되며 네트워크를 통해서 전달되고 있다. 이에 따라 비서는 업무 수행에 있어서 컴퓨터 파일 형태의 정보보안에 특별히 주의해야 한다.

ㄱ 컴퓨터 스크린 위치를 다른 사람이 볼 수 없는 위치에 놓는다. 몰래 읽어보려는 사람이 있으면 빨리 화면을 끌 수 있는 방법을 준비해 두거나, 화면 보호기(Screen Saver)를 작동시킬 수 있는 단축 키(Hot Key)를 설정해 둔다.

ㄴ 기밀에 관련된 정보를 가지고 일을 하고 있다면 잠깐 동안이더라도 컴퓨터를 떠날 때는 화면을 꺼두도록 한다.

ㄷ 컴퓨터는 하나의 도구일 뿐 정보보안을 보장하는 블랙박스가 아니다. 사무실에서 컴퓨터를 잘 다루고, 컴퓨터에 있는 정보를 자유자재로 활용할 기술이 있는 사람이 누구인지 평소에 알아두고 도움을 받는다.

ㄹ 중요한 파일들을 정기적으로 백업하고 기록하는 시스템을 숙지하고, 지속적으로 업데이트하여 관리·유지한다. 다음에 더 이상 사용할 필요가 없는 파일은 복구가 불가능한 방법으로 영구 삭제하여 정보가 새어 나가는 일이 없도록 한다.

ㅁ 문서를 프린트한 후에는 가능한 한 빨리 꺼내서 다른 사람이 보지 못하도록 한다.

ㅂ 패스워드를 사용하여 컴퓨터 하드 디스크에 접근하는 것을 막는다. 완벽한 방법은 아니지만, 쉽게 침입하는 것을 막을 수는 있을 것이다. 지문 인식이나 동공 인식 등의 생체정보를 통하여 컴퓨터 시스템에 접근을 허용하는 보안기기도 등장하고 있다.

② 기밀문서에 대한 보안원칙

(1) 기밀정보 누출 방지의 중요성

① 비서는 업무를 통하여 회사나 상사에 관하여 많은 기밀 정보를 다루게 된다. 자신이 다루는 정보의 중요성을 파악하여 기밀이 외부에 누출되지 않도록 각별히 보안에 신경 써야 한다.

② 순간의 부주의나 사소한 실수가 회사에 치명적인 결과를 가져올 수도 있으므로 항상 조심하는 태도가 필요하다.

(2) 기밀정보의 누출 방지 방법

① 중요한 서류나 메모의 원본이나 사본을 쓰레기통에 함부로 버리지 않는다. 문서 세단기를 이용하여 파기한 후 버리고, 문서 세단기가 없을 경우에는 여러 번 찢어서 버린다.

② 회사 내 친한 동료나 다른 부서의 윗사람에게도 함부로 기밀을 말하지 않는다.

③ 서류 취급 시 회사에서 정한 기밀 등급(극비, 대외비 등)에 따라 규정대로 유의하여 다룬다.

④ 서류함 열쇠 등은 눈에 띄지 않는 곳에 보관한다.

⑤ 컴퓨터나 팩스, 복사기 사용 시 특히 보안에 유의하고, 서류함, 디스켓 등의 보안을 철저히 한다.

⑥ 기밀문서를 필요이상으로 복사해두거나 이면지로 사용하지 않는다.

⑦ 사무실이나 회의실을 정비하면서 보안에 특별한 이상이 없는지 살핀다.

⑧ 상사의 개인정보를 제삼자에게 제공하는 경우에 상사의 서면 동의를 받아서 제공하고 관리한다.

⑨ 중요한 서류를 자의로 회사 밖으로 가지고 나가지 않도록 한다.

⑩ 주어진 모든 업무가 정보보안과 관련이 되어 있으므로 상사가 선호하는 방식과 회사의 규정을 준수하여 보안업무를 수행한다.

⑪ 방문객이 회사나 상사의 근황에 관하여 필요 이상으로 자세히 물을 때에는 일단 주의하며 개략적인 답변만 한다.

⑫ 기밀문서 유출 사실을 인지하게 되면 정보보안 부서에 즉시 보고한다.

⑬ 퇴사하게 되는 경우, 보유하고 있는 사내 기밀문서는 모두 반납한다.

⑭ 퇴사한 지인으로부터 사내 기밀 정보에 관한 요청을 받을 경우, 정중히 거절한다.

(3) 전자문서의 보안 관리

① 전자문서를 시스템에 등록 시 문서의 활용, 열람, 편집, 전송 단계에서 권한에 따라 암호화를 처리하여 보안 관리를 한다.

② 보안문서는 내·외부의 유통과 열람이 매우 엄격하게 제한되어야 하며, 부득이한 경우에는 내부 검토 및 승인을 얻은 후 반출한다.

③ 컴퓨터 정보 보안 지식

(1) 컴퓨터 바이러스의 개념

① 컴퓨터 시스템에 몰래 침투해 컴퓨터 시스템과 파일을 파괴하는 컴퓨터 프로그램이다.

② 주로 컴퓨터 통신망이나 무단복사를 통해 옮겨지는데, 보통의 바이러스처럼 높은 전염성을 지니고 있고 스스로 복제하는 특징을 가지고 있어 이러한 이름이 붙었다.

(2) 컴퓨터 바이러스의 감염 경로

① **불법 복사** : 대부분의 경우가 소프트웨어, 특히 게임 소프트웨어 등의 불법 복사에 의해 감염된다. 소프트웨어는 불법으로 복사되면서 여러 사람의 컴퓨터를 거치게 되는데, 도중에 어떤 사용자의 고의 또는 실수에 의해 컴퓨터 바이러스에 감염되거나 자신의 컴퓨터가 감염된 사실을 알지 못하고 다른 사람에게 프로그램을 복사해 준다면, 그 다음 사용자부터는 꼼짝없이 컴퓨터 바이러스의 피해를 입게 된다.

② **컴퓨터 통신** : 컴퓨터 통신에서 받은 프로그램을 통해 감염되는 경우가 있는데, 컴퓨터 통신을 이용하는 인구가 급증하여 통신망을 통해 바이러스가 유포되는 사례가 증가하고 있다.

③ **컴퓨터의 공동 사용** : 직접 불법 복제를 하지 않더라도 한 컴퓨터를 여러 명이 사용하는 회사, 학원이나 PC방, 학교 등 다른 사람이 사용한 컴퓨터를 그대로 사용한 경우, 앞서 컴퓨터를 사용한 사람이 고의 또는 실수로 감염된 프로그램을 사용하면 그 컴퓨터에 바이러스가 존재하게 된다.

④ **상업용 소프트웨어** : 아주 드물지만 정식으로 구입한 상업용 소프트웨어나 컴퓨터 서적에 부록으로 끼워주는 CD에서 컴퓨터 바이러스가 발견되기도 하므로, 컴퓨터에서 처음 실행한 소프트웨어의 경우에는 반드시 최신 버전의 백신 프로그램으로 진단하는 것이 바람직하다.

(3) 컴퓨터 바이러스의 종류 [기출]

① **웜(Worm)** : 네트워크를 통해 자신을 복제 전파할 수 있는 프로그램을 말한다.

② **트로이 목마(Trojan Horse)** : 악성 루틴이 숨어 있는 프로그램으로, 겉보기에는 정상적인 프로그램으로 보이지만 실행하면 악성 코드를 실행한다.

③ **랜섬웨어(Ransomware)** : 사용자 컴퓨터 시스템에 침투하여 시스템에 대한 접근을 제한하고 금품을 요구하는 악성 프로그램이다.

④ **스파이웨어(Spyware)** : 사용자 몰래 웹브라우저의 홈페이지 설정이나 검색 설정을 변경하여 정상 프로그램의 운영을 방해하거나 중지 또는 삭제하며, 컴퓨터 키보드 입력 내용과 화면 표시 내용을 수집, 전송하는 등의 행위를 하는 프로그램이다.

(4) 컴퓨터 범죄 [기출]

① **피싱(Phishing)** : 금융기관 등으로부터 개인정보를 불법적으로 알아내 이를 불법적으로 이용하는 사기수법이다.

② **스미싱(Smishing)** : 문자메시지(SMS)와 피싱(Phishing)의 합성어로 '무료쿠폰제공', '결혼식초대장' 등을 내용으로 하는 문자메시지에 들어있는 인터넷 주소를 클릭하면 악성코드가 설치되어 소액결제 피해나 금융정보를 탈취하는 수법이다.

③ **파밍(Pharming)** : 악성코드로 감염시켜서 이용자가 인터넷 즐겨찾기나 포털사이트 검색을 통하여 금융회사의 정상적인 주소로 접속하여도 피싱사이트로 유도되어 개인금융정보를 몰래 빼내가는 수법이다.

④ **보이스피싱** : 전화를 통하여 신용카드 번호 등의 개인정보를 알아낸 뒤 이를 범죄에 이용하는 전화 금융사기 수법이다.

⑤ **디도스** : 해킹 방식의 하나로서 여러 대의 공격자를 분산 배치하여 동시에 '서비스 거부 공격(Denial of Service Attack ; DoS)'을 함으로써 시스템이 더 이상 정상적인 서비스를 제공할 수 없도록 만드는 수법이다.

⑥ **스피어 피싱** : 특정한 개인들이나 회사를 대상으로 한 피싱 공격으로, 공격자가 목표에 대한 정보를 수집 · 분석하여 피싱 공격하는 수법이다.

(5) 보안관리를 위한 노력 [기출]

① 스파이웨어와 악성코드 제거를 위하여 주기적으로 백신 프로그램을 사용한다.

② 주기적으로 주요 데이터를 외장하드에 백업해둔다.

③ 가능한 윈도우 보안업데이트 패치를 모두 설치한다.

④ 바이러스 예방 프로그램을 램(RAM)에 상주시켜 바이러스 감염을 예방한다.

⑤ 인터넷을 통해 다운 받은 파일이나 외부에서 복사해 온 파일은 반드시 바이러스 검사를 수행한 후 사용한다.

⑥ 발신자가 불분명한 전자우편은 열어보지 않고 삭제한다.

(6) 컴퓨터 정보보안의 방법

① 상사와 비서의 컴퓨터에 비밀번호를 설정하고, 주기적으로 변경하도록 한다.

② 모니터는 타인이 볼 수 없는 위치에 배치하고 보호기(Screen Saver)를 작동시켜 모니터 화면을 볼 수 없도록 조치한다.

③ 컴퓨터 고장 시 즉시 대처하는 데 도움을 줄 수 있는 믿을만한 컴퓨터 전문가의 연락처를 알아둔다.

④ 중요한 자료를 정기적으로 외장하드나 USB에 백업하여 둔다.

⑤ 컴퓨터 바이러스 노출에 대비하여 항상 최신의 백신 프로그램을 설치하여 관리한다.

(7) 컴퓨터상의 주요 정보보안 종류 `기출`

① 아이핀(i-PIN ; Internet Personal Identification Number) : 일종의 인터넷 가상 주민등록번호이다. 인터넷 상에서 신분 확인을 위해 사용할 수 있는 식별번호이며, 주민번호 유출을 원천적으로 방지하여 안전한 인터넷 사용 환경을 가능하게 하는 것으로 한국인터넷진흥원이 개발한 사이버 신원확인번호 체계이다.

② 공인인증서 : 컴퓨터 하드디스크에 저장하게 되면 해킹에 의해 관련정보가 악용될 소지가 많다. 따라서 하드디스크나 웹메일, 웹하드보다 이동식저장매체(USB) 등에 저장하는 것이 더 안전하다.

중요 check NFC(Near Field Communication) `기출`

NFC(Near Field Communication)는 RFID의 하나로 10356MHz 주파수 대역을 사용하는 비접촉식근거리 무선통신 모듈로 10cm의 가까운 거리에서 단말기 간 데이터를 전송하는 기술로 결제뿐만 아니라 마켓, 여행정보, 교통, 출입통제, 잠금장치 등에서 광범위하게 활용되고 있다.

---

1 사무정보기기 활용

(1) 정보처리기기 [기출]

① 컴퓨터(Computer) : 대표적인 정보처리기기로, 초기의 컴퓨터는 대형으로 주로 수치 계산에 사용되었지만, 컴퓨터 기술의 발달과 함께 크기가 점차 작아지고 다양한 기능을 가지게 되면서 사무처리에서 없어서는 안 될 존재로 자리 잡았다.

② 프린터(Printer) : 프린터는 레이저 프린터, 잉크젯 프린터, 다양한 색상을 표현할 수 있는 컬러 프린터, 사진전용 출력용인 포토(Photo) 프린터, 디지털사진 인쇄기 등 그 종류가 다양하다. 또, 사무기기의 통합화 경향에 따라 프린터와 팩스, 스캐너, 복사의 기능이 동시에 가능한 복합기가 등장하였다. 사무실 환경에서는 속도가 빠르면서 유지비가 저렴한 모델을 선정하는 것이 유리하다.

③ 스캐너(Scanner) : 그림이나 사진 등을 컴퓨터에 디지털 형태로 저장할 수 있다. 예를 들면, 인터넷 구인 · 구직 사이트에 자신의 이력서를 입력하고 사진을 스캔하여 올릴 수 있다.

④ PDA(Personal Digital Assistant) : 정보 수집 · 저장 · 작성 · 검색 및 통신 기능을 수행할 수 있는 휴대형 기기이다. PDA는 작고 가벼운 장치를 이용하여 개인 및 기업 정보에 접근(Access)하기에 가장 적합한 도구이며, 입력 펜으로 다양한 기능을 활용할 수 있다.

⑤ 디지털 카메라(Digital Camera) : 기존의 카메라는 필름을 현상한 후, 스캐너를 통하여 사진을 저장하는 단계를 거쳐야만 컴퓨터상에서 활용할 수 있었다. 그러나 디지털 카메라는 필름이 아닌 메모리 스틱(Memory Stick)이나 메모리 카드(Memory Card)에 있는 사진을 컴퓨터에 바로 연결하여 컴퓨터상에서 활용할 수 있다.

⑥ 스마트폰(Smart Phone) : 휴대폰에 컴퓨터 지원 기능을 추가한 기기로 휴대폰 기능에 충실하면서도 개인 휴대 정보 단말기(PDA) 기능, 인터넷 기능, 리모콘 기능 등이 일부 추가되어, 인터넷 및 컴퓨터에 접속하여 이메일, 웹브라우징, 팩스, 뱅킹, 게임 등 단말기로서의 기능도 수행할 수 있는 기기이다.

⑦ 태블릿 PC(Tablet PC) : 터치스크린을 주 입력 장치로 장착한 휴대용 PC이며 개인이 직접 가지고 다니며 조작할 수 있게 설계되어 있다. 2001년에 마이크로소프트사가 발표한 제품으로 인하여 알려지게 되었으나 운영 체제의 구별 없이 태블릿 크기의 개인용 컴퓨터를 가리키는 말이 되었다. 노트북과는 달리 가상 스크린을 대신 사용할 경우 키보드를 장착하지 않고 있을 수도 있으며 응용 소프트웨어로 오피스 제품군, 웹브라우저, 게임, 그리고 다양한 응용 프로그램들을 내장하고 있다.

(2) 정보전송기기

비서 업무에서 정보 전달은 상사의 메시지를 조직 내외로 발송하는 일 외에, 외부 및 부하 직원들의 정보를 상사에게 전달하는 일을 포함한다.

① 팩시밀리(Facsimile) : 일반적으로 줄여서 팩스라고도 하며, 문서나 도면을 송·수신하는 기기이다. 본인의 필적이나 서명을 원형 정보 그대로 보낼 수 있다는 장점이 있다.

② 화상전화기 [기출]

　　㉠ 가장 일반적인 통신 수단으로 사용하고 있는 전화기는 최근에 와서 전자 기술의 발전과 함께 다양한 기능이 추가되면서 더욱 편리해졌다. 화상 전화기로 통화하면 목소리뿐만 아니라 상대방의 표정까지 전달되므로 비서는 상냥한 목소리와 함께 친절한 표정으로 통화를 해야 한다.

　　㉡ 비서들은 업무 성격상 전화를 많이 다루기 때문에 전화의 편리한 기능들을 잘 활용함으로써 능률적인 업무처리와 함께 시간을 절약할 수 있다. 전화의 기능을 향상시키기 위하여 컴퓨터에 전화를 연결시켜 컴퓨터에 등록해 둔 전화번호를 선택함으로써 자동 다이얼을 하거나 팩스를 보낼 수 있다.

③ 전자우편 시스템(Electronic Mail System) : 컴퓨터를 이용하여 전자적 방식으로 메시지를 송·수신하는 시스템으로 가장 큰 장점은 수신자가 원할 때에 수시로 검색·출력해 볼 수 있다는 점이다.

④ 원격화상회의 시스템(Teleconference System) : 지역적으로 떨어진 장소에 있는 사람들이 컴퓨터와 통신 수단을 이용하여 한 자리에 모이지 않고서도 의사소통을 할 수 있도록 해주는 시스템을 말한다. 원격 회의실 컴퓨터에 연결된 대형 스크린이나 전자 흑판 등을 이용하여 서로 다른 장소에 있는 상태에서 회의를 진행할 수 있다.

⑤ 이동전화 : 이동전화를 이용해서 언제 어디서나 음성 정보뿐만 아니라 문자 정보와 화상 정보를 전송받아 활용할 수 있다. 또, 기술 발전이 가속화됨으로써 인터넷을 검색하거나, 파일을 송·수신하는 작업도 가능하다.

(3) 정보저장기기 [기출]

문자, 그림, 음성 등의 정보를 정리하여 보관할 장소가 점차로 좁아지는 문제를 극복하기 위하여 여러 가지 정보 저장기기들이 사용되고 있다.

① CD-R/W(Compact Disc-Read and Write) : CD-R/W는 방대한 양의 화상, 음성 및 문자 정보를 작은 마그네틱 원판에 저장할 수도 있고, 필요할 때에 컴퓨터를 이용하여 정보를 검색할 수 있도록 한 장치이다. 백과사전이나 각종 영상 정보를 저장하는 데 많이 쓰이고 있으며, 새로운 교육 매체로 많이 이용되고 있다.

② USB(Universal Serial Bus) 메모리 카드 : 디지털 카메라, 음악 파일 플레이어 등 다양한 신매체에 정보 저장기기로 활용되고 있는 USB 메모리 카드는 기존의 정보 저장 매체보다 작고 휴대가 간편한 특징이 있다. 화상 정보, 음악 정보, 동영상 정보 등 용량이 큰 파일을 저장하는 매체로 활용된다.

③ DVD(Digital Versatile Disk) : 콤팩트 디스크(CD)와 같은 지름의 디스크에 텔레비전 방송수준의 화질로 영화를 담을 수 있는 고해상도와 높은 화질을 제공하는 영상 정보 저장 매체이다. 뿐만 아니라, 판독 전용 컴퓨터 기억 장치인 CD-ROM의 차세대판인 DVD-ROM으로서도 사용될 수 있기 때문에 개인용 컴퓨터나 게임기기, 소프트웨어 제작 업계에서도 주목하고 있다.

⑤ 플래시 메모리(Flash Memory) : 메모리 칩 안에 정보를 유지시키는 데에 전력이 필요 없는 비휘발성 메모리로 휴대전화, MP3, 디지털 카메라 등에 사용된다.

⑤ 마이크로피시(Microfiche) : 1장의 사진 필름 위에 다수의 화면 화상, 문자, 도형 등을 수용한 것이다.

⑥ CD-ROM(Compact Disc Read Only Memory) : 많은 양의 자료가 디지털 형태로 저장되는 콤팩트 디스크이다.

중요 check **노트북의 저장 공간** 기출

마이크로 SD, 외장형 하드디스크, SSD, 클라우드 서비스, CD-R 등

---

(4) 통신망 기출

① 근거리 통신망(LAN ; Local Area Network)

　㉠ 근거리 통신망은 같은 빌딩 내의 여러 사무실이나 가까운 거리에 있는 계열사 사이를 전산망으로 연결한 것이다.

　㉡ 여러 대의 컴퓨터와 프린터 등의 주변 장치가 통신 회선을 통하여 연결되어 있어 사무 효율의 극대화를 꾀할 수 있다.

　㉢ 정보가 중요한 무형 자산이라는 인식의 확산과 함께 정보 교환과 공유에 대한 필요성이 자리 잡으면서 대기업과 연구 기관 등에서 근거리 통신망 구축이 보편화되었다.

　㉣ 근거리 통신망의 기능은 컴퓨터 간의 파일 전송과 전자우편을 가능하게 하고, 여러 대의 컴퓨터가 중앙의 기억 장치나 데이터베이스 또는 고성능 프린터를 함께 사용할 수 있도록 함으로써 시스템 효용을 극대화시킬 수 있다는 장점이 있다.

　㉤ 인트라넷(Intranet) : 인터넷 프로토콜을 쓰는 폐쇄적 근거리 통신망이다.

② 광역 통신망(WAN ; Wide Area Network)

　㉠ 광역 통신망은 공중 데이터 망을 이용하여 지역적으로 멀리 떨어진 곳을 연결한 네트워크이다.

　㉡ 근거리 통신망에 대응하는 개념으로 지방·국가 간을 연결하는 네트워크를 말한다.

　㉢ 대체로 근거리 통신망들을 서로 연결한 형태이며, 대표적으로 인터넷이 이에 속한다.

③ 초고속 통신망 : 통신 회사가 전용 회선, 케이블 회선, 또는 통신 위성을 통하여 빠른 속도로 정보를 전달해 주고 일반 사용자로부터 회선 설치료와 사용료를 받는다.

④ 부가가치통신망(VAN ; Value Added Network) : 회선을 소유하는 사업자로부터 통신회선을 빌려 독자적인 통신망을 구성하고, 거기에 어떤 가치를 부가한 통신망이다.

중요 check　사무정보기기의 종류 [기출]

- 정보처리기기 : 컴퓨터, 프린터, 스캐너, 스마트폰, 태블릿 PC 등
- 정보 전송기기 : 팩스, 화상전화기, 전자우편, 원격화상회의 시스템, 휴대폰 등
- 정보 저장기기 : 외장하드, CD-ROM, CD-R/W, 집 디스크(Zip Disk), USB 메모리 카드, DVD 등
- 통신망 : 근거리통신망(LAN), 광역통신망(WAN), 초고속통신망, 인트라넷, 부가가치통신망(VAN) 등
- 기타 : 프로젝터, 제본기, 복합기, 실물화상기, 문서 세단기 등

(5) 기타 사무정보기기 [기출]

① **프로젝터** : 일반 TV와 달리 빛을 스크린에 투사하여 시청하는 방식으로 종류에는 LCD 프로젝터, 슬라이드 프로젝터, 오버헤드 프로젝터, 빔 프로젝터 등이 있다.

② **문서 제본기** : 문서를 제본하는 기기로서 문서에 구멍을 뚫어 링이나 와이어를 끼워 사용하는 방식인 천공제공방식(링제본기, 와이어제본기)과 특수 접착제가 발라진 제본용 표지에 문서를 끼우고 접착제를 열로 녹여서 표지와 문서를 밀착시키는 방식인 열제본 방식이 있다. 천공제공방식은 제본 후 추가 또는 삭제가 가능한 장점이 있고, 열제본 방식은 제본기 사용이 간편하고 제본 속도가 빠르며 제본 후 모양이 깔끔하고 고급스럽다. 그러나 추가ㆍ삭제가 불가능하다.

③ **문서 세단기(파쇄기)** : 문서를 읽을 수 없도록 폐기용 문서를 매우 잘게 파쇄해주는 기기이다.

④ **복합기** : 복합기는 복사기, 프린터, 스캐너, 팩스 등 사무용기기를 하나로 통합한 기기이다.

⑤ **실물화상기** : 각종 실물화상을 입력받아 주변기기로 전송하는 기기로써 다양한 추가 기능과 함께 강의용 보조 장비로 널리 활용되고 있다.

⑥ **문서 코팅기** : 문서에 코팅용 필름 씌워주는 사무기기이다.

⑦ **전자칠판** : 보통 70~100인치되는 FPD(Flat Panel Display) 패널 또는 화이트보드와 결합되어 직간접적으로 화면상의 터치를 인식하는 영상장치다.

② 어플리케이션 활용

(1) 어플리케이션의 개념 [기출]

① 스마트폰에 설치하여 사용하는 응용 프로그램으로, 특정 어플리케이션 판매 공간에서 다운로드 받아 설치할 수 있다. 예를 들면, 애플사의 경우 앱스토어, 구글의 경우에는 플레이스토어이다.

② 일명 '앱', '어플'이라고도 하며, 스마트폰에 최적화되어 실행되는 서비스로, 아이콘 형태로 표시되는 플랫폼 기능을 가진 응용프로그램이다.

(2) 어플리케이션의 특성

① 어플리케이션은 필요에 의해 자유롭게 설치하고 배열할 수 있다.

② 무선인터넷 기술 발전과 보급, 서비스 개선으로 인해 스마트폰 사용이 활성화되어 웹 접근성이 높아졌다.

③ 사용자가 원하는 어플리케이션을 직접 제작할 수도 있다.

④ 어플리케이션으로 웹서핑, 음악듣기 및 다운로드, 길 안내, 대중교통정보 및 생활정보 수집, 달력 및 일정관리 등 다양한 활동을 할 수 있다.

(3) 비서들이 사용하는 어플리케이션

① 오피스 문서작성용 앱 `기출`

　㉠ 인프라웨어의 폴라리스오피스

　㉡ 구글 독스

　㉢ 한글과컴퓨터의 한컴오피스

　㉣ 애플의 아이워크 등

② 명함 앱 `기출`

　㉠ 캠카드(CamCard) : 광학 문자 인식(OCR) 기능으로 인식한 명함 데이터를 연락처에 자동으로 저장하는 디지털 명함첩이다.

　㉡ 리멤버(Remember) : 사람이 직접 명함 데이터를 입력하는 것으로 리멤버를 서비스하는 드라마앤컴퍼니(D&D)에서 고용한 타이피스트(타이핑을 전문적으로 치는 직업)가 종이 명함을 손으로 입력하는 방식이다. 리멤버로 명함 사진을 찍으면 타이피스트가 사용자 대신 명함 데이터를 정리해준다.

③ 업무용 메신저 앱

　㉠ 잔디(JANDI) : 이메일이 필요 없는 간편한 소통과 파일 공유, 업무용 툴과의 연동까지 지원하는 완전히 새로운 업무용 메신저이다.

　㉡ 인서클(InCircle) : 일본이 개발한 기업용 메신저로 관리자에 의해 등록된 멤버만 사용이 가능한 업무용 SNS다.

　㉢ 이스트소프트의 팀업 : 기업 내 게시판을 폐쇄적으로 운영하면서도 외부 업체들과 공유할 부분은 손쉽게 개방하는 기업용 메신저이다.

중요 check 기업용 메신저

기업의 업무에 특화된 협업솔루션이다. PC, 모바일, 태블릿 등 다양한 디바이스에서 직원들끼리 실시간으로 커뮤니케이션이 가능하다. 채팅 외에도 게시판, 문서공유, 영상회의, 음성전화 등 협업 툴 기능도 추가돼 업무의 효율성을 높일 수 있다.

---

④ 일정 관리 앱 기출
  ㉠ Jorte : 세계 각국의 공휴일 등을 설정해 표기할 수 있으며, 일주일의 시작을 월요일로 할지, 일
    요일로 할지도 선택 가능해 일정 관리 시 편리하다.
  ㉡ 굿캘린더 : 드래그&드롭으로 간편하게 일정을 입력할 수 있고 기념일, 미팅·약속, 메모 등 상
    위에 있는 아이템을 날짜로 끌어다 놓기만 하면 된다.
  ㉢ 에버노트(Evernote) : 2008년 출시된 메모용 앱이다. 스캔프로그램(Scanable) 등을 이용하여
    각종 자료나 명함을 에버노트에 담을 수 있다.
⑤ 팩스 앱
  ㉠ 엔팩스 : 국내 최초로 인터넷을 통하여 팩스수신, 발송이 가능한 인터넷팩스 분야 1위 서비스이다.
  ㉡ 모바일 팩스 : SK텔링크에서 모바일 팩스 서비스를 제공하고 있으며, 팩스 송수신이 가능한 편
    리한 앱이다. 설치하고 가입승인이 되면 수신번호도 무료로 발급이 되어 스마트폰 상에서 팩스
    를 받을 수 있다.

③ 컴퓨터와 스마트 모바일기기 특성과 활용

(1) 컴퓨터의 특성과 활용

① 컴퓨터의 정의 및 기능
  ㉠ 컴퓨터는 전자(Electronics)의 원리에 의해 숫자나 문자, 소리 및 그림 등의 자료를 처리
    (Processing)하여 필요한 정보를 얻는 시스템으로, 활용영역이 사회의 거의 모든 분야에 이르
    고 있다.
  ㉡ 컴퓨터는 자료 및 지식이 전자적인 신호로 표현되고 개인 및 조직의 다양한 자료와 지식을 처리
    하는 정보처리기라고 할 수 있다.
② 컴퓨터의 특성
  ㉠ 신속한 정보처리속도를 가지고 있다.
  ㉡ 처리된 정보가 정확하고 신뢰성이 있다.
  ㉢ 자동 처리되고 서로 호환되는 특징이 있어 정보력을 크게 향상시킬 수 있다.
  ㉣ 컴퓨터는 정보화사회에서는 꼭 필요한 기기이다.
③ 컴퓨터의 구성
  ㉠ 하드웨어 : 컴퓨터를 구성하는 모든 기계적 장치 → 중앙처리장치(CPU), 주기억장치(ROM,
    RAM), 입출력장치, 보조기억장치(하드디스크, 마그네틱테이프 등)
  ㉡ 소프트웨어 : 컴퓨터 시스템을 구성하는 요소 중에서 하드웨어를 제외한 무형의 부분 → 시스템
    프로그램(컴퓨터 자체를 운영하고, 제어하며 또한 처리능력을 제고시키기 위해 사용되는 프로
    그램), 응용 프로그램(컴퓨터를 사용하는 목적에 따라 특정한 분야를 응용하기 위하여 개발된
    프로그램)

④ **컴퓨터의 활용** : 가정, 학교, 사회, 국가 및 우주 개발에 이르기까지 여러 분야에 걸쳐 다양하게 이용되고 있다.

중요 check 소프트웨어의 종류

- 사무자동화(OA)
  - 워드프로세서 : 문서의 입력, 편집, 저장, 인쇄 기능 등을 제공하는 프로그램 → 한글, MS워드 등
  - 데이터베이스 : 대량의 정보를 관리하고 내용을 구조화하여 검색이나 갱신 작업을 효율적으로 실행할 수 있는 프로그램 → 액세스 등
  - 스프레드시트 : 수치, 계산, 차트작성 등을 제공하는 프로그램 → 엑셀 등
  - 프레젠테이션 : 도표, 도형, 동영상 등을 이용해 슬라이드를 쉽게 작성하여 기업의 회의에 이용하는 프로그램 → 파워포인트 등
- 그래픽
  - 그래픽 프로그램 : 그림을 그리거나 작성된 그림을 재편집하는 기능의 프로그램 → 포토샵 등
  - DTP 프로그램 : 컴퓨터를 이용하여 출판물을 만들기 위해 사용되는 프로그램 → OMR, 이미지편집 소프트웨어 등

---

(2) 스마트 모바일 기기의 특성과 활용

① **모바일 환경의 특성**

　㉠ 휴대할 수 있어 다양한 데이터의 교류와 주체 간 상호작용이 이루어진다.

　㉡ 언제 어디서나 무선 통신 및 이동 통신을 통하여 데이터에 접근할 수 있고 인터넷에 접속하여 서비스를 요청할 수 있다.

　㉢ 각기 다른 다양한 사용자들이 존재하며, 이에 따라 다양한 사용자들에 대한 배려가 필요하다.

　㉣ 통신을 지속하면서 이동할 수 있다.

　㉤ 멀티미디어의 정보처리가 가능하다.

　㉥ 멀티미디어에 대한 다양한 인터페이스가 존재한다.

　㉦ 융합 현상의 가속화로 모바일 기기는 본래의 기능 외에도 다양한 기능들을 포함한다.

② **모바일 기기의 특성**

　㉠ 작은 화면의 제한성으로 전체 정보를 보여주기 어려운 경우가 많기 때문에 최대한 정보를 압축하여 한 화면에 정리된 내용을 보여준다.

　㉡ 정보를 로딩하는 속도를 고려하여 이미지의 크기, 그래픽과 색상의 최적화가 필요하며, 대용량 그래픽은 제한적으로 사용한다.

　㉢ 제한된 메모리와 작은 화면으로 인해 멀티태스킹 기능은 컴퓨터 환경에 비해 떨어진다.

③ 모바일 기기의 활용

 ㉠ 태블릿 PC(Tablet Personal Computer) : 키보드나 마우스가 아닌 스타일러스(Stylus), 디지털 펜, 손가락을 주된 입력 장치로 사용하는 터치스크린이 장착된 컴퓨터이다.

 ㉡ PDA(Personal Digital Sssistants) : 휴대용 컴퓨터의 일종으로 개인정보관리 기능을 주로 이용하고 간단한 컴퓨팅 기능과 인터넷 접속이 부가된 휴대용 개인정보 단말기이다.

 ㉢ PMP(Portable Multimedia Player) : 음악이나 동영상의 재생, 디지털카메라 기능과 통신 기능까지 갖춘 휴대용 멀티미디어 재생기이다.

 ㉣ 웨어러블 디바이스(Wearable Device) : 의류나 액세서리에 PC 기능을 담은 컴퓨터로서 미국 군사 훈련용으로 개발되기 시작하여, 점점 일상생활과 패션, 모바일 기기 및 디지털 제품에까지 그 영역을 넓히고 있다.

 ㉤ 스마트폰(Smart Phone) : 인터넷 통신과 정보검색 등 기존의 컴퓨터의 기능과 다양한 센서를 추가하여 전화 기능까지 갖춘 휴대용 컴퓨터이다.

01 홍보회사에서 근무하는 윤슬아 비서의 SNS 활용 및 관리에 대한 설명 중 가장 적절하지 않은 것은?

① 비서는 항상 다양한 소셜 미디어에 관심을 가지고 상사 및 회사와 관련된 내용을 주기적으로 모니터링해야 한다.

② 우리 회사와 팔로워를 맺은 인원, SNS상에서 다루어지고 있는 주요 내용, 소비자의 관심 분야도 파악하고 있어야 한다.

③ 경쟁사의 SNS는 관심을 갖지 않아야 우리 회사의 SNS 운영을 효율적으로 할 수 있다.

④ 사내 직원들이 회사 SNS를 활용하고 홍보할 수 있도록 적극 권장한다.

> 해설 ③ 경쟁사의 SNS 홍보활동에도 관심을 두어야 우리 회사의 SNS 운영도 효율적으로 할 수 있다.

02 웹사이트에 주민등록번호 대신 이용할 수 있는 사이버 신원확인번호로서 인터넷상에서 주민등록번호가 무단으로 유출되어 도용되는 부작용을 막기 위해 만들어진 서비스를 무엇이라 하는가?

① 클라우드

② 아이핀

③ 공인인증서

④ 전자서명

> 해설 ② 아이핀(i-PIN)은 인터넷 개인 식별 번호(Internet Personal Identification Number)의 약자로 주민등록번호 대신 인터넷상에서 신분을 확인하는 데 쓰인다. 기존 주민등록번호로 실명을 인증하는 것과 비슷하지만 웹사이트마다 일일이 실명과 주민등록번호를 입력하는 불편함을 덜어준다.

03 다음 중 데이터베이스 관리 시스템에 대한 설명으로 가장 적절하지 않은 것은?

① Database Management System이며 약자로 DBMS라고 한다.
② 테이블에 작성되어 저장된 데이터를 이용하여 폼이나 쿼리, 보고서 등의 기능을 이용하여 데이터 관리가 가능하다.
③ MS-Access는 개인사용자용으로 개발된 데이터베이스 관리 시스템이다.
④ 다수의 컴퓨터 사용자가 이용하기 때문에 데이터가 중복되는 오류는 불가피하다.

> 해설 ④ 데이터베이스는 여러 응용프로그램이 공동으로 소유하고, 유지하고, 이용할 수 있으며 데이터의 연결점을 유지하고 동시 다수의 사용자가 데이터의 중복을 방지하며 효율적인 데이터 사용을 가능하게 해 준다.

04 정보수집 및 문서에 자료인용 시 유의해야 할 내용으로 가장 적절하지 않은 것은? [19년 1회 1급]

① 자료수집의 단계에서부터 인용을 대비해 서지사항을 정확히 기재한다.
② 인터넷자료의 경우 웹 페이지의 주소(URL)만 정확히 기록해 두면 된다.
③ 인용할 때 각주를 활용하여 참고문헌에서 인용의 정도와 인용처리 방식을 분명히 하는 것이 좋다.
④ 직접 인용할 만큼의 가치를 갖는 내용은 원문의 표현을 그대로 옮겨두고 쪽수까지 정확히 기록해 두는 습관이 필요하다.

> 해설 ② 인터넷자료라고 해도 인쇄물과 동일하게 취급하여 저작권 여부를 살피고, 필요한 경우 웹 글 기재자의 사용 허락을 받아야 한다.

05 한국전자는 IPO를 앞두고 대표이사인 상사가 IR 프레젠테이션을 할 예정이어서 상사를 위해 비서가 시각 자료를 작성 중이다. 이 중 가장 적절하지 않은 것은?

① 정확한 수치 제공보다는 청중의 감성에 호소할 수 있는 이미지 광고 느낌으로 제작하였다.
② 슬라이드의 마스터 배경을 회사의 로고와 CI를 활용하여 만들었다.
③ 지루함을 피하고 흥미를 유발하기 위하여 화면전환 효과를 적절하게 사용하였다.
④ 회사의 주요 서비스와 제품에 관해 설명하기 위한 flash 파일을 만들어서 삽입하였다.

> 해설 ① IR은 기업이 자본시장에서 정당한 평가를 얻기 위한 주식 및 사채투자자들을 대상으로 실시하는 홍보활동이므로 정확한 수치의 제공이 중요하다.

06 다음은 어떤 용어에 대한 설명들이다. 무엇에 관한 설명인지 순서대로 나열한 것으로 옳은 것은?

> (가) 회사나 학교 등 한정된 공간에서 네트워크 환경을 기반으로 업무를 수행할 수 있도록 한 것으로 기업 내 정보 통신망상에서 운영된다.
> (나) 구성원들이 통신망으로 연결된 컴퓨터를 통해 서류작성, 결재, 문서 보관 등의 업무까지 전자적으로 처리할 수 있게 하는 소프트웨어이다.
> (다) 지역적으로 떨어진 장소에 있는 사람들이 컴퓨터와 통신수단을 이용해 한자리에 모이지 않고도 회의 등 의사소통을 가능하게 한다.

① 인트라넷 – 그룹웨어 – 원격회의시스템
② 그룹웨어 – 인트라넷 – 화상회의시스템
③ 엑스트라넷 – 그룹웨어 – 화상회의시스템
④ 인트라넷 – 이메일 – 원격회의시스템

해설 ① (가)는 인트라넷, (나)는 그룹웨어, (다)는 원격회의시스템에 대한 설명이다.

07 김 비서가 웹으로 접속하지 않고 다른 방법으로 네이버 메일을 확인하려고 한다. 이를 위한 방법으로 가장 적절하지 않은 것은?

① MS-Outlook에서 POP3/SMTP를 설정한다.
② 스마트폰을 이용하여 IMAP/SMTP를 설정한다.
③ Outlook Express를 이용해서 보내는 서버 주소와 받는 서버 주소를 설정한다.
④ ODBC를 설정해서 어떤 데이터베이스이든지 자유롭게 접근하도록 설정한다.

해설 ④ 어떤 데이터베이스이든지 자유롭게 접근하도록 설정하면 접속이 원활하지 않을 수 있다.

08 다음 중 업무 관련 정보 수집을 위해 신문을 이용하는 비서의 행동에 대한 설명으로 가장 옳지 않은 것은?

① 장 비서는 인물 동정란을 보고 상사 지인들의 승진, 영전, 부고를 찾아본다.
② 강 비서는 효과적인 정보 수집을 위해 모든 기사를 빠짐없이 꼼꼼히 읽는다.
③ 남 비서는 주요 기사를 놓치지 않기 위해 상사의 정보 요구에 적합한 2, 3종의 신문을 선별하여 조사한다.
④ 최 비서는 큰 제목을 기준으로 훑어보아 중요 기사를 파악한 후 필요한 기사를 찾아 읽는다.

해설 ② 비서는 상사에게 필요한 정보 및 필요 정보 원천 판단에 따른 정보 선별 능력이 필요하다.

09 다음에 설명된 개념이 올바르게 짝지어지지 않은 것은?

> 가. 전자상거래 중에서 기업 간의 거래를 의미
> 나. 전자상거래 중에서 회사와 정부의 거래를 의미
> 다. 전자상거래 중에서 정부 간의 거래를 의미
> 라. 전자상거래 중에서 소비자 간의 거래를 의미

① 가 - B2B　　　② 나 - B2E　　　③ 다 - G2G　　　④ 라 - C2C

해설　② B2E(Business to Employee)는 기업과 직원 사이의 전자상거래를 의미한다.

10 다음 달 싱가폴에서 열리는 ICTLT 국제회의에 참가하는 송 전무는 윤나영 비서에게 전년도 ICTLT 자료가 필요하다고 하였다. 다음 중 윤나영 비서의 자료 수집 방법으로 가장 적절한 것은?

① ICTLT 국제회의 주최 조직에 연락하여 자료를 요청한다.
② 유사한 국제회의에 대해 조사하여 자료를 수집한다.
③ 전년도 유사 회의에 참석했던 사람들에게 자료를 요청한다.
④ 전년도 ICTLT 회의의 개최장소 관계자에게 자료를 요청한다.

해설　① 사용자로 하여금 필요한 시기, 장소, 형태 등이 정확한 내용이어야 그 효과가 높으므로 주최 조직에 직접 연락을 하여 자료를 요청하도록 한다.

11 상공상사(주) 김미소 비서는 상사 집무실의 프린터를 스마트폰에서 바로 인쇄를 할 수 있는 기종으로 바꾸기 위하여 적당한 프린터를 3개 정도 조사하여 상사에게 보고하려고 한다. 이때 프린터에 필요한 기능끼리 묶인 것은? [18년 2회 1급]

① 와이브로 기능, 와이파이 기능
② 블루투스 기능, 와이파이 기능
③ 와이파이 기능, MHL 기능
④ 블루투스 기능, MHL 기능

해설　• 와이파이 : 무선접속장치가 설치된 곳에서 전파를 이용 일정 거리 안에서 무선인터넷을 활용할 수 있는 근거리 통신망
　　　• 블루투스 : 휴대폰, 노트북, 이어폰 · 헤드폰 등의 휴대기기를 서로 연결해 정보를 교환하는 근거리 무선 기술 표준

12 중소기업에 근무하는 서영진 비서는 상사의 임원회의 발표 자료를 만들고 있다. 다음 중 서 비서의 프레젠테이션 자료 작성에 대한 설명으로 가장 적절한 것은?

① 세로 방향보다 가로 방향으로 배치하여 안정감 있게 자료를 작성하였다.
② 발표가 주목받도록 애니메이션과 화면 전환 기능을 되도록 많이 사용하였다.
③ 슬라이드 개수가 많아질 것을 방지하기 위해 한 슬라이드에 내용을 많이 배치하였다.
④ 각각의 장이 강조되도록 슬라이드마다 디자인을 다르게 설정하였다.

> 해설 ① 사람의 눈은 눈동자가 위아래 동작할 수 있는 길이보다 좌우로 움직일 수 있는 길이가 길기 때문에 가로 방향으로 배치하는 것이 더 편안하고 안정감이 있다.

13 다음 중 시간 또는 공간의 제약을 극복하는 형태를 보이는 사무기기 활용에 해당하는 것으로 가장 거리가 먼 것은?

① 그룹웨어를 이용하여 전자우편을 발송하였다.
② 전자문서관리시스템을 도입하여 종이 없는 사무실을 구축하였다.
③ 프레지를 활용하여 상사의 일정을 공유하여 관리하였다.
④ 영상회의시스템을 도입하여 원격으로 해외지사장과 회의를 하였다.

> 해설 ③ 프레지는 줌 효과로 화면을 전환하는 인터페이스를 활용한 프레젠테이션 도구이다. 상사의 일정은 직관적이면서 세부항목을 확실한 텍스트로 확인할 수 있도록 엑셀 등 도표화된 작업툴을 사용하는 것이 좋다.

14 다음 중 컴퓨터 바이러스의 감염 경로와 예방법에 대한 설명으로 가장 적절하지 않은 것은?

① 인터넷을 통해 다운 받은 파일이나 외부에서 복사해 온 파일은 반드시 바이러스 검사를 수행한 후 사용한다.
② 발신자가 불분명한 전자우편은 열어보지 않고 삭제한다.
③ 바이러스 예방 프로그램을 램(RAM)에 상주시켜 바이러스 감염을 예방한다.
④ 모든 폴더의 속성을 읽기 전용으로 하여 바이러스 감염을 원천적으로 차단한다.

> 해설 ④ 대부분의 바이러스들은 파일의 읽기전용 속성을 해제한 후 감염시키기 때문에 파일이나 폴더를 읽기전용으로 하는 것은 바이러스 감염 예방법과는 상관이 없다.

15 다음 중 어플리케이션의 특성으로 옳지 않은 것은?

① 스마트폰의 활용과 활성화를 위한 무선인터넷 기술 발전과 보급, 서비스 개선으로 인한 웹 접근성이 높아졌다.

② 아이콘 형태로 표시되는 플랫폼 기능을 가진 응용프로그램이다.

③ 사용자가 어플리케이션을 직접 제작할 수는 없다.

④ 필요에 의해 자유롭게 설치하고 배열할 수 있다.

해설 ③ 사용자가 원하는 어플리케이션을 직접 제작할 수도 있다.

16 다음 중 공신력 있는 기관을 사칭하거나 복잡한 기술 용어들을 나열해가면서 이메일이나 인터넷 메신저, 문자메시지 등에 거짓 정보나 괴담 등을 실어 사용자를 속이는 바이러스는?

① Hoax
② 웜
③ 트로이 목마
④ 부트 바이러스

해설 ② 웜 : 분산형 시스템, 네트워크에 상주하는 독립 프로그램 또는 실행 가능한 코드 모듈
③ 트로이 목마 : 악성 루틴이 숨어 있는 프로그램으로, 겉보기에는 정상적인 프로그램으로 보이지만 실행하면 악성 코드를 실행
④ 부트 바이러스 : 플로피 디스크나 하드 디스크의 부트 섹터에 감염되는 바이러스로, 부팅할 때 자동으로 동작

17 경기전자 모바일사업본부장 비서로 일하고 있는 장채은 비서는 제품 발표회 준비를 앞두고 회의장에서 다양한 종류의 휴대폰 모형을 직접 보여주면서 프레젠테이션을 진행할 때 사용할 기자재를 선정하고 있다. 다음 중 가장 적합한 기자재는 무엇인가?

① 빔 프로젝터
② OHP
③ 실물화상기
④ 3D 프린터

해설 ③ 물건의 실제형태를 화상기에 비추는 기계로 여러 사람들에게 보여줄 때 주로 사용된다.

18 다음 중 효과적인 프레젠테이션을 위한 시각자료 작성 시 유의사항으로 바르게 설명된 것끼리 짝 지어진 것은?

> (가) 여러 장의 자료를 준비해야 하는 경우 각 장의 형식은 통일시킨다.
> (나) 내용은 청중의 이해를 돕기 위해 빽빽하게 많이 넣어 자세히 설명한다.
> (다) 내용의 배치는 보고서와 같은 형태인 세로로 긴 방향으로 처리한다.
> (라) 같은 페이지 안에는 같은 주제에 관한 문장이나 단락으로 구성한다.
> (마) 숫자는 도표보다 그래프를 사용한다.

① (가), (다), (라)　　　　　　② (가), (나), (라)
③ (나), (다), (마)　　　　　　④ (가), (라), (마)

> 해설　(나) 한 화면에는 핵심 내용만 입력하고, 유인물을 사용하거나 진행자가 설명을 곁들이는 것이 좋다.
> 　　　(다) 세로방향으로 하는 것보다 가로 방향으로 배치하는 것이 더욱 안정감이 있다.

19 다음 기사를 통해서 알 수 있는 내용 중 가장 올바른 것은?

> 〈전략〉
> 8일 한국보건사회연구원이 최근 발간한 '우리나라 가계소득 및 자산분포의 특징' 보고서를 보면 우리나라 가계단위의 가처분소득 지니계수는 0.4259인데 반해 순자산 지니계수는 0.6014로 자산불평등이 소득불평등보다 수치가 높았다. 지니계수는 소득이 어느 정도 균등하게 분배되는지 나타내는 지수로, 0에서 1까지의 수치로 나타내며 1에 가까울수록 불평등이 심하다는 것을 뜻한다. 보고서는 지난 2월 통계청이 발표한 '2021가계금융·복지조사' 자료를 이용해 우리나라 가계의 소득과 자산 분포의 특징을 살폈다.
> 그 결과 가처분 소득은 상위 10%가 전체 가처분 소득의 29.1%를 보유하고 하위 40%가 13.4%를 갖고 있었던 것과 대조적으로 순자산은 상위 10%가 43.7%, 하위 40%가 5.9%를 보유하는데 그쳤다. 아울러 해당 연령대가 전체 순자산 불평등에 얼마나 기여하는지를 살펴본 결과 45~54세의 상대적 기여율이 23%로 가장 높고 55~64세가 19.5%로 그 뒤를 이었다.
> 〈후략〉
> 〈○○뉴스, 2021. 4. 8〉

① 우리나라 국민의 소득불평등이 자산불평등보다 더 심각하다.
② 연령대와 관계없이 소득 불평등은 고르게 나타난다.
③ 가처분 소득 상위 10%가 43.7%의 자산을 보유하고 있다.
④ 가처분 소득 하위 40%가 전체 가처분 소득의 13.4%를 가지고 있다.

> 해설　① 자산불평등이 소득불평등보다 수치가 높다.
> 　　　② 45~54세의 상대적 기여율이 23%, 55~64세가 19.5%로 차등된 분포를 나타냈다.
> 　　　③ 가처분 소득은 상위 10%가 전체 가처분 소득의 29.1%를 보유하고 있다.

20 문서 제본기에는 여러 가지 종류가 있는데, 다음 중 열접착 제본기의 특징을 모두 고르시오.

> (가) 360도로 제본된 자료를 펼치기 쉽다.　　(나) 제본 상태가 견고하다.
> (다) 제본 후 자료의 첨삭이 용이하다.　　(라) 제본기 사용이 간편한 편이다.
> (마) 제본 후 모양이 깔끔하고 고급스럽다.

① (가), (나), (다)　　　　　　　　② (나), (다), (라)
③ (나), (다), (마)　　　　　　　　④ (라), (마)

> 해설　④ 열제본기는 특수 접착제가 발라진 제본용 표지에 문서를 끼우고 접착제로 열을 녹여서 표지와 문서를
> 밀착시키는 방식으로 제본한다. 열제본기는 사용이 간편하고 제본 후 모양이 깔끔하고 고급스럽지만
> 삭제나 추가가 불가능하다.

21 다음은 신문기사의 일부이다. A와 B에 들어갈 단어가 순서대로 나열된 것은?

> 가짜 사이트로 피해자를 유도해 금융 정보를 빼가는 (A)은 2013년 3,218건에서 지난해 7,101건으로
> 120.7% 급증했다. (A)은 (B)과 결합하기도 한다. 그 사례로서 무작위로 전화를 걸어 "사기사건에
> 연루되었으니 검찰청 사이트에서 확인하라"고 속여 미리 만들어 놓은 '가짜 검찰청 사이트'로 유도
> 했다. 그 뒤 개인정보와 금융정보를 입력하도록 하고, 이 정보를 활용하여 피해자들의 계좌에서 2억
> 3,000만원을 인출해갔다.

① A – 피싱, B – 보이스 피싱
② A – 파밍, B – 보이스 피싱
③ A – 스미싱, B – 파밍
④ A – 스미싱, B – 피싱

> 해설　• 파밍(Pharming) : 악성코드에 감염된 PC를 조작해 이용자가 인터넷 즐겨찾기 또는 포털사이트 검색을
> 통하여 금융회사 등의 정상적인 홈페이지 주소로 접속하여도 피싱(가짜) 사이트로 유도되어 범죄자가
> 개인 금융 정보 등을 몰래 빼가는 수법
> • 보이스피싱(Voice Phishing) : 음성(Voice)과 개인정보(Private Ddata), 낚시(Fishing)를 합성한 신조어로
> 전화를 통해 불법적으로 개인정보를 빼내서 사용되는 신종범죄
> • 스미싱(Smishing) : 문자메시지(SMS)와 피싱(Phishing)의 합성어로 무료쿠폰 제공, 돌잔치 초대장 등을
> 내용으로 하는 문자메시지 내 인터넷주소를 클릭하면 악성코드가 설치되어 피해자가 모르는 사이에 소
> 액결제 피해 발생 또는 개인 · 금융정보를 탈취하는 수법

22 다음 설명에 해당하는 것은?

> 서버가 처리할 수 있는 용량을 초과하는 정보를 한 번에 보내 서버를 다운시키는 수법

① 피싱(Phishing)   ② 파밍(Pharming)
③ 스미싱(Smishing)   ④ 디도스(DDoS)

해설 ④ 인터넷에 연결된 일련의 시스템들을 이용해 단일 사이트에 대한 동시다발적 공격을 시도하는 것이다.

23 다음 중 그룹웨어에 대한 설명으로 가장 거리가 먼 것은?

① 공동작업을 하는 구성원들의 업무 생산성을 향상시킬 수 있다.
② 원격지에 있는 조직구성원들의 협동작업을 가능하게 하는 시스템이다.
③ 전자 상거래 데이터의 교환 및 공유를 위한 세계적인 표준이다.
④ 전자메일, 문서, 전자게시판, 일정관리, 커뮤니티 등에서 정보를 공유한다.

해설 ③ 그룹웨어 : 기업 등의 구성원들이 컴퓨터로 연결된 작업장에서, 서로 협력하여 업무를 수행하는 그룹작업을 지원하기 위한 소프트웨어나 소프트웨어를 포함하는 구조

24 마케팅 이사의 비서로서 상사 및 회사의 소셜미디어 관리를 지원하고 있다. 소셜미디어 관리에 관한 사항으로 가장 적절하지 않은 것은? [19년 2회 1급]

① 소셜미디어에 올라온 우리 회사 및 상사와 관련한 정보에 대해 항상 유의한다.
② 우리 회사 SNS의 주요 게시물 및 고객의 반응에 대해 모니터링한다.
③ 경쟁사의 소셜미디어 게시물 및 고객 반응에 대해서 모니터링한다.
④ 사용자 수가 감소세에 있는 매체보다는 최근에 사용자 수가 증가하고 있는 매체 중심으로 내용을 업데이트한다.

해설 ④ 다양한 SNS에 관심을 가져야 하며 최근 사용 추이와 새로운 소셜미디어가 무엇인지 등을 확인해야 한다.

25 다음 그래프에 관한 내용 중 가장 거리가 먼 것은?

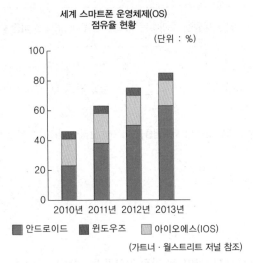

세계 스마트폰 운영체제(OS)
점유율 현황

(단위 : %)

■ 안드로이드 ■ 윈도우즈 ▨ 아이오에스(IOS)

(가트너 · 월스트리트 저널 참조)

① 안드로이드는 2013년에 스마트폰 운영체제 점유율이 50%가 넘었다.
② 윈도우즈의 스마트폰 운영체제 점유율은 매년 거의 비슷한 비율을 보이고 있다.
③ 이 그래프는 100% 누적 세로 막대그래프이며, 구성 비율을 시간의 추이에 따라 비교할 때 주로 사용한다.
④ 2010년에는 기타 운영체제의 종류가 많았으나, 2013년에는 감소했다.

> 해설 ④ 막대그래프는 기타 운영체제 종류의 수가 아니라 점유율을 말하는 것이므로 종류가 감소했다고 말할 수 없다.

26 MS Outlook에서 뉴스 사이트나 블로그를 구독하는 서비스로 피드를 추가하면 전자메일 읽기와 비슷하게 정보를 받아볼 수 있다. 이러한 서비스를 무엇이라고 하는가?

① RSS 　　　　　② PDF
③ MO 　　　　　④ NIE

> 해설 ① RSS(Really Simple Syndication, Rich Site Summary) : 이용자가 원하는 것을 골라 서비스해주는 맞춤형 뉴스 서비스
> ② PDF(Portable Document Format) : 미국 어도비시스템즈에서 만든 문서 파일 유형
> ③ MO(Message Oriented) : 휴대폰과 컴퓨터 간의 양방향 메시징 서비스
> ④ NIE(Newspaper In Education) : 신문을 교재로 활용하는 교육 방법

27 아래 표는 사무관리 자격시험의 검정 현황이다. 연도별로 필기시험의 응시인원, 합격인원, 합격률을 비교하기에 가장 적절한 그래프의 유형은?

연 도	필 기			실 기		
	응 시	합 격	합격률(%)	응 시	합 격	합격률(%)
2023	36,267	19,081	52.6%	22,480	12,791	56.9%
2022	55,262	19,076	34.5%	29,683	15,583	52.5%
2021	80,976	34,590	42.7%	42,660	23,652	55.4%
2020	91,575	39,523	43.2%	53,005	34,071	64.3%
2019	96,850	60,188	62.1%	66,886	45,275	67.7%

① 연도별 필기시험의 응시인원, 합격인원 비교를 위한 세로막대와 연도별 합격률 추이를 위한 꺾은선 혼합형 그래프
② 응시인원 대비 합격률에 대한 백분율을 비교할 수 있는 100% 기준 누적 세로 막대그래프
③ 연도별 합격률 비교를 위한 거품형 그래프
④ 연도별 필기시험의 응시인원, 합격인원, 합격률을 색깔별로 표시한 꺾은선 그래프

해설 ① 막대형 그래프는 각각의 크기(응시인원, 합격인원)를 비교하기에 편리하며, 꺾은선 그래프는 시간(연도)에 따라 연속적으로 변화하는 모양을 나타내는 데 편리하다.

28 다음과 같이 어플리케이션을 이용하여 업무처리를 하고 있다. 이 중 가장 적합하지 않은 경우는?

[18년 2회 1급]

① 상사가 스마트폰에서도 팩스를 수신하실 수 있도록 모바일 팩스 앱을 설치해 드렸다.
② 상사가 스마트폰으로 항공기탑승 체크인을 하기를 원해서 항공권을 구입한 여행사 앱을 설치해 드렸다.
③ 상사가 스마트폰을 이용하여 발표자료 편집을 원하셔서 Keynotes 앱을 설치해 드렸다.
④ 종이 문서를 스마트폰으로 간단히 스캔하기 위해서 Office Lens 앱을 사용하였다.

해설 ② 여행사가 아니라 해당 항공사 앱을 설치하여야 한다.

29 박 비서는 다음 주 사내 프레젠테이션 경진대회를 앞두고 심사위원에게 배부할 자료집을 만들고 있다. 자료집 제작을 위해서 정 비서가 사용하는 사무기기로 가장 적절한 것은 무엇인가?

① DTP – 문서제본기
② OHP – 플로터
③ PDA – 스캐너
④ 태블릿 컴퓨터 – 문서세단기

해설 ① DTP(Desktop Publishing)는 개인용 컴퓨터를 이용하여, 출판물의 입력과 편집, 인쇄 등의 전 과정을 컴퓨터화한 전자 편집 인쇄 시스템이다. 자료집은 DTP와 문서제본기를 이용하여 제작한다.

30 다음 중 사무기기의 올바른 사용 및 관리에 대한 설명으로 가장 적당하지 않은 것은?

① 박 비서는 컴퓨터 하드디스크에 저장된 데이터가 손상되는 것에 대비하여 파일을 백업해두었다.
② 정 비서는 문서 세단기를 사용하여 문서를 폐기할 때 항상 최대 세단 장수를 염두에 두고 기기를 사용한다.
③ 고 비서는 회의용 자료를 동일한 크기로 통일시키기 위해 B4 크기의 원본 자료를 A4 크기로 확대하여 복사하였다.
④ 이 비서는 기밀이 유지되어야 하는 기획서를 제작하기 위해 문서 제본기를 사용하여 서류를 완성하였다.

해설 ③ B4크기는 257×364(mm)이고, A4는 210×297(mm)이므로 확대복사가 아니라 축소복사이다.

부 록

문제은행 기출유형 모의고사

배우기만 하고 생각하지 않으면 얻는 것이 없고,
생각만 하고 배우지 않으면 위태롭다.

− 공자 −

합격의 공식 ▶

SD에듀

자격증 · 공무원 · 금융/보험 · 면허증 · 언어/외국어 · 검정고시/독학사 · 기업체/취업
이 시대의 모든 합격! SD에듀에서 합격하세요!
www.youtube.com → SD에듀 → 구독

제1회 | 기출유형 모의고사

01 다음 비서의 자질과 태도에 관한 설명 중 가장 적합하지 않은 것은? [20년 2회 1급]

① 다양한 사무정보 기기를 능숙히 다루기 위하여 많은 노력을 한다.
② 바쁜 업무시간 틈틈이 인터넷 강의를 들으며 외국어 공부를 한다.
③ 평소 조직 구성원들과 호의적인 관계를 유지하기 위해 노력한다.
④ 상사의 직접적인 지시가 없어도 비서의 권한 내에서 스스로 업무를 찾아 수행한다.

> **해설** ② 끊임없는 자기개발이 필요한 비서의 직무 특성상 외국어 능력을 키우는 것도 중요하지만 급하게 처리해야 할 업무가 있거나 많은 양의 업무로 바쁜 경우에는 업무를 처리하는 것이 우선이다.

02 다음 중 전화응대 대화 내용으로 가장 적절한 것은? [20년 2회 1급]

① "안녕하세요, 이사님. 저는 상공물산 김영호 사장 비서 이인희입니다. 비 오는데 오늘 출근하시는 데 어려움은 없으셨는지요? 다름이 아니라 사장님께서 이사님과 다음 주 약속을 위해 편하신 시간을 여쭈어보라고 하셔서 전화드렸습니다."
② "안녕하세요, 상무님. 다음 주 부사장님과 회의가 있는데요, 부사장님은 목요일 점심, 금요일 점심에 시간이 나십니다. 부사장님은 목요일에 관련 회의를 하고 나서 상무님을 뵙는 게 낫다고 금요일이 더 좋다고 하십니다. 언제가 편하신가요?"
③ "전무님, 그럼 회의시간이 금요일 12시로 확정되었다고 사장님께 말씀드리겠습니다. 장소도 확정되면 알려 주십시오."
④ "상무님, 사장님께서 급한 일정으로 회의를 취소하게 되었습니다. 제가 사장님을 대신해서 사과드립니다."

> **해설** ① 전화를 하여 인사를 통해 자신을 밝힌 후에는 곧바로 통화 목적으로 들어가는 것이 좋다.
> ② 용건을 주고받을 때는 예의 바르고 조리 있게 자신의 용건을 이야기하고 상대방이 응답할 기회를 주어야 한다. 또한, 용건을 표현할 때는 전화를 건 목적, 이유, 설명의 순으로 이야기한다.
> ④ 비서가 사장님을 대신해서 사과드린다고 표현하지 않고, 사장님이 사과의 말씀을 전해달라 하셨다고 표현하는 것이 더 바람직하다.

03 외국에서 중요한 손님이 우리 회사를 방문할 때 비서의 의전 관련 업무 수행 시 적절하지 않은 것은? [20년 2회 1급]

① 외국 손님의 인적사항은 공식 프로필에서만 확인한다.
② 국가에 따라 문화가 다르므로 상호주의 원칙을 따른다.
③ 의전 시 서열 기준은 직위이나 행사 관련성에 따라 서열기준이 바뀔 수 있다.
④ 손님의 선호하는 음식이나 금기 음식을 사전에 확인하여 식당을 예약한다.

> 해설 ① 공식 프로필을 확인하되, 비공식적으로 손님에 대한 정보가 있으면 그러한 것들을 모두 고려하여 손님을 맞이하는 것이 좋다.

04 다음은 상사의 미국 출장 일정이다. 비서의 업무 수행 내용으로 가장 적절한 것은? [20년 1회 1급]

No	편 명	출 발	도 착	기 종
1	KE085	Seoul (ICN) 4 Apr 11:00	New York (JFK) 4 Apr 10:25	Boeing747
2	KE086	New York (JFK) 9 Apr 21:50	Seoul (ICN) 06:45 (+1)	Boeing747

⟨ICN : 인천공항, JFK : 존 F 케네디공항⟩

① 비서는 상사의 출장기간을 고려하여 출장 후 국내 협약식 참가 일정을 4월 10일 오전 11시로 계획하였다.
② 출장 전에 참가하여야 할 전략 기획 회의 일정이 조정되지 않아 4월 4일 오전 7시 조찬으로 전략 기획 회의 일정을 변경하였다.
③ 비서는 예약된 호텔의 Check-in과 Check-out 시간을 확인하여 상사에게 보고하였다.
④ 상사는 4월 9일 새벽에 인천공항에 도착하므로 시간 맞춰 수행기사가 공항에 나가도록 조치하였다.

> 해설 ① 출장에서 돌아온 다음 날은 출장과 관련하여 처리해야 할 업무들이 많으므로 일정 계획을 세우는 것을 될 수 있으면 피한다.
> ② 출장 전날에도 출장과 관련하여 준비하고 처리해야 할 업무들이 많으므로 될 수 있으면 피한다.
> ④ 소요 시간 등을 확인하여 수행기사가 공항에 미리 도착할 수 있도록 조치해야 한다.

05 **예약 매체에 따른 예약방법의 설명으로 가장 적절하지 않은 것은?** [20년 1회 1급]

① 전화 예약은 담당자와 직접 통화하여 실시간으로 정보를 확인하고 구두로 예약이 가능하므로 추후 다시 확인하지 않아도 되는 방법이다.

② 전화 예약 시에는 예약 담당자와 예약 정보를 기록해 두고 가능하면 확인서를 받아 두는 것이 좋다.

③ 인터넷 사이트를 통한 예약은 시간 제약 없이 실시간 정보를 확인하여 직접 예약을 할 수 있으나 인터넷 오류로 인해 문제가 발생하는 경우가 있으므로 반드시 예약을 확인한다.

④ 팩스나 이메일을 통한 예약은 정보가 많거나 복잡하고 문서화가 필요한 경우 주로 사용하는 예약방법이며, 발신 후 반드시 수신 여부를 확인한다.

> **해설** ① 구두로 예약이 진행되므로 예약이 정확하게 진행되었는지 재차 확인해야 한다. 예약 담당자와 예약 정보를 기록해 두고 가능하면 확인서를 받아둔다.

06 **비서 A는 회장 비서 3년차이고 비서 B는 사장 비서로 6개월 전에 입사하였다. 둘은 같은 층에서 근무하고 있다. 다음 예시 중 원만한 인간관계를 위한 비서의 행동으로 가장 적절한 것은?**

[19년 2회 1급]

① 비서 A는 비서 B에게 비서라는 직업은 상사와 회사에 관한 보안업무가 많으므로 직장 내 동호회에 가입하지 말라고 조언하였다.

② 비서 B는 A가 입사 선배이고 상사 직위도 높으므로 A의 지시를 따르기로 하였다.

③ 비서 업무평가표가 합리적이지 않다고 판단하여 A와 B는 의논하여 시정 건의서를 작성하여 각자의 상사에게 제출하였다.

④ 비서 B는 사장을 보좌할 때 애로사항이 많아 입사 선배인 A에게 상사보좌의 노하우를 물어보고 업무 시 적용해 보는 노력을 했다.

> **해설** ① 원만한 인간관계를 위해 비서 동호회나 계열사 비서들 간의 모임 등 온라인, 오프라인을 통한 친목 관계를 형성하는 것은 바람직하므로 비서 A의 조언은 적절하지 않다.
> ② 비서는 자신이 보좌하는 상사의 지시를 따라야 하며 입사 선배 혹은 모시는 상사의 직위가 높다고 하여 그 지시를 따라서는 안 된다.
> ③ 자신이 상당한 책임을 지고 업무를 수행할 수 있게 되었을 때 개선을 시도하는 것이 좋다.

07 업무추진비 등 비서실의 예산관리 업무수행 방법으로 적절하지 않은 것은? [19년 1회 1급]

① 상사의 업무추진비 정산 시 비서는 업무추진 결과도 보고해야 한다.
② 업무추진비는 집행 목적, 일시, 장소, 집행 대상 등을 증빙서류에 기재해야 한다.
③ 비서실에서 사용되는 경비 등 예산 지출에 대해서는 사소한 것이라도 예산 수립 목적에 맞게 사용될 수 있도록 꼼꼼히 관리해야 한다.
④ 업무추진비는 기관의 장 등이 기관을 운영하고 정책을 추진하는 등 업무를 처리하는 데 사용되어야 한다.

해설 ① 비용정산과 관련된 업무만 수행하면 된다.

08 다음의 회의용어에 대한 설명 중 바르지 않은 것은? [19년 1회 1급]

① 동의 : 의결을 얻기 위해 의견을 내는 일, 또는 예정된 안건 이외의 내용을 전체 회의에서 심의하도록 안을 내는 것
② 의안 : 회의에서 심의하기 위해 제출되는 안건
③ 정족수 : 회의를 개최하는 데 필요한 최소한의 출석 인원수
④ 의결 : 몇 개의 제안 가운데서 합의로 뽑는 것

해설 ④ 의결 : 의논하여 결정하는 것

09 우리 회사는 미국에 본사를 두고 있는 다국적 기업이라 본사에서 오는 손님이 많은 편이다. 이번에 미국에서 2명의 남자 임원과 1명의 여성 임원이 우리 회사를 방문하였다. 외국인 내방객 응대 시 비서의 업무자세로 가장 적절한 것은? [19년 1회 1급]

① 본사 현관 입구에 환영문구를 적을 때 이름 알파벳 순서로 배치하였다.
② 차 대접을 할 때는 선호하는 차의 종류를 각 손님에게 여쭈어본 후 내·외부인사의 직급순으로 대접하였다.
③ 처음 인사를 할 때는 Mr. Ms. 존칭 뒤에 Full Name을 넣어 불렀다.
④ 처음 인사를 나눈 후에는 친근감의 표시로 First Name을 불렀다.

해설 ① 여성임원의 이름을 남성임원에 우선하여 배치한다.
　　　③ 처음 인사를 할 때는 Mr. 혹은 Ms. 등의 존칭 뒤에 Family Name을 넣어 부른다.
　　　④ First Name은 친숙해지면 사용하는 표시이므로 처음 인사를 나눈 후에 부르는 것은 바람직하지 않다.

10 다음 중 비서의 보고 자세로 가장 적절한 것은? [18년 2회 1급]

① 상사의 집무실에 들어가 보고할 때 비서의 보고 위치는 상사의 앞이다.

② 대면보고 시에는 결론부터 논리적으로 구두로 설명하는 것이 바람직하므로 문서보고까지 병행하여 상사의 시간을 빼앗아서는 안 된다.

③ 보고 전에 상사가 가장 관심 있는 내용을 확인한 후 육하원칙을 기본으로 결론부터 보고한다.

④ 보고는 상사가 물어보기 전에 하고 보고할 때는 비서의 의견을 먼저 말씀드려 상사가 바른 의사결정을 할 수 있도록 해야 한다.

> **해설** 보고 시 유의해야 할 점
> - 명령·지시받은 일을 끝내면 즉시 보고한다.
> - 보고는 결론을 먼저 말하고 필요가 있다면 이유, 경과 등의 순으로 한다.
> - 미리 보고할 내용을 정리하여 육하원칙에 따라 요점을 순서 있게 메모해 둔다.
> - 보고는 적당히 끊어서 요점을 강조하되 추측이나 억측은 피하고 사실을 분명하게 설명한다.
> - 시일이 걸리는 일은 중간보고를 통하여 경과, 상황 등을 빠짐없이 보고한다.
> - 보고는 지시한 사람에게 한다. 그러나 지시한 사람이 직속상사가 아닌 경우에는 상사에게도 보고한다.

11 김 비서는 주주총회와 이사회에 관한 업무교육을 받고 있다. 다음 중 보기에서 적절한 것을 모두 고른 것은? [18년 1회 1급]

> a. 정기 주주총회는 보통 매년 1회 열린다.
> b. 주주의 의결권은 주주평등의 원칙에 따라 1주 1의결권이 주어진다.
> c. 대표이사 선임은 이사회에서 결정하여야 하며 주주총회에서 결정하는 것은 절대 불가하다.
> d. 이사회는 투자전략이나 신사업 진출의 결정 등 회사의 운영에 관한 결정을 하는 곳이다.

① a, b, c

② b, c, d

③ a, c, d

④ a, b, d

> **해설** c. 대표이사는 원칙적으로 이사회에서 선임하지만, 정관(定款)에 의하여 주주총회(株主總會)에서 직접 선임할 수도 있다.

12 의전원칙 5R을 설명한 것으로 적절한 것을 모두 고른 것은? [18년 1회 1급]

> a. 의전은 상대에 대한 배려(Respect)이다.
> b. 의전은 문화의 반영(Reflecting Culture)이다.
> c. 의전은 합리성(Rationality)이 원칙이다.
> d. 의전에서 원칙적으로 상석은 오른쪽(Right)이다.

① a, b, c
② a, b, d
③ b, c, d
④ a, b, c, d

해설 의전의 5R 원칙
• 존중(Respect)
• 상호주의(Reciprocity)
• 문화의 반영(Reflecting Culture)
• 서열(Rank)
• 오른쪽(Right)

13 다음 중 표기가 잘못된 것을 고르시오. [18년 1회 1급]

① 수의계약(隨意契約) : 경쟁이나 입찰에 의하지 않고 상대편을 임의로 선택하여 체결하는 계약
② 갹출(醵出) : 같은 목적을 위하여 여러 사람이 돈을 나누어 냄
③ 계인(契印) : 두 장의 문서에 걸쳐서 찍어 서로 관련되어 있음을 증명하는 도장
④ 결제(決裁) : 결정할 권한이 있는 상관이 부하가 제출한 안건을 검토하여 허가하거나 승인함

해설 ④ 決裁 : 결재

14 테이블 매너에 대한 설명으로 적절하지 않은 것은? [17년 2회 1급]

① 중앙의 접시를 중심으로 나이프와 포크는 각각 오른쪽과 왼쪽에 놓이게 된다. 따라서 나이프는 오른손으로, 포크는 왼손으로 잡으면 된다.

② 사용 중일 때는 포크와 나이프를 접시 오른쪽에 평행하게 나란히 두며, 식사가 끝났을 때는 포크와 나이프가 팔(八)자로 접시 위에서 서로 교차하도록 놓는다.

③ 식사 중에 대화를 나누다가 포크와 나이프를 상대방을 향해 바로 세워 든 채 팔꿈치를 식탁에 놓고 말을 하는 것은 대단한 실례이다.

④ 나이프는 사용 후 반드시 칼날이 접시 안쪽으로 향하도록 한 후 포크와 가지런히 놓는다.

> **해설** ② 식사 중일 때 포크와 나이프는 팔자 모양으로 접시 위에 놓아두고, 식사를 마쳤을 때는 일자 모양으로 놓아둔다.

15 다음 중 김혜진 과장의 비서로서의 업무 특성을 가장 잘 설명한 것은? [17년 2회 1급]

> 보람생명보험 회장실 비서 김혜진 과장은 삼십대 중반의 나이, 회장실 비서경력 12년차, 결혼 2년차, 식품영양학과 출신, 현 보람생명보험, 회장실 비서 김혜진 과장의 프로필이다.
> 누구보다도 아침을 일찍 시작하는 김혜진 과장. 7시 출근 4시 퇴근의 회사 규정 때문이기도 하지만 아침을 여유롭게 시작해야 하루가 즐겁다고 말한다. 회장실 비서경력 12년차로 같은 분을 12년 보좌했지만 아직까지 어려운 부분이 있다. 물론 많은 부분에서 익숙하고 업무상으로도 잘 알고 있지만, 스스로가 매너리즘에 빠지지 않으려고 매사에 노력한다고 한다. 주요 업무로는 회장님의 전반적인 스케줄관리, 대외자료 정보 보고, 문서관리, 문서 수신/발신 업무, 임원실 비서 관리 등을 주업무로 하고 있다. 그리고 관계사 후배 비서들을 대상으로 일 년에 1~2번 정도 특강 형식의 교육훈련을 진행하게 되는 경우도 있다. 또한, 그녀는 요즘 비서직으로 첫발을 내딛는 후배들의 경우에는 비서교육에서 배운 이론과 실제 현 업무의 차이점 때문에 괴리감 및 심한 스트레스를 받는 사람이 많다며 안타까운 마음을 나타냈다.

① 업무내용의 가변성
② 상사에의 예속성
③ 다양한 업무
④ 취업분야의 다양성

> **해설** ③ 회장님의 전반적인 스케줄 관리, 대외자료 정보 보고, 문서관리, 문서 수 · 발신 업무, 임원실 비서 관리 등을 주요 업무로 하고 있고, 관계사 후배 비서들을 대상으로 일 년에 1~2번 정도 특강 형식의 교육훈련을 진행한다고 하였으므로 업무의 특성 중 다양한 업무에 관해 설명하고 있다.

16 로펌(Law Firm)에 근무하는 강 비서가 내방한 외국인으로부터 받은 명함이다. 강 비서가 위 손님을 응대하기 위한 요령으로 가장 바람직한 것은? [17년 1회 1급]

Ellen&Ivery LLP Singapore
www.ellenivery.com
Michael Cheng Esq.
Attorney-in-Law / NY Bar

70 Collyer Quay #08-01 OUE Bayfront
Singapore 049321
e-mail : mich_cheng@ellenivery.com
T.+65 6671 6666 / F.+65 6671 7777

---

① Michael Cheng의 명함이름으로 보아 화교출신일 가능성이 크므로 중국어로 반갑게 인사한다.
② Michael Cheng이 돌아가고 난 다음에 명함에 명함을 받은 날짜와 인적 특징을 기재하였다.
③ 홍차가 유명한 싱가포르 출신 Michael Cheng이 방문한 시간이 오전 11시이므로 차를 내올 때 High Tea를 준비하여 드린다.
④ 점심식사 장소를 Singapore 사람들이 선호하는 Sea Food 음식점으로 예약하였다.

> 해설 ① 명함으로 고객의 신상을 추측하는 것은 옳은 방법이 아니다.
> ③ 차를 준비할 때에는 방문 고객에게 여쭈어보고 준비하는 것이 좋다.
> ④ 식사와 관련된 사항은 상사에게 여쭈어보고 결정한다.

17 상사의 출장업무 지원을 위한 숙박시설 예약 시 주의해야 할 내용이다. 가장 적절한 설명으로만 짝지어진 것은? [15년 2회 2급]

㉠ 호텔 예약 시 예약확인서와 숙박 영수증을 재확인하도록 한다.
㉡ 예약 취소 및 변경, 환불 규정은 같은 등급의 숙박시설 경우 모두 동일함을 참고해서 예약한다.
㉢ 체크아웃 시간이 앞당겨지면 호텔 측에 미리 알려준다.
㉣ 예약 시 전망이 좋은 방으로 요청해 둔다.
㉤ 호텔 도착시간이 매우 늦으면 예약이 취소될 수 있으므로 사전에 호텔에 통지해 둔다.
㉥ 팩스 예약 시 상사 법인카드 번호, 카드만기일, 서명 정보를 준다.

---

① ㉠, ㉡
② ㉢, ㉣
③ ㉤, ㉥
④ ㉠, ㉣

> 해설 ㉠ 숙박 영수증은 예약 시가 아니라 출장 후에 발생하는 것이다.
> ㉡ 숙박 시설마다 취소 및 변경, 환불 규정이 다르므로 그때마다 알아보고 참고한다.
> ㉢ 체크인 시간이 늦어지게 되는 경우 이를 호텔 측에 미리 알려준다.
> ㉣ 전망이 좋은 방은 요금이 더 비싸므로, 상사와 상의 후 결정한다.

18 신영진 비서는 사장님, 상무님과 함께 신사옥 부지 매입 건으로 외근을 하게 되었다. 자동차 탑승 시 상석에 대한 설명으로 가장 바르게 설명한 것이 아닌 것은? [14년 1회 2급]

① 사장님은 운전기사 대각선 뒷좌석에 탑승한다.

② 비서는 조수석에 탑승한다.

③ 운전기사가 없이 상사가 직접 운전하게 되는 경우, 비서와 상무는 모두 뒷좌석에 앉는다.

④ 일반적으로 상석이 있지만, 상사가 특별히 원하는 좌석이 있다면 그쪽으로 착석하도록 한다.

> 해설 ③ 자동차에서 운전기사가 있는 경우에는 운전기사와 대각선에 있는 뒷줄 좌석이 상석이고, 운전기사 옆 좌석이 말석이다. 자가운전이면 운전석 옆 좌석이 상석, 뒷줄의 가운데 좌석이 말석이다.

19 다음은 소망기업 이유진 비서와 상사와의 대화 내용이다. 상사의 지시를 받는 이 비서의 태도로 가장 적절한 것은? [13년 1회 2급]

> • 비서 : 사장님, 오늘 일정을 보고 드리겠습니다. 오전 10시에는 임원회의에 참석하시고, 12시에는 나라상사 김민기 사장님과 오찬약속 있으십니다. 오후 3시에는 한라전자 송철진 사장님과의 면담이 있으십니다.
> • 상사 : 알았어요. 회의하기 전에 영업팀 박 팀장 좀 잠깐 오라고 하세요. 김 사장님과 송 사장님께 드릴 수 있게 우리 회사 기념품 좀 준비하고……. 참, 다음 달 중순경에 뉴욕으로 출장을 가야 할 것 같으니 비행기 스케줄 좀 확인해 보세요. 그리고 내일 오전 홍 상무 아들 결혼식 축의금은 퇴근 전에 준비해 주세요.

① 일정을 보고하러 들어갈 때는 일정표만 가지고 들어가고, 혹시 메모할 사항이 생기면 상사 책상 위의 메모지를 활용하도록 한다.

② 회사 기념품의 종류를 어떤 것으로 할지는 비서가 적당한 것으로 고르면 되므로, 다시 확인하지 않아도 된다.

③ "다음 달 중순 언제로 비행기 스케줄을 알아볼까요?"라고 궁금한 점이 있는 경우 지시 도중 질문을 한다.

④ 지시사항을 모두 메모한 뒤 간단히 복창하여 확인한다.

> 해설 ① 일정을 보고하러 들어갈 때도 일정표와 함께 메모지를 가지고 들어간다.
> ② 회사 기념품의 종류를 어떤 것으로 할지를 비서가 골랐다 하더라도 상사에게 확인을 받는다.
> ③ 궁금한 점이 있더라도 지시 도중에는 꼼꼼하게 메모하고 지시가 끝난 후 질문을 한다.

20 한지원 비서가 KC Asset Management의 Mr. Chris Kim에게 전화하여 약속을 변경하고자 하였으나, 외근 중이어서 자동응답 메시지가 나왔다. 한 비서의 업무처리 방법으로 가장 적절한 것은?

[13년 1회 2급]

① 자동응답기에 내일 오전 약속을 변경하고자 한다는 메시지와 함께 죄송하다는 메시지를 남기고 끊었다.
② Mr. Chris Kim의 휴대전화로 문자 메시지를 보냈다.
③ 자동응답기에 약속 변경에 관한 메시지를 남긴 후 오후에 다시 전화 드리겠다는 메시지를 함께 남겼다.
④ 자동응답기에 약속 변경에 관한 메시지를 남기고, 메시지를 들은 후 전화해 달라고 요청하는 메시지를 함께 남겼다.

> **해설** 자동응답기 메시지나 문자메시지만으로 용무를 전하거나, 메시지를 들은 후 전화해 달라고 요청하는 것은 결례될 수 있다. ③과 같이 메시지를 남긴 후 다시 전화를 드리는 것이 예의에도 맞고 확실한 업무처리방식이다.

제2과목 **경영일반**

---

21 기업의 다양한 이해관계자에 대한 설명으로 가장 옳은 것은? [20년 2회 1급]

① 지역사회 : 비즈니스 환경에서 동행하며 이들의 요구를 충족시키는 것은 기업 성공의 최고 핵심 조건이다.
② 파트너 : 기업과 파트너십을 맺고 있는 협력업체와의 신뢰 확보는 기업 경쟁력의 버팀목이다.
③ 고객 : 기업이 사업장을 마련하여 이해관계를 같이 하는 곳이다.
④ 투자자 : 기업을 믿고 지지한 주주로서 기업의 고객과 가장 가까운 곳에 위치한다.

> **해설** ① 지역사회 : 일정한 지역, 주민, 공동체 의식을 그 구성요소로 고용 및 소득증대, 지역사회 개발 등을 목적으로 한다. 최근 공해 및 환경 파괴 등으로 기업의 사회적 책임이 부각되면서 그 중요성이 더욱 증가하고 있다.
> ③ 고객 : 제품 소비시장을 형성하면서 구매력과 구매의욕을 가지고 기업이 생산한 상품이나 서비스를 반복하여 구매하는 개인 또는 사회의 여러 기관과 같은 소비주체를 말한다.
> ④ 투자자 : 기업의 금융 또는 실물 자본 중 자기자본에 해당하는 부분을 제공하는 개인이나 투자집단 또는 투자기관을 말하는데, 투자자가 기업의 고객과 가장 가까운 곳에 있지는 않는다.

22 다음의 경영환경요인들이 알맞게 연결된 것은 무엇인가? [20년 1회 1급]

> A. 소비자, 경쟁자, 지역사회, 금융기관, 정부
> B. 경제적, 기술적, 정치, 법률적, 사회/문화적 환경

① A : 외부환경, 간접환경
② B : 외부환경, 과업환경
③ A : 외부환경, 직접환경
④ B : 내부환경, 일반환경

해설 ③ 기업의 외부환경은 기업 외부에 존재하는 환경으로 다양한 기회와 위협을 제공하는 일반환경과 기업 목표달성에 직·간접으로 영향을 미치는 이해관계자 집단을 포함하는 과업환경으로 나눌 수 있다. 직접환경은 기업에 직접적으로 영향을 미치는 환경을 말하며, 간접환경은 광범위하고 포괄적이며 장기적으로 영향을 미치는 환경을 말한다. A는 과업환경으로서 외부환경에 포함되며, 직접적으로 기업에게 영향을 미치는 요인이기 때문에 직접환경이다. B는 외부 환경(일반환경), 간접환경에 해당한다.

23 민츠버그가 제시한 경영자의 역할 중 종업원을 동기부여 하는 역할로서 가장 적절한 것은?

[20년 2회 1급]

① 정보적 역할
② 대인적 역할
③ 의사결정적 역할
④ 협상자 역할

해설 ② 대인적 역할은 종업원들에게 동기를 부여하고 격려하며, 조직 내 갈등을 해소하는 역할이다.
① 정보적 역할에는 정보를 수집하고 관찰하는 모니터 역할, 수집된 정보를 조직 구성원들에게 알리는 전파자 역할, 투자 유치와 기업 홍보를 위한 대변인의 역할이 있다.
③ 의사결정적 역할에는 창업자로서의 기업가 역할, 조직 내 갈등을 극복하는 문제해결사로서의 분쟁조정자 역할, 주어진 자원을 효율적으로 배분하는 자원배분자 역할, 외부와의 협상에서 회사에 유리한 결과를 이끌어내는 협상자 역할이 있다.
④ 협상자 역할은 외부와의 협상에서 경영자가 회사에 유리한 결과를 이끌어내도록 최선을 다하는 역할이다.

24 다음은 매슬로우의 욕구이론과 앨더퍼의 ERG이론을 비교 설명한 것이다. 가장 거리가 먼 내용은 무엇인가? [20년 1회 1급]

① 매슬로우의 생리적욕구와 앨더퍼의 존재욕구는 기본적인 의식주에 대한 욕구로 조직에서의 기본임금이나 작업환경이 해당한다.

② 앨더퍼의 관계욕구는 매슬로우의 안전의 욕구 및 사회적 욕구, 존경의 욕구 각각의 일부가 이에 해당된다.

③ 앨더퍼의 성장욕구는 매슬로우의 자아실현욕구에 해당하는 것으로 조직 내에서의 능력개발이라기보다는 개인이 일생을 통한 자기능력 극대화와 새로운 능력개발을 말한다.

④ 매슬로우 이론과는 달리 앨더퍼는 욕구가 좌절되면 다시 퇴행할 수 있고, 동시에 여러 욕구가 존재할 수 있다고 주장한다.

> **해설** ③ 앨더퍼의 성장욕구는 개인과 직무에 대한 계속적인 성장과 발전에 대한 욕망에 해당하는 욕구로, 매슬로우 이론의 존중욕구 및 자아실현욕구에 해당한다.

25 다음 중 기업의 사회적 책임 범위에 대한 설명으로 가장 적절하지 않은 것은? [19년 2회 1급]

① 기업은 이해관계자 집단 간의 이해충돌로 발생하는 문제해결을 위한 이해조정의 책임이 있다.

② 정부에 대해 조세 납부, 탈세 금지 등 기업의 영리활동에 따른 의무를 갖는다.

③ 기업은 자원보존의 문제나 공해문제에 대한 사회적 책임을 갖는다.

④ 기업은 이윤 창출을 통해 주주의 자산을 보호하고 증식시켜줄 의무는 갖지 않는다.

> **해설** ④ 기업은 이윤 창출을 통해 주주의 자산을 보호하고 증식시켜줄 의무가 있다.

26 다음 중 리더가 갖는 권력에 대한 설명으로 옳은 것은? [19년 2회 1급]

① 준거적 권력과 강제적 권력은 공식적 권력의 예이다.
② 합법적 권력은 부하직원들의 봉급인상, 보너스, 승진 등에 영향력을 미치는 리더의 권력이다.
③ 전문가 권력은 부하직원의 상사에 대한 만족도에 긍정적 영향을 미친다.
④ 보상적 권력은 부하직원의 직무수행에 부정적 영향을 미친다.

해설 리더가 갖는 권력의 유형

강제적 권력	리더의 강압적 권한에 의해 발생한다.
합법적 권력	리더의 공식적인 권위와 개인적인 능력에 의하여 발휘되는 영향력이다.
준거적 권력	리더가 조직에 우호적이고 매력적인 카리스마를 가짐으로써 조직원들에게 믿음을 주며 생기는 영향력이다.
보상적 권력	리더가 조직원에게 원하는 보상을 줄 수 있을 때 발생하는 능력이다.
전문가 권력	능력, 전문 기술, 지식 등 리더의 개인적인 실력을 통하여 발휘되는 영향력이다.

27 다음 중 기업의 자금조달 방식에 대한 설명으로 가장 적합하지 않은 것은? [19년 2회 1급]

① 주식은 주식회사의 자본을 이루는 단위로 주주의 권리와 의무를 나타내는 증권이다.
② 회사채는 기업이 일정 기간 후 정해진 액면금액과 일정한 이자를 지급할 것을 약속하는 증서를 말한다.
③ 직접금융은 기업의 장기설비 투자를 위한 자금조달에 용이하다.
④ 간접금융은 자금의 공급자와 수요자 사이에 정부가 신용을 보증하는 방식으로 주식, 채권 등을 통해 이루어진다.

해설 ④ 간접금융은 자금의 공급자와 수요자 사이에 금융기관(은행)이 신용을 보증하는 방식이며 당좌차월, 어음할인, 외화차입 등이 이에 속한다. 이에 대응하는 개념인 직접금융은 기업이 금융기관(은행)을 통하지 않고 직접 주식·채권 등의 발행으로 자금을 조달하는 방식이며, 자금조달 기간이 기므로 기업의 장기설비 투자를 위한 자금조달에 용이하다.

28 다음 중 경영의 기본 관리기능에 대한 설명으로 가장 적절하지 않은 것은? [19년 1회 1급]

① 계획화는 조직의 목표를 세우고 이를 달성하는 방법을 찾는 일종의 분석과 선택의 과정을 말한다.
② 조직화는 조직목표를 달성하기 위해 요구되는 업무를 수행하도록 종업원들을 독려하고 감독하는 행위를 말한다.
③ 통제화는 경영활동이 계획과 부합되도록 구성원의 활동을 측정하고 수정하는 기능이다.
④ 조정화는 이해와 견해가 대립된 활동과 노력을 결합하고 동일화해서 조화를 기하는 기능이다.

해설 경영관리의 기능(폐율의 관리기능)
- 계획기능(Planning) : 계획은 경영활동의 목표, 방침, 절차 등을 사전에 설정하는 기능으로, 계획설정에는 기업체의 모든 계층에서 수행하는 모든 활동을 포함한다. 어떠한 형태의 계획이든 그것은 통제의 전제가 되는 점에서 계획은 그 중요성이 크다.
- 조직기능(Organizing) : 직무를 분석하여 구성원에게 할당하고 책임과 권한을 확정하는 기능으로 사람과 직무를 결합하는 것이다.
- 지휘기능(Directing) : 지휘는 기업체가 기대하는 것이 무엇인가를 부하(종업원)들에게 인식시키고, 또한 그들이 맡은 바 직책을 능률적으로 수행하여 기업의 목적달성에 기여하도록 인도하고 감독하는 기능이다.
- 조정기능(Coordinating) : 업무 수행상의 이해관계와 의견의 대립 등을 조정·조화시켜 협력 체제를 이루게 하는 기능이다.
- 통제기능(Controlling) : 통제는 계획된 목표와 실적을 측정·비교·수정하고 처음 계획에 접근시키는 기능이다. 통제기능을 발휘하려면 경영자는 계획대로 집행활동이 이루어지고 있는지 또는 이루어졌는지를 파악하고, 만일 이루어지지 않고 있거나 이루어지지 않았을 때는 집행활동을 시정시켜야 한다. 통제기능은 집행활동의 실시 중에는 물론이고 실시 후에도 수행되어야 한다.

29 기업회계 기준에 의한 손익계산서를 작성할 때 배열순서로 가장 올바른 것은? [19년 1회 1급]

① 매출 총수익 – 당기순손익 – 영업손익 – 특별손익
② 매출 총수익 – 특별손익 – 당기순손익 – 법인세차감후순익
③ 매출 총수익 – 영업손익 – 법인세차감전순손익 – 당기순손익
④ 매출 총수익 – 특별손익 – 영업손익 – 당기순손익

해설 손익계산서
기업의 일정 기간 경영성과를 나타내는 동태적 보고서로서, 모든 수익과 비용을 대비시켜 당해 기간의 순이익을 계산하여 나타낸다.

30 다음 중 조직문화의 기능에 대한 설명으로 가장 옳지 않은 것은? [18년 2회 1급]

① 조직구성원 간의 정서적 유대감을 높여준다.
② 조직구성원 간의 커뮤니케이션 효율성을 높인다.
③ 강한 조직문화를 가진 기업의 경우, 전념도가 높아져 조직의 결속이 높아진다.
④ 조직문화는 항상 조직의 의사결정 효율성을 저해하는 요인으로 작용한다.

해설 조직문화의 기능

- 조직정체성의 확립 : 정체성과 일체감은 외부상황이 급변할 때 조직구성원의 결속력을 강화시키고 일체화된 조직으로 뭉치게 하는 힘이 된다.
- 조직몰입 형성
  - 조직몰입은 조직구성원이 조직에 대해 갖는 태도라고 할 수 있는데, 조직의 목표를 달성하기 위해 자기가 속한 조직에 기꺼이 충성을 다하려고 노력한다.
  - 일단 조직에 속하게 되면 시간이 지남에 따라 동질감을 느끼게 되고, 공유의식과 문화의 수용은 집단의 번영 내지는 영속적 활동을 위해 전념하도록 만든다.
- 기업 전체의 안정성 강화 : 강한 조직문화를 보유한 기업은 조직의 전념도가 향상됨에 따라 결근율과 이직률이 줄어들며 구성원의 사기는 증대된다. 이와 같은 조직의 안정적인 상태는 구성원의 단결심과 일체감을 높인다.
- 행동의 지침 제공 : 일반적으로 특별한 문제가 없는 경우 평소 해왔던 방식으로 일을 처리하며 위기 상황이 닥쳤을 때 공유된 문화가 해야 할 것과 하지 말아야 할 것에 대해 해답을 제공한다.

31 다음 중 경영정보시스템(MIS)에 대한 설명으로 가장 옳지 않은 것은? [18년 2회 1급]

① 경영정보시스템은 인사관리, 판매관리, 재고관리, 회계관리 등의 분야에 걸쳐 다양하게 적용된다.

② 기업의 외부자원과 내부자원을 통합하여 고객의 요구에 맞게 서비스함으로써 업무생산성을 향상시키고, 고객 외부사업 파트너, 내부 종업원을 통일된 인터페이스를 통해 하나로 묶을 수 있는 e-Business를 의미한다.

③ 경영정보시스템의 역할은 운영적 역할, 관리적 역할 뿐 아니라 기업전체의 전략적 우위확보를 지원하는 전략적 역할을 포함하고 있다.

④ 경영정보시스템의 기능구조로는 거래처리시스템, 정보처리시스템, 프로그램화 의사결정시스템, 의사결정지원시스템, 의사소통시스템 등이 있다.

해설 경영정보시스템(Management Information System, MIS)

관리자들에게 정보를 제공하며, 조직 내의 운용과 경영 및 관리자의 의사결정기능을 지원하는 종합적인 사용자-기계시스템(Man-Machine System)으로 정의된다. 기업의 목적달성을 위해 업무관리, 전략적 의사결정을 합리적으로 수행할 수 있도록 기업 내외의 정보를 제공하는 조직체로 컴퓨터의 하드웨어, 소프트웨어, 수작업절차, 분석 및 계획모형, 통제와 의사결정 및 데이터베이스, 모델, 정보통신 등을 활용함으로써 그 기능을 수행한다. 서브시스템으로 경영정보시스템이 사용할 자료를 처리하는 자료처리시스템(DPS)이 있다.

32 다음의 사례에서 제품의 수명주기(Product Life Cycle) 중 (A)는 어떤 시기에 해당하는지 보기에서 고르시오. [18년 1회 1급]

> 인스턴트커피가 도입되었을 때 사람들은 레귤러커피만큼 좋아하지 않았으나, 어느 정도 시간이 흐르고 어떤 시점 이후에서는 인스턴트커피가 빠르게 대중화되었고, 많은 브랜드가 출시되었다(A). 그 이후 점차 시간이 지나면서 사람들은 한 브랜드를 선호하게 되고 매출은 안정상태가 되었다.

① 성숙기
② 성장기
③ 도입기
④ 쇠퇴기

해설 제품수명주기
- 도입기 : 도입기는 신제품이 처음 시장에 선을 보이면서 시작된다. 이 시기의 마케팅 활동은 소비자들과 중간상인들에게 제품의 존재와 제품의 이점을 알리는 데 중점을 두게 되며, 광고와 판매촉진에 많은 투자를 한다.
- 성장기 : 성장기에는 소비자들이 제품에 대해서 이미 어느 정도 알게 되었고, 그 제품을 취급하는 점포도 늘었기 때문에 판매가 급속히 증가한다.
- 성숙기 : 자사 제품의 독특한 점을 부각시켜 자사 제품이 경쟁제품과 구별되도록 하는 데 주안점을 둔다.
- 쇠퇴기 : 판매부진과 이익감소로 인하여 몇몇 회사는 시장을 떠나고, 남은 회사들은 광고와 판매촉진비를 줄이고 가격을 더 낮추며, 원가관리를 강화하는 등의 자구책을 강구하게 된다.

33 다음의 의사소통에 관한 설명 중 가장 적절하지 않은 것은? [18년 1회 1급]

① 의사소통이란 정보와 구성원들의 태도가 서로 교환되는 과정이며, 이때 정보는 전달뿐 아니라 완전히 이해되는 것을 의미한다.
② 의사소통의 목적에는 통제, 지침, 동기부여, 문제해결, 정보전달 등이 포함된다.
③ 직무지시, 작업절차에 대한 정보제공, 부하의 업적에 대한 피드백 등은 하향식 의사소통에 해당한다.
④ 동일계층의 사람들 간의 의사전달, 부하들의 피드백, 새로운 아이디어 제안 등은 수평식 의사소통에 포함된다.

해설 ④ 하급자의 성과, 의견, 태도 등이 상위의 계층으로 전달되는 의사소통은 수직적 의사소통 중 상향적 의사소통으로 볼 수 있다.

34 다음은 기업집중에 대한 설명으로, 괄호에 적합한 용어를 순서대로 열거하면 무엇인가?

[17년 2회 1급]

> • (　　)은/는 다수의 동종 또는 유사제품을 생산하는 기업들이 경쟁을 방지하고 이익을 확보하기 위해 시장이 독점적 지배를 목적으로 협정을 맺는 기업결합형태이다.
> • (　　)은/는 시장독점을 목적으로 둘 이상의 기업이 경제적으로 독립성을 완전히 상실하고 새로운 기업으로 합동하는 기업집중형태이다.

① 트러스트 – 카르텔　　　　　　② 카르텔 – 트러스트
③ 콘체른 – 트러스트　　　　　　④ 트러스트 – 콘체른

> **해설** • 카르텔(Cartel) : 독점을 목적으로 하는 기업 간의 협정 또는 협정에 의한 횡적 결합 기업연합 형태
> • 트러스트(Trust) : 기업합동이라고도 하며 법률로써 그리고 경영상이나 실질적으로도 완전히 결합된 기업결합 형태

35 한국기업은 A제품을 생산 판매하고 있다. A제품의 제품 단위당 판매가격이 9천 원, 단위당 변동비가 3천 원, 총 고정비가 300만 원일 때 손익분기점(BEP) 판매량으로 가장 옳은 것은?

[17년 2회 1급]

① 100개
② 250개
③ 500개
④ 1000개

> **해설** 손익분기점은 한 기간의 매출액이 당해 기간의 총비용과 일치하는 점을 말한다.
> • 500개 만드는 비용은 3000원 × 500개 + 300만 원 = 450만 원
> • 500개를 팔면 500개 × 9000원 = 450만 원

36 다음 중 기업의 다각화에 대한 설명으로 가장 적절하지 않은 것은? [17년 1회 1급]

① 다각화를 위한 방법으로 기업의 내부적 창업, 합작투자, 인수합병 등이 있다.
② 다각화된 기업은 내부의 자본력과 노동력을 적극적으로 활용할 수 있는 이점이 있다.
③ 다각화를 통해 경영 위험을 분산하고 기업경영의 안정성을 도모할 수 있다.
④ 자동차 제조회사가 타이어 제조업체를 인수하는 것을 다각화라고 할 수 있다.

> **해설** ④ 기업의 다각화란 기업이 새로운 업종에 진출하여 기존업종과 병행하여 경영활동의 범위를 확대하는 것이다. 특히 기업이 다각화를 시도할 때에는 기존 사업 분야와 어우러져 시너지 효과를 만들어낼 만한 사업 분야에 뛰어드는 것이 좋다.

37 다음을 읽고 철수 – 민아 – 영미는 각각 무엇을 말하고 있는 것인지, 가장 적합하게 연결된 것은 무엇인가? [16년 2회 1급]

> 철수 : 이번에 A탄산음료 회사가 B생수 제조회사를 매수했다며?
> 민아 : 그래? 작년에는 A탄산음료 회사가 C인공감미료 제조회사를 매수했었잖아?
> 영미 : 그렇구나. 지난달에는 D탄산음료 회사가 E스낵 제조회사를 매수했었는데.

	철수	민아	영미
①	수직적 합병	수평적 합병	혼합 합병
②	수직적 합병	수평적 합병	매 각
③	수평적 합병	수직적 합병	혼합 합병
④	수평적 합병	수직적 합병	매 각

해설
- 수평적 합병 : 동종 제품 또는 인접 제품을 생산하는 기업 간의 합병(음료라는 동일한 생산단계에 있는 업종 간의 합병)
- 수직적 합병 : 생산 및 유통 과정의 수직적 흐름에 있어서 인접하는 단계에 있는 기업 간, 즉 공급자와 수요자 간의 합병(원료공급, 가공 등과 같은 생산단계 업종 간의 합병)
- 혼합 합병 : 수평적이나 수직적 관계에 있지 않은 이종시장에 있는 기업 간의 합병(다른 업종 간의 합병)

38 다음 중 국제 라이센싱(Licensing)에 대한 설명으로 가장 옳지 않은 것은? [16년 2회 1급]

① 현지국의 무역장벽이 높을 경우, 라이센싱이 수출보다 진입 위험이 낮으므로 진입전략으로 라이센싱이 유리하다.
② 해외진출 제품이 서비스인 경우, 수출이 어렵고 이전비용이 많이 소요되므로 라이센싱보다 직접투자를 선호하게 된다.
③ 라이센싱에 따른 수익이 해외투자에 따른 수익보다 낮지만, 정치적으로 불안정한 시장에서 기업의 위험부담이 적다는 장점이 있다.
④ 라이센서(공여기업)가 라이센시(수혜기업)의 마케팅 전략이나 생산 공정을 통제하기가 쉽지는 않다.

해설 ② 해외에 진출하는 제품이 서비스일 경우 수출과 이전비용이 적게 소요되므로 직접투자보다는 라이센싱을 선호한다.

39 다음 중 마케팅믹스(Marketing Mix) 요소인 4P에 해당하지 않는 것은 무엇인가? [16년 1회 2급]

① 제품(Product)
② 가격(Price)
③ 유통(Place)
④ 기획(Planning)

해설 ④ 마케팅믹스(Marketing Mix)는 제품(Product), 가격(Price), 유통(Place), 촉진(Promotion)의 머리글자를 따서 4P라고도 부른다.

40 BCG 매트릭스에 따르면 기대시장성장률이 낮고 시장점유율이 높은 사업은 다음 중 어느 부분에 해당하는가? [13년 1회 2급]

① Stars
② Question Marks
③ Cash Cows
④ Dogs

> 해설
> • 스타(Star) 사업 : 성공사업으로 수익성과 성장성이 크기 때문에 계속적인 투자가 필요한 사업이다.
> • 물음표(Question Mark) 사업 : 신규 사업으로 상대적으로 낮은 시장점유율과 높은 시장성장률을 가진 사업이다. 일단 투자하기로 결정했다면 상대적 시장점유율을 높이기 위해 많은 투자금액이 필요하다.
> • 캐시카우(Cash Cow) 사업 : 기존의 투자에 의해 수익이 계속적으로 실현되는 경우이며, 시장성장률이 낮으므로 투자금액이 유지, 보수 차원에서 머물게 되어 자금투입보다 자금산출이 많다.
> • 도그(Dog) 사업 : 사양 사업으로, 성장성과 수익성이 없는 사업이다.

제3과목 **사무영어**

---

41 Choose one that does NOT match each other. [19년 2회 1급]

① Branch is one of the offices, shops, or groups which are located in different places.
② Personnel department is responsible for hiring employees and interviewing with candidates.
③ Marketing department talks to clients and persuades them to buy products.
④ Accounting department organizes financial aspects of business.

> 해설
> ③ 고객이 제품을 구매할 수 있게끔 이야기하거나 설득하는 것은 마케팅부(Marketing Department)가 아니라 영업부(Sales Department)의 일이다.
> ① 지점은 회사, 매장 혹은 그룹의 하나로 다른 곳에 있는 것을 말한다.
> ② 인사과는 인력 고용과 지원자 면접을 책임진다.
> ④ 경리과는 기업의 재정 측면을 편성한다.

---

42 Choose the one which does NOT correctly explain the abbreviations. [20년 2회 1급]

① MOU : Merging of United
② IT : Information Technology
③ CV : Curriculum Vitae
④ M&A : Merger and Acquisition

> 해설
> ① MOU : Memorandum Of Understanding 양해각서

43 **What are the BEST expressions for the blank ⓐ and ⓑ?** [19년 2회 1급]

> Most hotels have an alarm clock in each room; however, some hotels use _____ ⓐ _____.
> Check-out time is usually between 11:00 a.m. and 1:00 p.m. Most hotels have a
> _____ ⓑ _____, if you need to store your luggage after checking out.

① ⓐ get up calls
② ⓐ morning calls
③ ⓐ give up calls
④ ⓐ wake up calls

ⓑ baggage claim area
ⓑ luggage allowance
ⓑ laundry service
ⓑ luggage storage room

해설 ④ 앞에 alarm clock(자명종)이 나와 있으므로 ⓐ에는 그에 대비되는 명사로 모닝콜을 의미하는 'wake up calls'가 들어가야 하고, 뒤에 store your luggage(짐을 보관하다)가 나와 있으므로 ⓑ에는 보관실을 의미하는 'luggage storage room'이 들어가는 것이 적절하다.

> 호텔은 대부분 객실마다 자명종이 있다. 하지만 일부 호텔은 ⓐ모닝콜을 사용한다. 퇴실 시간은 대개 오전 11시에서 오후 1시다. 퇴실시간 후에 짐을 보관해야 한다면 대부분 호텔은 ⓑ보관실이 있다.

44 **Which of the followings is INCORRECT?** [19년 1회 1급]

① 항공우편 – Via Air Mail
② 속달우편 – Express Delivery
③ 반송 주소 – Inside Address
④ 긴급 – Urgent

해설 ③ Inside Address는 우편물 안에 적는 주소를 말한다. 반송 주소는 Return Address이다.

45 According to the following Mr. Lee's schedule, which one is NOT true? [20년 1회 1급]

Day & Date	Time	Schedules	Location
Monday 06/22/2020	10:20 a.m.	Appointment with Mr. James Brook of KBC Bank	Office
	11:00 a.m.	Division Meeting with Managers	Meeting Room 304
	6:00 p.m.	SME Association Monthly Meeting	ABC Hotel, 3rd Floor, Emerald Hall
Tuesday 06/23/2020	9:30 a.m.	Meeting with Branch Managers	Meeting Room 711
	12:00 p.m.	Lunch with Ms. David Smith of Madison Company	Olive Garden
	4:00 p.m.	Keynote Speech at the 5th Annual Conference for Administrative Specialists	City Conference Center, 2nd Floor

① Mr. Lee는 월요일 오후 6시에 SME 협회 월간 회의에 참석할 예정이다.
② Mr. Lee는 화요일 오전 9시 30분에 지점 관리자들과 회의실에서 회의가 있다.
③ Mr. Lee는 화요일 오후 4시에 씨티 컨퍼런스 센터에서 폐회사를 한다.
④ Mr. Lee는 월요일 오전 10시 20분에 사무실에서 Mr. James Brook과 만날 예정이다.

해설 ③ Mr. Lee는 화요일 오후 4시에 City Conference Center에서 기조연설을 한다.

46 What is LEAST proper as a phrase for ending the conference? [20년 2회 1급]

① Can we have a quick show of hands?
② Let's try to keep each item to 15 minutes.
③ Thank you for coming and for your contributions.
④ I think we've covered everything on the agenda.

해설 ② 각각의 아이템을 15분 동안 유지하도록 하자는 의미로 회의를 종료하는 데 쓰이는 어구로는 적절하지 않다.

47 **Which is INCORRECT about the following letter?** [19년 1회 1급]

> Dear Mr. Smith,
>
> Within the next four months, I will be moving to Chicago, where I would like the have opportunity to work for your company my ten years of accounting experience. I am currently working as a financial controller for the Morano Supermarket Group in Seattle.
>
> I am responsible for the group's financial direction and control. I have not yet informed my employer of my intention to leave the company. Therefore, I would appreciate your confidentiality in this regard.
>
> Sincerely,
> Mary Tailor

① Mary wants to move into another company.
② Mr. Smith is a HR manager.
③ Mary wants to move to Chicago.
④ Mary quit her job temporarily to apply for another company.

해설 ④번은 Mary가 다른 회사에 지원하기 위해 그녀의 직장을 일시적으로 그만둔다는 뜻의 문장이다. 본문에서는 4개월 이내에 그녀가 Chicago로 이사 갈 것이며 Mr. Smith의 회사에서 일하기를 원한다는 내용이 나와 있다. 하지만 그녀가 직장을 일시적으로 그만둔다는 표현은 나와 있지 않으므로 ④번이 편지의 내용과 적합하지 않은 내용이다.

48 **What is INCORRECT about the following envelope?** [20년 2회 1급]

XYZ CORPORATION
12 Broadway
Tulsa, OK 74102

CONFIDENTIAL

stamp

SPECIAL DELIVERY

Mr. Charles Lockwood
Marketing Director
Sharpie Electronics Company
1255 Portland Place
Boulder, CO 80302

① 수신인은 마케팅 이사인 Charles Lockwood이다.
② 이 서신은 빠른우편으로 배송되었다.
③ 이 서신의 내용은 인비이므로 Lockwood가 직접 개봉해야 한다.
④ 이 서신의 발송지는 미국 Oregon주이다.

해설 ④ 이 서신의 발송지는 미국 오클라호마주(Oklahoma, 약자 : OK)이다.

49 **According to the following invitation, which is NOT true?** [19년 1회 1급]

New Media Showcase
• Date & Time : 09:30~11:00 a.m. on Tuesday, February 17, 2019
• Venue : Cheil Mills Factory next to the Time Square in Kangnam
• Presenter : James Lee, Stuart Morris, Susan Sullivan
• Participants : 200 nation–wide media and social influencers and 50 corporate guests
• Program : Refer to details in the timetable below
• Dress Code : Business suit (dark color) w/ tie

Please check your calendar and RSVP by return email to Meesook Lee (mslee@gmail.com) by February 10.
If you have any questions, please let me know.

① 이 New Media Showcase 행사에는 250명의 주요인사들이 참석한다.
② 행사 참석복장은 넥타이를 착용한 짙은 색의 정장 차림이다.
③ 행사 참석여부는 행사일 1주일 전까지 담당자에게 이메일로 알려야 한다.
④ 행사 프로그램은 행사 당일 제시된다.

해설 ④ 시간표 아래에 세부적인 프로그램이 제시되어 있다고 되어 있다.

50 According to the following text, which one is NOT true? [19년 2회 1급]

To : "Jackie Yang" 〈jyang@cellfirst.com〉
From : "Samuel Lewis" 〈slewis@cellfirst.com〉
Date : Monday, October 1, 2019 13:25:30
Subject : Dinner

Dear Jackie,
This is to remind you of our dinner meeting next Thursday, October 14. Are you okay at 19:00 at the Plough on Harborne Road? I heard this new restaurant has a terrace and it's fabulous. My treat, of course.
Please confirm and I look forward to seeing you then.

Warm regards,
Sam

① Plough restaurant has a good condition for dinner.
② It was sent via e-mail.
③ Jackie will be serving meals to Samuel.
④ Dinner was promised in advance.

해설 ③ Samuel이 'My treat(내가 낼게)'이라고 말했으므로 식사를 대접하는 사람은 Jackie가 아니라 Samuel이다.

Jackie,
10월 14일, 다음 주 목요일에 함께하기로 한 저녁식사에 대해 다시 한번 알려주려고 해. Harborne Road에 있는 Plough에서 저녁 7시 괜찮니? 새로 생긴 식당인데 아주 훌륭하다고들 하더라고. 이 새로운 식당에 테라스가 있는데 아주 멋지대. 당연히 내가 낼 거야.
괜찮은지 알려주고 나는 그때 너와 만날 날을 고대해.

51 **What is the main purpose of the following contents?** [20년 2회 1급]

Travellers can reduce the effects of jet lag by changing their eating and drinking patterns. If you want to sleep on a plane, you should eat foods such as bread, pasta or cakes. Avoid eating high protein foods such as meat, eggs or cheese. Don't drink tea or coffee for two days before flying. Remember that you don't have to eat and drink everything that they offer you on a plane. You should avoid alcohol and drink at least two liters of water on a six-hour flight. Exercise also helps. You can do simple exercises in your seat, or walk around the plane.

① Rule of conduct on a plane
② Effective Diet Method
③ How to avoid jet lag
④ How to keep your health

해설 ③ 시차로 인한 피로감을 줄이는 방법
① 비행기에서의 행동 규칙
② 효과적인 다이어트 방법
④ 건강을 지키는 방법

여행자들은 그들의 식사와 음주 패턴을 변화시킴으로써 시차 적응의 영향을 줄일 수 있습니다. 비행기에서 자고 싶다면 빵이나 파스타, 케이크 같은 음식을 먹어야 합니다. 고기, 계란 또는 치즈와 같은 고단백 음식을 먹는 것을 피해야 합니다. 비행기 타기 이틀 전에는 차나 커피를 마시는 것을 피해야 합니다. 그들이 제공하는 모든 것을 비행기에서 먹고 마실 필요는 없다는 것을 기억하십시오. 당신은 술을 피하고 6시간 비행 시 적어도 2리터의 물을 마셔야 합니다. 운동도 도움이 됩니다. 좌석에서 간단한 운동을 하거나 비행기 주변을 걸을 수 있습니다.

52 According to the below, which of the followings is not true? [18년 1회 1급]

Secretary Wanted

Royal Insurance has an opening for a motivated, independent, self-starter. Must be a team player with good organizational and communication skills. Knowledge of Word Perfect 9.0 for Windows, Excel, Powerpoint experience required. Responsible for clerical duties including expense reports and schedules. A minimum of 60 wpm typing. We offer an excellent benefits package.

For immediate consideration, mail/fax resume to :
Human Resource Manager, Royal Insurance, 2 Jericho Plaza, Jericho, NY 11733, Fax#516-937.

— Royal Insurance

---

① Royal Insurance는 조직력과 의사소통기술을 갖춘 비서를 채용하고자 한다.
② Royal Insurance 비서직에 관심이 있는 사람은 이력서를 인사부장에게 우편이나 팩스로 보내기를 원한다.
③ 컴퓨터 활용능력뿐 아니라 비서경력을 갖춘 사람이어야 한다.
④ 최소 1분에 60단어 이상의 타이핑능력을 갖추어야 한다.

해설 ③ 필수적으로 요구되는 것은 조직력과 뛰어난 의사소통기술, 컴퓨터활용능력이며 비서경력에 대한 언급은 따로 없다.

53 Which of the followings is the most appropriate expression for the blank?

A : Good morning, Mr. Stewart. How have you been?
B : Fine, thanks. Can I see Mr. Park for a while?
A : _____ Please have a seat.
(상사 방에 다녀와서)
A : I'm sorry to have kept you waiting, Mr. Stewart. Mr. Park has to attend an important meeting now. So he would like to see you later.
B : Oh, I see. I'll stop by another time.

---

① What did you say?
② May I ask the business affiliation?
③ I'll see he can see you.
④ Let me see if he's available now.

해설 빈칸 다음에서 A가 'Please have seat.'이라고 했고, 상사 방에 다녀와서 기다리게 해서 죄송하다고 말했으므로, 빈칸에 들어갈 알맞은 표현은 ④'Let me see if he's available now(박 사장님께 시간이 있는지 알아보겠습니다).'임을 유추할 수 있다.

> A : 안녕하세요, Mr. Stewart. 잘 지내셨어요?
> B : 네, 감사합니다. 잠시 Mr. Park을 볼 수 있을까요?
> A : <u>박 사장님께 시간이 있는지 알아보겠습니다.</u> 앉으세요.
> (상사 방에 다녀와서)
> A : 기다리시게 해서 죄송합니다, Mr. Stewart. Mr. Park이 지금 중요한 회의에 참석해야 해서 나중에 뵙고 싶다고 하십니다.
> B : 그렇군요. 다음에 또 들르겠습니다.

54 What is least appropriate expression for the underlined part?

> A : Hello, is that Michael Robertson?
> B : Yes, Michael Robertson here.
> A : Jessica Adams here. We need to speak again about the contract.
> B : Right. Well, <u>다음 주는 언제라도 괜찮은데요.</u>
> A : Is Tuesday convenient?
> B : Sure. That's the 31st, right?
> A : Yes. Tuesday is the 31st. Is 9 a.m. too early for you?
> B : No, that's okay for me.

① I can't make it till next week.

② I'm available any day next week.

③ I'm okay any day next week.

④ Any time next week is okay.

해설 ①은 다음 주까지 약속할 수 없다는 뜻이므로 다음 주 언제라도 괜찮다는 것과는 다른 표현이다.
② 저는 다음 주에는 아무 날이나 가능합니다.
③ 저는 다음 주 아무 날이나 괜찮아요.
④ 다음 주 아무 때나 괜찮습니다.

55 What is MOST appropriate expression for the underlined part? [20년 2회 1급]

> Visitor : I'd like to see Mr. Han for a few minutes.
> Secretary : <u>어떤 용무로 그를 만나시려는지 여쭤봐도 될까요?</u>
> Visitor : I'd like to talk to him about our new sales strategies.

① May I ask why you wish to see him?
② May I ask why do you wish to see him?
③ May I ask the reason you wish to see him about?
④ May I ask the reason do you wish to see him?

> 해설 용무를 묻는 표현은 'May I ask why you wish to see~?'이므로, 밑줄 친 부분에 알맞은 표현은 ①이다. 그 밖에 내방객의 방문 용건을 확인하는 표현은 What is the nature of your business?, What is the purpose of your business?, Why do you want to meet ○○○?, May I ask the reason why you want to meet ○○○?이 있다.

56 Which of the following is the MOST appropriate expression for the blank? [20년 2회 1급]

> A : Hello. This is Paul Morris from Shilla Holdings. May I speak to Mr. Park?
> B : I'm sorry, but Mr. Park is in a meeting and asked not to be disturbed.
> A : I feel sorry to ask you, but _____ I have an urgent matter to discuss with him.
> B : Well, let me check, but I doubt I'll be able to put you through.
>   (To Mr. Park) Mr. Paul Morris from Shilla Holdings is on the line. He said he had an urgent matter to discuss with you.
> C : All right. Put him through.

① please ask him to be on the line now.
② could you please interrupt him for me?
③ please tell him Mr. Morris on the line.
④ I will wait for a while.

> 해설 빈칸 다음에서 긴급하게 그와 의논할 사안이 있다고 했으므로, 빈칸에 적절한 표현은 ② 'could you please interrupt him for me?'이다.

A : 안녕하세요, Shilla Holdings의 Paul Morris입니다. Mr. Park과 통화할 수 있을까요?

B : 죄송합니다만, Mr. Park은 회의 중인데, 방해받지 않기를 부탁했습니다.

A : 부탁드려서 죄송한데, 저를 대신해서 그에게 얘기해 주시겠어요? 긴급하게 그와 의논할 문제가 있어서요.

B : 네, 확인해 보겠지만, 연결해 드릴 수 있을지는 확실하지 않습니다.
(Mr. Park에게) Shilla Holdings의 Mr. Paul Morris가 전화하셨는데, 긴급하게 의논할 사안이 있다고 하십니다.

C : 좋아요. 연결해 주세요.

57 According to the following memo, which is true? [20년 1회 1급]

TELEPHONE MEMO

Date : May 7, 2020 Time : 2:30 p.m.

For : Mr. Max Fisher
From : Ms. Barbara Black of HSB Bank

Tel No. 554-2302 ext. 122

■ Telephoned   □ Please call
□ Wants to see you   □ Will call again
□ Returned your call   □ URGENT
□ Was here to see you

□ Message : Ms. Black says the meeting on Monday is postponed. Please reschedule for Thursday morning if possible.

Taken by Julie Smith

---

① Mr. Fisher에게 걸려온 전화의 메모를 Julie Smith가 작성하였다.

② HSB Bank의 Ms. Black은 월요일 회의가 목요일로 연기되었음을 알리기 위해 연락하였다.

③ Mr. Fisher의 전화번호는 554-2302이고 내선번호는 122이다.

④ Ms. Black은 Mr. Fisher가 가능한 한 빨리 전화해주기를 바란다.

해설 전화 메모에 따르면, For Mr. Max Fisher와 telephoned, taken by Julie Smith로 미루어 전화 메모의 내용과 일치하는 것은 ① 'Mr. Fisher에게 걸려온 전화의 메모를 Julie Smith가 작성하였다.'이다.

58 Which is the MOST appropriate expression for the blank? [20년 1회 1급]

> A : Ms. Lee, can you come to my office now? I have something to ask you.
> B : Sure.
> A : Can you make copies of these paper?
> B : Yes, just one copy for each?
> A : No, I need two copies for them. One for me and the other for the sales manager.
> B : OK. I'll make two copies for them.
> A : And please enlarge the size of them. _____.
> B : No problem. I'll make it enlarged size. Is there anything else?
> A : No. Thank you, Ms. Lee.

① Please reduce this paper to 50%.
② The letters are too small to read.
③ Make color copies, please.
④ I've done about half for it.

해설 대화에서 빈칸 앞에서 A가 글자 크기를 크게 해달라고 했으므로, 빈칸에 들어갈 적절한 표현은 ② 'The letters are too small to read(글자가 너무 작아서 읽을 수 없다).'이다.

> A : Ms. Lee, 지금 제 사무실로 오실 수 있나요? 물어볼 게 있어요.
> B : 물론입니다.
> A : 이 서류를 복사해 주겠어요?
> B : 네, 한 부씩 복사할까요?
> A : 아니요, 두 부가 필요해요. 한 부는 저에게, 다른 한 부는 영업 부장님께요.
> B : 알겠습니다. 두 부 복사해 드리겠습니다.
> A : 그리고 글자 크기를 좀 더 크게 해주세요. 글자가 너무 작아서 읽을 수 없어요.
> B : 문제없어요. 크게 해드릴게요. 다른 건 없나요?
> A : 아니요. 고마워요, Ms. Lee.

59 Which is CORRECT according to the phone conversation? [19년 2회 1급]

> S1 : Good morning. Is that Sales Manager's office?
> S2 : Yes, it is. How can I help you?
> S1 : I'm Miss Chang, secretary to Mr. Brown, Vice President of Diwon Company. Mr. Brown would like to see him to discuss the new products around this week, if that is convenient.
> S2 : Yes, Miss Chang. I shall have to check with the Sales Manager. May I call you back?
> S1 : Certainly. I'll be here all morning. My number is 254-3928 extension 133.

① Mr. Brown himself called first.
② Sales manager called the Vice President.
③ Vice President had an appointment to meet the Sales Manager this afternoon.
④ Secretary of Sales Manager will call back to Miss Chang.

해설 대화에서 영업부 매니저의 비서가 '확인해 보고 다시 전화해도 될까요?'라고 했으므로, 대화의 내용과 일치하는 것은 ④ 'Secretary of Sales Manager will call back to Miss Chang(영업부 매니저의 비서가 Miss Chang에게 다시 전화할 것이다)'이다.

> S1 : 안녕하세요, 영업부장 사무실입니까?
> S2 : 네, 그렇습니다. 무엇을 도와드릴까요?
> S1 : 저는 Diwon 회사의 부대표이신 Mr. Brown의 비서인 Miss Chang입니다. Mr. Brown께서 편하시다면, 이번 주쯤 그를 만나서 신제품에 대해서 의논하고 싶어 하십니다.
> S2 : 네, Miss Chang. 내가 영업부장님께 확인해 보겠습니다. 제가 다시 전화드려도 될까요?
> S1 : 그럼요. 오전 내내 여기 있을 겁니다. 제 번호는 254-39280이고 내선번호는 133번입니다.

60 Which of the following is CORRECT? [19년 2회 1급]

> Boss : Miss Lee, please come in.
> Secretary : Yes, Mr. Kim.
> Boss : I want you to deliver this copy to Mr. Park, Mr. Kang, and Mr. Cho.
> Secretary : Yes, I will, right away.
> (After 20 minutes)
> Secretary : Mr. Kim, Mr.Park said to please go ahead with it. Mr. Kang said he has some questions, so he would like to have 15 minutes of your time after lunch. Mr. Cho was out, so I gave it to his secretary, Miss Han and asked her to have him contact you upon his return.
> Boss : Thank you.

① Mr. Park rejected the suggestions of Mr. Kim.
② Mr. Kang wants to meet Mr. Kim in the morning.
③ Miss Han is going to contact Mr. Kim.
④ Mr. Cho will get in touch with Mr. Kim when he gets in.

해설 대화에서 Mr.Kim의 비서가 Mr. Cho가 외출해서 그의 비서인 Miss Han에게 전달했으며 돌아오는 대로 그에게 당신께 연락해 달라고 부탁했다고 했으므로, 대화의 내용과 일치하는 것은 ④ 'Mr. Cho will get in touch with Mr. Kim when he gets in(Mr. Cho는 돌아오는 대로 Mr. Kim에게 연락할 것이다).'이다.

> Boss : Miss Lee, 들어오세요.
> Secretary : 네, Mr.Kim.
> Boss : 이 사본을 Mr. Park, Mr. Kang, Mr. Cho에게 전달해 주세요.
> Secretary : 네, 지금 전달하겠습니다.
> (20분 후에)
> Secretary : Mr. Kim, Mr. Park이 말씀하시기를 이대로 진행하라고 하십니다. Mr. Kang은 말씀하시기를 궁금한 점이 있어서 점심식사 후에 15분 정도 만나기를 원하십니다. Mr. Cho는 외출하셔서 비서인 Miss Han에게 전달했고 돌아오는 대로 그에게 당신께 연락해 달라고 부탁했습니다.
> Boss : 감사합니다.

61 다음 중 네트워크에 대한 설명이 가장 적절하지 않은 것은? [20년 2회 3급]

① 네트워크란 여러 대의 컴퓨터들로 묶여진 그룹이나 다른 장치들이 서로 연결되어 통신할 수 있도록 하는 장치나 시설 등을 말한다.
② 네트워크에는 근거리 통신망인 LAN과 원거리 통신망인 WAN이 있다.
③ 인트라넷은 인터넷기술과 통신규약을 이용하여 조직내부의 업무를 통합하는 정보시스템을 의미한다.
④ 엑스트라넷은 사내에 국한된 전산망을 말한다.

해설 ④ 엑스트라넷은 인터넷기술을 사용하여 공급자 · 고객 · 협력업체 사이의 인트라넷을 연결하는 네트워크를 의미한다.

62 다음 중 아래 신문기사에 관한 내용으로 가장 연관이 적은 것은? [20년 1회 1급]

5G 서비스 만족도 30%대 불과…커버리지 불만多

5G 이동통신 서비스 가입자가 400만 명을 넘어섰으나, 소비자 만족도는 30%대에 그치는 것으로 조사됐다. 특히, 커버리지에 대한 불만이 가장 많은 것으로 나타났다.

이동통신 전문 리서치기관 컨슈머인사이트는 5G 스마트폰 이용자 33,295명을 대상으로 조사한 결과, 이같이 집계됐다고 14일 밝혔다.

구체적으로 데이터 속도에서는 ○○텔레콤 34%, □□텔레콤 36%, ☆☆텔레콤 37%의 만족률을 보였다. 5G 커버리지(전국망) 만족률은 ○○텔레콤 28%, □□텔레콤 30%, ☆☆텔레콤 29%다.

5G 데이터품질(안정성, 끊김 없음)은 ○○텔레콤 32%, □□텔레콤 32%, ☆☆텔레콤 34%, 5G 데이터 전반적 만족도는 ○○텔레콤 31%, □□텔레콤 32%, ☆☆텔레콤 33%에 그쳤다.

컨슈머인사이트는 "통신 3사 간 5G 만족도에 큰 차이가 없었으며, 전반적인 만족수준이 낮다는 점이 특징"이라며 "특히 커버리지 만족률은 3사 모두 30% 이하로 낮은 평가의 원인이 됐다."라고 지적했다.

이 같은 5G 만족률은 LTE에 크게 못 미치는 수준이다. 컨슈머인사이트의 올해 상반기 조사에 따르면, 전반적인 LTE 데이터 만족도는 53%였다. 당시 LTE 데이터 만족률은 ○○텔레콤 59%, □□텔레콤 49%, ☆☆텔레콤 47% 순이었다.

컨슈머인사이트는 또, 5G 가입자의 빠른 증가원인으로 예상보다 높지 않은 단말기 가격을 꼽았다. 5G 단말기의 실구입가(프로모션, 보조금 등 제외 시)는 71만 5,000원으로 조사됐다. 이는 지난해 같은 기간 조사 때 LTE 스마트폰의 실구입가 65만 1,000원과 5만 4,000원밖에 차이나지 않았다.

컨슈머인사이트는 "통신사들이 5G 가입자 유치를 위한 프로모션을 펼치면서 실질적인 단말 가격상승은 크지 않았음을 알 수 있다"라고 분석했다.

한국통신사업자연합회(KTOA)에 따르면, 지난달 말 기준 5G 가입자는 433만 명을 넘어선 상태다. 이는 전체 휴대전화 이용자의 6%에 달한다.

소비자들은 5G 서비스에서 고화질, 고용량 콘텐츠에 대한 기대(32%)가 가장 컸다. 그러나 '특별히 기대한 것 없음(저렴해서 구입 등)'이라는 응답이 두 번째로 많아(27%) 5G 특유의 장점을 모르거나 중요하지 않다고 느끼며 구입한 경우도 상당했다.

---

① 가격에 의한 요인으로 5G 가입자는 빠른 속도로 증가하고 있다.

② 5G에 대한 소비자의 만족도는 특히 5G 커버리지(전국망) 만족률에서 낮게 나타났다.

③ 5G 만족도는 통신 3사 모두 낮으며 데이터속도와 커버리지 만족도는 ○○텔레콤이 가장 높다.

④ 지난달 말 기준 5G 가입자는 전체 휴대전화 이용자의 1/10이 되지 않았다.

해설 ③ 데이터속도에서는 ☆☆텔레콤이 37%로 가장 만족도가 높으며 커버리지 만족도는 □□텔레콤이 30%로 가장 높다.
① 예상보다 높지 않은 단말기 가격이 5G 가입자를 빠른 속도로 증가시키고 있다.
② 커버리지 만족률은 3사 모두 30% 이하로 만족도조사에서 가장 낮게 나타났다.
④ 5G 가입자는 전체 휴대전화 이용자의 6%에 달한다.

63 김 비서는 신제품 런칭을 위한 상사의 프레젠테이션을 준비하고 있다. 다음 업무를 처리를 위해 필요한 사무기기가 순서대로 나열된 것은? [18년 1회 1급]

> (가) 프레젠테이션 발표용 시각자료 준비
> (나) 발표자료 제본
> (다) 프레젠테이션 보여주기 위한 준비
> (라) 신제품을 청중에게 선보이기

① (가) 파워포인트 – (나) 열제본기 – (다) OHP – (라) 팩시밀리
② (가) 키노트 – (나) 인쇄기 – (다) 실물환등기 – (라) 프로젝터
③ (가) 프레지(Prezi) – (나) 문서재단기 – (다) 빔프로젝터 – (라) 실물화상기
④ (가) 프레지(Prezi) – (나) 링제본기 – (다) LCD프로젝터 – (라) 실물화상기

해설
- (가) : 프레지(Prezi)
- (나) : 링제본기
- (다) : LCD프로젝터
- (라) : 실물화상기

64 다음 중 문서관리의 원칙과 설명이 적절하게 연결되지 않은 것은? [20년 1회 1급]

① 표준화 : 누가, 언제 처리하더라도 같은 방법이 적용될 수 있도록 문서관리 시스템을 표준화시킴으로써 원하는 문서를 신속하게 처리할 수 있다.
② 간소화 : 중복되는 것이나 불필요한 것을 없애고 원본이 명확하게 정리되어 있는데도 불필요한 복사본을 가지고 있지 않도록 한다.
③ 전문화 : 문서 사무의 숙련도를 높이고 문서 사무의 능률을 증대시킬 수 있다.
④ 자동화 : 문서가 보관된 서류함이나 서랍의 위치를 누구나 쉽게 알 수 있도록 소재를 명시해 두어 필요한 문서를 신속하게 찾을 수 있다.

해설
④ 필요한 문서를 신속하게 찾을 수 있고 문서가 보관된 서류함이나 서랍의 위치를 누구나 쉽게 알 수 있도록 소재를 명시해 두는 것은 '신속화'이다. '자동화'는 문서관리를 자동화함으로써 신속하고 편리하게 관리할 수 있는 것을 의미한다.

65 다음은 여러 가지 문서 작성을 위한 자료수집 방법이다. 가장 적절하지 않은 것은? [20년 1회 1급]

① 초대장을 작성하는 경우 해당 장소로의 접근 방법(이동 경로, 교통편, 주차장 이용 등)에 대한 자료수집이 필요하다.
② 감사장을 작성할 경우 감사장을 받을 상대가 어떤 호의를 왜 베풀었는지에 관한 내용을 수집하는 것이 가장 중요하다.
③ 상사를 대신하여 일처리를 하기 위해 위임장을 작성하는 경우 위임할 사람의 정보, 위임받을 사람의 정보 등이 필요하다.
④ 이메일로 문서를 작성할 경우 전달 방법이 전자적인 형태일 뿐, 문서의 내용상 수집할 사항은 종이 문서와 비교하여 특별히 달라지는 것은 아니다.

> 해설 ② 감사장은 상대방의 호의와 도움에 감사하는 마음을 전하기 위하여 작성하는 문서이다. 따라서 '언제·어디서 호의를 받았는지', '어떤 일로 호의를 받았는지' 등을 구체적으로 기술하여야 하지만 공손하고 진심 어린 마음이 담겨 있어야 하며 감사의 기분을 강조하여 작성하는 것이 중요하다. 또한, 겸손하고 정중하면서도 서식에 맞추어서 작성해야 한다.

66 다음 중 문장부호와 띄어쓰기가 공공언어 바로 쓰기에 맞춰 올바르게 바뀐 것은? [20년 1회 1급]

항목	수정 전	수정 후
가	4. 29 ~ 10. 31	4. 29. ~ 10. 31.
나	1950. 7월 ~ 1953. 1월	1950. 7. ~ 1953. 1.
다	융·복합	융복합
라	장·차관	장차관
마	21,345천원	2,134만 5천 원

① 가, 나, 다, 라, 마
② 가, 나, 라, 마
③ 가, 나, 다, 마
④ 가, 나, 마

> 해설 ② 가운뎃점은 열거할 어구들을 일정한 기준으로 묶어서 나타낼 때 사용하거나 짝을 이루는 어구들 사이에 사용, 공통 성분을 줄여서 하나의 어구로 묶을 때 사용한다. '장차관'은 표준 국어 대사전에 한 단어로 올라 있어 굳이 가운뎃점을 쓰지 않아도 된다. 공문서로 날짜를 표기할 때는 숫자로 표기하되 연·월·일의 글자는 생략하여 그 자리에 마침표(.)를 찍어 표시하고 '일'의 마지막에는 마침표를 찍는다. '원'은 화폐의 단위를 나타내는 말로 앞말과 띄어 쓴다.

67 다음은 사내 문서의 유형을 분류한 것이다. 유형과 종류가 잘못 연결된 것끼리 묶인 것은?

[20년 1회 1급]

유 형	종 류
연락 문서	명령서, 통지서, 기획서 등
보고·문서	업무 보고서, 출장 보고서, 조사 보고서, 영업 보고서 등
지시 문서	안내문, 게시문, 업무 협조문, 조회문, 회람문, 통지서 등
기록 문서	회의록, 인사카드, 장표 등
기타 문서	상사의 연설문, 발표 문서 등

① 연락 문서, 기타 문서
② 보고 문서, 지시 문서
③ 기록 문서, 기타 문서
④ 연락 문서, 지시 문서

해설 문서의 유형
• 연락 문서 : 안내문, 게시문, 협조문, 조회문, 회람문, 통지서 등
• 지시 문서 : 명령서, 지시서, 통지서, 기획서 등

68 다음 중 전자결재 및 전자문서에 관한 설명으로 가장 적절하지 않은 것은? [19년 2회 1급]

① 전자결재를 할 때는 전자문서 서명이나 전자이미지 서명 등을 할 수 있다.
② 전자문서 장기보관 관리를 위한 국제표준포맷은 EPUB이다.
③ 전자결재는 미리 설정된 결재라인에 따라 자동으로 결재 파일을 다음 결재자에 넘겨준다.
④ 전자결재는 기본적으로 EDI 시스템하에서 이루어지는 것이다.

해설 ② 전자문서 장기보관 관리를 위한 국제 표준 포맷은 PDF/A이다.
PDF 파일
• 국제표준화기구(ISO)에서 지정한 전자문서 국제 표준 포맷이다. 특히 PDF/A는 국제표준화기구(ISO)에서 지정한 전자문서 장기보관 및 보존을 위한 국제 표준 포맷이다.
• 컴퓨터 기종이나 소프트웨어 종류와 관계없이 호환이 가능한 문서 형식이다.
• 암호화 및 압축 기술을 통해 내용의 변조가 어렵다.

69 비서가 업무상 문서를 작성할 때 유의할 사항으로 잘못 기술된 것은? [20년 1회 1급]

① 주요 메시지를 문서 작성 시작 부분에서 기술하며, 그 이후에는 이에 대한 세부 내용을 구체화하는 형식인 두괄식 구성을 사무문서에서 대체로 선호한다.

② 간단명료한 문서 작성을 위해 가급적 단어를 적게 사용하면서도 메시지를 분명하게 전달한다.

③ 비서가 상사를 대신하여 작성하는 문서는 상사가 직접 문서를 작성할 수 없는 상황임을 상세하게 밝히고 비서의 이름으로 나가는 것이 원칙이다.

④ 문서가 제시간에 전달되지 못하면 작성된 목적을 달성할 수 없으므로 시간 내 전달되기 위한 방식에 맞추어서 문서를 작성하여야 한다.

> 해설 ③ 상사를 대신하여 작성하는 문서라 하더라도 초안 작성 후 상사의 최종 검토와 확인을 받아 발송되도록 한다. 따라서 상사가 직접 문서를 작성할 수 없는 상황임을 상세하게 밝히고 비서의 이름으로 나가는 것은 원칙이 아니다.

70 MS-Access로 만들어진 방문객 관리 DB를 이용하여 업무처리를 하고 있다. 월별 방문객 수 및 방문 목적별 방문객 수와 같이 데이터의 계산을 할 수 있는 개체는? [20년 1회 1급]

① 테이블
② 페이지
③ 쿼리
④ 매크로

> 해설 쿼리(Query)의 요약 기능
> 쿼리는 데이터베이스에서 특정한 테이블에 특정한 조건을 주어 검색하는 기능을 뜻하며 데이터베이스에서 기본적이면서도 매우 중요한 요소이다. 테이블을 데이터베이스 자체라고 한다면, 쿼리는 이 데이터베이스에서 필요한 것만을 뽑아내어 가공하는 형태라고 할 수 있다. 요약 기능은 하나 이상의 테이블에서 조건에 맞는 데이터를 검색하여 원하는 순서대로 데이터를 보여주는 기능이다. 또한, 데이터를 그룹화하여 합계, 개수, 평균, 기타 요약계산을 수행할 수 있다.

71 다음 그래프를 통해서 알 수 있는 내용으로 가장 적절하지 않은 것은? [20년 1회 1급]

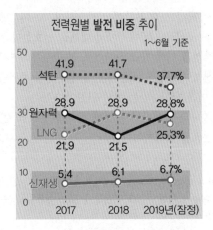

① 신재생 에너지의 비중이 매년 조금씩 증가하고 있는 추세이다.
② 석탄의 비중은 2019년은 2018년에 비해서 4% 감소했다.
③ 원자력은 2018년에는 감소했으나, 2019년에는 2017년 수준으로 거의 회복했다.
④ 2018년에는 석탄 > LNG > 원자력 > 신재생 순으로 비중이 높았다.

> **해설** ② 위의 그래프는 1~6월 기준이라고 표기되어 있으며 2019년도는 '잠정'이라고 나와 있다. 따라서 상반기 기준으로 2019년이 2018년도에 비해서 4% 감소했다고 단정 지을 수는 없다.

72 다음 중 문서의 보존기간과 문서의 종류가 잘못 짝지어진 것은? [20년 1회 1급]

연 번	문서 보존 기간	문서의 종류
ㄱ	영구보존	정관, 중요 계약 서류, 등기 · 특허 서류, 품의서, 주주총회 관련 서류 등
ㄴ	10년 보존	세무 관련 서류, 월차 결산서 · 상업장부, 주주명의부 등
ㄷ	3~5년 보존	왕복 문서, 통지 서류, 일보 · 월보, 조사서, 참고서 등
ㄹ	6개월~1년 보존	주요 전표, 거래 관련 서류, 문서의 수발신 기록, 사원 이동, 급료 수당 관련 서류 등

① ㄱ, ㄴ
② ㄴ, ㄷ
③ ㄷ, ㄹ
④ ㄹ, ㄱ

해설 문서 보존기간에 따른 분류

영구보존	• 복원 불가능 • 정관, 중요 계약 관계 서류 • 등기, 특허 관계 • 품의서, 주주총회 관계 등
10년 보존	• 복원 가능(비용이 많이 듦) • 세무 관계 • 월차 결산서, 상업장부 관계 • 주주 명부 관계 등
3~5년 보존	• 복원 가능(비용이 적게 듦) • 주요 전표, 거래 관계 • 문서의 수 · 발신 기록 • 사원 이동, 급료 수당 관계 등
6개월~1년 보존	• 복원할 필요가 없음 • 왕복 문서, 통지 서류 관계 • 일보, 월보 관계 • 내용의 통 · 폐합

73 다음 중 전자결재시스템의 특징에 관한 설명으로 옳지 않은 것을 모두 고르시오. [19년 2회 1급]

> 가. 문서 작성 양식이 적용되어 작성이 용이하다.
> 나. 문서 사무처리 절차가 복잡하다.
> 다. 문서 작성자의 익명성이 보장된다.
> 라. 문서 유통 과정이 투명해진다.
> 마. 문서 보관 시 공간확보가 용이하다.

① 가, 나
② 나, 다
③ 나, 다, 라
④ 나, 다, 라, 마

해설 나. 결재문서의 작성부터 문서의 수신과 발신 및 배부가 온라인으로 처리되어 문서관리가 단순화된다.
다. 결재권자, 검토자, 문서의 최초 기안자가 자동으로 입력되므로 익명성이 보장된다고 보기는 어렵다.

74 윈도우 운영체제를 사용하는 내 컴퓨터의 IP주소를 찾기 위해서, cmd를 실행하여 명령 프롬프트를 연 후 사용할 수 있는 명령어는? [20년 1회 1급]

① IPCONFIG
② CONFIGIP
③ IPFINDER
④ MSCONFIG

> 해설 ① IP를 확인할 때는 IPCONFIG를 사용한다. cmd는 command(명령어)의 약자이다.

75 다음 중 컴퓨터나 원거리 통신 장비 사이에서 메시지를 주고받는 양식과 규칙의 체계에 해당하지 않는 것은? [20년 1회 1급]

① HTTP
② TELNET
③ POP3
④ RFID

> 해설 ④ RFID는 무선 주파수를 이용하여 물건이나 사람 등과 같은 대상을 식별할 수 있도록 하는 기술을 의미한다.
> ① HTTP는 인터넷상에서 정보를 주고받기 위한 프로토콜로 주로 HTML 문서를 주고받는 데 쓰인다.
> ② TELNET은 원격지 컴퓨터에 접속해서 자신의 컴퓨터처럼 사용할 수 있는 것을 말한다. 멀리 떨어져 있는 컴퓨터와 자신의 컴퓨터를 연결하여 터미널을 만들어 주는 프로토콜로, PC통신 등을 인터넷에 연결하면 TELNET으로 들어갈 수 있다.
> ③ POP3는 메일 서버에 도착한 메일을 클라이언트 사용자가 전송받을 때 이용하는 프로토콜이다.

76 다음 명함관리 방법 중 올바른 방법을 모두 고르시오. [20년 2회 2급]

> 가. 스마트폰으로 관리할 명함을 촬영해 명함관리 앱에 등록해 관리한다.
> 나. 리멤버, 캠카드 등이 대표적인 명함관리 어플이다.
> 다. 명함의 이름, 소속회사, 직책, 전화번호, 이메일 등과 같은 관리 항목은 데이터베이스 필드마다 구별, 입력하여 관리한다.
> 라. 명함을 정리할 때는 이름이나 회사명을 기준으로 정리하며 명함이 많지 않을 때는 이름으로 정리하는 것이 효율적이다.

① 가, 나, 다, 라
② 가, 나, 다
③ 가, 나
④ 가, 나, 라

해설 가, 나, 다, 라 모두 명함관리 방법으로 옳은 방법이다.
명함관리 방법
- 명함 뒤에 날짜, 상황 등을 메모해 둔다.
- 정리 상자식으로 정리할 때는 빽빽하게 끼우지 말고 여유를 남겨두는 것이 좋다.
- 1년에 1회는 오래전의 명함이나 연락할 필요성이 없는 명함을 정리하도록 한다.
- 주소, 전화번호, 회사명 변경이나 승진, 이동으로 칭호가 변경된 것을 알면 즉시 정정한다.

---

77 **사이버 환경에 적용 가능한 인증기술 동향에 대한 설명으로 가장 부적절한 것은?** [20년 1회 1급]

① 지식기반 사용자 인증방식은 사용자와 서버가 미리 설정해 공유한 비밀 정보를 기반으로 사용자를 인증하는 것으로 패스워드 인증이 일반적이다.

② 패스워드 인증 방식은 별도 하드웨어가 필요 없어 적은 비용으로 사용자 편의성을 높이는 장점이 있다.

③ 소유기반 사용자인증방식은 인증 토큰을 소유하고 이를 기반으로 사용자를 인증한다. 소프트웨어 형태의 예로 OTP 단말기와 하드웨어 형태의 예로 공인인증서로 구분된다.

④ 소유기반 사용자인증방식은 사용자 토큰에 관련한 인증시스템 구축이 어렵고, 최소 1회 이상 인증기관 또는 등록기관과 본인임을 확인해야 한다.

해설 ③ 하드웨어 형태의 예가 OTP 단말기이며 소프트웨어 형태의 예가 공인인증서이다.

---

78 **다음 중 랜섬웨어 감염을 예방하기 위한 행동이 나열되어 있다. 이 중 적절하지 않은 것은?**

[20년 1회 1급]

> 가. SNS에 올라온 사진 다운로드 시 주의가 필요하다.
> 나. 신뢰할 수 없는 사이트의 경우 가급적 방문하지 않는다.
> 다. P2P사이트에서 파일을 다운로드받지 않는다.
> 라. 출처가 분명한 이메일이라도 첨부파일 실행은 주의한다.
> 마. 중요한 자료는 자주 백업해둔다.
> 바. PC운영체제 및 소프트웨어를 최신 버전으로 유지한다.
> 사. 백신을 반드시 설치하고 주기적으로 업데이트 및 점검한다.

① 없다.　　　　　　　　　　② 가
③ 다　　　　　　　　　　　④ 라

해설 랜섬웨어(Ransomware)는 사용자 컴퓨터 시스템에 침투하여 시스템에 대한 접근을 제한하고 금품을 요구하는 악성 프로그램으로, 보기의 모든 문항이 랜섬웨어 감염을 예방하기 위한 행동에 해당한다.

79 다음과 같이 문서 및 우편물을 발송하는 업무를 진행하고 있다. 이때 가장 적절하지 않은 업무처리 끼리 묶인 것은? [18년 2회 1급]

> 가. 문서를 발송하기 전에 상사의 서명날인을 받은 후 스캔본을 보관해두었다.
> 나. 월 임대료를 석 달째 미납하고 있는 임차업체에 최고장을 작성하여 내용증명으로 발송하였다.
> 다. 창립기념식 초청장 발송용 우편물 레이블을 파워포인트를 이용하여 메일머지로 작성하였다.
> 라. 고객사은품으로 상품권을 현금 등기로 발송하였다.
> 마. 주주총회 안내문을 우편으로 발송하면서 요금후납제도를 이용하였다.

① 가, 나, 다, 라, 마
② 나, 다, 라, 마
③ 다, 라, 마
④ 다, 라

해설 다. 수령인의 주소가 다양하므로 메일머지 기능을 사용하는 것은 어려울 수 있다.
라. 소액 상품권이라고 해도 엄연히 유가증권이므로 등기우편으로 보낼 땐 유가증권등기로 발송하여야 한다.

80 프레젠테이션 과정은 발표내용 결정, 자료작성, 발표준비, 프레젠테이션 단계의 4단계로 구분할 수 있다. 보기 중 나머지와 단계가 다른 하나를 고르시오. [20년 1회 1급]

① 프레젠테이션의 목적 및 전략 설정 과정
② 프레젠테이션 스토리 설정 과정
③ 수신인에 대한 정보 수집 및 분석 과정
④ 청중이 이해하기 쉽게 일상적인 것과 비교할 수 있는 수치 제시 과정

해설 ④ 프레젠테이션의 목적 및 전략 설정, 스토리 설정, 수신인에 대한 정보 수집 및 분석 과정은 발표내용 결정에 해당하며 청중이 이해하기 쉽게 일상적인 것과 비교할 수 있는 수치를 제시하는 과정은 프레젠테이션에 해당한다.

제2회 | 기출유형 모의고사

제1과목 | 비서실무

01 비서의 직업윤리와 그에 해당하는 상황 설명이 윤리에 적합한 것은? [20년 2회 1급]

	직업윤리	상 황
㉠	시간을 남용하거나 낭비하지 않아야 하므로 근무 시간에 자신의 의무를 충실히 이행하여야 한다.	퇴근 시간이 다가오면 퇴근 후의 일정을 계획하려고 장시간 메신저를 한다.
㉡	회사 비품이나 금전을 개인적인 용도로 쓰지 않아야 한다.	회사에서 직원들을 위해 비치한 생수나 커피 재고가 많이 남아 직원들과 나누어 가져갔다.
㉢	회사나 자신의 지위를 이용하여 개인적인 이득을 얻고자 하지 않는다.	고객이 감사하다며 비서에게 선물하여 거절하였다.
㉣	회사나 사업에 관련된 기밀이나 정보를 외부에 누출하지 않는다.	퇴근 후 친구와 SNS로 회사의 고충 상황을 의논하였다.

① ㉠

② ㉡

③ ㉢

④ ㉣

해설 ① 퇴근 시간까지 맡은 바 업무를 수행해야 한다. 퇴근 후의 일정을 계획하거나 장시간 메신저를 하는 등의 행동을 해서는 안 된다.

② 회사 비품을 가져가는 등의 행동은 하지 않아야 한다.

④ 비서에게는 무엇보다 기밀성이 강조된다. 많은 사람에게 노출될 수 있는 SNS 등으로 회사의 고충 상황을 의논하는 것은 옳지 않다.

02 회사 50주년을 축하하는 기념식 행사를 준비하는 비서가 행사장의 좌석배치 계획을 수립할 때 다음 중 가장 부적절한 것은? [20년 2회 1급]

① 단상에 좌석을 마련할 경우는 행사에 참석한 최상위자를 중심으로 단 아래를 향하여 우좌의 순으로 교차 배치한다.

② 단하에 좌석을 마련할 경우는 분야별로 좌석 군을 정하는 것이 무난하여, 당해 행사의 관련성을 고려하여 단상을 중심으로 가까운 위치부터 배치한다.

③ 단하에 좌석을 마련할 경우 분야별로 양분하는 경우에는 단상에서 단하를 바라보아 연대를 중심으로 왼쪽은 외부 초청 인사를, 그 오른쪽은 행사 주관 기관 인사로 구분하여 배치한다.

④ 주관 기관의 소속 직원은 뒤에, 초청 인사는 앞으로 한다. 행사 진행과 직접 관련이 있는 참석자는 단상에 근접하여 배치한다.

> 해설 ③ 단하에 좌석을 마련할 경우, 단상에서 단하를 바라보아 연대를 중심으로 오른쪽에 외부 초청 인사를, 왼쪽에 행사 주관 기관 인사로 배치하여야 한다.

03 상사가 출장을 출발하기 전에 비서가 확인해야 할 사항으로 가장 적절하지 않은 것은? [20년 2회 1급]

① 출장 중 상사 업무 대행자가 처리할 업무와 출장지의 상사에게 연락해야 할 업무 등을 구분하여 상사로부터 미리 지시를 받는다.

② 상사와 일정한 시간을 정해 놓고 전화 통화를 하거나 email, SNS 등을 이용하면 편리하게 업무보고와 지시를 받을 수 있다.

③ 비서는 상사 출장 중에 그동안 밀렸던 업무를 처리한다.

④ 상사 업무 대행자 지정은 상사가 출발한 후 조직의 규정에 따라 지정하면 된다.

> 해설 ④ 상사 업무 대행자 지정은 출장 전 미리 상사와 상의하여 지정한다.

04 다음 중 경조사 종류에 해당하는 한자어가 잘못 연결된 것은? [20년 1회 1급]

① 결혼 : 祝結婚, 祝華婚, 祝聖婚

② 문병 : 賻儀, 謹弔, 弔意

③ 축하 : 祝就任, 祝昇進, 祝榮轉

④ 개업, 창업 : 祝開業, 祝開館, 祝創立

> 해설 ② 賻儀(부의), 謹弔(근조), 弔意(조의)는 사람의 죽음과 관련된 단어이다.
> ① 祝結婚(축결혼), 祝華婚(축화혼), 祝聖婚(축성혼)
> ③ 祝就任(축취임), 祝昇進(축승진), 祝榮轉(축영전)
> ④ 祝開業(축개업), 祝開館(축개관), 祝創立(축창립)

05 **국제회의를 준비하며 국기를 게양할 때 가장 적절한 것은?** [20년 1회 1급]

① 한국, 브라질, 칠레 3개 국가 국기 게양 시, 한국 국기를 단상을 바라보았을 때 맨 왼쪽에 게양하고, 브라질과 칠레의 국기는 알파벳순으로 그 오른쪽에 차례대로 게양하였다.

② 한국과 외국 3개 국가의 국기 게양 시 우리 국기를 단상을 바라보았을 때 오른쪽에 게양하고 외국 국기를 알파벳순으로 그 왼쪽에 게양하였다.

③ 한국과 중국의 국기를 교차 게양하는 경우, 왼쪽에 태극기가 오도록 하고 그 깃대는 중국 국기의 깃대 앞쪽에 위치하게 하였다.

④ 여러 나라 국기를 한꺼번에 게양할 때는 우리나라 국기의 크기를 가장 크게 한다.

> 해설 ① 한국 국기를 중앙으로 하고 브라질 국기를 왼편에, 칠레 국기를 오른편에 게양해야 한다.
> ② 국가가 홀수일 경우 우리 국기를 중앙으로 하고 외국 국기는 단상으로 향해 국명의 알파벳순으로 왼편에 둘째, 오른편에 셋째, 그 밖의 왼편에 넷째, 오른편에 다섯째 등의 순서로 게양한다.
> ④ 여러 나라 국기를 한꺼번에 게양할 때는 국기의 크기나 깃대의 높이를 똑같이 해야 한다.

06 **다음 중 상사를 보좌하기 위한 비서의 행동으로 가장 적절하지 않은 것은?** [19년 2회 1급]

① 상사에게 온 우편물을 중요도와 긴급도에 따라 분류하여 올려드렸다.

② 상사의 일정은 매일 아침 출근하여 그날의 일일 일정표를 작성하였다.

③ 상사의 개인 파일에 상사의 사번, 주민등록번호, 운전면허증, 신용카드번호와 각각의 만기일 등을 기록하고 암호화하였다.

④ 상사가 참여하고 있는 각 모임의 이름과 구성원들의 이름, 소속, 연락처, 기념일 등을 정리해 두었다.

> 해설 ② 상사의 일정은 연간 일정표, 월간 일정표, 주간 일정표, 당일 일정표 등을 작성해야 한다.

07 다음은 비서들의 자기개발 사례이다. 다음의 사례 중 비서의 자기개발 태도로 가장 적절하지 않은 것은? [19년 2회 1급]

① 강진물산의 허 비서는 요즘 SNS 영상 업로드에 관심이 많아 퇴근 후 영상편집을 배우러 다니고 있다.
② 한국유통의 이 비서는 평생교육원에서 야간에 개설하는 경제 수업을 수강하고 있다.
③ 두리제과의 금 비서는 대학시절 인연으로 멘토가 된 A기업 부장에게 상사에 대한 고민도 얘기하고 상사가 지시한 업무 관련 조언도 구한다.
④ 제이상사의 오 비서는 상사가 진행하고 있는 업무의 파악을 위해 상사에게 보고되는 문서들의 내용을 살펴본다.

> 해설 ③ 업무와 관련된 기밀을 지키는 것은 일반 사원에게도 요구되는 직업윤리지만, 특히 비서는 기밀사항을 다루는 경우가 많으므로 주의해야 한다. 따라서 고의는 물론 실수로 비밀사항을 엿듣거나 누설하는 일이 없도록 해야 한다.

08 상사의 출장 후 업무처리에 관한 내용이다. 가장 부적절한 것은? [19년 1회 1급]

① 출장보고서 제출 마감일과 보고대상을 확인한다.
② 출장보고서에는 출장기간, 출장지역, 출장목적, 출장업무 내용 등을 포함한다.
③ 출장경비정산서를 기한 내에 관련 부서에 제출한다.
④ 출장보고서를 업무 관련자들에게 참고용으로 배포한다.

> 해설 ④ 기밀사항이 있을 수 있으므로 보고대상자 이외의 관련자에게 배포해서는 안 된다.

09 나이가 어느 정도 드신 손님이 찾아와 상사가 지금 있는지를 비서에게 물어봐서 부재중이라고 했더니 그냥 가려고 하였다. 비서가 이름과 용건을 남겨달라고 했더니, 괜찮다고 다음에 다시 오겠다고 하였다. 이 경우 가장 적절한 응대법은? [19년 1회 1급]

① 다음에 오실 때는 사전예약을 하고 오시라고 말씀드리고 친절하게 배웅을 했다.
② 메모지와 봉투를 손님에게 주면서 이 안에 성함이라도 적어 봉투에 넣어 밀봉해 주시면 전달해 드리겠다고 하였다.
③ 손님이 굳이 알리고 싶어 하지 않으므로 그냥 가시게 하였다.
④ 상사에게 지금 전화 연결을 해드린다고 적극적인 자세를 취하였다.

> 해설 내방객의 성함조차 모르고 돌려보내는 것은 예의가 아니고 상사에게 보고 드리는 것에도 문제가 생길 수 있으므로 ②처럼 제안한다.

10 회사 창립기념식 행사 시 최상위자인 회장과 회장 배우자가 참석한다. 이때 회장 배우자의 좌석 위치는? [18년 2회 1급]

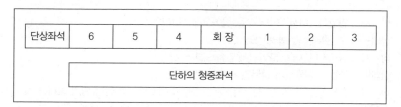

단상좌석	6	5	4	회장	1	2	3
단하의 청중좌석							

① 1
② 3
③ 4
④ 6

해설 ① VIP 내외분 참석 시 단상 좌석배치도에 따라 회장(VIP)의 배우자는 문제의 그림에서 1의 위치에 착석하는 것이 좋다.

11 최근 벤처회사 대표 비서로 이직한 A비서는 급증한 업무량으로 매일 야근을 하면서 스트레스를 받고 있다. 다음 중 A비서의 업무 문제 해결 방법으로 가장 적절한 것은? [18년 2회 1급]

① 상사에게 어려움을 솔직하게 이야기한 후 비서 업무분장을 조정해 달라고 요청한다.
② 상사에게 업무의 우선순위를 검토해 달라고 요청한 후 우선순위가 높은 비서업무에만 집중하는 것이 업무의 효율성을 높이는 데 도움이 됨을 상사에게 말씀드린다.
③ 되도록 쉬운 일을 먼저 끝내 어려운 업무를 할 수 있는 시간을 확보한다.
④ A비서의 업무 중 사무관리시스템으로 처리가 가능한 업무를 선별하여 사무관리시스템으로 처리되는 방안을 담당 부서와 논의해 본다.

해설 ③은 단기적으로만 효과가 있을 방법이다. 무리하게 일이 많은 경우 어떤 부분이 비효율적인지를 스스로 파악하고 검토하여 처리시스템을 변경할 것을 협의하는 ④의 해결책이 바람직하다.

12 조이롬 비서는 상사를 찾아온 손님과 다음과 같은 대화를 나누었다. 비서가 올바르게 내방객을 응대한 부분을 고르시오. [17년 2회 1급]

> 비　서 : 안녕하십니까? 어느 분을 찾아오셨습니까?
> 상대방 : 오 전무님 좀 뵈려고요.
> 비　서 : 실례지만, 어느 분이시라 말씀드릴까요?
> 상대방 : 저는 무영물산의 김무열 대표이사입니다.
> 비　서 : (가) 죄송합니다만, 전무님께서는 STFT-CM 중이라 만나 뵙기 어려울 것 같습니다.
> 상대방 : 그냥 저번부터 한번 들르라고 해서, 안부 차 들렀으니 괜찮습니다.
> 비　서 : (나) 혹시, 내일은 시간이 없으십니까? (다) 전무님께서 내일 일정이 여유 있으실 것 같으신 데, 대표님도 가능하시면 일정을 잡아 드리겠습니다.
> 상대방 : 아닙니다. 다음에 전화 드리고 방문하죠.
> 비　서 : (라) 여기까지 오셨는데, 못 뵙고 가시게 되어 죄송합니다. 다음번에 미리 연락 주시면 전무 님이 가능한 시간으로 약속을 잡아 드리겠습니다. 안녕히 가십시오.

① (가), (라)
② (나), (다)
③ (다), (라)
④ 없 음

해설 (가) 상사의 업무를 상세히 밝혀서는 안 된다.
(나) 상사의 면회 약속 승낙 후 면회 약속을 잡아야 한다. 또 약속 일정을 정할 때 상대방에게 막연히 어느 때가 좋은지를 묻지 말고, 이쪽에서 가능한 시간을 2~3개 제시하여 상대방이 선택하도록 한다.
(다) 자신만의 판단으로 상사의 일정을 확정 지어서는 안 된다.
(라) 면회 약속 결정은 항상 상사의 승낙을 받아야 하며 먼저 상사의 일정을 고려해야 한다.

13 다음과 같은 상황에 적합한 회의장 좌석 배치형태는 무엇인가? [17년 1회 1급]

> 김 비서 이번 주주총회에 참석하는 주주들의 명단을 내일까지 보고해주세요.

① 네모형
② 원탁형
③ V자형
④ 교실형

해설 ④ 교실형은 진행자를 향하여 책상과 의자를 일렬로 놓는 형태로 주로 정보전달, 주주총회, 설명회 등이 목적일 때 사용한다. 네모형이나 원탁형은 회의 참석자 수가 많은 경우, 자유로운 토론을 원할 때 적당 하며, 사회자는 진행이 편리한 곳에 위치한다. 반면, ㄷ자형, V자형, U자형의 좌석 배치형태는 소집단 회의 참석자들이 서로 마주 보고 앉아 회의하기 좋은 형태로 상호의사소통과 협력이 잘되고 강연집중 도도 높다.

14 사장 비서직을 담당하고 있는 이가현은 언론사에 노출되는 자사 관련 자료수집 및 관리를 담당하고 있다. 자사 관련 기사를 점검할 때 비서로서 갖추어야 할 태도 중 가장 부적절한 것을 고르시오.

[17년 1회 1급]

① 회사 관련 기사를 읽을 때 자사 관련 상품 이름 또는 그 가격이 정확한지 확인한다.
② 우리 회사와 관련하여 기사화된 내용을 신속히 검색하여 관련 부서에 보고한다.
③ 언론에서 사용된 대표자의 사진이 잘 나왔는지 확인한다.
④ 언론에서 보도된 기사의 전체 흐름이 자사의 이미지에 잘 어울리지 않으면 즉시 정정 보도를 요청한다.

해설 ④ 언론에서 보도된 기사의 전체 흐름이 자사의 이미지에 잘 어울리지 않을 경우, 기사화된 내용을 신속히 검색하여 관련 부서에 보고한다.

15 다음 중 상사의 일정 관리를 하는 비서의 업무처리 내용으로 가장 적절한 것은? [15년 1회 2급]

① 상사 일정의 변동을 최소한으로 줄이기 위해서 되도록 일정 여백 없이 스케줄을 세우는 것이 바람직하다.
② 상사의 일정표는 다른 사람이 쉽게 볼 수 없도록 관리하고 있다.
③ 상사가 출장 중일 때 거래처인 제일물산의 정 상무로부터 상사 입국 3일 후에 상사를 만나고 싶다는 전화를 받았다. 마침 상사의 시간이 비어있으므로 오후 3시에 오시라고 말씀드리고 상사의 일정표와 내 일정표에 오후 3시에 약속이 있음을 표시했다.
④ 상사의 출장 전후에는 그동안 처리하지 못한 업무와 면담 약속 일정을 잡도록 한다.

해설 ② 상사의 일정표는 곧 기밀사항이 될 수도 있으므로 다른 사람이 쉽게 볼 수 없도록 관리한다.

16 사장의 해외출장 중 거래처로부터 상사와 급하게 통화하고 싶다는 전화를 받았다. 이 경우 비서의 업무처리가 가장 적절하지 않은 것은? [15년 1회 2급]

① 상사의 업무를 위임받은 부사장에게 전화를 연결한다.
② 전화를 건 거래처 사람에게 상사의 출장에 관하여 자세하게 설명하지 않는다.
③ 상사가 자동로밍을 해서 갔으므로 휴대폰으로 전화하여 상사의 지시를 받는다.
④ 상사가 출장에서 돌아올 때까지 기다려줄 수 있는지를 거래처에 먼저 확인한다.

해설 ③ 해외출장 중인 사람의 휴대전화로 곧바로 연락하는 것은 결례이다.

17 다음 중 아래 행사에서 만나게 될 주요 외국인 바이어에게 줄 수 있는 선물에 관한 매너로 가장 바르게 설명한 것은? [14년 1회 2급]

> 상공전자 권희문 대표는 3일 뒤 있을 뉴욕 국제 가전 박람회에서 신제품 출시, 차세대 전략 공개 행사 등을 열어 제품을 알리고 현지 바이어들을 만날 예정이다.

① 인도의 바이어에게 소가죽으로 만든 액자에 꽃 그림을 넣어 선물하였다.
② 프랑스의 바이어에게 2009년산 샤또무통로칠드 와인을 선물하였다.
③ 브라질의 바이어에게 벽면에 걸어 장식할 수 있는 한국 전통 검을 선물하였다.
④ 중국의 바이어에게 붉은색으로 정성스럽게 포장한 홍삼 제품을 선물하였다.

> **해설** ④ 중국인의 경우 방문 시 꼭 선물을 준비하는 것이 좋으며, 선물 포장지는 빨간색을 좋아한다. 중국인은 선물을 권할 때 선뜻 받지 않는다. 받기 전에 세 번 정도 거절을 하는 것이 예의라고 생각하므로 계속 권해야 한다.
> ① 인도인들의 주 종교인 힌두교 금기에 따라 소고기를 사용한 음식이나 소가죽 제품 역시 좋지 않다.
> ② 향수나 와인처럼 프랑스인이 잘 알고 있는 기호품은 좋지 않다.
> ③ 브라질인의 경우 첫 만남에서는 선물을 하지 않으며, 인간관계의 단절을 뜻하는 칼은 선물하지 않는다.

18 대상별 갈등 관리 방안으로 가장 적절한 것은? [13년 2회 2급]

① 평상시 동료에게 좋고 싫은 것을 분명하게 표현하여 갈등이 생기지 않도록 한다.
② 거래처 직원과 원활한 업무 진행을 위해 업무의 정도를 약간 일탈한 대화도 때에 따라서는 나눌 수 있어야 한다.
③ 후배가 수행한 업무 결과에 대해 잘된 것과 잘못된 부분을 이야기해 주어 발전을 격려한다.
④ 상사는 모든 면에서 완벽해야 한다는 마음으로 존경하고 따른다.

> **해설** ① 평상시 감정표현을 적절한 수준에서 하는 것은 바람직하지만, 특히 싫은 것을 너무 직설적으로 표현하면 불평불만으로 비칠 수 있고, 갈등의 원인이 될 수 있다.
> ② 가능하면 업무의 정도를 벗어나지 않도록 한다.
> ④ 상사도 한 사람의 인간이므로 모든 면에서 완벽하기를 바라는 것은 무리이다.

19 비서가 처리할 상사의 금융 관련 업무에 대한 설명으로 가장 적절한 것은? [13년 2회 2급]

① 연납 보험료의 미납으로 실효된 보험이 있어 해약 처리하였다.
② 신용카드대금 명세서로 내역을 확인할 수 있으므로 따로 매출전표는 보관하지 않았다.
③ 상사의 판공비 지출에 대해서는 연, 월별 장부를 결산해서 예산 관련 부서에 보고하였다.
④ 필요한 현금의 신속한 사용을 위해 월 예상 비용을 감안해 출금하여 사무실에 보관하였다.

> 해설 ① 실효된 보험이 있다 하더라도 이를 비서가 마음대로 해약 처리하면 안 된다. 반드시 상사와 상의를 하
> 도록 한다.
> ② 상사의 신용카드 매출전표는 청구서가 오더라도 일정 기간 폐기하지 않고 보관한다.
> ④ 현금을 사무실에 보관하면 분실 등의 우려가 있으므로 피한다.

20 서로 명함을 교환하는 방법으로 가장 적절치 않은 것은? [13년 1회 3급]

① 가볍게 인사하고 두 손으로 받되, 손가락으로 명함의 내용을 가리지 않도록 한다.
② 어려운 한자 이름은 굳이 묻지 않아도 된다. 성과 직함으로 불러도 무방하다.
③ 방문객의 회사명, 성명, 직책을 읽어 확인한다.
④ 방문객의 경우 방문한 사람이 먼저 명함을 준다.

> 해설 ② 받은 명함은 그 자리에서 보고, 읽기 어려운 한자가 있을 때는 바로 물어본다.

제2과목 경영일반

21 다음 중 기업의 외부환경분석 중 포터(M. Porter)의 산업구조분석모형에서 다섯 가지 세력 (5-Forces)에 해당하지 않는 것은? [20년 2회 1급]

① 기존 산업 내 경쟁 정도
② 공급자의 협상력
③ 신규 시장 진입자의 위협
④ 정부의 금융 · 재정정책

> 해설 ④ 포터의 산업구조분석모형에서 다섯 가지 세력은 새로운 경쟁기업의 진출 위협, 공급자의 협상력, 구매
> 자의 교섭력, 대체품의 위협, 기존 기업 간의 경쟁 강도 등이다.

22 다음 중 기업에서 활용되는 다양한 마케팅활동에 대한 설명으로 가장 적합하지 않은 것은?

[20년 2회 1급]

① 디마케팅(Demarketing)은 자사 제품이나 서비스에 대한 수요를 일시적 또는 영구적으로 감소시키려는 마케팅이다.
② 퍼미션(Permission)마케팅은 같은 고객에게 관련된 기존상품 또는 신상품을 판매하는 마케팅이다.
③ 자극(Stimulation)마케팅은 제품에 대한 지식이나 관심이 없는 소비자에게 자극을 주어 욕구를 가지게 하는 마케팅이다.
④ 바이럴(Viral)마케팅은 네티즌들이 이메일이나 다른 전파매체를 통해 자발적으로 제품을 홍보하는 메시지를 퍼트리는 것을 촉진하는 마케팅이다.

해설 ② 퍼미션마케팅은 고객에게 동의를 받은 마케팅 활동을 말한다.

23 다음은 인수합병의 장점과 단점을 요약한 것이다. 이 중 가장 거리가 먼 것은? [20년 1회 1급]

① 시장에의 조기 진입 가능
② 취득자산 가치 저하 우려
③ 투자비용의 절약
④ 자금유출로 인한 재무 강화

해설 ④ 기업들이 인수합병 전략을 선택하는 동기에는 자금유출이 아닌 규모의 경제 확보, 조세절감, 자금조달 능력의 확대 등으로 인한 재무가 강화되는 데 있다.

24 다음 중 인사고과에서 발생할 수 있는 오류에 관한 설명으로 가장 적절하지 않은 것은?

[20년 1회 1급]

① 종업원을 실제보다 높거나 후하게 평가하는 관대화 경향이 발생할 수 있다.
② 출신 지역, 직무, 인종 등의 특징이나 고정관념으로 평가자의 편견에 비추어 종업원을 평가하는 상동적 태도가 나타날 수 있다.
③ 비교 대상이 무엇인지에 따라 평가결과가 달라지는 대비 오류가 나타날 수 있다.
④ 종업원의 한 면만을 기준으로 다른 것까지 평가해 버리는 중심화 경향이 나타날 수 있다.

해설 ④ 종업원의 한 면만을 기준으로 다른 것까지 평가해 버리는 것은 후광효과이다. 중심화 경향이란 종업원에 대한 평가 점수가 보통 또는 척도상의 중심점에 집중하는 경향을 의미한다.

25 다음은 대기업과 비교하여 중소기업의 필요성 및 특징을 설명한 것이다. 이 중에서 가장 거리가 먼 것은? [19년 2회 1급]

① 시장의 수요변동이나 환경변화에 탄력적으로 대응하기 어렵지만, 효율적인 경영이 가능하다.

② 기업의 신용도가 낮아 자본조달과 판매 활동이 불리하여 대기업의 지배에 들어가기 쉽다.

③ 악기나 도자기, 보석 세공같이 소비자가 요구하는 업종으로 대량생산에 부적당한 업종도 있기 때문이다.

④ 가발제조업과 같이 대규모 시설투자는 필요하지 않고 독특한 기술이나 숙련된 수공을 요하는 업종이 존재하기 때문이다.

> 해설 ① 중소기업은 시장의 수요변동이나 환경변화에 탄력적으로 대응하기 쉽다.
> **중소기업**
> 국민경제에서 차지하는 비중이 크고 대기업과의 상호보완적인 관계를 유지하여 기업 간의 분업을 담당하며 대기업이 제공하지 못하는 재화나 서비스를 제공하여 국민경제 발전에 기여하는 등 중요한 역할을 한다. 중소기업의 개념은 그 범위와 대상 등이 일정하지 않으며 국가별, 시기별 기준에 따라 변하는데 질적 · 양적인 면에서 대기업에 대한 상대적인 개념으로 파악할 수 있다.

26 다음 보기의 내용은 마케팅 전략 중 무엇을 설명하는 것인가? [19년 2회 1급]

> • A커피회사는 미국 서부에는 진한 커피를, 동부에는 약한 커피를 공급한다.
> • B백화점은 층별로 영캐주얼층, 남성층, 여성층 등으로 나누어 전시한다.

① 포지셔닝(Positioning)

② 시장세분화(Segmenting)

③ 표적시장(Targeting)

④ 통합화(Integrating)

> 해설 ② 시장세분화(Segmenting) : 하나의 제품시장을 전체 소비자들의 니즈나 행동, 특성 면에서 유사한 하부 집단으로 구분하는 것이며, 이때 사용할 수 있는 기준은 인구통계, 사회계층, 문화, 라이프스타일 등이 될 수 있다.
> ① 포지셔닝(Positioning) : 소비자들의 마음속에 자사 제품의 바람직한 위치를 형성하기 위하여 제품 효익을 개발하고 커뮤니케이션하는 활동을 말한다.
> ③ 표적시장(Targeting) : 세부시장 중에서 기업이 집중적으로 공략하는 시장을 말한다.
> ④ 통합화(Integrating) : 산업의 성장성이 높은 경우에 기존 유통경로의 일부를 통합함으로써 시장에서 경쟁적 우위를 확보하려는 성장 전략이다.

27 다음 중 정관에 특별한 계약이 없는 한 전원이 공동출자하여 무한책임을 지므로 신뢰관계가 두터운 가족이나 친지 간에 이용되는 기업형태는 무엇인가? [19년 1회 1급]

① 합자회사
② 합명회사
③ 익명조합
④ 주식회사

해설 ① 합자회사 : 무한책임사원과 유한책임사원으로 구성되어 있으므로 이원적 회사라고 불리며 폐쇄적인 성격이 강함. 채권자에 대해 출자자가 범위 내에서만 책임을 지는 유한책임사원으로 구성
③ 익명조합 : 상법의 규정에 따른 조합으로 출자를 함과 동시에 업무를 담당하는 조합원(영업자)과 단순히 출자만을 하는 조합원(익명조합원)으로 구성. 합자회사와 비슷하지만 법인은 아니며, 경제적으로 공동기업이지만 법률상 조합의 사업은 영업자 개인의 사업이며 재산은 영업자의 재산임
④ 주식회사 : 주식의 발행을 통해 자본을 조달하는 현대 기업의 대표적인 형태로, 주식회사의 출자자인 주주는 모두 유한책임사원으로서 출자액을 한도로 회사의 적자, 채무, 자본 리스크에 대한 책임을 짐

28 다음의 괄호에 들어가는 말을 순서대로 열거한 것을 고르시오. [19년 1회 1급]

- (   )은 특정 제품에 관련되는 경영활동은 해당 사업부문의 책임자가 맡는다.
- (   )은 특정한 목표를 달성하기 위해 팀을 구성하며, 목표달성 후 해체되는 형태로서, 전체 조직의 구조와 업무에 영향을 미치지 않는다.
- (   )은 전통적인 기능부분 조직과 프로젝트 조직의 결합 형태로 구성원은 이중으로 소속되어 있다.

① 사업부제 조직 – 프로젝트 조직 – 매트릭스 조직
② 사업부제 조직 – 매트릭스 조직 – 결합 조직
③ 라인스태프 조직 – 프로젝트 조직 – 매트릭스 조직
④ 라인스태프 조직 – 매트릭스 조직 – 결합 조직

해설 • 사업부제 조직 : 분권조직의 대표적인 형태로서 독립적인 사업부로 부문화된 후 각 사업부 내부에 기능식부문화가 이루어지는 형태의 조직
• 프로젝트 조직 : 전통적인 라인 · 스탭조직과 사업부제 조직의 보완 조직으로서 특정한 목표 혹은 특정한 계획이나 과업을 달성하기 위해 일시적으로 조직 내의 인적 · 물적 자원을 결합한 조직
• 매트릭스 조직 : 계층적인 기능식 구조에 수평적인 사업부제 조직을 결합한 부문화의 형태로서 기능식 구조이면서 동시에 사업부제적인 구조를 가진 상호연관된 구조

29 다음 중 전사적 자원관리(Enterprise Resource Planning, ERP)에 대한 설명으로 가장 적절하지 않은 것은? [19년 1회 1급]

① 기업의 경쟁력 강화를 위해 부서별로 분산되어 있고 유기적으로 연결되어 있지 못한 자원을 서로 연결하는 시스템이다.

② ERP의 목적은 기업의 모든 자원을 공유함으로써 자원의 효율화를 추구한다.

③ 최근 ERP 솔루션은 클라우딩 컴퓨팅 기반으로 빠르게 전환하고 있는 추세이다.

④ ERP는 반드시 기업 스스로가 독자적으로 개발해야만 하므로 비용과 기술로 인하여 대기업에서만 개발하여 사용할 수 있는 시스템이다.

> **해설** 전사적 자원관리(ERP)
> • 기업활동을 위해 사용되는 기업 내의 모든 인적 · 물적 자원을 효율적으로 관리하여 궁극적으로 기업의 경쟁력을 강화시켜 주는 역할을 하는 통합정보시스템
> • 기업 경영활동의 수행을 위해 필요한 생산 · 판매 · 인사 · 회계 · 자금원가 · 고정자산 등의 운영시스템을 전 부문에 걸쳐 하나의 체계로 통합시스템을 재구축함으로써 생산성을 극대화하려는 기업 리엔지니어링 기법
> • 어느 한 부문에서 데이터를 입력하면 회사의 전 부문이 동시에 필요에 따라서 정보로 활용할 수 있게 하는 것

30 다음 중 기업의 경영환경에 대한 설명으로 가장 적절하지 않은 것은? [18년 2회 1급]

① 거시환경과 미시환경은 기업에 대해 서로 상호연관된 형태로 영향을 미친다.

② 기업의 조직문화, 조직목표 등도 조직경영에 영향을 미칠 수 있으므로 기업 내부환경으로 본다.

③ 기업환경은 기업의 활동에 위협이 되기도 하므로 기업에는 외부환경 변화에 대한 신축적 대응이 필요하다.

④ 오늘날 기업환경 변화의 특성은 오랫동안 계속되는 지속성을 가지고 있으므로 변화의 원인을 쉽게 예측할 수 있다.

> **해설** ④ 환경은 수시로 변하며, 변화의 방향이 불확실하다.

31 다음은 각 동기 부여 이론에서 주장하고 있는 특성을 설명한 것이다. 가장 옳지 않은 것은? [18년 2회 1급]

① 욕구 단계 이론 : 하위계층의 욕구로부터 단계적으로 나타난다.
② ERG이론 : 사람은 존재, 관계, 성장에 관한 세 단계의 욕구를 갖는다.
③ 동기-위생이론 : 동기요인은 만족요인, 위생요인은 불만족요인으로 설명하고 있다.
④ 강화이론 : 사람은 행동 과정에서 동기력 값이 가장 큰 대안을 선택하여 강화한다.

> **해설** 강화이론
> 행동 작동 과정에서 강화요인(Reinforcer)을 도구로 사용하며, 개인의 욕구동기를 자극시켜 개인의 습관적
> 행동을 유도하여 행동 변화를 정착시킨다.

32 아래의 보기에서 나타난 (A)에 해당하는 용어로 가장 적절하지 않은 것은? [18년 1회 1급]

> 글로벌 디스플레이 시장에서 중국의 물량공세가 본격화되면서 LCD패널 시장에서 (A)이/가 나타날 전
> 망이다. (A)에 따른 경쟁은 지속해서 가격을 인하하고 과감히 설비투자를 집행하면서 손해를 감수하
> 더라도 점유율을 늘리는 방식으로. 시장에서 상대방을 밀어내는 출혈경쟁을 하게 되는 것을 말한다.
> 결국, 타 업체들이 항복함에 따라 마지막까지 버틴 기업이 최후의 승자가 될 수 있다.

① 치킨 게임
② 죄수의 딜레마
③ 제로섬 게임
④ 세 명의 총잡이 게임

> **해설** ① '매와 비둘기 게임(Hawk-Dove Game)' 또는 '겁쟁이 게임(Coward Game)'이라고도 한다. 치킨 게임
> 은 양쪽 참가자 모두 차를 타고 좁은 도로 양쪽 끝에서 서로를 향해 마주 달리는 것이 게임의 규칙이
> 며, 자신을 향해 달려오는 차량에 겁을 먹고 먼저 운전대를 꺾는 사람이 겁쟁이로 취급된다.

33 다음 중 주식회사에 대한 설명으로 가장 적절하지 않은 것은? [17년 2회 1급]

① 주식의 증권화 제도를 택하고 있다.
② 주식회사는 어디까지나 회사의 일종이기 때문에 사단법인이며 영리를 목적으로 한다.
③ 이사회는 회사의 업무집행에 대해 주주가 의사표시를 하는 최고의사결정 기관이다.
④ 주주는 회사의 자본위험에 대한 유한책임을 진다.

> **해설** ③ 이사들로 구성되는 주식회사의 필요상설기관으로 회사의 업무집행에 관한 모든 의사결정을 할 권한이
> 있을 뿐 업무집행권, 회사대표권은 가지지 않는다.

34 일부 기업에서는 근로자가 일정 연령에 도달한 시점부터 임금을 삭감하는 대신 근로자의 고용을 보장해 주는 제도를 시행하고 있다. 이를 나타내는 용어로 가장 적합한 것은? [17년 2회 1급]

① 갠트임금제
② 임금피크제
③ 유연근무시간제
④ 포괄임금제

해설 ② 임금피크제는 기본적으로는 정년보장 또는 정년연장과 임금삭감을 맞교환하는 제도라 할 수 있다.

35 다음 중 인사고과의 방법에 관한 설명으로 가장 적절하지 않은 것은? [17년 2회 1급]

① 행위기준평정법(BARS)은 피평가자 간의 상대적 서열로 평가하는 방법이다.
② 평정척도법(Ranking Scales)은 단계식 평정척도법, 도식평정척도법 등이 있다.
③ 대조리스트법(Checklist)은 직무상 행동을 구체적으로 표현하여 피평가자를 평가하는 방법이다.
④ 순위법(Ranking)은 피평가자에게 순위번호를 붙여 주관적으로 평가하는 방법이다.

해설 ① 직무와 관련된 피평가자의 구체적인 행동을 평가의 기준으로 삼는 고과방법이다. 이 기법은 평정척도 법의 결점을 시정하기 위해 개발되었으며 평정척도법과 중요사건 서술법을 혼용하여 더욱 정교하게 계량적으로 수정한 기법이다.

36 다음의 내용을 가장 잘 보여주는 재무정보는 무엇인가? [17년 2회 1급]

> 영업 : 사업을 운영하는 것과 관련된 현금거래들
> 투자 : 기업의 투자활동을 통해 사용되거나 유입되는 현금
> 재무 : 새로운 채권이나 주식을 발행하여 유입된 현금, 운영비용, 배당지급에 사용된 현금

① 손익계산서
② 대차대조표
③ 현금흐름표
④ 결산대조표

해설 ③ 현금흐름표는 기업회계에 대하여 보고할 때 사용하는 것으로 일정 기간 기업의 현금흐름을 나타내는 표이다. 수입과 지출을 크게 영업활동, 재무활동, 투자활동으로 구분한다.

37 출자와 경영의 특징에 따라 기업형태를 구분할 때 이를 설명한 내용으로 다음 중 가장 적절한 것은? [17년 1회 1급]

① 합자회사는 2인 이상의 출자자가 회사의 채무에 연대무한책임을 지는 기업형태이다.
② 주식회사의 최고의사결정 기관은 이사회이다.
③ 협동조합은 '영리주의'가 아닌 '이용주의' 원칙에 따른다.
④ 유한회사는 유한책임사원만으로 구성되므로 투명성 확보를 위한 재무제표에 대한 결산공고 등의 기업공개의무가 있다.

> 해설 ① 합자회사는 채권자에 대해 출자자가 범위 내에서만 책임을 지는 유한책임사원으로 구성된다.
> ② 주식회사의 최고의사결정 기관은 주주총회이다.
> ④ 유한회사는 소수의 유한책임사원으로 구성되는 회사로 보유지분의 양도가 제한되어 기업의 폐쇄성이 강하다.

38 다음의 재무상태표(Statement of Financial Position)의 설명 중에서 가장 적절하지 않은 것은?
[17년 1회 1급]

① 자산은 유동자산과 비유동자산으로 구분되는데, 유동자산은 투자자산, 유형자산, 무형자산으로 구분하고, 비유동자산은 당좌자산과 재고자산으로 구분한다.
② 부채는 유동부채와 비유동부채로 구분한다.
③ 자산과 부채는 유동성이 큰 항목부터 배열하는 것을 원칙으로 한다.
④ 자본은 자본금, 자본잉여금, 자본조정, 기타포괄 손익누계액 및 이익잉여금으로 구분한다.

> 해설 ① 유동자산은 당좌자산과 재고자산으로 구분하고, 비유동자산은 투자자산, 유형자산, 무형자산, 기타 비유동자산으로 구분한다.

39 다음의 조직관리방법 중 목표관리(MBO)에 대한 설명으로 가장 적절하지 않은 것은?
[16년 1회 1급]

① 효율적인 경영관리체제를 실현하기 위한 경영관리의 기본 수법이다.
② 목표관리의 구성요소는 목표설정, 참여, 피드백이다.
③ 주요 일정상 당해 연도 실적이 집계되기 이전에 다음 연도 목표를 수립하게 되어 당해 연도 실적은 고려하지 않는다.
④ 목표관리는 연봉인상, 성과급 지급뿐 아니라 승진 등 인사자료로도 활용한다.

> 해설 ③ 주요 일정상 당해 연도 실적이 집계되기 이전에 다음 연도 목표를 수립하게 되지만, 당해 연도 실적을 추정하여 목표 수립에 반영하도록 한다.

40 전자상거래의 유형에 대한 설명으로 가장 적절하지 않은 것은? [13년 2회 2급]

① B2B - 기업과 기업이 거래하는 규모가 가장 큰 형태이다.
② B2C - 기업이 소비자를 상대로 거래하는 형태이다.
③ G2B - 정부와 기업 간 거래이다.
④ C2C - 기업과 기업 간 거래이다.

> 해설 ④ C2C는 소비자 간 거래이다. 판매자와 구매자가 직접 거래를 할 수도 있지만, 경매사이트와 같은 제삼자가 관련될 수도 있다.

제3과목 **사무영어**

41 다음 밑줄 친 단어의 사용이 바르지 않은 것은? [20년 1회 1급]

① The <u>minutes</u> of a meeting is the written records of the things that are discussed or decided at it.
② <u>Exchange rate</u> is the money that you need to spend in order to do something.
③ When someone gives you a <u>quotation</u>, he/she tells you how much he/she will charge to do a particular piece of work.
④ An <u>agenda</u> is a list of the items that have to be discussed at a meeting.

> 해설 ② Exchange rate는 환율을 의미한다.
> ① 회의록은 회의에서 논의되거나 결정된 사항에 대한 서면 기록이다.
> ③ 누군가 당신에게 견적을 준다는 것은, 그 혹은 그녀가 특정한 작품을 하기 위해 얼마를 청구할지를 알려주는 것이다.
> ④ 안건은 회의에서 논의해야 할 사항의 목록이다.

42 Choose one that does NOT match each other. [19년 1회 1급]

① IOW : In other words
② ROI : Return on Interest
③ NRN : No reply necessary
④ YOLO : You only live once

> 해설 ② ROI : Return on Investment(투자자본수익률)

43 **Choose the sentence which does NOT have a grammatical error.** [20년 2회 1급]

① First, let me congratulate you the rapid growth of your operation.

② I'm pleased to learn of the succession you have been.

③ He will be scheduled an appointment with you within a few day.

④ I would like to arrange an appointment with you so that we can go over any questions you might have.

해설 ① you the rapid growth → you to the rapid growth
② succession은 연속, 승계의 뜻이다. 문맥상 성공의 의미인 'success'를 사용해야 한다.
③ a few day → a few days

44 **What are the BEST expressions for the blank ⓐ and ⓑ?** [19년 2회 1급]

> Waiting areas for visitors ⓐ <u>다양하다</u> different companies. Usually visitors wait near the receptionist, but sometimes they may be shown directly to the meeting room and wait there. Coffee or tea is not always served. If you are served coffee, it may be in a cup, a mug or even a ⓑ <u>일회용 컵</u>. You may also be asked to help yourself to coffee or a soft drink.

① ⓐ differ on ⓑ recycled cup

② ⓐ varies on ⓑ tumbler

③ ⓐ vary in ⓑ disposable cup

④ ⓐ have various ⓑ paper cup

해설 '다양하다' 혹은 '여러 가지다'의 의미를 표현할 때는 'vary in'을 사용하며, 일회용 컵의 바른 영어 표현은 'disposable cup'이므로 정답은 ③번이다.

방문자 대기실은 회사마다 다르다. 보통 방문객들은 안내원 옆에서 기다리지만 때로는 곧바로 회의실로 안내되어 거기서 기다린다. 커피나 차가 반드시 제공되는 것은 아니다. 커피를 제공받는다면, 컵이나 머그잔, 어떨 때는 일회용 컵으로 제공받을지도 모른다. 또한, 커피나 청량음료를 마음껏 드시라는 안내를 받을 수도 있다.

45 **Which is NOT true according to the following Mr. Smith's itinerary?** [20년 2회 1급]

WEDNESDAY, MAY 6
01:30 p.m. Leave Chicago/O'Hare Field
American Airlines Flight No. 836
Nonstop
05:10 p.m. Arrive Boston/Logan Int.
Hotel Transportation Provided
Phone : 617-267-9314
Hotel : Revere Square Hotel, 9135 Revere Square
Dates : May 6 and 7
Confirmation No. 156J92CD (by Joan)
Guaranteed Arrival
Note. Upon arrival, contact TomKennedy regarding conference presentation.

THURSDAY, MAY 7
10:00 a.m. Presentation to National Pharmaceutical Sales
Conference, Decker Hall, Revere Square Hotel
11:45 a.m. Luncheon w/ John Blake, new accountant, Pullman Room, Revere Square Hotel
04:00 p.m. Meeting w/ all regional sales managers, Hall B, Revere Square Hotel
07:30 p.m. Conference Banquet, Diamond Hall, Revere Square Hotel

FRIDAY, MAY 8
10:00 a.m. Leave Boston/Logan Int.
American Airlines Flight No. 462
Nonstop

---

① 스미스 씨는 2박 일정으로 Revere Square 호텔을 예약하였다.
② 호텔 예약과 관련하여 문제가 발생했을 경우는 Joan과 연락하면 된다.
③ 연회는 저녁 7시 30분에 Pullman Room에서 개최될 예정이다.
④ 스미스 씨는 수요일 오후 1시 30분 시카고 O'Hare 공항을 떠나는 일정이다.

해설 ③ 연회는 저녁 7시 30분에 Diamond Hall에서 개최될 예정이다.

46 Ms. Han's company needs to import some fibers from a foreign company. After examining the advertisements in the magazine, Ms. Han wants to get more information. Whom does she have to contact? [19년 1회 1급]

① Credit Manager
② Sales Manager
③ HR Manager
④ Public Relations Manager

해설 ② 지문의 상황은 Ms. Han의 회사가 해외기업에서 섬유를 수입해야 하는데, Ms. Han이 잡지광고를 검토하여 추가정보를 얻어야 한다는 결론이 나왔을 때 누구와 연락해야 하는지와 관련된다. 이 경우 판매부의 사람에게 연락하는 것이 일반적이다.

47 What is INCORRECT about the following? [18년 2회 1급]

> 1. From July 21, Monday, Accounting class will be held in the library. There will be two sessions : intermediate level(11 a.m.) and advanced level(2 p.m.). Please encourage your staff to attend one of the sessions.
> 2. Please
>   send me the names of all interested staff by July 12. They will be given a test so that we can decide which of the classes is best for them.

① The type of this writing is Memorandum.
② There are two different levels in Accounting class.
③ The receiver of this is another company which has business with the company of the writer.
④ All the people who want to take the class should take a test.

해설 ③ 사내에서 열리는 회계학 강좌에 대한 안내와 이에 대한 참석 여부를 전달하라는 내용이므로 사내에서 공유되는 내용으로 볼 수 있다.

48 **What is the LEAST correct information about the below fax?** [20년 2회 1급]

FAX from : Jefferey Duncan
ICN Co. ESH Singapore
Tel. +65 6426 7823
Fax +65 6426 7824
# of Pages : 1 including this page
DATE : May 2, 2020
FAX to : Kevin Meier of ABC company +81 3 5277 061

MESSAGE

Dear Mr. Meier :

Thank you for your fax. Most of all, we apologize for the delay in shipping your order.

We normally keep to our delivery dates, but in this case our suppliers shipped to us late. Your order will be shipped today, and the date of delivery will be May 11.

We are very sorry for the inconvenience, and will make every effort to prevent a recurrence.

---

① ICN Co. has had a business with ABC company.

② Kevin Meier is expected to get the ordered goods on May 2.

③ The main purpose of this fax is to apologize for the delay and inform the delivery date.

④ Kevin Meier must have sent a fax to ask for the shipment of his order.

해설 ② Kevin Meier가 주문한 물건은 오늘 발송되어 5월 11일에 도착할 예정이다.

49 According to the followings, which is NOT true? [19년 1회 1급]

> Hotel Information
>
> At check in, the front desk will verify your check-out date. Rates quoted are based on check-in date and length of stay. Should you choose to depart early, price is subject to change.
>
> Check-in : 3:00 pm
> Check-out : 12:00 pm
>
> Smoking : Non-Smoking (THIS HOTEL IS 100% NON-SMOKING)
>
> Parking :
>   Self parking: $21.00 ($21.00 plus tax)
>   Vale t: $55.00, + $10.00 SUV
>
> Pets : Pets not allowed
>
> Wi-Fi :
>   In-Room and Lobby Wi-Fi: Free for Hilton Honors members who book direct; $14.95 for all other guests.

① If you check-out the hotel early in the morning, the room rate can be changed.
② Dogs & pets are not allowed at the hotel.
③ Self parking charge is cheaper than Valet parking charge.
④ Every hotel guest can use free Wi-Fi at the lobby.

해설 ④ 와이파이는 직접 예약한 힐튼 멤버십 회원은 무료이고 다른 손님들은 $14.95를 지불하여야 한다.

50 Which of the followings is the MOST appropriate order? [19년 2회 1급]

> Mr. Banta
> Personnel Director
> AAA Ltd.
> Dear Mr. Banta,
>
> (a) I have been working as a marketing manager at Media.com. I am in charge of directing market research in addition to recommending business strategies and planning.
> (b) I believe my education and experience have become the background you desire for the position.
> (c) I would like to apply for the position of marketing manager, which you advertised in the recruiting site on November 10, 2018.
> (d) Thank you very much for your consideration, and I look forward to hearing from you soon.
> (e) The enclosed resume will provide you further details of my qualifications, and I would appreciate it if you could give me a chance to have an interview.
>
> Sincerely yours,

① (c) − (b) − (a) − (e) − (d)
② (b) − (c) − (e) − (a) − (d)
③ (c) − (d) − (b) − (e) − (a)
④ (b) − (e) − (c) − (d) − (a)

해설 예문은 Cover letter이며 Resume와 함께 자기소개서를 첨부해 보내기 위해서 지원 의사를 밝히는 편지로 (c) 지원경로, (b) 지원동기, (a) 자격요건, (e) 간단한 자기 PR, (d) 마무리 순으로 작성한다.

> (c) 귀사에서 2018년 11월 10월에 채용 사이트에 공고하신 마케팅책임자 자리에 지원하고 싶습니다.
> (b) 제가 받은 교육과 제가 한 경험이 저에게 귀사에서 그 자리에 바라는 배경이 되어 주리라 확신합니다.
> (a) 저는 Media.com에서 마케팅책임자로 일했습니다. 저는 사업전략과 계획을 권고하는 일에 덧붙여 사장조사를 총괄하는 일을 맡았습니다.
> (e) 동봉한 이력서에 저의 자격요건에 대해 더 자세히 제시했고 귀사에서 저에게 면접 볼 기회를 주신다면 감사하겠습니다.
> (d) 배려에 감사드리며 좋은 소식이 있기를 바랍니다.

Which is LEAST correct according to the following? [19년 2회 1급]

> I have been attempting to schedule a trip to Korea for the past 6 weeks without success. I have been thinking about my schedule this fall and I have realized that it has been a year since the last audit. I would like to schedule an Audit visit on the 1st week of Oct. (6th~10th). Please let me know if there are two consecutive days of this week that are available. I will send the paperwork and agenda for this activity by Sept. 5, 2019.
> Sincerely yours,
> John Kim

① John could not visit Korea for the last six weeks.
② John is planning to visit Korea.
③ The recent audit was done last year.
④ John would like to do the audit only on Oct. 6th and 10th.

해설 ④ John이 10월 첫째 주에 회계감사 방문 일정을 잡기를 원한다(I would like to schedule an Audit visit on the 1st week of Oct)고 했으므로 '10월 6일과 10일만(Oct. 6th and 10th)'이라고 한 보기 ④는 옳지 않다.
① John은 지난 6주간 한국을 방문할 수 없었다.
② John은 한국을 방문할 계획이다.
③ 최근 회계감사는 지난해에 한 것이다.

> 저는 지난 6주간 한국행 일정을 잡으려고 애썼지만 잡지 못했습니다. 올가을 일정에 대해 생각하다가 지난 회계감사 이후 1년이 지났다는 것을 깨달았습니다. 저는 10월 첫째 주에 회계감사 방문 일정을 잡기를 원합니다. (6일~10일). 이번 주에 이틀 연속으로 시간을 사용할 수 있는 날이 있으면 저에게 알려주십시오. 2019년 9월 5일까지 이 일에 필요한 위한 문서 업무와 안건을 보내드릴 것입니다.

November 15, 2020

Ms. Catherine A. Cox
Manager
Worldwide Travel, Inc.
450 Canyon View Drive East
① Flagstaff. AZ 86001

Dear Ms. Cox :
Our company has decided to hold its regional sales meeting in Scottsdale, Arizona, during the second week of December. I need information on a suitable conference site. We will need a meeting room with 30 computer workstations, a LCD display, and a microphone and podium.
A final decision on the conference site must be made within the next two weeks. Please send me any information you have for a suitable location in Scottsdale immediately. Thank you for your help.

Sincerely yours,

② Mr. Bill McKay
③ Marketing Manager
④ Enclosing

/jse

① Flagstaff. AZ 86001
② Mr. Bill McKay
③ Marketing Manager
④ Enclosing

해설 ① '.'이 아닌 ','를 사용해야 한다.
② 서명 혹은 이름이 들어가야 하는 곳이므로 Bill McKay만 써야 한다.
④ 첨가되는 자료가 있으면 Enclosure라고 써야 한다.

53 **According to the following dialogue, which one is NOT true?** [19년 2회 1급]

Ms. Park	: Good morning. May I help you?
Mr. Lee	: Good morning. My name is John Lee of ABC Company. I have an appointment with Mr. Howard at 10 o'clock.
Ms. Park	: Yes, Mr. Lee. I'll call Mr. Howard's office. One moment, please. (Mr. Howard의 비서에게 Mr. Lee의 방문을 알려줌)
Ms. Shin	: Oh, yes. Please send him up.
Ms. Park	: Yes, thank you. Thank you for waiting, Mr. Lee. Mr. Howard is expecting you. Please take the elevator on your right to the 7th floor. Mr. Howard's office is on the left side.
Mr. Lee	: Thank you.

① Ms. Shin is a secretary of Mr. Howard.
② Ms. Park's occupation is receptionist.
③ Mr. Lee made an appointment in advance and visited Mr. Howard.
④ Ms. Park and Ms. Shin are on the same floor.

해설 대화에서 Ms. Park이 전화로 방문객이 왔다는 것을 말했고, 방문객인 Mr. Lee에게 엘리베이터를 타고 7층에서 내리라고 했으므로, Ms. Park은 Mr. Howard의 비서인 Ms. Shin과 다른 층에 있다는 것을 알 수 있다. 따라서 대화의 내용과 일치하지 않는 것은 ④ 'Ms. Park and Ms. Shin are on the same floor(Ms. Park과 Ms. Shin은 동일한 층에 있다).'이다.

Ms. Park	: 안녕하세요, 무엇을 도와드릴까요?
Mr. Lee	: 안녕하세요, 저는 ABC사의 John Lee입니다. Mr. Howard와 10시에 약속이 되어 있습니다.
Ms. Park	: 네, Mr. Lee. Mr. Howard의 사무실로 전화하겠습니다. 잠시만 기다려주세요. (Mr. Howard의 비서에게 Mr. Lee의 방문을 알려줌)
Ms. Shin	: 오, 네. 올라오라고 하세요.
Ms. Park	: 네, 감사합니다. 기다려주셔서 감사합니다. Mr. Lee. Mr. Howard께서 기다리고 계십니다. 우측에 있는 엘리베이터를 타고 7층에서 내리시면 됩니다. Mr. Howard의 사무실은 좌측에 있습니다.
Mr. Lee	: 감사합니다.

54 Which is LEAST correctly inferred about the schedule? [19년 2회 1급]

> Boss : What is today's afternoon schedule?
> S : At 3, Mr. Robert White of AIO Insurance Co. will be here to introduce the new chairman. At 4, o'clock, Mrs. Brown wants to see you about purchasing our new products. At 5 o'clock, Mr. Thomas Lee of China Trading Co. would like to see you about your business trip to Taiwan next month. At 6 o'clock, there is a formal sitdown dinner party at the Imperial Hotel to commemorate our 25th anniversary in our business.
> Boss : Please call my wife and remind her about the party tonight.
> S : Yes, Mr. Kim.

① The schedule of Mr. Kim is occupied this afternoon.
② Mr. Kim is supposed to be introduced a new chairman at 3 p.m.
③ Mr. Kim's wife is supposed to attend the dinner party.
④ Casual clothes are appropriate for dinner party.

해설 대화에서 비서가 오늘 오후 일정에서 6시에 사업 25주년을 기념하기 위해 Imperial Hotel에서 공식적인 좌식 만찬이 있다고 했으므로, 대화의 내용과 일치하지 않는 것으로 유추할 수 있는 것은 ④ 'Casual clothes are appropriate for dinner party(저녁 파티에는 캐주얼 복장이 적합하다).'이다.

> Boss : 오늘 오후 일정이 무엇이지요?
> S : 3시에, AIO Insurance Co.의 Mr. Robert White가 새로운 의장을 소개하기 위해 방문할 예정입니다. 4시에 Mrs. Brown이 우리의 신제품 구매와 관련해서 뵙기를 원합니다. 5시에, China Trading Co.의 Mr. Thomas Lee가 다음 달 대만 출장 관련해서 뵙기를 원합니다. 6시에, 우리의 사업 25주년을 기념하기 위해 Imperial Hotel에서 공식적인 좌식 만찬이 있습니다.
> Boss : 아내에게 전화해서 오늘 밤 파티에 대해 상기시켜 주세요.
> S : 네, Mr. Kim.

55 Belows are sets of phone conversation. Choose one that does NOT match correctly each other. [19년 2회 1급]

① A : I'll be waiting, but be sure to call me, will you?
　B : Sure thing. But it may take a while.
② A : We've been out of touch lately, so I thought I'd give you a call.
　B : Thanks. Let's have a drink one of these days.
③ A : Can you tell me how to get there from the hotel?
　B : If you have any question, feel free to call.
④ A : Can I pick you up in front of your house at 9 o'clock?
　B : Thank you. Please do.

해설 호텔에서 그곳에 가는 길을 물었는데, 궁금한 점이 있으면 전화하라고 했으므로, 대화가 서로 맞지 않는 것은 ③이다.

① A : 기다리고 있겠습니다만, 꼭 연락해 주시겠어요?
　 B : 물론이죠. 하지만 시간이 좀 걸릴 수도 있어요.
② A : 저희가 요즘 연락을 안 해서 전화를 해야겠다고 생각했어요.
　 B : 고마워요. 조만간 한잔합시다.
③ A : 호텔에서 그곳에 가는 길을 알려주시겠어요?
　 B : 궁금한 점이 있으시면 언제든지 전화주세요.
④ A : 제가 9시에 당신 집 앞으로 데리러 가도 될까요?
　 B : 감사합니다. 부탁드립니다.

56 According to the following dialogue, which is NOT true? [19년 1회 1급]

A : Good morning. May I help you?
B : Good morning. I'd like to see Mr. Taylor.
A : May I ask your name and the nature of your business?
B : I'm Mary Chung of P&G Consumer Products Company. I just want to talk to him about our new products.
A : I see. Let me see if Mr. Taylor is available. Could you please wait for a while?
B : Sure.
A : Thank you for waiting, Ms. Chung. I'm sorry but Mr. Taylor is going to attend a meeting soon. Could you please make an appointment before you visit him?
B : I will. Here is my business card. Please give it to him.

① Ms. Chung belongs to P&G Consumer Products Company.
② Mr. Taylor can't meet Ms. Chung because of his schedule.
③ Ms. Chung didn't want to introduce herself to Mr. Taylor.
④ Ms. Chung visited Mr. Taylor's office without appointment.

해설 대화에서 Ms. Chung이 회사의 신제품에 대해 말하기 위해 Mr. Taylor을 만나고 싶다고 했으므로, 대화의 내용과 일치하지 않는 것은 ③ 'Ms. Chung didn't want to introduce herself to Mr. Taylor(Ms. Chung은 Mr. Taylor에게 자신을 소개하고 싶지 않았다).'이다.

> A : 안녕하세요. 무엇을 도와드릴까요?
>
> B : 안녕하세요. Mr. Taylor를 만나고 싶어요.
>
> A : 성함과 용건을 여쭤봐도 될까요?
>
> B : 저는 P&G Consumer Products Company의 Mary Chung입니다. 당사의 신제품에 대해 그에게 말씀드리고 싶어요.
>
> A : 네, 알겠습니다. Mr.Taylor가 가능하신지 알아보겠습니다. 잠시만 기다려주시겠어요?
>
> B : 물론입니다.
>
> A : 기다려주셔서 감사합니다, Ms. Chung. 죄송하지만, Mr. Taylor가 곧 회의에 참석할 예정입니다. 그를 방문하시기 전에 약속을 잡아주시겠어요?
>
> B : 네 그렇게 하겠습니다. 여기 제 명함입니다. 그에게 전달해 주세요.

57 Followings are sets of conversation. Choose one that does NOT match correctly each other. [20년 1회 1급]

① A : Did you get an email from him?

    B : I should have gotten it done tomorrow.

② A : How's the project going?

    B : Everything is okay with it.

③ A : I'm sick and tired of writing a report.

    B : So am I. I think I have written as many as 200 reports this year.

④ A : Did you finish the sales report?

    B : Oops! It slipped my mind.

해설 ① A가 이메일을 받았는지 과거로 물었는데, B가 'I should have gotten it done tomorrow.'라고 했으므로, 서로 어울리지 않는 대화이다. should have pp는 '(과거에) ~했어야 했는데(안 해서 안타깝다)'의 뜻이므로, 미래를 나타내는 tomorrow와 함께 쓰지 않는다.

> ① A : 그에게서 이메일을 받으셨나요?
>
>   B : 내일 할 걸 그랬어요.
>
> ② A : 프로젝트는 어떻게 진행되고 있습니까?
>
>   B : 다 괜찮아요.
>
> ③ A : 보고서 쓰는 것도 이제 지긋지긋해요.
>
>   B : 저도 그렇습니다. 올해 보고서를 200개나 쓴 것 같아요.
>
> ④ A : 판매 보고서는 다 작성하셨나요?
>
>   B : 어머나! 깜빡 잊었네요.

58 **Which of the following is the Most appropriate expression for the blank?** [19년 1회 1급]

> A : Hello. Export and Import Department.
> B : Can I speak to Mr. Taylor, please?
> A : Sorry, but (   ).
> B : Gee. It's only 2 o'clock.
> A : Yes, but he was coming down with flu. So he left early. Will you leave a message?
> B : No, just tell him John called.

① he comes back.
② he went home already.
③ he didn't come today.
④ his line is busy.

해설 대화에서 빈칸 다음에서 B가 2시밖에 안 됐다고 하자 A가 그가 독감에 걸려서 일찍 갔다고 했으므로, 빈칸에 들어갈 적절한 표현은 ② 'he went home already(그는 이미 퇴근했다).'이다.

> A : 안녕하세요. 수출입부서입니다.
> B : Mr. Taylor와 통화할 수 있을까요?
> A : 죄송합니다만, <u>그는 이미 퇴근했습니다.</u>
> B : 이런. 2시밖에 안 됐어요.
> A : 네, 하지만 독감에 걸려서 일찍 가셨습니다. 메시지를 남겨 주시겠어요?
> B : 아니오, 그냥 존이 전화했다고 전해주세요.

59 **Which of the following is the MOST appropriate expression for the blank?** [19년 1회 1급]

> A : I've called today's meeting to ask about the current status of the project.
> (   )
> B : Let me brief you on the latest developments. We are almost done developing the smart energy saving air conditioner and this function will be shown for the first time in Korea.
> A : Then, we've got to move up the release date.
> B : I think that would be nice.

① Could you tell me where you got that information?

② How is the project going?

③ Could you make two copies of this document?

④ Let's call it a day.

해설 대화에서 빈칸 앞에서 A가 프로젝트의 현황에 대해 물어보려고 오늘 회의를 소집했다고 했으므로, 빈칸에 들어갈 적절한 표현은 ② 'How is the project going(프로젝트는 어떻게 진행되고 있습니까)?'이다.
① 그 정보를 어디서 얻었는지 말씀해 주시겠어요?
③ 이 서류를 두 부 복사해 주시겠습니까?
④ 오늘은 여기까지 합시다.

> A : 프로젝트의 현황에 대해 물어보려고 오늘 회의를 소집했습니다. 프로젝트는 어떻게 진행되고 있습니까?
> B : 최근의 개발 상황을 간략하게 말씀드리겠습니다. 스마트 에너지 절감형 에어컨 개발이 거의 완료되었으며, 이 기능은 국내 최초로 선보일 예정입니다.
> A : 그러면 발매일을 좀 더 당겨야겠네요.
> B : 그게 좋을 것 같아요.

60 **Which is most INCORRECT about the schedule?** [19년 1회 1급]

> Secretary : Mr. Smith, Mr. Kim would like to see you this week.
> Mr. Smith : Let me see. Well, Tuesday's not possible. I'm at a seminar until Wednesday lunchtime.
> Secretary : Are you coming back to the office Wednesday afternoon?
> Mr. Smith : No, the seminar is in Pusan and I'm driving back to our factory in Chongju.
> Secretary : How about Thursday then?
> Mr. Smith : Yes, that' fine, but I prefer the morning.
> Secretary : O.K. Would 10 o'clock be fine with you?
> Mr. Smith : Actually it's a bit early. Can we adjust it?

① On Wednesday morning, Mr. Smith is in Pusan.

② Mr. Smith visits Chongju in the afternoon of Wednesday.

③ Mr. Smith wants to have an appointment before 10 o'clock.

④ Mr. Smith and Mr. Kim will meet on Thursday.

해설 대화에서 Mr. Smith가 마지막에 '사실 좀 이른 시간인데 조정할 수 있을까요?'라고 했으므로, Mr. Smith는 10시 이후에 약속을 잡고 싶어 한다는 것을 유추할 수 있다. 따라서 대화의 내용과 일치하지 않는 것은 ③ 'Mr. Smith wants to have an appointment before 10 o'clock(Mr. Smith는 10시 전에 약속을 잡고 싶어한다).'이다.

> Secretary : Mr. Smith, Mr. Kim이 이번 주에 당신을 뵙기를 원합니다.
> Mr. Smith : 어디 봅시다. 음, 화요일은 불가능합니다. 수요일 점심까지 세미나에 있어요.
> Secretary : 수요일 오후에 사무실에 돌아오실 예정입니까?
> Mr. Smith : 아니오, 세미나는 부산에서 있고 저는 Chongju에 있는 우리 공장으로 운전해서 돌아갈 거예요.
> Secretary : 그러면 목요일은 어떠세요?
> Mr. Smith : 네, 그게 좋겠네요. 하지만 아침이 더 좋아요.
> Secretary : 알겠습니다. 10시 괜찮으세요?
> Mr. Smith : 사실 좀 이른 시간인데 조정할 수 있을까요?

61 다음은 공문서 작성 시 수신란과 붙임을 예로 든 것이다. 작성 방법이 가장 적절하지 않은 것은?

[20년 2회 3급]

① 수신 한국물산 대표이사(총무업무 담당 과장)

② 붙임 1. 행사 일정표 1부. 끝.
　　　2. 행사 참가 신청서 1부. 끝.

③ 수신 내부 결재

④ 붙임 유럽 출장보고서 1부. 끝.

해설 ② 붙임 1. 행사 일정표 1부 밑에 행사 참가 신청서 1부가 적혀 있으므로 붙임 1. 행사 일정표 1부 뒤에 '끝.'을 붙여서는 안 된다. 2. 행사 참가 신청서 1부 뒤에만 '끝.'을 적어야 한다.

62 다음 중 소통성을 높이고 정확한 표현 사용을 위한 공공언어 바로 쓰기에 맞춰 올바르게 수정되어 변경된 것은? [20년 2회 1급]

항목	수정 전	수정 후
가	MOU	업무협정
나	적극적으로 뒷받침하기 위해	적극 뒷받침하기 위해
다	최선을 다할	만전을 기해 나갈
라	지자체	지방자치단체(이하 지자체)
마	제고하기	높이기

① 가, 나, 다, 라, 마　　　　　② 가, 다, 라, 마
③ 가, 나, 다, 마　　　　　　　④ 가, 라, 마

해설 ④ 공공언어 바로 쓰기에서는 조사, 어미, −하다 등을 과도하게 생략하지 않아야 한다고 나와 있다. 따라서 항목 '나'의 변경사항은 올바르지 않다. 또한, 항목 '다'의 수정 후 사항 같은 어렵고 상투적인 한자 표현을 피하고, 쉬운 표현을 쓰도록 나와 있다.

63 다음 중 문서의 종류에 대한 설명이 가장 적절하지 못한 것은? [20년 2회 1급]

① 공문서 중 비치문서는 민원인이 행정 기관에 허가, 인가, 그 밖의 처분 등 특정한 행위를 요구하는 문서와 그에 대한 처리 문서를 뜻한다.

② 비서실에서는 거래문서보다 초대장, 행사안내문, 인사장, 축하장, 감사장 등과 같은 문서의 비중이 높은 편이다.

③ 전자문서시스템, 사무용 소프트웨어뿐 아니라 홈페이지 게시 등과 같이 작성되는 문서도 전자문서에 속한다.

④ 문서작성 소프트웨어에 의해 작성되었다고 하더라도 인쇄되어 종이의 형태로 유통된다면 종이문서라고 할 수 있다.

> 해설 ① '비치문서'는 비치대장·비치카드 등 소속기관이 일정한 사항을 기록하여 소속기관 내부에 비치하면서 업무에 활용하는 문서이다. 민원인이 행정기관에 허가, 인가, 그 밖의 처분 등 특정한 행위를 요구하는 문서와 그에 대한 처리문서는 민원문서이다.

64 다음 중 문장부호의 사용이 가장 올바르지 않은 것은? [20년 2회 1급]

① ≪영산강≫은 사진집 〈아름다운 우리나라〉에 실린 작품이다.

② 이번 회의에는 두 명[이혜정(실장), 박철용(과장)]만 빼고 모두 참석했습니다.

③ 내일 오전까지 보고서를 제출할 것.

④ "설마 네가 그럴 줄은…."라고 경수가 탄식했다.

> 해설 ① 책 제목에는 겹화살괄호를 사용해야 하고 작품의 제목에는 홑화살괄호를 사용한다. 따라서 '〈영산강〉은 사진집 ≪아름다운 우리나라≫에 실린 작품이다'라고 적는 것이 맞다.

65 다음과 같이 감사장을 작성하고 있다. 아래에서 메일머지의 데이터를 이용해서 작성하는 것이 더 효율적인 것이 모두 포함된 것은? [20년 2회 1급]

> (가) 상공에너지 (나) 대표이사 (다) 김채용 귀하
>
> 안녕하십니까?
>
> 지난 (라) 9월 10일 개최된 (마) 4차산업도래로 인한 사회 변혁포럼에 참석해주셔서 진심으로 감사의 말씀 드립니다. 이번 포럼에서 강연해 주신 (바) "빅데이터의 기업활용 성공 사례" 덕분에 포럼이 더욱 성황리에 마무리되었습니다. 회의 중에 불편한 점이 있으셨다면 양해해 주시기 바랍니다. 일일이 찾아뵙고 인사드리는 것이 도리이오나 서면으로 대신함을 양해해 주시기 바랍니다. 앞으로도 더 좋은 자리에서 다시 뵙게 되기를 바라며, 항상 건강과 행운이 함께 하시길 바랍니다.
>
> (사) 2020. 9. 15.
>
> (아) 한국상공포럼 대표 (자) 김준하

① (나), (다), (바), (사)
② (라), (마), (아), (자)
③ (가), (나), (다), (바)
④ (가), (나), (다), (마)

> **해설** 메일머지
>
> 여러 사람의 성명, 직책. 부서 등이 들어있는 데이터 파일과 본문의 내용은 같고 성명, 직책, 부서 등의 개인별 인적 사항이 다른 '초대장', '안내장', '시행문' 발송 등의 본문 파일을 병합하여 서로 다른 문서를 한꺼번에 작성하는 기능이다. 동일한 내용의 편지를 받는 사람의 정보만 달리하여 여러 명에게 보낼 때 사용한다.

66 무역회사에 다니는 정 비서는 영문명함을 정리하고 있다. 아래 명함을 알파벳순으로 정리하시오.

[18년 2회 1급]

> 가. Allyson Berberich
> 나. Eric Burgess, Jr.
> 다. Dr. Veronica Cochran
> 라. Kim, Creig
> 마. Burgess, Lynn
> 바. Amy—Lynn Gochnauer, CMP

① 가 – 바 – 다 – 나 – 라 – 마
② 가 – 나 – 다 – 라 – 바 – 마
③ 가 – 나 – 마 – 다 – 바 – 라
④ 가 – 나 – 마 – 다 – 라 – 바

> **해설** 성을 기준으로 알파벳순으로 늘어놓으면 아래의 순서가 된다.
>
> 가. Allyson Berberich
> 나. Eric Burgess, Jr.
> 마. Burgess, Lynn
> 다. Dr. Veronica Cochran
> 바. Amy—Lynn Gochnauer, CMP
> 라. Kim, Creig

67 다음 중 전자문서에 대한 설명이 적절하지 못한 것을 모두 고르시오. [19년 1회 1급]

> 가. 전자문서의 보존기한은 종이문서의 보존기한과 동일하게 적용한다.
> 나. 컴퓨터 파일상의 전자문서를 출력하거나 복사할 경우라도 전자문서 출력대장 또는 복사대장에 기록을 남긴다.
> 다. 전자문서의 보존기간이 10년 이상의 장기보존일 경우 스캔하여 이미지 파일로 변환하여 보존한다.
> 라. 전자문서의 폐기는 재포맷하거나 덮어쓰기를 통해 파괴한다.

① 가, 라
② 나, 다, 라
③ 다
④ 가, 나, 다, 라

> 해설 • 보존기간이 준영구 이상인 전자문서는 장기보존 가능한 용지에 출력하여 종이문서와 같은 방식으로 편철 · 정리하여야 한다.
> • 보존기간이 20년 이하인 전자문서는 서버에 보관 관리하는 것이 원칙이며, 종이문서로 출력하여 업무상 활용하더라도 반드시 전자문서 원본을 보관해야 한다.

68 교회비서로 근무하는 김 비서는 교회에서 생산, 거래되는 문서를 파일링하기 위해 다음과 같은 방법을 사용하였다. 먼저 문서는 1차로 '예배, 법적 재산, 교구 재정, 인사기록, 각종 서신, 목회자료, 출판물'로 분류한다. 김 비서가 사용한 1차 문서분류 방법은 무엇인가? [18. 1회 1급]

① 주제별 파일링(Subject Filing)
② 번호순 파일링(Numeric Filing)
③ 수문자 파일링(Alphanumeric Filing)
④ 알파벳순 파일링(Alphabetic Filing)

> 해설 주제별 파일링(Subject Filing)
> 문서의 내용으로부터 주제를 결정하고 이 주제를 토대로 문서를 분류 · 정리하는 방법이다.
>
> | 장 점 | • 같은 내용의 문서를 한곳에 모을 수 있다.
• 무한하게 확장할 수 있다. |
> | --- | --- |
> | 단 점 | • 분류하는 것이 어렵다.
• 색인카드가 필요하다.
• 잡건의 취급이 어렵다.
• 어떠한 관점으로도 찾을 수 있도록 상호참조를 해야 한다. |

69 다음에서 열거된 전자문서에 관한 설명으로 가장 적절하지 않은 것은? [18년 2회 1급]

① 전자문서는 특별히 규정되지 않는 한 종이 문서와 동일하게 효력을 갖는다.
② 전자문서는 종이문서에 비해 작성, 유통, 보관, 검색이 용이하지만, 종이문서에 비해 유실과 같은 사고에는 취약하다.
③ 전자문서 사용은 문서보관에 필요한 공간이나 공간 유지비용을 절감시켜 준다.
④ 전자문서 작성자가 수신확인을 조건으로 전자문서를 송신한 경우 작성자가 수신확인통지를 받기 전까지는 그 전자문서는 송신되지 않은 것으로 간주된다.

해설 ② 전자문서는 종이문서에 비해 유실 가능성이 적고 영구보관도 가능할 수 있다.

70 광고대행사인 상공기획에 근무하는 정은숙 비서는 상사의 광고수주를 위한 프레젠테이션 자료를 작성하고 있다. 이 중 가장 바람직하지 못한 것은? [18년 1회 1급]

① 우리 회사의 광고대행 연간실적 추이를 보여주기 위하여 꺾은선 그래프를 이용한 차트를 포함하였다.
② 우리 회사에서 전에 제작한 광고 중 관련된 분야의 히트 친 광고 동영상을 서두에 보여주면서 시선을 끌었다.
③ 시선을 지속적으로 끌기 위해서 슬라이드마다 화려한 화면전환 효과와 현란한 애니메이션 기능을 활용하였다.
④ 광고주가 요청한 사항을 어떻게 처리할 것인지를 명쾌하게 전달할 수 있도록 도식화하였다.

해설 ③ 시선을 분산시켜서 집중도를 떨어뜨릴 정도의 화려한 애니메이션, 화면전환 등은 피해야 한다.

71 다음 중 문서작성을 위한 정보 수집에 대한 설명이 가장 적절하지 못한 것은? [20년 2회 2급]

① 최 비서는 받은 문서에 회신하기 위해 해당 기관과 이전에 왕래했던 서신을 검토했다.

② 이 비서는 보고서를 작성할 때 공신력 있는 기관의 발표 자료와 통계 자료, 연구 자료 등을 수집했다.

③ 김 비서는 감사장을 작성할 때 감사해야 할 상황에 대해서 시간, 장소, 인물, 내용 등에 관한 정보를 수집했다.

④ 고 비서는 보고서 작성을 위한 정보를 세부적인 것에서부터 큰 정보 순서로 수집했다.

> 해설 ④ 보고서 작성을 위한 정보는 큰 정보에서부터 세부적인 것을 수집하는 것이 바람직하다.

72 엑세스를 활용한 명함 데이터베이스 관리의 특징으로 가장 잘못된 것은? [18년 1회 1급]

① 엑셀보다 다양한 데이터형식인 OLE개체, 일련번호, 첨부파일 등을 지원한다.

② 엑셀에서 입력한 데이터파일을 엑세스로 불러와서 활용할 수 있다.

③ 엑셀로 데이터를 내보내서 안내장, 편지라벨작업 등을 할 수 있다.

④ 엑세스에서는 편지병합기능을 이용한 편지작성, 라벨작업 등을 사용할 수 없다.

> 해설 ④ 엑세스에서도 편지병합기능을 이용한 편지작성, 라벨작업 등을 사용할 수 있다.

73 다음 그래프는 한중 교역량 추이와 중국 입국자 및 한국 관광수지 변화를 보여주는 그래프이다. 이 그래프를 통하여 알 수 있는 내용 중 가장 올바른 정보는? [20년 2회 1급]

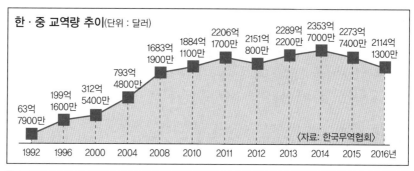

① 한·중 교역 규모는 2016년 2,114억 1,300만 달러로 1992년 교역 규모 대비 33배 축소되었다.
② 관광지식정보시스템 자료에 따르면 한·중 교역 규모가 가장 컸던 때는 2014년이었다.
③ 2017년 상반기 방한 중국인은 225만 2,915명으로 전년 동기 대비 증가했다.
④ 관광수지 적자폭도 2017년 상반기에 전년 동기 16억 8,030만 달러에서 62억 3,500만 달러로 커졌다.

> 해설 ① 한·중 교역 규모는 1992년 대비 2016년에 33배 늘어났다.
> ② 위의 자료는 한국무역협회에서 제공된 것으로, 한국무역협회에 따르면 한·중 교역 규모가 가장 컸던 때는 2014년이었다.
> ③ 2017년 상반기 방한 중국인은 지난해 같은 기간 대비 감소했다.

74 사물인터넷에 대한 설명으로 잘못된 것은? [20년 2회 1급]

① 사물인터넷(Internet of Things, IoT)은 사물 등에 센서를 달아 실시간으로 데이터를 수집하고 주고받는 기술이다.
② IoT라는 용어는 1999년에 케빈 애쉬튼이 처음 사용하기 시작했다.
③ 보안 취약성, 개인정보 유출 등에 관한 우려가 존재하여 이에 대한 대응이 요구된다.
④ IoT에 관련한 국제표준이 부재하여 시장 전망에 비해 시장확대 속도가 느린 편이다.

> 해설 ④ IoT에 관련한 국제표준은 존재한다.

75 다음은 USB 인터페이스에 대한 설명이다. 가장 적절하지 못한 것은? [20년 2회 1급]

① USB 2.0에 비해 USB 3.0 버전은 빠른 데이터 전송이 가능하다.
② USB 인터페이스는 전원이 켜진 상태에서도 장치를 연결하거나 분리, 혹은 교환이 가능한 간편한 사용법이 특징이다.
③ USB 3.0 버전은 USB 2.0 버전과 구별하기 위해 보라색 포트 사용을 권장하고 있다.
④ 별도의 소프트웨어 설치 없이도 상당수의 USB 장치(키보드, 마우스, 웹캠, USB 메모리, 외장하드 등)들을 간단히 사용할 수 있다.

해설 ③ USB 3.0 버전은 USB 2.0 버전과 구별하기 위해 파란색 포트 사용을 권장하고 있다.

76 복지 정책 관련 보고서를 작성하고 있는 김 비서는 복지 관련 민원 접수에 대한 다음 표를 작성했다. 아래 표를 읽고 유추할 수 있는 사실과 거리가 가장 먼 것은? [20년 2회 1급]

민원구분 급 수	민원접수			민원처리완료	
	건 수	2018 이관	이관 신규	건 수	백분율
1급	350	174	176	202	58%
2급	206	68	138	109	53%
3급	152	46	106	101	66%
4급	520	212	308	386	74%
합 계	1,228	500	728	798	65%

① 위 데이터를 이용해 민원접수 건수 전체 중 각 급수의 비중을 나타내는 차트로 가장 적절한 차트는 세로 막대형 차트이다.
② 3급 민원접수 건 중 2018년도에서 이월된 비율은 약 30% 정도이다.
③ 민원처리완료 비율이 가장 높은 순서는 4급-3급-1급-2급 순이다.
④ 평균 민원 처리율은 65%이다.

해설 ① 전체에 대한 각각의 비중이 한눈에 알아보기 쉬워 위의 표에 적절한 그래프는 원그래프이다. 원그래프는 데이터 전체를 원의 면적 100%로 하여 그 구성 항목을 비율에 따라 부채꼴 형태로 구분한 그래프이다.

77 다음 그래프에 관한 설명 중 가장 적절하지 않은 것은? [18년 2회 1급]

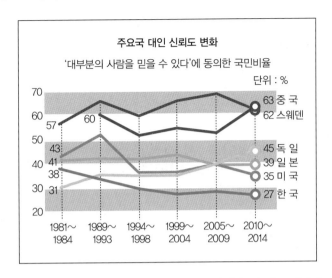

① 1990년 이후 우리나라 국민은 위 5개국 국민보다 다른 사람을 못 믿는 편이다.
② 2005~2009년의 대인 신뢰도는 독일, 일본, 미국이 거의 비슷하다.
③ 중국은 1981~1984년의 대인 신뢰도 조사결과 자료가 없다.
④ 이 그래프는 누적 꺾은선 그래프로서 시간 흐름에 따른 변화를 보기에 편하다.

해설 ④ 이 그래프는 꺾은선 그래프이다.

78 다음은 김미소 비서가 상사의 지시로 마케팅팀장들에게 보내는 이메일이다. 다음 중 수정이 가장 적절하지 않은 것은? [19년 1회 1급]

> TO : ⊙ pupu@abc.com
> 제목 : ⓒ 안녕하십니까? 비서실 김미소 대리입니다.
> [본문]
> 마케팅팀장님들께,
> ⓒ 안녕하십니까?
> 중략
> 첨부된 회의자료를 미리 검토하여 주시기 바랍니다.
> 그러면 본사 마케팅 회의 날 뵙겠습니다. 감사합니다.
> [결문]
> ⓔ 비서실 김미소 대리 귀하
> 서울시 양천구 오목로 298
> 직통번호 : 02)123-1234
> 이메일주소 : aaa@abc.com

① ⊙ 박철수 팀장님〈pupu@abc.com〉
② ⓒ 마케팅팀장 회의자료 전달
③ ⓒ 이메일에는 인사말을 생략한다.
④ ⓔ 비서실 김미소 대리 배상

해설 ③ 이메일에서도 인사말은 생략하지 않는다.

79 다음은 기업에서 발생한 컴퓨터 범죄의 예이다. 이 사례에 해당하는 컴퓨터 범죄는 무엇인가?

[18년 1회 1급]

> 특정 기업의 기밀정보를 탈취할 목적으로 공격자는 목표가 되는 기업 임원에게 제품문의를 가장한 악성메일을 발송하였다. 공격자는 메일 발신자를 협력업체 직원의 메일주소로 위장하여 기업의 임원이 의심 없이 첨부된 악성코드를 실행하도록 유도하였다. 메일에 첨부된 문서파일 실행 시 취약점에 의해 내부에 저장된 악성코드 파일이 자동생성 및 실행되며, 위장용으로 문서파일을 보여주었으나 빈 문서였다. 악성코드는 자동으로 실행되어 임원 컴퓨터에 있는 기업의 기밀정보를 유출하게 되었다.

① 스파이웨어
② 하이재킹
③ 스피어피싱
④ 디도스공격

해설 ③ 스피어피싱은 특정한 개인들이나 회사를 대상으로 한 피싱공격으로, 공격자가 목표에 대한 정보를 수집·분석하여 피싱공격을 한다.

80 사무정보기기 및 사무용 SW를 다음과 같이 사용하고 있다. 이 중 가장 적절하게 활용하고 있는 비서는? [19년 1회 1급]

① 김 비서는 상사가 180도 펼쳐지는 상태의 제본을 선호하기 때문에 열제본기를 주로 사용한다.
② 백 비서는 상사의 컬러로 된 PPT 자료가 잘 구현되도록 실물화상기를 세팅했다.
③ 황 비서는 각종 자료를 한곳에서 정리하고 관리하며, 공유도 하기 위해서 에버노트 앱을 이용하였다.
④ 윤 비서는 원활한 상사의 업무일정 관리를 위해서 리멤버 앱을 사용하였다.

> **해설** 에버노트(Evernote)
> • 메모용 스마트폰 애플리케이션
> • 크롬, 파이어폭스, 아이폰, 안드로이드, 윈도우 등 다양한 플랫폼에서 실행
> • 한 기기에서 메모를 작성할 경우 다른 플랫폼끼리 메모의 동기화 가능
> • 녹음, 파일 첨부, 사진 저장, 저장한 메모에 대한 위치 정보 추가, 태그에 따른 메모 분류, 키워드에 따른 메모 검색, 텍스트, 이미지 및 링크를 포함하여 웹 페이지의 일부 또는 전체를 스크랩하는 클리핑 기능 제공

좋은 책을 만드는 길, 독자님과 함께 하겠습니다.

2025 시대에듀 비서 1·2급 한권으로 끝내기

개정19판1쇄 발행	2024년 10월 15일(인쇄 2024년 08월 16일)
초 판 발 행	2005년 05월 15일(인쇄 2005년 04월 01일)
발 행 인	박영일
책 임 편 집	이해욱
편 저	비서교육연구소
편 집 진 행	노윤재 · 장다원
표지디자인	박수영
편집디자인	신지연 · 장성복
발 행 처	(주)시대고시기획
출 판 등 록	제 10-1521호
주 소	서울시 마포구 큰우물로 75 [도화동 538 성지 B/D] 9F
전 화	1600-3600
팩 스	02-701-8823
홈 페 이 지	www.sdedu.co.kr
I S B N	979-11-383-7601-3(13320)
정 가	36,000원

※ 저자와의 협의를 위해 인지를 생략합니다.
※ 이 책은 저작권법의 보호를 받는 저작물이므로 동영상 제작 및 무단전재와 배포를 금합니다.
※ 잘못된 책은 구입하신 서점에서 바꾸어 드립니다.

나는 이렇게 합격했다

자격명 : 위험물산업기사
구분 : 합격수기
작성자: 배*상

나는 할수있다
69년생 50중반 직장인   입니다. 요즘
자격증을 2개정도는 가지고 입사하는 젊은 친구들에게
일을 시키고 지시하는 역할이지만 정작 제자신에게 부족한점
이 많다는것을 느꼈기   때문에 자격증을 따야겠다고
결심했습니다. 처음   **합격은**   시작할때는 과연되겠
냐? 하는 의문과 격정 **시대에듀** 이 한가득이었지만
시대에듀 인강   을 우연히 접하게
되었고 잘 차려   진 밥상과 같은 커
리큘럼은 뒤늦게 시 작한 늦깍이 수험 생이었던 저를
합격의 길 로 인도해주었습니다. 직장생활을
하면서 취득했기에 더욱 기뻤습니다.
감사합니다!

당신의 합격 스토리를 들려주세요.
추첨을 통해 선물을 드립니다.

QR코드 스캔하고 ▷ ▷ ▶
이벤트 참여해 푸짐한 경품받자!

베스트 리뷰	상/하반기 추천 리뷰	인터뷰 참여
갤럭시탭/ 버즈 2	상품권/ 스벅커피	백화점 상품권

합격의 공식
시대에듀

꼼꼼한 이론 학습부터 철저한 실전 대비까지!

시대에듀의

비서 합격 시리즈

판매량 + 적중률 + 선호도

판매량 / 적중률 / 선호도 1위의 이유를 지금 바로 확인하세요.
비서 자격시험 합격, 시대에듀와 함께라면 문제없습니다.

베스트셀러 1위

비서 자격증 부문(시리즈 전체)

YES24 월별 베스트 기준

2019년 12개월	2020년 12개월	2021년 12개월
2022년 12개월	2023년 12개월	2024년 8개월(1~8월)

Series 1

기초부터 차근차근 공부하고 싶다면?

시대에듀 비서 1 · 2급
한권으로 끝내기

▶ 최신 출제경향을 반영한 적중실제예상문제

▶ 챕터별 이론으로 다지는 탄탄한 기본기

▶ 문제은행 기출유형 모의고사 2회분 수록

Series 2

시험이 얼마 남지 않았다면?

시대에듀 비서 1급
초단기합격

▶ '기출' 표시가 짚어주는 빈출이론

▶ 문제은행 기출유형 모의고사 10회분 수록

▶ 비서교육연구소만의 친절하고 전문적인 해설

Series 3

이론 학습 후 반복적인 실전 연습이 필요하다면?

시대에듀 기출이 답이다 비서 1급
기출문제해설

▶ 6개년 기출문제 수록

▶ 빨리보는 간단한 키워드

▶ 심화 학습이 가능한 상세한 해설

※ 도서의 이미지 및 세부구성은 변경될 수 있습니다.

모든 자격증·공무원·취업의 합격정보

합격 구독
시대에듀

유튜브 구독하기 >

▶ YouTube 합격 **구독** 과 👍좋아요! 정보 🔔 알림설정까지!